IMAGO ubu

tradução
Liana Pinto Chaves

coordenação editorial
Elias M. da Rocha Barros

comissão editorial brasileira
Elias M. da Rocha Barros
Elizabeth L. da Rocha Barros
Liana Pinto Chaves
Maria Elena Salles de Brito

revisão técnica
José A. Pedro Ferreira

A psicanálise de crianças

KLEIN

Metro : Trocadero
Ligne

direct

Melanie Klein desenhada por seu paciente Ralph, 1926.

11-V-1926
15-V-1926
14-V-1926
13-V-1926

Nota desta edição

O presente volume é fruto de uma coedição da Ubu Editora com a Imago. Junto de *Amor, culpa e reparação e outros ensaios* (1921–45), *Inveja e gratidão e outros ensaios* (1946–63) e *Narrativa da análise de uma criança* (1961), perfaz as Obras completas de Melanie Klein, publicadas pela primeira vez no Brasil na década de 1990.

A tradução brasileira original, que usou como base a edição inglesa de Alix Strachey revisada por H. A. Thorner e aprovada por Melanie Klein, passou por revisão e cotejo terminológico conforme os padrões estabelecidos pela comissão editorial da Ubu em diálogo com Elias Mallet da Rocha Barros, representante do Melanie Klein Trust no Brasil e coordenador da coleção.

Todos os artigos de Melanie Klein citados neste volume encontram-se publicados em *Amor, culpa e reparação e outros ensaios* (trad. André Cardoso. São Paulo: Ubu Editora/Imago, 2023), que reúne os escritos de 1921 a 1945, ou em *Inveja e gratidão e outros ensaios* (trad. Liana Pinto Chaves et al. São Paulo: Ubu Editora/Imago, 2023), que reúne os escritos entre 1946 e 1963.

Nota da edição inglesa

A psicanálise de crianças, publicado originalmente em 1932, é o auge da primeira parte do trabalho de Melanie Klein. Acima de tudo, é um texto clássico sobre a análise de crianças. Estabelece a técnica psicanalítica do brincar, da qual Melanie Klein foi a pioneira em Berlim no início dos anos 1920, aproximadamente por volta da época em que a dra. Hug-Hellmuth ("On the Technique of Child Analysis" [Sobre a técnica da análise de crianças], 1921) e Anna Freud (*Introduction to the Technique of Child Analysis* [Introdução à técnica de análise de crianças], 1927) fundamentavam uma linha diferente de desenvolvimento. Essas diferenças são discutidas por Melanie Klein em "Simpósio sobre análise de crianças" (1927), sendo que em "A técnica psicanalítica do brincar" (1955) ela traz a história inicial de sua própria técnica.

Melanie Klein nunca alterou os princípios técnicos estabelecidos em *A psicanálise de crianças*, que continuaram sendo a base de seu trabalho com a análise de crianças. Nessa época, ela já havia desenvolvido sua própria concepção geral do funcionamento mental. O ego forma um mundo interno de figuras internalizadas, as quais, pelos processos de projeção e introjeção, interagem com objetos reais. Como resultado do sadismo com seus objetos, o ego sofre de ansiedade, e sua principal tarefa arcaica é elaborar tais ansiedades, que são de caráter psicótico – aos poucos, no curso do desenvolvimento, estas se transformam em ansiedades neuróticas.

Essas ideias se originaram em artigos anteriores e encontram-se aqui sistematizadas de forma mais elaborada e plena. O argumento principal é que a ansiedade, desde que não seja excessiva, age como um incentivo para o desenvolvimento, e que as primeiras ansiedades normalmente superadas são psicóticas e são fonte – se não modificadas – tanto das psicoses infantis como da doença mental na vida adulta. O livro também apresenta hipóteses sobre os estágios iniciais do superego e do complexo de Édipo, fenômenos anteriormente conhecidos pela psicanálise apenas em suas manifestações tardias. Ela descreve o superego severo que precede a consciência normal e mapeia os ciúmes e ansiedades das relações sexuais instáveis na situação edipiana pré-genital, incluindo as fantasias sádicas da criança a respeito do corpo da mãe, a posição feminina dos dois sexos e as origens especificamente femininas da sexualidade da mulher. Sua visão geral é que o desenvolvimento das relações de objeto, o ego, o superego, a sexualidade e a modificação das imagos não podem ser considerados isoladamente – cada um afeta todos os outros. A apresentação original dessas descobertas pode ser encontrada na série de artigos escritos entre 1919–39, presentes em *Amor, culpa e reparação e outros ensaios* (1921–45).

Além disso, o presente livro contém novos desenvolvimentos. De grande relevância teórica para o futuro é o fato de que aqui, pela primeira vez, Melanie Klein estabelece que a base de seu trabalho são as pulsões de vida e de morte. Isso significa que seu pensamento tem agora os meios teóricos para duas de suas mais notáveis descobertas – a posição depressiva e mais tarde a posição esquizoparanoide –, que se baseiam conceitualmente, entre outras coisas, na presença e na interação dos impulsos opostos de amor e de ódio. Contudo, neste volume, a noção mais antiga de Freud – para a qual Abraham contribuiu – da progressão da libido por meio dos estágios psicossexuais ainda é um eixo central e, à parte uma aceitação geral da interação das pulsões de vida e de morte como fundamental para o funcionamento mental, apenas dois conceitos são explicitamente, ainda que de modo breve, postos sobre uma nova base. A ansiedade, fenômeno que preocupava Melanie Klein desde 1923, é atribuída (pp. 177–78) à pulsão de morte: a ansiedade se origina da presença da pulsão de morte no self e do perigo que ela representa para ele. Melanie Klein manteve sua visão da ansiedade a partir daí; a exposição mais completa está em "Notas sobre alguns mecanismos esquizoides" (1946). A passagem que conecta a ansiedade à pulsão de morte, conecta também a origem do superego à pulsão de morte: o superego provém de uma divisão no id que é usada pelo ego como defesa contra aquela porção da pulsão de morte que permanece interna; assim que o processo de incorporação começa, o objeto incorporado assume a função de superego. Contudo, em outra parte Melanie Klein ainda segue Freud, ao relacionar a formação do superego à introjeção de objetos edipianos. Esclarece também neste trabalho o funcionamento do superego, ao distinguir a ansiedade e a culpa em sua operação: o superego primitivo é sentido pelo ego como ansiedade e só mais tarde, à medida que o superego se desenvolve, dá origem a um sentimento de culpa. Para uma apreciação geral das visões de Melanie Klein sobre o superego, deve-se consultar a nota explicativa do texto "O desenvolvimento inicial da consciência na criança" (1933), em *Amor, culpa e reparação e outros ensaios* (1921–45).

Neste trabalho, pela primeira vez, também estão os pontos de vista de Melanie Klein sobre masoquismo feminino, fobias, culpa e tabus que cercam a masturbação e o incesto, bem como uma nova e intrincada exposição do desenvolvimento sexual do menino e da menina. Aqui também é apresentada uma nova concepção de neurose obsessiva, mencionada anteriormente em uma breve passagem de "Uma contribuição à teoria da inibição intelectual" (1931). Distinguindo-se de Freud, que encarava a neurose obsessiva como uma regressão tardia a fixações anais, ela vê a neurose obsessiva como uma tentativa de ligar ansiedades psicóticas arcaicas. O conceito de reparação ainda não está no pensamento de Melanie Klein – ela encara os impulsos onipotentes de restituição como o outro método principal de modificação de ansiedades arcaicas. E, apesar de uma referência à fase narcísica, fica claro que ela está pensando em relações de objeto muito precoces o tempo todo.

Qual é o lugar de *A psicanálise de crianças* no âmbito geral de sua obra? É o relato mais completo de sua primeira série de descobertas e concepções, mas escrito em um momento de transição. Ela apresenta pontos de vista que concordam apenas em parte com sua base teórica principal – como a teoria dos estágios psicossexuais da libido de Freud e de Abraham –, que depois são deixados de lado. Isso, com o uso ainda limitado da teoria de Freud da interação das pulsões de vida e de morte, leva a uma complexidade e, por vezes, a certa inconsistência. Há uma grande ênfase – como em todo trabalho desse primeiro período de Melanie Klein – na agressividade, que aqui é examinada em si mesma. Esse primeiro período é marcado por descobertas sucessivas, e Melanie Klein, impelida pelos novos fatos, fica indiferente a considerações de consistência teórica.

Contudo, em três anos ela transformou este relato sobre o desenvolvimento em uma poderosa e integrada teoria dos primeiríssimos meses de vida, com três principais artigos: "Uma contribuição à psicogênese dos estados maníaco-depressivos" (1935), "O luto e sua relação com os estados maníaco-depressivos" (1940) e "Notas sobre alguns mecanismos esquizoides" (1946). Esses artigos, como Melanie Klein explica no Prefácio da terceira edição (1948) do presente trabalho, alteram retrospectivamente algumas de suas opiniões; acima de tudo, é conferido ao amor um lugar mais amplo do que aqui.

Comissão editorial do Melanie Klein Trust

À memória de Karl Abraham, com gratidão e admiração.

Prefácio à primeira edição

Este livro se baseia nas observações que tive oportunidade de fazer ao longo de meu trabalho psicanalítico com crianças. Meu plano original foi dedicar a primeira parte a uma descrição da técnica que desenvolvi e a segunda a uma exposição das conclusões teóricas a que meu trabalho prático aos poucos me conduziu, e que agora podem servir como base adequada para minha técnica. Mas, durante a escrita deste livro – tarefa que se estendeu por vários anos –, a segunda parte ultrapassou seus limites. Além de minha experiência com a análise de crianças, as observações coletadas na análise de adultos levaram-me a aplicar minhas concepções referentes aos estágios precoces do desenvolvimento da criança também à psicologia do adulto, e cheguei a certas conclusões que apresentarei nestas páginas como uma contribuição à teoria psicanalítica geral dos estágios mais precoces do desenvolvimento do indivíduo.

Essa contribuição se baseia, em todos os aspectos, no corpo de conhecimento que devemos a Freud. Foi por meio da aplicação de suas descobertas que tive acesso à mente das crianças pequenas e pude analisá-las e curá-las. Além do mais, ao fazer isso, tive a chance de realizar aquelas observações diretas dos processos arcaicos do desenvolvimento que me conduziram a minhas conclusões teóricas atuais. Tais conclusões confirmam plenamente as descobertas que Freud fez na análise de adultos e são uma tentativa de ampliar nosso conhecimento em algumas direções.

Se essa tentativa for de alguma forma bem-sucedida e este livro acrescentar mais algumas pedras ao crescente edifício do conhecimento psicanalítico, meus agradecimentos serão em primeiro lugar a Freud, que não apenas levantou esse edifício e colocou-o sobre alicerces que permitem sua extensão posterior, mas sempre dirigiu nossa atenção para os pontos a partir dos quais o novo trabalho deveria prosseguir.

Gostaria em seguida de mencionar a parte que meus dois professores, o dr. Sándor Ferenczi e o dr. Karl Abraham, desempenharam no desenvolvimento de meu trabalho psicanalítico e em seus resultados. Ferenczi foi o primeiro a me apresentar à psicanálise. Ele me fez compreender sua real essência e significado. Seu sentimento forte e direto pelo que é inconsciente e pelo simbolismo, e a relação extraordinária que tinha com a mente das crianças, exerceram uma influência duradoura sobre minha compreensão da psicologia da criança pequena. Também chamou minha atenção a meu pendor para a análise de crianças, a respeito da qual demonstrou grande interesse pessoal, e me encorajou a me dedicar a esse campo da terapia psicanalítica, até então pouquíssimo explorado. Além do mais, fez todo o possível para me ajudar nesse caminho e apoiou muito meus primeiros esforços. Devo-lhe a base a partir da qual desenvolvi meu trabalho como analista.

No dr. Karl Abraham tive a enorme sorte de encontrar um segundo professor capaz de inspirar seus alunos a dar o melhor de suas energias a serviço da psicanálise. Na opinião de Abraham, o progresso da psicanálise dependia de cada analista individualmente – do valor de seu trabalho, da qualidade de seu caráter e do nível de suas conquistas científicas. Esses altos padrões estiveram diante de mim quando, neste livro sobre psicanálise, procurei retribuir uma parte da grande dívida que tenho para com essa ciência. Abraham claramente compreendeu o grande potencial prático e teórico da análise de crianças. No Congresso de Psicanalistas Alemães de Wurtzburgo, em 1924, em relação a um artigo que apresentei sobre neurose obsessiva em uma criança,[1] ele disse, com palavras que jamais esquecerei: "O futuro da psicanálise está na técnica do brincar". O estudo da mente da criança pequena me ensinou determinados fatos que pareciam estranhos à primeira vista, mas a confiança de Abraham em meu trabalho me encorajou na ocasião a seguir o caminho que eu havia começado a trilhar. Minhas conclusões teóricas são um desenvolvimento natural de suas próprias descobertas, como espero que este livro mostre.

Nos últimos anos, meu trabalho tem recebido o apoio generoso e entusiasmado do dr. Ernest Jones. Durante uma época em que a análise de crianças estava ainda em seus primeiros estágios, ele previu o papel que ela estava destinada a desempenhar no futuro. Foi por

1 Esse relatório é a base do capítulo 3 deste livro.

convite seu que dei meu primeiro curso de palestras em Londres em 1925, como convidada da Sociedade Britânica de Psicanálise; e essas palestras deram origem à primeira parte deste livro. A segunda parte é baseada em outro ciclo de palestras, intitulado "A psicologia do adulto à luz da análise de crianças", ministrado em Londres em 1927. A convicção profunda que levou o dr. Jones a se tornar um defensor da análise de crianças abriu o caminho para esse campo de trabalho na Inglaterra. Ele trouxe importantes contribuições ao problema das situações de ansiedade arcaicas, ao significado da agressividade para o sentimento de culpa e aos estágios precoces do desenvolvimento sexual das mulheres. Os resultados de seus estudos coincidem com os meus em todos os pontos essenciais.

Gostaria neste momento de agradecer a meus outros colegas ingleses pela simpática compreensão e cordial apoio que deram a meu trabalho. A srta. M. Nina Searl, cuja colaboração comigo se baseava em uma convicção comum e uma amizade pessoal, prestou um serviço duradouro para o avanço da análise de crianças na Inglaterra, tanto de um ponto de vista prático como teórico e com relação à formação de analistas de crianças. A ajuda que recebi do sr. e da sra. James Strachey foi de grande significado. Eles também fizeram muito por este livro, o qual não apenas traduziram com habilidade como também enriqueceram com suas sugestões valiosas e estimulantes. Meus agradecimentos vão em seguida para o dr. Edward Glover, pelo interesse caloroso e persistente que demonstrou por meu trabalho e pela forma como me auxiliou com sua crítica simpática. Foi especialmente prestativo ao apontar os aspectos em que minhas conclusões concordam com as teorias já existentes e aceitas em psicanálise. Tenho também uma gratidão enorme para com minha amiga sra. Joan Riviere, que prestou um apoio tão ativo a meu trabalho e que tem estado sempre disposta a me ajudar de todas as maneiras.

E por último, mas não menos importante, quero agradecer de coração a minha filha, a dra. Melitta Schmideberg, pela ajuda dedicada e valiosa que me deu na preparação deste livro.

Melanie Klein
Londres, julho de 1932.

Prefácio à terceira edição

Nos anos que se passaram desde que este livro apareceu pela primeira vez, cheguei a novas conclusões – principalmente relacionadas com o primeiro ano da infância – e essas conclusões conduziram a uma elaboração de certas hipóteses essenciais aqui apresentadas. O propósito deste prefácio é dar alguma ideia da natureza dessas modificações. As hipóteses que tenho em mente nesse contexto são as seguintes: nos primeiros meses de vida, o bebê passa por estados de ansiedade persecutória que estão vinculados com a "fase de sadismo máximo"; o bebezinho também vivencia sentimentos de culpa com respeito a impulsos e fantasias destrutivos dirigidos contra seu objeto primário – a mãe e, acima de tudo, seu seio. Esses sentimentos de culpa dão origem à tendência de reparar o objeto danificado.

Ao procurar preencher o quadro desse período em mais detalhes, descobri que certas mudanças de ênfase e de relações temporais eram inevitáveis. Assim, passei a diferenciar duas fases principais nos primeiros seis a oito meses de vida, descrevendo-as como "posição paranoide" e "posição depressiva". (Foi escolhido o termo "posição" porque, embora os fenômenos envolvidos ocorram primeiramente durante estágios precoces do desenvolvimento, eles não estão confinados a esses estágios, mas representam agrupamentos específicos de ansiedades e defesas que aparecem e reaparecem durante os primeiros anos da infância.)

A posição paranoide é o estágio em que os impulsos destrutivos e as ansiedades persecutórias predominam, e se estende do nascimento até os três, quatro ou mesmo cinco meses de vida. Isso requer uma alteração na datação da fase em que o sadismo se encontra no auge, mas não implica uma mudança de visão sobre a íntima interação entre o sadismo e a ansiedade persecutória em seus pontos máximos.

A posição depressiva, que se segue a esse estágio e está vinculada a passos importantes do desenvolvimento do ego, se estabelece por volta da metade do primeiro ano de vida. Nesse estágio, os impulsos e fantasias sádicos, bem como a ansiedade persecutória, perdem seu poder. O bebê introjeta o objeto como um todo e, ao mesmo tempo, se torna em alguma medida capaz de sintetizar os vários aspectos do objeto assim como as emoções com relação a ele. Amor e ódio se aproximam em sua mente e isso leva à ansiedade de que o objeto, interno e externo, esteja danificado ou destruído. Sentimentos depressivos e culpa dão origem à premência de preservar ou fazer reviver o objeto amado, e assim fazer reparação pelos impulsos e fantasias destrutivos.

O conceito de posição depressiva implica não apenas uma alteração no calendário das fases iniciais do desenvolvimento; é também um acréscimo a nosso conhecimento da vida emocional dos bebezinhos e, portanto, influencia de maneira vital nossa compreensão de todo o desenvolvimento da criança.

Esse conceito lança nova luz sobre os estágios iniciais do complexo de Édipo. Ainda acredito que eles comecem por volta da metade do primeiro ano. Mas, uma vez que já não afirmo que o sadismo se encontra em seu ponto culminante nesse período, coloco uma ênfase diferente no começo da relação emocional e sexual com ambos os pais. Portanto, enquanto em algumas passagens (ver capítulo 8) sugeri que o complexo de Édipo começa sob a dominância do sadismo e do ódio, eu agora diria que o bebê se volta para o segundo objeto, o pai, com sentimentos tanto de amor como de ódio. (Nos capítulos 9, 10 e 12, contudo, essas questões foram consideradas a partir de outro ângulo, e lá me aproximei da visão que agora sustento.) Vejo nos sentimentos depressivos derivados do medo de perder a mãe amada – como um objeto externo e interno – um ímpeto importante em direção a desejos edipianos precoces. Isso significa que hoje correlaciono os estágios precoces do complexo de Édipo com a posição depressiva.

Há também várias afirmações neste livro que, em consonância com meu trabalho ao longo dos últimos dezesseis anos, eu gostaria de reformular. Contudo, tal reformulação não implicaria nenhuma alteração nas conclusões aqui apresentadas, pois este livro, tal como é, representa fundamentalmente os pontos de vista que sustento hoje em dia. Além do mais, o desenvolvimento mais recente de meu trabalho deriva organicamente das hipóteses apresentadas aqui, por exemplo, processos de introjeção e de projeção operantes desde o início da vida; objetos internalizados a partir dos quais, ao longo de anos, o superego se desenvolve em todos os seus aspectos; a relação com objetos externos e internos interagindo desde a mais remota infância e influenciando vitalmente tanto o desenvolvimento do superego como as relações de objeto; o início precoce do complexo de Édipo; ansiedades infantis de natureza psicótica fornecendo os pontos de fixação para a psicose. Além disso, a técnica do brincar – que comecei a desenvolver em 1922 e 1923 e que apresentei neste livro – ainda se mantém em tudo que é essencial; ela foi elaborada mas não alterada pelo desenvolvimento posterior de meu trabalho.

M. K.
Londres, maio de 1948.

Introdução

Os primórdios da análise de crianças remontam a mais de duas décadas, ao tempo em que Freud conduziu sua análise do "Pequeno Hans".[1] O grande significado teórico dessa primeira análise de uma criança aponta em duas direções. Seu êxito no caso de uma criança de menos de cinco anos mostrou que os métodos psicanalíticos podiam ser aplicados a crianças pequenas e, talvez mais importante ainda, a análise pôde estabelecer, sem margem para dúvidas, a existência das tendências pulsionais infantis até então muito questionadas na própria criança, tendências que Freud havia descoberto no adulto. Além disso, os resultados obtidos a partir dela alimentaram a esperança de que outras análises de crianças pequenas nos dariam um conhecimento mais profundo e preciso do funcionamento de sua mente do que a análise de adultos havia dado e, desse modo, poderiam trazer contribuições importantes e fundamentais à teoria da psicanálise. Essa esperança, no entanto, permaneceu muito tempo em estado potencial. Por muitos anos, a análise de crianças continuou a ser uma região relativamente inexplorada dentro da psicanálise, seja ciência, seja como terapia. Embora vários analistas, em particular a dra. Hermine Hug-Hellmuth,[2] tenham desde então empreendido análises de crianças, nenhuma regra fixa com respeito a sua técnica ou aplicação foi formulada. Essa é, sem dúvida, a razão pela qual as grandes potencialidades

---

1 Cf. Sigmund Freud, *Análise da fobia de um garoto de cinco anos* (*"O Pequeno Hans"*) [1909], in *Obras completas*, v. 8, trad. Paulo César de Souza. São Paulo: Companhia das Letras, 2015.

2 Cf. Hermine Hug-Hellmuth, "On the Technique of Child Analysis". *The International Journal of Psychoanalysis*, v. 2, 1921, pp. 287–305.

práticas e teóricas da análise de crianças ainda não foram apreciadas de modo geral, e porque esses princípios e aspectos fundamentais da psicanálise, há muito adotados no caso de adultos, ainda têm de ser esclarecidos e provados no que diz respeito às crianças.

Foi apenas de uns dez anos para cá que se passou a fazer mais trabalho no campo da análise de crianças. Essencialmente, dois métodos surgiram – um representado por Anna Freud e outro por mim.

As descobertas de Anna Freud sobre o ego da criança levaram-na a modificar a técnica clássica e a elaborar seu método de analisar crianças no período de latência independentemente de minha técnica. Suas conclusões teóricas são diferentes das minhas em certos aspectos. Em sua opinião, as crianças não desenvolvem uma neurose de transferência,[3] de modo que uma condição fundamental para o tratamento analítico se encontraria ausente. Além disso, ela acredita que não se deve aplicar a crianças um método semelhante àquele empregado com adultos, pois o ideal de ego infantil ainda é frágil demais.[4] Essas opiniões diferem de minhas. Minhas observações me ensinaram que as crianças desenvolvem uma neurose de transferência análoga à das pessoas adultas, contanto que se empregue um método equivalente ao da análise de adultos, isto é, evitando quaisquer medidas educacionais e analisando plenamente os impulsos negativos dirigidos ao analista. Ensinaram-me também que, em crianças de todas as idades, é muito difícil mitigar a severidade do superego, mesmo numa análise

3 "A criança não está, como o adulto, preparada para produzir uma nova edição de suas relações amorosas, porque, como se poderia dizer, a edição antiga ainda não se esgotou. Seus objetos originais, os pais, ainda são reais e estão presentes como objetos de amor – não apenas em fantasia, como no neurótico adulto." E novamente: "Mas não há necessidade de a criança trocar os pais por ele (o analista), já que, comparado a eles, o analista não tem as vantagens que o adulto encontra ao trocar seus objetos de fantasia por uma pessoa real". Anna Freud, *The Psychoanalytical Treatment of Children* [1927]. London: Imago, 1946, p. 34 [ed. bras.: *O tratamento psicanalítico de crianças*, trad. Marco Aurelio de Moura Matos. Rio de Janeiro: Imago, 1971].

4 Ela menciona as seguintes razões (ibid., p. 49): "O fato de que o ideal de ego de uma criança é fraco; de que suas exigências e sua neurose são dependentes do mundo externo; de que ela é incapaz de controlar as pulsões emancipadas; e de que o próprio analista deve guiá-las". Mais adiante: "Mas, com uma criança, impulsos negativos em relação ao analista – por mais reveladores que possam ser em muitos aspectos – são essencialmente inconvenientes e deveriam ser administrados o mais prontamente possível. O trabalho realmente frutífero sempre se dá com um vínculo positivo" (ibid., p. 31).

profunda. Além disso, uma vez que não recorre a nenhuma influência educacional, a análise não apenas não faz mal ao ego da criança como, na realidade, o fortalece.

Seria sem dúvida uma tarefa interessante fazer uma comparação detalhada desses dois métodos com base nos dados factuais e avaliá-los de um ponto de vista teórico, mas devo me contentar nestas páginas em dar um relato de minha técnica e das conclusões teóricas a que ela me possibilitou chegar. É tão pouco o que se conhece atualmente sobre análise de crianças que nossa primeira tarefa deve ser a de lançar luz sobre os problemas da análise de crianças a partir de vários ângulos, agrupando os resultados obtidos até aqui.

Parte 1

A técnica da análise de crianças

1. Fundamentos psicológicos da análise de crianças

A psicanálise levou à criação de uma nova psicologia infantil.[1] As observações psicanalíticas ensinaram-nos que, mesmo nos primeiros anos, as crianças experimentam não apenas impulsos sexuais e ansiedade como também grandes decepções. Junto da crença na assexualidade da criança acabou também a crença no "paraíso da infância". Estas são conclusões que foram obtidas a partir da análise de adultos e da observação direta de crianças, confirmadas e complementadas pela análise de crianças pequenas.

Começarei, por meio de exemplos, fazendo um esboço da mente da criança pequena, tal como a compreendi a partir dessas análises precoces. Minha paciente Rita, que no início do tratamento tinha dois anos e nove meses, demonstrava uma preferência pela mãe até o fim de seu primeiro ano de vida. Mais tarde, passou a mostrar uma afeição marcadamente maior pelo pai, acompanhada de fortes ciúmes em relação à mãe. Por exemplo, aos quinze meses, costumava expressar com frequência o desejo de ficar a sós com o pai na sala, sentar-se em seu colo e ficar olhando livros com ele. Aos dezoito meses, a atitude mudou novamente e a mãe foi reinstalada como a favorita. Começou, ao mesmo tempo, a sofrer terrores noturnos e a ter medo de animais. Foi ficando cada vez mais fixada na mãe e desenvolveu uma aversão intensa pelo pai. No início de seu terceiro ano de vida, tornou-se mais ambivalente e difícil de ser controlada até que, finalmente, aos dois anos e nove meses, trouxeram-na a mim para ser analisada. Tinha uma pronunciada neurose obsessiva nessa época. Apresentava cerimoniais

---

1 Este capítulo é uma versão ampliada de meu artigo "Os princípios psicológicos da análise precoce" (1926).

obsessivos e alternava entre uma atitude "boazinha", mesclada com sentimentos de remorso, e "mau comportamento" incontrolável. Tinha ataques de mau humor, que traziam todos os indícios de uma depressão melancólica; além disso, apresentava ansiedade grave, extensa inibição no brincar, uma incapacidade absoluta de tolerar qualquer tipo de frustração e tristeza excessiva. Essas dificuldades faziam do manejo da criança uma tarefa impossível.[2]

O caso de Rita mostrou claramente que o *terror noturno* originado aos dezoito meses foi uma expressão neurótica de seu conflito edipiano.[3] Os ataques de ansiedade e raiva, que se revelaram como uma repetição de seus terrores noturnos, assim como de outras dificuldades, estavam intimamente relacionados com fortes sentimentos de culpa oriundos daquele conflito edipiano precoce.

---

2 Rita havia dormido no quarto dos pais até quase dois anos e mostrou em sua análise as consequências de ter presenciado a cena primária. Quando tinha dois anos, seu irmão nasceu e esse evento levou à erupção de sua neurose em toda a sua intensidade. Sua análise durou 83 sessões até ser interrompida quando seus pais se mudaram para outro país. Resultou em uma melhora bastante considerável em todos os pontos mais importantes. A ansiedade da criança foi abrandada e seus cerimoniais obsessivos desapareceram. Seus sintomas depressivos, junto de sua incapacidade de tolerar frustrações, ficaram bem moderados. Além de diminuir sua ambivalência pela mãe e melhorar seu relacionamento com o pai e o irmão, a análise reduziu as dificuldades de sua educação, trazendo-as a um nível normal. Convenci-me inicialmente da natureza duradoura dos resultados de sua análise alguns anos após seu término. Descobri, então, que ela havia entrado no período de latência de modo satisfatório e que seu desenvolvimento intelectual e de caráter também era satisfatório. Contudo, ao reencontrá-la, tive a impressão de que teria sido aconselhável ter continuado sua análise um pouco mais. Todo o seu caráter e natureza mostravam traços inequívocos de uma disposição obsessiva. A esse respeito é preciso notar que sua mãe sofria de uma grave neurose obsessiva e tinha tido uma relação ambivalente para com a criança desde o início. Um resultado, entre as melhorias que a análise havia produzido em Rita, era que a atitude de sua mãe em relação a ela também tinha melhorado bastante; ainda assim subsistiu um déficit sério no desenvolvimento da criança. Não há dúvida de que se sua análise tivesse sido conduzida até o fim e seus traços neuróticos sido mais esclarecidos, ela teria alcançado um contrabalanço mais eficaz do ambiente neurótico e neurotizante em que vivia. Sete anos depois do fim de seu tratamento, ouvi de sua mãe que ela continuava a se desenvolver de modo satisfatório.

3 No capítulo 8, darei razões mais plenas para minhas suposições de que os primeiros estágios do conflito edipiano já estavam sendo esboçados por meio dessas emoções.

Passarei a considerar agora o conteúdo e as causas desses sentimentos de culpa em idade tão tenra com um recurso a outro caso. Trude, de três anos e nove meses,[4] várias vezes propôs na análise a mesma brincadeira em que fazia de conta que era noite e nós duas estávamos dormindo. Então vinha do canto oposto da sala (que supostamente era seu quarto), aproximava-se silenciosamente e me ameaçava de várias maneiras, sugerindo, por exemplo, que me esfaquearia na garganta, me atiraria para fora da janela, me queimaria, me entregaria para a polícia etc. Amarrava meus pés e minhas mãos ou levantava a manta sobre o sofá e dizia que estava fazendo "*po-kaki-kucki*". Isso, revelou-se, significava que ela queria olhar dentro do traseiro de sua mãe à procura de fezes [*Kakis*], que para ela representavam crianças. Em outra ocasião, quis me bater no estômago, declarou que estava tirando meus "a-as" (fezes) e me deixando pobre. Agarrou, então, as almofadas, que com frequência chamava de crianças, e escondeu-se com elas atrás do sofá. Lá, agachou-se no canto com uma expressão intensa de medo, cobriu-se, chupou os dedos e fez xixi. Costumava repetir esse processo inteiro toda vez que dirigia um ataque a mim. Correspondia em cada detalhe à maneira como havia se comportado quando, antes de completar dois anos, começou a ter terrores noturnos muito intensos na cama. Naquela época, costumava correr para o quarto dos pais muitas vezes durante a noite, sem ser capaz de dizer o que queria. Quando analisei que seu hábito de fazer xixi e cocô na calça representavam ataques aos pais na relação sexual, os sintomas desapareceram. Trude havia desejado roubar os bebês de sua mãe grávida, matá-la e tomar seu lugar na relação sexual com o pai. Tinha dois anos de idade quando a irmã nasceu. Foram esses impulsos de ódio e agressividade que, no segundo ano de vida, deram origem a uma fixação cada vez mais forte na mãe, bem como a uma ansiedade e um sentimento de culpa severos que encontraram expressão, entre outras coisas, em seus terrores noturnos. Concluo, a partir disso, que a ansiedade e os sentimentos de culpa que a criança pequena experimenta no início da vida têm origem nas tendências agressivas relacionadas ao conflito edipiano.[5] Na época

---

4 Aqui, como em todas as outras situações, a idade mencionada indica a idade com que a criança começou a análise.

5 No artigo no qual este capítulo se baseou ("Os princípios psicológicos da análise precoce", op. cit.), eu já havia apresentado a ideia de que o ódio e as tendências agressivas constituem a causa mais profunda e os alicerces dos sentimentos de culpa; desde então, tenho trazido novas evidências em favor dessa opinião em diversos outros escritos. Em meu artigo "A importância da

em que Trude ostentava em análise a conduta descrita, ela encontrava uma forma de se machucar antes de quase toda sessão. Revelou-se que os objetos nos quais havia se machucado – uma mesa, um armário, uma lareira etc. – representavam, conforme a identificação primitiva e infantil, a mãe e o pai, que a estavam punindo.[6]

Retornando a nosso primeiro caso, vemos que, antes de completar dois anos, Rita passou a chamar atenção pelo remorso que costumava sentir por qualquer infraçãozinha e por sua hipersensibilidade quanto a ser repreendida. Por exemplo, rompeu em lágrimas quando seu pai, rindo, lançou uma ameaça contra um urso em seu livro ilustrado. O que determinou a identificação com o urso foi o medo do desprazer de seu pai real. A inibição no brincar tinha origem em seu sentimento de culpa. Quando tinha apenas dois anos e três meses de idade, costumava brincar com sua boneca – brincadeira da qual derivava pouco prazer – e declarava várias vezes que não era mãe da boneca. A análise mostrou que ela não podia se permitir brincar de ser mãe porque, entre outras coisas, a boneca-criança representava seu irmãozinho, que ela desejara roubar da mãe, durante a gravidez. A proibição, contudo, não provinha de sua mãe real, e sim de uma mãe introjetada que a tratava com muito mais severidade e crueldade do que a mãe real jamais fizera. Outro sintoma – uma obsessão – que

---

formação de símbolos no desenvolvimento do ego" (1930), apresentado no Congresso de Oxford em 1929, pude dar uma formulação ampliada disso. Eu disse: "É somente nos estágios finais do conflito edipiano que a defesa contra os impulsos libidinais entra em cena: nos estágios iniciais, a defesa se dirige apenas contra os impulsos destrutivos que os acompanham" (p. 293). Essa afirmação concorda em alguns pontos, penso, com as conclusões a que Freud chegou em seu recente livro *O mal-estar na civilização* (1930), em que diz: "Mas então é somente a agressividade que se transforma em sentimento de culpa, ao ser suprimida e transmitida para o superego. Estou convencido de que poderemos expor muitos processos de modo mais simples e transparente, se limitarmos às pulsões agressivas o achado da psicanálise relativo à derivação do sentimento de culpa". E, na sequência: "Agora é plausível formular a seguinte proposição: quando uma tendência pulsional sucumbe à repressão, seus elementos libidinais se transformam em sintomas, seus componentes agressivos, em sentimento de culpa" (*O mal-estar na civilização* [1930], in *Obras completas*, v. 18, trad. Paulo César de Souza. São Paulo: Companhia das Letras, 2010, p. 72; trad. modif.).

6 Certa disposição para choramingar e uma tendência a cair ou se machucar, coisas tão absolutamente comuns em crianças pequenas, são, segundo minha experiência, efeitos do sentimento de culpa.

Rita desenvolveu aos dois anos de idade foi um ritual na hora de dormir que lhe tomava muito tempo. O ponto principal consistia em ser embalada em lençóis bem apertados, caso contrário um "rato ou um '*Butzen*'"[7] entraria pela janela e arrancaria seu próprio "*Butzen*" com uma mordida.[8] A boneca também tinha de ficar bem apertada nos lençóis. Esse duplo cerimonial tornou-se cada vez mais elaborado e prolongado, era executado com todos os sinais daquela atitude compulsiva que impregnava toda a sua mente. Em uma ocasião, durante sua sessão de análise, ela pôs um elefante de brinquedo na cama da boneca para impedir que esta se levantasse, entrasse no quarto dos pais e pudesse "fazer alguma coisa com eles ou tirar algo deles". O elefante assumia o papel de seus pais internalizados, cuja influência proibitiva ela havia sentido desde que, entre um ano e três meses e dois anos, havia desejado tomar o lugar da mãe junto ao pai, roubar-lhe a criança que havia dentro dela, machucar e castrar ambos os pais. O significado do cerimonial então tornou-se claro: ficar bem presa na cama a impedia de se levantar e executar desejos agressivos contra os pais. Contudo, uma vez que esperava que os pais a punissem por esse desejo, retaliando em um ataque semelhante, ficar bem presa na cama também servia como defesa contra esses ataques. Os ataques seriam realizados, por exemplo, pelo "*Butzen*" (o pênis do pai), que machucaria os genitais dela e morderia fora o "*Butzen*" dela como punição por querer castrá-lo. Nessas brincadeiras, ela costumava castigar a boneca e então dar vazão a um ataque de raiva e medo, mostrando, desse modo, que estava desempenhando os dois papéis – o dos poderes que infligem punição e o da própria criança punida.

Esses jogos provavam que tal ansiedade se referia não apenas aos pais reais da criança como também, e mais especialmente, a seus pais introjetados, excessivamente severos. O que estamos vendo aqui corresponde ao que chamamos de superego nos adultos.[9] Os sinais típicos, que saltam à vista quando o complexo de Édipo alcança o auge e precedem seu declínio, são apenas o estágio final de um processo em andamento há anos. A análise precoce mostra que o conflito edipiano

---

7 Palavra inventada pela menina. [N. T.]

8 O complexo de castração de Rita se manifestava mediante toda uma série de sintomas e em seu desenvolvimento caracterológico. Seu brincar também mostrava claramente a força de sua identificação com o pai e seu medo – proveniente de seu complexo de castração – de fracassar em seu papel masculino.

9 Em minha opinião, as identificações mais arcaicas da criança já merecem ser chamadas de "superego". As razões para tanto serão dadas no capítulo 8.

se instala já na segunda metade do primeiro ano de vida, e ao mesmo tempo a criança começa a construir seu superego.

Descobrir, como descobrimos, que mesmo crianças muito pequeninas encontram-se sob pressão de sentimentos de culpa nos dá pelo menos uma precondição para a análise da criança pequena. Mesmo assim, ainda faltam muitas condições para garantir o êxito do tratamento. A relação com a realidade é fraca; não parece haver nada que as induziria a submeter-se aos rigores de uma análise, já que, de modo geral, elas não se sentem doentes; e, finalmente, o mais importante, elas ainda não podem fornecer, ou fornecer em grau suficiente, aquelas associações de fala que são o principal instrumento de um tratamento analítico de adultos.

Consideremos antes essa última objeção. As próprias diferenças entre a mente infantil e a adulta mostraram de imediato a maneira de chegar às associações da criança e de compreender seu inconsciente. Foram essas características especiais da psicologia da criança que propiciaram a base da técnica de análise do brincar que vim a desenvolver. A criança expressa fantasias, desejos e experiências reais de modo simbólico, por meio de seu brincar e de suas brincadeiras. Ao fazer isso, emprega o mesmo modo de expressão arcaico e filogeneticamente adquirido, a mesma linguagem, por assim dizer, com que estamos familiarizados nos sonhos; e só poderemos compreendê-la plenamente se a abordarmos da forma como Freud nos ensinou a abordar a linguagem dos sonhos. O simbolismo é apenas uma parte. Se desejarmos compreender o brincar da criança corretamente em relação a seu comportamento como um todo durante a sessão, não devemos nos contentar em pinçar o significado dos símbolos isoladamente na brincadeira, por mais que nos impressionem, mas devemos considerar todos os mecanismos e métodos de representação empregados pelo trabalho do sonho, sem nunca perder de vista a relação de cada fator com a situação como um todo. A análise precoce de crianças tem mostrado de maneira insistente quantos significados diferentes pode ter um único brinquedo ou um único segmento de uma brincadeira, e que só podemos inferir e interpretar seu significado quando consideramos as conexões mais amplas e a situação analítica em que se inserem. A boneca de Rita, por exemplo, às vezes representava um pênis, às vezes uma criança que ela havia roubado da mãe e às vezes seu próprio self. Um impacto analítico pleno só pode ser obtido se colocarmos esses elementos do brincar em verdadeira relação com o sentimento de culpa da criança, por meio da interpretação minuciosa deles, até o mínimo detalhe. A imagem caleidoscópica total que as crianças apresentam em uma única sessão, a qual muitas vezes aparenta não ter sentido algum; a maneira como brincam com um brinquedo, então deixam isso de lado para fazer uma personificação, usando para tanto sua própria pessoa, e em seguida voltam a brincar com água, fazer recortes de papel ou desenhar; o modo como a criança faz isto ou aquilo, o motivo pelo qual muda a brincadeira e os meios que escolhe para expressar o conteúdo de suas brincadeiras – podemos ver que todas essas coisas têm método e se tornarão significativas se as interpretarmos como interpretamos os sonhos. Com frequência as crianças expressam no brincar as mesmas coisas que há pouco nos contaram por meio de um sonho, ou produzem associações com um sonho no brincar que se segue ao relato. O brincar, afinal, é o meio de expressão mais importante da criança. Se utilizarmos a técnica do brincar, logo veremos que a criança faz tantas associações com os elementos isolados de seu brincar quanto os adultos fazem com os elementos isolados de seus sonhos. Esses elementos isolados do brincar são indicações para o observador experiente; e, enquanto brinca, a criança também conversa e diz toda sorte de coisas, que têm o valor de genuínas associações.

É surpreendente a facilidade com que as crianças às vezes aceitam a interpretação e mostram mesmo um prazer inequívoco nisso. É provável que a razão seja que, em certas camadas de sua mente, a comunicação entre o consciente e o inconsciente ainda é relativamente fácil, de modo que o caminho de volta para o inconsciente é muito mais simples de encontrar. Com frequência a interpretação surte efeitos rápidos, mesmo quando não parece ter sido recebida de maneira consciente. Tais efeitos podem ser constatados na maneira como permitem que a criança retome um jogo que havia sido interrompido em consequência da emergência de uma inibição e em como permitem que o jogo se altere ou se expanda, trazendo a nossos olhos camadas mais profundas da mente. E, à medida que a ansiedade é assim resolvida e o desejo de brincar é restaurado, o contato analítico se restabelece. À medida que a interpretação libera a energia que a criança precisava despender para sustentar a repressão, o interesse no brincar é renovado. No entanto, às vezes deparamos com resistências muito difíceis de superar. Na maioria das vezes, isso significa que esbarramos na ansiedade e no sentimento de culpa pertencentes a camadas mais profundas da mente da criança.

As formas arcaicas e simbólicas de representação que a criança emprega em seu brincar estão associadas com outro mecanismo primitivo. Quando brinca, a criança mais age do que fala. Ela põe atos – que originalmente ocuparam o lugar de pensamentos – no lugar de palavras; isso significa que a atuação é para ela da maior importância. Em *História de uma neurose infantil*, Freud escreve: "A análise que realizamos na própria criança neurótica parecerá a princípio mais confiável, mas não pode ser muito rica de conteúdo; é preciso emprestar à criança muitas palavras e pensamentos, e mesmo assim as camadas mais profundas serão talvez impenetráveis para a consciência".[10] Se nos aproximarmos da criança com a técnica de adultos, é quase certo que não penetraremos naqueles níveis mais profundos; e, no entanto, o êxito e o valor de uma análise dependem precisamente de alcançar esses níveis, tanto para a criança como para o adulto. Porém, se levarmos em consideração quão diferente é a psicologia da criança se comparada à do adulto – o fato de que seu inconsciente ainda está em contato próximo com o consciente e que impulsos mais primitivos encontram-se em operação lado a lado com processos mentais bastante complicados – e se captarmos corretamente o modo de expressão da criança, então todos esses inconvenientes e desvantagens desaparecem e descobrimos que podemos esperar fazer uma análise tão profunda e extensa da criança quanto faríamos de um adulto. Até mais, na realidade. Na análise de crianças, somos capazes de voltar a experiências e fixações que na análise de adultos muitas vezes só podem ser reconstruídas, ao passo que a criança as revela para nós como representações imediatas.[11]

Em artigo apresentado no Congresso Internacional de Psicanálise de Salzburgo em 1924,[12] apresentei a tese de que por trás de cada brincadeira encontra-se um processo de descarga de fantasias de masturbação, que operam na forma de uma motivação contínua para brincar; de que esse processo, funcionando como uma compulsão à repetição, constitui um mecanismo fundamental no brincar das crianças e em todas as suas sublimações subsequentes; e de que as inibições no brincar e no trabalho têm origem na repressão desnecessariamente forte dessas fantasias, e com elas de toda a vida imaginativa da criança.

---

10 S. Freud, *História de uma neurose infantil* ("*O Homem dos Lobos*") [1914/1918], in *Obras completas*, v. 14, trad. Paulo César de Souza. São Paulo: Companhia das Letras, 2010, pp. 15–16.

11 A análise de crianças pequenas oferece um dos campos mais frutíferos para a terapia psicanalítica precisamente porque a criança tem a habilidade de representar seu inconsciente de modo direto e, assim, tem a chance não apenas de experimentar uma extensa ab-reação emocional, mas de vivenciar realmente a situação original em sua análise, de modo que, com a ajuda de interpretações, suas fixações podem ser consideravelmente resolvidas.

12 Não publicado.

Vinculadas a essas fantasias de masturbação da criança estão as experiências sexuais, que encontram representação e ab-reação em suas brincadeiras. Entre essas experiências dramatizadas, a cena primária tem um papel muito importante e, em geral, ocupa o primeiro plano na análise precoce. Como regra geral, é apenas depois de um tempo razoável de análise, depois de a cena primária e as tendências genitais da criança terem se revelado em alguma medida, que temos acesso a representações de suas experiências e fantasias pré-genitais. Por exemplo, Ruth, de quatro anos e três meses de idade, havia tido uma experiência prolongada de fome quando bebê, pois a mãe não tivera leite suficiente. Quando brincava, costumava chamar a torneira de água de "torneira de leite". Explicava sua brincadeira dizendo que o leite escorria para dentro das "bocas" (os buracos do cano), mas que só um pouquinho estava entrando nelas. Revelava desejos orais insatisfeitos em inúmeras brincadeiras, faz de conta e em toda a sua atitude mental. Dizia, por exemplo, que era pobre, que só tinha um casaco, que não recebia comida o bastante etc. – nada disso era verdade.

A análise de Erna, uma paciente obsessiva de seis anos de idade, cujo treinamento dos hábitos de higiene havia desempenhado um papel muito importante em sua neurose,[13] demonstrava essa experiência nos mínimos detalhes. Por exemplo, ela sentava uma bonequinha sobre um tijolo e a fazia defecar em frente a uma fila de outras bonecas, cheias de admiração. Repetia, a seguir, o mesmo tema, só que dessa vez tínhamos nós mesmas de representar os papéis. Eu tinha de ser um bebê que fazia cocô e ela era a mãe. Ela admirava e acariciava o bebê. Então, mudava de aspecto, ficava furiosa e subitamente fazia o papel de uma governanta severa que maltratava a criança. Nesse sentido, retratava o que havia sentido na primeira infância, quando o treinamento dos hábitos de higiene havia começado e ela acreditou que estava perdendo o amor excessivo que havia desfrutado quando bebê.

Na análise de crianças, não é possível exagerar a importância da atuação e de fantasias a serviço da compulsão à repetição. A criança pequena, naturalmente, faz uso da atuação mais do que qualquer outra, mas mesmo as mais velhas recorrem o tempo todo a esse mecanismo primitivo. O ganho de prazer que ela obtém fornece um estímulo indispensável para o seguimento da análise, embora não devesse nunca ser mais do que um meio para alcançar um fim.

Quando a análise já começou e certa quantidade de ansiedade se resolveu no pequeno paciente por meio de interpretações, a sensação

13 Um relato mais detalhado do caso de Erna será apresentado no capítulo 3.

de alívio que ele experimenta como consequência – com frequência após algumas poucas sessões – o ajudará a prosseguir com o trabalho. Pois, se até então não tivera nenhum incentivo para ser analisado, tem agora um insight quanto ao uso e valor do trabalho analítico, que é um motivo tão eficaz para ser analisado quanto o insight que o adulto tem a respeito de sua doença. A capacidade para insights desse tipo evidencia um grau essencial de contato com a realidade que não esperaríamos observar em uma criança tão pequena. Esse ponto, a relação da criança com a realidade, merece mais discussão.

Podemos ver no curso da análise que a relação da criança com a realidade, de início tão fraca, se fortalece aos poucos como resultado do trabalho analítico. O paciente começará, por exemplo, a distinguir entre a mãe de faz de conta e a mãe real, ou entre o brinquedo que representa o irmão e o irmão de verdade. Insistirá que só quis fazer isto ou aquilo com seu irmão de brinquedo e que ele ama muitíssimo o irmão de verdade. Só depois que resistências muito fortes e obstinadas tiverem sido superadas é que será capaz de ver que seus atos agressivos foram dirigidos ao objeto no mundo real. Mas, quando vier a compreender isso, por mais jovem que seja, terá feito um avanço muito importante em sua adaptação à realidade. Trude, minha paciente de três anos e nove meses, viajou para o exterior com a mãe, depois de ter tido uma única sessão comigo. Seis meses depois, a análise foi reiniciada. Passou muito tempo até que ela mencionasse alguma coisa de tudo que tinha visto e feito durante as viagens; quando o fez, foi apenas em conexão com um sonho: ela e a mãe estavam de novo na Itália em um certo restaurante que ela conhecia e a garçonete não lhe deu xarope de framboesa porque não tinha sobrado nada. A interpretação deste sonho mostrou, entre outras coisas,[14] que ela não havia superado a dor da retirada do seio da mãe e a inveja da irmã mais nova. Se de um lado ela havia relatado toda sorte de eventos cotidianos aparentemente desimportantes, aludindo várias vezes a pequenos detalhes de sua primeira sessão seis meses antes, a única razão para

14 Tratava-se de um sonho de punição. Revelou-se estar baseado em desejos de morte oriundos de sua frustração oral e de sua situação edipiana, dirigindo-se contra sua irmã e sua mãe, em conjunto do sentimento de culpa resultante desses desejos. A análise que faço dos sonhos de crianças muito pequenas tem em geral mostrado que neles, não menos do que no brincar, estão sempre presentes não apenas desejos como também tendências compensatórias provenientes do superego, e que mesmo no mais simples sonho de realização de desejo o sentimento de culpa encontra-se operante de modo latente.

mencionar suas viagens foi um incidente frustrante relacionado à frustração que surgia na situação analítica. Fora isso, as viagens não suscitavam nenhum interesse nela.

Crianças neuróticas não toleram bem a realidade porque não podem tolerar frustrações. Protegem-se da realidade recusando-a. O que é fundamental e decisivo para sua adaptação futura à realidade é a maior ou menor capacidade de tolerar aquelas frustrações que emergem da situação edipiana. Em crianças pequenas, a rejeição excessiva da realidade (com frequência disfarçada sob uma aparente docilidade e adaptabilidade) também é, portanto, um sinal de neurose e só difere da fuga da realidade do neurótico adulto em sua forma de expressão. Por essa razão, um dos resultados da análise precoce deveria ser capacitar a criança a se adaptar à realidade. Se isso for alcançado com êxito, vemos nas crianças, entre outras coisas, uma diminuição das dificuldades educacionais à medida que elas se tornam capazes de tolerar as frustrações inerentes à realidade.

Com isso acredito termos observado que na análise de crianças nosso ângulo de abordagem tem de ser um tanto diferente do que assumimos na análise de adultos. Tomando o atalho mais curto pelo ego, dedicamo-nos em primeiro lugar ao inconsciente da criança e aos poucos entramos em contato com seu ego. Por meio da diminuição da pressão excessiva do superego, que pesa muito mais sobre o ego fraco da criança pequena do que sobre o ego do adulto, fortalecemos o ego e auxiliamos em seu desenvolvimento.[15]

Falei do efeito rápido que as interpretações têm sobre as crianças e de como isso é observável de várias maneiras, como a expansão do brincar, o fortalecimento da transferência e a redução da ansiedade etc. No entanto, parece que elas levam certo tempo até conseguir trabalhar essas interpretações de modo consciente. Essa tarefa, conforme descobri, era alcançada mais tarde, e estava vinculada e em compasso com o desenvolvimento do ego e com o aumento da adaptação à realidade. O processo de esclarecimento sexual segue um curso análogo. Por muito tempo, a análise não faz mais do que trazer à tona material

---

15 Após o término de sua análise, a criança não pode alterar as circunstâncias de sua vida do mesmo modo que um adulto muitas vezes pode. Mas a análise terá sido de grande ajuda se a tiver capacitado a se desenvolver mais livremente e a se sentir melhor em seu próprio ambiente. Além disso, a remoção da neurose da criança com frequência tem o efeito de minimizar as dificuldades de seu meio. Tenho observado que a mãe reagirá de modo muito menos neurótico assim que a análise começar a efetuar mudanças favoráveis na criança.

ligado a teorias sexuais e fantasias do nascimento. O esclarecimento sexual prossegue gradualmente por meio da remoção de resistências inconscientes que trabalham contra ele. Portanto, o esclarecimento sexual pleno, assim como a adaptação plena à realidade, é uma das consequências de uma análise completa. Sem isso, nenhuma análise pode julgar ter chegado a um bom termo.

Do mesmo jeito que o modo de expressão é diferente na criança, a situação analítica como um todo também é. E, não obstante, tanto na criança como no adulto, os princípios fundamentais da análise são os mesmos. A interpretação consistente, a resolução gradual das resistências, a referência firme e consistente da transferência, seja ela positiva ou negativa, a situações anteriores – esses princípios estabelecem e mantêm uma situação analítica não menos correta com a criança do que com o adulto. Uma condição necessária para esse sucesso é o analista abster-se, tal como faz com pacientes adultos, de exercer qualquer tipo de influência educacional e não analítica sobre a criança. A transferência deve, portanto, ser manejada o tempo todo da mesma forma como ocorre na análise de adultos e, como consequência, veremos os sintomas e as dificuldades se concentrarem em torno da situação analítica. Isso leva à renovação de sintomas ou dificuldades anteriores e do "mau comportamento" que corresponde a eles na criança. A criança, por exemplo, voltará a fazer xixi na cama; ou, em certas situações que repetem uma anterior, mesmo que tenha três ou quatro anos de idade, começará a falar como uma criancinha de um ou dois anos.

Uma vez que o conhecimento recém-adquirido é, em primeiro lugar, assimilado, sobretudo de modo inconsciente, a criança não é confrontada de imediato com uma situação que exige dela que reveja sua relação com os pais; esse desenvolvimento se dá primeiro emocionalmente. Em minha experiência, essa assimilação gradual do conhecimento traz para a criança sobretudo alívio e uma melhora pronunciada em seu relacionamento com os pais, acompanhada de uma maior adaptação social e uma educação mais fácil. Uma vez que que as exigências do superego foram moderadas pela análise, o ego, agora menos oprimido e, portanto, mais forte, torna-se capaz de atendê-las com mais facilidade.

À medida que a análise continua, as crianças se tornam, em alguma medida, capazes de substituir os processos de repressão pelos de rejeição crítica. Isso é observado quando, num estágio posterior da análise, elas se mostram tão distanciadas dos impulsos sádicos – os quais antes as governavam e cujas interpretações opunham resistências fortíssimas – que por vezes até acham graça deles.[16] Já ouvi crianças muito pequenas rirem, por exemplo, da ideia de que uma vez elas realmente quiseram devorar a mamãe ou cortá-la em pedaços. A redução do sentimento de culpa que acompanha essas mudanças também permite que desejos sádicos que foram anteriormente reprimidos possam ser sublimados. Isso aparece na remoção de inibições tanto no brincar como na aprendizagem e no surgimento de um grande número de interesses e atividades.

Neste capítulo, tomei como ponto de partida minha técnica da análise precoce, porque ela é fundamental para os métodos analíticos. Uma vez que as peculiaridades da mente de crianças muito pequenas com frequência persistem de modo muito forte nas crianças mais velhas, tenho sentido que essa mesma técnica também é indispensável no trabalho com crianças mais velhas. Por outro lado, é claro, o ego da criança mais velha encontra-se mais plenamente desenvolvido e, por isso, a técnica tem de sofrer alguma modificação ao ser aplicada às crianças no período de latência e na puberdade. Esse assunto receberá atenção mais adiante e, por esse motivo, vou me deter nele aqui de modo muito breve. Se essa técnica modificada se aproximará mais da análise precoce ou da análise de adultos vai depender não apenas da idade da criança como também da natureza especial do caso.

Em termos gerais, os seguintes princípios são fundamentais para minha técnica com relação a todos os grupos etários. Uma vez que crianças e jovens sofrem de ansiedade em grau mais agudo do que os adultos, devemos buscar obter acesso a sua ansiedade e a seu sentimento inconsciente de culpa e estabelecer a situação analítica tão rápido quanto possível. Em crianças pequenas, essa ansiedade em geral encontra escoamento em ataques de ansiedade; durante o período de latência, o mais comum é que tome a forma de uma rejeição desconfiada, ao passo que na idade intensamente emocional da puberdade leva mais uma vez a uma geração aguda de ansiedade, a qual agora, contudo, em conformidade com o ego mais desenvolvido da criança, costuma se expressar

16 Essa observação, de que quando seu superego se torna menos duro as crianças desenvolvem um senso de humor, confirma, acredito, a teoria de Freud acerca da natureza do humor, o qual, segundo ele, é efeito de um superego amistoso. Na conclusão de seu artigo "O humor" [1927], ele diz: "E, por fim, se o superego busca, através do humor, consolar e proteger do sofrimento o ego, não contradiz, dessa forma, sua procedência da instância parental" (in *Obras completas*, v. 17, trad. Paulo César de Souza. São Paulo: Companhia das Letras, 2014, p. 330).

por meio de resistências de uma natureza violenta e desafiadora, que podem facilmente conduzir à interrupção da análise. Certa quantidade de ansiedade pode rapidamente ser resolvida em crianças de todas as idades se a transferência negativa for, desde o início, tratada de maneira sistemática e dissolvida.

Mas, a fim de obter acesso ao inconsciente e às fantasias da criança, deixemo-nos guiar por esses métodos de representação simbólica indireta empregados pela criança pequena e pela criança mais velha. Com a liberação da fantasia da criança decorrente da diminuição de sua ansiedade, não só ganhamos acesso a seu inconsciente como também mobilizamos, cada vez mais, os meios de que ela dispõe para dar expressão[17] a suas fantasias. Isso se confirma até mesmo naqueles casos em que precisamos partir de um material que parece ser completamente destituído de fantasia.

Para concluir, gostaria de resumir brevemente o que foi dito neste capítulo. A natureza mais primitiva da mente da criança torna necessário buscar uma técnica analítica especialmente adaptada a ela, e isso nós encontramos na análise do brincar. Por meio da análise do brincar, ganhamos acesso a suas fixações e experiências mais profundamente reprimidas e tornamo-nos assim capazes de exercer uma influência radical sobre seu desenvolvimento. Esse método de análise, no entanto, diverge daquele adotado na análise de adultos apenas na técnica, não no princípio. A análise da situação transferencial e da resistência, a remoção da amnésia infantil inicial e dos efeitos da repressão, bem como o desvelamento da cena primária – a técnica do brincar faz tudo isso. Pode-se ver que todos os critérios do método psicanalítico se aplicam a essa técnica. A análise do brincar leva aos mesmos resultados que a técnica de adultos, com uma única diferença, a saber, que o procedimento técnico é adaptado à mente da criança.

---

17 Se fizermos isso, conseguiremos tornar a fala – uma vez que a criança já for capaz de falar – um instrumento de sua análise. A razão pela qual temos de prescindir de associações verbais por longos períodos de análise não é porque as crianças pequenas não possam falar com facilidade, e sim porque a ansiedade aguda de que sofrem só lhes permite empregar uma forma menos direta de representação. O modo de representação precoce primário por meio de brinquedos e de ação é um meio essencial de expressão da criança, de forma que, com toda certeza, jamais poderíamos conduzir uma análise profunda de uma criança exclusivamente por meio da fala. Contudo, acredito que nenhuma análise infantil, qualquer que seja a idade da criança, pode se dar por terminada sem que ela consiga acionar a fala em toda a sua capacidade, pois a linguagem constitui a ponte para a realidade.

2.
A técnica da análise precoce

No primeiro capítulo deste livro, procurei mostrar, por um lado, quais mecanismos psicológicos especiais encontramos em atividade na criança pequena, em contraste com o adulto, e, por outro, quais paralelos existem entre os dois. Essas diferenças e similaridades, que requerem uma técnica especial, levaram-me a desenvolver meu método de análise do brincar.

Em uma mesinha, em minha sala de análise, são postos alguns brinquedos pequenos e simples – homenzinhos e mulherzinhas de madeira, carrocinhas, vagões, automóveis, trens, animais, blocos e casinhas, além de papel, tesoura e lápis. Mesmo uma criança normalmente inibida em seu brincar ao menos lançará um olhar sobre os brinquedos ou tentará tocá-los. Logo me dará um primeiro vislumbre de seus complexos pela maneira como começa a brincar com eles, os deixa de lado ou por sua atitude geral em relação a eles.

Demonstrarei os princípios da análise do brincar por meio de exemplos extraídos da análise de uma criança pequena. Peter, aos três anos e nove meses, era uma criança muito difícil. Tinha uma fixação muito forte na mãe e era muito ambivalente. Era incapaz de tolerar frustrações, totalmente inibido em seu brincar, e dava a impressão de ser uma criança extremamente tímida, queixosa e pouco masculina. Seu comportamento era por vezes agressivo e desdenhoso, ele se dava mal com outras crianças, em especial com seu irmão menor. O propósito de sua análise era o de ser, sobretudo, uma medida profilática, já que havia vários casos de neurose grave na família. Mas, ao longo dela, tornou-se óbvio que ele próprio sofria de uma neurose tão grave e de tal grau de inibição que, muito provavelmente, não seria capaz de corresponder às exigências da vida escolar e, mais cedo ou mais tarde, entraria em crise.[1]

Logo no início de sua primeira sessão, Peter pegou os carrinhos e carroças de brinquedo e os colocou primeiro um atrás do outro e, em seguida, lado a lado, alternou essas disposições várias vezes. Enquanto isso, pegou duas carroças puxadas a cavalo e bateu uma na outra, de modo que os pés dos cavalos se tocassem e disse: "Eu tenho um novo irmãozinho chamado Fritz". Perguntei o que as carroças estavam fazendo. Respondeu: "Isso não é bonito", e parou de chocá-las, mas logo em seguida recomeçou. Bateu, então, os dois cavalos de brinquedo um contra o outro da mesma maneira. Ao que eu disse: "Olha, os cavalos são duas pessoas que estão se batendo uma na outra". A princípio, ele disse: "Não, isso não é bonito", mas a seguir, "Sim, são duas pessoas se batendo uma na outra", e acrescentou: "Os cavalos também ficaram se batendo e agora eles vão dormir". Então, cobriu-os com tijolos e disse: "Agora eles estão bem mortos; eu enterrei eles". Em sua segunda sessão, dispôs, de imediato, os carros e carrinhos das mesmas duas maneiras – em uma longa fila e lado a lado; ao mesmo tempo, bateu duas carroças uma contra a outra e então duas locomotivas – tal como na primeira sessão. Em seguida, colocou dois balanços lado a lado e, mostrando-me a parte interna e mais comprida que ficava pendurada e balançava, disse: "Olha como balança e bate". Pus-me, então, a interpretar. Apontando os balanços "pendurados", as locomotivas, as carroças e os cavalos, eu disse que em cada caso eles eram duas pessoas – o papai e a mamãe – batendo os "negocinhos" [*thingummies*][2] deles (sua palavra para genitais). Objetou,

---

1 Devo acrescentar que, ao fim de sua análise, que durou 278 sessões, suas dificuldades haviam desaparecido e houve ampla melhoria em todo o seu caráter e disposição. Havia perdido não só seus medos mórbidos como sua timidez geral, tendo se tornado uma criança alegre e cheia de vida. Superou sua inibição no brincar e começou a se dar bem com outras crianças, em particular com seu irmãozinho. Seu desenvolvimento desde então tem sido excelente. Segundo as últimas notícias que tenho dele, seis anos após o fim da análise, estava se saindo bem na escola, interessando-se pelas coisas, aprendendo bem e se dando bem nos jogos. Convivia bem com os outros e era capaz de corresponder a todas as exigências sociais próprias a sua idade. Vale notar, além disso, que tanto durante sua análise como nos anos seguintes ele teve de atravessar tensões excepcionalmente grandes em razão de várias vicissitudes em sua vida familiar.

2 Sempre procuro me informar antecipadamente com a mãe quais são as palavras especiais que a criança usa para os genitais, os processos evacuatórios etc., e adoto-as ao falar com ela. Contudo, por questões de clareza, não

dizendo: "Não, isso não é bonito", mas foi em frente batendo os carrinhos e disse: "*É assim* que eles batem os negocinhos deles". Imediatamente a seguir, falou novamente de seu irmãozinho. Como vimos, também em sua primeira sessão, esse entrechocar de carroças e de cavalos foi seguido pela observação de que ele tinha um irmãozinho novo. Por isso, continuei minha interpretação dizendo: "Você pensou consigo mesmo que o papai e a mamãe batiam os negocinhos deles e que foi assim que apareceu seu irmãozinho Fritz". Ele então pegou outro carrinho e fez com que os três colidissem. Interpretei: "Esse é seu negocinho. Você queria bater seu negocinho junto com os negocinhos do papai e da mamãe". Ele, então, agregou um quarto carrinho e disse: "Esse é Fritz". Em seguida, pegou dois dos carrinhos menores e colocou cada um em uma locomotiva. Apontou para uma carroça com cavalo e disse: "É o papai". Colocou outra ao lado – "É a mamãe". Apontou mais uma vez para a carroça com cavalo do papai e disse: "Sou eu", e para a carroça com cavalo mamãe e disse: "Sou eu também", demonstrando sua identificação com ambos os pais na relação sexual. Depois disso, ele fez os dois carrinhos se chocarem repetidamente e contou-me como ele e o irmãozinho deixaram duas galinhas entrarem no quarto deles para que elas pudessem se acalmar, mas que elas ficaram se batendo por todo lado e cuspiram lá. "Ele e Fritz", acrescentou, "não eram meninos grosseiros da rua e não cuspiam". Quando eu lhe disse que as galinhas eram os negocinhos dele e de Fritz se batendo um contra o outro e cuspindo – isto é, se masturbando – ele concordou comigo depois de alguma resistência.

Posso referir-me apenas brevemente à maneira pela qual as fantasias da criança, tais como se apresentaram em seu brincar, tornaram-se cada vez mais livres em resposta a uma interpretação contínua; como a inibição no brincar diminuiu e como a diversidade de suas brincadeiras gradualmente se ampliou, como certos detalhes se repetiam diversas vezes até que fossem esclarecidos por meio de interpretações e, então, pudessem dar lugar a novos detalhes. Assim como os elementos do sonho levam ao desvelamento do conteúdo latente do sonho, também os elementos do brincar das crianças, correspondentes a essas associações, propiciam um vislumbre de seu conteúdo latente. E a análise do brincar, não menos do que a análise de adultos, ao tratar sistematicamente a situação real como situação transferencial e estabelecer

---

reproduzirei essas palavras especiais em meus relatos dos próximos casos. [O termo original, *thingummy*, parece ser uma combinação de *thing*, "coisa", "troço", "negócio", com *gummy*, "goma", "chiclete", "gelatina" – N.T.]

sua conexão com a situação originalmente vivenciada ou fantasiada, dá às crianças a possibilidade de vivenciar e elaborar completamente aquela situação original em fantasia. Ao fazer isso e ao desvelar suas experiências infantis e a causa original de seu desenvolvimento sexual, a análise resolve fixações e corrige erros de desenvolvimento.

O próximo fragmento que vou dar do caso de Peter tem a intenção de mostrar que as interpretações feitas nas primeiras sessões foram confirmadas mais tarde em análise. Um dia, após algumas semanas, quando um dos homenzinhos de brinquedo caiu, Peter teve um acesso de fúria. Imediatamente depois, perguntou-me como era feito um carro de brinquedo e "por que ele podia se manter de pé". Mostrou-me, em seguida, um veadinho de brinquedo caindo e disse-me então que estava com vontade de fazer xixi.[3] No banheiro ele me disse: "Estou fazendo

---

3 No capítulo 1 dei minhas razões para o ponto de vista de que, com as crianças, não menos do que com adultos, a situação analítica só pode ser estabelecida e mantida se uma atitude puramente analítica for mantida com relação ao paciente. Porém, ao lidar com crianças, certas modificações desse princípio tornam-se necessárias sem, contudo, de modo algum afastarmo-nos do que lhe é essencial. Por exemplo, se um paciente muito pequeno quiser ir ao banheiro e ainda não estiver acostumado a fazê-lo sozinho em casa, é meu costume acompanhá-lo. Mas eu faço por ele o mínimo possível, retirando assim dessa assistência o caráter de um ato de amor que o inconsciente da criança deseja, ou pelo menos reduzo-a ao mínimo indispensável; demonstro desse modo, como em todas as demais ocasiões, a atitude de reserva amistosa que parece tão necessária ao estabelecimento e à manutenção da situação analítica, tanto na análise de crianças como na análise de adultos. É também necessário submeter à interpretação analítica a satisfação ensejada ao paciente pela própria análise e os motivos mais profundos subjacentes a seu desejo por tal satisfação, relacionando-os com as associações ou brincadeiras imediatamente precedentes ou que se seguem. No caso de Peter, por exemplo, depois de ter urinado e dito: "Estou fazendo o número um – eu *tenho* um negocinho", ele continuou a brincadeira com o menino em cima do assento da privada. Os pormenores do jogo que se seguiu a suas observações, isto é, que o substituto do pai (o cachorro) *não* devia ver o menino na privada, mas que *era* para a mulher vê-lo, revelaram as razões para o desejo de Peter de urinar imediatamente antes e seu desejo de que eu estivesse presente enquanto ele fazia isso. Do mesmo modo, analiso sempre de modo muito profundo as razões pelas quais uma criança me atribui este ou aquele papel em seus jogos de faz de conta ou requer esta ou aquela ajuda para si própria ou suas bonecas ou animais. Em que medida podemos estabelecer a situação analítica ao tratar de crianças pode ser visto, por exemplo, pelo fato de que é uma exceção, até mesmo para os mais pequenos, praticar ações exibicionistas na realidade, e mesmo durante períodos da mais forte

o número um – eu *tenho* um negocinho". Quando voltou para a sala pegou novamente o homenzinho, o qual disse ser um menino sentado em uma casinha, que chamou de privada, colocou-o de pé de modo que um cachorro que fora posto a seu lado "não pudesse ver nem morder ele". Mas colocou uma mulher de brinquedo de modo que ela pudesse vê-lo e disse: "*Só* o pai dele não pode ver ele". Ficou evidente que ele identificou o cachorro, em geral um objeto que lhe despertava grande medo, com o pai, e o menino que defecava com ele próprio. Depois disso continuou a brincar com o carrinho, cuja construção já havia admirado, e fez com que se movesse de novo e de novo. De repente perguntou com raiva: "Quando é que ele vai parar?" e acrescentou que alguns dos homens de brinquedo que ele havia posto de pé não deveriam andar no carro, derrubou-os e colocou-os novamente de pé, de costas para o carro; perto deste alinhou uma fileira inteira de carros e carruagens, lado a lado agora. Então, subitamente, expressou um desejo de fazer cocô, mas contentou-se em perguntar ao homenzinho que defecava (menino) se ele já havia acabado. Voltou-se para o carro, admirou-o e oscilou incessantemente entre admiração e raiva por seu movimento contínuo, o desejo de fazer cocô e perguntar ao "menino" se ele havia acabado.

Na sessão descrita, Peter mostrava as seguintes coisas: o homem de brinquedo, o veado etc., que ficavam caindo, representavam seu próprio pênis e a inferioridade deste em comparação ao pênis ereto do pai. Fazer xixi logo em seguida servia para provar o contrário para si mesmo e para mim. O carro que não parava de se mexer e despertava tanto sua admiração como sua raiva era o pênis do pai praticando relação sexual o tempo todo. Depois de sentir admiração por ele, ficou enraivecido e teve vontade de defecar. Isso era uma repetição de fazer cocô depois de ter presenciado a cena primária. Fez isso para perturbar os pais enquanto estavam na relação sexual e, em fantasia, para danificá-los com seus excrementos. Além disso, a massa fecal apareceu ao menino como um substituto por seu pênis inferior.

Devemos tentar agora ligar este material com a primeira sessão de Peter. Ao colocar os carrinhos um atrás do outro em sua primeira sessão, estava fazendo referência ao poderoso pênis de seu pai; ao colocá-los lado a lado ele simbolizava a repetição frequente da relação sexual – isto é, a potência do pai – e fez isso novamente mais tarde por

---

transferência positiva é muito raro que uma criança suba em meu colo ou me beije ou abrace. A incontinência é também um evento raro na hora analítica, mesmo com crianças muito pequenas.

meio do carro em movimento. A raiva que sentiu ao presenciar a relação sexual dos pais fora expressa em sua primeira sessão quando quis que os dois cavalos que iam dormir ficassem "mortos e enterrados", e no efeito que acompanhou tal desejo. Essas imagens da cena primária que inauguraram sua análise estavam relacionadas com experiências reprimidas reais da infância, conforme ficou provado pelo próprio relato que os pais me fizeram. Segundo o relato, só havia partilhado o quarto com eles por um período, quando tinha dezoito meses e eles estavam viajando nas férias de verão. Durante esse período, ele tornou-se especialmente difícil, dormia mal e começou a se sujar novamente, embora já houvesse praticamente concluído o treinamento dos hábitos de higiene vários meses antes. Parecia que, embora as grades do berço não o impedissem de ver os pais envolvidos na relação sexual, atrapalhavam sua visão, e isso era simbolizado pelos homens de brinquedo que eram derrubados e em seguida colocados de costas para a fila de veículos. A queda dos brinquedos também representava seus próprios sentimentos de impotência. Até aquele ponto o paciente costumava brincar muito bem com seus brinquedos, mas depois disso a única coisa que conseguia fazer com eles era quebrá-los. Já em sua primeira sessão de análise ele demonstrou conexão entre a destruição dos brinquedos e a observação da relação sexual. Certa vez, quando pôs os carrinhos, que simbolizavam o pênis do pai, em uma fileira lado a lado e os fez moverem-se, perdeu a calma e atirou-os por toda parte na sala, dizendo: "Nós sempre arrebentamos nossos presentes de Natal imediatamente; não queremos nenhum". Arrebentar os brinquedos representava, assim, em seu inconsciente, esmagar os genitais do pai. Esse prazer na destruição e a inibição no brincar que ele trouxe para a análise foram gradualmente superados e desapareceram junto de suas outras dificuldades no decorrer dela.

Ao desvendar pouco a pouco a cena primária, pude obter acesso à atitude homossexual passiva muito forte de Peter. Depois de ter exposto a relação sexual dos pais, ele teve fantasias de relação sexual entre três pessoas. Elas suscitavam forte ansiedade nele e foram seguidas por outras fantasias nas quais o pai mantinha relações sexuais com ele; isso aparecia nas brincadeiras em que o cachorro, o carrinho ou a locomotiva – todos simbolizavam o pai – subiam em cima de uma carroça ou de um homem, que representavam o próprio Peter. Nesse processo a carroça ficaria danificada ou o homem teria alguma coisa arrancada a mordidas; e aí Peter demonstrava muito medo ou grande agressividade em relação ao brinquedo que representava seu pai.

Discutirei agora alguns dos aspectos mais importantes de minha técnica à luz das passagens acima descritas de uma análise real. Assim que o pequeno paciente me dá algum tipo de insight com relação a seus complexos – por meio de seu brincar, seus desenhos e suas fantasias ou simplesmente por seu comportamento geral –, as interpretações podem e devem ser iniciadas. Isso não contradiz a regra bem comprovada de que o analista deve esperar até que a transferência esteja estabelecida antes de começar a interpretar, porque com crianças a transferência se dá de modo imediato e, com frequência, o analista terá evidências imediatas de sua natureza positiva. Porém, se a criança demonstrar timidez, ansiedade ou apenas falta de confiança, tal comportamento deve ser tomado como sinal de transferência negativa e isso torna ainda mais imperativo que a interpretação comece o mais cedo possível. Pois a interpretação reduz a transferência negativa do paciente, uma vez que retraça os afetos negativos envolvidos aos objetos e situações originais. Por exemplo, quando Rita,[4] uma criança muito ambivalente, sentia uma resistência, na mesma hora queria deixar a sala e eu tinha de fazer uma interpretação imediata para resolver essa resistência. Assim que eu esclarecia para ela a causa de sua resistência – sempre reconduzindo-a a sua situação e seu objeto originais –, a resistência se resolvia; a menina se tornava de novo amigável e recuperava a confiança. Ao retomar a brincadeira, fornecia em detalhes uma confirmação da interpretação que eu acabara de dar.

Em outra ocasião, pude ver com clareza impressionante a necessidade de uma interpretação imediata. Foi no caso de Trude, que, vale lembrar, veio para uma única sessão aos três anos e nove meses[5] e teve de adiar seu tratamento devido a circunstâncias externas. Essa criança era muito neurótica e intensamente fixada na mãe, de modo incomum. Entrou em minha sala de má vontade, cheia de ansiedade, e fui obrigada a analisá-la em voz baixa com a porta aberta. Mas logo ela me deu uma ideia da natureza de seus complexos. Insistia que as flores de um vaso fossem removidas; lançou um homenzinho de brinquedo para fora de uma carroça em que o havia colocado e cobriu-o de impropérios; queria que um certo homem de chapéu alto que aparecia em um livro de figuras que ela havia trazido fosse tirado do livro; e declarou que as almofadas na sala haviam sido jogadas de modo desordenado por um cachorro. Minha interpretação imediata dessas

4 Cf. o capítulo 1 deste volume.
5 Ibid.

vocalizações, sugerindo que ela queria destruir o pênis do pai[6] porque ele devastava a mãe (representada pelo vaso, pela carroça, o livro de figuras e a almofada), imediatamente diminuiu sua ansiedade e ela foi embora com um ar muito menos desconfiado do que quando chegou, e em casa disse que gostaria de voltar a me ver. Quando, seis meses depois, pude retomar a análise dessa menininha, revelou-se que ela lembrava de detalhes de sua única sessão de análise e que minhas interpretações produziram alguma transferência positiva, ou melhor, uma diminuição de sua transferência negativa.

Outro princípio fundamental da técnica do brincar é que a interpretação – no que concerne à profundidade – deve ser adequada para atingir a camada mental que está sendo ativada. Por exemplo, Peter, em sua segunda sessão, depois de deixar os carros rodarem um pouco, colocou um homem de brinquedo em cima de um banco que chamou de cama e, em seguida, derrubou-o e disse que ele estava morto e acabado. Em seguida fez o mesmo com dois homenzinhos, escolheu para esse propósito dois brinquedos que já estavam danificados. Ao mesmo tempo, de acordo com o material em curso, interpretei que o primeiro homenzinho era seu pai, a quem ele queria expulsar da cama da mãe e matar, e o segundo homenzinho era ele mesmo, a quem seu pai faria o mesmo.[7] Em conexão com o esclarecimento da cena primária, que agora estava completa em todos os detalhes, Peter voltou de várias formas ao tema dos dois homens quebrados. Parecia agora que esse tema era determinado pelo medo, também derivado da cena primária, da mãe como uma figura castradora. Em sua fantasia, ela havia tomado o pênis do pai dentro de si e não o havia devolvido; desse modo, ela se tornou um objeto de ansiedade para o menino, porque agora trazia o pênis aterrorizante do pai (= seu pai) dentro dela.[8]

---

6 O complexo de castração excepcionalmente forte de Trude desempenhava um papel de grande destaque e dominou a cena por algum tempo em sua análise. De uma camada abaixo desse complexo, a análise trouxe à luz outra ansiedade, que se revelou ainda mais fundamental – a de ser atacada pela mãe, ter os conteúdos de seu corpo e suas crianças roubados e ser gravemente ferida internamente (cf. o capítulo 1 deste volume).

7 Devo mencionar que essa interpretação – como todas as interpretações a respeito de desejos de morte nas análises de crianças – despertou resistências violentíssimas em Peter. Mas ele trouxe uma confirmação dela na sessão seguinte, quando subitamente perguntou: “E se *eu* fosse o papai e alguém quisesse me jogar para trás da cama e me matasse e me liquidasse, o que eu pensaria disso?”.

8 Cf. o capítulo 8 deste volume.

Aqui está outro exemplo extraído do mesmo caso. Na segunda sessão de Peter, minha interpretação do material que ele trouxe era de que ele e seu irmão masturbavam-se mutuamente. Sete meses depois, aos quatro anos e quatro meses, trouxe um longo sonho, rico em material associativo, do qual se segue um fragmento. "Dois porcos estavam em um chiqueiro e em minha cama. Eles comiam juntos no chiqueiro. Havia também dois meninos em minha cama dentro de um barco; mas eles eram bem grandes, como o tio G. (irmão de sua mãe, adulto) e E. (uma garota mais velha que ele considerava quase adulta)." A maior parte das associações que obtive a partir desse sonho foram verbais. Elas mostravam que os porcos representavam ele e o irmão, e no ato de comer estava representada a felação mútua. Mas representavam também seus pais na relação sexual. Revelou-se que suas relações sexuais com o irmão se baseavam em uma identificação com o pai e com a mãe, na qual Peter assumia cada vez o papel de um deles. Após eu ter interpretado esse material, Peter começou a sessão seguinte brincando na pia. Colocou dois lápis sobre uma esponja e disse: "Este é o barco em que Fritz (seu irmão mais novo) e eu entramos". Assumiu então uma voz grave – como costumava fazer quando seu superego entrava em cena – e gritou para os dois lápis: "Vocês não têm nada que ficar juntos por aí o tempo todo fazendo porquices". Essa repreensão, por parte de seu superego, ao irmão e a ele próprio também era dirigida aos pais (representados pelo tio G. e sua amiga E.)[9] e liberou nele afetos do mesmo tipo que sentira em relação aos pais quando presenciou a cena primária. Eram os mesmos afetos que, entre outras coisas, ele já havia dado vazão bem no início, em sua segunda sessão, quando quis que os cavalos que estavam se batendo um contra o outro morressem e fossem enterrados. Assim mesmo, depois de sete meses, a análise daquele material ainda não estava completa. Fica claro, então, que minhas interpretações profundas, feitas tão cedo na análise, não prejudicaram de modo algum a elucidação das conexões entre a experiência e o desenvolvimento sexual da criança como um todo (e em particular o curso de suas relações com o irmão), nem impediram uma elaboração do material envolvido.

Apresentei os exemplos acima a fim de apoiar minha opinião, baseada em observação empírica, de que o analista não deve se

---

9 Ele havia escolhido dois lápis compridos de uma coleção que tinha lápis de todos os tamanhos, expressando assim uma vez mais o fato, já evocado por suas associações do dia anterior, de que os dois culpados – os porcos – não eram exclusivamente ele e seu irmão, mas também seus pais, e que, em sua masturbação mútua, ele estava identificando a si e seu irmão com eles.

intimidar e furtar de dar interpretações profundas mesmo no início da análise, uma vez que o material pertencente a uma camada mais profunda da mente voltará mais tarde e será elaborado. Como disse antes, a função da interpretação profunda é simplesmente abrir a porta do inconsciente, diminuir a ansiedade despertada e, desse modo, preparar o caminho para o trabalho analítico.

Tenho, de forma contínua, enfatizado a capacidade da criança de fazer uma transferência espontânea. Isso se deve, em alguma medida, a uma ansiedade muito mais aguda que a criança pequena sente em comparação ao adulto e a sua maior prontidão de reagir com ansiedade. Uma das maiores tarefas psicológicas, se não *a* maior tarefa que a criança tem de realizar e que toma a maior parte de sua energia mental, é a do domínio da ansiedade. Em seu inconsciente, portanto, ela avalia primordialmente seus objetos com base em se eles aliviam ou despertam ansiedade e, de acordo com essa avaliação, a criança se voltará para eles com uma transferência positiva ou negativa. Crianças pequenas cuja prontidão para a ansiedade é grande, com frequência expressam sua transferência negativa de imediato como um medo não disfarçado, enquanto em crianças mais velhas, especialmente as que estão no período de latência, a transferência negativa, mais vezes, toma forma de uma reserva cheia de suspeita ou simplesmente desgosto. Na luta contra o medo dos objetos que estão próximos, a criança tende a vincular esse medo a objetos mais distantes (já que o deslocamento é uma das maneiras de lidar com a ansiedade) e a ver neles uma corporificação de sua mãe "má" ou de seu pai "mau". Por esse motivo, a criança intensamente neurótica, que se sente ameaçada a maior parte do tempo e que, portanto, está sempre de sobreaviso com relação a mãe ou pai "maus", reagirá a qualquer estranho com ansiedade.

Não devemos nunca esquecer da prontidão das crianças pequenas à ansiedade e isso aparece também, em alguma medida, em crianças mais velhas. Mesmo que elas comecem a análise apresentando uma atitude positiva, devemos estar preparados para topar com uma transferência negativa muito em breve, ou seja, tão logo a análise toque em qualquer material acentuado pelos complexos da criança. Assim que o analista detectar sinais dessa transferência negativa deve garantir a continuação do trabalho analítico e estabelecer a situação analítica relacionando-a a ele próprio, ao mesmo tempo que a remete, com o auxílio de interpretações, a seus objetos e situações originais e, desse modo, resolve certa quantidade de ansiedade. Sua interpretação deveria intervir em algum ponto de urgência do material inconsciente e assim abrir o caminho para a mente inconsciente da criança. Onde esse ponto está se revelará pela multiplicidade e repetição frequente de várias formas de representações do mesmo "pensamento em forma de brincar" (no caso de Peter, por exemplo, tivemos na primeira sessão a disposição dos veículos – ora um atrás do outro, ora um ao lado do outro – e o contínuo entrechocar-se dos cavalos, carros, locomotivas etc.), e também por meio da dedicação intensa a essas brincadeiras, pois essa é uma medida do afeto associado a seu conteúdo. Se o analista não se dá conta da urgência que assim se expressa no material, a criança normalmente interromperá sua brincadeira e apresentará forte resistência, se não uma ansiedade explícita e, com alguma frequência, deixará transparecer o desejo de fugir. Assim, ao interpretar no momento oportuno – ou seja, tão logo o material permita –, o analista pode abreviar a ansiedade da criança ou, então, regulá-la. Isso se aplica igualmente aos casos em que a análise começou com uma transferência positiva. Já dei minhas razões, de forma detalhada, para a absoluta necessidade de dar interpretações assim que a ansiedade e as resistências se manifestem, ou naqueles casos em que a análise começa com uma transferência negativa.

Conclui-se que não apenas é essencial uma interpretação no momento oportuno como também uma interpretação profunda. Se nos deixarmos impressionar pela urgência do material apresentado, temos de retraçar não apenas o conteúdo de representação como também a ansiedade e o sentimento de culpa associados a ele até a camada mental que está sendo ativada. Porém, se assumirmos os princípios da análise de adultos como modelo e procedermos, em primeiro lugar, a entrar em contato com as camadas superficiais da mente – aquelas mais próximas do ego e da realidade – fracassaremos com as crianças em nosso objetivo de estabelecer a situação analítica e de diminuir sua ansiedade. O mesmo pode ser dito da mera tradução de símbolos, de interpretações que lidam apenas com a representação *simbólica* do material e não levam em consideração a ansiedade e o sentimento de culpa associados a ele. Uma interpretação que não desce às profundidades que estão sendo ativadas pelo material e a ansiedade respectiva, isto é, que não toca o ponto em que se encontra a mais forte resistência latente e não se esforça, em primeiro lugar, para reduzir a ansiedade onde é mais violenta e evidente, não terá nenhum efeito sobre a criança ou servirá apenas para provocar resistências mais fortes sem ter conseguido resolvê-las. Mas, como procurei deixar claro nos trechos que citei da análise de Peter, essas interpretações de nenhum modo resolvem por completo a ansiedade nas camadas mais profundas da mente; tampouco as interpretações, que prontamente penetram as camadas mais profundas, limitam o trabalho analítico a ser realizado nas camadas superiores – ou seja, a análise do ego da criança e de sua relação com a realidade. O estabelecimento das relações da criança com a realidade, assim como a emergência mais forte de seu ego, ocorre aos poucos na análise de crianças, passo a passo, em conexão com o progresso no desenvolvimento do ego. São o resultado e não uma precondição do trabalho analítico.

Até aqui, nos ocupamos essencialmente em discutir e ilustrar a iniciação típica e o curso de uma análise precoce. Gostaria agora de considerar certas dificuldades incomuns com que me deparei e que me obrigaram a adotar métodos técnicos especiais. O caso de Trude,[10] tão apreensiva quando entrou em minha casa pela primeira vez, já havia me ensinado que com tais pacientes a interpretação imediata era o único meio de diminuir a ansiedade e de pôr a análise em movimento. Minha paciente Ruth, aos quatro anos e três meses, era uma daquelas crianças cuja ambivalência se mostra por meio de uma fixação excessiva na mãe e em certas mulheres, ao mesmo tempo que não gostam de outras, em geral desconhecidas. Por exemplo, quando era bem pequena não conseguiu se acostumar com a nova babá; também não conseguia de forma alguma fazer amizade facilmente com outras crianças. Sofria de uma intensa ansiedade indisfarçável, que com frequência levava a ataques, e de muitos outros sintomas neuróticos, além de uma sensação de apreensão em geral. Em sua primeira sessão, recusou-se terminantemente a permanecer sozinha comigo na sala. Decidi, portanto, pedir a sua irmã mais velha que estivesse presente durante a análise.[11] Minha intenção era estabelecer uma transferência positiva para conseguir em algum momento a possibilidade de trabalhar sozinha com ela; porém, todas as minhas tentativas de simplesmente brincar com ela, encorajá-la a falar etc., foram em vão. Ao brincar com seus brinquedos, ela só se dirigia à irmã (embora esta se mantivesse bastante discreta) e me ignorava completamente. A própria irmã disse que meus esforços eram inúteis e que eu não tinha a menor

---

10 Cf. o capítulo 1 deste volume.

11 Na realidade, sua irmã de criação. Ela era cerca de vinte anos mais velha que Ruth, e uma moça muito inteligente que já havia sido analisada. Tive outro caso em que fui obrigada a me conformar a ter uma terceira pessoa presente. Em ambos os casos, essa solução foi realizada em circunstâncias excepcionalmente favoráveis; mas devo dizer que, por uma variedade de razões, eu nunca recomendaria tal procedimento, exceto como último recurso.

chance de ganhar a confiança da criança, mesmo que eu passasse semanas a fio com ela e não apenas algumas poucas horas. Vi-me, portanto, forçada a tomar outras medidas – medidas que mais uma vez deram uma prova impressionante da eficácia da interpretação em reduzir a ansiedade e a transferência negativa. Um dia, quando Ruth estava mais uma vez dedicando sua atenção exclusivamente à irmã, desenhou um copo com algumas bolinhas dentro e uma espécie de tampa em cima. Perguntei-lhe para que servia a tampa, mas recusou-se a responder. Quando sua irmã repetiu a pergunta, ela disse que era "para evitar que as bolas rolassem para fora". Antes disso, tinha mexido na bolsa da irmã e depois a fechara com firmeza, "para que nada caísse para fora". Ela havia feito a mesma coisa com a carteira dentro da bolsa, de forma que as moedas ficassem guardadas com toda a segurança. Além disso, o material que ela trazia agora já tinha ficado bastante claro para mim, mesmo nas sessões anteriores.[12] Desta vez, arrisquei-me e disse a Ruth que as bolas dentro do copo, as moedas dentro do moedeiro e os conteúdos da bolsa, tudo isso significava crianças dentro da mamãe e o desejo de mantê-las trancadas com toda a segurança para que ela não tivesse mais nenhum irmão ou irmã. O efeito de minha interpretação foi surpreendente. Pela primeira vez Ruth voltou sua atenção para mim e começou a brincar de maneira diferente, mais espontânea.[13]

Ainda assim, não era possível ficar sozinha comigo, pois reagia a essa situação com ataques de ansiedade. Como vi que a análise diminuía sua transferência negativa de forma consistente em favor de uma transferência positiva, decidi manter a irmã na sala. Após três semanas, a irmã teve uma doença repentina e me vi diante da alternativa de parar a análise ou arriscar um ataque de ansiedade. Optei pela segunda via, com o consentimento dos pais. A babá deixou a menininha comigo fora da sala de atendimento e afastou-se, apesar das lágrimas e gritos. Nesta situação bastante penosa, comecei de novo a tentar acalmar a criança de modo não analítico, maternal, como qualquer outra pessoa faria. Tentei confortá-la, animá-la e fazê-la brincar comigo, mas foi tudo

---

12 Nesta análise, o desejo da criança de assaltar o corpo da mãe e os sentimentos decorrentes de ansiedade e de culpa dominavam a cena desde o começo. No entanto, a irrupção de sua neurose se deu após a gravidez da mãe e o nascimento de sua irmã menor.

13 Como já foi dito, a interpretação tem o efeito de mudar o caráter do brincar da criança e de possibilitar que a representação de seu material se torne mais clara.

em vão. Quando se viu sozinha comigo, ela apenas deu conta de me seguir para dentro da sala, mas, uma vez lá, não havia o que fazer com ela. Ficou muito pálida, pôs-se a gritar e mostrou todos os sinais de um severo ataque de ansiedade. Enquanto isso, sentei-me à mesinha e comecei a brincar sozinha,[14] descrevendo constantemente o que eu estava fazendo para a criança aterrorizada, que estava sentada num canto. Seguindo uma inspiração repentina, tomei como assunto de minha brincadeira o material que ela própria produzira na sessão anterior. Ela havia brincado em volta da pia, alimentado as bonecas e dado a elas enormes canecas de leite etc. Fiz o mesmo tipo de coisa. Coloquei uma boneca para dormir e disse a Ruth que lhe daria algo para comer e perguntei o que deveria ser. Ela interrompeu os gritos para dizer "leite" e observei que fez um movimento com dois dedos em direção à boca (os que costumava chupar antes de dormir), mas rapidamente afastou-os. Perguntei se ela queria chupar os dedos e ela disse: "Sim, mas direito". Reconheci que ela queria reconstituir a situação tal como se dava em casa todas as noites, por isso a deitei no sofá e, como foi pedido, cobri-a com uma manta. Logo depois, começou a chupar os dedos. Ainda estava muito pálida e com os olhos fechados, mas estava visivelmente mais calma e havia parado de chorar. Enquanto isso, continuei brincando com as bonecas, repetindo sua brincadeira da sessão anterior. Quando coloquei uma esponja molhada ao lado de uma delas, como ela havia feito, desatou a chorar de novo e gritou: "Não, não é para ela ficar com a esponja *grande*, isso não é para crianças, é para adultos!". Devo acrescentar que nas duas sessões anteriores ela trouxera muito material referente a sua inveja da mãe. Interpretei agora este material em conexão com seu protesto a respeito da esponja grande, que representava o pênis do pai. Mostrei-lhe em cada detalhe como ela invejava e odiava a mãe por ter incorporado o pênis do pai durante a relação sexual, e como ela queria roubar o pênis dele e as crianças que estavam dentro da mãe e matar a mãe. Expliquei-lhe que era por isso que ela estava assustada e acreditava que havia matado a mãe ou seria abandonada

14 Em casos particularmente difíceis, uso esse estratagema técnico para pôr a análise em marcha. Descobri que, quando as crianças deixam ver sua ansiedade latente ao ficarem inteiramente inacessíveis, o que muitas vezes ajuda é eu lançar uma palavra-estímulo, por assim dizer, começando a brincar sozinha. Posso, por exemplo, construir algumas cadeiras de blocos e pôr algumas figuras próximas a elas. Uma criança chamará isso de escola e continuará a brincadeira nessa base; outra verá tudo isso como um teatro e fará as figuras atuarem de forma correspondente, e assim por diante.

por ela. Dei-lhe essas interpretações da seguinte maneira. O tempo todo comecei aplicando a interpretação à boneca – mostrando para Ruth que enquanto eu brincava a boneca estava com medo e gritando, e contando para ela o motivo – e, em seguida, eu repetia a interpretação que dera à boneca aplicando-a desta vez a ela própria. Estabeleci dessa forma a situação analítica em sua inteireza. Enquanto eu fazia isso, Ruth foi ficando visivelmente mais quieta, abriu os olhos e deixou-me trazer a mesinha em que eu estava brincando para o sofá, enquanto continuava minha brincadeira e minhas interpretações ali perto dela. Aos poucos sentou-se e observou o desenrolar da brincadeira com um interesse crescente e começou mesmo a tomar parte ativa nela. A babá veio buscá-la quando a sessão terminou; ficou surpresa por encontrar a menina feliz e animada, e por vê-la despedir-se de mim de maneira amistosa e até mesmo afetuosa. No início da sessão seguinte, quando a babá a deixou, é bem verdade que ela mostrou um pouco de ansiedade, mas não teve o ataque de ansiedade costumeiro nem começou a chorar. Por outro lado, refugiou-se de imediato no sofá e espontaneamente assumiu a mesma posição que tinha assumido no dia anterior, fechando os olhos e chupando os dedos. Pude sentar-me ao lado dela e continuar a brincadeira da última sessão imediatamente. Toda a sequência de eventos do dia anterior foi recapitulada, mas de forma abreviada e mitigada. Após poucas sessões progredimos tanto que só apareciam traços brandos de ataque de ansiedade no início das sessões.

A análise dos ataques de ansiedade de Ruth trouxe à luz o fato de que eram uma repetição do *terror noturno*[15] que ela sofria de forma muito severa aos dois anos. Naquela ocasião sua mãe estava grávida e o desejo da menininha de roubar o novo bebê de dentro do corpo de sua mãe, de machucá-la e matá-la das mais variadas maneiras, trouxera-lhe uma forte reação contra tais desejos, o que se manifestou como um sentimento de culpa na criança, gerando uma fixação estranhamente intensa na mãe. Dizer boa-noite antes de ir dormir significava dizer adeus para sempre.[16] Pois, como resultado de seus desejos de roubar e matar a mãe, tinha medo de ser abandonada para sempre por ela, de nunca mais vê-la viva ou de encontrar, no lugar da mãe boa e

---

15 Cf. o capítulo 1 deste volume.

16 Em seu artigo "The Genesis of Agoraphobia" (*The International Journal of Psychoanalysis*, v. 10, 1929, pp. 51–79), Helene Deutsch aponta que o medo da morte da mãe, baseado em vários desejos hostis contra ela, é uma das formas mais comuns de neurose infantil e está intimamente ligado com um medo de ser separado da mãe e de sentir saudades de casa.

delicada que lhe estava dizendo boa-noite, uma mãe "má" que a atacaria durante a noite. Essas também eram as razões pelas quais não podia tolerar que a deixassem a sós. Ficar sozinha comigo significava ser abandonada pela mãe "boa"; e todo o seu terror da mãe "má" punitiva estava agora transferido para mim. Com a análise dessa situação e trazendo-a à luz consegui, como se pôde ver, desfazer seus ataques de ansiedade e possibilitar o início de um trabalho de análise normal.[17]

A técnica que empreguei para analisar os ataques de ansiedade de Ruth mostrou-se muito eficaz em outro caso. Durante a análise de Trude, sua mãe ficou doente e teve de ser hospitalizada. Isso aconteceu justo quando as fantasias sádicas da menininha em relação a atacar a mãe dominavam a cena. Já descrevi com que detalhe essa criança de três anos e nove meses demonstrava diante de mim essas cenas de agressão e como, assolada pela ansiedade que seguia, costumava esconder-se com as almofadas atrás do sofá. Mas isso nunca levou a um verdadeiro ataque de ansiedade. Contudo, ao voltar depois do intervalo causado pela doença da mãe, durante vários dias seguidos ela teve ataques de ansiedade inequívocos. Os ataques só fizeram explicitar sua reação a seus impulsos agressivos, isto é, o medo que sentia por conta deles. Durante esses ataques, Trude, como Ruth, assumia uma posição particular – a posição que costumava adotar à noite quando começava a sentir ansiedade. Enfiava-se em um canto, agarrava com força as almofadas que muitas vezes chamava de filhos, chupava os dedos e se urinava. Aqui também, a interpretação de sua ansiedade pôs fim a esses ataques.[18]

---

17 O tratamento de Ruth ficou inconcluso, porque a família teve de voltar para casa, no exterior. Consequentemente, sua neurose não foi completamente removida. Mas nas 190 sessões que ela teve, pude efetuar as seguintes melhorias, que têm se mantido, segundo as últimas notícias que tive dela dois anos após o término de sua análise: sua ansiedade foi grandemente diminuída e também, e mais especialmente, diminuíram as várias formas de timidez de que sofria. Como resultado disso, passou a se dar melhor com outras crianças e com os adultos e foi capaz de se adaptar inteiramente às exigências de sua casa e da vida escolar. Sua fixação na mãe diminuiu e sua atitude com o pai melhorou. Houve também uma mudança positiva pronunciada em suas relações com o irmão e as irmãs. Todo o seu desenvolvimento, especialmente com respeito à possibilidade de ser educada, adaptação social e capacidade de sublimação, tem sido favorável desde então.

18 A neurose de Trude se mostrava por meio de graves terrores noturnos, ansiedade durante o dia quando ficava sozinha, molhar a cama, timidez generalizada, fixação excessiva na mãe e aversão pelo pai, ciúmes intensos

Minhas próprias experiências subsequentes, bem como as da srta. Searl e de outros analistas de crianças, testemunharam a eficácia dessas medidas técnicas em outros casos. Nos anos de trabalho que se passaram desde o tratamento desses dois casos, ficou muito claro para mim que o pré-requisito essencial para conduzir a análise precoce – e, na verdade, uma análise aprofundada de crianças mais velhas – está na certeza com que se apreende o material apresentado. Uma avaliação rápida e correta do significado do material tal como se apresenta na ocasião, tanto no que diz respeito à luz que lança sobre a estrutura do caso e suas relações com o estado afetivo do paciente naquele momento como, acima de tudo, uma rápida percepção da ansiedade latente e do sentimento de culpa que ele contém – essas são as condições primárias para dar uma interpretação certa, isto é, uma interpretação que virá no momento certo e que penetrará no nível mental ativado pela ansiedade. A ocorrência de ataques de ansiedade na análise pode ser reduzida a um mínimo se aderirmos a essa técnica de maneira consistente. Contudo, se ocorrerem ataques de ansiedade no começo do tratamento – como pode acontecer com crianças neuróticas que estão sujeitas a esses ataques em sua vida diária – um manejo firme desta técnica normalmente terá êxito em reduzi-los rapidamente a proporções tais que se torne possível conduzir uma análise normal. Os resultados obtidos da análise dos ataques de ansiedade são também, creio, evidência da validade geral de alguns dos princípios subjacentes à técnica do brincar. Remeto-me ao caso de Trude, no qual, para começar, analisei o mesmo tipo de material sem a ocorrência de ataques de ansiedade, ainda que uma ansiedade intensa estivesse evidentemente ligada a ele. Em função de interpretações contínuas e profundas, consegui reduzir passo a passo a ansiedade e deixá-la surgir em pequenas doses. Durante a interrupção da análise, por conta da doença da mãe e sua ausência na casa, a ansiedade aumentou a tal ponto que levou a um ataque de ansiedade. Após algumas sessões, esses ataques, mais uma vez,

---

das irmãs e várias dificuldades na educação. Sua análise, que abrangeu 82 sessões em sete meses, levou à interrupção do hábito de molhar a cama e a uma grande diminuição da ansiedade e da timidez em vários aspectos, além de uma mudança muito favorável em seu relacionamento com os pais, os irmãos e as irmãs. Ela também tinha muitos resfriados, que em análise se revelou serem em grande medida psicogenicamente determinados, e eles também diminuíram em frequência e intensidade. Apesar dessa melhora, sua neurose ainda não estava plenamente resolvida quando, por razões externas, sua análise teve de ser interrompida.

cessaram por completo e deram lugar ao surgimento renovado de ansiedade "dosada".

Gostaria de acrescentar algumas observações de natureza teórica relativas a esses ataques de ansiedade. Referi-me a eles como uma repetição de *terror noturno*; referi-me à posição assumida pelo paciente durante esses ataques ou antes, na tentativa de dominá-los, e assinalei que eram uma repetição da situação de ansiedade da criança à noite na cama. Mas mencionei também uma situação de ansiedade arcaica específica que parecia estar subjacente tanto ao *terror noturno* como aos ataques de ansiedade. Minha observação dos casos de Trude, Ruth e Rita, junto do conhecimento que obtive nos últimos anos, levou-me a reconhecer a existência de uma ansiedade, ou melhor, de uma situação de ansiedade, que é específica de meninas e que é o equivalente da ansiedade de castração sentida pelos meninos. Essa situação de ansiedade culmina na ideia da menina de que a mãe destruirá seu corpo, eliminará os conteúdos e tirará as crianças de dentro dele, e assim por diante. Retornarei a este assunto mais plenamente na segunda parte deste volume. Gostaria de chamar a atenção do leitor para certos pontos de concordância entre o material que pude coletar de minhas análises precoces e uma ou duas afirmações que Freud fez em seu livro *Inibição, sintoma e angústia* (1926). Lá ele afirma que a contrapartida na menininha ao medo da castração do menino é o medo que ela sente da perda de amor. O medo de ficar só, de ser abandonada pela mãe, aparece muito claramente no material das análises de meninas pequenas que citei. Mas esse medo, creio, tem uma origem mais profunda. Está baseado nos impulsos agressivos da criança contra a mãe e em seus desejos de matar a mãe e de roubá-la, desejos oriundos dos estágios iniciais de seu conflito edipiano. Esses impulsos geram não apenas ansiedade ou medo de ser atacada pela mãe como também medo de que a mãe a abandone ou morra.

Voltemos agora para uma consideração de questões técnicas. A *forma* pela qual uma interpretação é dada é também de grande importância. Como tentei mostrar por meio de exemplos, esforço-me para colocar os conteúdos das fantasias inconscientes tão clara e distintamente quanto possível.[19] Ao fazer isso, assumo o jeito que as crianças

---

19 Em *Análise fragmentária de uma histeria ("O caso Dora")* [1907/1905], Freud diz: "Pode-se falar [o homem] de temas sexuais com garotas e mulheres sem prejudicá-las nem criar suspeitas, quando, primeiramente, se adota certa maneira de fazê-lo, e, em segundo lugar, quando se desperta nelas a convicção de que isso é necessário. [...] A melhor maneira de falar das coisas é aquela seca e

pensam e falam, usando suas próprias imagens como modelo.[20] Peter, vale lembrar, apontou para o balanço e disse: "Olha, como balança e bate". E, assim, quando respondi: "É assim que os negocinhos do papai e da mamãe se batem um no outro", ele compreendeu imediatamente. Outro exemplo: Rita (aos dois anos e nove meses) disse que as bonecas perturbaram seu sono; elas ficavam dizendo para Hans, o homem do metrô (um boneco sobre rodas), "Vai, fica guiando seu trem pra cima e pra baixo". Em outra ocasião, colocou um bloco triangular de lado e disse: "É uma mulherzinha"; aí pegou um "martelinho", como chamava um bloco alongado, bateu na caixa de blocos exatamente em um lugar onde ela só estava presa por um papel e, desse modo, fez um buraco na caixa. Disse: "Quando o martelo bateu com força, a mulherzinha ficou *tão* assustada!". O boneco, dirigindo o trem subterrâneo e batendo o martelo, representava a relação sexual entre os pais, que ela havia presenciado até cerca de dois anos de idade. Minha interpretação "o papai bateu duro desse jeito dentro da mamãe com o martelinho dele e você ficou tão assustada", encaixou-se perfeitamente com seu jeito de pensar e de falar.

Ao descrever meus métodos de análise, tenho muitas vezes me referido aos brinquedinhos que são postos à disposição das crianças. Gostaria de explicar brevemente por que esses brinquedos são tão valiosos na técnica da análise do brincar. O fato de serem pequenos, o número deles e sua grande variedade dão à criança uma ampla gama de representação no brincar, ao mesmo tempo que a própria simplicidade deles capacita-os a serem postos aos mais variados usos. Desse modo, brinquedos como esses são muito adequados para a expressão

---

direta; ao mesmo tempo, é a mais distante da lascívia com que os mesmos temas são tratados na 'sociedade' [...]. '*J'appelle un chat un chat*' [literalmente: 'Chamo um gato de gato']" (in *Obras completas*, v. 6, trad. Paulo César de Souza. São Paulo: Companhia das Letras, 2016, pp. 226–27). Essa atitude é, *mutatis mutandis*, a que eu adoto ao analisar crianças. Converso sobre questões sexuais com palavras simples, as mais adequadas à sua maneira de pensar.

20 Deve-se lembrar que as crianças ainda se encontram em sua maior parte sob o domínio do inconsciente, cuja linguagem, como mostram os sonhos e o brincar, é representacional e pictórica. Como tivemos oportunidade de ver repetidas vezes, as crianças têm com as palavras uma atitude muito diferente da dos adultos. Relacionam-se com elas acima de tudo segundo suas qualidades pictóricas – segundo as fantasias que elas evocam. Se quisermos ter acesso ao inconsciente da criança em análise (o que, naturalmente, temos de fazer por meio do ego e através da fala), só teremos êxito se evitarmos um jeito rebuscado de falar e usarmos palavras simples.

de fantasias e experiências de todos os tipos, além de permitirem grande variedade de detalhe. Os vários "pensamentos do brincar" da criança e os afetos a eles associados (que podem, em parte, ser adivinhados a partir do assunto de suas brincadeiras e em parte são claramente expressos) são apresentados um ao lado do outro e dentro de um espaço pequeno, de modo que obtemos um bom apanhado das conexões gerais e da dinâmica dos processos mentais que nos são apresentados, e também, dado que a contiguidade espacial frequentemente representa a contiguidade temporal, da ordem no tempo das várias fantasias e experiências da criança.

Pode-se pensar a partir do que foi dito que tudo o que temos de fazer para analisar uma criança é colocar brinquedos na frente dela e então ela começará a brincar com eles de um jeito fácil e desinibido. Não é nada disso que acontece. A inibição no brincar, como venho constantemente assinalando, é algo que encontramos com muita frequência, em grau maior ou menor, nas crianças e é um sintoma neurótico extremamente comum. Mas é precisamente em casos como esses, em que falham todas as outras tentativas de entrar em contato com o paciente, que os brinquedos são tão úteis como meio de iniciar a análise. É raríssimo acontecer que a criança, mesmo a mais inibida, na hora de brincar não dê ao menos uma olhadela nos brinquedos, pegue um ou outro e faça algo com ele. Mesmo que ela logo pare de brincar – como aconteceu com Trude –, teremos alguma ideia de seu inconsciente sobre a qual basear nosso trabalho analítico a partir da observação do tipo de brincadeira que ela havia iniciado, em que momento sua resistência entrou, como ela se comportou em relação à resistência, que observação casual ela pode ter deixado escapar na ocasião, e assim por diante. O leitor já viu como é possível para a análise, com a ajuda de interpretações, tornar a capacidade de brincar da criança cada vez mais livre, seu conteúdo de representação progressivamente mais rico e revelador e, gradualmente, efetuar uma redução em sua inibição para brincar.

Os brinquedos não são o único requisito para a análise do brincar. É preciso ter vários recursos ilustrativos na sala. Dentre eles, o mais importante é uma pia com água corrente. A pia normalmente não é muito usada até um estágio mais tardio da análise, mas nesse ponto torna-se de grande importância. Atravessei toda uma fase da análise de uma criança brincando em torno da pia (onde também se encontrava à disposição uma esponja, um copo de vidro, um ou dois pequenos recipientes, algumas colheres e papel). Essas brincadeiras com água proporcionam um insight profundo dos impulsos pré-genitais fundamentais[21] da criança e são também um meio de ilustrar suas teorias sexuais, dão-nos conhecimento da relação entre suas fantasias sádicas e suas formações reativas[22] e mostram a conexão direta entre seus impulsos pré-genitais e os genitais.

Em muitas análises, desenhar ou recortar tem um papel muito importante. Em outras – especialmente com meninas – a maior parte do tempo é gasta fazendo roupinhas e coisas bonitas para a própria criança, suas bonecas, seus bichinhos de brinquedo ou em se enfeitar com fitas e ornamentos. Toda criança tem a sua disposição papel, lápis de cor, tesoura, agulha, linha, pedaços de madeira e barbante. É muito frequente as crianças trazerem seus próprios brinquedos. Tampouco, a simples enumeração dos vários itens oferecidos esgota as possibilidades. Obtemos muito esclarecimento a partir dos vários usos que a criança faz de cada um deles, ou da maneira como muda de uma brincadeira para outra. Todo o mobiliário habitual da sala como cadeiras, almofadas etc., ficará a serviço de suas atividades também. De fato, a mobília do consultório do analista tem de ser especialmente escolhida para esse fim. As fantasias e os jogos imaginativos que se desenvolvem a partir das brincadeiras comuns com brinquedos são de grande significado. Em suas brincadeiras de faz de conta, a criança atua em si mesma algo que em outro estágio de sua análise, em geral um estágio mais inicial, mostra por meio de seus brinquedos. Nessas brincadeiras é atribuído ao analista um papel ou, ainda, tenho por hábito fazer com que a própria criança descreva esses papéis para mim com o máximo de detalhes que puder.

Algumas crianças mostram preferência por brincadeiras de faz de conta, outras pela forma mais indireta de representação, por meio de objetos para brincar. Brincadeiras típicas de fingir são mamãe e filhinho, escolinha, construir ou mobiliar uma casa (com a ajuda de cadeiras, peças do mobiliário, almofadas etc.), viajar para o exterior, viajar de trem, ir ao teatro, brincar de médico, trabalhar em escritório, brincar de loja etc. O valor dessas brincadeiras de faz de conta, de um ponto de vista analítico, está em seu método direto de representação e, consequentemente,

---

21 Cf. o caso de Ruth. Era brincando à pia que ela trazia para fora mais plenamente seus desejos orais insatisfeitos.

22 Essas brincadeiras com água têm uma contrapartida muito interessante no brincar com fogo. Muitas vezes uma criança primeiro brinca com água e, em seguida, passa a queimar papel e fósforos, ou vice-versa. A conexão entre urinar e queimar aparece com toda clareza nesse comportamento como também a grande importância do sadismo uretral (cf. o capítulo 8 deste volume).

na maior riqueza de associações verbais que proporcionam. Pois, como já foi dito no primeiro capítulo, uma das condições necessárias para um tratamento levado a termo com êxito é que a criança, por pequena que seja, faça uso da linguagem na análise ao máximo de sua capacidade.

Sinto que nenhuma descrição é capaz de fazer justiça ao colorido, à vida e à complexidade que preenchem as sessões de uma análise do brincar, mas espero ter dito o suficiente para dar ao leitor alguma ideia da precisão e da confiabilidade dos resultados que podemos obter por esse método.

3. Uma neurose obsessiva em uma menina de seis anos de idade

Tratei no último capítulo dos princípios subjacentes à técnica da análise precoce.[1] Neste, farei uma comparação dela com a técnica do período de latência, utilizando um relato de caso como ilustração. Esse relato me dará a oportunidade de discutir algumas questões teóricas relativas a princípios e de descrever a técnica usada na análise de neuroses obsessivas em crianças – técnica que tive de desenvolver no curso do tratamento desse caso incomumente difícil e interessante.

Erna, uma criança de seis anos, tinha uma série de sintomas graves. Sofria de insônia, em parte causada por ansiedade (em particular por um medo de ladrões e assaltantes) e, em parte, por uma série de atividades obsessivas. Ela se deitava com o rosto para baixo e batia a cabeça no travesseiro, balançava-se, sentada ou deitada de costas, chupava o dedo obsessivamente e masturbava-se de modo excessivo e compulsivo. Todas essas atividades obsessivas, que a impediam de dormir à noite, eram também executadas durante o dia. Isso acontecia em especial com a masturbação, que ela praticava até mesmo na presença de estranhos, por exemplo no jardim de infância, quase o tempo todo. Sofria de depressões graves que descrevia dizendo: "Tem alguma coisa na vida que eu não gosto". Era excessivamente afetuosa no relacionamento com a mãe, mas por vezes guinava para uma atitude hostil. Dominava completamente a mãe, não lhe concedia qualquer liberdade de movimento e atormentava-a continuamente com seu amor e seu ódio. Como sua mãe dizia: "Ela me engole". A criança poderia ser, com justiça, descrita também como ineducável. Um pensar

---

1 Este capítulo se baseia em um artigo que apresentei em Wurtzburgo em outubro de 1924, na I Conferência de Psicanalistas Alemães.

obsessivo e uma natureza curiosamente pouco infantil eram visíveis no olhar de sofrimento que havia no rosto da menininha. Além disso, ela causava uma impressão estranha e sexualmente precoce. Um sintoma que logo se tornou óbvio durante a análise era a presença de uma inibição muito acentuada de aprendizagem. Foi mandada para a escola alguns meses depois do início da análise e logo ficou evidente que era totalmente incapaz de aprender e tampouco conseguia se adaptar aos colegas. O fato de ela própria sentir que estava doente – já no início de seu tratamento me implorava para ajudá-la – foi de grande auxílio em sua análise.

Erna começou a brincar pegando uma carroça que estava sobre a mesa entre outros brinquedos e fazendo-a correr em minha direção. Declarou que tinha vindo me buscar. Mas, em vez disso, pôs uma mulherzinha na carroça e acrescentou um homenzinho. Os dois se amavam, se beijavam e ficavam rodando para cima e para baixo o tempo todo. Depois, um homenzinho em outra carroça trombou com eles, atropelou-os e matou-os, em seguida, assou os dois e os devorou. Em outro momento, a luta teve um fim diferente e o homenzinho que atacava foi derrubado; mas a mulher foi a seu auxílio e o confortou. Ela se divorciou do primeiro marido e se casou com o novo. Essa terceira pessoa recebeu os mais variados papéis nas brincadeiras de Erna. Por exemplo, o primeiro homem e sua mulher estavam em uma casa que eles defendiam de um assaltante; a terceira pessoa era o assaltante e entrou discretamente. A casa queimou, o homem e a mulher explodiram e a terceira pessoa foi a única que sobrou. Então, de novo, a terceira pessoa era um irmão que veio visitar; mas, enquanto abraçava a mulher, mordeu e arrancou fora o nariz dela. Este homenzinho, a terceira pessoa, era Erna. Em uma série de brincadeiras similares, ela representou seu desejo de expulsar o pai de sua posição junto à mãe. Por outro lado, em muitas outras brincadeiras mostrou seu desejo edipiano direto de livrar-se da mãe para conquistar o pai. Assim, fez um professor de brinquedo dar aulas de violino às crianças batendo a cabeça[2] contra o violino ou lendo um livro em voz alta enquanto plantava bananeira. Em seguida, fazia-o jogar fora o livro ou o violino,

---

2 Eis aqui outra brincadeira que mostra claramente que para o inconsciente de Erna a cabeça tinha o significado de um pênis: um homenzinho queria entrar em um carro e entalou a cabeça na janela, ao que o carro lhe disse: "É melhor entrar de uma vez!". O carro representava a mãe convidando o pai para uma relação sexual com ela. (Compare isso também com seu sintoma obsessivo de bater a cabeça no travesseiro.)

conforme o caso, e dançar com a aluna. Os dois, em seguida, se beijavam e se abraçavam. Em outra ocasião, um professor e uma mulher – representados por um homenzinho e uma mulherzinha – estavam dando às crianças lições de boas maneiras, ensinando-as como se curvar e fazer reverência etc. De início, as crianças eram obedientes e educadas (do mesmo modo que a própria Erna fazia sempre o máximo para ser boa e se comportar bem), então subitamente elas atacavam o professor e a mulher, pisoteavam-nos e os matavam e assavam. Agora haviam se tornado diabos e compraziam-se com os tormentos de suas vítimas. Mas, de repente, o professor e a mulher estavam no céu e os diabos de antes eram agora anjos, os quais, segundo o relato de Erna, não sabiam nada a respeito de um dia terem sido diabos – na verdade "eles nunca *foram* diabos". Deus Pai, o professor de antes, começou a beijar e a abraçar a mulher de forma apaixonada, os anjos os adoravam e estava tudo bem novamente – muito embora, em breve, o equilíbrio certamente fosse perturbado de novo de um jeito ou de outro.

Erna muitas vezes brincava de ser mãe. Eu era a criança e um de meus maiores defeitos era chupar o dedo. A primeira coisa que eu deveria colocar na boca era um trem. Ela já havia admirado muito seus faróis dourados, "Eles são tão lindos, vermelhos e brilhantes", e imediatamente os pôs na boca e chupou-os. Representavam para ela o seio da mãe e o pênis do pai. Essas brincadeiras eram invariavelmente seguidas de ataques de raiva, inveja e agressão contra a mãe, sucedidos de remorso e tentativas de aplacar a mãe. Quando brincava com blocos, por exemplo, dividia-os entre nós duas de modo que ela ficasse com mais; depois compensava tirando menos para si, mesmo assim sempre dava um jeito de ficar com mais no fim. Pedia-me para construir com meus blocos, mas apenas para poder provar como seu prédio era mais bonito que o meu ou para poder derrubar o meu, simulando um acidente. Às vezes fazia com que um homenzinho fosse juiz e decidisse que sua casa era melhor que a minha. A partir dos detalhes da brincadeira tornou-se visível que ela estava dando expressão a uma antiga rivalidade com a mãe, por meio dessa questão a respeito de nossas respectivas casas. Em um trecho posterior de sua análise, expôs sua rivalidade de forma direta.

Além de fazer essas brincadeiras, ela também começou a cortar papel e a fazer moldes com ele. Enquanto fazia isso, contou-me que estava fazendo "carne moída" e que saía sangue do papel; nesse momento, estremeceu e imediatamente disse que estava enjoada. Em uma ocasião falou de uma "salada de olhos", em outra disse que estava "picotando" meu nariz. Estava repetindo o desejo de morder e arrancar meu nariz, desejo que já havia expressado em sua primeira sessão. (E, de fato, várias vezes tentou satisfazer esse desejo.) Dessa maneira, mostrava também sua identidade com a "terceira pessoa", o homenzinho que invadiu a casa e ateou fogo nela etc., e que mordeu e arrancou o nariz da mulher. Em sua análise, como na de outras crianças, cortar papel revelou-se algo sobredeterminado. Dava vazão a impulsos sádicos e canibalescos, mas servia ao mesmo tempo a tendências reativas, porque representava também uma atividade criativa. Os moldes recortados lindamente, representando, por exemplo, uma toalha de mesa, indicavam os genitais dos pais ou o corpo da mãe restaurados da destruição que ela havia infligido a eles anteriormente, em fantasia.

De recortar papel, Erna passou a brincar com água. Um pedacinho de papel boiando na bacia era um capitão cujo navio havia afundado. Ele conseguiu se salvar porque – assim Erna declarou – tinha uma coisa "longa e dourada" que o mantinha na água. Ela aí arrancou a cabeça dele e anunciou: "Sua cabeça foi embora; agora ele se afogou". Essas brincadeiras com água permitiram ir fundo na análise de suas fantasias sádico-orais, sádico-uretrais e sádico-anais. Assim, por exemplo, ela brincou que era uma lavadeira e usou uns pedaços de papel para representar os lençóis sujos de uma criança. Eu era a criança e tinha de defecar em minha roupa de baixo repetidas vezes. (Por falar nisso, Erna trouxe seus impulsos coprofílicos e canibalescos claramente à vista quando mastigava os pedaços de papel, que representavam excrementos e crianças bem como lençóis sujos.) Como lavadeira, Erna tinha muitas oportunidades de punir e humilhar a criança, e desempenhava o papel da mãe cruel. Mas, uma vez que se identificava igualmente com a criança maltratada, ela também estava gratificando seus desejos masoquistas. Muitas vezes fingia que a mãe fazia o pai punir a criança e bater em seu bumbum. Essa punição era recomendada por Erna, em seu papel de lavadeira, como meio de curar a criança de seu amor pela sujeira. Uma vez, no lugar do pai, apareceu um mágico. Ele atingiu uma criança no ânus e depois na cabeça com um bastão, e enquanto ele fazia isso um fluido amarelado escorreu da varinha mágica. Em outra ocasião, à criança – desta vez uma bem pequena – foi dado um pó para tomar, que era uma mistura de "vermelho e branco". Esse tratamento tornou a criança limpa e repentinamente ela se tornou capaz de falar e ficou tão esperta quanto a mãe.[3] O mágico representava o pênis e bater com o bastão representava a relação sexual. O fluido e o

3 Essas fantasias dizem respeito ao pênis em seu aspecto "bom" e curativo. Nos capítulos 11 e 12, tratarei desse ponto mais amplamente.

pó representavam urina, fezes, sêmen e sangue, e tudo isso, segundo as fantasias de Erna, sua mãe punha para dentro de si durante a relação sexual através da boca, ânus e genitais.

Em outra ocasião, Erna repentinamente passou de uma lavadeira para uma vendedora de peixes e pôs-se a gritar, anunciando suas mercadorias. Durante essa brincadeira, abriu a torneira (que costumava chamar de "torneira do creme batido"), tendo-a antes envolvido com papel. Quando o papel ficou encharcado e caiu na pia, ela o rasgou e apresentou-o como peixe para ser vendido. A voracidade compulsiva com que Erna bebia da torneira durante essa brincadeira e mastigava o peixe imaginário aponta de maneira muito nítida para a inveja oral que havia sentido durante a cena primária e em suas fantasias primárias. Essa inveja havia afetado profundamente o desenvolvimento de seu caráter e era também uma característica central de sua neurose.[4] A equação do peixe com o pênis do pai, assim como com fezes e crianças, revelou-se em suas associações. Erna tinha uma variedade de peixes à venda e, entre eles, alguns "*kokelfish*" ou, como ela repentinamente os chamou, "*Kakelfish*".[5] Enquanto estava ocupada em cortá-los, sentiu uma necessidade repentina de defecar, e isso mostrou que os peixes representavam fezes, ao passo que cortá-los representava o ato de defecar. Como vendedora de peixes, Erna me enganava – eu como freguesa – de várias maneiras. Tomou grandes somas de dinheiro de mim sem me dar nenhum peixe em troca. Eu ficava indefesa diante dela, pois ela era auxiliada por um policial; e juntos eles "batiam" [*wurled*][6] o dinheiro, equacionado com peixes, que ela havia recebido de mim. Este policial representava o pai, com quem ela tinha relações sexuais e que era aliado dela contra a mãe. Minha parte na brincadeira era ficar olhando enquanto ela "batia" [*wurled*] o peixe, junto do policial, e aí eu tinha de tentar tomar posse dele secretamente. Na realidade, eu tinha de fingir que fazia aquilo que ela própria tinha desejado fazer com a mãe quando ela, Erna, havia presenciado a mãe e o pai na relação sexual. Esses impulsos e fantasias sádicos estavam na base de sua grave ansiedade com relação à mãe. Ela, repetidas vezes, expressava medo de uma "mulher ladra" que "tiraria tudo de dentro dela".

---

4 Discutirei mais à frente a conexão entre as observações de Erna dos pais durante o ato sexual e sua própria neurose.

5 "*Kaki*" são fezes em alemão, na linguagem infantil. [N. T.]

6 Uma palavra inventada parecida com a palavra alemã para "creme batido". [N. T.]

A análise de Erna revelou também que teatro e representações de todos os tipos simbolizavam a relação sexual entre os pais.[7] As inúmeras performances em que Erna fez sua mãe representar o papel de uma atriz ou dançarina, admirada por todos os espectadores, mostravam a imensa admiração – uma admiração misturada com inveja – que tinha por ela. Muitas vezes, em identificação com a mãe, fingia ser ela mesma uma rainha diante de quem todo mundo fazia mesuras. Em todas essas representações, era sempre a criança quem levava a pior. Tudo que Erna fazia no papel da mãe – a ternura que demonstrava ao marido, a maneira como se vestia e como se fazia admirar – tinha um objetivo principal, que era o de despertar a inveja da criança e ferir seus sentimentos. Assim, por exemplo, quando como rainha havia celebrado seu casamento com o rei, deitou-se no sofá e quis que eu, no papel de rei, me deitasse a seu lado. Como me recusei a fazer isso, tive então de me sentar em uma cadeirinha a seu lado e bater no sofá com o punho. A isso ela chamou de "bateção" e o sentido era a relação sexual. Imediatamente depois disso, anunciou que uma criança estava saindo de dentro dela engatinhando para fora, e representou a cena de modo muito realista, contorcendo-se e gemendo. Então, sua criança imaginária dividia o quarto dos pais e tinha de ser espectadora da relação sexual entre eles. Se interrompia a relação, levava uma surra, e a mãe ficava se queixando dela para o pai. Se ela, como mãe, pusesse a criança para dormir, era apenas para se livrar dela e poder se unir ao pai o mais rápido possível. A criança era incessantemente maltratada e atormentada. Deram-lhe pudim de semolina para comer, que era tão horrível que dava vontade de vomitar, enquanto isso, o pai e a mãe estavam se deleitando com comidas maravilhosas feitas de creme batido ou de um leite especial preparado pelo dr. Whippo ou Whippour – um nome composto de "bater" e "derramar, verter".[8] Esse alimento especial, que só era comido pelo pai e pela mãe, era empregado em infinitas variações para representar a troca de substâncias durante a relação sexual. As fantasias de Erna de que na relação sexual a mãe incorporava o pênis e o sêmen do pai e de que o pai incorporava os seios e o leite da mãe formavam a base de seu ódio e de sua inveja em relação a ambos.

---

7 Em meu artigo "Análise precoce" (1923), examinei de maneira mais detalhada o significado simbólico do teatro, de representações, produções etc., como representando o ato sexual entre os pais. Posso também remeter a Otto Rank, "Das Schauspiel im Hamlet" (*Imago*, v. 4, n. 1, 1915, pp. 45–51).

8 "*Whip*" em inglês significa bater (e também chicotear). "*Pour*" e "*pour out*" significam verter, derramar. [N. T.]

Em uma das brincadeiras de Erna, "um padre fez uma apresentação" em que abria uma torneira e sua parceira, uma dançarina, bebia dela. À criança, que se chamava "Cinderela", só era permitido olhar e ela tinha de ficar absolutamente quieta. Nesse momento, uma súbita erupção de raiva violenta, por parte de Erna, mostrou os sentimentos de ódio que acompanhavam suas fantasias e como ela lidava mal com esses sentimentos. Toda a sua relação com a mãe fora distorcida por eles, uma vez que ela sentia cada medida educacional, cada ato de disciplina infantil, cada frustração inevitável como um ato exclusivamente sádico por parte da mãe, realizado com vistas a humilhá-la e maltratá-la.

Contudo, na brincadeira em que fazia de conta que era mãe, Erna demonstrava afeto por sua criança imaginária, contanto que se mantivesse apenas como bebê. Ela, então, amamentava, lavava o bebê e era terna com ele, e até mesmo o perdoava quando ele se sujava. Isso acontecia porque, em sua maneira de ver, ela mesma só havia sido tratada com amor enquanto fora um bebê de colo. Era muito cruel com sua "criança" mais velha e permitia que ela fosse torturada por diabos das mais variadas maneiras e muitas vezes que acabasse morta.[9] No entanto, também ficou claro que a criança nesse papel era a mãe transformada em criança por meio da seguinte fantasia. Erna estava brincando de ser uma criança que havia se sujado e eu, como mãe, tinha de repreendê-la, ao que ela respondia com pleno desprezo e, desafiadora, sujava-se mais e mais. A fim de continuar aborrecendo a mãe, ela vomitava a comida ruim que eu havia lhe dado. A mãe, então, chamava o pai, mas ele ficava do lado da criança. Em seguida, a mãe era acometida por uma doença chamada "Deus falou com ela"; então a criança pegava uma doença chamada "agitação de mãe", morria dela e a mãe era morta pelo pai como punição. A criança, então, voltava à vida e se casava com o pai, que a elogiava muito, à custa da mãe. Então,

9 Onde a fúria da criança contra seu objeto (neste caso contra a criança imaginária) é realmente excessiva, a situação fundamental é que o superego se voltou contra o id. O ego escapa dessa situação intolerável por meio de uma projeção. Ele apresenta o objeto como um inimigo a fim de que o id possa destruí-lo de modo sádico com o consentimento do superego. Se o ego pode efetuar uma aliança entre o superego e o id por essa forma, ele pode desviar o sadismo do superego que era dirigido contra o id para o mundo externo. Desse modo, os impulsos sádicos primários que são dirigidos contra o objeto são intensificados pelo ódio originalmente dirigido contra o id (cf. o capítulo 8 deste volume e também meu artigo "A personificação no brincar das crianças", 1929).

a mãe era trazida de volta à vida, mas, como punição, era transformada em criança pela varinha mágica do pai; e, por sua vez, tinha de sofrer toda a humilhação e todos os maus-tratos a que a criança havia sido submetida antes. Em suas inúmeras fantasias desse tipo acerca de uma mãe e uma criança, Erna estava repetindo aquilo que ela sentia terem sido suas próprias experiências, enquanto, por outro lado, também estava expressando aquilo que gostaria de fazer com a mãe de modo sádico, caso a relação criança-mãe fosse invertida.

A vida mental de Erna era dominada por fantasias sádico-anais. Em um estágio posterior de sua análise, ao começar mais uma vez a partir de brincadeiras ligadas à água, ela produziu fantasias em que fezes "assadas" e coladas a roupas eram também usadas para cozinhar e ser comidas. Ela fazia de conta que estava sentada na privada e comia o que soltava ali ou que nós dávamos esse material uma à outra. Suas fantasias a respeito de nós nos sujarmos mutuamente com urina e fezes apareceram cada vez mais claramente no decorrer da análise. Em uma brincadeira, ela mostrava que sua mãe havia se sujado várias vezes e que tudo na sala havia sido transformado em fezes por culpa de sua mãe. Em decorrência disso, a mãe era lançada na prisão e lá morria de fome. Ela, então, ficava com a tarefa de limpar a sujeira da mãe, e nesse contexto ela se autodenominava "sra. Desfile de Sujeira" – isto é, uma pessoa que ostentava a sujeira. Seu amor por tudo limpo e arrumado valeu-lhe a admiração e reconhecimento do pai, que a colocou muito acima da mãe e casou-se com ela. Ela cozinhava para ele. A bebida e a comida que eles se davam um ao outro eram novamente urina e fezes, mas, dessa vez, de um tipo bom e não de um tipo que fazia mal. O que foi relatado serve como exemplo das múltiplas e extravagantes fantasias sádico-anais que se tornaram conscientes ao longo de sua análise.

Erna, que era filha única, tinha a imaginação muito ocupada com a questão da chegada de irmãos e irmãs. Suas fantasias a esse respeito merecem atenção especial, uma vez que, até onde minhas observações mostram, elas têm aplicação geral. A partir dessas fantasias e das de outras crianças em situações similares, tem-se a impressão de que uma criança que é filha única sofre muito mais do que as outras de ansiedade com relação ao irmão ou à irmã que está permanentemente esperando, além dos sentimentos de culpa que sente devido a seus impulsos inconscientes de agressão contra eles em sua presumida existência dentro do corpo da mãe, já que ela não tem oportunidade de desenvolver uma relação positiva com eles na realidade. Esse fato muitas vezes torna a adaptação à sociedade mais difícil para um filho único. Por muito tempo, Erna costumava ter ataques de raiva e ansiedade no começo e no fim de sua sessão, e esses ataques eram em parte precipitados por seu encontro com a criança que vinha se analisar imediatamente antes ou depois dela e que para ela representava o irmão ou irmã cuja chegada ela estava sempre esperando.[10] Por outro lado, embora não se desse bem com outras crianças, sentia por vezes grande necessidade de sua companhia. Seu desejo ocasional por um irmão ou irmã era, descobri, determinado por vários motivos. (1) Os irmãos e irmãs que desejava seriam filhos para a própria Erna. Contudo, esse desejo era logo perturbado por intensos sentimentos de culpa, porque significaria que ela havia roubado a criança de sua mãe. (2) A existência deles a teria reconfortado de que os ataques que fizera em fantasia às crianças que supunha estarem dentro de sua mãe não causariam dano nem a eles nem à mãe e que, como consequência, o interior de seu próprio corpo também não estava estragado. (3) Eles lhe proporcionariam a gratificação sexual que o pai e a mãe lhe haviam negado. (4) Erna tinha a fantasia de que se uniria a eles contra os pais, a fim de matar a mãe e capturar o pênis do pai. Eles seriam seus aliados[11] na luta contra seus pais assustadores.

Mas essas fantasias de Erna eram rapidamente seguidas de sentimentos de ódio contra seus irmãos e irmãs imaginários – pois eles eram, em última análise, apenas substitutos do pai e da mãe – e de sentimentos de culpa muito intensos em função dos atos destrutivos que ela, junto deles, havia cometido contra os pais em suas fantasias. E isso normalmente disparava nela uma crise de depressão.

Essas fantasias também contribuíam para a incapacidade de Erna se dar bem com outras crianças. Ela se retraía em relação a elas porque as identificava com seus irmãos e irmãs imaginários, de modo que, por um lado, encarava-as como cúmplices em seus ataques aos pais e, por outro, temia-as como inimigos em função de seus próprios impulsos agressivos dirigidos àqueles irmãos e irmãs.

---

10 Como Erna não tinha irmãos ou irmãs na vida real, seu medo e ciúmes inconscientes deles, que desempenhavam um papel tão importante em sua vida mental, só foram revelados e vivenciados na análise. Esse é uma vez mais um exemplo da importância da situação transferencial nas análises de crianças.

11 Em meu artigo "Estágios iniciais do conflito edipiano" (1928), assinalei que as crianças, em suas relações sexuais umas com as outras, especialmente se forem irmãos e irmãs, têm fantasias de fazerem uma liga contra os pais e muitas vezes experimentam uma diminuição de sua ansiedade e de seu sentimento de culpa a partir dessa crença.

O caso de Erna elucida outro fator que me parece ser de importância geral. Chamei a atenção no primeiro capítulo para a relação peculiar que as crianças têm com a realidade. Apontei o fato de que o fracasso em realizar uma adaptação correta à realidade poderia ser reconhecido na análise das brincadeiras de crianças muito pequenas e que era necessário, no decorrer da análise, ir aos poucos colocando até mesmo as crianças mais novas em contato total com a realidade. Com Erna, mesmo depois de uma quantidade razoável de análise, eu não tinha conseguido obter nenhuma informação mais detalhada sobre sua vida real. Eu obtinha uma quantidade enorme de material referente a seus impulsos sádicos extravagantes contra a mãe, mas nunca ouvi a menor queixa ou crítica a respeito de sua mãe *real* e o que esta de fato fazia. Embora Erna reconhecesse que suas fantasias eram dirigidas contra sua mãe real – fato que ela havia negado em um estágio anterior de sua análise – e embora tenha se tornado cada vez mais claro que ela imitava a mãe de maneira exagerada e invejosa, ainda assim era difícil estabelecer a conexão entre suas fantasias e a realidade. Todos os meus esforços em trazer sua vida de verdade de forma plena para dentro da análise permaneceram ineficazes, até que consegui, pelo menos parcialmente, analisar suas razões mais profundas para querer apartar-se da realidade. A relação de Erna com a realidade revelou-se em grande medida um simulacro em grau muito maior do que seu comportamento levaria a crer. A verdade é que ela estava tentando de todas as formas possíveis manter a existência de um mundo de sonhos e protegê-lo da realidade.[12] Por exemplo, ela costumava imaginar que as carruagens de brinquedo e os cocheiros estavam a seu serviço e que eles acudiam seu comando e lhe traziam tudo que ela desejasse, que as mulheres de brinquedo eram suas empregadas etc. Mesmo enquanto essas fantasias estavam em curso ela com frequência era tomada por raiva e depressão. Ia, então, para o banheiro e lá fantasiava em voz alta enquanto defecava. Ao sair, ela se atirava no divã e começava a chupar o dedo com paixão, a se masturbar e a enfiar o dedo no nariz. Consegui que me contasse as fantasias que acompanhavam toda essa atividade de defecar, chupar o dedo, masturbar-se e enfiar o dedo no nariz. Por meio dessas satisfações prazerosas e das fantasias a elas ligadas, procurava com todas as forças continuar o mesmo estado de sonho que mantivera enquanto brincava. A depressão, raiva

12 Muitas crianças realizam retorno aparente à realidade apenas quando suas brincadeiras são interrompidas. Na verdade, elas ainda permanecem ocupadas com suas fantasias.

e ansiedade que a tomavam durante sua brincadeira se deviam a certa perturbação de suas fantasias por alguma incursão da realidade. Ela se lembrava também de como ficava arrasada se alguém se aproximasse de sua cama de manhã e ela estivesse chupando o dedo ou se masturbando. A razão para tanto é que ela não só tinha medo de ser descoberta como também queria afastar a realidade. Uma pseudologia, que apareceu durante a análise e atingiu proporções fantásticas, servia ao propósito de reformular uma realidade intolerável segundo seus desejos. Eu podia ver em seu medo excessivo dos pais, em especial da mãe, uma razão para esse extraordinário apartamento da realidade – e para tal fim ela também empregava fantasias megalomaníacas. É com a finalidade de diminuir esse medo que Erna era impulsionada a imaginar-se como uma patroa dura e poderosa em relação à mãe, e isso levou a uma grande intensificação de seu sadismo.

As fantasias de Erna de ser cruelmente perseguida pela mãe começaram a mostrar seu caráter paranoide de maneira mais distinta. Como já mencionei, ela encarava cada passo dado em sua educação e na maneira como era cuidada, mesmo os mais íntimos detalhes de sua vestimenta, como um ato de perseguição por parte da mãe. Não só isso, mas também qualquer outra coisa que a mãe fizesse – a maneira como se comportava com relação ao pai, as coisas que fazia para o próprio divertimento e assim por diante – eram sentidos por Erna como perseguição pessoal. Além do mais, sentia-se continuamente espionada. Um motivo de sua fixação excessiva pela mãe era a compulsão de ficar o tempo todo observando-a. A análise mostrou que Erna se sentia responsável por toda e qualquer doença que a mãe tivesse e tinha a expectativa de uma punição correspondente em função de suas próprias fantasias agressivas. A mãe severa e punitiva e a criança cheia de ódio, entre as quais ela permanentemente se alternava em suas brincadeiras e fantasias, mostravam com muitos detalhes a ação de um superego excepcionalmente duro. Foi necessária uma análise muito aprofundada para elucidar essas fantasias, que correspondiam àquilo que, em paranoicos adultos, conhecemos como delírios. A experiência que adquiri desde que comecei a registrar o histórico do caso me levou à conclusão[13] de que o caráter peculiar da ansiedade de Erna, de suas fantasias e de sua relação com a realidade é típico de casos com fortes traços paranoides.[14]

---

13 Uma consideração mais completa deste assunto se encontra na segunda parte deste volume.

14 Cf. o capítulo 9 deste volume.

Nesse ponto, devo chamar a atenção para as tendências homossexuais de Erna, excessivamente fortes desde a primeira infância. Depois de uma grande parte do ódio que sentia pelo pai, proveniente da situação edipiana, ter sido analisada, essas tendências, ainda que sem dúvida abrandadas, ainda eram muito fortes e davam a impressão, inicialmente, de não serem passíveis de resolução além de um certo ponto. Foi só depois da superação de fortes resistências que o caráter real e a força plena de suas fantasias de perseguição, e a relação destas com sua homossexualidade, vieram à tona. Desejos amorosos anais emergiam agora em sua forma positiva, de maneira clara, em alternância com fantasias de perseguição. Erna, mais uma vez, brincou de ser vendedora, e que eram fezes o que ela vendia se revelou a partir do fato, entre outras coisas, de que bem no começo de sua brincadeira sentiu vontade de defecar. Eu era uma cliente e devia preferi-la a todas as outras vendedoras, convencida de que as coisas que ela vendia eram especialmente boas. Então ela era a cliente e me amava e, desse modo, representava uma relação amorosa anal entre ela e a mãe. Essas fantasias anais eram rapidamente seguidas por ataques de depressão e ódio, dirigidos principalmente contra mim, mas na realidade dirigidos à mãe. Com relação a isso, Erna produziu fantasias de uma pulga que era "uma mistura de preto e amarelo", o que ela própria reconheceu como um pedaço de fezes – fezes perigosas, envenenadas, como se revelou. Essa pulga, disse ela, saiu de meu ânus e forçou-se para dentro do dela e a machucou.[15]

No caso de Erna, pude confirmar, para além de qualquer dúvida, a transformação do amor pelo genitor do mesmo sexo em ódio, causa conhecida de delírios de perseguição, com proeminência acentuada dos mecanismos de projeção. Subjacente ao vínculo homossexual

---

15 Em seu "Short Study of the Development of the Libido, Viewed in the Light of Mental Disorders" [1924], Karl Abraham diz: "Tanto Van Ophuijsen" (em seu artigo 'On the Origin of the Feeling of Persecution'. *The International Journal of Psychoanalysis*, v. 1, 1920, pp. 235–39) como Stärcke (em seu artigo 'The Reversal of the Libido-Sign in Delusions of Persecution'. *The International Journal of Psychoanalysis*, v. 1, 1919, pp. 231–34) descobriram no curso de sua prática psicanalítica que na paranoia podemos fazer remontar o 'perseguidor' à imagem inconsciente que o paciente tem das fezes em seus intestinos, que ele identifica com o pênis do 'perseguidor', isto é, a pessoa de seu próprio sexo que ele originalmente amou. Assim, na paranoia, o paciente representa seu perseguidor por meio de uma parte de seu corpo e acredita que o carrega dentro de si. Ele gostaria de se livrar daquele corpo estranho, mas não consegue" (in *Selected Papers on Psycho-Analysis*. London: Hogarth Press, 1927, p. 489).

de Erna, em um nível ainda mais profundo, encontrava-se um sentimento de ódio extraordinariamente intenso pela mãe, derivado de sua situação edipiana inicial e de seu sadismo oral. Esse ódio teve como resultado uma ansiedade excessiva que, por sua vez, era um fator determinante em cada detalhe de suas fantasias de perseguição. Chegamos agora a um novo grupo de fantasias sádicas, em que a intensidade de seu sadismo excedia qualquer coisa com que eu já tivesse me defrontado na análise de Erna. Essa foi a parte mais difícil do trabalho e a que mais pôs à prova a disposição de Erna em cooperar ao máximo com ele, já que era acompanhada de extrema ansiedade. Sua inveja oral das gratificações genitais e orais que, supostamente, segundo ela, seus pais desfrutavam durante a relação sexual revelou-se como o alicerce mais profundo de seu ódio. Deu expressão a esse ódio de forma contínua em incontáveis fantasias dirigidas contra os pais unidos na relação sexual. Nessas fantasias, ela os atacava, em especial à mãe, por meio de seus excrementos, entre outras coisas; e o que mais profundamente subjazia a seu medo de minhas fezes (a pulga), que ela sentia como sendo empurradas para dentro dela, eram fantasias em que ela própria destruía o interior da mãe com suas próprias fezes perigosas e venenosas.[16]

Depois que essas fantasias e impulsos sádicos pertencentes a um estágio muito precoce de desenvolvimento foram profundamente analisados, a fixação homossexual de Erna pela mãe diminuiu e seus impulsos heterossexuais se fortaleceram. Até esse momento, o determinante essencial de suas fantasias tinha sido sua atitude de amor e de ódio em relação à mãe. O pai havia figurado principalmente como um mero instrumento para a relação sexual; parecia que toda a sua importância decorria da relação mãe-filha. Em sua imaginação, qualquer sinal de afeto que a mãe demonstrava pelo pai, na verdade todo o relacionamento da mãe com o pai, tinha o único propósito de roubá-la, Erna, de causar ciúmes nela e de virar o pai contra ela. De modo semelhante, nas fantasias

16 Como descobri mais adiante ao longo de meu trabalho analítico, os medos que a criança tem do excremento envenenado e perigoso aumenta sua fixação aos níveis pré-genitais por lhe ser um incentivo constante para se convencer de que esses excrementos – tanto seus quanto os de seus objetos – não são perigosos e sim coisas "boas" (cf. o capítulo 8 deste volume). É por esse motivo que Erna fingia que estávamos nos dando uma à outra presentes anais "bons" e que nós nos amávamos. Porém, os estados de depressão que se seguiam a essas brincadeiras de um suposto amor mostravam que no fundo ela estava aterrorizada e acreditava que nós – isto é, sua mãe e ela – estávamos nos perseguindo e envenenando uma à outra.

em que ela privava a mãe do pai e ela, Erna, se casava com ele, toda a ênfase era posta em seu ódio pela mãe e em seu desejo de magoá-la. Se em brincadeiras desse tipo Erna se mostrasse afetuosa com seu marido, logo se revelava que a ternura era só aparente, destinada a ferir os sentimentos de sua rival e atrair o pai para seu lado. Ao mesmo tempo que dava esses importantes passos em sua análise, ela também progrediu em suas relações com o pai e começou a experimentar sentimentos genuínos por ele, de natureza positiva. Agora que a situação não estava tão completamente governada pelo ódio e pelo medo, o relacionamento edípico direto podia se estabelecer. Ao mesmo tempo, a fixação de Erna pela mãe diminuiu e sua relação com ela, que até então fora tão ambivalente, melhorou. Essa alteração na atitude da menina com ambos os pais estava também baseada em grandes mudanças em sua vida de fantasia e em sua conduta pulsional. Seu sadismo diminuiu e suas fantasias de perseguição diminuíram muito em número e intensidade. Mudanças importantes também ocorreram em sua relação com a realidade, que se fizeram sentir, entre outras coisas, por uma crescente infiltração desta em suas fantasias.

Nesse período de sua análise, depois de ter representado suas ideias de perseguição por meio do brincar, Erna muitas vezes dizia com grande espanto: "Mas a mamãe não deve ter feito isso *de verdade*, não é? Ela gosta muito de mim *de verdade*". Mas, à medida que seu contato com a realidade se tornou mais forte e o ódio inconsciente da mãe mais consciente, começou a criticar a mãe como uma pessoa real com uma franqueza cada vez maior, ao mesmo tempo que a relação com ela melhorava. Isso tornou-se possível à medida que o ódio inconsciente alcançava a consciência. Com essa melhora no relacionamento com a mãe, apareceram sentimentos genuinamente maternais e ternos em sua atitude com as crianças imaginárias. Em uma ocasião, depois de ter sido muito cruel com uma delas, perguntou com uma voz muito comovida: "Será que eu deveria ter tratado minha filha desse jeito *de verdade*?". Assim, a análise de suas ideias de perseguição e a diminuição de sua ansiedade tiveram êxito não apenas em fortalecer sua atitude heterossexual, mas também em melhorar suas relações com a mãe e em permitir que ela própria nutrisse sentimentos mais maternais. Gostaria de dizer aqui que, em minha opinião, o ajuste satisfatório dessas atitudes fundamentais, que determinam a escolha futura da criança por um objeto de amor e toda a natureza das experiências adultas, é um dos critérios para aferir o sucesso de uma análise de crianças.

A neurose de Erna apareceu bem no início de sua vida. Antes de completar um ano, ela já manifestava sinais acentuados de neurose e um funcionamento mental incomumente precoce. Desde então, suas dificuldades aumentaram continuamente, de modo que, entre os dois e os três anos, sua criação havia se tornado um problema insolúvel, seu caráter já era anormal e ela sofria de uma neurose obsessiva patente. Contudo, foi apenas por volta dos quatro anos que se constatou a natureza incomum de seus hábitos de masturbação e de chupar o dedo. Pode-se ver que a neurose obsessiva dessa criança de seis anos já era crônica. Fotografias suas por volta dos três anos mostram-na com a mesma expressão neurótica e preocupada no rosto que apresentava aos seis anos.

Gostaria de enfatizar a gravidade incomum deste caso. Os sintomas obsessivos que, entre outras coisas, privavam a criança quase inteiramente de sono, o desenvolvimento anormal de seu caráter, as depressões e outros sinais de doença eram apenas um pálido reflexo da vida pulsional inteiramente anormal, extravagante e desenfreada que estava por trás deles. As perspectivas futuras de uma neurose obsessiva que, como esta, por anos tivera um caráter progressivo só poderiam ser descritas como muito sombrias. Pode-se afirmar com toda a segurança que o único remédio em um caso assim é um tratamento psicanalítico no momento oportuno.

Entrarei agora em um exame da estrutura do caso em maiores detalhes. A educação de Erna em hábitos de higiene não apresentara nenhuma dificuldade e se completara incomumente cedo, por volta de um ano. Nenhuma severidade havia sido necessária: a ambição dessa criança precoce foi um incentivo poderoso para alcançar com rapidez os padrões esperados de higiene.[17] Mas esse êxito exterior foi acompanhado por um completo fracasso interno. As tremendas fantasias sádico-anais de Erna mostravam em que grau ela se mantinha fixada naquele estágio e quanto ódio e ambivalência decorriam dele. Um fator desse fracasso era uma disposição sádico-oral e sádico-anal forte na constituição da menina; mas uma parte importante era desempenhada por outro fator – apontado por Freud[18] como parcela na predisposição para a neurose obsessiva – um desenvolvimento excessivamente rápido do ego em comparação com a libido. Além disso, a análise mostrava

17 Algumas das fontes da ambição arcaica de Erna nesta linha podem ser inferidas a partir das fantasias em que ela superava a mãe em limpeza e era chamada de "sra. Desfile de Sujeira" pelo pai, casando-se com ele por causa disso, enquanto a mãe morria de fome na prisão.

18 Sigmund Freud, "A predisposição à neurose obsessiva" [1913], in *Obras completas*, v. 10, trad. Paulo César de Souza. São Paulo: Companhia das Letras, 2010.

que outro fator crítico no desenvolvimento de Erna fora alcançado apenas com sucesso aparente. Ela nunca havia de fato superado o desmame. E houve ainda uma terceira privação sofrida por ela. Quando tinha entre seis e nove meses, sua mãe notou com que evidente prazer sexual ela respondia aos cuidados corporais habituais, em especial à limpeza de seus genitais e ânus. A enorme excitabilidade de sua zona genital era inequívoca. Por isso, sua mãe passou a exercer maior discrição ao lavar essas regiões, e quanto mais a criança crescia e mais treinada ficava, mais fácil isso se tornava, naturalmente. Mas a criança, que havia encarado a atenção mais elaborada como uma forma de sedução, vivenciou essa reticência como uma frustração. A sensação de ser seduzida, atrás da qual havia o *desejo* de ser seduzida, repetia-se o tempo todo em sua vida. Em cada relação, por exemplo, com a babá, com outras pessoas que cuidavam dela, e também na análise, tentava repetir a situação de ser seduzida em alternância com a acusação de estar sendo seduzida. Ao analisar essa situação transferencial específica, foi possível remontar sua atitude por meio de situações anteriores até as situações iniciais – à experiência de ser cuidada quando era bebê.

Em cada um dos três fatores que levaram à produção da neurose de Erna, a parte desempenhada pelos fatores constitucionais era inequívoca.[19]

Resta agora ver de que maneira sua experiência da cena primária foi combinada com os fatores constitucionais e, desse modo, levou ao desenvolvimento pleno de sua neurose obsessiva. Aos dois anos e meio e, outra vez, aos três anos e meio,[20] ela partilhara o quarto com

---

19 Desde então cheguei à opinião, que substanciarei melhor no capítulo 8, de que um sadismo oral excessivo acelera demais o desenvolvimento do ego e também apressa o desenvolvimento da libido. Os fatores constitucionais na neurose de Erna acima mencionados, seu sadismo excepcionalmente forte, o desenvolvimento muito rápido do ego e a atividade prematura de seus impulsos genitais encontram-se assim interligados.

Depois de lidar com este caso, pude descobrir ainda outro fator constitucional na produção de uma neurose. Este consiste na capacidade insuficiente do ego de tolerar a ansiedade. Em muitos casos, incluindo o de Erna, o sadismo da criança cria muito cedo um grau de ansiedade que o ego não consegue dominar de forma adequada. Deve-se dizer em geral que a capacidade de o ego dominar até mesmo quantidades comuns de ansiedade varia de acordo com o indivíduo; e este é um fator que ajuda a determinar as neuroses.

20 Temos aqui uma analogia interessante com o caso de Freud descrito em *História de uma neurose infantil* ("*O Homem dos Lobos*") [1914/1918], in *Obras completas*, v. 14, trad. Paulo César de Souza. São Paulo: Companhia das Letras, 2010.

os pais durante férias de verão. Nessas ocasiões, teve oportunidade de observar a relação sexual entre eles. Os efeitos disso não foram observáveis apenas na análise; foram também estabelecidos de modo muito definido por evidências externas. No verão em que fez suas primeiras observações, constatou-se nela uma alteração acentuadamente desfavorável. A análise mostrou que a observação da relação sexual precipitou sua neurose com toda a força. A visão dos pais mantendo relações sexuais intensificou bastante seu sentimento de frustração e inveja com relação a eles, além de elevar seus impulsos e fantasias sádicos a um grau extremo contra a gratificação sexual que eles obtinham.[21]

Os sintomas obsessivos de Erna tiveram a seguinte explicação. O caráter obsessivo de chupar os dedos era causado por fantasias de chupar, morder e devorar o pênis do pai e os seios da mãe. O pênis representava o pai como um todo e os seios a mãe como um todo.[22] A análise revelou também os graves traços depressivos no quadro

---

Quando Erna tinha cinco anos de idade, isto é, dezoito meses depois da última ocasião em que presenciou o ato sexual dos pais, foi com eles visitar a avó e por um curto período durante sua estada teve de ficar no mesmo quarto que eles, mas sem ter oportunidade de observar a relação sexual. Assim mesmo, uma manhã deixou a avó estupefata ao dizer: "O papai entrou na cama com a mamãe e ficou chacoalhando com ela". A conversa da criança permaneceu inexplicável até que a análise mostrou que ela havia incorporado aquilo que vira quando tinha dois anos e meio, e, embora tivesse se esquecido, o fato ficara guardado em sua mente. Com três anos de idade, essas impressões foram revividas, mas de novo esquecidas. E por fim, dezoito meses depois, uma situação semelhante (dormir no mesmo quarto que os pais) despertou nela uma expectativa inconsciente de ver os mesmos eventos e isso avivou suas experiências anteriores. No caso de Erna, como no caso do Homem dos Lobos, a cena primária havia sido completamente reprimida, porém subsequentemente reativada e trazida à consciência por um momento.

21 Em *Inibição, sintoma e angústia* [1926] (in *Obras completas*, v. 17, trad. Paulo César de Souza. São Paulo: Companhia das Letras, 2014), Freud afirma que é a quantidade de ansiedade presente que determina a erupção de uma neurose. Em minha opinião, a ansiedade é liberada pelas tendências destrutivas (cf. os capítulos 8 e 9 deste volume), de modo que a erupção da neurose seria, na realidade, consequência de um aumento excessivo dessas tendências destrutivas. No caso de Erna, foi seu ódio intensificado por ter presenciado a cena primária que causou a ansiedade e levou à doença.

22 Cf. K. Abraham, "A Short Study of the Development of the Libido, Viewed in the Light of Mental Disorders" [1924] (in *Selected Papers on Psycho-Analysis*. London: Hogarth Press, 1927), parte II.

clínico que mencionarei apenas de forma breve neste momento.[23] Dei vários exemplos do significado inconsciente da cabeça como sendo o pênis, uma vez que era eficaz no caso de Erna. Bater a cabeça contra o travesseiro tinha a intenção de representar os movimentos do pai na relação sexual. Ela me contou que à noite o único jeito que tinha de controlar seu medo de ladrões e assaltantes era "batendo" a cabeça. Livrava-se desse modo de seu medo ao identificar-se com o objeto do medo.

A estrutura de sua masturbação obsessiva era muito complicada. Ela distinguia entre várias formas: uma pressão com as pernas que chamava de "enroscar"; um movimento de balanço, já mencionado, chamado de "esculpir"; e um puxar do clitóris, chamado de "jogo do armário", em que ela tinha "vontade de puxar para fora uma coisa muito comprida". Além disso, costumava produzir uma pressão na vagina, puxando a ponta do lençol por entre as pernas. Várias identificações operavam nessas diferentes formas de masturbação dependendo de ela estar, de acordo com as fantasias que a acompanhavam, desempenhando a parte ativa do pai ou a parte passiva da mãe, ou ambas ao mesmo tempo. Essas fantasias de masturbação de Erna, intensamente sadomasoquistas, mostravam uma ligação clara com a cena primária e com as fantasias primárias. Seu sadismo se dirigia contra os pais na relação sexual e, como reação a isso, tinha fantasias correspondentes de caráter masoquista.

Durante toda uma sequência de sessões, Erna se masturbou de todos esses vários jeitos. Contudo, graças a uma transferência bem estabelecida, foi também possível induzi-la a descrever suas fantasias de masturbação entre os eventos. Pude, dessa maneira, descobrir as causas de sua masturbação obsessiva e livrá-la dela. Os movimentos de balançar-se que começaram na segunda metade de seu primeiro ano provinham do desejo de ser masturbada e podiam ser remetidos às manipulações relacionadas com seu asseio quando bebê. Houve um período na análise em que ela apresentava os pais na relação sexual

---

23 Costumava na análise queixar-se repetidamente de um sentimento estranho que tinha com frequência. Algumas vezes, dizia ela, perguntava-se se era ou não um animal. Verificou-se que essa sensação era determinada por seu sentimento de culpa acerca de seus impulsos canibalescos. A análise revelou que sua depressão, que ela exprimia através das palavras "tem alguma coisa na vida que eu não gosto", era um verdadeiro *taedium vitae*, acompanhado de ideias suicidas. Tinha suas raízes em sentimentos de ansiedade e de culpa resultantes das tendências sádico-orais.

das mais variadas maneiras em suas brincadeiras e, em seguida, dava plena vazão a sua fúria pela frustração envolvida. No decorrer dessas cenas, nunca deixava de produzir uma situação em que se balançava em uma posição meio deitada, meio sentada, exibia seus genitais e por vezes até mesmo me fazia pedidos explícitos para que os tocasse ou algumas vezes os cheirasse. Nessa época, aos seis anos, certa vez ela surpreendeu a mãe ao lhe pedir, depois de ter tomado banho, que levantasse uma de suas pernas e desse um tapinha ou a tocasse embaixo, ao mesmo tempo que assumia a posição de uma criança a quem se passava talco nos genitais – posição que ela não assumia há anos. A elucidação dos movimentos de balançar levou à dissolução completa desse sintoma.

O sintoma mais resistente de Erna era sua inibição na aprendizagem. Era tão grave que, apesar de todos os esforços que fazia, ela levava dois anos para dominar o que crianças normalmente aprendem em poucos meses. Essa dificuldade foi mais intensamente afetada numa fase posterior da análise, e quando concluí seu tratamento havia sido reduzida, embora não inteiramente removida.

Já me referi à mudança favorável que se deu no relacionamento de Erna com os pais e em seu posicionamento libidinal no geral, como resultado da análise, e enfatizei como foi apenas graças a essa mudança que ela pôde dar os primeiros passos na direção de uma adaptação social. Seus sintomas obsessivos (masturbação obsessiva, chupar os dedos, balançar-se etc.), que eram tão intensos a ponto de serem parcialmente responsáveis por sua insônia, foram removidos. Com a cura deles e a diminuição concreta da ansiedade, seu sono se normalizou. Seus ataques de depressão também cessaram.[24]

Apesar desses resultados favoráveis, não considerei de modo algum que a análise estivesse completa quando foi interrompida, por razões externas, depois de 575 sessões, transcorridas em um período de dois anos e meio. A gravidade extraordinária do caso, manifestada não apenas nos sintomas da criança como também no desenvolvimento distorcido de seu caráter e em sua personalidade completamente anormal, exigia mais análise para que fossem removidas as dificuldades de que ainda sofria. Que ela ainda se encontrava em uma condição insuficientemente estável podia ser visto pelo fato de que, em uma situação de pressão, tinha tendência a recair em alguns de seus velhos problemas, embora tais recaídas fossem sempre

24 Quando tive notícias dela pela última vez, dois anos e meio após o fim da análise, essas melhoras haviam-se mantido.

menos graves do que eram originalmente. Nessas circunstâncias, era sempre possível que uma tensão mais grave ou mesmo o início da puberdade pudessem dar origem a uma nova enfermidade ou a alguma outra dificuldade.

Isso abre uma questão de grande importância, a questão de quando é possível dizer que a análise de uma criança está completa. Nas crianças em idade de latência, mesmo nos resultados muito bons, tidos como plenamente satisfatórios por seu ambiente, não podem ser considerados como prova suficiente de que a análise tenha sido levada a cabo. Cheguei à conclusão de que o fato de uma análise ter ocasionado um desenvolvimento razoavelmente favorável no período de latência – por mais importante que possa ter sido – não é por si só garantia de que o desenvolvimento posterior do paciente será completamente bem-sucedido.[25] A transição para a puberdade e desta para a maturidade parece-me ser o teste para averiguar se a análise da criança foi ou não levada longe o suficiente. No capítulo 7 aprofundarei o assunto; aqui apenas afirmo, por uma questão de experiência, que o potencial de a análise assegurar a futura estabilidade da criança é diretamente proporcional a sua capacidade de resolver a ansiedade das camadas mais profundas. Nisso e no caráter das fantasias inconscientes da criança, ou melhor, nas mudanças ocasionadas nelas, pode-se encontrar um critério que nos ajuda a julgar se uma análise foi levada longe o bastante.

Voltando ao caso de Erna, já disse que no fim da análise suas fantasias de perseguição estavam bem reduzidas, tanto em quantidade como em intensidade. Contudo, em minha opinião, seu sadismo e sua ansiedade podiam e deveriam ter sido ainda mais reduzidos, a fim de prevenir que uma possível enfermidade a atingisse na puberdade ou quando se tornasse adulta. Mas, já que a continuação da análise não era possível na ocasião, sua conclusão foi deixada para um tempo futuro.

Passarei agora a discutir certas questões de caráter geral em conexão com o histórico de caso de Erna que também emergiram, em parte, de sua análise. Descobri que a longa ocupação da análise com questões sexuais e a liberdade que lhe foi propiciada em suas fantasias

---

25 No capítulo 5, com referência à análise de Ilse, uma criança na puberdade, examinarei com mais pormenores quais são os fatores que determinam uma transição bem-sucedida para o período de latência e quais os fatores determinantes de uma posterior transição bem-sucedida para a puberdade.

e brincadeiras[26] levaram a uma diminuição da excitação sexual e da preocupação com assuntos sexuais, e não a um aumento. Erna era uma criança cuja precocidade sexual incomum chamava a atenção de qualquer pessoa. Não apenas o tipo de fantasias que tinha como também seu comportamento e seus movimentos eram os de uma menina muito sensual na puberdade. Isso aparecia especialmente em seu comportamento provocante em relação a homens e meninos. A propósito, seu comportamento também mudou bastante para melhor no curso da análise e, quando esta terminou, ela apresentava feitio mais infantil. Além disso, a análise de suas fantasias de masturbação pôs um fim a sua masturbação compulsiva.[27]

Outro princípio analítico importante que eu gostaria de enfatizar é o de ser indispensável tornar conscientes, o máximo possível, as dúvidas e críticas que a criança alimenta em seu inconsciente sobre os pais e em especial com respeito à vida sexual deles. Sua atitude com o ambiente só pode se beneficiar disso, já que, ao serem trazidos à consciência, seus ressentimentos inconscientes e julgamentos adversos etc. são testados com relação à realidade e, desse modo, perdem muito de sua virulência anterior. Ao mesmo tempo, melhoram suas relações com a realidade. Uma vez mais, sua capacidade de criticar os

26 Assinalei no capítulo anterior que uma análise de criança, do mesmo jeito que a de um adulto, deve ser conduzida em abstinência; mas como a criança é diferente do adulto, deve-se usar um critério diferente. Por exemplo, ao participar dos jogos e das fantasias da criança, o analista lhe proporciona muito mais satisfação na realidade do que faz com um paciente adulto: mas veremos que essa satisfação é menos do que parece inicialmente. Pois o brincar é uma forma de expressão natural para a criança, de modo tal que o papel que o analista assume nele não difere em caráter da atenção com que ele segue as expressões verbais de pacientes adultos quando descrevem suas fantasias. Além disso, deve-se lembrar que a satisfação que as crianças obtêm em suas análises é na maior parte uma satisfação de fantasia. Erna, é bem verdade, masturbava-se regularmente em sua sessão de análise durante certo período. Mas ela era uma exceção. Não devemos esquecer que em seu caso a masturbação obsessiva estava presente num grau tal que ela costumava se masturbar quase que o dia todo, às vezes até mesmo na presença de outras pessoas. Quando sua compulsão foi consideravelmente reduzida, a situação analítica levou a um cessar da masturbação durante as sessões em troca de uma simples representação das fantasias de masturbação envolvidas.

27 Quero dizer com isso que sua masturbação excessiva e a masturbação praticada na presença de outras pessoas, que tinham suas raízes em uma compulsão, haviam parado. Não quero dizer que ela abandonou a masturbação por completo.

pais conscientemente já é, como vimos no caso de Erna, resultado de suas relações melhores com a realidade.[28]

Consideremos agora uma questão técnica: como já disse mais de uma vez, Erna costumava ter ataques de raiva com frequência durante a sessão de análise. Esses ataques e impulsos sádicos não raramente assumiam formas ameaçadoras dirigidas a mim. É fato conhecido que a análise libera fortes afetos em neuróticos obsessivos; em crianças eles tomam uma expressão muito mais direta e descontrolada do que nos adultos. Desde o começo, deixei muito claro a Erna que ela não deveria me atacar fisicamente. Mas tinha liberdade de ab-reagir a seus afetos de muitas outras maneiras; e costumava quebrar seus brinquedos ou cortá-los, derrubar as cadeirinhas, atirar as almofadas, sapatear no sofá, derrubar água, borrar papéis, sujar os brinquedos ou a pia,[29] desatar em impropérios e assim por diante, sem o menor obstáculo de minha parte. Mas, ao mesmo tempo, eu costumava analisar sua raiva e isso sempre a reduzia, se não a eliminava completamente. Há, portanto, três fatores que tecnicamente têm de ser considerados ao lidarmos com as explosões de emoção de uma criança durante o tratamento: (1) a criança tem de manter parte de seu afeto sob controle, mas isso só lhe deveria ser exigido uma vez que haja uma necessidade para tal na realidade; (2) ela pode dar vazão a seus afetos por meio de impropérios e das outras maneiras acima mencionadas; e (3) seus afetos são reduzidos ou eliminados por meio de interpretação contínua e fazendo-se remontar a situação atual à original.

Varia bastante, é claro, até que ponto cada um desses métodos é empregado. Por exemplo, com Erna fui levada desde muito cedo a desenvolver o seguinte plano. Durante um período, ela costumava ter acessos de raiva sempre que eu dizia que a sessão havia acabado,

---

28 Enquanto Erna ainda se encontrava muito apartada da realidade, só pude analisar material relacionado com suas fantasias; mas eu estava o tempo todo atenta a qualquer fiapo, por mínimo que fosse, que pudesse ligar essas fantasias com a realidade. Desse modo, e por meio de uma diminuição constante de sua ansiedade, pude gradualmente fortalecer sua relação com a realidade. No próximo capítulo, tentarei mostrar mais claramente que no período de latência o analista tem muito frequentemente que se ocupar na maior parte do tempo com tal material de fantasia por longos períodos até que ele possa ganhar acesso à verdadeira vida e aos interesses do ego da criança.

29 Considero de absoluta necessidade na análise de crianças que a sala em que se dá o tratamento seja mobiliada de modo que a criança possa ab-reagir com toda a liberdade. Danos ao mobiliário, ao chão etc. devem ser aceitos até certo limite.

e eu tinha o hábito, portanto, de abrir as portas duplas de meu consultório para verificar como ela estava, sabendo que seria extremamente doloroso para ela se a pessoa que viesse buscá-la visse o que quer que fosse de seus ataques. Nessa época, vale mencionar, minha sala parecia um campo de batalha depois que Erna saía. Mais tarde na análise, ela se contentava em atirar as almofadas com pressa no chão antes de sair; mais tarde ainda, passou a deixar a sala com toda a calma. Aqui está outro exemplo, extraído da análise de Peter (com três anos e nove meses), que por um tempo também esteve sujeito a explosões violentas de raiva. Em um período posterior de sua análise, ele disse de modo muito espontâneo, ao apontar um brinquedo: "Eu posso simplesmente *pensar* que quebrei aquilo".[30]

Mas é essencial que as exigências do analista a respeito de um controle parcial dos afetos pela criança não sejam encaradas como uma medida pedagógica – elas são feitas por motivos racionais e são inevitáveis. Essas exigências, fundamentadas em uma necessidade racional, podem ser compreendidas por uma criança mesmo que ela não seja sempre capaz de executá-las. Da mesma maneira, há ocasiões em que eu, na verdade, não realizo todas as ações que me foram designadas em uma brincadeira, pelo motivo de que sua completa realização seria desajeitada demais ou desagradável para mim. Contudo, mesmo nesses casos, sigo as ideias da criança até onde puder. É muito importante também que o analista mostre emoção o menos possível frente às explosões emocionais da criança.

Proponho agora utilizar os dados obtidos nesse caso para ilustrar os pontos de vista teóricos que desenvolvi desde então[31] e que serão expandidos na segunda parte deste volume. Os faróis enfeitados do trem, que Erna achava que eram "tão lindos, vermelhos e brilhantes"

30 Os comentários de até mesmo crianças muito pequenas demonstram que elas apreenderam plenamente a natureza da situação transferencial e compreendem que a diminuição de seus afetos é alcançada por meio de interpretar a situação original juntamente aos afetos que a ela pertencem. Nesses casos, por exemplo, Peter frequentemente costumava distinguir entre mim, que "era como a mamãe", e "a mamãe verdadeira". Por exemplo, quando movia seu carro para lá e para cá, ele cuspiu em minha direção e quis bater em mim, chamando-me de "bicho horrível". Opôs-se a minha interpretação violentamente, mas pouco a pouco ficou calmo e afetuoso de novo e perguntou: "Quando o negocinho do papai entra na mamãe daquele jeito, será que eu tive mesmo vontade de chamar de 'bicho' minha mamãe *verdadeira*?".

31 Cf. também meu artigo, "Estágios iniciais do conflito edipiano" (1928).

e que ela chupava, representavam o pênis do pai (cf. também "algo longo e dourado" que mantinha o capitão suspenso na água), sendo também equacionados com os seios da mãe. O fato de que ela tinha um forte sentimento de culpa por chupar coisas ficava evidente pelo fato de que, quando eu desempenhava o papel da criança, ela declarava que "chupar" era minha falta maior. Tal sentimento de culpa pode ser explicado pelo fato de que chupar também representava arrancar a mordidas e devorar os seios da mãe e o pênis do pai. Posso referir-me aqui a minha tese de que é o processo de desmame que, com o desejo da criança de incorporar o pênis do pai e seus sentimentos de inveja e ódio pela mãe, põe em marcha o conflito edipiano. Essa inveja se baseia na teoria sexual arcaica da criança de que, ao manter relações sexuais com o pai, a mãe incorpora e retém o pênis dele.[32]

Essa inveja revelou-se o ponto central da neurose de Erna. Os ataques que tinha no início de sua análise quando era a "terceira pessoa" na casa que era ocupada apenas por um homem e uma mulher ficaram sendo uma descrição de seus impulsos agressivos contra o corpo da mãe e o pênis do pai, que presumia estar dentro dele. Esses impulsos, estimulados pela inveja oral da menininha, encontraram expressão na brincadeira em que ela afundava o navio (a mãe) e arrancava do capitão (o pai) a "coisa longa e dourada" e a cabeça que o mantinha flutuante, isto é, castrava-o simbolicamente quando ele tinha relações sexuais com a mãe. Os detalhes de suas fantasias de assalto mostram que níveis de engenhosidade sádica alcançaram os ataques ao corpo da mãe. Ela transformava, por exemplo, seus excrementos em substâncias perigosas e explosivas de modo a destroçá-lo a partir de dentro. Isso era representado pelo incêndio e destruição da casa e a "explosão" das pessoas dentro dela. Picar papel (fazer "carne moída" e "salada de olhos") representava uma destruição completa dos pais na relação sexual. O desejo de Erna de morder e arrancar meu nariz e "picotá-lo" era um ataque dirigido contra o pênis do pai que ela supunha que eu havia incorporado, como ficou provado pelo material produzido em outros casos.[33]

Que Erna fazia ataques em fantasia ao corpo da mãe com a intenção de se apoderar e destruir as outras coisas contidas ali (isto é, fezes e

---

32 Cf. o capítulo 8 deste volume.

33 Descobri em outras análises também que ataques – fantasiados ou reais – a meu nariz, pés, cabeça etc. nunca se referiam meramente àquelas partes do corpo por si mesmas; eles também eram dirigidos a elas como representações simbólicas do pênis do pai ligado a mim ou por mim incorporado, eu como mãe.

crianças) é mostrado pela variedade de peixes no meio dos quais se dava aquela luta desesperada, em que todos os recursos eram empregados, entre a "vendedora de peixes" (sua mãe) e mim, no papel da criança (ela). Ela imaginava, além disso, que eu tentava me apossar dos peixes a qualquer custo, depois de a ter observado "batendo" [*wurled*] dinheiro ou peixes junto do policial. A visão dos pais na relação sexual havia, portanto, induzido um desejo de roubar o pênis do pai e o que quer que pudesse estar dentro do corpo da mãe. A reação de Erna contra essa intenção de assaltar e destruir completamente o corpo da mãe se expressava no medo que tinha, depois de suas lutas com a vendedora de peixes, de que uma ladra tiraria tudo o que havia dentro dela. É esse medo que descrevi como pertencente à situação de perigo mais arcaica da menina e que considero como o equivalente da ansiedade de castração nos meninos.[34] Devo mencionar aqui a conexão entre essa situação de ansiedade arcaica de Erna e sua extraordinária inibição na aprendizagem, conexão que, desde então, encontrei em outras análises.[35] Já assinalei que, no caso de Erna, foi tão somente a análise das camadas mais profundas de seu sadismo e de sua situação edipiana inicial que pôde ter influência sobre essa inibição. O sadismo extraordinário, que estava fundido com o intenso desejo de Erna por conhecimento, levou – como uma defesa contra ele – à inibição completa de uma variedade de atividades que se baseavam em seu desejo por conhecimento. A matemática e a escrita simbolizavam violentos ataques sádicos ao corpo da mãe e ao pênis do pai.[36] Em seu inconsciente essas atividades estavam equacionadas com rasgar, cortar ou queimar o corpo da mãe, com as crianças que continha, e castrar o pai. Ler, como consequência da equação simbólica do corpo da mãe com livros, viera a significar uma remoção violenta de substâncias, crianças etc. do interior desta.[37]

Para concluir, farei uso desse caso para levantar ainda mais um ponto para o qual também passei a atribuir validade geral, como

---

34 Ver também meu "Estágios iniciais do conflito edipiano" (1928), onde é examinada a conexão entre a inibição do sujeito no trabalho e sua identificação sádica com a mãe.

35 Comparar com meu relato sobre Ilse no capítulo 5.

36 Sobre este ponto, ver também meu artigo "O papel da escola no desenvolvimento libidinal da criança" (1923).

37 Em seu artigo "Some Unconscious Factors in Reading" (*The International Journal of Psychoanalysis*, v. 11, 1930, pp. 322–31), James Strachey apontou este significado inconsciente da leitura.

resultado de experiências posteriores. O caráter das fantasias de Erna e de sua relação com a realidade é, em minha experiência, típico daqueles casos em que traços paranoides são fortemente atuantes. Além disso, os determinantes subjacentes, que descobri em seu caso, conducentes ao desenvolvimento de seus traços paranoides e à homossexualidade a eles associada revelaram-se também fatores gerais básicos na gênese da paranoia. Na segunda parte deste livro (capítulo 9), esta questão será objeto de mais estudo. Apenas assinalarei brevemente que descobri traços paranoicos fortes em muitas crianças por mim analisadas e fui, assim, levada à convicção de que uma tarefa importante e promissora da análise de crianças é desvelar e elucidar traços psicóticos no início da vida do indivíduo.

4.
A técnica de análise no período de latência

A análise de crianças no período de latência apresenta dificuldades especiais. Diferente da criança pequena, cuja imaginação vívida e ansiedade aguda nos permitem obter acesso com mais facilidade a seu inconsciente e a fazer contato com ele, as crianças no período de latência têm uma vida imaginativa limitada, em consonância com a forte tendência à repressão característica dessa idade; em contrapartida, em comparação com o adulto, o ego delas ainda é pouco desenvolvido e elas não têm insight a respeito de sua doença nem o desejo de ser curadas e, por isso, elas não têm incentivo para começar uma análise nem encorajamento para persistir no processo. A isso se acrescenta a atitude geral de reserva e falta de confiança tão típicas desse período da vida – uma atitude que é em parte resultado de sua intensa preocupação com a luta contra a masturbação, o que as torna profundamente avessas a qualquer coisa que remeta à busca e à interrogação ou que tangencie os impulsos que elas mal conseguem manter sob controle.

Essas peculiaridades têm o efeito de nos impedir de encontrar um acesso claro para a análise, porque as crianças desse grupo etário não brincam como as crianças pequenas nem fazem associações verbais como os adultos. Contudo, descobri ser possível estabelecer a situação analítica sem atraso se nos aproximarmos do inconsciente a partir do ponto que corresponde às características da criança mais velha. A criança pequena ainda está sob a influência imediata e poderosa de suas experiências e fantasias pulsionais, as quais ela apresenta a nós diretamente; é, portanto, apropriado, como descobri nas análises precoces, interpretar, mesmo já nas primeiras sessões, as representações da relação sexual e as fantasias sádicas da criança pequena, ao passo que a criança no período de latência já dessexualizou essas experiências e fantasias de forma mais completa e assimilou-as de um jeito diferente.

Grete, de sete anos, uma criança muito reservada e mentalmente limitada, com pronunciados traços esquizoides, era inacessível. No entanto, desenhava, produzindo desenhos bastante primitivos de casas e árvores que ela repetia de modo obsessivo, primeiro um, depois outro. A partir de certas mudanças contínuas e recorrentes na cor e no tamanho das casas e árvores e da ordem em que eram desenhadas, inferi que as casas representavam a ela e a mãe, as árvores o pai e o irmão, e suas relações uns com os outros. Nesse ponto, comecei a interpretar e disse que ela estava preocupada com a diferença sexual entre o pai e a mãe e entre ela e o irmão, além da diferença entre os adultos e as crianças. Concordou comigo e reagiu à interpretação imediatamente fazendo alterações nos desenhos, que até então eram muito monótonos. (Contudo, a análise ainda prosseguiu, por alguns meses, baseada sobretudo em desenhos.) No caso de Inge, de sete anos, fui incapaz, durante muitas sessões, de encontrar qualquer abordagem. Mantinha com dificuldade uma conversa sobre a escola e assuntos correlatos, toda a sua atitude comigo era de grande reserva e desconfiança. Só se tornou mais vívida quando começou a me contar sobre um poema que havia lido na escola. Achava notável que palavras longas pudessem se alternar no poema com palavras curtas. Um pouco antes, ela havia falado sobre uns pássaros que vira voar para dentro de um jardim, mas que não vira voar de volta para fora. Essas observações vieram depois de um comentário que ela havia feito casualmente, no sentido de que ela e uma amiga se saíram tão bem em um jogo quanto os meninos. Expliquei-lhe que ela estava tomada por um desejo de saber de onde as crianças (os pássaros) realmente saíam e por compreender melhor a diferença sexual entre meninos e meninas (palavras longas e curtas – a comparação das capacidades de meninos e meninas). Pude ver que essa interpretação teve o mesmo efeito em Inge que teve em Grete. O contato foi estabelecido, o material que ela trouxe tornou-se mais rico e a análise deslanchou.

Nesses e em outros casos, o desejo reprimido por conhecimento dominava a cena. Se em análises do período de latência escolhermos esse ponto para darmos nossas primeiras interpretações – com isso, naturalmente, não quero dizer explicações no sentido intelectual, e sim interpretações do material à medida que ele emerge na forma de dúvidas e medos ou de conhecimento inconsciente e teorias sexuais,[1]

---

1 O interesse sexual serve, desse modo, como meio de aproximação do material reprimido. Como resultado de minha interpretação, Inge e Grete, por

assim por diante – logo nos depararemos com sentimentos de culpa e ansiedade na criança e teremos, desse modo, estabelecido a situação analítica.

O efeito da interpretação depende de certa quantidade de repressão ter sido removida e revela-se de várias maneiras. (1) A situação analítica é estabelecida. (2) A imaginação da criança fica mais livre. Seus meios de representação aumentam em riqueza e extensão; sua fala se torna mais abundante, e as histórias que conta, mais cheias de fantasia. (3) A criança não apenas sente alívio como alcança certa compreensão do propósito do trabalho analítico, e isso é análogo ao insight que o adulto tem quanto a sua doença.[2] Desse modo, as interpretações levam pouco a pouco à superação das dificuldades mencionadas no começo do capítulo,

---

exemplo, não pediram mais nenhum esclarecimento sexual, e sim trouxeram material que abria caminho para sua ansiedade e sentimento de culpa. Tal efeito foi produzido pela remoção de um tanto de repressão. Inge, é bem verdade, tinha certa consciência de seu interesse pela origem das crianças, mas não de suas ruminações sobre as diferenças sexuais nem de sua ansiedade a esse respeito. Grete havia reprimido as duas coisas. O efeito de minhas interpretações nas duas crianças deveu-se ao fato de que demonstrei o interesse que tinham pela questão por meio do material que elas forneceram e, assim, estabeleci uma conexão entre sua curiosidade sexual, a ansiedade latente e o sentimento de culpa.

Explicações exclusivamente intelectuais em geral não apenas fracassam em responder às questões mais prementes na mente da criança como também estimulam material reprimido sem dissolvê-lo. Quando isso acontece, a criança reage com aversão à explicação. Em meu artigo "A resistência da criança ao esclarecimento" [que aparece como parte de "O desenvolvimento de uma criança" (1921)], apresentei a visão de que as crianças só podem aceitar elucidação sexual uma vez que sua própria ansiedade e conflitos internos não a impedirem, e que, portanto, a resistência delas a tais esclarecimentos deveria ser tomada como um sintoma. Desde então, essa perspectiva parece ter sido aceita em geral (cf. Siegfried Bernfeld, "Über Sexuelle Aufklärung". *Sonderheft der Zeitschrift für psychoanalytische Pädagogik*, v. 1, n. 7–9, 1927, pp. 195–99; e Otto Fenichel, "Some Infantile Theories not Hitherto Described". *The International Journal of Psychoanalysis*, v. 9, 1928, pp. 346–52). Sempre que uma explicação intelectual não produz alívio, ela em geral consegue resolver um tanto de material reprimido nos níveis mais superficiais da mente. Explicações francas em resposta a perguntas *espontâneas* sobre esse assunto são recebidas pela criança como prova de confiança e amor e ajudam a aliviar seu sentimento de culpa ao colocar as questões sexuais em discussão abertamente.

2 Como assinalei no capítulo 2, isso se aplica igualmente a crianças muito pequenas.

as quais, devido às condições de desenvolvimento próprias do período de latência, travam o início e o curso da análise.

Durante o período de latência, em consonância com a repressão mais intensa de sua fantasia e com seu ego mais desenvolvido, as brincadeiras da criança são mais adaptadas à realidade e menos fantasiosas do que as da criança pequena. Em suas brincadeiras com água, por exemplo, não encontramos representações tão diretas de desejos orais ou de urinar-se ou sujar-se como nas crianças menores; suas ocupações servem muito mais a tendências reativas e assumem formas racionalizadas como cozinhar, limpar etc. Considero que a grande importância do elemento racional no brincar das crianças dessa faixa etária não se deve apenas a uma repressão mais intensa de sua fantasia, mas também a uma ênfase obsessiva da realidade, o que é parte integrante das condições especiais de desenvolvimento do período de latência.

Ao lidar com casos típicos desse período, vemos repetidas vezes como o ego da criança mais velha, que ainda é muito mais fraco que o de um adulto, esforça-se para fortalecer sua posição colocando todas as suas energias a serviço das tendências repressivas e encontra apoio na realidade para esse esforço. É aqui que vejo a razão pela qual não podemos esperar auxílio por parte do ego para o trabalho analítico, que corre em sentido contrário a todas as tendências do ego, e por que devemos estar de acordo, tão logo quanto possível, com as agências inconscientes a fim de assegurar a cooperação do ego passo a passo, por esses meios.

Em contraste com as crianças pequenas, que habitualmente são mais inclinadas a usar brinquedos no início da análise, as crianças no período de latência logo se põem a representar papéis. Com crianças de cinco a dez anos, participo de brincadeiras desse tipo que continuam de uma sessão para outra ao longo de semanas e meses, e uma brincadeira só dá lugar a outra quando todos os seus detalhes e conexões tiverem sido esclarecidos pela análise. A próxima brincadeira que se inicia em geral exibe as mesmas fantasias determinadas por seus complexos, sob outra forma e com novos detalhes, que levam a conexões mais profundas. Inge, de sete anos, por exemplo, poderia ser descrita como uma criança normal no que dizia respeito a sua natureza e seu comportamento, apesar de determinadas dificuldades, cuja extensão plena só foi revelada pela análise.[3] Por um bom tempo,

---

3 A análise de Inge, de 375 sessões no total, tinha o caráter de um tratamento profilático. Sua dificuldade principal era uma inibição com relação à escola, que não me pareceu muito acentuada quando chegou pela primeira vez, mas que, no decorrer da análise, mostrou-se profundamente enraizada.

brincou comigo de escritório, ela era a gerente que dava ordens de todo tipo, ditava cartas e as redigia, em flagrante contraste com suas graves inibições na aprendizagem e na escrita. Aqui, seus desejos de ser homem ficavam claramente reconhecíveis. Um dia abandonou essa brincadeira e começou a brincar de escola comigo. Deve-se notar que não só ela achava as lições difíceis e desagradáveis como tinha uma enorme aversão pela escola em si. Ela agora brincava de escola comigo por longos períodos, assumindo o papel da professora, enquanto eu era a aluna; os tipos de erro que ela me fazia cometer me davam pistas importantes a respeito de seu fracasso na escola. Inge, sendo a caçula, tinha, a despeito das aparências contrárias, achado muito difícil suportar a superioridade de seus irmãos e irmãs mais velhos, e quando foi para a escola sentiu que a velha situação estava se reproduzindo. Conforme revelado pelos detalhes das aulas que ela dava no papel de professora, em última instância e desde o início de sua vida, seu próprio desejo por conhecimento[4] não tinha sido satisfeito e fora reprimido; e era isso que tornava a superioridade

---

Inge era uma criança vivaz e ativa, bem-adaptada à vida social e que poderia ser em tudo chamada de uma criança normal. No entanto, a análise produziu nela algumas mudanças notáveis. Ficou claro que sua vivacidade estava baseada em uma atitude homossexual ativa e que suas relações com meninos, em geral boas, estavam assentadas sobre uma identificação com eles. Além disso, a análise revelou em primeiro lugar a severidade das depressões a que estava sujeita e mostrou que por trás de sua aparente autoconfiança havia um imenso sentimento de inferioridade e um medo do fracasso que eram responsáveis por suas dificuldades no que se referia à vida escolar. Após o término da análise, ela tornou-se muito mais livre, mais feliz e mais aberta, o relacionamento com a mãe ficou mais afetuoso e franco e suas sublimações aumentaram em número e estabilidade. Inge conseguiu entrar na puberdade sem dificuldade e se desenvolveu de modo satisfatório. Uma mudança em sua atitude sexual, em função da qual seus componentes femininos puderam aparecer em grau muito maior, foi um bom prenúncio para sua vida futura. Nos sete anos que passaram desde o fim de seu tratamento, ela se desenvolveu de modo muito satisfatório e fez uma boa passagem para a puberdade.

4 No capítulo 10 é apresentada a ideia de que em geral os primeiríssimos e mais fundamentais passos no desejo pelo conhecimento se dão em um estágio muito inicial do desenvolvimento, antes de a criança ser capaz de falar. Em minha experiência, esses questionamentos arcaicos (que aparentemente se mantêm inteira ou parcialmente inconscientes) se estabelecem ao mesmo tempo que as teorias sexuais mais arcaicas e o aumento do sadismo, por volta do meio do primeiro ano de vida. Quer dizer, eles pertencem ao período que a meu ver introduz o conflito edípico.

de seus irmãos e de suas irmãs tão insuportável e as aulas na escola tão desagradáveis.

Vimos como Inge inicialmente fez uma ampla identificação com o pai [conforme ficou demonstrado pela brincadeira em que ela era a gerente][5] e depois com a mãe, como na brincadeira em que, invertendo a relação mãe-filha, ela era a professora e eu, a aluna. Na brincadeira seguinte, ela era vendedora numa loja de brinquedos e eu tinha de comprar toda sorte de coisas para meus filhos, [demonstrando assim] o que sua mãe deveria ter-lhe dado. Os objetos que ela me vendia eram símbolos do pênis (canetas, lápis etc.) e a criança a quem eu iria dá-los se tornaria, graças a eles, esperta e ágil. A satisfação de desejos nessa brincadeira, em que a atitude homossexual e o complexo de castração da menininha encontravam-se mais uma vez em ascensão, era no sentido de que a mãe lhe desse o pênis do pai, de modo que, com a ajuda do pênis, ela pudesse suplantar o pai e conquistar o amor da mãe. Contudo, no desenrolar da brincadeira, ela preferiu vender a mim, como sua cliente, coisas de comer para meus filhos, e ficou evidente que o pênis do pai e o seio da mãe eram objetos de seus mais profundos desejos orais e que o que estava na base de suas dificuldades em geral e de sua dificuldade com respeito à aprendizagem, em particular, eram suas frustrações orais.

Devido aos sentimentos de culpa ligados à introjeção sádico-oral do seio da mãe, Inge, desde um estágio muito inicial, encarou sua frustração oral como punição.[6] Os impulsos agressivos contra a mãe, que emergiam da situação edipiana, e o desejo de despojar a mãe de seus filhos haviam fortalecido esses sentimentos de culpa primitivos e levado a um medo muito profundo, ainda que disfarçado, da mãe. Era por esse motivo que ela era incapaz de manter a posição feminina e tentava se identificar com o pai. Tampouco era capaz de aceitar a posição homossexual, em função de um excessivo medo do pai, cujo pênis ela queria roubar. A isso se agregava o sentimento de incapacidade de *fazer*, em consequência da incapacidade de *saber* (isto é, a frustração

---

5 A edição inglesa inseriu, entre colchetes, elucidações pontuais ao longo do texto da autora. Nesta edição brasilera, mantivemos as intervenções que julgamos essenciais para a compreensão do texto. [N. E.]

6 De acordo com Ernest Jones, a criança sempre encara a privação como sendo deliberadamente imposta a ela pelas pessoas a seu redor (cf. seu artigo "O desenvolvimento inicial da sexualidade feminina" [1927]. *Revista de Psicanálise da SPPA*, v. 3, n. 3, 1996, pp. 481–94; e também a contribuição de Joan Riviere a "A Symposium on Child-Analysis". *The International Journal of Psychoanalysis*, v. 8, 1927, pp. 370–77).

inicial de seu desejo pelo conhecimento) para a qual sua posição como caçula havia contribuído. Ela, portanto, fracassava na escola nas atividades que respondiam a seus componentes masculinos; e, já que ela não conseguia manter a posição feminina, que envolvia a concepção de crianças e dar à luz estas em fantasia, tampouco conseguia desenvolver sublimações femininas derivadas daquela posição. Além disso, devido a sua ansiedade e a seus sentimentos de culpa, ela também fracassava na relação de criança-mãe (por exemplo, em sua relação com a professora), uma vez que, de maneira inconsciente, equacionava a absorção de conhecimento com a gratificação de desejos sádico-orais, o que envolvia a destruição do seio da mãe e do pênis do pai.

Se Inge era um fracasso na realidade, na imaginação ela desempenhava todos os papéis. Assim, na brincadeira que descrevi, em que ela fazia o papel de gerente do escritório, representava seus êxitos no papel de pai; como professora, tinha muitas crianças e, ao mesmo tempo, trocava seu papel de caçula pelo da criança mais velha e mais inteligente; e, na brincadeira em que era vendedora de brinquedos e de comida, claramente por um duplo deslocamento de papéis, ela revertia as frustrações orais.

Apresentei esse caso para mostrar como, a fim de classificar as conexões psicológicas subjacentes, temos de investigar não apenas todos os detalhes de uma dada brincadeira como também o motivo pelo qual uma brincadeira é substituída por outra. Descobri muitas vezes que tal mudança nos dá um insight com respeito às causas de mudanças de uma posição psicológica para outra ou de flutuações entre essas posições e, portanto, quanto à dinâmica da interação entre as forças mentais.

O caso seguinte dá oportunidade de demonstrar a aplicação de uma técnica mista. Kenneth, de nove anos e meio, um menino muito infantil para sua idade, era medroso, tímido, gravemente inibido e sofria de ansiedade intensa. Desde muito cedo sofria de ruminações mórbidas em um grau muito acentuado. Era um desastre completo nos estudos, seu conhecimento das matérias da escola era o de uma criança de sete anos. Em casa era extremamente agressivo, arrogante e difícil de controlar. Seu interesse não sublimado e aparentemente desinibido em todas as questões sexuais era incomum; empregava palavras obscenas por gosto, exibia-se e masturbava-se sem vergonha, o que não era habitual para uma criança de sua idade.[7]

---

7 O tratamento de Kenneth ocupou 225 sessões e não pôde ser levado adiante por circunstâncias externas. Sua neurose, ainda que não verdadeiramente

Darei um breve esboço de seu histórico. Quando bem pequeno, Kenneth havia sido seduzido por sua babá. Sua lembrança disso era bastante consciente e o evento, mais tarde, chegou ao conhecimento de sua mãe. De acordo com ela, a babá, Mary, fora muito dedicada à criança, mas era muito rigorosa com sua higiene. As lembranças de Kenneth de ter sido seduzido remontavam ao início de seu quinto ano, mas é certo que, na verdade, isso se deu muito antes. Ele relatava, aparentemente com prazer e sem inibição, que sua babá costumava levá-lo com ela para o banho e pedir-lhe que esfregasse os órgãos genitais dela. Além disso, ele só sabia elogiá-la; afirmava que ela o amava e durante muito tempo negou que o tratasse com severidade. No início de sua análise relatou um sonho repetido desde seu quinto ano: *estava tocando os órgãos genitais de uma mulher desconhecida e masturbando-a.*

Seu medo de mim começou na primeira sessão. Um pouco depois do começo da análise, ele teve o seguinte sonho de ansiedade. *Sem mais nem menos tinha um homem sentado em minha cadeira no meu lugar. Então tirei minha roupa e ele ficou horrorizado de ver que eu tinha um órgão genital masculino muito maior que o normal.* A interpretação desse sonho propiciou o surgimento de um rico material ligado à sua teoria sexual da "mãe com pênis", uma imagem mental que, como a análise evidenciou, se achava definitivamente incorporada em Mary para ele. Ele evidentemente tinha sentido medo dela quando era uma criança pequena, pois ela batia nele severamente, mas ainda era incapaz de admitir esse fato, até que um sonho posterior o fez mudar de atitude.

Por mais infantil que Kenneth fosse em muitos aspectos, ele logo teve um claro insight sobre o objetivo e a necessidade da análise. Costumava, às vezes, fazer associações como as crianças mais velhas e escolheu por conta própria se deitar no divã enquanto procedia assim. Na verdade, a maior parte de sua análise foi realizada desse modo. Logo, contudo, passou a complementar seu material verbal com ação. Pegava alguns lápis da mesa e fazia-os representar pessoas. Em outra ocasião, trouxe consigo alguns pregadores de roupa que, por sua vez, se tornaram pessoas e lutaram uns com os outros. Fez também com que representassem projéteis e construiu prédios com eles. Tudo isso se passava no divã em que se deitava. Por fim, descobriu uma caixa de

---

removida, havia por essa época sido consideravelmente reduzida. Quanto a sua vida prática, os resultados parciais obtidos levaram a uma diminuição de várias dificuldades: entre outras coisas, ele pôde corresponder melhor às exigências da vida acadêmica e de sua educação em geral.

blocos no parapeito da janela, aproximou a mesinha do divã e passou a acompanhar suas associações com representações por meio dos blocos.

Relatarei agora o segundo sonho de Kenneth, que fez a análise dar um bom passo adiante, apenas o que for necessário para ilustrar a técnica empregada. *Estava no banheiro urinando; um homem entrou e deu um tiro que arrancou sua orelha.* Enquanto me contava o sonho, Kenneth executava várias operações com os blocos, as quais me explicou da seguinte maneira. Ele, o pai, o irmão e a babá Mary eram representados cada um por um bloco. Essas pessoas todas estavam deitadas dormindo em diferentes quartos (cujas paredes também eram indicadas por blocos). Mary se levantou, pegou um bastão grande (outro bloco) e veio em sua direção. Ela ia fazer alguma coisa com ele porque ele estava se comportando mal, de alguma forma. (Acabou por revelar-se que ele havia se masturbado e se urinado.) Enquanto ela batia nele com o bastão, ele começou a masturbá-la e ela imediatamente parou de bater nele. Quando ela recomeçou a bater, novamente masturbou-a e ela parou; esse processo se repetia, até que, finalmente, e apesar de tudo, ela ameaçou matá-lo com o bastão. Seu irmão, nesse momento, veio socorrê-lo.

Kenneth ficou imensamente surpreso quando por fim reconheceu, a partir de sua brincadeira e das associações com ela, que ele realmente tinha sentido medo de Mary. No entanto, ao mesmo tempo, parte de seu medo de ambos os pais também havia alcançado a consciência. Suas associações mostraram claramente que por trás do medo de Mary rondava o medo de uma mãe má fazendo uma aliança com um pai castrador. Este último representado no sonho pelo homem que deu um tiro que arrancou sua orelha no banheiro – o mesmo lugar onde ele tantas vezes havia masturbado a babá.

O medo de Kenneth dos dois pais unidos contra ele, que em sua fantasia estavam mantendo relações sexuais contínuas, revelou-se como sendo de extrema importância em sua análise. Só depois de ter feito muitas outras observações do mesmo tipo, que descrevi no artigo "Estágios iniciais do conflito edipiano" (1928) e que discutirei em mais detalhes na segunda parte deste livro (cap. 8), é que me dei conta de que o medo da "mulher com pênis" está baseado em uma teoria sexual, formada em um estágio precoce de desenvolvimento, no sentido de que a mãe incorpora o pênis do pai na relação sexual,[8] de

8 Em seu artigo "Homosexualität und Ödipuskomplex" (*Internationale Zeitschrift für Psychoanalyse*, v. 12, 1926, pp. 66–85), Felix Boehm assinalou que a ideia do pênis oculto da mulher ganha um valor patogênico quando é conectado no inconsciente com a ideia do temido pênis escondido no interior da mãe.

modo que, em última instância, a mulher com pênis significa os pais unidos. Ilustrarei isso a partir do material aqui descrito. Em sonho, Kenneth fora atacado primeiro por um homem, mas depois por Mary. Ela representava, como suas associações mostraram, "a mulher com pênis", que era a mãe unida ao pai. O pai, que antes havia aparecido como um homem, na parte final do sonho estava representado apenas pelo pênis, isto é, pelo bastão com o qual Mary batia nele.

Devo aqui apontar uma característica que a técnica da análise precoce tem em comum com a técnica do brincar tal como é empregada em alguns casos de crianças mais velhas. Kenneth havia se tornado consciente de uma parte importante de sua história precoce por meio de atos mais do que da fala. À medida que sua análise prosseguia, muitas vezes ele sentia uma ansiedade intensa, nessas ocasiões só podia me comunicar suas associações se as complementasse com representações a partir dos blocos. De fato, acontecia com frequência que, quando vinha a ansiedade, as palavras lhe faltavam e tudo o que ele podia fazer era brincar. Depois que a ansiedade tivesse diminuído, como resultado das interpretações, ele se tornava capaz de falar mais livremente.

Outro exemplo de modificação da técnica vem do método que adotei com Werner, um neurótico obsessivo de nove anos. Esse menino, que de muitas maneiras se comportava como um adulto obsessivo e em quem a ruminação mórbida era um sintoma acentuado, também sofria de intensa ansiedade, a qual, contudo, transparecia principalmente em grande irritabilidade e em ataques de raiva.[9] Uma boa parte dessa análise foi realizada por meio de brinquedos e com o auxílio de desenhos. Fui obrigada a me sentar a seu lado na mesinha e a brincar com ele em um grau muito maior do que costumo fazer com a maioria das

---

9 Werner apresentava os seguintes sintomas: ansiedade e timidez que se mostravam de várias formas, mas especialmente em ansiedade na escola e em grandes e crescentes dificuldades na aprendizagem: cerimoniais obsessivos que estavam constantemente se tornando mais elaborados e que tomavam mais horas a cada vez; e um caráter gravemente neurótico que tornava sua educação extremamente difícil. Sua análise, que teve 210 sessões, removeu essas dificuldades em grande medida. O desenvolvimento geral do menino no presente (cinco anos após o final do tratamento) é muito favorável. Os cerimoniais obsessivos cessaram, ele é bom no trabalho, gosta de ir para a escola, dá-se bem com seus companheiros tanto em casa quanto na escola e está bem ajustado socialmente. Tem boas relações tanto com o ambiente mais próximo quanto com o menos pessoal. Acima de tudo, porém – o que não acontecia antes –, ele sente prazer nos mais variados tipos de atividades e de esportes e sente-se bem.

crianças pequenas. Às vezes, tinha inclusive de executar a sós, sob sua direção, as ações envolvidas na brincadeira. Por exemplo, eu tinha de construir com os blocos, mover as carroças e assim por diante enquanto ele simplesmente supervisionava minhas ações. A razão que dava para isso era o fato de suas mãos às vezes tremerem muito, de modo que ele não conseguia colocar os brinquedos no lugar deles, ou poderia perturbá-los ou estragá-los. O tremor era sinal do começo de um ataque de ansiedade. Na maior parte dos casos, eu podia encurtar os ataques executando a brincadeira da forma como ele queria, ao mesmo tempo que interpretava, em conexão com sua ansiedade, o significado das ações (na brincadeira). O medo que tinha de sua própria agressividade e sua descrença em sua capacidade de amar haviam feito o menino perder toda a esperança de restaurar os pais, os irmãos e as irmãs a quem, em fantasia, havia atacado. Por isso o medo de que pudesse acidentalmente derrubar os blocos e as coisas que já estivessem de pé. Essa desconfiança das próprias tendências construtivas e da própria capacidade de restituir era uma das causas de sua grave inibição na aprendizagem e no brincar.

Depois de sua ansiedade ter sido resolvida, em grande medida, Werner brincava sem minha assistência. Ele desenhava muito e fazia associações abundantes com os desenhos. Na parte final da análise, produzia seu material principalmente na forma de associações livres. Deitado no divã – posição preferida para fazer associações, como Kenneth –, Werner narrava fantasias contínuas de aventuras em que aparatos, engenhocas mecânicas etc. desempenhavam um papel importante. Nessas histórias, o material que havia sido representado nos desenhos aparecia de novo, mas enriquecido por muitos detalhes.

A ansiedade intensa e aguda de Werner expressava-se sobretudo na forma de ataques de raiva e agressividade, numa atitude zombeteira, desafiadora e crítica. Não tinha nenhum insight em relação a sua doença e costumava insistir que não havia nenhuma razão por que devesse ser analisado; durante muito tempo, sempre que suas resistências apareciam, comportava-se comigo de maneira raivosa e cheia de desdém. Em casa também era uma criança difícil de lidar, a família mal teria sido capaz de induzi-lo a prosseguir com o tratamento se eu não tivesse conseguido, desde cedo e aos poucos, resolver sua ansiedade, até que a resistência à análise se restringisse quase inteiramente à hora da sessão.

Chegamos agora a um caso que apresentou dificuldades técnicas incomuns. Egon, de nove anos e meio, não apresentava nenhum sintoma definido, mas seu desenvolvimento como um todo passava uma impressão inquietante. Era completamente retraído, mesmo com os mais próximos, falava apenas o estritamente necessário, quase não tinha laços emocionais e nenhum amigo, não tinha nada que o interessasse ou o agradasse. Ele era, é verdade, um bom aluno, mas, como a análise mostrou, apenas em uma base obsessiva. Quando lhe perguntavam se queria alguma coisa ou não, sua resposta estereotipada era: "Pode ser". Esse jeito tão incomum para uma criança, a expressão tensa de seu rosto e a rigidez causavam forte impressão. Seu retraimento da realidade ia tão longe que ele não via o que se passava a seu redor e deixava de reconhecer pessoas familiares quando as encontrava. A análise revelou a presença de fortes características psicóticas, que só aumentavam e certamente teriam disparado uma esquizofrenia na puberdade.

Eis aqui um breve resumo do histórico do menino. Quando tinha cerca de quatro anos, fora repetidas vezes ameaçado pelo pai por se masturbar, ouvindo que deveria invariavelmente confessar quando fizesse tal coisa. Em conexão com essas ameaças, ocorreram mudanças pronunciadas em seu caráter. Egon começou a mentir e a ter explosões de raiva recorrentes. Mais tarde, sua agressividade recuou para o segundo plano e, em vez disso, toda a sua atitude se tornou cada vez mais desafiadora, sem afeto e marcada por um retraimento do mundo externo cada vez mais intenso.

Ao longo de várias semanas, fiz Egon se deitar no divã (coisa que não se recusava a fazer e que aparentemente preferia a brincar) e tentei avançar no tratamento de várias outras maneiras, até que fui forçada a reconhecer que minhas tentativas nessa direção eram infrutíferas. Ficou claro para mim que a dificuldade da criança em falar estava tão profundamente enraizada que minha primeira tarefa deveria ser superá-la analiticamente. A necessidade de o menino sair dessa situação, por meio de atos, tornou-se clara para mim quando me dei conta de que o escasso material que até então pudera extrair dele havia sido inferido sobretudo da maneira como ele brincava com os dedos, deixando vez ou outra escapar uma palavra – não mais que poucas frases em uma sessão –, e eu, de acordo com isso, perguntei-lhe mais uma vez se, no fim das contas, ele não estava interessado em meus brinquedos. Ele deu a resposta de sempre, "Pode ser". No entanto, olhou para as coisas que estavam em cima da mesinha, foi em frente e ocupou-se com as carroças, apenas com elas. Passou a desenvolver um jogo monótono que ocupou a sessão toda por semanas a fio. Egon fazia as carroças correrem sobre a mesa e aí atirava-as ao chão em minha direção; compreendi por um olhar que era para eu apanhá-las e empurrá-las de volta para ele. Com o intuito de me afastar do papel do pai inquisitivo, contra quem era dirigida sua atitude desafiadora, brinquei com ele em silêncio durante várias semanas e não dei nenhuma interpretação, tentei simplesmente estabelecer uma ligação brincando com ele. Durante esse tempo, os detalhes do jogo permaneceram absolutamente os mesmos, mas, por mais monótono que fosse (e, aliás, extremamente cansativo para mim), havia muitos pequenos pontos dignos de nota. Seu caso, como todas as análises de meninos, revelou que fazer uma carroça se movimentar significava masturbação e relação sexual, fazer as carroças se chocarem uma contra a outra significava relação sexual e a comparação de uma carroça maior com uma menor significava a rivalidade com o pai ou com o pênis do pai.

Quando, após algumas semanas, esclareci esse material para Egon em conexão com o que já estava compreendido,[10] isso teve um efeito muito extenso em duas direções. Em casa, seus pais ficaram surpresos diante da liberdade muito maior em seu comportamento; e, na análise, ele exibiu o que reconheço como a reação típica ao efeito de resolução das interpretações. Ele começou a acrescentar novos detalhes a seu jogo monótono – detalhes que, embora de início apenas perceptíveis a uma observação de perto, foram se tornando mais claros e que, à medida que o tempo passava, ocasionaram uma alteração completa na brincadeira. De simples vaivém de carroças para cá e para lá, Egon passou para uma brincadeira de construir. Com habilidade crescente, começou a empilhar as carroças uma sobre a outra, até atingir uma grande altura, competindo comigo em torno disso. Somente então passou a usar os blocos pela primeira vez, logo ficou claro que as coisas que ele construía eram, por mais que o fato fosse engenhosamente disfarçado, seres humanos – ou órgãos genitais – de ambos os sexos. Desse tipo de construção, Egon prosseguiu para uma forma bastante peculiar de desenho. Sem olhar para o papel, fazia um lápis rolar entre as mãos e assim produzia

10 A análise subsequente mostrou que tinha sido bastante sem sentido reter a interpretação desse material por tanto tempo. Foi só depois de quinze meses, um pouco antes do término da análise, que a inibição da fala foi superada. Eu ainda nunca tinha visto numa análise nenhuma vantagem decorrer de uma política de não interpretação. Na maioria dos casos em que tentei aplicar esse plano, tive logo de abandoná-lo porque se desenvolvia uma ansiedade intensa e havia o risco de interrupção da análise. No caso de Egon, em que a ansiedade estava sob uma restrição tão poderosa, foi possível conduzir esse experimento por mais tempo.

linhas. A partir desses rabiscos, ele próprio decifrava os formatos, que sempre representavam cabeças, entre as quais ele claramente distinguia o homem da mulher. Nos detalhes dessas cabeças e das relações entre elas, logo reaparecia o material de brincadeiras anteriores – por exemplo, sua incerteza sobre a diferença entre os sexos e sobre a relação sexual dos pais, questões que em sua mente estavam ligadas a esses assuntos, fantasias em que ele, como um terceiro, desempenhava um papel na relação sexual dos pais etc. Mas seu ódio e seus impulsos destrutivos também se tornavam óbvios quando cortava fora essas cabeças ou cortava pedaços delas, que também e simultaneamente representavam as crianças dentro do corpo da mãe e os próprios pais. Só então nos demos conta de que empilhar as carroças o mais alto possível representava o corpo da mãe grávida, que ele tanto invejara e cujos conteúdos desejava roubar. Ele tinha intensos sentimentos de rivalidade com a mãe e seu desejo de tomar dela o pênis do pai e suas crianças havia levado a um medo agudo dela. Mais tarde, essas representações foram complementadas por um empenho em recortar, atividade em que foi aos poucos adquirindo habilidade considerável. Do mesmo modo que em suas atividades de construir, as formas que ele recortava representavam sempre seres humanos. O modo como punha essas formas em contato umas com as outras, seus diferentes tamanhos, se representavam homens ou mulheres, se tinham algumas partes faltando ou em excesso, em que momento e como ele começava a picá-las – todas essas considerações nos levaram bem fundo em seu complexo de Édipo tanto invertido como direto. A rivalidade com a mãe, baseada em sua forte atitude homossexual passiva, e a ansiedade que sentia por isso, tanto em relação ao pai como à mãe, tornaram-se mais evidentes. O ódio pelos irmãos e os impulsos destrutivos que tinha por eles quando a mãe estava grávida encontraram expressão no recorte de formas que tinham o propósito de representar seres humanos pequenos e inferiores. Também aqui a ordem em que conduzia suas brincadeiras era importante. Depois de recortar e picar, ele costumava construir como um ato de restauração; de modo semelhante, passava a decorar em excesso as figuras que havia cortado, impulsionado por tendências reativas e assim por diante. Contudo, em todas essas representações, sempre reapareciam as perguntas reprimidas e o intenso e precoce desejo reprimido por conhecimento, que também provou ser um fator importante em sua incapacidade de falar, em seu caráter retraído e em seu desinteresse.

A inibição de Egon no brincar remontava à idade de quatro anos e, em parte, até mesmo a um período anterior. Ele havia construído coisas antes de ter três anos e havia começado a recortar papel bem mais tarde, mas manteve essa atividade por muito pouco tempo e mesmo naquela época só recortava cabeças. Nunca havia desenhado em sua vida e depois dos quatro anos já não tinha mais prazer com nenhuma dessas atividades. O que estava aparecendo agora, portanto, eram sublimações resgatadas de uma repressão profunda, em parte como revivescências e em parte como novas criações; e a maneira infantilizada e bastante primitiva como ele se dedicava a cada uma dessas ocupações pertencia, de fato, ao nível de uma criança de três ou quatro anos. Devo acrescentar que, simultaneamente a todas essas mudanças, todo o caráter do menino tomou um rumo melhor.

No entanto, sua inibição para falar foi, durante muito tempo, apenas ligeiramente atenuada. É verdade que ele gradualmente começou a responder às perguntas que eu lhe fazia durante o brincar de modo mais livre e pleno, mas, em contrapartida, durante um longo tempo não consegui levá-lo a fazer associações livres do tipo como costuma ocorrer com crianças mais velhas. Foi só muito mais tarde, na última parte do tratamento, o qual durou ao todo 425 sessões, que pudemos reconhecer e explorar de forma plena os fatores paranoides subjacentes a sua inibição na fala, eliminando-a então por completo.[11] À medida que sua ansiedade diminuía substancialmente, ele começou, por vontade própria, a fazer associações isoladas por escrito. Mais adiante, passou a cochichá-las para mim e pedia que lhe respondesse em voz baixa. Foi ficando cada vez mais claro que ele tinha medo de ser ouvido por alguém na sala e havia certas partes da sala de que não se aproximava por nada nesse mundo. Se, por exemplo, sua bola rolasse para baixo do divã, do armário ou para um canto escuro, eu tinha de pegá-la para ele; ao mesmo tempo, à medida que sua ansiedade aumentava, ele novamente assumia a postura rígida e a expressão fixa, tão marcantes no início da análise. Revelou-se que ele suspeitava da presença de perseguidores ocultos que o observavam de todos esses lugares e mesmo do teto. Suas ideias de perseguição remontavam, em última análise, a seu medo de muitos pênis dentro do corpo da mãe e de seu próprio corpo. Esse medo paranoico do pênis como perseguidor fora grandemente aumentado pela atitude do pai de observá-lo e interrogá-lo com respeito à masturbação, e fez com que se afastasse também da mãe, já que ela estava em aliança com o pai ("a mulher com pênis"). À medida que sua crença em uma mãe "boa" se tornou mais forte no curso da análise, ele passou a me tratar, cada vez mais,

11 Pretendo me aprofundar mais neste caso no capítulo 9.

como aliada e protetora contra perseguidores que o ameaçavam de todos os lados. Só depois de sua ansiedade com relação a isso diminuir, e com ela o número e a periculosidade de seus perseguidores, ele pôde falar e se movimentar mais livremente.[12]

A última parte do tratamento de Egon foi realizada quase exclusivamente por meio de associações livres. Não tenho a menor dúvida de que só consegui tratar e curar esse menino ao obter acesso a seu inconsciente, com o auxílio da técnica do brincar usada com crianças pequenas. Tenho minhas dúvidas se ainda teria sido possível fazer o mesmo em uma idade posterior.[13]

Embora seja verdade que, de modo geral, fazemos grande uso de associações verbais quando lidamos com crianças no período de latência, só é possível fazê-lo de modo diferente do que empregamos com adultos. Com crianças como Kenneth, por exemplo, que logo pôde reconhecer conscientemente a ajuda que lhe era dada pela psicanálise e que se dava conta da necessidade que tinha dela, ou mesmo com Erna, muito mais nova, cujo desejo de ser curada era muito forte, foi possível desde o começo perguntar de tempos em tempos: "Em que você está pensando?". Mas com muitas crianças de menos de nove ou dez anos seria inútil colocar tal questão. A maneira de questionar uma criança decorre de sua maneira de brincar ou associar.

Se observamos o brincar de uma criança bem pequena, logo veremos que os blocos, os pedaços de papel e, na verdade, todas as coisas a seu redor representam outra coisa. Se lhe perguntarmos: "O que é isso?", enquanto está ocupada com esses objetos (é verdade que, como regra, antes de fazermos isso, já se realizou certa quantidade de análise e já se estabeleceu uma transferência), descobriremos muitas coisas.

---

12 Melitta Schmideberg discutiu um caso parecido em seu artigo "A Contribution to the Psychology of Persecutory Ideas and Delusions" (*The International Journal of Psychoanalysis*, v. 12, 1931, pp. 331–67). O paciente era um menino de cerca de dezesseis anos que na análise mal falava. Aqui, novamente, a inibição da fala era causada por ideias de perseguição e o menino só começou a associar livremente quando a análise diminuiu sua ansiedade paranoica.

13 De modo geral, também a análise de Egon foi completamente satisfatória. Seu rosto já não era mais como uma máscara e a rigidez de seus movimentos desapareceu. Assim, começou a sentir prazer com jogos, passatempos e interesses comuns a meninos de sua idade. Suas relações com a família e o mundo melhoraram e ele se tornou feliz e satisfeito. A última vez que ouvi falar dele, três anos e meio após o término da análise, seu desenvolvimento sadio havia continuado e não se perturbara por certas tensões graves a que fora submetido nesse meio-tempo.

Com muita frequência ouviremos, por exemplo, que as pedras na água são crianças que querem chegar até a praia ou que são pessoas brigando. A pergunta "O que é isso?" levará naturalmente à próxima pergunta: "Bem, e o que eles estão fazendo?", ou "Onde estão eles agora?", e assim por diante. Temos de evocar as associações de crianças mais velhas de modo semelhante, ainda que com modificações; mas isso, como regra, só pode ser alcançado quando a repressão da fantasia e a desconfiança, que são muito mais fortes nelas, forem atenuadas por certa quantidade de análise e uma vez estabelecida a situação analítica.

Voltemos para a análise de Inge, de sete anos. Uma vez, quando fazia a brincadeira da gerente de escritório, na qual escrevia cartas, distribuía trabalho etc., eu lhe perguntei: "O que está escrito aí nessa carta?", ao que ela prontamente respondeu: "Você vai saber quando receber". Contudo, quando a recebi, descobri que só continha rabiscos.[14] Assim, um pouco depois eu disse: "O sr. X (que também fazia parte da brincadeira) pediu para eu perguntar o que tem nessa carta, ele precisa saber e vai ficar contente se você puder ler a carta para ele pelo telefone". Então ela me contou, sem colocar qualquer dificuldade, o conteúdo completo da carta imaginária e, ao mesmo tempo, fez muitas associações esclarecedoras. Em outra ocasião, tive de me fazer de médica. Quando lhe perguntei qual era o problema com ela, respondeu: "Ah, isso não faz nenhuma diferença". Comecei, então, a proceder com ela como numa consulta de verdade, como se fosse mesmo médica, e disse: "Bem, sra. —, a senhora realmente precisa me contar exatamente onde dói". A partir daí, surgiram mais perguntas – por que ela havia ficado doente, quando a doença havia começado etc. Como ela representou o papel de paciente várias vezes seguidas, eu obtive, desse modo, material abundante e profundamente reprimido. E, quando a situação foi invertida e ela era a médica, e eu, a paciente, os conselhos médicos que recebi deram-me ainda mais informações.

Resumirei agora o que foi dito neste capítulo. Ao lidar com crianças no período de latência, é essencial, acima de tudo, fazer contato

---

14 Inge, que, como já mencionei, sofria de uma grave inibição da escrita, tinha um desejo ardente de escrever "com rapidez e beleza" como os adultos. O compromisso entre esse desejo e sua inibição eram seus rabiscos, que, em sua fantasia, representavam uma caligrafia linda e caprichada. Seu desejo era, se fosse possível, superar os adultos na escrita, e sua ambição e curiosidade muito imensas, que coexistiam com um profundo sentimento de que ela não sabia nada e não podia fazer nada, desempenhavam um grande papel em seu fracasso na vida real.

com suas fantasias inconscientes, e isso ocorre na base da interpretação do conteúdo simbólico de seu material, em relação com sua ansiedade e seus sentimentos de culpa. Mas, uma vez que a repressão da fantasia nesse estágio do desenvolvimento é muito mais severa que em estágios anteriores, muitas vezes temos de ganhar acesso ao inconsciente por meio de representações que são, segundo o que tudo indica, inteiramente desprovidas de fantasia. Em análises típicas do período de latência, devemos estar preparados para nos deparar com o fato de que só é possível resolver as repressões da criança passo a passo e com muito trabalho. Em alguns casos, por semanas ou mesmo meses, as associações que obtemos não parecem ter nenhum significado, por exemplo, relatos extraídos de jornais, relatos sobre o conteúdo de livros ou monótonas anotações de escola. Além disso, atividades monótonas como desenhar, construir, costurar ou fazer coisas obsessivamente – especialmente quando obtemos poucas associações com elas – parecem não oferecer nenhum meio de entrada à vida de fantasia. Mas basta que nos lembremos dos exemplos de Grete e Egon, mencionados nesse capítulo, para que tenhamos em mente que até mesmo atividades e conversas completamente desprovidas de fantasias como essas abrem o caminho para o inconsciente, se não as encararmos como simples expressão de resistência e as tratarmos como material de verdade. Ao prestar bastante atenção a pequenas indicações e tomar a conexão entre o simbolismo, o sentimento de culpa e a ansiedade que acompanham essas representações como ponto de partida para a interpretação, descobri que há sempre alguma oportunidade para começar e para continuar o trabalho de análise.

Mas o fato de, na análise de crianças, entrarmos em comunicação com o inconsciente antes de estabelecida uma relação frutífera com o ego não significa que este tenha sido de algum modo impedido de participar do trabalho analítico. Qualquer exclusão desse tipo seria impossível, considerando a ligação íntima do ego com o id e o superego e o fato de que é somente por meio dele que se pode obter acesso ao inconsciente. Contudo, a análise não se aplica ao ego enquanto tal (como o fazem os métodos educacionais), mas procura abrir um caminho para as instâncias inconscientes da mente – aquelas que são decisivas para a formação do ego.

Voltemos a nossos exemplos. A análise de Grete (com sete anos) foi conduzida por muito tempo quase inteiramente por meio de seus desenhos. Ela costumava, como podemos lembrar, desenhar casas e árvores de vários tamanhos e os alternava de modo obsessivo. Ora, a começar por esses desenhos obsessivos e sem imaginação, eu poderia ter tentado estimular sua fantasia e ligá-la com outras atividades de seu ego, tal qual uma professora empática. Poderia incentivá-la a decorar e a embelezar suas casas ou colocá-las, bem como às árvores, em uma cidade com ruas e, desse modo, ligar suas atividades com quaisquer interesses artísticos ou topográficos que ela porventura tivesse. Ou poderia ter prosseguido a partir de suas árvores a suscitar seu interesse na diferença entre um tipo de árvore e outra, e talvez desse modo estimular sua curiosidade sobre história natural. Se qualquer tentativa desse tipo tivesse dado certo, poderíamos esperar que seus interesses egoicos viessem à tona e que o analista entrasse em contato mais próximo com seu ego. Mas a experiência tem mostrado que, em muitos casos, o estímulo da imaginação da criança fracassa nas tentativas de produzir um afrouxamento da repressão e assim encontrar um apoio para o início do trabalho analítico.[15] Além disso, muitas vezes, um procedimento desses não é viável, pois a criança sofre de tanta ansiedade latente que somos obrigados a estabelecer a situação analítica o mais rápido possível e começar de imediato um verdadeiro trabalho analítico. E, mesmo quando há chance de abrir caminho para o inconsciente ao fazer do ego nosso ponto de partida, descobriremos que os resultados são pequenos comparados ao tempo que se levou para obtê-los. Afinal, o aumento na riqueza e no significado do material assim obtido é apenas aparente; na verdade, não faremos muito mais do que encontrar o mesmo material inconsciente, mas sob formas mais marcantes. No caso de Grete, por exemplo, poderíamos ter conseguido estimular sua curiosidade e, assim, em circunstâncias favoráveis, levá-la a se interessar, digamos, pelas entradas e saídas de casas e pelas diferenças entre árvores e a maneira como crescem. Porém, esses interesses ampliados seriam apenas uma versão menos disfarçada do material que ela estivera nos mostrando nos monótonos desenhos bem no início de sua análise. As árvores e casas grandes e pequenas que ela desenhava de modo compulsivo representavam a mãe, o pai, ela própria e o irmão, como era indicado pela diferença nos tamanhos, formas e cores dos desenhos e pela ordem em que eram feitos. O que se encontrava subjacente a eles era sua curiosidade reprimida sobre a diferença entre os sexos e outros problemas correlatos; e, ao interpretá-los nesse sentido, pude chegar a sua ansiedade e a seu sentimento de culpa e pôr a análise em andamento.

Agora, se o material subjacente a representações marcantes e complicadas não for diferente daquele subjacente a representações pobres,

15 Cf. as análises de Egon e de Grete descritas neste capítulo.

torna-se irrelevante do ponto de vista da análise qual dos dois tipos é escolhido como ponto de partida para a interpretação. Pois, na análise de crianças, é só a interpretação, em minha experiência, que dá início ao processo analítico e o mantém em andamento. Portanto, também é possível interpretar com certeza as associações monótonas em que faltam fantasia, contanto que o analista compreenda o material o suficiente e o vincule à ansiedade latente. Ao proceder dessa maneira, o surgimento de fortes interesses egoicos e sublimações caminhará lado a lado com a resolução de grande quantidade de ansiedade e com a remoção da repressão. Desse modo, por exemplo, Ilse – cujo caso será considerado em mais detalhes no capítulo seguinte – aos poucos desenvolveu, a partir de seu desenhar monótono e obsessivo, um talento notável para o trabalho manual e habilidade para desenhar, sem que eu tivesse de qualquer modo sugerido ou encorajado tal atividade.

Contudo, antes de prosseguir para o assunto das análises na puberdade, resta ainda um problema a ser discutido. Estritamente falando, não é de natureza técnica, mas é importante no trabalho do analista de crianças. Refiro-me às relações do analista com os pais de seus pacientes. Para que ele possa realizar seu trabalho, é preciso haver certa relação de confiança entre ele e os pais da criança. A criança depende deles e, assim, eles estão incluídos no campo da análise; contudo, não são eles os analisados e, portanto, só podem ser influenciados pelos meios psicológicos habituais. O relacionamento dos pais com o analista do filho implica dificuldades particulares, uma vez que toca de perto seus próprios complexos. A neurose do filho pesa muito no sentimento de culpa dos pais e, ao mesmo tempo que eles se voltam para a análise ao pedir ajuda, encaram a necessidade dela como uma prova de sua culpa no que diz respeito à doença do filho. Além disso, é muito penoso para eles que os detalhes da vida da família sejam revelados para o analista. A isso se acresce, em particular no caso da mãe, os ciúmes da confiança que se estabelece entre a criança e uma analista mulher. Esses ciúmes, em grande medida baseados na rivalidade dela com a própria imago materna,[16] são também bastante perceptíveis em governantas e babás, que, com frequência, são tudo menos amistosas em sua atitude com a

16 Em alguns casos em que analisei a mãe e a criança simultaneamente, surgiu que havia no inconsciente da mãe um medo de ter seus filhos roubados. A analista de criança representava para ela uma mãe severa que exigia restituição das crianças que ela havia roubado e estava ao mesmo tempo descobrindo e punindo os impulsos agressivos que ela um dia nutrira contra os irmãos e as irmãs.

análise. Esses e outros fatores, que permanecem em sua maior parte inconscientes, dão origem a uma atitude mais ou menos ambivalente nos pais, especialmente na mãe, com respeito ao analista, e isso não é eliminado pelo fato de terem consciência da necessidade de o filho receber tratamento analítico. Assim, mesmo que os parentes da criança conscientemente estejam bem-dispostos com relação à análise, devemos esperar que, em alguma medida, eles sejam um elemento perturbador nela. O grau de dificuldade que vão causar depende, naturalmente, de sua atitude inconsciente e de seu grau de ambivalência. É por esse motivo que encontrei igual obstáculo por parte de pais familiarizados com análise e por aqueles que não sabiam praticamente nada a respeito. Pela mesma razão, antes do início de uma análise, considero quaisquer explicações teóricas abrangentes aos pais não apenas desnecessárias como deslocadas, já que tais explicações são passíveis de ter um efeito desfavorável sobre seus próprios complexos. Contento-me em fazer algumas afirmações de caráter geral sobre o significado e o efeito da análise; menciono o fato de que ao longo dela serão dadas à criança informações sobre questões sexuais e preparo os pais para outras dificuldades que possam surgir temporariamente durante o tratamento. Em cada caso, recuso-me absolutamente a relatar qualquer detalhe da análise para eles. A criança que deposita em mim sua confiança tem tanto direito a minha discrição quanto um adulto.

O que deveríamos ter como meta ao estabelecer relações com os pais é, em primeiro lugar, conseguir que eles ajudem em nosso trabalho, principalmente restringindo tanto como possível qualquer interferência, tanto externa como interna, tal como encorajar a criança, por meio de perguntas ou outros meios, a falar sobre a análise, ou apoiar qualquer resistência contra a análise que a criança possa expressar. Mas temos necessidade de sua cooperação mais ativa naquelas ocasiões em que a criança se vê tomada por uma ansiedade realmente aguda e por resistências violentas. Em situações assim – lembro aqui os casos de Ruth e Trude[17] – cabe àqueles encarregados da criança encontrar modos de fazê-la vir, apesar de suas dificuldades. Em minha experiência, isso sempre foi possível, pois, em geral, mesmo quando a resistência é forte, há também uma transferência positiva com o analista; quer dizer, a atitude da criança com a análise é ambivalente. Contudo, não se deve permitir jamais que a ajuda que nos é dada pelo ambiente da criança se torne um complemento essencial do trabalho analítico. Períodos de resistência tão intensa só deveriam ocorrer raramente e

17 Cf. o capítulo 2 deste volume.

não durar muito. O trabalho analítico deve evitar que isso ocorra ou, caso seja impossível, resolvê-lo com celeridade.

Se logramos estabelecer uma boa relação com os pais da criança e assegurarmos sua cooperação inconsciente, vemo-nos eventualmente na posição de obter conhecimento útil sobre o comportamento da criança fora da análise, tais como quaisquer mudanças, surgimento ou desaparecimento de sintomas, que podem ocorrer em conexão com o trabalho analítico. Mas, se a informação sobre esses pontos só puder ser obtida dos pais à custa de criar dificuldades de outro tipo, prefiro ficar sem ela, uma vez que, embora seja valiosa, não é indispensável. Sempre enfatizo com os pais a necessidade de não dar à criança oportunidade de acreditar que qualquer medida que eles possam tomar em sua educação se deva a conselho meu, e de manter a educação e a análise completamente separadas. Desse modo, a análise se mantém como deve ser, um assunto puramente pessoal entre mim e meu paciente.

Com crianças, não menos que com adultos, considero essencial que a análise seja conduzida no local de trabalho do analista e que um horário definido seja mantido. E, como meio suplementar de evitar o deslocamento da situação analítica, achei necessário não permitir que a pessoa que traz a criança para a análise espere em minha casa. Ela traz a criança e a leva de volta na hora combinada.

A menos que os erros cometidos sejam por demais grosseiros, evito interferir na maneira como a criança está sendo criada, pois os erros nesse campo normalmente dependem tanto dos próprios complexos dos pais que os conselhos em geral se revelam não apenas inúteis mas cirúrgicos no aumento da ansiedade e do sentimento de culpa; isso só colocará mais obstáculos no caminho da análise e terá um efeito desfavorável na atitude dos pais com relação ao filho.[18]

---

18 Tomarei como exemplo o caso de uma mãe que estava bem familiarizada com a análise e que tinha muita fé nela como fruto do progresso satisfatório que estava sendo feito por sua filha de dez anos de idade, em tratamento na ocasião por causa de neurose grave. Apesar disso, tive dificuldades em dissuadi-la de supervisionar o dever de casa da filha, muito embora estivesse claro mesmo para ela que fazer isso só aumentava as dificuldades da criança com suas lições. Contudo, quando finalmente ela desistiu disso a pedido meu, descobri através da análise da criança que a mãe sempre tentava fazer ela contar como a análise ia indo. Uma vez mais, a meu pedido, ela parou de fazer isso; mas aí começou a dizer à criança que ela tinha olheiras de manhã cedo – observação essa que anteriormente acompanhava a proibição contra a masturbação. Quando esses comentários, que interferiam com a análise, por

Essa situação melhora muito depois que a análise termina ou quando se encontra bem avançada. A remoção ou diminuição da neurose da criança tem um efeito bom sobre os pais. À medida que as dificuldades da mãe em lidar com a criança diminuem, diminui também seu sentimento de culpa, o que melhora sua atitude com a criança. Ela se torna mais acessível à orientação do analista no que diz respeito à educação da criança e – este é o ponto que importa – tem menos dificuldade *interna* em seguir essa orientação. Contudo, à luz de minha experiência, não tenho grandes expectativas de conseguir afetar o ambiente da criança. É melhor confiar nos resultados obtidos na própria criança, pois são eles que a permitirão alcançar uma melhor adaptação mesmo em um ambiente difícil e a colocarão em uma posição melhor para enfrentar quaisquer tensões que esse ambiente possa impor. Naturalmente, essa capacidade de enfrentar as tensões tem seus limites. Quando o ambiente da criança é muito desfavorável, podemos não ter pleno êxito em nossos esforços e ter de nos defrontar com a possibilidade da recorrência da neurose. Verifiquei repetidas vezes, contudo, em casos desse tipo, que os resultados alcançados, mesmo quando não envolviam o desaparecimento completo da neurose, deram grande alívio à criança em situação difícil e produziram uma melhora em seu desenvolvimento. Além do mais, parece seguro presumir que, se tivermos produzido mudanças fundamentais em níveis mais profundos, caso a doença recorra, não será tão severa. Também é digno de nota que, em alguns casos desse tipo, uma redução da neurose da criança exerceu um efeito favorável sobre seu ambiente neurótico.[19] Pode também acontecer por vezes que, depois de um tratamento

---

sua vez foram sustados, a mãe começou a prestar atenção exagerada às roupas da criança e a afirmar que ela passava longo tempo no banheiro, aumentando desse modo a rebeldia da criança. Nessas alturas, desisti de qualquer tentativa de influenciar a mãe com relação a assuntos desse tipo e aceitei sua interferência como parte do material analítico; e depois de certo tempo, em que eu não fiz nenhuma advertência, as interrupções diminuíram. Nesse caso, pude estabelecer o fato de que elas tinham todas o mesmo significado inconsciente para a criança: eram investigações e reprimendas acerca da masturbação. Que elas tinham uma origem análoga nos complexos da mãe, ficou provado pelo fato de que seu desejo consciente de parar os erros educacionais aos quais eu fazia objeção era bastante inútil. Realmente, era como se meus conselhos só aumentassem suas dificuldades com relação à filha. Devo observar que tive experiências similares em vários outros casos.

19 No caso de um menino de catorze anos, por exemplo, cuja vida familiar era extremamente penosa e desafortunada e que chegou à análise alegadamente

completado com êxito, a criança seja levada para outros ambientes, por exemplo, para uma escola interna, algo que teria sido impossível antes, em virtude de sua neurose e falta de adaptabilidade.

Se é aconselhável que o analista veja os pais com alguma frequência ou se é mais prudente limitar ao máximo os encontros com eles vai depender das circunstâncias de cada caso individual. Em várias situações, senti que a segunda alternativa era o melhor meio de evitar atrito em minhas relações com a mãe.

A ambivalência que os pais têm em relação à análise da criança também ajuda a explicar um fato que é ao mesmo tempo surpreendente e penoso para o analista inexperiente – é pouco provável que mesmo o mais bem-sucedido dos tratamentos tenha muito reconhecimento por parte dos pais. Embora eu tenha muitas vezes encontrado pais com bastante insight, ainda assim percebi que, na maioria dos casos, os pais se esquecem com muita facilidade dos sintomas que os fizeram trazer o filho para análise e que põem de lado o significado de qualquer melhora obtida. Além disso, devemos nos lembrar de que eles não se encontram em posição de formar um julgamento sobre uma parte, aliás, a parte mais importante, dos nossos resultados. A análise de adultos revela seu valor ao remover as dificuldades que interferem na vida do paciente. Nós sabemos, embora os pais de maneira geral não saibam, que na análise de crianças estamos evitando a ocorrência de dificuldades do mesmo tipo ou mesmo de psicoses. Um pai, ao encarar sintomas sérios de seu filho como aborrecimentos, via de regra não reconhece a importância plena deles, pela simples razão de que eles não têm um efeito tão grande sobre a vida atual da criança quanto uma doença neurótica tem sobre a vida de um adulto. E, ainda assim, penso que ficaremos contentes em abrir mão de nosso reconhecimento pleno por parte deles, se tivermos em mente que o principal objetivo de nosso trabalho é assegurar o bem-estar da criança e não a gratidão do pai e da mãe.

por dificuldades caracterológicas, vim a descobrir que sua melhoria teve um efeito muito benéfico sobre o caráter da irmã, cerca de um ano mais velha e que não fora analisada, e que a atitude da mãe para com ele também mudou para melhor.

5.
A técnica de análise na puberdade

Análises típicas na época da puberdade diferem em muitos aspectos essenciais de análises no período de latência. As moções pulsionais da criança são mais poderosas, a atividade de sua fantasia maior, seu ego tem outros objetivos e uma relação diferente com a realidade. Por outro lado, há pontos de semelhança com a análise da criança pequena, pelo fato de que na puberdade encontramos novamente uma predominância das moções pulsionais e do inconsciente, além de uma vida de fantasia muito mais rica. Além disso, na puberdade manifestações de ansiedade e de afeto são muito mais agudas do que no período de latência e são uma espécie de recrudescência da ansiedade tão característica das crianças pequenas.

O afastamento e a modificação da ansiedade, que também é uma função essencial do ego no caso da criança pequena, são, no entanto, realizados com maior êxito pelo ego mais desenvolvido do adolescente. Pois este já desenvolveu interesses e atividades variados (esportes etc.), em grande parte com o objetivo de dominar essa ansiedade, de contrabalançá-la e de mascará-la para si próprio e para os outros. Consegue isso, em parte, ao assumir a atitude de desafio e rebeldia característica da puberdade. Isso cria uma dificuldade técnica grande em análises na puberdade, pois a menos que ganhemos rápido acesso aos afetos do paciente – poderosos nessa idade –, manifestados principalmente por meio de uma transferência desafiadora, pode muito bem acontecer que a análise seja subitamente interrompida. Ao analisar meninos dessa idade descobri inúmeras vezes que eles antecipavam violentos ataques físicos de minha parte durante as primeiras sessões.

Ludwig, de catorze anos, por exemplo, não conseguiu vir à segunda sessão e a duras penas a mãe o persuadiu a "dar uma segunda chance à análise". Na terceira sessão, consegui lhe mostrar que ele me identificava com a dentista. Ele afirmou, de fato, que não tinha medo da dentista (embora eu lembrasse ela na aparência), mas a interpretação do material trazido por ele foi suficiente para convencer-se de que tinha medo, pois mostrou-lhe que sua expectativa era de que a dentista, como eu, não apenas extrairia um dente mas cortaria seu corpo todo em pedaços. Estabeleci a situação analítica no momento em que diminuí sua ansiedade quanto a isso. É verdade que grandes quantidades de ansiedade eram geradas, com frequência, no decurso de sua análise, mas sua resistência, de modo geral, se mantinha dentro da situação analítica, assegurando a continuidade da análise.

Em outros casos em que observei sinais ocultos de ansiedade latente, pus-me a interpretá-los logo na primeira sessão do tratamento e assim comecei a diminuir a transferência negativa da criança. Mas mesmo nos casos em que a ansiedade não é imediatamente reconhecível, ela pode subitamente irromper se a situação analítica não for prontamente estabelecida pela interpretação do material inconsciente. O material do adolescente é muito próximo do material apresentado pela criança pequena. Na puberdade e pré-puberdade, os meninos ficam muito ocupados em suas fantasias com pessoas e coisas, da mesma maneira que as crianças pequenas brincam com brinquedos. O que Peter, de três anos e nove meses, expressava por meio de carroças, trenzinhos e carrinhos, Ludwig, de catorze anos, expressava por meio de longos discursos, durante meses, sobre as diferenças de construção entre vários tipos de motores, bicicletas, motocicletas etc. Enquanto Peter empurrava carrinhos e comparava-os uns aos outros, Ludwig se mostrava apaixonadamente interessado na questão de quais carros e quais motoristas ganhariam uma dada corrida; e, enquanto Peter manifestava uma grande admiração pela habilidade do boneco em dirigir e fazia-o executar todo tipo de façanhas, Ludwig não se cansava de louvar seus ídolos do mundo dos esportes.

A fantasia do adolescente é, contudo, mais adaptada à realidade e aos interesses egoicos mais fortes, o conteúdo delas é, por esse motivo, muito mais facilmente reconhecível que nas crianças pequenas. Além disso, em consonância com a maior gama de atividades do adolescente e suas relações mais sólidas com a realidade, o caráter de suas fantasias[1] sofre alterações. O impulso de provar sua coragem no mundo real

---

1 Em muitas análises de meninos do período pré-púbere ou às vezes mesmo do período de latência, a maior parte do tempo é tomada com histórias de indígenas ou de detetives ou com fantasias sobre viagens, aventuras e lutas,

e o desejo de competir com outros tornam-se proeminentes. Essa é uma das razões pelas quais o esporte, que oferece tanta oportunidade para rivalizar com outros e não menos oportunidade para admirar seus feitos brilhantes, também propicia um meio de superar a ansiedade e ocupa um espaço tão grande na vida e nas fantasias do adolescente.

Essas fantasias, que dão expressão à rivalidade com o pai pela posse da mãe e que têm a ver com a potência sexual, são acompanhadas, como na criança pequena, de sentimentos de ódio e agressividade em todas as formas e não raro são seguidas por ansiedade e sentimento de culpa. Porém, os mecanismos próprios à puberdade ocultam esses fatos muito melhor do que o fazem os mecanismos da criança pequena. O menino na puberdade toma como modelos heróis, grandes homens e assim por diante. Pode manter sua identificação com esses objetos mais facilmente, uma vez que eles se encontram mais afastados dele; e pode contrabalançar os sentimentos negativos ligados a suas imagos paternas com maior persistência. Ao cindir sua imago paterna, ele desvia suas tendências agressivas para outros objetos. Se, portanto, aproximarmos sua admiração compensatória por alguns objetos e seu ódio e desprezo excessivos por outros, tais como professores, parentes etc., os quais desvelamos durante a análise, podemos também encontrar nosso caminho, no caso do menino mais velho, para uma análise completa de seu complexo de Édipo e de seus afetos.

Em alguns casos, a repressão levou a uma limitação tão extrema da personalidade que ao adolescente sobra apenas um único interesse definido – digamos, um determinado esporte. Um único interesse desse tipo equivale a uma brincadeira invariável realizada por uma criança pequena, com exclusão de todas as demais. Isso se torna o representante de todas as suas fantasias reprimidas e, em geral, tem mais o caráter de um sintoma obsessivo do que de uma sublimação. Relatos monótonos sobre futebol ou ciclismo podem, durante meses, ser o único tópico de conversa em sua análise. Temos de extrair dessas associações, por mais pobres que possam parecer, os conteúdos de suas fantasias reprimidas. Se seguirmos uma técnica análoga àquela da interpretação do sonho e do brincar, levarmos em consideração os mecanismos de deslocamento, condensação, representação simbólica e assim por diante, se observarmos as conexões entre sinais mínimos de ansiedade nele e em seu estado afetivo

---

contadas como seriados e frequentemente associadas a descrições de invenções técnicas imaginárias, tais como tipos especiais de barcos, máquinas, carros, engenhocas usadas em atividades bélicas etc.

geral, poderemos atravessar essa fachada de interesse monótono[2] e aos poucos penetrar os complexos mais profundos de sua mente. Pode-se ver aqui uma analogia com certo tipo extremo de análise do período de latência. Podemos nos lembrar dos monótonos desenhos de Grete,[3] de sete anos, bastante desprovida de fantasia, mas durante meses era quase tudo o que eu tinha para dar seguimento a sua análise; ou do caso de Egon, um tipo ainda mais extremo. Essas crianças mostravam em grau excessivo a limitação da fantasia e dos meios de representação normal no período de latência. Cheguei à conclusão de que, por um lado, quando encontramos uma limitação grave de interesses e de meios de expressão na puberdade, estamos diante de um período de latência prolongado e, de outro, quando há uma limitação extensa das atividades imaginativas (tais como em inibições no brincar etc.) na primeira infância, trata-se de um caso prematuro de começo do período de latência. Em qualquer um dos casos, quer a latência comece cedo demais quer termine tarde demais, perturbações graves se fazem notar não só pela mudança no tempo como também pelo grau excessivo dos fenômenos que normalmente acompanham o período de latência.

Apresentarei agora um ou dois exemplos para ilustrar o que me parece ser a técnica adequada para a análise na puberdade. Na análise de Bill,[4] de quinze anos, sua cadeia associativa ininterrupta acerca de sua bicicleta e sobre partes específicas dela – por exemplo, sua ansiedade de que ele pudesse tê-la estragado por andar depressa demais – forneceu material abundante relativo a seu complexo de castração e a seu sentimento de culpa quanto à masturbação.[5] Ele me contou sobre um passeio

---

2 Karl Abraham, conforme ele próprio me contou, conduziu a análise de um menino de cerca de doze anos principalmente com base no que ele descreveu como "linguagem filatélica", na qual detalhes como os cantinhos rasgados de um selo forneceriam um meio de aproximação do complexo de castração dele.

3 Cf. o capítulo 4 deste volume.

4 Bill era nervoso, inibido e tinha várias dificuldades neuróticas. A análise durou apenas três meses (45 sessões). Seis anos depois, tive notícias de que ele estava se desenvolvendo muito bem.

5 Andar de bicicleta simboliza a masturbação e a relação sexual; isso já foi demonstrado repetidamente. Em meu artigo "Análise precoce" (1923), referi-me ao significado geral de bolas, bolas de futebol, bicicletas etc. como sendo o pênis, e discuti mais plenamente as fantasias libidinais conectadas a vários esportes, como consequência dessas equações simbólicas; de modo que, ao lidar com as histórias do paciente sobre esportes em seu aspecto simbólico e relacioná-las com seu estado afetivo geral, o analista pode chegar a suas fantasias libidinais e agressivas e ao sentimento de culpa a que dão origem.

de bicicleta que fizera com um amigo, durante o qual eles trocaram de bicicletas, e que ficou com medo, sem qualquer motivo, de que sua bicicleta tivesse sido estragada. Com base nessa e em outras coisas do mesmo tipo que ele me contou, apontei-lhe que seu medo parecia remontar a atos sexuais ocorridos na infância. Ele concordou e se lembrou de detalhes de uma relação assim com um menino. Seu sentimento de culpa por isso e como consequência o medo de ter danificado seu pênis e seu corpo eram totalmente inconscientes.

Na análise de Ludwig, de catorze anos, cuja fase introdutória descrevi acima, pude descobrir, por meio de material semelhante, o motivo de seus fortes sentimentos de culpa em relação ao irmão menor. Quando, por exemplo, Ludwig falava que sua locomotiva precisava de reparos, ele imediatamente prosseguia com associações sobre o trenzinho do irmão, que nunca mais funcionaria direito. Revelou-se que sua resistência em relação a isso e seu desejo de que a sessão acabasse logo eram causados pelo medo que sentia da mãe, que poderia descobrir as relações sexuais que haviam acontecido entre ele e o irmão menor, das quais se recordava parcialmente. Essas relações haviam deixado intensos sentimentos de culpa inconscientes no menino, pois ele, sendo mais velho e mais forte, havia por vezes forçado o irmão a participar delas. Desde então ele havia se sentido responsável pelo desenvolvimento comprometido do irmão, que era gravemente neurótico.[6]

---

6 A análise de Ludwig foi pensada como uma medida profilática. Ele sofria, é verdade, de depressões, mas estas não eram de um caráter anormal. Ele não apreciava a companhia de outras pessoas, era bastante inativo e retraído e não se dava bem com os irmãos e as irmãs. Mas sua adaptação social era normal: era um bom aluno e não havia nada definitivamente errado com ele. Sua análise levou 190 sessões. Como resultado dela – a última vez que tive notícias dele foi três anos após o término –, esse menino, que certamente poderia ser chamado de uma criança normal, passou por mudanças de tal natureza que mesmo pessoas fora de seu círculo mais imediato, que não sabiam que ele estava sendo analisado, as notaram. Apareceu, por exemplo, que sua falta de vontade de ir ao teatro ou ao cinema estava relacionada com uma grave inibição de seu desejo por conhecimento, embora, como já foi dito, ele se saísse bem em suas lições. Quando essa inibição foi removida, seu horizonte mental ficou mais amplo e ele avançou intelectualmente. A análise de sua atitude fortemente passiva levou ao desenvolvimento de um grande número de atividades. Sua atitude para com os irmãos melhorou, assim como seus poderes de adaptação social. Essas e outras mudanças fizeram dele uma pessoa muito mais livre, equilibrada e madura; e, além dessas mudanças, embora não em si mesmas talvez muito decisivas, refletiam algumas outras mais profundas que quase certamente se tornariam importantes mais tarde. Pois,

Em conexão com certas associações sobre uma viagem de barco que ia fazer com um amigo, ocorreu a Ludwig que o barco pudesse afundar, e de repente tirou do bolso seu bilhete de trem e me pediu para lhe dizer qual era o prazo de validade. Disse-me que não sabia quais números se referiam ao mês e quais ao dia. A data de "expiração" da passagem significava a data de sua própria morte; a viagem com o amigo era a masturbação mútua que ele praticava na primeira infância (com seu irmão/amigo)[7] e que dera origem a sentimentos de culpa e ao medo da morte. Ludwig prosseguiu dizendo que tirou a pilha para não sujar a caixa na qual ela estava guardada. Contou-me em seguida que certa vez ele e o irmão haviam jogado futebol com uma bola de pingue-pongue dentro de casa, disse que as bolas de pingue-pongue não eram perigosas e que com elas não corriam o risco de levar uma bolada na cabeça ou de quebrar as janelas. Aqui se lembrou de um incidente na primeira infância em que havia levado um golpe muito forte de uma bola de futebol e perdido a consciência. Não sofreu nenhum dano, mas o nariz ou os dentes poderiam ter sido facilmente feridos, afirmou. A lembrança desse incidente revelou-se encobridora de suas relações com um amigo mais velho que o seduzira. As bolas de pingue-pongue representavam o pênis comparativamente menor e inofensivo de seu irmão mais novo, e a

---

junto à remoção de sua atitude inativa na vida de todo dia, deu-se também uma mudança em sua orientação sexual. Suas tendências heterossexuais se tornaram muito mais fortes e ele se livrou de determinadas dificuldades que sabidamente são a base de perturbações da potência futuramente. Ademais, revelou-se que suas depressões estavam associadas a pensamentos de suicídio e iam mais fundo do que parecia inicialmente. E seu retraimento e aversão a companhia baseavam-se em uma acentuada fuga da realidade. Posso acrescentar que essas eram apenas algumas das dificuldades de que o menino sofria, como sua análise profunda mostrava.

Com relação a isso, gostaria de assinalar quão imensas são as dificuldades até mesmo das crianças normais (cf. o caso de Inge, por exemplo). Esse fato, proveniente da experiência analítica, é corroborado por observações cotidianas; é surpreendente a frequência com que pessoas que até um dado momento pareciam bastante normais sofrem um colapso com uma neurose aberta ou cometem suicídio por alguma causa menor. Mas, mesmo com as pessoas que não adoecem, o grau de suas inibições intelectuais e sexuais e a incapacidade de ter prazer só podem ser avaliados pela psicanálise, tal como é confirmado pelo tratamento de adultos.

7 A tradução manteve a barra conforme aparece no texto alemão, apesar de sua ambiguidade. A autora provavelmente se refere ao amigo mais velho mencionado mais adiante, de modo que um possa representar o outro. [N. E.]

bola de futebol, o pênis de seu amigo mais velho. Porém, uma vez que em suas relações com o irmão ele se identificava com o amigo que o havia seduzido, essas relações despertavam nele um forte sentimento de culpa por conta do dano que ele teria infligido ao irmão. O ato de tirar a pilha e o medo de sujar a caixa eram determinados por sua ansiedade quanto à corrupção e ao dano que ele havia ocasionado ao irmão quando pôs o pênis em sua boca e forçou-o à felação, e que ele próprio vivenciou como resultado de ter praticado aquele ato com seu amigo mais velho. O medo de ter sujado e prejudicado o irmão internamente se baseava em fantasias sádicas a respeito deste e o conduziu a uma base ainda mais profunda de sua ansiedade e culpa, suas fantasias de masturbação sádicas dirigidas contra os pais. Assim, ao partir de sua confissão a respeito de suas relações com o irmão – confissão expressa de forma simbólica em suas associações a respeito da locomotiva que precisava de reparos –, obtivemos acesso não apenas a outras experiências e eventos de sua vida como também aos níveis mais profundos de sua ansiedade. Gostaria também de chamar atenção para a riqueza de formas simbólicas sob as quais o material foi apresentado. Isso é típico das análises na puberdade e, como nas análises da primeira infância, exige uma interpretação correspondente dos símbolos empregados.

Vou me voltar agora para a análise de meninas na puberdade. O início da menstruação desperta uma forte ansiedade na menina. Além dos muitos significados possíveis com os quais estamos familiarizados, trata-se, em última análise, do sinal externo e visível de que o interior de seu corpo e as crianças lá contidas foram completamente destruídos. Por esse motivo, o desenvolvimento de uma atitude feminina completa na menina demora mais e está cercado por mais dificuldades do que o estabelecimento da posição masculina no caso do menino. Essa maior dificuldade no desenvolvimento da mulher resulta em um reforço do componente masculino da menina na puberdade. Em outros casos, apenas um desenvolvimento parcial, principalmente do lado intelectual, tem início nessa ocasião, enquanto sua vida sexual e personalidade permanecem numa latência prolongada que, em muitos casos, pode durar para além da época da puberdade. Ao analisar o primeiro tipo de menina, ativo, com uma atitude de rivalidade com o sexo masculino, muitas vezes começamos com um material semelhante àquele produzido por um menino. Contudo, logo são sentidas as diferenças de estrutura entre os complexos de castração masculino e feminino. À medida que descemos a níveis mais profundos de sua mente, deparamos com a ansiedade e o sentimento de culpa derivados de seus sentimentos agressivos contra a mãe, que a levaram a rejeitar o papel feminino e influenciaram a formação de seu complexo de castração.

Descobrimos agora que é o medo de ter o corpo destruído pela mãe que está por trás de sua recusa em adotar a posição de mulher e de mãe. Nesse estágio da análise, as ideias que ela produz são muito semelhantes às que encontramos em meninas pequenas. No segundo tipo, o da menina cuja vida sexual está fortemente inibida, a análise a princípio tende a ser preenchida com os assuntos típicos do período de latência. Relatos sobre a escola, o desejo de agradar a professora e se sair bem nas lições, o interesse por bordado etc., ocupam grande parte do tempo. Nesses casos, portanto, devemos usar os métodos adequados ao período de latência e, ao resolver sua ansiedade passo a passo, liberar as atividades reprimidas de sua fantasia. Quando conseguimos isso – ao menos em alguma medida – os medos e sentimentos de culpa da menina emergem com mais clareza. Esses medos e sentimentos de culpa obstruíam o caminho da sustentação de seu papel feminino e levavam a uma inibição sexual geral, ao passo que, no primeiro tipo de menina, eles levavam a uma identificação com o pai. Mesmo meninas em que a posição feminina é predominante sentem ansiedade durante a puberdade, mais severa e aguda em sua expressão do que na mulher adulta. Uma transferência desafiadora e negativa é característica dessa idade e requer o pronto estabelecimento da situação analítica. A análise mostrará, com frequência, que a posição feminina da menina é exagerada e trazida para o primeiro plano com a finalidade de esconder e camuflar a ansiedade decorrente de seu complexo de masculinidade e, ainda mais profundamente, dos medos derivados de sua atitude feminina inicial.[8]

Apresentarei agora um trecho de uma análise que, embora não seja absolutamente típica desse período, servirá para ilustrar minhas observações gerais sobre a técnica a ser empregada na análise de meninas na pré-puberdade e na puberdade, e ajudará a demonstrar as dificuldades que espreitam o tratamento nessa idade.

Ilse, de doze anos, apresentava marcadas características esquizoides e sua personalidade era incomumente atrofiada. Não apenas ela não havia atingido o nível intelectual de uma criança de oito ou nove anos como nem mesmo tinha os interesses normais de crianças dessa idade. Exibia uma acentuada inibição de qualquer atividade imaginativa. Ela nunca havia brincado, no verdadeiro sentido da palavra, e não tinha

8 Cf. Joan Riviere, "A feminilidade como máscara" [1929], trad. Ana Cecília Carvalho e Esther Carvalho. *Psyche*, v. 9, n. 16, 2005, pp. 13–24.

prazer em nenhuma atividade a não ser desenhar compulsivamente e de forma pouco imaginativa, o que discutirei mais adiante. Por exemplo, não se interessava pela companhia de outras pessoas, não gostava de andar na rua e de olhar para as coisas, tinha aversão por teatro, cinema e qualquer tipo de entretenimento. Só tinha interesse por comida e decepções nessa área sempre provocavam ataques de raiva e depressão. Sentia muitos ciúmes dos irmãos e irmãs, menos por ter de dividir o amor da mãe com eles e mais por alguma preferência imaginada no que a mãe pudesse dar de comer a eles. A atitude hostil em relação à mãe, aos irmãos e às irmãs acompanhava uma dificuldade na adaptação social em geral. Ilse não tinha amigos nem aparentemente nenhum desejo de ser aceita ou bem-vista. Seu relacionamento com a mãe era especialmente ruim. De tempos em tempos, tinha violentas explosões de raiva contra ela, mas era, ao mesmo tempo, fixada na mãe mais do que o habitual. Uma longa separação de seu ambiente familiar – passou dois anos em um colégio interno dirigido por freiras – não produziu nenhuma mudança duradoura em sua condição.

Quando Ilse estava com cerca de onze anos e meio de idade, sua mãe a flagrou tendo relações sexuais com o irmão mais velho. Esse incidente despertou lembranças na mãe que indicavam que essa não era a primeira vez que acontecia algo do gênero. A análise revelou que sua convicção tinha fundamento e que o relacionamento entre Ilse e o irmão continuou depois de ter sido descoberto.

Foi apenas pelo desejo urgente da mãe que Ilse veio para a análise, impelida por aquela docilidade acrítica de crianças muito mais novas, a qual, junto de sua atitude de ódio, caracterizava sua fixação na mãe. Sugeri de início que ela se deitasse no divã. Suas escassas associações se referiam principalmente a uma comparação entre os móveis de minha sala e os de sua casa, especialmente os de seu quarto. Saiu em estado de grande resistência, recusou-se a vir para a análise no dia seguinte e foi apenas com grande dificuldade que a mãe a persuadiu a concordar no fim das contas. Em casos assim, é necessário, segundo minha experiência, estabelecer rapidamente a situação analítica, pois o apoio dado pela família da criança não durará muito tempo. Observei, já na primeira sessão, os movimentos que Ilse havia feito com os dedos. Tinha passado o tempo todo alisando as dobras de sua saia enquanto fazia alguns comentários sobre meus móveis e os comparava com os de seu quarto e sua casa. Na segunda sessão, quando comparou um bule de chá que eu tinha no consultório com um parecido em sua casa, mas menos bonito, comecei a interpretar. Expliquei que os objetos que ela estava comparando na verdade representavam pessoas; ela estava me comparando ou comparando a mãe consigo mesma, estando ela em desvantagem porque se sentia culpada por se masturbar e acreditava que isso havia danificado seu corpo. Disse-lhe que seu gesto de alisar as dobras da saia continuamente significava ao mesmo tempo a masturbação e uma tentativa de reparar seus genitais.[9] Ela negou isso enfaticamente; ainda assim, pude ver o efeito que a interpretação teve nela pelo aumento no material produzido. Contudo, em vista de sua acentuada infantilidade, da dificuldade de se expressar em palavras e da aguda ansiedade de que parecia sofrer, acreditei ser aconselhável fazer uma mudança para a técnica do brincar.

Nos meses seguintes, as associações de Ilse consistiram essencialmente em desenho – aparentemente desprovido de fantasia – feito com compasso, segundo medidas exatas. Essas medições e cálculos de partes de coisas eram sua atividade principal, a natureza compulsiva dessa ocupação foi se tornando progressivamente clara.[10] Depois de muito trabalho lento e paciente, foi estabelecido que as várias formas e cores dessas partes representavam diferentes pessoas. Sua compulsão para medir e contar derivava do impulso, que se tornara obsessivo, de descobrir com toda a certeza coisas a respeito do interior do corpo da mãe e o número de crianças que havia ali, a diferença entre os sexos etc. Também nesse caso, a inibição de toda a sua personalidade e todo o seu crescimento intelectual se dera a partir de uma repressão precoce de sua poderosa pulsão pelo conhecimento, convertida em uma rejeição desafiadora de todo conhecimento. Com o auxílio dos desenhos, das medições e da contagem, fizemos um progresso considerável e a ansiedade de Ilse se tornou menos aguda. Assim, seis meses depois de iniciado o tratamento, sugeri que ela tentasse novamente fazer a análise deitada e ela assim fez. A ansiedade, de imediato, tornou-se mais aguda; mas logo pude reduzi-la e daquele ponto em diante a análise caminhou mais rápido. É bem verdade que, em função da precariedade e monotonia de suas associações, essa parte de sua análise de modo algum se equiparou ao curso normal do trabalho analítico nessa

---

9 Uma interpretação desse tipo não é dada com a finalidade de detectar algo (tal como a masturbação) que a criança está conscientemente ocultando e desse modo obter um domínio sobre ela. O objetivo é retraçar o sentimento de culpa relacionado com a masturbação (ou com o que quer que seja) a suas fontes mais fundas e desse modo diminuí-lo.

10 Ilse, de fato, não tinha nenhum interesse real sobre o qual pudesse conversar. Ela era na verdade uma leitora apaixonada; mas não lhe importava qual fosse o livro, pois ler era para ela principalmente um meio de escapar da realidade.

idade; mas, à medida que prosseguia, aproximou-se cada vez mais desse padrão. Passou, então, a querer muito satisfazer sua professora e obter boas avaliações dela, mas sua severa inibição na aprendizagem tornou impossível a realização desse desejo. Só agora ela começava a se tornar plenamente consciente da decepção e do sofrimento que suas limitações lhe causavam. Em casa, chorava durante horas antes de começar a escrever um trabalho para a escola e, de fato, não conseguia completá-lo. Também entrava em desespero se, antes de sair para a escola, descobrisse que não havia consertado suas meias e estas estivessem esburacadas. Com frequência, suas associações quanto ao fracasso na aprendizagem levaram-nos a questões sobre deficiências em suas roupas ou seu corpo. Por meses a fio, suas sessões eram preenchidas, junto de histórias sobre a escola, por monótonos comentários a respeito dos punhos e colarinhos de suas blusas, laços ou qualquer outro item de seu vestuário – como eram longos demais, curtos demais, sujos ou da cor errada.[11]

O material que eu usava para análise era extraído, sobretudo nesse período, dos detalhes de seu fracasso em fazer os deveres de casa.[12] Em resposta às queixas incessantes de que não tinha nada para escrever sobre o assunto proposto, eu a encorajei a fazer associações ao assunto, e essas fantasias forçadas[13] foram muito instrutivas. Fazer o trabalho escrito significava um reconhecimento do fato de "não saber", quer dizer, de que ela era ignorante do que se passava enquanto seus pais tinham relação ou do que havia dentro da mãe etc.; e toda a ansiedade e desafio relacionados com esse "não saber" fundamental eram estimulados novamente a cada tarefa escolar. Como para muitas outras crianças, ter de escrever um trabalho significava fazer uma confissão, e isso chegava muito perto de sua ansiedade e seus sentimentos de culpa. Por exemplo, um dos assuntos propostos, "Uma descrição do Kurfürstendamm",[14] levou a associações sobre vitrines, seus conteúdos

---

11 Cf. John C. Flügel, *The Psychology of Clothes*. London: Hogarth Press, 1930 [ed. bras.: *A psicologia das roupas*, trad. Antônio Ennes Cardoso. São Paulo: Mestre Jou, 1966].

12 Em um artigo, "History as Phantasy" (1929), Ella Sharpe traz o relato do caso de um adulto psicótico, no qual durante muito tempo ela obteve seu material para análise quase que inteiramente a partir do interesse do paciente por eventos históricos e pôde, com base nisso, penetrar nos níveis mentais mais profundos.

13 Cf. Sándor Ferenczi, "On Forced Phantasies" [1924], in *Further Contributions to Psycho-Analysis*. London: Hogarth Press, 1926.

14 Um dos principais centros de compras de Berlim. [N. E.]

e coisas que ela gostaria de possuir como, por exemplo, uma caixa de fósforos decorada muito grande que ela viu em uma vitrine quando saiu às compras com a mãe. As duas, de fato, entraram na loja e a mãe acendeu um daqueles grandes fósforos para experimentar. Ilse teria gostado de fazer o mesmo, mas conteve-se por medo da mãe e do vendedor, que representava a imago paterna. A caixa de fósforos e seus conteúdos, como os conteúdos das vitrines, representavam o corpo da mãe, e riscar o fósforo significava a relação sexual entre os pais. A inveja que sentia da mãe, que possuía o pai na relação sexual, e seus impulsos agressivos contra ela eram a causa de seus profundos sentimentos de culpa. Outro tema para uma redação era "Os cães são-bernardo". Quando Ilse mencionou a esperteza dos cães que salvavam as pessoas de morrer congeladas, foi acometida por grande resistência. As associações seguintes mostraram que as crianças enterradas na neve eram, em sua fantasia, crianças abandonadas. Isso provava que as dificuldades que sentia em relação ao tema se baseavam nos desejos de morte contra suas irmãs mais novas, tanto antes como depois do nascimento, e o medo de que fosse ela quem acabaria abandonada pela mãe como punição. Além disso, cada tarefa escolar que tinha de fazer, fosse oral, fosse por escrito, se apresentava como uma confissão sobre uma porção de coisas. A essas dificuldades se acrescentavam inibições especiais em matemática, geometria, geografia e assim por diante.[15]

À medida que as dificuldades de aprendizagem de Ilse continuavam a se atenuar, uma grande mudança teve lugar em sua natureza como um todo. Tornou-se capaz de adaptação social, fez amizades com outras meninas e passou a se dar muito melhor com os pais e irmãos. Poderíamos agora considerá-la uma menina normal e seus interesses se aproximavam daquilo que era adequado à idade; como passou a ser boa na escola, uma das alunas favoritas das professoras e uma filha quase obediente demais, a família estava completamente satisfeita com o êxito da análise e não via motivo para sua continuação. Mas eu não era da mesma opinião. Era óbvio que, nesse momento, aos treze anos, quando a puberdade física já havia começado, do ponto de vista psíquico, Ilse mal entrara no período de latência, para o qual acabava de fazer uma boa transição. Por meio da resolução de parte da ansiedade e da redução de seu sentimento de culpa, pôde se adaptar socialmente e progredir psiquicamente para o período da latência. Por

---

15 Em meu artigo "O papel da escola no desenvolvimento libidinal da criança" (1923), discuti o significado geral de inibições associadas com áreas específicas da aprendizagem.

mais gratificantes que essas mudanças pudessem ser, a pessoa que eu via diante de mim ainda era uma criança bastante dependente e ainda se encontrava excessivamente fixada na mãe. Embora seu círculo de interesses estivesse se ampliando muito, ela mal era capaz de ter as próprias ideias. Costumava fazer um prólogo do que ia dizer com algo como "a mamãe acha". Seu desejo de agradar, o grande cuidado que tinha agora com sua aparência, em contraste com a total indiferença anterior, seu desejo de amor e de reconhecimento – tudo isso brotava predominantemente de seu desejo que tinha de agradar a mãe e as professoras; o mesmo propósito estava na base de seu desejo de se sair melhor do que as colegas. Sua atitude homossexual prevalecia e até o momento dificilmente se via nela qualquer impulso heterossexual.

A continuação da análise, que agora prosseguia de forma normal, levou a mudanças extensas não apenas quanto a isso mas em todo o desenvolvimento da personalidade de Ilse. Neste ponto, ela foi muito auxiliada pelo fato de termos tido oportunidade de analisar a ansiedade que sobreveio à menstruação. Seus laços excessivamente positivos com a mãe eram causados por ansiedade e sentimentos de culpa. De tempos em tempos, Ilse ainda tinha ataques de raiva contra a mãe, embora tivessem se tornado menos frequentes. A análise subsequente desvelou completamente sua atitude original de rivalidade com a mãe e o intenso ódio e inveja que sentia em relação a ela, em virtude de a mãe ter a posse do pai, respectivamente de seu pênis e de seu amor. Desse modo, suas tendências heterossexuais se tornaram mais fortes, e as homossexuais, mais fracas. Foi somente nesse momento que sua puberdade psicológica realmente se estabeleceu. Antes disso, ela não estava em posição de criticar a mãe nem de formar suas próprias opiniões, porque isso teria significado fazer um violento ataque sádico à mãe. A análise desse sadismo possibilitou a Ilse – algo condizente com sua idade – alcançar maior autoconfiança, que se tornou visível em sua forma de pensar e agir. Ao mesmo tempo, sua oposição à mãe apareceu mais abertamente, mas não acarretou dificuldades especiais, uma vez que foi compensada pelo peso maior de sua melhora geral. Um pouco mais tarde, depois de uma análise com mais de 425 sessões, Ilse pôde alcançar uma relação estável e afetuosa com a mãe e ao mesmo tempo estabelecer uma posição heterossexual satisfatória.[16]

Vemos, nesse caso, como o fracasso da menina em superar seu forte sentimento de culpa pôde perturbar não apenas sua transição

---

16 Dois anos e meio após o término da análise, tive notícias de que ela estava se desenvolvendo bem apesar de grandes dificuldades externas.

para o período de latência como todo o curso de seu desenvolvimento. Seus afetos, que encontravam vazão nas explosões de raiva, foram deslocados; a modificação de sua ansiedade dera errado. Ilse, que tinha a aparência de uma pessoa infeliz e insatisfeita, não tinha consciência de sua ansiedade nem da insatisfação consigo mesma. Foi um grande avanço em sua análise o momento em que pude fazê-la compreender que era infeliz e mostrar-lhe que ela se sentia inferior, não se sentia amada e estava desesperada por causa disso e, em seu estado de desesperança, não fazia nenhuma tentativa de conquistar o amor dos outros. Onde antes havia aparente indiferença ao afeto e aos elogios por parte do mundo a seu redor, surgiu então um anseio exagerado por tudo isso, que levou àquela atitude de extrema obediência à mãe, caraterística do período de latência. A parte final de sua análise, que revelou as razões mais profundas de seus intensos sentimentos de culpa e de seu fracasso, foi bem mais fácil, uma vez que ela havia se conscientizado plenamente de sua doença.

Mencionei anteriormente os atos sexuais realizados por Ilse e o irmão, um ano e meio mais velho que ela. Não muito depois de ter começado a análise de Ilse, iniciei também o tratamento do irmão. As duas análises mostraram que a associação sexual entre os dois remontava à primeira infância e tinha continuado por todo o período de latência, embora em intervalos mais raros e de forma atenuada. O mais notável é que Ilse não tinha nenhum sentimento de culpa consciente quanto a isso, mas detestava o irmão. A análise do irmão teve o efeito de fazê-lo pôr um ponto-final a essas relações sexuais, e isso de início despertou nela um ódio ainda mais intenso por ele. Mas, mais adiante na análise de Ilse, junto das outras mudanças que se deram, ela começou a ter fortes sentimentos de culpa e ansiedade[17] com respeito a esses episódios.

A maneira de Ilse lidar com os sentimentos de culpa, que consistia em uma recusa de qualquer responsabilidade por suas ações e em uma atitude muito hostil e desafiadora em relação a seu ambiente, é, conforme vim a descobrir, característica de um certo tipo de indivíduo antissocial. Com Kenneth, por exemplo, que exibia uma indiferença completa à opinião dos outros e uma extraordinária falta de vergonha, havia mecanismos similares em operação. E eles podem ser encontrados até mesmo na criança mais normal, meramente "travessa", embora em grau menor. As análises de crianças de todas as idades

---

17 Voltaremos, no capítulo 7, a uma discussão mais completa dessa relação em outra conexão.

vão no sentido de mostrar que a diminuição de seus sentimentos latentes de culpa e ansiedade leva a uma melhor adaptação social e a um fortalecimento de seu senso de responsabilidade pessoal – tanto mais quanto mais longe for a análise.

Esse caso também nos dá certas indicações de quais fatores são decisivos no desenvolvimento de uma menina para uma transição bem-sucedida para o período de latência e quais o são para a transição posterior para a puberdade. Como já foi dito, descobrimos muitas vezes que na puberdade a menina ainda se encontra em um período de latência prolongado. Por meio da análise da ansiedade arcaica e dos sentimentos de culpa derivados da agressividade contra a mãe, podemos ajudá-la a fazer não apenas uma transição satisfatória para a etapa da puberdade como também uma transição subsequente para a vida adulta, e assim assegurar o desenvolvimento completo de sua vida sexual e personalidade femininas.

Gostaria, por fim, de chamar a atenção para a técnica empregada no tratamento desse caso. Na primeira parte, empreguei a técnica própria ao período de latência, e na segunda, a técnica da puberdade. Fiz repetidas referências aos elos que conectam as várias formas de técnica psicanalítica próprias aos diferentes estágios. Quero enfatizar que encaro a técnica da análise precoce como a base da técnica aplicável a crianças de todas as idades. Disse no capítulo anterior que meu método de analisar crianças do período de latência estava baseado na técnica do brincar que eu havia desenvolvido para crianças pequenas. Mas, como mostram os casos discutidos neste capítulo, a técnica da análise precoce é indispensável também para muitos pacientes na etapa da puberdade, pois fracassaremos com muitos desses casos, com frequência muito difíceis, se não levarmos suficientemente em consideração a necessidade que o adolescente tem de ação e de expressão da fantasia, se não formos cuidadosos em regular a quantidade de ansiedade liberada e, em geral, se não adotarmos uma técnica extremamente elástica.

Ao analisar as camadas mais profundas da mente, temos de observar certas condições definidas. Em comparação com a ansiedade modificada dos estratos superiores, a ansiedade dos níveis mais profundos é muito maior tanto em quantidade quanto em intensidade e torna-se, portanto, imperativo que sua liberação seja devidamente regulada. Conseguimos isso remetendo continuamente a ansiedade de volta a suas fontes e resolvendo-a, e por meio da análise sistemática da situação de transferência.

Descrevi, nos primeiros capítulos deste livro, como, em casos em que a criança era de início tímida ou pouco amistosa comigo, eu imediatamente começava a analisar sua transferência negativa. Esse método[18] tem por objetivo reconhecer e interpretar prontamente os sinais ocultos de ansiedade latente, antes que se tornem manifestos e levem a um ataque de ansiedade. Para conseguir isso, é indispensável um conhecimento sólido tanto das reações de ansiedade das fases iniciais do desenvolvimento da criança como dos mecanismos de defesa empregados por seu ego contra elas. De fato, o analista deve ter conhecimento teórico da estrutura das camadas mais profundas da mente. Seu trabalho interpretativo deve ser direcionado à parte do material que está associada com a maior quantidade de ansiedade latente e deve desvelar as situações de ansiedade que foram ativadas. Deve também estabelecer a conexão entre essa ansiedade latente e (a) as fantasias sádicas específicas a ela subjacentes e (b) os mecanismos de defesa empregados pelo ego para controlá-la. Em outras palavras, ao resolver por meio de interpretações uma dada situação de ansiedade, ele deveria acompanhar mais extensamente as ameaças do superego, os impulsos do id e as tentativas do ego de conciliar os dois. Desse modo, passo a passo, a interpretação permitirá trazer à consciência o conteúdo completo da situação particular de ansiedade que está sendo ativada na ocasião. Para alcançar isso, é absolutamente necessário que ele se atenha estritamente a métodos analíticos em relação a seu paciente, já que é apenas por meio da abstenção de querer exercer qualquer influência educacional ou moral sobre a criança que o analista poderá chegar a analisar os níveis mais profundos da mente dela. Pois, se impedir a criança de exteriorizar certas moções pulsionais, inevitavelmente ele estará retendo também outros impulsos do id; e, mesmo com a criança pequena, é necessário árduo trabalho analítico a fim de abrir caminho para as fantasias sádico-orais e sádico-anais mais primitivas da criança.

Além disso, ao ter a quantidade de ansiedade sistematicamente regulada, a criança não acumulará ansiedade excessiva durante os intervalos de sua análise ou se o tratamento for interrompido de forma prematura. No caso de tais interrupções, é verdade, a ansiedade costuma se tornar mais aguda por um momento, mas o ego da criança logo é capaz de ligá-la e modificá-la, até mais do que antes da análise. Em certos casos, a criança pode evitar até mesmo uma fase passageira de ansiedade mais aguda desse tipo.[19]

---

18 Cf. o capítulo 2 deste volume.

19 Em muitos casos, com crianças de três a doze anos, em que tive de interromper a análise por razões externas depois de um tempo de tratamento que variou de três a nove meses, descobri que a criança apresentava um quadro

Depois de ter enfatizado as semelhanças entre a puberdade e o período inicial da vida da criança, reverei uma vez mais, brevemente, suas diferenças. Até mais que no período de latência, o desenvolvimento mais completo do ego na etapa da puberdade e seus interesses mais maduros exigem uma técnica que se aproxima da análise de adultos. Com certas crianças ou em certas fases de uma análise, poderemos ter de recorrer a outros métodos de representação, mas, em geral, nas análises na idade da puberdade devemos nos apoiar principalmente em associações verbais, uma vez que apenas a linguagem permite ao jovem estabelecer uma relação completa com a realidade e com seu campo de interesse normal.

Por essas razões, a análise de crianças na puberdade exige um conhecimento extenso da técnica da análise de adultos. Considero que uma formação regular em análise de adultos é uma fundação necessária para a formação especial como analista de crianças. Uma pessoa que não tenha adquirido experiência adequada e realizado um tanto razoável de trabalho com adultos não deveria se aventurar no campo tecnicamente mais difícil da análise de crianças. A fim de preservar os princípios fundamentais do tratamento analítico na forma modificada exigida pelos mecanismos da criança nos vários estágios de seu desenvolvimento, a pessoa deve, além de ser plenamente versada na técnica da análise precoce, possuir um domínio completo da técnica empregada para analisar adultos.

---

consideravelmente menos preocupante do que quando chegou para a análise. Além dos casos de Rita, Trude e Ruth, que o leitor deve recordar (capítulo 2), devo mencionar o caso de um menino de doze anos que veio até mim com ideias manifestas de ser envenenado. Depois de seis meses de análise, ele teve de viajar para o exterior. Por essa época, não apenas seus medos haviam diminuído como também ele mostrava mudanças favoráveis em sua condição geral, mudanças observáveis, entre outras coisas, por uma maior facilidade na maneira de ser. (A última vez que tive notícias dele, dois anos e meio depois do fim do tratamento, essa melhora estava sendo mantida.) Ademais, em cada caso, a própria criança se sentia melhor. E, embora uma análise inacabada desse tipo não possa fazer mais do que diminuir a neurose da criança, ela faz muito, em minha avaliação, no sentido de prevenir o perigo de estabelecimento de uma psicose ou de uma neurose obsessiva grave mais tarde. Fui me convencendo de que cada passo, por pequeno que seja, no sentido de resolver a ansiedade nos níveis mais profundos da mente efetua, se não uma cura, pelo menos uma melhoria da condição da criança.

6.
Neurose em crianças

Discuti até aqui a técnica pela qual as crianças podem ser tão profundamente analisadas quanto os adultos. Examinarei agora o problema das indicações para tratamento.

A primeira questão que se apresenta é: que dificuldades devem ser encaradas como normais e que dificuldades como neuróticas nas crianças – quando elas estão sendo meramente travessas e quando estão realmente doentes? De modo geral, esperamos deparar com certas dificuldades típicas, que variam consideravelmente em quantidade e efeito, as quais, contanto não excedam certos limites, são vistas como parte do desenvolvimento da criança. Contudo, como uma certa quantidade de dificuldades é inevitável no desenvolvimento da criança, creio que ficamos inclinados a pouco apreciar em que medida essas dificuldades cotidianas deveriam ser consideradas como indicativas e base de perturbações graves de desenvolvimento.

Distúrbios mais acentuados nos hábitos de alimentação e, acima de tudo, manifestações de ansiedade, na forma de terrores noturnos ou fobias, são em geral reconhecidos como manifestações decididamente neuróticas. Mas as observações de crianças pequenas mostram que a ansiedade delas assume formas muito variadas e disfarçadas, mesmo na idade precoce de dois ou três anos elas exibem variações na ansiedade que indicam um processo muito complicado de repressão. Por exemplo, depois de superar seus terrores noturnos, elas ainda estão sujeitas a perturbações no sono por algum tempo, tais como demorar para dormir, acordar muito cedo, ter sono agitado ou facilmente perturbável, não conseguir dormir de dia – perturbações que eu descobri na análise como formas modificadas do *terror noturno* original. A este grupo pertencem também os muitos caprichos e cerimônias, muitas vezes de uma natureza tão inquietante, a que as crianças se entregam na hora de dormir. Da mesma forma, os distúrbios originais não disfarçados na esfera da alimentação[1] com frequência se transformam em um hábito de comer devagar, de não mastigar adequadamente, em uma falta de apetite geral ou mesmo simplesmente em mau comportamento à mesa.

É fácil ver que a ansiedade que as crianças sentem diante de determinadas pessoas muitas vezes dá lugar a uma timidez generalizada. Mais tarde, aparece muitas vezes como mera inibição no trato social ou simples acanhamento. Todos esses graus de medo são apenas variações de sua ansiedade original, que, como no caso de medo de pessoas, pode determinar todo o seu comportamento social mais tarde. Uma fobia explícita a certos animais se transformará em aversão a eles ou a animais em geral. O medo de coisas inanimadas, que para crianças pequenas são sempre dotadas de vida, surgirá mais adiante, quando forem adultas, como uma inibição das atividades a elas associadas. Assim, em um caso, a fobia que uma criança tinha por telefones tornou-se, anos mais tarde, uma aversão a telefonar; e, em outros casos, um medo de máquinas deu lugar a um desgosto por viajar ou a uma tendência de grande cansaço durante viagens. Em outros ainda, um medo de sair à rua transformou-se em uma aversão a caminhadas, e assim por diante. Nessa classe entram as inibições nos esportes e jogos ativos, que descrevi detidamente em meu artigo "Análise precoce" (1923). Essas inibições podem se apresentar em todos os graus, tal como uma falta de gosto por formas especiais de esporte ou pelo esporte em geral, propensão à fadiga, falta de jeito etc. A essa classe pertencem também as peculiaridades, hábitos e inibições do adulto normal.

O adulto normal pode racionalizar seus desprazeres – e eles nunca faltam – das mais variadas maneiras, dizendo que o objeto deles é "chato", "de mau gosto" ou "pouco higiênico" e muitas outras coisas, ao passo que em uma criança os desagrados e hábitos desse tipo que, é preciso admitir, são mais intensos e menos adaptados socialmente do que no adulto, são atribuídos a "má-educação". No entanto, eles são invariavelmente uma expressão de ansiedade e de sentimentos de culpa. Estão intimamente relacionados com fobias e, geralmente, a cerimoniais obsessivos. São determinados pelos complexos da criança nos menores detalhes e, por esse motivo, com frequência, são muito resistentes a medidas educativas, embora muitas vezes possam ser resolvidos em análise, como qualquer sintoma neurótico.

---

1 Discutirei no capítulo 9 a natureza da ansiedade subjacente às perturbações infantis na alimentação.

Só posso mencionar aqui um ou dois exemplos desse campo de observações tão interessante. Em um menino, ficar de olhos arregalados e fazendo careta; em outro, piscar servia para rebater o medo de ficar cego. Em um terceiro, ficar de boca aberta significava uma confissão de ter realizado felação, assobiar em seguida significava a retirada da confissão. A indisciplina das crianças na hora do banho ou quando têm de lavar a cabeça é, como observei repetidas vezes, nada mais do que um medo oculto de ser castrado ou de ter o corpo todo destruído. Pôr o dedo no nariz, tanto em crianças como em adultos, veio a representar, entre outras coisas, um ataque anal aos corpos dos pais. As dificuldades que pais e babás têm em persuadir as crianças a realizar as mais simples tarefas ou atos de consideração – dificuldades que muitas vezes tornam as coisas muito desagradáveis para a pessoa que está cuidando – invariavelmente aparecem como determinadas pela ansiedade. O desprazer de uma criança, por exemplo, em tirar um objeto de dentro de uma caixa, em vários casos, revelou-se decorrente do fato de que fazer isso significava um ataque agressivo ao corpo da mãe e a materialização desse ataque proibido.

Nas crianças, há um tipo de vivacidade excessiva que muitas vezes vem acompanhada de maneira despótica e desafiadora e que as pessoas, a partir de seu próprio ponto de vista, frequentemente confundem com um sinal especial de "temperamento" ou com desobediência mesclada a desafio e desprezo. Tal comportamento é também uma forma de compensar a ansiedade. Esse método de lidar com a ansiedade tem grande influência na formação do caráter da criança e na atitude posterior em relação à sociedade.[2] A "agitação" que muitas vezes acompanha essa vivacidade excessiva é, em minha opinião, um sintoma importante. As descargas motoras que a criança pequena obtém por meio dessa agitação não raro se tornam condensadas no começo do período de latência em movimentos definidos e estereotipados que costumam passar despercebidos no quadro geral de atividade extremada que a criança apresenta. Na puberdade, ou às vezes até antes, eles reaparecem ou se tornam mais óbvios e formam a base de um *tique*.[3]

Tenho ressaltado a grande importância das inibições no brincar que podem estar dissimuladas sob as mais diversas formas. Podemos

---

2 Cf. Wilhelm Reich, "Character Formation and the Phobias of Childhood". *The International Journal of Psychoanalysis*, v. 12, 1931, pp. 219–30.

3 Em meu artigo "Uma contribuição à psicogênese dos tiques" (1925), mostrei que um tique deveria muitas vezes ser encarado como um sinal de perturbações muito profundamente enraizadas e ocultas.

observá-las na análise em todos os graus possíveis de intensidade. Aversão e falta de perseverança em alguns jogos são exemplos de inibição parcial no brincar. Certas crianças precisam que alguém assuma boa parte da brincadeira; elas deixam a iniciativa para essa pessoa, não vão buscar os brinquedos elas mesmas etc. Outras só gostam de brincadeiras em que possam brincar exatamente de acordo com certas regras estabelecidas ou só gostam de certos tipos de jogos (e nesse caso costumam brincar muito raramente). Essas crianças sofrem de uma poderosa repressão da fantasia, com frequência acompanhada por traços compulsivos; e seu brincar tem o caráter de um sintoma obsessivo mais do que de uma sublimação.

Há uma maneira de brincar por trás da qual – especialmente durante a transição para o período de latência – se escondem movimentos estereotipados ou rígidos. Por exemplo, um menino de oito anos costumava brincar que era um policial de plantão e realizava certos movimentos, repetindo-os durante horas, e permanecia imóvel em certas atitudes por longos períodos a cada vez. Em outros casos, uma hiperatividade intimamente relacionada com um tique está oculta em um determinado jogo.

Desapreço por jogos ativos em geral e falta de agilidade são precursores de inibições futuras no esporte e são sempre um sinal importante de que algo não vai bem.

Em muitos casos, inibições no brincar são a base de inibições na aprendizagem. Em vários casos de crianças que eram inibidas no brincar e se tornaram muito boas na escola, descobriu-se que seu impulso para aprender era essencialmente compulsivo, e algumas delas – especialmente na puberdade – desenvolveram graves limitações em sua capacidade para aprender. Inibições na aprendizagem, como inibições na capacidade de brincar, podem apresentar todos os graus de intensidade e todas as variedades de forma, como indolência, falta de interesse, aversão forte por determinados assuntos ou o hábito peculiar de se recusar a fazer a lição de casa a não ser no último minuto e mesmo assim só em resposta a pressões. Essas inibições na aprendizagem são muitas vezes a raiz de inibições vocacionais futuras, cujos sinais iniciais já podem, desse modo, ser vistos nas inibições que a criança pequena tem ao brincar.

Em meu artigo "O desenvolvimento de uma criança" (1921), afirmei que a resistência demonstrada pelas crianças quanto ao esclarecimento sobre o sexo é uma indicação muito importante de que algo não vai bem. Se elas se abstêm de fazer perguntas sobre o assunto – e tal abstenção muitas vezes sucede uma indagação obsessiva ou se alterna com ela –, esse fato deve ser encarado como um sintoma frequentemente assentado sobre sérias perturbações da pulsão de conhecimento. Como é bem conhecido, muitas vezes o questionamento cansativo da criança se prolonga em uma mania ruminativa do adulto a que estão sempre associadas perturbações neuróticas.

A tendência a reclamar nas crianças e o hábito de cair e se bater ou se machucar devem ser vistos como expressões de medos e sentimentos de culpa diversos. A análise de crianças me convenceu de que esses acidentes recorrentes menores – e por vezes alguns mais sérios – são substitutos para danos autoinfligidos de um tipo mais grave e representam tentativas suicidas por meios insuficientes. Com muitas crianças, em especial meninos, uma sensibilidade excessiva à dor é muitas vezes substituída, desde muito cedo, por uma exagerada indiferença a ela, porém essa indiferença é apenas uma defesa elaborada contra a ansiedade, bem como uma variação desta.

A atitude da criança em relação a presentes é também muito característica. Muitas crianças são insaciáveis a esse respeito, uma vez que nenhum presente lhes pode dar satisfação real e duradoura nem levar a nada além de decepção. Outras têm muito pouco desejo de recebê-los e mostram-se igualmente indiferentes a qualquer presente. Observamos em adultos essas mesmas atitudes em muitas situações. Há entre as mulheres aquelas que estão sempre ansiando por roupas novas, mas que nunca realmente sentem prazer com elas e que aparentam nunca "ter nada para vestir". São mulheres que geralmente estão sempre em busca de diversão e que na maioria das vezes trocam seu objeto de amor com facilidade e não podem encontrar verdadeira satisfação sexual. Há também aquelas que se sentem entediadas e que não desejam nada com intensidade. Na análise de crianças, torna-se muito claro que presentes significam todas as dádivas de amor que foram negadas à criança – o leite e o seio da mãe, o pênis do pai, urina, fezes e bebês. Mas os presentes são também para a criança evidência de todas aquelas coisas das quais ela quis se apropriar de modo sádico e que agora lhe são dadas voluntariamente, e, desse modo, aliviam seu sentimento de culpa. Em seu inconsciente, ela vivencia não ganhar presentes como todas as demais frustrações, uma punição pelos impulsos agressivos que estão interligados a seus desejos libidinais. Em outros casos, nos quais o sentimento excessivo de culpa da criança está em uma situação ainda mais desfavorável ou não foi elaborado com êxito, tudo isso, além do medo de novas decepções, pode levá-la a suprimir completamente seus desejos libidinais. Essas crianças não conseguem aproveitar presentes de jeito nenhum.

A incapacidade de a criança tolerar frustrações acabará por torná-la ingovernável e mal adaptada à realidade, uma vez que essa inabilidade induz o inconsciente da criança a encarar toda frustração, por inevitável que seja no curso de seu crescimento, como uma punição. Em crianças maiores – e em alguns casos em crianças pequenas também –, essa incapacidade de tolerar frustrações se encontra muitas vezes encoberta por uma aparente adaptação, em função da necessidade que elas têm de agradar as pessoas a seu redor. Uma adaptação aparente desse tipo favorece, especialmente no período de latência, o ocultamento de dificuldades assentadas em camadas mais profundas.

A atitude que muitas crianças têm em relação a celebrações e festas é também muito característica. Aguardam com ansiedade o Natal, a Páscoa etc. apenas para ficarem completamente insatisfeitas com eles quando terminam. Dias como esses, e às vezes mesmo os domingos, acenam com a esperança em maior ou menor grau de uma renovação, de um "novo começo", por assim dizer, e, em conexão com os presentes esperados, de acertar todas as coisas más que elas sofreram e fizeram. As festividades de família tocam de maneira muito profunda os complexos ligados à situação da criança em seu ambiente familiar. Um aniversário, por exemplo, sempre representa renascimento e os aniversários de outras crianças estimulam conflitos ligados ao nascimento de irmãos e irmãs reais ou esperados. A maneira pela qual as crianças reagem a ocasiões desse tipo pode, portanto, ser um dos sinais de neurose numa criança.

Não gostar de ir ao teatro, cinema e shows de todos os tipos está intimamente ligado a perturbações da pulsão de conhecimento na criança. Descobri que a base dessa perturbação é um interesse reprimido pela vida sexual dos pais e também uma defesa contra sua própria vida sexual. Essa atitude, que acarreta a inibição de muitas sublimações, se deve, em última instância, à ansiedade e a sentimentos de culpa pertencentes a um estágio inicial de desenvolvimento e provenientes de fantasias agressivas dirigidas contra a relação sexual dos pais.

Gostaria também de enfatizar o elemento psicogênico nas várias doenças físicas a que estão sujeitas as crianças. Verifiquei que muitas crianças encontram, em grande medida, uma expressão para sua ansiedade e seus sentimentos de culpa ao adoecer (e, nesse caso, a recuperação tem um efeito reconfortante), e que muitas vezes suas doenças recorrentes em uma certa idade são em parte determinadas pela neurose. Esse elemento psicogênico tem o efeito de aumentar não apenas a sensibilidade da criança a infecções como a gravidade e duração da própria doença.[4] Observei que, de maneira geral, depois de uma análise levada a termo, a criança se acha muito menos sujeita a resfriados, em particular. Em alguns casos sua suscetibilidade a eles foi quase inteiramente eliminada.

Sabemos que neurose e formação de caráter estão intimamente relacionadas e que muitas análises de adultos acarretam também profundas mudanças de caráter. Agora, enquanto a análise de crianças mais velhas quase sempre produz mudanças favoráveis no caráter, a análise precoce, ao remover uma neurose, produz uma ampla remoção de dificuldades educacionais. Assim, parece haver certa analogia entre as dificuldades educacionais da criança pequena e aquilo que na criança mais velha e no adulto é conhecido como dificuldade de caráter. Seguindo essa analogia, é digno de nota o fato de que ao falar de "caráter" pensamos fundamentalmente no próprio indivíduo, mesmo quando seu caráter tem uma influência perturbadora no ambiente, mas ao falar de "dificuldades educacionais" pensamos em primeiro lugar e fundamentalmente nas dificuldades que as pessoas responsáveis pela criança têm de enfrentar. Ao fazer isso, muitas vezes negligenciamos o fato de que essas dificuldades educacionais são a expressão de processos significativos de desenvolvimento que alcançam sua completude com o declínio do complexo de Édipo. Elas são, portanto, os efeitos colaterais do caráter em desenvolvimento ou já formado e a base da neurose futura ou de qualquer falha de desenvolvimento. Apresentam-se, entre outras coisas, por meio de dificuldades educacionais excessivas, de modo que seria mais correto chamá-las de sintomas neuróticos ou dificuldades caracterológicas.

Com base no que foi dito até agora, concluo que as dificuldades que nunca faltam no desenvolvimento de uma criança são neuróticas em essência. Em outras palavras, toda criança passa por uma neurose que só difere em grau de um indivíduo para outro.[5] Já que a psicanálise mostrou

---

4 Em alguns casos de coqueluche, por exemplo, em que o tratamento analítico foi retomado depois de uma interrupção breve, verifiquei que os acessos de tosse ficavam mais violentos na primeira semana de análise, mas rapidamente diminuíam depois disso, e que a doença acabava muito mais rapidamente do que o habitual. Nesses casos, cada acesso de tosse, devido a seu significado inconsciente, liberava imensa ansiedade e essa ansiedade, por sua vez, reforçava consideravelmente o estímulo para tossir.

5 Esta visão, que já mantenho há vários anos, vem recebendo um valioso apoio ultimamente. Em seu livro *A questão da análise leiga* [1926] (in *Obras completas*, v. 17, trad. Paulo César de Souza. São Paulo: Companhia das Letras, op. cit., p. 169), Freud escreve: "Desde que aprendemos a observar mais agudamente,

ser o meio mais eficaz de remover as neuroses de adultos, parece lógico fazer uso dela para combater as neuroses das crianças e, além disso, ao verificar que toda criança atravessa uma neurose, aplicá-la a todas as crianças. Hoje, devido a considerações práticas, só é possível submeter as dificuldades neuróticas de crianças normais a tratamento analítico em casos raros. Portanto, ao descrever as indicações para tratamento, é importante esclarecer quais sinais sugerem a presença de uma neurose grave, isto é, uma neurose que não deixa qualquer dúvida de que a criança sofrerá dificuldades consideráveis também nos anos futuros.

Não vou me deter no exame das neuroses infantis cuja gravidade é incontestável, tendo em vista a extensão e o caráter dos sintomas, porém considerarei um ou dois casos que não foram reconhecidos porque se prestou atenção insuficiente às indicações específicas de neurose infantil. A razão pela qual as neuroses das crianças atraíram muito menos atenção do que as neuroses dos adultos está, a meu ver, no fato de, em muitos aspectos, a sintomatologia delas diferir essencialmente da dos adultos. Os analistas sabem, é preciso reconhecer, que sob a neurose do adulto sempre existiu uma neurose infantil, mas por muito tempo não foram capazes de extrair a conclusão prática de que as neuroses devem ser, para dizer o mínimo, extremamente comuns entre as crianças – e isso muito embora a criança ponha diante deles provas suficientes à vista.

A comparação com as neuroses dos adultos não serve como padrão de medida, uma vez que a criança que mais se aproxima de um adulto não neurótico não é de modo algum a criança menos neurótica. Assim, por exemplo, uma criança pequena que preenche todos os requisitos de sua criação e não se deixa dominar por sua vida de fantasia e pulsões, que é de fato, segundo todas as aparências, completamente adaptada à realidade e, além do mais, mostra poucos sinais de ansiedade – tal criança seria, com certeza, não apenas precoce e destituída de graça como também anormal no mais pleno sentido da palavra. Se esse quadro se completar pela extensa repressão da fantasia que é uma precondição para tal desenvolvimento, certamente teremos motivo para olhar o futuro dessa criança com preocupação. Uma criança com um desenvolvimento assim sofre não só de uma neurose quantitativamente menor, mas de uma neurose assintomática; e, como sabemos a partir das análises de adultos, tal neurose costuma ser grave.

---

inclinamo-nos a dizer que a neurose infantil não é a exceção, mas a regra, como se dificilmente pudesse ser evitada no caminho que vai da disposição infantil inata à sociedade civilizada".

Normalmente esperaríamos ver traços claros das lutas e crises sérias pelas quais a criança passa nos primeiros anos de vida. Contudo, esses sinais diferem de muitas maneiras dos sintomas do adulto neurótico. Até certo ponto, a criança normal mostra abertamente sua ambivalência e seus afetos; a sujeição às premências pulsionais e às fantasias age de forma reconhecível, assim como a influência do superego. Ela coloca certas dificuldades no curso de sua adaptação à realidade e, portanto, no curso de sua criação, e não é de modo algum uma criança "fácil". Mas, se os obstáculos que ela apresenta em sua adaptação à realidade vão além de um certo limite, e sua ansiedade e ambivalência são fortes demais, em suma, se as dificuldades que ela está sofrendo e que fazem seu ambiente sofrer são grandes demais, ela então deveria, decididamente, ser considerada uma criança neurótica. Ainda assim, uma neurose desse tipo pode muitas vezes ser menos severa do que as neuroses das crianças em que a repressão dos afetos foi tão esmagadora e se estabeleceu tão cedo na vida que praticamente não sobrou nenhum sinal de emoção ou ansiedade. O que diferencia verdadeiramente a criança menos neurótica da mais neurótica é acima de tudo, além da questão das diferenças quantitativas, a maneira como ela administra suas dificuldades.

Os sinais e sintomas que descrevi acima constituem um valioso ponto de partida para o estudo dos métodos, com frequência muito obscuros, de que a criança lançou mão para lidar com a ansiedade e da atitude básica que assumiu. Por exemplo, pode-se presumir que, se uma criança não gosta de ir a shows de nenhum tipo, teatro ou cinema, não sente nenhum prazer em fazer perguntas, é inibida em seu brincar ou só pode jogar determinados jogos sem nenhum conteúdo de fantasia, ela está sofrendo de perturbações graves na pulsão de conhecimento e de uma extensa repressão em sua vida de fantasia, embora possa, sob outros aspectos, ser bem-adaptada e parecer não ter dificuldades marcantes. Em casos desse tipo, o desejo pelo conhecimento será satisfeito em uma idade futura, na maior parte das vezes de modo muito obsessivo, e em relação a isso outras perturbações neuróticas podem ocorrer.

Em muitas crianças, a incapacidade original de tolerar frustração fica obscurecida por uma grande adaptação aos requisitos de sua educação. Desde muito cedo elas se tornam crianças "boas" e "cooperativas". Mas são precisamente essas crianças que mais comumente têm aquela atitude de indiferença em relação a presentes e agrados mencionados anteriormente. Se, além dessa atitude, exibem uma inibição muito grande no brincar e uma fixação excessiva em seus objetos, a probabilidade de desenvolverem uma neurose nos anos seguintes é muito grande. Crianças como essas acabaram adotando uma perspectiva pessimista e uma atitude de renúncia. Seu objetivo principal é combater a ansiedade e os sentimentos de culpa a qualquer custo, mesmo que isso signifique renunciar a toda felicidade e toda satisfação pulsional. Ao mesmo tempo, elas são mais dependentes de seus objetos do que é comum, porque dependem de seu ambiente externo para proteção e apoio contra a própria ansiedade e o próprio sentimento de culpa.[6] Mais óbvias, embora seu verdadeiro significado também não seja apreciado, são as dificuldades apresentadas por aquelas crianças cujo anseio insaciável por presentes acompanha uma incapacidade de tolerar frustrações a elas impostas por sua criação.

É razoável afirmar que, nos casos típicos descritos, as perspectivas de a criança atingir verdadeira estabilidade mental no futuro não são favoráveis. Como regra, além disso, a impressão geral da criança – modo de andar, expressão facial, movimentos e fala – revela uma adaptação interna malsucedida. De todo modo, só a análise pode mostrar quão graves são as perturbações. Tenho repetidas vezes enfatizado o fato de que a presença de uma psicose ou de traços psicóticos pode muitas vezes só ser reconhecida em uma criança depois de ela ter sido analisada por um período considerável de tempo. Isso se deve ao fato de que as psicoses das crianças, assim como as neuroses, diferem de muitas maneiras das psicoses dos adultos. Em algumas crianças que tratei, cuja neurose precoce já tinha o mesmo caráter de uma neurose obsessiva grave de um adulto, a análise revelou a presença de fortes traços paranoides.[7]

A questão a ser considerada agora é a seguinte: como uma criança mostra que está razoavelmente bem-adaptada internamente? É um sinal favorável se ela gosta de brincar e dá rédea solta a sua fantasia ao fazê-lo, sendo ao mesmo tempo, como pode ser reconhecido a partir de certas indicações definidas, suficientemente adaptada à realidade, e se ela tiver relações realmente boas – e não exageradamente afetuosas – com seus objetos. Outro bom sinal é se, com isso, ela apresenta um desenvolvimento relativamente não perturbado de sua pulsão de conhecimento, que livremente se volta para muitas direções diferentes, sem o caráter de compulsão e intensidade típicos de uma neurose obsessiva. A emergência de certa quantidade de afeto e de ansiedade é, penso, precondição de um desenvolvimento favorável. Essas e outras indicações de um prognóstico favorável têm,

---

6 Cf. M. N. Searl, "The Flight to Reality". *The International Journal of Psychoanalysis*, v. 10, 1929, pp. 280–91.

7 Cf. as análises de Erna (capítulo 3) e Egon (capítulo 4).

contudo, em minha experiência, apenas um valor relativo e não são nenhuma garantia absoluta do futuro; pois muitas vezes depende de realidades externas imprevisíveis, favoráveis ou desfavoráveis, que a criança encontra à medida que cresce, se a neurose da criança vai reaparecer ou não na vida adulta.

Além de tudo, parece-me que não sabemos muito sobre a estrutura mental e as dificuldades inconscientes do indivíduo normal, uma vez que ele tem sido muito menos objeto da investigação psicanalítica do que o neurótico. A experiência analítica de crianças mentalmente saudáveis de várias idades convenceu-me de que, muito embora o ego delas reaja de modo normal, elas também têm de enfrentar grandes quantidades de ansiedade, forte culpa inconsciente e profunda depressão, e, em alguns casos, a única coisa que distingue as dificuldades delas das da criança neurótica é o fato de que são capazes de lidar com elas de maneira mais esperançosa e ativa. O resultado obtido por meio do tratamento analítico nesses casos também me parece provar seu valor, mesmo com crianças que têm apenas uma neurose bastante leve.[8] Parece ter fundamento o pressuposto de que, diminuindo a ansiedade e o sentimento de culpa delas, e efetuando mudanças fundamentais em sua vida sexual, pode-se exercer uma grande influência não apenas em crianças neuróticas mas também no futuro das crianças normais.[9]

A próxima questão a ser examinada é em que ponto a análise de uma criança deve ser considerada como completada. Com adultos podemos dizer isso a partir de vários sinais, tais como: se o paciente se tornou capaz de trabalhar e amar, de cuidar de si mesmo nas circunstâncias em que se encontra e de tomar as decisões que forem necessárias para a condução de sua vida. Se considerarmos os fatores que levam ao fracasso com os adultos e se estivermos despertos para a presença de fatores similares nas crianças, disporemos de um guia confiável para o término de uma análise.

O indivíduo adulto pode sucumbir a uma neurose, a defeitos de caráter, a perturbações de sua capacidade de sublimação ou a distúrbios de sua vida sexual. Uma neurose infantil pode ser detectada em uma idade precoce, como tenho procurado mostrar, por sinais leves mas característicos; a cura da neurose infantil é a melhor profilaxia

8 Cf. as análises de Ludwig (capítulo 5) e Inge (capítulo 4).

9 Esta pressuposição está também apoiada pelo fato de que, em vários casos que eu tive, a criança alcançou com sucesso a transição para a próxima etapa de desenvolvimento, incluindo mesmo em alguns casos a transição crítica para a puberdade e a transição desse período para a vida adulta.

contra a neurose do adulto. Defeitos de caráter e dificuldades posteriores são prevenidos com mais eficácia se forem eliminados na infância. O brincar das crianças, que nos permite penetrar tão profundamente em suas mentes, nos dá uma indicação clara de quando a análise pode ser considerada completa com relação à futura capacidade de sublimação das crianças. Antes que possamos considerar a análise precoce como completa, suas inibições no brincar devem ter sido grandemente reduzidas.[10] Isso terá sido conquistado quando o interesse em brincar próprio de sua idade tenha se tornado não apenas mais profundo e mais estável mas também tenha se espalhado em várias direções.

Quando, como resultado do trabalho analítico, uma criança que começa com um único interesse obsessivo em brincar adquire um interesse cada vez mais amplo por brincadeiras, temos um processo equivalente à expansão de interesses e ao aumento da capacidade de sublimação que é o objetivo da análise de um adulto. Desse modo, pela compreensão do brincar das crianças, podemos avaliar a capacidade de sublimação delas nos anos que virão; e podemos também dizer quando uma análise é proteção suficiente contra futuras inibições na capacidade de aprender e de trabalhar.

Por fim, o desenvolvimento do interesse da criança no brincar e as variações em quantidade e tipo que apresentam também ensejam conclusões confiáveis sobre seu futuro desenvolvimento sexual. Isso pode ser ilustrado pela análise precoce de duas crianças – um menino e uma menina. Kurt, de cinco anos, ocupava-se de início, como a maior parte dos meninos, com brinquedos como carrinhos e trens na mesa de brincar do consultório. Ele os escolhia dentre outros brinquedos e bolava algumas brincadeiras com eles. Comparava o tamanho e a potência deles, fazia-os viajar até um objetivo definido e expressava nessa forma simbólica e, segundo minha experiência, típica, uma comparação em relação a seu pênis, sua potência e sua personalidade como um todo com o pai e os irmãos. Seria possível presumir que essas ações apontavam para uma atitude heterossexual normal e ativa nele. Mas isso entrava em conflito com sua natureza marcadamente apreensiva e pouco masculina;[11] e, à medida que a análise prosseguia, a verdade dessa impressão se confirmou. Suas

---

10 Em crianças mais velhas, inibições na aprendizagem e na participação em jogos ativos devem ser igualmente bastante reduzidas.

11 A atitude passiva de Kurt se fortalecera pelo fato de que ele era o mais jovem dentre muitos irmãos, com uma diferença de muitos anos. Ele se via, portanto, sob muitos aspectos na situação de um filho único e sofria muito

brincadeiras que representavam a rivalidade com o pai pela posse da mãe eram prontamente interrompidas pelo surgimento de intensa ansiedade. Parecia que ele havia desenvolvido uma atitude predominantemente passiva, mas, devido à ansiedade, também não podia manter essa atitude e tinha, portanto, dado as costas à realidade e encontrado refúgio em fantasias megalomaníacas. Sobre essa base pouco realista, ele podia forçar para o primeiro plano e exagerar, tanto para si próprio como para os outros, uma parte das tendências ativas e masculinas que ainda permaneciam vivas nele.

Observei de modo recorrente que o brincar das crianças, como os sonhos, têm uma fachada, e só podemos descobrir seu conteúdo latente por meio de uma análise cuidadosa, da mesma maneira que descobrimos o conteúdo latente dos sonhos. Mas o brincar, por conta de sua relação mais próxima com a realidade e de seu papel fundamental como expressão da mente infantil, muitas vezes sofre uma elaboração secundária mais forte que o sonho. Por esse motivo, é apenas pouco a pouco, por meio das mudanças advindas nas brincadeiras da criança, que chegamos a conhecer as várias correntes de sua vida mental.

Vimos que em Kurt, a atitude masculina ativa exibida nas primeiras brincadeiras na análise era, na maior parte, apenas uma falsa aparência, que logo desmoronou pelo surgimento de intensa ansiedade. Isso marcou o início da análise de sua atitude homossexual passiva, mas só depois de um período considerável de tratamento (que no total ocupou 450 sessões) a ansiedade que contrabalançava a posição homossexual foi reduzida em alguma medida. Então, os animaizinhos de brinquedo, que originalmente representavam aliados imaginários na luta contra o pai, emergiram como crianças e a atitude feminina passiva do menino e o desejo de ter filhos encontraram uma expressão mais clara.[12] O medo excessivo dos dois pais havia enfraquecido tanto a posição feminina como a heterossexual.[13]

---

com as comparações com seus ativos irmãos mais velhos, cuja superioridade era tanto mais opressiva em virtude do hábito deles de lembrarem-no disso.

12 Em meu artigo "Estágios iniciais do conflito edipiano" (1928), examinei a base mais arcaica da posição feminina no menino e procurei mostrar que seu complexo de feminilidade sofre uma modificação muito precoce e fica sepultado sob o complexo de castração, para o qual contribui de algum modo. É por esse motivo que o menino várias vezes renuncia muito rapidamente a brincadeiras com bonecas, que correspondem a seus componentes femininos, e passa para brincadeiras que colocam uma ênfase exagerada em sua masculinidade.

13 Nesse caso também os sentimentos agressivos que ele tinha com respeito à relação sexual dos pais provava ser a força mais profunda que motivava sua

A análise do medo de Kurt da "mãe com pênis" e de seu excessivo pavor do pai teve como efeito aumentar e, uma vez mais, trazer para primeiro plano sua posição heterossexual ativa. Foi capaz de, em seu brincar, dar mais expressão a seus sentimentos de rivalidade com o pai. Retomou as brincadeiras que fizera no início da análise, mas dessa vez pôde fazê-las de forma mais estável e imaginativa. Dedicava grandes esforços, por exemplo, a construir garagens em que os veículos eram abrigados e mostrava-se infatigável ao acrescentar novos detalhes até a perfeição; ou então construía diferentes tipos de vilas e cidades para que os carros fossem até elas – expedições que simbolizavam a rivalidade com o pai pela posse da mãe. O prazer e o cuidado que tinha ao construir essas cidades, vilas e garagens expressavam seu desejo de restaurar a mãe a quem havia atacado em fantasia. Ao mesmo tempo, sua atitude em relação à mãe passou por uma mudança completa na vida real. À medida que sua ansiedade e seu sentimento de culpa diminuíam, ele se tornava mais capaz de entreter tendências reativas e de ter uma atitude muito mais afetuosa com ela.

O fortalecimento gradual de suas tendências heterossexuais ficou registrado por meio de várias alterações em seu brincar. De início, os pormenores de suas brincadeiras mostravam que suas fixações pré-genitais ainda predominavam em suas relações heterossexuais, ou então várias vezes substituíam suas fixações genitais. Por exemplo, a carga que o trem trazia para a cidade ou o furgão que fazia entregas na casa frequentemente simbolizavam excrementos; nesse caso, a entrega seria feita na porta traseira. O fato de que essas brincadeiras representavam um tipo violento de relação sexual anal com a mãe se mostrava, entre outras coisas, no fato de que ao descarregar carvão, digamos, do furgão, o jardim ou a casa muitas vezes se estragavam, as pessoas na casa ficavam bravas e a brincadeira logo era interrompida por causa de sua própria ansiedade.

O envio de cargas de diferentes tipos ocupou, com toda a riqueza de detalhes, uma boa parte da análise de Kurt.[14] Por vezes, seriam furgões buscando suprimentos do mercado ou levando-os para o mercado, por vezes seriam pessoas saindo para uma longa viagem com todas as suas posses. Aqui, o curso subsequente de suas associações enquanto brincava mostrou que o que estava sendo representado era uma fuga e os artigos eram coisas apanhadas ou roubadas do corpo da mãe.

---

ansiedade; e a "mulher com pênis" representava a mãe que havia incorporado o pênis do pai.

14 Por falar nisso, essa é uma brincadeira típica entre as crianças.

As variações em torno de pontos de menor importância eram muito instrutivas. A supremacia de suas fantasias sádico-anais se expressava pelo uso da porta traseira para a entrega dos suprimentos. Pouco tempo depois, Kurt fez a mesma coisa, mas dessa vez devido à necessidade específica de evitar a entrada da frente.[15] Por meio de suas associações ao jardim da frente (órgãos genitais femininos), revelou-se que sua fixação ao ânus era reforçada por sua aversão aos órgãos genitais femininos, aversão essa baseada em um medo que tinha muitos determinantes; um determinante importante era a fantasia de encontrar o pênis do pai enquanto este mantinha relações sexuais com a mãe.

Esse medo, que muitas vezes tem efeito inibidor, pode, contudo, agir como estímulo ao desenvolvimento de certas fantasias sexuais. A tentativa do menino de reter seus impulsos heterossexuais, apesar do medo do pênis do pai e de sua fuga deste, pode também levar a peculiaridades na vida sexual do adulto. Uma fantasia típica de meninos desse tipo – e que Kurt também externou – é a de ter relações sexuais com a mãe e o pai juntos ou se revezando com o pai. Aqui podem estar envolvidas fantasias genitais e pré-genitais combinadas ou apenas predominantemente genitais. Nas brincadeiras de Kurt, por exemplo, dois homenzinhos ou duas carretas entrariam por um portão ou em um edifício que representava o corpo da mãe (outra entrada seria o ânus da mãe). Esses dois homenzinhos muitas vezes concordavam em entrar juntos ou se alternando; ou então um deles subjugaria ou passaria a perna no outro. Nessa luta, o homenzinho menor – Kurt –, ao se transformar em um gigante, obteria a vitória e removeria o maior – o pai. Mas, logo depois, uma reação de ansiedade se manifestaria e ele usaria a outra entrada, a de trás, e desistiria da entrada da frente em favor da figura do pai. Esse exemplo mostra como o medo da castração da criança impede o estabelecimento de seu estágio genital e fortalece sua fixação, ou melhor, sua regressão a estados pré-genitais. Se a ansiedade da criança não for forte demais, ela pode recorrer a muitos tipos de fantasias pertencentes ao nível genital além daquelas aqui mencionadas.

---

15 Nesta descrição, escolhi apenas uma ou duas das fantasias presentes envolvidas na brincadeira para ilustrar por meio de seu desenvolvimento o desenvolvimento das fantasias presentes no brincar em geral. O material mencionado era sustentado por um grande número de representações de vários tipos. Assim, por exemplo, as carretas que carregavam mercadoria para a cidade pegavam uma estrada que tinha o significado de ânus, como era mostrado por vários detalhes.

O que o indivíduo enquanto criança nos mostra nessas fantasias por meio do brincar emergirá nele na idade adulta como uma condição necessária de sua vida amorosa. As fantasias de Kurt dos dois homenzinhos entrando em um edifício por diferentes lados ou pelo mesmo lado, juntos ou se alternando, depois de brigar ou em acordo, apresentam as várias maneiras pelas quais um indivíduo vai de fato se comportar em uma situação "triangular" na qual ele é o terceiro elemento. Em uma situação dessas ele pode, por exemplo, fazer o papel do "terceiro ofendido" ou do amigo da família que leva a melhor sobre o marido ou que briga com ele, e assim por diante. Por outro lado, um dos efeitos da ansiedade pode ser diminuir a frequência de brincadeiras do tipo, que representam a relação sexual, e esse efeito aparecerá mais tarde na vida como potência rebaixada ou perturbada do indivíduo em questão. Em que medida ele será capaz de vivenciar as fantasias sexuais da infância mais tarde na vida vai depender também de outros fatores de seu desenvolvimento, especialmente suas experiências com a realidade. Mas, fundamentalmente, as condições sob as quais ele pode amar estão prefiguradas em cada detalhe nas fantasias expressas em seu brincar nos primeiros anos.

Pelo desenvolvimento dessas fantasias, pode-se ver que, à medida que os impulsos sexuais da criança avançam para o nível genital, sua capacidade de sublimação também se desenvolve. Kurt, por exemplo, fez uma casa que era para ser toda sua. A casa era a mãe, que ele gostaria de ser o único a possuir. Ao mesmo tempo, nem mesmo todos os seus esforços eram suficientes para construir a casa bem e torná-la bonita.

Fantasias desse tipo já presentes no brincar delineiam o desprendimento dos objetos de amor que a criança efetuará mais adiante. Outro paciente meu costumava representar o corpo da mãe por meio de mapas. De início, ele queria folhas de papel cada vez maiores para fazer os mapas tão grandes quanto possível; e então, depois de a brincadeira ter sido interrompida por uma reação de ansiedade, pôs-se a fazer o oposto, ou seja, a fazer mapas muito pequenos. Pelo tamanho diminuto das coisas, ele procurava retratar uma dessemelhança e um distanciamento de seu grande objeto original – a mãe –, mas essa tentativa fracassou e seus mapas se tornaram de novo cada vez maiores, até que finalmente atingiram seu tamanho original, e uma vez mais ele teve de interromper seus desenhos por causa da ansiedade. Expressou a mesma ideia nas bonecas de papel que recortou. Revelou-se que a bonequinha que ele sempre acabava descartando em favor de uma maior era uma menininha amiga sua que ele estava tentando transformar em um objeto de amor no lugar da mãe. Assim, vemos que a capacidade do indivíduo para o desapego libidinal de seus objetos na puberdade tem suas raízes nos primeiros anos da infância e que a análise da criança pequena é de grande ajuda na facilitação desse processo.

À medida que sua análise avança, o menino se torna progressivamente capaz de pôr em prática nas brincadeiras e sublimações as fantasias heterossexuais em que ousa lutar com o pai pela posse da mãe. Suas fixações pré-genitais diminuem e a própria luta muda muito em caráter. Seu sadismo diminui, o que facilita a luta, uma vez que desperta menos ansiedade e culpa nele. Assim, sua capacidade ampliada de realizar suas fantasias em brincadeiras de maneira calma e sem interrupções, e de introduzir o elemento de realidade nelas de modo mais satisfatório, é uma indicação de que ele possui os alicerces da potência sexual na vida futura. Essas mudanças no caráter de suas fantasias e brincadeiras vêm sempre acompanhadas por outras mudanças importantes em todo o seu comportamento, como, por exemplo, ser mais ativo e mais livre. Isso se vê por meio da remoção de inúmeras inibições e por sua atitude diferente tanto em relação a seu ambiente mais imediato como ao mais distante.

Descreverei agora o desenvolvimento das fantasias do brincar no curso da análise de uma menininha. Rita, com dois anos e nove meses, tinha uma grave inibição em seu brincar. A única coisa que fazia – e mesmo assim com muito desagrado e inibições evidentes – era brincar com bonecas e animaizinhos de brinquedo. Mesmo essa ocupação tinha um caráter claramente obsessivo. Consistia quase inteiramente em lavar as bonecas e continuamente trocar as roupas delas de modo compulsivo. No momento em que introduzia qualquer elemento de fantasia nessas atividades – isto é, assim que começava a brincar no sentido próprio da palavra –, ela tinha uma irrupção imediata de ansiedade e interrompia a brincadeira.[16] A análise revelou que sua atitude feminina e maternal era muito pobremente desenvolvida. Em sua brincadeira com a boneca, ela fazia o papel da mãe apenas em grau mínimo; fundamentalmente, estava identificada com a boneca. Seu próprio medo agudo de se sujar, ser destruída por dentro ou ser malvada a impelia a limpar a boneca impetuosamente – boneca que representava ela mesma – e a trocar suas roupinhas. Apenas depois de seu complexo de castração ter sido parcialmente analisado ficou

16 Referi-me nos capítulos 1 e 2, em outro contexto, às causas mais profundas da ansiedade de Rita e à repressão de suas fantasias.

claro que o brincar obsessivo com a boneca, logo no início da análise, já tinha dado expressão a sua ansiedade mais profunda, isto é, o medo de que a mãe tomasse as crianças dela e as levasse embora.

Na época em que seu complexo de castração ocupava o primeiro plano, Rita usou um ursinho para representar o pênis que ela havia roubado do pai[17] e que ela convocava para suplantar o pai na posse do amor da mãe. A ansiedade que vivenciou nessa parte da análise instalou-se em conexão com fantasias masculinas desse tipo. Só depois de sua ansiedade profundamente enraizada, referente a sua posição feminina e maternal, ter sido analisada é que uma atitude verdadeiramente maternal em relação ao urso e à boneca se tornou aparente. Uma vez, quando estava beijando e abraçando o urso e chamando-o de nomes carinhosos, Rita disse: "Agora eu não estou nem um pouquinho infeliz,[18] porque finalmente tenho uma criancinha muito querida". O primado que ela havia agora atingido do estágio genital de uma atitude heterossexual e materna se expressou de muitas maneiras, entre as quais sua atitude modificada em relação a seus objetos. A aversão pelo pai, antes tão pronunciada, deu lugar a uma afeição por ele.[19]

A razão pela qual podemos prever como será a vida sexual das crianças a partir do caráter e desenvolvimento das fantasias expressas no brincar se deve ao fato de que a totalidade de suas brincadeiras e sublimações está assentada sobre fantasias de masturbação. Se, como penso, suas brincadeiras são um meio de expressar as fantasias de masturbação e de encontrar uma vazão para elas, fica compreensível que o caráter de suas fantasias no brincar indicará[20] a natureza de

---

17 Rita costumava fingir que havia se livrado do guarda do trem e que agora ela estava viajando com o urso para a casa de uma mulher "boa" onde seria muito bem cuidada. Mas o guarda voltava e a ameaçava. Isso mostrava que o medo que sentia do pai, cujo pênis (o urso) ela havia roubado, impedia-a de manter sua identificação com ele.

18 Rita tinha períodos de profunda depressão durante os quais ela às vezes trazia à luz alguns sentimentos de culpa extraordinariamente fortes e outros em que ficava sentada sozinha, chorando. Quando eu lhe perguntava por que estava chorando, respondia: "Porque estou muito infeliz"; e, se lhe perguntavam por que estava infeliz, respondia: "Porque estou chorando".

19 Cf. o capítulo 2 deste volume.

20 Em seu ciclo de palestras "On the Technique of Psycho-Analysis", apresentadas em Berlim em 1923, Hanns Sachs mencionou a evolução das fantasias de masturbação do estágio sádico-anal para o genital como um dos critérios que, na análise de um caso obsessivo, indica que o tratamento se completou.

sua vida sexual futura; segue-se também que a análise de crianças é capaz não apenas de promover maior estabilidade e capacidade de sublimação na criança mas também de assegurar um bem-estar mental e perspectivas de felicidade no adulto.

7. As atividades sexuais das crianças

Uma das conquistas importantes da psicanálise é a descoberta de que as crianças têm uma vida sexual que encontra expressão tanto em atividades sexuais diretas como em fantasias sexuais.

Sabemos que a masturbação em bebês ocorre de modo generalizado e que atividades de masturbação são algo comumente difundido, em maior ou menor grau, até o período de latência, embora, naturalmente, dificilmente esperaríamos encontrar crianças, mesmo as muito pequenas, se masturbando abertamente. No período que precede à puberdade e em particular durante a própria puberdade, a masturbação se torna muito frequente de novo. O período no qual as atividades da criança são menos pronunciadas é o período de latência. Isso se deve ao fato de que a dissolução do complexo de Édipo se faz acompanhar de uma diminuição das demandas pulsionais. Freud escreve: "Durante o período de latência, a defesa contra a tentação masturbatória parece ser a tarefa principal".[1] Essa sua afirmação parece apoiar a visão de que durante o período de latência a pressão do id ainda não diminuiu no grau normalmente aceito, ou então que a força do sentimento de culpa da criança contra as demandas do id aumentou.

Na minha opinião, o forte sentimento de culpa que acompanha as atividades de masturbação nas crianças refere-se, na realidade, às tendências destrutivas que encontram expressão nas fantasias de masturbação.[2] É esse sentimento de culpa que cria uma urgência nas crianças de pararem de se masturbar totalmente e que, se

---

1 Sigmund Freud, *Inibição, sintoma e angústia* [1926], in *Obras completas*, v. 17, trad. Paulo César de Souza. São Paulo: Companhia das Letras, 2014, p. 58.

2 Cf. o capítulo 8 deste volume.

tiverem êxito nisso, muitas vezes leva a uma fobia de se tocar. Que um medo desse tipo é uma indicação tão importante de perturbação no desenvolvimento quanto a masturbação obsessiva fica perfeitamente evidente nas análises de adultos, onde vemos como o medo excessivo de masturbação por parte do paciente com frequência leva a graves distúrbios em sua vida sexual. Perturbações desse tipo não podem, na realidade, ser vistas na criança, já que só aparecem mais tarde na vida em forma de impotência ou frigidez, segundo o sexo do indivíduo; mas sua existência pode ser inferida a partir da presença de certas outras dificuldades concomitantes, invariáveis de um desenvolvimento sexual falho.

Análises de fobias ao toque mostram que uma supressão demasiado completa da masturbação não apenas leva a todo tipo de sintomas, em particular ao tique,[3] como também, uma vez que causa repressão excessiva das fantasias de masturbação, coloca um grave obstáculo no caminho da formação de sublimações – tarefa do período de latência de importância crucial do ponto de vista cultural.[4] Pois as fantasias de masturbação são não apenas a base de todas as atividades do brincar da criança como também um componente de todas as suas sublimações posteriores. Quando essas fantasias reprimidas são liberadas na análise, podemos ver a criança pequena brincar e a criança mais velha aprender, além de desenvolver sublimações e interesses de todos os tipos; ao mesmo tempo, se ela tinha fobia de se tocar, começará a se masturbar novamente. Em casos de masturbação compulsiva,[5] uma capacidade muito maior de sublimação também será alcançada, junto de outras mudanças, de acordo com a extensão em que conseguirmos dissolver aquela compulsão. Nesse caso, contudo,[6] a criança continuará a se

---

3 Cf. Sándor Ferenczi, "Reflexões psicanalíticas sobre os tiques" [1921], in *Obras completas*, v. 3, trad. Álvaro Cabral. São Paulo: Martins Fontes, 1993.

4 Em meu artigo "Uma contribuição à psicogênese dos tiques" (1925), descrevi uma causa de tique no decorrer de uma análise, na qual o paciente gradualmente se livrou de seu sintoma junto do medo que tinha de se tocar, ao mesmo tempo que retomou sua antiga prática de masturbação, havia muito proibida, e com isso produziram-se várias sublimações.

5 Quase sempre ocorre que a análise dessas fobias a se tocar leva o paciente a uma fase temporária de masturbação obsessiva, e vice-versa. Outro fato na masturbação obsessiva é o desejo do paciente, baseado em seu sentimento de culpa, de exibir esse seu hábito às pessoas a seu redor. Isso também vale para crianças de todas as idades que se masturbam abertamente e ao que tudo indica de maneira desinibida.

6 Cf. o capítulo 3 deste volume.

masturbar, embora numa intensidade mais moderada e não obsessiva. Assim, no que diz respeito à capacidade de sublimação e atividades de masturbação, a análise da masturbação obsessiva e a análise de fobias de se tocar levam ao mesmo resultado.

Pareceria, então, que o declínio do conflito edipiano normalmente anuncia um período no qual os desejos sexuais da criança são abrandados, mas de modo algum completamente abandonados; e uma quantidade moderada de masturbação de um tipo não obsessivo é uma ocorrência normal em crianças de todas as idades.

Os fatores subjacentes à masturbação compulsiva estão operantes em outra forma de atividade sexual infantil. Como já disse repetidas vezes, é bastante regular em minha experiência observar que crianças muito pequenas estabelecem relações sexuais umas com as outras. Além do mais, análises de crianças no período de latência e na puberdade têm mostrado um grande número de casos em que atividades mútuas desse tipo não param com o início da latência ou, em outros casos, são subitamente retomadas por um tempo. Descobriu-se que os mesmos fatores estavam operantes em todas as situações. Ilustrarei isso por meio de dois casos, o relacionamento entre dois irmãos de seis e cinco anos e o de um menino de catorze com sua irmã de doze anos. Como analisei ambos os parceiros em cada caso, encontrei-me na posição de ter uma visão completa da interação de todos os fatores.

Os dois irmãos, Günther e Franz, haviam sido criados em circunstâncias pobres, mas não desfavoráveis. Os pais se davam bem, e a mãe, embora tivesse que fazer todo o trabalho de casa, tinha um interesse ativo e esclarecido pelos filhos. Levou Günther para a análise por conta de seu caráter incomumente inibido e tímido, além de sua evidente falta de contato com a realidade. Ele era uma criança reservada e extremamente desconfiada, aparentemente incapaz de qualquer sentimento de afeição. Franz, por outro lado, era agressivo, excitável demais e difícil de lidar. Os irmãos se davam muito mal, mas de modo geral Günther parecia ceder espaço para o irmão menor.[7] Na análise dos dois, pude retraçar seus atos sexuais mútuos até as idades de cerca de três anos e meio e dois anos e meio, respectivamente,[8] mas é bastante provável que eles tenham começado ainda mais cedo. A análise revelou que, mesmo que nenhum dos dois tivesse nenhum sentimento de culpa consciente por esses atos (embora fossem muito

---

7 A análise revelou a presença de fortes traços psicóticos nos dois meninos. Mas aqui estamos concentrados apenas na análise de suas relações sexuais.

8 Por essa época, a mãe havia notado uma ou duas ocorrências do gênero.

cuidadosos em escondê-los), ambos sofriam de um pesado sentimento de culpa inconsciente. Para o irmão mais velho, que havia seduzido o menor e por vezes forçara-o a executá-los, os atos – que compreendiam felação mútua, masturbação e tocar o ânus com os dedos – eram equivalentes a castrar o irmão (a felação significava arrancar a dentadas o pênis do irmão) e a destruir totalmente todo o seu corpo, cortando-o em pedaços, rasgando-o, envenenando-o, queimando-o e assim por diante. Uma análise das fantasias que acompanhavam os atos mostrou que eles não apenas representavam ataques destrutivos ao irmão menor mas que este representava o pai e a mãe de Günther unidos na relação sexual. Assim, seu comportamento era, de certa forma, uma verdadeira dramatização, embora mitigada, de suas fantasias masturbatórias sádicas contra os pais.[9] Além disso, ao fazer essas coisas ao irmão, algumas vezes à força, Günther procurava se certificar de que também levaria a melhor em sua perigosa luta com os pais. Seu medo esmagador dos pais aumentava o impulso de destruí-los, e os subsequentes ataques, executados contra eles em fantasia, tornavam os pais ainda mais aterrorizantes. Além disso, o medo de que o irmão pudesse traí-lo intensificava seu ódio por ele, assim como o desejo de matá-lo por meio das práticas sexuais com ele.

Günther, que tinha um sadismo extraordinário, tinha uma vida sexual quase inteiramente desprovida de elementos positivos. Em sua fantasia,[10] os vários procedimentos sexuais que empreendia não passavam de uma série de torturas cruéis e sutis, concebidas para, por fim, levar o objeto à morte. Suas relações com o irmão despertavam uma ansiedade contínua nessa direção e serviam para aumentar as

---

9 Em seu livro *Der Schrecken* (Wien: Internationaler Psychoanalytischer Verlag, 1929), Theodor Reik apontou que a ansiedade aumenta os sentimentos de ódio.

10 Cf. meu artigo "Estágios iniciais do conflito edipiano" (1928). Em sua total falta de quaisquer formações reativas, assim como em muitos outros aspectos, essas fantasias se assemelham às ações sádicas de criminosos. Günther não sentia nenhum remorso ou pesar, apenas medo a retaliação. Mas esse medo era para ele um incentivo constante para que repetisse suas atividades sexuais. Devido a seu caráter extremamente anormal, no qual as pulsões destrutivas predominavam de forma tão acentuada sobre as libidinais a ponto de seu comportamento sexual ser igualado a ações criminosas (e não devemos esquecer que, entre criminosos adultos, atos sexuais perversos frequentemente acompanham atos criminosos), seu temor à retaliação, como vimos, impelia-o a remover seu objeto do caminho. Toda vez que Günther cometia violência com o irmão, ele recebia o reconfortamento de que ele próprio não era a vítima.

mesmas dificuldades que o levaram a um desenvolvimento psicossexual completamente anormal.

O irmão menor, Franz, tinha em seu inconsciente uma clara concepção do significado inconsciente das relações e, de acordo com isso, seu terror de ser castrado e morto pelo irmão mais velho foi intensificado a um grau exagerado. Contudo, ele nunca se queixara a ninguém nem permitira de nenhum modo que as relações entre eles fossem descobertas. O menor reagia a essas atividades que o aterrorizavam com uma grave fixação masoquista e com sentimento de culpa, embora fosse ele quem tinha sido seduzido. Seguem-se algumas das razões para essa atitude.

Em suas fantasias sádicas, Franz se identificava com o irmão que o violentava e, desse modo, obtinha satisfação de suas tendências sádicas, as quais, como sabemos, são uma das fontes do masoquismo. Porém, ao identificar-se desse modo com o objeto de seu medo, ele também estava procurando dominar sua ansiedade. Na fantasia, ele era agora o agressor, e o inimigo que ele subjugava era seu id[11] e também o pênis do irmão, internalizado nele mesmo, e que representava o pênis do pai – seu superego perigoso –, o qual ele via como um perseguidor. Esse perseguidor seria destruído dentro dele pelos ataques que estavam sendo empreendidos contra seu próprio corpo.[12]

Mas, já que o menino não podia manter essa aliança com um superego externo cruel contra seu id e seus objetos internalizados, porque ela constituía uma ameaça grande demais para seu ego, seu ódio era continuamente desviado para os objetos externos – que também representavam seu próprio ego débil e odiado –, de modo que ele, por exemplo, era brutal com crianças mais novas e mais fracas do que ele. Esses deslocamentos explicavam o ódio e a raiva que ele mostrava às vezes durante a sessão de análise. Chegava, por exemplo, a me ameaçar com uma colher de pau, querendo enfiá-la em minha boca e chamando-me de pequena, estúpida e fraca. A colher simbolizava o pênis do irmão quando enfiado à força dentro de sua própria

11 Cf. meu artigo "A personificação no brincar das crianças" (1929), em que esses mecanismos são extensamente examinados.

12 No capítulo 11, me aprofundarei mais nesse mecanismo específico, que me parece ser fundamental na formação do masoquismo feminino. Além disso, em seu artigo "The Role of Psychotic Mechanisms in Cultural Development" (*The International Journal of Psychoanalysis*, v. 11, 1930, pp. 387–418), Melitta Schmideberg assinalou que, entre os povos primitivos, a prática de expulsão da doença pela violência visa à superação do medo que o paciente tem do demônio dentro dele próprio (o pênis introjetado do pai).

boca. Ele havia se identificado com o irmão e, desse modo, voltou o ódio pelo irmão contra seu próprio self. Ele redirecionava sua raiva contra si próprio, por ser pequeno e fraco, a outras crianças menos fortes do que ele e, incidentalmente, para mim, na situação de transferência. Como alternativa do emprego desse mecanismo, costumava, em fantasia, reverter suas relações com o irmão mais velho de forma tal que pudesse enxergar os ataques de Günther a ele como algo que ele, Franz, fazia a Günther. Uma vez que, em suas fantasias sádicas – e isto se aplica tanto a Franz como a Günther –, o irmão era ao mesmo tempo um substituto para os pais, ele era colocado na posição de ser o cúmplice do irmão em um ataque conjunto aos pais e, como resultado, partilhava com Günther o sentimento de culpa inconsciente e o medo de ser descoberto por eles. Tinha, portanto, assim como o irmão, um forte motivo inconsciente para manter secreto todo aquele relacionamento.

Um grande número de observações desse tipo levou-me à conclusão de que é a pressão excessiva por parte do superego que determina uma instigação compulsiva das atividades sexuais, da mesma forma que determina uma completa supressão delas; quer dizer, a ansiedade e o sentimento de culpa reforçam fixações libidinais e intensificam desejos libidinais.[13] Um sentimento de culpa excessivo e uma ansiedade muito grande parecem *impedir* um abrandamento das necessidades pulsionais da criança quando o período de latência se instala. E, devemos acrescentar, na latência até mesmo uma atividade sexual reduzida suscita excessivas reações de culpa. A estrutura e as dimensões da neurose da criança determinarão o resultado da luta no período de latência. A fobia de se tocar, por um lado, e a masturbação obsessiva, por outro, são os dois extremos de uma série complementar que apresenta um número quase infinito de gradações e variações possíveis do resultado final.

Ficou claro no caso de Günther e Franz que a compulsão que sentiam em ter relações sexuais um com o outro era determinada por um fator que pareceria ter um significado geral para a compulsão à repetição. Quando a ansiedade diz respeito a um perigo irreal dirigido

---

13 Sobre esse ponto, tratado em mais detalhes no capítulo 8, encontro-me de acordo com Reik, que, em seu "Libido und Schuldgefühl" (in *Der Schrecken*. Wien: Internationaler Psychoanalytischer Verlag, 1929), assinalou que em certos casos a ativação do sentimento de culpa pode trazer um fortalecimento da libido e uma ampliação da satisfação pulsional e que, nesses casos, um aumento da ansiedade que vem de uma consciência pesada pode na realidade ocasionar a satisfação pulsional.

ao interior de seu corpo, o indivíduo se vê impelido a transformar aquele perigo em um perigo real e externo. (Nesse caso, o medo que Franz tinha do pênis internalizado do irmão como perseguidor e o medo dos pais "maus" internalizados impeliam-no a se deixar ser agredido pelo irmão.) Ele continuamente criará uma situação externa de perigo desse tipo, de modo compulsivo, uma vez que o medo da situação de perigo real,[14] de qualquer forma, não é tão grande quanto a ansiedade que ele sente a respeito do interior de seu corpo e pode ser mais bem manejada que esta.

Teria sido impossível pôr um ponto-final nas relações sexuais dos irmãos por meios externos, uma vez que a casa deles não era grande o suficiente para que cada um tivesse o próprio quarto. E mesmo que uma medida como essa fosse possível, segundo minha experiência, ela teria falhado num caso como esse, uma vez que a compulsão era muito forte de ambos os lados. Como se descobriu, toda vez que eles ficavam a sós, mesmo que por alguns minutos, usavam esse tempo para algum tipo de toque sexual mútuo, que tinha o mesmo significado para o inconsciente deles que o desempenho completo de seus vários atos, imaginados como sádicos. Foi só depois de uma longa análise dos dois meninos, durante a qual em nenhum momento tentei influenciá-los a desistir de sua prática,[15] mas me limitei a analisar ao trazer à luz a causa determinante das relações sexuais entre eles, que suas atividades sexuais gradualmente começaram a mudar, tornando-se, de início, menos compulsivas em seu caráter e, por fim, cessando por completo. A essa altura, tornou-se evidente que os dois não haviam ficado indiferentes em relação a isso, e sim que o sentimento de culpa deles, à medida que se tornava menos agudo, impelia-os a renunciar a tais práticas. Se, por um lado, a ansiedade e o sentimento de culpa avassaladores originados em um estágio inicial de desenvolvimento levaram a uma

---

14 M. N. Searl assinalou o mecanismo de fuga para a realidade em seu artigo "The Flight to Reality". *The International Journal of Psychoanalysis*, v. 10, 1929, pp. 280–91.

15 Devo observar que nesse caso particular, em que as consequências malignas das relações entre os meninos eram tão marcantes, eu não achei nada fácil ater-me a minha regra absoluta de me abster de qualquer interferência desse tipo. E, no entanto, foi precisamente esse caso que me trouxe a prova mais convincente da inutilidade de qualquer medida educacional por parte do analista. Mesmo que eu fosse capaz de pôr um fim à prática deles – o que eu não era –, não teria feito nada em relação à questão essencial de remover os determinantes subjacentes da situação e, assim, dar uma nova direção a todo o curso do desenvolvimento até esse ponto tão falho desses meninos.

compulsão, ou seja, a um reforço da fixação, por outro, um sentimento de culpa abrandado mostrava-se de outro modo, permitindo-lhes abrir mão das relações sexuais mútuas. Lado a lado com a alteração gradual e, finalmente, com o encerramento das práticas sexuais, a atitude pessoal de um em relação ao outro, que antes fora hostil e raivosa, deu lugar a uma relação fraterna normal e amistosa.

Com respeito ao segundo caso, será suficiente mencionar os fatos e afirmar que, por diferente que seja nos detalhes, os mesmos fatores do caso anterior encontravam-se atuantes. Ilse, de doze anos, e Gert, de treze anos e meio, costumavam, de tempos em tempos, se envolver em atos semelhantes à relação sexual que aconteciam de repente, muitas vezes depois de longos intervalos. A menina não demonstrava nenhum sentimento de culpa consciente a esse respeito, mas o menino, que era muito mais normal, se sentia muito culpado. A análise das duas crianças mostrou que elas haviam tido relações sexuais no início da infância, que só foram temporariamente interrompidas no início do período de latência; um sentimento de culpa esmagador gerou um impulso obsessivo nos dois, impelindo-os a repetir os atos esporadicamente. Durante o período de latência,[16] a relação sexual, tal como ocorrera na primeira infância, tornou-se não apenas menos frequente como também mais limitada em seu campo de variação. As crianças haviam desistido da felação e do cunilíngua, por um certo tempo não foram além de se tocarem e se inspecionarem mutuamente. Contudo, durante a pré-puberdade, elas começaram a ter um contato novamente semelhante à relação sexual. Foi o irmão que iniciou esses atos e eles eram de caráter compulsivo. Costumava praticá-los sob um impulso súbito e nunca pensava sobre eles antes ou depois. Ele costumava inclusive "esquecer" completamente o evento nos intervalos. Tinha uma amnésia parcial desse tipo para um certo número de coisas associativamente ligadas com essas relações sexuais, em especial, com respeito a sua primeira infância. No que se

16 Venho observando também em outros casos em que um contato sexual desse tipo se prolongou latência adentro que apenas uma parte dos atos originais continua (em geral a felação e o cunilíngua são abandonados), e mesmo esse remanescente é executado mais raramente – muitas vezes apenas muito de vez em quando. Contudo, no inconsciente da criança, ela terá repelido a relação original e todos os atos desempenhados naquela oportunidade. Por exemplo, depois de uma tentativa de ter relação sexual com o irmão, Ilse desenvolveu uma irritação ao redor da boca. Essa irritação era uma expressão de seu sentimento de culpa pela felação que costumava realizar quando era pequena juntamente a outros atos sexuais, mas que abandonara desde a primeira infância.

refere à menina, ela fora muitas vezes uma parceira ativa na primeira infância, mas mais tarde ela só desempenhou papel passivo.

À medida que, sob a ação da análise, as causas mais profundas dessa compulsão começaram a emergir nas duas crianças, ela foi gradualmente sendo resolvida em ambas, até que, no fim, a relação sexual entre elas cessou completamente. Como no caso anterior, suas relações sociais, que originalmente eram muito ruins, mostraram uma melhora notável.

Nesses dois casos e em outros semelhantes, a suspensão da compulsão acontece junto a muitas mudanças importantes e interconectadas. A diminuição gradual, induzida pela análise, do sentimento de culpa é acompanhada de uma redução no sadismo e de uma emergência mais forte da fase genital. Essas mudanças se tornam evidentes em mudanças correspondentes nas fantasias de masturbação e, na criança menor, também em suas fantasias presentes no brincar.

Durante as análises de crianças na época da puberdade, outra alteração ocorre nas fantasias de masturbação. Por exemplo, Gert não tinha quaisquer fantasias conscientes de masturbação; mas, no curso de sua análise, começou a ter uma acerca de uma menina cujo corpo nu era visível, mas a cabeça não. Em um estágio posterior, a cabeça começou a aparecer e foi se tornando cada vez mais distinta, até que finalmente tornou-se reconhecível como a de sua irmã. Àquela altura, contudo, sua compulsão já havia cedido e suas relações sexuais com a irmã cessado completamente. Isso revela a conexão entre a repressão excessiva de seus desejos e fantasias em torno da irmã e seu impulso obsessivo de ter relações sexuais com ela. Mais adiante, suas fantasias sofreram mais uma mudança e ele via outras meninas, desconhecidas, em sua fantasia. Por fim, ele tinha fantasias sobre uma menina em particular, uma amiga da irmã. Essa alteração gradual registrou o processo de desapego libidinal da irmã, que estava em curso – processo que não podia ocorrer até que a fixação compulsiva nela, mantida por seu excessivo sentimento de culpa, fosse removida no curso da análise.[17]

Em geral, no que concerne à existência de relações sexuais entre crianças, em especial entre irmãos e irmãs, posso dizer, com base em minhas observações, que elas são a regra durante a primeira infância, mas que só se prolongam até o período de latência e a puberdade se o sentimento de culpa da criança for excessivo e não tiver sido elaborado

17 Gert chegou a mim por conta de certas dificuldades neuróticas de um tipo não muito grave. Sua análise durou um ano. Três anos depois, tive notícias de que ele estava bem.

com êxito.[18] Tanto como podemos julgar, o efeito do sentimento de culpa durante o período de latência é permitir que a criança continue a se masturbar, embora em grau menor do que antes, mas, ao mesmo tempo, levá-la a abandonar suas atividades sexuais com outras crianças, sejam elas seus próprios irmãos e irmãs ou não, por serem uma dramatização realista demais de seus desejos incestuosos e sádicos. Durante a puberdade, o movimento de afastamento dessas relações continua, de acordo com os objetivos desse período, que envolvem um desprendimento dos objetos incestuosos. Porém, em um estágio posterior da puberdade, o indivíduo entrará normalmente em relações com novos objetos – relacionamentos baseados em seu desprendimento progressivo dos velhos objetos e em diferentes tendências que atuam contra o incesto.

A questão que surge é em que medida é possível impedir a ocorrência de relações dessa natureza. Parece questionável que seja possível alcançar isso sem causar bastante dano de outras formas, uma vez que, por exemplo, as crianças teriam de ser mantidas sob vigilância regular e sofreriam grave cerceamento de sua liberdade; e também, em todo caso, por mais estritamente que elas fossem vigiadas, sempre haveria o risco de acontecer. Além do mais, embora experiências arcaicas como essas possam fazer muito mal em alguns casos, em outros podem influenciar favoravelmente o desenvolvimento geral da criança. Pois, além de satisfazer a libido da criança e seu desejo por conhecimento sexual, relações desse tipo servem à importante função de reduzir seu sentimento de culpa excessivo. As fantasias ligadas a essas relações estão baseadas em fantasias de masturbação sádicas que geram os mais intensos sentimentos de culpa; por esse motivo, o fato de que suas fantasias condenáveis contra os pais são partilhadas por um parceiro lhe dá o sentimento de ter um aliado, e isso alivia muito o peso de sua ansiedade.[19] Por outro lado, uma relação desse tipo dá origem a ansiedade e sentimento de culpa por si mesma. Se o efeito será em última instância bom ou mau – se protegerá a criança da ansiedade ou se a aumentará – parece depender da extensão de seu próprio sadismo e, mais particularmente, da atitude do parceiro.

---

18 Seja em que caso for, creio que essas relações são muito mais frequentes mesmo durante a latência e a puberdade do que habitualmente se supõe.

19 Em seu livro *Gemeinsame Tagträume* (Wien: Internationaler Psychoanalytischer Verlag, 1924), Hanns Sachs faz uma observação a esse respeito, de que quando fantasias ou devaneios incestuosos são partilhados o sentimento de culpa é abrandado.

Por meu conhecimento a partir de muitos casos, eu diria que, onde predominam fatores positivos e libidinais, tal relação tem uma influência favorável sobre as relações de objeto e na capacidade de amar da criança;[20] mas, onde predominam impulsos destrutivos e mesmo atos de coerção de um dos lados, isso pode prejudicar seriamente todo o desenvolvimento da criança.

Na questão das atividades sexuais das crianças – como em algumas outras questões –, o conhecimento psicanalítico tem-nos mostrado a importância suprema de certos fatores de desenvolvimento, mas sem nos oferecer a possibilidade de sugerir quaisquer medidas realmente confiáveis de tipo profilático. Freud diz nas *Conferências introdutórias à psicanálise*:

> Essas circunstâncias são de algum interesse para a pedagogia que se propõe a prevenir as neuroses mediante a intervenção precoce no desenvolvimento sexual da criança. Quando se volta a atenção preponderantemente para as vivências sexuais infantis, acredita-se ter feito tudo para a profilaxia dos adoecimentos nervosos, na medida em que se tratou de adiar esse desenvolvimento e de poupar a criança de semelhantes experiências. Sabemos, no entanto, que as condições para a causação das neuroses são mais complicadas que isso e que, em seu conjunto, elas não se deixam influenciar pela consideração de um único fator. Proteger com rigor a criança é de pouca valia, devido à impotência dessa proteção em relação ao fator constitucional. Além disso, essa proteção é mais difícil de pôr em prática do que imaginam os educadores e traz consigo dois novos perigos que não podem ser subestimados: o de que ela seja demasiado bem-sucedida, isto é, de que favoreça uma repressão exagerada e danosa para o ulterior desenvolvimento da criança; e o de que torne a criança indefesa ante a esperada investida das demandas sexuais da puberdade. É, pois, questionável em que medida a profilaxia infantil pode ser vantajosa; talvez uma postura diferente diante da situação imediata ofereça uma melhor abordagem para a prevenção das neuroses.[21]

---

20 Cf. os capítulos 11 e 12 deste volume para um exame mais completo desses fatores.

21 S. Freud, *Conferências introdutórias à psicanálise* [1916–17], in *Obras completas*, v. 13, trad. Paulo de César Souza. São Paulo: Companhia das Letras, 2014, pp. 484–85.

Parte 2

Situações de ansiedade arcaicas e seus efeitos sobre o desenvolvimento da criança

8.
Estágios iniciais do conflito edipiano e da formação do superego

Pretendo, nos capítulos seguintes, fazer uma contribuição para nosso conhecimento da origem e estrutura do superego. As conclusões teóricas que apresento se baseiam em análises reais de crianças pequenas que me possibilitaram uma visão direta dos processos mais arcaicos do desenvolvimento mental. Essas análises mostraram que as frustrações orais liberam os impulsos edipianos e que o superego começa a se formar ao mesmo tempo.[1] Os impulsos genitais ficam despercebidos no início, uma vez que normalmente não se manifestam em confronto com os impulsos pré-genitais até o terceiro ano de vida. Esse é o início do período de desenvolvimento caracterizado por uma demarcação distinta das tendências sexuais e conhecido como o florescimento inicial da sexualidade e a fase do conflito edipiano.

Nas páginas que seguem, esboçarei os processos de desenvolvimento que precedem essa expansão inicial da sexualidade e tentarei mostrar que os estágios iniciais do conflito edípico e da formação do superego se estendem, de modo geral, da metade do primeiro ano até o terceiro ano da vida da criança.

Normalmente, o prazer do bebê em sugar é substituído pelo prazer em morder.[2] A falta de satisfação no estágio oral de sugar

---

1 Cf. meu artigo "Estágios iniciais do conflito edipiano" (1928).

2 Em seu artigo "The lnfluence of Oral Erotism on Character Formation" [1924], in *Selected Papers on Psycho-Analysis*. London: Hogarth Press, 1927 [ed. bras.: "A influência do erotismo oral na formação do caráter", trad. Christiano Monteiro Oiticica, in *Teoria psicanalítica da libido*. Rio de Janeiro: Imago, 1970], Karl Abraham assinalou (p. 397) que o excesso de satisfação bem como a falta dela no período de sugar podem levar a uma fixação especialmente forte no

aumenta a necessidade de satisfação no estágio oral de morder. A opinião de Abraham de que a incapacidade de a criança obter prazer suficiente em seu período de sugar é determinada pela situação de alimentação é corroborada, sem dúvida, pela observação analítica geral. Sabemos também que essa situação é um dos fatores fundamentais nas doenças e nas deficiências de desenvolvimento das crianças. Todavia, condições de alimentação desfavoráveis, que podemos encarar como frustrações externas, não parecem ser a única causa para a falta de prazer da criança no estágio de sugar. Isso pode ser visto no fato de que algumas crianças não têm desejo de sugar – são "mamadores preguiçosos" –, embora recebam alimento suficiente. A incapacidade delas de obter satisfação em sugar é, creio eu, a consequência de uma frustração interna e deriva, em minha experiência, de um sadismo oral aumentado de modo anormal.[3] Ao que tudo indica, esses fenômenos do desenvolvimento inicial já são a expressão da polaridade entre as pulsões de vida e as pulsões de morte. Podemos encarar a força da fixação da criança no nível oral de sucção como uma expressão da força de sua libido e, de modo semelhante, a emergência precoce e poderosa de seu sadismo oral como um sinal de que suas pulsões parciais destrutivas rompem o equilíbrio.

---

prazer em morder. Em suas "Notes on Oral Character-Formation" (*The International Journal of Psychoanalysis*, v. 6, 1925, p. 131–54), Edward Glover coloca uma ênfase especial na importância da frustração oral para uma fixação desse tipo, uma vez que ele acredita que sempre que um excesso de satisfação oral leva a consequências traumáticas outros fatores estão operando igualmente. Também a meu ver os resultados são essencialmente diferentes nos dois casos.

3 Erna (cf. capítulo 3) era um caso desse tipo. Ela havia repetidamente machucado o seio da mãe com mordidas quando ainda era muito pequena e muito antes de ter dentes. Também fora uma lactente preguiçosa quando bebê. Já encontrei outros casos também de um sadismo oral anormalmente forte no qual o período de sucção não ocasionara nenhuma perturbação ou dificuldade aparente, mas que fora na realidade completamente insatisfatório para a criança. Novamente, temos casos em que sérias perturbações externas naquele período levaram não a um sadismo oral anormalmente intenso, mas a uma forte fixação no estágio oral de sucção. Assim, Ruth (capítulo 3), que tinha uma forte fixação oral de sucção desse tipo, passara meses esfomeada enquanto bebê porque sua mãe tinha muito pouco leite. Outro paciente, que nunca fora amamentado ao seio e sim à mamadeira, mostrava um forte sadismo oral, é bem verdade, mas também tinha uma forte fixação no estágio oral de sucção.

Como Abraham[4] e Johan W. H. van Ophuijsen assinalaram, um reforço por parte das fontes constitucionais das zonas envolvidas no morder, tais como os músculos da mandíbula, é um fator fundamental na fixação do bebê no nível sádico-oral. As deficiências mais sérias de desenvolvimento e doenças psíquicas surgem ali onde as frustrações externas – isto é, condições de alimentação desfavoráveis – coincidem com um sadismo oral estruturalmente fortalecido que prejudica o prazer do bebê em sugar. Inversamente, um sadismo oral que não se estabelece nem cedo demais nem com violência excessiva (e isso pressupõe que o estágio de sucção seguiu seu curso de modo satisfatório) parece ser uma condição necessária para o desenvolvimento normal.[5]

Se for esse o caso, fatores temporais assumirão uma nova importância lado a lado com fatores quantitativos. Se o aumento nas tendências sádico-orais da criança for violento demais, as relações de objeto e a formação de seu caráter serão dominadas por seu sadismo e ambivalência,[6] e, se ele se estabelecer de forma precoce, seu ego se desenvolverá cedo demais. Como sabemos, um fator na gênese da neurose obsessiva é o desenvolvimento do ego antes da libido.[7] Uma causa fundamental de um desenvolvimento precoce do ego pode ser vista no aumento prematuro e excessivo do sadismo oral, que exercerá uma grande pressão sobre esse ego ainda imaturo.

Com relação à origem da ansiedade, Freud ampliou sua concepção original e agora dá apenas uma validade muito limitada à hipótese de que a ansiedade surge de uma transformação direta da libido. Ele mostra que, quando o bebê que suga está com fome, ele sente ansiedade como resultado de um aumento de tensão causado por sua necessidade, porém essa situação de ansiedade arcaica tem um protótipo ainda anterior. Diz ele:

---

4 K. Abraham, "A Short Study of the Development of the Libido, Viewed in the Light of Mental Disorders" [1924], in *Selected Papers on Psycho-Analysis*. London: Hogarth Press, 1927, p. 451.

5 Outro fator de desenvolvimento de importância básica é, vim a descobrir, a maior ou menor capacidade do ego imaturo de tolerar ansiedade. Esse fator será discutido mais adiante.

6 Cf. K. Abraham, "The Influence of Oral Erotism on Character-Formation", op. cit., p. 398; também E. Glover, "The Predisposition of the Mouth in Psycho--Analysis" [1924], in *On the Early Development of Mind*. London: Routledge, 1956.

7 Cf. Sigmund Freud, "A predisposição à neurose obsessiva" [1913], in *Obras completas*, v. 10, trad. Paulo César de Souza. São Paulo: Companhia das Letras, 2010.

> A situação de insatisfação, em que magnitudes de estímulo alcançam nível desprazeroso, não sendo controladas mediante utilização psíquica e descarga, deve ser análoga à vivência do nascimento para o bebê, uma repetição da situação de perigo. Comum a ambas é a perturbação econômica gerada pelo aumento das magnitudes de estímulo a pedir solução, sendo esse fator, portanto, o autêntico núcleo do "perigo". Em ambos os casos há a reação de ansiedade.[8]

Por outro lado, ele sente dificuldades em conciliar o fato de que "a ansiedade das fobias é uma ansiedade do ego, que nasce no ego, não procede da repressão, e sim a provoca"[9] com sua primeira afirmação de que em certos casos a ansiedade surge de uma tensão da libido. A suposição de que "o ego, na situação da relação sexual perturbada, da excitação interrompida, da abstinência, pressente perigos e a eles reage com ansiedade"[10] não oferece a seu ver uma solução satisfatória da contradição. Em uma passagem posterior, ele volta aos problemas a partir da discussão de outros pontos. Relata a emergência da ansiedade a uma "situação análoga ao nascimento, em que o ego se encontra desamparado ante exigências pulsionais cada vez maiores – a primeira e primordial condição para a ansiedade".[11] Define como sendo o núcleo da situação de perigo "a admissão de nosso desamparo em relação a ele: do desamparo material, no caso do perigo real; do desamparo psíquico, no caso do perigo pulsional".[12]

O exemplo mais claro de transformação de libido não satisfeita em ansiedade é, creio, a reação do bebê às tensões causadas pelas necessidades físicas. Tal reação, contudo, é sem dúvida não apenas de ansiedade mas também de fúria.[13] É difícil dizer em que momento a fusão das pulsões destrutivas e libidinais ocorre. Existe grande quantidade de evidência para a visão de que ela existe desde o nascimento e que a

---

8 Id., *Inibição, sintoma e angústia* [1926], in *Obras completas*, v. 17, trad. Paulo César de Souza. São Paulo: Companhia das Letras, 2014, p. 79.

9 Ibid., p. 45 (trad. modif.).

10 Ibid.

11 Ibid., p. 88 (trad. modif.).

12 Ibid., p. 115 (trad. modif.).

13 Cf. Sándor Ferenczi, "O problema da afirmação do desprazer" [1926], in *Obras completas*, v. 3, trad. Álvaro Cabral. São Paulo: WMF Martins Fontes, 2011. Em seu artigo, "The Problem of Melancholia" (*The International Journal of Psychoanalysis*, v. 9, 1928, pp. 420–38), Sándor Radó assinalou a importância da fúria na reação do bebê à fome, mas as inferências que ele extraiu daí são diferentes das que eu apresentarei nas páginas seguintes.

tensão causada pela necessidade serve meramente para fortalecer as pulsões sádicas do bebê. Sabemos, contudo, que a pulsão destrutiva se dirige contra o próprio organismo e deve, portanto, ser encarada como um perigo pelo ego. Acredito que é esse perigo que é sentido pelo indivíduo como ansiedade.[14] Portanto, a ansiedade se originaria da agressividade.[15] Mas, uma vez que, como sabemos, a frustração libidinal intensifica as pulsões sádicas, a libido não satisfeita, segundo esta visão, liberaria a ansiedade indiretamente ou a aumentaria. Com respeito a essa teoria, a sugestão de Freud de que o ego pressente um perigo na abstinência seria, no fim das contas, uma solução do problema. Minha única reserva é que o perigo que ele chama de "desamparo psíquico, no caso do perigo pulsional" provém das pulsões destrutivas.

Freud nos diz que a libido narcísica do organismo lança a pulsão de morte para fora em direção a seus objetos com a finalidade de evitar que ele, organismo, se autodestrua. Ele considera esse processo fundamental para as relações do indivíduo com seus objetos e no mecanismo da projeção. Prossegue dizendo: "Uma outra parte não realiza essa transposição para fora, permanece no organismo e, com ajuda da mencionada excitação sexual concomitante, torna-se ligada libidinalmente; nela devemos reconhecer o masoquismo original, erógeno".[16]

Parece-me que o ego tem ainda outro meio de controlar aqueles impulsos destrutivos que permanecem no organismo. Pode mobilizar uma parte deles como uma defesa contra a outra parte. Desse modo o id sofrerá uma cisão que é, creio eu, o primeiro passo na formação

---

14 Em *Inibição, sintoma e angústia*, op. cit., Freud considera que em alguns casos certa quantidade de ansiedade pulsional que foi liberada da pulsão destrutiva pode entrar na ansiedade real. Suas verdadeiras palavras são: "Pode muito bem ocorrer que, numa situação de perigo corretamente avaliada como tal, um quê de ansiedade pulsional se acrescente à ansiedade realista. A exigência pulsional cuja satisfação atemoriza o ego seria então a masoquista, a pulsão de destruição voltada contra a própria pessoa. Talvez esse acréscimo explique os casos em que a reação de ansidade é excessiva, inadequada, paralisante" (p. 118; trad. modif.).

15 Desde que escrevi este livro, descobri que Therese Benedek, começando por uma linha de aproximação diferente, também chegou à conclusão de que a ansiedade se origina na pulsão destrutiva. Diz ela: "A ansiedade, portanto, não é um medo da morte, mas a percepção da pulsão de morte que foi liberada no organismo – a percepção do masoquismo primário" ("Todestrieb und Angst". *Internationale Zeitschrift für Psychoanalyse*, v. 17, 1931, pp. 333–43).

16 S. Freud, *O problema econômico do masoquismo* [1924], in *Obras completas*, v. 16, trad. Paulo César de Souza. São Paulo: Companhia das Letras, 2011, p. 191.

das inibições pulsionais e do superego, e que pode ser o mesmo que a repressão primária.[17] Podemos supor que uma cisão desse tipo é viabilizada pelo fato de que, tão logo o processo de incorporação tenha se iniciado, o objeto incorporado se torna o veículo de defesa contra os impulsos destrutivos dentro do organismo.[18]

A ansiedade evocada na criança por suas moções pulsionais destrutivas faz-se sentir no ego, acredito, em duas direções. Em primeiro lugar, implica o aniquilamento de seu próprio corpo por seus impulsos destrutivos, o que constitui um medo de um perigo pulsional interno;[19] mas, em segundo lugar, focaliza seus medos quanto a seu objeto *externo*, contra quem são dirigidos seus sentimentos sádicos, como uma fonte de perigo. O início do desenvolvimento de seu ego, que é acompanhado de uma crescente capacidade de testar a realidade, leva a criança a vivenciar a mãe como alguém que pode dar ou retirar satisfação e, desse modo, ela adquire o conhecimento do poder de seu objeto em relação à satisfação de suas necessidades – um conhecimento que

---

17 Em *Inibição, sintoma e angústia*, op. cit., Freud escreve: "Por ora não é possível dizer se a emergência do superego marca o limite entre repressão primordial e pós-repressão. As primeiras irrupções de ansiedade – bastante intensas – ocorrem, de toda maneira, antes da diferenciação do superego. É perfeitamente plausível que fatores quantitativos, como a intensidade muito grande da excitação e a ruptura da proteção contra estímulos, sejam as causas imediatas das repressões primordiais" (p. 24; trad. modif.).

18 O processo pelo qual o objeto é internalizado será discutido mais adiante. É suficiente dizer de momento que, em minha opinião, o objeto incorporado assume de imediato o papel de um superego.

19 Na análise precoce, encontramos numerosas representações dessa ansiedade. Eis aqui um exemplo: um menino de cinco anos costumava fingir que tinha todos os tipos de animais selvagens, como elefantes, leopardos, hienas e lobos, que o ajudavam contra seus inimigos. Cada animal tinha uma função especial. Os elefantes deveriam pisotear o inimigo até transformá-lo numa polpa, os leopardos deveriam rasgá-lo em pedaços e as hienas e lobos devorá-lo. Ele algumas vezes imaginava que esses animais selvagens que estavam a seu serviço se voltariam contra ele e essa ideia costumava despertar uma enorme ansiedade. Descobriu-se que os animais representavam em seu inconsciente as várias formas de seu sadismo – o elefante era seu sadismo muscular; os animais que rasgavam, seus dentes e unhas; e os lobos, seus excrementos. Seu medo de que esses animais perigosos que ele havia domesticado o exterminariam pôde ser relacionado ao medo que tinha do próprio sadismo como um perigoso inimigo interno. Quero também recordar ao leitor a expressão "explodir de raiva". Em minhas análises de crianças pequenas, encontrei repetidamente representações da ideia subjacente a essa figura de linguagem.

parece ser a base mais remota na realidade externa para o medo que tem do objeto. A esse respeito pareceria que ela reage a seu medo intolerável de perigos pulsionais transferindo o impacto maciço dos perigos pulsionais para seu objeto, transformando, desse modo, perigos internos em perigos externos. Contra esses perigos externos, seu ego imaturo procura então defender-se por meio da destruição do objeto.

Devemos agora prosseguir examinando de que modo uma deflexão da pulsão de morte para fora influencia as relações da criança com seus objetos e leva ao desenvolvimento máximo de seu sadismo. Seu crescente sadismo oral atinge o auge durante e após o desmame, e leva à mais plena ativação e ao mais pleno desenvolvimento das tendências sádicas que brotam de cada uma das fontes. Suas fantasias sádico-orais, que parecem formar uma ligação[20] entre o estágio oral de sugar e o estágio oral de morder, têm um caráter bastante definido e contêm ideias de que ela toma posse dos conteúdos do seio da mãe ao sugá-lo e esvaziá-lo. Esse desejo de sugar e esvaziar, dirigido primeiramente ao seio, logo se estende ao interior do corpo da mãe.[21] Em meu artigo "Estágios iniciais do conflito edipiano" (1928), descrevi um estágio arcaico de desenvolvimento que é governado pelas tendências agressivas da criança contra o corpo da mãe e no qual o desejo predominante é despojar o corpo da mãe de seus conteúdos e destruí-lo.

Pelo que se pode observar, a tendência sádica aliada de maneira mais íntima ao sadismo oral é o sadismo uretral. Observações têm confirmado que as fantasias que as crianças têm de inundar e de destruir

---

20 K. Abraham chamou a atenção para o comportamento vampiresco de algumas pessoas e explicou-o como sendo o efeito de uma regressão do estágio sádico-oral para o estágio oral de sucção ("The Influence of Oral Erotism on Character Formation". *The International Journal of Psychoanalysis*, v. 6, 1925, p. 401)

21 Ao discutirmos esse assunto, Edward Glover sugeriu que o sentimento de vazio que a criança pequena vivencia no corpo como resultado de falta de satisfação oral poderia ser um ponto de partida para fantasias de assalto ao corpo da mãe, uma vez que poderia dar origem a fantasias sobre o corpo da mãe estar cheio de todo o alimento desejado. Repassando meus dados uma vez mais, vejo que essa suposição se encontra completamente substanciada. Parece-me que lança uma luz nova sobre os passos pelos quais se efetua a transição de sugar até esvaziar e devorar o seio da mãe para o ataque ao interior do corpo dela. A esse respeito, o dr. Glover mencionou também a teoria de Radó de um "orgasmo alimentar" ("The Psychic Effects of Intoxicants". *The International Journal of Psychoanalysis*, v. 7, 1926, pp. 396–413), em virtude da qual a satisfação migra da boca para o estômago e o intestino.

por meio de enormes quantidades de urina, encharcando, afogando, queimando e envenenando, são uma reação sádica a terem sido privadas de líquido pela mãe e são, em última instância, dirigidas contra o seio. Eu gostaria, a esse respeito, de sublinhar a grande importância, pouco reconhecida até aqui, do sadismo uretral no desenvolvimento da criança.[22] Fantasias familiares aos analistas de inundar e destruir coisas por meio de grandes quantidades de urina,[23] e a conexão mais conhecida entre brincar com fogo e fazer xixi na cama,[24] são apenas os sinais mais visíveis e menos reprimidos dos impulsos sádicos vinculados à função da urina. Ao analisar tanto crianças como adultos, tenho me deparado de forma constante com fantasias em que a urina foi imaginada como um líquido escaldante, corrosivo e envenenador e como um veneno secreto e insidioso. Essas fantasias sádico-uretrais têm uma parcela fundamental em dar ao pênis o significado inconsciente de um instrumento de crueldade e em ocasionar perturbações na potência sexual no homem. Em grande número de casos, descobri que o hábito de molhar a cama era causado por fantasias desse tipo.

Qualquer outro veículo de ataque sádico empregado pela criança, como o sadismo anal e o sadismo muscular, é em primeiro lugar dirigido contra o seio frustrador da mãe; mas ele é, logo em seguida, dirigido para o interior do corpo materno, que se torna assim, de imediato, o alvo de todo instrumento de sadismo altamente intensificado e eficaz.

---

22 Em seu "The Narcissistic Evaluation of Excretory Processes in Dreams and Neurosis" [1920] (in *Selected Papers on Psycho-Analysis*. London: Hogarth Press, 1927, p. 319), em conexão com um caso de sadismo uretral fortemente desenvolvido, Abraham afirma que em pessoas neuróticas "encontramos as funções e produtos do intestino e da bexiga empregados como veículos de impulsos hostis".

23 Cf. em especial S. Freud, *A interpretação dos sonhos* [1900] (in *Obras completas*, v. 4, trad. Paulo César de Souza. São Paulo: Companhia das Letras, 2019), e *Três ensaios sobre a teoria da sexualidade* [1905] (in *Obras completas*, v. 6, trad. Paulo César de Souza. São Paulo: Companhia das Letras, 2016); também J. Sadger, "Über Urethralerotik" (*Jahrbuch für Psychoanalytische und Psychopathologische Forschung*, v. 2, 1910, pp. 409–50); K. Abraham, "Sobre a ejaculação precoce" [1917] (*Revista de Psicanálise*, v. 3, 2008, pp. 100–16) e "The Narcissistic Evaluation of Excretory Processes in Dreams and Neurosis" [1920] (in *Selected Papers on Psycho-Analysis*. London: Hogarth Press, 1927); e Otto Rank, *Psychoanalytische Beiträge zur Mythenforschung* [1919], v. 4. Wien: Internationaler Psychoanalytischer Verlag, 1922.

24 Cf. as observações de Freud a esse respeito em seu *Análise fragmentária de uma histeria* ("*O caso Dora*") [1901/1905], in *Obras completas*, v. 6, op. cit., pp. 278–81.

Na análise precoce, esses desejos destrutivos sádico-anais da criança se alternam constantemente com desejos de destruir o corpo da mãe devorando-o e inundando-o; mas seu objetivo original de devorar e destruir o seio é sempre discernível entre eles.[25]

A fase da vida em que predominam as fantasias da criança de atacar sadicamente o interior do corpo da mãe se inicia no estágio sádico-oral de desenvolvimento e chega ao fim com o declínio do estágio sádico-anal, compreendendo o período em que o sadismo está com sua máxima força em todas as áreas.

O trabalho de Abraham mostrou que o prazer que o bebê obtém de morder não se deve apenas à satisfação libidinal de suas zonas erógenas, mas está ligado a anseios clara e marcadamente destrutivos que visam ao aniquilamento de seu objeto. Isso é ainda mais marcante na fase em que o sadismo está no auge de seu desenvolvimento. A ideia de um bebê de seis a doze meses tentando destruir a mãe convocando todos os métodos à disposição de suas tendências sádicas – com unhas e dentes, com excrementos e a totalidade de seu corpo, transformados, na fantasia, em todos os tipos de armas perigosas – apresenta a nossa mente um quadro horripilante, para não dizer inacreditável. E é difícil, sei por experiência própria, forçar-nos a reconhecer que uma ideia tão repulsiva corresponda à verdade. Mas a abundância, a força e a multiplicidade das fantasias cruéis que acompanham esses anseios são expostas a nossos olhos nas análises precoces, tão clara e intensamente que não deixam qualquer margem a dúvida. Já estamos familiarizados com aquelas fantasias sádicas da criança que culminam

---

25 Em "A Short Study of the Development of the Libido, Viewed in the Light of Mental Disorders" (op. cit., p. 474), Abraham assinalou que as fantasias criminosas de pacientes maníacos são em sua maior parte dirigidas contra as mães, e ele dá um exemplo notável disso com um paciente que se identificava em sua imaginação com o imperador Nero, que matou a mãe e queria incendiar Roma (um símbolo materno). Segundo Abraham, esses impulsos destrutivos do filho contra a mãe são secundários em seu caráter, sendo originalmente dirigidos ao pai. A meu ver, esses ataques ao corpo da mãe têm sua origem nos ataques sádico-orais ao seio materno e são, portanto, primários; mas, uma vez que são reforçados pelo ódio original pelo pênis do pai enquanto o indivíduo imagina-o existindo dentro do corpo da mãe e se centram nesse objeto culminando em sua destruição, eles são dirigidos contra o pai em grau suficiente para influenciar todo o curso de seu conflito edipiano. Assim, é legítimo dizer que o ódio primário do filho pelo pai é em parte deslocado para a mãe. No capítulo 12 discutiremos em detalhes o significado desse deslocamento no desenvolvimento sexual do menino.

em canibalismo, e isso torna mais fácil para nós aceitar, além disso, o fato de que seus métodos de ataque sádico se ampliam, assim como suas fantasias sádicas ganham em plenitude e vigor. Esse elemento de escalada do impulso me parece ser a chave para a questão toda. Se o que intensifica o sadismo é a frustração libidinal, podemos prontamente compreender que os anseios destrutivos que estão fundidos com os libidinais e não podem ser gratificados – isto é, em primeiro lugar, os anseios sádico-orais – devem levar a uma maior intensificação do sadismo e a uma ativação de todos os seus métodos.

Descobrimos, além disso, na análise precoce, que a frustração oral desperta na criança um conhecimento inconsciente de que os pais desfrutam prazeres sexuais mútuos e uma crença inicial de que eles são de tipo oral. Sob a pressão de sua própria frustração, ela reage a essa fantasia com inveja dos pais e isso, por sua vez, reforça o ódio que sente por eles. Seus anseios de escavar e sugar até esvaziar levam-na agora a sugar e devorar todos os líquidos e outras substâncias que os pais (ou melhor, os órgãos deles) contêm, incluindo o que eles receberam um do outro durante o sexo oral.[26] Freud mostrou que as teorias sexuais das crianças são uma herança filogenética e, do que foi dito acima, parece-me que um conhecimento inconsciente desse tipo sobre a relação sexual entre os pais com fantasias a ela relacionadas já emerge no estágio inicial de desenvolvimento. A inveja oral é uma das forças motivacionais que fazem as crianças de ambos os sexos quererem se forçar para dentro do corpo da mãe e que despertam o desejo de conhecimento aliado a isso.[27] Seus impulsos destrutivos, no entanto, logo deixam de ser dirigidos contra a mãe apenas e se estendem ao pai. Pois elas imaginam que o pênis do pai é incorporado pela mãe durante o sexo oral e permanece dentro dela (estando o pai equipado de muitos pênis), de modo que os ataques contra o corpo da mãe são também dirigidos contra o pênis em seu interior.

---

26 Em uma comunicação breve, "A Paranoiac Mechanism as Seen in the Analysis of a Child" (*The International Journal of Psychoanalysis*, v. 9, 1928), M. N. Searl relatou um caso de fantasias intensamente sádico-orais do tipo, em que o desejo ardente da criança de sugar do pai tudo aquilo que este havia tirado do seio da mãe estava ligado a mecanismos paranoicos. O grande poder exercido por fantasias do tipo, que estão vinculadas a um intenso sadismo oral e como consequência preparam o caminho para impulsos particularmente agressivos contra o interior do corpo da mãe, é, como descobri, característico de distúrbios psicóticos.

27 Cf. Karl Abraham, "Psycho-Analytical Studies on Character Formation" [1925], in *Selected Papers on Psycho-Analysis*. London: Hogarth Press, 1927.

Penso que a razão de o menino ter um pavor tão extremo da mãe como castradora nas camadas mais profundas de sua mente, e o motivo de abrigar a ideia tão intimamente associada a esse medo da "mulher com pênis", é seu medo dela como uma pessoa cujo corpo contém o pênis do pai; desse modo, o que ele teme em última instância é o pênis do pai incorporado à mãe.[28] O deslocamento de sentimentos de ódio e ansiedade do pênis do pai para o corpo da mãe que o abriga é muito importante, penso, na origem dos distúrbios mentais e é um fato subjacente nas perturbações do desenvolvimento sexual e na adoção de uma atitude homossexual.[29] Esse deslocamento, creio, ocorre da seguinte maneira: o medo do pênis do pai incorporado pela mãe é modificado pelo bem conhecido mecanismo de deslocamento para o medo menos perturbador do pênis materno. O medo do pênis paterno incorporado pela mãe é tão esmagador porque nesse estágio inicial de desenvolvimento o princípio "a parte pelo todo" se mantém em vigor e o pênis também representa a pessoa do pai. Assim, o pênis dentro da mãe representa uma combinação de pai e mãe em uma só pessoa,[30] sendo essa combinação encarada como particularmente aterrorizante e ameaçadora. Como assinalei anteriormente, em seu período de força máxima, o sadismo da criança se centra na relação sexual dos pais. Os desejos de morte que ela sente contra eles durante a cena primária ou em suas fantasias primárias estão associados a fantasias sádicas que são

---

28 Em "Homosexualität und Ödipuskomplex" (*Internationale Zeitschrift für Psychoanalyse*, v. 12, n. 1, 1926, pp. 66–85), Felix Boehm chama a atenção para o significado de fantasias encontradas em homens com frequência, de que o pênis do pai foi retido pela mãe após a relação sexual e escondido dentro de sua vagina. Assinala também que "as várias noções de um pênis feminino oculto exercem uma influência patológica em virtude do fato de serem conscientemente relacionadas com a ideia de um pênis grande e muito temido pertencente ao pai, que está escondido dentro da mãe". Na literatura psicanalítica, há frequentes menções de achar o pênis do pai dentro do útero da mãe e de testemunhar a relação sexual entre os pais ou de ser por ela ferido durante a vida intrauterina.

29 Cf. o capítulo 12 deste volume.

30 Observei inúmeras vezes em análises de meninos que as tentativas de me atacar eram dirigidas, mais especificamente, contra minha cabeça, meus pés ou meu nariz. A análise desses ataques revelou que não eram dirigidos contra essas partes do corpo enquanto tais, e sim que minha cabeça, meus pés e meu nariz simbolizavam o pênis. Descobri que não era o pênis feminino que atacavam desse modo, e sim o pênis do pai que havia sido incorporado em mim ou afixado a minha pessoa.

extraordinariamente ricas em conteúdo e que envolvem a destruição sádica dos pais tanto individualmente como juntos.

A criança também tem fantasias em que os pais destroem um ao outro por meio de seus genitais e excrementos, sentidos como armas perigosas. Essas fantasias têm efeitos importantes, são muito numerosas e contêm ideias como: o pênis, incorporado na mãe, se transforma em um animal perigoso ou em armas carregadas de substâncias explosivas; a vagina da mãe, além disso, é transformada em um animal perigoso ou em algum instrumento de morte, por exemplo uma ratoeira envenenada. Uma vez que fantasias desse tipo são fantasias de desejos e uma vez que as teorias sexuais da criança são amplamente alimentadas por desejos sádicos, a criança tem um sentimento de culpa a respeito dos danos que em sua fantasia os pais infligem um ao outro.

Além do aumento quantitativo que o sadismo da criança sofre em cada ponto de origem, ocorrem mudanças qualitativas que servem para intensificá-lo ainda mais. Na parte final da fase sádica, os ataques imaginários da criança a seu objeto, que são de uma natureza muito violenta e perpetrados com todos os métodos à disposição de seu sadismo, são ampliados, de modo a incluir ataques secretos e sub-reptícios com métodos particularmente sutis, que os tornam ainda mais perigosos. Na primeira parte dessa fase, por exemplo, onde a violência reina abertamente, os excrementos são encarados como instrumentos de ataque direto; mas, mais tarde, adquirem significado como substâncias de tipo explosivo ou venenoso. Todos esses elementos tomados em conjunto dão origem a fantasias sádicas cujo número, variedade e riqueza são inesgotáveis. Além disso, esses impulsos sádicos contra o pai e a mãe na relação sexual levam a criança a esperar punição conjunta de ambos os pais. Contudo, nesse estágio inicial, a ansiedade serve para intensificar o sadismo e aumentar o impulso de destruir o objeto perigoso, então a criança agrega uma quantidade ainda maior de desejos sádicos e destrutivos dirigidos contra os pais combinados e fica mais temerosa deles, de forma equivalente, como uma entidade hostil.

Na minha forma de ver, o conflito edipiano se instaura no menino assim que ele começa a ter sentimentos de ódio pelo pênis do pai e a querer alcançar a união genital com a mãe e destruir o pênis do pai o qual ele supõe estar dentro do corpo dela. Considero que esses impulsos e fantasias genitais arcaicos, que se instalam durante a fase dominada pelo sadismo, constituem nas crianças de ambos os sexos os estágios iniciais do conflito edipiano, porque satisfazem os critérios aceitos para ele. Embora os impulsos pré-genitais da criança ainda sejam predominantes, esta já começa a sentir, além dos desejos orais, uretrais e anais, desejos genitais pelo progenitor do sexo oposto e ciúmes e ódio do progenitor do mesmo sexo, e a vivenciar um conflito entre seu amor e seu ódio por este último, mesmo nesse estágio tão inicial. Podemos até mesmo chegar ao ponto de dizer que o conflito edipiano deve sua extrema agudeza a essa situação arcaica. A menininha, por exemplo, enquanto se afasta da mãe com sentimentos de ódio e decepção e dirige seus desejos orais e genitais para o pai, permanece ligada à mãe pelos poderosos vínculos de suas fixações orais nela e por seu desamparo geral; e o menininho se sente atraído pelo pai por sua ligação oral positiva e afastado dele em função de seus sentimentos de ódio que emergem da situação edipiana precoce. Mas o conflito não está tão claramente visível nesse estágio do desenvolvimento da criança como se mostra mais adiante. Isso, penso, se deve em parte ao fato de a criança pequena ter menos meios de dar expressão a seus sentimentos e de as relações que tem com seus objetos, nesse estágio inicial de desenvolvimento, ainda serem confusas e vagas. Uma parte das reações a seus objetos é repassada para seus objetos de fantasia;[31] muitas vezes dirige o grosso de sua ansiedade e de seu ódio contra estes últimos – em especial para os objetos internalizados – de modo que a atitude em relação aos pais só reflete uma parte das dificuldades vivenciadas pela criança em sua atitude com seu objeto.[32] Mas essas dificuldades se expressam de muitas outras maneiras. Tenho a experiência, por exemplo, de observar que os terrores noturnos e as fobias das crianças pequenas já são devidos a um conflito edipiano.

Não acredito que seja possível estabelecer uma distinção nítida entre os estágios iniciais do conflito edipiano e os estágios posteriores. De acordo com minhas observações, os impulsos genitais entram em ação ao mesmo tempo que os pré-genitais, influenciando e modificando estes últimos, e, como resultado dessa associação tão arcaica, revelam traços de certos impulsos pré-genitais mesmo em estágios posteriores de desenvolvimento,[33] de modo que atingir o estágio genital

---

31 Ela atribui a seus objetos de fantasia não apenas sentimentos de ódio e ansiedade como também sentimentos positivos. Ao fazer isso, ela os afasta de seus objetos reais, e, se as relações com os objetos de fantasia forem excessivamente poderosas, em sentido tanto negativo quanto positivo, ela não consegue referir de forma adequada suas fantasias, sádicas ou restitutivas, aos objetos reais, o que resulta no fato de que sofrerá perturbações em sua adaptação à realidade e em suas relações objetais.

32 Discutirei essas relações de objeto mais adiante.

33 Não acho, por exemplo, que Fenichel esteja justificado ao diferenciar "precursores pré-genitais do complexo de Édipo" do próprio complexo de Édipo,

significa simplesmente que os impulsos genitais se tornaram mais fortes. Tal fusão dos impulsos pré-genitais e genitais é atestada pelo fato bem conhecido de que, quando as crianças presenciam a cena primária ou têm fantasias primárias – ambos eventos de caráter genital –, elas experimentam impulsos pré-genitais muito poderosos, tais como urinar na cama e defecar, acompanhados de fantasias sádicas dirigidas aos pais na relação sexual.

Segundo minhas observações, as fantasias de masturbação da criança têm por núcleo fantasias sádicas arcaicas organizadas em torno da relação sexual dos pais. São esses impulsos destrutivos, fundidos com os impulsos libidinais, que levam o superego a erigir defesas contra as fantasias de masturbação e, incidentalmente, contra a própria masturbação. O sentimento de culpa da criança com respeito a sua masturbação genital inicial provém, assim, de suas fantasias sádicas dirigidas contra os pais. E, além disso, uma vez que essas fantasias de masturbação contêm a essência de seu conflito edipiano e podem, portanto, ser vistas como o ponto focal de toda a sua vida sexual, o sentimento de culpa suscitado por seus impulsos libidinais é, na realidade, uma reação aos impulsos destrutivos que estão fundidos com eles.[34] Se for esse o caso, então não seriam apenas as tendências incestuosas a dar origem a um sentimento de culpa, mas o próprio horror ao incesto derivaria, em última instância, dos impulsos destrutivos que estão permanentemente ligados com os desejos incestuosos mais remotos da criança.

Se estamos certos em supor que as tendências edípicas da criança se manifestam quando o sadismo encontra-se no auge, somos levados à conclusão de que são principalmente os impulsos de ódio que iniciam o conflito edipiano e a formação do superego, além de governar os estágios mais precoces e mais decisivos de ambos. Embora, à primeira vista, tal visão possa parecer alheia à teoria estabelecida da psicanálise, não deixa de ser compatível com o conhecimento do fato de que o desenvolvimento da libido procede do estágio pré-genital

---

como ele o faz em seu artigo "The Pregenital Antecedents of the Oedipus Complex" (*The International Journal of Psychoanalysis*, v. 12, 1931, pp. 141–66).

34 No artigo "A importância da formação de símbolos no desenvolvimento do ego" (1930), que apresentei no Congresso de Oxford em 1929, formulei essa visão da seguinte forma: "É somente nos estágios finais do conflito edipiano que a defesa contra os impulsos libidinais entra em cena: nos estágios iniciais, a defesa se dirige apenas contra os impulsos *destrutivos* que os acompanham". No mesmo congresso, Ernest Jones, no artigo "Fear, Guilt and Hate" [1929] (in *Papers on Psycho-Analysis*. London: Baillière, 1938), dá ênfase à importância das tendências agressivas para o surgimento do sentimento de culpa.

para o estágio genital. Freud destacou com insistência que o ódio precede o desenvolvimento do amor. Escreve:[35] "Enquanto relação com o objeto, o ódio é mais antigo que o amor, surge da primordial rejeição do mundo externo dispensador de estímulos", e novamente:[36] "O ego odeia, abomina, persegue com propósitos destrutivos todos os objetos que se lhe tornam fonte de sensações desprazerosas, não importando se para ele significam uma frustração da satisfação sexual ou da satisfação de necessidades de autopreservação".[37]

Acreditava-se originalmente que a formação do superego começava na fase fálica. Em "A dissolução do complexo de Édipo" (1924), Freud afirma que o complexo de Édipo é sucedido pela edificação do superego – o complexo se rompe e o superego toma seu lugar.[38] Novamente, em *Inibição, sintoma e angústia*, lemos:

> A ansiedade das fobias de animais é, portanto, uma reação afetiva do ego ao perigo; e o perigo que nelas é sinalizado é aquele da castração. A única diferença em relação à ansiedade realista – que o ego manifesta normalmente em situações de perigo – é que o conteúdo do medo permanece inconsciente, só vindo a se tornar consciente numa deformação.[39]

---

35 S. Freud, *Os instintos e seus destinos* [1915], in *Obras completas*, v. 12, trad. Paulo César de Souza. São Paulo: Companhia das Letras, 2014, p. 79.

36 Ibid., p. 78 (trad. modif.).

37 No livro *O mal-estar na civilização* [1930], ele vai ainda mais adiante e diz: "quando a propriedade mal abandonou sua primária forma anal, constitui o sedimento de toda relação terna e amorosa entre as pessoas, talvez com a exceção única daquela entre a mãe e o filho homem" (in *Obras completas*, v. 18, trad. Paulo César de Souza. São Paulo: Companhia das Letras, 2010, p. 80). Minha própria visão de que o conflito edípico começa sob o primado do sadismo parece complementar o que Freud diz, uma vez que dá outra razão pela qual o ódio seria a base de relações de objeto por meio do fato de que a criança forma sua relação com os pais – uma relação tão fundamental e decisiva para todas as suas futuras relações de objeto – durante o tempo em que as tendências sádicas estão no auge. A ambivalência que ela sente pelo seio da mãe como seu primeiro objeto é fortalecida pela crescente frustração oral que sofre e pelo início de seu conflito edipiano, até que ele se desdobre em um sadismo plenamente desenvolvido.

38 Id., "A dissolução do complexo de Édipo" [1924], in *Obras completas*, v. 16, op. cit., p. 213. [Aparentemente a autora citou de memória, pois a frase exata da citação não pôde ser encontrada no lugar mencionado; mas, essencialmente, a citação permanece correta. – N. E.]

39 Id., *Inibição, sintoma e angústia* [1926], in *Obras completas*, v. 17, op. cit., pp. 65–66 (trad. modif.).

Contudo, se fosse assim, a ansiedade que afeta as crianças até o começo do período de latência estaria relacionada exclusivamente ao medo da castração no caso do menino e ao medo de perder o amor no caso da menina, e o superego não começaria a se formar até que os estágios pré-genitais tivessem ficado para trás e seria realizado por uma regressão ao estágio oral. Freud escreve: "Bem no início, na primitiva fase oral do indivíduo, investimento em objetos e identificação provavelmente não se distinguem um do outro";[40] e "[O superego] é, na realidade, o precipitado das primeiras relações de objeto do id, o herdeiro do complexo de Édipo, após o desaparecimento deste".[41]

Segundo minhas observações, a formação do superego é um processo mais simples e mais direto. O conflito edipiano e o superego iniciam-se sob a supremacia dos impulsos pré-genitais, e os objetos que foram introjetados na fase sádico-oral – os primeiros investimentos de objetos e identificações – formam o superego primitivo.[42] Além disso, o que inicia a formação do superego e governa seus estágios mais precoces são os impulsos destrutivos e a ansiedade por eles despertada. Além disso, a meu ver, o significado dos objetos para a formação do superego mantém-se plenamente válido; mas aparece sob uma luz diferente se encararmos os impulsos do indivíduo como o fator fundamental na formação do superego. Descobri que as identificações mais remotas da criança dão uma imagem irreal e distorcida dos objetos sobre os quais elas estão baseadas. Como sabemos a partir de Abraham,[43] em um estágio inicial de desenvolvimento tanto os objetos reais como os introjetados são representados principalmente por seus órgãos. Sabemos também que o pênis do pai é um objeto ansiogênico por excelência, sendo equiparado a armas perigosas de vários tipos e a animais que envenenam e devoram, ao passo que no inconsciente a vagina representa uma

40 Id., *O Eu e o Id* [1923], in *Obras completas*, v. 16, op. cit., p. 35 (trad. modif.).

41 Id., "A questão da análise leiga" [1926], in *Obras completas*, v. 17, op. cit., p. 180 (trad. modif.).

42 Em seu artigo "Privation and Guilt" (*The International Journal of Psychoanalysis*, v. 10, 1929, pp. 335–47), Susan Isaacs assinala que a "identificação primária" de Freud provavelmente desempenha um papel maior na formação do superego do que originalmente se supunha.

43 Abraham escreve: "Outro ponto a ser observado com respeito à parte do corpo que foi introjetada é que o pênis é regularmente igualado ao seio feminino". Cf. K. Abraham, "A Short Study of the Development of the Libido, Viewed in the Light of Mental Disorders", op. cit., p. 490.

abertura perigosa.[44] Essas equações, como aprendi a reconhecer, são um mecanismo universal de importância fundamental na formação do superego. Tanto quanto posso avaliar, o núcleo do superego deve ser encontrado na incorporação parcial que ocorre durante a fase canibalesca do desenvolvimento;[45] e as imagos arcaicas da criança assumem a marca desses impulsos pré-genitais.[46]

Seria uma consequência lógica o ego encarar o objeto internalizado como um inimigo tão cruel do id, dado que a pulsão destrutiva que o ego voltou para o exterior foi dirigida contra aquele objeto e, como resultado, só se pode esperar hostilidade contra o id. Mas, pelo que se pode ver, também está envolvido na origem da ansiedade arcaica e muito intensa um fator filogenético que, segundo minha experiência, a criança sente com relação a seu objeto internalizado. O pai da horda primitiva era o poder externo que impunha uma inibição da pulsão.[47] O medo ao pai, que o homem adquiriu no curso da história, serviria, no momento em que ele começou a internalizar seu objeto, em parte como uma defesa contra a ansiedade originada por sua pulsão destrutiva.[48]

---

44 Cf. a fantasia, mencionada na literatura psicanalítica com frequência, da *vagina dentata*.

45 No próximo capítulo, e especialmente no capítulo 11, tentarei mostrar que a criança introjeta imagos [não realistas], tanto imagos fantasiadas boas como imagos fantasiadas más, e que gradualmente, à medida que a adaptação à realidade e a formação de seu superego progridem, essas imagos se aproximam cada vez mais dos objetos reais que representam. Neste capítulo pretendo apenas dar uma imagem do desenvolvimento das tendências sádicas da criança e as conexões dessas com a formação de seu superego primitivo e situações de ansiedade.

46 Em meu artigo "Estágios iniciais do conflito edipiano" (1928), escrevi: "Não é claro por que uma criança de, digamos, quatro anos de idade deva criar em sua mente uma imagem irreal, fantástica, de pais que devoram, cortam e mordem. Mas fica claro por que em uma criança de cerca de um ano de idade a ansiedade causada pelo início do conflito edipiano toma a forma de um pavor de ser devorada e destruída. A própria criança deseja destruir o objeto libidinal mordendo-o, devorando-o e cortando-o, o que leva à ansiedade, uma vez que o despertar das tendências edipianas é seguido da introjeção do objeto que, então, se torna um objeto do qual se pode esperar punição. A criança, então, teme uma punição correspondente à ofensa: o superego se torna algo que morde, devora e corta".

47 Cf. *Totem e tabu* [1912–13], in *Obras completas*, v. 11, trad. Paulo César de Souza. São Paulo: Companhia das Letras, 2012.

48 O ego, por assim dizer, faria seus dois inimigos jogarem uma partida de desempate, o objeto e a pulsão destrutiva, um contra o outro, embora ao fazer

Com relação à formação do superego, Freud parece seguir duas linhas de pensamento, que são em alguma medida mutuamente complementares. De acordo com uma delas, a severidade do superego provém da severidade do pai real, cujas proibições e ordens ele repete.[49] Segundo a outra linha, tal como indicado em uma ou outra

---

isso se encontrasse numa posição muito perigosa, entre duas forças opostas. O fato de que o pai temido fosse em parte uma proteção contra a pulsão destrutiva pode também se dever à admiração por seu poder que o indivíduo teria adquirido pelo mesmo caminho filogenético. Essa possibilidade recebe sustentação pelo fato de que, na análise precoce, vemos que essas crianças muito pequenas de ambos os sexos não sentem apenas medo do pai, mas têm também um sentimento de admiração ilimitada por seu poder – um sentimento de caráter profundamente arraigado e primário. E devemos nos lembrar de que, à medida que as crianças ficam mais velhas, a parte desempenhada por seu superego, ainda que parecida com a de um pai severo, não é a de um pai não amoroso. Freud conclui seu artigo "O humor" [1928] com as seguintes palavras: "E, por fim, se o superego busca, através do humor, consolar e proteger do sofrimento o ego, não contradiz, dessa forma, sua procedência da instância parental" (in *Obras completas*, v. 17, op. cit., p. 330; trad. modif.).

49 Em "A dissolução do complexo de Édipo" [1924], Freud diz que o ego da criança se afasta do complexo de Édipo como consequência da ameaça de castração: "A autoridade do pai ou dos pais, introjetada no ego, forma ali o âmago do superego, que toma ao pai a severidade, perpetua a sua proibição do incesto e assim garante o ego contra o retorno do investimento libidinal de objeto" (in *Obras completas*, v. 16, op. cit., pp. 208–09, trad. modif.). Em *O Eu e o Id* (1923) ele nos diz: "Sua [do superego] relação com o ego não se esgota na advertência: 'Assim (como o pai) você deve ser'; ela compreende também a proibição: 'Assim (como o pai) você não pode ser, isto é, não pode fazer tudo o que ele faz; há coisas que continuam reservadas a ele'. Essa dupla face do ideal do ego deriva do fato de ele haver se empenhado na repressão do complexo de Édipo, de até mesmo dever sua existência a essa grande reviravolta. Claramente, a repressão do complexo de Édipo não foi tarefa simples. Como os pais, em especial o pai, foram percebidos como obstáculo à realização dos desejos edípicos, o ego infantil fortificou-se para essa obra de repressão, estabelecendo o mesmo obstáculo dentro de si. Em certa medida tomou emprestada ao pai a força para isso, e esse empréstimo é um ato pleno de consequências. O superego conservará o caráter do pai, e quanto mais forte foi o complexo de Édipo tanto mais rapidamente (sob influência de autoridade, ensino religioso, escola, leituras) ocorreu sua repressão, tanto mais severamente o superego terá domínio sobre o ego como consciência moral, talvez como inconsciente sentimento de culpa. – Mais adiante apresentarei uma conjectura acerca de onde ele tira forças para esse domínio, o caráter coercivo que se manifesta como imperativo categórico", pp. 42–43.

passagem de seus escritos, sua severidade é resultado dos impulsos destrutivos do sujeito.[50]

A psicanálise não seguiu a segunda linha de pensamento. Como a literatura mostra, adotou a teoria de que o superego deriva da autoridade dos pais e fez dessa teoria a base de toda a investigação posterior sobre o assunto. Contudo, Freud recentemente confirmou em parte minhas próprias ideias,[51] que colocam ênfase na importância dos impulsos do indivíduo como um fator na origem de seu superego e no fato de que seu superego não é idêntico a seus objetos reais.[52]

Parece-me procedente chamar as identificações precoces feitas pela criança de "estágios iniciais da formação do superego", da mesma maneira que usei o termo "estágios iniciais do conflito edipiano". Já nos estágios iniciais do desenvolvimento da criança, os efeitos desses investimentos de objetos exercem um tipo de influência que as configura como superego, embora difiram, em qualidade e tipo de influência, das identificações pertencentes a estágios posteriores. Por cruel que possa ser esse superego formado sob a supremacia do sadismo, ele, contudo, torna-se, mesmo nesse estágio tão precoce, a agência de onde procedem

---

50 Em *O Eu e o Id* (op. cit., pp. 68–69; trad. modif.), ele diz: "Toda identificação assim tem o caráter de uma dessexualização ou mesmo sublimação. Parece que também ocorre, numa tal transformação, uma disjunção pulsional. O componente erótico não mais tem a força, após a sublimação, de vincular toda a destrutividade a ele combinada, e esta é liberada como pendor à agressão e à destruição. Dessa disjunção o ideal tiraria o caráter duro e cruel do imperioso 'Ter que'".

51 Minhas ideias estão de acordo com as de Ernest Jones, Edward Glover, Joan Riviere, M. N. Searl, que, através de diferentes pontos de abordagem, chegaram à conclusão de que a vida de fantasia precoce e o desenvolvimento libidinal da criança desempenham uma parte importante na evolução do superego. Cf. "Simpósio sobre análise de crianças" (1927); e também o artigo de Ernest Jones "The Origin and Structure of the Superego", no qual ele assinala que "temos todas as razões para pensar que o conceito de superego é um ponto nodal em que podemos esperar que se encontrem todos os problemas obscuros do complexo de Édipo e do narcisismo de um lado, e do ódio e do sadismo do outro" (*The International Journal of Psychoanalysis*, v. 7, 1926, pp. 303–11).

52 Em *O mal-estar na civilização* [1930], lemos: "A experiência ensina, no entanto, que de modo algum a severidade do superego desenvolvido pela criança reflete a severidade do tratamento que recebeu" e que "a severidade original do superego não é – ou não é tanto – a que experimentamos de sua parte ou atribuímos a ele, mas representa nossa própria agressividade para com ele" (in *Obras completas*, v. 18, op. cit., p. 101; trad. modif.).

as inibições pulsionais, uma vez que assume a defesa do ego contra a pulsão destrutiva.

Otto Fenichel aplicou certos critérios[53] que diferenciam os "precursores do superego" (que é como ele chama as identificações iniciais, de acordo com uma sugestão feita por Wilhelm Reich)[54] do superego propriamente dito. Esses precursores existem, ele acredita, em um estado disperso e independentemente uns dos outros, e a eles faltam a unidade, a severidade, a oposição ao ego, a qualidade de serem inconscientes e o grande poder que caracterizam o verdadeiro superego, como herdeiro do complexo de Édipo. Em minha opinião, tal diferenciação é incorreta em vários aspectos. Tanto quanto pude observar, é precisamente o superego primitivo que é especialmente severo; e, sob condições normais, em nenhum outro período da vida a oposição entre o ego e o superego é tão forte quanto na primeira infância. Realmente, este último fato explica por que nos primeiros estágios da vida a tensão entre os dois é sentida sobretudo como ansiedade. Além disso, descobri que os comandos e as proibições do superego não são em nada menos inconscientes na criança pequena do que no adulto e que eles não são de modo algum idênticos aos comandos que vêm de seus objetos reais. Fenichel está certo, creio, ao dizer que o superego da criança ainda não está tão organizado quanto o do adulto. Mas este ponto de diferença, além de não ser universalmente verdadeiro, já que muitas crianças pequenas apresentam um superego bem-organizado e muitos adultos um superego organizado precariamente, me parece simplesmente estar de acordo com o menor grau de organização da mente da criança pequena quando comparada à do adulto. Sabemos também que as crianças pequenas têm um ego menos bem-organizado que as crianças no período de latência, o que, no entanto, não significa que elas são destituídas de ego e têm apenas precursores de um ego.

Já disse que, na fase em que o sadismo está em seu ponto máximo, um aumento adicional das tendências sádicas leva ao aumento da ansiedade. As ameaças do superego primitivo contra o id contêm em detalhe toda a gama de fantasias sádicas que foram dirigidas ao objeto e que são agora devolvidas contra o ego, ponto por ponto. Assim, a pressão exercida pela ansiedade nesse estágio inicial

---

53 Cf. Otto Fenichel, "Identification" [1926], in *Collected Papers of Otto Fenichel: First Series*. New York: Norton, 1953, pp. 97–112.

54 Cf. Wilhelm Reich, *O caráter impulsivo* [1925], trad. Lenita Ananias Nascimento e Maya Hantower. São Paulo: WMF Martins Fontes, 2009.

corresponderá em quantidade à extensão do sadismo originalmente presente e em qualidade à variedade e riqueza das fantasias sádicas que a acompanham.[55]

A superação gradual do sadismo e da ansiedade[56] é um resultado do desenvolvimento progressivo da libido. Mas o próprio excesso de ansiedade é também um incentivo para que o indivíduo a supere. A ansiedade impele as várias zonas erógenas a crescer em força e a adquirir o controle uma sobre a outra. A supremacia dos impulsos sádico-orais e sádico-uretrais é substituída pela supremacia dos impulsos sádico-anais; e, uma vez que os mecanismos pertencentes ao estágio sádico-anal precoce, por mais poderosos que possam ser, já atuam a serviço das defesas contra a ansiedade proveniente dos períodos anteriores dessa fase, decorre daí que a própria ansiedade, que é primordialmente uma agência inibidora no desenvolvimento do indivíduo, é ao mesmo tempo um fator de importância fundamental na promoção do crescimento de seu ego[57] e de sua vida sexual.

Nesse estágio, os métodos de defesa são violentos ao extremo, uma vez que são proporcionais à pressão excessiva da ansiedade. Sabemos que no estágio sádico-anal inicial o que se está expulsando é o objeto, o qual se percebe como algo hostil e que se equaciona com excrementos. Mas, como vejo, o que já está sendo expelido no estágio sádico-anal inicial é o superego aterrorizante introjetado na fase sádico-oral. Assim, o ato de ejeção é um meio de defesa empregado pelo ego tomado pelo medo contra o superego; o ego expele os objetos internalizados e ao mesmo tempo projeta-os no mundo externo. Os mecanismos de projeção e expulsão no indivíduo estão intimamente vinculados com o processo da formação do superego. Do mesmo modo que o ego tenta defender-se contra o superego por meio da ejeção violenta deste e, com isso, destruí-lo, ele também tenta livrar-se de suas tendências destrutivas por meio de uma expulsão à força. Freud considera que a ideia de defesa é bem adequada para

> [u]ma designação geral para todas as técnicas que o ego utiliza em seus conflitos que eventualmente conduzem à neurose, enquanto "repressão"

---

55 Cf. meu artigo "Situações de ansiedade infantil refletidas em uma obra de arte e no impulso criativo" (1926).

56 Cf. o próximo capítulo para uma discussão mais aprofundada deste ponto.

57 Cf. o capítulo 10 deste volume, sobre o significado da ansiedade no desenvolvimento do ego.

> fica sendo o nome de um desses métodos de defesa, que inicialmente conhecemos melhor, devido à direção que tomaram nossas pesquisas.[58]

Ele enfatiza, além disso, a possibilidade de que a "repressão seja um processo que tem relação especial com a organização genital da libido, de que o ego recorra a outros métodos de defesa quando tem de se defender da libido em outros estágios de organização".[59] Minha concepção é também apoiada por Abraham em uma passagem em que diz que "a tendência a poupar o objeto e a preservá-lo emergiu da tendência destrutiva mais primitiva por um processo de repressão".[60]

No que concerne à linha divisória entre os dois estágios sádico-anais, o mesmo autor escreve o seguinte:

> Ao encarar essa linha divisória como extremamente importante, encontramo-nos de acordo com a visão médica comum. Pois a divisão que os psicanalistas fizeram apoiados pela força dos dados empíricos coincide na realidade com a classificação em neurose e psicose feita pela medicina clínica. Mas os analistas, naturalmente, não tentariam fazer uma separação rígida entre afecções neuróticas e psicóticas. Eles estão conscientes, pelo contrário, de que a libido de qualquer indivíduo pode regredir para além dessa linha divisória entre as duas fases sádico-anais, dada uma causa de doença suficientemente excitante e dados certos pontos de fixação em seu desenvolvimento libidinal que facilitem uma regressão dessa natureza.[61]

Como sabemos, o homem normal não difere do neurótico em fatores estruturais, e sim em fatores quantitativos. As citações acima, de Abraham, mostram que ele também vê a diferença entre o psicótico e o neurótico como sendo uma diferença apenas de grau. Meu próprio trabalho psicanalítico com crianças não apenas me confirmou que os pontos de fixação para as psicoses encontram-se nos estágios de desenvolvimento que precedem o segundo nível anal como também me convenceu de que esses pontos de fixação se aplicam da mesma maneira às crianças neuróticas e às normais, embora em grau menor.

---

58 Cf. S. Freud, *Inibição, sintoma e angústia* [1926], in *Obras completas*, v. 17, op. cit., p. 112 (trad. modif.).

59 Ibid., p. 64 (trad. modif).

60 Cf. K. Abraham, "A Short Study of the Development of the Libido, Viewed in the Light of Mental Disorders", op. cit., p. 428 (trad. modif).

61 Ibid. (trad. modif.).

Sabemos que o psicótico tem uma quantidade muito maior de ansiedade que o neurótico; ainda assim, até agora, não existe nenhuma explicação para o fato de uma ansiedade tão avassaladora poder entrar em cena naqueles mesmos estágios iniciais de desenvolvimento nos quais, de acordo com as descobertas de Freud e Abraham, estão situadas as fixações para as psicoses. As mais recentes teorias de Freud, apresentadas em *Inibição, sintoma e angústia*, eliminam a possibilidade de que essa imensa quantidade de ansiedade poderia surgir da transformação da libido insatisfeita em ansiedade. Não podemos, tampouco, assumir que o medo que a criança tem de ser devorada, cortada e morta pelos pais seja um medo realista. Mas, se supusermos que essa ansiedade excessiva só pode ser um efeito de processos intrapsíquicos, não estaremos tão longe da teoria apresentada por mim de que a ansiedade arcaica é causada por tendências destrutivas e pela pressão do superego primitivo. A pressão que o superego exerce em um estágio inicial do desenvolvimento da criança em defesa contra suas tendências destrutivas e que corresponde em grau e tipo a suas fantasias sádicas se reflete, conforme vejo, nas mais arcaicas situações de ansiedade. Essas situações de ansiedade estão intimamente relacionadas com a fase sádica. Além do mais, elas disparam mecanismos especiais de defesa por parte do ego e determinam o caráter específico de seu distúrbio psicótico, bem como de seu desenvolvimento em geral.[62]

Contudo, antes de tentar estudar a relação entre as situações de ansiedade arcaicas e o caráter específico dos distúrbios psicóticos, permitam-me retomar a maneira pela qual a formação do superego e o desenvolvimento das relações de objeto afetam-se mutuamente. Se é verdade que o superego se forma em um estágio tão precoce do desenvolvimento do ego, que ainda está tão afastado da realidade, devemos reconsiderar o crescimento das relações de objeto sob nova luz. O fato de a imagem dos objetos ser distorcida pelos impulsos sádicos do próprio indivíduo tem as seguintes consequências: não apenas dá uma nova aparência à influência exercida pelos objetos reais e pelas relações do indivíduo com eles como, por contraste com a teoria até aqui aceita, também aumenta a importância da formação do superego com respeito às relações de objeto. Quando, ainda muito pequeno, o indivíduo começa a introjetar seus objetos – e estes, é bom lembrar, ainda são apenas muito vagamente demarcados por

---

62 Em *Inibição, sintoma e angústia* [1926], Freud escreve: "É possível que também haja relações estreitas entre a situação de perigo que tem efeito e a forma da neurose subsequente" (in *Obras completas*, v. 17, op. cit., p. 85).

seus vários órgãos –, seu medo desses objetos introjetados põe em movimento os mecanismos de ejeção e projeção, como tentei mostrar; e agora segue-se uma ação recíproca entre projeção e introjeção, que parece ser de importância fundamental não apenas para a formação do superego como também para o desenvolvimento das relações de objeto e da adaptação à realidade. A premência forte e contínua sob a qual o indivíduo se encontra para projetar identificações aterrorizantes sobre seus objetos resulta, ao que parece, em um impulso aumentado para repetir o processo de introjeção várias vezes, e é assim ela próprio um fator decisivo na evolução do relacionamento com os objetos.[63]

A interação entre relação de objeto e superego também encontra expressão, penso, no fato de que em cada estágio de desenvolvimento os métodos que o ego usa em suas transações com o objeto correspondem exatamente àqueles usados pelo superego com relação ao ego, e pelo ego com relação ao superego e ao id. Na fase sádica, o indivíduo se protege do medo que tem de seu objeto violento, tanto introjetado como externo, redobrando os próprios ataques destrutivos a ele em sua imaginação. Livrar-se do objeto serviria parcialmente ao propósito de silenciar as intoleráveis ameaças do superego. Uma reação desse tipo pressupõe que o mecanismo de projeção se inicia segundo duas linhas – uma pela qual o ego põe o objeto no lugar do superego, do qual quer se livrar, e outra pela qual ele faz o objeto representar o id, do qual também quer se ver livre. Desse modo, a quantidade de ódio que era primariamente dirigida contra o objeto é aumentada pela quantidade reservada para o id e o superego.[64] Assim, pareceria que, em pessoas nas quais as situações de ansiedade arcaicas são poderosas demais e que retiveram os mecanismos de defesa pertencentes ao estágio inicial, o medo ao superego, se por razões externas ou intrapsíquicas ultrapassar certos limites, as compelirá a destruir o

---

63 Em *Os instintos e seus destinos* [1915], Freud escreve: "Na medida em que é autoerótico, o ego não precisa do mundo exterior, mas recebe dele objetos, devido às experiências das pulsões de conservação do ego, portanto não pode deixar de sentir estímulos pulsionais internos como desprazerosos por algum tempo. Sob o domínio do princípio de prazer se efetua nele mais uma evolução. Ele acolhe em seu ego os objetos oferecidos, na medida em que são fontes de prazer, introjeta-os (conforme a expressão de Ferenczi) e por outro lado expele de si o que se torna, em seu próprio interior, motivo de desprazer" (in *Obras completas*, v. 12, op. cit., pp. 74–75; trad. modif.).

64 Theodor Reik diz em seu artigo "Angst und Hass" que a ansiedade aumenta o ódio (in *Der Schrecken*, Wien: Internationaler Psychoanalytischer Verlag, 1929).

objeto e formará a base para o desenvolvimento de um tipo criminoso de comportamento.[65]

Essas situações de ansiedade arcaicas excessivamente poderosas também são, acredito, de importância fundamental na esquizofrenia. Mas só posso embasar esta concepção aqui apresentando uma ou duas sugestões. Como foi assinalado, ao projetar seu superego aterrorizante sobre seus objetos, o indivíduo aumenta seu ódio daqueles objetos e, assim, também o medo que sente deles; como resultado, se sua agressividade e ansiedade forem excessivas, o mundo externo será transformado em um lugar de terror, e seus objetos, em inimigos, e ele estará sob ameaça de perseguição tanto por parte do mundo externo como de seus inimigos introjetados. Se sua ansiedade for imensa ou seu ego não puder tolerá-la, tentará evadir-se do medo de inimigos externos ao colocar seus mecanismos de projeção fora de combate; isso preveniria ao mesmo tempo qualquer introjeção posterior de objetos e colocaria um fim à expansão de sua relação com a realidade,[66] assim ele ficaria ainda mais exposto ao medo de seus objetos já introjetados. Esse medo tomaria várias formas de ser atacado e ferido por um inimigo interno e inescapável. Um medo desse tipo é provavelmente uma das fontes mais profundas da hipocondria, e sua presença em excesso, insuscetível como é a qualquer modificação ou deslocamento, obviamente exigiria métodos de defesa particularmente violentos. Uma perturbação do mecanismo de projeção parece, além do mais, fazer-se acompanhar de uma negação da realidade intrapsíquica.[67]

---

65 Se o crime realmente brota da ansiedade arcaica desse modo, nossa única esperança de compreender o criminoso e talvez reformá-lo pareceria ser a análise dos níveis mais profundos de sua vida mental.

66 Cf. meu artigo "A importância da formação de símbolos no desenvolvimento do ego" (1930). Além disso, Melitta Schmideberg assinalou que o esquizofrênico se isola do mundo externo buscando refúgio em seu objeto interno "bom" – o que consegue ao deixar de projetar e supercompensar seu amor pelo objeto interno de forma narcísica, evadindo-se, deste modo, do medo de objetos introjetados e externos "maus". Cf. "The Role of Psychotic Mechanisms in Cultural Development". *The International Journal of Psychoanalysis*, v. 11, 1930, pp. 387–418 e "A Contribution to the Psychology of Persecutory Ideas and Delusions". *The International Journal of Psychoanalysis*, v. 12, 1931, pp. 331–67.

67 Em seu artigo "O desenvolvimento do sentido de realidade e seus estágios" [1913] (in *Obras completas*, v. 2, trad. Álvaro Cabral. São Paulo: WMF Martins Fontes, 1992), Ferenczi observou que a recusa completa da realidade é uma forma muito arcaica de reação mental e que os pontos de fixação das psicoses deveriam ser situados no correspondente estágio arcaico de desenvolvimento.

A pessoa assim afetada recusa[68] e, por assim dizer, elimina[69] não apenas a fonte de sua ansiedade como também seu afeto. Um grande número de fenômenos pertencentes à síndrome da esquizofrenia pode ser explicado como uma tentativa de manter à distância, controlar ou lutar com um inimigo interno. A catatonia, por exemplo, poderia ser vista como uma tentativa de paralisar o objeto introjetado e mantê-lo imóvel e, desse modo, torná-lo inócuo.[70]

O período inicial da fase sádica se caracteriza pela grande violência do ataque feito ao objeto. Em um período posterior desta fase, que coincide com o estágio anal precoce, em que os impulsos sádico-anais tomam a frente, mais métodos secretos de ataque predominam, tais como o uso de armas venenosas e explosivas. Os excrementos representam agora venenos,[71] em suas fantasias a criança usa as fezes como agências persecutórias[72] contra seus objetos e insere-as secreta

---

68 Segundo Melitta Schmideberg, a recusa do afeto da ansiedade é em parte utilizada para recusar a existência do objeto introjetado com o qual os afetos estão equacionados. Cf. "A Contribution to the Psychology of Persecutory Ideas and Delusions", op. cit.

69 Em "Scotomisation in Schizophrenia" (*Internationale Zeitschrift für ärztliche Psychoanalyse*, v. 12, 1926, pp. 451–56), René Laforgue sugere o nome "escotomização" para esse mecanismo defensivo e chama a atenção para a sua importância na esquizofrenia.

70 De acordo com Melitta Schmideberg, a catatonia representa a morte e é um meio de escapar das várias formas de ataque que o paciente teme (cf. M. Schmideberg, "A Contribution to the Psychology of Persecutory Ideas and Delusions", op. cit.).

71 Cf. meu artigo "A importância da formação de símbolos no desenvolvimento do ego" (1930), e também "Uma contribuição à teoria da inibição intelectual" (1931). Mais recentemente, em um artigo intitulado "Respiratory Introjection" [1931] (in *Collected Papers of Otto Fenichel*. New York: W. W. Norton & Company, 1953), Fenichel descreveu uma classe de fantasias sádicas nas quais os excrementos são instrumentos para matar, as fezes ao envenenar, explodir e a urina ao envenenar. Segundo ele, essas fantasias trazem à tona um medo de ser envenenado por excrementos. O artigo me parece apoiar as opiniões já apresentadas por mim, nos artigos acima mencionados.

72 Cf. Johan H. W. van Ophuijsen, "On the Origin of the Feeling of Persecution" (*The International Journal of Psychoanalysis*, v. 1, n. 3, 1920, pp. 235–39) e August Stärcke, "The Reversal of the Libido-Sign in Delusions of Persecution" (*The International Journal of Psychoanalysis*, v. 1, 1920, pp. 231–34). Segundo eles, a ideia do paranoico deriva da ideia inconsciente de que o perseguidor e o cíbalo são simplesmente tratados como coisas equivalentes e que o cíbalo representa o pênis de seu perseguidor. Verifiquei que o medo de pedaços de

e disfarçadamente por um tipo de mágica (que considero como a base da magia negra) dentro do ânus e de outros orifícios do corpo daqueles objetos, e lá as deixa.[73] Como consequência, ela começa a ter medo do próprio excremento, como uma substância perigosa e danosa ao próprio corpo, e dos excrementos incorporados de seus objetos, de quem ela espera ataques secretos similares por meio da mesma forma perigosa. Assim, suas fantasias levam a um medo de ter uma multidão de perseguidores dentro do corpo e de ser envenenada e são a base dos medos hipocondríacos. Servem também para aumentar o medo suscitado pela equivalência do objeto introjetado com as fezes,[74] pois aquele objeto é tornado ainda mais perigoso ao ser vinculado com o fecaloma venenoso e destrutivo. E o fato de que, como consequência de seus impulsos sádico-uretrais, a criança também concebe a urina como algo perigoso, como algo que queima, corta e envenena, a predispõe a encarar, inconscientemente, o pênis como um órgão sádico e a temer o pênis perigoso do pai (do perseguidor)[75] dentro de si próprio. Desse modo, a transformação sádica de seus excrementos em matéria venenosa, que a criança sente ter alcançado em sua fantasia, aumenta a ansiedade quanto ao perseguidor internalizado.

No período em que predominam os ataques por meio de excrementos venenosos, os medos que a criança tem de ataques semelhantes a si mesma por parte de seus objetos introjetados e externos se multiplicam, segundo a maior variedade e astúcia de seus próprios procedimentos sádicos; estes forçam a eficácia dos mecanismos de projeção até os máximos limites. A ansiedade se espalha e se distribui por muitos objetos e fontes de perigo no mundo externo, de modo

---

fezes como perseguidores se derivava, em última análise, das fantasias sádicas em que urina e fezes eram empregadas como armas venenosas e destrutivas contra o corpo da mãe.

73 Géza Róheim, em "Nach dem Tode des Urvaters" (*Imago*, v. 11, 1923, pp. 133–59), mostrou que em tribos primitivas o feiticeiro mata um homem ou o torna doente através de inserir, de forma mágica, excrementos ou seus equivalentes dentro do corpo dele.

74 Abraham, em "A Short Study of the Development of the Libido, Viewed in the Light of Mental Disorders" (op. cit.), mostrou que o objeto odiado é equacionado com fezes. Cf. também G. Róheim, "Nach dem Tod des Urvaters" (*Imago*, v. 9, 1923, pp. 83–121), e Simmel, "The Doctor-Game Illness, and the Profession of Medicine" (*The International Journal of Psychoanalysis*, v. 7, 1926, pp. 470–83).

75 Cf. meu artigo "Uma contribuição à teoria da inibição intelectual" (1931).

que agora ela sente medo de ser atacada por uma multidão de perseguidores.[76] A qualidade sigilosa e dissimulada que atribui a esses ataques a leva a observar o mundo a seu redor com olhos vigilantes e cheios de suspeita e aumenta sua relação com a realidade, embora de modo unilateral, ao passo que o medo do objeto introjetado é um incentivo constante para manter os mecanismos de projeção em operação.

O ponto de fixação para a paranoia é, penso, o período no qual o sadismo está em seu apogeu, em que os ataques da criança ao interior do corpo da mãe e ao pênis que pressupõe estar lá são levados a cabo por meio de excrementos venenosos e perigosos;[77] delírios de referência e de perseguição parecem-me emergir dessas situações de ansiedade.[78]

Segundo minha visão, o medo que a criança tem de seus objetos introjetados cria nela uma necessidade urgente de projetar esse medo no

---

76 O medo de perseguidores numerosos não tem apenas uma origem sádico-anal, como um medo de muitas fezes persecutórias, mas também uma origem oral. Em minha experiência, a teoria sexual da criança, segundo a qual a mãe incorpora um novo pênis toda vez que tem relações sexuais e o pai está provido de uma quantidade de pênis, contribui para o medo de ter um grande número de perseguidores. Melitta Schmideberg encara essa multiplicidade de perseguidores como uma projeção dos ataques sádico-orais da própria criança ao pênis do pai, tornando cada pedaço separado de seu pênis em um novo objeto de ansiedade (cf. seu artigo "The Role of Psychotic Mechanisms in Cultural Development", op. cit.).

77 Cf. também meu artigo "A importância da formação de símbolos no desenvolvimento do ego" (1930). Estou de acordo com a visão de Abraham, de que, no paranoico, a libido regride ao estágio anal inicial, na medida em que assumo que a fase de sadismo máximo é introduzida pelas tendências sádico-orais e termina com o declínio do estágio anal inicial. Verificar-se-á que o período acima descrito, que considero como fundamental para a paranoia, está sob a supremacia do estágio anal inicial. O que foi dito aqui complementa, acredito, os achados de Abraham, mostra que, na fase acima mencionada, os vários meios do sadismo são empregados em conjunto, em sua máxima capacidade, e que a importância fundamental das tendências sádico-uretrais é enfatizada lado a lado com as tendências sádico-orais. Fornece também uma certa quantidade de informação sobre a estrutura daquelas fantasias em que as tendências sádico-anais pertencentes ao estágio anal inicial encontram expressão.

78 Melitta Schmideberg apresentou dois casos em que ideias delirantes de perseguição e referência derivavam de situações de ansiedade do tipo (cf. seu artigo "A Contribution to the Psychology of Persecutory Ideas and Delusions", op. cit.).

mundo externo.[79] Ao fazer isso, ela equaciona seus órgãos, fezes e toda sorte de coisas, bem como seus objetos internalizados, com seus objetos externos; e também distribui o medo que sente pelo objeto externo por um grande número de objetos, equacionando-os uns com os outros.[80]

Uma relação desse tipo com muitos objetos, baseada em parte na ansiedade, é, penso, mais um avanço no estabelecimento da relação com objetos e na adaptação à realidade; pois sua relação de objeto original só incluía um objeto, isto é, o seio da mãe, como representante da mãe. Contudo, na fantasia da criança pequena, os múltiplos objetos estão situados no lugar em que está o principal alvo de suas tendências destrutivas e libidinais e também do despertar de seu desejo por conhecimento – isto é, o interior do corpo da mãe. À medida que suas tendências sádicas aumentam e a criança toma posse do interior do corpo da mãe em fantasia, essa parte dela passa a representar o objeto e ao mesmo tempo simboliza o mundo externo e a realidade. Originalmente o objeto [da criança] que é representado pelo seio [da mãe] é idêntico ao mundo externo. Mas agora o interior do corpo da mãe representa objeto e mundo externo em um sentido mais ampliado, porque ele se tornou o lugar que contém mais objetos diversificados em função da distribuição mais ampla da ansiedade da criança.

Assim, as fantasias sádicas da criança a respeito do interior do corpo da mãe estabelecem para ela uma relação fundamental com o mundo externo e com a realidade. Mas sua agressividade e a ansiedade que sente como consequência dela são um dos fatores fundamentais de suas relações de objeto. Ao mesmo tempo, sua libido também é ativa

---

79 Os desejos destrutivos da criança contra os objetos, representados pelos órgãos corporais, despertam o medo desses órgãos e objetos. Tal medo, com seus interesses libidinais, leva-a a equacionar esses órgãos com outras coisas, que, por sua vez, tornam-se objetos de ansiedade, de modo que ela continuamente se afasta deles e cria novas equações; deste modo, estimula o desenvolvimento de símbolos (cf. meu artigo "A importância da formação de símbolos no desenvolvimento do ego", 1930).

80 Como mostrou Ferenczi, a criança pequena procura redescobrir seus próprios órgãos e suas funções em cada coisa externa por meio de identificação – que é o precursor da simbolização. Além disso, de acordo com Ernest Jones ("A teoria do simbolismo" [1916], trad. Estanislau Alves da Silva Filho. *Lacuna: uma Revista de Psicanálise*, n. 7, 2019), o princípio de prazer permite ao indivíduo igualar coisas bastante diferentes entre si se o interesse que elas despertam for de tipo similar. Essa visão coloca ênfase na importância do interesse libidinal como um fator básico nos processos de identificação e de simbolização.

e influencia as relações de objeto. Suas relações libidinais com seus objetos e a influência exercida pela realidade contrabalançam o medo dos inimigos internos e externos. Sua crença na existência de figuras prestativas e amorosas – crença baseada na eficácia de sua libido[81] – permite que seus objetos da realidade emerjam mais poderosos e que suas imagos fantasiosas recuem para o segundo plano.

A interação entre a formação do superego e as relações de objeto, baseada numa interação entre projeção e introjeção, influencia profundamente seu desenvolvimento. Nos estágios iniciais, a projeção das imagos aterrorizantes no mundo externo transforma esse mundo em um lugar de perigos e seus objetos em inimigos, enquanto as introjeções simultâneas de objetos reais que têm de fato uma boa disposição com relação a ela operam na direção oposta e diminuem a força de seu medo das imagos aterrorizantes. Vistas sob essa luz, a formação do superego, relações de objeto e adaptação à realidade são o resultado de uma interação entre a projeção dos impulsos sádicos do indivíduo e a introjeção de seus objetos.

81 Cf. meu artigo "A personificação no brincar das crianças" (1929).

9. As relações entre a neurose obsessiva e os estágios iniciais do superego

No capítulo anterior, consideramos o conteúdo e os efeitos das situações de ansiedade arcaicas do indivíduo. Prosseguiremos agora examinando a maneira como sua libido e suas relações com objetos reais dão margem a uma modificação dessas situações de ansiedade.

A frustração oral leva a uma busca de novas fontes de gratificação.[1] Como resultado disso, a menininha se afasta da mãe. O pênis do pai se torna agora um objeto arcaico de gratificação oral, mas, ao mesmo tempo, tendências genitais começam a surgir.[2]

No que diz respeito ao menino, ele também desenvolve uma relação positiva com o pênis do pai a partir da posição oral de sugar, uma vez que seio e pênis se equiparam.[3] A fixação oral ao pênis do pai que pertence ao estágio de sugar me parece um fator fundamental no estabelecimento da verdadeira homossexualidade.[4] Normalmente, a fixação do menino no pênis do pai é contrabalançada por sentimentos

---

1 Em "Notes on Oral Character-Formation" (*The International Journal of Psychoanalysis*, v. 6, 1925, pp. 131–54), Edward Glover assinalou que a frustração é um fator estimulante no desenvolvimento do indivíduo.

2 Cf. meus artigos "Princípios psicológicos da análise de crianças pequenas" (1926) e "Estágios iniciais do conflito edipiano" (1928).

3 Em seu artigo "Nach dem Tode des Urvaters" (*Imago*, v. 11, 1923, pp. 133–59), Róheim argumenta que, por ter devorado o cadáver do pai primordial, os filhos passam a encará-lo como a mãe nutridora. Acredita que, desse modo, eles transferiram também para o pai o amor que tinham sentido até então apenas pela mãe; e a atitude deles para com o pai, ao deixar de ser exclusivamente negativa, adquiriu um elemento positivo.

4 Cf. S. Freud, "Uma recordação de infância de Leonardo da Vinci" [1910], in *Obras completas*, v. 9, trad. Paulo César de Souza. São Paulo: Companhia das

de ódio e de ansiedade que emergem das tendências edipianas que estão despertando.[5] Se tudo correr bem, sua boa atitude com relação ao pênis do pai se torna o alicerce de uma boa relação com o próprio sexo e, ao mesmo tempo, permite que o menino complete seu desenvolvimento heterossexual. Contudo, enquanto no menino uma relação oral de sugar com o pênis do pai pode, em certas circunstâncias, levar à homossexualidade, na menina ela é normalmente o precursor de impulsos heterossexuais e do conflito edipiano. À medida que a menina se volta para o pai, seus desejos libidinais encontram um novo alvo; de maneira correspondente, o menino, ao se voltar novamente para a mãe, retoma-a como objeto de amor genital. O domínio genital se afirma.

Nessa fase inicial do desenvolvimento em que, como formulei, o sadismo se encontra no ponto máximo, descobri que todos os estágios pré-genitais e o estágio genital também são investidos em rápida sucessão. O que acontece então é que a libido consolida gradualmente sua posição por meio de sua luta com as moções pulsionais destrutivas.

Lado a lado com a polaridade da pulsão de vida e da pulsão de morte, podemos, penso, situar a interação delas como um fator fundamental nos processos dinâmicos da mente. Existe um vínculo indissolúvel entre a libido e as tendências destrutivas que coloca a primeira em grande medida sob o poder das últimas. Mas o círculo vicioso dominado pela pulsão de morte, no qual a agressividade dá origem à ansiedade e a ansiedade reforça a agressividade, pode ser rompido pelas forças libidinais quando estas se fortalecem; nos estágios iniciais

---

Letras, 2013. Seguiremos esses processos do desenvolvimento mais de perto no capítulo 12 ao examinar o desenvolvimento sexual do menino.

5 O exemplo a seguir, obtido de observação direta, ilustra o curso deste tipo de mudança, do gostar para o deixar de gostar. Nos meses que sucederam seu desmame, um menino mostrava preferência por comidas com peixe, assim como um grande interesse por peixes em geral. Com a idade de um ano, costumava muitas vezes ficar olhando, com um interesse intenso e evidentemente muito prazeroso, a mãe matar e preparar peixes na cozinha. Logo depois, desenvolveu uma grande aversão por comidas com peixe, que se estendeu a uma aversão a ver peixes e então para uma notória fobia de peixes. A experiência obtida em numerosas análises de crianças pequenas em que se verificou que ataques a peixes, cobras e lagartos representavam ataques ao pênis do pai nos capacitou, creio, a compreender o comportamento da criança. Ver a mãe matar o peixe satisfazia grandemente seus impulsos sádicos contra o pênis do pai e isso o deixava temeroso do pai ou, mais corretamente, do pênis do pai.

do desenvolvimento, a pulsão de vida tem de exercer seu poder ao máximo a fim de manter-se contra a pulsão de morte. Mas esta mesma necessidade estimula o desenvolvimento sexual.

Dado que os impulsos genitais permanecem ocultos por muito tempo, não somos capazes de discernir claramente as flutuações e entrelaçamentos dos vários estágios do desenvolvimento que resultam do conflito entre impulsos destrutivos e libidinais. A emergência dos estágios de organização com que estamos familiarizados corresponde, eu diria, não apenas às posições que a libido alcançou e estabeleceu em sua luta com a pulsão destrutiva mas, já que esses dois componentes estão para sempre unidos em oposição, a um crescente ajuste entre eles.

Análises dos níveis mentais mais profundos revelam um sadismo em florescimento, do qual bem pouco é visível na criança pequena. O ponto que sustento, de que nos estágios mais precoces do desenvolvimento a criança atravessa uma fase em que seu sadismo se encontra no auge em todos os campos de origem, é apenas uma ampliação da teoria aceita e bem estabelecida de que um estágio de sadismo oral (canibalismo) é seguido por outro de sadismo anal. Devemos também ter em mente que as próprias tendências canibalescas não encontram expressão proporcional a sua importância psicológica – pois normalmente só obtemos indicações comparativamente fracas dos impulsos da criança pequena de destruir seus objetos. O que vemos são apenas derivados de suas fantasias.

O pressuposto de que as fantasias extravagantes que surgem em um estágio muito precoce do desenvolvimento da criança nunca se tornam conscientes certamente poderia ajudar a explicar o fenômeno de que a criança expressa seus impulsos sádicos com relação a objetos reais apenas sob uma forma atenuada. Além disso, deveria ser lembrado que o estágio de desenvolvimento do ego em que se originam essas fantasias é um estágio precoce e que as relações da criança com a realidade ainda não se encontram desenvolvidas e são dominadas por sua vida de fantasia. Uma razão posterior pode ser encontrada nas proporções relativas de tamanho e força da criança comparadas com as do adulto e em sua dependência biológica deste último; pois vemos como ela manifesta de modo muito mais forte suas pulsões destrutivas em relação a coisas inanimadas, pequenos animais e assim por diante. O fato de os impulsos genitais, ainda que ocultos ao olhar, já exercerem uma influência restritiva sobre o sadismo da criança pequena pode contribuir para um abrandamento precoce do sadismo expresso em relação a objetos externos.

Pelo que se pode ver, existe na criança pequena, ao lado de relações com objetos reais, uma relação com imagos irreais que são vivenciadas ao mesmo tempo como excessivamente boas e como excessivamente más, mas num plano diferente. Normalmente, esses dois tipos de relações de objeto misturam-se e colorem umas às outras em grau sempre crescente. (Este é o processo que descrevi como a interação entre a formação do superego e as relações de objeto.) Mas, na mente da criança muito pequena, seus objetos reais e seus objetos imaginários encontram-se ainda muito separados; e isso pode, em parte, explicar o motivo de ela não exibir tanto sadismo nem tanta ansiedade com relação a seus objetos reais como seria de se esperar a partir do caráter de suas fantasias.

Como sabemos, e como Abraham em particular ressaltou, a natureza das relações de objeto da criança e a formação do caráter são muito fortemente determinadas por onde suas fixações predominantes se situam, no estágio oral de sugar ou no estágio sádico-oral. Em minha opinião, este fator é igualmente decisivo para a formação do superego. A introjeção de uma mãe bondosa influencia a formação de uma imago paterna bondosa, em virtude da equação do seio com o pênis.[6] Também na construção do superego, as fixações no estágio oral de sugar contrabalançarão as identificações provocadoras de ansiedade que se dão sob a influência dos impulsos sádico-orais.

À medida que as tendências sádicas da criança diminuem, as ameaças feitas pelo superego se tornam um tanto reduzidas em sua violência e as reações de seu ego também sofrem uma mudança. O medo avassalador que a criança tem do superego e dos objetos e que domina os estágios iniciais do desenvolvimento precipita reações violentas. Pareceria que o ego tenta se defender inicialmente contra o superego escotomizando-o – para usar o termo de René Laforgue – e, em seguida, expelindo-o. Assim que ele tenta levar a melhor sobre o superego[7]

---

6 Abraham escreve, em "A Short Study of the Development of the Libido, Viewed in the Light of Mental Disorders" [1924] (in *Selected Papers on Psycho-Analysis*. London: Hogarth Press, 1927): "Outro ponto a ser observado com relação à parte do corpo que foi introjetada é que o pênis é regularmente equacionado com o seio feminino, e que outras partes do corpo, tais como o dedo, o pé, cabelo, fezes e nádegas, podem vir a representar aqueles dois órgãos de modo secundário" (in *Selected Papers on Psycho-Analysis*. London: Hogarth Press, 1927, p. 490; trad. modif.).

7 Em *Psychoanalysis of the Total Personality* (New York: Nervous and Mental Disease Publishing Co., 1927), Franz Alexander assinalou que o id, em certo sentido, suborna o superego e que esse "trato" entre eles permite-lhe executar as ações proibidas.

e a contornar a oposição deste último aos impulsos do id, ele está, parece-me, começando a reagir de modo que toma conhecimento do superego. À medida que se instaura o estágio anal posterior, o ego reconhece esse poder cada vez mais claramente e é levado a fazer tentativas progressivas de se haver com ele. Com o reconhecimento do poder do superego, o ego também reconhece a necessidade de submeter-se aos comandos do superego. Ao mesmo tempo, um passo foi dado em direção a um reconhecimento da realidade intrapsíquica, que também depende do reconhecimento da realidade externa; a primeira é uma precondição para a última.[8] As relações do ego com o id, que em um estágio um tanto anterior foram de ejeção, no estágio anal posterior tornam-se de supressão das pulsões – ou melhor, de repressão, no verdadeiro sentido da palavra.[9]

Uma vez que o ódio relacionado com o superego e o id é deslocado para o objeto, a quantidade de ódio pelo objeto fica também reduzida.[10] À medida que os componentes libidinais aumentam e efetuam uma diminuição dos elementos destrutivos, as tendências sádicas primárias dirigidas contra o objeto também diminuem. Quando isso acontece, o ego parece se tornar mais consciente de seu medo de represálias por parte do objeto. À submissão ao superego severo e ao reconhecimento das proibições impostas pelo superego acrescenta-se, assim, um reconhecimento do poder do objeto. Isso é reforçado pelas tendências do ego de equacionar superego com objeto. Essa equação é mais um passo na modificação da ansiedade, que promove o desenvolvimento de sua relação com a realidade externa por meio dos mecanismos de projeção e de deslocamento. O ego tenta agora dominar a ansiedade por meio de tentativas de satisfazer as demandas tanto dos objetos externos como dos internalizados. Isso induz o ego a blindar seus objetos – reação

---

8 Em seu “Problem of the Acceptance of Unpleasant Ideas” (*The International Journal of Psychoanalysis*, v. 7, 1926, pp. 297–302), Ferenczi observa que o conhecimento da realidade externa ocorre junto com o conhecimento da realidade psíquica.

9 Em *Inibição, sintoma e angústia* [1926], Freud diz: “Mas deixemos de lado, como matéria para reflexão futura, a possibilidade de que repressão seja um processo que tem relação especial com a organização *genital* da libido, de que o ego recorra a outros métodos de defesa quando tem de se defender da libido em outros estágios de organização” (in *Obras completas*, v. 17, trad. Paulo César de Souza. São Paulo: Companhia das Letras, 2014, p. 64; trad. modif., grifo meu).

10 Essa frase é obscura e deveria ser compreendida à luz da anterior, de que o ódio do objeto é reduzido em função da ejeção e da repressão das pulsões. [N. E.]

que Abraham localizou no estágio anal posterior. Esse método modificado de comportamento com relação ao objeto pode se manifestar de duas maneiras: o indivíduo pode se afastar dele, em virtude do medo que sente dele como fonte de perigo e a fim de protegê-lo contra seus próprios impulsos sádicos; ou pode se voltar para ele com um sentimento ainda mais positivo. Esse processo de relacionar-se com os objetos é ocasionado por uma cisão da imago materna em boa e má. A existência desse tipo de ambivalência com respeito ao objeto indica um passo a mais no desenvolvimento das relações de objeto e ajuda a modificar o medo que a criança tem do superego. Esse medo é deslocado para o objeto externo e em seguida é distribuído por diversos objetos por meio de deslocamento. Como resultado disso, certas pessoas assumem o significado do objeto atacado e, portanto, de objeto ameaçador, outras – particularmente a mãe – assumem o significado de objeto protetor e bondoso.

O indivíduo se torna cada vez mais eficiente na superação da ansiedade, graças ao desenvolvimento progressivo do bebê em direção ao estágio genital, durante o qual ele introjeta imagos mais amistosas, resultando em uma mudança no caráter dos métodos do superego.

No momento em que as ameaças do superego, até então esmagadoras, são abrandadas e moduladas na forma de advertências e censuras, o ego pode encontrar apoio contra elas em seus relacionamentos possíveis. Pode agora empregar mecanismos restitutivos e formações reativas de piedade em relação a seus objetos de modo a aplacar o superego;[11] e o amor e o reconhecimento que ele recebe desses objetos e do mundo externo são encarados tanto como uma demonstração quanto como uma medida de aprovação do superego. Nessa conexão, o mecanismo de cindir as imagos é importante; o ego se afasta do objeto que o ameaça com perigo, mas volta-se para o objeto amistoso numa tentativa de reparar os danos imaginários que infligiu. O processo de sublimação pode agora se instalar,[12] pois

11 Em seu artigo, "The Psychology of Pity" (*Imago*, v. 16, 1930, pp. 88–96), Ludwig Jekels mostra que a pessoa que sente compaixão por seu objeto trata-o como ela gostaria de ser tratada por seu próprio superego.

12 Cf. meu artigo "Situações de ansiedade infantil refletidas em uma obra de arte e no impulso criativo" (1929). Além disso, Ella Sharpe mostrou que na sublimação a criança projeta seus pais introjetados em um objeto externo no qual ela satisfaz suas tendências sádicas e restitutivas e com quem ela conecta seus sentimentos de onipotência mágica. Cf. seu artigo "Certain Aspects of Sublimations and Delusions". *The International Journal of Psychoanalysis*, v. 11, 1930, pp. 12–29.

as tendências restitutivas do indivíduo para com seu objeto são uma força motivacional fundamental em todas as sublimações, mesmo as mais remotas, tais como as manifestações bastante primitivas do impulso de brincar. Uma precondição para o desenvolvimento de tendências restitutivas e de sublimações é que a pressão exercida pelo superego seja atenuada e sentida pelo ego como sentimento de culpa. As mudanças qualitativas sofridas pelo superego, iniciadas pela intensificação dos impulsos genitais e das relações de objeto, influenciam a relação do superego com o ego e precipitam certo sentimento de culpa. Caso este se torne excessivo, seu efeito será sentido pelo ego, mais uma vez, como ansiedade.[13] Se essa linha de pensamento estiver correta, não seria então uma deficiência do superego, e sim uma diferença qualitativa nele, o fato que dá origem a uma ausência de sentimento social em determinados indivíduos, incluindo os criminosos e as assim chamadas pessoas "antissociais".[14]

A meu ver, no estágio anal inicial, a criança faz uma defesa contra as imagos aterrorizantes que ela introjetou na fase sádico-oral. A ejeção do superego representaria um passo na superação da ansiedade. Esse passo não poderia ter êxito nesse estágio porque a ansiedade a ser superada ainda é poderosa demais e porque o método de ejeção violenta desperta novas ansiedades de forma contínua. A ansiedade que não pode ser suavizada desse modo impele a criança a investir no próximo nível superior da libido – o estágio anal posterior – e, assim, atua como uma agência promotora em seu desenvolvimento.

Sabemos que superego e objeto no adulto não são idênticos de modo algum; tampouco o são em qualquer momento da infância, como procurei mostrar. A discrepância entre superego e ego que resulta em um esforço do ego em tornar intercambiáveis objetos reais e suas imagos é, a meu ver, um fator fundamental no desenvolvimento.[15] Esse desenvolvimento se mostra da seguinte maneira: a discrepância entre objeto e superego diminui e as imagos se aproximam dos objetos reais, como resultado da predominância do nível genital; além disso, as imagos fantasiosas e provocadoras de ansiedade, pertencentes à fase mais remota do desenvolvimento, recuam para o segundo plano e, ao

---

13 Cf. também a contribuição de Ernest Jones para esse assunto, "Fear, Guilt and Hate" [1929], in *Papers on Psycho-Analysis*. London: Baillière, 1938.

14 Em seu artigo "Identification" [1926] (in *Collected Papers of Otto Fenichel*. New York: Norton, 1953), Fenichel também assume essa visão.

15 A importância desse fator para o desenvolvimento do ego e para a sua relação com a realidade é examinada em maior profundidade no capítulo 10.

mesmo tempo, o equilíbrio mental do indivíduo se torna mais estável e a modificação das situações de ansiedade arcaicas tem mais êxito.[16]

À medida que os impulsos genitais aos poucos se fortalecem, a supressão do id pelo ego também perde muito de sua violência, o que torna possível uma melhor compreensão entre eles.

Assim, uma relação de objeto mais positiva, que acompanha o advento do estágio genital, pode ser encarada também como sinal de uma relação satisfatória entre superego e ego e entre ego e id.

Já ouvimos que os pontos de fixação das psicoses devem ser buscados nos estágios mais remotos do desenvolvimento e que a fronteira entre o estágio anal inicial e o posterior forma a linha demarcatória entre a psicose e as neuroses. Sinto-me inclinada a dar um passo adiante e encarar esses pontos de fixação como pontos de partida não apenas para doenças subsequentes como para perturbações que a criança sofre durante os estágios mais remotos de sua vida. Vimos no último capítulo[17] que as situações de ansiedade excessivamente poderosas que emergem quando o sadismo se encontra no auge são um fator etiológico fundamental nos distúrbios psicóticos. Mas observei também que, nas fases mais remotas do desenvolvimento, a criança costuma passar por situações de ansiedade de caráter psicótico. Quando, por razões externas ou internas, essas situações arcaicas são ativadas com grande intensidade, a criança exibirá traços psicóticos. E, se ela for muito pressionada por suas imagos apavorantes e não conseguir contrabalançá-las suficientemente com a ajuda de suas imagos prestativas e de seus objetos reais, a criança sofrerá uma perturbação psicótica[18] que se assemelha à psicose adulta e muitas vezes se transforma em uma verdadeira psicose mais tarde na vida, ou forma a base de doenças graves ou outros danos no desenvolvimento.

Uma vez que as situações de ansiedade são acionadas de tempos em tempos em toda criança e atingem certa força, toda criança periodicamente apresentará fenômenos psicóticos. A alternância entre bom humor exagerado e tristeza extrema, característica dos distúrbios

---

16 A tradução literal dessa frase é: quanto menor fica essa discrepância, mais as imagos sob o predomínio da fase genital se aproximam dos objetos reais; quanto mais as imagos fantasiosas geradoras de ansiedade que pertencem ao estágio inicial do desenvolvimento recuam para o segundo plano, mais estável se torna o equilíbrio psíquico do indivíduo e melhor se dá a modificação das situações de ansiedade arcaicas. [N. E.]

17 Cf. também meu artigo "A personificação no brincar das crianças" (1929).

18 O leitor há de se lembrar dos casos de Erna (capítulo 3), Egon (capítulo 4) e Ilse (capítulo 5).

melancólicos, é regularmente encontrada em crianças pequenas. A profundidade e o caráter da tristeza que as crianças sentem tendem a ser subestimados, devido a sua ocorrência frequente e à rapidez das transformações que ela sofre. Mas a observação analítica ensinou-me que a tristeza e a depressão das crianças, embora não sejam tão agudas quanto a depressão melancólica do adulto, têm as mesmas causas e podem ser acompanhadas por pensamentos suicidas. Os acidentes maiores ou menores que ocorrem com as crianças e os machucados que elas mesmas se ocasionam são muitas vezes, como vim a descobrir, tentativas de suicídio empreendidas com meios ainda ineficazes. O afastamento da realidade, que é um critério de psicose, é, na criança, ainda considerado, de modo geral, um fenômeno normal. Traços paranoides ativos na criança pequena são menos fáceis de observar, pois estão vinculados a uma tendência ao sigilo e ao embuste que são características desse distúrbio. É um fato bem conhecido que crianças pequenas se sentem encurraladas e perseguidas por figuras fantásticas. Descobri, ao analisar algumas crianças muito pequenas,[19] que quando se encontravam sozinhas, especialmente à noite, tinham o sentimento de estarem rodeadas por todo tipo de perseguidores, como feiticeiros, bruxas, figuras e animais fantásticos, e que os medos em relação a eles tinham o caráter de uma ansiedade paranoide.

As neuroses infantis apresentam um quadro complexo constituído pelos muitos traços e mecanismos psicóticos e neuróticos que encontramos de forma isolada e em forma mais ou menos pura em adultos. Nesse quadro complicado, às vezes encontram-se características de um distúrbio enfatizadas com mais força, às vezes de outro. Mas em muitos casos o quadro das neuroses infantis está completamente obscurecido pelo fato de que os vários distúrbios e as defesas empregadas contra eles estão todos em operação ao mesmo tempo.

Em seu livro *Inibição, sintoma e angústia* (1926), Freud declara que "as fobias da primeira infância [...] até agora se esquivaram a toda explicação" e que ainda estamos "longe de entender sua relação com as posteriores neuroses evidentes da infância".[20] Em minha experiência, essas fobias precoces contêm ansiedades que surgem nos estágios iniciais da formação do superego. As mais arcaicas situações de ansiedade da criança aparecem por volta da metade do primeiro ano de vida e são ocasionadas por um aumento do sadismo. Elas consistem em medos

---

19 A crença da criança em figuras imaginárias prestativas, como fadas e Papai Noel, ajuda-a a ocultar e a superar os medos que sente das imagos más.

20 S. Freud, *Inibição, sintoma e angústia*, op. cit., p. 78.

de objetos violentos (isto é, devoradores, cortantes, castradores), tanto externos como introjetados; e esses medos não podem ser suficientemente modificados em um estágio tão precoce assim.

As dificuldades que as crianças pequenas muitas vezes têm para comer estão também intimamente relacionadas, segundo minha experiência, com suas situações de ansiedade mais arcaicas e invariavelmente têm origens paranoides. Na fase canibalesca, as crianças equacionam todo tipo de comida com seus objetos, tais como são representados por seus órgãos, de modo que ela assume o significado do pênis do pai e do seio da mãe e é amada, odiada e temida como eles. Comidas líquidas são comparadas a leite, fezes, urina e sêmen. Comidas sólidas a fezes e outras substâncias do corpo. Assim, a comida pode dar origem a todos esses medos de ser envenenado e destruído por dentro que as crianças sentem em relação a seus objetos internalizados e excrementos se as situações de ansiedade arcaicas delas estiverem fortemente operantes.

As fobias infantis a animais são uma expressão de ansiedade arcaica desse tipo. Baseiam-se na ejeção do superego aterrorizante, que é característica do estágio anal inicial. As fobias infantis a animais representam, assim, um processo constituído de diversos movimentos, pelos quais a criança modifica o medo que sente de seu superego e id aterrorizantes. O primeiro movimento é o de ejetar o superego e o id e projetá-los no mundo externo, onde o superego é equiparado ao objeto real. O segundo movimento, com o qual estamos familiarizados na forma de deslocamento do medo sentido pelo pai real para um animal, trata-se em muitos casos de uma modificação da equação em fantasia do superego e do id com animais selvagens e perigosos, que é característica dos estágios iniciais do desenvolvimento do ego. No lugar do animal selvagem é escolhido outro menos feroz como objeto de ansiedade no mundo externo. O fato de que o animal causador de ansiedade atrai para si não só o medo que a criança tem do pai como também a admiração que ela sente por ele é sinal de um ideal em processo de formação.[21] As fobias a animais já são uma extensa modi-

---

21 Abraham contou-me a seguinte história como um bom exemplo de como o ódio que uma criança pequena tem por um animal já poderia conter um medo de ser reprovado por ele. Ele dera um livro de figuras a um parente seu, um menino que ainda não tinha um ano e meio de idade, e estava lhe mostrando as imagens e lendo o texto em voz alta para ele. Em uma página havia a imagem de um porco que dizia a uma criança pequena que se limpasse. As palavras e a imagem obviamente desagradavam o menino, pois ele queria

ficação do medo do superego; e vemos aqui que existe uma ligação próxima entre superego, relações de objeto e fobias de animais.

Freud escreve:

> Certa vez atribuí à fobia o caráter de uma projeção, pelo fato de ela substituir um perigo interno, pulsional, por um externo, perceptivo. Isso tem a vantagem de o indivíduo poder proteger-se do perigo externo fugindo e evitando a percepção, ao passo que não há fuga ante o perigo interno. Minha observação não é incorreta, mas se mantém na superfície. A exigência pulsional não é um perigo em si, mas apenas por acarretar um real perigo externo, a castração. Assim, o que ocorre na fobia, no fundo, é um perigo externo ser substituído por outro.[22]

Mas me aventuro a pensar que o que jaz na raiz de uma fobia é, no fim das contas, um perigo interno. É o medo que a pessoa tem de sua própria pulsão destrutiva e de seus pais introjetados. Na mesma passagem, ao descrever as vantagens das formações substitutivas, Freud diz:

> Pois a ansiedade da fobia é facultativa, surge apenas quando seu objeto é alvo da percepção. O que é inteiramente correto, já que apenas então se acha presente a situação de perigo. Não há como temer a castração por um pai ausente. Ora, não é possível remover o pai; ele aparece quando quer. Se é substituído pelo animal, no entanto, basta fugir à visão, isto é, à presença do animal, para estar livre do perigo e do medo.[23]

A vantagem seria ainda maior se, por meio da fobia a um animal, o ego pudesse não apenas efetuar o deslocamento de um objeto externo para outro mas também uma projeção de um objeto muito temido, do qual, por ser internalizado, não havia como escapar, para outro, externo e menos temido. Vista sob essa luz, a ansiedade de castração é não apenas uma distorção da sentença "mordido pelo cavalo (devorado pelo lobo) em vez de ser castrado pelo pai" como também uma

---

virar a página imediatamente e, quando Abraham voltou à imagem, ele não quis olhá-la. Mais tarde Abraham ficou sabendo que, embora o menino gostasse muito do livro, não podia suportar a página com o porco. Ao me contar essa história, Abraham acrescentou: "Seu superego devia ser um porco nessa ocasião".

22 S. Freud, *Inibição, sintoma e angústia*, op. cit., p. 65 (trad. modif.).

23 Ibid.

ansiedade mais arcaica de um superego devorador que está na base das fobias a animais.

Como ilustração do que quero dizer, tomemos dois casos bem conhecidos de fobias a animais – o do Pequeno Hans e o do Homem dos Lobos. Freud assinalou[24] que, apesar de certas semelhanças, essas duas fobias diferem uma da outra em muitos aspectos. No que diz respeito às diferenças, observamos que a fobia do Pequeno Hans continha muitos traços de sentimento positivo. Seu animal de ansiedade não era aterrorizador em si mesmo; o menino era até amistoso em relação a ele, como se via em sua brincadeira de cavalo com o pai um pouco antes de sua fobia se manifestar. Sua relação com os pais e o ambiente era, com frequência, muito boa; seu desenvolvimento geral mostrava que ele havia superado, com êxito, o estágio sádico-anal e alcançado o estágio genital. Sua fobia de animal apresentava apenas alguns traços do tipo de ansiedade que pertence aos estágios anteriores, em que o superego é equiparado a um animal selvagem e aterrorizante e o medo que a criança sente em relação a seu objeto é correspondentemente intenso. De modo geral, ele parecia ter superado e modificado aquela ansiedade arcaica bastante bem. Freud diz a respeito dele: "Hans parece ter sido um garoto normal, com o assim chamado complexo de Édipo 'positivo'".[25] Assim sendo, sua neurose infantil pode ser considerada como uma neurose suave, até "normal"; sua ansiedade, como sabemos, foi prontamente dissolvida por um curto período de análise.

A neurose do assim chamado Homem dos Lobos, um menino de quatro anos de idade, apresenta um quadro muito diferente. O desenvolvimento desse menino não pode ser descrito como normal. Freud escreve a respeito dele:

> Sua relação com o objeto feminino foi perturbada por uma sedução precoce, o lado passivo, feminino, acha-se nele bastante desenvolvido, e a análise de seu sonho com os lobos não revela muito da agressividade pretendida contra o pai, fornecendo, isto sim, provas inequívocas de que a repressão diz respeito à atitude passiva, afetuosa para com o pai. Também aqui não se exclui a participação de outros fatores, mas eles não sobressaem.[26]

---

24 Ibid., p. 41.

25 Ibid.

26 Ibid.

A análise do Homem dos Lobos "nos ensina que a ideia de ser devorado pelo pai é a expressão, degradada de forma regressiva, de um impulso terno passivo: o de ser tomado como objeto de amor pelo pai, no sentido do erotismo genital".[27]

Considerada sob a luz de nossa discussão anterior, esta ideia é vista não apenas como a expressão de um anseio passivo e terno que foi degradado pela regressão mas, acima de tudo, como uma relíquia de um estágio muito precoce do desenvolvimento.[28] Se olharmos o medo do menino de ser devorado por um lobo não só como um substituto, por meio da distorção, para a ideia de ser castrado pelo pai, mas também, sugiro, como uma ansiedade primária que persistiu sob forma não modificada ao lado de versões posteriores dela, modificadas, então, o que seguiria é que houvera um medo do pai, ativo nele, que deve ter influenciado decisivamente o curso de seu desenvolvimento anormal. Na fase em que o sadismo se encontra no auge, introduzido pelas pulsões sádico-orais, o desejo da criança de introjetar o pênis do pai, junto de seus intensos impulsos hostis sádico-orais, dá origem a medos de um animal perigoso, devorador, que ela equipara ao pênis do pai. Em que medida ela consegue superar e modificar esse medo do pai dependerá, em parte, da magnitude de suas tendências destrutivas. O Homem dos Lobos não superou essa ansiedade arcaica. Seu medo do lobo, que representava seu medo ao pai, mostrava que ele havia retido a imagem do pai como um lobo devorador nos anos seguintes. Pois, como sabemos, ele redescobriu esse lobo em suas imagos paternas posteriores e todo o seu desenvolvimento foi governado por aquele medo esmagador.[29] A meu ver, esse medo enorme do pai era um fator subjacente na produção de seu complexo de Édipo invertido. Ao analisar vários meninos altamente neuróticos, com idades entre quatro e cinco anos, que apresentavam

---

27 Ibid., p. 38.

28 Parece-me importante, não meramente de um ponto de vista teórico, mas também de um ponto de vista terapêutico, decidir se na erupção da neurose da criança a sua ideia de ser devorada estava recebendo apenas uma catexia regressiva ou se ela havia retido a sua atividade original paralelamente a modificações posteriores; pois estamos interessados não apenas no conteúdo de uma ideia como, acima de tudo, na ansiedade ligada a ela. Não podemos compreender plenamente tal ansiedade, seja em seu aspecto quantitativo, seja em seu aspecto qualitativo, até que a tenhamos reconhecido como uma ansiedade que subjaz à neurose e que é específica da psicose.

29 Cf. Ruth Mack-Brunswick, "A Supplement to Freud's 'History of an Obsessional Neurosis'". *The International Journal of Psychoanalysis*, v. 9, 1928, pp. 439–76.

traços paranoides[30] e em quem o complexo de Édipo invertido era predominante, fiquei convencida de que esse curso de desenvolvimento era fortemente determinado por um medo excessivo do pai, que ainda se encontrava ativo nas camadas mentais mais profundas e que fora gerado por impulsos primários extremamente fortes de agressão contra ele.

A luta, que resultaria de uma situação edipiana direta, não poderia ser travada em fantasia contra um pai perigoso, devorador, desse tipo, de modo que a posição heterossexual tinha de ser abandonada. Também no Homem dos Lobos, essas situações de ansiedade me parecem fundamentais para sua atitude passiva com o pai, e a sedução que sofreu por parte da irmã simplesmente fortaleceu e confirmou nele a atitude a que fora conduzido pelo medo ao pai. Ficamos sabendo que "a partir do sonho decisivo ele se conduz de modo 'malcriado', atormentador, sádico",[31] e logo depois desenvolveu uma genuína neurose obsessiva que se revelou como muito grave na análise. Esses fatos parecem sustentar minha visão de que, mesmo na época de sua fobia de lobos, ele estava empenhado em manter distância de suas tendências agressivas.[32] Ao considerar que, na fobia de Hans, a defesa contra os impulsos agressivos fosse tão claramente visível, enquanto na do Homem dos Lobos estivesse tão profundamente oculta, me parece ser explicado pelo fato de que, nesta última, lidou-se com uma ansiedade muito maior – ou sadismo primário – de forma muito mais anormal. Que a neurose de Hans não apresentasse nenhum traço obsessivo, ao passo que o Homem dos Lobos desenvolvesse rapidamente uma neurose obsessiva regular, está de acordo com minha ideia: se traços obsessivos aparecem com muita força e de maneira precoce em uma neurose infantil, devemos inferir que perturbações muito sérias estão ocorrendo.[33]

Nas análises de meninos em que se baseiam minhas conclusões presentes, pude remontar seu desenvolvimento anormal a um sadismo excepcionalmente forte, ou melhor, a um sadismo que não havia sido modificado com êxito e que havia levado a ansiedade excessiva em um estágio muito precoce da vida. O resultado disso foi uma exclusão muito extensa da realidade e a produção de graves traços obsessivos e paranoides. O reforço dos impulsos libidinais e dos componentes

---

30 Minhas análises de adultos corroboraram esses achados.

31 S. Freud, *Inibição, sintoma e angústia*, op. cit., p. 39.

32 Na última passagem citada, Freud parece deixar aberta a possibilidade de uma defesa contra impulsos sádicos também ter desempenhado um papel, ainda que oculto, na estruturação da doença do Homem dos Lobos.

33 A esse respeito, ver o capítulo 6.

homossexuais ocorrido nesses meninos servia para afastar e modificar o medo que tinham dos pais, despertado neles precocemente. Essa maneira de lidar com a ansiedade é, creio, um fator etiológico fundamental na homossexualidade dos paranoicos.[34] O fato de que, mais tarde, o Homem dos Lobos desenvolveu uma paranoia tende a apoiar meu ponto de vista.[35]

Em *O Eu e o Id*, ao falar sobre as relações de amor do paranoico, Freud parece apoiar minha linha de pensamento. Ele diz:

> Mas a investigação psicanalítica do processo envolvido na mudança paranoica nos familiariza com a possibilidade de um outro mecanismo. Desde o início está presente uma atitude ambivalente, e a transformação ocorre por meio de um deslocamento reativo do investimento, quando se subtrai energia do impulso erótico e se introduz energia no impulso hostil.[36]

Acredito que na fobia do Homem dos Lobos pude reconhecer claramente a ansiedade não modificada pertencente aos estágios iniciais. Suas relações de objeto, além disso, eram muito menos bem-sucedidas do que as do Pequeno Hans; seu estágio genital insuficientemente estabelecido e o efeito dos impulsos sádico-anais esmagadores tornaram-se evidentes na grave neurose obsessiva que apareceu tão cedo. Pareceria que o Pequeno Hans fora mais capaz de modificar seu superego ameaçador e terrível em uma imago menos perigosa, além de superar seu sadismo e sua ansiedade. Seu maior êxito a esse respeito também encontrou expressão em uma relação de objeto mais positiva com ambos os pais, e no fato de sua atitude ativa e heterossexual ser predominante e em atingir de modo satisfatório o estágio genital de desenvolvimento.

Sumarizemos brevemente minhas descobertas sobre a evolução das fobias. A ansiedade das situações de ansiedade mais arcaicas encontra

---

34 No capítulo 3, ao discutir um caso com traços paranoides, tentei estabelecer uma teoria similar da origem da homossexualidade feminina. O leitor pode se lembrar também do que foi dito em relação à análise de Egon (capítulo 4). Voltarei ao assunto no capítulo 12. Róheim chega à mesma conclusão com base em seus dados etnológicos (cf. seu artigo "Das Völkerpsychologische in Freud's Massenpsychologie und Ichanalyse". *Internationale Zeitschrift für Psychoanalyse*, v. 8, 1922, pp. 1–22).

35 Cf. Ruth Mack-Brunswick, "A Supplement to Freud's 'History of an Obsessional Neurosis'", op. cit.

36 S. Freud, *O Eu e o Id* [1923], in *Obras completas*, v. 16, trad. Paulo César de Souza. São Paulo: Companhia das Letras, 2011, p. 54 (trad. modif.).

expressão nas fobias que os bebês têm ao seio. Fobias infantis a animais, que começam no estágio anal inicial, continuam envolvendo objetos intensamente aterrorizantes. No estágio anal posterior, e mais ainda no estágio genital, esses objetos de ansiedade são significativamente modificados.

O processo de modificação de uma fobia está ligado, acredito, aos mecanismos que começam no estágio anal posterior, em que estão fundamentadas as neuroses obsessivas. Parece-me que a neurose obsessiva é uma tentativa de curar as condições psicóticas das fases mais remotas,[37] e que nas neuroses infantis já se encontram operantes tanto os mecanismos obsessivos como aqueles que pertencem a um estágio prévio de desenvolvimento.

À primeira vista, pareceria que minha ideia do papel importante que certos elementos da neurose obsessiva desempenham no quadro clínico das neuroses infantis diverge daquilo que Freud disse a respeito do ponto de partida da neurose obsessiva. Contudo, acredito que o desacordo pode ser dissipado em um ponto fundamental. É verdade que, segundo minhas descobertas, a origem da neurose obsessiva está no período inicial da infância; mas a síntese dos traços obsessivos isolados em uma entidade organizada, que passamos a considerar como neurose obsessiva, não emerge até o período posterior da infância, isto é, até o começo do período de latência. A teoria aceita é que as fixações no estágio sádico-anal só entram em ação como fatores da neurose obsessiva mais tarde, como resultado de uma regressão a elas. Minha opinião é que o verdadeiro ponto de partida da neurose obsessiva – o ponto em que a criança desenvolve sintomas obsessivos e mecanismos obsessivos – acontece no período da vida governado pelo estágio anal posterior. O fato de que essa doença obsessiva precoce apresenta um quadro um pouco diferente da neurose obsessiva plena posterior é compreensível se recordamos que é somente mais tarde, no período de latência, que o ego mais maduro, em sua relação modificada com a realidade, põe-se a trabalhar para elaborar e sintetizar as características obsessivas que estiveram ativas desde a mais tenra infância.[38] Outra razão pela qual os traços obsessivos da criança pequena muitas vezes não são facilmente discerníveis é que

---

37 A neurose obsessiva é apenas um dos métodos de cura tentados pelo ego com a finalidade de superar sua ansiedade infantil psicótica arcaica. Outro método será discutido no capítulo 12.

38 Considerarei essas mudanças em maior detalhe no capítulo 10, onde procuro mostrar que no período de latência a criança, por sua neurose obsessiva, se torna capaz de satisfazer as exigências de seu ego, superego e id, ao passo

eles operam em paralelo com distúrbios anteriores ainda não superados, junto de vários outros mecanismos de defesa.

Contudo, como procurei mostrar,[39] as crianças pequenas exibem, com frequência, traços de um caráter distintamente obsessivo, e também existem neuroses infantis em que uma verdadeira neurose obsessiva já domina o quadro.[40] Em minha experiência, isso acontece quando as situações de ansiedade arcaicas são poderosas demais e não foram modificadas o suficiente, o que resulta em uma neurose obsessiva muito grave.

Ao fazer a distinção entre a origem precoce de traços obsessivos e, mais tarde, as neuroses obsessivas propriamente ditas, espero ter conseguido tornar a visão apresentada, com referência à gênese da neurose obsessiva, mais alinhada com a teoria aceita. Em *Inibição, sintoma e angústia*, Freud diz: "A situação de partida da neurose obsessiva é provavelmente a [...] de defender-se das exigências libidinais do complexo de Édipo".[41] Continua:

> A organização genital da libido se revela fraca e pouco resistente. Quando o ego dá início a seu empenho defensivo, o primeiro resultado obtido é que a organização genital (da fase fálica) é recuada, totalmente ou em parte, ao anterior estágio sádico-anal. Esse fato da regressão permanece determinante para tudo o que se segue.[42]

Se encararmos como regressão a flutuação entre as várias posições libidinais – tal flutuação é, em minha opinião, característica dos estágios

---

que numa idade anterior, quando o seu ego ainda é imaturo, ela ainda não é capaz de dominar sua ansiedade dessa maneira.

39 Cf. o capítulo 6 deste volume. [N. E.]

40 Cf. também o caso de Rita (capítulo 3), que veio para análise quando tinha dois anos e nove meses de idade e já tinha vários sintomas obsessivos pronunciados, o mais importante entre eles um complicado cerimonial na hora de dormir e um amor exagerado por ordem e limpeza. Este encontrou expressão em muitos hábitos que traíam a inclinação obsessiva de seu caráter e a maneira pela qual permeava toda a sua personalidade. Além disso, esses hábitos já vinham de longa data. O cerimonial da hora de dormir, por exemplo, havia começado em algum momento de seu segundo ano e havia aumentado consistentemente desde então. Erna (capítulo 3), que veio para mim com a idade de seis anos, tinha alguns sintomas obsessivos que também remontavam ao fim de seu segundo ano. Nesse caso gravíssimo, a neurose muito cedo mostrou semelhanças com uma neurose obsessiva adulta.

41 S. Freud, *Inibição, sintoma e angústia*, op. cit., p. 49 (trad. modif.).

42 Ibid.

iniciais do desenvolvimento – em que a posição genital já investida é abandonada repetidas vezes por algum tempo até que tenha sido fortalecida e estabelecida de maneira adequada, e se o ponto que defendo de que a situação edípica começa muito cedo for verdadeiro, então a visão aqui sustentada quanto à origem da neurose obsessiva não estaria em contradição com a visão de Freud citada anteriormente. Minha tese daria suporte a outra sugestão sua, a qual ele apenas apresentou como uma conjectura. Ele escreve: "Talvez a regressão não seja consequência de um fator constitucional, mas sim temporal. Não ocorreria porque a organização genital da libido resultou muito frágil, mas porque a oposição do ego começou muito cedo, ainda em pleno vigor da fase sádica".[43] Argumentando contra esta ideia, continua:

> Tampouco nessa questão me arrisco a fazer uma afirmação segura, mas a observação analítica não favorece essa hipótese. Mostra, isto sim, que na virada para a neurose obsessiva já se alcançou o estágio fálico. Além disso, essa neurose irrompe numa idade posterior à da histeria (o segundo período da infância, após a instauração da época de latência).[44]

Essas objeções seriam eliminadas se, como afirmo, a neurose obsessiva tiver origem no primeiro período da infância, mas só se tornar manifesta como neurose obsessiva propriamente dita no começo do período de latência.

A visão de que os mecanismos obsessivos começam a se tornar ativos muito cedo na infância, no segundo ano de vida, faz parte de minha tese geral de que o superego se forma nos estágios mais precoces da vida da criança, sendo em primeiro lugar sentido como ansiedade pelo ego e, em seguida, à medida que o estágio sádico-anal precoce se encerra, também como um sentimento de culpa. Essa tese difere, mais uma vez, da teoria como a conhecemos até aqui. Na primeira parte deste livro, forneci os dados empíricos em que ela se baseia; gostaria agora de dar uma razão teórica para apoiá-la. Voltemo-nos para Freud novamente: "[na neurose obsessiva] o motor de toda formação de sintomas posterior é claramente a ansiedade do ego perante seu superego".[45] O ponto defendido por mim de que a neurose obsessiva é um meio de modificar situações de ansiedade arcaicas e que o superego severo da neurose obsessiva não é outro

---

43 Ibid.
44 Ibid., pp. 49–50.
45 Ibid., p. 68 (trad. modif.).

senão o superego aterrorizante não modificado, pertencente aos estágios iniciais do desenvolvimento da criança, nos traz, acredito, para mais perto de uma solução do problema de por que o superego tem de ser, de fato, tão severo nessa neurose.

Os sentimentos de culpa da criança ligados a suas tendências sádico-uretrais e sádico-anais derivam, conforme descobri, dos ataques fantasiados que ela faz ao corpo da mãe durante a fase em que o sadismo está no auge.[46] Na análise precoce, conhecemos o medo que a criança tem da mãe má que exige de volta as fezes e os bebês que a criança lhe roubou. Assim, a mãe real (ou babá) que lhe faz exigências de higiene se transforma imediatamente em uma pessoa aterrorizante, uma pessoa que não apenas insiste em que ela se desfaça de suas fezes como também, segundo dita sua imaginação aterrorizada, pretende arrancá-las à força de seu corpo. Outra fonte de medo, ainda mais esmagadora, vem de suas imagos introjetadas, das quais, em virtude de suas próprias fantasias destrutivas dirigidas contra objetos externos, ela antecipa ataques de um tipo igualmente selvagem dentro de si própria.

Nessa fase, como consequência de ligar excrementos a substâncias perigosas, venenosas, abrasadoras e com armas ofensivas de todos os tipos, a criança se aterroriza com seus próprios excrementos como algo que destruirá seu corpo. Essa equação sádica de excrementos com substâncias destrutivas, junto das fantasias de ataques empreendidos com o auxílio delas, levam a criança, ainda mais, a um medo de que ataques semelhantes possam ser feitos contra ela, tanto por seus objetos externos como pelos internos, e a sentir um terror de excrementos e de sujeira em geral. Essas fontes de ansiedade, mais esmagadoras ainda por serem tão diversificadas, são, em minha experiência, as causas

46 A visão geralmente aceita, de que o sentimento de culpa despertado no estágio genital está associado por regressão à aquisição dos hábitos de higiene, não leva em conta a severidade dos sentimentos de culpa em questão nem a proximidade da união destes com as tendências pré-genitais. A impressão permanente inculcada no adulto por seu treinamento inicial e a maneira pela qual ele influencia a totalidade de seu desenvolvimento posterior – como vemos repetidamente nas análises de adultos – apontam para a existência de uma conexão mais profunda e mais direta entre esse treinamento inicial e intensos sentimentos de culpa. Em "Psycho-Analysis of Sexual Habits" (*The International Journal of Psychoanalysis*, v. 6, n. 4, 1925, pp. 372–404), Ferenczi sugere que existe uma conexão mais direta entre os dois e que deve haver um tipo de precursor fisiológico do superego, que ele chama de "moralidade esfincteriana".

mais profundas dos sentimentos de ansiedade e culpa da criança com relação a seu treinamento nos hábitos de higiene.

As formações reativas da criança de nojo, ordem e limpeza surgem, portanto, da ansiedade, alimentada por muitas fontes, que por sua vez se origina nas situações de perigo mais arcaicas. Quando, no início do estágio anal posterior, as relações da criança com o objeto se desenvolveram, sua formação reativa de piedade, como sabemos, aparece com mais nitidez. Além disso, como enfatizei anteriormente, o contentamento de seus objetos também é uma garantia da própria segurança da criança e uma salvaguarda contra a destruição de fora e de dentro, e a restauração de seus objetos é uma condição necessária para que seu corpo permaneça intacto.[47]

A ansiedade proveniente das situações de perigo arcaicas está, em minha opinião, intimamente associada com as origens das obsessões e dos sintomas obsessivos. Está relacionada com diversos danos e atos de destruição feitos no interior do corpo e, portanto, é dentro do corpo que a restituição tem de ser feita. Mas não há certeza quanto ao conhecimento sobre o interior do corpo, seja do próprio seja dos objetos. A criança não pode determinar em que grau seu medo dos danos e ataques internos está bem fundamentado, nem em que medida ela foi capaz de torná-los bons com seus atos obsessivos. O estado resultante de incerteza da criança, que se alia a sua ansiedade intensa e a aumenta, junto da impossibilidade de obter um conhecimento seguro quanto à destruição fantasiada, dá origem a um desejo obsessivo por conhecimento. A criança tenta superar sua ansiedade, cuja natureza imaginária desafia qualquer exame crítico, ao colocar ênfase extra na realidade, ao ser muito precisa, e assim por diante. A dúvida que resulta dessa incerteza[48] desempenha um papel não apenas na criação

---

47 A visão de que as formações reativas e os sentimentos de culpa se instalam em um período muito inicial do desenvolvimento do ego – já no segundo ano de vida – é sustentada por Abraham em uma ou duas passagens. Em "A Short Study of the Development of the Libido Viewed in the Light of Mental Disorders" [1924], ele diz: "No estágio do narcisismo com um alvo sexual canibalesco, a primeira evidência de uma inibição pulsional aparece na forma de ansiedade mórbida. O processo de superar os impulsos canibalescos está intimamente associado a um sentimento de culpa que emerge em primeiro plano como um fenômeno típico inibitório pertencente ao terceiro estágio" (in *Selected Papers on Psycho-Analysis*. London: Hogarth Press, p. 406; trad. modif.).

48 Em *Observações sobre um caso de neurose obsessiva* ("*O Homem dos Ratos*") [1909], Freud observa: "A *obsessão*, porém, é uma tentativa de compensar a dúvida e

de um caráter obsessivo mas em estimular a exatidão, a ordem, o cumprimento de certas regras e rituais e coisas do gênero.

Outro elemento que tem uma contribuição importante sobre o caráter das obsessões é a intensidade e multiplicidade da ansiedade proveniente de várias fontes, que está vinculada às situações de perigo mais arcaicas. A intensidade e a multiplicidade da ansiedade produzem um impulso igualmente forte para pôr em movimento os mecanismos de defesa. Induzem a criança a limpar e juntar de modo obsessivo o que quer que ela tenha sujado ou quebrado ou estragado de algum modo. Ela tem de embelezar e restaurar a coisa danificada de todas as formas possíveis, de acordo com a variedade de suas fantasias sádicas e dos pormenores nelas constantes.

A coerção que o neurótico obsessivo muitas vezes inflige também a outras pessoas é, eu diria, o resultado de uma projeção multiforme. Em primeiro lugar, ele está tentando se livrar da compulsão intolerável que está sofrendo, ao tratar o objeto como se fosse seu id ou superego e deslocando a coerção para fora. Ao fazer isso ele está, incidentalmente, satisfazendo seu sadismo primário atormentando e subjugando seu objeto. Em segundo lugar, está voltando para seus objetos externos o que é, em última instância, um medo de ser destruído ou atacado por seus objetos introjetados. Esse medo despertou nele uma compulsão de controlar e governar suas imagos. Essa compulsão (que pode, de fato, nunca vir a ser satisfeita) se volta contra os objetos externos.

Se eu estiver correta em minha visão de que a magnitude e intensidade das atividades obsessivas e a gravidade da neurose são equivalentes à extensão e ao caráter da ansiedade proveniente das situações de perigo mais arcaicas, estaremos em melhor posição para compreender a conexão íntima que sabemos existir entre a paranoia e as formas mais graves de neurose obsessiva. De acordo com Abraham, na paranoia a libido regride ao mais remoto dos dois estágios sádico-anais. A partir do que pude descobrir, estaria inclinada a ir mais longe e dizer que, no estágio sádico-anal precoce, o indivíduo, se suas situações de ansiedade arcaicas estiverem fortemente operantes, na verdade passa por estados paranoides rudimentares, que ele normalmente supera no estágio seguinte (o estágio sádico-anal posterior), e que a gravidade de sua doença obsessiva depende da gravidade das perturbações paranoides que imediatamente a precederam. Se esses mecanismos

corrigir o intolerável estado de inibição de que a dúvida é testemunho" (in *Obras completas*, v. 9, op. cit., p. 106).

obsessivos não puderem superar adequadamente as perturbações, seus traços paranoides subjacentes muitas vezes virão à tona ou ele pode sucumbir a uma paranoia comum.

Sabemos que a supressão de atos obsessivos desperta ansiedade e que, portanto, esses atos servem ao propósito de controlar a ansiedade. Se presumirmos que a ansiedade dominada dessa forma pertence às situações de ansiedade mais arcaicas e culmina no medo da criança de ver o próprio corpo, bem como o corpo de seu objeto, destruído de muitas maneiras, estaremos, acredito, em melhores condições de compreender o significado mais profundo de muitos atos obsessivos. A acumulação obsessiva de coisas, assim como desfazer-se compulsivamente delas, se torna, por exemplo, mais inteligível no momento em que podemos reconhecer com mais nitidez a natureza da ansiedade e do sentimento de culpa que subjazem a um intercâmbio de bens no nível anal.

Na análise do brincar, o dar e tomar de volta compulsivo encontra expressão bastante diversificada. Ocorre, acompanhado de ansiedade e culpa, como uma reação a representações anteriores de atos de roubo e destruição. As crianças, por exemplo, transferem a totalidade ou parte dos conteúdos de uma caixa para outra, os dispõem e os preservam dando todas as demonstrações de ansiedade; e os contam – se tiverem idade para isso – um por um repetidas vezes. Os conteúdos são muito variados e incluem fósforos queimados, cuja cinza a criança se dá ao trabalho de limpar e eliminar, recortes de papel, lápis, blocos para construir, pedaços de barbante e assim por diante. Eles representam todas as coisas que a criança retirou do corpo da mãe – o pênis do pai, crianças, pedaços de fezes, urina, leite etc. Ela pode se comportar da mesma maneira com blocos de escrever, arrancando as folhas e guardando-as cuidadosamente em outro lugar.

Vemos, então, muitas vezes que, em consequência de sua ansiedade crescente, a criança não apenas põe de volta aquilo que simbolicamente retirou do corpo da mãe como também, ao fazê-lo, sua compulsão para dar, ou melhor, para devolver, não está sendo satisfeita. Ela está incessantemente sendo compelida a suplementar de todos os jeitos aquilo que ela dá de volta e, ao fazer isso, suas tendências sádicas primárias irrompem de maneira contínua por trás de suas tendências reativas.

Meu paciente John, de cinco anos, uma criança muito neurótica, desenvolveu nesse estágio da análise uma mania de contar – um sintoma ao qual não se havia dado muita atenção, uma vez que é uma ocorrência habitual em sua idade. Na análise, ele costumava marcar cuidadosamente a posição de seus homenzinhos e de outros brinquedos em uma folha de papel sobre a qual os havia colocado, antes de transferi-los para outra folha. Mas ele não queria apenas saber exatamente onde eles tinham estado antes, para poder recolocá-los exatamente no mesmo lugar; também os contava de novo e de novo para ter certeza do número de coisas (isto é, os pedaços de fezes, o pênis do pai e as crianças) que ele havia tirado (do corpo da mãe) e que tinha de devolver. Enquanto fazia isso, me chamava de idiota e má e dizia: "*Não dá para* tirar treze de dez ou sete de dois". Esse medo de ter que devolver mais do que se tem é típico nas crianças e pode ser explicado, entre outras coisas, pela diferença de tamanho entre elas e os adultos e pela extensão de seu sentimento de culpa. Elas sentem que não podem devolver ao tirar de seu corpo tão pequeno tudo aquilo que tiraram do corpo da mãe, tão grande em comparação; e o peso dessa culpa, que as reprova incessantemente, por ter assaltado, roubado e destruído a mãe ou ambos os pais, aumenta o sentimento que têm de nunca serem capazes de devolver o suficiente. A sensação de "não saber", que elas têm muito novas, aumenta sua ansiedade de forma considerável. Esse é um assunto ao qual retornarei mais adiante.

Muitas vezes as crianças sofrem uma interrupção em suas representações de "devolver" pela necessidade de ir ao banheiro defecar. Outro paciente meu, também um menino de cinco anos, às vezes precisava ir ao banheiro quatro ou cinco vezes durante a sessão nesse período de sua análise. Quando voltava, tinha de contar de forma obsessiva e, ao chegar a números altos, convencia-se de que possuía o suficiente para pagar de volta aquilo que havia roubado. Vista sob essa luz, a acumulação sádico-anal de posses que parece simplesmente emergir do mero prazer de juntar coisas assume outro aspecto. As análises de adultos também me mostraram que o desejo de ter uma quantia considerável de dinheiro à mão para qualquer contingência é, na verdade, um desejo de segurança ao estar armado contra um ataque por parte da mãe, de quem eles roubaram – uma mãe que na realidade muitas vezes já havia morrido há muito tempo –, e poder devolver a ela aquilo que eles haviam roubado. Por outro lado, o medo de ser privado dos conteúdos de seu próprio corpo compele-os, de forma contínua, a acumular mais dinheiro, de forma a ter "reservas" às quais recorrer. Por exemplo, depois de John e eu termos concordado que seu medo de não poder mais devolver a sua mãe todas as fezes e crianças que ele havia roubado dela o estava levando a continuar a cortar coisas e a roubá-las, ele me deu outras razões por que ele não podia restituir tudo que havia tomado. Disse que, nesse meio-tempo, suas fezes haviam derretido; que, no fim das contas, ele tinha estado o tempo todo produzindo fezes e, mesmo que ele continuasse fazendo mais e mais, ele agora nunca poderia fazer o suficiente. E, além disso, não sabia se elas seriam "boas o suficiente". Por "boas o suficiente", ele queria dizer, em primeiro lugar, iguais em valor ao que havia roubado do corpo da mãe. (Daí seu cuidado na escolha das formas e das cores que usava nas cenas que representavam restituições.) Mas, em um sentido mais profundo, significava "inócuas",[49] livres de veneno.[50] Por outro lado, sua prisão de ventre frequente se devia à necessidade de guardar suas fezes e mantê-las dentro de si, de modo que não ficasse vazio. Essas muitas tendências conflitantes, das quais só algumas foram citadas, despertavam uma ansiedade muito aguda nele. Sempre que havia um aumento em seu medo de não ser capaz de produzir o tipo certo de coisa ou de dar o suficiente, ou de não ser capaz de reparar aquilo que havia estragado, suas tendências destrutivas primárias irrompiam novamente com toda a força. Ele rasgava, quebrava e queimava as coisas que fizera quando estava mobilizado pelas tendências reativas – a caixa que ele havia colado e enchido e que representava a mãe ou o pedaço de papel sobre o qual havia desenhado (talvez a planta de uma cidade) – e sua sede de destruição tornava-se, então, insaciável. Ao mesmo tempo, o significado primitivo sádico de urinar e defecar se tornou claramente visível. Rasgar, cortar e queimar papel se alternavam com molhar coisas com água, sujá-las com cinzas ou manchá-las com lápis e assim por diante – todas essas ações serviam aos mesmos propósitos destrutivos. Molhar e manchar significavam encharcar, afogar ou envenenar. Papéis molhados espremidos feito bolas, por exemplo, representavam mísseis especialmente venenosos por serem uma mistura de urina e fezes. Esses detalhes mostravam com clareza que o significado sádico de urinar e defecar era a causa mais profundamente implantada de seu sentimento de culpa e que era esse sentimento de culpa que levava ao impulso de restituir, que encontrava expressão em seus mecanismos obsessivos.

O fato de que um aumento de ansiedade leva a uma regressão aos mecanismos de defesa de estágios anteriores mostra quão decisiva é a influência exercida pelo superego esmagadoramente poderoso pertencente ao período de desenvolvimento mais remoto. A pressão exercida por esse superego primitivo aumenta as fixações sádicas da criança, como resultado ela tem de repetir seus atos destrutivos originais

---

49 Em alemão, "*nicht beschädigend*" ("não lesivas"). Comparar com a nota seguinte. [N. E.]

50 Em seu artigo "Fear, Guilt and Hate" [1929] (in *Papers on Psycho-Analysis*. London: Baillière, 1938), Ernest Jones assinalou que a palavra "inocente" significa "que não machuca", de modo que ser inocente significa não causar dano.

constantemente de modo compulsivo. O medo de não ser capaz de consertar as coisas de novo desperta o medo ainda mais profundo de ser exposta à vingança dos objetos que, em sua fantasia, ela matou e que continuam voltando, e põe em movimento os mecanismos de defesa pertencentes a estágios anteriores – pois o objeto que não pode ser aplacado ou satisfeito deve ser mantido longe. O ego fraco da criança não consegue chegar a um acordo com um superego tão irracionalmente ameaçador; e é só ao atingir um estágio mais avançado que sua ansiedade também é vivenciada como sentimento de culpa, acionando os mecanismos obsessivos. Ficamos pasmos quando descobrimos nesse período de sua análise que a criança não apenas obedece a suas fantasias sádicas, sob uma intensa pressão da ansiedade, como também encontra seu maior prazer no domínio da ansiedade.

Em relação direta com o aumento da ansiedade da criança, seu desejo de posse é obscurecido pela necessidade de ter os meios para enfrentar as ameaças de seu superego e dos objetos e se torna um desejo de ser capaz de devolver tudo. Mas esse desejo não pode ser satisfeito se sua ansiedade e seu conflito forem avassaladores, e assim vemos a criança muito neurótica se estafando sob uma compulsão constante de tomar para poder dar. (Deve-se observar que esse fator psicológico entra em todas as perturbações funcionais do intestino com que deparamos e também em muitos distúrbios físicos.) De modo inverso, à medida que a violência de sua ansiedade diminui, as tendências reativas também perdem seu caráter de violência e de compulsão e se tornam mais estáveis em sua aplicação, e fazem seu efeito ser sentido de modo mais delicado e mais contínuo, com menos risco de interrupção por parte das tendências destrutivas. Então a ideia da criança de que a restauração de sua própria pessoa depende da restauração de seus objetos emerge de forma cada vez mais intensa. Suas tendências destrutivas, na realidade, não se tornaram inoperantes, mas perderam o caráter de violência e se tornaram mais adaptáveis às exigências do superego. A segunda parte da ação em dois estágios da neurose obsessiva – a formação reativa – também contém elementos destrutivos. Estes agora são dirigidos com mais clareza pelo superego + ego e estão livres para ir atrás dos objetivos sancionados por eles.

Existe, como sabemos, uma íntima conexão entre atos obsessivos e a "onipotência dos pensamentos". Freud assinalou[51] que as ações obsessivas primárias de povos primitivos são essencialmente mágicas

51 S. Freud, *Totem e tabu* [1912–13], in *Obras completas*, v. 11, trad. Paulo César de Souza. São Paulo: Companhia das Letras, 2012, pp. 138–39.

em seu caráter. Diz ele: "Se não são feitiços, são contrafeitiços, dedicados a afastar as expectativas de desgraça com que a neurose costuma iniciar"; e, novamente: "Também as fórmulas protetoras da neurose obsessiva têm sua contrapartida nas fórmulas mágicas. Mas é possível descrever o curso de desenvolvimento das ações obsessivas, enfatizando como, afastadas ao máximo do elemento sexual, elas principiam como feitiços contra maus desejos, para terminar como substitutos da atividade sexual proibida, que imitam o mais fielmente possível".[52] Vemos a partir disso que os atos obsessivos são uma contramagia, desejos malignos (ou seja, desejos de morte)[53] e, ao mesmo tempo, um escudo contra atos sexuais.

Deveríamos esperar que esses três elementos que se uniram em uma ação defensiva também estivessem presentes nas fantasias e feitos que despertaram o sentimento de culpa em primeiro lugar e, assim, provocaram aquela ação defensiva. Essa mistura de mágica, desejos malignos e atividades sexuais deve ser encontrada, creio, em uma situação que foi descrita em detalhes no último capítulo – nas atividades de masturbação do bebê.

Lá assinalei que os estágios de desenvolvimento em que o conflito edipiano e as fantasias masturbatórias sádicas que o acompanham começam a surgir se centram na relação sexual entre os pais e dizem respeito aos ataques sádicos a eles, e esses ataques se tornam uma das fontes mais profundas do sentimento de culpa da criança. Cheguei à conclusão de que é o sentimento de culpa proveniente dos impulsos destrutivos dirigidos contra os pais que torna a masturbação e o comportamento sexual em geral algo mau e proibido para a criança e que essa culpa, portanto, se deve às pulsões destrutivas da criança, e não a suas pulsões libidinais e incestuosas.[54]

---

52 Ibid., p. 139.

53 No que diz respeito ao neurótico obsessivo, Freud diz, em *Totem e tabu*: "No entanto, seu sentimento de culpa é justificado; baseia-se nos fortes e frequentes desejos de morte que ele, inconscientemente, abriga em relação ao próximo" (op. cit., p. 138).

54 Assinalei no capítulo 1 a concordância entre minha visão sobre esse assunto e algumas conclusões a que Freud chegou em *O mal-estar na civilização* [1930]. Ele diz lá: "Mas então é somente a agressividade que se transforma em sentimento de culpa, ao ser suprimida e transmitida para o superego. Estou convencido de que poderemos expor muitos processos de modo mais simples e transparente, se limitarmos às pulsões agressivas o achado da psicanálise relativo à derivação do sentimento de culpa". E novamente: "Agora é plausível formular a seguinte proposição: quando uma tendência

A fase em que, em minha perspectiva, aparecem o início do conflito edipiano e as fantasias masturbatórias sádicas que o acompanham é a fase do narcisismo – uma fase em que o sujeito tem, para citar Freud, "elevada estima – a superestimação, de nosso ponto de vista – [dos] atos psíquicos".[55] Essa fase se caracteriza por um sentimento de onipotência por parte da criança com respeito às funções de sua bexiga e de seus intestinos e uma consequente crença na onipotência de seus pensamentos.[56] Como resultado disso, ela se sente culpada por conta dos inúmeros ataques aos pais que leva a cabo em fantasia. Mas esse excesso de culpa que resulta de uma crença na onipotência de seus excrementos e pensamentos é, acredito, um fator que faz com que os neuróticos e os povos primitivos retenham seu sentimento original de onipotência ou regridam a ele. Quando o sentimento de culpa deles desencadeia ações obsessivas como defesa, empregam o sentimento de onipotência com o propósito de restituir. Mas esse sentimento de onipotência agora precisa ser sustentado de modo compulsivo e exagerado, pois também a restituição, como a destruição original, está baseada na "onipotência".

Freud disse: "É difícil julgar se esses primeiros atos obsessivos ou de proteção seguem o princípio da semelhança (ou do contraste), pois nas condições da neurose eles são deformados, em geral com o deslocamento para algo mínimo, alguma ação insignificante em si".[57] A análise precoce traz prova completa do fato de que os mecanismos restitutivos se baseiam, em última instância, nessa lei da semelhança (ou contraste) em quantidade, qualidade, e em cada detalhe. Se uma criança conservou sentimentos primários de onipotência muito intensos em associação com suas fantasias sádicas, decorre disso que ela terá uma crença muito forte na onipotência criativa que deverá ajudá-la a restituir. A análise de crianças e adultos mostra com muita clareza quão grande é o papel que esse fator desempenha na promoção ou

---

pulsional sucumbe à repressão, seus elementos libidinais se transformam em sintomas, seus componentes agressivos, em sentimento de culpa" (in *Obras completas*, v. 18, trad. Paulo César de Souza. São Paulo: Companhia das Letras, 2010, pp. 112–13; trad. modif.).

55 S. Freud, *Totem e tabu*, op. cit., p. 141 (trad. modif.).

56 Ferenczi chamou a atenção, em "Stages in the Development of a Sense of Reality" (*The Psychoanalytic Review*, v. 1, 1913, p. 221), para a conexão entre funções anais e a onipotência de palavras e gestos. Cf. também K. Abraham, "The Narcissistic Evaluation of Excretory Processes in Dreams and Neurosis" [1920], in *Selected Papers on Psychoanalysis*. London: Hogarth Press, 1927.

57 S. Freud, *Totem e tabu*, op. cit., p. 139.

inibição de tais ações construtivas e reativas. O senso de onipotência do sujeito com respeito a sua capacidade de restituir não é de modo algum igual a seu senso de onipotência com relação a sua capacidade de destruir; pois devemos nos lembrar que suas formações reativas se estabeleceram em um estágio de desenvolvimento do ego e das relações de objeto que pressupõe uma relação muito mais avançada com a realidade. Assim, onde um senso de onipotência exagerado é uma condição necessária para restituir, sua crença na possibilidade de ser capaz de fazê-lo será prejudicada desde o início.[58]

Verifiquei em algumas análises que o efeito inibidor resultante dessa disparidade entre os sentimentos de onipotência ligados à destruição e aqueles ligados à restituição era reforçado por um fator particular. Se o sadismo primário e o sentimento de onipotência do paciente tinham sido fortes demais, suas tendências reativas eram poderosas de forma correspondente: suas tendências restitutivas estavam baseadas em fantasias megalomaníacas de magnitude excepcional. Na fantasia da criança, a devastação que seus poderes destrutivos ocasionaram era algo único e gigantesco e, portanto, o efeito de restituição tinha de ser também de uma magnitude extraordinária, de abalar as estruturas. Isso, por si só, já seria impeditivo o suficiente para a realização de suas tendências construtivas (embora deva ser mencionado que dois de meus pacientes sem dúvida possuíam dons artísticos e criativos incomuns), mas esse impedimento foi reforçado ainda mais pelos seguintes fatores. Em paralelo com essas fantasias megalomaníacas, a criança tinha dúvidas muito grandes quanto a se ela possuía a onipotência necessária para restituir em tal escala. Como consequência, ela tentava recusar sua onipotência também em seus atos de destruição. Mas, além disso, todo indício de que estivesse usando sua onipotência em um sentido positivo seria prova de que a tinha usado em um sentido negativo e deveria, portanto, ser evitada até que ela pudesse apresentar uma prova absoluta de que sua onipotência construtiva contrabalançava plenamente seu oposto. Nos dois casos de adultos que tenho em mente, a atitude de "tudo ou nada" resultante dessas tendências em conflito levou a graves inibições de sua capacidade de trabalhar; ao passo que, em

---

58 Em uma discussão sobre esse assunto a srta. Searl assinalou que o impulso da criança de restaurar coisas também é obstaculizado por sua experiência arcaica do fato de que é fácil quebrar coisas, mas extremamente difícil juntá-las novamente. Provas factuais desse tipo devem, creio, contribuir para um aumento nas dúvidas quanto a seus poderes criativos.

um ou dois pacientes crianças, contribuiu fortemente para inibir a formação de sublimações.

Esse mecanismo, contudo, não parece ser típico da neurose obsessiva. O paciente no qual eu o observei apresentava um quadro clínico de tipo misto, e não puramente obsessivo. Em virtude do mecanismo de "deslocamento para algo muito pequeno", que desempenha um papel tão grande em sua neurose, o paciente obsessivo pode buscar em conquistas muito pequenas uma prova de sua onipotência construtiva[59] e de sua capacidade de fazer uma restituição completa. Parece, assim, que a dúvida quanto a sua onipotência construtiva é um incentivo essencial para repetir suas ações compulsivamente.

São bastante conhecidas as ligações íntimas entre a pulsão de conhecimento e o sadismo. Freud escreve: "temos a impressão frequente de que poderia mesmo substituir o sadismo no mecanismo da neurose obsessiva".[60] Do que pude observar, a conexão entre os dois se forma em um estágio muito precoce do desenvolvimento do ego, na fase em que o sadismo se encontra no ápice. Nessa época, a pulsão de conhecimento da criança é ativada pelo conflito edipiano emergente e, de início, é colocada a serviço das tendências sádico-orais.[61] Minha experiência mostrou que o primeiro objeto dessa pulsão de conhecimento é o interior do corpo da mãe, que a criança encara, em primeiro lugar, como um objeto de gratificação oral e depois como a cena onde se dá a relação sexual dos pais e onde, em sua fantasia, se encontram o pênis do pai e as crianças. Ao mesmo tempo que ela quer abrir caminho à força para dentro do corpo da mãe a fim de tomar posse dos conteúdos e destruí-los, ela quer saber o que está se passando e como são as coisas por lá. Desse modo, seu desejo de conhecer o que se encontra no interior do corpo da mãe está equacionado de muitas maneiras com o desejo de forçar o caminho para dentro dela, e um desejo reforça o outro e o representa. Assim, a pulsão de conhecimento se vê ligada em sua origem com o sadismo

---

59 Em *Observações sobre um caso de neurose obsessiva* ("O Homem dos Ratos") [1909], Freud observa que a dúvida é, na realidade, uma dúvida quanto ao próprio amor da pessoa e que "Quem duvida de seu próprio amor não pode, não *deve* duvidar de tudo o mais, de tudo pequeno?" (op. cit., p. 104).

60 Cf. S. Freud, "A predisposição à neurose obsessiva" [1913], in *Obras completas*, v. 10, trad. Paulo César de Souza. São Paulo: Companhia das Letras, 2010, pp. 334–35.

61 Cf. Karl Abraham, "Psycho-Analytical Studies on Character Formation" [1925], in *Selected Papers on Psycho-Analysis*. London: Hogarth Press, 1927.

em seu auge, o que ajuda a compreender por que esse vínculo é tão estreito e por que a pulsão de conhecimento desperta sentimentos de culpa no indivíduo.

Vemos a criança pequena avassalada por uma multidão de perguntas e problemas com que seu intelecto ainda está inteiramente despreparado para lidar. A acusação típica, que ela dirige principalmente à mãe, é de que ela não responde a essas perguntas e não satisfaz mais seu desejo de conhecer do que satisfez seus desejos orais. Essa acusação desempenha um papel importante tanto no desenvolvimento do caráter da criança como em sua pulsão de conhecimento. Quão antiga é essa acusação pode ser visto por meio de outra queixa que a criança costuma fazer em íntima associação com esta, a de que ela não conseguia entender o que as pessoas adultas diziam ou as palavras que elas usavam; e esta segunda queixa deve se reportar a um tempo antes de ela ser capaz de falar. Além disso, a criança atribui uma quantidade extraordinária de afeto a essas duas acusações, quer apareçam isoladamente quer combinadas e, nesses momentos, é provável que ela fale em sua análise de modo a não ser compreendida – isso aconteceu no caso de minha paciente Rita,[62] de apenas dois anos e nove meses –, ao mesmo tempo que reproduz reações de raiva. Ela não consegue colocar em palavras as perguntas que quer fazer e não seria capaz de compreender nenhuma resposta que fosse dada em palavras. Mas, pelo menos em parte, essas perguntas jamais foram nem sequer conscientes. A decepção a que os primeiros movimentos da pulsão de conhecimento, que têm origem nos estágios mais remotos do desenvolvimento do ego, estão fadados é, penso, a fonte mais profunda de graves perturbações daquela pulsão em geral.[63]

Vimos, em primeiro lugar, que os impulsos sádicos contra o corpo da mãe ativam a pulsão de conhecimento da criança, mas a ansiedade que logo se segue como uma reação a tais impulsos dá um ímpeto muito importante ao aumento e à intensificação dessa pulsão. A premência que a criança sente para descobrir o que se passa no interior do corpo da mãe e de seu próprio corpo é reforçada pelo medo dos perigos que ela supõe existir no primeiro e também pelo medo dos perigosos objetos e ocorrências introjetados dentro de si mesma. O conhecimento passa a ser agora um meio de controlar a ansiedade; isso leva a um

---

62 Cf. o capítulo 2 deste volume.

63 Além disso, o ódio por pessoas que falam outra língua e a dificuldade sentida na aprendizagem de uma língua estrangeira parecem-me ser derivados dessas perturbações mais precoces do desejo de conhecimento.

ímpeto para adquirir conhecimento que se torna um fator importante tanto no desenvolvimento da pulsão de conhecimento como na inibição desta. Pois, assim como ocorre no caso do desenvolvimento da libido, também no desenvolvimento da pulsão de conhecimento a ansiedade age tanto como um fator promotor quanto como um fator inibidor. Tivemos oportunidade, em páginas anteriores, de discutir alguns exemplos de perturbações graves da pulsão de conhecimento.[64] Nesses casos, o terror que a criança sentiu de conhecer o que quer que fosse sobre a terrível destruição que ela provocou no corpo da mãe em fantasia e os contra-ataques e perigos a que ficou exposta como consequência etc. era tão tremendo que estabeleceu uma perturbação radical em sua pulsão de conhecimento como um todo. O desejo original da criança, excessivamente forte e insatisfeito, de obter informação sobre a natureza, o tamanho e o número de pênis do pai, excrementos e crianças dentro da mãe se transformava em uma compulsão para medir, somar, contar coisas, e assim por diante.

À medida que os impulsos libidinais das crianças se fortalecem e os impulsos destrutivos se enfraquecem, ocorrem também mudanças qualitativas contínuas no superego, cujos efeitos são sentidos pelo ego como influências predominantemente de advertência. E, à medida que a ansiedade diminui, os mecanismos restitutivos se tornam menos obsessivos em caráter e funcionam de forma mais estável, eficiente e com resultados mais satisfatórios; e, então, as reações que correspondem ao estágio genital emergem com mais nitidez.

O estágio genital seria, assim, caracterizado pelo fato de que nas interações que se dão entre projeção e introjeção e entre formação do superego e relações de objeto – interações que governam a totalidade do desenvolvimento inicial da criança – o elemento positivo alcançou a predominância.

64 Cf. Erna (capítulo 3), Kenneth (capítulo 4) e Ilse (capítulo 5).

10. A importância das situações de ansiedade arcaicas no desenvolvimento do ego

Uma das principais questões com que a psicanálise se defronta é a da ansiedade e suas modificações. As várias doenças psiconeuróticas a que o indivíduo está sujeito podem ser encaradas como tentativas mais ou menos malsucedidas de controlar a ansiedade. Mas, em paralelo com esses métodos de modificar a ansiedade, que podem ser considerados como patológicos, há vários métodos normais, e eles têm uma importância notável para o desenvolvimento do ego. É para alguns deles que voltaremos nossa atenção neste capítulo.

No começo de seu desenvolvimento, o ego está submetido à pressão das situações de ansiedade arcaicas. Frágil como ainda é, o ego se vê exposto, por um lado, às violentas exigências do id e, por outro, às ameaças de um superego cruel, e tem de exercer seus poderes ao máximo para satisfazer os dois lados. A descrição de Freud do ego como uma "pobre criatura submetida a uma tripla servidão, que sofre com as ameaças de três perigos"[1] é especialmente verdadeira quando se refere ao ego fraco e imaturo da criança pequena, cuja principal tarefa é dominar a pressão da ansiedade sob a qual se encontra.[2]

---

1 Sigmund Freud, *O Eu e o Id* [1923], in *Obras completas*, v. 16, trad. Paulo César de Souza. São Paulo: Companhia das Letras, 2011, p. 70.

2 Em alguns casos extremos, essa pressão pode ser tão violenta que vem a deter completamente o desenvolvimento do ego. Mas, mesmo em casos menos anormais, ela pode atuar não apenas como uma agência promotora, mas como uma agência retardadora desse desenvolvimento. Para que tenha um efeito favorável, como em todos os processos de desenvolvimento, é necessário que haja uma certa relação ótima entre os fatores em operação (cf. meu artigo "A importância da formação de símbolos no desenvolvimento do ego", 1930).

Ao brincar, até mesmo a criança muito pequena tentará superar suas experiências desagradáveis, como Freud demonstrou na brincadeira de um menininho de um ano e meio.[3] A criança arremessou um carretel de madeira amarrado a um fio de linha, de modo que o carretel desaparecesse, e, então, puxando-o de volta à vista, fê-lo reaparecer. Ao fazer isso de novo e de novo, ele procurava dominar psiquicamente um evento desagradável – a ausência temporária da mãe. Freud reconheceu em seu comportamento uma função de importância geral no brincar das crianças. Ao brincar, a criança transforma a experiência que ela sofreu passivamente em uma experiência ativa, e transforma o desprazer em prazer, dando a sua experiência originalmente desagradável um final feliz.

A análise precoce tem mostrado que por meio do brincar a criança não apenas supera a realidade penosa como, ao mesmo tempo, também a usa para controlar seus medos pulsionais e perigos internos, projetando-os no mundo externo.[4]

O esforço realizado pelo ego para deslocar processos intrapsíquicos para o mundo externo e deixar que lá sigam seu curso parece estar ligado com outra função mental, função que Freud reconheceu em sonhos de pacientes que sofriam de neurose traumática.[5]

O deslocamento de perigos, pulsionais e internos, para o mundo externo permite que a criança não apenas domine melhor a ansiedade como também esteja mais preparada para eles.[6] As tentativas, sem-

---

3 S. Freud, *Além do princípio do prazer* [1920], in *Obras completas*, v. 14, trad. Paulo César de Souza. São Paulo: Companhia das Letras, 2010, pp. 171–72.

4 Freud vê as origens da projeção como "a adoção de uma conduta ante as excitações internas que provocam um excessivo aumento do desprazer. Haverá a tendência de tratá-las como se agissem a partir de fora e não de dentro, para poder usar contra elas os meios defensivos da proteção contra estímulos. Essa é a origem da *projeção*, destinada a ter um papel importante na causação dos processos patológicos" (ibid., p. 191).

5 Freud escreve: "Tais sonhos buscam lidar retrospectivamente com o estímulo, mediante o desenvolvimento da ansiedade, cuja omissão tornara-se a causa da neurose traumática. Assim nos permitem vislumbrar uma função do aparelho psíquico, que, sem contrariar o princípio de prazer, é independente dele e parece mais primitiva que a intenção de obter prazer e evitar desprazer" (ibid., pp. 195–96).

6 Vimos nos dois capítulos anteriores que, no estágio mais precoce do desenvolvimento do indivíduo, o ego não está suficientemente apto a tolerar sua ansiedade pulsional e o medo que sente dos objetos internalizados, tenta proteger-se em parte por meio da escotomização e da recusa da realidade psíquica.

pre renovadas, da criança para controlar a ansiedade em seu brincar também me parecem envolver um "controle dos estímulos por desenvolvimento de apreensão".[7] O deslocamento, para o mundo externo, da ansiedade da criança proveniente de causas intrapsíquicas – deslocamento que acompanha a deflexão de sua pulsão destrutiva para fora – tem o efeito adicional de aumentar a importância de seus objetos, pois é em relação a esses objetos – ou a seus substitutos – que suas tendências positivas e reativas estão sendo confirmadas.[8] Os objetos tornam-se, assim, uma fonte de perigo para a criança e, no entanto, uma vez que eles se apresentam de um jeito bondoso, representam ainda um apoio contra a ansiedade.

Freud também interpretou o arremesso do carretel como uma expressão dos impulsos sádicos e vingativos da criança contra a mãe que a havia abandonado.[9] Por outro lado, que a criança tenha feito o carretel reaparecer, expressando o retorno da mãe, parece representar uma restauração mágica[10] da mãe que fora destruída na primeira parte da brincadeira, com o arremesso sendo equacionado com matar.

Além do alívio que a projeção proporciona por possibilitar que os estímulos pulsionais internos sejam tratados como se fossem externos, o deslocamento da ansiedade relativa aos perigos internos para o mundo externo proporciona vantagens extras. A pulsão de conhecimento da criança, que, junto de seus impulsos sádicos, foi dirigida para o interior do corpo da mãe, é intensificada pelo medo que ela tem dos perigos e dos atos de destruição que estão ocorrendo ali, além de dentro de seu próprio corpo, e que a criança não tem nenhum meio de controlar. Os perigos reais [externos] podem ser dominados com mais facilidade porque a criança é capaz de descobrir mais sobre a natureza deles e testar se as medidas que adotou contra eles foram bem-sucedidas. Essa necessidade de testar pela realidade é um poderoso incentivo para o desenvolvimento de sua pulsão de conhecimento, bem como de muitas outras atividades. Assim como as primeiras manifestações do impulso de brincar, todas essas atividades que ajudam a criança a

---

7 Com respeito às íntimas relações entre os sonhos e o brincar, cf. o capítulo 1 deste livro; e também o meu artigo "A personificação no brincar das crianças" (1929).

8 O texto alemão traz "*betätigt*" (ativadas). O tradutor assume que seja um erro gráfico para "*bestätigt*" (confirmadas). [N. E.]

9 S. Freud, *Além do princípio do prazer*, op. cit., p. 174.

10 Assinalei no capítulo 9 deste livro que o sentimento de culpa age como um ímpeto para as atividades e sublimações mais arcaicas.

se defender do perigo, rechaçar seus medos e habilitá-la a restituir seu objeto têm o propósito de dominar a ansiedade em relação aos perigos, tanto internos quanto externos, sejam eles reais ou imaginários.

Como consequência da interação entre introjeção e projeção – processo que corresponde à interação entre formação do superego e relação de objetos[11] –, a criança encontra um rechaço do que ela teme no mundo externo e, ao mesmo tempo, dissipa sua ansiedade ao introjetar seus objetos reais e "bons". Uma vez que a presença e o amor de seus objetos reais também têm o propósito de atenuar o medo que a criança pequena tem de seus objetos introjetados e seu sentimento de culpa, o medo dos perigos internos fortalece sua fixação na mãe e aumenta significativamente sua necessidade de amor e de ajuda. Freud explicou que essas expressões, para nós compreensíveis, de ansiedade em crianças pequenas podem ser reduzidas a uma única fonte – "a falta da pessoa amada (ansiada)"[12] –, e faz remontar essa ansiedade ao estágio no qual o indivíduo imaturo era completamente dependente da mãe. Sentir falta da pessoa amada ou por quem se anseia, vivenciar a perda de um amor ou de um objeto como um perigo, ficar assustado por estar sozinho no escuro ou com uma pessoa desconhecida – todas essas coisas são, conforme descobri, formas modificadas de situações de ansiedade arcaicas, isto é, do medo que a criança pequena tem de objetos perigosos internalizados e externos. Em um estágio de desenvolvimento um pouco posterior, acrescenta-se a esse medo uma consideração pelo próprio objeto. A criança agora teme que a mãe vá morrer como consequência dos ataques que lhe fez em fantasia e, além do mais, tem medo de ser deixada completamente sozinha, desamparada. Freud diz,[13] com relação a isso: "Ele [o bebê] ainda não é capaz de distinguir entre ausência temporária e perda duradoura; se perde a mãe de vista um momento, age como se nunca mais fosse vê-la, e são necessárias repetidas experiências contrárias, consoladoras, até que ele aprenda que a mãe sempre costuma reaparecer".[14]

---

11 Cf. o capítulo 9 deste volume.

12 S. Freud, *Inibição, sintoma e angústia* [1926], in *Obras completas*, v. 17, trad. Paulo César de Souza. São Paulo: Companhia das Letras, 2014, p. 78.

13 Ibid., p. 120.

14 Mas a criança pequena só consentirá em ser convencida por experiências confortantes desse tipo caso suas situações de ansiedade mais remotas não predominem e se, na formação de seu superego, as relações com os objetos reais forem suficientemente mobilizadas. Tenho verificado repetidas vezes que, em crianças mais velhas, a ausência da mãe reativava as situações de ansiedade mais remotas sob a pressão das quais elas, quando bem pequenas,

Segundo minha observação de crianças, a mãe tem de provar, repetidas vezes, por meio da presença, que ela não é "má", uma mãe que ataca. A criança precisa de um objeto real para combater o medo que tem dos objetos introjetados aterrorizantes e do próprio superego. Além disso, a presença da mãe é usada como evidência de que esta não está morta. À medida que a relação com a realidade avança, a criança faz uso crescente das relações com seus objetos, de suas várias atividades e da sublimação como auxílio contra o medo do superego e dos impulsos destrutivos. Meu ponto de partida foi que a ansiedade estimula o desenvolvimento do ego. O que ocorre é que, em seus esforços para dominar a ansiedade, o ego da criança convoca como auxílio as relações que tem com seus objetos e com a realidade. Esses esforços são, portanto, de importância fundamental para a adaptação da criança à realidade e para o desenvolvimento de seu ego.

O superego e os objetos da criança pequena não são idênticos; mas ela se empenha de forma contínua em torná-los intercambiáveis, em parte para diminuir o medo ao superego, em parte para poder corresponder melhor às exigências de seus objetos reais, que não coincidem com as ordens fantasiosas de seus objetos introjetados. Assim, o ego da criança pequena se vê sobrecarregado com o conflito entre o superego e o id, bem como com as exigências conflitantes do próprio superego que contém várias imagos que se formaram ao longo do desenvolvimento. Além de tudo isso, a criança tem de enfrentar a diferença entre as exigências do superego e as exigências dos objetos reais e como resultado oscila de forma constante entre os objetos introjetados e os reais – entre seu mundo de fantasia e seu mundo de realidade.

---

sentiram a ausência temporária da mãe como se fosse permanente. Em meu artigo "A personificação no brincar das crianças" (1929), relatei o caso de um menino de seis anos que me fez desempenhar o papel da "mamãe fada" que devia protegê-lo contra os seus pais "maus" combinados e matá-los. Eu tinha, além disso, que mudar repetidamente de "mamãe fada" para "mamãe má" de repente. Enquanto "mamãe fada", eu tinha que curar os ferimentos fatais que ele recebeu de um imenso animal selvagem (os pais "maus" combinados); mas, no momento seguinte, tinha que ir embora e voltar como a "mamãe má" e atacá-lo. Ele dizia: "Sempre que a mamãe fada sai da sala, nunca dá para saber se ela não vai voltar de repente como a mamãe má". Esse menino, que tinha uma fixação incomumente forte à mãe desde o início da vida, vivia em uma crença permanente de que algum mal se abatera sobre os pais e irmãos. Descobrimos que, mesmo que tivesse acabado de ver a mãe um minuto antes, ele não sentia nenhuma segurança de que nesse meio-tempo ela não tivesse morrido.

A tentativa de efetuar um ajuste entre o superego e o id não pode ser bem-sucedida no início da infância, pois a pressão do id e a severidade correspondente do superego absorvem então toda a energia do ego. Quando, no início do período de latência, o desenvolvimento da libido e a formação do superego se completam, o ego está mais forte e pode enfrentar a tarefa de fazer ajustes em uma base mais ampla entre os fatores envolvidos. O ego fortalecido se une ao superego no estabelecimento de uma ajuda comum que inclui, acima de tudo, a submissão do id e sua adaptação às exigências de objetos reais e do mundo externo. Nesse período do desenvolvimento, o ideal de ego da criança é a criança bem-comportada, "boazinha", que satisfaz os pais e professores.

Essa estabilização, no entanto, é destroçada no período que precede a puberdade e, especialmente, na própria puberdade. O ressurgimento da libido que se dá nesse período fortalece as exigências do id, ao passo que, ao mesmo tempo, a pressão do superego aumenta. O ego, mais uma vez, se vê pressionado e se encontra frente à necessidade de chegar a um novo ajuste, pois o antigo falhou e já não se podem manter as moções pulsionais submetidas e restringidas como antes. A ansiedade da criança aumenta pelo fato de que suas pulsões podem agora, com mais facilidade, irromper na realidade, e com consequências mais sérias do que na primeira infância.

O ego, portanto, em consonância com o superego, estabelece um novo objetivo. Ele tem de renunciar aos objetos originais de seu amor. Vemos com frequência o adolescente em atrito com os que o rodeiam e à espreita de novos objetos. Essa exigência está, contudo, em certa medida, também em harmonia com a realidade, que impõe a ele tarefas diferentes e superiores nessa idade; e, no curso posterior de seu desenvolvimento, essa fuga do objeto original leva a um desligamento parcial de objetos pessoais em geral e a sua substituição por princípios e ideais.

A estabilização final do indivíduo só é alcançada depois de ele ter atravessado o período da puberdade. Ao cabo desse período, seu ego e superego são capazes de concordar em estabelecer objetivos adultos. Em vez de ser dependente de seu ambiente imediato, o indivíduo agora se adapta ao mundo mais amplo a seu redor; embora reconheça as exigências da nova realidade, ele as estabelece como suas próprias exigências internas. À medida que consegue se desligar de seus objetos originais, ele alcança uma independência maior dos objetos em geral. Um ajuste desse tipo baseia-se em seu reconhecimento de uma nova realidade e é efetuado com o auxílio de um ego mais forte. E mais uma vez, como no primeiro período de florescimento de sua vida sexual, a pressão derivada da situação ameaçadora entre as exigências exageradas do id e do superego contribui muito para o fortalecimento de seu ego. O efeito contrário, inibidor, dessa pressão pode ser visto na nova limitação de sua personalidade, geralmente permanente, que o acomete no fim desse período. O florescimento da vida de fantasia que acompanha, ainda que em um grau mais brando do que no primeiro período da infância, essa segunda emergência de sua sexualidade é, via de regra, severamente restringido de novo, depois de ele atravessar o período da puberdade. Temos agora diante de nós o adulto "normal".

Mais um ponto. Vemos que, na primeira infância, o superego e o id ainda não podem se reconciliar um com o outro. No período de latência, a estabilidade é alcançada pela união do ego e do superego na busca de um alvo comum. Na puberdade, cria-se uma situação similar à do período inicial e a isso se segue, mais uma vez, uma estabilização mental do indivíduo. Já discutimos as diferenças entre esses dois tipos de estabilização; e podemos ver agora o que eles têm em comum. Em ambos os casos, alcança-se um ajuste por parte do ego e do superego, que entram em acordo quanto a um objetivo comum e quanto a um ideal de ego que leva em consideração as exigências da realidade.[15]

Nos capítulos anteriores deste livro, procurei mostrar que o desenvolvimento do superego termina, junto ao desenvolvimento da libido, no início do período de latência. Eu gostaria de enfatizar, como um ponto de importância central, que aquilo com que temos de lidar nos vários estágios que seguem o declínio do conflito edipiano não são as mudanças no próprio superego, mas um crescimento do ego, que envolve uma consolidação do superego. No período de latência, o ego e o superego da criança partilham o objetivo de se adaptarem ao ambiente e de adotarem ideais de ego que pertencem ao ambiente. Este fato, e não a própria mudança do superego, pode explicar o processo geral de estabilização no período de latência.

---

15 Em *Inibição, sintoma e angústia*, Freud diz: "O ego domina tanto o acesso à consciência como a passagem à ação no mundo exterior. Na repressão ele exerce seu poder nas duas direções". Por outro lado, diz: "traçamos um quadro da dependência do ego para com o id e o superego, revelamos sua impotência e suscetibilidade à ansiedade perante os dois" (in *Obras completas*, v. 17, op. cit., pp. 25–26; trad. modif.). Minha teoria do crescimento do ego está de acordo com essas duas afirmações, pois ela mostra como as forças do superego e do ego reagem uma à outra e determinam todo o curso de desenvolvimento do indivíduo.

Devemos passar agora de nossa discussão sobre o desenvolvimento do ego para um exame da relação desse processo com o domínio das situações de ansiedade, que descrevi como um fator tão essencial no desenvolvimento.

Disse que as atividades de brincar da criança pequena, ao fazer uma ponte sobre o fosso entre a fantasia e a realidade, ajudam-na a controlar seu medo dos perigos internos e externos. Tomemos o típico "brincar de mamãe" das menininhas. A análise de crianças normais mostra que essas brincadeiras, além de serem realizações de desejos, contêm as ansiedades mais profundas pertencentes às situações de ansiedade arcaicas e que, sob o desejo recorrente da menininha por bonecas há uma necessidade de consolo e de ser reconfortada. A posse das bonecas é uma prova de que seus bebês não foram roubados pela mãe, de que ela não teve o corpo destruído pela mãe e de que ela é capaz de ter filhos. Além do mais, ao cuidar das bonecas, com as quais se identifica, e vesti-las, ela obtém prova de que teve uma mãe amorosa e, desse modo, diminui o medo de ser abandonada, de ficar sem casa e sem mãe. Outras brincadeiras também servem, em alguma medida, a esse propósito, brincadeiras feitas por crianças de ambos os sexos, como, por exemplo, jogos de mobiliar casas e de viajar, que emergem do desejo de encontrar um novo lar – em última instância, de redescobrir a mãe.

Uma brincadeira típica de meninos que revela os componentes masculinos com muita clareza consiste em brincar com carrinhos, cavalos e trens. Isso simboliza um caminho para dentro do corpo da mãe. Em seu brincar, os meninos dramatizam, repetidas vezes e com toda sorte de variações, cenas de luta com o pai dentro do corpo da mãe e de relação sexual com esta. A ousadia, o talento e a astúcia com que eles se defendem contra seus inimigos em jogos de luta asseguram-lhes que eles podem combater, com êxito, o pai castrador, e isso diminui o medo que sentem dele. Por esses meios e ao se representarem na relação sexual com a mãe de muitas maneiras, mostrando nisso suas proezas, o menino tenta provar a si mesmo que possui um pênis e potência sexual – duas coisas cuja perda suas mais profundas situações de ansiedade o levaram a temer. E, uma vez que, nessas brincadeiras, junto às tendências agressivas também emergem as tendências restauradoras em relação à mãe, ele também prova para si mesmo que seu pênis não é destrutivo; desse modo, alivia seu sentimento de culpa.[16]

---

16 Esse assunto será discutido mais plenamente no capítulo 12.

O prazer intenso que as crianças não inibidas no brincar extraem das brincadeiras se origina não só da gratificação de suas tendências de satisfação de desejos mas também do domínio da ansiedade que elas alcançam nas brincadeiras. Mas, em minha opinião, não é meramente uma questão de duas funções separadas realizadas em paralelo; o que acontece é que o ego emprega cada mecanismo de realização de desejo, em grande medida, para o propósito de controlar a ansiedade também. Assim, por meio de um processo complicado que mobiliza todas as forças do ego, os jogos das crianças efetuam uma transformação da ansiedade em prazer. Examinaremos mais tarde como esse processo fundamental afeta a economia da vida mental e o desenvolvimento do ego do adulto.

Contudo, no que diz respeito às crianças pequenas, o ego nunca pode alcançar de forma plena o objetivo de controlar a ansiedade por meio do brincar. Enquanto a ansiedade permanece operante de forma latente, ela se faz sentir como um incentivo constante para brincar; mas, no momento em que se torna manifesta, faz com que as brincadeiras se interrompam.

No brincar de crianças pequenas podemos, assim, reconhecer que o ego arcaico da criança só alcança em parte o objetivo de controlar a ansiedade. Com o início do período de latência, a criança controla melhor a ansiedade e, ao mesmo tempo, demonstra capacidade maior de corresponder às demandas da realidade. As brincadeiras perdem o conteúdo imaginativo e o lugar delas é aos poucos ocupado pelas tarefas escolares. A preocupação da criança com as letras do alfabeto, os números e o desenho, que de início tem um caráter lúdico, substitui amplamente os jogos com brinquedos. A maneira pela qual as letras se juntam, o zelo da criança em acertar sua forma e ordem e em fazê-las do mesmo tamanho, o deleite ao conseguir a precisão em cada um desses detalhes, tudo isso está baseado nas mesmas condições internas que sua atividade anterior de construir casas e brincar com bonecas. Um caderno bonito e organizado tem o mesmo significado simbólico para a menina que uma casa e o lar, ou seja, o de um corpo sadio, não danificado. As letras e os números representam para ela os pais, irmãos e irmãs, crianças, genitais e excrementos e são os veículos de suas tendências agressivas originais, bem como de suas tendências reativas. A menina obtém da lição de casa completa com êxito a prova que refuta seus medos, e isso toma o lugar de brincar com bonecas e mobiliar casas. Análises de crianças no período de latência mostram que não apenas cada detalhe de seus deveres de casa como também todas as várias atividades de trabalho manual, desenho e assim por diante são utilizados em fantasia para restaurar seus próprios genitais e corpo, bem como o corpo da mãe e seus conteúdos, o pênis do pai, os irmãos e irmãs etc. Do mesmo modo, cada item isolado de seu próprio vestuário ou da boneca, tais como colarinhos, punhos, xales, chapéus, cintos, meias, sapatos, tem um significado simbólico.[17]

No curso normal do desenvolvimento, o cuidado que as crianças menores dedicam ao "desenhar" as letras e números é estendido, à medida que ficam mais velhas, à conquista intelectual como um todo. Mas, mesmo assim, a satisfação que sentem com tais conquistas depende, em grande medida, do apreço que elas recebem das pessoas a seu redor; é um meio de conseguir a aprovação dos mais velhos. Vemos, portanto, que no período de latência a criança encontra, em grande medida, a refutação de suas situações de perigo no amor e a aprovação de seus objetos reais; o relacionamento com seus objetos e com a realidade ganha bastante destaque.

No menino, a escrita é a expressão de seus componentes masculinos.[18] O golpe da caneta e o sucesso com que ele forma as letras representam um desempenho ativo da relação sexual e são prova de que ele possui um pênis e potência sexual. Os livros e os cadernos representam os genitais, o corpo da mãe ou da irmã.[19] Para um menino de seis anos, por exemplo, a letra maiúscula "L" significava um homem sobre um cavalo (ele e seu pênis) cavalgando através de um arco (os genitais da mãe); o "i" era o pênis e ele próprio, "e" era a mãe e os genitais dela e "ie" a união dele com ela na relação sexual. Letras maiúsculas e minúsculas representam em geral pais e filhos.[20] As fantasias ativas de relação sexual dos meninos também emergem em brincadeiras ativas e no esporte, e encontramos nos detalhes dessas brincadeiras as mesmas fantasias expressas em sua lição de casa. O desejo do menino de superar seus rivais e, assim, ser reconfortado quanto ao perigo de ser castrado pelo pai – desejo que corresponde ao modo masculino de lidar com situações de ansiedade e que é de imensa importância mais tarde, na idade da puberdade – aparece enquanto ele ainda está

---

17 Cf. John C. Flügel, *The Psychology of Clothes*. London: Hogarth Press, 1930 [ed. bras.: *A psicologia das roupas*, trad. Antônio Ennes Cardoso. São Paulo: Mestre Jou, 1966].

18 Nas meninas também a escrita e outras atividades do gênero derivam-se principalmente de componentes masculinos.

19 Com relação a seus componentes femininos, o caderno do menino representa seu próprio corpo e o bom êxito de sua tarefa escolar uma tentativa de restaurá-lo.

20 Cf. meu artigo "O papel da escola no desenvolvimento libidinal da criança" (1923).

no período de latência. Em geral o menino é menos dependente que a menina da aprovação de seu ambiente mesmo nesse período e a conquista em si já desempenha um papel muito maior em sua vida psicológica do que na dela.

Descrevemos a estabilização que ocorre no período de latência como baseada em uma adaptação à realidade, efetuada pelo ego em acordo com o superego. A conquista de um objetivo como esse depende de uma ação combinada de todas as forças comprometidas em conter e restringir as pulsões do id. É aqui que entra a luta da criança para se libertar da masturbação – uma luta que, citando Freud, "exige uma parcela grande de suas energias" durante o período de latência e cuja força plena é dirigida também contra as fantasias de masturbação. E essas fantasias, como vimos repetidas vezes, formam um elemento não apenas do brincar das crianças como também em suas atividades de aprendizagem e em todas as sublimações posteriores.[21]

A razão pela qual, no período de latência, a criança se vê numa necessidade tão grande de aprovação por parte de seus objetos é querer diminuir a oposição de seu superego (que, nesse estágio, tende a se adaptar a seus objetos) às suas fantasias de masturbação dessexualizadas. Assim, nesse período, ela precisa, de um lado, satisfazer a exigência de renunciar à masturbação e reprimir suas fantasias de masturbação e, de outro, preencher a contraexigência de realizar com êxito e para o agrado dos mais velhos aquelas mesmas fantasias de masturbação em sua forma dessexualizada dos interesses e atividades cotidianos; pois é apenas com o auxílio de tais sublimações satisfatórias que ela

---

21 Em meu artigo "O papel da escola no desenvolvimento libidinal da criança" (1923), discuti o significado inconsciente de certos artigos usados na escola e examinei as causas subjacentes de inibições de aprendizagem e na vida escolar. Em consequência de uma repressão excessiva de suas fantasias masturbatórias, a criança sofre uma inibição de sua vida imaginativa, que afeta tanto seu brincar como seu trabalho. Durante o período de latência, essa inibição é muito evidente na totalidade do caráter da criança. Em "A questão da análise leiga" [1926], Freud escreve: "Tenho a impressão de que, ao entrar no período de latência, elas também se tornam mentalmente inibidas, mais tolas. Muitas também perdem algo do encanto físico" (in *Obras completas*, v. 17, op. cit., p. 168). É verdade que o ego mantém sua posição de superioridade sobre o id com grande custo para o indivíduo. Nesses períodos da vida, quando não consegue submeter completamente o id (isto é, durante o primeiro e segundo períodos de florescimento da sexualidade) ele desfruta de uma atividade imaginativa muito mais plena e isso se expressa em menos estabilidade mental por um lado e uma maior riqueza da personalidade de outro.

pode conseguir a refutação completa de suas situações de ansiedade, exigida pelo ego. Sua estabilização no período de latência depende de seu êxito em escapar desse dilema. A aprovação daqueles em posição de autoridade, que a criança da latência precisa a fim de dominar sua ansiedade, é também uma precondição para esse processo.

Essa breve revisão de processos tão complicados e tão amplamente ramificados de desenvolvimento tem necessariamente de ser esquemática. Na verdade, a fronteira entre a criança normal e a criança neurótica não é delineada de forma muito nítida, em especial durante o período de latência. A criança neurótica pode ser boa na escola. A criança normal não está sempre ansiosa por aprender, já que ela sempre procura rechaçar suas situações de ansiedade de outras maneiras, por exemplo, exibindo proezas físicas. No período de latência, a menina normal muitas vezes domina sua ansiedade por modos predominantemente masculinos e o menino ainda pode ser considerado normal mesmo que escolha modos mais passivos e femininos de comportamento para a mesma finalidade.

Freud chamou nossa atenção para os cerimoniais típicos que se estabelecem no período de latência e que são o resultado da luta da criança contra a masturbação. Ele diz que esse período é "caracterizado [...] pelo estabelecimento de barreiras éticas e estéticas no ego".[22] Devido às "formações reativas no ego do neurótico obsessivo, que percebemos como exageros da formação normal do caráter",[23] a linha demarcatória entre as reações obsessivas e o desenvolvimento de caráter da criança normal, fomentado como costuma ser por seu ambiente educacional, não é facilmente fixada em crianças no período de latência.

O leitor deve lembrar que apresentei a visão de que a situação que origina a neurose obsessiva se encontra na primeira infância. Mas afirmei que nesse período do desenvolvimento surgem apenas traços obsessivos isolados. Eles, em geral, não se organizam de modo a formar uma neurose obsessiva até que se instale o período de latência. Essa sistematização de traços obsessivos, que se dá junto de uma consolidação do superego[24] e um fortalecimento do ego, é alcançada pelo superego e

---

22 Cf. S. Freud, *Inibição, sintoma e angústia*, in *Obras completas*, v. 17, op. cit., pp. 50–51 (trad. modif.).

23 Ibid., p. 51 (trad. modif.).

24 Nesse processo, as várias identificações da criança se tornam mais integradas, as exigências feitas por seu superego mais ajustadas à situação externa. Cf. também meu artigo "A personificação no brincar das crianças" (1929).

pelo ego[25] ao estabelecerem um objetivo comum. Esse objetivo comum se torna a base do poder deles sobre o id. E, embora a supressão das pulsões da criança exigida por seus objetos seja levada a cabo com auxílio de seus mecanismos obsessivos, ela não terá êxito a não ser que todos os fatores envolvidos estejam agindo em conjunto contra o id. Nesse processo abrangente de organização, o ego manifesta aquilo que Freud chamou de "a tendência à síntese que já atribuímos ao ego".[26]

Assim, no período de latência, a neurose obsessiva é adequada para satisfazer as exigências do ego, do superego e dos objetos da criança. No geral, os adultos rejeitam fortemente os afetos da criança. Isso dá certo tantas vezes porque essa rejeição responde, nessa idade, às exigências internas da criança.[27] Vemos muitas vezes em análise que uma criança sofre e entra em conflito se as pessoas responsáveis por ela se identificam intensamente com sua desobediência e suas tendências agressivas. Seu ego só se sente à altura de conter o id e de se opor a impulsos proibidos se os adultos apoiarem seus esforços. A criança necessita receber proibições de fora, uma vez que elas, como sabemos, sustentam as proibições internas. Ela precisa, em outras palavras, ter representantes do superego no mundo externo. Essa dependência em relação aos objetos, com a finalidade de ser capaz de controlar a ansiedade, é muito mais forte no período de latência do que em qualquer outra fase do desenvolvimento. De fato, parece-me ser um

---

25 Em *Inibição, sintoma e angústia* [1926], Freud diz que na neurose obsessiva "ego e superego participam enormemente da formação dos sintomas" (in *Obras completas*, v. 17, op. cit., p. 49).

26 Ibid., p. 48 (trad. modif.).

27 O ambiente da criança também pode afetar diretamente a neurose dela. Observei em algumas análises que a influência favorável exercida sobre o paciente por uma mudança no ambiente era atribuída ao fato de que ele o havia levado a trocar um conjunto de sintomas, que havia se tornado muito cansativo, por outro que, embora igualmente importante na estrutura de sua neurose, chamava menos a atenção. Outra coisa que pode fazer desaparecer os sintomas de uma criança é um aumento do medo que ela sente por seus objetos. Eu tive uma vez um paciente, um menino de catorze anos (cf. meu artigo "Uma contribuição à psicogênese dos tiques", 1925), que se saía muito bem em seus trabalhos de escola, mas que era muito inibido em jogos e esportes, até que o pai, que esteve longe por muito tempo, voltou para casa e fez pressão para que ele superasse sua inibição. O menino de fato fez isso, em certa medida por medo do pai, mas ao mesmo tempo foi tomado por uma grave inibição na aprendizagem, que ainda persistia quando ele veio a mim para análise com a idade de catorze anos.

pré-requisito definido para uma transição bem-sucedida para o período de latência que o domínio da ansiedade por parte da criança se apoie em suas relações de objeto e na adaptação à realidade.

Contudo, é necessário para a futura estabilidade da criança que esse mecanismo de domínio da ansiedade seja excessivamente dominante. Se os interesses, conquistas e outras gratificações da criança forem completamente dedicados a seus esforços de conquistar o amor e o reconhecimento de seus objetos; isto é, se suas relações de objeto forem o meio predominante de controlar sua ansiedade e de dissipar seu sentimento de culpa, sua saúde mental em anos futuros não estará plantada em solo firme. Se ela for menos dependente de seus objetos, se os interesses e conquistas por meio dos quais ela controla sua ansiedade e suaviza seu sentimento de culpa forem realizados por si mesmos, propiciando-lhe interesse e prazer em si, sua ansiedade sofrerá uma modificação melhor e uma distribuição mais ampla – será rebaixada, digamos. Assim que sua ansiedade é reduzida dessa forma, sua capacidade de gratificação libidinal cresce e isso é uma precondição para o domínio bem-sucedido da ansiedade. A ansiedade só pode ser controlada quando o superego e o id chegam a um ajuste satisfatório e o ego atinge um grau suficiente de força.[28]

Uma vez que as relações de objeto no período de latência dão tanto apoio mental mesmo para crianças normais, não é fácil detectar aqueles casos frequentes em que esse fator recebe significado excessivo. Mas, no período da puberdade, podemos claramente fazê-lo, uma vez que a dependência da criança de seus objetos já não é suficiente, se esse for seu meio principal de controlar a ansiedade. Essa é uma das razões pelas quais, penso, as doenças psicóticas só irrompem mais tarde na infância, durante a puberdade ou depois dela. Se tomarmos como nossa medida a força do ego, baseada em um abrandamento da severidade do superego, o que inclui uma liberdade pulsional maior,

28 Se prestarmos a devida atenção aos indícios, poderemos observar o início de futuras doenças e falhas do desenvolvimento muito mais claramente no primeiro estágio da infância do que no período de latência. Em muitos casos de pessoas que adoeceram na puberdade ou mais tarde, descobriu-se que elas sofreram grandes dificuldades na primeira infância, mas eram bem-adaptadas durante a latência, período no qual não apresentavam nenhuma dificuldade mais acentuada e eram receptivas – muitas vezes excessivamente receptivas – a seu ambiente educacional. Em casos em que a ansiedade pertencente aos estágios iniciais é intensa demais ou não foi adequadamente modificada, o processo de estabilização no período de latência, que se apoia em mecanismos obsessivos, não chega a se dar por completo.

junto de uma adaptação aos objetivos desse período de desenvolvimento, não correremos o risco de supervalorizar a adaptação às exigências da educação e da realidade no período de latência como um critério de desenvolvimento bem-sucedido e de saúde.[29]

Freud diz que "a puberdade constitui um divisor de águas no desenvolvimento da neurose obsessiva" e, além disso, nessa ocasião

> os impulsos agressivos dos primeiros tempos são novamente despertados; e, por outro lado, uma porção maior ou menor dos novos impulsos libidinais – todos eles, nos casos ruins – toma as vias assinaladas pela regressão, surgindo como intenções agressivas e destrutivas. Graças a essa camuflagem das tendências eróticas e às poderosas formações reativas no ego, a luta contra a sexualidade passa a ser travada sob a bandeira da ética.[30]

A edificação de novos princípios e de novas imagos paternas idealizadas e as exigências maiores à criança são usadas por ela com o propósito de se afastar de seus objetos originais. Ao fazer isso, ela consegue evocar seu apego original positivo ao pai e intensificá-lo com menos risco de entrar em colisão com ele. Esse evento corresponde a uma cisão da imago paterna. O pai exaltado e admirado pode agora ser amado e

---

29 Se as exigências do período de latência foram impostas com excessiva facilidade e a docilidade da criança for grande demais, o seu caráter e os seus ideais de ego permanecerão em um estado de subserviência ao ambiente pelo resto da vida. Um ego fraco – resultado de uma desadaptação entre o superego e o id – corre o risco de ser incapaz de executar a tarefa de afastar o indivíduo de seus objetos na época da puberdade e de estabelecer padrões internos independentes, de modo que ele terá falhas de um ponto de vista do caráter. Uma dependência mais leve quanto aos objetos por parte da criança se compõe muito bem com as exigências educacionais feitas a ela nessa ocasião. Em nenhuma de minhas análises do período de latência uma criança se desprendeu de seus objetos no sentido em que o fazem as crianças na época da puberdade. Acontece que suas fixações se tornam menos fortes e ambivalentes. Nesse período da vida, ao se tornar menos dependente de seus objetos, ela se torna mais capaz de encontrar outros objetos e, assim, se prepara para o desligamento subsequente que deve fazer de seus objetos na puberdade. A análise não aumenta, mas sim diminui as dificuldades que a criança tem em se adaptar a seu ambiente e em entrar em acordo com ele; pois, quanto mais liberdade interior tiver, melhor ela será capaz de fazer isso.

30 S. Freud, *Inibição, sintoma e angústia* [1926], in *Obras completas*, v. 17, op. cit., p. 53 (trad. modif.).

adorado, enquanto o pai "mau" – muitas vezes representado pelo pai real ou por um substituto, como um professor – evoca sentimentos muito estranhos de ódio, que são comuns nesse período de desenvolvimento. E, no relacionamento agressivo com o pai odiado, o menino se assegura de que está à altura do pai e de que não será castrado por este. Em sua relação com a imago paterna admirada, ele pode se satisfazer por possuir um pai poderoso e prestativo e também pode se identificar com esse pai; de tudo isso, ele extrai uma crença maior em suas próprias capacidades construtivas e potência sexual.

É aqui que entram suas atividades e conquistas. Por meio dessas conquistas, físicas ou intelectuais, que exigem, entre outras coisas, coragem, força e iniciativa, ele prova a si mesmo que a castração que tanto teme não aconteceu e que ele não é impotente. Suas conquistas também gratificam as tendências reativas e aliviam o sentimento de culpa. Mostram-lhe que suas capacidades construtivas superam suas tendências destrutivas e também representam uma restituição a seus objetos. Ao reconfortarem, elas aumentam muito a satisfação que proporcionam.[31] O alívio da ansiedade e do sentimento de culpa, que, no período de latência, ele encontrava na realização bem-sucedida de suas atividades quando elas se tornavam egossintônicas por meio da aprovação do ambiente, deve, no período da puberdade em um grau muito maior, vir do valor que seu trabalho e suas conquistas têm para ele em si mesmos.

Devemos agora considerar brevemente a maneira pela qual a menina lida com suas situações de ansiedade na puberdade. Nessa idade, ela normalmente mantém os objetivos do período de latência e os modos de controlar a ansiedade adequados para aquela fase por mais tempo que o menino. Muitas vezes a menina na puberdade é dominada pelo modo masculino de controlar a ansiedade. Veremos no próximo capítulo por que é mais difícil para ela estabelecer a posição feminina do que é para o menino estabelecer a posição masculina. A jovem coloca exigências mais altas para si mesma e para os outros. Seus padrões e ideais adotam a forma de princípios abstratos em grau menor, mas, em compensação, estão mais relacionados com pessoas admiradas. Seu desejo de agradar se estende também a conquistas mentais e desempenha um papel mesmo quando elas

---

31 Em muitas de suas sublimações, particularmente nos esforços intelectuais e artísticos, o menino faz um uso extenso do modo feminino de dominar a ansiedade. Ele emprega livros e trabalho, em seu significado de corpos, fertilidade, crianças etc., como uma refutação da destruição de seu corpo que, na posição feminina, ele espera vir das mãos da mãe, sua rival.

atingem os níveis mais elevados. Sua atitude com relação ao trabalho, uma vez que não estejam envolvidos predominantemente componentes masculinos, corresponde a sua atitude com relação ao próprio corpo; suas atividades com respeito a esses dois interesses estão amplamente relacionadas com sua maneira de lidar com situações de ansiedade específicas. Um corpo lindo ou um trabalho perfeito fornecem à menina em crescimento as mesmas contraprovas que ela necessitou quando criança – ou seja, que o interior de seu corpo não foi destruído e que as crianças não foram removidas de lá. Como mulher adulta, sua relação com o próprio filho, que muitas vezes ocupa o lugar da relação com o trabalho, é de grande ajuda para ela no lidar com a ansiedade. Ter o filho, cuidar dele e vê-lo crescer e se desenvolver – tudo isso lhe proporciona, exatamente como no caso da menininha e suas bonecas, provas renovadas de que sua posse de um bebê não está ameaçada e serve para aliviar seu sentimento de culpa.[32] As situações de perigo, grandes e pequenas, com que ela teve de lidar no processo de criar seus filhos servem, se tudo correr bem, para lhe fornecer uma refutação constante de seus temores mais arcaicos. De modo semelhante, sua relação com a casa, que para ela equivale à relação com o próprio corpo, tem uma importância especial para o modo feminino de domínio da ansiedade e tem, além disso, outra conexão, mais direta, com sua situação de ansiedade arcaica. Como vimos, a rivalidade da menininha com a mãe encontra expressão, entre outras coisas, em fantasias de expulsá-la e de tomar seu lugar como dona da casa. Uma parte importante dessa situação de ansiedade para as crianças de ambos os sexos, mas em especial para as meninas, consiste no medo de ser posta para fora de casa e ser deixada desamparada.[33] Seu contentamento com a casa é sempre, em parte, baseado em seu valor como refutação desse elemento em suas situações de ansiedade. É indispensável para a estabilização normal da mulher que os filhos, o trabalho, as atividades, e o cuidado e embelezamento de si mesma e do lar lhe forneçam uma refutação completa de sua situação de perigo.[34] Sua relação com os homens, além do mais, está

---

32 Cf. o próximo capítulo para uma discussão dos fatores profundamente subjacentes nas relações com seu bebê.

33 O medo de se tornar uma pessoa sem teto ou órfão sem lar aparece na análise de todas as crianças. Desempenha um papel importante em fixar a criança à mãe e é uma das formas assumidas por seu medo de perda do amor.

34 Com algumas mulheres, pude estabelecer o fato de que quando elas terminam sua rotina matinal, tem um sentimento de frescor e energia em

determinada em grande medida por sua necessidade de se convencer, por meio da admiração deles, de que seu corpo está intacto. Seu narcisismo, portanto, desempenha um papel importante em seu domínio da ansiedade. É como resultado desse modo feminino de domínio da ansiedade que as mulheres são muito mais dependentes do amor e da aprovação dos homens – e dos objetos em geral – do que os homens o são das mulheres. Mas os homens também obtêm de suas relações amorosas uma tranquilização de sua ansiedade que contribui de modo essencial para a satisfação sexual que eles extraem delas.

O processo normal de controlar a ansiedade parece estar condicionado por um grande número de fatores, nos quais os métodos específicos empregados agem em conjunto com elementos quantitativos, tais como a quantidade de sadismo e ansiedade presentes e o grau da capacidade do ego de tolerar a ansiedade. Se esses fatores interatuantes atingem um determinado grau ótimo, parece que a criança se torna capaz de modificar muito bem até mesmo grandes quantidades de ansiedade e pode alcançar um desenvolvimento satisfatório ou mesmo excepcional do ego e um alto nível de saúde mental. As condições sob as quais ela pode dominar a ansiedade são tão específicas como as condições sob as quais ela pode amar e são, tanto quanto se pode observar, muito intimamente interligadas com elas.[35] Em alguns casos, melhor exemplificados na época da puberdade, a condição para o domínio da ansiedade é que o indivíduo supere situações de perigo em circunstâncias especialmente difíceis que dão origem a um medo intenso; em outros, é que ele evite tanto quanto puder – e mesmo, em casos extremos, de modo fóbico – todas as circunstâncias desse tipo. Entre esses dois extremos, situa-se aquilo que pode ser encarado como um incentivo normal para obter prazer na superação de situações de ansiedade que estão associadas com uma ansiedade não excessiva e não muito direta (e, portanto, mais bem distribuída).

Tentei, neste capítulo, mostrar que todas as atividades e sublimações do indivíduo também servem para controlar a ansiedade e aliviar a culpa. A força motora de todas as atividades e interesses é, além da satisfação de seus impulsos agressivos, o desejo de restituir seu objeto e restaurar seu próprio corpo e suas partes sexuais. Vimos também[36] que, em um estágio inicial do desenvolvimento, seu senso de onipotência

---

comparação com o estado de espírito anterior, de depressão. Lavar-se e vestir-se significavam para elas uma restauração de muitas maneiras.

35 Cf. o capítulo 11 deste volume.

36 Cf. o capítulo 9 deste volume.

está a serviço dos impulsos destrutivos. Quando as formações reativas se estabelecem, esse senso de onipotência negativa, destrutiva torna necessário que ele acredite em sua onipotência construtiva; e, quanto mais forte foi seu senso de onipotência sádica, mais forte deve ser seu senso de onipotência positiva agora, a fim de que ele seja capaz de corresponder às exigências de seu superego para que possa restituir. Se a restituição exigida dele precisar de um senso muito forte de onipotência construtiva – por exemplo, que ele restitua plenamente a ambos os pais e aos irmãos e às irmãs etc. e, por deslocamento, a outros objetos e mesmo ao mundo inteiro –, então, que ele venha a fazer grandes coisas na vida e o desenvolvimento de seu ego e de sua vida sexual sejam bem-sucedidos,[37] ou que se torne vítima de graves inibições, dependerá da força de seu ego e do grau de sua adaptação à realidade que regula essas exigências imaginárias.

Resumindo o que foi dito: tentei iluminar o complicado processo, que envolve todas as energias do indivíduo, por meio do qual o ego tenta dominar as situações de ansiedade infantis. O êxito desse processo é de fundamental importância para o desenvolvimento do ego e um fator decisivo para a saúde mental. Pois, com a pessoa normal, é esse conforto multiforme contra a ansiedade e a culpa – conforto que flui de forma constante, de muitas fontes e que ela retira de suas atividades, de seus interesses e de suas relações sociais e satisfações eróticas – que lhe permite deixar para trás as situações de ansiedade originais e distribuir e diminuir a grande força do impacto delas sobre si. Graças à aplicação geral desse mecanismo, mesmo em ações desimportantes, um modo de dominar a ansiedade que não é de pouca importância econômica para o indivíduo emerge da simples superação de dificuldades cotidianas.[38]

Finalmente, devo examinar como a explicação oferecida nessas páginas do método normal de lidar com situações de ansiedade se compara com a visão de Freud sobre o assunto. Em *Inibição, sintoma e angústia* ele escreve: “Portanto, condições para a ansiedade devem ter

---

37 Se as tarefas a ele atribuídas forem muito pesadas e a discrepância entre sua onipotência destrutiva e sua onipotência construtiva exceder um certo limite, as sublimações podem se tornar inibidas e a produtividade e o desenvolvimento sexual podem ser perturbados. Discutiremos um caso desses no capítulo 12.

38 Se mesmo atividades cotidianas encontram-se tão mescladas com ansiedade, isso dará ao neurótico uma razão a mais para achar essas ações pesadas e pode impedi-lo de executá-las.

sido abandonadas no decorrer da maturação, e situações de perigo devem ter perdido sua importância". Essa afirmação, contudo, é modificada por suas observações subsequentes. Após a frase recém-citada, ele prossegue: "Além disso, algumas dessas situações de perigo sobrevivem em épocas posteriores ao modificar e adequar a estas a condição para a ansiedade".[39] Penso que minha teoria das modificações da ansiedade nos ajuda a compreender por que meios a pessoa normal se afasta de suas situações de ansiedade e modifica as condições sob as quais ela sente ansiedade. A observação analítica me inclina fortemente a acreditar que mesmo uma remoção extensa das situações de ansiedade, como a que o indivíduo normal atinge, não equivale a um abandono completo delas. De modo geral, essas situações de ansiedade, é verdade, não têm efeitos diretos sobre ele; mas, em certas circunstâncias, esses efeitos aparecem. Se uma pessoa normal for posta sob grave pressão interna ou externa, ou se adoece ou falha de algum outro modo, podemos observar nela a operação plena e direta de suas situações de ansiedade mais profundas. Uma vez, então, que toda pessoa saudável pode sucumbir a uma doença neurótica, segue-se daí que ela nunca pode se livrar inteiramente de suas velhas situações de ansiedade.

A seguinte observação de Freud parece apoiar essa visão. Na passagem recém-citada, ele escreve:

> O neurótico distingue-se das pessoas normais, então, por exacerbar enormemente as reações a esses perigos. Por fim, também o fato de ser adulto não oferece proteção suficiente contra o retorno da traumática situação de ansiedade original. Deve haver, para cada indivíduo, um limite além do qual seu aparelho psíquico fracassa em lidar com as quantidades de excitação que requerem aviamento.[40]

---

39 S. Freud, *Inibição, sintoma e angústia*, in *Obras completas*, v. 17, op. cit., pp. 92–93.

40 Ibid., p. 93 (trad. modif.).

11. Os efeitos das situações de ansiedade arcaicas sobre o desenvolvimento sexual da menina

A investigação psicanalítica lançou muito menos luz sobre a psicologia das mulheres do que sobre a psicologia dos homens. Uma vez que o temor à castração foi a primeira descoberta como força motivacional subjacente à formação da neurose nos homens, os analistas, naturalmente, começaram estudando fatores etiológicos do mesmo tipo nas mulheres. Os resultados obtidos dessa maneira foram bons uma vez que a psicologia dos dois sexos era semelhante, mas não nos pontos em que se mostrava diferente. Freud expressou bem essa questão em uma passagem em que ele diz:

> além disso, está estabelecido que o medo da castração é o único motor da repressão (ou defesa)? Se pensamos nas neuroses das mulheres, temos de pôr isso em dúvida, pois, por mais seguramente que se constate nelas o complexo da castração, não se pode falar propriamente de um medo da castração quando esta já foi consumada.[1]

Quando consideramos quão importante tem sido cada avanço em nosso conhecimento da ansiedade de castração, tanto para a compreensão da psicologia do homem como para alcançar uma cura de sua neurose, temos a expectativa de que um conhecimento de alguma ansiedade equivalente na menina nos capacitará a aperfeiçoar nosso tratamento terapêutico dela e nos ajudará a obter uma ideia mais clara das linhas ao longo das quais seu desenvolvimento sexual avança.

---

1 Sigmund Freud, *Inibição, sintoma e angústia*, in *Obras completas*, v. 17, trad. Paulo César de Souza. São Paulo: Companhia das Letras, 2014, p. 62.

A situação de ansiedade da menina

Em "Estágios iniciais do conflito edipiano" (1928), fiz uma contribuição a esse problema ainda não resolvido e apresentei a visão de que o medo mais profundo da menina é o de ter o interior de seu corpo atacado e destruído. Como resultado das frustrações orais que ela vivencia com a mãe, a menina se afasta desta e toma o pênis do pai como seu objeto de satisfação. Esse desejo cria uma necessidade urgente de que ela dê novos passos importantes em seu desenvolvimento. Ela desenvolve fantasias da mãe introduzindo o pênis do pai em seu corpo e dando a ele o seio; essas fantasias formam o núcleo das teorias sexuais arcaicas que despertam sentimentos de inveja e de ódio nela quando é frustrada por ambos os pais. Nesse estágio do desenvolvimento, crianças de ambos os sexos acreditam que a mãe é a fonte da nutrição, cujo corpo contém tudo que é desejável, inclusive o pênis do pai. Essa teoria sexual aumenta o ódio da menininha pela mãe em função da frustração que esta lhe infligiu e contribui para a produção de fantasias sádicas de atacar e destruir o interior da mãe e privá-la de seus conteúdos. Em virtude de seu medo de retaliação, essas fantasias formam a base da situação de ansiedade mais profunda da menina.

Em seu artigo "The Early Development of Female Sexuality" (1927), Ernest Jones dá o nome de afânise à destruição completa e duradoura da capacidade de obter satisfação libidinal, que ele considera uma situação de ansiedade arcaica e dominante para crianças de ambos os sexos.[2] Esse pressuposto está próximo de minha própria visão. Parece-me que a destruição da capacidade de obter gratificação libidinal implica a destruição daqueles órgãos que são necessários para esse propósito. A menina cria a expectativa de ter esses órgãos destruídos no curso dos ataques que serão feitos, principalmente pela mãe, a seu corpo e aos conteúdos deste. Seus medos referentes a seus genitais são especialmente intensos, em parte porque seus próprios impulsos sádicos estão fortemente dirigidos contra os genitais da mãe e contra os prazeres eróticos que a mãe extrai deles, em parte porque seu medo de ser incapaz de desfrutar a satisfação sexual serve, por sua vez, para aumentar o medo de que seus próprios genitais tenham ficado danificados.

2 Cf. Ernest Jones "The Early Development of Female Sexuality". *The International Journal of Psychoanalysis*, v. 8, 1927, pp. 459–72.

Estágios iniciais do conflito edipiano

De acordo com minha experiência, as tendências edipianas da menina são prenunciadas pelos desejos orais pelo pênis do pai. Esses desejos já se fazem acompanhar de impulsos genitais. Seu desejo de roubar da mãe o pênis do pai e incorporá-lo, vim a descobrir, é um fator fundamental no desenvolvimento de sua vida sexual. O ressentimento que a mãe despertou nela ao retirar-lhe o seio nutriz é ainda mais intensificado pela maldade que a mãe lhe faz ao não lhe conceder o pênis do pai como um objeto de satisfação; essa dupla queixa é a fonte mais profunda do ódio que a menina sente pela mãe como resultado das tendências edipianas.

Esses pressupostos diferem em alguns aspectos da teoria psicanalítica aceita. Freud chegou à conclusão[3] de que é o complexo de castração que introduz o complexo de Édipo da menina e que o que a faz afastar-se da mãe é o ressentimento que sente por esta lhe ter negado um pênis. A divergência entre a visão de Freud e a visão aqui apresentada, contudo, torna-se menor se refletirmos que ambas concordam em dois pontos importantes – isto é, que a menina quer ter um pênis e que ela odeia a mãe por não lhe dar um. Mas, de acordo com meu pressuposto, o que ela quer, principalmente, não é possuir um pênis que seja seu como um atributo de masculinidade, e sim incorporar o pênis do pai como um objeto de satisfação oral. Além disso, acredito que esse desejo não é resultado de seu complexo de castração, e sim a expressão mais fundamental de suas tendências edipianas e que, consequentemente, a menina é posta sob a influência de seus impulsos edipianos não de forma indireta, por meio de suas tendências masculinas e de sua inveja do pênis, mas sim diretamente, como resultado de suas pulsões parciais femininas dominantes.[4]

Quando a menina se volta para o pênis do pai como objeto desejado, diversos fatores determinam a intensidade de seu desejo. As

---

3 Cf. S. Freud, "Algumas consequências psíquicas da distinção anatômica entre os sexos" [1925], in *Obras completas*, v. 16, trad. Paulo César de Souza. São Paulo: Companhia das Letras, 2011.

4 Em seu artigo "On the Genesis of the Castration Complex" (*The International Journal of Psychoanalysis*, v. 5, 1924, pp. 50–65), Karen Horney sustenta a opinião de que o que dá origem ao complexo de castração da menina é a frustração que ela sofreu na situação edipiana, seu desejo de possuir um pênis brotando primariamente de seus desejos edipianos e não de seu desejo de ser homem. Ela encara o pênis desejado como uma parte do pai e como um substituto dele.

exigências de seus impulsos orais de sugar, aumentadas pela frustração que ela sofreu quanto ao seio da mãe, criam em sua fantasia um quadro do pênis do pai como um órgão que, ao contrário do seio, pode provê-la com uma satisfação oral tremenda e infinita.[5] Seus impulsos sádico-uretrais contribuem com essa fantasia. Pois as crianças de ambos os sexos atribuem capacidades uretrais muito maiores ao pênis – onde realmente elas são mais visíveis – do que ao órgão urinário feminino. As fantasias da menina sobre a capacidade uretral e o poder do pênis se tornam aliadas de suas fantasias orais, em virtude da equação que as crianças pequenas fazem entre todas as substâncias do corpo; e na imaginação dela o pênis é um objeto que possui poderes mágicos de proporcionar satisfação oral. Mas, desde que a frustração oral que ela sofreu por parte da mãe estimulou também todas as suas outras zonas erógenas e despertou tendências e desejos genitais com relação ao pênis do pai, este último se torna o objeto de seus impulsos orais, uretrais, anais e genitais. Outro fator que serve para intensificar seus desejos nessa direção é a teoria sexual inconsciente de que a mãe incorporou o pênis do pai, além de sua consequente inveja da mãe.

---

5 Em *Psychoanalyse der weiblichen Sexualfunktionen* (in *Neue Arbeiten zur ärztlichen Psychoanalyse*, v. 5. Wien: Internationaler Psychoanalytischer Verlag, 1925, p. 54), Helene Deutsch assinalou que, muito cedo em sua vida, a menina, ao tomar o pai como o objeto de seu afeto em seguida à mãe, dirige para ele uma grande parte daquela verdadeira libido sexual vinculada à zona oral com que ela havia investido o seio da mãe, já que, "em uma fase de seu desenvolvimento, seu inconsciente iguala o pênis do pai com o seio da mãe como um órgão a ser sugado". Concordo com a autora em sua visão de que na equação do pênis com o seio, a vagina assume o papel passivo de uma boca que suga "no processo de deslocamento de cima para baixo" e que essa atividade oral de sugar da vagina está implícita em sua estrutura anatômica como um todo. Mas, enquanto para Helene Deutsch essas fantasias não entram em operação até que a menina tenha atingido a maturidade sexual e tenha experimentado o ato sexual, em minha opinião a equação arcaica do pênis com o seio é anunciada pela frustração que ela sofre por parte do seio na primeira infância e que de imediato exerce uma influência poderosa sobre ela e afeta muito a tendência geral de seu desenvolvimento. Acredito também que essa equação de pênis com seio, acompanhada que é por esse "deslocamento de cima para baixo", ativa as qualidades orais receptivas do genital feminino em uma tenra idade e prepara a vagina para receber o pênis. Ela também abre o caminho para as tendências edipianas da menina – embora estas, é bem verdade, só revelem seu pleno poder muito mais tarde – e assenta as bases de seu desenvolvimento sexual.

Penso que é a combinação de todos esses fatores que confere ao pênis do pai poderes enormes aos olhos da menininha e torna-o o objeto de sua mais ardente admiração e desejo.[6] Se ela mantiver uma posição predominantemente feminina, essa atitude com relação ao pênis do pai muitas vezes a levará a assumir uma atitude humilde e submissa em relação ao sexo masculino. Mas pode também fazer que ela tenha intensos sentimentos de ódio por lhe terem sido negadas as coisas que ela tão apaixonadamente adorava e pelas quais ansiava; e, se ela assumir uma posição masculina, pode dar origem a todos os sinais e sintomas de inveja do pênis.

Mas, uma vez que as fantasias da menininha sobre os enormes poderes e o tamanho e a força colossais do pênis do pai emergem de seus próprios impulsos sádico-orais, sádico-uretrais e sádico-anais, ela também atribuirá a ele propriedades extremamente perigosas. Esse aspecto dele fornece o substrato de seu terror do pênis "mau", que se instala como uma reação aos impulsos destrutivos que, combinados com os libidinais, são dirigidos a ele. Se seu sadismo oral for dominante, ela encarará o pênis do pai dentro da mãe como algo a ser sobretudo odiado, invejado e destruído;[7] as fantasias cheias de ódio que ela centra no pênis do pai como algo que dá satisfação à mãe podem ser, em alguns casos, tão intensas que a farão deslocar sua ansiedade mais profunda e mais poderosa – o medo que sente da mãe – para o pênis do pai como um apêndice odiado da mãe. Se isso acontecer, a mulher adulta sofrerá graves danos em seu desenvolvimento e será levada a uma atitude distorcida em relação ao sexo masculino. Terá também uma relação mais ou menos defeituosa com seus objetos e será incapaz de superar, ou superar completamente, o estágio do amor parcial.[8]

---

6 Ela investe a mãe com parte desta glória e, em alguns casos, só a valoriza na medida em que é possuidora do pênis do pai.

7 Ela terá a mesma atitude com relação às crianças dentro do corpo da mãe. Voltaremos mais adiante a esse assunto e consideraremos de que modo sua hostilidade com as crianças dentro da mãe afeta as relações com seus próprios irmãos e irmãs, com suas próprias crianças imaginárias e, futuramente, com suas crianças reais.

8 Cf. K. Abraham, "A Short Study of the Development of the Libido, Viewed in the Light of Mental Disorders" [1924], in *Selected Papers on Psycho-Analysis*. London: Hogarth Press, p. 192. Minha paciente Erna, cuja história clínica foi relatada no capítulo 3, era um exemplo típico. O pai era, a seus olhos, principalmente, o portador do pênis que satisfazia a mãe e não a ela. Resultou que sua inveja do pênis e seus desejos de castração, que eram excepcionalmente fortes, estavam em última instância baseados na frustração que ela vivenciou com relação

Em virtude da onipotência de pensamentos, os desejos orais [da menina] pelo pênis do pai fazem que ela sinta que de fato o incorporou; a partir daí seus sentimentos ambivalentes pelo pênis do pai se estendem ao pênis internalizado. Como sabemos, no estágio da incorporação parcial o objeto é representado por uma parte dele; desse modo, o pênis do pai representa o pai como um todo. É por isso, creio, que as imagos paternas mais arcaicas da criança – o núcleo do superego paterno – são representadas pelo pênis do pai. Como procurei mostrar, o caráter aterrorizante e cruel do superego nas crianças de ambos os sexos se deve ao fato de que elas começaram a introjetar seus objetos em um período de desenvolvimento em que o sadismo se encontrava no auge. Assim, suas imagos mais arcaicas assumem o aspecto fantástico com que seus impulsos pré-genitais dominantes os dotaram.[9] Mas o impulso para introjetar o pênis do pai, isto é, o objeto edipiano, e para mantê-lo dentro é muito mais forte na menina do que no menino. Pois as tendências genitais que coincidem com seus desejos orais têm um caráter receptivo também, de modo que em circunstâncias normais as tendências edipianas da menina se encontram em grau muito maior sob o domínio de impulsos orais do que as tendências do menino. É uma questão de importância decisiva para a formação do superego e para o desenvolvimento da vida sexual se as fantasias prevalentes são as de um pênis "bom" ou de um pênis "mau". Mas, em qualquer um dos casos, a menina, ao ser mais subordinada ao pai introjetado, está mais à mercê dos poderes dele para o bem ou para o mal do que o menino normalmente está em relação a seu superego.[10] Sua ansiedade e seu sentimento de culpa em relação à

---

ao pênis quando se achava na posição oral. Uma vez que, ao focalizar seu ódio no pênis, ela imaginava que a mãe o possuía, o sentimento que nutria pela mãe, embora cheio de ódio, era mais pessoal do que o que sentia pelo pai. É verdade que outra razão pela qual se afastou dele foi para protegê-lo de seu próprio sadismo. E a concentração de seu ódio no pênis do pai também ajudava a poupá-lo como objeto (cf. Abraham). A análise conseguiu extrair dela uma atitude mais amistosa e humana com relação ao pai e esse avanço foi acompanhado de mudanças favoráveis em suas relações com a mãe e seus objetos em geral. Com respeito a esse relacionamento com o pênis do pai e ao próprio pai, eu gostaria de chamar a atenção para os pontos de semelhança que existem entre minha paciente e dois casos que Abraham relatou à p. 483 de seu trabalho citado.

9 Cf. o capítulo 8 deste volume e meu artigo "Estágios iniciais do conflito edipiano" (1928).

10 Como consequência, o superego da menina é mais potente do que o do menino; discutiremos mais adiante o efeito que isso tem sobre o desenvolvimento do ego e das relações de objeto dela.

mãe servem para complicar ainda mais seus sentimentos divididos com respeito ao pênis do pai.

A fim de simplificar nosso levantamento da situação completa, seguirei, em primeiro lugar, o desenvolvimento da atitude da menina para com o pênis do pai e então tentarei descobrir em que medida sua relação com a mãe afeta seu relacionamento com o pai. Em circunstâncias favoráveis, a menina acredita na existência de um pênis introjetado perigoso, bem como de um pênis benéfico e prestativo. Como resultado dessa atitude ambivalente, é gerada uma ansiedade que compele a criança muito pequena e também o adulto a buscar experiências sexuais. Esse ímpeto que fortalece seus desejos libidinais por um pênis e a eles vem se agregar surge da seguinte maneira. O medo que ela sente do pênis "mau" introjetado é um incentivo para que ela introjete continuamente um pênis "bom" na relação sexual.[11] Além do mais, seus atos sexuais, sejam eles na forma de felação, sexo anal ou na relação sexual normal, ajudam-na a verificar se os medos que desempenham um papel tão dominante e fundamental em sua mente, em conexão com a relação sexual, são bem fundamentados ou não. A razão pela qual a relação sexual se tornou tão carregada de perigo na imaginação das crianças de ambos os sexos é que as fantasias de desejos sádicos delas transformaram aquele ato, realizado entre o pai e a mãe, em uma situação de perigo muito ameaçadora.[12]

Já me ocupei detidamente da natureza dessas fantasias masturbatórias sádicas e descobri que elas caem em duas categorias distintas, ainda que interligadas. Nas da primeira categoria a criança emprega vários meios sádicos para fazer um ataque direto aos pais, estejam eles combinados na relação sexual ou separados; nas da segunda

---

11 Como já vimos antes neste livro, o medo que a criança tem das coisas "más" dentro dela, como os objetos "maus" internalizados, excrementos e substâncias corporais perigosas, com frequência a encoraja a tentar todo tipo de processo de introjeção e de ejeção e é, assim, um fator fundamental em seu desenvolvimento.

12 O desejo que a criança tem de que os pais tenham relações sexuais de modo sádico é, em minha experiência, um fator importante na produção e manutenção de suas teorias sexuais, de modo que estas não apenas devem o seu caráter à influência que seus impulsos pré-genitais têm sobre a formação de suas fantasias como também são o resultado dos desejos destrutivos que ela dirige contra os pais na relação sexual. Portanto, ao analisar as teorias sexuais da criança, achei importante, de um ponto de vista terapêutico, prestar atenção no fato de que elas brotam de seus desejos sádicos e, assim sendo, dão origem a um forte sentimento de culpa em sua mente.

categoria, que são derivadas de um período um tanto posterior à fase em que o sadismo se encontra no auge, a crença em sua onipotência sádica sobre os pais encontra expressão de modo mais indireto. Ela os atribui instrumentos de destruição mútua, ao transformar seus dentes, unhas, genitais, excrementos e assim por diante em armas e animais perigosos etc., e os imagina, de acordo com os próprios desejos da criança, como atormentando e destruindo um ao outro na relação sexual.

Ambas as categorias de fantasias sádicas dão origem a ansiedades provenientes de várias fontes. Em conexão com a primeira categoria, a menina tem medo de ser contra-atacada por um dos pais ou por ambos, mas mais particularmente pela mãe, já que é a mais odiada dos dois. Ela espera ser atacada de dentro bem como de fora, já que introjetou seus objetos ao mesmo tempo que os atacava. Os medos que sente quanto a isso estão intimamente conectados com a relação sexual,[13] porque suas ações sádicas primárias foram, em grande medida, dirigidas contra os pais, que ela imaginava na relação sexual. Mas é especialmente nas fantasias que pertencem à segunda categoria que a relação sexual, em que a mãe é completamente destruída de acordo com seus desejos sádicos, torna-se um ato repleto de imenso perigo para a menina. Por outro lado, a relação sexual, que suas fantasias e desejos sádicos transformaram em uma situação de perigo tão extremo, é, por essa mesma razão, o método mais poderoso de dominar a ansiedade – tanto mais porque a gratificação libidinal que a acompanha propicia a ela o mais alto prazer obtenível e, assim, diminui sua ansiedade por conta própria.

Essa visão lança nova luz, penso, sobre os motivos que impelem o indivíduo a manter relações sexuais e sobre as fontes psicológicas que contribuem para a satisfação libidinal que obtém desse ato. Como sabemos, a satisfação libidinal de todas as suas zonas erógenas implica também uma satisfação de seus componentes destrutivos, devido à fusão de seus impulsos libidinais e destrutivos que ocorre nos estágios de desenvolvimento dominados por suas tendências sádicas. Agora, em minha opinião, os impulsos destrutivos lhe despertaram ansiedade bem cedo, nos primeiros meses de vida. Como consequência, as fantasias sádicas ficam ligadas pela ansiedade e essa ligação entre elas dá origem a situações de ansiedade específicas. Uma vez que os impulsos genitais se instalam, quando ainda está

---

13 Essas fantasias dão origem também a situações de perigo que não estão por si mesmas vinculadas ao ato sexual.

na fase em que o sadismo se encontra no auge – pelo menos, assim observei – e a relação sexual representa, em suas fantasias sádicas, um veículo de destruição dos pais, essas situações de ansiedade, que são despertadas nos estágios iniciais de desenvolvimento, ficam conectadas com suas atividades genitais também. O efeito de tal fusão é que, por um lado, a ansiedade intensifica suas necessidades libidinais e, por outro, a satisfação libidinal de todas as zonas erógenas é usada para controlar a ansiedade. A satisfação libidinal diminui a agressividade e com isso a ansiedade. Além do mais, o prazer que obtém dessa satisfação parece, por si, reduzir o medo de ser destruído pelos próprios impulsos destrutivos e por seus objetos, além de contrapor-se à afânise (Jones), isto é, o medo de perder a capacidade de alcançar satisfação libidinal. A satisfação libidinal, como uma expressão de Eros, reforça a crença em suas imagos prestativas e diminui os perigos que o ameaçam a partir de sua pulsão de morte e de seu superego.

Quanto mais ansiedade o indivíduo tem e quanto mais neurótico é, tanto mais as energias de seu ego e suas forças pulsionais serão absorvidas na tentativa de superar a ansiedade; e aí, também, a satisfação libidinal será empregada primariamente com o propósito de dominar a ansiedade. Na pessoa normal, que está mais distanciada de suas situações de ansiedade arcaicas e que as modificou de modo mais bem-sucedido, o efeito dessas situações sobre suas atividades sexuais é, naturalmente, muito menor; mas, em minha maneira de ver, não é jamais ausente.[14] A pessoa normal também se sente impelida a testar suas situações de ansiedade específicas nas relações com seu parceiro amoroso, o que fortalece e colore suas fixações libidinais; assim, a relação sexual sempre ajuda a pessoa normal a controlar a ansiedade. As situações de ansiedade dominantes e as quantidades de ansiedade presentes são elementos específicos das condições para amar que se aplicam a qualquer pessoa.

Se a menina, que testa suas situações de ansiedade por meio da relação sexual, correspondente a um teste pela realidade, é sustentada por sentimentos de confiança e esperança, ela será levada a tomar por objeto uma pessoa que representa o pênis "bom". Nesse caso, o alívio da ansiedade alcançado por meio da relação sexual lhe proporcionará grande prazer e será um acréscimo considerável à satisfação puramente libidinal que ela experimenta; e, além disso, lança as bases para relações amorosas duradouras e satisfatórias. Mas, se as circunstâncias

14 Cf. o capítulo 10 deste volume.

forem desfavoráveis e seu medo do pênis "mau" introjetado predominar, a condição necessária para sua capacidade de amar será fazer esse teste de realidade por meio de um pênis "mau" – isto é, seu parceiro no amor será uma pessoa sádica. O teste que ela faz, nesse caso, tem por objetivo informá-la de que tipo de dano seu parceiro lhe infligirá por meio da relação sexual. Mesmo os danos que antecipa a esse respeito servem para dissipar sua ansiedade e têm grande importância na economia de sua vida mental.[15] A propensão a aliviar o medo de perigos internos e externos por meio de provas no mundo externo me parece ser um fator essencial na compulsão à repetição.[16] Quanto mais neurótico o indivíduo, mais essas provas se acham ligadas à necessidade de punição. Quanto mais forte for a ansiedade das situações de ansiedade mais arcaicas e quanto mais fracas as correntes de sentimentos esperançosos, menos favoráveis serão as condições com as quais estão vinculadas as contraprovas. Nesses casos, apenas uma punição severa ou experiências bastante infelizes (que são assumidas como punição) podem substituir a punição temida, antecipada em fantasia. A escolha da menina por um parceiro sádico também se baseia em um impulso para incorporar mais uma vez um pênis sádico "mau" (pois é assim que ela vê a relação sexual) que destruirá os objetos perigosos dentro dela. Assim, a raiz mais profunda do masoquismo feminino pareceria ser o medo da mulher dos objetos perigosos que ela internalizou; e seu masoquismo não seria outra coisa, em última instância, do que suas pulsões sádicas voltadas para dentro contra esses objetos internalizados.[17]

De acordo com Freud,[18] o sadismo, embora se torne primeiro aparente em relação a um objeto, era originalmente uma pulsão destrutiva dirigida contra o próprio organismo (sadismo primário) e só mais tarde

---

15 A razão desse fenômeno se encontra no fato de que nenhum sofrimento infligido por fontes externas pode ser tão grande quanto aquele infligido em fantasia por um medo contínuo e avassalador de danos e perigos internos.

16 Cf. o capítulo 7 deste volume.

17 Em seu artigo "The Significance of Masochism in the Mental Life of Women" (*The International Journal of Psychoanalysis*, v. 11, 1930, pp. 48–60), Helene Deutsch expressa opiniões sobre as origens do masoquismo que diferem amplamente das minhas e que se baseiam no pressuposto, igualmente em discordância do meu, de que o complexo de Édipo da menina é introduzido por seus desejos de castração e medos à castração.

18 Cf. S. Freud, *Além do princípio do prazer* [1920], in *Obras completas*, v. 14, trad. Paulo César de Souza. São Paulo: Companhia das Letras, 2010; e "O problema econômico do masoquismo" [1924], in *Obras completas*, v. 16, op. cit.

era desviado do ego pela libido narcísica; e o masoquismo erógeno é aquela porção da pulsão destrutiva que não pôde ser desviada para fora desse modo e permaneceu dentro do organismo, libidinalmente ligada. Ele pensa, além disso, que uma vez que qualquer parte da pulsão destrutiva que foi dirigida para fora é voltada para dentro e retirada dos objetos, dá origem ao masoquismo secundário ou feminino. Contudo, tanto quanto posso ver, quando a pulsão destrutiva sofre esse tipo de reversão, ela ainda se mantém aderida a seus objetos: mas agora eles são objetos internalizados e, ao ameaçar destruí-los, ela também ameaça destruir o ego em que estão situados. Desse modo, no masoquismo feminino, a pulsão destrutiva é mais uma vez dirigida contra o próprio organismo. Freud diz "um sentimento de culpa também acha expressão no conteúdo manifesto das fantasias masoquistas, pois o indivíduo supõe haver infringido algo (não determinado) que deve ser expiado mediante procedimentos penosos e torturantes".[19] Parece-me haver certos pontos em comum entre o comportamento autotorturante do masoquista e as autocensuras do melancólico, as quais, como sabemos, são dirigidas a seu objeto introjetado, na realidade. Pareceria, portanto, que o masoquismo feminino é dirigido ao ego, bem como aos objetos introjetados. Além do mais, ao destruir seu objeto internalizado o indivíduo age no interesse da autopreservação; e, em casos extremos, seu ego não será mais capaz de desviar sua pulsão de morte para fora, pois ambas as pulsões, a de vida e a de morte, se uniram em um objetivo comum e a pulsão de vida foi retirada de sua função apropriada de proteger o ego.

Consideraremos agora, brevemente, uma ou duas outras formas típicas que a vida sexual de mulheres com um medo imenso do pênis introjetado pode assumir.[20] As mulheres, que além de terem fortes inclinações masoquistas abrigam correntes mais esperançosas de sentimento, muitas vezes tendem a confiar seus afetos a um parceiro sádico e, ao mesmo tempo, a fazer esforços de todos os tipos – esforços que muitas vezes consomem todas as energias de seu ego – para transformá-lo em um objeto "bom". Mulheres desse tipo, em quem o medo do

---

19 Cf. S. Freud, "O problema econômico do masoquismo" [1924], in *Obras completas*, v. 16, op. cit., p. 190.

20 Naturalmente, essas várias formas se superpõem em muitos casos. Ao lidar com tal riqueza e complexidade de material, só posso dar um apanhado esquemático de uma ou duas dessas formas, o meu objetivo principal é descrever algumas das consequências que surgem dessa ansiedade tão fundamental na mulher.

pênis "mau" e crença no "bom" se encontram uniformemente equilibrados, muitas vezes flutuam entre a escolha de um objeto externo "bom" e um "mau".

Com frequência, o medo que a mulher tem do pênis internalizado cria nela um ímpeto de testar sua situação de ansiedade repetidas vezes, o que resulta em uma compulsão constante de realizar a relação sexual com seu objeto ou, como uma variação disso, a trocar esse objeto por outro. Em casos constituídos de modo diferente, de novo, o mesmo medo terá um resultado oposto e a mulher se tornará frígida.[21] Quando criança, o ódio que sentia pela mãe a fez passar do pênis do pai como objeto desejável e farto para um objeto perigoso e maligno; ao mesmo tempo, em sua imaginação, ela transformou a vagina em um instrumento de morte e a totalidade da mãe em uma fonte de perigo para o pai, ao manter relações sexuais com ela. Seu medo da relação sexual baseia-se, assim, tanto nos danos que ela sofrerá por parte do pênis como nos danos que ela própria infligirá a seu parceiro. O medo de castrá-lo se deve em parte a sua identificação com a mãe sádica e em parte as próprias tendências sádicas.

Como já indiquei, se a menina adota uma atitude masoquista, suas tendências sádicas são dirigidas contra seus objetos internalizados. Mas, se o medo que sente do pênis internalizado a impelir a se defender contra as ameaças dele a partir de dentro por meio de projeção, ela dirigirá seu sadismo contra o objeto externo – para o pênis que está sendo introjetado nesse momento no ato da relação sexual e, desse modo, a seu parceiro sexual. Em tais casos, o ego conseguiu, mais uma vez, desviar a pulsão destrutiva para longe dele e, agora, também para longe dos objetos internalizados e está novamente dirigindo-a para um objeto externo. Se as tendências sádicas da menina predominarem, ela ainda encarará a relação sexual como um teste de sua ansiedade por meio da realidade, mas em sentido oposto. As fantasias de que

21 Esse tipo de resultado depende, em grande medida, parece, da extensão em que o ego é capaz de superar a ansiedade. Como vimos no último capítulo, acontece, às vezes, que o indivíduo só domina sua ansiedade (ou melhor, a transforma em prazer) sob a condição das situações de realidade que ele tem de superar serem de natureza particularmente difícil ou perigosa. Encontramos, às vezes, condições semelhantes estabelecidas para suas relações amorosas, e, nesse caso, a própria relação sexual representa a situação de perigo. Como consequência, a frigidez nas mulheres seria em parte devida a uma evitação fóbica de uma situação de ansiedade. Até onde se pode observar, há uma íntima relação entre condições específicas de domínio da ansiedade e obtenção de satisfação sexual.

sua vagina e corpo como um todo são destrutivos para seu parceiro e que na felação ela vai morder e arrancar o pênis e despedaçá-lo são agora o meio de superar o medo do pênis que ela incorporou e o medo do objeto real. Ao empregar seu sadismo contra o objeto interno, ela também está, em fantasia, desencadeando uma guerra de extermínio contra seus objetos internalizados.

A onipotência dos excrementos

Nas fantasias sádicas tanto do menino como da menina, os excrementos desempenham um papel importante. A onipotência da função da bexiga e do intestino[22] está intimamente relacionada com mecanismos paranoides.[23] Esses mecanismos são eficazes ao máximo na fase em que a criança, em suas fantasias sádicas de masturbação, destrói os pais em relação sexual por meios secretos, com urina, fezes e flatos;[24] esses meios e métodos de ataque primários são reforçados de modo secundário em função do medo da criança de ser contra-atacada, e assim são empregados para propósitos defensivos.[25]

---

22 Cf. S. Freud, *Totem e tabu* [1912–13], in *Obras completas*, v. 11, trad. Paulo César de Souza. São Paulo: Companhia das Letras, 2012; também S. Ferenczi, "O desenvolvimento do sentido de realidade e seus estágios" [1913], in *Obras completas*, v. 2, trad. Álvaro Cabral. São Paulo: WMF Martins Fontes, 1992; e K. Abraham, "The Narcissistic Evaluation of Excretory Processes in Dreams and Neurosis" [1920], in *Selected Papers on Psycho-Analysis*. London: Hogarth Press, 1927.

23 Para a conexão entre paranoia e funções anais, cf. Freud, Ferenczi, Von Ophuijsen, Stärcke e outros.

24 Cf. o capítulo 10 deste volume.

25 Uma onipotência sádica desse tipo, usada primariamente para destruir os pais ou um deles por meio do excrementos, se modifica ao longo do desenvolvimento da criança e é frequentemente empregada para infligir dor moral ao objeto e dominá-lo intelectualmente. Devido a essa modificação, e porque a criança agora faz os ataques de modo secreto e insidioso e precisa apresentar uma igual vigilância e engenhosidade mental ao se guardar de contra-ataques de caráter correspondente, o seu sentimento original de onipotência se torna de fundamental importância para o crescimento do ego em ambos os sexos. Em seu artigo acima referido, Abraham adota a visão de que a onipotência das funções da bexiga e do intestino é um precursor da onipotência dos pensamentos; e em seu artigo "The Madonna's Conception through the Ear" (in *Essays in Applied Psychoanalysis*, v. 2. London: International Psychoanalytical Press, 1923), Ernest Jones mostrou que os pensamentos são igualados a flatos. Também sou de opinião que a criança equaciona as fezes e, mais especialmente, os flatos invisíveis com outra substância secreta e invisível, seus pensamentos,

Parece-me que esse sentimento de onipotência da função da bexiga e do intestino influencia a vida sexual e o desenvolvimento do ego da menina com mais força e de modo mais duradouro do que no caso do menino. Os ataques que fazem com seus excrementos são dirigidos à mãe, em primeiro lugar a seu seio e, em seguida, ao interior de seu corpo. Uma vez que os impulsos destrutivos da menina contra o corpo da mãe são mais poderosos e duradouros do que os do menino, ela desenvolverá métodos de ataque mais fortes, clandestinos e sagazes, baseados na magia dos excrementos e de outras substâncias[26] e na onipotência de seus pensamentos, de acordo com a natureza escondida e misteriosa daquele mundo no interior do corpo da mãe e de seu próprio corpo; ao passo que o menino concentrará seus sentimentos de ódio no pênis do pai, que ele presume estar dentro da mãe, e sobre o pênis real dele e, assim, direcionará tais sentimentos em grande medida para o mundo externo e para aquilo que é tangível e visível. Ele também faz maior uso da onipotência sádica de seu pênis e, como resultado, ele dispõe de outros modos de controlar a ansiedade,[27] enquanto o modo da mulher de controlar a ansiedade permanece sob o domínio da relação dela com um mundo interno, com aquilo que é oculto e, portanto, com o inconsciente.[28]

Como já foi dito, quando o sadismo [da menina] se encontra no ápice, ela acredita que a relação sexual é um meio de aniquilar o objeto e, ao mesmo tempo, ela também trava uma guerra de extermínio contra os objetos internalizados. Por meio da onipotência de seus

---

e, além disso, ela imagina que em seus ataques ocultos ao corpo da mãe ela os coloca lá dentro através de meios mágicos (cf. o capítulo 8 deste volume).

26 O fato de que a mulher vincula seu narcisismo ao corpo como um todo deve em parte se dever a ela ligar seu sentimento de onipotência com as várias funções corporais e processos de excreção e desse modo distribuí-lo em grande medida por todo o seu corpo, ao passo que o homem o localiza mais em seus genitais. No fim das contas, em última instância, é através do corpo que ela captura e controla seus objetos reais por meios mágicos.

27 Neste capítulo e no próximo, consideraremos como as diferenças anatômicas entre os sexos contribuem para separar as linhas ao longo das quais o sentimento de onipotência e, como consequência, os modos de dominar a ansiedade se desenvolvem em cada sexo.

28 Em meu artigo "Uma contribuição à teoria da inibição intelectual" (1931), mostrei que o indivíduo encara no inconsciente o seu pênis como o representante de seu ego e consciente, e o interior de seu corpo – aquilo que é invisível – como representante de seu superego e inconsciente.

excrementos e pensamentos, ela procura superar os objetos aterrorizantes dentro do próprio corpo e, originalmente, dentro do corpo da mãe. Se sua crença no pênis "bom" do pai dentro dela for forte o suficiente, ela fará dele o veículo de seu sentimento de onipotência.[29] Se a crença no poder mágico de seus excrementos e pensamentos prepondera, será por meio do poder destes que ela governará e controlará tanto seus objetos internalizados como seus objetos reais na fantasia. Não apenas essas diferentes fontes de poder mágico operam ao mesmo tempo e reforçam uma à outra, como o ego as utiliza e joga uma contra a outra com o propósito de controlar a ansiedade.

Relação arcaica com a mãe

A atitude [da menina] com o pênis introjetado é fortemente influenciada por sua atitude para com o seio da mãe. Resumindo os elementos primários: os primeiros objetos que ela introjeta são a mãe "boa" e a mãe "má",[30] representadas pelo seio. Seu desejo de sugar ou devorar o pênis é derivado diretamente de seu desejo de fazer o mesmo com o seio da mãe, de modo que a frustração que ela sofre por parte do seio prepara o terreno para os sentimentos despertados por sua frustração renovada com relação ao pênis. Não apenas a inveja e o ódio que ela sente pela mãe colorem e intensificam suas fantasias sádicas contra o pênis como também suas relações com o seio da mãe afetam igualmente, de outras maneiras, sua atitude posterior em relação aos homens. Assim que começa a ter medo do pênis "mau" introjetado, ela também começa a correr de volta para a mãe, a qual, como pessoa real e figura introjetada, deveria ajudá-la. Se sua atitude primária para com a mãe foi dominada pela posição oral de sugar e assim conteve fortes elementos positivos e esperançosos, ela será capaz de buscar abrigo, em certa medida, na imago materna "boa" contra a imago

---

29 Em seu artigo "The Role of Psychotic Mechanisms in Cultural Development" (*The International Journal of Psychoanalysis*, v. 1, 1930, pp. 387–418), Melitta Schmideberg mostrou que a introjeção do pênis do pai (= pai) aumenta muito o narcisismo e o sentimento de onipotência do indivíduo.

30 No capítulo 8, vimos como o seio "bom" se transforma em um seio "mau" como consequência dos ataques imaginários da criança a ele, pois a criança dirige todos os recursos de seu sadismo em primeiro lugar contra o seio por não lhe dar satisfação suficiente, de modo que ocorre uma introjeção primária tanto de uma imago materna boa quanto de uma imago materna má, antes que quaisquer outras imagos sejam formadas.

materna "má" e contra o pênis "mau"; caso contrário, seu medo da mãe introjetada aumentará também seu medo do pênis internalizado e dos pais aterrorizantes unidos na relação sexual.

A importância que a imago materna tem para a menina como uma figura "auxiliadora" e a força de sua ligação com a mãe são muito grandes, uma vez que, em sua fantasia, a mãe possui o seio nutriz, o pênis do pai e as crianças, e com isso tem o poder de satisfazer todas as suas necessidades. Pois, quando as situações de ansiedade arcaicas da menininha se estabelecem, o ego faz uso de sua necessidade de alimento, no sentido mais amplo, para ajudá-la a superar a ansiedade. Quanto mais ela teme que seu corpo seja envenenado e exposto a ataques, mais ela anseia pelo leite "bom", pelo pênis "bom" e pelas crianças,[31] coisas sobre as quais, como lhe diz sua fantasia, sua mãe exerce comando ilimitado. Ela precisa dessas coisas "boas" para protegê-la contra as "más" e para estabelecer certo equilíbrio interno. Na fantasia, o corpo da mãe é, portanto, um armazém que contém os meios para satisfazer todos os seus desejos e aliviar todos os seus medos. Essas fantasias, que a reconduzem ao seio da mãe como a fonte mais antiga de satisfação, e a mais repleta de consequências, são as responsáveis por sua ligação imensamente forte com a mãe. E a frustração que ela sente por parte da mãe dá origem, sob a pressão de sua ansiedade, a queixas renovadas contra ela e a ataques sádicos mais pesados contra seu corpo.

Em um estágio um tanto posterior do desenvolvimento, contudo, em um momento em que seu sentimento de culpa se faz sentir em todos os cantos,[32] esse mesmo desejo de se apossar dos conteúdos "bons" do corpo da mãe, ou melhor, sua sensação de ter feito isso e, assim, exposto a mãe, por assim dizer, a seus conteúdos "maus", desperta nela sentimentos de culpa e ansiedade muito severos. O ato de ter destruído a criança [dentro da mãe] é igualado, em sua fantasia, com a destruição completa daquele reservatório do qual ela extrai a satisfação de todas as suas necessidades mentais e físicas. Esse medo,

---

31 Investigaremos depois, em detalhes, o significado mais profundo ligado à posse das crianças. Basta aqui observar que a criança imaginária dentro do corpo representa um objeto prestativo.

32 Deve-se lembrar que, na imaginação da menina, além de ter atacado os pais, ela machucou ou matou os irmãos e irmãs dentro da mãe. O medo que ela sente de retaliação e o sentimento de culpa por causa disso dá origem a perturbações na relação com os irmãos e irmãs reais e por consequência em sua capacidade para a adaptação social em geral.

que é de uma importância tremenda na vida mental da menininha, vai fortalecer ainda mais os vínculos que a ligam à mãe. Dá origem a um ímpeto de restituir e devolver à mãe tudo que tirou dela – ímpeto que encontra expressão em sublimações numerosas de um tipo especificamente feminino.

Mas esse ímpeto corre em sentido contrário a outro ímpeto, fortalecido pelo mesmo medo, de tirar da mãe tudo o que ela tem, a fim de salvar seu próprio corpo. Nesse estágio de desenvolvimento, portanto, a menina é governada por uma compulsão de simultaneamente tirar e devolver, e essa compulsão, como já foi dito,[33] é essencial para a origem da neurose obsessiva. Por exemplo, vemos meninas pequenas desenhando estrelinhas ou cruzinhas que significam fezes, e crianças ou meninas mais velhas escrevendo letras e números em uma folha de papel que representa o corpo da mãe ou seu próprio, tomando muito cuidado para não deixar espaços vazios. Ou, em outro caso, elas empilham cuidadosamente pedaços de papel dentro de uma caixa até que ela esteja bem cheia. Muitas vezes elas desenham uma casa para representar a mãe e, então, colocam uma árvore na frente dela como o pênis do pai e algumas flores ao lado, que são as crianças. Meninas mais velhas desenham ou costuram ou fazem bonecas e vestidinhos de bonecas ou livros etc.; e essas coisas tipicamente representam o corpo reconstituído da mãe (com um todo ou cada parte danificada individualmente), o pênis do pai e as crianças dentro da mãe, ou o pai, os irmãos e as irmãs pessoalmente.

Enquanto estão empenhadas nessas atividades ou depois de as terem completado, as crianças muitas vezes mostram raiva, depressão, decepção ou mesmo reações de tipo destrutivo, determinadas pelo medo de não serem capazes de restituir. Uma ansiedade desse tipo, que é um obstáculo subjacente a todas as tendências construtivas, provém de várias fontes.[34] A menina tomou posse, em fantasia, do pênis do pai, das fezes e das crianças e, então, devido ao medo do pênis, das crianças e dos excrementos que se instala com suas fantasias sádicas, ela perde a fé nas qualidades boas deles. As perguntas que ocupam sua mente agora são: será que as coisas que ela devolve à mãe serão "boas", será que ela pode devolvê-las da maneira correta no que diz respeito a qualidade e quantidade e mesmo ao modo como essas coisas

---

33 Cf. o capítulo 9 deste volume.

34 Se a ansiedade é tão forte que não pode ser contida por mecanismos obsessivos, mecanismos violentos pertencentes a estágios anteriores serão acionados, com os mecanismos defensivos mais primitivos empregados pelo ego.

deveriam estar organizadas dentro de si (pois isso também faz parte da precondição da restituição)? Mais uma vez, se realmente acredita ter devolvido bem e verdadeiramente os conteúdos "bons" de seu corpo para a mãe, ela fica com medo de ter posto em perigo sua própria pessoa ao fazer isso.

Essas fontes de ansiedade dão origem, além disso, a uma falta de confiança especial que a menina sente em relação à mãe. De tempos em tempos, as meninas embrulham seus desenhos, recortes de papel ou o que quer que seja que simbolize o pênis ou as crianças para elas na ocasião, amarram-nos e cuidadosamente os depositam em sua gaveta de brinquedos, com todos os sinais da mais profunda suspeita em relação a mim. Nesses momentos, elas não me permitem chegar perto do pacote ou mesmo da gaveta e eu devo me afastar ou não olhar enquanto fazem aquilo. Ao entrar em meu consultório, muitas de minhas pacientes meninas olham com grande desconfiança para a pilha de papel e lápis reservada para elas na gaveta, para verificar se são seus ou se são menores ou em menor quantidade do que na sessão anterior; ou elas querem ter certeza de que os conteúdos de sua gaveta não foram desarrumados, que está tudo em ordem e nenhum item está faltando nem foi trocado por nenhuma outra coisa.[35] A análise revela que a gaveta com os pacotes representa o próprio corpo delas e que elas têm medo não só de que a mãe a ataque e saqueie como de que coloque coisas "más" dentro dela no lugar das "boas".

Além dessas muitas fontes de ansiedade, agrega-se um elemento adicional que agrava a posição feminina e a relação da menina com a mãe – a anatomia de seu corpo. Comparada com o menino, que desfruta do apoio da posição masculina e que tem a possibilidade do teste de realidade, graças à posse de um pênis, a menina não pode obter nenhum auxílio contra a ansiedade de sua posição feminina,[36] uma vez que a posse das crianças, que seria uma confirmação e realização completa daquela posição, é, no fim das contas, apenas um horizonte.[37] Nem mesmo a estrutura de seu corpo lhe permite qualquer

35 Devo mencionar que cada criança tem uma gaveta própria, na qual os brinquedos, papel, lápis etc., que eu tiro para ela no início da sessão e renovo periodicamente são guardados, junto com as coisas que ela traz de casa.

36 Cf. meu artigo "Estágios iniciais do conflito edipiano" (1928).

37 Em seu artigo "The Significance of Masochism in the Mental Life of Women" (*The International Journal of Psychoanalysis*, v. 11, 1930, pp. 48–60), Helene Deutsch assinala esse fato como um obstáculo para a manutenção da posição feminina.

possibilidade de saber qual é o verdadeiro estado das coisas dentro dela. É essa incapacidade de saber o que quer que seja sobre sua condição que agrava o que, em minha opinião, é o medo mais profundo da menina – isto é, que o interior de seu corpo tenha sido danificado ou destruído[38] e que ela não tenha nenhuma criança, ou só possua crianças danificadas.

O papel da vagina no desenvolvimento sexual infantil

O fato de que a ansiedade da menina diz respeito ao interior de seu corpo explica, em grande medida, penso, por que em sua organização inicial o papel desempenhado pela vagina deva ser obscurecido pela atividade do clitóris. Mesmo em suas fantasias de masturbação mais arcaicas, em que transforma a vagina da mãe em um instrumento de destruição, ela demonstra conhecimento inconsciente sobre a vagina. Pois, embora ela a iguale à boca e ao ânus, em virtude da predominância de suas tendências orais e anais, a menina, contudo, a iguala em seu inconsciente com uma cavidade nos genitais destinada a receber o pênis do pai, como o demonstram claramente muitos detalhes de suas fantasias.

Mas, além dessa percepção geral inconsciente da existência da vagina, a menininha também detém, muitas vezes, um conhecimento bastante consciente dela. A análise de um bom número de menininhas convenceu-me de que, além daqueles casos muito especiais mencionados por Helene Deutsch,[39] em que a paciente sofreu uma agressão sexual e defloração e que, como consequência, adquiriu um conhecimento do tipo e foi levada a entregar-se à masturbação vaginal, muitas meninas pequenas têm um conhecimento consciente de que têm um orifício em seus genitais. Em alguns casos, elas obtiveram esse conhecimento por meio de investigações mútuas realizadas durante brincadeiras sexuais com outras crianças, sejam elas meninos ou meninas; em outros casos, descobriram a vagina por si mesmas. Contudo, elas, sem dúvida, têm uma inclinação especialmente forte de negar ou reprimir esse conhecimento – uma inclinação que brota da ansiedade que sentem em relação a esse órgão e ao interior do corpo. Análises de mulheres mostraram que o fato de a vagina ser

---

38 Essa é, em parte, a razão pela qual o narcisismo feminino se estende à totalidade do corpo. O narcisismo masculino se centra no pênis porque o principal medo do menino é o de ser castrado.

39 Ibid.

uma parte interior de seu corpo, à qual está associada tanto de sua ansiedade mais profunda, além de ser o órgão que elas encaram como proeminentemente perigoso e ameaçado em suas fantasias sádicas a respeito das relações sexuais entre os pais, é de importância fundamental como fonte de distúrbios sexuais e frigidez nelas e, em particular, da inibição da excitação vaginal.

Há evidência suficiente para demonstrar que a vagina não assume suas funções de forma plena até que a relação sexual se realize.[40] E, como sabemos, muitas vezes a atitude da mulher quanto à relação sexual se altera completamente depois de ter essa experiência, e sua inibição a esse respeito – antes do evento, essa inibição é tão comum a ponto de ser praticamente normal – é, com frequência, substituída por um forte desejo. Podemos inferir que a inibição anterior era em parte mantida pela ansiedade e que a relação sexual teria removido essa ansiedade.[41] Eu estaria inclinada a atribuir esse efeito reconfortante do ato sexual ao fato de que a satisfação libidinal que ela recebe da relação sexual confirma sua crença de que o pênis que ela incorporou durante a relação é um objeto "bom" e que sua vagina não tem um efeito destrutivo sobre ele. Seu medo do pênis internalizado e externo – medo que é tão grande por ser inverificável – é, desse modo, removido pelo objeto real. A meu ver, os medos da menina relativos ao interior do próprio corpo contribuem, além da operação de fatores biológicos, para impedir a emergência de uma fase vaginal claramente discernível na primeira infância. Estou convencida, contudo, com base na força de um bom número de análises de meninas pequenas, de que a representação mental da vagina exerce uma grande influência, não menos do que a representação mental de todas as outras fases libidinais, sobre a organização genital infantil da menina.

Os mesmos fatores que tendem a ocultar a função mental da vagina na menina vão intensificar sua fixação no clitóris. Pois esse é um órgão visível e um órgão que pode ser submetido a testes de realidade. Verifiquei que a masturbação clitoriana é acompanhada de fantasias com várias descrições. Seus conteúdos mudam de forma extremamente rápida, segundo as flutuações violentas que ocorrem entre uma posição e outra nos estágios iniciais do desenvolvimento da menina.

---

40 Helene Deutsch sustenta essa visão em seu livro *Zur Psychoanalyse der weiblichen Sexualfunktionen*. Wien: Internationaler Psychoanalytischer Verlag, 1925.

41 Já examinamos a estrutura dos casos em que o ato sexual fracassa em reduzir a ansiedade e até mesmo a aumenta.

Eles são, de início, na maior parte de tipo pré-genital; mas, tão logo se fortalecem, os desejos da criança de incorporar o pênis do pai de maneira oral e genital assumem um caráter genital e vaginal (muitas vezes já acompanhados, assim parece, de sensações vaginais) e, desse modo, para começar, tomam uma direção feminina.[42]

Dado que a menininha começa a se identificar com o pai logo depois de ter se identificado com a mãe, seu clitóris rapidamente assume o significado de um pênis em suas fantasias de masturbação. Todas as suas fantasias de masturbação clitoriana pertencentes a esse estágio inicial são dominadas por tendências sádicas e isso me parece decisivo para o fato de que elas, em suas atividades de masturbação no geral, diminuem ou cessam completamente quando a fase fálica chega ao fim, no período em que o sentimento de culpa emerge com mais força. Sua percepção de que o clitóris não é um substituto para o pênis que ela deseja é, em minha opinião, apenas o último elo de uma cadeia de eventos que determina sua vida futura e, em muitos casos, a condena à frigidez para o resto de seus dias.

O complexo de castração

A identificação com o pai que a menina exibe de forma muito clara na fase fálica e que traz todas as marcas da inveja do pênis e do complexo de castração[43] é, pelo que dizem minhas observações, o resultado de um processo que compreende muitos estágios.[44] Ao examinar alguns

42 Em seu artigo "One of the Motive Factors in the Formation of the Super-Ego in Women" (*The International Journal of Psychoanalysis*, v. 10, 1928, pp. 39–50), Hanns Sachs sugere a possibilidade de que, como uma fase vaginal não pode se estabelecer naquela idade, a menina desloca para a boca suas sensações obscuras na vagina.

43 Cf. K. Abraham, "Manifestations of the Female Castration Complex" [1920], in *Selected Papers on Psycho-Analysis*. London: Hogarth Press, 1927.

44 Karen Horney foi a primeira psicanalista a relacionar o complexo de castração da mulher com sua posição feminina inicial, quando bem pequena. Em seu artigo "On the Genesis of the Castration Complex in Women" (*The International Journal of Psychoanalysis*, v. 5, 1923, pp. 50–65), a autora aponta certos fatores que ela acredita serem substanciais no estabelecimento de uma inveja do pênis na menina baseada nos investimentos pré-genitais. Um desses é a satisfação de tendências escopofílicas e exibicionistas que ela nota que o menino extrai do ato de urinar; outro é sua crença de que a posse de um pênis proporciona uma satisfação maior de erotismo uretral; enquanto outros derivam das dificuldades que a acometem com respeito a sua posição feminina – tais como inveja da mãe

desses passos mais importantes veremos de que modo sua identificação com o pai é afetada pela ansiedade proveniente de sua posição feminina e como a posição masculina que ela adota em cada uma de suas fases de desenvolvimento se sobrepõe a uma posição masculina pertencente a uma fase anterior.

Quando a bebê renuncia ao seio da mãe e se volta para o pênis do pai como objeto de satisfação, ela se identifica com a mãe. Mas, assim que se frustra também nessa posição, muito rapidamente se identifica com o pai, que, em sua fantasia, obtém satisfação do seio da mãe e de todo o corpo desta, isto é, dessas fontes primárias de satisfação das quais ela própria foi forçada, com muito pesar, a abrir mão. Sentimentos de ódio e de inveja da mãe, bem como desejos libidinais por ela, convergem para criar essa identificação muito arcaica da menina com o pai sádico e, nessa identificação, a enurese desempenha um papel importante.

Crianças de ambos os sexos encaram a urina em seu aspecto positivo como equivalente ao leite da mãe, dado que inconscientemente elas igualam todas as substâncias corporais umas às outras. Minhas observações sugerem que urinar, em seu significado mais arcaico, no sentido de um ato positivo de doação e de uma inversão sádica, é uma expressão da posição feminina em meninos e meninas.[45] Parece que o ódio que as crianças sentem do seio da mãe por haver frustrado seus desejos desperta nelas, ao mesmo tempo que seus impulsos canibalescos ou próximo deles, fantasias de machucar e de destruir o seio da mãe com a urina delas.[46]

---

por ter filhos – e aumentam sua tendência a se identificar com o pai, bem como a intensificar sua inveja do pênis. A dra. Horney acredita, além do mais, que os mesmos fatores que induzem a menina a assumir uma atitude homossexual levam, ainda que em menor grau, à produção de um complexo de castração.

45 De acordo com Helene Deutsch, a enurese é a expressão de uma posição feminina no menino e de uma posição masculina na menina ("Psycho-Analysis of the Neuroses". *International Psycho-Analytical Library*, n. 23. London: Hogarth Press, 1930, p. 51).

46 Ao fazer isso, empregam um mecanismo que é, penso, de importância geral na formação das fantasias sádicas. Convertem o prazer que dão a seu objeto em seu oposto ao acrescentar a ele elementos destrutivos. Como vingança por não obter leite suficiente da mãe, elas produzem na imaginação uma excessiva quantidade de urina e, desse modo, destroem o seu seio, inundando-o ou derretendo-o até desaparecer; e, como vingança por não obter leite "bom" da mãe, elas produzem um líquido danoso com o qual queimam ou envenenam o seio dela e o leite que contém. Esse mecanismo também dá

Como já foi dito, na fase sádica a menina deposita máxima crença nos poderes mágicos de seus excrementos, enquanto o menino faz do pênis o principal agente de seu sadismo. Mas nela a crença na onipotência de suas funções urinárias também a leva a identificar-se – embora em grau menor do que o menino – com o pai sádico, a quem atribui poderes sádico-uretrais especiais em virtude de possuir um pênis.[47] Assim, o ato de urinar logo passa a representar uma posição masculina para as crianças de ambos os sexos; e, em conexão com a identificação mais arcaica da menina com o pai sádico, torna-se um meio de destruir a mãe; ao mesmo tempo, ela se apropria do pênis do pai, castrando-o em sua imaginação.

A identificação da menina com o pai com base no pênis introjetado[48] acompanha de perto, em minha experiência, a identificação sádica primária que ela fez com ele por meio do urinar. Em suas

---

origem a fantasias de atormentar e machucar pessoas, dando a elas comida boa em doses excessivas. Nesse caso, a pessoa pode sofrer, como observei em mais de uma ocasião, de uma ansiedade retaliatória de ser sufocada ou de ficar muito cheia etc., em relação à ingestão de alimento. Um paciente meu mal podia controlar sua raiva se a ele fosse oferecido, mesmo que da maneira mais amistosa possível, comida, bebida ou cigarro mais de uma vez. Ele imediatamente se sentia "entupido" e perdia todo desejo de comer, beber ou fumar. A análise mostrou que seu comportamento era causado, em última instância, por fantasias do caráter sádico arcaico acima descrito.

47 Em seu artigo "On the Genesis of the Castration Complex in Women" (op. cit.), Karen Horney afirma que um dos fatores que encorajam a inveja primária do pênis na menina em conexão com seus impulsos eróticos uretrais é que suas fantasias sádicas de onipotência, que estão baseadas em funções urinárias, são intimamente ligadas com o jorro de urina que o menino é capaz de produzir.

48 Ao considerar as origens da homossexualidade nas mulheres, Ernest Jones em seu artigo "The Early Development of Female Sexuality" (op. cit.), chegou a certas conclusões fundamentais que meus achados endossam plenamente. Em resumo, elas se referem ao fato de que a presença de fantasias muito fortes de felação na mulher, aliadas a um poderoso sadismo oral, prepara o caminho para uma crença de que ela tomou posse do pênis do pai à força e a coloca em uma relação especial de identificação com ele. Em sua atitude homossexual, derivada desse modo, ela mostrará uma falta de interesse em seu próprio sexo e um forte interesse pelos homens. Seu esforço será o de obter reconhecimento e respeito por parte dos homens e ela terá fortes sentimentos de rivalidade, ódio e ressentimento contra eles. Quanto às formações de caráter, ela exibirá em geral traços sádico-orais marcantes; e sua identificação com o pai será empregada em grande medida a serviço de seus desejos de castração.

fantasias de masturbação mais remotas ela se identificou de forma alternada com cada um dos pais. A posição feminina associada à internalização do pênis do pai faz com que ela tenha medo do pênis "mau" do pai que ela internalizou. Mas essa ansiedade leva a um fortalecimento da identificação com o pai, pois a fim de contrabalançar esse medo ela ativa os mecanismos de defesa e de identificação com o objeto de ansiedade.[49] A posse do pênis que ela roubou dele desperta um sentimento de onipotência que aumenta a fé em sua magia destrutiva por meio de seus excrementos. Nessa posição, o ódio e o sadismo contra a mãe se intensificam e ela tem fantasias de destruí-la com a ajuda do pênis do pai, enquanto, de forma simultânea, satisfaz seus sentimentos de vingança contra o pai que a frustrou e encontra uma defesa contra a ansiedade no sentimento de onipotência e em seu poder sobre ambos os pais. Encontrei essa atitude desenvolvida de modo particularmente forte em alguns pacientes em quem predominavam traços paranoides;[50] mas é também muito poderosa em mulheres cuja homossexualidade está profundamente colorida por sentimentos de uma rivalidade hostil com o sexo masculino. Assim, ela se aplicaria àquele grupo de homossexuais femininas, descrito por Ernest Jones, a que me referi anteriormente.

A posse de um pênis externo ajudaria a convencer a menina, em primeiro lugar, de que na realidade ela tem aquele poder sádico sobre ambos os pais sem o qual ela não consegue controlar sua ansiedade,[51] e, em segundo lugar, de que o pênis, como meio de poder sádico sobre seus objetos, é prova de que o pênis perigoso internalizado e os objetos introjetados podem ser superados; de modo que ter um pênis serve, em última instância, para proteger o próprio corpo.

Uma vez que a posição sádica, reforçada pela ansiedade, forma desse modo a base de um complexo de masculinidade, seu sentimento

---

49 Cf. o capítulo 7 deste volume.

50 O leitor pode se reportar de modo geral à história clínica de Erna no capítulo 3; mas um ponto característico pode ser citado aqui. Com a idade de seis anos, Erna sofria de insônia grave. Ela tinha pavor de assaltantes e ladrões, terror que só conseguia superar ao se deitar de barriga e batendo a cabeça no travesseiro. Isso significava ter uma relação sexual sádica com a mãe, na qual ela desempenhava o papel do pai supostamente sádico.

51 Em seu artigo "A feminilidade como máscara" [1929] (trad. Ana Cecília Carvalho e Esther Carvalho. *Psyche*, v. 9, n. 16, 2005, pp. 13–24), Joan Riviere assinalou que a menina, em sua raiva e ódio contra os pais por darem um ao outro satisfação sexual, tem fantasias de castrar o pai e tomar posse de seu pênis e, assim, com o pai e a mãe sob seu poder, matá-los.

de culpa também a faz querer ter um pênis. O pênis real que ela deseja será agora usado para restituir à mãe. Como Joan Riviere observou,[52] o desejo da menina de compensar a mãe por havê-la privado do pênis do pai traz importantes acréscimos a seu complexo de castração e a sua inveja do pênis. Quando a menina é obrigada a desistir da rivalidade com a mãe por medo desta, seu desejo de aplacá-la e de compensá-la pelo que fez leva-a a ansiar intensamente por um pênis como meio de restituição. Na opinião de Joan Riviere, a intensidade de seu sadismo e a extensão de sua capacidade de tolerar ansiedade são fatores que ajudarão a determinar se ela assumirá uma linha heterossexual ou uma linha homossexual.

Devemos agora examinar mais de perto por que em alguns casos a posição masculina e a posse de um pênis são uma condição indispensável, sem a qual a menina não pode restituir à mãe. A análise precoce demonstrou a existência de um princípio fundamental no inconsciente, que governa todos os processos reativos e sublimatórios, que exige que atos de restituição devem corresponder em cada detalhe ao dano feito em fantasia. Quaisquer danos que a criança tenha feito em fantasia no sentido de roubar, machucar e destruir, ela deve compensar devolvendo, consertando e restaurando, um a um. Esse princípio também requer que os mesmos instrumentos sádicos (isto é, pênis, excrementos etc.) que foram usados para danificar e destruir sejam novamente transformados em coisas "boas" e sejam usados como meio de fazer o bem. Qualquer dano que o pênis "mau" ou a urina "má" tenham feito, o pênis "bom"[53] ou a urina "boa" devem consertar novamente.

Consideremos o caso de uma menina que concentrou suas fantasias sádicas particularmente em torno da destruição indireta da mãe pelo pênis perigoso do pai e que se identificou muito intensamente com o pai sádico. No momento em que suas tendências reativas e seus

---

52 Ibid.

53 Em seu artigo "The Role of Psychotic Mechanisms in Cultural Development" (op. cit.), Melitta Schmideberg identifica a parte desempenhada na história da medicina por uma crença nas qualidades mágicas do pênis "bom", simbolizado pela medicina, e do pênis "mau", simbolizado pelo demônio da doença. Ela atribui os efeitos psicológicos de remédios físicos às seguintes causas. A atitude original de agressão da pessoa contra o pênis do pai – que transformou aquele órgão em algo extremamente perigoso – é seguida por uma atitude de obediência e submissão ao pai. Se ela toma os remédios que lhe são dados neste espírito, eles, representando o pênis "bom", neutralizarão os objetos "maus" dentro dela.

desejos de restituir se instalarem com força, ela se sentirá impelida a restaurar a mãe por meio de um pênis com poderes curativos, e assim suas tendências homossexuais ficarão reforçadas. Um fator importante nessa conexão é o grau em que ela sente que o pai se tornou incapaz de restituir, por acreditar que o castrou, que o tirou da frente ou que transformou seu pênis em um pênis "mau", de modo que ela deve, portanto, desistir da esperança de restaurá-lo.[54] Se ela acreditar nisso com muita força, terá que desempenhar o papel dele e isso fará com que ela adote uma posição homossexual.

A decepção, as dúvidas e o sentimento de inferioridade que tomam a menina quando ela se dá conta de não ter pênis e os medos e o sentimento de culpa a que sua posição masculina dá origem (em primeiro lugar em relação ao pai, porque ela o privou de seu pênis e da posse da mãe, e, em segundo lugar, em relação à mãe, por ter tirado dela o pai) se combinam para romper essa posição. Além disso, o ressentimento original contra a mãe por tê-la impedido de obter o pênis do pai como um objeto libidinal soma forças com seu novo ressentimento contra ela por lhe ter recusado a posse de um pênis que fosse seu mesmo, como atributo de masculinidade; e o duplo ressentimento leva-a a afastar-se da mãe como um objeto de amor genital. Por outro lado, os sentimentos de ódio contra o pai e a inveja de seu pênis, que surgem da posição masculina, impedem mais uma vez que ela venha a adotar um papel feminino.

De acordo com minha experiência, a menina, depois de ter deixado a fase fálica, passa ainda por outra fase, uma fase pós-fálica, na qual ela faz sua escolha entre reter a posição feminina ou abandoná-la. Eu diria que, na hora de entrar no período de latência, a posição feminina, que atingiu o nível genital e é passiva[55] e maternal no caráter e envolve o funcionamento de sua vagina com referência ao representante psíquico desta, está estabelecida no que lhe é fundamental. Fica evidente que é esse o caso quando consideramos a frequência com que as menininhas assumem uma posição genuinamente feminina

54 Se a homossexualidade emerge apenas de modos sublimados, ela, por exemplo, protegerá e cuidará de outras mulheres (isto é, a mãe), adotando nesses aspectos a atitude de um marido em relação a elas, e terá pouco interesse no sexo masculino. Ernest Jones mostrou que essa atitude se desenvolve em mulheres homossexuais em quem a fixação oral de sugar é muito forte.

55 Helene Deutsch também acredita que a verdadeira atitude passiva feminina da vagina deve ser encontrada em sua atividade oral e de sugar (*Zur Psychoanalyse der weiblichen Sexualfunktionen*, op. cit.).

e maternal. Uma posição desse tipo seria impensável se a vagina não funcionasse como um órgão receptivo. Como já foi assinalado, alterações importantes ocorrem na função da vagina como resultado das mudanças biológicas que a menina sofre na puberdade[56] e de sua experiência com a relação sexual; são essas alterações que levam o desenvolvimento psicossexual da menina a seu estágio final e que a tornam uma mulher no sentido pleno da palavra.

Encontro-me de acordo em muitos pontos com o artigo de Karen Horney "A fuga da feminilidade",[57] em que ela chega à conclusão de que a vagina, bem como o clitóris, desempenha um papel no início da vida da menininha. [Ela assinala que] seria razoável deduzir dos aspectos posteriores da frigidez nas mulheres que é mais provável que a zona vaginal seja mais fortemente investida de ansiedade e afetos defensivos do que o clitóris. Acredita que "os desejos incestuosos da menina são infalivelmente dirigidos à vagina por seu inconsciente". De acordo com essa abordagem, a frigidez [mais tarde na vida] deveria ser considerada como uma manifestação de defesa contra aquelas fantasias que tanto ameaçam o ego.

Partilho também da opinião de Karen Horney de que a incapacidade da menina de obter qualquer conhecimento seguro sobre a vagina ou submetê-la a um teste de realidade, ao contrário do menino que pode inspecionar os genitais, a fim de descobrir se foi atingida pelas temidas consequências da masturbação, tende a aumentar sua ansiedade genital e torna-a mais suscetível a adotar uma posição masculina. Karen Horney, além disso, distingue entre a inveja do pênis secundária da menina, que emerge na fase fálica, e a inveja do pênis primária, que se apoia em certos investimentos pré-genitais tais como escopofilia e erotismo uretral. Ela acredita que a inveja do pênis secundária é usada para reprimir os desejos femininos da menina; com a dissolução de seu complexo de Édipo ela invariavelmente – ainda que em graus variados – não apenas renuncia ao pai como objeto sexual mas, ao mesmo tempo, se afasta do papel feminino, regredindo para a inveja do pênis primária.

As opiniões que apresentei em meu artigo "Estágios iniciais do conflito edipiano" (1928), no que diz respeito ao estágio final da organização genital da menina, estão de acordo em muitos pontos essenciais

---

56 Também no menino pequeno a representação psíquica das funções do pênis que só começam no período de reprodução é a precondição da posição masculina.

57 Cf. Karen Horney, "A fuga da feminilidade" [1926], in *Psicologia feminina*, trad. T. Rodrigues. Rio de Janeiro: Bertrand Brasil, 1996.

com o que Ernest Jones chegou aproximadamente na mesma época. Em seu artigo "The Early Development of Female Sexuality",[58] sugere que as funções vaginais estavam originalmente identificadas com as anais e que a diferenciação entre elas – um processo ainda obscuro – ocorre parcialmente em um estágio anterior ao que geralmente se supõe. Ele assume a existência de um estágio boca-ânus que forma a base da atitude heterossexual da menina construída sobre uma identificação com a mãe. Segundo sua visão, a fase fálica da menina normal é apenas uma forma mais branda da identificação feita pelas mulheres homossexuais com o pai e seu pênis, e é, como esta, principalmente de caráter secundário e defensivo.

Helene Deutsch tem uma opinião diferente.[59] Assume, é verdade, a existência de uma fase pós-fálica durante a qual o resultado final da organização genital posterior da menina é preparado. Mas acredita que a menina não tem nada parecido com uma fase vaginal e que é mais uma exceção ela saber alguma coisa sobre a existência de sua vagina ou ter nela qualquer sensação e que, portanto, quando termina seu desenvolvimento sexual infantil, não pode assumir uma posição feminina no sentido genital. Como consequência, sua libido, mesmo ao se considerar que uma posição feminina está sendo mantida, é obrigada a retroceder a posições anteriores dominadas por seu complexo de castração (que na visão de Helene Deutsch precede seu complexo de Édipo); e um passo para trás desse tipo seria um fator fundamental na produção do masoquismo feminino.

Tendências restitutivas e sexualidade

Já examinei o papel desempenhado pelas tendências restitutivas da menina em consolidar sua posição homossexual. Mas também a consolidação de sua posição heterossexual depende dessa posição estar em acordo com as exigências do superego.

Como vimos em uma parte anterior deste capítulo, mesmo no que se refere ao indivíduo normal, a relação sexual, além da motivação libidinal, ajuda a dominar a ansiedade. Acrescentarei agora que as atividades genitais têm ainda outra força motivacional, que é o desejo de consertar por meio da relação sexual o dano causado em suas

---

58 Cf. Ernest Jones, "The Early Development of Female Sexuality", op. cit.

59 Helene Deutsch, "The Significance of Masochism in the Mental Life of Women". *The International Journal of Psychoanalysis*, v. 11, 1930, pp. 48–60.

fantasias sádicas.[60] Quando, como resultado da emergência mais forte de impulsos genitais, o ego reage ao superego com menos ansiedade e mais culpa, ele vê na relação sexual um meio superior de fazer reparação ao objeto, por causa da conexão do ato com suas fantasias sádicas arcaicas. A natureza e extensão de suas fantasias restitutivas, que são equivalentes ao dano imaginário, não apenas serão um fator importante em suas várias atividades e na formação das sublimações como influenciarão muito o curso e o resultado de seu desenvolvimento sexual.[61]

De volta à menina: vemos que considerações como os conteúdos e a composição de suas fantasias sádicas, a magnitude de suas tendências reativas, além da estrutura e da força de seu ego afetarão suas fixações libidinais e ajudarão a decidir se a restituição feita por ela terá um caráter masculino, feminino ou se será uma mistura dos dois.[62]

Outra coisa que me parece importante para o resultado final do desenvolvimento da menina é se as fantasias restitutivas que ela constrói sobre ideias sádicas específicas podem influenciar de maneira decisiva o desenvolvimento de seu ego bem como de sua vida sexual. É comum as duas coisas estarem interligadas e, assim, ajudarem a estabelecer uma certa posição da libido e uma posição egoica correspondente. Se, por exemplo, o sadismo da menina pequena foi fortemente centrado em torno de fantasias de danificar o corpo da mãe e de roubar dele as crianças e o pênis do pai, ela pode ser capaz, quando suas tendências reativas entrarem em atividade, de manter sua posição feminina sob determinadas condições. Em suas sublimações ela vai implementar o desejo de restaurar a mãe e de lhe devolver o pai e as

---

60 Em seu artigo "Some Unconscious Mechanisms in Pathological Sexuality and their Relation to Normal Sexual Activity" (*The International Journal of Psychoanalysis*, v. 14, 1933, pp. 225–39), Melitta Schmideberg também chega à conclusão de que as tendências restitutivas são de grande importância como um incentivo às atividades heterossexuais e homossexuais. Para mais detalhes, deve-se consultar o artigo.

61 Se o sentimento de culpa for excessivo, a fusão das atividades sexuais e suas tendências reativas pode dar origem a graves perturbações em sua vida sexual. Reservaremos para o próximo capítulo uma discussão do efeito que o desejo de restituir tem sobre o desenvolvimento sexual e a potência do homem.

62 Mesmo quando o sadismo continua dominante, os meios que ela emprega para dominar a ansiedade influenciarão sua vida sexual e podem ou levá-la a manter uma atitude homossexual ou a adotar uma atitude heterossexual, estando ambas as posições baseadas em suas tendências sádicas.

crianças, digamos, ao se tornar uma babá, uma enfermeira hospitalar ou uma massagista, ou perseguindo interesses intelectuais;[63] e, ao mesmo tempo, se ela acreditar o suficiente na possibilidade de seu próprio corpo ser restaurado ao ter filhos ou ao ter relação sexual com um pênis que possui poderes "curativos", ela também empregará sua posição heterossexual como auxílio para dominar a ansiedade. Além disso, sua posição heterossexual fortalece as tendências sublimatórias que têm por objetivo a restauração do corpo da mãe, pois lhe mostra que a relação sexual entre os pais não machucou a mãe ou, de todo modo, que pode restaurá-la; e essa crença, por sua vez, ajuda a consolidá-la em sua posição heterossexual.

O que será a posição final da menina também vai depender, dadas as mesmas condições subjacentes, de se sua crença na própria onipotência construtiva se equipara à força de suas tendências reativas. Se sim, o ego pode estabelecer um objetivo adicional a ser realizado pelas tendências reativas: o de restaurar ambos os pais e reuni-los em harmonia. Agora é o pai que, em suas fantasias, restitui à mãe e a gratifica por meio de seu pênis doador de saúde; ao passo que a vagina da mãe, originalmente algo perigoso na fantasia, restaura e cura o pênis do pai que ela danificou. Ao encarar a vagina da mãe desse modo, como um órgão doador de saúde e prazer, a menina é capaz não apenas de evocar novamente a visão mais arcaica da mãe como a mãe "boa" que lhe deu de mamar como também pode pensar a respeito de si mesma, em identificação com a mãe, como uma pessoa que cura, é generosa e pode encarar o pênis de seu parceiro no amor como um pênis "bom". Sobre uma atitude desse tipo repousará o desenvolvimento bem-sucedido de sua vida sexual e a capacidade de se manter ligada a seu objeto por vínculos sexuais, além de afeto e de amor.

Como procurei mostrar nessas páginas, o produto final do desenvolvimento sexual infantil do indivíduo é o resultado de um prolongado processo de flutuação entre as várias posições e está construído sobre

63 Em meu artigo "Situações de ansiedade infantil refletidas em uma obra de arte e no impulso criativo" (1929), analisei um relato de Karin Michaëlis sobre uma mulher jovem que, repentinamente, desenvolveu um grande talento para pintar retratos de mulheres, sem jamais ter tocado em um pincel antes. Procurei mostrar o que causou essa súbita eclosão de produtividade artística, a ansiedade proveniente de suas mais profundas situações de perigo. Pintar retratos de mulheres simbolizava uma restauração sublimada do corpo da mãe, que ela havia atacado em fantasia, e de seu próprio, cuja destruição ela antecipava por conta do medo de retaliação; assim, ela era capaz de dissipar os medos provenientes dos níveis mais profundos de sua mente.

muitos compromissos interconectados, entre seu ego e superego e entre seu ego e seu id. Esses compromissos, resultado de um esforço para dominar a ansiedade, são eles mesmos, em grande medida, uma conquista do ego. Na menina, as formações que vão no sentido de manter o papel feminino e que encontram uma expressão típica em sua vida sexual e comportamento geral posteriores são, para mencionar apenas algumas, que o pênis do pai a gratifique e gratifique a mãe de maneira alternada;[64] que certo número de crianças seja designado à mãe e o mesmo número, ou um número bem menor, a ela; que ela incorpore o pênis do pai, ao passo que a mãe ficará com todas as crianças – e assim por diante. Componentes masculinos também entram nesses compromissos. A menininha por vezes imaginará que se apropria do pênis do pai a fim de desempenhar um papel masculino com relação à mãe e, em seguida, devolve-o a ele.

No curso de uma análise, torna-se claro que toda melhora que se dá na posição libidinal do indivíduo decorre de uma diminuição da ansiedade e do sentimento de culpa e imediatamente leva à produção de novos compromissos. Quanto mais a ansiedade e a culpa que a menina sente diminuem e quanto mais o estágio genital passa ao primeiro plano, mais fácil fica para ela reconhecer o papel materno e feminino da mãe, ou melhor, devolvê-lo à mãe e, ao mesmo tempo, assumir ela própria um papel semelhante e sublimar seus componentes masculinos.

Fatores externos

Sabemos que a vida pulsional precoce da criança, por um lado, e a pressão da realidade sobre ela, por outro, interagem de forma mútua e que sua ação combinada modela o curso de seu desenvolvimento mental. Em minha perspectiva, a realidade e os objetos reais afetam as situações de ansiedade desde os estágios mais remotos de sua existência, no sentido de que a criança os encara como inúmeras provas ou refutações de sua situação de ansiedade, que ela deslocou para o mundo externo,

64 Fantasias com esse conteúdo desempenham um papel na homossexualidade das mulheres semelhante àquele desempenhado na homossexualidade dos homens por fantasias de encontrar o pênis do pai, como objeto de satisfação ou de ódio, dentro do corpo da mãe. Isso talvez se deva ao fato de que, quando a atitude da menina é predominantemente sádica, ela representa a destruição do pênis do pai, empreendida em conjunto por ela e pela mãe; ou, quando é predominantemente positiva, uma satisfação libidinal obtida em comum com ela por meio do pênis.

e ajudam, desse modo, a guiar o curso de sua vida pulsional. O comportamento de seus objetos e a natureza de suas experiências contribuem, assim, para o fortalecimento e para o enfraquecimento das situações de ansiedade dominantes da criança. E visto que, devido à interação dos mecanismos de projeção e introjeção, os fatores externos influenciam a formação do superego e o desenvolvimento das relações de objeto e das pulsões, eles também ajudarão a determinar qual será o resultado de seu desenvolvimento sexual.

Se, por exemplo, a menina pequena busca em vão no pai o amor e a bondade que confirmarão sua crença no pênis "bom" dentro dela e contrabalançarão sua crença no pênis "mau" que lá se encontra, ela muitas vezes crescerá firmemente entranhada em sua atitude masoquista e o "pai sádico" pode até mesmo se tornar uma condição real de amor para ela; ou o comportamento dele em relação a ela pode aumentar seus sentimentos de ódio e de ansiedade contra o pênis dele e compeli-la a abandonar o papel feminino ou a se tornar frígida.

Na realidade, se o resultado de seu desenvolvimento vai ser favorável ou desfavorável vai depender da interação de um grande número de fatores externos. A atitude do pai em relação a ela não é o único fator que ajuda a definir o tipo de pessoa por quem ela vai se apaixonar. Não é apenas uma questão de, digamos, se ele a favorece ou a negligencia excessivamente em comparação com a mãe ou as irmãs, mas das relações diretas dele com elas. Em que medida ela será capaz de manter sua posição feminina e naquela posição desenvolver um desejo por uma imago paterna amorosa também depende muito de seu sentimento de culpa em relação à mãe e, assim, da natureza das relações entre a mãe e o pai.[65] Além disso, certos eventos, como a doença ou morte de um dos pais ou de um irmão ou irmã, podem colaborar para fortalecer nela uma posição sexual ou a outra, segundo a maneira como elas afetam seu sentimento de culpa.

Outra coisa que desempenha um papel muito importante no desenvolvimento da criança é, no início de sua vida, a presença de uma

---

65 Uma vez que o modo pelo qual cada criança recebe as impressões da realidade é amplamente determinado por suas situações de ansiedade arcaicas, os mesmos eventos terão diferentes efeitos em diferentes crianças. Mas não há qualquer dúvida de que a existência de relações felizes e harmoniosas entre os pais e entre elas mesmas e os pais é de importância básica para o seu desenvolvimento sexual bem-sucedido e saúde mental. Naturalmente, uma vida familiar feliz desse tipo pressupõe, em geral, que os pais não são neuróticos; assim, também um fator constitucional entra no quadro.

pessoa, além do pai ou da mãe, a quem ela encara como uma figura "auxiliadora" e que lhe dá apoio no mundo externo contra seus medos fantasiosos. Ao dividir a mãe em uma mãe "boa" e uma mãe "má" e o pai em um pai "bom" e um pai "mau", ela liga o ódio que sente pelo objeto ao objeto "mau" e afasta-se dele, enquanto dirige suas tendências restauradoras para a mãe "boa" e para o pai "bom" e, na fantasia, tenta compensar o dano que causou às imagos parentais em suas fantasias sádicas.[66] Mas se, por excesso de ansiedade ou por razões realistas, os objetos edipianos não se tornaram imagos boas, outras pessoas, tais como uma babá carinhosa, um irmão ou uma irmã, um avô, uma tia ou um tio podem, em certas circunstâncias, assumir o papel da mãe "boa" ou do pai "bom".[67] Desse modo, os sentimentos positivos, cujo desenvolvimento foi inibido devido ao medo excessivo dos objetos edipianos, podem passar para primeiro plano e vincular-se a um objeto de amor.

Como foi assinalado mais de uma vez, a existência de relações sexuais entre crianças no começo da vida, especialmente entre irmãos e irmãs, é uma ocorrência muito comum. O anseio libidinal das crianças pequenas, intensificado como costuma ser por frustrações edipianas, junto à ansiedade proveniente das mais profundas situações de ansiedade, impelem-nas a se entregarem a atividades sexuais mútuas, uma vez que estas, como procurei mostrar particularmente neste capítulo, não apenas gratificam sua libido como também lhes permitem buscar múltiplas confirmações e refutações de sua variedade de medos conectados à relação sexual. Verifiquei repetidas vezes que se tais objetos sexuais agiram, além disso, como figuras "auxiliadoras", relações sexuais arcaicas desse tipo exercem uma influência favorável sobre as relações da menina com seus objetos e sobre seu desenvolvimento sexual posterior.[68] Onde um medo excessivo de ambos os pais, junto de certos fatores externos, teria produzido uma situação edipiana prejudicial a sua atitude com relação ao sexo oposto e lhe dificultado muito a manutenção da posição feminina e sua capacidade de amar, o fato de ela ter tido relações sexuais com um irmão ou um irmão substituto na infância e que esse irmão tenha também mostrado afeição real por ela e sido seu protetor, forneceu-lhe a base para

66 Cf. o capítulo 9 deste volume.

67 Um animal de estimação pode também desempenhar o papel de um objeto "auxiliador" na imaginação das crianças e, assim, ajudar a diminuir sua ansiedade. Isso vale também para uma boneca ou um animal de brinquedo, a que elas com frequência atribuem a função de protegê-las enquanto dormem.

68 Cf. o capítulo 7 deste volume.

uma posição heterossexual e desenvolveu sua capacidade de amar. Em alguns dos casos que tenho em mente, a menina teve dois tipos de objeto de amor,[69] um que representava o pai severo e o outro o irmão carinhoso. Em outros casos, ela havia desenvolvido uma imago que era uma mistura dos dois tipos; e aqui também suas relações com o irmão haviam diminuído seu masoquismo.

Ao servirem como uma prova apoiada na realidade da existência do pênis "bom", as relações da menina com o irmão fortalecem sua crença no pênis "bom" introjetado e moderam o medo dos objetos "maus" introjetados. Elas também a ajudam a dominar seu medo desses objetos, uma vez que ao realizar atos sexuais com outra criança ela tem o sentimento de estar em aliança com ela contra os pais. Os atos sexuais entre as duas crianças tornam-nas cúmplices em um crime, revivendo nelas fantasias masturbatórias sádicas que foram originalmente dirigidas ao pai e à mãe e fazendo as crianças se gratificarem com elas em conjunto. Ao partilhar desse modo a culpa mais profunda, cada criança se sente aliviada de um tanto do fardo dessa culpa e se sente também menos amedrontada, porque acredita ter um aliado contra seus objetos apavorantes. Tanto como posso ver, a existência de uma cumplicidade secreta desse tipo, a qual, em minha opinião, desempenha um papel essencial em todas as relações amorosas, mesmo entre adultos, é de especial importância em vínculos sexuais em que o indivíduo é do tipo paranoide.[70]

A menina também encara sua ligação sexual com a outra criança, que representa o objeto "bom", como uma refutação, por meio da realidade, do medo que tem da própria sexualidade e da sexualidade de seu objeto como algo destrutivo; assim, uma ligação desse tipo pode evitar que ela se torne frígida ou sucumba a outras perturbações sexuais na vida futura.

Contudo, como se pode ver, ainda que experiências desse tipo possam ter um efeito favorável sobre a vida sexual e relações de objeto da menina, também podem levar a distúrbios severos nesse campo.[71]

---

69 Cada tipo se tornou importante em diferentes períodos de sua vida. A análise mostrou que sempre que sua ansiedade aumentava e que certos fatores externos se tornavam operantes, ela era levada a escolher o tipo mais sádico de pessoa ou, pelo menos, não se sentia capaz de resistir a suas investidas; ao passo que, no momento em que conseguia afastar-se do objeto sádico, o outro, do tipo amoroso, representando seu irmão, emergia e ela se tornava menos masoquista e capaz de escolher um objeto satisfatório.

70 Para uma discussão mais completa desse ponto, ver o próximo capítulo.

71 Cf. o capítulo 7 deste volume.

Se suas relações sexuais com outra criança servirem para confirmar seus medos mais profundos – seja porque o parceiro é sádico demais, seja porque realizar o ato sexual desperta ainda mais ansiedade e culpa nela em função de seu próprio sadismo excessivo –, a crença na perniciosidade de seus objetos introjetados e de seu próprio id se tornará ainda mais forte, o superego ficará mais severo do que nunca e, como resultado, a neurose e todos os defeitos de seu desenvolvimento sexual e de caráter vão ganhar terreno.[72]

Desenvolvimento na puberdade

As revoluções mentais pelas quais a criança passa durante a época da puberdade se devem, como sabemos, em grande medida à intensificação de seus impulsos que acompanham as mudanças somáticas que estão acontecendo nela. Na menina, o início da menstruação dá um reforço adicional a sua ansiedade. Em *Zur Psychoanalyse weiblichen Sexualfunktionen*,[73] Helene Deutsch discute amplamente o que o começo da menstruação significa para a menina e a provação que impõe a ela; chega à conclusão de que o primeiro fluxo de sangue é equivalente, no inconsciente, a ter sido realmente castrada e de lhe ter sido confiscada a possibilidade de ter uma criança, e constitui, portanto, uma dupla decepção. Helene Deutsch assinala que a menstruação também significa uma punição por se ter gratificado com a masturbação clitoriana, além disso, de forma regressiva, faz renascer a visão infantil da relação sexual para a menina, segundo a qual é quase sempre um ato sádico que envolve crueldade e fluxo de sangue.[74]

Meus dados confirmam plenamente a visão de Helene Deutsch de que as decepções e os choques ao próprio narcisismo, que a menina recebe quando começa a menstruar, causam grande impacto. Mas acredito que o efeito patogênico deles se deve à circunstância de reativarem nela medos passados. Eles não são apenas alguns itens em toda uma cadeia de situações de ansiedade que a menstruação traz à tona uma vez mais. Esses medos, como já vimos neste capítulo, são, em resumo, os seguintes:

---

72 É bem o caso em que a criança foi seduzida ou violentada por um adulto. Uma experiência dessas, como se sabe muito bem, pode ter efeitos muito sérios sobre a mente da criança.

73 Helene Deutsch, *Zur Psychoanalyse der weiblichen Sexualfunktionen*. Wien: Internationaler Psychoanalytischer Verlag, 1925.

74 Ibid., p. 36.

1. Como o inconsciente iguala todas as substâncias corporais umas às outras na fantasia, ela identifica seu sangue menstrual com seus excrementos perigosos.[75] Dado que ela aprende desde muito cedo a associar sangramento com ferimento, o medo de que esses excrementos perigosos tenham danificado seu corpo lhe parece ter sido confirmado pela realidade.
2. O fluxo menstrual aumenta seu terror de que seu corpo será atacado. A esse respeito, vários medos se encontram em operação: (a) o medo de ser atacada e destruída pela mãe, em parte por vingança, em parte de modo a recuperar o pênis do pai e as crianças de que foi privada pela menina; (b) o medo de ser atacada e danificada pelo pai ao ter relação sexual com ele de forma sádica,[76] seja porque ela teve fantasias masturbatórias sádicas a respeito da mãe, seja porque ele quer reaver o pênis que ela tirou dele – a fantasia da menina de que ao recuperar o pênis à força ele machucará os genitais dela se baseia, penso, na ideia posterior de que o clitóris é uma ferida ou cicatriz do lugar onde estava seu pênis; (c) o medo de que o interior de seu corpo será atacado e destruído por seus objetos introjetados, direta ou indiretamente, como consequência de uma luta uns com os outros dentro dela. A fantasia de ter introjetado pais violentos no ato de ter uma relação sexual sádica e de que eles colocam seu interior em risco ao se destruírem mutuamente lá dentro é uma fonte de medos agudos. Ela encara as sensações corporais que a menstruação com frequência desperta em seu interior, e para as quais sua ansiedade contribui, como um sinal de que todos os danos temidos e todos os seus medos hipocondríacos se tornaram realidade.
3. O fluxo de sangue do interior de seu corpo a convence de que as crianças dentro dela foram machucadas e destruídas. Verifiquei em algumas análises de mulheres que o medo delas de não terem filhos (isto é, de

---

75 Cf. Kurt Lewin, "Kotschmieren, Menses und weibliches Über-Ich". *Internationale Zeitschrift für Psychoanalyse*, v. 16, 1930, pp. 43–56.

76 Em seu artigo "Psychoanalytisches zur Menstruation" (*Internationale Zeitschrift für Psychoanalyse*, v. 13, 1927, pp. 1–13), Melitta Schmideberg assinalou que a menina encara a menstruação, entre outras coisas, como o resultado de ter sido objeto de uma relação sexual sádica com o pai e que ela fica ainda mais aterrorizada na medida em que acredita que essa ação por parte dele foi feita em retaliação pela agressão dela a ele e à mãe. Assim como nas fantasias sádicas da menina quando pequena ele era o executor do desejo agressivo desta contra a mãe. Assim, agora, ele é a pessoa que executa a punição que a mãe impõe a ela. Além do mais, a relação sexual sádica do pai com ela representa a própria punição do pai a ela pelos desejos de castração que ela abriga contra o sexo masculino em conexão com a relação sexual.

os bebês dentro delas terem sido destruídos) havia se intensificado desde o início da menstruação e não havia sido removido até que de fato tivessem uma criança. Mas em muitos casos, a menstruação, ao se agregar ao medo de ter crianças danificadas ou anormais, faz com que elas consciente ou inconscientemente rejeitem a gravidez por completo.

4. A menstruação, ao confirmar à menina o conhecimento de que ela não tem pênis e a crença de que seu clitóris é a cicatriz ou ferida deixada no lugar do pênis castrado[77] torna mais difícil para ela manter uma posição masculina.
5. Por ser um sinal de maturidade sexual, a menstruação ativa todas essas fontes de ansiedade, anteriormente mencionadas, que estão ligadas com suas ideias de que o comportamento sexual tem um caráter sádico.

As análises de pacientes meninas na puberdade mostram que, pelas razões mencionadas, a menina sente que sua posição feminina, bem como sua posição masculina, se tornou insustentável. A menstruação tem um efeito muito maior em ativar fontes de ansiedade e conflitos na menina do que os processos de desenvolvimento paralelos do menino. Isso em parte se deve ao fato de que ela é sexualmente mais inibida que ele na puberdade.

Os efeitos da menstruação sobre a mente da menina são, em parte, responsáveis pelo fato de nessa idade as dificuldades neuróticas da menina costumarem aumentar muito. Mesmo que ela seja normal, a menstruação ressuscita suas antigas situações de ansiedade, embora, assumindo que seu ego e seus métodos de dominar a ansiedade tenham se desenvolvido adequadamente, ela esteja mais preparada para modificar sua ansiedade do que no início da infância. Normalmente, ela também obtém grande satisfação com o início da menstruação. Contanto que a posição feminina tenha sido bem estabelecida durante a primeira expansão de sua vida sexual, ela encarará a menstruação como prova de que é sexualmente madura e de que é mulher e como um sinal de que pode ter uma confiança ainda maior na expectativa de receber gratificação sexual e de ter filhos. Se for assim, ela olhará para a menstruação como uma evidência clara contra várias fontes de ansiedade.

77 Em minha opinião, a fantasia primária da menina, mencionada em 2(b), no sentido de que seus genitais (clitóris) foram danificados por lhe terem tirado à força seu pênis introjetado, ou seu medo de que isso venha a acontecer, forma a base da fantasia de que seus genitais foram danificados pela castração.

Relação com os filhos

Ao descrever o desenvolvimento sexual precoce da mulher, não entrei plenamente no desejo de ter filhos, pois queria discutir a atitude infantil com suas crianças imaginárias quando tratasse de sua atitude mais tarde na vida, durante a gravidez, com as crianças reais dentro dela.

Freud afirmou que o desejo da menina de ter um filho toma o lugar de seu desejo de possuir um pênis;[78] mas, segundo minhas observações, o que precede seu desejo por um filho é seu desejo pelo pênis do pai em um sentido de objeto libidinal oriundo de sua posição oral. Em alguns casos, a equação principal feita por ela é de crianças e fezes, em outros entre criança e pênis. No primeiro caso, sua relação com a criança parece se desenvolver principalmente segundo linhas narcísicas. É mais independente de sua atitude para com o homem e intimamente relacionada com seu próprio corpo e com a onipotência de seus excrementos. No segundo caso, sua atitude com a criança se apoia com mais força sobre suas relações com o pai ou o pênis deste. Há uma teoria sexual infantil universal no sentido de que a mãe incorpora um pênis novo toda vez que ela tem relações sexuais e que esses pênis, ou parte deles, se transformam em crianças. Como consequência dessa teoria, as relações da menina com o pênis do pai influenciam suas relações em primeiro lugar com suas crianças imaginárias e mais tarde com suas crianças reais.

No livro, já citado por mim, *Zur Psychoanalyse der weiblichen Sexualfunktionen*, Helene Deutsch, ao discutir a atitude da mulher grávida com a criança dentro dela, apresenta a seguinte visão.[79] A mulher vê o filho ao mesmo tempo como parte de seu self e como um objeto fora dele, "com relação ao qual ela repete todos os relacionamentos de objeto positivos e negativos que ela teve com a mãe". Em fantasia, o pai foi transformado em filho no ato da relação sexual, "o que, em última instância, representa para seu inconsciente a incorporação oral do pai", e ele "retém esse papel na gravidez real ou imaginária que se segue". Depois que esse processo de introjeção ocorre, o filho se torna "a encarnação do ideal de ego que ela desenvolveu anteriormente" e também representa "a encarnação de seus próprios ideais que ela não foi capaz de alcançar". A atitude ambivalente que ela tem pela criança se deve, em parte, ao fato de que esta representa seu superego – muitas

---

78 Cf. Freud, "Algumas consequências psíquicas da distinção anatômica entre os sexos" [1925], in *Obras completas*, v. 16, op. cit.

79 Cf. H. Deutsch, *Zur Psychoanalyse der weiblichen Sexualfunktionen*, op. cit.

vezes em forte oposição a seu ego – e a faz reviver sentimentos ambivalentes pelo pai, originários da situação edipiana. Mas também se deve, parcialmente, ao fato de ela fazer um investimento regressivo de suas posições libidinais anteriores. A identificação que faz de crianças com fezes, das quais tem uma valorização narcísica, se torna a base de uma valorização narcísica semelhante de sua criança; e suas formações reativas contra a supervalorização de seus excrementos desperta sentimentos de repulsa nela e a fazem querer expelir a criança.

Minha visão vai além do que Helene Deutsch disse em um ou dois pontos. A menina equiparar, nos primeiros estágios de desenvolvimento, o pênis do pai e um bebê faz com que dê à criança dentro dela o significado de um superego paterno, uma vez que esse pênis internalizado forma o núcleo daquele superego. Essa equação arcaica não apenas determina sua ambivalência em relação à criança imaginária, e mais tarde na vida, como mãe, à criança real, mas também determina a quantidade de ansiedade que, de forma decisiva, influencia suas relações com o filho. A equação feita por ela entre fezes e crianças, conforme descobri, afeta também sua relação com a criança imaginária quando a menina ainda é muito pequena. E a ansiedade que ela sente por conta das fantasias sobre seus excrementos venenosos e escaldantes e que, em minha opinião, reforça suas tendências de expulsão, pertencentes ao estágio anal inicial, forma a base de seus sentimentos de ódio e medo posteriores em relação à criança real dentro dela.

Como já apontei, o medo da menina de seu pênis "mau" introjetado a induz a fortalecer sua introjeção de um pênis "bom", já que este lhe oferece proteção e ajuda contra o pênis "mau" dentro dela e as imagos más que ela vivencia como excrementos perigosos. É esse pênis "bom" amistoso, muitas vezes concebido como um pênis pequeno, que assume o significado de uma criança. Essa criança imaginária que proporciona proteção e ajuda à menina pequena representa primariamente, em seu inconsciente, os conteúdos "bons" de seu corpo. O apoio que lhe dá contra a ansiedade é, naturalmente, de caráter puramente fantasioso, mas os objetos de que ela tem medo são igualmente fantasiosos; pois nesse estágio de desenvolvimento ela é governada sobretudo pela realidade psíquica.[80]

---

80 O reconhecimento da realidade interna constitui a base da adaptação à realidade externa. A atitude da criança com seus objetos de fantasia, que, nesse estágio da vida, são imagos fantasiosas de seus objetos reais externos, determinará suas relações com esses objetos futuramente.

A posse de crianças é um meio de superar a ansiedade e aliviar o sentimento de culpa; por isso vejo na necessidade normal e intensa de ter crianças da menina pequena as razões mais profundas para esse desejo, que é maior do que qualquer outro. Como sabemos, mulheres adultas muitas vezes têm um desejo mais forte de ter um filho do que de ter um parceiro sexual.

A atitude da menininha com a criança é também de grande importância para o desenvolvimento de suas sublimações. Os ataques imaginários que ela faz ao interior da mãe por meio de seus excrementos venenosos e destrutivos trazem receios sobre os conteúdos de seu próprio corpo. Devido a sua equação entre fezes e bebês, as fantasias sobre as fezes "más" dentro dela levam-na a ter fantasias de ter uma criança "má",[81] e isso é equivalente a ter uma criança "feia", anormal. As formações reativas da menina com relação às fantasias sádicas sobre fezes perigosas dão origem, parece-me, a sublimações de um tipo especificamente feminino. Ao analisar meninas pequenas podemos ver com clareza quão intimamente ligados estão o anseio delas de possuir uma criança "bonita" (isto é, "boa" e saudável), e seus esforços incansáveis de embelezar o bebê imaginário e os próprios corpos, com o medo que têm de ter produzido em si mesmas e de ter posto dentro da mãe crianças "más" e feias que elas comparam a excrementos venenosos.

Ferenczi descreveu as mudanças[82] sofridas pelo interesse que a criança tem por fezes nos vários estágios de desenvolvimento e chegou à conclusão de que as tendências coprofílicas são sublimadas em parte, de forma precoce, em um prazer por coisas brilhantes. Um elemento desse processo de sublimação é, penso, o medo que a criança tem de pedaços "maus" e perigosos de fezes. A partir daí há um caminho sublimatório direto que leva ao tema da "beleza".[83] A enorme necessidade que as mulheres sentem de ter um corpo bonito, uma linda casa e beleza em geral se baseia em seu desejo de possuir um interior bonito de seu corpo, no qual objetos "bons" e graciosos e excrementos inócuos se alojam. Outra linha de sublimação a partir do medo que a menina tem de excrementos "maus" e "perigosos" leva à ideia de produtos "bons" no sentido de promotores de saúde (embora, aliás, "bom" e "bonito" muitas vezes signifiquem a mesma coisa para a criança pequena) e, desse

81 Igualar um pênis "mau" ou pedaços maus de fezes com uma criança já foi discutido. As duas equações existem lado a lado e se reforçam mutuamente.

82 S. Ferenczi, "The Origin of Interest in Money" [1914]. *First Contributions to Psycho-Analysis*. London: Hogarth, 1952.

83 Provavelmente também com o propósito de desfigurar a mãe e torná-la feia.

modo, serão fortalecidos nela aqueles sentimentos e desejos de doação maternais originais que brotam de sua posição feminina.

Se os sentimentos esperançosos da menina pequena predominarem, ela acreditará não apenas que seu pênis internalizado é um pênis "bom" como também que as crianças em seu interior são seres bondosos. Mas se ela estiver tomada pelo medo de um pênis "mau" internalizado e de excrementos perigosos, sua relação com a criança real futuramente será muitas vezes dominada pela ansiedade. Apesar disso, onde as relações com seu parceiro sexual não a satisfizerem, ela estabelecerá uma relação com seu bebê, que lhe proporcionará gratificação e apoio mental. Nesses casos, em que a própria relação sexual recebeu com muita força o significado de uma situação de ansiedade e o objeto sexual se tornou um objeto de ansiedade para ela, é a criança que atrai para si a qualidade de um pênis "bom" e prestativo. Novamente, uma mulher que supera a ansiedade precisamente por meio de atividades sexuais pode ter uma relação muito boa com o marido e má com o filho. Nesse caso, ela deslocou a ansiedade relativa ao inimigo dentro de si, em sua maior parte, para a criança; descobri que são os medos resultantes disso que se encontram na base do medo da gravidez e do parto, e que aumentam as aflições físicas quando está grávida e podem mesmo torná-la psicologicamente incapaz de conceber uma criança.

Já vimos de que modo o medo que a mulher tem do pênis "mau" pode aumentar seu sadismo. Mulheres que têm uma atitude sádica forte para com o marido costumam olhar a criança como uma inimiga. Assim como, em fantasia, elas encaram a relação sexual como um meio de destruir o objeto, também querem ter uma criança sobretudo para tê-la sob seu poder, como se a criança fosse algo hostil a elas. Podem, então, empregar o ódio que sentem por seu inimigo interno temido contra objetos externos – contra o marido e o filho. Há também, naturalmente, mulheres que têm uma atitude sádica para com o marido e uma atitude relativamente amistosa com os filhos, e vice-versa. Mas, em cada caso, é a atitude da mulher com seus objetos introjetados, especialmente o pênis do pai, que determinará sua atitude para com o marido e filho.

A atitude da mãe para com as crianças está baseada, como sabemos, em relações iniciais com seus objetos. Os relacionamentos emocionais que ela teve na primeira infância com o pai, os tios e os irmãos ou com a mãe, as tias e as irmãs vão se refletir, em maior ou menor grau na criança, de acordo com seu sexo. Se ela equiparou, principalmente, a ideia de uma criança com a de um pênis "bom", serão os elementos positivos desses relacionamentos que ela transferirá para a criança.[84] Ela condensará um grande número de imagos amistosas em sua pessoa,[85] e a criança representará a "inocência" da infância inicial e será, a seus olhos, o que ela gostaria de imaginar ter sido na primeira infância. Um dos maiores motivos para as esperanças que deposita em que cresça bem e feliz é que ela possa ser capaz de recriar a própria infância insatisfatória como um tempo de felicidade.

Há, penso, todo um conjunto de fatores que ajudam a fortalecer a relação emocional que a mãe tem com o filho. Ao colocá-lo no mundo, ela produziu a mais forte refutação na realidade de todos os medos que surgem de suas fantasias sádicas. O nascimento da criança não só significa em seu inconsciente que o interior de seu corpo e as crianças imaginárias lá estão a salvo, ou foram restabelecidos, como invalida todos os tipos de medos associados com a ideia de crianças. Mostra que as crianças dentro da mãe – seus irmãos e irmãs – e o pênis do pai (ou o pai) que ela atacou lá, e também a mãe, estão todos a salvo, ou então foram regenerados. Dar à luz um bebê representa, assim, restaurar um grande número de objetos – até mesmo, em alguns casos, recriar o mundo todo.

Amamentar um bebê também é muito importante e forma um vínculo muito próximo e especial entre a mulher e o bebê. Ao dar à criança um produto de seu próprio corpo que é essencial para sua nutrição e crescimento, ela finalmente pode rechaçar e dar um final feliz àquele círculo vicioso que se iniciou nela quando ainda era bebê, com seus ataques ao seio da mãe como o primeiro objeto de seus impulsos destrutivos e que continham fantasias de destruir o seio, despedaçando-o com mordidas e sujando-o, envenenando-o e queimando-o com excrementos. Pois, em seu inconsciente, ela vê o fato de que

---

84 A menina muitas vezes identifica sua criança da fantasia em seu inconsciente com um pênis pequeno e inócuo. É parcialmente nesta conexão que suas relações com o irmão ou alguma outra criança ajudam-na a confirmar sua crença no pênis "bom". Como criança pequena, ela atribui uma enorme quantidade de sadismo ao pênis do pai e pensa que o pênis pequeno do irmão, por um lado menos digno de admiração, de todo modo não é tão perigoso.

85 Em *O mal-estar na civilização* [1930], Freud diz: "Ela [a agressividade] constitui o sedimento de toda relação terna e amorosa entre as pessoas, talvez com a exceção única daquela entre a mãe e o filho homem". No caso em que a mulher é fortemente afetada pela equação entre a criança e o pênis "bom", ela fica especialmente tendente a concentrar todos os elementos positivos de seu sentimento na criança, caso seja um menino (in *Obras completas*, v. 18, trad. Paulo César de Souza. São Paulo: Companhia das Letras, 2010, p. 80).

está dando ao filho um leite nutritivo e benéfico como uma prova de que suas próprias fantasias sádicas precoces não se realizaram ou de que ela conseguiu restaurar o objeto dessas fantasias.[86]

Como já foi apontado, o indivíduo ama seu objeto "bom" ainda mais porque, sendo o alvo e o objeto de suas tendências restitutivas, lhe proporciona gratificação e diminui sua ansiedade. Nenhum outro objeto possui essa qualificação em tal grau quanto uma criancinha indefesa. Além disso, ao dedicar seu amor e cuidados maternos a uma criança, a mulher não apenas satisfaz seus desejos mais precoces como, uma vez que se identifica com a criança, compartilha dos prazeres que lhe proporciona. Ao inverter, desse modo, a relação mãe-filho, ela tem a possibilidade de vivenciar uma renovação feliz de sua ligação mais precoce com a mãe e de deixar que os sentimentos primários de ódio por ela recuem para o segundo plano e que os sentimentos positivos aflorem.

Todos esses fatores contribuem para dar às crianças importância imensa na vida emocional das mulheres. E podemos prontamente ver por que o equilíbrio mental delas pode ser tão perturbado se seu filho não se sair bem e, em particular, se for anormal. Assim como uma criança sadia e que está se desenvolvendo bem é uma refutação de um grande número de medos, também uma criança anormal, doente ou simplesmente insatisfatória é uma confirmação deles, e pode mesmo vir a ser encarada como um inimigo e um perseguidor.

Desenvolvimento do ego

Examinaremos agora, apenas de forma breve, a relação entre a formação do superego da menina e o desenvolvimento de seu ego. Freud mostrou que algumas das diferenças que existem entre a formação do superego da menina e do menino estão associadas com distinções

---

86 Ela também toma isso como prova da realidade de que sua urina, que ela iguala ao leite, não é nociva; do mesmo modo que, por outro lado, ela muitas vezes encara o sangue menstrual como uma prova da realidade de que sua urina e outros excrementos são substâncias perigosas. Além do mais, o fato de que o suprimento de leite não se esgota é não apenas uma refutação de seu medo, oriundo das fantasias sádicas, de que seu seio foi destruído, mas a convence de que seus excrementos não são destrutivos para seu próprio corpo. Essas eram as armas que ela usava para atacar o seio da mãe em sua imaginação, e agora vê que elas não causaram dano.

anatômicas entre os sexos.[87] Essas distinções anatômicas afetam, penso, tanto o desenvolvimento do superego como o do ego de várias maneiras. Em consequência da estrutura dos genitais femininos, que marca sua função receptiva, as tendências edipianas da menina estão mais amplamente dominadas por seus impulsos orais e a introjeção de seu superego é mais extensa do que no menino. Além disso, há a ausência do pênis como um órgão ativo. A maior dependência que a menina tem de seu superego, que é resultado de suas tendências introjetivas mais fortes, é ainda aumentada pelo fato de ela não ter pênis.

Já apresentei a visão, em páginas anteriores desse livro, de que o sentimento de onipotência do menino está associado a seu pênis, que é também o representante no inconsciente de atividades e sublimações originárias de seus componentes masculinos. Na menina, que não possui um pênis, o sentimento de onipotência está associado ao pênis introjetado do pai de modo mais profundo e amplo do que no menino. Isso é ainda mais intenso porque a imagem que ela formou quando criança do pênis do pai dentro de si e que determina os padrões que ela estabelece para si evoluiu a partir de fantasias extremamente ricas e é, desse modo, mais exagerada do que a do menino, tanto na direção da "bondade" como da "maldade".

Essa visão de que o superego atua com mais intensidade nas mulheres do que nos homens parece, à primeira vista, não se encaixar com o fato de que, comparadas aos homens, as mulheres são muitas vezes mais dependentes de seus objetos, mais facilmente influenciáveis pelo mundo externo e mais variáveis em seus padrões morais – isto é, aparentemente menos guiadas pelas exigências de um superego. Mas creio que a maior dependência delas dos objetos, associada com o maior significado da perda de amor,[88] está, na realidade, intimamente

87 S. Freud, "Algumas consequências psíquicas da diferença anatômica entre os sexos", in *Obras completas*, v. 16, op. cit.

88 Em seu artigo "One of the Motive Factors in the Formation of the Super-Ego in Women" (*The International Journal of Psychoanalysis*, v. 10, 1928, pp. 39–50), Hanns Sachs assinalou o fato curioso de que, embora as mulheres sejam em geral mais narcisistas do que os homens, elas sentem mais a perda de amor. Ele procurou explicar esta aparente contradição por meio da suposição de que, quando o seu conflito edipiano chega ao fim, a menina tenta se agarrar ao pai, seja através de seu desejo de ter uma criança dele, seja por meio da regressão oral. Esta visão está de acordo com a minha, ao enfatizar o significado que sua ligação oral com o pai tem para a formação de seu superego. Mas, segundo ele, essa ligação se dá por meio de uma regressão depois de ela ter sido desapontada em suas esperanças de ter um pênis e de obter satisfação genital por parte do

relacionada com uma maior eficácia do superego. Ambas as características têm uma origem comum na propensão maior das mulheres a introjetar seu objeto e a estabelecê-lo dentro de si, e ali elas constroem um superego mais poderoso. Essa propensão, além do mais, é aumentada justamente por uma dependência maior do superego e um maior temor a ele. A ansiedade mais profunda da menina, a de que algum dano indeterminado tenha sido causado a seu interior pelos objetos internalizados, impele-a, como já mostrei, a testar seus medos de forma contínua por meio de suas relações com objetos reais. Quer dizer, impele-a a reforçar suas tendências introjetivas de modo secundário. De novo, poderia parecer que seus mecanismos de projeção são mais fortes do que os do homem, de acordo com o sentimento de onipotência mais forte de seus excrementos e pensamentos; e esse é outro fator que a induz a ter relações mais fortes com o mundo externo e com objetos na realidade, em parte com o propósito de controlá-los magicamente.

O fato de os processos de introjeção e projeção serem mais fortes na mulher do que no homem não afeta apenas, penso, o caráter de suas relações de objeto como também é importante para o desenvolvimento de seu ego. A necessidade dominante e profundamente enraizada de se entregar em completa confiança e submissão ao pênis "bom" internalizado é uma das coisas subjacentes à qualidade receptiva de suas sublimações e seus interesses. Mas a posição feminina também a impele fortemente a obter um controle secreto de seus objetos internalizados por meio da onipotência de seus excrementos e pensamentos; e isso fomenta nela um poder agudo de observação e grande compreensão psicológica, junto de uma certa artimanha, astúcia e uma inclinação para o embuste e a intriga. Esse lado do desenvolvimento de seu ego é ressaltado sobretudo com relação ao superego materno, mas também colore sua relação com a imago paterna.

---

pai; enquanto, em minha visão, sua ligação oral com o pai ou, mais corretamente, seu desejo de incorporar o pênis dele é a base e o ponto de partida de seu desenvolvimento sexual e da formação de seu superego.

Ernest Jones atribui o maior efeito que a perda do objeto tem para a mulher a seu medo de que o pai não lhe dará satisfação sexual (cf. seu artigo "The Early Development of Female Sexuality", op. cit.). De acordo com ele, a razão pela qual a frustração da satisfação sexual é tão intolerável para ela – e nesse particular, naturalmente, a mulher é mais dependente do que o homem com relação ao parceiro – é porque desperta sua ansiedade mais profunda, que é o medo de afânise, isto é, de ter sua capacidade de prazer sexual inteiramente abolida.

Em *O Eu e o Id*, Freud escreve:

> Se estas [as identificações objetais] predominam, tornam-se muito numerosas e fortes, incompatibilizando-se umas com as outras, um desfecho patológico é provável. Pode-se chegar a uma fragmentação do ego, quando as várias identificações se excluem umas às outras mediante resistências, e o segredo dos casos chamados de múltipla personalidade talvez esteja em que as várias identificações tomam alternadamente a consciência. Mesmo não indo tão longe, há a questão dos conflitos das diferentes identificações em que o ego se distribui, conflitos que, afinal, não podem ser claramente descritos como patológicos.[89]

Um estudo dos estágios iniciais da formação do superego e da relação deles com o desenvolvimento do ego confirma plenamente essa última afirmação. E, tanto como pode ser visto, qualquer investigação adicional da personalidade como um todo, normal ou anormal, terá que se dar segundo as linhas indicadas por Freud. Parece que o caminho para ampliar nosso conhecimento do ego é aprender mais sobre as várias identificações que ele faz e as atitudes que ele tem com elas. É apenas ao perseguir essa linha de investigação que podemos descobrir por que meios o ego regula as relações que existem entre essas identificações, que, como sabemos, diferem de acordo com o estágio de desenvolvimento em que foram feitas e se se referem à mãe ou ao pai do sujeito, ou a uma combinação dos dois.

A menina se vê com mais dificuldades na formação de um superego com relação à mãe do que o menino com relação ao pai, uma vez que é difícil para ela se identificar com a mãe com base em uma semelhança anatômica, devido ao fato de que os órgãos internos que servem às funções sexuais femininas – tanto os da mãe como os seus – e a posse de crianças [internas] não permitem qualquer investigação ou teste de realidade. Esse obstáculo, cujo significado para o desenvolvimento sexual feminino já mencionei, aumenta o poder de sua imago materna aterrorizante – produto dos próprios ataques sádicos imaginários à mãe – que põe em perigo o interior de seu corpo e exige que ela preste contas por ter despojado a mãe de suas crianças, suas fezes e do pênis do pai.

Os métodos de ataque, baseados na onipotência de seus excrementos e pensamentos, que a menina emprega contra a mãe influenciam

89 S. Freud, *O Eu e o Id* [1923], in *Obras completas*, v. 16, op. cit., p. 38 (trad. modif.).

o desenvolvimento de seu ego não apenas diretamente, como parece, mas também indiretamente. Suas formações reativas contra sua própria onipotência sádica e a transformação desta em onipotência construtiva permitem-lhe desenvolver sublimações e qualidades mentais que são o oposto direto dos traços que acabamos de descrever e que são aliados da onipotência primária de seus excrementos. Elas a levam a ser franca e confiável, capaz de fazer sacrifícios, pronta a se dedicar aos deveres diante de si e disposta a suportar muita coisa pelo próprio bem e o de outras pessoas. Essas formações reativas e sublimações tendem, mais uma vez, a fazer de seu sentimento de onipotência, baseado em seus objetos "bons" internalizados, e de sua atitude de submissão ao superego paterno as forças dominantes em sua atitude feminina.[90]

Além do mais, uma parte essencial do desenvolvimento de seu ego é desempenhada pelo desejo de empregar a urina "boa" e as fezes "boas" para corrigir os efeitos de seus excrementos "maus" e nocivos e para doar coisas boas e bonitas – desejo que é de importância extraordinária no parto e na amamentação, pois a criança "bonita" e o leite "bom" que ela produz contrabalançam o medo que tem das fezes nocivas e da urina perigosa. De fato, esse desejo forma uma base frutífera e criativa para todas as sublimações que surgem dos representantes psíquicos do parto e da amamentação.

O que é característico do desenvolvimento do ego da mulher poderia ser formulado da seguinte forma: o superego da menina é elevado a grandes alturas e é muito ampliado, seu ego olha para ele de baixo e se submete a ele. E, porque seu ego procura corresponder a esse superego exaltado, ele é incitado a todos os tipos de esforços que resultam em uma expansão e enriquecimento próprios. Assim, enquanto no homem é o ego e, com ele, as relações com a realidade que na maior parte do tempo tomam a dianteira, de modo que sua natureza como um todo é mais objetiva e prosaica, na mulher é o inconsciente que atua como força dominante. No caso dela, não menos que no dele, a qualidade das conquistas dependerá da qualidade do ego, mas estas

90 Como já foi visto, os diferentes tipos de mágica agem em conjunto e são intercambiáveis. Elas também são jogadas uma contra a outra pelo ego. O medo que a menina tem de ter crianças "más" (fezes) dentro de si como resultado dos poderes mágicos de seus excrementos age como um incentivo para ela no sentido de dar muita ênfase a sua crença no pênis "bom". A equação que faz do pênis "bom" com uma criança torna possível para ela ter esperança de ter incorporado crianças "boas" e elas são uma compensação para as crianças dentro de si que ela equipara a fezes "más".

vão adquirir o caráter feminino específico de intuitividade e subjetividade a partir do fato de que o ego da mulher está submetido a um espírito interno amado. Elas representam o nascimento de uma criança espiritual, concebida pelo pai dessa criança; e essa procriação espiritual é atribuída a seu superego. É verdade que mesmo uma linha marcadamente feminina de desenvolvimento exibe inúmeras características que provêm dos componentes masculinos, mas é como se a crença dominante da mulher na onipotência do pênis incorporado do pai e da criança que cresce dentro de si fosse o que a torna capaz de conquistas de um tipo especificamente feminino.

Nesse ponto não podemos deixar de comparar a situação mental das mulheres com a das crianças, que, como sustento, se encontram sob o domínio do superego em um grau muito maior e, ao mesmo tempo, precisam de seus objetos mais do que o adulto. Todos sabemos que a mulher é muito mais próxima da criança do que o homem; e, no entanto, em muitos aspectos do desenvolvimento de seu ego ela difere tanto da criança como ele. Vejo a explicação para essas diferenças no seguinte. Em seu desenvolvimento, a mulher introjeta os objetos edipianos com mais força que o homem, o que leva a um desenvolvimento de ego mais pleno, embora dois fatores limitantes tenham de ser considerados: o inconsciente retém um controle mais amplo sobre sua personalidade, em certa medida análogo à situação da criança; e ela se ampara no poderoso superego interno em parte com o fim de dominá-lo ou superá-lo.

Se a menina se apega essencialmente à posse imaginária de um pênis como um atributo masculino, seu desenvolvimento será radicalmente diferente. Ao rever sua história sexual, já discuti as várias razões que a obrigam a adotar uma posição masculina. No que diz respeito a suas atividades e sublimações – que ela encara inconscientemente como evidência da realidade de sua posse de um pênis ou de substitutos dele – essas não são usadas apenas para competir com o pênis do pai, mas servem, invariavelmente, de modo secundário, como uma defesa contra o superego e com a finalidade de enfraquecê-lo. Em meninas desse tipo, além do mais, o ego assume um controle mais forte e suas buscas são, na maior parte, uma expressão de potência masculina.

No que diz respeito ao desenvolvimento sexual da menina, já enfatizei o significado de uma boa imago materna para a formação de uma boa imago paterna. Se ela se encontra em condição de confiar-se à orientação interna de um superego paterno em que acredita e que admira, isso sempre significa que ela tem também boas imagos maternas; pois é apenas quando ela tem confiança suficiente em uma mãe "boa" internalizada que ela é capaz de se render completamente ao superego paterno. Mas, a fim de fazer uma rendição desse tipo, ela deve também acreditar o suficiente na posse de coisas "boas" dentro de seu corpo – de objetos internalizados amigáveis. Somente se a criança que ela, em fantasia, teve com o pai, ou que espera ter, for uma criança "boa" e "bonita" – somente, quer dizer, se o interior de seu corpo representar um lugar onde reinam a harmonia e a beleza (fantasia que também está presente no homem) ela pode se dar sem reserva, sexual e mentalmente, a seu superego paterno e a seus representantes no mundo externo. Alcançar um estado de harmonia desse tipo se baseia na existência de uma boa relação entre seu ego e as identificações do ego, bem como na inter-relação entre essas identificações, e sobretudo em uma união pacífica da imago paterna com a imago materna.

As fantasias em que a menina tenta destruir ambos os pais por inveja e ódio são a origem de seu mais profundo sentimento de culpa; ao mesmo tempo, formam a base das mais esmagadoras situações de perigo. Dão origem a um medo de abrigar dentro de si objetos hostis engajados em um combate mortal (isto é, em relação sexual destrutiva) um com o outro ou que, por terem descoberto sua culpa, estão aliados em inimizade contra seu ego. Se o pai e a mãe vivem uma vida feliz juntos, a imensa gratificação que ela obtém desse fato se deve, em grande medida, ao alívio que a boa relação que eles têm proporciona ao sentimento de culpa que ela sente por causa de suas fantasias sádicas. Pois em seu inconsciente a boa compreensão entre eles é, na realidade, uma confirmação de sua esperança de ser capaz de restituir de todos os modos possíveis. E, se seus mecanismos restitutivos estiverem bem estabelecidos, ela não apenas ficará em harmonia com o mundo externo – e esta é, acredito, uma condição necessária para alcançar tal estado de harmonia e de relações de objeto e desenvolvimento sexual satisfatórios – mas também estará em sintonia com seu mundo interno e consigo própria. Se as imagos ameaçadoras desaparecem e as imagos materna e paterna bondosas emergem para atuar em cooperação amistosa e lhe dar uma garantia de segurança e harmonia dentro de seu próprio corpo, ela pode elaborar seus componentes femininos e masculinos no sentido e no espírito dos pais introjetados e terá assegurado uma base, dentro de si, para o pleno desenvolvimento de uma personalidade harmoniosa.

Pós-escrito

Desde que escrevi o texto acima, observo que apareceu um artigo de Freud[91] em que ele discute de forma mais específica o longo período de apego da menina à mãe e procura isolar o apego da operação de seu superego e de seu sentimento de culpa. Isso, em minha avaliação, não é possível, pois penso que a ansiedade e o sentimento de culpa que surgem de seus impulsos agressivos vão intensificar seu apego libidinal primário à mãe em uma idade muito tenra. Seus medos variados das imagos fantasiosas (seu superego) e da mãe "má" real forçam a menina ainda bem pequena a encontrar proteção na mãe "boa" real. E, para fazer isso, ela tem de compensar excessivamente a agressão primária feita contra esta última.

Freud enfatiza ainda que a menina sente hostilidade também em relação à mãe e tem medo de ser "morta (devorada?) por ela".[92] Em minhas análises de crianças e de adultos, observei que o medo da menina de ser devorada, cortada em pedaços ou destruída pela mãe emerge da projeção de seus próprios impulsos do mesmo tipo sádico contra ela, e que esses medos estão na base de suas situações de ansiedade mais arcaicas. Freud também afirma que meninas e mulheres que são fortemente apegadas à mãe costumavam, mais especificamente, reagir com raiva e ansiedade a enemas e irrigações intestinais que ela lhes havia administrado. Expressões de afeto desse tipo são, segundo minha experiência, causadas pelo medo de sofrerem ataques anais dela – medo que representa a projeção de suas fantasias sádico-anais na mãe. Concordo com a visão de Freud de que nas mulheres a projeção de impulsos hostis contra a mãe na primeira infância, é o núcleo da paranoia no futuro.[93] Mas, de acordo com minhas observações, são os ataques imaginários que elas fizeram ao interior do corpo da mãe por meio de excrementos destrutivos que envenenam, queimam e explodem que, em particular, dão origem a seus medos de pedaços de fezes como perseguidores e da mãe como uma figura aterrorizante, resultante da projeção.

Freud acredita que o longo apego da menina à mãe é exclusivo e ocorre antes de ela ter entrado na situação edipiana. Mas minha

---

91 Cf. S. Freud, "Sobre a sexualidade feminina" [1931], in *Obras completas*, v. 18, op. cit.

92 Ibid., p. 375.

93 Cf. meus artigos "Estágios iniciais do conflito edipiano" (1928) e "A importância da formação de símbolos no desenvolvimento do ego" (1930) e o capítulo 3 deste livro.

experiência de análise de meninas pequenas convenceu-me de que o apego prolongado e poderoso que elas têm à mãe nunca é exclusivo e está vinculado a impulsos edipianos. Além do mais, a ansiedade e o sentimento de culpa delas em relação à mãe afetam também o curso dos impulsos edipianos; pois, em minha maneira de ver, a defesa da menina contra a feminilidade provém menos de suas tendências masculinas do que do medo que tem da mãe. Se a menina pequena tiver muito medo da mãe, não será capaz de se ligar de forma suficientemente forte ao pai e seu complexo de Édipo não virá à luz. Mesmo nesses casos, no entanto, em que uma ligação forte com o pai não se estabeleceu até o estágio pós-fálico, verifiquei que a menina teve impulsos edipianos positivos em uma idade precoce, embora esses impulsos não emergissem com nitidez. Esses estágios iniciais de seu conflito edipiano ainda mantêm um caráter algo fantasioso, uma vez que estão centrados no pênis do pai; mas em parte já dizem respeito ao pai real.

Em alguns de meus artigos, mencionei como fatores mais arcaicos no retraimento da menina com a mãe o rancor que sente contra a mãe por a ter sujeitado à frustração oral (fator que Freud também mencionou no artigo em discussão) e à inveja da satisfação oral mútua que, com a força de suas teorias sexuais mais arcaicas, ela imagina que os pais obtêm da relação sexual. Esses fatores, baseados na equação de seio com pênis, fazem-na inclinar-se em direção ao pênis do pai na segunda metade de seu primeiro ano; essa é a causa de seu apego ao pai ser afetado de forma fundamental pela ligação da menina com a mãe. Freud também assinala que uma se constrói sobre a outra e que muitas mulheres repetem suas relações com a mãe em suas relações com os homens.

12. Os efeitos das situações de ansiedade arcaicas sobre o desenvolvimento sexual do menino

A análise precoce mostra que o desenvolvimento sexual do menino acompanha as mesmas linhas que o da menina em seus estágios iniciais.[1] No menino, a frustração oral vivenciada reforça suas tendências destrutivas contra o seio da mãe. Assim como na menina, o período em que o sadismo se encontra no ponto máximo, introduzido pelo impulso sádico-oral, se instala com a retirada do seio materno – fase em que o alvo é atacar o interior do corpo dela.

A fase feminina

Nesta fase, o menino tem uma fixação oral de sugar o pênis do pai, do mesmo modo que a menina. Considero que essa fixação é a base da verdadeira homossexualidade nele. Essa visão concordaria com o que Freud disse em "Uma recordação de infância de Leonardo da Vinci",[2] onde ele chega à conclusão de que a homossexualidade de Leonardo pode ser remetida a uma fixação excessiva na mãe – em última instância em seu seio – e pensa que essa fixação foi deslocada para o pênis como um objeto de satisfação. Em minha experiência, todo menino se move de uma fixação oral ao seio da mãe para uma fixação oral ao pênis do pai. É isso que forma a base da homossexualidade.

1 Dessa forma, apenas aludiremos a esses estágios brevemente aqui. Para uma discussão em mais detalhes deles o leitor deve conferir os capítulos 8 e 9 deste livro.

2 Cf. Sigmund Freud, "Uma recordação de infância de Leonardo da Vinci" [1910], in *Obras completas*, v. 9, trad. Paulo César de Souza. São Paulo: Companhia das Letras, 2013.

Na fantasia do menino, a mãe incorpora o pênis do pai, ou melhor, um bom número deles, dentro de si; em paralelo às relações do menino com seu pai real ou, para ser mais precisa, com o pênis do pai, ele desenvolve uma relação, em fantasia, com o pênis do pai dentro do corpo da mãe. Uma vez que seus desejos orais pelo pênis do pai são um dos motivos de seus ataques ao corpo da mãe – pois ele quer tomar à força o pênis que imagina estar dentro da mãe e machucá-la ao fazer isso –, seus ataques também representam, entre outras coisas, as situações de rivalidade mais arcaicas com ela e, assim, formam a base do complexo de feminilidade do menino.[3]

A apreensão à força do pênis do pai e de excrementos e crianças de dentro do corpo da mãe dá origem a um medo intenso de retaliação. Ter destruído o interior do corpo da mãe, além de atacá-lo, se torna, além do mais, uma fonte do mais profundo medo que ele sente dela. E, quanto mais sádica tiver sido a destruição imaginária do corpo dela, maior será seu terror dela como rival.

Estágios iniciais do conflito edipiano

Os impulsos genitais do menino, que, embora de início encobertos pelos impulsos pré-genitais e utilizados para servir aos fins destes, afetam substancialmente o curso de sua fase sádica, levam-no a tomar o corpo e os genitais da mãe como objeto sexual. Desse modo, ele deseja ter a posse única da mãe em um sentido oral, anal e genital, além de atacar o pênis do pai dentro dela com todos os meios sádicos a sua disposição. Sua posição oral também dá origem a muito ódio contra o pênis do pai como consequência da frustração que o menino vivenciou por parte do pai. Em geral seus impulsos destrutivos em relação ao pênis do pai são muito mais fortes do que os da menina, uma vez que seu anseio pela mãe como objeto sexual o induz a concentrar seu ódio mais intensamente nele. Além do mais, o pênis já foi o objeto de destaque da ansiedade nos estágios mais precoces de desenvolvimento, pois seus impulsos agressivos diretos em relação a ele despertaram

---

3 Para um relato detalhado dos fenômenos que surgem em conexão com a fase feminina no homem, posso remeter o leitor a meu artigo "Estágios iniciais do conflito edipiano" (1928). Cf. também Karen Horney, "A fuga da feminilidade" [1926] (in *Psicologia feminina*, trad. T. Rodrigues. Rio de Janeiro: Bertrand Brasil, 1996), e Felix Boehm, "The Femininity Complex in Men" (*The International Journal of Psychoanalysis*, v. 11, 1929, pp. 444–69).

um medo proporcional dele. Esse medo reforça novamente seu ódio por ele e seu desejo de destruí-lo.

Como vimos no último capítulo, a menina retém o corpo da mãe como objeto direto de seus impulsos destrutivos por um tempo muito mais longo e em um grau muito mais intenso que o menino; os impulsos positivos da menina com relação ao pênis do pai – tanto o real quanto o imaginário dentro do corpo da mãe – são normalmente muito mais fortes e mais duradouros que os do menino. No caso dele, é apenas durante um certo período daquele estágio inicial que os ataques ao corpo da mãe dominam o quadro em que a mãe é o verdadeiro objeto de destruição. Bem depressa é o pênis do pai, supostamente dentro da mãe, que atrai para si, em grau ainda maior, suas tendências agressivas contra ela.

Situações de ansiedade arcaicas

Além dos medos que o menino sente em consequência da rivalidade com a mãe, seu medo do pênis internalizado perigoso do pai bloqueia a manutenção de uma posição feminina. O último medo, junto da força crescente de seus impulsos genitais, em particular, faz com que ele desista de sua identificação com a mãe e fortaleça sua posição heterossexual. Mas se seu medo da mãe como rival e seu medo do pênis do pai forem excessivos, de forma que ele não supere a fase feminina adequadamente, uma barreira decisiva ao estabelecimento de sua posição heterossexual terá se levantado.

É, além disso, de grande importância para o resultado final do desenvolvimento do menino o fato de sua vida mental precoce ter ou não sido dominada por um medo dos pais combinados na relação sexual e formando uma unidade inseparável e hostil a ele.[4] Uma ansiedade desse tipo faz com que seja mais difícil para ele manter qualquer posição e traz situações de perigo que considero como as fontes mais profundas da impotência sexual. Essas situações de perigo específicas surgem do medo que o menino tem de ser castrado pelo pênis do pai dentro da mãe – isto é, de ser castrado pelos pais "maus" combinados – e do medo, muitas vezes evidenciado, de que seu próprio pênis seja impedido de retroceder e de que acabe trancado no interior do corpo da mãe.[5]

---

4 O significado etiológico desses medos nas psicoses foi assinalado nos capítulos 8 e 9.

5 Esse medo tem relação, creio, com várias formas de claustrofobia. Parece certo que a claustrofobia pode ser remetida ao medo de ser encerrado e

Assinalei mais de uma vez que as situações de ansiedade resultantes de ataques sádicos feitos pelas crianças de ambos os sexos ao corpo da mãe dividem-se em duas categorias. Na primeira, o corpo da mãe se torna um lugar cheio de perigos que dá origem a todo tipo de terrores. Na segunda, o interior da própria criança é transformado em um lugar semelhante, em virtude da introjeção, por parte da criança, de seus objetos perigosos, especialmente os pais combinados na relação sexual, e ela fica com medo dos perigos e das ameaças dentro de si. As situações de ansiedade pertencentes a essas duas categorias exercem uma influência mútua e estão presentes tanto na menina como no menino; já examinei em outra parte deste livro os métodos para dominar a ansiedade, comuns a ambos. De forma breve, são os seguintes: a criança luta com seus objetos internalizados "maus" por meio da onipotência de seus excrementos e recebe proteção contra eles de seus objetos "bons". Ao mesmo tempo, ela desloca seu medo dos perigos internos para o mundo externo por meio da projeção e encontra evidências para refutá-los.

Mas, além disso, cada sexo tem seus próprios modos, essencialmente diferentes, de controlar a ansiedade. O menino desenvolve seu senso de onipotência dos excrementos de modo menos forte que a menina, substituindo-o em parte pela onipotência do pênis; e, conectado a isso, a projeção de perigos internos no menino é diferente de como é na menina. O mecanismo específico que ele emprega para superar o medo tanto dos perigos internos como dos externos, ao mesmo tempo que obtém satisfação sexual, é determinado pelo fato de que seu pênis, como órgão ativo, é usado para controlar seu objeto e é acessível a testes de realidade. Ao se apossar, com seu pênis, do corpo da mãe, ele prova para si mesmo sua superioridade não só sobre os objetos externos perigosos como também sobre os internos.

Onipotência sádica do pênis

No menino, a onipotência dos excrementos e dos pensamentos está parcialmente centrada na onipotência do pênis e, especialmente no caso dos excrementos, é em parte substituída por ele. Ele dota seu pênis, na imaginação, de poderes destrutivos e equipara-o a feras

---

trancado dentro do corpo perigoso da mãe. No terror particular de não ser capaz de desemaranhar o pênis do corpo da mãe, pareceria que esse medo foi afunilado para um medo pela integridade do pênis.

devoradoras e assassinas, armas de fogo, e assim por diante. A crença de que a urina é uma substância perigosa e a equação que faz de fezes venenosas e explosivas com seu pênis contribuem para fazer deste o órgão executor de suas tendências sádicas. Além do mais, certos processos fisiológicos demonstram que o pênis realmente pode mudar de aparência e ele toma esse fato como prova de sua onipotência. Assim, seu pênis e seu senso de onipotência acham-se ligados de modo que tem uma importância fundamental para a atividade do homem e seu domínio da ansiedade. Na análise de crianças, deparamos em geral com a ideia do pênis como uma "vara mágica", da masturbação como mágica e da ereção e da ejaculação[6] como um aumento tremendo dos poderes sádicos do pênis.[7]

O interior do corpo da mãe, que sucede ao seio como o objeto da criança, logo assume o significado de um lugar que contém muitos objetos (inicialmente representados pelo pênis e excrementos). Em consequência, as fantasias do menino de tomar posse do corpo da mãe ao ter relações sexuais com ela formam a base de suas tentativas de conquistar o mundo externo e de controlar a ansiedade segundo linhas masculinas. Tanto no que diz respeito ao ato sexual como às sublimações, ele desloca suas situações de perigo para o mundo externo e ali as supera com a onipotência de seu pênis.

No caso da menina, a crença no pênis "bom" do pai e o medo do pênis "mau" fortalecem suas tendências introjetivas. Assim, o teste de realidade contra seus objetos "maus", realizado pela mulher, se dá, em última instância, dentro de si mesma, mais uma vez. No menino, a crença em uma mãe "boa" internalizada e o medo de objetos "maus" o ajudam a deslocar para fora seus testes de realidade (isto é, para dentro do corpo da mãe). A mãe "boa" internalizada aumenta a atração libidinal que a mãe real tem para ele e aumenta seus desejos e esperanças de combater e superar, com o próprio pênis, o pênis

---

6 Cf. K. Abraham, "Sobre a ejaculação precoce" [1917]. *Revista de Psicanálise*, v. 3, 2008, pp. 100–16.

7 Em seu "Beiträge zur Analyse des Sadismus und Masochismus" (*Internationale Zeitschrift für ärztliche Psychoanalyse*, v. 1, 1913, pp. 105–30), Paul Federn discutiu a questão de como o fenômeno do sadismo ativo surge no homem e chegou à conclusão de que "o componente do órgão masculino ativo que está despertando se transforma por meio de mecanismos inconscientes, dos quais a representação simbólica é um dos mais importantes, em sadismo; ou, mais corretamente, as tendências que fluem daquele componente se transformam em desejos sádicos. Simultaneamente, todas as tendências ativas que já foram desenvolvidas na criança são reativadas".

do pai dentro dela. Uma vitória desse tipo inclusive seria prova de que ele também é capaz de vencer os agressores internalizados no próprio corpo.[8]

Essa concentração de onipotência sádica no pênis é de importância fundamental para a posição masculina do menino. Se ele tem uma crença primária forte na onipotência do pênis, pode opô-lo à onipotência do pênis do pai e assumir a luta contra aquele órgão temido e admirado. Para que um processo de concentração deste tipo se dê, parece que seu pênis deve ser fortemente investido pelas várias formas de seu sadismo;[9] e a capacidade de seu ego de tolerar a ansiedade e a força de seus impulsos genitais[10] (que, em última instância, são impulsos libidinais) parece ter uma parcela decisiva na realização desse processo. Mas se, quando os impulsos genitais passam para primeiro plano, o ego tiver que apresentar, subitamente, uma defesa muito eficaz contra os impulsos destrutivos,[11] esse processo de focalizar o sadismo no pênis sofrerá uma interferência.

Incentivos à atividade sexual

O ódio que o menino sente do pênis do pai e a ansiedade que surge das fontes mencionadas incitam-no a tomar posse da mãe de modo genital

---

8 Foi-me possível, em alguns casos, confirmar que o menino usa o próprio pênis como uma arma contra o pênis internalizado do pai, voltando-o para dentro de si. Ele equipara seu fluxo de urina a seu pênis e encara-o como um bastão ou um chicote ou uma espada com a qual subjuga o pênis do pai dentro de si mesmo. Deparei-me muitas vezes com uma fantasia em que o menino puxa o pênis para fora até pô-lo na boca – em um caso, pô-lo no ânus. Esta fantasia é, novamente, instigada por seu desejo de engajar o pênis em uma luta direta com seu superego.

9 Segundo Ferenczi (*Thalassa: ensaio sobre a teoria da genitalidade* [1924], trad. Álvaro Cabral. São Paulo: WMF Martins Fontes, 2019), erotismos pré-genitais são deslocados para atividades genitais em virtude de um processo de anfimixia.

10 Wilhelm Reich assinalou que a força constitucional do erotismo genital do indivíduo é um fator importante no resultado de seu desenvolvimento (cf. Wilhelm Reich, *A função do orgasmo* [1927], trad. Maria Glória Novak. São Paulo: Brasiliense, 1975).

11 Se os sentimentos genitais começam cedo demais e desse modo levam o ego a fazer uma defesa prematura e excessivamente forte contra os impulsos destrutivos, podem resultar em inibições graves de desenvolvimento (cf. meu artigo "A importância da formação de símbolos no desenvolvimento do ego", 1930).

e assim a aumentar seus desejos libidinais de ter relações sexuais com ela.[12] Além do mais, à medida que ele aos poucos supera seu sadismo em relação à mãe, passa a encarar o pênis do pai no interior dela mais e mais não apenas como uma fonte de perigo a seu próprio pênis mas como uma fonte de perigo para o corpo dela também, e sente que deve destruí-lo dentro dela por esse motivo. Outro fator que age como um incentivo para ter relações sexuais com ela (e que na menina fortalece a posição homossexual) é seu desejo por conhecimento, intensificado pela ansiedade.[13] O desejo por conhecimento surge junto das tendências destrutivas e logo é posto a serviço do domínio da ansiedade. Por meio do pênis penetrante, que é equiparado a um órgão de percepção, para ser mais precisa, ao olho,[14] ao ouvido ou a uma combinação dos dois, ele quer descobrir que tipo de destruição foi feita no interior da mãe por seu pênis e seus excrementos e pelos do pai, e a que tipos de perigos seu pênis está exposto lá.

Portanto, mesmo em uma época em que o menino ainda está sob o domínio do próprio sadismo e quando os meios empregados por ele são de uma natureza totalmente destrutiva, o impulso para dominar a ansiedade se torna um estímulo para obter satisfação genital e um fator que promove desenvolvimento. Além do mais, nessa fase, as medidas destrutivas são elas próprias postas a serviço das tendências restitutivas, uma vez que a mãe deve ser salva do pênis "mau" do pai que está dentro dela, embora ao fazer isso elas ainda atuem de maneira violenta e danosa.

"A mulher com pênis"

A crença da criança de que o corpo da mãe também contém o pênis do pai leva, como tenho procurado mostrar, à ideia da "mulher com pênis". A teoria sexual de que a mãe tem um pênis feminino é, penso, o resultado de uma modificação por deslocamento de medos mais profundamente assentados do corpo dela, como um lugar repleto de muitos pênis perigosos e dos pais envolvidos em uma relação sexual

---

12 Se os sentimentos positivos pela mãe não podem ser mantidos suficientemente, também o corpo da mãe permanece um objeto de ódio, como resultado de sua agressão contra o pênis do pai, que ele presume estar dentro dela: ele, então, se afasta da mãe.

13 Cf. o capítulo 8 deste volume.

14 Cf. Mary Chadwick, "Über die Wurzel der Wissbegierde". *Internationale Zeitschrift für Psychoanalyse*, v. 11, 1925.

perigosa. "A mulher com pênis" sempre significa, eu diria, a mulher com o pênis do pai.[15]

Normalmente, o medo que o menino sente dos pênis do pai dentro da mãe diminui à medida que as relações com seus objetos se desenvolvem e ele avança na conquista do próprio sadismo. Uma vez que o medo do pênis "mau" é, em grande medida, derivado de impulsos destrutivos contra o pênis do pai, e uma vez que o caráter de suas imagos depende amplamente da qualidade e quantidade do próprio sadismo, a redução desse sadismo, e com isso a redução da ansiedade, vão amenizar a severidade de seu superego e, desse modo, melhorar as relações de seu ego tanto com os objetos imaginários internalizados quanto com os objetos reais externos.

Estágios posteriores do conflito edipiano

Se, lado a lado com a imago dos pais combinados, as imagos isoladas do pai e da mãe, especialmente da mãe "boa", estiverem operando com força suficiente, a relação crescente do menino com os objetos e a adaptação à realidade terão como resultado uma perda de poder das fantasias sobre o pênis do pai dentro da mãe, e seu ódio, já reduzido de todo modo, será dirigido com mais força ao objeto real. Como efeito, a imago dos pais combinados será ainda mais completamente separada [em figuras isoladas]; e sua mãe se tornará o objeto central de seus impulsos libidinais, enquanto seu ódio e ansiedade irão *grosso modo* para o pai real (ou pênis do pai) ou, por deslocamento, para algum outro objeto, como é o caso de fobias de animais. As imagos separadas da mãe e do pai se destacarão, então, com mais distinção e a importância dos objetos reais aumentará; ele entrará agora em uma

---

15 Em "Homosexualität und Ödipuskomplex" (*Internationale Zeitschrift für Psychoanalyse*, v. 12, n. 1, 1926, pp. 66–85), Felix Boehm chegou à conclusão de que as fantasias que os homens muitas vezes têm de que a vagina da mulher esconde um pênis grande, "perigoso" e móvel – um pênis feminino – adquirem seu valor patogênico do fato de que estão inconscientemente ligadas com ideias da presença oculta na vagina da mãe do pênis gigantesco e aterrorizador do pai. Em um artigo anterior, "Homosexualität und Polygamie" (*Internationale Zeitschrift für Psychoanalyse*, v. 6, n. 4, 1920), Boehm também assinalou que os homens muitas vezes têm um desejo de encontrar o pênis do pai dentro da mãe e que esse desejo se baseia em impulsos agressivos contra o pênis do pai. O impulso que têm de atacar o pênis do pai dentro da vagina da mãe e a repressão daquele impulso agressivo são fatores importantes, crê Boehm, para torná-los homossexuais.

fase em que as tendências edipianas e o medo de ser castrado pelo pai real adquirem mais destaque.[16]

No entanto, as situações de ansiedade arcaicas estão, conforme descobri, ainda latentes em grau maior ou menor, apesar de todas as modificações que sofreram no curso de seu desenvolvimento;[17] da mesma forma, também todos os mecanismos de defesa e os mecanismos pertencentes a estágios posteriores oriundos dessas situações de ansiedade. Nas camadas mais profundas de sua mente, portanto, é sempre pelo pênis "mau" do pai, pertencente à mãe, que ele espera ser castrado. Mas, contanto que suas situações de ansiedade não sejam poderosas demais e, acima de tudo, que sua mãe represente o suficiente a mãe "boa", o corpo dela será um lugar desejável, ainda que um lugar que só pode ser conquistado com risco maior ou menor para ele, segundo a magnitude das situações de ansiedade envolvidas. Esse elemento de perigo e ansiedade, que em todo homem normal se associa à relação sexual, é um incentivo para a atividade sexual e aumenta a satisfação libidinal que ele extrai da relação sexual; mas, se esse incentivo ultrapassa um certo limite, terá um efeito perturbador e o impedirá até mesmo de ser capaz de realizar o ato sexual. Em suas fantasias inconscientes mais profundas, a relação sexual envolve subjugar ou eliminar o pênis do pai que supostamente está dentro da mulher. A essa luta com o pênis do pai dentro da mãe estão ligados, penso, os impulsos sádicos que normalmente estão presentes quando ele toma posse da mulher de modo genital. Assim, o deslocamento original que faz do pênis do pai para o interior do corpo da mãe a torna um objeto de ansiedade permanente para ele – embora o grau com que isso se dá varie muito de pessoa a pessoa – e também aumenta, de forma considerável, a atração sexual que as mulheres têm para os homens, porque se torna um incentivo para que ele supere sua ansiedade.

No curso normal das coisas, à medida que as tendências genitais do menino se tornam mais fortes e ele supera os impulsos sádicos, as fantasias de restituir começam a ocupar um espaço maior. Como já foi visto, fantasias restitutivas com relação à mãe já existem enquanto seu sadismo ainda é dominante e tomam a forma de destruir o pênis "mau" do pai dentro dela. O primeiro e principal objeto delas é a mãe e, quanto mais ela representa o objeto "bom" para ele, mais rápido as

16 Quando isso acontece é sinal de que a separação da imago dos pais combinados foi alcançada com êxito e que sua ansiedade psicótica infantil foi modificada. Cf. o capítulo 9 deste volume.

17 Cf. os capítulos 9 e 10 deste volume.

fantasias de restituição se ligarão a sua imago.[18] Isso pode ser visto de maneira especialmente clara na análise do brincar. Quando as tendências reativas do menino se tornam mais fortes, ele começa a brincar de modo construtivo. Em jogos de construir casas e cidades, por exemplo, ele simbolizará a restauração do corpo da mãe e de seu próprio[19] de um modo que corresponde em cada detalhe aos atos de destruição que exibiu no brincar em um estágio anterior da análise ou ainda agora, alternando com os jogos construtivos. Ele então construirá uma cidade ao colocar as casas juntas de todos os jeitos possíveis e colocará um homenzinho – que o representa – como policial para controlar o trânsito, e este policial estará sempre atento para que os carros não se choquem uns contra os outros ou que as casas sejam danificadas ou os pedestres atropelados; ao passo que, em jogos anteriores, a cidade era, com frequência, danificada pela colisão de veículos e as pessoas eram derrubadas. Talvez em um período ainda anterior, o sadismo tomasse uma forma mais direta e ele costumasse molhar, queimar e cortar toda sorte de artigos que simbolizassem o interior da mãe e seus conteúdos, isto é, o pênis do pai e as crianças, enquanto, ao mesmo tempo, esses atos destrutivos representavam o dano que o pênis do pai causava e que ele, menino, também queria praticar ali. Como reação a essas fantasias sádicas em que o pênis violento e subjugador (o do pai e o seu), representado pelos carros em movimento, destrói a mãe e machuca as crianças internas, representadas pelas figurinhas de brinquedo, ele agora tem fantasias de restaurar o corpo da mãe – a cidade – em todos os aspectos que ele anteriormente danificou.

Tendências restitutivas e atividades sexuais

Já foi dito várias vezes nestas páginas que a relação sexual é um meio muito importante de dominar a ansiedade para ambos os sexos. Nos estágios iniciais do desenvolvimento da criança, a relação sexual, além dos propósitos libidinais, serve para destruir ou danificar o objeto

---

18 Já se evidenciou, em outro contexto, que as tendências restitutivas do menino são dirigidas ao objeto "bom" e que as destrutivas vão para o objeto "mau".

19 Uma vez que as situações de ansiedade do menino com respeito ao interior da mãe e a ansiedade referente ao próprio corpo encontram-se interligadas e são interdependentes, suas fantasias de restaurar o corpo da mãe se aplicam com todos os detalhes à restauração de seu próprio corpo. Prosseguiremos agora para a consideração desse aspecto de suas fantasias de restituição.

(embora tendências positivas já estejam em operação por trás da cena). Em estágios posteriores, além da satisfação libidinal que proporciona, a relação sexual serve para restaurar o corpo ferido da mãe e, desse modo, para dominar a ansiedade e a culpa.

Ao discutir as fontes subjacentes da atitude homossexual da menina, apontei quão importante é para ela a ideia de possuir um pênis com poderes curativos e onipotência construtiva na relação sexual. O que foi dito se aplica igualmente à atitude heterossexual do homem. Sob a supremacia do estágio genital, ele atribui ao pênis na relação sexual a função não apenas de dar prazer à mulher, como de restaurar todo o dano que seu pênis e o pênis do pai fizeram a ela. Ao analisar meninos, descobrimos a suposição de que o pênis deve executar todo tipo de funções curativas e de limpeza. Se, durante o período de onipotência sádica, o menino usou o pênis, na imaginação, para propósitos sádicos – tais como inundar, envenenar ou queimar coisas com sua urina –, no período de restituir ele o encarará como um extintor de incêndio, um esfregão ou um frasco de remédios curativos. Do mesmo modo que a crença anterior nas qualidades sádicas de seu pênis envolvia uma crença no poder sádico do pênis do pai, agora também a crença em seu pênis "bom" envolve uma crença no pênis "bom" do pai; e, do mesmo modo que então suas fantasias iam no sentido de transformar o pênis do pai em um instrumento de destruição da mãe, também agora suas fantasias restitutivas e seu sentimento de culpa vão no sentido de transformá-lo em um órgão "bom" com poderes curativos.[20] Como resultado, o medo do superego "mau" derivado do pai é abrandado e ele pode diminuir sua identificação com o pai "mau" em relação com seus objetos reais (identificação em parte baseada na identificação com o objeto de sua ansiedade) e é capaz de se identificar mais intensamente com o pai "bom". Se o ego for capaz de tolerar e modificar certa quantidade de sentimento destrutivo contra o pai e se a crença no pênis "bom" do pai for suficientemente forte, ele poderá manter,

---

20 O sentimento de culpa do menino em relação à mãe e seu medo de que o pênis "mau" do pai possa fazer mal a ela contribuem em um grau que não é pequeno para o seu esforço de restaurar o pênis do pai também e dá-lo de volta a ela e de unir os dois de uma forma amigável. Em certos casos, esse desejo pode se tornar tão dominante que ele abdicará da mãe como objeto de amor e a cederá ao pai inteiramente. Essa situação o dispõe a passar para uma posição homossexual; e, nesse caso, sua homossexualidade serviria ao propósito de reparar ao pênis do pai, cuja função seria, então, a de restaurar a mãe e lhe dar gratificação.

ao mesmo tempo, a rivalidade com o pai (essencial para o estabelecimento de uma posição heterossexual) e sua identificação com ele. A crença no pênis "bom" do pai aumenta a atração sexual que ele sente pelas mulheres, pois em sua fantasia elas contêm objetos que não são muito perigosos e objetos que – por causa de sua atitude homossexual em que o pênis "bom" é um objeto de amor – são na realidade desejáveis.[21] Seus impulsos destrutivos reterão o pênis rival do pai como objeto (vivenciado como um objeto "mau") e seus impulsos positivos serão dirigidos principalmente à mãe.

Importância da fase feminina na heterossexualidade

O resultado do desenvolvimento do menino depende essencialmente do curso favorável de sua fase feminina inicial. Como enfatizei antes, é condição para um firme estabelecimento da posição heterossexual que o menino tenha êxito em superar essa fase. Em um artigo anterior,[22] assinalei que o menino muitas vezes compensa os sentimentos de ódio, ansiedade, inveja e inferioridade que surgem de sua fase feminina reforçando seu orgulho da posse de um pênis, e desloca esse orgulho para atividades intelectuais.[23] Esse deslocamento forma a base de uma atitude muito hostil de rivalidade em relação às mulheres e afeta a formação de seu caráter da mesma maneira que a inveja do pênis afeta a delas. A ansiedade excessiva que ele sente em função de seus ataques sádicos ao corpo da mãe se torna fonte de perturbações muito sérias em suas relações com o sexo oposto. Mas, se a ansiedade e o sentimento de culpa se tornam menos agudos, serão esses mesmos sentimentos que

---

21 Nas ocasiões em que o medo do menino do pênis "mau" ou, não poucas vezes, sua incapacidade de tolerar o próprio sadismo aumentam sua crença no pênis "bom" em grau exagerado, não só com respeito ao pênis do pai dentro da mãe, mas com respeito a seu superego, sua atitude para com as mulheres pode se tornar bastante distorcida. O ato sexual servirá em primeiro lugar e sobretudo para satisfazer seus desejos homossexuais e o útero não será mais do que algo que contém o pênis "bom".

22 Cf. "Estágios iniciais do conflito edipiano" (1928).

23 Em seu artigo "Über die Wurzel der Wissbegierde" (*Internationale Zeitschrift für Psychoanalyse*, v. 11, 1925, pp. 54–68), Mary Chadwick considera que o menino se reconcilia com sua incapacidade de ter um filho pelo exercício de seu desejo por conhecimento e que a descoberta científica e as conquistas intelectuais tomam o lugar de ter uma criança. É, segundo ela, este deslocamento para o plano mental de sua inveja das mulheres por poderem ter um filho que o faz assumir uma atitude de rivalidade com elas em questões intelectuais.

darão origem aos vários elementos de suas fantasias de restituição que permitirão que ele tenha uma compreensão intuitiva das mulheres.

Essa fase feminina precoce tem ainda outro efeito favorável sobre as relações do menino com as mulheres na vida futura. A diferença entre as tendências sexuais do homem e da mulher requer, como sabemos, diferentes condições psicológicas de satisfação para cada um e os leva a buscar o preenchimento de requisitos diferentes e mutuamente incompatíveis, cada qual em suas relações com o outro. Geralmente, a mulher quer ter o objeto de seu amor sempre com ela – em última instância, dentro dela; ao passo que o homem, devido a suas tendências psicossexuais orientadas para fora e a seu método de controlar a ansiedade, se inclina a mudar de objeto de amor com frequência (embora seu desejo de mantê-lo, uma vez que representa a mãe "boa", vá contra essa tendência). Se ele, ainda assim, apesar dessas dificuldades, for capaz de ficar em contato com as necessidades mentais da mulher, será em grande medida por causa de sua identificação mais precoce com a mãe. Pois naquela fase ele introjeta o pênis do pai como objeto de amor e são os desejos e fantasias que ele tem nesse contexto que, se a relação que tem com a mãe for boa, ajudam-no a compreender a tendência da mulher de introjetar e preservar o pênis.[24] Além disso, o desejo de ter filhos de seu pai, que emerge dessa fase, leva-o a encarar a mulher como sua criança; e ele faz o papel da mãe generosa em relação a ela.[25] Desse modo, ele também satisfaz os desejos amorosos de sua parceira provenientes da forte ligação dela com a mãe. Assim, e apenas assim, pela sublimação de seus componentes femininos e superando seus sentimentos de inveja, ódio e ansiedade com relação à mãe,[26] originados na fase

---

24 Edoardo Weiss, em seu artigo "Über eine noch unbeschriebene Phase der Entwicklung zur heterosexuellen Liebe" (*Internationale Zeitschrift für Psychoanalyse*, v. 11, 1925, pp. 429–43), afirma que a escolha heterossexual de objeto feita pelo homem adulto resulta da projeção de sua própria feminilidade e acredita que é devido a esse mecanismo de projeção que o homem adulto retém parcialmente uma atitude maternal com relação a sua parceira. Assinala também que a mulher atinge sua posição heterossexual final de modo correspondente, ao abdicar de sua masculinidade e pô-la no homem que ama.

25 W. Reich mostrou que em muitos pacientes o pênis assume o papel do seio da mãe e o sêmen, o de leite (cf. *A função do orgasmo* [1927], trad. Maria Glória Novak. São Paulo: Brasiliense, 1975).

26 De maneira análoga, pela superação bem-sucedida da inveja que a mulher sente do pênis e pela sublimação de seus componentes masculinos, a menina cria a precondição para uma posição heterossexual bem estabelecida.

feminina, o menino será capaz de consolidar sua posição heterossexual no estágio da dominância genital.

Já mencionei o motivo pelo qual, quando o estágio genital for plenamente alcançado, o menino acredita na qualidade "boa" de seu pênis como condição necessária para a potência sexual – isto é, em sua capacidade de restituir por meio do ato sexual.[27] Essa crença está, em última instância, vinculada a uma condição concreta – concreta do ponto de vista da realidade psíquica –, ou seja, que o interior de seu corpo se encontra em bom estado. Em ambos os sexos, as situações de ansiedade que surgem de eventos perigosos, ataques e encontros dentro do próprio corpo, e que se encaixam com situações de ansiedade relacionadas com eventos semelhantes dentro do corpo da mãe, constituem as situações de perigo mais profundas. O medo da castração, que é apenas uma parte – ainda que muito importante – da ansiedade sentida a respeito do corpo todo, se torna no indivíduo masculino um tema dominante, que obscurece todos os seus outros medos em grau maior ou menor. Mas isso se dá precisamente porque uma das fontes mais profundas a que as perturbações em sua potência sexual se referem originalmente é a ansiedade acerca do interior de seu corpo. A casa ou cidade que o menino gosta tanto de construir repetidamente em seu brincar significa não apenas o corpo renovado e intacto da mãe[28] mas também o seu próprio.

Reforço secundário do orgulho do pênis

Ao descrever o desenvolvimento do menino, chamei a atenção para certos fatores que tendem, na maneira como penso, a aumentar ainda mais o significado central que o pênis possui para ele. Eles podem ser resumidos da seguinte forma: (1) a ansiedade que surge das situações de perigo mais arcaicas – seus medos de ser atacado em todas as partes de seu corpo e dentro dele –, que inclui todos os seus temores que derivam da posição feminina, é deslocada para o pênis como um

---

27 Tal convicção torna-se continuamente mais forte na análise na proporção em que a severidade de seu superego, ansiedade e sadismo diminuem e o estágio genital emerge mais claramente, como uma melhoria concomitante em sua relação com seu objeto e nas relações entre seu superego, ego e id.

28 Assim, a mulher "pura" e intocada é, em última instância, a mulher que não foi maculada (destruída) pelo pênis do pai e por seus excrementos perigosos, e que pode, portanto, dar ao homem substâncias boas, curativas – puras – de dentro de seu interior intacto.

órgão externo, onde pode ser mais bem controlada. O orgulho maior que o menino sente por seu pênis e tudo que isso envolve pode ser considerado como um método de dominar esses medos e decepções a que sua posição feminina o expõe, em particular.[29] (2) O fato de que o pênis é um veículo, primeiro da onipotência destrutiva do menino, depois de sua onipotência construtiva, aumenta seu significado como um meio de dominar a ansiedade. Além do mais, ao preencher assim todas essas funções – isto é, ao promover seu sentimento de onipotência, seu teste de realidade e sua relação com os objetos e, por meio dessas funções, servir à função dominante de controlar a ansiedade –, o pênis, ou melhor, seu representante psíquico, é posto em uma relação especialmente próxima com o ego e é transformado em representante do ego e da consciência,[30] ao passo que o interior do corpo, as imagos e as fezes – isto é, aquilo que é invisível e desconhecido – são comparados ao inconsciente. Além do mais, ao analisar pacientes do sexo masculino, meninos ou homens, tenho observado que, à medida que o medo de suas imagos más e de suas fezes (isto é, do inconsciente), o qual dominavam internamente, diminuía, sua crença na própria potência sexual era fortalecida e o desenvolvimento do ego ganhava terreno.[31] Este último efeito se deve, em parte, ao fato de que o medo menor do menino de seu superego "mau" e dos conteúdos "maus" de seu corpo permite a ele se identificar melhor com seus objetos "bons" introjetados e, desse modo, possibilita um maior enriquecimento de seu ego.

Assim que sua confiança na onipotência construtiva de seu pênis estiver firmemente estabelecida, sua crença no poder do pênis "bom" do pai dentro de si formará a base de uma crença secundária em sua onipotência, que suportará e fortalecerá a linha de desenvolvimento já traçada para ele por seu próprio pênis. E, como já foi dito, o resultado de seu relacionamento crescente com os objetos será o fato de suas imagos irreais recuarem para o segundo plano, enquanto seus sentimentos de ódio e medo da castração surgem com um relevo mais nítido e se fixam em seu pai real. Ao mesmo tempo, suas tendências restitutivas são progressivamente dirigidas a objetos externos e seus métodos de controle de ansiedade se tornam mais realistas. Todos esses avanços no

29 Cf. meu artigo "Estágios iniciais do conflito edipiano" (1928).

30 Essa visão é sustentada por um fato bem estabelecido da observação analítica, a saber, que o pênis e a potência masculina representam a atividade masculina em geral.

31 Cf. meu artigo "Uma contribuição à teoria da inibição intelectual" (1931).

desenvolvimento se dão em paralelo com a supremacia crescente do estágio genital e caracterizam os estágios posteriores do conflito edipiano.

Perturbações do desenvolvimento sexual

Já foi enfatizada a fantasia da criança de que os pais estão perpetuamente unidos na relação sexual como uma fonte de intensas situações de ansiedade. Sob a influência dessa fantasia, o corpo da mãe representa, acima de tudo, uma união extremamente perigosa da mãe e do pai dirigida contra a criança. Se a separação dessa imago dos pais combinados não ocorre em grau suficiente no curso de seu desenvolvimento, a criança será acometida por perturbações graves tanto nas relações de objeto como na vida sexual. Uma predominância da imago parental combinada remete-nos, no que concerne minha experiência, a perturbações nas relações iniciais da criança com a mãe, ou melhor, com o seio dela.[32] Essa situação, fundamental em crianças de ambos os sexos, é diferente para cada sexo nos estágios iniciais do desenvolvimento. Nas páginas seguintes, restringirei minha atenção ao menino e examinarei como essas fantasias aterrorizantes se tornam predominantes[33] e de que modo influenciam seu desenvolvimento sexual.

Nas minhas análises de meninos e homens adultos, tenho observado que, quando fortes impulsos orais de sugar se combinaram com fortes impulsos sádico-orais, o bebê se afasta muito cedo e com ódio do seio da mãe.[34] Suas tendências destrutivas arcaicas e intensas contra o seio levam-no a introjetar uma mãe "má", na maior parte; e o abandono concomitante e súbito do seio materno é seguido por uma introjeção excessivamente forte do pênis paterno. A fase feminina é governada por sentimentos de ódio e de inveja em relação à mãe e, ao mesmo tempo, como resultado de poderosos impulsos sádico-orais, ele passa a nutrir intenso ódio[35] e um medo intenso correspondente do pênis

32 Cf. o capítulo 8 deste volume.

33 Para uma descrição de sua aplicação à menina, ver o capítulo anterior.

34 Em alguns desses casos, o período de sucção foi curto e insatisfatório; em outros, só foi oferecida à criança a mamadeira. Mas, mesmo quando o período de sucção foi satisfatório para todos os efeitos, a criança pode, não obstante, ter se afastado do seio muito cedo e com sentimentos de ódio e ter introjetado o pênis do pai muito fortemente. Num caso desses, o comportamento do menino deve ter sido determinado por fatores constitucionais. Ver o capítulo 8 deste volume.

35 O ódio acentuado do menino ao pênis do pai se baseia em fantasias destrutivas excessivamente fortes dirigidas ao seio e ao corpo da mãe; de modo

internalizado do pai. Os impulsos orais de sugar extremamente fortes dão origem a fantasias de um processo ininterrupto e eterno de ingestão de alimento; mas, ao mesmo tempo, a recepção de alimento e a satisfação sexual (ambas por meio da relação sexual com o pênis do pai) se transformam em tortura e destruição. Isso o leva à pressuposição de que o interior do corpo da mãe está cheio a ponto de estourar com seus enormes pênis "maus", que a estão destruindo de todos os modos possíveis. Em sua imaginação, ela se tornou não apenas a "mulher com pênis" mas também um tipo de recipiente para os pênis do pai e para seu excremento perigoso, equiparado a eles.[36] Ele desloca assim para a mãe grandes quantidades de ódio e de ansiedade que estavam ligadas ao pai e ao pênis do pai.[37] Assim, um sadismo oral forte e prematuro, por um lado, encoraja o menino a fazer ataques aos pais unidos na relação sexual e a ficar aterrorizado com a imago deles nesse aspecto e, por outro, impede-o de formar uma boa imago materna, que poderia apoiá-lo contra as situações de ansiedade arcaicas e lançar os alicerces de um bom superego nele (na forma de figuras auxiliadoras),[38] ao mesmo tempo que se tornaria a base de uma posição heterossexual.

A isso se deve acrescentar a consequência de uma fase feminina, que em tais casos é governada de modo excessivo pelo sadismo. A introjeção desordenadamente forte do pênis "mau" e monstruoso

---

que aqui também sua atitude arcaica para com a mãe influencia sua atitude para com o pai.

36 As imagos que surgem dessas fantasias, geralmente, não só estão em contraste muito grande com a imagem real da mãe do menino como também a obscurecem inteiramente. Aqui, causa e efeito reforçam-se mutuamente. Devido à operação das situações de ansiedade mais arcaicas do menino, o crescimento de suas relações de objeto e adaptação à realidade ficaram detidos. Como consequência disso, seu mundo de objetos e a realidade não podem mitigar a ansiedade pertencente a essas situações de ansiedade mais arcaicas, de modo que elas continuam a dominar sua mente. Tenho observado que nesses casos a relação da criança com a realidade se mantém permanentemente prejudicada; e, consequentemente, a realidade continua a ser recebida e avaliada no futuro predominantemente de acordo com suas situações de ansiedade fantasiadas.

37 No capítulo anterior, traçamos um processo análogo de deslocamento na menina. Onde seu ódio e inveja dela estão mais relacionados com o pênis do pai que a mãe incorporou, ela desloca esses sentimentos, que eram originalmente dirigidos principalmente à mãe, para o pênis dele, com o resultado de que sua atitude para com os homens fica aberta a graves perturbações.

38 Cf. meu artigo "A personificação no brincar das crianças" (1929).

do pai faz com que ele acredite que seu corpo está exposto aos mesmos perigos a partir de dentro a que está exposto o corpo da mãe. E a introjeção dos pais hostis combinados, junto da introjeção muito frágil de uma mãe "boa", atua na mesma direção. Ao dar origem a um excesso de ansiedade a respeito do próprio interior, esses processos introjetivos preparam o caminho não apenas para graves enfermidades mentais como para sérias perturbações no desenvolvimento sexual. Como assinalei neste capítulo, a posse de conteúdos "bons" no corpo e com isso, a nível genital, a posse de um pênis "bom" são uma precondição da potência sexual. Se os ataques do menino ao seio e corpo da mãe foram excepcionalmente intensos, de modo que, em sua imaginação, ela foi destruída pelo pênis do pai e por seu próprio, ele terá ainda mais necessidade de um pênis "bom" com o qual restaurá-la; e precisará ter confiança especial em sua potência a fim de dissipar seus terrores do corpo perigoso e em perigo da mãe cheio dos pênis do pai. Ainda assim, é justamente o medo da mãe e dos conteúdos de seu próprio corpo que o impede de acreditar na posse de um pênis "bom" e em sua potência sexual. O efeito cumulativo de todos esses fatores pode ser o de fazê-lo afastar-se das mulheres como objetos de amor e, de acordo com o que foram suas experiências iniciais, o de sofrer perturbações de potência na posição heterossexual ou de tornar-se homossexual.[39]

Caso clínico – sr. A

O paciente era um homossexual de trinta e cinco anos (sr. A) que sofria de uma grave neurose obsessiva com traços paranoides e hipocondríacos e cuja potência era gravemente perturbada. Seus sentimentos de desconfiança e de aversão, que dominavam suas relações com as mulheres em geral, puderam ser remetidos, na análise, em última instância, a fantasias de que, quando ele não podia ver a mãe, ela estava continuamente unida com o pai na relação sexual. Ele presumia que o interior do corpo dela estava cheio dos pênis perigosos do pai.[40] Na situação de transferência, seu ódio e medo da mãe, que encobriam de várias maneiras a culpa que sentia em

39 Em casos extremos, sua libido será incapaz de manter qualquer posição que seja.

40 Em virtude deste deslocamento, a mãe adquiriu as qualidades do pênis do pai a tal ponto que restou muito pouco de sua própria personalidade. O sr. A inconscientemente a identificava com o pênis do pai (conscientemente com um

relação a ela,[41] estavam sempre intimamente ligados à situação da relação sexual dos pais. Um rápido olhar a meu vestido e minha aparência, quando se sentia muito ansioso, sempre provava para o sr. A que eu parecia doente ou maltratada e que eu não estava bem. Isso de fato significava que, internamente, eu estava envenenada e destruída. Esses sentimentos podiam ser remontados ao exame e aos olhares ansiosos que ele, quando pequeno, dirigia à mãe de manhã a fim de descobrir se ela havia sido envenenada ou destruída pelo ato sexual com o pai.[42] A cada manhã ele esperava encontrar a mãe morta. Nesse estado mental, qualquer detalhe, por insignificante que fosse, na aparência e no comportamento da mãe, qualquer diferença de opinião entre os pais, qualquer mudança minúscula na atitude da mãe para com ele – em resumo, qualquer coisa que ocorresse a seu redor – se tornavam uma prova de que a catástrofe sempre aguardada havia de fato acontecido. Suas fantasias de masturbação (satisfação de desejos), em que imaginava que os pais haviam se destruído mutuamente de diversas maneiras, tornaram-se uma fonte de bastante preocupação,[43] medo e culpa. Essa ansiedade o fazia vigiar seu ambiente sem interrupção e aumentava seu desejo obsessivo por conhecimento. O desejo constante de observar os pais durante o ato sexual e de descobrir os segredos sexuais deles absorvia toda a sua energia egoica. Ao mesmo tempo, esse desejo era reforçado por seu

—

menino). Como resultados desses múltiplos deslocamentos, o paciente tinha, mesmo conscientemente, grandes dificuldades em distinguir entre os sexos.

41 Ernest Jones assinalou esse mecanismo em seu artigo "Fear, Guilt and Hate" [1929], in *Papers on Psycho-Analysis*. London: Baillière, 1938.

42 Quando a ansiedade do sr. A era especialmente intensa, a rua e a minha casa (e, como descobrimos, o mundo todo) pareciam estar inundadas em sujeira. Nesse estado mental, o sr. A me identificava frequentemente com a faxineira que limpava a escada e que lhe parecia tão repulsiva. Essa mulher era tão desagradável a seus olhos porque despertava nele sentimentos de culpa e ansiedade. Ela representava a mãe que estava degradada e empobrecida por culpa sua e que tentava em vão limpar o interior sujo e envenenado de seu corpo – a casa. Como consequência de suas fantasias de ter atacado os pais na relação sexual e o interior do corpo da mãe com seus excrementos venenosos, ele se sentia responsável por seu estado.

43 Como desejo ilustrar que certas situações de ansiedade arcaicas podem estar na raiz de graves perturbações sexuais, escolherei apenas dois fatores da riqueza de primeiras impressões e influências que contribuíram para o resultado de seu desenvolvimento: sua mãe era uma mulher doente e o pai era um homem duro e tirânico, temido por toda a família.

desejo de impedir que a mãe tivesse relações sexuais e de protegê-la do dano que o pênis perigoso do pai lhe causaria.[44]

Seus sentimentos com relação ao ato sexual dos pais se refletiam na situação transferencial, entre outras coisas, no grande interesse que o sr. A tinha por meu hábito de fumar. Se ele, por exemplo, via um toco de cigarro ainda no cinzeiro da sessão anterior ou se houvesse cheiro de fumaça na sala, ele ficava imaginando se eu fumava muito, se eu fumava antes do café da manhã, se eu fumava uma marca boa, e assim por diante. Essas perguntas e os afetos a elas associados estavam ligados ao medo que sentia da mãe. Eram determinados por seu desejo de saber com que frequência e de que modo os pais realizavam o ato sexual durante a noite e que efeito isso tinha na mãe. Os sentimentos de frustração, ciúmes e ódio que estavam intimamente associados à cena primária encontravam vazão nesses afetos com que o sr. A reagia por vezes quando, por exemplo, eu acendia um cigarro em um momento que ele considerava inapropriado. Ficava furioso e me acusava de falta de interesse nele, pensando que eu só estava preocupada em fumar, enquanto ignorava a perturbação que isso criava para ele etc. Aí, de novo, sugeria que eu devia parar completamente de fumar. Em outras ocasiões, esperava com impaciência que eu acendesse um cigarro; quase me pedia que o fizesse e mal podia esperar pelo barulho do fósforo, mas insistia que eu não devia riscar o fósforo quando ele não estivesse preparado para isso. Ficou claro que esse estado de tensão era uma repetição da situação em que, quando menino, ele ficava atento, de noite, aos barulhos que vinham da cama dos pais. Mal podia se conter até que, por fim, ouvia os primeiros sinais da relação sexual (o riscar do fósforo) para se certificar de que o evento todo logo estaria terminado. Mas, às vezes, tinha um desejo verdadeiro de que eu fumasse. Isso podia ser ligado a seu medo, quando pequeno, de que ambos os pais estivessem mortos e a seu anseio pelos ruídos dos pais no ato sexual, que lhe diriam que estavam vivos. Em um estágio posterior da análise, quando tinha menos medo das consequências do ato sexual, o desejo de que eu fumasse era determinado da seguinte maneira: as tendências de uma fase posterior de desenvolvimento

---

44 Os ciúmes primários da criança pequena, que a levam a perturbar a satisfação e as intimidades sexuais dos pais, recebem, em geral, um reforço secundário e essencial por meio da ansiedade. A criança teme – como satisfação de suas fantasias sádicas – que os pais se machuquem ou mesmo se matem mutuamente no ato sexual; esse medo impele a criança a observar e perturbar os pais.

levaram ao desejo de que os pais fizessem sexo porque isso agora estava equiparado à reconciliação e a uma ação que satisfazia aos dois e os curava. Desejava também ser aliviado do sentimento de culpa por ter sujeitado os pais à privação.

No que diz respeito a seu próprio hábito de fumar, o sr. A abandonava-o periodicamente na esperança de que isso eliminasse suas queixas hipocondríacas. Nunca persistia muito tempo nesse esforço, porque inconscientemente fumar era também um remédio para essas queixas. Como o cigarro representava o pênis "mau" do pai, ele imaginava aniquilar os objetos "maus" dentro de seu corpo fumando;[45] mas, como o cigarro também representava o pênis "bom" do pai, ele fumava para restaurar seu corpo e os objetos dentro dele.

Os sintomas obsessivos do sr. A estavam intimamente relacionados com seus medos numerosos. Por meio de deslocamento, eles se originaram como "feitiço e contrafeitiço";[46] serviam ao propósito de confirmar ou de refutar perguntas quanto a se os pais estavam tendo relação sexual naquele momento, se certos eventos ligados com o ato sexual deles haviam ocorrido como ele esperava, se os danos resultantes desses eventos podiam ser remediados, e assim por diante. A neurose obsessiva em todos os seus elementos estava baseada na onipotência destrutiva e construtiva que se originou nele em relação aos pais combinados no ato sexual, e que havia se ampliado e desenvolvido em relação ao que o cercava.

A sexualidade do sr. A, que tinha um caráter fortemente obsessivo e era gravemente perturbada, servia ao mesmo propósito de prova e contraprova. Seu medo excessivo do pênis do pai interferia não apenas na manutenção de sua posição heterossexual mas também no estabelecimento de sua homossexualidade.

Como resultado de sua identificação muito forte com a mãe e da fantasia dominante de ter incorporado os pais na relação sexual, o sr. A

---

45 Essa fantasia pode também fornecer um estímulo para o alcoolismo. O álcool, representando o pênis mau ou a urina má, serve para destruir o pênis mau internalizado. Melitta Schmideberg, em seu artigo "The Role of Psychotic Mechanisms in Cultural Development" (*The International Journal of Psychoanalysis*, v. 11, 1930, pp. 387–418), assinalou que as drogas representam o pênis "bom" que oferece proteção contra os objetos "maus" introjetados. Devido à ambivalência [do viciado], a droga incorporada, muito prontamente, recebe o significado de um pênis "mau", e esse fato imprime novo ímpeto à adição.

46 S. Freud, *Totem e tabu* [1912–13], in *Obras completas*, v. 11, trad. Paulo César de Souza. São Paulo: Companhia das Letras, 2012.

relacionava a seu próprio corpo perigos que ameaçavam a mãe devido à incorporação do pênis. Na situação transferencial, as queixas hipocondríacas do sr. A muitas vezes ficavam mais pronunciadas quando aumentava sua transferência negativa.[47] Se, por exemplo, por razões externas ou internas, havia um incremento na força de suas fantasias de que a mãe estava envolvida em um ato sexual perigoso com o pai ou que, como consequência do ato sexual, ela estava abrigando o pênis perigoso do pai dentro de si – aí seu ódio de mim e, ao mesmo tempo, seus medos referentes ao interior de seu próprio corpo também ficavam maiores. Em virtude dessa identificação com a mãe, ele tomava tudo que o fizesse pensar que uma catástrofe estava acontecendo dentro dela como uma indicação de que o interior de seu próprio corpo também estava sendo destruído. Mas a principal razão do ódio pela mãe por esta manter relações sexuais com o pai era o perigo a que ela expunha não apenas a si mesma mas a ele também, indiretamente, uma vez que em sua fantasia os pais internos estavam tendo relações sexuais dentro de seu corpo.

Além disso, quando imaginava que a mãe estava unida com o pai numa relação sexual, ela sempre se tornava uma inimiga. Por exemplo, ele às vezes sentia uma forte aversão a minha voz e a minhas palavras. Essa aversão não estava baseada apenas em igualar minhas palavras a excrementos perigosos e venenosos, mas também na fantasia de que era o pai, ou melhor, o pênis do pai, em mim que falava por meu intermédio. Esse pênis influenciava minhas palavras e ações contra ele de maneira hostil, do mesmo modo que o pai dentro dele o fazia agir mal em relação à mãe. Tinha medo também de que o pênis do pai pudesse, quando eu falava, saltar para fora de minha boca e atacá-lo. Minhas palavras e minha voz estavam, portanto, também equiparadas ao pênis do pai.

Se a mãe fosse destruída, não haveria mais uma mãe "boa" prestativa. Suas fantasias em que o seio da mãe era mordido e feito em pedaços, ou envenenado por meio de urina e fezes, levaram-no muito cedo a introjetar uma imago materna venenosa e perigosa que impedia o desenvolvimento de uma imago materna "boa". Esse fator também

---

47 Os detalhes das queixas hipocondríacas são geralmente determinados pela estrutura e detalhes das fantasias sádicas. Por exemplo, verifiquei repetidamente que as sensações de queimar estão ligadas às fantasias uretrais. Como a urina tinha o propósito de escaldar os objetos, ela escaldava também o interior do próprio corpo. Nesses casos, além do mais, ao pênis internalizado do pai e a sua urina eram conferidos a capacidade de escaldar, envenenar e erodir.

favoreceu o desenvolvimento de seus traços paranoides, em particular suas ideias de ser envenenado e perseguido. Tanto no mundo externo (originalmente no corpo da mãe) como no interior de seu corpo, o paciente não conseguia obter apoio suficiente contra o pênis do pai e os pedaços de fezes, que representavam perseguidores. Desse modo, não apenas o medo que sentia da mãe e sua ansiedade de castração eram aumentados como também sua fé no interior "bom" de seu corpo e no próprio pênis "bom" ficava suprimida. Esse foi um fator essencial que contribuiu para uma séria perturbação de seu desenvolvimento sexual. O medo de danificar a mulher com seu pênis "mau" (ou melhor, de não ser capaz de restaurá-la pelo ato sexual) era, à parte seu medo do corpo perigoso da mãe, a base para o distúrbio de potência do sr. A.

O fato de sua fé na mãe "boa" não estar estabelecida o suficiente tinha um efeito significativo quando ele ficava doente. Durante a guerra, o sr. A lutou, por um período um tanto longo, na linha de frente e atravessou os perigos e preocupações da guerra relativamente bem. O grave colapso que teve ocorreu algum tempo depois, em uma viagem a um lugarejo remoto, onde adoeceu de disenteria. A análise revelou que os sintomas haviam reativado a velha ansiedade hipocondríaca que estava baseada na situação de ansiedade, ou seja, no medo do pênis "mau" interno, de excrementos venenosos etc. O fator precipitante foi o comportamento da senhora sob cujos cuidados de enfermagem meu paciente foi deixado por algum tempo. A mulher o atendia mal, tratava-o sem consideração e nem mesmo lhe dava leite e comida suficientes. Essa experiência reativou o trauma do desmame com todos os seus afetos de ódio e de ansiedade associados. Mas, acima de tudo, o sr. A inconscientemente tomou o comportamento da mulher como uma confirmação absoluta de sua ansiedade de que não havia mais uma mãe "boa" e de que ele estava irremediavelmente entregue à destruição interna e a seus inimigos externos. Sua fé na mãe "boa", que nunca fora estabelecida o suficiente, não podia ser mantida no contexto da ativação simultânea e excessiva de todas as suas situações de ansiedade. A falta de uma imago materna boa e prestativa, que poderia atuar contra suas ansiedades, foi o último e decisivo elemento no desencadeamento de seu colapso.

Como procurei mostrar no exemplo do sr. A, a consequência do deslocamento para a mãe do ódio e do medo ao pênis do pai é que os medos associados com o corpo da mulher se tornam intensos demais e as fontes de atração heterossexual são diminuídas além da conta.

Adoção da homossexualidade

Com o deslocamento de tudo que é assustador e estranho para o interior invisível do corpo de uma mulher, ocorre muitas vezes outro processo associado, que parece ser uma precondição para o estabelecimento pleno da posição homossexual. Na atitude normal, o pênis do menino representa o ego e a consciência, em oposição ao superego e aos conteúdos do corpo, que representam o inconsciente. Na atitude homossexual, esse significado se estende, pela escolha narcísica de objeto, ao pênis de outro homem, e esse pênis agora serve como uma contraprova em relação a todos os medos relativos ao pênis dentro dele e ao interior de seu corpo. Assim, na homossexualidade, um modo de dominar a ansiedade é o ego se esforçar para negar, controlar ou levar a melhor sobre o inconsciente por meio de uma ênfase excessiva da realidade, do mundo externo e de tudo que é tangível, visível e perceptível à consciência.

Verifiquei em casos assim que, quando o menino teve uma relação homossexual na infância, ele teve uma boa oportunidade de moderar seus sentimentos de ódio e de medo ao pênis do pai e de fortalecer sua crença no pênis "bom". Além disso, todos os seus casos homossexuais futuros repousarão sobre essa relação. Eles estarão destinados a fornecer-lhe vários confortos, dos quais mencionarei alguns dos mais comuns: (1) que o pênis do pai, o internalizado e o real, não é um perseguidor perigoso seja (a) para ele, seja (b) para a mãe; (2) que seu próprio pênis não é destrutivo; (3) que seus medos, quando era pequeno, de que as relações sexuais com o irmão ou um substituto do irmão fossem descobertas e ele fosse expulso de casa, castrado ou morto[48] não têm fundamento e, mesmo como adulto, podem ser refutados, já que seus atos homossexuais não são seguidos por nenhuma consequência maligna; (4) que ele tem aliados secretos e cúmplices, pois no início da vida suas relações sexuais com o irmão (ou substituto) significavam que os dois tinham se juntado para destruir os pais separadamente ou combinados na relação sexual. Em sua fantasia, seu parceiro no amor assume por vezes o papel do pai, com quem empreendia ataques secretos à mãe durante o ato sexual e por meio desta (lançando, desse modo, um dos pais contra o outro); às vezes, ele assume o papel do irmão que, junto dele, instigava e destruía o pênis do pai dentro da mãe e de si mesmo.

O sentimento (baseado em fantasias masturbatórias sádicas em comum) de se aliar com o outro contra os pais através do ato sexual,

48 Por trás desse medo ronda o medo da mãe como rival que procura responsabilizá-lo pela castração e furto do pênis do pai.

um sentimento que é, penso, de importância geral para as relações sexuais de crianças pequenas,[49] está intimamente ligado a mecanismos paranoicos. Onde esses mecanismos se encontram atuantes com muita força, a criança terá um viés forte para procurar aliados e cúmplices em sua posição libidinal e em seu relacionamento de objeto. A possibilidade de trazer a mãe para seu lado contra o pai – isto é, em última instância, de destruir o pênis do pai dentro dela ao ter relações sexuais com ela – pode se tornar uma condição necessária para que ele adote uma posição heterossexual; e pode permitir que, quando crescer, mantenha a posição heterossexual, apesar de ter traços paranoides acentuados. Por outro lado, se o medo do corpo perigoso da mãe for muito forte e a imago materna boa não tiver podido se desenvolver, as fantasias de se aliar com o pai contra a mãe e de se juntar com o irmão contra ambos os pais o farão inclinar-se a estabelecer uma posição homossexual.

O impulso da criança de lançar seus objetos um contra o outro e de obter poder sobre eles ao assegurar aliados secretos tem suas raízes, tanto como posso ver, em fantasias de onipotência em que, por meio dos atributos mágicos dos excrementos e dos pensamentos, as fezes e flatos venenosos são introduzidos nos corpos de seus objetos a fim de dominá-los ou destruí-los. Nesse contexto, as fezes da criança são os instrumentos de seus ataques secretos ao interior de seus objetos e são encarados por ela como objetos ou animais malignos que estão agindo no interesse de seu ego. Essas fantasias de grandeza e onipotência desempenham um papel importante em delírios de perseguição e referência, além de delírios de ser envenenado. Substituem os medos de ataques secretos semelhantes por parte de seus objetos como perseguidores,[50] e, além disso, às vezes tornam o paciente temeroso de seus próprios excrementos, no caso de estes se voltarem contra o ego de modo hostil e traiçoeiro. Ao analisar tanto crianças como adultos, deparei com o medo de que as fezes assumissem de algum modo uma existência independente e não mais estivessem sob o controle da pessoa e que estivessem danificando os objetos internos e externos contra a vontade do ego. Nesses casos, as fezes são equiparadas a toda sorte de animais como ratos, camundongos, moscas, pulgas, e assim por diante.[51]

---

49 Cf. o capítulo 7 deste volume.

50 Cf. o capítulo 8 deste volume.

51 Meu paciente Franz, de cinco anos de idade, por exemplo, que apresentava traços psicóticos acentuados em sua análise, tinha medo, quando no escuro, de que uma multidão de ratos e camundongos sairia do quarto ao lado do seu e avançaria sobre ele enquanto estava deitado na cama, um grupo o atacando

Nos indivíduos em quem predomina a ansiedade paranoide com respeito aos excrementos e ao pênis como perseguidores, o objeto de amor homossexual representará em primeiro lugar e acima de tudo um aliado contra seus perseguidores. O desejo libidinal do indivíduo por um pênis "bom" será fortemente supercompensado e servirá ao propósito de ocultar seus sentimentos de ódio e de medo em relação ao pênis "mau". Se tal compensação falhar, prevalecerão o ódio e o medo do objeto de amor e haverá uma transformação paranoica da pessoa amada em um perseguidor.[52]

Esses mecanismos, que são dominantes em casos de caráter paranoico, entram em toda atividade homossexual, ainda que em grau menor. O ato sexual entre homens serve sempre em parte para satisfazer impulsos sádicos e para confirmar o sentimento de onipotência destrutiva; e, por trás da relação libidinal positiva com o pênis "bom" como um objeto de amor externo, ronda, em alguma medida, de acordo com a quantidade de ódio presente, não apenas ódio do pênis do pai como também impulsos destrutivos contra o parceiro sexual e o medo dele a que esses impulsos dão origem.

Em "Homosexualität und Ödipuskomplex", Felix Boehm voltou sua atenção para "a parte desempenhada por aquele aspecto do complexo de Édipo que consiste no ódio da criança ao pai e em seus desejos de morte e desejos ativos de castração contra ele".[53] Mostrou que, ao realizar atos homossexuais, o indivíduo masculino muito frequentemente tem dois objetivos: (1) tornar o parceiro impotente para o ato heterossexual, e, nesse caso, trata-se em grande parte meramente de uma questão de mantê-lo afastado das mulheres, e (2) castrá-lo, caso em que deseja se apossar também do pênis do parceiro de modo a aumentar sua própria potência sexual com as mulheres. (No que diz respeito ao primeiro objetivo) minhas observações me levam a acreditar que, além dos ciúmes primários do pai, que dão origem a seu desejo de manter outros homens afastados das mulheres (isto é, a mãe ou a irmã), há um medo dos riscos que a mãe incorre se tiver relações sexuais com ele. Uma vez que esses riscos surgem não só do pênis do pai como também de seu próprio pênis sádico, é fornecido um motivo fortíssimo para adotar

---

por cima e outro por baixo. Eles representavam fezes que vinham dos pais e que entravam em seu ânus e outros orifícios de seu corpo como resultado dos próprios ataques sádico-anais aos pais.

52 Cf. o capítulo 9 deste volume.

53 Cf. F. Boehm, "Homosexualität und Ödipuskomplex". *Internationale Zeitschrift für Psychoanalyse*, op. cit.

uma posição homossexual.[54] Nessa posição, como vim a descobrir nas análises tanto de meninos como de homens, ele fez um pacto, em seu inconsciente, com o pai e os irmãos pelo qual todos se absterão de ter relações sexuais com a mãe (e irmãs), de modo a poupá-la, e procurarão compensação para essa abstenção uns com os outros. Quanto ao segundo objetivo, estou plenamente de acordo com a visão de Boehm. O desejo do menino de castrar o pai, de modo a obter seu pênis e ser potente no ato sexual com a mãe, cria nele uma premência em direção a uma posição homossexual. Verifiquei em alguns casos que seu objetivo não era apenas obter a posse de um pênis especialmente potente, mas armazenar uma enorme quantidade de sêmen, que, segundo as fantasias da criança pequena, é necessária para dar à mãe gratificação sexual.[55] Além disso, ele quer pôr pênis "bons" e sêmen "bom" dentro de si, de modo a tornar o interior de seu corpo intacto e em bom estado. E esse desejo é aumentado no estágio genital por sua crença de que, se seu interior estiver ileso, ele será capaz de dar à mãe sêmen "bom" e crianças também – situação que converge para aumentar sua potência na posição heterossexual. Se, por outro lado, suas tendências sádicas predominarem, seu desejo de tomar posse do pênis e do sêmen do pai através do ato homossexual terá em parte um objetivo heterossexual. Pois, ao se identificar com o pai sádico, ele terá ainda mais poder para destruir a mãe ao ter relações sexuais com ela.

---

54 Freud chamou a atenção para o fato de que em alguns casos o que contribui para uma escolha homossexual de objeto são sentimentos de rivalidade que foram vencidos e tendências agressivas que foram reprimidas (cf. "Sobre alguns mecanismos neuróticos no ciúme, na paranoia e na homossexualidade" [1922], in *Obras completas*, v. 18, trad. Paulo César de Souza. São Paulo: Companhia das Letras, 2010).

Sadger enfatizou a rivalidade do menino com o pai e seu desejo de castrá-lo como fatores na sexualidade ("Ein Fall von multipler Perversion mit hysterischen Absenzen", 1910). Ferenczi assinalou que os homossexuais entretêm desejos de morte cruéis contra o pai bem como cruéis fantasias lascivas de ataques à mãe ("On the Nosology of Male Homosexuality" [1916]. *The International Psycho-Analytical Library*, v. 45, 1952, pp. 296–318). Ernest Jones mostrou que o sadismo oral é um fator fundamental no desenvolvimento da homossexualidade nas mulheres ("The Early Development of Female Sexuality". *The International Journal of Psychoanalysis*, v. 8, 1927, pp. 459–72)

55 A desproporção entre o pênis gigantesco, as vastas quantidades de sêmen que ele pensa serem necessárias para satisfazer a mãe e a pequenez de seu próprio pênis é uma das coisas que ajudam a torná-lo impotente mais tarde na vida.

Já foi dito mais de uma vez que o desejo pelo conhecimento fornece uma força motivacional, em geral, para o desempenho do ato sexual. Mas, quando o indivíduo obtém satisfação de seu desejo pelo conhecimento em conexão com atividades homossexuais, ele o emprega em parte para aumentar sua eficiência na posição heterossexual. O ato homossexual é destinado a realizar seu desejo de infância arcaico de ter a oportunidade de ver em que o pênis do pai difere do seu e descobrir como ele se comporta ao ter relações sexuais com a mãe. Ele quer se tornar mais apto e potente no ato sexual com a mãe.[56]

Caso clínico – sr. B

Prosseguirei agora dando trechos de uma história clínica a fim de ilustrar o significado de alguns dos fatores acima mencionados na adoção da posição homossexual. O sr. B, um homem de trinta e poucos anos, veio me procurar para tratamento por conta de uma grave inibição no trabalho e depressão profunda. Sua inibição no trabalho, que já era razoavelmente antiga, havia aumentado em tal grau, por causa de um evento em sua vida que descreverei agora, que ele foi obrigado a desistir do trabalho de pesquisa em que estava engajado e a renunciar a seu cargo de professor. Parecia que, embora o desenvolvimento de seu caráter e de seu ego tivesse sido perfeitamente bem-sucedido e ele fosse incomumente bem-dotado do ponto de vista intelectual, ele sofria de graves perturbações em sua saúde mental. Suas crises de depressão podiam ser retraçadas até sua infância, mas haviam se tornado tão agudas nos últimos anos que o conduziram a um estado geral de depressão e o levaram a se isolar muito das outras pessoas. Tinha medo – sem nenhum motivo – de que sua aparência externa fosse repulsiva e isso aumentava cada vez mais seu desagrado pela sociedade. Sofria também de uma intensa mania de dúvida, que cobria o campo de seus interesses intelectuais em grau sempre crescente, e isso era particularmente penoso para ele.

Por trás desses sintomas manifestos, pude trazer à luz a presença de uma profunda hipocondria[57] e fortes ideias de perseguição e de

---

56 F. Boehm ("Homosexualität und Ödipuskomplex", op. cit.) se refere a um paciente que costumava, entre outras coisas, descobrir em seus casos homossexuais com homens qual era a "técnica sexual" deles com as mulheres.

57 A contínua aflição e preocupação de B com sua aparência revelou ser um deslocamento para fora de sua aflição quanto ao interior de seu corpo e de sua ansiedade hipocondríaca com relação a ele.

referência, que por vezes assumiam o caráter de delírios, mas aos quais ele parecia curiosamente indiferente. Por exemplo, em uma viagem passou algum tempo em uma pensão, onde sentiu que uma mulher hospedada lá o perseguia sexualmente e até mesmo tramava contra sua vida. Uma indisposição – pequena – fez que ele acreditasse que havia sido envenenado por um pão que essa mulher havia comprado para ele. Como resultado desse sentimento, o sr. B deixou a pensão imediatamente; mas no ano seguinte voltou lá, embora soubesse que encontraria essa mulher de novo, pois ela era hóspede permanente lá. Assim se deu, e um intenso relacionamento social se desenvolveu entre os dois, que se tornaram grandes amigos. Apesar disso, o sr. B não abandonou a suspeita de que a mulher havia tentado envenená-lo um ano antes. Persuadiu-se de que ela não repetiria a tentativa, uma vez que agora eles se davam tão bem. Era notável o fato de ele não se ressentir pela alegada tentativa de assassinato. Isso se devia em parte a seu enorme deslocamento de afetos, em parte a sua tolerância e compreensão intuitiva de outras pessoas. Além desses fatores, seu extraordinário poder de dissimulação contribuiu para o fato de que suas ideias de referência e de perseguição, sua ansiedade hipocondríaca e mesmo, em algum grau, seus graves sintomas obsessivos não fossem aparentes para as pessoas próximas a ele. Esse poder extraordinário de dissimulação acompanhava suas características paranoides, que eram muito fortes. Embora sentisse que estava sendo observado e espiado por pessoas e tivesse muitas suspeitas delas, sua compreensão psicológica era tão grande que ele sabia esconder seus pensamentos e sentimentos por inteiro. Mas, lado a lado com esse traço dissimulador e calculista, havia nele grande frescor e espontaneidade de sentimentos que brotavam de seu relacionamento positivo com objetos e que remontavam a fortes sentimentos de esperança que originalmente existiram nas profundezas de sua mente; tais sentimentos também o haviam ajudado a ocultar sua doença, mas deixaram de funcionar quase totalmente nos últimos anos.

O sr. B era um verdadeiro homossexual. Embora tivesse boas relações com mulheres (e com homens) como seres humanos,[58] como objetos sexuais ele as rejeitava tão completamente que não podia absolutamente compreender como supunha-se que tivessem qualquer

---

58 Mas essas boas relações objetais com homens e mulheres se viam periodicamente sujeitas a graves perturbações. Nessas ocasiões, o sr. B se retraía do contato com as pessoas tanto quanto possível.

atrativo.[59] Do ponto de vista físico, elas eram algo estranho, misterioso e sinistro para ele. A forma de seus corpos lhe era repelente, especialmente os seios e as nádegas e a falta de um pênis.[60] Sua aversão pelos seios e nádegas se baseava em impulsos sádicos intensamente fortes. Tinha fantasias de bater naquelas partes "que saíam para fora" do corpo delas até que ficassem, por assim dizer, "batidas para dentro" e, assim, "reduzidas", e aí, talvez, dizia, ele poderia amar as mulheres. Essas fantasias eram determinadas por sua ideia inconsciente de que a mulher estava tão cheia dos pênis do pai e de excrementos perigosos equiparados ao pênis que eles a fizeram estourar e produziam essas protuberâncias. Assim, seu ódio das partes que "saíam para fora" era na realidade dirigido aos pênis internalizados do pai que não cessavam de reemergir.[61] Em sua imaginação, o interior do corpo da mulher era uma expansão infinita e inexplorável onde espreitavam toda sorte de perigos e de morte, e ela mesma só se apresentava para ele como um tipo de recipiente de pênis aterrorizantes e de excrementos perigosos. Encarava sua pele delicada e todos os outros atributos femininos como uma cobertura bastante artificial para a destruição que se dava em seu interior e, embora em si mesmos lhe agradassem, ele os temia ainda mais como inúmeros sinais de sua natureza enganadora e traiçoeira.

Ao igualar o pênis a pedaços de fezes, meu paciente ampliava seu deslocamento do medo suscitado pelo pênis do pai para o corpo da mãe ainda mais e o aplicava aos excrementos venenosos e perigosos dela também. Desse modo, ele, de alguma forma, encobria e punha de lado todas as coisas que odiava e temia dentro do corpo da mãe. Que esse extenso processo de deslocamento tenha falhado pode ser inferido a partir do fato de que o sr. B se tornou consciente novamente

---

59 Teve relações sexuais uma ou duas vezes em sua vida com mulheres, mas nunca obteve nenhuma satisfação real com isso. Os motivos principais para se engajar em um caso passageiro do tipo eram curiosidade, desejo de fazer o que outros homens, heterossexuais, faziam, e, em especial, um desgosto por ferir os sentimentos da outra pessoa, que em cada caso havia sido a pessoa mais desejosa.

60 Veremos mais adiante por que essa falta o aterrorizava tanto assim.

61 Também os sentimentos sádicos do sr. A contra as nádegas das mulheres eram determinados por fantasias semelhantes. Como já foi dito no capítulo 4, a cabeça, braços, mãos e pés da mulher são muitas vezes encarados no inconsciente como o pênis internalizado do pai que vem de novo para fora; seus membros – as duas pernas, pés, braços ou mesmo dedos – muitas vezes significam os dois pais internalizados.

de seus objetos de ansiedade ocultos na forma dos seios e nádegas femininos. Eles simbolizavam perseguidores olhando para fora do corpo da mulher e observando-o; e, como me contou com evidente repugnância e ansiedade, jamais ousaria sequer bater neles ou atacá-los, pois tinha um medo excessivo de tocá-los.

Ao mesmo tempo que deslocou para o corpo da mãe todas essas coisas que despertavam medo nele, de modo que este veio a se tornar um objeto de aversão para ele, ele idealizara o pênis e o sexo masculino em altíssimo grau. Para ele, apenas o homem, em quem tudo era manifesto e claramente visível e que não escondia dentro de si nenhum segredo, era o objeto natural e bonito.[62] Como deslocava tudo que fosse capaz de despertar seu medo do corpo do pai para o interior do corpo da mãe, ele então reprimiu com muita força tudo o que se referisse ao interior do próprio corpo e acentuou tudo que fosse visível, em particular seu pênis. Mas como suas dúvidas a esse respeito eram fortes pode ser visto a partir do fato de que, quando tinha cerca de cinco anos de idade, havia perguntado para sua babá o que ela achava que era pior: "a frente ou atrás" (querendo dizer pênis ou ânus) e ficara muito confuso quando ela respondeu "a frente". Lembrava-se também de, quando tinha cerca de oito anos, ficar no alto da escada, olhar para baixo e se detestar, e detestar as meias pretas que vestia.[63] Suas associações mostraram que o interior da casa dos pais sempre lhe havia parecido especialmente sombrio – "morto", na verdade – e que ele se considerava responsável por essa desolação – ou melhor, pela destruição dentro do corpo da mãe e do seu, simbolizada pela casa sombria, que ele havia deixado assim com seus excrementos perigosos (as meias pretas). Como consequência da extensa repressão de seu "interior" e do deslocamento deste para seu "exterior", o sr. B veio a odiar e temer este último, não apenas com respeito a sua aparência pessoal, embora esta fosse uma contínua fonte de aborrecimento e cuidado para ele, mas em relação a outras questões associadas. Por exemplo, sentia a mesma repulsa por determinados artigos de vestimenta que tinha por suas meias pretas, em especial por sua roupa de

62 Desde que a posse de um pênis era algo tão necessário para ele superar a ansiedade, todos os medos de B a respeito do interior do corpo da mulher aumentavam pelo fato de ela não ter esse órgão externo.

63 Olhar para baixo significava olhar dentro de si próprio. Em outros casos, pude descobrir que olhar à distância significava introspecção. Pareceria que, para o inconsciente, nada é mais distante e mais inescrutável do que o interior do corpo da mãe e, ainda mais, o interior do próprio corpo.

baixo, e sentia como se fossem seus inimigos que o enclausuravam e pesavam sobre ele ao se agarrarem tanto a seu corpo.[64] Eles representavam seus objetos e excrementos internalizados, que o estavam perseguindo a partir de seu interior. Por conta do deslocamento de seus medos de perigos internos para o mundo externo, os inimigos dentro dele se transformaram em inimigos fora dele.

Voltarei minha atenção agora para um exame da estrutura do caso. O paciente foi amamentado com mamadeira. Dado que seus componentes libidinais não haviam sido satisfeitos pela mãe, sua fixação oral de sugar ao seio fora impedida. Devido a essa frustração, seus impulsos destrutivos contra o seio foram aumentados e ele transformou aquela parte do corpo em feras e monstros perigosos em sua imaginação. (Em seu inconsciente, equiparava os seios femininos a harpias.) Esse processo foi auxiliado pela equação que fez entre o seio e o pênis perigoso do pai, o qual, pensava, havia sido posto dentro do corpo da mãe e estava reemergindo dele. Começara, além do mais, desde muito cedo a igualar a chupeta e o bico da mamadeira a um pênis "bom" e, em consequência de sua frustração com relação ao seio, a voltar-se para ela com entusiasmo especial, como um objeto de satisfação de seus desejos orais de sugar. A adoção de uma atitude homossexual foi muito facilitada pelo fato de que havia sido seduzido muito cedo na vida – em algum momento de seu segundo ano – por seu irmão, Leslie, cerca de dois anos mais velho que ele. Uma vez que o ato de felação satisfazia seus desejos orais de sugar até o momento insatisfeitos, esse evento levou-o a se tornar excessivamente fixado no pênis. Outro fator era que o pai, até então um homem monossilábico e muito pouco efusivo, tornou-se mais afetuoso sob a influência do filho menor. O menininho havia se determinado a conquistar seu amor e conseguiu. A análise mostrou que ele encarava essa vitória como uma prova de que fora capaz de transformar o pênis "mau" do pai em um pênis "bom". Seus esforços para efetuar uma transformação desse tipo e assim dissipar um grande número de medos tornou-se, em anos posteriores, uma de suas motivações para ter casos com homens.

---

64 Em outros casos de adultos e crianças, observei coisas do lado de fora do corpo representando coisas de dentro. Meu paciente de seis anos, Gunther, estava sempre fazendo cobras de papel, enrolava-as no pescoço e depois as rasgava, fazia isso com a finalidade de dominar seu medo não apenas do pênis do pai que o estrangulava de fora, mas também do pênis do pai que o estava sufocando e matando por dentro.

O sr. B tinha dois irmãos. Teve uma grande admiração e amor por Leslie, dois anos mais velho que ele, mesmo quando era bem pequeno, e transformou-o no representante do pênis "bom" – em parte, sem dúvida, por causa da satisfação antiga dos anseios orais que recebera dele por meio do ato sexual. Sua maior ambição era ser intelectualmente igual a ele e tornar-se digno de sua amizade; e, realmente, escolheu a mesma profissão. Com relação ao outro irmão, David, quatro anos mais velho que ele, tinha uma atitude muito diferente. Esse irmão era filho do pai de um casamento anterior e o sr. B sentia, provavelmente de modo correto, que a mãe demonstrava uma preferência pelos próprios filhos em detrimento do menino. Não gostava desse irmão e havia conseguido dominá-lo, mesmo sendo uma criança pequena, apesar da diferença de idade entre ambos. Isso em parte se devia à atitude masoquista de David, em parte à grande superioridade mental de B. Dava vazão a seus impulsos sádicos com relação ao pênis "mau" nesse irmão, com quem também tinha tido relações sexuais na primeira infância,[65] e ao mesmo tempo o encarava como a mãe perigosa em quem estavam contidos os pênis do pai. Seus irmãos, como se verá, eram substitutos para ambos os pais, para ser mais precisa, para as imagos fantasiosas dos pais, e foi em relação a eles que ele ativou suas relações com essas imagos; pois, enquanto ele era dedicado à mãe na vida real e a amava muito mais do que ao pai, era possuído em fantasia, como sabemos, por imagos do pênis "bom" mágico (o pai) e da mãe aterrorizante. Nunca chegou a gostar de David, mesmo mais tarde na vida, e isso era em parte porque, como a análise mostrou, sentia-se muito culpado em relação a ele.

Portanto, enquanto fatores numerosos encorajavam a adoção de uma atitude homossexual por parte do sr. B, outros fatores externos numerosos já se encontravam em operação desde muito cedo contra o estabelecimento de uma posição heterossexual. Sua mãe gostava muito dele, mas ele logo descobriu que ela não era realmente amorosa com o pai e que tinha uma aversão ao órgão masculino em geral. Muito provavelmente ele estava certo em sua impressão de que ela fosse frígida e que desaprovava os desejos sexuais dele, e o acentuado amor que ela tinha por ordem e limpeza tinham o mesmo efeito. As babás

---

65 As relações sexuais de B com os irmãos foram interrompidas depois do primeiro período da infância; nem ele tinha lembrança consciente delas. Por outro lado, lembrava-se muito claramente e com todos os detalhes de ter atormentado muito o irmão David, esse comportamento cruel estava intimamente relacionado, como a análise mostrou, com as atividades sexuais de que ele havia se esquecido.

que teve quando pequeno também não tinham nenhuma simpatia por qualquer coisa que fosse sexual ou pulsional. (Isso estava também implícito na resposta da babá de que “a frente” era pior do que “atrás”.) Outra coisa que trabalhava contra o estabelecimento de uma posição heterossexual era o fato de não ter nenhuma menina com quem brincar. Não há dúvida de que seu medo do interior misterioso do corpo da mulher teria sido grandemente abrandado se ele tivesse sido criado com uma irmã, pois aí ele teria satisfeito sua curiosidade sexual com respeito aos genitais femininos muito mais cedo. Do jeito que se deu, foi só quando tinha cerca de doze anos que, ao olhar uma imagem de uma mulher nua, se deu conta pela primeira vez, conscientemente, que o corpo feminino diferia do masculino. Revelou-se na análise que as saias volumosas e rodadas que as mulheres usavam (nessa época) aumentavam mil vezes sua ideia da expansão misteriosa e perigosa do interior de seus corpos. Seu desconhecimento sobre esses assuntos, resultado de sua ansiedade, mas que havia sido estimulado pelos fatores externos descritos, havia colaborado a fazê-lo rejeitar a mulher enquanto objeto sexual.

Na descrição que fiz do desenvolvimento do menino, mostrei que a centralização da onipotência sádica no pênis é um passo importante no estabelecimento de uma posição heterossexual e que, a fim de efetuar tal passo, o ego deve ter adquirido capacidade suficiente para tolerar o sadismo e a ansiedade em estágios anteriores do desenvolvimento. No sr. B essa capacidade era pequena. Sua crença na onipotência dos excrementos era mais forte do que o habitual em meninos.[66] Os impulsos genitais e os sentimentos de culpa, por outro lado, vieram à tona muito cedo e logo trouxeram consigo um bom relacionamento com seus objetos e uma adaptação satisfatória à realidade. O ego, fortalecido muito cedo, foi, por consequência, preparado para reprimir violentamente os impulsos sádicos, em especial aqueles dirigidos contra a mãe, de modo que eles não puderam entrar em contato suficiente com seus objetos reais e permaneceram na maior parte – de novo, principalmente no que diz respeito à mãe – presos a suas imagos fantasiosas. O resultado disso foi que, lado a lado com a boa relação que tinha com os objetos de ambos os sexos,[67] corria um medo profundo

---

66 Pela mesma razão, tinha características femininas bastante fortes e suas sublimações eram de um tipo predominantemente feminino. Esse ponto receberá atenção mais adiante.

67 A formação malsucedida do superego de B (isto é, a ação exagerada de suas formações de ansiedade mais arcaicas) não apenas levou a graves distúrbios

e dominador das imagos más e fantasiosas deles, e essas duas atitudes com respeito aos objetos seguiam um curso paralelo mas separado, sem jamais se interligarem suficientemente.

Não apenas o sr. B não podia empregar o pênis como o órgão executivo de seu sadismo contra a mãe; ele não podia levar a cabo os desejos de restaurá-la por meio de seu pênis "bom" no ato sexual.[68] No que diz respeito ao pênis do pai, seu sadismo não era tão fortemente reprimido. Contudo, ele não podia realizar suas tendências edipianas diretas, porque os fatores discutidos acima trabalhavam muito poderosamente contra a obtenção de uma posição heterossexual. O ódio ao pênis do pai não podia, assim, ser modificado de um jeito normal. Em parte, tinha de ser excessivamente compensado por uma crença no pênis "bom", e isso formava a base de sua posição homossexual.

No curso de sua fuga de tudo que fosse anal e de tudo que tivesse a ver com o interior do corpo, e com o auxílio de sua fixação oral de sugar, muito forte, ao pênis e dos fatores já descritos, B, muito cedo em sua vida, desenvolveu grande admiração pelo pênis de outros meninos – admiração que em certos casos chegava quase à adoração. Mas a análise mostrou que, em consequência de sua intensa repressão de questões anais, o pênis havia assumido qualidades anais em alto grau. Achava o próprio pênis inferior e feio (completamente "sujo", depois se revelou), mas mesmo sua admiração pelo pênis de outros homens e meninos estava sujeita a certas condições. Um pênis que não preenchesse essas condições era repulsivo para ele, pois aí, então, assumia todas as características do pênis perigoso do pai e dos pedaços "maus" de fezes. Contudo, apesar dessa limitação, atingiu uma posição homossexual razoavelmente estável. Não tinha nenhum sentimento consciente de culpa ou de inferioridade quanto a suas atividades homossexuais, pois nelas suas tendências restitutivas que não puderam emergir na posição heterossexual se realizaram plenamente.

A vida erótica do sr. B era dominada por dois tipos de objeto. O primeiro, para o qual ele se voltava repetidas vezes desde os tempos de escola, consistia em meninos e, depois, em homens que não eram atraentes e, com razão, sentiam que não eram populares. Esse

em sua saúde mental, a um prejuízo de seu desenvolvimento sexual e a uma inibição de sua capacidade de trabalho, mas foi também a razão pela qual seus relacionamentos objetais, embora bons em si mesmos, ficassem por vezes sujeitos a sérias perturbações.

68 No capítulo anterior, foi feita menção de um ou dois fatores que capacitam o indivíduo de qualquer sexo a restaurar o seu objeto por meio do ato sexual.

tipo correspondia a seu irmão David. O sr. B não tinha prazer de ter relações sexuais com uma pessoa desse tipo, porque seus impulsos sádicos entravam em cena muito poderosamente e ele mesmo ficava consciente de que costumava fazer o outro sentir sua superioridade e atormentá-lo de todos os jeitos. Contudo, ao mesmo tempo, ele seria um amigo de seu objeto de amor, exerceria uma influência mental favorável sobre ele e o ajudaria de todos os modos. O segundo tipo correspondia ao outro irmão, Leslie. Costumava se apaixonar profundamente por esse tipo de pessoa e aí tinha uma adoração real pelo pênis dela.[69]

Ambos os tipos serviam para satisfazer as tendências de restituição do sr. B e para aliviar sua ansiedade. Nas relações do primeiro tipo, a relação sexual significa restaurar os pênis do pai e do irmão David, os quais, em razão de seus poderosos impulsos sádicos contra eles, ele imaginava ter destruído. Identificava-se ao mesmo tempo com seu objeto inferior e castrado, de modo que seu ódio do objeto também era dirigido contra si mesmo e a restituição do pênis daquele objeto implicava uma restituição do próprio pênis. Mas, em última instância, suas tendências de restituição em relação ao pênis serviam ao propósito de restaurar a mãe; pois revelou-se que ter castrado o pai e o irmão significava ter atacado as crianças dentro da mãe e que ele se sentia profundamente culpado em relação a ela por causa disso. Ao restaurar o pênis do pai e do irmão, ele se esforçava por devolver à mãe um pai ileso, crianças ilesas e um interior intacto. A restauração do próprio pênis significava, além disso, que ele tinha um pênis "bom" e podia dar satisfação sexual à mãe.

Nas relações do sr. B com o tipo Leslie, seus desejos de restituir eram menos proeminentes, pois nesse caso ele estava ocupado com o pênis "perfeito". Esse pênis admirado representava todo um grande número de contraprovas mágicas contra todos os seus medos. E, uma vez que ele também, nesse caso, se identificava com seu objeto amado, o pênis "perfeito" era uma prova de que seu próprio pênis era "perfeito" também; mostrava ainda que o pênis do pai e do irmão estavam intactos e fortalecia sua crença no pênis "bom" em geral e, assim, no estado ileso do corpo da mãe. Em sua relação com o pênis admirado, também, seus impulsos sádicos inconscientes encontravam vazão; pois aqui também suas atividades homossexuais significavam uma castração

69 Em certa ocasião, teve um caso com um terceiro tipo de pessoa, que correspondia ao pai. Aconteceu contra a sua vontade, mas não pôde evitá-lo, e isso despertou grande ansiedade nele.

de seu objeto de amor, em parte por conta de seus ciúmes dele e em parte porque ele queria se apossar do pênis "bom" do parceiro, de modo a poder tomar o lugar do pai com a mãe, em todos os aspectos.

Embora a posição homossexual do sr. B tenha se estabelecido tão cedo e de modo tão forte, e embora ele conscientemente rejeitasse uma posição heterossexual, ele havia sempre inconscientemente mantido os alvos heterossexuais em vista, com relação aos quais, quando pequeno, ele havia se esforçado tão ardentemente em sua imaginação e aos quais, como adulto, nunca havia renunciado completamente. Para seu inconsciente, suas várias atividades homossexuais representavam muitos atalhos que levavam a esse objetivo inconscientemente desejado.

Os padrões impostos por seu superego a suas atividades sexuais eram muito altos. Na relação sexual, ele tinha de consertar cada coisa que havia destruído dentro da mãe. Seu trabalho de restauração começou, pelas razões que vimos, com o pênis e também aí acabou. Era como se uma pessoa quisesse levantar uma casa particularmente boa, mas estivesse cheia de dúvidas sobre ter implantado os alicerces bem e de verdade. Ele continuaria tentando fazer que esses alicerces ficassem mais sólidos, e nunca seria capaz de deixar de trabalhar neles.

Assim, a crença do sr. B em sua capacidade de restaurar o pênis era também o alicerce de sua estabilidade mental, e quando essa crença foi destroçada ele adoeceu. Aconteceu assim: alguns anos antes, seu amado irmão Leslie perdera a vida em uma viagem de exploração. Embora sua morte tenha afetado o sr. B muito profundamente, ele não teve um colapso mental. Foi capaz de aguentar o golpe, porque não despertou seu sentimento de culpa nem minou a crença em sua onipotência construtiva em grau muito acentuado. Leslie havia sido para ele o possuidor de um pênis "bom" mágico e o sr. B podia transferir sua crença e amor por ele para alguma outra pessoa como substituto. Mas, em seguida, seu irmão David ficou doente. O sr. B dedicou-se a ele durante a doença e tinha esperança de promover sua cura exercendo sobre ele uma influência forte e favorável. Mas suas esperanças foram frustradas e David morreu. Foi esse golpe que o quebrou e desencadeou sua doença. A análise mostrou que esse segundo golpe o atingiu com muito mais força do que o primeiro porque ele tinha um sentimento de culpa intenso em relação ao irmão mais velho. Acima de tudo, sua crença de que poderia restaurar o pênis danificado fora minada. Isso significava que tinha de abandonar a esperança de todas as coisas que procurava restaurar em seu inconsciente – em última instância, a mãe e seu próprio corpo. A grave inibição no trabalho que o acometeu foi outra consequência de sua perda de esperança.

Enfatizei a razão pela qual sua mãe não podia se tornar o objeto de suas tendências de restituição, realizadas pela relação sexual, e, portanto, não podia ser um objeto sexual para ele. Ela só podia ser o objeto de suas emoções ternas. Mas, mesmo assim, a ansiedade e o sentimento de culpa eram grandes demais; e não apenas suas relações de objeto ficavam expostas a graves perturbações como também suas tendências sublimatórias ficavam impedidas. Descobrimos que o sr. B, que conscientemente era muito preocupado com a saúde da mãe – embora, como dizia, ela não fosse doente e sim "delicada" –, em seu inconsciente estava completamente dominado por essa preocupação. Dava expressão a ela na situação transferencial por um medo contínuo, imediatamente antes de a análise ser interrompida para férias (e, depois se revelou, antes de cada fim de semana e até mesmo entre um dia e o dia seguinte), de que nunca mais iria me ver, uma vez que algum acidente fatal poderia me atingir nesse meio-tempo. Essa fantasia, recorrente o tempo todo com todos os tipos de variação, tinha o mesmo tema principal atravessando-a – de que eu seria derrubada e atropelada por um carro em uma rua congestionada. Essa rua era, de fato, uma rua em sua cidade natal nos Estados Unidos e desempenhava um papel importante em suas recordações de infância. Quando costumava sair com a babá, sempre a atravessara com medo – como mostrou a análise – de que nunca mais voltaria a ver a mãe. Sempre que estava em um estado de depressão profunda, costumava dizer na análise que as coisas nunca mais poderiam ficar "bem de novo" e que ele nunca mais seria capaz de trabalhar, a menos que algo pudesse ser feito quanto a certas coisas que aconteceram no mundo desde que ele era pequeno, de modo a não terem acontecido – como, por exemplo, que todo o tráfego que havia passado por aquela rua não tivesse passado. Para ele, como também para as crianças cujas análises relatei em uma parte anterior deste livro, o movimento de carros representava a relação sexual entre os pais, que, em suas fantasias masturbatórias arcaicas, ele havia transformado em um ato fatal para os dois lados, de modo que ele se tornou presa do medo de que a mãe e (por causa da introjeção do pênis "mau") ele próprio seriam destroçados pelo pênis perigoso do pai incorporado dentro dela (atropelada por um carro). Daí o medo manifesto de que ela e ele seriam atropelados por um carro. Em contraste com a cidade natal, que ele via como um lugar escuro, sem vida e arruinado, apesar do fato – ou por causa do fato, como ficou claro – de que havia muito tráfego lá (isto é, relação sexual contínua entre o pai e a mãe), ele produzia a imagem de uma cidade imaginária cheia de vida, luz e beleza e, por vezes, via sua visão se realizar, embora por um breve tempo, nas cidades que visitava em outros países.[70] Essa cidade visionária distante representava sua mãe inteira de novo, redespertada para uma nova vida e também seu próprio corpo restaurado. Mas o excesso de ansiedade o fazia sentir que uma restauração desse tipo não podia ser alcançada. A inibição no trabalho provinha da mesma fonte.

Durante o tempo em que o sr. B ainda era capaz de trabalhar, esteve empenhado em escrever um livro no qual registrou os resultados de suas pesquisas científicas. Esse livro, que teve de desistir de escrever quando a inibição no trabalho se tornou excessiva, tinha o mesmo significado da linda cidade. Cada pedaço separado de informação, cada frase isolada indicava o pênis restaurado do pai e crianças inteiras, e o livro em si representava a mãe internalizada inteira e seu próprio corpo restaurado. Emergiu na análise que o principal impedimento para seus poderes criativos foi o medo do conteúdo "mau" de seu corpo. Um de seus sintomas hipocondríacos era um sentimento de imenso vazio interior. No plano intelectual, assumia a forma de uma queixa de que as coisas que eram valiosas, belas e interessantes para ele perdiam o valor, ficavam "gastas" e eram tiradas dele de algum modo. A raiz mais profunda dessa queixa acabou sendo o medo de que, ao ejetar as imagos más e os excrementos perigosos, ele poderia ter perdido os conteúdos de seu corpo que eram "bons" e "bonitos".

A força motivacional mais poderosa de seu trabalho criativo vinha de sua posição feminina. No inconsciente, impunha-se certa condição: somente se seu interior estivesse cheio de objetos bons – na verdade, cheio de crianças bonitas[71] – ele poderia criar, isto é, pôr crianças no mundo. A fim de obedecer essa condição, precisava se livrar dos objetos "maus" dentro dele (mas aí se sentia vazio); ou, então, tinha de transformá-los em objetos "bons", do mesmo modo que queria

---

70 Aqui, novamente, cada detalhe dessa linda cidade de faz de conta retratava uma restauração, um posterior embelezamento e aperfeiçoamento do corpo da mãe e de seu próprio, os quais, como imaginava, haviam sofrido dano e destruição.

71 Vimos, no último capítulo, que a crença da menina na onipotência dos excrementos é mais fortemente desenvolvida do que no menino e que esse fator tem uma influência específica sobre o caráter das sublimações dela. Mostrei a corrente de sublimação que flui do pedaço de fezes "mau" e feio para a criança "bonita". A crença de B na onipotência de seu pênis como o órgão executor do sadismo não era adequadamente eficaz e sua crença na onipotência dos excrementos era relativamente mais forte; como consequência, suas sublimações eram de um tipo distintamente feminino.

transformar os pênis do pai e do irmão em pênis "bons". Se fosse capaz de fazer isso, teria se certificado de que o corpo da mãe, as crianças dela e o pênis do pai estavam todos restaurados; aí o pai e a mãe teriam sido capazes de viver juntos em amizade e de dar completa satisfação sexual um ao outro, e ele, em identificação com o pai "bom", poderia ter dado crianças à mãe e poderia ter consolidado sua posição heterossexual.

Quando meu paciente retomou seu livro, após uma análise que durou catorze meses, a identificação com a mãe passou para primeiro plano de modo muito claro. Mostrou-se na situação transferencial em fantasias de ser minha filha. Lembrou-se de que, quando pequeno, ansiava conscientemente ser uma menina, porque sabia que sua mãe preferiria ter uma filha; mas, inconscientemente, ele podia, então, tê-la amado sexualmente também. Pois não teria que ter medo de machucá-la com seu pênis, que era odioso para ela e que ele mesmo sentia como perigoso.[72] Mas, apesar da forte identificação com a mãe e das acentuadas características femininas – características que apareciam também em seu livro –, ele não foi capaz de manter a posição feminina. Isso era um obstáculo fundamental no caminho de suas atividades criativas, que sempre foram inibidas em alguma medida.

À medida que sua identificação com a mãe e o desejo de ser mulher se tornaram mais evidentes na análise, sua inibição no trabalho diminuiu gradualmente. O desejo de ter filhos e, ao mesmo tempo, suas capacidades criativas haviam sido restringidos pelo medo que tinha dos objetos internalizados. Pois o medo da mãe como rival se dirigia acima de tudo e em primeiro lugar à mãe "má" internalizada que estava unida ao pai. Era também a esses objetos internalizados que seu intenso medo de ser vigiado e observado se referia. Tinha, por assim dizer, que esconder deles cada pensamento, pois cada pensamento representava um pedaço "bom" dentro dele – uma criança.[73] Por esse motivo, punha os pensamentos no papel tão rápido quanto possível, de modo a protegê-los dos objetos "maus" que se intrometeriam em seu caminho ao escrever. Tinha que realizar uma

---

72 B lembrou-se de ter repetidamente tentado, quando pequeno, apertar seu pênis entre as coxas de modo a fazê-lo desaparecer da vista.

73 Seu medo das imagos más, que o fazia buscar negar e subjugar seu inconsciente em um grau fora do comum, teve muito a ver com a inibição de seus poderes produtivos. Jamais podia se abandonar completamente a seu inconsciente e, assim, uma fonte importante de energia criativa estava fechada para ele.

separação dos objetos "bons" dos "maus" dentro do corpo e também de transformar os "maus" em "bons". O trabalho de escrever o livro e todo o processo de produção mental envolvido nisso eram equiparados, em seu inconsciente, a restaurar o interior do corpo e produzir filhos. Essas crianças deviam ser de sua mãe e ele restaurava a mãe "boa" dentro de si enchendo-a de lindas crianças restauradas e com a tentativa cuidadosa de preservar esses objetos recriados (isto é, restaurados) dos objetos "maus" dentro dele, que eram os pais combinados na relação sexual e o pênis do pai. Desse modo, ele tornava o próprio corpo sadio e bonito também, porque sua mãe "boa", bonita e intacta, por sua vez, o protegeria dos objetos "maus" em seu interior. O sr. B também pôde se identificar com essa mãe "boa" restaurada. As crianças bonitas (pensamentos, descobertas) com que em sua imaginação povoava seu interior eram as crianças que ele concebera em identificação com a mãe, bem como as crianças que ele havia gerado com ela como a mãe "boa" – isto é, a mãe que lhe dava leite bom e, desse modo, o ajudava a conseguir um pênis sadio e potente. E foi só quando ele pôde adotar e sublimar essa posição feminina que seus componentes masculinos se tornaram mais eficazes e frutíferos no trabalho.

À medida que a crença na mãe "boa" se fortalecia e, em consequência, sua ansiedade paranoide hipocondríaca e depressões se tornavam menos intensas, o sr. B tornou-se proporcionalmente mais capaz de continuar seu trabalho, mostrando de início todos os sinais de ansiedade e compulsão, mas mais tarde fazendo-o com muito mais facilidade. Em paralelo, houve uma diminuição uniforme de seus impulsos homossexuais. Sua adoração ao pênis se abrandou e o medo do pênis "mau", até então encoberto por sua admiração pelo pênis "bom" (o pênis bonito), veio à luz. Nessa fase, familiarizamo-nos com um medo particular, a saber, de que o pênis "mau" internalizado do pai havia se apossado de seu próprio pênis forçando a entrada nele e controlando-o de dentro.[74] O sr. B sentiu que havia perdido, desse modo, o controle

74 Em minhas análises de pacientes homens de todas as idades, deparei-me, mais de uma vez, com essa situação de perigo especial, em o que o pênis "mau" do pai enche o pênis do sujeito a partir do interior deste e, desse modo, toma posse completa dele. Por exemplo, um paciente meu certa vez pôs um lápis com uma tampinha no fogo. Ele queria queimar algo "mau" dessa tampinha, algo forte e duro, que estava contido nela. A tampinha representava seu próprio pênis e a coisa "má" (o lápis), que tinha que ser queimada e eliminada, era o pênis do pai. Em outra ocasião, pôs um pedaço de madeira no fogo e ao mesmo tempo apontou o lápis, explicando que fazia isso para que a madeira

sobre o próprio pênis e não podia usá-lo de modo "bom" e produtivo. Esse medo havia surgido com muita força quando ele estava na idade da puberdade. Nessa época, evitava com todas as suas forças se masturbar. Como consequência, tinha ejaculações noturnas. Isso deu início a um medo de não controlar seu pênis e de que este estava possuído pelo diabo. Pensava também que por estar possuído pelo diabo podia mudar de tamanho e se tornar maior ou menor, e atribuía todas as mudanças por que passava em seu desenvolvimento à mesma causa.

Esse medo contribuiu muito para o desgosto pelo próprio pênis e para o sentimento de que este era inferior, no sentido de ser anal, "mau" e destrutivo. Em conexão, surgiu um impedimento importante também para a adoção de uma posição heterossexual. Dado que ele precisava supor que o pênis do pai estaria sempre vigiando a sua relação sexual com a mãe e o forçaria a cometer más ações, sentia-se obrigado a se manter afastado das mulheres. Ficou agora evidente que a ênfase excessiva que havia colocado em seu pênis como representante do que é consciente e do que é visível e, ligadas a isso, as múltiplas repressões e recusas referentes ao interior de seu corpo falharam também nesse ponto. Assim que esse conjunto de medos foi analisado, a capacidade de trabalho do sr. B aumentou ainda mais e sua posição heterossexual foi reforçada.

Nesse ponto do desenvolvimento da análise, meu paciente teve de parar de vir me ver por um certo tempo, por razões externas.[75] Os resultados até então foram de que suas depressões profundas e inibições no trabalho haviam sido quase completamente removidas e os sintomas obsessivos e a ansiedade paranoide e hipocondríaca tinham diminuído de forma considerável. Esses resultados justificam, penso, a crença de que mais um período de tratamento permitirá que estabeleça uma posição heterossexual de forma plena. Mas, para que isso se dê, ficou claro na análise já feita que seus medos da imago materna irreal terão de ser reduzidos ainda mais, de modo que seus objetos reais e imaginários, tão amplamente separados em sua mente, possam se aproximar mais; e sua crença em ascensão da mãe "boa" restaurada e na posse

---

"má" queimasse melhor. Descobrimos que em sua imaginação o pedaço de madeira e o lápis se pertenciam mutuamente, estavam grudados e brigavam entre si. Quando é analisada, essa situação de perigo libera uma ansiedade de tipo especialmente intenso e é, creio, um sério obstáculo para a potência sexual no homem.

75 Por razões pessoais, o sr. B foi obrigado a voltar para seu país natal. Pretende continuar sua análise, que compreendeu 380 sessões em dois anos.

de um pênis "bom", que até então fora dirigida, na maior parte, para a mãe internalizada e ajudado a remover sua inibição no trabalho, possa ter seu efeito máximo em suas relações com mulheres como objetos sexuais. Além disso, seu medo do pênis "mau" do pai deve ser ainda mais reduzido, de modo a fortalecer sua identificação com o pai "bom".

No caso sob discussão, veremos que os fatores de cuja operação mais forte depende a mudança completa do paciente da homossexualidade para a heterossexualidade são os mesmos fatores cuja presença foi mencionada na primeira parte deste capítulo como uma condição necessária para o firme estabelecimento de uma posição heterossexual. Ao traçar o desenvolvimento do indivíduo masculino normal, assinalei que os alicerces de um desenvolvimento sexual bem-sucedido do homem são a supremacia da imago materna "boa", que auxilia o menino a superar seu sadismo e trabalha contra todos os seus medos. Como no caso dos medos do corpo da mãe e do próprio interior, o desejo do menino de restaurar o corpo da mãe e o desejo de restaurar o próprio corpo interagem, sendo a realização de um essencial para a realização do outro. No estágio genital, eles são uma precondição para que ele atinja a potência sexual. Uma crença adequada nos conteúdos "bons" de seu corpo que neutraliza, ou melhor, se opõe, a seus conteúdos e excrementos "maus" parece ser necessária a fim de que o pênis, enquanto representante do corpo como um todo, produza sêmen "bom" e sadio. Essa crença, que coincide com a crença na própria capacidade de amar, depende de ter crença suficiente em suas imagos "boas", especialmente na mãe "boa" e no corpo dela intacto e sadio.

Quando atinge o nível genital pleno, o indivíduo do sexo masculino retorna, na relação sexual, a sua fonte original de satisfação, sua mãe generosa, que agora lhe dá também prazer genital; e, em parte como um presente de retribuição, em parte como reparação por todos os ataques empreendidos contra ela na época em que danificou seu seio, ele lhe dá seu sêmen "sadio", que a dotará de crianças, restaurará seu corpo e lhe dará também satisfação oral. A ansiedade e sentimento de culpa ainda presentes nele aumentaram, aprofundaram e deram forma a seus impulsos libidinais primários de quando era um bebê ao seio, dando a sua atitude para com seu objeto toda aquela riqueza e plenitude de sentimento a que chamamos amor.

Apêndice
Alcances e limites da análise de crianças

Com respeito ao adulto, a função da psicanálise é clara. Serve para corrigir o curso malsucedido que seu desenvolvimento psicológico tomou. A fim de conseguir isso, ela deve ter por alvo harmonizar o id com as exigências do superego. Ao efetuar um ajuste desse tipo, também colocará o ego, agora fortalecido, do paciente em posição de satisfazer igualmente as exigências da realidade.

Mas e quanto às crianças? Como a análise afeta uma vida que ainda está em processo de desenvolvimento? Em primeiro lugar, a análise resolve as fixações sádicas da criança e diminui, assim, a severidade de seu superego, diminuindo ao mesmo tempo a ansiedade e a pressão das tendências pulsionais; e, à medida que sua vida sexual e seu superego atingem ambos um estágio superior de desenvolvimento, o ego se expande e se torna capaz de conciliar também as exigências do superego com as da realidade, de modo que suas novas sublimações são mais solidamente embasadas e as antigas abandonam o caráter errático e obsessivo.

Na época da puberdade, o afastamento da criança de seus objetos, que deveria ser acompanhado de um aumento das exigências internas, só pode ocorrer se sua ansiedade e sentimento de culpa não ultrapassarem certos limites. Caso contrário, seu comportamento terá caráter de fuga mais do que de um desprendimento genuíno; ou o desprendimento se romperá e o adolescente ficará eternamente fixado em seus objetos originais.

Para o desenvolvimento da criança ter um resultado satisfatório, a severidade de seu superego precisa ser atenuada. Por mais que os objetivos de cada período de desenvolvimento possam diferir entre si, alcançá-los depende, em cada caso, da mesma condição fundamental, isto é, de um ajuste entre o superego e o id e o consequente estabelecimento de um ego adequadamente forte. A análise, ao ajudar a efetuar um ajuste desse tipo, segue e sustenta a linha natural de crescimento em cada estágio de seu desenvolvimento. Regula, ao mesmo tempo, as atividades sexuais da criança. Ao diminuir a ansiedade e os sentimentos de culpa da criança, ela restringe aquelas atividades, se forem compulsivas, e as estimula, se tiverem levado a um medo de tocar ou de ser tocado. Ao afetar dessa maneira os fatores subjacentes a um desenvolvimento falho como um todo, a análise também lança os alicerces para o desenvolvimento desimpedido da vida sexual e da personalidade futuras da criança.

Minhas observações durante a análise de crianças mostraram que, quanto mais fundo a análise penetra nas camadas subjacentes da mente, mais a pressão do superego é aliviada. Mas devemos nos perguntar se não seria possível que o procedimento analítico fosse fundo demais e diminuísse demais a função do superego ou mesmo a abolisse completamente. Em minha maneira de ver, a libido, o superego e as relações de objeto interagem em seus desenvolvimentos, e os impulsos libidinais e destrutivos, além de se fundirem, exercem uma ação recíproca uns sobre os outros; vimos também que, quando a ansiedade é despertada como resultado do sadismo, as exigências desses dois conjuntos de impulsos aumentam.[1] Assim, a ansiedade que emana nas situações de ansiedade arcaicas não apenas exerce uma grande influência sobre os pontos de fixação libidinal e as experiências sexuais da criança como na verdade está vinculada com eles, e ela mesma veio a se tornar um elemento dessas fixações libidinais.

A experiência psicanalítica tem mostrado que mesmo um tratamento muito sólido apenas abrandará a força dos pontos de fixação pré-genitais e do sadismo da criança, nunca os removerá completamente. Apenas uma parte de sua libido pré-genital pode ser convertida em libido genital. Esse fato familiar é igualmente verdadeiro, em minha opinião, no caso do superego. A ansiedade que a criança tem como resultado de seus impulsos destrutivos e que responde tanto quantitativa como qualitativamente a suas fantasias sádicas coincide com seu medo de objetos internalizados perigosos[2] e leva a situações de ansiedade definidas; e essas situações de ansiedade estão vinculadas a seus impulsos

---

1 Enquanto uma certa quantidade de ansiedade na criança aumenta sua necessidade por amor e molda sua capacidade de amar, o excesso de ansiedade tem efeito paralisante sobre elas.

2 Cf. o capítulo 8 deste volume.

pré-genitais e, como procurei mostrar, não podem nunca ser inteiramente eliminadas. A análise só pode enfraquecer o poder delas, uma vez que reduz o sadismo e a ansiedade da criança. Segue-se daí que o superego pertencente aos primeiros estágios da infância nunca renuncia completamente a suas funções. Tudo o que a análise pode fazer é relaxar as fixações pré-genitais e diminuir a ansiedade e, desse modo, auxiliar o superego a avançar dos estágios pré-genitais para o estágio genital. Cada avanço nesse abrandamento da severidade do superego é mais uma vitória para as moções pulsionais libidinais sobre as destrutivas e significa que a libido atingiu o estágio genital em um grau maior.

O ponto de vista de que as situações de ansiedade arcaicas nunca param de operar completamente também demarca os limites da psicanálise, pois a implicação é que não existe uma cura completa e que o tratamento psicanalítico – seja da criança, seja do adulto – não pode excluir com certeza absoluta a possibilidade de um colapso mental futuro. Gostaria de considerar, nesse contexto, os fatores que ocasionam a doença neurótica. Não discutirei os inúmeros casos em que a doença se reportava à primeira infância do indivíduo, mudando por vezes suas características no curso da vida, às vezes mantendo seu caráter original; me restringirei aos casos em que a erupção da doença aparentava datar de um momento particular em sua vida. Também aqui a análise mostra que a doença já estava lá de forma latente, mas que, como resultado de certos eventos, entrou em um estágio agudo, o que a transformou em doença do ponto de vista prático. Um modo pelo qual isso pode acontecer é o indivíduo deparar com eventos em sua vida que confirmam suas situações de ansiedade arcaicas predominantes em grau tal que a quantidade de ansiedade presente nele aumenta a um ponto que seu ego não consegue mais tolerar, manifestando-se então como doença. Ou, também, eventos externos desfavoráveis podem adquirir efeito patogênico ao causar perturbações no processo de dominar a ansiedade. Desse modo, ao abalar a crença em suas imagos prestativas e em suas próprias capacidades construtivas[3] e, desse modo, perturbar seus meios de dominar a ansiedade, uma decepção em si mesma insignificante pode precipitar uma doença tal como um evento que confirma seus

3 Descrevi, no capítulo anterior, um paciente cujo colapso foi precipitado pelo comportamento inamistoso de sua locadora, que cuidou mal dele durante uma doença. Naquele paciente, toda situação de ansiedade dominante era ativada pela disenteria de que sofria; além disso, a atitude da locadora parecia confirmar que não havia nenhuma mãe "boa" e que suas tendências restitutivas eram infrutíferas também.

medos arcaicos na realidade e aumenta sua ansiedade. Esses fatores caminham lado a lado em certa medida; qualquer ocorrência que aja nos dois sentidos ao mesmo tempo está especialmente designada a ocasionar doença mental.[4]

Como se pode ver pelo que eu disse, as situações de ansiedade arcaicas da criança são a base de todas as afecções psiconeuróticas. E uma vez que, como sabemos, a análise não pode jamais parar a operação daquelas situações por completo, seja no tratamento de adultos seja no de crianças, ela não pode nunca efetuar uma cura completa nem excluir inteiramente a possibilidade de que o indivíduo venha a sucumbir a uma enfermidade psicológica em algum momento posterior. Mas o que ela pode fazer é ocasionar uma cura relativa na criança e, assim, diminuir bastante as chances de uma doença futura – e isso é da maior importância prática. Quanto mais a análise puder fazer no sentido de reduzir a força das situações de ansiedade arcaicas da criança e de fortalecer seu ego e os métodos empregados por ela no domínio da ansiedade, mais bem-sucedida será como medida profilática.

Outra limitação da psicanálise é seu êxito variável com diferentes indivíduos devido às variações existentes, mesmo em crianças pequenas, na composição mental de cada indivíduo. O grau em que a análise é capaz de resolver a ansiedade dependerá muito de quanta ansiedade se encontra presente, que situações de ansiedade predominam e quais são os principais mecanismos de defesa que o ego desenvolveu de modo predominante nos estágios iniciais de desenvolvimento – em outras palavras, qual foi a estrutura da perturbação mental na infância.[5]

Em casos razoavelmente graves, achei necessário prosseguir com a análise por um tempo longo – para crianças entre cinco e treze anos de idade, entre dezoito e trinta e seis meses de trabalho e, em um caso,

---

4 Em seu artigo "The Problem of Paul Morphy" (*The International Journal of Psychoanalysis*, v. 12, 1931, pp. 1–23), Ernest Jones descreveu um caso em que a ocasião da doença se baseava em mecanismos diferentes. Mostrou que a psicose a que Morphy, o famoso jogador de xadrez, sucumbiu tinha as seguintes causas. Seu equilíbrio mental dependia do fato de que ao jogar xadrez ele era capaz de expressar sua agressividade – dirigida a suas imagos paternas – de maneira egossintônica. Aconteceu que a pessoa com quem ele mais queria se defrontar como oponente se esquivou de seu desafio e se comportou de maneira a despertar seu sentimento de culpa; e essa foi a causa disparadora da doença de Morphy.

5 Pode-se fazer a observação de que quando ansiedade intensa e sintomas graves aparecem na análise, a estrutura da doença é muitas vezes mais favorável do que quando não há sintoma nenhum.

quarenta e cinco meses, para alguns adultos por mais tempo ainda –, até que a ansiedade tivesse sido modificada o suficiente, tanto em quantidade como em qualidade, para que eu me sentisse justificada em terminar o tratamento. Por outro lado, a desvantagem de um tratamento tão longo é plenamente compensada pelos resultados de maior alcance e duração que uma análise profunda alcança. Em muitos casos um tempo muito menor é suficiente – não mais do que de oito a dez meses de trabalho – para obter resultados bastante satisfatórios.[6]

Tem-se chamado a atenção repetidas vezes nestas páginas para as grandes possibilidades oferecidas pela análise de crianças. A análise pode fazer pelas crianças, normais ou neuróticas, tudo que ela pode fazer pelos adultos, e muito mais. Pode poupar a criança de inúmeras misérias e experiências dolorosas que o adulto sofre antes de vir para a análise; e as perspectivas terapêuticas superam as da análise de adultos. A experiência dos últimos anos tem me dado, e a outros analistas de crianças, uma boa base para acreditar que as psicoses e os traços psicóticos, más-formações de caráter, comportamento antissocial,[7] neuroses obsessivas graves e inibições de desenvolvimento podem ser curados enquanto o indivíduo ainda é jovem. Quando ele crescer, essas condições, como sabemos, são inacessíveis ou apenas em parte acessíveis ao tratamento psicanalítico. Que curso uma enfermidade tomará nos anos futuros muitas vezes não pode ser previsto na infância, é bem verdade. É impossível saber com certeza se se transformará em psicose, comportamento criminoso, má-formação de caráter ou inibição grave. Mas uma análise bem-sucedida de crianças anormais pode evitar todas essas possibilidades. Se toda criança que apresenta perturbações graves fosse analisada em tempo hábil, muitas das pessoas que mais tarde acabam em prisões, ou em hospitais psiquiátricos, ou completamente despedaçadas se salvariam desse destino e conseguiriam desenvolver uma vida normal. Se a análise de crianças pode realizar um trabalho desse tipo – e há muitas indicações de que pode –, ela seria o meio não apenas de ajudar o indivíduo mas de prestar um serviço incalculável para a sociedade como um todo.

---

6 Vimos no capítulo 5 como, em um bom número de casos em que o tratamento havia sido interrompido, até mesmo uma análise de poucos meses trazia uma melhora considerável pela diminuição da ansiedade nos níveis mais profundos da mente.

7 Cf. a esse respeito o artigo de Melitta Schmideberg "The Psychoanalytic Treatment of Asocial Children and Adolescents" (*The International Journal of Psychoanalysis*, v. 11, 1930, pp. 152–77).

Lista de pacientes

Nome	Idade	Diagnóstico	Páginas
Rita	2 ¾	Neurose obsessiva	31–36, 51, 62–63, 133, 150–51, 213, 226
Trude	3 ¾	Neurose infantil; incontinência de urina e de fezes	33–34, 40, 51–52, 56, 60–64, 113, 133
Peter	3 ¾	Neurose infantil grave	45–55, 89, 118
Ruth	4 ¼	Neurose infantil grave	39, 56–62, 65, 113, 133, 168
Kurt	5	Neurose infantil; traços psicóticos evidentes	145–49
Franz	5	Neurose infantil grave; grandes dificuldades educacionais	155–59, 323
John	5	Neurose infantil grave	218–19
Erna	6	Neurose obsessiva; fortes traços paranoides	39, 67–69, 70–91, 108, 143, 168, 204, 213, 227, 252, 271
Günther	6	Desenvolvimento anormal do caráter; traços psicóticos	155–158
Grete	7	Esquizoide	94–95, 110–11, 120
Inge	7	Normal	94–99, 109, 122, 144
Werner	9	Neurose obsessiva; dificuldades de caráter	102–03
Egon	9 ½	Esquizofrenia incipiente	103–11, 120, 143, 204, 211
Kenneth	9 ½	Desenvolvimento anormal do caráter; inibições e ansiedade graves	99–103, 108, 130, 227

Ilse	12	Esquizoide	86, 91, 112, 124–30, 160, 204, 227
Ludwig	14	Normal	117–18, 121–22, 144
Gert	14	Dificuldades neuróticas	160–61
Bill	14	Dificuldades neuróticas	120
Sr. A	35	Homossexualidade; neurose obsessiva com traços paranoides e hipocondríacos	316–21, 328
Sr. B	30 e poucos	Homossexualidade; graves inibições no trabalho; depressão; mania de dúvida; ideias paranoides e hipocondríacas	326–40

Índice remissivo

Jantar de aniversário de setenta anos de Melanie Klein no restaurante Kettner's, em Londres, 1952. Em sentido horário, sentados: Marion Milner, Sylvia Payne, Eric Klein, Roger Money-Kyrle, Clifford Scott, Paula Heimann, James Strachey, Gwen Evans, pessoa não identificada, Michael Balint, Judy Klein; em pé, Melanie Klein, Ernest Jones, Herbert Rosenfeld, Joan Riviere, Donald Winnicott.

KETTNERS
KETTNERS
KETTNERS

Melanie Klein com seu neto Michael na praia, 1938.

Sobre a autora

MELANIE KLEIN nasceu em 30 de março de 1882, em Viena, Áustria. Em 1899, casou-se com o engenheiro químico Arthur Klein, com quem teve três filhos, Melitta, Hans e Erich, e de quem se divorciou em 1924. Em 1909, mudou-se com a família para Budapeste, Hungria. Após anos de grave depressão, começou sua análise pessoal com Sándor Ferenczi em 1914. No mesmo ano, travou contato com a teoria psicanalítica através da leitura de *Sobre os sonhos*, um livreto recém-publicado por Freud baseado em sua obra *A interpretação dos sonhos* (1900). Em 1919, Klein apresentou seu primeiro trabalho para a Sociedade Húngara de Psicanálise, sendo admitida como membro. Em 1921, diante do aumento das tensões antissemitas na Hungria, mudou-se para Berlim, na Alemanha, então o epicentro da psicanálise, onde publicou "O desenvolvimento de uma criança", uma versão expandida do artigo apresentado em 1919. No ano seguinte, foi admitida como membro da Sociedade Psicanalítica de Berlim. Em 1923, iniciou sua atuação como psicanalista e, em 1924, iniciou a análise com Karl Abraham. Após a morte súbita de Abraham, e a convite de Ernest Jones, mudou-se para Londres, na Inglaterra, em 1926, tornando-se membro da Sociedade Britânica de Psicanálise no ano seguinte. No Reino Unido, aprofundou sua prática clínica e de supervisão e teve uma produção intelectual profícua, a qual foi recebida calorosamente por parte dos psicanalistas britânicos e rechaçada por outra. Entre 1942 e 1944, protagonizou duas séries de discussões teóricas organizadas pela Sociedade Britânica de Psicanálise, as Reuniões Extraordinárias e as Discussões Controversas, as quais opuseram os partidários de Melanie Klein aos de Anna Freud e ajudaram a consolidar a linha kleiniana como um campo relevante dentro da psicanálise. Participou de vários Congressos Internacionais de Psicanálise desde 1918 e teve um grande impacto sobre a cena psicanalítica global, sobretudo britânica, influenciando figuras como Donald Winnicott, Wilfred Bion, Hanna Segal, Herbert Rosenfeld, Paula Heimann, Joan Riviere, Susan Isaacs, Betty Joseph, Roger Money-Kyrle e John Bowlby. Fundou o Melanie Klein Trust em 1955 e faleceu anos depois, em 22 de setembro de 1960.

Obras publicadas

A psicanálise de crianças [1932], trad. Liana Pinto Chaves. São Paulo: Ubu Editora/Imago, 2025.

(com Joan Riviere) *Amor, ódio e reparação* [1937], trad. Marie Helena Senise. Rio de Janeiro: Imago, 1975.

Narrativa da análise de uma criança [1961], trad. Claudia S. Lima. São Paulo: Ubu Editora/Imago, 2025.

Amor, culpa e reparação e outros ensaios (1921–45) [1975], trad. André Cardoso. São Paulo: Ubu Editora/Imago, 2023.

Inveja e gratidão e outros ensaios (1946–63) [1975], trad. Liana Pinto Chaves et al. São Paulo: Ubu Editora/Imago, 2023.

Melanie Klein: autobiografia comentada [2016], org. Alexandre Socha. São Paulo: Blucher, 2019.

Lectures on Technique by Melanie Klein, org. John Steiner. London: Routledge, 2017.

COMO ORGANIZADORA

(com Paula Heimann, Susan Isaacs e Joan Riviere) *Os progressos da psicanálise* [1952], trad. Álvaro Cabral. Rio de Janeiro: Guanabara Koogan, 1982.

(com Paula Heimann e R. E. Money-Kyrle) *Novas tendências na psicanálise* [1955], trad. Álvaro Cabral. Rio de Janeiro: Zahar, 1969.

Obras completas de Melanie Klein

Traduções revisadas com estabelecimento terminológico, conforme os padrões definidos pela comissão editorial da Ubu em diálogo com Elias M. da Rocha Barros, representante do Melanie Klein Trust no Brasil. Uma coedição da Ubu Editora e da Imago.

Amor, culpa e reparação e outros ensaios (1921–45)
A psicanálise de crianças
Inveja e gratidão e outros ensaios (1946–63)
Narrativa da análise de uma criança

Melanie Klein, Anna Freud e Ernest Jones, com um gato, 1949.

Dados Internacionais de Catalogação na Publicação (CIP)
Elaborado por Vagner Rodolfo da Silva — CRB-8/9410

K64p Klein, Melanie (1882–1960)

A psicanálise de crianças/Melanie Klein; Título original: The Psycho-Analysis of Children; Tradução: Liana Pinto Chaves/Coordenação editorial: Elias M. da Rocha Barros/Revisão técnica: José A. Pedro Ferreira. São Paulo: Ubu Editora/Imago, 2025. 368 pp.

ISBN 978-85-7126-199-0

1. Psicanálise. 2. Psicanálise infantil. 3. Psicologia. 4. Terapia. 5. Saúde mental. 6. Desenvolvimento emocional. I. Chaves, Liana Pinto. II. Barros, Elias M. da Rocha. III. Título.

2025-3295 CDD 150.195 CDU 159.964.2

Índice para catálogo sistemático:
1. Psicanálise 150.195
2. Psicanálise 159.964.2

IMAGO
Rua Santos Rodrigues, 201-A
20250 430 Rio de Janeiro RJ
imagoeditora.com.br
imago@imagoeditora.com.br

UBU EDITORA
Largo do Arouche 161 sobreloja 2
01219 011 São Paulo SP
ubueditora.com.br
professor@ubueditora.com.br
/ubueditora

IMAGO ubu

Título original: *The Psycho-Analysis of Children*

Legenda da imagem nas pp. 4–5: Melanie Klein em congresso de analistas franceses, 1950.
Legenda das imagens nas pp. 28–29 e 164–65: Brinquedos utilizados por Melanie Klein em sua prática clínica, 1927–28.

EDIÇÃO Gabriela Ripper Naigeborin
REVISÃO Luanda Jabur e Pedro Siqueira
TRATAMENTO DE IMAGEM Carlos Mesquita
PRODUÇÃO GRÁFICA Marina Ambrasas

CAPA ilustração desenvolvida por Elaine Ramos e Nikolas Suguiyama
a partir dos desenhos de Lou Loeber (Holanda, 1894–1983)

EQUIPE UBU
DIREÇÃO EDITORIAL Florencia Ferrari
DIREÇÃO DE ARTE Elaine Ramos; Julia Paccola e Ana Lancman (assistentes)
COORDENAÇÃO Isabela Sanches
COORDENAÇÃO DE PRODUÇÃO Livia Campos
EDITORIAL Gabriela Ripper Naigeborin e Maria Fernanda Galdini Chaves
COMERCIAL Luciana Mazolini e Anna Fournier
COMUNICAÇÃO/CIRCUITO UBU Maria Chiaretti, Walmir Lacerda e Seham Furlan
DESIGN DE COMUNICAÇÃO Marco Christini
GESTÃO CIRCUITO UBU/SITE Cinthya Moreira, Vic Freitas e Vivian T.

FONTES Swift e Cy
PAPEL Avena 70 g/m²
IMPRESSÃO E ACABAMENTO Ipsis

IMAGO

ubu

MELANIE

tradução
Claudia Starzynski Lima

coordenação editorial
Elias M. da Rocha Barros

coordenação da tradução
Liana Pinto Chaves

comissão editorial brasileira
Elias M. da Rocha Barros
Elizabeth L. da Rocha Barros
Liana Pinto Chaves
Maria Elena Salles de Brito

revisão técnica
Liana Pinto Chaves

KLEIN

Narrativa da análise de uma criança

O procedimento da psicanálise de crianças tal como observado no tratamento de um menino de dez anos

Melanie Klein, 1944. Fotografia de Bertl Sachsel.

Nota desta edição

O presente volume é fruto de uma coedição da Ubu Editora com a Imago. Junto de *Amor, culpa e reparação e outros ensaios* (1921–45), *Inveja e gratidão e outros ensaios* (1946–63) e *A psicanálise de crianças* (1932), perfaz as Obras completas de Melanie Klein, publicadas pela primeira vez no Brasil na década de 1990.

A tradução brasileira original, que usou como base a edição inglesa de Alix Strachey revisada por H. A. Thorner e aprovada por Melanie Klein, passou por revisão e cotejo terminológico conforme os padrões estabelecidos pela comissão editorial da Ubu em diálogo com Elias Mallet da Rocha Barros, representante do Melanie Klein Trust no Brasil e coordenador da coleção.

Ao final do volume encontram-se os 73 desenhos de Richard feitos ao longo de sua análise. É a primeira vez que esses desenhos são publicados em cor no Brasil, tal como saíram na primeira edição da obra.

Todos os artigos de Melanie Klein citados neste volume encontram-se publicados em *Amor, culpa e reparação e outros ensaios* (trad. André Cardoso. São Paulo: Ubu Editora/Imago, 2023), que reúne os escritos entre 1921 e 1945, ou em *Inveja e gratidão e outros ensaios* (trad. Liana Pinto Chaves et al. São Paulo: Ubu Editora/Imago, 2023), que reúne os escritos entre 1946 e 1963. Já as referências ao livro *A psicanálise de crianças* são da edição publicada pela Ubu Editora/Imago em 2025, com tradução de Liana Pinto Chaves.

Sobre a tradução

Liana Pinto Chaves

Cada livro apresenta uma questão central para quem traduz. No volume *Inveja e gratidão*, publicado antes deste, o ponto fundamental foi a tradução do adjetivo "*early*", ideia nuclear da concepção kleiniana. Em nota àquele volume, justificou-se a escolha do adjetivo "arcaico", assim como outras decisões válidas para o conjunto da obra de Melanie Klein. Nele estão indicadas as traduções para os principais termos teóricos.

Neste volume, o problema da tradução foi de ordem bem diversa. O importante era definir o padrão de linguagem a ser adotado (a língua culta da escrita ou a coloquial?) e o tom afetivo do relacionamento de Richard com Melanie Klein. Melanie Klein transita entre sua perspectiva como analista e a de seu paciente. Era necessário, simultaneamente, registrar a diferença de gerações, o grande envolvimento emocional de Richard e o imenso respeito que ele tinha pela analista, a fim de encontrar uma linguagem mais descontraída, própria de uma criança, que fizesse uma aproximação com a fala brasileira sem incorrer numa aclimatação excessiva. Optamos pelo tratamento de "senhora" (e não "você") na forma de Richard se dirigir a Melanie Klein, uma vez que ele a chamava de "sra. Klein", e devido à enorme autoridade que ela exercia sobre ele.

O segundo ponto que merece reparo se refere a adjetivos. "*Nice*" e "*good*". O texto é abundante em adjetivos; alguns são de emprego comum, outros estão comprometidos com a teoria. No caso específico desse par, há uma paleta de nuances da qualidade do bom. Decidimos adotar "bom" para quando o texto se refere à estrutura do objeto interno bom. Adotamos outras soluções (bonzinho, gentil, amigo, bonito, simpático, gostoso, agradável etc.) quando se tratava de adjetivar algo mais circunstancial, qualificar um objeto ou a experiência do momento: a sala, o céu, o irmão em determinado momento etc. Não tivemos a preocupação de padronizar os termos (exceto os técnicos). Permitimo-nos certa flexibilidade, contanto que fosse respeitada a atmosfera emocional da situação descrita. "*Greedy*" foi traduzido por "voraz" por nos parecer expressar melhor o caráter destrutivo dos ataques orais ao objeto feitos em fantasia. Não é uma palavra do vocabulário de uma criança. Porém, o termo que seria mais natural – "guloso" – tem em português uma qualidade mais simpática e aceitável ("Fulano é guloso", no sentido de que tem prazer em comer); é muito mais brando e não corresponde ao sentido forte da conceituação teórica.

Questões mais específicas foram tratadas por meio de pequenas notas de tradução ao longo de todo o livro.

Prólogo

Elliot Jaques

Narrativa da análise de uma criança ocupa uma posição singular no corpo da obra de Melanie Klein. Trata-se de um relato diário da análise de uma criança de dez anos, com quatro meses de duração. Cada sessão é geralmente seguida por notas nas quais Melanie Klein avalia sua técnica e o material do paciente à luz de suas últimas teorias. Sendo essas notas mais completas e, é claro, de fonte mais autorizada do que qualquer outro comentário editorial poderia ser, não se incluíram neste volume comentários do segundo tipo.

Tive a rara oportunidade de conhecer o posicionamento de Melanie Klein com relação a este trabalho por ter tido a sorte de receber seu convite para ajudar na organização do material e preparação das notas, trabalho ao qual dedicamos muitas horas e que se estendeu por vários anos. Sei que vinha de longe essa aspiração dela por escrever um estudo de caso completo sobre a análise de uma criança, baseado em notas diárias e detalhadas que sempre tomava, sessão por sessão, de todos os seus pacientes crianças. Mas o problema de o que selecionar para fazer um relato satisfatório de uma análise inteira parecia insuperável.

A guerra criou, então, uma situação que subitamente ofereceu uma solução possível. Combinou-se uma análise para Richard. O tempo disponível era limitado e estava definido: quatro meses. Desde o início, tanto a analista como o paciente estavam cientes desse limite. Assim, Melanie Klein viu-se com notas clínicas de uma análise breve, que poderiam ser abrangidas em um único volume. Não alegou que esta análise não fosse diferente de uma análise de duração normal. Sentiu particularmente a falta de oportunidade de elaborar determinadas ansiedades, para mais tarde encontrá-las sob outras formas e elaborá-las novamente em maior profundidade. Nesse processo, teriam sido desvendados outros tipos de ansiedade, outros processos psíquicos. Mas, apesar das imperfeições, acreditava que os elementos essenciais de uma análise completa estivessem todos presentes, em grau suficiente para ilustrar tanto a personalidade do paciente como o trabalho dela.

Aproximadamente quinze anos mais tarde, decidiu trabalhar seriamente no livro. Examinou as anotações de cada sessão, revisando cuidadosamente o estilo, mas não o conteúdo, de forma a deixar intacta a descrição de como o trabalho transcorrera na época. Depois, submeteu cada sessão, em sua mente, a uma autocrítica e avaliação. Essas novas reflexões sobre as sessões e as mudanças em seu modo de pensar encontram-se registradas em notas detalhadas que preparou, examinando cada sessão, associação por associação, interpretação por interpretação, de modo a ser capaz de explicar seu trabalho da forma mais completa que lhe fosse possível.

Provavelmente dedicou um cuidado maior à *Narrativa da análise de uma criança* do que a qualquer outro de seus trabalhos. De fato, alguns dias antes de sua morte, no hospital, ainda examinava as provas e o índice do livro. Queria deixar um relato o mais fiel possível tanto de seu trabalho prático como do teórico. E isso ela conseguiu. O livro é algo vivo. Apresenta Melanie Klein em ação, como nenhum outro trabalho o faz. Fornece um retrato fiel de sua técnica e, por intermédio das notas, uma compreensão de como sua mente trabalhava. Mostra seus conceitos teóricos à época da análise. Grande parte de suas formulações no artigo "O complexo de Édipo à luz das ansiedades arcaicas" (1945) são baseadas no material de Richard, mas o artigo também revela novas ideias que estão prestes a emergir, ideias intuitivamente concebidas, mas ainda não desenvolvidas ou conceituadas. Este livro, seu último trabalho, é um monumento à altura de sua criatividade.

Este livro tem o objetivo de ilustrar o procedimento psicanalítico, que consiste em selecionar os aspectos mais urgentes do material e interpretá-los com precisão. As reações e associações subsequentes do paciente redundam em mais material, que por sua vez deve ser analisado com base nos mesmos princípios.

A elaboração constitui uma das exigências essenciais de Freud para uma análise. A necessidade de elaborar é reafirmada inúmeras vezes em nossa experiência diária: vemos, por exemplo, que pacientes que num determinado estágio alcançaram um insight repudiam este mesmo insight nas sessões seguintes, e às vezes parecem até mesmo esquecer que algum dia o tiveram. É somente tirando nossas conclusões a partir do material, conforme reaparece em diferentes contextos, de acordo com os quais é interpretado, que gradualmente podemos ajudar nosso paciente a adquirir um insight que seja mais duradouro. O processo de uma elaboração satisfatória compreende a efetivação de mudanças no caráter e na força dos multiformes processos de cisão com que nos deparamos, mesmo em pacientes neuróticos, e compreende também a análise sistemática das ansiedades paranoides e depressivas. Isso, em última instância, leva a uma maior integração.

A análise que estou apresentando, embora tenha ficado inacabada, foi esclarecedora em vários aspectos. Como meu relato demonstra, pude penetrar em camadas muito profundas da mente, possibilitando ao paciente, desta forma, liberar grande parte de sua vida de fantasia e tornar-se consciente de algumas de suas ansiedades e defesas; mas não foi possível uma elaboração satisfatória.

A despeito das dificuldades inerentes à curta duração desta análise, determinei-me a não modificar minha técnica e a interpretar da forma usual mesmo situações de ansiedade profunda, e correspondentes defesas, à medida que afloravam. Se tais interpretações foram compreendidas em alguma medida pelo paciente, ainda que não suficientemente elaboradas, a análise não terá sido, de fato, desprovida de valor. Embora processos de cisão e repressão venham a se restabelecer, algumas alterações duradouras em regiões fundamentais da mente ocorreram.

No entanto, continuo totalmente convencida de que, por mais que melhoremos nossa técnica no futuro, este progresso não levará a análises mais curtas. Pelo contrário, minha experiência aponta para a conclusão de que, quanto mais tempo tivermos à nossa disposição para levar adiante o tratamento, melhor poderemos diminuir as ansiedades persecutórias e depressivas e ajudar o paciente a alcançar a integração.

Introdução

Richard tinha dez anos quando iniciei sua análise.[1] Seus sintomas haviam-se desenvolvido a tal ponto que o impossibilitaram de frequentar a escola depois dos oito anos de idade, quando a deflagração da guerra em 1939 aumentou suas ansiedades. Tinha muito medo de outras crianças e isso contribuiu para que cada vez mais evitasse sair sozinho. Além disso, desde seus quatro ou cinco anos, uma inibição progressiva de suas faculdades e interesses vinha causando grande preocupação a seus pais. Além desses sintomas, era bastante hipocondríaco e frequentemente sujeito a estados de espírito depressivos. Tais dificuldades transpareciam em seu semblante: parecia muito preocupado e infeliz. Às vezes, entretanto – e isso se tornou marcante durante as sessões de análise –, sua depressão dissipava-se, e subitamente seus olhos enchiam-se de vida e de brilho, transformando completamente sua fisionomia.

Richard era, em muitos sentidos, uma criança precoce e bem-dotada. Era muito musical e revelou essa faceta ainda bem pequeno. Seu amor pela natureza, embora somente em seus aspectos agradáveis, era acentuado. Seus dotes artísticos podiam ser observados, por exemplo, no modo como escolhia suas palavras e numa sensibilidade para o dramático que animava sua conversa. Não se dava bem com outras crianças, mas com adultos mostrava-se em sua melhor forma, especialmente com mulheres. Tentava impressioná-las com sua habilidade para conversar, insinuando-se de forma bastante precoce.

---

1 Os detalhes dos antecedentes do paciente aqui apresentados são idênticos às passagens iniciais de meu artigo "O complexo de Édipo à luz das ansiedades arcaicas" (1945), no qual ilustrei minhas conclusões com material retirado da análise deste paciente.

A amamentação ao seio havia sido insatisfatória, e provavelmente durou apenas algumas semanas.[2] Sua saúde sempre foi delicada, e desde a infância inicial ele tinha resfriados e outras doenças. A mãe informou a respeito de duas operações (circuncisão, aos três anos, e tonsilectomia, aos seis). Richard era o mais novo de dois irmãos, com uma diferença de cerca de oito anos entre eles. Sua mãe, embora não fosse doente no sentido clínico, tinha tendência à depressão. Mostrava-se bastante preocupada com qualquer doença de Richard, e sua atitude tinha repercussão em seus medos hipocondríacos. Não havia dúvida de que Richard era uma decepção para ela e que, embora tentasse não demonstrar, ela preferia o irmão mais velho, que havia sido muito bem-sucedido na escola e nunca lhe trouxera preocupações. Embora Richard fosse afeiçoado a ela, era uma criança de convivência extremamente difícil; não tinha passatempos com que se ocupar, era excessivamente ansioso e excessivamente afetuoso com sua mãe e, não podendo suportar ficar longe dela, agarrava-se a ela de modo persistente e exaustivo; seus medos hipocondríacos relacionavam-se tanto com a saúde da mãe como com a sua.

Embora a mãe lhe dispensasse muitos cuidados, e até mesmo o mimasse, parecia não perceber a grande capacidade de amar e a bondade inerentes a Richard, e tinha pouca confiança em seu desenvolvimento futuro. Ao mesmo tempo, era muito paciente; por exemplo, não tentava impor-lhe a companhia de outras crianças nem o forçava a ir à escola.

O pai de Richard gostava muito dele e era bondoso, mas parecia deixar predominantemente para a mãe a responsabilidade de criar o menino. Embora houvesse uma atitude amigável do irmão para com Richard, os dois tinham pouco em comum. A vida familiar era, de modo geral, tranquila.

A deflagração da guerra aumentou consideravelmente as dificuldades de Richard. Seus pais mudaram-se para o interior, seu irmão foi mandado para outro lugar com a escola. Para que Richard pudesse fazer sua análise, ele e a mãe hospedavam-se num hotel em "X", a pequena cidade no País de Gales onde eu estava morando na época, não muito distante do lugar onde eles se haviam estabelecido enquanto durasse a guerra, que chamarei de "Y". Ele voltava para casa aos sábados para passar o fim de semana. O fato de deixar sua cidade natal, que chamarei

2 O relato da mãe sobre essa e outras questões foi bastante vago, e, assim, há vários detalhes do início da história de Richard sobre os quais eu gostaria de ter mais informações, mas que não consegui descobrir.

de "Z", abalou-o muito. Além do mais, a guerra mobilizara todas as suas ansiedades, e sentia-se particularmente amedrontado com os ataques aéreos e as bombas. Acompanhava as notícias de perto e mostrava um grande interesse pelas alterações na situação da guerra, e essa preocupação apareceu recorrentemente ao longo da análise.

Eu tinha alugado uma sala de jogos para meus pacientes crianças, uma vez que minhas acomodações, onde atendia pacientes adultos, eram inadequadas para analisar crianças. A sala era ampla, com duas portas e uma cozinha e um banheiro contíguos. Richard identificou a sala comigo e com a análise, e consequentemente mantinha com ela uma relação quase pessoal. Entretanto, a sala apresentava alguns inconvenientes: era usada, nos outros horários, por escoteiras, e não pude retirar diversos livros, quadros, mapas etc. Outro inconveniente era a inexistência de uma sala de espera, e o fato de que não havia ninguém para atender à porta. Eu apanhava a chave e abria e fechava a casa antes e depois de cada sessão com uma criança. Quando Richard chegava mais cedo, algumas vezes andava um pouquinho para vir a meu encontro. Como eu saía ao final de cada sessão, Richard esperava até que eu trancasse a casa e então me acompanhava um pequeno trecho até a esquina (que ficava a uns cem metros dali), a não ser quando eu tinha que ir até a vila para fazer compras; nessas ocasiões caminhava comigo até um pouco mais adiante. Quando isso acontecia, embora não pudesse me recusar a conversar com o menino, eu era contra dar qualquer interpretação ou entrar em qualquer pormenor íntimo. Na verdade, procurei respeitar ao máximo o tempo combinado para a sessão, que era, como a de adultos, de cinquenta minutos.

Ao longo do tratamento, Richard produziu uma série de desenhos.[3] A forma como os fazia era significativa: começava sem um plano preestabelecido e frequentemente ficava surpreso com o resultado final. Forneci diversos tipos de material para brincar; além do mais, os lápis e gizes de cera com que fazia seus desenhos também figuravam em seu brincar interpretando pessoas, e ele trazia seu conjunto de navios de brinquedo. Quando ele quis levar seus desenhos para

3 No fim do volume, foram incluídas imagens dos desenhos originais de Richard, alguns a lápis, outros em giz de cera. Eles foram fotografados e ligeiramente reduzidos em tamanho: originalmente, todos mediam aproximadamente 18 cm × 12 cm. As únicas alterações feitas foram a ênfase dada a alguns detalhes, tais como nomes apagados no original; a inserção de letras, como (*a*), quando precisei reportar-me a partes de um desenho no texto; e a obliteração de certos nomes.

casa, eu lhe mostrei que seria mais útil para a análise mantê-los com os brinquedos; poderíamos algumas vezes querer olhá-los novamente. Eu estava ciente, e ao longo da análise isto se confirmou repetidamente, de que ele compreendia que esses desenhos tinham algum valor para mim e que, em certo sentido, ele estava me dando um presente. Era reconfortado, de certo modo, pela aceitação e valorização desses "presentes", e sentia-o como uma forma de fazer reparação – e tudo isso foi por mim analisado. Esse efeito reconfortante da intenção do analista de ficar com os desenhos é um problema com o qual o analista de crianças muitas vezes se defronta. Nossos pacientes adultos frequentemente sentem o desejo de serem úteis ao analista fora da situação analítica. Há uma similaridade entre tais desejos e o desejo da criança de dar um presente ao analista; cheguei à conclusão de que a única forma de lidar com esses sentimentos é analisá-los.

Embora eu me tenha esforçado, de modo geral, para fazer anotações detalhadas ao final de cada sessão, a quantidade de detalhes registrados variava de uma sessão para outra e, particularmente no começo, algumas sessões foram registradas de maneira incompleta. Com exceção de algumas observações do paciente, que estão indicadas por aspas, não pude reproduzir suas associações ou minhas interpretações palavra por palavra, tampouco me foi possível anotar todas elas. Houve também momentos em que ele permaneceu em silêncio por longos períodos devido a sua ansiedade, e produziu menos material. Foi impossível descrever as nuances de comportamento, gesticulação, expressão facial e a duração das pausas entre as associações, dados que, como sabemos, têm um significado especial no trabalho analítico.

Em minhas interpretações tentei, como sempre, evitar (como faria tanto com adultos como com crianças) introduzir comparações, metáforas ou citações para ilustrar meu ponto de vista. A título de brevidade, ocasionalmente, usei neste relato termos técnicos ao me referir a detalhes de sessões anteriores. Na prática, mesmo ao recordar um paciente de material anterior, nunca uso termos técnicos, e isso novamente se aplica não só a crianças mas também a pacientes adultos. Faço questão de utilizar, sempre que possível, as palavras que o próprio paciente usou, e acredito que isso tem por efeito diminuir a resistência tanto como trazer de volta à mente do paciente o material ao qual estou me referindo. Com Richard, tive de introduzir, no decorrer da análise, alguns termos que lhe eram desconhecidos, tais como "genital", "potente", "relação sexual" e "ato sexual". A partir de certo ponto, Richard passou a se referir à análise como "o trabalho". Embora eu estivesse sempre preocupada em transmitir minhas interpretações numa linguagem tão próxima à de Richard quanto possível, ao transcrevê-las, só fui capaz de fazer uma aproximação resumida. Ademais, reuni o que de fato eram diversas interpretações separadas por alguma brincadeira ou comentário da criança, o que pode dar a impressão de que as interpretações fossem mais longas do que foram na realidade.

Pareceu-me que seria útil definir certos pontos do material e de minhas interpretações nos mesmos termos que utilizo em meus artigos teóricos. Naturalmente, não usei essas formulações ao falar com a criança, mas acrescentei-as ao texto entre chaves.

No que se refere a detalhes dos antecedentes do paciente, foram feitas pequenas alterações por razões de discrição; e ao publicar este relato tenho, portanto, que evitar várias referências a pessoas e a circunstâncias externas. Apesar de todas essas ressalvas, como coloquei anteriormente, sinto-me, no entanto, confiante em estar fornecendo um quadro essencialmente verdadeiro da psicanálise dessa criança e de minha técnica.

Sabia, desde o início, que não seria possível prolongar a análise além de quatro meses. Não obstante, após reflexão cuidadosa decidi-me por iniciá-la, uma vez que a impressão que a criança me causou levou-me a supor que, embora só pudesse esperar um resultado parcial, poderia ser capaz de proporcionar-lhe alguma melhora. Richard tinha plena consciência de suas grandes dificuldades e desejava tão intensamente ser ajudado que eu não tinha razão para duvidar de que ele seria muito cooperativo. Eu sabia também que ele não teria outra oportunidade de ser analisado nos anos seguintes. Sua ânsia de ser tratado por mim foi aumentada pelo fato de que um menino muito mais velho, que ele conhecia bem, era meu paciente.

Embora até o último momento tenha me mantido fiel aos princípios fundamentais de minha técnica, percebi, ao reler minhas anotações, que havia respondido a mais perguntas do que costumo fazer com outros pacientes crianças. Richard sabia, desde o início, que sua análise duraria somente quatro meses. Mas, à medida que o tratamento foi progredindo, compreendeu plenamente que precisava de muito mais análise, e, quanto mais nos aproximávamos do fim, mais comovente era seu medo de ficar privado dela. Eu tinha consciência de minha contratransferência positiva, mas, estando alerta, fui capaz de ater-me ao princípio fundamental de analisar de forma consistente tanto a transferência negativa como a positiva e as ansiedades profundas com as quais me deparei. Estava convencida de que, por mais difícil que fosse a situação real, a análise das ansiedades mobilizadas por seus temores da guerra[4] era o único modo de ajudá-lo tanto quanto possível. Acredito que tenha evitado as armadilhas a que podem conduzir uma grande simpatia para com o sofrimento do paciente e uma contratransferência positiva.

O resultado desta análise foi, conforme eu esperava, apenas parcial, mas teve na verdade influência sobre o desenvolvimento posterior dele. Durante algum tempo, conseguiu frequentar a escola; mais tarde, teve aulas particulares e, por fim, concluiu com sucesso uma formação universitária. Seu relacionamento com os meninos de sua idade melhorou e sua dependência da mãe diminuiu. Desenvolveu interesses científicos e algumas possibilidades reais de seguir uma carreira estão abertas para ele. Desde que terminou a guerra, eu o vi em diversas ocasiões, mas não houve oportunidade até agora de prosseguir a análise.

---

4 Cf. "Sobre a teoria da ansiedade e da culpa" (1948).

Sessão 1
segunda-feira

A sra. K. havia deixado preparados alguns brinquedos pequenos, um bloco de papel, lápis e giz sobre uma mesa com duas cadeiras. Quando ela se sentou, Richard também se sentou, sem dar atenção aos brinquedos e olhando-a de maneira ávida e cheia de expectativa, obviamente esperando que ela dissesse alguma coisa. Ela sugeriu que ele sabia por que estava vindo vê-la: tinha algumas dificuldades, para as quais queria ajuda.

Richard concordou e imediatamente começou a falar sobre suas preocupações (Nota 1). Tinha medo dos meninos que encontrava na rua e de sair sozinho, e esse medo estava piorando cada vez mais, fazendo-o odiar a escola. Também pensava muito sobre a guerra. Claro que sabia que os Aliados iriam vencer e não estava preocupado, mas não era horrível o que Hitler fazia com as pessoas, especialmente as coisas terríveis que ele fez com os poloneses? Será que tinha a intenção de fazer a mesma coisa aqui? Mas ele, Richard, tinha certeza de que Hitler seria derrotado. (Ao falar sobre Hitler, foi dar uma olhada num grande mapa que estava pendurado na parede.) [...][1] A sra. K. era austríaca, não era? Hitler foi horrível com os austríacos, embora ele mesmo fosse austríaco. [...] Richard também contou sobre uma bomba que tinha caído perto do jardim de sua outra casa (em "Z"). A pobre Cozinheira tinha ficado em casa completamente sozinha. Fez uma descrição dramática do que havia acontecido. Os danos reais não foram grandes; apenas algumas janelas que estilhaçaram e a estufa no jardim que desabou. A pobre Cozinheira devia ter ficado aterrorizada; foi dormir no vizinho. Richard achava que os canários em suas gaiolas deviam ter ficado abalados e muito assustados. [...] Falou novamente do tratamento cruel que Hitler dispensava aos países conquistados. [...] Depois disso, tentou lembrar se tinha alguma outra preocupação que ainda não tivesse mencionado. Ah, sim, frequentemente punha-se a imaginar como ele era por dentro, e como seriam as outras pessoas por dentro. Ficava intrigado com o modo como o sangue corre. Se a

1 As elipses que pontuam o relato de caso são da autora. [N. E.]

gente ficasse de cabeça para baixo por muito tempo, e todo o sangue descesse para a cabeça, a gente morreria?

A sra. K. perguntou se às vezes ele também se preocupava com a mãe.[2]

Richard contou que muitas vezes sentia medo à noite, e até quatro ou cinco meses atrás ficava realmente aterrorizado. Ultimamente também andava se sentindo "só e abandonado", antes de pegar no sono. Frequentemente se preocupava com a saúde da Mamãe: algumas vezes ela não estava bem. Uma vez, foi trazida de maca para casa, depois de um acidente: tinha sido atropelada. Isso aconteceu antes de ele nascer; haviam-lhe contado o fato, mas ele sempre pensava sobre isso. [...] À noite, muitas vezes temia que um homem mau – uma espécie de vagabundo – viesse e raptasse a Mamãe durante a noite. Imaginava então como ele, Richard, iria ajudá-la, queimando o vagabundo com água fervendo e deixando-o inconsciente; e se ele, Richard, tivesse que morrer, não se importaria muito – não, ele se importaria muito, mas isso não o impediria de salvar a Mamãe.

A sra. K. perguntou como ele achava que o vagabundo entraria no quarto da Mamãe.

Richard disse (depois de alguma resistência) que ele poderia entrar pela janela: talvez a arrombasse.

A sra. K. perguntou se ele também imaginava que o vagabundo pudesse machucar a Mamãe.

Richard (relutantemente) respondeu que achava que o homem poderia machucá-la, mas que ele, Richard, iria salvá-la.

A sra. K. sugeriu que o vagabundo que machucaria a Mamãe durante a noite era para ele muito parecido com Hitler, que tinha amedrontado a Cozinheira no bombardeio aéreo e que maltratava os austríacos. Richard sabia que a sra. K. era austríaca, e portanto ela também seria maltratada. À noite, ele poderia ter tido medo de que, quando seus pais fossem para a cama, alguma coisa pudesse acontecer entre eles com seus genitais que machucasse a Mamãe (Nota 2).

---

2 Sua mãe tinha me contado que ele ficava muito preocupado quando havia algo de errado com ela. Uma informação como esta não deve ser usada com frequência e somente deveria fazer parte da interpretação no caso de encaixar-se muito bem no material. É mais seguro confiar apenas no material fornecido pela criança, porque de outra forma ela poderia suspeitar que o analista mantém com os pais um contato íntimo. Mas, neste caso particular, senti que o menino estava excepcionalmente pronto para falar sobre todas as suas preocupações.

Richard ficou surpreso e amedrontado. Parecia não compreender o que a palavra "genital" significava (cf. Introdução). Até esse ponto, ele obviamente havia entendido e tinha ouvido com sentimentos mistos.

A sra. K. perguntou se ele sabia o que ela queria dizer com "genital".

Richard primeiro disse que não, depois admitiu que achava que sabia. A Mamãe tinha contado que os bebês cresciam dentro dela, que ela possuía ovinhos ali e o Papai colocava algum tipo de fluido lá dentro que fazia os ovinhos crescerem. (Conscientemente, ele parecia não ter ideia da relação sexual, nem um nome para os genitais).[3] Continuou dizendo que o Papai era muito bonzinho, que não faria nada à Mamãe.

A sra. K. interpretou que ele poderia ter pensamentos contraditórios sobre o Papai. Embora soubesse que o Papai era um homem bondoso, à noite, quando estava com medo, poderia temer que o Papai estivesse fazendo algum mal à Mamãe. Quando pensava no vagabundo, não lembrava que o Papai estava no quarto com a Mamãe, que a protegeria; e isso porque, sugeriu a sra. K., ele sentia que era o próprio Papai que poderia machucar a Mamãe. (Nesse momento, Richard mostrou-se impressionado e evidentemente aceitou a interpretação.) Durante o dia, achava que o Papai era bonzinho, mas durante a noite, quando ele, Richard, não podia ver seus pais e não sabia o que eles estavam fazendo na cama, poderia ter sentido que o pai era mau e perigoso e

---

3 Eu havia perguntado à mãe de Richard como ele costumava designar seus órgãos genitais, e ela dissera que ele não tinha nenhuma expressão e nunca se referia a eles. Parecia que tampouco tinha nomes para os atos de urinar e defecar; mas quando introduzi as palavras "cocô" e "xixi" e, algum tempo mais tarde, "fezes", ele não teve dificuldade para compreender essas expressões.

Num caso em que a repressão, favorecida pelo meio, foi tão longe a ponto de não existir um nome para os órgãos genitais ou para as funções fisiológicas, o analista tem que introduzir palavras para designá-los. Sem dúvida, a criança sabe que possui um genital, como sabe que produz urina e fezes, e as palavras introduzidas farão a associação com esse conhecimento, como este caso demonstrou. Da mesma forma, a expressão para a relação sexual teve de ser introduzida começando pela descrição do que ele na verdade inconscientemente supunha que seus pais estivessem fazendo à noite. Gradualmente, fui usando a expressão "relações" e mais tarde, também, "relação sexual". [Aqui e em outros pontos, Melanie Klein utiliza "*big job*" e "*little job*" para se referir a fezes e urina, respectivamente. São expressões coloquiais comuns entre as crianças inglesas. Não havendo equivalente em português, optamos pelas palavras "cocô" e "xixi" – N. T.]

que todas as coisas terríveis que aconteceram com a Cozinheira, bem como o balançar e quebrar das janelas, estivessem acontecendo com a Mamãe {Cisão da figura paterna em boa e má}. Tais pensamentos poderiam estar em sua mente, embora ele não estivesse de forma alguma consciente deles. Agora mesmo ele tinha falado das coisas terríveis que o austríaco Hitler fizera aos austríacos. Com isso, ele queria dizer que Hitler, de certa forma, estava maltratando seu próprio povo, incluindo a sra. K., da mesma forma que o Papai mau maltrataria a Mamãe.

Richard, embora não o tenha dito, pareceu aceitar essa interpretação (Nota 3). Desde o início da sessão, ele parecia extremamente desejoso de contar tudo sobre si, como se tivesse esperado essa oportunidade por muito tempo. Embora repetidamente demonstrasse ansiedade e surpresa, e rejeitasse algumas das interpretações, perto do fim da sessão toda a sua atitude tinha se alterado e ele estava menos tenso. Disse que tinha reparado nos brinquedos, no bloco e nos lápis sobre a mesa, mas que não gostava de brinquedos, gostava de conversar e de pensar. Mostrou-se amistoso e satisfeito ao se despedir da sra. K. e disse que estava contente de voltar novamente no dia seguinte (Nota 4).

(O relato das duas primeiras sessões baseia-se em notas incompletas.)

Notas

1. Não é incomum que uma criança no período de latência pergunte por que está vindo à análise. Muito provavelmente ela já fez essa pergunta em casa, e é útil discutir essa questão antes com a mãe, ou com os pais. Se existem dificuldades que a própria criança reconhece, então a resposta é simples: o analista responderia que é por causa dessas dificuldades que ela lhe é trazida para tratamento. Com Richard, eu mesma apresentei a questão; concluí que isso é útil em alguns casos em que a criança, embora evidentemente desejando informação, não faria ela mesma a pergunta. De outra forma, podem decorrer muitas sessões até que o analista tenha uma oportunidade de explicar as razões do tratamento. Existem, no entanto, crianças com quem teríamos primeiro que buscar no material inconsciente seu desejo de saber sobre sua relação com o analista e sua compreensão de que precisa de análise e de que ela é proveitosa. (Dei exemplos do início de uma análise de uma criança no período de latência em *A psicanálise de crianças*, cap. 4).

2. A opinião dos analistas difere no que diz respeito ao momento na transferência em que o material deve ser interpretado. Embora acredite que não deveria haver nenhuma sessão sem alguma interpretação transferencial, minha experiência mostrou-me que nem sempre é no início da interpretação que a transferência deveria ser abordada. Quando o paciente está profundamente ocupado com suas relações com o pai ou a mãe, irmão ou irmã, com suas experiências do passado ou mesmo do presente, é necessário dar-lhe toda oportunidade de expandir esses assuntos. A referência ao analista, então, tem de vir posteriormente. Em outras ocasiões, o analista pode sentir que, independentemente do que o paciente esteja falando, toda a ênfase emocional está em sua relação com o analista. Neste caso, a interpretação referir-se-ia primeiramente à transferência. É desnecessário dizer que uma interpretação transferencial sempre significa referir as emoções vivenciadas com o analista a objetos anteriores. De outro modo, seu propósito não será cumprido a contento. Esta técnica da interpretação transferencial foi descoberta por Freud nos primórdios da psicanálise e conserva toda a sua importância. A intuição do analista deve guiá-lo para reconhecer a transferência em material no qual ele possa não ter sido diretamente mencionado.

3. Ao longo deste relato, indico, em vários pontos, a resposta de Richard a minhas interpretações: algumas vezes essas respostas eram negativas, expressando mesmo forte objeção; outras, expressavam total concordância; e, outras vezes, sua atenção vagava e ele parecia não me ouvir. Entretanto, mesmo quando sua atenção vagava, seria incorreto supor que ele não reagia de todo. Mas com frequência não registrei, ou não pude registrar, o efeito momentâneo que a interpretação teve sobre ele. Enquanto eu falava, a criança raramente ficava sentada silenciosamente. Ora se levantava e pegava um brinquedo, um lápis ou o bloco; ora intercalava algum comentário, que poderia ser mais uma associação ou uma dúvida. Assim, minhas interpretações várias vezes podem parecer mais longas e encadeadas do que de fato eram.

4. É pouco comum que uma criança no período de latência apresente, nas primeiras sessões, o tipo de material que Richard produziu: consequentemente, as interpretações em outros casos seriam também diferentes. O conteúdo das interpretações e o momento em que são feitas variam de paciente para paciente, conforme o material apresentado e a situação emocional predominante (cf. A *psicanálise de crianças*, cap. 4).

Sessão 2
terça-feira

Richard chegou alguns minutos adiantado e esperou pela sra. K. na soleira da porta. Parecia ansioso por começar. Disse que tinha se lembrado de outra coisa que muitas vezes o preocupava, mas acrescentou que era algo muito diferente das coisas sobre as quais tinha falado ontem, completamente distante. Temia que pudesse acontecer uma colisão entre o Sol e a Terra, e que o Sol queimasse a Terra; Júpiter e os outros planetas seriam pulverizados; e a Terra, o único planeta habitado por pessoas vivas, era tão importante e preciosa! [...] Olhou novamente para o mapa e comentou como era horrível o que Hitler fazia ao mundo, todo o sofrimento que causava. Achava que Hitler estaria em seus aposentos provavelmente se vangloriando do sofrimento dos outros, e se deleitaria em mandar açoitar as pessoas. [...] Apontou a Suíça no mapa, dizendo que era um pequeno país neutro, "cercado" pela imensa Alemanha. Havia também o pequeno Portugal, um amigo. (Tinha mencionado, de passagem, que lia três jornais todos os dias e ouvia todas as notícias no rádio.) A pequena e corajosa Suíça tinha ousado abater os aviões, alemães ou ingleses, que sobrevoavam seu território.

A sra. K. interpretou que a "Terra preciosa" era a Mamãe, as pessoas vivas, seus filhos, que ele queria como aliados e amigos; daí suas referências a Portugal, o pequeno país, e aos planetas. A colisão do Sol com a Terra representava algo acontecendo entre seus pais. "Muito distante" queria dizer bem próximo, no quarto dos pais. Os planetas pulverizados representavam a ele (Júpiter), e os outros filhos da Mamãe, caso se intrometessem entre os pais. Depois de falar da colisão, novamente se referiu a Hitler destruindo a Europa e o mundo. Os países pequenos, como a Suíça, também representavam ele mesmo. A sra. K. recordou-lhe o material da sessão do dia anterior: como ele iria atacar o vagabundo que raptaria a Mamãe, jogar água fervendo nele, deixá-lo inconsciente, e como ele, Richard, poderia ser morto. Isso tinha o mesmo significado que Júpiter – ele próprio – sendo pulverizado entre o Sol e a Terra em colisão – seus pais.

Richard concordou com parte da interpretação. Disse que, com relação ao vagabundo, muitas vezes pensava que podia morrer enquanto defendia a Mamãe, mas que preferia morrer a fugir da luta. Concordou, também, com a interpretação da sra. K. de que a Terra, preciosa por ser habitada pelas pessoas vivas, significava a Mamãe. Ouvira a expressão "Mãe Terra". [...] Mencionou que tinha perguntado para a Mamãe em que época tinha sido atropelada e trazida para casa de maca. A Mamãe disse que na ocasião ele tinha dois anos. Pensara que isso tinha acontecido antes de ele nascer. [...] Disse que odiava Hitler e gostaria de feri-lo, e também a Goebbels e Ribbentrop, que tinham ousado dizer que a Grã-Bretanha era a agressora.

A sra. K. referiu-se ao material do dia anterior, sobre o ataque ao vagabundo, e sugeriu que quando estava deitado, à noite, não só temia que o Papai pudesse machucar a Mamãe, mas talvez algumas vezes também pode ter pensado que os pais estivessem se divertindo;[4] consequentemente, sentiria ciúme e raiva deles por deixá-lo "só e abandonado". Se desejasse magoá-los porque estava com ciúme, sentiria muita culpa. Havia contado para a sra. K. que pensava com frequência no acidente da Mamãe, mas que tinha como certo que ocorrera antes de ele ter nascido; esse engano poderia ser atribuído ao fato de se sentir culpado. Precisava se convencer de que não tinha nada a ver com esse acidente e de que a culpa não era sua. Seu medo de que o pai-vagabundo pudesse ferir a mãe, e de que o Sol e a Terra pudessem colidir, poderia estar relacionado com o fato de ter sentimentos hostis contra os pais.

A princípio, Richard negou veementemente ter tais pensamentos quando se deitava, e disse que se sentia apenas amedrontado e infeliz. Entretanto, prosseguiu dizendo que podia discutir com os pais até deixá-los exaustos, não aguentando mais, e que se divertia com isso. Disse também que sentia ciúme quando Paul, seu irmão, vinha para casa de licença[5] e que pensava que Paul era o preferido da Mamãe. Às vezes a Mamãe mandava-lhe chocolates, coisa de que Richard se ressentia, embora achasse que ela estava certa em fazer isso.

A sra. K. referiu-se a sua indignação com as mentiras de Ribbentrop, de que a Inglaterra era a agressora. Disse que sua irritação com essas mentiras devia ser ainda mais intensa porque ele sentia que a acusação se aplicava a ele próprio. Uma vez que sentia ciúme e raiva, e que também queria causar problemas entre os pais, seria ele o agressor.

---

4 Este é um exemplo da dificuldade surgida do fato de minhas notas serem incompletas. O registro dessa interpretação pode induzir em erro, pois eu jamais faria tal interpretação sem algum material no qual me basear.

5 Nessa época, Paul, que já tinha dezenove anos, estava servindo o exército.

Richard permaneceu em silêncio, obviamente pensando sobre a interpretação, depois sorriu. À pergunta de por que sorriu, disse que gostava de pensar; estivera pensando no que a sra. K. tinha dito e achava que ela estava certa. [...] (A interpretação a respeito de sua agressividade, após alguma resistência, obviamente proporcionou alívio.) Falou sobre sua relação com Paul, que até alguns anos atrás costumava provocá-lo e correr atrás dele. Muitas vezes tinha ódio de Paul mas também gostava dele. Às vezes, aliavam-se contra a Babá para provocá-la[6] (Nota 1). Outras vezes, a Babá vinha em seu auxílio contra Paul. Também contou sobre uma briga recente com seu primo Peter, de quem geralmente gostava, mas que o maltratou naquela ocasião. Comentou como seu primo era enorme em comparação com ele.

A sra. K. assinalou que, quando Peter era bruto numa briga, Richard o sentia como um misto do pai bonzinho e do pai-Hitler (ou vagabundo) mau. Era fácil para ele odiar Hitler, mas doloroso quando odiava seu Papai, a quem também amava {Ambivalência}.

Richard novamente falou com ressentimento da acolhida calorosa que a Mamãe dispensou a Paul quando este veio para casa de licença. Depois mencionou Bobby, seu cão *spaniel*, que sempre o recebia com festa e que gostava mais dele do que de qualquer outra pessoa da família. (Seus olhos brilharam ao dizer isso.) Ganhou Bobby quando era um filhotinho, e ele ainda pulava para o seu colo. Descreveu, com evidente prazer, como Bobby pulava para a poltrona do Papai quando este se levantava, e o Papai tinha que se sentar na pontinha. Tiveram outro cachorro, que adoeceu quando estava com onze anos, e teve de ser sacrificado. Richard sentira-se muito triste, mas recuperou-se. [...] Também se referiu à avó, a quem fora muito afeiçoado, e que falecera alguns anos atrás.

A sra. K. interpretou seu ciúme em relação ao que dissera sobre o amor da Mamãe por Paul; imediatamente depois ele havia falado sobre como Bobby o festejava e pulava em seu colo. Parecia que Bobby representava o filho dele e que ele, Richard, superou seu ciúme e ressentimentos colocando-se no lugar da Mamãe. Mas quando Bobby o festejava e mostrava gostar mais dele do que de todos os outros, ele, Richard, era o filho amado pela Mamãe, e Bobby representava a Mamãe. Mencionara a morte da avó depois de falar do antigo cachorro, que

---

6 A Babá ficou com a família desde a época em que Richard nasceu ou pouco depois. Era muito querida por ele e parece ter sido muito compreensiva e carinhosa para com ele. Deixou a família e, desde seu casamento, vivia perto de "X".

teve de ser sacrificado. Isso parecia mostrar que também ela tinha sido destruída, e sentia que possivelmente – como no caso do acidente da Mamãe – devido a alguma falta dele. A avó, de quem gostava, também podia representar a sra. K., e talvez ele tivesse medo de que pudesse acontecer algo de mal a ela, por intermédio dele.

(Minhas notas estão particularmente incompletas aqui. Estou certa de que Richard deve ter respondido a esta interpretação, provavelmente rejeitando-a; também não tenho qualquer indicação de como terminou a sessão. Mas, se não me falha a memória, Richard não se recusou a vir no dia seguinte; ver Nota 2.)

Notas

1. Falando de modo geral, uma babá, uma tia ou um tio, ou ainda um dos avós são de grande importância na vida da criança pequena. O conflito que sempre surge no relacionamento com os pais não se aplica tanto a essas figuras, que se acham mais distanciadas do impacto direto da situação edipiana. Isso também se aplica a irmãos e irmãs. Esses objetos amados também fortalecem o aspecto bom da mãe ou do pai. A lembrança dessas relações torna-se importante porque outros objetos bons foram introjetados.

2. Na primeira dessas duas sessões, eu claramente tinha por objetivo analisar a ansiedade consciente e inconsciente relativa ao dano causado à mãe pelo pai sexual e "mau". Na sessão 2, ocupei-me do papel desempenhado pela agressividade da própria criança nessas ansiedades. Isto sugeriria que meu objetivo primeiro ao analisar uma criança – o que venho repetidamente assinalando – é analisar as ansiedades mobilizadas. No entanto, isso requer esclarecimentos. É impossível analisar as ansiedades sem levar em conta as defesas que estão operando contra elas, as quais por sua vez devem ser analisadas.

Voltando ao presente material: Richard tinha conhecimento de seu medo de que o vagabundo raptasse e causasse dano a sua mãe. Não estava consciente do fato de que esse medo era derivado das ansiedades relativas à relação sexual dos pais. Ao interpretar esse conteúdo de ansiedade específico, também enfatizei que era muito doloroso para ele pensar no pai como um homem mau, e que em função disso voltou seu medo e sua suspeita contra o vagabundo e Hitler. Isso implica analisar também uma defesa.

Na sessão 2, sua raiva contra Ribbentrop, por ter chamado a Inglaterra de agressora, foi interpretada como representando (como também o ódio pelo Ribbentrop real) sua repulsa contra o fato de ele próprio ser agressivo. Também aí analisei não apenas a ansiedade mas a defesa contra ela, como pode ser visto se considerarmos os detalhes da sessão e as interpretações.

Em *A psicanálise de crianças* (cap. 5) assinalei que cada interpretação deveria acompanhar, até certo ponto, o papel do superego, do id e do ego. Isso significa que as várias partes da mente e suas funções são sistematicamente exploradas numa interpretação adequada.

Alguns analistas (e estou particularmente me referindo aos escritos de Anna Freud) adotam o ponto de vista de que a análise das ansiedades deve ser deixada para um estágio posterior, e que as defesas (seja contra a ansiedade, seja contra necessidades pulsionais) devem ser analisadas em primeiro lugar. Deixei claro em outras ocasiões que não compartilho desse ponto de vista (cf. "Simpósio sobre a análise de crianças", 1927).

Sessão 3
quarta-feira

Richard chegou na hora. Dirigiu-se logo para o mapa e expressou seu medo de que couraçados britânicos ficassem bloqueados no Mediterrâneo caso Gibraltar fosse tomado pelos alemães. Não poderiam passar através do Suez. Falou também dos soldados feridos, mostrando alguma ansiedade pelo destino deles. Perguntava-se como as tropas inglesas poderiam ser resgatadas da Grécia. O que Hitler iria fazer com os gregos – será que iria escravizá-los? Olhando para o mapa, disse, com preocupação, que Portugal era um país muito pequeno comparado com a enorme Alemanha, e que seria dominado por Hitler. Mencionou a Noruega, sobre cuja atitude tinha dúvidas, embora no fim das contas pudesse não se mostrar um aliado tão mau.

A sra. K. interpretou que ele, inconscientemente, também se preocupava com o que poderia acontecer com o Papai quando ele punha seu genital dentro da Mamãe. Talvez o Papai não conseguisse sair do interior da Mamãe e ali ficaria capturado, como os navios no Mediterrâneo. Isso também se aplicava às tropas que tinham que ser libertadas da Grécia. Referiu-se ao que ele havia dito na Sessão 1 sobre uma pessoa ficar de cabeça para baixo e morrer porque todo o sangue descia. É o que ele pensava que pudesse acontecer com o Papai quando, à noite, ele pusesse seu genital dentro da Mamãe. Também tinha medo de que a Mamãe fosse machucada pelo Papai-vagabundo. Assim, sentia-se ansioso em relação a *ambos* os pais e culpado por causa de seus desejos agressivos dirigidos contra eles. O cachorro Bobby representava ele mesmo querendo tomar o lugar do pai junto à Mamãe (a poltrona simbolizando a cama), e, todas as vezes que sentia ciúme e raiva, ele odiava e atacava o Papai em seus pensamentos (Nota 1). Isso fazia com que se sentisse também arrependido e culpado {Situação edipiana}.

Richard sorriu, concordando com o que a sra. K. disse quanto ao cachorro representar ele próprio, mas discordou enfaticamente com a outra parte da interpretação, porque ele *nunca faria* tal coisa.

A sra. K. explicou que o sentimento de que não levaria a cabo de verdade tal ataque era de grande alívio para ele, mas salientou que ele poderia ter sentido que os desejos hostis podem ser tão poderosos que, se ele desejasse que o pai morresse, ele realmente morreria {Onipotência do pensamento}. (Richard pareceu concordar com esse argumento.) A sra. K. também relacionou a ansiedade de Richard acerca dos aliados da Inglaterra com seu irmão, que ele sentia como não sendo um aliado confiável contra os pais unidos e hostis (no material, a Alemanha e Hitler).

Richard disse que era possível que os pais ficassem zangados com ele quando estava de mau humor e os preocupava, e que um bom aliado seria de grande ajuda. Expressou sua grande admiração por Churchill, que poderia ajudar a Inglaterra a sair disso, e falou longamente sobre esse ponto.

A sra. K. interpretou que Churchill e a Inglaterra representavam outro aspecto dos pais: o Papai bom que protegia a Mamãe, os pais maravilhosos, mais admirados do que os pais reais (Richard concordou com isso), enquanto a Alemanha e Hitler representavam os pais maus quando estavam zangados com ele {Cisão de ambos os pais em bons e maus, e projeção}.

Richard pareceu profundamente interessado nessa interpretação. Permaneceu em silêncio, claramente pensando nela. Era admirável sua gratificação com esse novo insight. Comentou, depois, sobre a dificuldade de ter tantos tipos diferentes de pais na mente.

A sra. K. assinalou que o que era difícil era a contradição em seus sentimentos – mais do que difícil: doloroso. Amava seus pais, mas sentia que os feria com seu ódio e desejos hostis, depois sentia-se culpado pelas ofensas que pensava ter dirigido a eles. Relacionou isso com o material referente ao acidente da mãe quando tinha dois anos de idade. Ele poderia ter sentido, naquela época, que o carro, simbolizando o pai-vagabundo mau, machucou a Mamãe porque ele, Richard, tinha ficado com raiva dela e tinha desejado o acidente. [...]

Richard disse que gostava de sair para passear com Bobby. Certa vez, no fim do dia, ficou fora com ele até dez horas, visitando várias pessoas, e falou de uma senhora em particular. Bobby gostaria de ter mulher e filhos, mas a Mamãe não queria dois cachorros em casa.

A sra. K. interpretou que Bobby representava ele próprio: era ele que queria ser independente, ter mulher e filhos, aí não se sentiria frustrado e não sentiria ódio e culpa.

Richard falou, então, sobre o dia mais feliz daquele ano. Tinham saído na neve com seus trenós. Alguns amigos, que estavam com eles, deslizaram tão mal com seus trenós que um homem cortou o nariz e a esposa caiu por cima dele. Ele, Richard, também tinha caído do trenó, mas não tinha se machucado, tudo foi muito divertido.

A sra. K. sugeriu que o casal que sofreu o acidente representava seus pais. Ela tinha acabado de interpretar para ele seus impulsos hostis dirigidos a eles, particularmente no que dizia respeito à relação sexual deles (Nota 2). O incidente que mencionou apareceu em sua mente porque representava a relação sexual dos pais. Consequentemente, sentiu-se culpado pelo acidente, mas este, afinal de contas, não foi grave. O fato de o homem ter cortado o nariz, e Richard ter se divertido com isso, significava que o Pai tinha machucado seu genital e que Richard tinha desejado que isso ocorresse. Mas nada foi grave, por isso Richard se divertiu e foi um dia feliz.

Richard disse: "Descobri que não existe felicidade sem tragédia", e prosseguiu falando sobre outro dia feliz dois anos antes, quando foi para Londres com os pais. Visitaram o zoológico; lá, alimentaram os macacos através das grades. Tinha um mandril que parecia ser "tremendamente detestável". Um macaquinho pulou em Richard, arrancou seu boné, e tentou pegar as nozes que ele tinha na mão. Que macaquinho mais voraz! Ele já estava alimentando os macacos!

A sra. K. assinalou que o macaquinho voraz o representava como um bebê voraz, mas quando Richard estava alimentando os macacos ele representava o Pai e a Mãe alimentando seus filhos. O bebê (o macaco e Richard) era voraz, ingrato, arrancava o genital do pai (o boné de Richard). Por isso, o pai mandril parecia detestável e perigoso {Projeção de impulsos agressivos no objeto} (Nota 3).

Richard (parecendo preocupado) perguntou onde estava o relógio da sra. K., que ela geralmente guardava na bolsa.[7] Disse que era um relógio bonito, e que gostava de olhar para ele.

A sra. K. tirou o relógio da bolsa. Assinalou que ele se sentia preocupado e sugeriu que seu motivo para querer ver o relógio era que ele desejava ir embora.

Richard disse que não, não queria ir embora, queria era ter certeza de que sairia na hora, porque ia passear com a Mamãe. Também gostava da aparência do relógio.

A sra. K. interpretou que ele estava ansioso por ver que a Mamãe estava bem, que seus ataques vorazes não a tinham ferido, e que ela continuava a amá-lo. Olhar o relógio (era um relógio de fechar, próprio para viagens) era como olhar dentro da sra. K.: temia tê-la atacado como o macaquinho o atacara, e que agora ela estivesse ferida ou zangada com ele. A sra. K. perguntou se o incidente com o macaco tinha sido a tragédia num dia feliz.

Richard respondeu que não, aquele incidente tinha sido muito divertido. Não aconteceu nada grave. Mas, mais tarde, caiu uma tempestade, ele pegou um resfriado e ficou com dor de ouvido. [...] Olhou o mapa e expressou suas preocupações acerca da situação da guerra. Queria que a sra. K. olhasse com ele, comparando o tamanho da Alemanha e da França. Disse que odiava Darlan, que ajudou os alemães e era um traidor.

A sra. K. interpretou que ele se sentia um traidor quando era voraz, agressivo e ingrato. Portanto, a verdadeira "tragédia" tinha sido o incidente com o macaco – embora também tenha sido divertido –, porque o macaquinho voraz o representava.

Richard novamente mostrou sinais de ansiedade. Manteve os olhos no relógio e, assim que terminou o horário, levantou-se imediatamente. Seu comportamento com a sra. K., no entanto, permaneceu amigável. Disse que gostava de ficar os cinquenta minutos, mas que depois deles queria ir encontrar a Mamãe. Era bastante óbvio que sua resistência tinha aumentado e que estava muito ansioso para ir embora, mas ao mesmo tempo queria manter-se amigável com a sra. K.

---

7 Eu tinha usado esse relógio na Sessão 1, porque meu relógio de pulso tinha parado.

Notas

1. Como a continuação da análise irá mostrar, os ataques fantasiados de Richard ao pai dirigiam-se a ele como objeto externo e interno. Entretanto, nesse estágio, restringi minha interpretação aos pensamentos acerca da relação com o objeto externo. Não interpreto em termos de objetos e relacionamentos internos até que tenha material explícito mostrando fantasias de internalização do objeto em termos concretos e físicos.

2. É característico que Richard permitiu-se expressar seu divertimento com o acidente do casal. Isso não só se deu porque o acidente não foi grave, mas também porque as pessoas envolvidas não eram os seus pais.

3. Há outro aspecto da tentativa de projeção expressa neste material. Pela projeção de seus impulsos destrutivos no macaco, Richard também tentava excindir uma parte dele próprio, de modo a manter os sentimentos bons separados com toda a segurança dos hostis. Isso também apareceu quando Richard, depois de minha interpretação, quis olhar meu relógio, elogiando-o e dizendo que gostava dele. Dessa maneira, estava tentando preservar a relação boa com a analista, que representava a mãe. Acrescentaria que a "tragédia" à qual Richard se referiu, e que tentou explicar com o resfriado que pegou naquele dia, era o perigo, caso não tivesse projetado sua agressão, de sentir que ferira os pais, tornando-se, portanto, vítima da depressão e da culpa.

Sessão 4
quinta-feira

Richard falou novamente sobre a guerra, particularmente da atitude dúbia da Rússia, que no final poderia trazer problemas a ela. Também voltou ao material do dia anterior sobre sua experiência no zoológico; na realidade nenhum acidente tinha acontecido com ele, a tragédia foram o resfriado que pegou e a dor de ouvido. (Implicitamente, mostrou sua resistência contra a interpretação da sra. K. no dia anterior, sobre o verdadeiro significado da tragédia naquele contexto.) Indagou da sra. K. como passava seu tempo e sobre sua família. Queria saber sobre o sr. K. e quantos filhos tinham, a idade e a profissão deles. Depois, olhando várias fotografias penduradas na parede, apontou com interesse para a foto de dois cachorros juntos, e também para outra mostrando um filhote entre dois cachorros grandes. Disse que o filhote era uma gracinha.

A sra. K. deu resumidamente as informações pessoais que ele lhe havia pedido.[8] Richard ficou claramente surpreendido com o fato de que o sr. K. tinha morrido (embora soubesse disso antes de começar sua análise), mas mostrou-se satisfeito com a informação sobre o filho dela.

A sra. K. então interpretou seu desejo de receber mais amor e atenção dela, como também seu ciúme dos outros pacientes e filhos dela; e que estes eram derivados do ciúme do relacionamento do Papai e de Paul com a Mamãe. Ela acrescentou que ele estava curioso sobre o que a sra. K. fazia de noite, do mesmo modo que tinha curiosidade sobre a Mamãe. Os dois cachorros representavam o sr. e a sra. K.[9] – como também o Papai e a Mamãe –, e ele desejava ser o cachorrinho (o bebê) entrando no meio dos pais, bem como desfrutando os dois. Também desejava restituir o sr. K. à sra. K.

Richard demonstrou um grande interesse pelo relógio da sra. K., e disse que era um "belo relógio". Pediu para ver como abria e fechava e, enquanto brincava com ele, comentou que estava feliz; fazia um tempo bonito, o sol brilhava. Concordou que o cachorrinho na foto parecia um bebê.

A sra. K. sugeriu que talvez tenha desejado que a Mamãe tivesse bebês, apesar de que também sentiria ciúme.

Richard respondeu convictamente que sempre tinha dito para a Mamãe que ela devia ter bebês. Ela sempre respondia que era muito

---

8 Quando trato crianças eu respondo, embora resumidamente, a algumas perguntas pessoais quando surgem pela primeira vez, antes de analisá-las. Essa técnica é diferente da que uso com adultos, caso no qual, via de regra, as perguntas não têm resposta, apenas são analisadas. Mas, como coloquei na Introdução, respondi a mais perguntas de Richard do que em outros casos de crianças. Retrospectivamente, não acredito que reconfortar tenha favorecido a análise. De modo geral, pude verificar que, sempre que – por qualquer razão – ultrapassei os limites da técnica puramente psicanalítica, posteriormente encontrei motivos para lamentá-lo.

9 Como aparecerá ao longo da análise, a atitude de Richard em relação ao sr. K. persistentemente subentendia que ele ainda estava vivo.

velha, mas isso era bobagem, claro que ela podia ter um "monte de bebês". (Ele continuava mexendo no relógio.)

A sra. K. interpretou que seu prazer e seu interesse no "belo" relógio (representando o sr. K.) estavam relacionados com sua satisfação em descobrir alguma coisa a respeito da vida e da família da sra. K. Seu contentamento com o sol brilhando estava ligado com a Mamãe "boa" e com seu desejo de que ela tivesse bebês para torná-la feliz. Da mesma forma, estava satisfeito de saber que a sra. K. tinha um filho e um neto.

Richard olhou novamente para o mapa e expressou sua incerteza quanto à atitude da Rússia. Perguntou também de que lado a Áustria ficou na última guerra (embora obviamente soubesse a resposta). Depois, perguntou à sra. K. quais países ela conhecia no Continente.

A sra. K. mencionou alguns países que tinha visitado. Interpretou que suas dúvidas acerca da Áustria expressavam sua incerteza a respeito dela, e que sua desconfiança quanto à Rússia estava relacionada com ela como também com a mãe {A mãe "má"}. Tinha dúvidas sobre se a sra. K. e a Mamãe eram suas aliadas contra o pai "mau" (o austríaco Hitler).

Richard falou de Bobby, que na realidade era seu, embora o compartilhasse com a Mamãe. Bobby o amava muito. Era travesso e muitas vezes terrível; comia carvão, e podia morder se fosse provocado; já tinha até mordido Richard. Contou novamente que, quando o Papai se levantava de sua poltrona do lado da lareira, Bobby pulava para ela e ocupava tanto espaço que sobrava só uma pontinha para o Papai.

A sra. K. recordou-lhe sua interpretação de que Bobby pulando na poltrona do Papai representava Richard quando sentia ciúme e queria ocupar o lugar do Papai. Também Richard deve ter sentido desejos de morder quando estava com raiva e ciúme. Sugeriu que seu interesse no cachorro que comia carvão vinculava-se ao interesse de Richard, no passado, pelo cocô e provavelmente a seu desejo de prová-lo.

Richard disse enfaticamente que não faria uma coisa dessas, embora possa ter pensado nisso quando era pequeno. Admitiu que sabia de sua tendência a morder; quando sentia raiva ele muitas vezes queria morder, e fazia com a mandíbula movimentos de morder, especialmente quando fazia caretas. Quando era pequeno, mordeu sua babá. Quando brigava com o cachorro, mordia o cachorro se o cachorro o mordia. Depois, perguntou sobre os outros pacientes da sra. K., particularmente sobre John Wilson,[10] e quis saber se eles também eram atendidos naquela sala.

---

10 John Wilson era um paciente, ao qual me referi na Introdução, que Richard conhecia e encontrava com frequência. Era alguns anos mais velho que Richard e por isso não era atendido na sala de jogos.

A sra. K. interpretou que ele desejava saber isso porque se sentia envergonhado de ser uma das crianças que usavam a sala de jogos, uma vez que ser criança significava ser descontrolado – brincar com cocô e morder como cachorro. Também, que ele sentia ciúme de John, exatamente como sentia ciúme de Paul, o qual não era mais uma criança "má". (Além disso, uma vez que Richard encontrava John com frequência, e sem dúvida recebia algumas informações dele, sabia muito bem que John não era atendido na sala de jogos, da mesma forma como sabia que o sr. K. estava morto. Sua necessidade de obter essa informação da sra. K. tinha várias causas, entre elas o desejo de verificar se ela lhe dizia a verdade.)

Sessão 5
sexta-feira

Richard começou dizendo que se sentia muito feliz. O sol estava brilhando. Tinha feito amizade com um garotinho de uns sete anos e brincaram juntos na areia, construindo canais. Disse o quanto gostava da sala de jogos e como era gostosa. Tinha tantas fotos de cachorros nas paredes! Estava com muita vontade de ir para casa passar o fim de semana. O jardim lá era muito bonito, mas, quando se tinham mudado, "a gente tinha vontade de morrer" ao ver as ervas daninhas. Comentou sobre a mudança de cargo do Lorde Beaverbrook, conjecturando se seu sucessor seria igualmente bom.

A sra. K. interpretou que a sala era "gostosa" por causa de seus sentimentos em relação a ela (a sra. K.), pois a sala também a representava. O novo amigo representava um irmão mais novo. Isso estava ligado com seu desejo de um pai forte que daria muitos bebês para a Mamãe (os vários cachorros). Interpretou também sua preocupação de que, se expulsasse o Papai (como Bobby fazia), tomaria o lugar do Papai, mas não seria capaz de fazer bebês e manter a família unida. Também estava feliz porque ia para casa e, a fim de manter a vida familiar harmoniosa, desejava inibir seu desejo de tomar o lugar do Papai. As ervas daninhas o representavam quando perturbava a tranquilidade da família com seu ciúme e competição com seu pai. Tinha usado a expressão "a gente tinha vontade de morrer" ao se referir às ervas daninhas porque elas representavam algo perigoso.

Richard espirrou, e ficou muito preocupado.[11] Ficou pensando se estava ficando resfriado e disse, meio para si mesmo: "Ele sabe os golpes [*blows*] que o atingem", querendo dizer: "Ele assoa [*blows*] o nariz",[12] e achou muita graça quando a sra. K. chamou sua atenção para esse lapso.

A sra. K. prosseguiu interpretando seu medo de um resfriado como alguma coisa má dentro dele, daí o golpe.

Richard olhou novamente para o mapa e perguntou que países continuavam neutros. A Suécia era um deles, mas talvez não por muito tempo. Depois, inclinou-se e olhou o mapa de cabeça para baixo, e comentou que a Europa tinha uma forma "estranha" quando olhada dessa maneira. Disse que "não estava correta" e parecia "embaralhada e confusa".

A sra. K. relacionou isso com os pais dele, "embaralhados e confundidos" na relação sexual, de tal modo que ele não conseguia distinguir quem era quem quando pensava neles nessa situação. Também interpretou seu medo de que, durante a relação sexual, os pais ficassem tão confundidos que o pênis-Hitler mau no interior da Mamãe permaneceria dentro dela {Figura dos pais combinados}. Era isso o que ele quis dizer com não estar "correta", e com "estranha"; e de fato ele sentia que isso era mau e perigoso.

Richard deu mostras de ansiedade. Levantou-se da cadeira e olhou em redor da sala. Explorou vários cantos, deu uma olhada no piano, que abriu e experimentou. Numa mesa de canto, encontrou um sapato de porcelana, que não notara antes, com uma borracha dentro, tirou-a e colocou de volta. Richard disse que achava que era uma sala bonita e que gostava muito dela. [...] Pegou o relógio da sra. K. e quis saber quando e onde ela o comprara. Isso levou a perguntas semelhantes àquelas que fizera anteriormente a respeito de seu marido.

A sra. K. interpretou que sua exploração da sala representava seu desejo de explorar o interior dela – devido a sua ansiedade de descobrir

---

11 Como mencionei anteriormente, ele era bastante hipocondríaco. Isso em parte se devia ao fato de que sua mãe, que frequentemente se resfriava, fazia muita história quando ele apanhava um resfriado.

12 Em inglês, "*He knows his blows*" e "*He blows his nose*", respectivamente. "*Blow*" significa "golpe", "golpear", mas também pode querer dizer soprar, assoprar, assoar (o nariz), ou mesmo referir-se a uma lufada de vento. [N. T.]

se havia ali um pênis-Hitler mau ou um pênis bom. Por isso tinha perguntado de novo sobre o sr. K. Tudo isso estava ligado com a Mamãe e com os pais "confundidos". Sua incerteza quanto ao interior da Mamãe estava relacionada com seus medos acerca de seu próprio interior e seu medo de resfriados e de golpes internos. Ao mesmo tempo, ele também se consolava, dizendo que a sala era bonita, que gostava dela, e isso era sentido como uma prova de que a Mamãe e a sra. K. estavam bem e de que elas não continham um pai-Hitler mau {Defesa maníaca}.

Richard continuou explorando a sala e encontrou um cartão-postal preso num canto formado por duas folhas de um biombo. Admirou a figura e disse que era um sabiá lindo; queria ser um sabiá, sempre gostou deles.

A sra. K. interpretou que o sabiá representava o pênis bom, bem como um bebê, e que ele desejava fazer bebês e tomar o lugar do sr. K. e do Papai. Seu interesse pelo canto do biombo (com as duas folhas abrindo-se como pernas) representava seu desejo de ter relações sexuais com a sra. K. e com a Mamãe.

Richard não respondeu à maioria dessas interpretações. Disse apenas que uma vez teve um sabiá e que o alimentou, mas ele voou e nunca mais voltou. Depois, olhou para o relógio e perguntou se o tempo tinha acabado.[13]

A sra. K. interpretou seu desejo de ir embora e nunca mais voltar, ligando-o aos temores despertados pelas interpretações referentes a relações sexuais com ela. O sabiá também representava seu genital, que ele tinha medo de perder ou de ter perdido.

A princípio, Richard se mostrou relutante em admitir que queria ir embora, e tentou ser educado. Depois, disse que sim, realmente tinha desejado que o tempo tivesse acabado, mas não queria ir antes do fim da hora. (Quando a sessão terminou, saiu sozinho, sem esperar pela sra. K.)

---

13 O fato de Richard não responder a minhas interpretações e logo em seguida perguntar se o tempo tinha acabado eram alguns sinais de resistência que apareceram repetidas vezes. Ao mesmo tempo, demonstrava grande interesse em manter sua relação amistosa comigo.

Sessão 6
sábado

A mãe de Richard trouxe-o até o consultório,[14] porque ele estava com muito medo das crianças para vir sozinho. Ele contou isso para a sra. K., e depois houve um longo silêncio.

A sra. K. referiu-se a sua interpretação do material do dia anterior (Nota 1), no qual o sabiá representava seu genital que ele desejava colocar dentro do genital dela; mas ficara muito assustado com esse desejo, particularmente porque tinha medo de ser atacado pelo pai-vagabundo. Seu medo de ficar a sós com a sra. K., no que ele sentia como uma situação perigosa, era a razão pela qual tinha aumentado o seu medo de crianças hostis que pudesse encontrar no caminho para a sra. K.; ao acompanhá-lo até a sala de jogos, sua mãe também o reconfortava com a garantia de que não aconteceria nada de errado entre ele e a sra. K. Como iria para casa passar o fim de semana depois dessa sessão, sentia que seus desejos em relação à mãe poderiam levar o pai a atacá-lo. Precisava ainda mais de uma mãe boa para protegê-lo das crianças hostis e do Papai hostil. Mas, uma vez que ela (representada agora pela sra. K.) excitava seus desejos, ela também era perigosa.

Richard estivera olhando o mapa. Falou da "solitária Romênia" e discorreu longamente sobre a desagregação em outros países.

A sra. K. interpretou a preocupação de Richard com a desagregação em sua própria família caso seus desejos de ter a Mamãe só para si fossem satisfeitos. Isso faria com que ele sentisse medo do Papai e de Paul, o que foi revelado pela exacerbação de seu medo das crianças que poderia encontrar no caminho. Também, se a Mamãe gostasse mais dele e ele tomasse o lugar do Papai, o Papai ficaria solitário e infeliz.

Richard, sofrendo e preocupado, disse que não desejava ouvir coisas tão desagradáveis. Depois de um silêncio, perguntou sobre John: ele não estava bom ainda, estava? Quando ficaria bom?

A sra. K. interpretou as dúvidas de Richard em relação a ela e à análise; será que a análise poderia ser de ajuda, se trazia à tona pensamentos tão desagradáveis e assustadores? Temia também que, uma vez que

14 Geralmente, sua mãe trazia-o até uma parte do caminho.

tinha desejos sexuais, ele devia ser realmente muito mau e não poderia ser ajudado. Isso também despertou suas dúvidas a respeito da Mamãe, porque ele sentia que ela era a causa desses desejos (Nota 2); e, se não era digna de confiança, ela não iria ajudá-lo contra o Papai, ou ajudá-lo a controlar-se para que não atacasse o Papai ou tomasse seu lugar.

Richard então falou longamente sobre uma "tragédia" que acontecera no dia anterior: perdera sua pazinha brincando na areia e não conseguira encontrá-la mais.

A sra. K. interpretou seu medo de perder seu pênis (a pazinha) como consequência de seus desejos com relação à sra. K. e à Mamãe; também mencionou que sua mãe tinha contado para ela a respeito da operação que ele tinha feito no genital, que o tinha assustado muito (Nota 3).

Richard mostrou-se bastante interessado em ouvir a respeito da conversa entre a sra. K. e sua mãe; obviamente sabia muito bem que, ao combinar o tratamento com a sra. K., a mãe tinha falado sobre ele, mas ele não se tinha referido a isso anteriormente. Agora, perguntava o que mais sua mãe tinha contado para a sra. K.

A sra. K. fez um breve resumo: a Mamãe mencionara que ele frequentemente ficava preocupado, seu medo de crianças e suas outras dificuldades. Também havia contado para a sra. K. a seu respeito quando ele era pequeno, incluindo as operações.

Richard ficou muito satisfeito com esse relato, mas era claro que ainda estava em dúvida e desconfiado. Imediatamente passou a contar em detalhes a história de suas operações. Tinha alguma lembrança da circuncisão, feita com mais ou menos três anos. Não sentiu dor, mas ter que cheirar éter foi horrível. Tinham dito para ele antes que lhe dariam um tipo de perfume para cheirar e prometeram que nada mais aconteceria (isso coincidia com o relato da mãe). Levou consigo um vidro de perfume, e queria que usassem este e não o deles. Quando isso não foi permitido, teve vontade de atirar o vidro no médico, e mesmo agora gostaria de brigar com ele. Odiou o médico desde então. Odiou o cheiro do éter e ainda tinha medo dele. De repente disse, referindo-se ao momento em que lhe deram o éter: "Foi como se centenas e milhares de pessoas estivessem ali". Sentiu, porém, que sua babá estava ali com ele e que ela iria protegê-lo.[15]

---

15 Na época seu medo de castração tornara-se bastante consciente: segundo a mãe, no dia seguinte à operação ele apontou para seu genital e disse que tinha "sumido". Não há dúvida quanto à influência dessa experiência sobre seu medo de castração. Mas, como o decorrer da análise mostrou, seus impulsos destrutivos arcaicos, dirigidos tanto contra o seio da mãe como contra o pênis do pai,

A sra. K. interpretou a força de seus sentimentos de perseguição: ele tinha dito que se sentiu cercado de centenas e milhares de inimigos, e totalmente impotente. Ele só tinha uma amiga para protegê-lo, a babá, representando a Mamãe boa. Mas havia também em sua mente a Mamãe má, a mãe que lhe tinha contado uma mentira e, portanto, sentia ele, se tinha juntado com seus inimigos. O médico "mau" com quem ele queria brigar representava o pai mau que o deixaria impotente e que cortaria fora seu pênis.

Richard concordou com isso. Prosseguiu contando sobre a extração de suas amídalas quando tinha cinco anos. Mais uma vez, a coisa horrível foi o éter que lhe deram. Disse que ficou muito doente por um longo período depois dessa operação. A seguir, falou sobre sua "terceira operação", quando tinha sete anos e meio: extraiu vários de seus dentes, e novamente lhe deram éter. (Richard falava de forma muito dramática: claramente teve prazer em fazer esse relato. Sem dúvida era um grande alívio queixar-se, exprimir seus sentimentos e ansiedades, e saber que a sra. K. estava ouvindo com simpatia e interesse.)

Richard novamente estivera explorando a sala, e concentrou sua atenção no "lindo" sabiá do cartão-postal preso no biombo. Perguntou se a sra. K. gostava do passarinho. A seguir, encontrou outro cartão-postal com um sabiá, mas disse que este não era tão bonito.

A sra. K. assinalou que o primeiro sabiá, que ele preferia, mantinha sua cabeça ereta e representava o pênis não danificado de Richard, ao passo que o segundo sabiá tinha a cabeça abaixada e representava o pênis danificado de Richard. Richard queria mostrar seu pênis para a sra. K., que representava a babá boa que o amava e protegia, e queria que ela gostasse dele; isso, sentia ele, também faria com que se convencesse de que não estava danificado.

Richard mencionou seus dois canários, dos quais gostava muito. Contou para a sra. K. que frequentemente um falava com o outro com raiva, e ele tinha certeza de que brigavam. [...] Achou uma fotografia de dois cachorros e ficou interessado em ver que, embora fossem da mesma raça, eram diferentes em certos aspectos. Depois, apontou a fotografia de três cachorros juntos, de que anteriormente já tinha gostado (Sessão 4), e novamente admirou o filhote no meio.

A sra. K. interpretou seu interesse pela diferença entre seus pais e entre os genitais deles. O cachorrinho filhote no meio representava ele mesmo desejando separar os pais quando estavam juntos na cama,

---

eram a causa principal de seu medo da retaliação, em particular de seu medo de ser castrado pelo pai. A operação sem dúvida intensificou essas ansiedades.

em parte porque sentia ciúme, em parte porque tinha medo de que se unissem contra ele, como pode ter sentido por ocasião da operação e quando a sra. K. e sua mãe conversaram a respeito dele. Parecia muito temeroso das discussões entre eles e ficava imaginando sobre o que discutiam; podia talvez sentir que era a causa das discussões entre eles.

(Também para essa sessão não disponho de anotações sobre o final da hora.)

Notas

1. Via de regra, o analista basearia sua primeira interpretação em material novo surgido na sessão; mas se a ansiedade é tão aguda a ponto de o paciente não poder expressá-la, é necessária uma interpretação referente ao material da sessão (ou sessões) anterior. Neste caso, o aumento de ansiedade, mostrado pela insistência de Richard em que sua mãe o acompanhasse até a sala de jogos, bem como por seu silêncio prolongado, pouco comum, foi a chave da ansiedade dominante no momento.

2. A acusação de que a mãe, por causar desejos sexuais na criança, é culpada não só de tê-los despertado mas também de seduzir o filho, aparece com frequência na análise. Esta acusação tem suas raízes na experiência real da criança de ter sido fisicamente cuidada pela mãe durante a infância inicial, o que envolve ter os genitais tocados e, desse modo, estimulados. Em alguns casos, um tanto de sedução inconsciente, ou até mesmo consciente, introduz-se na relação da mãe com a criança. No entanto, acredito ser muito importante levar em conta e analisar a projeção dos próprios desejos sexuais da criança em relação à mãe, e do desejo de seduzi-la.

3. Isso faz surgir um ponto vital da técnica da análise de crianças. Aqui eu me referi a uma informação importante que a mãe de Richard me fornecera. Ao fazê-lo, estava certa de que Richard sabia que sua mãe e eu tínhamos conversado a seu respeito. De fato, embora receasse muito perguntar, evidentemente ele estivera imaginando o que sua mãe e eu teríamos conversado e tinha desconfiança com relação a essa conversa. Quando lhe contei a respeito, seu alívio foi perceptível, embora suas dúvidas referentes a meus contatos com a mãe obviamente não se tenham dissipado por completo. (Isso não se poderia esperar de uma criança tão desconfiada, e provavelmente de ninguém.) Podemos partir do pressuposto de que uma criança cujo tratamento é combinado pelos pais tem consciência de que algumas informações a seu respeito foram fornecidas, e é aconselhável referir-se a este fato no momento oportuno. No dia anterior, a ansiedade de castração tinha vindo à tona, e nesta sessão estava muito aguda. Portanto, os medos de castração mobilizados pela operação e a desconfiança em relação à mãe faziam parte do material, e parecia essencial trazer esse fato naquele momento.

Embora existam momentos em que alguma informação fornecida pelos pais – por exemplo, a respeito de uma doença ou algum outro acontecimento importante – possa ser mencionada pelo analista como tendo sido fornecida por um dos pais, isso deve ser uma exceção na análise. Ainda que o analista venha a dar uma interpretação mais completa por ter tido contato com a mãe, ocasião em que foi informado sobre mudanças na criança ou recebeu outros dados relevantes, ele deve encontrar o próprio material a partir da criança. Se, no entanto, se referir com muita frequência a conversas com os pais, isso despertará os sentimentos persecutórios da criança.

Sessão 7
segunda-feira

Richard mostrou-se muito satisfeito por ver a sra. K. Comentou que o fim de semana pareceu muito curto: era como se tivesse acabado de deixá-la. Ela estivera "por ali", era como se estivesse vendo uma fotografia dela (evidentemente querendo dizer que ela tinha estado bastante em sua mente).[16] Contou-lhe em detalhes tudo que tinha acontecido enquanto estivera fora (Nota 1). Disse que tinha tido um fim de semana feliz. Acontecera, porém, uma tragédia: a caminho da

16 É característico de minha técnica, e de toda minha abordagem, que analisar a ansiedade quando é mais aguda, seja ela manifesta ou latente, tem o efeito de aliviá-la. Por exemplo, entre esta sessão e a anterior, a interpretação do medo da castração, e de suas causas subjacentes, foi seguida de um forte incremento da transferência positiva e um evidente alívio da ansiedade.

sessão com a sra. K., descendo a escada do hotel, torceu o tornozelo. [...] Pediu à sra. K. que olhasse sua roupa nova. Combinava bem com a cor das meias, não é mesmo? Estava num estado de espírito comunicativo e continuou dizendo que havia uma coisa que frequentemente o preocupava: tinha medo de se tornar um burro [*dunce*], que não prestasse para nada.

A sra. K. interpretou que o fato de ter torcido o tornozelo ao vir encontrá-la era uma expressão de seu medo de machucar seu genital se satisfizesse seu desejo de ser homem e de colocá-lo dentro do genital da sra. K. Ao chamar a atenção dela para sua roupa nova e ao desejar que ela admirasse suas meias, também mostrava o desejo de que ela admirasse seu genital. Mas isso foi seguido pelo medo de que não prestasse para nada (revelando-se um burro), de que nunca teria o genital adulto e potente que ele queria.

Pouco depois, Richard perguntou à sra. K. se o aquecedor elétrico era dela. Tinha percebido agora, pela primeira vez, que uma das barras estava quebrada [...]. Contou à sra. K. que a primeira pessoa a o receber quando chegou em casa foi Bobby, que lhe fez muita festa. Não, na verdade, o primeiro a cumprimentá-lo tinha sido o Papai. O Papai ficou surpreso – não, não era isso o que Richard queria dizer –, o Papai pareceu contente ao vê-lo. Os canários não estavam bem. Parece que estavam com uma doença e estavam ficando carecas. Brincando de arco e flecha, aconteceu que uma flecha bateu de leve na cabeça do Papai, mas o Papai não se machucou nem ficou bravo.

A sra. K. interpretou seus medos e desconfianças quanto ao amor do Papai, já que Richard desejou alvejá-lo. Portanto, embora quisesse dizer que o Papai ficou contente, disse outra coisa, disse que o Papai ficou surpreso ao vê-lo, como se o Papai não estivesse esperando por ele. Na verdade, a "surpresa" representava um sentimento muito mais forte. Pensou que o pai não desejava sua vinda, já que inconscientemente Richard sabia que nutria impulsos hostis contra ele. Referindo-se ao fato de que os canários estavam ficando carecas, A sra. K. perguntou a Richard se seu pai estava ficando careca.

Richard disse que sim.

A sra. K. interpretou que, quando comentou sobre os canários, Richard sentiu ter feito adoecer o Papai, ter ferido seu genital bem como sua cabeça, porque tinha ciúme dele e queria tomar seu lugar junto à Mamãe. Por isso, Richard estava com tanto medo da retaliação do Papai; na sessão anterior, o medo do médico mau machucando seu genital, ou destruindo-o ou removendo-o, expressava seu medo do que o pai iria fazer com ele. A barra quebrada do aquecedor, que ele só tinha notado hoje, representava seu genital, o aquecedor representava o genital da sra. K. ou da Mamãe. Sua necessidade de que a sra. K. admirasse sua roupa e suas meias – em suma, de que gostasse dele – foi aumentada pelo medo de que o pai fosse puni-lo ou atacá-lo se descobrisse seus desejos pela Mamãe, ou melhor, de ter seu genital no interior do genital da Mamãe.

Richard olhava o mapa. Disse que as notícias da guerra eram boas; muitos bombardeiros alemães foram derrubados. Que gozado o formato da Romênia! Era um país "solitário". Richard olhou o mapa de cabeça para baixo (inclinando-se para fazê-lo). Ele "não conseguia entender nada". Novamente disse que não parecia certo, parecia embaralhado. Olhando para cima, apontou Brest, e disse que o Papai tinha feito uma piada sobre Brest: ele falou alguma coisa sobre os alemães passarem a atacar as pernas depois de terem começado pelo seio [*breast*]. Richard apontou várias cidades do continente europeu. A seguir, olhou ao redor da sala e ficou excitado ao descobrir algumas coisas que não tinha notado anteriormente, como a segunda porta, muitas outras fotografias e cartões-postais, e vários banquinhos (Nota 2). Olhou novamente o sapato de porcelana e encontrou também um calendário ilustrado. Admirou uma das fotografias, especialmente as duas montanhas que apareciam nela. Em seguida, expressou seu desagrado por uma gravura, mas passou por cima disso.

A sra. K. perguntou por que não gostava da gravura.

Richard (com certa hesitação) disse que não gostava da cor marrom da gravura (em sépia), que enfeava a paisagem. Pegou o relógio de viagem da sra. K., de couro marrom, ficou mexendo nele, e, rindo muito, virou-o deixando a parte de trás voltada para ele e para a sra. K.; disse que parecia muito gozado.

A sra. K. interpretou que ele estava rindo do traseiro marrom do relógio porque estava associado com cocô. Sugeriu que ele não gostou da gravura onde tudo era marrom porque deixava a sra. K., ou melhor, a Mamãe (a paisagem), toda suja e feia. Ao mesmo tempo, contudo, sentia também que era gozado e divertia-se com o cocô e o traseiro da sra. K.

Richard concordou imediatamente com que a parte de trás do relógio representava o traseiro da sra. K.

A sra. K. interpretou o desejo de Richard de explorar o interior da sra. K., e também o da Mamãe. A Romênia solitária, atacada e em dificuldades, e as cidades do continente subjugadas representavam agora a sra. K. e a Mamãe ferida. O Papai, que contou a piada sobre Brest, representava o vagabundo mau – e os alemães – atacando o seio e o corpo da Mamãe. A admiração de Richard pelas duas montanhas exprimia seu amor pelos seios da Mamãe e seu desejo de mantê-los não danificados. Sua descoberta de tantas coisas novas na sala de jogos devia-se ao fato de passar a ter um maior conhecimento de seu desejo de colocar seu genital dentro da Mamãe e com ele explorar o interior dela. Ao mesmo tempo, ele não gostou da cor marrom que tanto enfeava a paisagem, e mostrou ansiedade a respeito do cocô no interior da sra. K.– a parte de trás do relógio –, embora também se divertisse com o traseiro dela.

Richard então referiu-se a alguns poemas, especialmente "Os narcisos" de Wordsworth; admirou outra gravura, que retratava uma paisagem com uma torre grande e o sol brilhando.

A sra. K. interpretou a torre na paisagem como representando o genital do pai dentro do corpo da mãe. Ao admirar essa gravura ensolarada, ele mostrava seu desejo dos pais unidos de forma feliz (Nota 3). (Era acentuado o elemento maníaco na excitação de Richard quando admirava a beleza da natureza.)

Richard perguntou à sra. K. se ela iria novamente ao vilarejo[17] (o que significava que ele poderia caminhar um pequeno trecho com ela), e admitiu que queria que ela o protegesse das crianças que talvez pudesse encontrar na rua.

A sra. K. interpretou que as crianças a quem temia representavam agora o Papai, ou o genital perigoso do Papai, e Richard desejava que a Mamãe o protegesse do Papai.

Richard mostrou-se preocupado e pareceu não ouvir. Olhou o relógio da sra. K.

A sra. K. perguntou se isso significava que ele desejava ir embora.

Richard concordou, mas disse que não iria antes de terminar a hora. Foi urinar. Quando voltou, a sra. K. interpretou seu medo do perigo de ter relações sexuais com ela. Ter ido urinar também servira para certificar-se de que seu genital continuava ali.

Richard novamente olhava em volta e encontrou uma fotografia de um homem e uma mulher uniformizados, e achou que eram pessoas importantes. Parecia satisfeito e interessado.

A sra. K. interpretou seu desejo de preservar a felicidade e a autoridade dos pais. Quis se afastar da sra. K. quando ficou assustado com seus próprios desejos em relação a ela. Ao mesmo tempo, pedira-lhe para protegê-lo do Papai mau e agressivo, ou do genital

---

17 Embora não tenha nenhuma anotação do fato, devo ter ido fazer compras no vilarejo no final de alguma das sessões precedentes.

dele. Hesitava, portanto, entre o desejo de ficar com a sra. K. e o desejo de se afastar dela.

Notas

1. Essa é uma das maneiras pelas quais os pacientes expressam seu sentimento inconsciente de ter internalizado o analista. Tais sentimentos exprimem-se de diferentes formas. Por exemplo, um paciente disse-me que durante um intervalo sentia como se eu estivesse pairando sobre ele. Parece contraditório que o mesmo paciente forneça descrições detalhadas de tudo o que fez ou vivenciou durante o intervalo (ou de uma sessão para outra). Mas é assim que o paciente tenta fazer uma correlação entre uma situação interna e uma externa, isto é, o analista como figura interna com o analista como figura externa. Uma vez que o analista é tão intensamente sentido como uma parte interna do paciente, ele participa da vida do paciente e consequentemente deveria conhecer cada um de seus pensamentos e experiências. Mas, ao reencontrar o analista e reconhecer que ele é uma figura externa, o paciente sente a discrepância entre o que desejou e o que é real, e com seus relatos detalhados tenta reunir as situações interna e externa.

2. Tanto na análise da criança como na do adulto, é um sinal de progresso e fortalecimento da transferência o paciente começar a perceber detalhes, anteriormente não percebidos, no consultório e na aparência do analista. Com frequência, o analista pode analisar as razões emocionais por que esses objetos em particular escaparam à atenção do paciente. Essa incapacidade de ver coisas, às vezes bastante grandes e evidentes, ilustra a inibição da percepção por razões inconscientes.

3. Vemos aqui uma mudança em relação às sessões em que o desejo ativo de castrar o pai e o medo de ser castrado por ele – implicando o medo do genital de um pai mau, perigoso para ele e para a mãe – foi vivenciado e interpretado. A análise de tais medos é com muita frequência seguida pela passagem a primeiro plano do sentimento oposto: a admiração da potência e do genital do pai; o desejo de união entre o pai e a mãe. Mediante a análise das desconfianças e ansiedades referentes aos pais, e em particular à relação sexual deles, pode ser levantada a repressão de sentimentos positivos – o desejo de reparação e de que os pais estejam felizes e unidos.

Sessão 8
terça-feira

Richard estava muito preocupado com as crianças que passavam em frente à casa, mas disse que se sentia protegido pela sra. K. Quase tinha esbarrado num menino na esquina da rua – o menino tinha cara de poucos amigos. Richard também tinha machucado a perna no caminho até a sra. K., e sangrara um pouco. Parecia em permanente estado de alerta e muito tenso, vigiando a rua. Mostrou para a sra. K. a cabeça de um cavalo que aparecia na esquina. (Um cavalo e uma carroça estavam parados ali, mas o corpo do cavalo estava escondido.) Richard olhou repetidas vezes para essa cabeça e pareceu ter medo dela; de quando em quando voltava sua atenção para o mapa na parede. Perguntou à sra. K. sobre que países poderiam conversar. Portugal era tão pequeno! Olhou de novo para o mapa de cabeça para baixo. Gostaria do formato da Europa se a Turquia e a Rússia não estivessem ali. Pareciam tão "fora do lugar!"; tinham uma forma "protuberante", e eram muito grandes. Eram também muito duvidosos, ninguém sabia o que iriam fazer, especialmente a Rússia.

A sra. K. interpretou que a Turquia protuberante, a cabeça do cavalo e o menino hostil que ele encontrou também numa esquina representavam o grande genital assustador do Papai no interior da Mamãe. No dia anterior tinha-se referido ao mapa como um corpo de mulher, mencionando a piada do pai sobre um ataque ao seio levando a um ataque às pernas. Dessa forma o Papai era perigoso para a Mamãe nas relações sexuais: ele estava atacando-a. Quando eles estavam juntos, embaralhados, de um jeito não muito decente – quer dizer, a Mamãe toda misturada com o genital do Papai –, ele não podia ter certeza se a Mamãe continuaria em boas relações com ele ou se se juntaria ao Papai contra ele. Sua incerteza em relação à Rússia expressava isso.

Richard tentou encontrar no mapa onde estaria a cabeça da sra. K. Ele havia claramente aceitado sua interpretação de que o mapa representava o corpo dela e de sua mãe. De repente, ficou pensando onde tinha colocado seu boné. Encontrou-o na estante, e segurou-o com força. Perguntou se poderia olhar o relógio, abriu-o e fez tocar o alarme. Ao recolocar o relógio na mesa, cobriu-o, segundo ele acidentalmente, com o boné, que havia mantido nos joelhos enquanto inspecionava o relógio. Comentou que gostava do relógio, pegou-o e, num gesto rápido, tocou-o com os lábios. Olhou mais uma vez o mapa de cabeça para baixo e disse que assim não podia mesmo "entender nada".

A sra. K. interpretou o desejo e o amor de Richard por ela (o relógio), seu desejo de inspecionar o interior dela e colocar seu boné, representando seu genital, dentro do genital dela. Mas havia o medo da Turquia protuberante no mapa, representando o sr. K. mantendo relações sexuais com a sra. K. (o Papai com a Mamãe), e o sentimento de que ele não conseguia entender o que seriam as relações sexuais, como o Papai e a Mamãe se misturavam e o que acontecia com o pênis no interior da mulher.

Richard perguntou se ficavam grudados como irmãos siameses. Deveria ser terrível para esses irmãos o fato de não poderem se afastar um do outro.

A sra. K. interpretou essa ansiedade em conexão com as relações sexuais dos pais, bem como o perigo para ele mesmo caso pusesse seu genital dentro dela. Talvez não pudesse retirá-lo. Foi por isso que desejou fugir no dia anterior.

Richard decidiu que iria falar agora sobre a Inglaterra. Começou a viajar pelo mapa até Londres, que achava muito bonita; em seguida percorreu o mapa num cruzeiro pelo Mediterrâneo para Gibraltar e Suez, que deviam ser maravilhosos. (Aqui, seu estado de espírito novamente tornou-se maníaco, como sempre ocorria quando sua apreciação da beleza era despertada. A depressão subjacente ao elemento maníaco era bastante evidente.)

A sra. K. interpretou o cruzeiro "maravilhoso" como uma exploração do interior da sra. K. e da Mamãe. Mas o cruzeiro "maravilhoso" envolvia países seriamente ameaçados pela guerra. Desta forma, Richard recusava seu medo desses perigos, bem como das relações sexuais excitantes, mas perigosas.[18]

Richard interrompeu para perguntar à sra. K. se ela se incomodaria se ele pusesse o pé na barra da cadeira dela.

A sra. K. interpretou que a cadeira representava seu genital, o pé de Richard o pênis dele. Sua permissão para colocar o pé na barra também

18 Vale a pena lembrar que, na Sessão 3, Richard mostrou um súbito interesse pelos navios que ficariam bloqueados no Mediterrâneo caso Gibraltar fosse tomado. Interpretei como seu medo referente ao perigo para o pai na relação sexual com a mãe.

significava para ele permissão para ter desejos sexuais, mesmo que não fossem realizados (Nota 1).

Richard referiu-se novamente à Turquia, e perguntou se podia pegar o sapato de porcelana. Tirou a borracha de dentro dele, e recolocou-a de volta. A seguir, explorou outras coisas da sala. Encontrou na estante um envelope contendo fotografias, contou-as; disse que eram muitas.

A sra. K. interpretou que, quando Richard explorava a sala, esta a representava, e as muitas fotos encontradas por ele representavam os muitos bebês que ela continha.

Richard entrou na cozinha e deu uma olhada no forno. Decidiu que o forno não estava limpo. Cheirou um vidro de tinta e disse que era um "negócio muito fedido". De volta à sala, olhou o relógio e repetiu que gostava muito dele. Virou a parte de trás do relógio para ele, riu, e disse que parecia engraçado.

A sra. K. relacionou seu desagrado com o "negócio fedido" com o desagrado com o cocô no interior dela, que ele acreditava estar ali com os bebês. Lembrou-lhe que no dia anterior não desejara olhar para a gravura no calendário porque a paisagem estava estragada pela cor marrom, e também que a parte de trás da capa de couro marrom do relógio fizera-o pensar no traseiro da sra. K.

Richard pareceu preocupado e foi ver que horas eram. Em resposta à sugestão da sra. K., de que tinha feito isso porque queria ir embora, Richard concordou, mas disse que não iria fugir. Achava que o trabalho estava fazendo bem para ele.[19] Tinha se sentido muito menos amedrontado durante o fim de semana. Foi urinar e, quando voltou, perguntou à sra. K. quanto tempo duraria o tratamento.

A sra. K. interpretou seus medos relacionados com o traseiro dela, com o cocô dela, como coisas más e perigosas, e também que ele se sentiu preocupado com suas próprias fezes e urina como coisas más. Foi por isso que ele havia saído para urinar naquele momento. A sra. K. lembrou-lhe seus medos, que apareceram com intensidade nas sessões anteriores, de que algo aconteceria a seu genital se ele ficasse a sós com ela e desejasse manter relações sexuais com ela. Seu pênis poderia ficar danificado e o homem mau que ele associava à sra. K. – o pai-vagabundo – iria atacá-lo.

Richard passou a fazer um grande número de perguntas à sra. K.: quantos pacientes tinha; quantos costumava ter; qual era o problema

---

19 Richard fala aqui da análise como "o trabalho". Não consigo me lembrar se essa expressão, que ele utilizou ao longo de toda a sua análise, foi retirada de algo que eu tenha dito.

deles; qual o problema de John? Enquanto isso, ligava e desligava o aquecedor elétrico.

A sra. K. respondeu que não poderia falar a respeito dos outros pacientes com ele, da mesma forma como não falaria sobre ele com outras pessoas. (Richard evidentemente percebeu o propósito em questão, mas estava claramente insatisfeito.) A sra. K. interpretou seu ciúme e medo dos outros pacientes dela, representando seu marido e filhos. Referiu-se ao menino na esquina da rua, à cabeça do cavalo, à Turquia protuberante, e sugeriu que tudo isso mostrava seu medo do genital mau do pai no interior da Mamãe (do sr. K. no interior da sra. K.) e seu desejo de destruir o Papai tanto por medo como por ciúme. Esse Papai mau no interior da Mamãe machucava-a ou tornava-a má também. Se ele (Richard) atacou o Papai no interior da Mamãe, o que expressou ao desligar o aquecedor, então ela morreria; foi por isso que ele ficou ligando e desligando o aquecimento, não se sentindo muito seguro quanto ao que fazer. Todas essas ansiedades e dúvidas contribuíam para suas dúvidas acerca do trabalho da sra. K.

(Durante algumas das interpretações da sra. K., especialmente aquelas referentes ao medo da castração, Richard parecia atormentado e assustado, e dava a impressão de não ouvir, um comportamento semelhante ao do dia anterior. Mas estava claro que cada uma dessas interpretações era seguida por uma exploração adicional da sala e por uma evidente diminuição da ansiedade. Por exemplo, logo após a interpretação da sra. K. acerca da cabeça do cavalo na esquina, olhou novamente naquela direção, disse que a carroça tinha se mexido, o cavalo estava mais perto, e que a cabeça parecia bem bonita.)

Nota

Em outras ocasiões, também, embora nem sempre mencionadas especificamente, Richard obteve acentuado alívio pela diminuição da repressão de suas fantasias, e o consequente aumento da capacidade de expressá-las simbolicamente. No brincar de todo dia, em que a criança permanece em grande parte inconsciente do conteúdo de suas fantasias e impulsos incestuosos e agressivos, ela mesmo assim experimenta alívio pelo simples fato de expressá-las simbolicamente; e esse é um dos fatores que tornam o brincar tão importante para o desenvolvimento da criança. Na análise, devemos ter como objetivo o acesso a fantasias e desejos profundamente reprimidos, e ajudar a criança a tornar-se consciente deles.

> É importante que o analista possa ser capaz de comunicar à criança o significado de suas fantasias – quer se encontrem profundamente reprimidas quer mais próximas da consciência – e de verbalizá-las. Minha experiência mostrou-me que, ao fazer isso, vamos bem ao encontro das necessidades inconscientes da criança. Acredito ser uma falácia a suposição de que redunde em danos para a criança, ou para sua relação com os pais, o traduzir, por assim dizer, em palavras concretas seus desejos incestuosos e agressivos inconscientes e suas críticas.

Sessão 9
quarta-feira

Richard e a sra. K. se encontraram na rua perto da casa. Por um imprevisto, não havia sido possível à sra. K. pegar a chave no caminho, portanto voltaram juntos para buscá-la. O fato evidentemente perturbou e preocupou Richard, embora não tenha dito nada. Comentou, no entanto, sobre o barulho que faziam os corvos, observando que "pareciam assustados". Também perguntou se a sra. K. iria repor o tempo perdido indo buscar a chave.

A sra. K. interpretou[20] que os corvos o representavam e que se sentia assustado, não apenas porque tinha perdido algum tempo, o qual a sra. K. estava disposta a repor mas também porque não mais se sentia seguro de que sempre encontraria a sala de jogos e a sra. K. a sua disposição.

Richard disse que tinha uma "pergunta importante" que queria fazer à sra. K. quando estivessem de volta na sala de jogos. Mas a seguir perguntou na mesma hora: será que ela poderia ajudá-lo a não ter sonhos?

A sra. K. perguntou-lhe por que ele não queria ter sonhos, e por que não queria falar sobre isso agora.

---

20 Nesta ocasião, uma vez que a inesperada caminhada tomou muito tempo, afastei-me de minha regra habitual de não interpretar quando ele caminhava comigo.

Richard disse que seus sonhos eram sempre assustadores e desagradáveis. Disse também que tinha medo de ser ouvido pelas outras pessoas, especialmente por alguma criança que poderiam encontrar. Durante todo o tempo estivera falando baixinho, embora não houvesse quase ninguém na rua. [...]

De volta à sala, Richard mencionou alguns sonhos. Num deles, a Rainha de *Alice no País das Maravilhas* dava-lhe éter para cheirar; em outro, um transporte de tropas alemãs era abatido bem perto dele; esse sonho fez com que se lembrasse de uma coisa com a qual tinha sonhado havia muito tempo. Um carro, que parecia "velho, preto, e abandonado", com muitas placas, veio em sua direção e parou junto a seus pés. (Enquanto contava esse sonho, ligava e desligava o aquecedor elétrico.)

A sra. K. interpretou que o aquecedor, quando desligado, ficava preto, e assim podia parecer morto para ele. No sonho, o carro velho, preto e abandonado também parecia morto.

Richard comentou que, quando o aquecedor estava ligado, algo vermelho se movimentava dentro dele. (Referia-se a uma vibração por trás da proteção metálica.)

A sra. K. interpretou que o aquecedor representava a Mamãe que, pensava ele, continha em seu interior algo se movimentando que Richard queria fazer parar. Se ele o atacasse – o que ele sentia ter feito desligando o aquecedor –, então também a Mamãe ficaria velha, preta e abandonada, isto é, morta como o carro no sonho; e agora ele sentiu o mesmo medo em relação à sra. K. A sra. K. sugeriu igualmente que o transporte contendo tropas inimigas representava ela e a Mamãe contendo o pai-Hitler mau. A Rainha, de *Alice no País das Maravilhas*, que, no sonho, lhe dava éter, representava também a Mamãe e o Papai maus. Por ocasião da operação, a Mamãe tornou-se má porque não lhe contou a verdade, e ele sentiu que ela se unira ao médico mau (Nota 1). A Rainha em *Alice no País das Maravilhas* mandava decapitar as pessoas e representava, portanto, os pais perigosos cortando fora seu genital depois de terem-no deixado inconsciente com éter. Ao querer desligar o aquecedor, Richard pretendia atacar e destruir o homem mau no interior da sra. K., o Papai mau no interior da Mamãe. Tinha contado para a sra. K. sobre os muitos inimigos que ele pensara estar presentes durante a operação, e isso o tinha ajudado a ficar menos assustado. A sra. K., portanto, também representava a Babá, que ele, na ocasião, acreditara ser a única pessoa que o protegeria (ver Sessão 6).

Richard escolheu um país no mapa para falar a respeito: a Alemanha, dessa vez. Disse que queria dar umas bordoadas em Hitler e atacar a Alemanha. Em vez desta, resolveu depois "escolher" a França.

Falou sobre a França, que traiu a Inglaterra, talvez involuntariamente, e sentiu pena da França.

A sra. K. lhe mostrou que havia em sua mente vários tipos de Mamãe: a Mamãe má, a Alemanha, que ele queria atacar para destruir Hitler em seu interior; a Mamãe danificada e não tão boa, que ele ainda amava, representada pela França; quando as duas se uniam em sua mente, era-lhe insuportável atacar a Alemanha, e ele preferivelmente voltava-se para a França, por quem podia se permitir sentir pena. A Alemanha (ou melhor, a Áustria) também representava a sra. K., que foi invadida por Hitler (Nota 2) {Síntese dos aspectos excindidos do objeto e culpa e ansiedade depressiva correspondentes}.

Richard investigou novamente a sala, como nos dias anteriores. Pegou alguns livros, mas sem interesse, parecia absorto em seus pensamentos. [...] Mencionou uma garotinha feia, de dentes protuberantes, que morava no hotel, e disse que a odiava. Parecia preocupado e deprimido.

A sra. K. interpretou que ele odiava a garotinha porque esta representava ele mesmo, quando sentia o desejo de atacar mordendo. Tinha falado (cf. Sessão 4) em morder a Babá e Bobby, e ranger os dentes, quando ficava com raiva. Tinha medo de que, ao explorar o interior da Mamãe, também representado pela sala, iria morder e devorar tanto a ela quanto àquilo que sentia que ela continha: bebês e o genital do Papai. Mas a sala também representava a sra. K., que ele desejava explorar e atacar de forma semelhante. [...][21]

A sra. K. fez referência a seu desejo de que a Mamãe tivesse "um monte de bebês" (Sessões 4 e 5), mas ao mesmo tempo tinha aparecido quão enciumado ele se sentia de seu irmão Paul. Quando sentia ciúme dos bebês que poderiam vir da Mamãe, desejava atacá-los tanto quanto a ela. Então, ela se transformaria no aquecedor preto, onde nada se movimentava, e no carro "velho, preto e abandonado", com as muitas placas representando os bebês mortos. Isso transformaria o "monte de bebês", que tornavam a sala bonita (as gravuras de cachorros), em bebês mortos. Tinha dito (Sessão 1) que com frequência se sentia "abandonado" à noite, tal como se referira ao carro como estando "abandonado". Se o carro, representando a Mamãe, morresse, então também ele se sentiria abandonado e morto. Não sentia prazer em explorar a sala hoje porque essas ansiedades tinham surgido com muita intensidade.

---

21 Evidentemente, está faltando em minhas anotações algum material que Richard trouxe nesse estágio.

Richard perguntou novamente à sra. K. se ela o manteria por mais tempo por terem começado mais tarde.

A sra. K. repetiu que assim faria, mas interpretou que desde o início da sessão seu medo de perder algum tempo com ela devia-se à ansiedade de que a sra. K. e a Mamãe morressem porque ele as tinha destruído, ou poderia fazê-lo por sua voracidade e ciúme.

Richard começou a inspecionar a sala novamente, em especial os banquinhos que ali estavam. Disse que estavam empoeirados, e começou a bater neles para retirar a poeira. Foi buscar uma vassoura e começou a varrer a sala.

A sra. K. interpretou que Richard estava tentando melhorar os bebês no interior da Mamãe (os banquinhos na sala);[22] que talvez ele tivesse receado que a Mamãe contivesse bebês sujos e vorazes, tão vorazes como ele mesmo sentia ser. Esses bebês no interior da Mamãe eram também representados pelas crianças hostis na rua, das quais ele tinha tanto medo. Bater nos banquinhos significava também atacar os bebês maus.

Richard foi urinar. Disse que queria ir embora pontualmente (por alguma razão trivial), embora a sra. K. estivesse disposta a mantê-lo por mais tempo. Fez, contudo, com que ela prometesse que reporia este tempo extra num outro dia.

A sra. K. interpretou que Richard não queria tomar demasiado tempo dela por receio de engoli-la vorazmente.

Richard foi até o jardim, pedindo que a sra. K. o acompanhasse, apreciou imensamente o brilho do sol e a "paisagem encantadora"; disse que se sentia feliz (Nota 3).

A sra. K. sugeriu que ele agora parecia menos amedrontado com os bebês maus no interior da Mamãe e da sra. K. e podia, portanto, obter prazer com o lado bom da Mamãe, agora representado pela paisagem "encantadora"; mas que ele apreciou ainda mais olhar para os arredores bonitos porque sentia ser uma ajuda contra seu medo de tudo o que era mau e perigoso no interior dela {Defesa maníaca}.

---

22 A mudança de estado de espírito que se seguiu a essas interpretações é significativa. A depressão diminuiu, e o desejo de restaurar (a tendência a fazer reparação) passou a primeiro plano.

Notas

1. Tem-se discutido muito se se deve ou não falar francamente na análise sobre as críticas, reprimidas ou conscientemente refreadas, da criança a seus pais. Descobri muito cedo em meu trabalho que é importante permitir que surjam as críticas, justificadas ou não. As razões para isso podem ser facilmente compreendidas. O levantamento da repressão dos sentimentos hostis é necessário para a análise; além disso, um relacionamento baseado na idealização é inseguro; quando os pais são de fato percebidos e a criança se permite vê-los sob uma luz mais realista, a idealização diminui e pode surgir a tolerância. A crítica inconsciente leva a exageros fantásticos, tais como os vistos quando a mentira contada a Richard pela mãe deu origem à fantasia da Rainha em *Alice no País das Maravilhas*, que não só lhe deu éter mas, como a história indica, mandava decapitar as pessoas. Não se pode analisar plenamente tais fantasias sem permitir que venham à tona também os ressentimentos reais contra os pais. De fato, cheguei à conclusão de que a relação com os pais melhorou consideravelmente quando tanto as críticas em relação a eles como as fantasias ligadas a esses ressentimentos haviam sido analisadas.

2. O conflito entre os impulsos de atacar e de manter viva a pessoa amada, expresso aqui pelos sentimentos relacionados aos países no mapa (e pelo ligar e desligar o aquecedor), está na raiz da posição depressiva infantil. Essas ansiedades surgem no bebê primeiramente em relação à mãe (ou seio) como um objeto externo e internalizado, e têm muitas ramificações. Existe, por exemplo, a necessidade da criança de destruir o objeto mau no interior do bom, em parte em prol do objeto, em parte em prol do sujeito; mas, por tais ataques, ela sente que o objeto bom corre perigo (cf. meu artigo "Uma contribuição à psicogênese dos estados maníaco-depressivos", 1935).

3. Como consequência da ansiedade mobilizada durante esta sessão e sua interpretação, o estado de espírito de Richard mudou por completo. Tais mudanças no decorrer de uma sessão, em minha experiência, não são incomuns. Devem-se ao fato de que a defesa maníaca emerge contra a depressão. No entanto, como resultado da elaboração e das interpretações, o alívio real da ansiedade, a diminuição da depressão, bem como o desejo de fazer reparação, também se tornam operativos. Existe, portanto, uma distinção a ser feita entre as flutuações, que nos são familiares, de estados depressivos para maníacos e vice-versa, e a defesa maníaca, que surge como um passo a mais na maior capacidade do ego de lidar com a depressão. Esses passos são inerentes ao desenvolvimento normal, no qual o bebê atravessa a posição depressiva e lida com ela de diversas maneiras, e, no curso de uma análise, são desencadeados pelo procedimento analítico.

Sessão 10
quinta-feira

Richard chegou alguns minutos atrasado e muito aborrecido. Contou à sra. K. que tinha ido para casa e que, em vez de vir direto do ônibus para a sra. K., tinha ido primeiro até o hotel com a mãe; por isso se atrasara. (A sra. K. depreendeu que ele temia um conflito entre a mãe e ela.)[23] Disse que ficou muito assustado com as crianças na rua. Uma garotinha refugiada, de cabelos ruivos, perguntou-lhe se era italiano (havia muitos italianos em "X"), o que o deixou assustado e preocupado; achava que os italianos, por serem amigos de Hitler, eram traidores e maus.

A sra. K. interpretou sua preocupação quanto a um possível conflito entre a mãe e ela, e era bem possível que ele se sentisse assim quanto a problemas entre os pais.

Richard disse que o Papai e a Mamãe nunca brigavam, mas que havia muitos problemas entre a Babá e a Cozinheira. (Sua mãe havia mencionado que as brigas entre a babá e a cozinheira, que acarretaram a saída da babá, aborreceram muito Richard, e que na verdade ele nunca perdoara a cozinheira, que continuava com eles.) [...] Escolheu um país novamente; a princípio disse que escolheria a Estônia, mas depois decidiu que não a queria, porque a Estônia era hostil aos

---

23 Conflitos reais entre os pais ou pessoas que desempenham um papel importante na vida da criança (como a babá, a empregada ou a professora) causam muita ansiedade em crianças de qualquer idade. Durante o período de latência, porém, é particularmente forte (cf. *A psicanálise de crianças*, cap. 4).

poloneses, e em seu lugar escolheu a "pequena Letônia".[24] Entrementes, ligou e desligou novamente o aquecedor elétrico, olhou para os banquinhos na sala e bateu neles para tirar a poeira.

A sra. K. interpretou que, embora Richard acreditasse que nunca tivesse havido brigas entre os pais, podia ter-se sentido muito preocupado com a possibilidade de um desentendimento entre eles. Esse medo aumentaria seu desejo de ter uma irmã ou irmão (a pequena Letônia) mais novos, a quem pudesse recorrer e ter como aliado, tanto porque se sentia assustado com os pais briguentos como porque necessitava de ajuda para uni-los novamente. Mas ao mesmo tempo temia os irmãos e irmãs hostis, que o acusariam de traição (a garotinha ruiva que achou que ele era italiano), fosse contra eles fosse contra os pais, por causa de seus sentimentos agressivos e de seu ciúme; também temia que os bebês da Mamãe estivessem sujos e fossem danosos a ela (os banquinhos empoeirados).

Pouco depois, Richard contou à sra. K. sobre uma escola que frequentara no começo da guerra. Havia ratos ali, assim como havia ratos numa lavanderia de "X". Os ratos eram nojentos e envenenavam a comida. Continuou falando sobre Bobby, que às vezes o mordia, e novamente disse que, se Bobby o mordia, ele mordia de volta; falou também sobre "torpedear Bobby". [...] Perguntou à sra. K. sobre seus outros pacientes, e disse que queria conhecer todos os segredos dela. Queria saber o que ela estava pensando, e queria "fazer uma toca"[25] para sua mente "dentro da mente da sra. K.".

A sra. K. repetiu que não podia comentar com ele sobre seus outros pacientes. Interpretou que ele queria se enfiar na sra. K. (e na Mamãe) com seus dentes – por isso preocupava-se com a garota de dentes protuberantes – para ali descobrir todos os bebês secretos (os outros pacientes da sra. K.); que esse desejo intensificava o medo de que os bebês pudessem ser maus – como ratos – e de que iriam mastigar a sra. K. (e a Mamãe) e envenená-la. Quando bebê, ele podia ter desejado se enfiar no seio da mãe e devorá-lo. Sugeriu também que, na mente dele, o rato representava igualmente o genital do Papai, que, pensava

---

24 Neste estágio ele não mais escolhia um país para conversar a respeito, mas escolhia-o como uma posse.

25 "*Burrow*", que em inglês significa escavar sob a superfície e fazer uma toca, criar um refúgio, um esconderijo, uma moradia ou, ainda, uma cova; alojar-se, instalar-se, esconder-se; escavação ou perfuração feita por animais com dentes ou garras ou forçando a cabeça ou o focinho. Melanie Klein conferiu a conotação de escavação agressiva. [N. T.]

ele, se enfiava dentro da Mamãe e permanecia em seu interior. Se atacasse o pai e os bebês no interior da Mamãe, estes poderiam se voltar contra ele e devorá-lo. Com Bobby, era diferente: ele podia morder de brincadeira, quer dizer, sem fazer mal, e podia escapar da culpa referente ao ataque aos irmãozinhos (os bebês da Mamãe) que Bobby representava.

Richard pegou um calendário ilustrado e olhou as páginas. Gostou imensamente da gravura de um couraçado e associou a ele um capitão que admirava muito, um amigo dos pais. De repente, mordeu a ponta da gravura, pegou seu boné e mordeu-o também.

A sra. K. interpretou que Richard tinha o capitão em tão alta conta porque representava o Papai cuidando da Mamãe, o couraçado; nesse momento, admirava-o tanto porque não queria pensar no pai-rato perigoso e porque pensar no pai bom consolava-o quando estava com medo do pai-rato {Defesa maníaca}. Sugeriu também que admirar o genital forte e potente[26] do Papai significava que Richard não o tinha ferido, e também que o pai forte poderia ajudar e proteger a Mamãe. Não obstante, Richard também sentia ciúme e inveja desse genital potente e queria arrancá-lo com mordidas, por isso tinha naquele momento mordido a ponta da gravura e seu boné.

Richard tornara-se muito afetuoso com a sra. K.; disse que "gostava imensamente" dela, e que ela era muito "doce". Evidentemente, as interpretações trouxeram-lhe alívio; perguntou se poderia novamente esperar por ela para caminhar em sua companhia até a esquina da rua e, ao separar-se dela, disse "até logo" repetidas vezes.

Sessão 11
sexta-feira

Richard estava muito preocupado com algumas crianças que podia ver na rua enquanto estava sentado perto da janela junto à sra. K.

---

26 A palavra "potente" entrou em minhas interpretações depois de eu ter explicado para Richard o que significava.

Disse (parecendo muito infeliz, como se agora percebesse o quanto se sentia perseguido) que ficava o tempo todo "em guarda", mesmo quando estava com a sra. K., que ele obviamente sentia como uma figura protetora. Perguntou-lhe se ela também, quando criança, sentira esses medos. Ouvira dizer que todas as crianças sentem. Observava o aquecedor elétrico, enquanto o ligava e desligava. A seguir, pegou o relógio da sra. K., deu-lhe corda, abriu-o e, por um momento, roçou seu rosto nele carinhosamente. [...] Falou do êxito dos bombardeiros britânicos na noite anterior, da frota alemã e da derrota dos couraçados em Brest. Perguntava-se como Hitler conseguiu fazer da Alemanha um país nazista; agora não era possível livrar-se de Hitler sem atacar a Alemanha.

A sra. K. interpretou seu medo de que, ao querer destruir o Papai mau e os bebês maus no interior da Mamãe, teria que atacar a própria Mamãe e talvez pudesse danificá-la (a Alemanha que agora teria que ser atacada por causa de Hitler mau). Sugeriu também que, quando investigou o relógio, queria na verdade descobrir coisas sobre o interior dela, o genital dela, e sobre o sr. K. mau (pai-Hitler). No que se refere ao aquecedor elétrico que ligava e desligava, a sra. K. referiu-se a sua interpretação anterior (Sessão 9), acerca de seu desejo de destruir o pai mau e os bebês maus no interior da Mamãe; assustara-o, porém, o fato de que isso podia matar a Mamãe. Acariciar o relógio representava acariciar a sra. K., em parte porque se sentia triste por ela ter sido danificada pelo sr. K. mau e pelos bebês maus em seu interior – o Hitler mau no interior da Alemanha.

Richard continuou a brincar com o aquecedor, e depois voltou-se para o relógio. Quis saber por que o alarme estava ligado para tocar tão cedo pela manhã, e o que seria que a sra. K. estaria fazendo naquela hora. [...] Anunciou, a seguir, que estava "escolhendo" a Áustria no mapa. Hitler era austríaco, não era? Logo a seguir, porém, acrescentou que Mozart também era austríaco, e disse que gostava muito de Mozart.

A sra. K. interpretou que Richard tinha desconfianças acerca das ligações dela com os homens; também por isso quis saber o que estaria ela fazendo de manhã tão cedo; o Hitler "austríaco", que transformou a Alemanha num país nazista, representava o sr. K. mau tornando má a sra. K. O Mozart amado representava o sr. K. bom, e pensar nele era um consolo contra o medo do Hitler-sr. K. mau. Com a Mamãe, também, Richard tentava evitar o sentimento de que o Papai mau estava em seu interior e torná-la-ia má.

Richard estava muito desatento durante essas interpretações, e pareceu não as ouvir. Explorou novamente a sala, e comentou alguma coisa sobre os banquinhos sujos. Como anteriormente, espanou-os para tirar a poeira. A seguir, abriu a porta e admirou a paisagem, falando especialmente das colinas.

A sra. K. interpretou que o campo, tão bonito, era uma prova de que existia um mundo externo bonito e bom; podia, portanto, ter esperança de que o mundo interno, particularmente o de sua mãe, era igualmente bom. Com isso, diminuía sua desconfiança acerca das relações da sra. K. (e da Mamãe) com os homens. A sra. K. referiu-se a seu medo das crianças que encontrava na rua e sugeriu que representavam as crianças-rato más e sujas no interior da Mamãe, que ele queria atacar – por isso tinha medo de que elas o atacassem na rua. Assinalou que, no começo dessa sessão, ele tinha se dado conta do quanto as temia.

Richard, nesse momento, mostrou menos resistência às interpretações da sra. K. Parecia sério e evidentemente estava mais consciente de seus medos persecutórios e preocupado com eles.[27]

Sessão 12
sábado

A sra. K. havia trazido lápis, gizes de cera e um bloco de papel e colocara-os sobre a mesa.[28]

---

27 Essa sessão é bastante curta, não apenas porque é possível que minhas notas estejam incompletas, mas porque nas últimas sessões – com o surgimento de ansiedades mais profundas – Richard passou de fato a falar menos, e a análise tornou-se mais difícil. Tudo isso relaciona-se com a próxima nota de rodapé, a primeira referente à Sessão 12 a seguir.

28 Como mencionei anteriormente, na Sessão 1, eu tinha deixado sobre a mesa alguns brinquedos, lápis, papel etc., mas Richard não se interessou por eles e disse que não queria brincar, gostava apenas de pensar e conversar. Durante as últimas sessões, no entanto, passou a falar cada vez menos e, juntamente com o fato de vivenciar ansiedades mais profundas, tornou-se evidente sua necessidade de brincar e de atuar [*act out*]. Isso se revelava pela maior frequência com que olhava o mapa, "escolhia" um país, brincava com

Ansiosamente, Richard perguntou para que serviam, e se podia usá-los para escrever e desenhar.

A sra. K. disse que ele podia usá-los como quisesse.

Mal tinha começado a fazer o primeiro desenho, perguntou repetidamente à sra. K. se ela se importava que ele estivesse desenhando.

A sra. K. interpretou que ele parecia temer que poderia estar lhe fazendo algum mal com seus desenhos.

Quando terminou o Desenho 1, repetiu suas perguntas, e de repente percebeu que tinha deixado marcas na segunda folha do bloco.

A sra. K. interpretou que ele se preocupava com as marcas de lápis porque temia estar fazendo algo destrutivo ao desenhar, o que relacionou com o fato de que o desenho mostrava uma batalha.

Após terminar os dois primeiros desenhos, Richard parou.[29]

A sra. K. perguntou de que tratavam.

Richard disse que estava havendo um ataque, mas ele não sabia quem seria o primeiro a atacar, se o *Salmon* ou o submarino U.[30] Apontou para o U 102, e disse que 10 era sua própria idade; e associou o U 16 à idade de John Wilson. Ficou muito surpreso quando se deu conta do significado inconsciente desses números, e extremamente interessado na descoberta de que o desenho podia ser um meio de expressar pensamentos inconscientes.

---

o relógio, olhava-o e acariciava-o, ligava e desligava o aquecedor, explorava a sala mais atentamente, inspecionava as gravuras e cartões-postais e tirava a poeira dos banquinhos.

Como a sala também era usada para outras finalidades, não pude seguir meu procedimento usual de manter os brinquedos e outros artigos num lugar ao alcance da criança – numa gaveta destrancada, ou numa mesa –, deixando para a criança a iniciativa de utilizá-los ou não. (O analista deve evitar orientar o brincar ou outras atividades da criança, o que corresponde ao princípio da "associação livre" na análise de adultos.) Tampouco podia preparar a sala, antes de cada sessão, porque Richard sempre chegava cedo, e eu teria que fazer isso na presença dele. Entretanto, tornara-se agora evidente que Richard precisava urgentemente de meios apropriados para expressar seu inconsciente, e assim decidi trazer novamente papel, lápis, e gizes de cera, mas não ainda os brinquedos, e observar como ele responderia a isso.

29 O U 2, na parte inferior do Desenho 1, foi acrescentado duas sessões depois.

30 "U *boat*", abreviatura de "*unterseeboot*", um tipo de submarino alemão. Embora a expressão "submarino U" soe pouco familiar no Brasil, ela foi adotada para tornar possível a diferenciação desses submarinos dos demais que aparecem durante a análise de Richard. [N. T.]

A sra. K. assinalou que os números indicavam também que ele e John estavam representados por submarinos alemães, sendo, portanto, hostis e perigosos para os britânicos.

Essa interpretação deixou-o imensamente surpreso e perturbado, mas, depois de um silêncio, concordou com ela. Disse, no entanto, que com toda a certeza ele não podia desejar atacar os britânicos, porque era muito "patriota".

A sra. K. interpretou que os britânicos representavam sua própria família, e que ele já tinha reconhecido que não só os amava e desejava protegê-los, mas que também desejava atacá-los {Cisão no ego}; isso aparecia no desenho no qual estava aliado a John, que em parte também representava seu irmão. Mas, uma vez que John estava em análise com a sra. K., aparecia como um aliado contra ela sempre que Richard sentia por ela a mesma hostilidade que experimentava em relação a sua família. A sra. K. recordou-lhe como tinha ficado aborrecido quando a garotinha o tomara por italiano (Sessão 10) e que ela havia interpretado que este era um ponto tão importante para ele porque significava que ele estava traindo os britânicos – os pais. Os submarinos britânicos *Truant* e *Sunfish* representavam seus pais, a quem ele e John (representando Paul) atacavam.

Richard, a seguir, discorreu sobre o U 72, que se encontrava do lado direito do *Truant* e do *Sunfish*. Disse que gostava do número 2 porque "era um lindo número par"; 7 era ímpar, não gostava de números ímpares. [...] Contou uma história sobre duas pessoas caçando coelhos; perguntava-se como iriam repartir entre elas sete coelhos.

A sra. K. interpretou que as duas pessoas, que caçavam e repartiam os sete coelhos, pareciam ser ele mesmo e John. Parecia que seus pais (que foram atacados pelos submarinos U) eram os coelhos a serem caçados, divididos e devorados. O 7 do 72 representava os pais devorados; o 2, ele mesmo e John, seu aliado, tal como Paul teria sido seu aliado quando sentia raiva do Papai e da Mamãe. No momento, John também era um aliado contra a sra. K., e ela, da mesma forma, estava representada pelos coelhos caçados e divididos. Lembrou ainda a Richard que o 2 era parte do 102, que ele reconhecera que representava ele mesmo. Mas agora o 72 também o representava (Nota 1). Voltando ao U 102, a sra. K. assinalou que, no desenho, este era muito maior do que os navios britânicos atacados, o que mostrava seu desejo de ser mais forte e mais poderoso do que os pais, e consequentemente capaz de controlá-los; esse seu desejo era ainda mais intenso porque tinha medo do contra-ataque deles {Projeção da agressividade e medo da retaliação}.

Referindo-se à interpretação da sra. K., Richard falou sobre o irmão ser às vezes um aliado, especialmente contra a Babá, mas outras vezes hostil a ele, como, por exemplo, quando o provocava.

A sra. K. interpretou que, quando Richard se aliou a John contra a sra. K., ela estava representando a Babá. Assinalou, a seguir, que no alto do Desenho 1 o *Salmon* e o submarino U também representavam Paul e ele mesmo, e ele havia dito que não sabia quem iria atacar quem.

Richard mostrou para a sra. K. que, no Desenho 1, o periscópio do *Sunfish* atravessava o *Truant*.

A sra. K. interpretou que ele mostrava para ela que também os pais estavam lutando e que o periscópio, representando o genital do pai, era uma coisa penetrante e perigosa, danificando a Mamãe; que, se Richard sentia ciúme pelo fato de os pais terem prazer nas relações sexuais, desejava que o Papai atacasse a Mamãe (o vagabundo, Hitler), o que significava que ele próprio a estava atacando, ainda que indiretamente. Estava, portanto, aterrorizado com o mal que faziam um ao outro. Atirar nos coelhos e dividi-los indicava também seus ataques diretos contra os pais e, nesse momento – ajudado por John –, o ataque direto contra a sra. K.

Richard, olhando o Desenho 2, apontou para o U 19 e disse, surpreso, que essa era a idade de seu irmão. Novamente ficou muito impressionado com isso, e evidentemente estava mais convencido agora de que Paul, John e ele mesmo estavam representados pelos submarinos U hostis, perigosos para os pais e para a sra. K. Disse também que o U 10 (na metade inferior do Desenho 2) era ele mesmo; que ele era maior do que Paul e que estava por cima de ambos os pais; assinalou, porém, que eles o atravessavam com seus periscópios.

A sra. K. interpretou o desejo de Richard de estar por cima de todos; era o menor e o mais fraco, e desejava ser o mais forte e o mais importante membro da família. Mas ser esse submarino U, tão grande e perigoso, tinha como implicação o fato de que seus ataques aos pais iriam destruí-los, e ele tinha medo disso. Eles também eram perigosos para ele, porque tinham colocado seus genitais-periscópio dentro dele, e isso significava que ele teve uma relação sexual com ambos, mas uma relação na qual eles eram mais fortes do que ele. (Enquanto ela explicava todas essas coisas, Richard desenhou uma suástica e mostrou como facilmente podia ser transformada na bandeira britânica.) A sra. K. interpretou que isso mostrava que ele tinha esperança de poder transformar seu self submarino U, hostil e agressivo, num self britânico – o que queria dizer um self bom.

Durante essas interpretações, Richard tinha começado o Desenho 3, e disse que queria fazer um "lindo navio". Ao traçar a linha sob o navio, comentou que a metade inferior da figura estava "debaixo d'água" e que não tinha "nada a ver com a parte de cima". Debaixo d'água, existia uma estrela-do-mar faminta que gostava da planta. Ele não sabia o que iria fazer o submarino U que estava próximo; provavelmente atacaria o navio. O peixe estava nadando tranquilo, e calmamente. Acrescentou: "É a Mamãe, e a estrela-do-mar é um bebê".

A sra. K. interpretou que, ao fazer um "lindo navio", ele queria consertar os pais, ambos representados pelo navio.

Richard perguntou: "Será que eles são as chaminés?".

A sra. K. mostrou-lhe que a fumaça de uma das chaminés subia numa linha reta, e podia representar o genital do pai. A outra chaminé era um pouco mais fina, e a linha da fumaça mais enrolada. Isso era para representar o genital da Mamãe.

Richard disse que a Mamãe era mais magra que o Papai, mas, disse, nunca tinha visto o genital de uma mulher. Não estava tão certo, todavia, de não ter visto o genital de uma menininha.

A sra. K. interpretou também que a estrela-do-mar faminta, o bebê, era ele mesmo; a planta, o seio da Mamãe do qual desejava alimentar-se. Quando se sentiu como um bebê voraz, que queria a mãe todinha para ele e não podia tê-la, ficou com raiva e ciúme e sentiu que atacou ambos os pais. Isso estava representado pelo submarino U, que iria "provavelmente" atacar o navio. Também sentia muito ciúme de John porque, sendo um paciente da sra. K., recebia tempo e atenção dela. A análise aqui representava ser alimentado. Havia dito que tudo o que se passava debaixo d'água não tinha nada a ver com a parte superior. Isso significava que a voracidade, o ciúme e a agressividade não eram conhecidos por uma parte de sua mente, mantinham-se inconscientes {O inconsciente excindido do consciente e subsequentemente reprimido}.

Richard acompanhou essa interpretação com grande interesse e atenção, e claramente sentiu alívio (Nota 2). (Logo depois de ter começado a fazer os desenhos, perguntou se poderia levá-los para casa. A sra. K. sugeriu que seria preferível que ela ficasse com eles, assim poderiam ser olhados sempre que Richard quisesse. Richard ficou visivelmente lisonjeado com essa sugestão, e particularmente interessado no fato de que a sra. K. estava datando os desenhos. Era evidente que ele tinha compreendido que ela desejava guardá-los. Seu sentimento de estar, desta forma, dando-lhe um presente aparece no material em diferentes pontos.) Ao sair, contou para a sra. K. que estava aguardando com muita expectativa passar o fim de semana em casa.

Notas

1. Outras conclusões (não interpretadas) surgem a partir deste material: Richard sentia ter devorado os pais (coelhos), que passaram a fazer parte de seu self; eles eram o 7 do U 72. O aspecto voraz e destrutivo dele mesmo estava expresso no U (o submarino U hostil e perigoso), e o aspecto "bom" no 2 (o "lindo número par" do qual gostava). O 2 representava também ele mesmo aliado a John, o que implicava que este (e Paul) também foram internalizados em seu aspecto mau (voraz) bem como em seu aspecto prestativo (o aliado). A parte "linda e par" dele mesmo, o 2, não era, portanto, apenas a parte boa de si mesmo em contraste com a parte submarino U; uma vez que estava aliada ao irmão mau, era também sentida como perigosa. "Linda e par" tinha também o significado específico de ser hipócrita, com uma aparência serena. Esse aspecto era inteiramente confirmado por toda a formação de caráter de Richard. Como será visto em material ulterior, havia nele uma forte tendência, da qual ele mesmo desconfiava profundamente, para ser agradável, bajulador e assim por diante. O U 72, com as associações que apareceram nesta sessão, bem como à luz de material anterior e subsequente, era extremamente revelador da estrutura egoica de Richard e incluía vários aspectos excindidos de seu self, a saber, os impulsos vorazes e destrutivos, as tendências reparatórias e amorosas, aplacadoras e hipócritas, e algumas de suas figuras internalizadas: os pais atingidos, retalhados e devorados que se transformaram em objetos danificados, hostis, retaliadores e devoradores em seu mundo interno. (Ver, por exemplo, a figura do pássaro devorador representando a mãe internalizada na Sessão 44.) Duas sessões mais tarde, num momento em que Richard havia tomado conhecimento de sua voracidade e de seu ciúme, ele imediatamente acrescentou o U 2 ao desenho dizendo, logo depois, que era ele mesmo. Explicou que colocou seu periscópio tão violentamente através do U 102 e do U 16 porque estava muito bravo com eles. Interpretei que uma parte dele odiava outra – a parte submarino U, hostil e voraz. Essa parte punitiva (o superego), embora sentida como fazendo o que era correto, era também zangada e agressiva e, portanto, também representada por um submarino U. Mas, por ser tanto boa como má, a suástica do U 2 tinha aparecido de forma indistinta – parecia uma mistura de suástica e bandeira britânica.

Escolho aqui um exemplo dentre muitos para ilustrar e embasar minha asserção de que o ego, desde o início da vida pós-natal, é construído por seus objetos internalizados; e que os processos de cisão do ego estão inseparavelmente ligados aos aspectos excindidos do objeto. O material da caça e divisão dos coelhos surgiu depois de Richard ter dito que ele desejaria se enfiar em minha mente – o material do rato (Sessão 10). Isso foi por mim interpretado como enfiar-se no interior da mãe, mordê-la, e comer os conteúdos do corpo dela. Isso nos conduziu aos processos de internalização mais arcaicos, o devorar do seio da mãe e a origem dos objetos internos danificados e devoradores. Em outras palavras, a estrutura do ego de Richard podia remontar a um material bastante arcaico, parte dele pré-verbal. Esses processos podem ser encontrados não só numa criança de dez anos mas também em adultos (que, evidentemente, apresentariam o material diferentemente da criança), se a análise atingir as camadas profundas da mente.

2. Embora tivesse recebido com prazer o papel e os lápis, e imediatamente se tenha posto a utilizá-los, mostrou-se, de início, inibido de expressar seus pensamentos inconscientes. Desenhou, em primeiro lugar, o *Salmon* e o submarino U no topo do Desenho 1. Os três navios seguintes foram riscados, e só depois de ter desenhado o *Truant*, *o Sunfish* e o U 72 é que seus submarinos U tornaram-se muito maiores. Nesse momento, eu já havia interpretado sua ansiedade de que seu desenho pudesse me causar algum dano. Quando terminou o Desenho 1, pude relacionar essa interpretação com o fato de ele ter me mostrado as marcas de lápis na folha de baixo. Expressou-se mais livremente no Desenho 2 e nas associações referentes a ele; e as interpretações dos Desenhos 1 e 2 levaram ao rico material do Desenho 3. Isso ilustra minha experiência de que a abordagem das associações do paciente e do material inconsciente nelas contido – ou seja, a análise do significado inconsciente específico da atitude, comportamento e associações do paciente, bem como sua interpretação no momento oportuno – influencia a quantidade e a natureza do material que pode ser obtido e influi fundamentalmente no curso que a análise toma.

Sessão 13
segunda-feira

Richard estava quieto e triste. Contou para a sra. K. que sua mãe passou o fim de semana doente, e não tinha podido vir para "X" com ele; ela tinha comido um pedaço de salmão que não lhe fez bem. Todos os outros comeram o salmão e não tiveram problema. Disse, com lágrimas nos olhos, que estava muito infeliz por ter deixado a casa, os pais, e todas as coisas das quais gostava.[31] Embora não tivesse dito nada para a mãe, não tinha querido voltar para a análise. Tinha estado pensando se a sra. K. iria trazer seus desenhos, o papel e os lápis – tinha pensado que não. (Falava sem ânimo, intercalando palavras e silêncios.)

A sra. K. interpretou seu medo de que os desenhos feitos na sessão anterior tivessem causado algum dano a ela. Podiam tê-la danificado e até mesmo matado; ou tê-la tornado hostil para com ele e "má". Por isso, não esperava que ela trouxesse seus desenhos e o material para desenhar. Sua grande preocupação com a doença da Mamãe estava também relacionada com seus sentimentos de tê-la danificado por meio dos ataques expressos em seus desenhos. Em dois deles, o submarino *Salmon* desempenhou um papel importante, e eis que agora a Mamãe adoeceu de verdade por causa de um salmão. Isso veio reforçar seu sentimento inconsciente de ser ele o responsável pela indisposição da Mamãe.

Logo a seguir, Richard começou a desenhar. Depois de olhar várias vezes para o Desenho 3, disse que gostaria de fazer uma cópia idêntica deste e dar para a Mamãe. Quando terminou (Desenho 4), ficou muito surpreso ao descobrir que era bastante diferente do original. Imediatamente decidiu que não iria dá-lo para a mãe. Enquanto fazia esse desenho, falou sobre uma tragédia: seus canários estavam ficando carecas.

A sra. K. assinalou que na cópia (Desenho 4) a estrela-do-mar, que representava o bebê voraz e era ele mesmo, estava mais distante da planta, que representava os seios da mãe; seu medo de danificá-la por

---

31 Algumas vezes era a mãe que ficava com Richard no hotel, outras vezes a cozinheira, ou a antiga babá que morava nas redondezas.

sua voracidade fez com que ele se colocasse mais longe dela; agora, entretanto, havia dois submarinos U ao invés de um, que no Desenho 3 representava ele mesmo torpedeando (ou podendo torpedear) o "lindo navio", os pais.

Richard mostrou à sra. K. que, no Desenho 4, o torpedo não ia na direção do navio, não podendo, portanto, danificá-lo. Acrescentou então que havia dois peixes ali: eram o Papai e a Mamãe vigiando cuidadosamente o submarino U para que este não causasse nenhum dano.

A sra. K. interpretou que o desejo de Richard de fazer uma cópia idêntica para dar a sua mãe expressava também seu sentimento de que ele não deveria preferir a sra. K. à Mamãe. Parece ter se sentido desta maneira com relação à Mamãe e à Babá, que a sra. K. agora representava. Por ter pensado no desenho do "lindo navio" como um presente, a culpa por tê-lo dado para a sra. K. ficou muito maior com a doença da mãe e com o desejo de fazer com que ela ficasse bem novamente – o que ele sentia que o "lindo navio" poderia fazer; como não conseguiu fazer uma cópia idêntica, desistiu de dá-lo para a mãe. A diferença entre os dois desenhos (3 e 4) devia-se a seu medo de ter danificado os pais. No Desenho 4, ele ao mesmo tempo impedia-se de causar dano e era impedido pelos pais vigilantes. Isso também acontecera na análise quando a sra. K. descobriu seus desejos agressivos e ele achou que desse modo ela iria ajudá-lo a controlá-los. A sra. K. perguntou-lhe quem o outro submarino U representava.

Richard disse que era Paul. Depois, surpreendeu-se ao perceber seu "engano" ao colorir o navio no Desenho 4; a cor era diferente da do Desenho 3.

A sra. K. interpretou que o Papai e a Mamãe, que no desenho anterior estavam representados pelas chaminés, estavam agora vermelhos, provavelmente porque ele sentia que estavam feridos. Também tinha desenhado a chaminé da direita um pouco mais grossa, e ambas as chaminés, que vinham representando os genitais dos pais, tinham agora a mesma linha de fumaça. Isso expressava seu desejo de torná-los iguais para evitar problemas entre eles (Nota 1). A sra. K. recordou-lhe os canários que estavam ficando carecas, e interpretou que eram equivalentes às chaminés vermelhas – os pais danificados.

Richard disse que o Papai estava ficando careca e que muitas vezes passava mal, mas ele era gentil e Richard gostava muito dele. [...] Acrescentou, com bastante sentimento, que tinha "uma coisa boa" no fato do Papai não estar tão em forma: tinha sido dispensado na última guerra. [...]

A sra. K. assinalou o quanto era intensa sua luta entre o amor e o ódio, e que seus sentimentos de culpa aumentavam sua preocupação.

Ao sair, Richard estava muito menos triste. Pediu à sra. K. que trouxesse os desenhos e também os brinquedos que tinha visto na Sessão 1; talvez agora gostasse de brincar com eles. Durante as interpretações da sra. K., parecia dispersivo, mas uma ou outra vez olhou para ela de forma muito interessada e demonstrando compreender, especialmente quando ela interpretou o conflito entre o amor e o ódio, seu medo de não poder controlar seus impulsos destrutivos, e seu desejo de fazer reparação. No final da sessão, Richard fez o Desenho 5, e falou para a sra. K. que o contorno no canto inferior esquerdo, que mostrava a contagem de aviões alemães e britânicos abatidos, era também um hangar em Dover. (Esse desenho é analisado na Sessão 16.)

Nota

Eu concluiria que foi a própria inveja de Richard – tanto da fertilidade da mãe como da potência do pai – que o levou a projetá-la nos pais. Ao torná-los iguais, a mãe não precisava invejar o pai, nem o pai invejar a mãe.

Sessão 14
terça-feira

A sra. K. trouxe os brinquedos[32] e colocou-os sobre a mesa. Richard ficou muito interessado e imediatamente começou a brincar com eles.

32 Os brinquedos consistiam em: pequenos bonequinhos de madeira, alguns vestidos como homens, outros como mulheres, alguns pequenos, outros maiores. A “mulher cor-de-rosa” e o “ministro” estavam sentados. Dois balanços, com uma pessoa sentada em cada um deles. Dois trenzinhos, um com dois vagões fechados que ele chamava de “elétrico” ou “expresso”, referindo-se sempre aos vagões fechados como “carros de passageiros”; o outro, cujos vagões eram abertos, declarou tratar-se de um trem “de carga” – denominação

Primeiro, pegou os dois pequenos balanços, colocou-os lado a lado, fez com que balançassem, e depois deitou-os, um do lado do outro, dizendo: "Estão se divertindo". Encheu um dos vagões do trem, o que ele chamou de "trem de carga", com vários bonequinhos, e disse que "as crianças" estavam partindo para Dover a passeio. Colocou também no vagão uma mulher ligeiramente maior, vestida de cor-de-rosa, a quem logo chamou "Mamãe". (Em todas as brincadeiras subsequentes ela figurou como Mamãe; ver Nota 1.) Disse que a Mamãe também partia com as crianças a passeio. Juntou a eles um dos homens maiores, que chamou de "ministro",[33] porque usava chapéu, mas logo retirou-o do vagão e colocou-o sentado no telhado de uma casa; pôs a mulher cor-de-rosa com ele, e ambos caíram. Colocou-os a sós no primeiro vagão, um de frente para o outro, e disse: "Papai e Mamãe estão fazendo amor". Tinha retirado os bonequinhos do primeiro vagão; colocou um deles no segundo, virado para o casal no primeiro vagão.

A sra. K. interpretou que os balanços representavam seus pais; deitá-los lado a lado e dizer que estavam se divertindo significava que eles estavam na cama juntos, e o movimento dos balanços indicava suas relações sexuais. A mulher cor-de-rosa (a quem chamou Mamãe) partir com as crianças a passeio significava que os pais não deveriam ficar juntos.[34] Ele iria também permitir que a sra. K. ficasse com ele e com as outras crianças (Paul, John etc.), porém não com qualquer homem, representando o sr. K. Sentindo-se culpado e pesaroso por ter separado os pais, trouxe o Papai de volta, representado agora pelo "ministro". Então, da mesma forma como fizera com os balanços, ao colocá-los no telhado permitira-lhes ficar juntos e ter relações sexuais. Quando caíram, o que significava que estavam feridos, colocou-os sozinhos no vagão, e a "criança" no segundo vagão representava ele mesmo observando os pais "fazendo amor", mas numa relação

---

que foi por ele mantida durante todo o tempo. Ambos os trens tinham locomotivas. O trem elétrico era maior do que o trem de carga. Esses trens não tinham movimento próprio; quando descritos como em movimento, era sempre Richard que os fazia andar. Havia também animais em miniatura, casas de dois tamanhos diferentes, um caminhão de carvão e outro de lenha, cercas e árvores. (Tenho dito repetidamente que evito quaisquer brinquedos cujas características específicas possam imprimir uma orientação direta, mas, por alguma razão que me foge à memória, os dois caminhões faziam parte do meu conjunto de brinquedos naquela época.)

33 No original, "*minister*": ministro, pastor protestante. [N. T.]

34 No original, a expressão "a passeio" traduz "*on a pleasure trip*", que significa literalmente "em uma viagem por prazer". [N. T.]

amigável com eles. (Daqui em diante, essa combinação de três figuras, por vezes representada por animais, expressava sua relação boa com os pais; ver Nota 2.)

Richard reuniu os bonequinhos em diversos grupos: havia dois homens juntos, depois uma vaca e um cavalo no primeiro vagão e um carneiro no segundo. A seguir, dispôs as casinhas de modo a formarem um "vilarejo e uma estação". Movimentou o trem em volta e dentro da estação. Como tinha deixado muito pouco espaço, o trem derrubou as casas, que ele reergueu. Empurrou o outro trem (o que ele chamava de "elétrico") e seguiu-se uma colisão. Ele ficou muito perturbado e fez com que o trem "elétrico" atropelasse tudo. Os brinquedos ficaram amontoados, e referiu-se a eles como uma "bagunça" e um "desastre". No final, somente o trem "elétrico" estava de pé (Nota 3).

A sra. K. interpretou que o passeio das crianças para Dover significava que também elas queriam fazer algo sexual como os pais; que levá-las para Dover, que na realidade tinha sido tão seriamente atingida recentemente (e a que se referira no Desenho 5), significava que a relação sexual dos pais era perigosa. Expressava também esse perigo colocando o ministro-pai e a Mamãe no telhado, de onde caíram. No final, tudo terminou num "desastre". A sra. K. interpretou também seu medo de que a análise terminasse em desastre, o que seria culpa dele, da mesma maneira como ele sentia ter feito mal à Mamãe. Lembrou-o do cachorro que teve de ser sacrificado e da menção que fez à morte da avó (cf. Sessão 2).

Richard ficou extremamente impressionado com a interpretação da sra. K. Expressou sua surpresa de que seu brincar pudesse revelar seus pensamentos e sentimentos.

A sra. K. interpretou que seu reconhecimento de que seu brincar expressava seus sentimentos significava também que a sra. K. tinha tornado claro o que se passava com ele. Isso lhe comprovava que a análise e a sra. K. eram boas e úteis. A sra. K. representava agora a mãe boa que, no fim das contas, iria ajudá-lo, apesar do "desastre", que ele assumia como tendo sido falta sua.

Richard perguntou à sra. K. se o que tinha acontecido no final significava que o trem "elétrico" era ele mesmo, e que ele era o mais forte de todos.

A sra. K. lembrou-lhe que ele tinha sido o maior e mais poderoso da família ao se fazer representar pelo grande submarino U no Desenho 2.

Depois de uma pausa, Richard afastou os brinquedos, dizendo-se "cansado" deles. Pôs-se a desenhar meticulosamente, e com grande entusiasmo (Desenho 6).[35] Disse que havia ali um montão de bebês, estrelas-do-mar: estavam "ardendo em fúria" e muito famintos. Queriam ficar perto da planta (que ele não tinha desenhado ainda); por isso, arrancaram dali o polvo. Decidiu, então, desenhar escotilhas no *Nelson*.

A sra. K. interpretou que as escotilhas também representavam os bebês, assim como as estrelas-do-mar e as placas numeradas do carro preto (Sessão 9). Ele queria que a Mamãe tivesse muitos bebês, para melhorar. Arrancar o polvo mau significava que ele e Paul estavam arrancando da mãe o genital mau do pai, e que ele e John arrancaram da sra. K. o pênis-Hitler mau. O salmão que fez com que a Mamãe adoecesse durante o fim de semana era também o genital mau do Papai. As escotilhas significavam ter um acesso mais fácil ao corpo da Mamãe, de modo que não haveria mais necessidade de arrancar as coisas dela. A planta da qual os bebês queriam ficar perto representava o seio da Mamãe, seu genital e seu interior. Os bebês desejavam ficar perto da Mamãe e alimentar-se dela, bem como introduzir-se no interior da Mamãe. Alimentavam-se também da sra. K. – a análise sentida como uma amamentação. Arrancaram o polvo, não apenas porque era prejudicial para a Mamãe, mas porque estavam "ardendo em fúria", ciumentos dele, vorazes e querendo tomar o seu lugar. A sra. K. recordou-lhe suas interpretações anteriores de que seu desejo, ciumento e furioso, de que o Papai machucasse a Mamãe dera origem a seu medo do Papai "mau" (o vagabundo na Sessão 1, o polvo agora). Em suas brincadeiras, oscilara entre o ciúme (ao afastar a Mamãe, a mulher cor-de-rosa, do Papai, o ministro) e o desejo de uni-los (ao lhes permitir fazer amor). Nessa brincadeira, os pais na realidade não apareceram como maus, mas juntos obtendo prazer sexual, e Richard sentiu-se "ardendo em fúria" de ciúme.

Richard disse: "É, os bebês querem ficar ali" (querendo dizer, perto da planta). "Não querem ali o polvo nojento." Parecia, porém, também ter aceitado, até certo ponto, a interpretação da sra. K. de que os ataques contra o pai eram movidos por seu próprio ciúme, e não apenas pelo sentimento de que o genital do pai – o "polvo nojento" – era mau. [...] Richard novamente olhou os desenhos e rapidamente acrescentou o U 2 ao Desenho 1 (Sessão 12), dizendo a seguir que se tratava dele mesmo. Disse que devia ter colocado seu periscópio atravessando o U 102 e o U 16, porque estava muito irritado com eles.

A sra. K. interpretou que ele já havia mostrado anteriormente (Sessão 12) que uma parte dele mesmo odiava outra, representada pelo

35 Muitos detalhes foram acrescentados na sessão seguinte.

submarino U hostil. A parte de si mesmo que atacava seu self submarino U – e o John mau (e Paul) –, embora fosse sentida como refreando e punindo suas próprias tendências hostis, fazia-o de forma agressiva e raivosa e era, portanto, representada também por um submarino U {O superego temido}. Mas, como sentia que esta parte estava fazendo o que era *certo*, a suástica do U 2 saiu muito pouco nítida – parecia uma mistura de bandeira inglesa e suástica; quer dizer, uma mistura do que ele sentia ser seu bom e seu mau self (Nota 4).

Notas

1. Alguns dos brinquedos conservaram seu significado simbólico ao longo da análise, tais como o "trem de carga" e o "ministro". Outros mudaram de papel, o que é uma questão interessante, sugerindo que os símbolos não têm sempre o mesmo significado.

2. O desejo de que os pais fiquem unidos, mas observados por ele, tinha muitas fontes. Havia, é claro, curiosidade sexual, desejo de controlar os pais mas também a segurança que poderia advir da observação de que eles não estavam maltratando um ao outro, mas de fato "fazendo amor". Referi-me, na Introdução, à grande capacidade de amar de Richard. Essa, bem como o desejo de fazer reparação, expressou-se ao longo de toda a sua análise. Tais fatores, que permitiram que os traços depressivos se sobrepusessem aos esquizoides, explicam também por que Richard era um paciente tão cooperativo, e tornaram possível que mesmo uma análise tão curta fosse produtiva.

3. Uma das vantagens da técnica do brincar – especialmente com brinquedos pequenos – consiste em que, ao expressar por esses meios uma variedade de emoções e situações, a criança consegue nos mostrar muito mais os acontecimentos de seu mundo interno. Em certa medida, isto pode também ser expresso em desenhos, em outras formas de brincar, e nos sonhos. Mas é na brincadeira com brinquedos pequenos que podemos ver mais distintamente a expressão de emoções conflitantes. O fato de Richard produzir logo de início tanto material importante remete à bem conhecida experiência de que os pacientes, com frequência, revelam muito de seu inconsciente no primeiro sonho que trazem para a análise; como pode ser observado, esses sonhos frequentemente prenunciam o material que irá desempenhar um papel importante na análise.

4. É interessante que, embora uma forte resistência tenha surgido seguindo-se à interpretação do brincar, e Richard com isso parasse de brincar, ele tenha podido, no entanto, desenhar com animação e assim produzir material que remontava a emoções ainda mais fundamentais: suas ansiedades orais acerca de si mesmo e do pai e a conspiração com o irmão contra o pai. A conclusão a que chegamos é que, por um lado, a resistência foi mobilizada, o que teve como resultado o abandono do brincar, e, por outro, as interpretações foram até certo ponto aceitas, produzindo mais material. Embora a necessidade de expressar seu inconsciente não tenha diminuído, o meio pelo qual se exprimia – os brinquedos – tornou-se mau naquele momento e, por consequência, ele passou a desenhar. Também nos adultos vemos que uma linha de associação pode ser interrompida devido à resistência, mas obtemos o mesmo material, ou até material adicional, num sonho que se segue à sessão, ou mesmo na lembrança repentina de um sonho que não havia sido contado para o analista anteriormente.

Sessão 15
quarta-feira

Richard disse que tinha esperado pela mãe, mas ela não viera porque estava com dor de garganta; decepcionara-se, mas o que mais o preocupava era o fato de que a Mamãe estava doente. Começou a brincar. Muitos detalhes eram semelhantes àqueles descritos na sessão anterior. Mudou de lugar os balanços, formando grupos diferentes, voltando repetidas vezes à disposição na qual duas figuras (algumas vezes representadas por animais) estavam juntas num vagão e uma terceira no vagão seguinte. De repente, um cachorrinho saltou para um dos vagões e expulsou o "ministro" (Nota 1). Richard o colocou então no telhado. As crianças estavam partindo sozinhas em viagem de passeio nos dois trens, depois decidiram levar junto a mãe cor-de-rosa. Disse que os trens passariam sem perigo pela estação, mas os bonequinhos começaram a cair e, no final, o trem "elétrico" passou por cima de tudo e foi o único sobrevivente (Nota 2). Como na sessão anterior, afastou os brinquedos depois do "desastre", comentando que não gostava de brincar. Richard começou a desenhar com entusiasmo, tornando-se mais animado e menos deprimido. [...][36] Primeiramente, terminou o Desenho 6, acrescentando alguns detalhes e assinalando-os para a sra. K.: pintou o polvo de vermelho e pôs nele uma boca. Contou para a sra. K. que os dois peixes estavam cochichando. Estavam caçoando do polvo porque este lhes fizera cócegas com seus tentáculos. O polvo estava faminto e queria comida. Enquanto coloria as estrelas-do-mar, Richard disse que agora ia "dar vida aos bebês"[37] – até então tinham sido apenas "gelatina". Os dois menorzinhos, no meio das plantas, ainda não estavam completamente vivos. Enquanto coloria as estrelas-do-mar, acrescentou as plantas. Explicou que os dois peixes que cochichavam eram ele e Paul amolando o Papai. Disse que a Mamãe não aparecia nesse desenho.

A sra. K. interpretou que a Mamãe estava ali, representada pela planta que simbolizava seu seio, seu genital e seu interior. Ele não queria admitir que ela estava no desenho por causa da luta em torno da Mamãe, que fatalmente a destruiria; no entanto, dar à Mamãe tantos bebês (as estrelas-do-mar e as escotilhas) era sentido como fazendo-a reviver e se sentir melhor. A sra. K. também não era para estar lá, porque era preciso mantê-la a salvo dos ataques vorazes dele e de John. Como fora visto na sessão anterior, a Mamãe era sentida como estando doente porque o Papai-polvo voraz a estava devorando; mas quando os bebês famintos "ardendo em fúria" o arrancaram dali, também a danificaram; além disso, também eles queriam devorá-la. A conspiração de Richard e Paul contra o Papai-polvo também significava matar o Papai de fome, uma vez que Richard tinha dito que o polvo estava tão faminto. A sra. K. sugeriu que os dois peixes eram também o Papai e a Mamãe cochichando sobre o que os filhos estavam fazendo (bem como a sra. K. e o suspeito sr. K.), a saber, que Richard sentiria que os pais haviam descoberto sua trama e conspiravam contra ele, da mesma

---

36 Não tenho nenhuma anotação acerca da interpretação dada referente às novas características dessa brincadeira, tal como o ataque direto ao pai pelo cachorro, nem de seu afastamento dos brinquedos por causa do "desastre". Não tenho dúvidas, porém, de que isso foi interpretado.

37 Pelo contexto, ficava claro que, ao colorir o desenho, as pessoas ali representadas adquiriam vida. Isso se assemelha à experiência de um ou dois pacientes adultos que, no decorrer da análise, começaram a sonhar em cores, o que sentiram como um enorme progresso. Para eles, isso teve o significado de que podiam fazer reviver seus objetos.

forma que ele queria conspirar com Paul contra eles {Ansiedade persecutória e medo de retaliação}. A sra. K. estava agora desvendando seus segredos, e por conseguinte era também suspeita de fazer parte da conspiração contra ele.

Richard mostrou à sra. K. que a Mamãe também estava ali sob outra forma, pois era o navio *Nelson*, e Papai, o submarino *Salmon*. Mais uma vez, disse que a Mamãe ficou doente por ter comido salmão. (Era evidente que ele agora associara sua doença com o significado inconsciente do desenho.)

A sra. K. interpretou que o peixinho, isolado, entre o *Nelson* e o *Salmon* representava Richard, que desejava separar os pais a fim de impedir que o Papai perigoso danificasse a Mamãe (e que o perigoso Hitler destruísse a sra. K.). Mas também os separava por ciúme.

Richard fez então mais um desenho, uma batalha de aviões, e disse que o grande avião feio que estava riscado (isto é, abatido) era Paul, mas imediatamente se contradisse, e afirmou que se tratava de seu tio Tony, de quem não gostava.

A sra. K. perguntou quem tinha abatido Paul ou seu tio (o avião feio).

Richard respondeu, sem hesitar: "Fui eu".

A sra. K. perguntou onde tinha arrumado a arma antiaérea.

Richard riu e respondeu: "Roubei do tio Tony, que é atirador". Estava achando muita graça nisso. Explicou, depois, que o avião britânico – o bonito – era a Mamãe. Ele, Richard, com sua arma enorme, estava protegendo a Mamãe contra o Papai feio, contra Paul e o tio, matando a todos.

A sra. K. interpretou que o tio Tony, de quem não gostava, representava o Papai mau, de quem ele sentia ter roubado o pênis (a arma), com que estava ao mesmo tempo atacando o Papai e salvando a Mamãe.

Richard fez a seguir o Desenho 7, e o explicou para a sra. K. As estrelas-do-mar eram bebês, o peixe era a Mamãe que tinha colocado sua cabeça por cima do periscópio para que o submarino U não visse o navio britânico. Seria enganado porque só veria a cor amarela. Richard não sabia quem seria destruído, se seria o submarino *Salmon* ou o submarino U. O peixe gordo no alto também era a Mamãe. Tinha comido uma estrela-do-mar, que agora tentava abrir caminho com suas pontas, e a machucava. O submarino U embaixo era preguiçoso. Dormia em vez de ajudar o outro submarino U. Richard disse, rindo: "Está roncando", e a seguir acrescentou: "Mas quem ronca mesmo é o Paul".

A sra. K. interpretou que o submarino U de cima que estava atacando o outro representava Richard atacando o Papai. O submarino U de baixo, o que "roncava", era evidentemente Paul, que o abandonara e era um mau aliado. Novamente, ele e John estavam também atacando o sr. K., mas ele não podia contar com John. A Mamãe, que estava defendendo os britânicos e tentando enganar o submarino U, que representava Richard, estava do lado do Papai (Nota 3) e abandonara-o também. Richard queria punir o Papai-Hitler mau por ter colocado um genital estrela-do-mar tão perigoso dentro da Mamãe – o peixe gordo no alto –, que danificava seu interior. Mas também a Mamãe era sentida como voraz por ter comido o genital-estrela-do-mar do pai – no caso, o salmão que a fizera adoecer. A estrela-do-mar dentro da Mamãe-peixe gordo era também um bebê, e ela estava gorda porque ele crescia dentro dela. Mostrara isso na sessão anterior (Desenho 6), quando falara dos bebês que eram gelatina e ainda não estavam vivos, querendo com isso se referir aos bebês que estavam crescendo dentro da Mamãe. A sra. K. também interpretou que os dois torpedos representavam o salmão do Papai, e os genitais-submarinos U de Richard, e que eram vermelhos porque comiam um ao outro.

Richard ouvira com grande interesse, embora às vezes evidentemente relutasse em aceitar as interpretações da sra. K. Ao sair, estava muito mais feliz e amigável. Em alguns aspectos, a situação dessa sessão assemelhava-se à da anterior. Quando terminava de brincar, surgiu a resistência, mas nos desenhos que se seguiram houve uma enorme riqueza de associações e de material. Perto do fim da sessão, seu estado de espírito era muito mais depressivo; a sensação de que não podia fazer reparação e de ser abandonado tanto pela mãe como pelo irmão mobilizou solidão e ansiedade. No Desenho 7, há um certo número de estrelas-do-mar que não foram coloridas, significando as não nascidas, às quais ele não foi capaz de dar vida. Esse estado de espírito era influenciado pelo fato de a mãe estar mal ainda, o que para ele significava uma doença terrível ou o parto de um bebê perigoso. Em contraste com sua mãe doente, a sra. K. representava a mãe que estava bem (eu diria, a babá saudável em contraste com a mãe doente). Na transferência, esse fato permitiu-lhe expressar tanto seus ataques como suas ansiedades relativas à mãe doente.

Notas

1. Com frequência, tanto na análise de crianças como na de adultos, o material aparenta ser muito semelhante ao apresentado anteriormente. Por isso mesmo, deve-se prestar a maior atenção a quaisquer novos detalhes – às vezes aparentemente insignificantes –, pois eles podem introduzir um aspecto do material que é novo. Neste exemplo específico, o ataque ao pai, embora, claro, simbolicamente representado, apareceu mais direta e distintamente.

Se o material – e aqui também isso se aplica tanto a crianças como a adultos – se repete várias vezes de forma obsessiva, existem duas possibilidades. Uma é que o analista não tenha percebido ligeiras alterações que deveriam ter sido interpretadas; outra, que a atitude obsessiva do paciente não tenha diminuído, necessitando de mais investigação.

2. É bem conhecido o fato de que as tentativas das crianças pequenas de realizar atividades construtivas são muitas vezes prejudicadas por sua falta de habilidade. Quando, por exemplo, começam a pintar, é provável que façam uma grande sujeira. Elas tendem a tomar esse fato como uma evidência de que seus impulsos destrutivos predominam sobre os construtivos e reparatórios. Pode-se observar, com frequência, que ao ver fracassar seus esforços rasgam o papel, ou fazem uma sujeira maior ainda. Uma das causas mais profundas dessa atitude é que a desconfiança em si mesmas e o desespero reforçam suas tendências destrutivas.

Em Richard, havia uma intensa ansiedade inconsciente de que seu brincar – que, como vimos, expressava desejos e processos tão fundamentais – terminasse em "desastre", e havia também uma forte determinação de evitá-lo. Os brinquedos pequenos caíam com facilidade e, quando isso ocorria, Richard se desesperava e odiava a si mesmo, já que isso constituía para ele uma prova de que era incapaz de controlar seus impulsos agressivos e de fazer reparação. Como consequência, seus sentimentos de perseguição e impulsos destrutivos eram reforçados – a sujeira, a pilha de objetos destruídos em sua mente, havia se tornado hostil e deveria mais ainda ser destruída. Assim, as brincadeiras terminavam com a parte perigosa dele mesmo – por exemplo, o trem "elétrico" – sobrevivendo e, como consequência, ele sentia-se dominado pela solidão, ansiedade e culpa, que, por sua vez, deveriam ser recusadas.

3. Quando Richard indicou que sua mãe – o peixe – estava protegendo o pai dos filhos hostis, ficou abalado quanto ao fato de ser abandonado por ela e pelos pais unidos contra ele. Mas ele também ficou satisfeito porque a mãe estava protegendo o pai de seus impulsos destrutivos. Isso ilustra um aspecto importante da situação emocional da criança, particularmente no período de latência. A criança sente que os pais devem viver em harmonia, e, se chega a acreditar que conseguiu causar problemas entre eles, e aliar-se a um contra o outro, isso se torna uma fonte de grande conflito e insegurança. Já me referi ao fato de que, particularmente no período de latência, a criança sente-se insegura se os pais ou outras pessoas investidas de autoridade não estão de acordo. Isso coexiste com o desejo oposto de que um dos pais se alie a ela contra o outro.

Sessão 16
quinta-feira

Richard parecia particularmente satisfeito de ver a sra. K. Disse que "gostava imensamente" dela e que a achava "doce". Contou para a sra. K. que sua mãe não tinha vindo; não que se importasse muito com isso, mas sentia por ela ainda não estar bem. (Estava, evidentemente, tentando mostrar-se razoável em relação a isso, mas seu estado de espírito era sério e abatido.) Imediatamente começou a brincar, formando grupos como anteriormente: algumas crianças juntas; o ministro sozinho no telhado; o ministro e a mulher cor-de-rosa juntos; grupos de animais – dois em um vagão (vaca e cavalo), um de frente para o outro, e no outro vagão uma ovelha olhando para eles. Um pormenor novo aparece: o ministro caiu do telhado porque foi empurrado por um homenzinho; a isso se segue a mesma atividade da sessão anterior: o cachorro pula no vagão e expulsa o homem dali. Richard montou novamente a "estação" (a mesma casa que havia utilizado previamente para isso), e comentou que nos fundos havia favelas. Nesse momento, mostrou-se preocupado e relutante em responder à pergunta da sra. K. sobre que aspecto tinham as favelas. Comentou, porém, que havia ali crianças sujas e doenças. Ao dizê-lo, afastou alguns bonequinhos que apresentavam pequenos defeitos, dizendo que não os queria. Pôs em movimento os dois trens, e o trem de carga bateu no trem elétrico. De repente, mordeu a torre de uma casa (a qual chamou de "igreja"). Depois, o cachorro mordeu alguém, e a isto se seguiu um desastre. Tudo desmoronou, e o cachorro foi o único sobrevivente. Novamente, colocou os brinquedos de lado e, como havia feito depois dos desastres anteriores, disse que estava "cansado" deles. Ao dizê-lo, parecia preocupado. Levantou-se, olhou ao redor da sala, e saiu pela porta; animou-se ao contemplar a paisagem do campo (com admiração genuína), comentando sobre sua beleza. De volta à sala, começou a desenhar, dizendo que estava fazendo "um quadro selvagem" (Desenho 8). À pergunta da sra. K. – "Por que selvagem?" –, respondeu que não sabia; e que simplesmente *sentia* que era assim. Após fazer uma parte do desenho, Richard explicou que as estrelas-do-mar eram "muito vorazes", e que todas estavam em volta do *Emden* afundado e queriam atacá-lo. Tinham ódio dele e queriam ajudar os britânicos. Assinalou que o peixe estava a ponto de tocar a bandeira, mas tanto o peixe como as estrelas-do-mar estavam "no caminho" do submarino *Salmon*, que queria salvar o *Emden* afundado. Logo depois, Richard decidiu que o peixe não estava no caminho, atrapalhando, mas sim ajudando o *Salmon*.

A sra. K. interpretou que a necessidade de Richard de fazer um quadro "selvagem" se expressava no fato de as estrelas-do-mar terem muito mais pontas denteadas do que nos desenhos anteriores e, uma vez que Richard disse que eram "muito vorazes", sugeriu que essas pontas representavam os dentes dos bebês vorazes. Estavam tão próximas do *Emden* porque tinham atacado seus seios (as duas chaminés). O *Emden* afundado representava a Mamãe que morreu porque foi devorada e destruída por seus filhos (e também a sra. K. devorada pela voracidade de Richard e de John). O Papai aparecia aqui como bom, pois estava tentando salvar a Mamãe (o submarino *Salmon* resgatando o *Emden* afundado), e os filhos maus (as estrelas-do-mar) tentavam impedi-lo (Nota 1). Na metade superior do desenho, uma situação diferente era apresentada. A Mamãe (o peixe) estava viva, perto do Papai (prestes a tocar a bandeira), e Richard (o submarino *Severn*) estava bem com eles. A sra. K. sugeriu que o avião britânico poderia representar Paul, incluído na situação familiar feliz. Em sua brincadeira, as favelas representavam a mãe danificada, que adoecera (as doenças). Isso significava, como foi visto anteriormente, que o genital do pai mau – no Desenho 7 o salmão-genital e a grande estrela-do-mar que ela comeu[38] – fez com que adoecesse. (Este medo foi estimulado pela dor

---

38 As suspeitas de Richard em relação a si mesmo como destrutivo (o bebê voraz), que se estendiam para as outras crianças (John e Paul aqui), coexistiam com as suspeitas acerca do pai mau. A voracidade deles era predominantemente sentida como um perigo para a mãe. Nas crianças (estrelas-do-mar), os impulsos e as fantasias destrutivos expressavam-se pelo morder e devorar; no pai, a arma de destruição era o genital voraz, que morde e envenena. Como pudemos ver no material, a culpa de Richard referia-se não apenas a sua própria destrutividade mas também à do pai, pois sentia que os impulsos destrutivos do pai eram o resultado de seus próprios desejos hostis, mobilizados

de garganta da mãe.) Talvez temesse que as estrelas-do-mar vorazes (ele e John) fariam também adoecer a sra. K. Assinalou, ademais, que quando estava brincando com os brinquedos mais uma vez havia atacado o Papai diretamente. Richard havia sido representado primeiramente pelo homenzinho que empurrava o ministro (o Papai) para fora do telhado, depois pelo cachorro que expulsou o homem do vagão (Nota 2).

Richard estivera olhando para alguns dos desenhos anteriores, especialmente o Desenho 5, que não fora analisado quando foi feito.

A sra. K. perguntou-lhe o que pensava que significava. E, como Richard se mostrou relutante em responder, a sra. K. interpretou que os quatro aviões britânicos poderiam representar a família.

Richard ficou interessado e mostrou-se cooperativo. Disse que o bombardeiro alemão riscado, à direita, representava ele mesmo. Tornou-se, subitamente, inquieto, levantou-se e disse (após evidente luta interior) que tinha um segredo que não poderia contar para a sra. K. Mas, logo a seguir, contou: tinha sujado as calças na noite anterior, e a Cozinheira as tinha lavado. Acrescentou, envergonhadamente, que isso dificilmente acontecia, mas, às vezes, achava que podia segurar seu cocô e acontecia que no fim das contas não conseguia.

A sra. K. interpretou que a lembrança do "segredo" lhe ocorreu no momento em que reconheceu que no desenho ele era o bombardeiro alemão mau, e acrescentou que seu cocô era sentido como sendo as bombas. Seu medo de poder vir a bombardear a família com suas fezes pode ter sido a causa de ter sujado as calças na noite anterior; dessa maneira, podia confessar seus medos, testar se seu cocô era perigoso, e livrar-se dessas fezes secretas que sentia conter em si. A sra. K. assinalou também que no desenho as bombas caíam sobre a arma antiaérea e sobre um dos aviões britânicos (que por isso ele riscara). Ele havia dito recentemente que tinha roubado a arma antiaérea do tio e com ela atacado o tio, o Papai e Paul; no desenho, porém, a arma antiaérea tinha destruído o bombardeiro alemão, que representava a parte má dele mesmo que havia roubado o genital do Papai (a arma) e com ela atacado o Papai. Por isso, Richard sentia que devia ser punido e destruído.[39]

Richard mostrou o homenzinho que estava olhando para a cratera aberta pela bomba.

---

pelo ciúme. Na brincadeira, o desastre deveu-se basicamente ao fato de ter atacado o pai, ou ambos os pais, por causa de seu ciúme.

39 Vemos aqui, pela primeira vez, que a destrutividade de Richard engendrava, por medo de retaliação, o seu medo de morrer. A necessidade de punição também não deixa dúvidas.

A sra. K. sugeriu que o homenzinho também era Richard, preocupado com os danos causados; a cratera aberta pela bomba era o seio da Mamãe, e, já que a arma antiaérea era o genital do Papai (e do tio), as fezes-bombas de Richard dirigiam-se a ambos os pais; além disso, o hangar representava também a Mamãe, e Richard (o homenzinho) havia, desse modo, se interposto entre os pais.

Richard assinalou que ele, a Mamãe e Paul continuavam vivos, pois eram os três aviões britânicos não danificados. O que tinha sido derrubado era o Papai. Dentre os aviões alemães, disse que o "feio" no canto superior esquerdo era Paul; o que estava próximo a este era ele, e o terceiro (intacto) era a Mamãe.

A sra. K. interpretou que o avião alemão vivo a representava também. O avião britânico derrubado representava o Papai destruído. No canto inferior do desenho, no entanto, o Papai continuava vivo, representado pela arma antiaérea, e com a Mamãe (o hangar).

Richard disse que ele mesmo estava vivo, na parte superior do desenho, porque os três aviões alemães que foram derrubados eram também o Papai, a Mamãe e Paul; e aqui ele, Richard, era o único sobrevivente.

A sra. K. interpretou novamente que, quando seus sentimentos oscilavam entre ódio, medo, culpa e o desejo de fazer reparação, as pessoas (até ele próprio) e as situações transformavam-se em sua mente. Iam se transformando, então, em más, ou destruídas, ou boas, ou mortas, ou vivas.

A sra. K. precisou interromper essa sessão alguns minutos mais cedo. Sugeriu repor esse tempo no dia seguinte.

Richard perguntou se ela precisava atender John mais cedo.

Notas

1. Nesse momento, expressavam-se com toda intensidade os desejos e fantasias orais, que, juntamente com o material anal, já havia desempenhado um papel proeminente nesta análise. O *Emden* afundado, no Desenho 8, devorado pelos bebês estrelas-do-mar vorazes, representava a mãe de Richard, repetidas vezes devorada internamente e, portanto, sentida como estando morta e sendo inimiga. É interessante observar que, a partir do Desenho 3, Richard desenhou uma linha divisória, que, segundo ele, significava que o que acontecia acima dela não tinha nada a ver com o que se passava abaixo. A interpretação de que ele separava sua mente consciente da inconsciente foi inteiramente comprovada.

Considerando particularmente o Desenho 8, acredito que a linha divisória expressava também divisões entre uma situação interna e uma externa, bem como entre amor e o ódio e as situações a que essas emoções conflitantes poderiam dar origem. A posição depressiva passara para o primeiro plano. Um dos aspectos essenciais dessa posição baseia-se nos perigos que ameaçam o objeto interno; e o *Emden* afundado, que não poderia ser salvo, representava a mãe interna irremediavelmente danificada pela voracidade de Richard. (A doença de sua mãe, embora não fosse de fato séria, havia mobilizado intensamente a ansiedade e a culpa.) Ao mesmo tempo, os sentimentos amorosos e as tendências reparatórias, intimamente ligadas à posição depressiva, são expressos pelo que se passa acima da linha divisória, assim como na parte central do desenho.

O navio e o avião britânico flutuando na parte superior representam os pais bons e unidos e o Paul bom que tentariam controlar os impulsos destrutivos de Richard, impedindo assim o desastre para toda a família, até para ele próprio. O peixe-mãe quase tocando a bandeira, que representava o pai, e o *Salmon* tentando resgatar o *Emden* afundado são também uma expressão da relação boa entre os pais. Richard demonstrou seus sentimentos ambivalentes quanto a essa relação dizendo a princípio que o peixe estava no caminho e era um aliado das estrelas-do-mar vorazes, depois corrigindo-se dizendo que ele não estava no caminho. O fato de que, na primeira associação, a mãe-peixe deveria impedir que o *Salmon* resgatasse o *Emden* afundado tem muitos determinantes. É uma recusa de que o *Emden* afundado seja a mãe destruída interna. Também significa separar a situação externa de uma situação interna; e significa que as mães externa e interna diferem entre si, sendo a mãe externa uma aliada do filho, e a mãe interna devorada, tornando-se assim hostil e perigosa. As estrelas-do-mar vorazes, devorando a mãe e impedindo que ela seja salva pelo pai-*Salmon*, expressam os impulsos destrutivos operando com força máxima.

O fato de que esses aspectos divididos puderam ser revelados no desenho operando simultaneamente se deu graças à análise dos processos de cisão e projeção ligados a impulsos e fantasias sádico-anais e sádico-orais, o que permitiu ao menino vivenciar, até certo ponto, a posição depressiva.

Mencionei que alguns passos em direção a uma síntese foram indicados na Sessão 9. Nela, Richard se sentiu inquieto por seu ódio à Alemanha – sua mãe, que tinha sido transformada em má por Hitler (o pai mau) – e escolheu em vez dela a França, pela qual sentia simpatia, embora ela tivesse, segundo ele, "traído" os britânicos. Isso significava que a mãe boa e a má haviam se aproximado em sua mente e que lhe era mais possível amar seu objeto, apesar das imperfeições deste. O Desenho 8 leva-nos mais adiante ainda, já que uma precondição para a síntese que surge com a posição depressiva é o crescente conhecimento inconsciente da realidade interna, dos aspectos contrastantes e excindidos de suas emoções e desejos, que se encontram expressos nesse desenho.

2. Dessa maneira, Richard exprimiu em suas brincadeiras e no desenho uma variedade de aspectos, não só de pessoas (pais, irmão e ele mesmo) como também de situações que se davam, ou poderiam se dar, em sua mente, como resultado das inter-relações dessas pessoas: a Mãe tocando a bandeira – isto é, em bons termos com o Pai –; o Pai salvando a Mãe; ele e Paul em relações amigáveis com o navio (os pais). O que ele sentia com respeito a essas várias situações era fortemente influenciado por seus próprios desejos, emoções e ansiedades predominantes no momento e atribuídos a sua família. Uma parte essencial da terapia psicanalítica (e isto se aplica a crianças e adultos) consiste em que o paciente, por intermédio das interpretações do analista, possa se tornar capaz de integrar aspectos contrastantes e excindidos de seu self; o que implica também a síntese dos aspectos excindidos de outras pessoas e situações. Esse progresso de síntese e integração durante uma análise, embora produza alívio, também suscita ansiedade – pois o paciente vivenciará as ansiedades persecutórias e depressivas que foram em grande parte responsáveis pela tendência à cisão, sendo que a cisão é uma das defesas fundamentais contra as ansiedades persecutória e depressiva.

Sessão 17
sexta-feira

Richard parecia deprimido, e contou à sra. K. que tinha esperado a Mamãe e Paul, que estava em casa de licença, mas eles não vieram. Possivelmente chegariam amanhã. Estava triste de perder a maior parte da licença do irmão. Se encontrasse Paul amanhã, seria apenas por algumas horas. Richard tinha perguntado para a Cozinheira (que continuava no hotel com ele) o que ela achava que a família poderia estar fazendo; a descrição que ela deu do Papai e da Mamãe sentados junto à lareira com Paul e Bobby fez com que Richard se sentisse tão infeliz e só que era quase impossível suportar isso. Distraidamente comentou que não iria desenhar, mas que gostaria de brincar com os brinquedos. Mas logo abandonou os brinquedos e disse que não queria brincar, nem desenhar, nem falar, nem mesmo pensar. Passado um momento, contudo, pegou os brinquedos; notou que uma mulher pequena tinha se soltado de sua base e jogou-a de lado, dizendo que não gostava dela. A seguir, contou à sra. K. que havia mandado para a Mamãe um desenho parecido com o que tinha feito na sessão anterior (Desenho 8).

A sra. K. sugeriu que Richard, ao fazer esse desenho para sua mãe, sentiu que não só estava lhe dando um presente e, desse modo, fazendo-a sentir-se melhor como também confessava para ela sua culpa por tê-la ferido, o que no desenho estava expresso pelo *Emden* afundado. Além disso, sentia-se culpado por ter rejeitado a Mamãe ferida (a mulher pequena que se soltara da base), sentindo ser ele a causa de sua doença ou de seu ferimento. Mandando para a Mamãe um desenho semelhante ao que fizera para a sra. K. expressava também seu desejo de não rejeitar a mãe (que estava doente, e para ele muito ferida) e de não preferir a sra. K., sentida agora como a Mamãe não danificada e também a Babá (Nota 1).

Richard pegou novamente os brinquedos e fez vários grupos: duas menininhas juntas (duas das figuras femininas menores); duas mulheres; o homem e a mulher no telhado; dois meninos; depois novamente dois animais (a vaca e o cavalo) num vagão olhando um para o outro e no vagão seguinte um carneiro observando-os. Richard disse que todos estavam felizes. Montou duas estações: uma para o trem de carga carregando os animais, e a outra para o trem expresso (ou elétrico). Deixou bastante espaço e dispôs os vários grupos de forma que os trens pudessem passar com segurança. Disse enfaticamente: "Tudo está indo bem, hoje não haverá desastre". A seguir, mais hesitante: "Pelo menos espero que não". Várias vezes passou o cachorro de um grupo para o outro, finalmente colocando-o com as menininhas, dizendo que ele estava abanando o rabo para elas. Ao fazer isso, rapidamente pôs em movimento um dos balanços (o que, a partir da Sessão 14, passou a representar a relação sexual dos pais). A seguir, empurrou um vagão na direção das meninas e do cachorro, e fez com que derrubasse todos os três. De repente, o caminhão de carvão atravessou a estação e derrubou todas as casas, inclusive aquela que na sessão anterior foi imaginada como tendo aos fundos a favela. O trem expresso (que na Sessão 14 representava ele mesmo quando era o maior e o mais forte e agora representava os pais) derrubou o resto dos brinquedos. Como na sessão anterior, abandonou os brinquedos nesse ponto e começou a desenhar.

A sra. K. interpretou que, no começo, ele não desejava brincar por causa de seu medo de que iria provocar um desastre na família, por ter se sentido tão só e com inveja dos outros que estavam em casa, felizes juntos. Quando, depois da interpretação, ele ficou mais esperançoso de que poderia, afinal de contas, dar um jeito de não os atacar, começou a brincar e insistiu que todos estavam felizes. Mas não conseguiu levar seu intento a cabo porque seu ciúme da família reunida era intenso. O arranjo de dois animais no primeiro vagão e o outro sozinho no segundo vinha repetidamente expressando a solução pela qual ele permitia que os pais fossem amorosos um com o outro e ele permanecesse em termos amigáveis com eles, desde que pudesse ficar perto deles. Mas aí só poderiam ficar três deles juntos, e Paul era deixado de fora. Outra maneira pela qual ele tentou manter a paz em seu brincar foi colocando os meninos juntos, representando Paul e ele próprio (um grupo que não havia composto anteriormente), expressando assim seu desejo de afastar-se dos pais para não lhes causar danos, aliando-se, em vez disso, a Paul.

Richard disse que pensar que Bobby estava agora fazendo festa para Paul, e não para ele, o deixava particularmente com raiva.

A sra. K. lembrou-lhe que Bobby representava um amigo, irmão, bebê, e também ele próprio. Na brincadeira, o cachorro tinha repetidas vezes atirado o Papai-ministro para fora do vagão (que representava a Mamãe). Bobby, de fato, muitas vezes tomava o lugar do Papai na poltrona, o que para Richard significava que ele tomava o lugar do Papai junto à Mamãe. Ao sentir-se decepcionado com ambos os pais e com Paul, ele talvez tivesse desejado ter duas menininhas – irmãs – com quem brincar; talvez tivesse também querido fazer alguma coisa com elas com seu genital (na brincadeira, o cachorro balançando o rabo para as menininhas), mas isso parecia perigoso e terminava em desastre. O caminhão de carvão atravessando a estação significava atacar a Mamãe com seu cocô (bombas), e o trem expresso derrubando tudo representava os pais ao descobrirem tudo que ele havia feito e punindo-o e até mesmo matando-o.

Richard começou então a fazer um desenho semelhante a seus primeiros desenhos de submarino, mas logo desistiu e rasgou a folha. A seguir, desenhou uma grande estrela-do-mar (Desenho 9). Tão logo percebeu as muitas pontas afiadas da estrela-do-mar, disse que queria fazer um desenho bonito e coloriu-o com giz de cera; depois, desenhou um círculo em volta dela, pintou o espaço de vermelho, e comentou: “Está lindo”.

A sra. K. lembrou-lhe que dois dias atrás (na Sessão 15, Desenho 7), uma estrela-do-mar havia representado o genital devorador do Papai que a Mamãe-peixe havia comido, desenho esse que foi feito quando a Mamãe estava com dor de garganta. Naquele desenho, o peixe era muito gordo, contendo a estrela-do-mar, que também significava o genital do pai devorado pela Mamãe e o bebê que crescia em seu interior. No desenho de hoje, a grande estrela-do-mar também parecia representar o genital devorado do Papai que a fazia sangrar porque comia seu interior; isso era demonstrado pelo círculo vermelho em volta da estrela-do-mar. A estrela-do-mar representava também o bebê voraz e frustrado – ele mesmo – ferindo e comendo a Mamãe por dentro nas ocasiões em que ele a queria e ela não aparecia. Isso foi revivido quando a Mamãe o decepcionou ficando com o Papai e Paul. A sra. K. lembrou-lhe que, na sessão anterior, precisou mandá-lo embora alguns minutos antes da hora, o que fez com que Richard perguntasse se ela iria atender John Wilson mais cedo. Richard tinha sentido ciúme de Paul e John, e se sentido frustrado tanto com a sra. K. como com a Mamãe; atacava-as, então, diretamente desejando comer o interior da Mamãe e da sra. K., e indiretamente colocando dentro delas o genital perigoso do Papai.

Hesitante e em voz baixa, Richard disse que, quando a Mamãe ficava com dor de cabeça ou se sentia mal, muitas vezes ela dizia que a culpa era dele, por ter sido malcriado.

A sra. K. respondeu que, ao dizer isso, a Mamãe confirmava seus medos de ser perigoso e destrutivo para com ela.

Richard levantou-se, caminhou pela sala, e encontrou um espanador, com o qual tirou o pó das prateleiras e de outras coisas. Disse que desejava limpar a Mamãe e fazer com que ficasse melhor. Depois, abriu a porta, mostrou para a sra. K. a linda paisagem e disse que o ar estava “fresco e limpo”. Pulou os degraus, e por pouco não caiu sobre um canteiro de flores. Perguntou para a sra. K. se ele havia “matado a plantação”.

A sra. K. interpretou que mais uma vez ele encontrava conforto contemplando a bela mãe externa não danificada, representada pelas colinas, porque isso o fazia sentir que ela não estava destruída, nem suja, nem devorada por dentro. Desejava além disso pô-la em boas condições, e torná-la tão saudável e bela como o campo (o ar fresco e puro); expressou isso também ao tirar o pó das prateleiras.

Richard deu sinais de ansiedade. Estava preocupado com os barulhos vindos da rua, e em particular se as crianças – suas inimigas – estavam passando. A seguir, olhou novamente ao redor da sala e tirou de uma prateleira uma bola de futebol. Pôs-se a soprá-la, dizendo que a enchia com seu próprio ar, e agora ele não tinha mais nenhum. Deixando o ar sair da bola, comentou que o som parecia com o vento no filme *Everest* (o que queria dizer que era um som estranho). Acrescentou: “Como uma pessoa chorando”.

A sra. K. referiu-se ao desenho de hoje (9) e relacionou a Mamãe sangrando por dentro no desenho com a bola de futebol.

Richard respondeu que, ao encher a bola, estava fazendo a Mamãe reviver.

A sra. K. recordou-lhe o material da sessão anterior: a sala suja significava a mesma coisa que as favelas nas quais havia doenças e crianças sujas; e ele tinha sentido que suas fezes, que para ele eram a mesma coisa que bombas, tinham envenenado e ferido a Mamãe, que era também comida por dentro pelas crianças más. Por conseguinte, ela foi representada pelo *Emden* afundado (Sessão 16). A sra. K. referiu-se também ao carro preto com muitas placas numeradas (Sessão 9) e a seus esforços para restaurar e fazer reviver a Mamãe (o aquecedor elétrico).

Richard estava deitado sobre a bola inflada e apertava-a para esvaziá-la; disse: “A Mamãe agora está vazia de novo e morrendo”.

A sra. K. sugeriu que o bebê estrela-do-mar voraz – o próprio Richard – também era sentido como esvaziando a mãe e secando o seio; que, quando ele era um bebê, teve medo de perder a Mamãe por sua voracidade e por isso se entristecia e se preocupava. Se tentasse restaurá-la injetando todas as coisas boas que ele continha, acreditava que ficaria exaurido e que morreria. Sentiu-se, então, mais voraz e novamente desejou esvaziá-la para manter-se vivo; mas com isso ela morreria. Isso também se aplicava à sra. K. Ele tinha perguntado se ela iria lhe dar mais tempo amanhã para compensar pela sessão mais curta da semana passada (a Nona) tal como estava fazendo hoje para repor o tempo perdido da sessão anterior. Isso demonstrava seu desejo de obter o máximo possível dela; mas seu medo de exauri-la e de matá-la era uma das razões pelas quais ele geralmente não queria prolongar a sessão além dos cinquenta minutos.

O estado de espírito de Richard, nesta sessão, foi às vezes de perseguição, quando vigiava a rua, mas predominantemente de depressão, embora no decorrer da sessão esta se tornasse menos intensa do que nos dias anteriores.

Nota

Sugeri que, no Desenho 8, Richard fez uma tentativa de excindir a situação externa da interna. Eu fiquei sendo a mãe saudável que também podia ajudá-lo; a mãe real, embora doente, ainda era amada, e ele tentava repará-la. Mas a mulher pequena, que ele descartou, mostrava a atitude ambivalente em relação à mãe doente e representava também a mãe interna danificada que despertava nele tanta ansiedade. É a relação com a mãe interna que parece constituir a base da paz e segurança e – se ela é sentida como danificada e persecutória – torna-se uma causa fundamental de distúrbio mental.

Sessão 18
sábado

Richard estava abatido. Seus pais e Paul tinham vindo visitá-lo, mas partiram um dia antes do que pretendiam. Disse que não queria os brinquedos e que não estava com vontade de desenhar. Odiou ter deixado a sra. K. ontem, gostava tanto dela! A seguir, falou sobre as notícias e disse que estava contente com a captura de Sollum; mas ainda tinha dúvidas a respeito da situação geral. Será que os aliados iriam conseguir derrotar os alemães em tantas frentes? (Isso foi dito com seriedade e preocupação.) Depois, contou um sonho que chamou de "engraçado".

Ele estava em Berlim. Um menino alemão, mais ou menos de sua idade, estava "berrando" com ele em alemão, insultando-o por ser britânico e não ter o direito de estar ali. Richard berrou tão alto em resposta, que o menino ficou aterrorizado e fugiu. Havia ali outros meninos que eram bons e falavam inglês como meninos ingleses. Richard conversou com o sr. Matsuoka, censurando-o por sua política. A princípio, Matsuoka mostrou-se amigável, mas logo "ficou desagradável", porque Richard o provocou ameaçando quebrar seu "billy-glass" (monóculo). De repente, a Mamãe também estava ali e conversava com Matsuoka como se fossem velhos conhecidos, mas nem reparou em Richard. Depois, Matsuoka não estava mais ali, parecia ter sido afugentado por Richard.

Nesse momento, Richard lembrou-se do começo do sonho:

Ele estava dentro de um carro blindado, com seis fuzis, cinco canhões e uma metralhadora. Tinha sido expulso de Berlim pelas tropas alemãs, mas "deu meia-volta e cuspiu fogo" nelas; elas bateram em retirada o mais rápido possível. Havia dois carros blindados cheios de tropas. Cada carro alemão devia ter seis fuzis, mas não eram tão bons como os dele.

Nesse momento, Richard tornou-se hesitante e pareceu ansioso. Fez um comentário a respeito da ideia de que ele podia assustar todo mundo, pareceu divertir-se com isso e disse: "A gente sonha cada bobagem!". Achou que talvez tivesse "acrescentado algumas coisas" ao sonho, mas estas "pareciam fazer parte dele". Seu divertimento logo deu lugar à depressão. Enquanto contava o sonho, começara um desenho representando novamente uma grande estrela-do-mar, que coloriu com diferentes gizes de cera. Enquanto falava a respeito dos dois carros blindados alemães, segurou dois lápis juntos (formando um ângulo agudo) e colocou-os na boca. Também pôs os balanços em movimento.

A sra. K. interpretou[40] que sonhar que estava em Berlim expressava seu sentimento de estar cercado e dominado por inimigos. Ele mesmo tinha comentado como era curioso que ele fosse tão aterrorizador e poderoso, afugentando o menino alemão, Matsuoka e as tropas alemãs nos carros blindados. Dessa maneira, conseguia, no sonho, recusar seus medos, mas na realidade teria ficado completamente impotente numa situação como essa {Defesa maníaca}. Matsuoka "ficou desagradável" porque Richard o provocou. Anteriormente (Sessão 15), contara para a sra. K. que os dois peixes, representando Paul e ele próprio (Desenho 6), estavam provocando o pai-polvo. O monóculo de Matsuoka representava o genital do Papai que Richard ameaçou destruir, e ele sentiu que o Matsuoka-pai iria atacar e destruir o genital de Richard

40 Trata-se, mais uma vez, de uma interpretação que, embora apresentada aqui consecutivamente, foi sem dúvida interrompida por alguma resposta ou material.

em retaliação. Paul como um aliado estava representado pelos meninos bons que falavam inglês, enquanto o Paul hostil era o menino alemão que "berrava". A forma como a Mamãe entrava no sonho mostrava a tentativa de Richard de tê-la como aliada. Ela, no entanto, pareceu aliar-se a Matsuoka e ignorou Richard. Ele mostrou sua necessidade de uma mãe boa e capaz de ajudá-lo pela maneira como se voltou para a sra. K., dizendo o tanto que gostava dela. Mas na situação do sonho, a Mamãe abandonara-o. A ansiedade no sonho de estar cercado de inimigos relacionava-se com o ter-se sentido abandonado pelos pais e por Paul, quando estes o deixaram no dia anterior. Nos dias precedentes, tinha sentido muito ciúme pelo fato de eles estarem juntos e tinha se sentido abandonado e só, mas o sonho mostrava que, em sua mente, todos haviam se tornado inimigos, unidos contra ele e prestes a atacá-lo. Os carros continham tropas, e isso significava que não apenas os pais mas a família toda associara-se contra ele. A sra. K. sugeriu também que os dois lápis que ele juntara e colocara na boca representavam os pais que ele tinha comido, os coelhos divididos entre Paul e ele (Sessão 12). No sonho, os pais eram representados pelos dois carros blindados e também foram, conforme sugeriu a sra. K., comidos e engolidos por ele {Internalização do objeto}. Eles eram perigosos e estavam unidos contra ele – a Mamãe juntando-se a Matsuoka.

Richard contou para a sra. K. que ontem tinha acontecido uma coisa agradável. Estava na estação de trem e o maquinista convidou-o para entrar na locomotiva e dar uma olhada. Quando, mais tarde, os pais chegaram para visitá-lo, viu o mesmo trem de carga na estação.

A sra. K. interpretou que Richard mencionou o incidente com o maquinista quando ela estava falando dos pais-carros blindados hostis. Desejou, nesse momento, expressar seu sentimento de que tinha colocado para dentro de si o pai bom (o maquinista); o trem de carga, que ele havia permitido que Richard inspecionasse, representava a Mamãe. Isso significava que Richard sentia ter também em seu interior os pais bons. No sonho, também havia na Alemanha meninos bons, que representavam irmãos bons e capazes de ajudar. No entanto, esse lado bom parecia não o ajudar suficientemente contra seus medos de ter engolido, e consequentemente de conter dentro de si, toda a família, que tinha se associado contra ele de forma hostil, e isso o tornava alguém cheio de inimigos {Relação com os objetos internos}.

Richard parecia absorto em seus pensamentos durante essas interpretações. Tornou-se muito inquieto e olhou os desenhos, especialmente o último que havia feito.

A sra. K. perguntou o que pensava a respeito dele.

Richard disse que era uma grande estrela-do-mar, mas que ele a havia transformado numa forma bonita.

A sra. K. lembrou-lhe que no dia anterior a grande estrela-do-mar (Desenho 9), que ele transformara numa forma bonita, havia ferido o interior da Mamãe, causando um sangramento. No desenho de hoje, a estrela-do-mar também tinha muitos dentes, e isto expressava os ataques dele, Richard, por meio de mordidas. Esses ataques pareciam ligar-se ao carro blindado, que, no sonho, atirava e cuspia fogo. Tais medos apareceram também na brincadeira de ontem, quando desejou manter a família feliz, mas não foi capaz disso. Esses medos levaram-no a destruir a família de diversas maneiras. Alguns dias atrás, ao brincar, havia mordido a torre da igreja (Sessão 16) e concordara com a interpretação da sra. K. de que isso significava comer aquilo que a torre representava, isto é, o genital do Papai. Na brincadeira do dia anterior, o cachorro, que foi o único sobrevivente, representava ele próprio; mas isso significava que ele (o cachorro) havia devorado a família.

Richard estivera escutando com mais atenção e parecia nesse momento aliviado e animado. Apontou os "dentes pintados de marrom" e disse que sim, eram fuzis. Abriu então a porta e mais uma vez expressou seu prazer com a paisagem. A seguir, arrancou um pouco de grama do jardim e, de volta à sala, colocou a grama na boca e depois jogou-a fora. Explorou a sala e a pequena cozinha ao lado, onde encontrou uma vassoura, e pôs-se a limpar o recinto cuidadosamente. Durante toda essa atividade parecia, entretanto, desatento e abatido. Após varrer, pegou a bola de futebol com a qual brincara na sessão anterior, encheu-a de ar, e esvaziou-a apertando-a contra o corpo. Ouvindo o ruído do ar escapando, comentou: "Parece que está falando".

A sra. K. perguntou-lhe quem estava falando.

Richard respondeu sem hesitação: "A Mamãe e o Papai".

A sra. K. interpretou que a bola de futebol com a válvula de borracha representava os pais e seus respectivos genitais, e que ele sentia que conversavam secretamente entre eles.

Richard continuou a encher e a esvaziar a bola. Novamente escutou o som do ar que escapava e disse: "Ela está chorando. O Papai a aperta e eles estão lutando".

A sra. K. assinalou que ao comprimir a bola de futebol-pais contra sua barriga ele mais uma vez expressava seu sentimento de ter colocado os pais para dentro de si, seja um lutando com o outro, seja unindo-se contra ele – os dois carros blindados no sonho; Matsuoka e a Mamãe –, e que ele também continha a Mamãe ferida ou morta, pois o Papai a apertara. Devido a seu medo de conter dentro de si pais que brigam, pais que conspiram contra ele, a Mamãe doente com o Papai mau que a fere, é que Richard sentira tanta dificuldade, ontem, em separar-se da sra. K., especialmente num momento em que seus pais e Paul haviam-no deixado. Isso significava não só que ele fora abandonado mas também que dentro dele eles se uniam contra ele. Necessitava tão intensamente dos pais externos, de Paul e da sra. K. em função de seu temor de contê-los como pessoas perigosas e danificadas. Seu sentimento de estar só, abandonado e amedrontado tinha muito a ver com seus medos relativos a seu interior (Nota 1).

Richard estivera novamente ouvindo com mais atenção e parecia ter compreendido a última interpretação. Antes de sair, rapidamente fez os Desenhos 10 e 11.

Nota

Esse material ilustra o fato de que vários aspectos do relacionamento sexual dos pais, tais como são fantasiados pelo bebê (ou seja, que eles estão lutando entre si; que se aliam de forma hostil contra o bebê; ou que um deles – ou ambos – está ferido e destruído), passam a ser internalizados. O bebê transfere essas situações para seu mundo interno, onde são reencenadas; vive todos os detalhes de tais lutas e danos causados como se ocorressem dentro dele, e essas fantasias podem consequentemente tornar-se a fonte de vários tipos de queixas hipocondríacas. No entanto, não são internalizadas apenas as fantasias da relação sexual dos pais mas também outros aspectos da relação deles (fantasiados bem como observados), influenciando fundamentalmente o desenvolvimento tanto do ego como do superego da criança.

Gostaria de chamar a atenção para a concretude que nessa sessão caracteriza as fantasias de incorporação oral, como quando junta os dois lápis e os coloca na boca ao falar dos carros blindados. Esse material também lança alguma luz sobre os diferentes tipos de relação com os objetos internalizados e sobre a variedade de identificações.

Outra questão ilustrada por esse material é a estreita relação entre situações de perigo interno e a correspondente insegurança acerca dos mundos interno e externo. Essa insegurança, que em essência é o medo de ficar exposto aos perseguidores internos e privado de um objeto bom e que preste ajuda, é, em minha experiência, uma das mais profundas causas da solidão.

Sessão 19
segunda-feira

Richard disse que estava muito mais contente. Passara um fim de semana feliz; também tinha ficado algumas horas com Paul. Mamãe tinha vindo para "X" com ele e ia ficar. Richard trouxe alguns de seus brinquedos, uma pequena frota de navios de guerra,[41] e começou a brincar com eles. Colocou alguns destróieres de um lado e disse que eram alemães. Do outro lado, couraçados, cruzadores, destróieres e submarinos representavam a frota britânica. (Richard estava excitado e exultante.) Os dois couraçados atacavam os destróieres; um explodiu, os outros, cheios de rombos, afundaram. Enquanto Richard manobrava os navios, emitia sons os mais variados e expressivos que supostamente vinham deles, algo que ficava entre o barulho de motores e o som de vozes humanas, indicando claramente se os navios se sentiam felizes, amistosos, zangados etc. Quando dois ou três navios estavam juntos, o som assemelhava-se ao de uma conversa, embora não usasse nenhuma palavra. (Richard mostrava-se ainda mais consciente do que de costume dos sons que vinham de fora e das crianças que passavam pela casa. Repetidas vezes pulou da cadeira para olhar para fora.)

A sra. K. interpretou que os destróieres alemães representavam os bebês da Mamãe, que ele sentia ter atacado porque teve ciúme e ódio deles; e, por isso, tinha a expectativa de que fossem hostis para com ele. Enquanto brincava com os destróieres, mostrava-se temeroso e desconfiado das crianças que passavam; estivera ouvindo os barulhos, "em guarda". Todas as crianças do mundo passaram a representar os bebês da Mamãe; portanto, esperava encontrar inimigos por onde quer que encontrasse crianças.

---

41 A frota consistia em 2 couraçados, 3 cruzadores, 5 destróieres, 5 submarinos: ao todo, 15 peças. Os submarinos eram os menores. Embora os navios de cada grupo fossem do mesmo tamanho, ao brincar com eles, Richard muitas vezes referia-se a um deles como maior ou menor que os outros da mesma categoria. Uso aspas para indicar onde ele diferencia o tamanho deles conforme suas fantasias.

Richard abriu a porta e convidou a sra. K. a olhar a paisagem encantadora. Mostrou que havia muitas borboletas. Pareciam bonitas, mas eram destrutivas, comiam repolhos e outros vegetais; no ano passado, ele tinha destruído sessenta delas num só dia. Voltou para a sala de jogos.

A sra. K. interpretou que as borboletas eram para ele a mesma coisa que as estrelas-do-mar – isto é, bebês vorazes, do mesmo modo como ele sentia que ele próprio era voraz; todos deveriam ser destruídos a fim de salvar a Mamãe. A sra. K. também precisava ser salva dele, quando ele ficava com ciúme de seus outros pacientes e queria obter dela tudo que fosse possível: atenção, tempo e, em última instância, seu amor exclusivo. Mas, embora preservar a Mamãe fosse uma das razões para atacar as crianças, havia também seu medo delas, e do que poderiam fazer com ele – as crianças na rua, os destróieres hostis. Esse medo levava-o a atacá-las.

Richard colocou então toda a frota de um lado e disse que eram todos navios britânicos; formavam uma família feliz. Mostrou para a sra. K. que os dois couraçados eram os pais, os cruzadores eram a cozinheira, a empregada e Paul, e os destróieres eram os bebês que continuavam no interior da Mamãe. Richard passou a brincar com os outros brinquedos. Montou uma cidade, com pessoas ladeando a estrada de ferro, e disse que nada iria se mover, nem mesmo os trens (que estavam um atrás do outro). Falou para a figura de uma menininha que não se aproximasse da linha do trem porque era perigoso. Formou vários grupos, incluindo os três animais nos dois vagões, mas deixou de lado a mulher cor-de-rosa e algumas outras figuras que havia com frequência usado em brincadeiras anteriores. O cachorro estaria abanando o rabo, mas, fora isso, devia ficar imóvel. A seguir, Richard disse que toda a família estava feliz agora. Subitamente, porém, movimentou os dois trens, fazendo-os colidir e derrubando todas as coisas. Richard disse que os trens tinham começado a brigar; um disse para o outro que era o mais importante, e o outro respondeu que ele é que era, em seguida começaram a brigar e fizeram a maior bagunça. A sra. K. interpretou seu anseio de que toda a família ficasse unida de maneira feliz e seu desejo de ter somente sentimentos amistosos em relação a eles, mas seu ciúme de Paul – na brincadeira, a colisão dos dois trens – provocou um desastre. No fim de semana e nos dias anteriores, quando Paul se encontrava em casa e Richard em "X", tinha sentido ciúme intenso de Paul. Este, em casa de licença, recebia muita atenção e Richard sentiu que Paul era admirado e considerado muito mais importante que ele. Os trens que brigavam representavam também os pais durante a relação sexual. Na sessão anterior, tinha sentido que eles estavam em seu interior. Por consequência, era só mantendo-os todos, inclusive ele próprio, imóveis e sob controle que ele poderia ter esperança de permanecer em bons termos com eles e de manter a família feliz, pois controlá-los[42] implicava também manter seus sentimentos sob controle. Além disso, tinha alertado a menininha, que representava ele mesmo, que não se aproximasse dos pais durante a relação sexual (os trens), o que significava que ela deveria manter-se afastada de qualquer briga.

Richard contou um segredo para a sra. K. Algumas vezes, levou Bobby para a cama com ele, e eles "se divertiram muito" juntos, mas a Mamãe não podia saber disso. Quando Richard parou de brincar, olhou para fora pela janela, como tantas vezes antes, e reparou que um menino estava parado ali. Ficou olhando-o durante algum tempo e depois gritou bem alto – ainda que não pudesse ser ouvido fora da sala – "Vá embora!". Desde o início da sessão estivera excitado, mas ao brincar, quando fez os trens brigar, essa excitação aumentou, e claramente se encontrava em um estado maníaco quando tentou controlar o menino na rua. Richard fez a saudação de Hitler e perguntou à sra. K. se na Áustria as pessoas tinham que fazê-la, comentando que era ridícula.

A sra. K. interpretou que o menino na rua, de quem queria se livrar, representava o pênis-Hitler-pai mau que ele sentia ter posto para dentro. Tentou controlar esse inimigo interno, mas temia ser controlado por ele e, por isso, teve de fazer a saudação para ele. Mencionara nessa sessão que tinha comido salmão – que representava o genital atraente do pai e do irmão – e que não lhe fizera mal (a mãe, havia alguns dias, tinha ficado doente depois de comer salmão – Sessão 13), mas parecia sentir que o peixe havia se transformado, em seu interior, em um pai e irmão maldosos e opressores, os quais tinha que manter quietos e sob controle.

Richard começou a brincar novamente. Reconstruiu a cidade e disse que se tratava de Hamburgo, que sua frota a estava bombardeando.

A sra. K. assinalou, como anteriormente, que a família que ele sentia ter atacado (no começo da sessão os destróieres alemães, agora Hamburgo) tinha se tornado hostil, por isso precisava continuar atacando-a.

Richard levantou-se; tirou o pó da sala, pisou com força nos banquinhos, ficou chutando a bola que tinha tirado do armário, dizendo que não queria que ela ficasse ali. Fechou a porta do armário, comentando

---

42 A necessidade de controlar objetos internos pode se expressar em posturas rígidas, bem como em muitos outros fenômenos. Em suas formas extremas é, a meu ver, uma das causas mais profundas da catatonia (cf. *A psicanálise de crianças*, cap. 7).

que não queria que a bola pulasse para dentro dele, poderia perder-se lá dentro e ele não poderia tirá-la de novo. A seguir, jogou outra bola contra a primeira e disse que elas "estavam se divertindo".

A sra. K. interpretou que Richard tinha mostrado que queria tirar o genital do pai, representado pela bola, de dentro da sra. K. e da Mamãe (o armário), e brincar ele mesmo com este. Isso foi expresso pelas duas bolas "se divertindo"; havia utilizado a mesma expressão para referir-se às coisas secretas que fazia com Bobby em sua cama, que significava fazer alguma coisa com o genital do cachorro. Mamãe não podia saber dessas coisas, não apenas porque ela iria mesmo fazer objeções mas também porque ele sentia que Bobby representava o Papai e Paul e a Mamãe, portanto, sentiria que Richard os roubava dela. O medo de que esse pênis-Hitler mau dentro dele viesse a controlá-lo e a destruí-lo fez com que quisesse expulsá-lo de dentro de si (assim como de dentro da Mamãe). Isso aumentou seu desejo de incorporar o genital "bom" do Papai, que lhe daria prazer, bem como o reconfortaria contra o medo do pênis mau. Mas temia, dessa forma, deprivar a Mamãe, que ele também sentia como contendo um genital "bom" do Papai (Nota 1).

De repente, Richard perguntou se, caso fosse para a escola no outono, os meninos maiores iriam "machucá-lo". Enquanto dizia isso, inclinou a cabeça de forma que esta encostou no mastro de um dos couraçados; tocou-o com o dedo para ver se espetava.

A sra. K. disse que tinha acabado de mostrar como se sentia a respeito dos garotos maiores que iriam machucá-lo, particularmente ferindo ou destruindo seu genital. Ao mesmo tempo, ele desejava brincar com os genitais deles, em parte para descobrir até que ponto eram perigosos. A sra. K. também relacionou esse fato ao grande interesse demonstrado por Richard por seus outros pacientes, especialmente John, com o qual ele gostaria de fazer amor, afastando-o da sra. K. Parecia que ele havia se sentido assim em relação a Paul, a quem ele ao mesmo tempo desejava e temia.

Richard havia se tornado muito inquieto. Continuou a vigiar a rua para ver se apareciam crianças, a pisotear o chão, e a falar muito rápido. Parecia nem ter ouvido as últimas interpretações, e repetidas vezes interrompeu a sra. K. No final da sessão, comentando que ia se encontrar com a Mamãe, bateu duas casas uma contra a outra.

A sra. K. interpretou que estando a sós agora com a mãe, já que o pai e o irmão não estavam, desejava ter uma relação sexual com a Mamãe (ao bater uma casa contra a outra), mas tinha medo tanto do que o Papai e Paul fariam com ele quanto de perder seu genital no interior da Mamãe (a bola dentro do armário).

Nota

O medo do pênis perigoso internalizado é um forte incentivo para testar esse medo na realidade externa e fortalece os desejos homossexuais. Se a ansiedade com relação ao pênis perigoso internalizado é muito intensa, a pessoa evidentemente não pode ser tranquilizada, o que pode levar a um incremento obsessivo da homossexualidade (cf. *A psicanálise de crianças*, cap. 12).

Sessão 20
terça-feira

A sala de jogos não estava disponível nesse dia e, assim, a sra. K. encontrou-se com Richard na porta e levou-o para a casa onde ela estava morando.

Richard vibrou com o fato de finalmente conhecer as acomodações da sra. K., ainda mais por saber que ele era um dos poucos pacientes que não eram atendidos ali. No caminho, encontrava-se num estado de espírito alegre, um tanto eufórico; apontou para uma casa com flores no jardim, comentando que era "bela e encantadora", esperava que não fosse atingida por nenhuma bomba. Comentou também que era uma pena que não pudessem usar a sala de jogos naquele dia, e, emocionado, disse que ainda gostava da sala e que esta "sempre tinha sido fiel a nós" (referindo-se a ele e à sra. K.). Entrando na casa, disse: "Sra. K., gosto imensamente da senhora". Olhou toda a sala e fez perguntas sobre os outros pacientes da sra. K., querendo saber principalmente em que sala ela atendia John. (Uma vez que Richard sabia que as acomodações da sra. K. consistiam em dois quartos, a implicação de sua pergunta era que ela pudesse atender John em seu quarto.) Richard então fez mais perguntas: quantos pacientes a sra. K. tinha? Fora o último a ser atendido ontem? (Sua sessão tinha sido à tarde, o que era incomum.) Um pouco depois perguntou à sra. K. o que ela tinha feito na noite anterior.[43]

A sra. K. interpretou que ele sentia ciúme de suas relações sexuais com homens, em particular com seus pacientes (John), e relacionou isso com o ciúme que sentia de Paul e do Papai com relação à Mamãe, sentimentos reforçados pela recente visita de Paul.

Richard havia colocado sua frota de guerra sobre a mesa, mostrando que um destróier tinha perdido o mastro. Disse que eram todos britânicos agora, preparados contra o inimigo e felizes juntos. Enquanto conversava com a sra. K. a respeito de seus pacientes, organizou os navios em fileiras, segundo o tamanho, no canto da mesa mais próximo da sra. K.

A sra. K. interpretou que os navios representavam os pacientes dela e também a família dele dispostos por ordem de idade: primeiro o pai, o irmão, o próprio Richard e, depois, os bebês que ainda poderiam vir. Todos eles deveriam compartilhar a sra. K., da mesma forma que a família deveria compartilhar a Mamãe.

Richard concordou, contou os navios, e disse que a sra. K. tinha quinze pacientes, mas que cada um teria a sua vez. Depois, continuou a brincar com a frota no tapete, dizendo precisar de mais espaço para as manobras. Pegou um dos submarinos, dizendo ser o menor de todos, mas o mais direito,[44] deu-lhe o nome de *Salmon* e declarou que era ele próprio. Colocou todos os navios numa única fila no chão, mais uma vez enfatizando que estavam felizes juntos, não havia inimigo à vista. A seguir, olhou em volta da sala, foi até a estante de livros, perguntou para a sra. K. se poderia pegar um livro, apontando para o mais grosso deles. Examinou-o e leu um pouco, mas logo colocou-o de volta no lugar dizendo que era muito adulto para ele e que não gostou do livro. A seguir, pediu para a sra. K. ler algumas palavras em "austríaco" de um dos livros alemães. (Falava sempre do "austríaco", desejando ignorar o fato de que a língua da sra. K. era o alemão.) Ouviu com interesse, mas comentou que era muito difícil e voltou a brincar com a frota. Um destróier patrulhava bem próximo da sra. K. O *Rodney*,

---

43 Uma vez que "X" era uma cidade pequena, era fácil para Richard, que era extremamente curioso, obter informações pessoais a meu respeito. Sabia algumas coisas a respeito de alguns de meus pacientes, de minha senhoria, e do outro inquilino da mesma casa. Muitas vezes, também, encontrava Richard na rua quando eu saía de casa. Tudo isso, como veremos, fez parte de sua análise.

44 "*Straight*" comporta uma gama ampla de sentidos, dentre os quais reto, direito, honesto, correto, franco, em ordem, arrumado. [N. T.]

o couraçado que tinha acabado de chamar de Mamãe, seguia-o. O *Nelson* (o Papai) colocou-se entre o destróier e o *Rodney*. Richard aproximou desses navios outros destróieres e submarinos, mas o *Nelson*, o *Rodney* e o primeiro destróier continuavam a formar um grupo à parte. Comentou: "O Papai está inspecionando sua mulher e seus filhos". Movimentou o *Nelson* lenta e cuidadosamente ao longo do *Rodney*, apenas tocando-o de leve, e disse: "O Papai corteja a Mamãe muito delicadamente". Afastou um pouco o primeiro destróier. O *Nelson* seguiu-o, tocando de leve esse destróier. Richard explicou: "Agora o Papai *me* ama. Durante o fim de semana, eu estava gostando tanto do Papai!" e acrescentou que o abraçou e beijou muito. Entrementes, fez o *Nelson* empurrar o *Rodney* para mais longe e trouxe-o de volta para junto do destróier, que, conforme demonstrara, representava ele próprio. Comentou: "Não queremos a Mamãe, ela pode ir embora", mas logo fez o *Nelson* voltar para o *Rodney* e "cortejá-lo delicadamente", e outro destróier juntou-se ao destróier-Richard.

A sra. K. interpretou que Richard primeiramente decidiu ser o menor navio, porém o mais em ordem de todos, expressando assim sua ideia de que era mais seguro permanecer criança com um genital pequeno, mas não danificado. Depois, desejou investigar a sra. K. (e a Mamãe), representadas pelo livro grande. "Muito adulto" não só significava para ele que era muito avançado mas também que a sra. K. (e a Mamãe) eram muito grandes, que ele não era capaz de colocar seu pênis pequeno dentro de um genital tão imenso. Assim como na sessão anterior havia temido que a bola se perdesse dentro do armário, temia agora perder seu pênis no interior da sra. K. e da Mamãe adultas. Seu desejo de descobrir algo sobre a língua estrangeira – e portanto secreta – da sra. K. significava descobrir algo sobre seu genital e seu interior misteriosos (e também da Mamãe). Havia também o medo de que encontrasse o perigoso pênis-polvo ou pênis-Hitler, que o atacaria. Portanto sentiu, mais uma vez, (como no caso do submarino menor), que era preferível permanecer criança. Logo, porém, Richard se tornou o destróier principal, e ficou junto ao *Rodney* (a Mamãe). Culpado e temeroso por estar novamente levando a Mamãe embora consigo, sentiu que o Papai devia separá-lo da Mamãe. Enquanto lhe fosse possível manter a frota imóvel, podia controlar a família e a si mesmo, mantendo assim a paz, como na sessão anterior, ao manter os trens e a cidade imóveis. Além disso, se o Papai cortejasse a Mamãe apenas "delicadamente" – quer dizer, não tendo relações sexuais com ela –, Richard talvez pudesse se controlar e não interferir. A "inspeção" tivera o sentido de que Richard desejou ser controlado pelo

Papai e impedido de levar a Mamãe embora e de ter relações sexuais com ela. Mostrou, portanto, ao brincar com a frota, que o desejo de afastar a Mamãe estava relacionado com a culpa em relação ao Papai e, consequentemente, com a necessidade de restituí-la a ele; por sua vez, desejava ter o Papai para si, substituindo a Mamãe nas relações sexuais com ele, e por isso empurrou a Mamãe para longe; o que, no entanto, significava que a Mamãe ficava só e abandonada, e então ficou arrependido e novamente uniu os pais num namoro delicado; isso, também, não durou, tendo ele que recorrer à relação sexual com Paul. Com isso, mais uma vez demonstrou que Bobby vinha representando Paul.

Durante essas interpretações, que estivera escutando atentamente, Richard restabeleceu a ordem anterior de acordo com o tamanho, claramente numa tentativa renovada de evitar um conflito; de repente, porém, declarou que estava cansado de brincar e parou. Começou a desenhar e primeiramente terminou o Desenho 10, iniciado na Sessão 18. Enquanto coloria o *Truant* de preto, falou sobre Oliver, um garoto de sua cidade, um vizinho do qual não gostava. O garoto não sabia disso, acreditava até que Richard gostava dele. Mas Richard tinha vontade de dar um chute tão forte nele que ele daria a volta ao mundo; não queria vê-lo. A seguir, Richard mostrou, surpreso e interessado, que no desenho havia três de cada coisa: três aviões, três estrelas-do-mar, três submarinos, e até mesmo três balas saindo do avião de combate que estava no centro. Perguntou qual seria a razão disso.

A sra. K. referiu-se à Sessão 18, na qual Richard estivera muito deprimido e só, pois seus pais haviam partido no dia anterior com Paul. Nos desenhos que tinha feito naquele dia, os três de cada coisa representavam o Papai, a Mamãe e Richard; Paul, de quem sentira tanto ciúme na ocasião, foi deixado de fora. O que disse a respeito do garoto que era seu vizinho, que implicava seu desejo inconsciente de que ele morresse, parecia se referir a Paul. Esse era o significado do fato de ter três de cada coisa naquele desenho (Desenho 10). Richard havia dito que o garoto pensava que Richard gostava dele; também aqui Richard parece se referir a Paul, que não percebia o quanto Richard o odiava quando sentia ciúme, enquanto em outros momentos também o admirava e demonstrava seu amor por ele. Isso fazia com que se sentisse insincero.

Richard protestou com veemência, dizendo que gostava de Paul e que *não* iria querer que ele morresse.

A sra. K. interpretou seu conflito entre amor e ódio.

Richard, a seguir, mostrou que só tinha um peixe no desenho, e perguntou se o peixe era a sra. K.

A sra. K. concordou, e sugeriu que o peixe era também a Mamãe, colocada entre o submarino menor (na brincadeira com a frota, Richard) e o submarino maior (o Papai). Assim, mais uma vez aqui, os três, os pais e Richard, estavam juntos. Isso também se aplicaria à sra. K., que estava entre Richard (o submarino menor) e John (simbolizando o sr. K.) representado pelo submarino maior.

Richard disse que ela (o peixe) estava farejando o periscópio do Papai e abanando a cauda.

A sra. K. lembrou-lhe que em um desenho anterior (Desenho 8) o peixe quase tocava a bandeira. Esse desenho representava a Mamãe colocando o genital do Papai dentro da boca; também significava que a cauda que ela abanava (como o cachorro abanando o rabo) representava um pênis que ele atribuía a ela.

Richard observou que, embora ele fosse o menor submarino, sua bandeira não era a menor.

A sra. K. replicou que de fato a bandeira dele era mais longa do que as outras e que isso expressava seu desejo de ter o maior genital de todos no fim das contas.

Richard concordou que sua bandeira era a mais longa; disse, porém, que não era tão boa quanto as bandeiras dos outros submarinos, querendo com isso dizer que era muito estreita. A seguir, mencionou novamente que o peixe estava farejando o periscópio e disse que era assim que os cachorros faziam e montavam uns nas costas dos outros. Certa vez, quando estava inclinado sobre Bobby, um cachorro tentou montar em suas costas.

A sra. K. sugeriu que, já que ele tinha comparado os dois cachorros com o peixe farejando o periscópio, parecia que o peixe representava não só a Mamãe mas também o Papai e ele próprio. Contara para ela como ele e Bobby se divertiam secretamente em sua cama, e parecia que ele tinha de fato brincado com o genital do cachorro e permitira que Bobby o farejasse e lambesse; mas talvez tivesse tido tais experiências (como descreveu com relação ao peixe e o periscópio) com outro garoto; talvez tivesse colocado o pênis do garoto em sua boca. Talvez isso tivesse acontecido no passado com seu irmão.

Após um silêncio, Richard respondeu que muitas vezes foi para a cama com o irmão, mas rapidamente acrescentou que não ficavam na mesma cama, somente no mesmo quarto. O Papai e a Mamãe também não dormiam na mesma cama, e sim no mesmo quarto.

A sra. K. interpretou que o que ele tinha acabado de dizer podia significar que ele e Paul tinham feito algo de sexual juntos, semelhante ao que imaginava que Mamãe e Papai faziam. Embora eles também dormissem em camas separadas, ele achava que às vezes ficavam juntos na mesma cama.

Sessão 21
quarta-feira

Richard encontrou-se com a sra. K. no caminho para a sala de atendimento. Ficou contentíssimo ao constatar que ela estava com a chave da casa. Emergia agora que o incidente da véspera teve para ele o significado de que a sala de jogos talvez nunca mais viesse a estar disponível. Disse com emoção: "A velha e boa sala; gosto muito dela, estou contente de vê-la outra vez". Perguntou à sra. K. quanto tempo havia que ele estava com ela.

A sra. K. respondeu que havia três semanas e meia.

Richard mostrou-se muito surpreso. Parecia muito mais; parecia que já durava um longo tempo. Acomodou-se satisfeito para brincar com a frota e disse que estava feliz.

A sra. K. interpretou seu medo de perder a "velha sala de jogos" como o medo de perder a sra. K., de que ela morresse. Referiu-se à ocasião (Sessão 9) em que ela e Richard tiveram de ir buscar a chave juntos; depois disso, ele lhe contou seus sonhos do carro preto e abandonado, e ligou e desligou o aquecedor elétrico, o que, como a sra. K. assinalara então, expressava seu medo de que a Mamãe ou a sra. K. morressem. O medo de perder a *velha* sala expressava também seu pesar pela morte de sua avó. Ter a sala de volta significou para ele que a sra. K. permaneceria viva e que a Vovó ressuscitara.

Richard parou de brincar com a frota e olhou diretamente para a sra. K., dizendo com tranquilidade e com profunda convicção: "Uma coisa eu sei, que a senhora será minha amiga por toda a vida". Acrescentou que a sra. K. era muito boa, gostava muito dela, e sabia que o que ela estava fazendo com ele era bom para ele, embora às vezes fosse muito desagradável. Não era capaz de dizer de que modo achava que estava sendo bom para ele, mas era algo que sentia.

A sra. K. interpretou que o fato de lhe ter explicado seu medo de que ela morresse, e a tristeza pela morte da avó, proporcionou-lhe o sentimento de que sua avó ainda estava viva em sua mente – uma amiga para toda a vida – e de que também a sra. K. permaneceria viva para sempre desse jeito, porque ele a guardaria em sua mente (Nota 1).

Richard voltou a brincar com a frota, empurrando-a toda para um lado: os navios que representavam os pais estavam agora entre os filhos; o *Rodney* partiu sozinho em patrulha, emitindo sons amistosos. Richard comentou que ele estava bem e feliz. Os outros navios continuavam juntos. Indicou que hoje ele era um dos destróieres e que Paul era um submarino.

A sra. K. interpretou que isso demonstrava seu desejo de ser mais velho que Paul, tornando-o assim o irmão mais novo.

Richard concordou rindo e continuou a brincar. O *Nelson* aproximou-se do destróier-Richard, chegando quase a tocá-lo, mas subitamente Richard fez com que o *Nelson* se juntasse ao *Rodney*. Fez com que se movessem juntos, mas sem se tocarem. Outros navios seguiram-nos. Richard disse que estavam todos felizes juntos. O *Nelson* aproximou-se do *Rodney*, e o destróier-Richard foi colocado do outro lado da mesa, seguido por outro destróier. Emitiu então alguns sons que supostamente vinham do *Rodney* e do *Nelson*. Os sons se tornaram altos e preocupados, e pareciam o cacarejar de uma galinha. Richard comentou que tinham torcido o pescoço de uma galinha e que ela botou um ovo.

A sra. K. interpretou suas renovadas tentativas de impedir a relação sexual dos pais a fim de evitar que sentisse ciúme e que, consequentemente, os atacasse; e também porque sentia um medo enorme de que o pai causasse algum dano à mãe. Esse medo manifestou-se relacionado com o vagabundo, com as colisões entre os trens, com o ministro e a mulher cor-de-rosa caindo do telhado, com a mãe-bola que pedia ajuda. Ele acreditava não só que a relação sexual era perigosa para a mãe como também que seria tão doloroso para ela ter um bebê que ela morreria (o pescoço da galinha sendo torcido).

Richard respondeu que ele sabia que as mulheres gritavam quando estavam dando à luz e que doía muito. Foi o que a Mamãe contou para ele.

A sra. K. interpretou que seus medos não se deviam apenas ao fato de ter sido informado disso; uma vez que sentia que o genital do pai era perigoso e mau, só podia pensar que a relação sexual e o parto eram maus e perigosos. Essa crença estava também relacionada a seu ciúme e a seu desejo de que a relação sexual fosse dolorosa. A sra. K. lembrou-lhe também o bebê voraz dentro da Mamãe que iria devorá-la, tal como aparecera no desenho da estrela-do-mar (Desenho 7).

Richard fez várias alterações na disposição dos navios. Toda a frota estava navegando. Um dos submarinos ficou para trás e tentou passar entre dois lápis compridos que Richard tinha deixado com as pontas unidas, formando um ângulo agudo.

A sra. K. lembrou-lhe que os lápis, como anteriormente (Sessão 18), representavam os pais,[45] e o pequeno submarino representava Richard, quando pequeno, tentando separar os pais e impedir a relação sexual entre eles.

Durante essa interpretação, Richard colocou na boca primeiro um dos lápis, depois o outro.

A sra. K. interpretou que mais uma vez (como na Sessão 18 em particular) ele sentia que tinha colocado os pais dentro de si com raiva e ciúme.

Richard pegou os gizes de cera e fez com eles uma barreira, dizendo que o submarino não conseguiria passar porque eles não deixariam, embora ele quisesse voltar para junto dos outros navios, o seu lar.

A sra. K. perguntou quem eram "eles".

Richard disse que eram as estrelas-do-mar, os outros bebês. Esvaziou a caixa de creions, e punha e tirava o submarino de dentro dela.

A sra. K. interpretou que Richard, o submarino, sentiu-se barrado, tanto pelos pais quanto pelos bebês no interior da Mamãe, de penetrar dentro dela, mas no final ele deu um jeito de fazê-lo, e também conseguiu sair, o que implicava que se Richard pusesse seu genital dentro do genital da Mamãe ou da sra. K., este não ficaria perdido ali.

Richard não respondeu, mas colocou todos os gizes de volta na caixa, fechou-a e colocou-a de lado. Enquanto isso, tinha estado perguntando sobre a família da sra. K. Ouvira dizer que ela tinha um neto, perguntou qual era seu nome e quantos anos tinha.

A sra. K. respondeu brevemente a essas perguntas. Interpretou, a seguir, que ele tirar os gizes de cera da caixa não só implicava se livrar dos rivais que lutariam no interior da Mamãe como também tirar os bebês da Mamãe porque gostaria de tê-los para si. As perguntas que dirigiu à sra. K. significavam que ele gostaria de ter o neto dela. A sra. K. assinalou que tinha colocado um ou dois gizes na boca e isso também significava colocar os bebês dentro de si (Nota 2).

---

45 Daí por diante, os dois lápis compridos passaram a representar os pais no brincar, e os gizes de cera, que eram menores, as crianças. Mas, em algumas ocasiões, alguns dos gizes (conforme as cores) também representavam os pais.

Richard objetou vigorosamente – meninos não podiam ter bebês e ele queria ser homem.

A sra. K. interpretou que ele seguramente tinha medo de perder seu genital e de não ser homem, mas que ainda assim tinha inveja do corpo da Mamãe, de sua capacidade de ter bebês em seu interior e de alimentá-los. Queria muito que o Papai ou Paul lhe desse um bebê. Referiu-se à brincadeira do dia anterior com a frota, na qual a Mamãe era afastada e ele e o Papai iriam fazer amor, e referiu-se também ao que ele havia dito na sessão anterior a respeito do Desenho 10, a Mamãe-peixe farejando o periscópio do Papai da mesma forma como os cachorros desejavam fazer com Richard, e seus comentários sobre os cachorros.

Richard tinha estado olhando os brinquedos e o Desenho 10 e permaneceu em silêncio.

A sra. K. continuou a analisar esse desenho.

Richard a princípio mostrou-se relutante em falar sobre ele, mas logo depois comentou que no desenho havia três de cada coisa e que os três submarinos tinham periscópios.

A sra. K. chamou-lhe a atenção para o do centro, que representava Richard, e interpretou que ele estava dizendo para ela que tinha um genital como o Papai e Paul.

Richard respondeu, hesitante, que ele não era o menor, agora ele era o maior de todos, na parte inferior do desenho, e tinha também a melhor bandeira.

A sra. K. recordou-lhe o que ele lhe havia dito no dia anterior, que o submarino no fundo era o Papai, e que a bandeira dele não era tão boa como a do que estava no centro, que então representava Richard. Agora ele, Richard, parecia ter a melhor bandeira – quer dizer, o genital do Papai –, tendo-a arrancado com os dentes enquanto a farejava da mesma forma como a Mamãe-peixe havia feito (o que significava colocar o genital do Papai na boca da mãe). A sra. K. assinalou também que, enquanto ela falava, Richard colocou o lápis grande na boca repetidas vezes.

Richard perguntou por que havia três bebês estrelas-do-mar. A seguir, acrescentou que achava que aquele que estava em cima da Mamãe-peixe gostaria de estar sozinho, mas não tinha para onde ir.

A sra. K. interpretou que se tratava dele mesmo: ontem e hoje o destróier que tinha partido sozinho logo quis voltar para casa, mas teve seu caminho barrado pelos bebês-estrelas-do-mar. Sugeriu, ademais, que o fato de estar em cima da Mamãe também significava que ele faria bebês com ela; as outras duas estrelas-do-mar seriam os dois filhos deles dois, exatamente como a Mamãe e o Papai tinham dois filhos, Paul e ele.

Richard ficou imaginando por que havia apenas um peixe.

A sra. K. sugeriu que essa pergunta parecia mostrar que ele não acreditava que o peixe pudesse representar somente a Mamãe, porque o Papai também era muito importante para ele. Sugeriu que o peixe era ou a Mamãe ou o Papai, e que havia apenas um de cada. No dia anterior, ele tinha mostrado que o peixe estava abanando a cauda, e isso também indicava que o peixe representava o Papai com seu genital (o cachorro que abanara o rabo). O peixe estava no centro da folha e representava a coisa mais importante, central, de sua vida. Ele desejava ambos, o Papai, junto a quem gostaria de tomar o lugar da Mamãe, e a Mamãe, junto a quem gostaria de tomar o lugar do Papai. Mas tinha medo dos perigos de ambas as situações.

Richard dispôs os brinquedos de maneira semelhante à da sessão precedente, mas agora não se tratava de uma cidade inimiga (Hamburgo), e sim de uma cidade inglesa. As pessoas admiravam a frota do lado oposto; a costa era feita com dois lápis compridos. Vários incidentes sucederam-se rapidamente:[46]

1. O cachorro estava entre pessoas amigas e rosnava. Richard tirou-o da mesa e colocou-o sobre o parapeito da janela, mas não tardou a trazê-lo de volta.
2. Uma garotinha aproximou-se demais dos dois trens que ele já tinha disposto, o trem elétrico atrás do trem de carga, e ele mais uma vez alertou-a para o perigo de ser atropelada.
3. Algumas pessoas foram postas de lado no canto da mesa. Entre elas estavam alguns dos bonecos um pouco danificados e a mulher cor-de-rosa. Richard disse que era um hospital e cobriu-os com pequenos baldes, comentando que estavam doentes. Ignorou-os por um momento, mas depois fez com que os trens passassem por perto, dizendo que carregavam alimentos e curativos para as pessoas doentes e que mostravam a eles que "a vida continua".
4. Os trens foram arrumados outra vez, o elétrico atrás do de carga. Richard movimentou então o trem elétrico, e fazendo com que se chocassem algumas vezes. De repente, Richard gritou para o trem de carga, que trazia os três animais agrupados, como já foi descrito anteriormente: "Vamos, ande, ande!".

---

46 A esta altura encontrei em minhas anotações as seguintes observações: havia no brincar de Richard uma tal abundância de detalhes que constantemente se alteravam, uma tal riqueza de material, que só me era possível interpretar parte dele, atendo-me ao que acreditava serem os aspectos principais.

A sra. K. interpretou 1 como representando o Richard que mordia e rosnava e que ameaçava causar problemas em sua família e na da sra. K., embora desejasse tanto que não houvesse nenhuma hostilidade – um desejo que expressara pela disposição total, pois as pessoas e as crianças estavam admirando a frota e tudo parecia feliz. Por isso, Richard retirou o cachorro rosnador e insatisfeito, que representava uma parte de si mesmo. Pela mesma razão, o Richard-estrela-do-mar devia ter saído de casa e ficado sozinho, porque iria destruir a paz na família; mas Richard não pôde suportar ficar sozinho e logo retornou.

Quanto à situação 2, interpretou que a garotinha representava Richard, como anteriormente nessa mesma disposição, e ele estava alertando a si mesmo para não interferir na relação sexual dos pais ou poderia ser destruído (atropelado).

Quanto à situação 3, interpretou que aqui o problema já surgira; as pessoas doentes eram os pais e Paul, que Richard cobrira desejando também cobrir a situação em sua mente {Recusa} – quer dizer, não tomar conhecimento do dano que sentia ter causado. Mas não conseguia esquecê-los e estava tentando ressuscitá-los, e por isso os trens iriam trazer alimentos e curativos; desejava também encorajá-los mostrando-lhes que "a vida continua".

Em relação à situação 4, a sra. K. interpretou que repentinamente ele tinha sido assolado pela raiva porque, mais uma vez, os dois trens juntos representavam o Papai na relação sexual com a Mamãe, e que possuía a Mamãe e os filhos.

Entrementes, Richard havia feito com que os trens atropelassem tudo; mais uma vez ocorreu o desastre e o trem elétrico foi o único sobrevivente. De repente, Richard exclamou que tinha comido o maior jantar de sua vida na véspera, mencionando vários pratos, além de quatro torradas.

A sra. K. interpretou que o desastre ocorreu não só externamente mas que, por ter devorado todos – o cachorro que rosnava também estivera devorando –, sentia que o hospital, a doença e o desastre ocorriam também internamente; ele estava representado aqui pelo trem elétrico que controlava todas as coisas, incluindo os dois pais que continha em seu interior.

Richard pegou uma pequena figura vestida de vermelho, colocou-a na boca por um momento e depois mordeu-a.

A sra. K. interpretou que essa figura representava ela mesma, que naquele dia estava usando um casaco vermelho, significando que ela estava incluída no desastre, sendo devorada e destruída.[47]

Richard perguntou se ela ia agora para a vila, e o que iria fazer à tarde.

A sra. K. interpretou que nesse momento ele precisava de uma prova de que ela ainda estava viva e de que existia externamente, e que ele continuamente precisava de tais provas em relação à Mamãe, quando intensamente temia tê-la destruído ao incorporá-la vorazmente. Por isso se agarrava a ela com tanta persistência.

Richard estivera escutando atentamente; em seguida levantou-se e saiu, admirando o campo e evidentemente desejando que a sra. K. também o apreciasse. Parecia estar sentindo grande prazer; porém, enquanto saltava em frente à porta, de repente olhou para os brinquedos que estavam dentro da sala ainda da maneira como os tinha deixado.

A sra. K. interpretou que sua admiração pelo mundo exterior era também sentida por ele como dispersando seu medo acerca do desastre em seu interior, e por isso de repente lembrou-se do desastre interno representado pelos brinquedos deixados na mesa, e olhou para eles; mas o seu enorme prazer hoje parecia também mostrar que ele estava na verdade menos amedrontado e, portanto, mais apto para usufruir o mundo externo.

Notas

1. A meu ver, isso expressa o sentimento de sempre me ter possuído – em outras palavras, um forte sentimento de me ter internalizado. Isso me faz lembrar outro paciente que, tendo feito análise comigo quando era uma criança pequena, voltou a encontrar-me quando já era quase adulto. Perguntei-lhe o que lembrava da análise, e ele mencionou que me amarrara na cadeira certa vez, e também que tinha sempre uma sensação de haver-me conhecido muito bem. Não tenho dúvidas de que isso representava o fato de ter-me internalizado intensamente e de ter mantido vivo o sentimento de que eu era um objeto interno bom.

Esse é um exemplo de alívio obtido pela interpretação de material muito assustador e doloroso. O fato de que, ao tornar consciente

---

47 É interessante que foi apenas nesse estágio da análise que referências a mim apareceram mais distintamente no material inconsciente e eu fui diferenciada da figura de sua mãe.

material inconsciente através de interpretações, a ansiedade é em certa medida diminuída (o que não impede o seu retorno) está de acordo com um princípio bem estabelecido da técnica. Não obstante, tenho muitas vezes ouvido expressarem-se dúvidas quanto a ser aconselhável interpretar e tornar manifestas para as crianças (e aliás também para adultos) ansiedades de natureza tão profunda e particularmente dolorosa. Por esse motivo, desejo chamar a atenção para esse exemplo.

É de fato surpreendente como interpretações muito dolorosas – e estou particularmente pensando nas interpretações que se referem à morte e aos objetos internalizados mortos, o que é uma ansiedade psicótica – podem ter o efeito de reavivar a esperança e fazer com que o paciente se sinta mais vivo. Minha explicação para isso seria que o fato de trazer uma ansiedade muito profunda para mais perto da consciência em si produz alívio. Mas também acredito que o próprio fato de a análise colocar o paciente em contato com ansiedades inconscientes muito profundas dá a ele o sentimento de ser compreendido e, portanto, reaviva a esperança. Encontrei muitas vezes em pacientes adultos o desejo intenso de que tivessem sido analisados quando crianças. Isso não se devia apenas às vantagens óbvias da análise de crianças, mas veio à tona, retrospectivamente, o anseio profundo de ter o inconsciente compreendido. Pais muito compreensivos e empáticos – e isso também pode se aplicar a outras pessoas – entram em contato com o inconsciente da criança, porém continua existindo uma diferença entre isso e a compreensão do inconsciente que acontece na psicanálise.

2. Esta é a primeira vez na análise de Richard que vi claramente sua identificação feminina e a inveja da mãe por gerar bebês. Segundo meu ponto de vista atual, essa inveja é um traço profundamente arraigado, tanto no desenvolvimento da menina como no do menino, e refere-se antes de tudo ao seio que alimenta (cf., de minha autoria, "Inveja e gratidão", 1957).

Sessão 22
quinta-feira

Richard tinha chegado cedo e estava esperando a sra. K. fora da sala de jogos. Estava muito quieto e sério, parecendo mais pálido que o normal, mas amistoso. Seu estado de espírito era muito diferente daquele do dia anterior, quando expressara com intensidade seu amor pela sra. K. e a confiança que nela depositava. Tirou a frota de guerra. O *Rodney* estava navegando sozinho, mas logo foi seguido pelo *Nelson*. O *Nelson* parecia incerto quanto a aproximar-se do *Rodney*, o que significava cortejá-lo ou não. A seguir, Richard apontou para um destróier com o mastro inclinado, dizendo tratar-se de Paul. O brincar de Richard era hesitante e desatento. Perguntou, vacilante, à sra. K. se havia escutado as notícias do dia. (No dia anterior, ignorara a tentativa de invasão de Creta, o que era surpreendente, já que demonstrava tão vivo interesse por todos os detalhes da situação da guerra. Por exemplo, tinha manifestado anteriormente sua consternação referente a Vichy.)

A sra. K. perguntou se sua questão acerca das notícias se referia a Creta.

Richard, parecendo preocupado, respondeu que sim. Levantou-se, parou de brincar, e contou para a sra. K. que na noite anterior, embora não tivesse intenção de ir ao cinema, acabou indo sozinho. Teve de sair correndo cinco minutos depois porque sentiu-se mal e foi para casa. A ladainha irritou-o, e não pôde suportar o barulho. Em seguida, tentou brincar mais uma vez. O *Nelson* emparelhou-se com o submarino que Richard anteriormente havia dito que era ele mesmo. Novamente interrompeu a brincadeira e, como anteriormente, perguntou a respeito da análise de John. Disse que sabia, pois a sra. K. lhe havia dito, que ela não poderia comentar com ele sobre a análise de John, da mesma forma como não falaria a respeito da análise de Richard para John; mas ele gostaria de saber se seria "permitido" que ela falasse de seus pacientes para o sr. K., ou se ela comentaria sobre ele, Richard, com o sr. K.

A sra. K. perguntou-lhe de quem ela receberia a permissão de falar para o sr. K. Richard respondeu que dela mesma, de sua própria mente.

A sra. K. repetiu que já lhe havia contado anteriormente (Sessão 4), em resposta às perguntas de Richard a respeito de sua família, que o sr. K. já tinha morrido.

Richard disse que tinha se esquecido disso. Quis saber de que lado o sr. K. estivera na guerra anterior. Acrescentou que na verdade sabia que ele devia ter estado do outro lado. (De fato, Richard conhecia todos esses detalhes, tendo recebido, como mencionei anteriormente, muitas informações a respeito da sra. K.)

A sra. K. interpretou que ele tinha se esquecido de que o sr. K. estava morto porque isso mobilizava o medo de que seu pai morresse; sua desconfiança de ser o sr. K. um inimigo aproximava-o bastante de Hitler; em sua mente, o sr. K. continuava a existir e era sentido como estando no interior da sra. K. Richard tinha medo de que a sra. K. se unisse ao pai-Hitler mau (o sr. K.) contra ele. [...]

Richard falou novamente sobre John, e perguntou o que ele tinha contado para a sra. K. a respeito de seus sentimentos em relação a ela e a Richard. John tinha contado para Richard algo a respeito da sra. K. que ele odiaria repetir por medo de magoá-la, mas tinha pensado muito no assunto. Depois contou-lhe que quando ela estava em Londres (antes de ter início a análise de Richard), John tinha dito que desejava que ela já estivesse na sepultura, aí não precisaria mais voltar para a análise. (Durante todo o tempo, Richard observava ansiosamente as reações da sra. K.)

A sra. K. referiu-se à brincadeira do dia anterior, quando ele colocou a pequena mulher cor-de-rosa de lado e cobriu-a dizendo que ela estava no hospital, o que havia expressado seu desejo não apenas de esquecer e de livrar-se da Mamãe ferida mas também da sra. K. ferida. Portanto, sentia estar fazendo com a sra. K. o que John tinha desejado que acontecesse com ela. Na brincadeira do dia anterior não estava claro quem tinha ferido a mulher cor-de-rosa, mas, anteriormente, ao discutirem o Desenho 9 (Sessão 17), e em outras ocasiões, tinha ficado claro que não apenas o Hitler mau machucava a Mamãe, mas que Richard desejava que ele o fizesse. Ele tinha muito medo de que esse desejo fosse fazer com que ela de fato ficasse machucada, e esse medo era mesmo pior do que o sentimento desagradável de ter que contar a ela o comentário de John.

Durante essa última interpretação, Richard levantou-se, foi até a porta e saiu. Estava garoando. (Richard detestava a chuva, que o deprimia, ao passo que o sol o animava bastante.) [...] Voltou para a sala e continuou a brincar com a frota. Mas logo abandonou-a e, obviamente tendo tomado uma decisão, contou para a sra. K. que tinha tido um pesadelo.

Tinha sido convidado pelos peixes para jantar com eles debaixo d'água. Richard recusou, e o líder dos peixes disse para ele que, nesse caso, grandes perigos o aguardavam. Richard disse que não se importava, iria para Munique. No caminho, encontrou seus pais e seu primo, que se juntaram a ele. Todos estavam de bicicleta, e Richard também. Vestia sua capa impermeável porque estava chovendo. Uma locomotiva descarrilou e veio em sua direção: estava em chamas, e o fogo o perseguia. Era horrível. Fugiu o mais rápido possível e se salvou, mas abandonou os pais.

Acordou muito assustado e continuou "sonhando acordado". (Evidentemente, achou que realmente podia continuar o sonho e desfazer o dano.)

Pegou muitos baldes de água, apagou o fogo e ajudou a terra, que tinha ficado muito ressecada com o fogo, a se tornar fértil: tinha praticamente certeza de que os pais também se salvaram.

A sra. K. perguntou por que não aceitara o convite dos peixes para jantar.

Richard, sem hesitar, disse que tinha certeza de que eles comeriam polvo frito, o que ele ia detestar.

A sra. K. perguntou o que ele pensava que o líder dos peixes quis dizer com "grandes perigos" se Richard recusasse o convite para jantar.

Richard respondeu apenas que, se ele não comesse o jantar, estaria em grande perigo. (Associava com relutância, mas parecia achar mais fácil quando suas palavras eram acompanhadas por movimentos que fazia com a frota. A resistência intensificou-se muito quando a sra. K. perguntou o que ele pensava sobre ir para Munique em vez de ir ao jantar. Richard demonstrou ansiedade e não respondeu.)

A sra. K. lembrou-lhe que ele havia falado de Munique como sendo o quartel-general dos nazistas, e da Casa Marrom como um lugar especialmente perigoso.

Richard concordou, disse que iria sentir medo e, portanto, não via nenhum motivo por que teria ido para lá.

A sra. K. assinalou que o desastre na brincadeira do dia anterior tinha sido sentido por ele não só como externo mas também como um desastre interno, já que ele era o "cachorro rosnador" que devorou todo mundo. Tendo sido intensamente despertados seus medos referentes a seu interior, sentiu que a música e o barulho do cinema aconteciam em seu interior e não pôde suportá-los. Também estava aterrorizado com ter devorado a sra. K. e, desse modo, ela não poderia mais ajudá-lo em suas ansiedades. Isso foi demonstrado ao colocar na boca e morder a pequena mulher vermelha (representando a sra. K.) – última coisa que tinha feito enquanto brincava na sessão anterior.

Richard disse que no cinema, no ruído lá existente, também tinha ouvido algumas vozes de criança, e teve medo de que todas elas se voltariam contra ele.

A sra. K. assinalou seu medo de que os bebês da Mamãe, que ele tinha desejado atacar e devorar, se voltassem contra ele e o atacassem tanto internamente como no mundo exterior. O polvo frito que o líder dos peixes iria lhe servir representava tanto seu pai, que Richard desejava atacar e devorar, como ele mesmo, devorado pelo pai em retaliação. Mas o líder era Hitler invadindo Creta, que representava a Grã-Bretanha, a Mamãe e ele mesmo. Richard tinha muitas dúvidas sobre se estaria fora de perigo mesmo que obedecesse ao líder, pois este, sendo Hitler, era mentiroso e enganador. Ir para Munique, consequentemente, significava rumar justamente para o centro do perigo. Mas esse era sentido como um perigo externo, enquanto o polvo frito e o líder dos peixes representavam o pai-Hitler (O sr. K. no material anterior) dentro dele mesmo {Fuga para um perigo externo como defesa contra perigos internos}.

Richard admitiu convictamente que, de fato, seria muito mais fácil lutar contra Hitler em Munique do que no interior de si mesmo.

A sra. K. disse que quando, no sonho, encontrou seus pais e seu primo (também representando Paul), desejou que eles e o irmão fossem ajudá-lo. Preocupava-se, porém, a respeito de poder confiar neles como colaboradores. Mostrou sua desconfiança ao perguntar-se se a sra. K. falaria a respeito dele para o sr. K.; e se o sr. K. teria participado da última guerra como inimigo. Sua referência anterior a Vichy e à França em geral expressava suas dúvidas em relação a Paul, se seria um aliado confiável. Mas, nessa mesma sessão, contara para a sra. K. os comentários que John tinha feito a respeito dela, e, portanto, sentiu ter traído John. Duvidava, assim, de seu próprio valor como um aliado para o irmão. Uma vez que sabia que o sr. K. estava morto, sua desconfiança estava relacionada ao sr. K. no interior da sra. K., como se ele continuasse a viver dentro dela. Também lhe recordou que, ao ocorrer o "desastre" na brincadeira do dia anterior, quando os trens derrubaram tudo, lembrou-se, de repente, do quanto comera no jantar. Isso significava que tinha comido também os pais na relação sexual. O fogo na locomotiva que, no sonho, o perseguia era sentido como estando no interior de si mesmo, onde ele temia que os pais e os bebês bons seriam queimados. Ele não tinha querido ver a Mamãe danificada ou morta, e por isso a cobrira (Sessão 21); mas em sua mente ela estava dentro dele. Sua esperança era salvá-los com a boa água fertilizante que, sugeriu a sra. K., era sua urina boa, enquanto a coisa má e flamejante que saía da locomotiva do Papai era sentida como a urina perigosa que queimaria a Mamãe e ele.

Richard, que no começo da sessão mostrara-se inquieto e desatento, tornara-se mais animado e comunicativo durante essas interpretações. Ele tinha ouvido ao mesmo tempo que continuava a brincar com a frota. O *Rodney* alinhara-se ao *Nelson*, e o *Nelson* ao destróier-Richard. O *Nelson* estava atacando o *Rodney*, que era agora um couraçado alemão, e o explodia. Aí o *Nelson* era alemão e o *Rodney*, britânico; e o *Nelson* era explodido pelo *Rodney*. Lá pelo fim da interpretação da sra. K., Richard pegou a bola de futebol, inflou-a, e esvaziou-a deitando-se sobre ela, dizendo que a Mamãe estava novamente vazia e chorando. [...] Foi buscar a vassoura, varreu a sala, e comentou que estava mais limpa agora.

A sra. K. interpretou suas tentativas de melhorar sua Mamãe interna. Perguntou-lhe também o que jantara na noite anterior.

Richard respondeu que comera peixe, mas que estava gostoso. De repente, mostrou-se muito surpreso e interessado e comentou: "E depois sonhei que os peixes tinham me convidado para jantar". Despediu-se num estado de espírito sério e pensativo, mas ao mesmo tempo amistoso e nada infeliz (Nota 1).

Nota

Na Nota 1 para a Sessão 21, chamei a atenção para o surpreendente fato de que a interpretação de emoções e situações extremamente assustadoras muitas vezes produz alívio até no decorrer da mesma sessão. O próprio fato de Richard poder finalmente me confessar algo que evidentemente estivera muito presente em sua mente (os comentários hostis de John a meu respeito) mostra que as interpretações da sessão anterior tiveram por efeito o aumento de sua confiança em mim. Também considero um progresso o fato de haver sido capaz de ter esse pesadelo em particular, de tê-lo mantido em sua mente, e de contá-lo para mim. A partir do presente material, podemos também concluir que as ansiedades interpretadas na sessão anterior – embora em certa medida aliviadas – mantiveram-se, entretanto, ativas no período entre as duas sessões. Uma das razões para isso pode ser que as ansiedades relativas à internalização tenham sido ativadas com muita intensidade e tenham também coincidido com ansiedades despertadas por circunstâncias externas. A fim de livrar-se dessa pressão conjunta de situações de perigo externas e internas, Richard tentou concentrar-se nas externas; escapou, desse modo, para sua própria surpresa, do perigo do peixe dirigindo-se a Munique. Eu diria que, em geral, a externalização é uma das principais defesas contra as situações de perigo interno, embora muitas vezes fracasse. O material mostra claramente como Richard em seu sonho estava tentando encontrar alívio das ansiedades internas voltando-se para as externas, e ele mesmo disse que seria mais fácil lutar contra Hitler no mundo externo do que no interior de si mesmo. Devemos lembrar que essa defesa foi usada em circunstâncias nas quais o medo de perigos externos foi intensamente ativado, já que o medo de que a Grã-Bretanha pudesse ser ocupada por Hitler constituía um fator muito potente em seu estado mental.

É interessante notar que, em suas tentativas de lidar com a situação interna, ele utilizou alguns dos métodos que aplicaria também para os perigos externos, tais como os processos de recusa, cisão, apaziguamento do objeto interno, conspiração contra ele pela aliança com outro objeto. A análise da interação entre as situações internas e externas, e da maneira como coincidem e diferem, é, em minha experiência, da maior importância.

Sessão 23
sexta-feira

Richard estava um pouco atrasado e, por isso, teve de correr o caminho todo; estava muito preocupado por ter perdido dois minutos de sua sessão. Disse que não tinha trazido a frota; tinha chegado à conclusão de que não a queria. Depois de uma pausa, acrescentou que não queria que ela se molhasse na chuva. [...] Um pouco depois, comentou o quanto não gostava de tempo chuvoso. Houve novamente um silêncio. A sra. K. lembrou-lhe que no sonho do dia anterior ele usava um impermeável porque chovia.

Richard, entrementes, tinha começado a desenhar, de forma mais deliberada e cuidadosa do que de costume. Disse que tinha vestido o impermeável não tanto pela chuva, mas porque no começo do sonho estava na água com os peixes. (Nesse momento, mostrou-se resistente, mas ainda assim respondeu a algumas perguntas sobre o sonho.) Disse que o líder dos peixes não era igual a nenhum dos peixes que apareciam em seus desenhos; podia ser uma truta. Tinha também se mostrado muito cordial e delicado com Richard.

A sra. K. sugeriu que Richard não confiou no peixe, com o que tinha concordado na véspera, e isso foi demonstrado pelo fato de ele preferir ir para Munique.

Aqui, Richard novamente deu mostras de ansiedade e resistência. A princípio, negou que não confiasse no peixe, mas a seguir disse, relutantemente, que não, não confiava nele nem na comida.

A sra. K. assinalou que um peixe pacífico e amistoso repetidamente havia representado a Mamãe em seus desenhos. Embora muitas vezes tenha dito que ela era muito doce, talvez nem sempre confiasse nela. Havia duas sessões falara da sra. K. como sendo "doce" e do quanto gostava dela, mas na última sessão tinha se mostrado temeroso de que ela falasse sobre ele para o sr. K., que representava um inimigo.

Richard objetou com veemência; examinando cuidadosamente o rosto da sra. K., disse que não, achava que ela era muito amável.

A sra. K. interpretou que, apesar disso, sua desconfiança era mobilizada quando ela era sentida como internamente combinada com o suspeito sr. K.

Richard disse, pensativo, que isso não podia ser verdade porque ele não conhecia o sr. K. e não iria conhecê-lo jamais; mas tinha certeza de que a sra. K. era amável e, portanto, o sr. K. deve ter sido amável também. Acrescentou que não podia desconfiar da Mamãe de verdade. A seguir, mostrou para a sra. K. o que estivera desenhando. Enfatizou que tinha dois de cada coisa no desenho, e mais uma vez ficou impressionado por isso ter ocorrido sem que houvesse nenhuma intenção deliberada de sua parte.[48] Mostrou para a sra. K. que havia duas chaminés no *Nelson*, dois navios na folha, e duas pessoas, isto é: o peixe grande e o pequeno. Descobriu, a seguir, que a fumaça

---

48 Embora Richard tenha começado a desenhar de forma deliberada e cuidadosa, estando claramente em um estado de ansiedade e de forte resistência, acabou expressando não obstante material inconsciente. Não publico esse desenho porque nele se encontram vários nomes, como o do irmão e o da empregada.

saindo das chaminés do *Nelson* terminava numa figura que na verdade era um 2.

A sra. K. sugeriu que o peixe bebê, nadando alegremente com a Mamãe, era ele mesmo; nadavam para longe do submarino *Salmon*, representando o Papai, mas o Papai mau, o Papai-polvo, que, na mente de Richard, era tão perigoso no interior da sra. K. e da Mamãe. Sua desconfiança de que a sra. K. continha o desconhecido e suspeito sr. K., e de que a Mamãe continha o pai mau, implicava que estavam em união hostil contra ele, Richard, e que essa união hostil estava ligada à relação sexual entre eles; ou que a Mamãe estava em perigo por ter comido o Papai-polvo.

Richard, a seguir, assinalou que havia só uma estrela-do-mar, enquanto havia duas de todas as outras coisas (até então, tinha desenhado só uma estrela-do-mar na parte inferior), e disse que se tratava de Paul, que estava furioso e com ciúme porque Richard estava nadando com a Mamãe. Enquanto dizia isso, Richard desenhou outras estrelas-do-mar, e incluiu também os nomes do irmão e da empregada, assim como as palavras "berro e grito". Paul berrava e gritava tão alto que a empregada e a Cozinheira, juntamente com o Papai, correram para atacá-lo e segurá-lo (as três estrelas-do-mar novas).

A sra. K. interpretou que na parte superior do desenho ele havia permitido ao Papai e à Mamãe que ficassem juntos, pois tinha dado ao *Nelson* duas chaminés e também dado à Mamãe e ao Papai partes iguais de todas as coisas: dois canhões de cada lado, representando dois seios, dois bebês, e o mesmo tipo de genital; além disso cada um tinha um pênis (a mesma linha de fumaça). Dessa forma, tinha juntado os pais. Não obstante, mostrou seu desejo de ter a Mamãe só para si ao nadar com ela sob a linha divisória; e também ao afastar-se do Papai, representado pelo *Salmon*; provavelmente era o Papai mau, aquele que fez com que a Mamãe adoecesse. Acima da mãe e do peixe bebê estava a estrela-do-mar berrando e gritando, representando o Paul enciumado. O Papai, representado por uma das estrelas-do-mar (que ele havia chamado de Papai), juntamente com a Cozinheira e a empregada, estava protegendo Richard segurando Paul (Nota 1).

Richard tinha novamente começado a desenhar durante a interpretação da sra. K. (Este outro desenho foi executado como de costume, bem espontaneamente.) Havia uma primeira linha de letras começando pelo A (mais ou menos cinco ou seis delas), que ele encobriu, embora continuassem visíveis no canto inferior direito. Essas letras estavam ligadas entre si por rabiscos. Tudo isso foi feito muito rapidamente e logo em seguida rabiscado, embora ainda não tão completamente quanto na versão final.

A sra. K. assinalou que o primeiro desenho havia sido feito com clareza e deliberação, enquanto nesse as letras estavam todas misturadas e cobertas por rabiscos pretos. Sugeriu que no primeiro desenho ele havia se voltado para suas relações externas e expressado seus medos referentes a elas, a fim de escapar do "interior", muito mais assustador (o seu próprio, o da sra. K., o da Mamãe), cheio de pessoas perigosas e feridas, todas misturadas e escurecidas pelo próprio cocô.

Nesse meio-tempo, Richard tinha começado o Desenho 12. O desenho começou com o formato costumeiro da estrela-do-mar grande, que coloriu. Disse que era um império, e que as diversas cores representavam diferentes países. Não havia guerras. "Eles invadem, mas os países menores não se importam de serem conquistados."

A sra. K. perguntou quem eram "eles".

Richard não respondeu, mas comentou que as pessoas pretas eram horríveis e detestáveis. As azul-claras e vermelhas eram pessoas muito simpáticas, e eram aquelas que os países pequenos não se incomodavam de ter ali.

A sra. K. sugeriu, referindo-se ao primeiro desenho da sessão, que esse império representava mais uma vez a família.

Richard concordou de imediato. Disse que o preto desagradável era Paul, que o azul-claro era a Mamãe, o roxo era a empregada (Bessie) e a Cozinheira. A área muito pequena em azul-violeta, ao centro, era ele mesmo; e o vermelho era o Papai. De repente, disse: "E o conjunto é uma estrela-do-mar voraz cheia de dentes enormes". Nesse meio-tempo, tinha começado o Desenho 13 na mesma folha. Disse que agora Paul estava muito bonzinho – como de fato muitas vezes era. Agora Paul era o vermelho, o preto detestável era o Papai. O violeta era a Mamãe, e a pequenina parte preta no centro era ele mesmo.

A sra. K. assinalou sua incerteza em relação ao Papai e a Paul. Sentia que às vezes eles eram bons e às vezes maus e, portanto, não podia confiar neles. No entanto, no Desenho 13, o preto no centro representava ele próprio e era a mesma cor do Paul mau do Desenho 12 e do Papai mau do Desenho 13. Sua desconfiança de que Paul e o Papai eram maus e pouco confiáveis estava assim relacionada com seu sentimento de que ele mesmo era mau e pouco confiável. Nas sessões precedentes – particularmente no sonho dos peixes – tinham podido chegar a compreender que ele receava ter devorado sua família e consequentemente o império, a "estrela-do-mar voraz", representando-o. Os "dentes enormes" da estrela-do-mar e seu cocô – o preto no centro – eram as armas com as quais sentia ter destruído a todos.

Mas aconteceu depois que "eles" – o pai e o irmão – tinham penetrado nos países pequenos, e isso significava que ele sentiu que seu interior foi invadido, tanto que dele não restava nada além da pequena parte preta.[49] A sra. K. a seguir referiu-se ao fogo da locomotiva que o perseguia no sonho e sugeriu que isso também significava que dentro dele próprio suas fezes colocavam-no em perigo.

Richard foi pegar a bola, encheu-a de ar e deitou-se em cima dela para esvaziá-la. De repente, em voz baixa e com raiva – sem dúvida dirigindo-se à bola –, disse: "Sua bruta malvada!".

A sra. K. interpretou que, na sessão anterior, Richard mostrara-se profundamente desconfiado de sua ligação com o sr. K., e que ele temia que a Mamãe que continha o Papai estivesse ou danificada ou hostil para com ele. Hoje ele sustentava com toda força que tanto a Mamãe como a sra. K. eram boas, mas que o Papai era mau. Mas a sra. K. achava que ele estava tentando arduamente manter a Mamãe boa e tornar o Papai preto porque desconfiar da Mamãe era muito doloroso e assustador. A sra. K. sugeriu que Richard recusava sua raiva relativa ao fato de a mãe ir para a cama com o pai e – era assim que Richard sentia – pôr o pai dentro de si e unir-se com ele contra Richard. Em sua tentativa de mantê-la boa, ele recusava seu ódio por ela tanto quanto seu amor e transferia para o pai o ódio que sentia por ela. Richard também se ressentia por ela ter-se machucado ao colocar dentro de si o perigoso pai-polvo, o pai-vagabundo. A sra. K. sugeriu, portanto, que "bruta malvada" referia-se ao Papai mas também à Mamãe e à sra. K.

Richard objetou veementemente. Jamais usaria tais nomes para se referir à sra. K. e à Mamãe, pois gostava das duas.

A sra. K. interpretou a intensidade de seu conflito, ao sentir que odiava a Mamãe, que era a pessoa a quem mais amava. Lembrou-lhe também que (na Sessão 21) tinha enterrado a mulher cor-de-rosa, que representava a Mamãe, durante toda a brincadeira, porque queria se livrar da Mamãe machucada.

Richard, com evidente dor, disse: "Não diga isso; isso me deixa infeliz!".

---

49 A pequena parte preta, que se revelou o self mau de Richard, tinha vários significados. Richard era o centro a partir do qual o perigo poderia se espalhar por toda parte, pois, por pequeno que fosse, ele desempenhava um papel dominante. E, também, o medo de ser invadido pelo pai mau preto correspondia a seus próprios impulsos e fantasias de invadir todos os outros com suas fezes {Identificação projetiva}. Cf. meu artigo "Notas sobre alguns mecanismos esquizoides" (1946).

A sra. K. interpretou que ele sentia que ela era "bruta" porque suas interpretações muitas vezes eram dolorosas.

Richard estivera apontando um lápis com seu canivete e, por um momento, encostou a lâmina na bola, mas sem cortá-la. Em vez disso, riscou violentamente de preto o segundo desenho que havia feito durante a sessão e, com a ponta do lápis, perfurou-o todo. Andou pela sala, batendo os pés, encontrou numa estante uma bandeira britânica e desenrolou-a. Ruidosamente, cantou "God Save the King",[50] olhou o mapa (o que não fazia havia dias),[51] e perguntou se podia colorir todos os países que a Alemanha já tinha tomado (o mapa na parede datava do início da guerra), mas, ao ser lembrado pela sra. K. de que o mapa não era dela, não o fez. Tornara-se muito agitado e disse que queria ir embora, mas esperou até o fim exato de sua hora, e aí correu para a porta.

A sra. K. interpretou seu medo de atacá-la e danificá-la de verdade (encostar o canivete na bola, riscar de preto e furar o desenho), comportando-se tal qual Hitler e o Papai preto quando conquistavam os países (que representavam a Mamãe e a sra. K.).

Nos degraus, Richard voltou-se e perguntou à sra. K. se ela também iria para a vila e caminhou com ela até a esquina. Disse que no dia anterior ela tinha deixado a janela aberta; era para ficar fechada, não era? Nesse momento, estava amistoso e evidentemente aliviado por estar fora da casa. No decorrer dessa sessão, havia contado para a sra. K. que na noite anterior tinha ido ao cinema; ao entrar, viu um menino de quem tinha medo, mas mesmo assim ficou para ver o filme (Nota 2).

Notas

1. Essas constantes tentativas de evitar conflito nas situações internas e externas constituem uma defesa fundamental e um traço característico da vida mental. Aplicam-se particularmente às crianças pequenas em seu esforço para alcançar estabilidade e uma boa relação com o mundo externo. Richard raramente, ou mesmo nunca, havia vivenciado períodos de estabilidade emocional de qualquer duração, o que influenciou todo o seu desenvolvimento. Em meu artigo "O complexo de Édipo à luz das ansiedades arcaicas" (1945) e no capítulo 6, "Sobre a neurose nas

50 Hino nacional britânico [N. T.]

51 O que estava de acordo com o fato de não se ter referido às notícias da guerra, naquela época, péssimas.

crianças", do livro *A psicanálise de crianças*, referi-me a essas tentativas de compromisso.

2. Embora as defesas maníacas fossem muito evidentes nessa sessão, Richard, não obstante, estava mais preparado para enfrentar suas ansiedades. A atitude maníaca aparecia no andar pela sala batendo os pés e fazer tanto barulho que às vezes abafava minha voz. Mais uma vez, não mencionou a guerra e evitou qualquer referência à invasão de Creta. Por outro lado, pôde ir ao cinema, e seu desenho do império invadido por forças hostis tinha uma ligação indireta com a guerra. Mas, acima de tudo, ele mesmo percebeu e interpretou que seu desenho do império representava uma estrela-do-mar voraz com dentes enormes – quer dizer, ele próprio –; expressou seus conflitos e ansiedades em relação ao pai mau e a toda a família de maneira muito mais clara. Essa combinação de recusa e defesa maníaca simultânea ao aumento de insight e da capacidade de se defrontar com a ansiedade é característica daqueles passos na análise (ou no curso do desenvolvimento) nos quais surgem mudanças nas defesas. A recusa referia-se a alguns aspectos (a situação externa de guerra), ao passo que havia maior insight no que diz respeito à realidade interna.

Sessão 24
sábado

Richard novamente chegou um pouco atrasado.[52] Disse que tinha se esquecido de olhar o relógio e depois tivera que correr todo o caminho. Ficou em silêncio, parecendo assustado e infeliz.

A sra. K. interpretou que o seu esquecimento de olhar o relógio tinha um significado muito parecido ao do desejo da véspera de sair

52 É interessante observar que, juntamente com as mudanças assinaladas na Nota 2 da Sessão 23, Richard demonstrava sua resistência chegando atrasado; ao mesmo tempo, o fato de vir correndo era evidência de um sentimento contrário.

correndo da sala de jogos. Na sessão anterior, ela lhe havia interpretado suas dúvidas em relação à Mamãe e a ela (a "bruta malvada"). Ontem, ao sair, comentou que no dia anterior ela havia deixado aberta a janela, que deveria ficar fechada. Esse comentário exprimia também o seu ressentimento contra a mãe bruta malvada e contra a sra. K. Elas não deveriam deixar aberta a janela – representando o genital – permitindo assim ao polvo bruto, o pai mau, penetrar nelas e ter relações sexuais.

Richard repetiu que não era possível que ele desejasse atacar e ofender a sra. K. e a Mamãe; só de pensar que pudesse desejar tal coisa ficava infeliz. Começou a desenhar (Desenho 14), ao mesmo tempo que falava da possibilidade de uma invasão alemã; tinha pensado sobre isso esta manhã mesmo. Se a invasão começasse, será que a sra. K. iria poder atendê-lo? Como ele ia fazer para chegar em "X"? Estivera desenhando a grande estrela-do-mar de praxe, e dividiu-a em duas partes. Disse que o Papai estava chegando, fez com que o lápis preto marchasse em direção ao desenho enquanto cantarolava baixinho uma marcha que pretendia que fosse sinistra[53] e pintou algumas partes de preto.[54] A seguir, o lápis vermelho foi movido com rapidez, o que foi acompanhado por um som animado; quando estava prestes a pintar as partes vermelhas, anunciou: "Este sou eu, e a senhora vai ver como é grande a minha parte do império". Coloriu, a seguir, algumas partes de azul-claro e, ao fazê-lo, olhou para a sra. K. e disse: "Estou contente". (Parecia de fato contente, assim como em contato próximo com a sra. K.) Um pouco depois, tendo terminado as partes azuis, comentou: "Veja como a Mamãe se espalhou. Ela ficou com grande parte do império". Enquanto pintava algumas partes de violeta, disse: "O Paul é meu amigo, ele está me ajudando". Tinha deixado em branco algumas partes próximas ao centro, e preencheu-as então de preto, dizendo que o Papai estava espremido, cercado por Paul, pela Mamãe e por Richard. Depois de terminar, fez uma pausa, olhou para a sra. K. e perguntou: "Será que eu penso mesmo essas coisas todas de vocês? Não sei se penso. Como a senhora pode saber o que eu realmente penso?".

---

53 Já fiz referências à capacidade de Richard de emitir uma grande variedade de sons, muito expressivos da situação emocional que ele queria comunicar. Acompanhavam várias atividades, como brincar com a frota, jogar a bola, movimentar os lápis. Às vezes, ele era capaz de dar a impressão de que esses sons provinham do mais profundo de seu interior.

54 Dessa sessão em diante, o preto passou a representar sempre o pai; o azul-claro, a mãe (e a sra. K.); e o vermelho, ele mesmo.

A sra. K. respondeu que ela podia inferir alguns de seus pensamentos inconscientes a partir de seu brincar, de seus desenhos e das coisas que dizia e fazia; mas ele tinha acabado de expressar suas dúvidas sobre ela, se estava certa e se podia confiar nela. Essas dúvidas, interpretou a sra. K., surgiam juntamente com sua desconfiança geral acerca dela e da Mamãe, que tinha sido acentuada nos últimos dias, embora ele ainda gostasse de se referir a elas como "doces". Expressara sua desconfiança de que a sra. K. o delataria para o sr. K., considerado um inimigo. No sonho de dois dias atrás (Sessão 22), o líder dos peixes era o pai-Hitler traiçoeiro, mas o peixe, em seus desenhos, normalmente representava a Mamãe. Por isso chamara a sra. K. e a Mamãe – representadas pela bola de futebol – de "bruta malvada". No entanto, sentia-se também feliz porque o azul-claro – a Mamãe boa e a sra. K., que recentemente havia usado um casaco azul-claro – era sentido como espalhando-se pelo império. O império, como havia dito no dia anterior, era uma estrela-do-mar voraz, com dentes enormes; representava ele mesmo devorando todo mundo: ele poderia ter cada vez mais da Mamãe boa dentro de si, já que ela estava se espalhando pelo império, e ela não se incomodava com isso porque era a Mamãe boa que iria *desejar* estar dentro dele e ali protegê-lo contra o pai mau e contra sua própria voracidade e ódio. Recentemente, ele havia inconscientemente expressado seus desejos de que a Mamãe e a sra. K. morressem e assustou-se e sentiu muita dor quando isso lhe foi interpretado pela sra. K. Mas depois sentiu-se aliviado e mais feliz. Parecia, portanto, que ele vivenciava de forma mais intensa tanto a confiança como a desconfiança.

Richard parecia estar refletindo sobre o que a sra. K. havia dito. Expressou surpresa ante a sugestão, que no entanto parecia aceitar, de que ter um maior conhecimento das razões por que se sentia infeliz poderia subsequentemente fazer com que se sentisse mais feliz e mais confiante. A seguir, desenhou uma linha oblonga cercando o "império" e coloriu o espaço de vermelho.

A sra. K. lhe perguntou se aquilo o representava, já que, no império, o vermelho o representava.

Richard respondeu que não, aquilo era diferente; não fazia parte do império nem um pouco; tinha pintado de vermelho só porque era mais vibrante. Enquanto desenhava, novamente começou a falar sobre Hitler (sem fazer referência a Creta – um assunto que continuava a evitar). Disse que Hitler era muito mau, deixando o mundo inteiro infeliz, mas era muito inteligente, não era? Estaria sempre bêbado? Prosseguiu com algumas reflexões acerca dos talentos de Hitler, que parecia ter em alta conta. A seguir, riu do fato de termos alguns tanques em Creta, enquanto Hitler não tinha nenhum. "Imagine só", comentou; "dessa vez Hitler não tem tanques".

A sra. K. assinalou que pela primeira vez ele tinha feito uma referência espontânea a Creta, em parte por temer menos o Hitler interno, e também porque a falta de tanques de Hitler fazia nascer nele alguma esperança, ao passo que anteriormente pareceu desesperar-se com essa situação (Nota 1). Mas isso também significava para Richard que era possível despojar o pai mau de seu pênis perigoso, preservando assim a Mamãe amada e a sra. K. – a Grã-Bretanha. Ele tinha agora circundado a estrela-do-mar império (ele próprio) com uma área vermelha que sentia não representar ele mesmo. Em outras ocasiões, o vermelho também representou sangue, e enquanto coloria a área de vermelho, ele falara do Hitler malvado que fazia sofrer o mundo inteiro. O vermelho representava o sangue da Mamãe derramado pelo pai-Hitler mau (que, na mente de Richard, a mãe continha dentro de si). A Mamãe era o mundo sofrendo pelas mãos do pai mau, e contendo-o ao mesmo tempo dentro de si {Identificação projetiva} (Nota 2). Estava também ferida pelo próprio Richard, o bebê estrela-do-mar voraz, que penetrava nela, fazendo-a sangrar.

Richard foi buscar a bola de futebol e brincou com ela da forma descrita anteriormente. Chamou a atenção da sra. K. para o barulho que "ela" estava fazendo, que antes tivera o significado da Mamãe chorando ou morrendo ou pedindo ajuda; mas agora ele também emitiu alguns sons semelhantes ao de um galo e uma galinha. Em seguida, jogou a bola longe. Hesitantemente, fez uma pergunta para a sra. K., comentando primeiro que odiaria ferir seus sentimentos. Era ou não era uma estrangeira? Imediatamente respondeu ele mesmo que, num certo sentido, ela não era; tendo vivido por tanto tempo na Inglaterra, era uma cidadã britânica; mas seu inglês, embora "muito bom", não era igual ao de um inglês, e ela não tinha nascido na Inglaterra. Na última guerra, quando estava do outro lado, tinha ficado satisfeita com as derrotas inglesas? Tudo isso foi dito com muita dificuldade e embaraço e, sem esperar por uma resposta, continuou: "De qualquer forma, agora a senhora está do lado dos britânicos, não está? Agora a senhora está totalmente do nosso lado".

A sra. K. assinalou que sua desconfiança em relação aos pais conspirando contra ele, vivenciada agora em relação ao sr. e à sra. K., parece ter sido uma fonte de grande ansiedade para ele. Cada vez que se sentia culpado, ou quando seus pais estavam juntos, sem ele, especialmente à noite, tais desconfianças pareciam preocupá-lo profundamente. Não conseguia descobrir o que realmente se passava na mente dos pais, e a Mamãe (e agora a sra. K.) representava o estrangeiro, possivelmente hostil a sua pessoa; tampouco conseguia descobrir se ela continha dentro de si o pai bom ou o mau. Sempre que se sentia menos desconfiado da Mamãe (e agora da sra. K.), significava que havia mais da boa Mamãe protetora em seu interior; o fato de que agora confiava mais na sra. K. tinha sido demonstrado por ter sido capaz de expressar suas dúvidas e críticas.

Richard concordou em que tinha medo de ferir a Mamãe, mas que muitas vezes ele a deixava exausta de tanto discutir com ela, amolando-a com perguntas e obrigando-a a fazer o que ele queria. A seguir, comentou que estava esperando o fim de semana e contou para a sra. K. que tinha comprado um cinzeiro com um galo desenhado para dar de presente para o Papai.

A sra. K. interpretou que ele tinha colocado o galo – o pênis do pai – de volta para dentro da mãe e isso significava igualmente restaurar o pênis bom do pai; mas havia ao mesmo tempo a ansiedade de que o galo fosse também o pai-polvo que fazia a Mamãe chorar e morrer, o que foi demonstrado pela bola de futebol representando uma galinha cujo pescoço foi torcido. [...]

Nesse meio-tempo, Richard estivera andando pela sala, explorando-a, examinando os livros e descobrindo coisas nas prateleiras. Tocou várias vezes na bolsa da sra. K., evidentemente desejando abri-la e examiná-la. Apertou uma bola pequena entre seus pés e em seguida começou a marchar em passo de ganso, comentando que era um jeito muito idiota de marchar.

A sra. K. interpretou que a pequena bola representava o mundo, a Mamãe e a sra. K. esmagadas pelas botas alemãs – o passo de ganso. Ao fazer isso, Richard expressou seu sentimento de que não só continha dentro de si a Mamãe boa mas também o pai-Hitler, e que estava destruindo a Mamãe como o pai mau fazia.

Richard objetou veementemente, dizendo que ele não era como Hitler, mas pareceu compreender que era o que representavam o passo de ganso e os pés que esmagavam. Estava quase na hora de terminar e Richard tornara-se muito amistoso e afetuoso. Desligando o aquecedor elétrico, comentou: "O pobre e velho aquecedor vai descansar". Arrumou cuidadosamente os gizes de cera por ordem de tamanho dentro da caixa, fechou-a e ajudou a sra. K. a colocar os brinquedos na bolsa. No final da sessão, lembrou a sra. K. de certificar-se de que traria todos os desenhos para a próxima vez. (Na realidade, ela sempre os trazia.) Pediu que ela ficasse bem quieta, prendeu a respiração, e disse: "Pobre e velha sala, tão quieta!". A seguir, perguntou à sra. K. o que iria fazer durante o fim de semana.

A sra. K. interpretou seu medo de que ela pudesse morrer no fim de semana – a pobre e velha sala silenciosa. Por isso, quis certificar-se de que ela traria os desenhos; expressava também seu desejo de colaborar na análise, e assim deixar a sra. K. em bom estado e preservá-la. Por isso desejou que a sra. K. – o pobre e velho aquecedor – descansasse, que não ficasse exausta por causa de seus pacientes, ele em particular.

Notas

1. Isso ilustra o fato de que a recusa é uma das formas de lidar com o desespero mobilizado pelas situações de perigo e acontecimentos internos e externos. Nesse caso, a situação interna de perigo consistia em a mãe boa ser atacada e destruída pelo ódio dele, o que teve como consequência depressão e desespero. A análise reduziu sua ansiedade, diminuiu a recusa e aumentou sua esperança de que poderia preservar a mãe interna tanto como a externa (a Mamãe azul-claro que se expandiria em seu interior). O que, por sua vez, teve por efeito a diminuição da recusa relativa aos perigos externos – a situação da guerra, a invasão de Creta e o perigo de uma invasão à Grã-Bretanha – e o fato de poder encarar e expressar melhor essa ansiedade. É bom lembrar também que, do ponto de vista de Richard, a situação externa havia melhorado.

2. Na mesma hora, Richard havia expressado sua internalização voraz da mãe, de mim, na verdade de todos, por seu desenho da estrela-do-mar-império. Agora, o contorno vermelho representava o processo de identificação projetiva (cf. "Notas sobre alguns mecanismos esquizoides", 1946). A parte voraz dele mesmo – a estrela-do-mar – tinha invadido a mãe; e a ansiedade de Richard, os sentimentos de culpa e compaixão relacionavam-se ao sofrimento da mãe, ocasionado tanto por sua intrusão como pelo pai mau que a danificava e controlava internamente. A meu ver, os processos de internalização e de identificação projetiva são complementares e operam desde o início da vida pós-natal, determinando de maneira vital as relações de objeto. A mãe pode ser sentida como sendo incorporada juntamente com todos os seus objetos internalizados; e também o sujeito, que entra em outra pessoa, pode ser sentido como levando consigo seus objetos (e suas relações com estes). A exploração mais extensa das vicissitudes das relações de objeto

internalizadas, que em cada etapa se acham ligadas aos processos de identificação projetiva, deve – a meu ver – lançar alguma luz sobre o desenvolvimento da personalidade e das relações de objeto.

Sessão 25
segunda-feira

Richard estava alguns minutos atrasado e parecia muito preocupado. Perguntou se a sra. K. tinha trazido os desenhos (tinha-os pedido muito na sessão anterior). Deu uma olhada em todos eles e disse que não queria ver o último desenho (Desenho 14). Também não gostava do Desenho 8, mas decidiu separá-lo para ser completado. [...] Disse que pensara muito na sra. K. no domingo, enquanto brincava no jardim. Teria sido tão bom se ela estivesse passando por ali, tivesse entrado e o visse brincando. Também lhe contou algumas das novidades da família. Paul teria uma semana de licença, a Mamãe iria para casa na quinta e a Babá viria para ficar com ele em "X". Parecia bravo e preocupado ao contar-me isso. Desenhou um império (Desenho 15) e disse que o Papai (preto) estava muito perto da Mamãe (azul); mas ele, Richard, também estava por perto. Havia muito pouco de Paul (violeta). [...] No caminho para a sra. K., acontecera uma tragédia. Ao dizê-lo, parecia contrariado e triste. Uma mulher com três crianças barulhentas e tagarelas ficou enjoada no ônibus e continuava enjoada quando desceu. Richard sentiu muita pena dela, e achou que a culpa era das crianças.

A sra. K. interpretou sua culpa. Sentia-se barulhento e tagarela e que isso deixava a Mamãe exausta (conforme contou para a sra. K. várias vezes), e tinha feito a mesma coisa com a sra. K. na sessão anterior. Não conseguia protegê-las nem do pai-Hitler preto nem de seus próprios ataques e de sua voracidade.

Richard estava muito inquieto; levantou-se e circulou pela sala, batendo os pés. Escutava atentamente os barulhos, imaginando se haveria alguma criança passando lá fora. Ficou parado a certa distância da sra. K., pálido de ansiedade. Perguntou se, caso ficasse muito assustado e quisesse ir embora correndo – digamos, depois de uns dez ou vinte minutos –, a sra. K. deixaria que ele fosse. (Quando disse isso, tinham acabado de passar vinte minutos, mas ele não tinha estado olhando o relógio.)

A sra. K. disse que o deixaria partir.

A seguir, Richard disse que estava muito preocupado com a sra. K. – tinha mesmo que voltar a Londres?[55]

A sra. K. interpretou que o medo que ele sentia em relação aos perigos aos quais ela estaria exposta em Londres se intensificava muito devido a outros medos. Lembrou-lhe que, ao mencionar que a Mamãe estava voltando para casa para ficar com o Papai e com Paul, mostrara-se muito bravo e preocupado; talvez temesse atacar e fazer mal à mãe, devido a sua raiva e seu ciúme. Sentia a mesma coisa em relação à sra. K., que estava indo a Londres para ficar com sua família; e ela, igualmente, corria o risco de ser atacada por ele. Era por causa dessa culpa que ele tinha sentido tão intensamente que as crianças barulhentas no ônibus eram responsáveis pelo mal-estar da mãe.

Richard perguntou o que a sra. K. fazia aos domingos. Quantos anos tinha seu filho? Ele era austríaco?

A sra. K., em sua interpretação, recordou-lhe sua constante curiosidade em relação aos segredos dela, acrescida do ciúme que sentia de seu filho e de seus medos do sr. K. desconhecido e interno. Richard se perguntava se seriam como Hitler, maltratando a sra. K., ou se ela se unia a eles contra Richard. Estava vivendo os mesmos medos e desconfianças agora que a mãe ia para casa ficar com o Papai e Paul, e sem ele. [...]

Enquanto isso, Richard desenhava (Desenho 15). Ao fazê-lo, comentou sobre a explosão do *Hood*, muito preocupado. Disse que foi terrível, uma notícia que o fez dar um salto quando a escutou. Continuou falando sobre isso por um bom tempo.

A sra. K. novamente se referiu a sua brincadeira com a frota (Sessão 22), na qual os navios Papai e Mamãe explodiam um ao outro, cada um sendo, por sua vez, o inimigo. Da mesma forma, Richard sentia que não podia proteger nem a Mamãe, nem a Grã-Bretanha, nem a sra. K. do pai-Hitler mau e de si mesmo.

Richard disse que estava muito preocupado com a invasão e que não conseguia parar de pensar nisso.

A sra. K. perguntou-lhe o que pensava que poderia acontecer.

---

55 Naquela época eu estava planejando uma viagem a Londres, o que já havia mencionado a Richard.

Richard disse que temia que o matassem e que também matassem a Mamãe.

A sra. K. recordou-lhe seu medo, expressado na sessão anterior, de que, no caso de uma invasão, não pudesse vir se encontrar com ela; mas, antes de deixá-la para ir passar o fim de semana em casa, tinha também demonstrado seu medo de que ela pudesse ser danificada ou morta pelo pai-Hitler mau, o "bruto malvado" que ela continha.

Richard tornara-se pensativo e sério. Disse, então, que não gostaria de morrer antes de ver o mundo bem e em paz novamente.

A sra. K. relacionou seu desejo de ver o mundo em paz com a necessidade de restaurar a paz na família e de ser capaz de manter a salvo seus pais internos – especialmente de sentir que a mãe estava fora de perigo. Se ele pudesse conseguir tudo isso, a morte não iria ser sentida como um desastre interno, como uma luta na qual os pais e ele próprio seriam destruídos.

Richard estivera apontando os gizes de cera, jogando aparas no chão a sua volta, e chamou uma ponta quebrada de "cadáver". Jogou também, "sem querer" segundo ele, algumas aparas na sra. K. Mostrou-lhe um giz que tinha os dois lados apontados, dizendo que esse era ele, e testou a ponta na mão da sra. K., perguntando-lhe se a tinha machucado. A seguir, apontou dois lápis compridos, até deixá-los bem pontudos, colocou-os alternadamente na boca e mordeu-os. Segurou-os com as pontas voltadas um para o outro, dizendo que estavam lutando.

A sra. K. perguntou quem eram eles.

Richard apontou primeiramente para o lápis amarelo, dizendo que era o Papai, e depois para o verde, que disse ser a Mamãe. Depois disse que era o contrário e mais uma vez ele mesmo não sabia quem era quem. Mostrou para a sra. K. que ambos tinham marcas.

A sra. K. assinalou que ele os estivera mordendo havia pouco, por isso tinham marcas. (Richard ficou surpreso: obviamente não tinha percebido que estivera mordendo os lápis.) A sra. K. interpretou que ele havia expressado seu medo de ter danificado, e também devorado os pais, que também lutavam entre si. Temia, portanto, morrer por eles continuarem essa luta em seu interior {Os pais internalizados, numa relação sexual de luta}. Ele também sentia que eles estavam tão misturados entre si que não podia discriminar um do outro {Figura dos pais combinados} (Nota 1).

Richard tentara fazer com que os lápis ficassem em pé e ficou irritado quando caíram. Novamente fez com que lutassem entre si, e que os gizes e outros lápis aderissem à luta; depois, deixou-os amontoados.

Durante essa batalha, estivera rabiscando e escrevendo no verso da folha do último desenho (Desenho 16).

A sra. K. sugeriu que mais uma vez, como com os brinquedos, havia ocorrido um desastre; não só os pais lutavam e não havia possibilidade de reparação (suas tentativas de pôr em pé os lápis) como também os irmãos (representados pelos gizes de cera) lutavam e atacavam os genitais um do outro. Esses medos intensificaram-se com a notícia de que Paul estava indo para casa.

Richard levantou-se várias vezes, andou pela sala fazendo barulho e com uma expressão irada. Novamente mencionou o *Hood*, foi até o mapa, e – parecendo muito preocupado – especulou acerca da "força naval" britânica. De repente, murmurou "Richard, Richard, Richard", como se fosse um pedido de ajuda.

A sra. K. perguntou se havia alguém pedindo ajuda. Richard respondeu que sim.

A sra. K. sugeriu que eram os marinheiros do *Hood*.

Richard concordou e disse que estavam afundando e chamando por ele. A seguir, murmurou no mesmo tom triste: "Papai, Papai, Papai".

A sra. K. interpretou que quando o *Hood* que explodira representava a Mamãe atacada por ele, os marinheiros pedindo ajuda representavam os bebês dentro dela. Estes chamavam por ele, e também pelo Papai, para ajudá-los. [...] A sra. K. perguntou o que estivera pensando enquanto rabiscava e escrevia. Richard respondeu que não queria falar sobre isso. Apenas mencionou que num dos cantos tinha desenhado uma lua cheia e uma lua minguante.

Durante toda a sessão, mostrara-se alternadamente zangado e preocupado, e, em alguns momentos, desesperado. Tornou-se um pouco mais tranquilo no fim da sessão.

Nota

Esses dois conceitos expressam não somente duas situações distintas no inconsciente da criança como também dois estágios da mesma fantasia. Uma das fantasias mais arcaicas relacionadas à sexualidade dos pais é construída, acredito, em torno de objetos parciais: o pênis do pai penetrando à força no seio da mãe. Isso logo pode conduzir ao sentimento de que os genitais dos pais estão sempre misturados. Um desenvolvimento posterior da "figura dos pais combinados" é a fantasia de que os pais como pessoas inteiras são sentidos como lutando durante a relação sexual. Quando essas ansiedades são vividas, o bebê já desenvolveu um maior sentido de realidade, uma percepção mais clara do mundo exterior e uma relação com objetos totais. No entanto, permanece ainda sob a influência de fantasias inconscientes arcaicas (que, na verdade, nunca são completamente abandonadas), de impulsos destrutivos, voracidade e possessividade. Tudo isso explica por que a relação sexual dos pais é sentida como sendo tão destrutiva.

Com o aumento da estabilidade da criança, os pais internos são sentidos como estando numa relação mais pacífica, o que, no entanto, não inclui a relação sexual pacífica. Em contraposição, no que se refere aos pais externos, com frequência nos deparamos com o fato de que mesmo as crianças muito pequenas desejam que a mãe ou o pai não sejam sexualmente frustrados e, em certos momentos, desejam que um possa satisfazer genitalmente o outro. Esse é apenas um dos casos em que as relações com os objetos externos diferem daquelas com os objetos internos, embora sempre exista alguma conexão entre as situações interna e externa (cf. A *psicanálise de crianças*, cap. 9).

Recentemente descrevi o estágio mais arcaico da relação com a mãe e com seu seio como crucial para a felicidade e a segurança. A extensão e intensidade dessa fase parece variar muito, em parte devido a fatores externos, e essas variações são de considerável importância para todo o desenvolvimento. As fantasias da figura dos pais combinados – como a do pênis do pai penetrando no seio da mãe – já são uma consequência da perturbação dessa relação arcaica. O anseio de manter a posse exclusiva da mãe é, evidentemente, influenciado por uma variedade de fatores tais como ansiedade, voracidade e possessividade. Por outro lado, somente se a inveja não for excessivamente intensa é que poderá tal relação ter qualquer permanência. De qualquer forma, a intrusão de outro objeto acirra todos os conflitos e mobiliza o ódio e a desconfiança em relação a ambos os pais, e esses sentimentos influenciam a força da figura dos pais combinados, em suas diferentes variações, e colorem os estágios arcaicos do complexo de Édipo.

Sessão 26
terça-feira

Richard chegou pontualmente, mostrando-se muito menos preocupado. Estava louco para mostrar para a sra. K. o que trazia em sua sacola: a frota e um par de chinelos novos que sua mãe queria que pusesse ao tirar as botas de borracha. Admirou os chinelos, contou para a sra. K. quanto haviam custado, pediu-lhe que tocasse neles e sentisse como eram macios e gostosos. A seguir, tirou a frota. Contou para a sra. K. que sua mãe estava de cama, com dor de garganta, e ele estava muito preocupado. Disse que estava cuidando dela, fazendo assim a sua "parte", não estava? Também tinha contado para a mãe a pergunta que tinha feito a sra. K. no dia anterior – se ela o deixaria sair mais cedo se ele ficasse com medo e tivesse vontade de fugir. Mamãe disse que era uma ideia boba, e ele também pensava assim; não havia razão para fugir, pois a sra. K. era muito bondosa.

A sra. K. interpretou que, três sessões atrás, sentira medo dela porque ela representava a "bruta malvada" (a bola de futebol) que continha um filho e um marido estrangeiros, o pai bruto. Temia também que ela estivesse danificada pelo pai-Hitler dentro dela. Isso estava relacionado com seu medo dos pais unidos em luta dentro dele, os dois lápis compridos, tão misturados que ele não sabia qual era o pai e qual era a mãe.

Richard, como muitas vezes, prestava atenção nos ruídos que vinham da rua, pedindo à sra. K. que ficasse quieta para que ele pudesse ouvir. Novamente estava "em guarda" contra as crianças hostis que passavam. (De fato, Richard raramente vivia sem esse medo, como admitiu tantas vezes, mesmo quando se sentia protegido pela sra. K.)

A sra. K. chamou sua atenção para essa ansiedade constante.

Richard concordou e contou-lhe que, recentemente, quando estava viajando de ônibus com a Mamãe, um menino de sua idade entrou e ele imediatamente sentiu medo; olhou ameaçadoramente para o menino, que respondeu a seu olhar. Richard acrescentou que não desejava atacá-lo, mas sentia que poderia ter de atacá-lo para impedir um ataque contra si mesmo. Refletiu, a seguir, que muitas das vezes em que encontrava crianças e pensava que elas iriam brigar com ele, elas o ignoravam e ele se sentia aliviado. Será que se sentiria muito infeliz se voltasse para a escola? Continuaria a sentir medo de crianças por toda a sua vida, ou mais tarde talvez dos adultos? Será que sua mãe queria que ele fizesse esse trabalho com a sra. K. porque ela achava que ele não iria conseguir se dar bem na escola? Ele gostaria de ir para a universidade, como seu irmão estava planejando fazer.

A sra. K. concordou com que, ao combinar o tratamento para ele, sua mãe tinha manifestado esses receios.

Richard perguntou o que mais sua mãe tinha conversado com ela.

A sra. K. disse-lhe, mais uma vez, que sua mãe havia mencionado que às vezes Richard entrava nuns maus humores e que ela achava que ele pudesse não ser feliz.

Richard ouviu com ar pensativo e sério. Disse: "É muito bom para mim ter esse trabalho, e eu acho que a senhora é muito gentil".

A sra. K. interpretou sua satisfação com o fato de ela e a mãe manterem boas relações e de que ambas se importavam com ele, exatamente como muitas vezes havia sentido em relação à Mamãe e à Babá. Noutras ocasiões, no entanto, havia receado que elas entrassem em conflito. Mais ainda, o fato de a sra. K. e a Mamãe estarem de acordo parecia reforçar sua crença na Mamãe boa, que a sra. K. também representava. Entretanto, sentia muito medo das crianças hostis, que representavam os bebês não nascidos que estavam no interior da Mamãe, a quem sentia ter atacado e continuava a atacar. [...]

Richard distribuía a frota; disse que apenas fazia manobras e que não estava havendo nenhuma batalha. Disse à sra. K. que ele era um pequeno destróier, Paul, um cruzador. Mas logo a seguir inverteu-os, de modo que ele passou a ser o navio grande e Paul, o menor. Estavam em bons termos. O *Nelson* (o Papai) estava com seus filhos, mas logo foi atrás do *Rodney* (a Mamãe). O *Nelson* tocou o *Rodney*, mas apenas de leve, e isso também se passou com Richard e Paul. Desse modo, todos recebiam a mesma atenção. Também dispôs algumas embarcações menores em fila, comentando que eram a Cozinheira e Bessie, e, após uma pausa, acrescentou: "e os bebês da Mamãe dentro dela". Por duas vezes, durante essa atividade, levantou os olhos e disse: "Estou muito feliz". Enquanto brincava com a frota, mais uma vez referiu-se aos chinelos, dizendo que gostava deles porque eram muito confortáveis.

A sra. K. interpretou que ele parecia muito agradecido à Mamãe por ter comprado os chinelos e por tê-lo mandado fazer análise com a sra. K.; ambos os fatos eram para ele sinais do amor da Mamãe.

Richard confirmou essa observação e repetiu que os chinelos eram muito bonitos e, emocionado, acrescentou: "Gosto que fiquem do meu lado, são o Papai e a Mamãe".

A sra. K. assinalou que agora ele sentia que não era só a Mamãe que o ajudava, mas o Papai também; que a Mamãe permitia que ele tivesse um pai bom; e também que ambos os pais dentro dele podiam viver em paz um com o outro e ajudá-lo. Sentia ainda que ele os controlava, mas estavam todos em boas relações entre si. Além disso, a sra. K. interpretou que ele só poderia conseguir uma relação pacífica entre os pais, ele próprio e o irmão, se todos recebessem parcelas iguais de tudo. No brincar, a princípio, Paul tinha aparecido como o navio maior, depois Richard inverteu os papéis. Parecia que outra condição para a paz era que os pais não tivessem relações sexuais; não deveriam dar um para o outro mais afeição e gratificação sexual do que davam para cada um dos filhos (o *Nelson* tocando levemente o *Rodney*, e da mesma forma os navios Richard e Paul). Havia trazido à vida os bebês não nascidos da mãe, e isso significava que não teria mais inimigos; por isso se sentia tão feliz. A sra. K. parecia representar aqui o Papai bom que se uniria à Mamãe para amar Richard, ao mesmo tempo que ela também representava sua babá em boas relações com a Mamãe.

Richard disse que, de certa forma, preferia ser o mais novo porque assim viveria mais do que Paul. Uma vez, uma cartomante lhe dissera que ele tinha uma linha da vida longa e que viveria até oitenta anos. Pediu para ver a palma da mão da sra. K. e mostrou-se preocupado porque sua linha da vida não era muito longa. Mas depois decidiu que era longa o suficiente: ela poderia viver até os setenta ou talvez até mesmo os oitenta. [...] Richard deu uma olhada no desenho da sessão anterior (Desenho 16). Disse que não gostava do círculo grosseiramente rabiscado. Eliminou imediatamente a cabeça que havia desenhado perto do círculo e disse agora que era a cabeça de Hitler.

A sra. K. perguntou acerca da lua no canto da página.

Richard disse que gostava da lua. Ao dizê-lo, desenhou novamente as fases da lua e terminou com um círculo pintado de preto. Traçou, a seguir, a linha preta no centro do círculo irregular e, virando a folha, fez uma marca no verso como se a linha a lápis tivesse atravessado o papel. Apertou o lápis com força, mas controlou-se para não rasgar o papel.

A sra. K. interpretou que ele não gostava do círculo no centro da página porque tinha sido desenhado no dia anterior, num momento em que sentira raiva e medo dela. Representava a bola de futebol, a "bruta malvada"; próximo ao círculo estava a cabeça de Hitler que ele havia imediatamente riscado. Mas tinha feito uma pequena linha preta no centro do círculo que expressava seu sentimento de que a sra. K. e a Mamãe continham o pai-Hitler preto. No dia anterior, ele tinha primeiro traçado o círculo, depois a cabeça de Hitler e depois as fases da lua. Ao recordar-lhe agora a ordem em que tinham sido feitos os desenhos, a sra. K. sugeriu que a lua minguante perto da lua cheia representava o pênis do pai perto do seio e da barriga da mãe; e que ele acabara de fazer uma nova versão das fases da lua com o círculo pintado de preto porque sentia que o pai-Hitler estava pretejando a Mamãe, como ele mesmo o faria se estivesse com raiva dela e a odiasse.

Richard negou, sem muita convicção, que pudesse odiar, pretejar e maltratar a sra. K. e a Mamãe, e mostrou que tinha escrito no canto da página em letras grandes que a sra. K. era muito doce.

A sra. K. lembrou-lhe que, depois de escrever a palavra "muito", tinha parado um instante, e talvez tivesse desejado escrever algo desagradável em seu lugar, mas tinha decidido manter-se amigável e estava por demais temeroso da sra. K. para poder insultá-la.

Nesse momento, Richard concordou. Durante essas últimas interpretações estivera emitindo as vozes do galo e da galinha, que a princípio pareciam bem calmos. Disse que eles estavam muito felizes. A seguir, porém, esses sons foram ficando cada vez mais irados e aflitos.

A sra. K. perguntou o que estava acontecendo agora com o galo e a galinha. Richard, sem hesitar, disse que agora era o galo que teve o seu pescoço torcido, e não a galinha.

A sra. K. interpretou que ele acreditava que a Mamãe era igualmente perigosa para o Papai na relação sexual, que ela danificava ou cortava fora seu pênis. Ele tinha acabado de mostrar como tinha dúvidas de que a sra. K. era doce.[56]

Richard disse que o galo e a galinha estavam mordendo um ao outro. [...] Disse que se lembrava dos pesadelos da noite passada:

> *Tinha passado por três operações. Não estava com medo, ou melhor, não estava com muito medo, porque, embora lhe tivessem dado éter, não tinha cheirado.*

A sra. K. perguntou-lhe o que pensava do número três. Richard disse: "O Papai, a Mamãe, Paul".

A sra. K. perguntou se ele sabia que tipos de operações eram. Richard respondeu, sem a menor hesitação: "Da garganta".

A sra. K. assinalou que isso queria dizer que tinha operado a garganta três vezes.

Richard disse que não sabia por quê.

---

56 É digno de nota que essa nítida expressão de suas desconfianças acerca da mãe perigosa tenha seguido minha interpretação do material no qual a desconfiança e a raiva em relação a mim e à mãe ainda eram inconscientes.

A sra. K. lembrou-lhe que, de fato, tinha sido submetido a três operações, uma no genital, uma na garganta, e uma na boca (dentes): mas no sonho todas eram na garganta.

Richard mostrou interesse nessa ligação inconsciente e acrescentou que tinha três anos quando operou o genital.

A sra. K. interpretou que havia pouco tinha se mostrado preocupado com a dor de garganta da mãe. Sentia que também a Mamãe, e não apenas ele, tinha o genital cortado fora pelo Papai-Hitler. E também que ele, Richard, havia devorado a todos (como demonstrado por material bem recente), e que ele consequentemente sentia que todos os "três" – o Papai, a Mamãe e Paul – foram operados em seu interior.[57] Assinalou que, apesar de ter dito que não se sentia muito amedrontado no sonho, sabia que se tratava de um sonho assustador, e por isso o havia chamado de pesadelo. No entanto, dera um jeito de reconfortar-se, não cheirando o éter.

Richard começou o Desenho 17. Enquanto o coloria, cantou o hino alemão com uma voz sinistra. Ao pintar de preto as duas partes pontiagudas no alto, disse tratar-se do Papai. A seguir, cantando o hino britânico com entusiasmo, coloriu algumas partes de vermelho, dizendo que eram ele mesmo. Ao preencher as partes azuis, cantou o hino nacional grego, dizendo tratar-se da Mamãe e da sra. K. Disse que as partes roxas eram Paul, e cantou o hino belga. Fez vários comentários enquanto desenhava: a certa altura comentou que ele, Richard, penetrava rapidamente num território, antes que o Papai pudesse chegar ali; depois disse: "Paul acabou de expulsar o Papai do território da Mamãe", e: "Agora estou capturando este".

A sra. K. perguntou-lhe onde se localizava todo o império, e Richard disse que na Europa. A sra. K. interpretou que a Grécia – uma vez que as batalhas estavam se dando em Creta naquela época – era a Mamãe e a sra. K. invadidas e danificadas. Mas Richard também estava "capturando", como Hitler. Os três homens – o Papai, Paul e Richard – estavam capturando, devorando a Mamãe e danificando-a com seus genitais. Ela estava danificada por dentro e era isso o que ele sentia quanto a sua atual doença.

Richard objetou veementemente à fala da sra. K. de que ele era como Hitler.

---

57 Outra conclusão a que se pode chegar é que a operação na garganta deve também ter significado para ele que as pessoas que devorara agora estavam sendo retiradas de dentro dele.

A sra. K. referiu-se a um material anterior relativo a devorar a Mamãe, mas esse desejo era concomitante a seu desejo de proteger a Mamãe contra o Papai mau e contra a parte má de si mesmo.

Richard, logo a seguir, assinalou que ele – o vermelho – encontrava-se de ambos os lados da Mamãe azul-claro.

A sra. K. lembrou-lhe que havia dito, ao desenhar o azul-claro, que se tratava da Mamãe e da sra. K.

Richard disse que Paul também protegia a Mamãe do Papai. A seguir, fez o Desenho 18. Cantou apenas o hino norueguês enquanto desenhava, e comentou que as partes azuis representavam agora a sra. K. Era um império menor e ele não tinha a mínima ideia de onde estava localizado.

A sra. K. interpretou que o Desenho 17 representava a Europa. O grande interior da Mamãe, invadido, roubado, assim como protegido; o Desenho 18, completamente desconhecido, representava seu próprio interior, o hino nacional norueguês indicando que ele era apenas pequeno. A sra. K. relacionou isso com seu grande medo da invasão, expresso na sessão anterior, e com o medo de ser atingido por uma bala, assim como com o pesadelo no qual as operações significavam ter o genital cortado fora e ser invadido pela família hostil. O azul-claro representava agora, em vez da Mamãe, a sra. K. porque ela representava a babá boa (a Mamãe boa), que, juntamente com Paul, iria protegê-lo. As partes marrons representavam suas fezes, e toda a batalha contra a Mamãe era sentida como se dando em seu interior, já que sua mente havia incorporado tanto os membros protetores de sua família como os hostis.

No final da sessão, Richard disse que ia trazer os chinelos novamente. Guardou sua frota dentro de uma caixa de papelão que, como mostrou para a sra. K., trazia o seguinte rótulo: "Doces", e disse que desejava que houvesse doces ali em vez da frota.

A sra. K. interpretou que ele também desejava que a sua família interna inteira, incluindo os bebês hostis e os pais em luta, fosse bondosa e doce em seu interior.[58]

---

58 Richard mencionara duas vezes que a situação da guerra estava melhorando. Os Aliados estavam perseguindo o *Bismarck*, e poderiam destruí-lo. Creta continuava resistindo. Esta melhora da situação externa, de certa forma, diminuiu sua ansiedade. Sentia-se também reconfortado pelo fato de sua mãe apoiar explicitamente a análise (seu comentário de que seria bobagem fugir de mim). Creio, entretanto, que a diminuição mais importante da ansiedade derivou da análise feita na sessão precedente. Isso pôde ser verificado na maneira como Richard foi capaz de expressar conscientemente certa ansiedade, como

Sessão 27
quarta-feira

Richard parecia assustado e preocupado. Estava chovendo (o que sempre o deprimia) e, enquanto tirava a capa e a punha para secar, expressou seu desagrado pela chuva. A seguir, murmurou "rato afogado", mas rapidamente tirou a frota sem vontade de explicar o que quis dizer com isso. (Essa maneira de murmurar algumas palavras e rapidamente tentar mudar de assunto adquirira, naquela época, o significado de que ele não conseguia deixar de expressar alguma coisa importante embora desejasse recusá-la.)

A sra. K. chamou sua atenção para o significado de seu comportamento e lembrou-lhe seus sentimentos quando o *Hood* foi explodido (Sessão 25). Os marinheiros chamavam "Richard, Richard, Richard", e ele também havia murmurado de forma semelhante naquela ocasião.

Richard disse que sabia disso. Eles o estavam chamando para que os salvasse. Mas, mesmo se ele estivesse lá, só poderia salvar uns poucos. Mas será que poderia mesmo ter salvado algum? [...] Ao mesmo tempo, estava "em guarda" contra as crianças que passavam na rua. Comentou também que no caminho tinha encontrado algumas crianças e tinha sentido medo delas.

A sra. K. interpretou seu desejo de atacar os bebês no interior da Mamãe e explodi-la com seu cocô, lembrando-lhe o círculo pretejado e a parte marrom do império representando-o na sessão de ontem. Os marinheiros, então, representavam os bebês no interior da Mamãe, que ele iria afogar com urina. Mas desejava, ao mesmo tempo, salvá-los e sentia-se desesperançado quanto a sua capacidade de fazê-lo, porque não podia controlar seu ódio (Nota 1). Temia, também, essas crianças atacadas, que poderiam vir a retaliar. A sra. K. lembrou-lhe o convite para jantar com os peixes (Sessão 22). Como havia dito, ele precisava de sua capa impermeável porque estava na água. Não confiava nos peixes e temia que também ele seria afogado, como os bebês; seu desejo de salvá-los e ressuscitá-los estava

---

mostrou maior insight, menos recusa, e uma premência maior de reparação. Havia mais tristeza e ao mesmo tempo mais confiança e esperança.

relacionado com o medo do que iriam fazer com ele. Sua expressão "*rato* afogado" mostrava, no entanto, que ele também sentia que merecia isso porque era mau.

Enquanto a sra. K. interpretava esse material, Richard brincava que o submarino *Salmon* – representando ele mesmo – tinha atacado e explodido o *Rodney*, que representava agora o *Bismarck*.

A sra. K. chamou sua atenção para o que estava fazendo e assinalou que o *Rodney* – agora o *Bismarck* –, que ele tinha acabado de explodir, sempre representara a Mamãe (Nota 2). A sra. K. recordou-lhe, também, seus sentimentos quando o *Hood* foi afundado e que ela havia interpretado isso em conexão com o *Emden* afundado, do Desenho 8, o qual representava a Mamãe morta, que havia sido atacada e devorada por seus filhos, as estrelas-do-mar.

Richard fez objeções à interpretação da sra. K. acerca da explosão e afundamento da Mamãe, e disse que quem estava fazendo isso era o Papai malvado.

A sra. K. concordou que ele sentia que o Papai-mau-vagabundo e Hitler poderiam matar a Mamãe; não obstante, ao explodir o *Bismarck* (*Rodney*), era ele mesmo quem tinha atacado a Mamãe má. Ela havia se tornado má porque ele não só a amava como também a odiava, e porque ela continha o Papai mau e os bebês perigosos e retaliadores que voltariam todos porque foram atacados por ele. No entanto, a Mamãe-*Emden* afundada não era sentida apenas como sendo a Mamãe má mas também a Mamãe boa, devorada e morta pelos bebês vorazes que o representavam.

Richard continuou a brincar com a frota, reproduzindo o afundamento do *Bismarck* tal como fora descrito nos jornais. Explodira no ar, fazendo um círculo, para afinal tombar sobre um dos lados, liquidado. Richard mencionou então o desastre do *Thetis*, comentando longamente e com intensa emoção que horror que os homens tivessem sufocado em seu interior.

A sra. K. relacionou isso com suas interpretações anteriores referentes aos bebês morrendo no interior da Mamãe, bebês que nunca vieram a nascer.

Richard disse: "As pessoas mortas não podem voltar e atacar a gente, não é?".

A sra. K. interpretou seu medo da Mamãe e dos bebês mortos, feridos e retaliadores – esses eram os fantasmas que ele temia. Sentia também que os bebês não nascidos voltariam da morte e eram as crianças hostis na rua. Sentia que haviam nascido, afinal, mas como inimigos.

Entrementes, Richard continuava a brincar com a frota, e havia feito várias combinações. No momento em que a sra. K. estava fazendo a interpretação relativa aos bebês mortos e hostis, alinhou todos os navios pequenos, deixando de lado um navio maior, que disse ser ele próprio.

A sra. K. interpretou que os bebês hostis estavam alinhados contra ele.

Richard disse que tivera sonhos desagradáveis, mas que se esquecera deles. [...] Perguntou para a sra. K. sobre o lugar onde ela morava. Tinha ouvido dizer que havia outro inquilino lá. Faziam as refeições juntos, ou comiam em salas separadas? Enquanto falava, fez com que o *Rodney* se afastasse e ficasse isolado no outro canto da mesa.

A sra. K. interpretou que o *Rodney* isolado representava a sra. K., sozinha, e que Richard preocupava-se com o fato de que ela talvez estivesse só onde estava morando e, portanto, desejava que ela tivesse companhia. Contudo, ao afastar o *Rodney*, revelara também sentimentos opostos.

Nesse ínterim, Richard fez com que primeiramente um dos destróieres e depois o *Nelson* e os navios pequenos acompanhassem o *Rodney*.

A sra. K. interpretou que ele tinha acabado de restaurar a família não apenas à Mamãe mas também à sra. K., sendo que o *Rodney* representava também a sra. K.

Richard concordou, e disse que o filho e outros membros da família da sra. K. tinham vindo visitá-la. A seguir, fez mais algumas perguntas sobre o filho da sra. K. e se ela falaria a respeito de Richard para ele. Quis saber, depois, se ela e o filho falavam em austríaco quando estavam juntos. [...]

A sra. K. referiu-se às respostas anteriormente dadas a essas perguntas, e interpretou também que ela e o filho falando em austríaco significava que Richard não desejava pensar no idioma alemão porque isso faria com que imediatamente se desse conta de que desconfiava deles por serem estrangeiros e até mesmo espiões. Interpretou, ainda, seu medo de que ela não só o delatasse para o filho mas também que a Mamãe se aliasse a Paul e ao Papai em sua ausência.

Richard se opôs a essa interpretação, mas sem muita convicção. Falou sobre a quinta-coluna, e disse que esperava que não fossem muitos seus membros. O que a sra. K. achava?

A sra. K. respondeu que isso era o que se esperava.

Richard, muito desconfiado, perguntou o que ela esperava – que fossem muitos ou não?

A sra. K. interpretou que ele tinha acabado de mostrar claramente o quanto desconfiava dela e de seu filho por serem estrangeiros e espiões em potencial. Representavam também o Papai e a Mamãe desconhecidos, os pais que compartilhavam segredos, especialmente os sexuais, e sentia que não conseguia saber se a Mamãe continha o

Papai-Hitler. Quando não estava com os pais, muitas vezes desconfiava deles e achava que a Mamãe iria delatá-lo para o Papai. Também Paul, às vezes, parecia estar espionando e não ser digno de confiança. Mas tudo isso relacionava-se com seus sentimentos de que ele mesmo estava tentando espionar Paul e os pais, não podendo ser digno de confiança.

Richard concordou imediatamente que muitas vezes espionava, e que Paul fazia a mesma coisa, mas que nunca suspeitaria de sua mãe. De repente, e com determinação, disse que queria contar para a sra. K. uma coisa que o preocupava muito. Temia ser envenenado pela Cozinheira ou por Bessie. Fariam isso porque muitas vezes era horroroso ou atrevido com elas. De vez em quando examinava a comida para ver se estava envenenada. Inspecionava o conteúdo das garrafas na cozinha para ver o que continham: podia ser que fosse veneno, que a Cozinheira misturaria em sua comida. Pensava, às vezes, que Bessie, a empregada, era uma espiã alemã. De vez em quando ficava ouvindo pelo buraco da fechadura para descobrir se a Cozinheira e Bessie falavam em alemão quando estavam juntas. (Tanto a Cozinheira como Bessie eram inglesas e não conheciam uma só palavra de alemão, conforme posteriormente comprovei.) Por seu aspecto torturado e preocupado, ele obviamente fazia um grande esforço para me contar tudo isso. Tinha se levantado e se aproximado da janela, afastando-se da sra. K. Repetidas vezes parecia exausto, sempre que a ansiedade aumentava. Disse que esses medos o tornavam muito infeliz e perguntou se a sra. K. poderia ajudá-lo nisso (Nota 3).

A sra. K. disse que concordava que o trabalho pudesse ajudá-lo, mas que ele também esperava preservar a Mamãe azul-claro que o ajudava e que o protegeria dos pais maus e da parte má de si mesmo.

Richard encontrava-se nesse momento evidentemente impossibilitado de dizer qualquer coisa a mais. Ficou olhando pela janela para ver se havia crianças passando. Saiu correndo para o jardim, apontou para algumas flores do campo na grama, e perguntou quem tinha estragado as flores, pois estavam "horríveis" (o que, de fato, não era verdade). Voltou para a sala e disse: "Por favor, vamos brincar". Começou fazendo com que o submarino *Salmon* atirasse no *Rodney*, que, mais uma vez, representava o *Bismarck*. Mas, a partir daí, tudo ficou confuso, pois o *Salmon*, que pretendia atirar num destróier alemão, atingiu por engano o *Rodney*, agora supostamente britânico. Richard disse que o *Salmon* tinha "o mais idiota dos comandantes" – como poderia ter cometido tal engano?

A sra. K. interpretou que ele desconfiava não só da Cozinheira e de Bessie mas também de seus pais porque desejara explodi-los com seu cocô e envenená-los com sua urina, ambos sentidos como venenosos quando odiava os pais. Por isso esperava que fizessem a mesma coisa com ele. A garrafa que examinava representava também o pênis do pai e o seio da mãe. Esse medo tinha algo a ver com seu medo da chuva – a chuva, caindo de cima, representava seus pais urinando sobre ele, tal como tinha desejado fazer quando sentia ciúme e raiva pelo fato de eles estarem juntos na cama. Disse que temia a retaliação da Cozinheira e de Bessie por ter sido desagradável com elas. Mas havia admitido também que muitas vezes sentia que era muito difícil com os pais, e deixava sua mãe exausta com suas discussões. Sabia, ademais, que sentia vontade de espioná-los e temia, portanto, que eles o espionassem. Mas seu medo e culpa principais vinham de seus desejos inconscientes de atacá-los com urina e fezes, de devorá-los e matá-los. O "comandante idiota" do *Salmon* representava uma parte dele mesmo. Culpava-se por ter atacado os pais (seu próprio couraçado) e consequentemente tê-los tornado hostis, provocando assim para si mesmo toda a temível perseguição, externa e interna.

De certa forma, Richard fora se acalmando, ao fim da sessão. Estava aliviado por ter parado a chuva. Mas, apesar de um pouco menos tenso no fim da sessão, parecia preocupado e infeliz. Só então esclareceu que a mãe continuava doente, tinha até piorado um pouco. A sra. K. assinalou que isso havia contribuído para intensificar todos os medos e a infelicidade que tinha sentido durante essa sessão. Antes de deixar a sra. K., Richard juntou as duas cadeiras, como fazia com frequência, e comentou que ele e ela (as cadeiras) eram amigos.

Notas

1. Esse desespero é uma parte inerente da depressão, sendo vivido pela primeira vez na posição depressiva. Uma vez que os primeiros impulsos destrutivos arcaicos são sentidos como onipotentes, são, de certa forma, sentidos como irreparáveis. Quando são revividos em qualquer estágio da vida, conservam algo do caráter onipotente da infância. Além disso, o sentimento de que os impulsos destrutivos não podem ser suficientemente controlados aumenta essa revivescência das ansiedades primárias.

2. O brincar com a frota e com os brinquedos, os desenhos e as associações relativas a cada um deles expressavam às vezes o mesmo material de formas diferentes, corroborando assim um ao outro; outras vezes, suas várias atividades traziam um material novo, que possibilitava o insight dos diferentes aspectos de suas fantasias e situações emocionais. Em meu relato, nem sempre sou capaz de mostrar, com detalhes suficientes, como o material inconsciente de Richard, expresso por exemplo no brincar com a frota, era amplificado e corroborado pelos outros meios de expressão. Acontecia repetidas vezes que, estando "cansado" de brincar com os brinquedos, por exemplo, ou tendo protestado contra uma interpretação de alguma brincadeira, Richard iniciava outra forma de atividade que acabava por confirmar minhas interpretações. Um dos aspectos característicos da análise de crianças é que as várias atividades da criança permitem ao analista ver como a resistência interage com o crescente insight e a grande necessidade que o inconsciente tem de expressar-se.

3. Apesar da resistência que inevitavelmente surgia, desde o começo da análise Richard esforçou-se por revelar integralmente seus pensamentos e sentimentos. No entanto, não havia sido capaz de contar-me certas ansiedades *conscientes*, tal como seu medo de ser envenenado. Só se tornou capaz de me contar a esse respeito, e mesmo assim com dificuldade, depois da análise de seu material inconsciente, em particular da perseguição interna e de seus impulsos destrutivos. Pode-se supor que Richard sentia-se particularmente mal a respeito do medo de ser envenenado porque, sabendo-o irracional e anormal, esforçava-se por mantê-lo em segredo. Esse fato relaciona-se com a observação geral de que, mesmo os paranoicos graves, no que diz respeito à intensidade de suas ansiedades persecutórias, muitas vezes conseguem enganar de tal forma aqueles que os cercam que, se viessem a suicidar-se ou a cometer um assassinato, isso surpreenderia até mesmo as pessoas muito próximas deles.

Sessão 28
quinta-feira

Richard pediu à sra. K. que tirasse a frota do bolso de seu casaco porque estava observando as crianças na rua e não queria perder nada.

Algumas crianças passavam a caminho da escola, e a menina ruiva corria na frente dos outros. Richard comentou: "Lá está ela, minha inimiga, correndo para salvar sua vida", afirmando que ela estava sendo perseguida pelas outras crianças. Também ele, se pudesse, sairia em sua perseguição.

A sra. K. interpretou que ele sentia que a menina estava ameaçada por ele, que desejava matá-la, e que havia atribuído seu desejo de persegui-la e matá-la às outras crianças. (Tratava-se da menina que tinha perguntado se ele era italiano: ver Sessão 10.) A sra. K. interpretou também que ele temia e odiava essa menina porque ela o representava, que temia os estrangeiros e espiões; estes se haviam revelado, na sessão anterior, como sendo também envenenadores.

Richard concordou que tinha medo de espiões e estrangeiros, mas afirmou, resolutamente, que não tinha medo da sra. K. Certificou-se, nesse momento, de que a porta se encontrava devidamente fechada.

A sra. K. interpretou que ele se certificava de que nem crianças nem espiões iriam penetrar.

Richard disse que Paul estaria chegando naquele mesmo dia, e que a Mamãe iria voltar para casa naquele dia ou no seguinte. Mas ele não se incomodava, porque sua antiga babá, de quem gostava, estava vindo para ficar com ele. Enquanto falava, dispôs a maior parte da frota de um lado e um cruzador e quatro destróieres de outro, todos em posição de batalha.

A sra. K. interpretou sua desconfiança em relação à volta da Mamãe para casa. A frota de batalha representava os pais, Paul e as empregadas – todos unidos contra ele.[59]

Richard assinalou que também não estava sozinho, tinha quem o ajudasse.

A sra. K. interpretou que os quatro destróieres – quem o ajudava – representavam a antiga babá ou a sra. K., seus canários e seu cachorro. Às vezes, sentia que a Mamãe e a Cozinheira estavam de seu lado. A sra. K., no começo da sessão, surgira como uma aliada contra espiões e intrusos, digna de confiança. Seu ciúme e sua raiva de Paul aumentavam devido ao medo de que Paul se aliasse aos pais contra Richard. A sra. K. lembrou-lhe que Paul muitas vezes o provocara no passado, o que às vezes fazia ainda agora, e que naquela época geralmente a Babá ficava do lado dele, Richard. Sentia que ela era uma aliada, já que viria para ficar com ele.

---

59 Este é um exemplo do fenômeno, que com frequência podemos observar, de que o ciúme e a solidão são reforçados pelo medo persecutório.

Richard, em seguida, inverteu a posição da frota. Agora o cruzador representava Paul e os outros navios estavam contra ele. Nesse momento, Richard pegou as chaves da casa e perguntou à sra. K. se, caso saísse e fechasse a porta, ficaria trancado do lado de fora.

A sra. K. interpretou que seu desejo de descobrir se ela o deixaria trancado do lado de fora da sala de jogos poderia expressar um medo muito antigo de ser expulso de casa. Ele também podia desejar trancar a sra. K. lá dentro.

Richard riu dessa sugestão, e disse que seria divertido deixá-la trancada ali porque assim ela teria que esperar até o dia seguinte, quando ele voltasse.

A sra. K. interpretou seu desejo de impedir que ela atendesse John e os outros pacientes, e de certificar-se de que ela estaria ali para ele, Richard (com o que ele concordou vivamente). Também desejava trancar a Mamãe no hotel, de forma que ela não pudesse voltar para casa e amar Paul e o Papai.

Richard pegou a frota. O submarino *Salmon* foi agora deixado sozinho e atacou o *Rodney*. A seguir, Richard executou movimentos semelhantes aos do afundamento do *Bismarck*. O *Rodney* foi afundado; seguiu-se uma grande batalha envolvendo os outros navios. Richard falou algo sobre carcaças no caminho, que precisavam ser removidas.

A sra. K. perguntou para onde seriam levadas.

Richard disse que seriam removidas para os cemitérios e lá enterradas, onde então estariam a salvo. Enquanto o *Rodney* era afundado, emitiu sons do tipo "galo e galinha", com a galinha gritando cada vez mais desesperadamente. Richard disse que estavam torcendo o pescoço dela, e que o galo a matou. De repente, fechou as cortinas, pedindo que a sra. K. o ajudasse a escurecer a sala. Estava muito excitado, e olhava para a frota que, segundo ele, tinha se tornado indistinta: ele não podia ver o que estava acontecendo. Perguntou à sra. K. se ela estava chorando – pergunta que repetiu um pouco depois. Emitiu novamente os sons do "galo e galinha", cada vez mais desesperadamente (Nota 1).

A sra. K. interpretou que talvez, à noite, tenha se sentido aterrorizado, aguardando os gritos da Mamãe, ferida ou, quem sabe, assassinada pelo Papai-vagabundo. Mas, pelo que havia dito e mostrado para a sra. K., ele não apenas temia que o Papai matasse a Mamãe mas também que ele próprio o fizesse. Tinha demonstrado seu ciúme e seu medo de que a Mamãe se juntasse ao Papai e a Paul; e o *Salmon*, que o representava, tinha subitamente explodido o *Rodney*.

Hesitantemente, Richard disse que o *Rodney* era britânico. Corrigiu-se a seguir, dizendo: "Não, eu quis dizer alemão. Não... eu não sei...".

A sra. K. assinalou que ele (o *Salmon*) tinha explodido o *Rodney* britânico – quer dizer, a mãe amada – porque a odiava quando estava com ciúme e desconfiado.

Richard disse que a batalha do Cabo Matapan devia ter sido terrível. Não se podia ver nada e os italianos se atacavam entre si.

A sra. K. interpretou que, à noite, tornava-se muito temeroso de que a Mamãe seria destruída pelo Papai mau e por seus próprios ataques. Lembrou-lhe como ele tinha reproduzido a catástrofe do *Hood*, quando seu cocô simbolizava os explosivos; explodir o navio, representando a mãe, implicava também a destruição dos bebês (Sessão 15). Os marinheiros chamaram por Richard e pelo Papai. Seu desejo de que os mortos fossem enterrados, ficando assim a salvo, expressava seu medo do retorno e do ataque dos bebês mortos, representados pelas crianças na rua ou pelos fantasmas (ver sessão anterior).

Richard concordou plenamente que os marinheiros eram as crianças.

A sra. K. interpretou que, ao escurecer a sala, Richard havia demonstrado como se sentia à noite quando estava assustado. Não podia ver o que de fato se passava com os pais e, portanto, não sabia se seus desejos hostis se haviam realizado. Havia também sua incerteza quanto a estar atacando a mãe amada ou a odiada, quanto a quem estava com a Mamãe, se o Papai bom ou o Papai mau, e quanto a quem estava atirando e atacando quem {Confusão}. Toda essa incerteza e esse medo foram expressos ao mencionar a batalha do Cabo Matapan, a situação no escuro na qual não podia dizer se a sra. K. estava chorando, e sua dúvida relativa a quem tinha sido destruído, se o *Rodney* ou o *Bismarck*.

Enquanto a sra. K. fazia essa interpretação, Richard acendeu a luz e expressou um grande prazer ao ver a sala iluminada. Comentou como tudo, que antes parecia tão horrível, estava bonito. Apagou a luz novamente. Comentou, então, como costumava sentir-se aterrorizado à noite. A Babá tinha que se sentar a seu lado na cama até que pegasse no sono. Costumava acordar aterrorizado e gritar até que alguém o acudisse. Isso fora há quatro ou cinco anos. Acrescentou que atualmente não acontecia mais, embora não tenha soado nada convencido (Nota 2).

A sra. K. interpretou seu alívio ao acender a luz na sala de jogos; os medos que ele tinha revivido foram atenuados pelo fato de a sra. K. estar ali com ele, e porque ele podia acender a luz sempre que quisesse, e também conversar com ela a respeito deles. A sra. K. representava, portanto, a Babá e a Mamãe no que tinham de melhor, como ele teria desejado que elas fossem quando estava sozinho à noite. Mas não foi apenas no passado que ele sentiu esses medos; continuavam ativos, foi o que demonstrou em sua brincadeira e no que dizia.

Richard mencionou que a mãe se encontrava melhor hoje do que no dia anterior.

A sra. K. interpretou que no dia anterior ele havia sentido que a dor de garganta da mãe significava que ela também estava envenenada, já que muito do material da sessão tinha a ver com o seu grande medo de ser envenenado ou de ser venenoso.

Richard concordou que podia ter sentido isso, e imediatamente acrescentou: "Mas envenenado por Bessie".

A sra. K. lembrou-lhe que ele havia dito estar cuidando da Mamãe, embora não tivesse dito de que maneira.

Richard mostrou-se muito hesitante. A seguir, disse que tinha comprado uma coisa para ela na farmácia. Era algo para cheirar e, acrescentou, provavelmente alguma coisa venenosa.

A sra. K. perguntou se estava em um vidro. Richard disse que sim.

A sra. K. interpretou que, por sentir-se venenoso quando estava com raiva ou com ciúme, sentia-se incapaz de cuidar da mãe, mesmo quando o desejava. O vidro que trouxe da farmácia transformou-se em veneno em sua mente.

Richard tornou-se muito inquieto, andou para lá e para cá, e disse que não queria ouvir isso. O que a sra. K. estava dizendo o deixava doente.

A sra. K. assinalou que ele utilizara a palavra "doente" porque sentiu que as palavras da sra. K. eram agora tais como a comida envenenada que as empregadas – na verdade, a Mamãe – poriam dentro dele, como uma punição por ele tê-las envenenado e, na sessão anterior, ter envenenado a sra. K.

Richard, depois de uma pequena pausa, tornou-se muito mais inquieto. Abriu as cortinas e perguntou se a sra. K. não ficava ferida quando seus pacientes pensavam e diziam essas coisas feias para ela.

A sra. K. interpretou que ele temia feri-la, assim como já temera ter ferido a Mamãe, não só com palavras, mas com seus ataques inconscientes. A sra. K. acrescentou que fazia parte de seu trabalho desejar saber tudo o que um paciente pensava e sentia.

Richard disse que, no dia anterior, tinha pensado na sra. K. como bruta malvada, e não só enquanto ela falava tanto do desejo de Richard de envenenar. Ficou imaginando o que a sra. K. faria se ele atirasse coisas nela, ou a atacasse de alguma outra forma. Quis saber se alguma vez John tentou feri-la de verdade.

A sra. K. respondeu que não deixaria que ele, ou qualquer outro paciente, a atacasse fisicamente. (Aqui Richard pareceu satisfeito e reconfortado.) Sugeriu que ele temia deixar-se levar por seus sentimentos hostis e, por senti-los tão perigosos, perguntava-se como ela iria fazer para se proteger. Conforme demonstrado pela análise, Richard sempre temeu que a mãe não pudesse se proteger dos ataques do pai-vagabundo ou do pai-Hitler. Seu desejo de atacar a sra. K. fisicamente ficou mais claro para ele no momento em que pisoteava a bola, chamando-a de "bruta malvada".

Richard voltou a emitir os sons de "galo e galinha", a princípio fazendo-os soar desesperados; a seguir, a galinha cacarejou alegremente. Richard explicou que a galinha estava muito feliz agora, tinha acabado de botar um ovo, ia ter um bebê. Foi por isso que no começo ela gritou. Comentou que a vizinha, a sra. A., tinha duas galinhas e que esperavam que elas tivessem treze pintinhos, mas só nasceram dois.

A sra. K. perguntou o que ele achava que tinha causado isso.

Richard, relutantemente, disse que não sabia. Achava que os ovos deviam estar podres. Ajoelhou-se junto à mesa (fato incomum) e brincou com a frota. Mais uma vez, o *Rodney* foi atacado por um destróier. A seguir, percebeu que tinha sujado os joelhos, e foi lavá-los na pia. De lá, gritou que a água que ele tinha usado parecia horrorosa.

A sra. K. interpretou que ele sentia que a água da torneira havia se tornado horrível porque ele a havia sujado com seus joelhos; tudo isso se passou depois do afundamento do *Rodney* (a Mamãe). Em sua mente, estava envenenando a Mamãe com sua urina e seu cocô, e seus joelhos sujos representavam seu traseiro. Ajoelhar-se tinha também o significado de pedir perdão por seus ataques contra a sra. K. Ele lhe contou sobre as galinhas que tiveram apenas dois pintinhos embora fosse esperado que tivessem muitos mais; elas representavam a Mamãe que, conforme sentia, teria tido muitos outros filhos se ele não os tivesse envenenado. Pensava ter envenenado os ovos, estragando-os.

Richard escorreu a água suja e pôs-se a brincar na pia, enchendo-a, esvaziando-a, enquanto falava sobre inundações.

A sra. K. interpretou que ele temia a chuva, que tanto odiava, em parte porque representava a urina do pai, venenosa e causadora de inundações. Richard saiu para ver a água escorrendo, depois voltou e encheu a pia novamente. Parecia mais calmo, e comentou que a água parecia bem boa agora, e até poderia colocar um peixe dourado nela.

A sra. K. interpretou que ele estava menos temeroso de envenenar e inundar a ela e à Mamãe, e mais capaz de limpá-las e reparar o dano dando-lhes um peixe dourado, representando um bebê.

Richard, ao sair, parecia muito menos preocupado. Caminharam juntos, a sra. K. e ele, uma parte do trajeto e, ao se aproximarem da esquina, Richard disse "bangue-bangue".

A sra. K. perguntou em quem ele estava atirando. Richard respondeu que havia inimigos na virada da esquina, e que eles poderiam estar em todos os lugares, e continuou atirando em todas as direções.

Notas

1. O brincar de Richard era, às vezes, tão variado, e uma ação seguia-se a outra com tanta rapidez, que geralmente só me era possível selecionar um tanto do material para interpretar. Pelo mesmo motivo, o material de seus desenhos nunca foi integralmente interpretado, fato com que estamos familiarizados na interpretação de sonhos. Quando o brincar da criança mostra sua maior riqueza – o que muitas vezes ocorre após interpretações que levam a diminuir a ansiedade –, a abundância de associações que aparecem simultaneamente é expressa pela rapidez com que se sucedem. Nossos pacientes adultos queixam-se às vezes de que lhes ocorrem ao mesmo tempo muitos pensamentos, entre os quais precisam fazer uma seleção para poder verbalizá-los. Com frequência, isso significa que também estão vivenciando simultaneamente uma variedade de emoções contraditórias. Repetidas vezes expressei meu ponto de vista de que uma das características da complexidade dos processos mentais arcaicos é o fato de que uma variedade deles operam simultaneamente. Defrontamo-nos aqui com problemas que aguardam mais elucidação no futuro.

2. Tendo a análise revivido as primeiras ansiedades noturnas de Richard (que bem poderiam ter-se expressado como terror noturno), ele se lembrou de que, quando era menino pequeno, sua babá precisava sentar-se a seu lado até que adormecesse – fato do qual não se havia esquecido, mas que até então não mencionara. É interessante que esta lembrança tenha surgido no contexto dessa sessão em particular, na qual as ansiedades, desejos e impulsos arcaicos foram revividos na análise. Isso também me conduz à questão do surgimento de novas lembranças na análise. Seu maior valor, a meu ver, reside nas possibilidades que oferecem ao analista de explorar as experiências e emoções sobre as quais cada uma delas se constrói. Se isso não for feito, o surgimento de lembranças na análise perde importância. A exploração de camadas profundas da mente leva a um renascimento muito vívido de situações arcaicas internas e externas – um renascimento que eu descreveria como lembranças em sentimentos. Tal revivescência pode seguir-se à análise de lembranças reais. Ou, inversamente, lembranças concretas podem surgir como resultado da revivescência de emoções arcaicas. O conceito de Freud de lembranças encobridoras implica que, para chegarmos a seus significados mais completos, devemos desvelar as emoções, experiências e situações que se encontram por detrás delas.

Sessão 29
sexta-feira

A sra. K. e Richard encontraram-se no caminho. Habitualmente, quando isso acontecia, Richard corria em direção a ela, mas desta vez ele não o fez. Tudo o que disse foi: "Aqui estamos nós". Na sala de jogos quis, primeiramente, certificar-se de que ambos, ele e a sra. K., haviam chegado pontualmente. Permaneceu em silêncio. Depois de certo tempo, disse que não tinha trazido a frota. A sra. K. perguntou se tinha se esquecido de trazê-la.

Richard disse que não, simplesmente não tinha sentido vontade de trazer a frota. (Estava claramente determinado a não cooperar.)

A sra. K. perguntou-lhe, após um silêncio, em que estava pensando.

A princípio Richard disse: "Em nada". Depois, disse que pensara em algo, mas não quis dizer o quê. Andou pela sala, explorando e examinando tudo, depois foi para a cozinha e abriu a torneira. Segurou a tampa embaixo dela, depois esguichou água na direção da sra. K. colocando o dedo debaixo da torneira.

A sra. K. interpretou que era como se estivesse urinando e sugeriu que talvez ele não quisesse conversar com ela porque significaria, para ele, esguichar urina nela. Richard disse que a água parecia suja, acrescentou que o pensamento que não queria revelar para a sra. K. era que ele não ia mais contar para ela qualquer coisa que pudesse fazê-la dizer mais coisas desagradáveis sobre veneno. Ele não queria saber sobre esses pensamentos.[60]

---

60 Acredito que sua ansiedade de me ferir com a sua agressão foi diminuída pelo trabalho analítico realizado. Pode-se observar que, durante o período mais recente de sua análise, tanto a agressão quanto a resistência passaram

A sra. K. interpretou que no dia anterior ele havia comentado que a água da pia parecera horrível depois de usada para lavar os joelhos; a pia representava a sra. K., que estava cheia de urina venenosa porque ele sujara a sra. K., o que o fazia sentir que só palavras venenosas poderiam sair dela. A mesma coisa se aplicava à Mamãe, quando ele desconfiava de suas palavras e tinha medo delas, porque ela e a sra. K. representavam para ele algo que se passava em sua própria mente – pensamentos desagradáveis e preocupantes que desejava ignorar.

Richard saiu, e pediu à sra. K. que destampasse a pia, porque queria ver para onde correria a água. [...]

Pouco depois, a sra. K. perguntou a Richard se sua mãe já tinha ido embora.

Richard, ficando muito vermelho, raivosamente disse que sim – ela tinha ido se encontrar com Paul. Rangia os dentes e emitiu um som que se assemelhava a um rosnado. Acrescentou que estava rebelde e que deixaria a sra. K. quando bem entendesse; o trabalho com ela era excessivamente desagradável e nada iria impedi-lo de ir embora quando quisesse. A seguir, acomodou-se para desenhar (Desenho 19), e passado algum tempo disse: "Não quero ir embora já". Começou com a estrela-do-mar de sempre (*a*). Depois, escreveu: "Paul nojento, 'yah, yah, yah'",[61] e esclareceu que "yah" era "sim" em alemão,[62] e que Paul era um alemão nojento. Estava muito bravo novamente, corava, abria e fechava a boca, embora também não houvesse dúvida de que estivesse exagerando e dramatizando seus sentimentos. Tendo expressado seu ódio de Paul, disse de repente: "Mas eu também gosto dele, ele é bonzinho". Nesse meio-tempo, estivera desenhando (*b*), algo meio peixe e meio cobra, que depois riscou. A seguir, traçou a linha divisória (*c*) e desenhou (*d*). Enquanto coloria de verde o rosto e o corpo, disse que esta era a Mamãe e que ela estava doente, por isso estava verde. Com vigor, pintou de preto as pernas e os pés da figura e emitiu os sons de "galo e galinha", que se tornavam cada vez mais irados. Comentou que as pernas dela eram pretas porque ela tinha estado pisoteando o Papai preto. Depois, coloriu de vermelho o corpo

---

a ser verbalizadas mais abertamente. Ao mesmo tempo, ele estava mais apto a expressar pensamentos conscientes que até então estivera retendo.

61 No desenho, risquei o nome verdadeiro e coloquei pontos sobre ele. Também coloquei as letras (*a*), (*b*), (*c*) e (*d*).

62 "Sim", em alemão, é "*ja*", cuja pronúncia em inglês se aproxima de "yah". O termo aparece dessa forma no desenho do paciente. [N. E.]

verde e, calcando o lápis com força, escreveu ao lado: "Mamãe doce". Sua expressão era divertida e irônica, obviamente ciente de que isso era uma mentira.

A sra. K. perguntou-lhe o que estava se passando agora entre o galo e a galinha. Richard disse: "Ela matou ele" –, acrescentando, depois de uma pausa: "porque ela é muito má". Nesse meio-tempo, estivera escrevendo (*e*): "A sra. K. é uma bruta", mas imediatamente com raiva e ansiedade eliminou a frase, rabiscando-a.

A sra. K. interpretou que ele sentia que ambas, a Mamãe doce e a sra. K. bruta, eram más. A Mamãe era sentida como perigosa e ele suspeitava de que ela matava e devorava o Papai. Ela ficou doente, por isso estava verde a princípio. A seguir, seu corpo tornou-se vermelho porque Richard sentia que ela continha o Papai-polvo vermelho que a devorava por dentro. Mas ela também pisoteava o Papai e o devorava, e era preta porque Richard sentia que ela estava furiosa, urinando e defecando, como o próprio Richard estava fazendo. Por isso, tinha medo de ser envenenado pela sra. K. e pela Mamãe {Ansiedade persecutória e projeção}.

Richard, entrementes, estivera colorindo (*a*). Disse que havia apenas duas pessoas ali, lutando pelo império: o Papai preto e ele. Ambos queriam dominar a costa (apontou para as partes externas). A seguir, indicando as partes pretas do alto, disse que o genital do Papai era bem engraçado, era tão pontudo! Ele, Richard, era inteligente e rapidamente se apoderou da maior parte da costa. A Mamãe ficou com apenas alguma coisa no centro. Mas, ao dizê-lo, deu-lhe um pedacinho da costa e observou que ele continuava com a maior parte.

A sra. K. interpretou que as partes vermelhas da costa, que o representavam, seriam supostamente um genital maior e mais poderoso que o do Papai, que era engraçado e pontudo. Mas o vermelho fora anteriormente a cor do Papai-polvo. As partes vermelhas também representavam o genital do Papai que ele, Richard, tinha devorado e, portanto, as partes vermelhas eram agora seu genital que, conforme sentira, fora cortado fora na ocasião de sua operação. O vermelho podia também referir-se a seu genital quando ficava excitado e brincava com ele. Na realidade, sabia que seu pênis era muito menor do que o do Papai. Estava também representado pelas duas partes menores, no canto inferior à direita da estrela-do-mar. Parecia que ele tinha dado um pênis para a Mamãe também, depois de ter dito que ela só tinha algumas partes no centro – o que significava que ela não possuía um pênis. Mas parece que a seguir, inconscientemente, decidiu que ela também deveria, no fim das contas, ter um também.

Richard não discordou dessa interpretação. Embora não admitisse que alguma vez tivesse visto o genital de uma mulher ou de uma menina, parecia estar bem ciente da diferença entre o genital masculino e o feminino.

A sra. K. também interpretou que Richard não só estava furioso com Paul, e enciumado dele, tendo-o por isso excluído do império, o que equivalia a expulsá-lo de casa, mas parecia que havia aqui muito ciúme e raiva do Papai. O império que tinha desenhado hoje representava também o interior de Richard: sentia ter colocado para dentro de si uma Mamãe doente, envenenada, raivosa, contendo um pai mau ou morto. A sra. K. lembrou que, na sessão anterior, as "carcaças" a serem enterradas estavam relacionadas com seu medo de que os mortos retornassem; e também que o movimento de seus maxilares quando estava com raiva, e o fato de abrir e fechar a boca, antes e enquanto desenhava, revelavam que ele tinha raivosamente devorado toda a família.

Richard, durante as interpretações da sra. K., rabiscou no bloco de papel com movimentos rápidos e veementes. No centro, desenhou uma figura humana e várias letras, que rapidamente cobriu de preto.

A sra. K. interpretou seu desejo de atacar a ela e à Mamãe com seu cocô. Richard fez então alguns pontos no papel, amarrotou-o e jogou-o fora – demonstrando muita irritação e ansiedade.

A sra. K. interpretou que ele estava jogando fora a sra. K. e a Mamãe, escurecidas, feridas e consequentemente iradas mas também tentando arrancá-las de si mesmo. A seguir, Richard desenhou em outra folha, mas logo deu um pulo e quis sair. Pediu que a sra. K. o acompanhasse, acrescentando: "Vamos sair desse lugar horrível".

A sra. K. interpretou que esse lugar horrível representava o interior dele mesmo, sentido como horrível por estar cheio de pessoas mortas e iradas e de veneno – tanto seu como deles. O desejo de levar a sra. K. consigo para fora da sala significava retirar a Mamãe boa e protetora de seu próprio interior, salvá-la e tê-la no mundo externo.

Richard admirou o campo, as colinas e a luz do sol. Pediu à sra. K. que não interpretasse no jardim, pois as pessoas poderiam ouvi-la. Mas não a deteve quando ela interpretou em voz baixa que ele não queria as interpretações dela porque representavam as coisas más que ela lhe daria, em contraste com a sra. K. externa boa e a paisagem bonita.

Richard tentou arrancar as ervas daninhas dos canteiros de flores, mas parou quando a sra. K. pediu-lhe que não fizesse isso. No entanto, ele já tinha arrancado uma planta, e ficou na dúvida se era uma erva daninha ou uma flor. A seguir, pegou algumas pedras que estavam entre as flores e atirou-as raivosamente contra a parede.

A sra. K. interpretou que ele estava explorando o interior da sra. K. e da Mamãe, e retirando seus bebês. (Naquele momento, ouviram-se as vozes de uma mulher e de crianças.)

Richard disse: "São crianças nojentas".

A sra. K. interpretou que os ataques de Richard contra o interior da Mamãe deviam-se em parte ao ciúme, em parte a seu medo de que ela contivesse bebês-estrelas-do-mar nojentos – isto é, perigosos – que a teriam devorado, os quais ele devia, portanto, extrair para protegê-la. A sra. K. lembrou-lhe que isso tinha sido expresso em desenhos anteriores.

Richard continuou a atirar pedras contra a parede e disse: "Esse é o seio da Mamãe".

A sra. K. recordou-lhe que, havia pouco, antes de começar a espirrar água nela, tinha deixado a água escorrer sobre a tampa redonda que representava o seio dela. Isso significava que ele sentia que estava urinando e envenenando o seio, como sentia ter feito quando bebê, e isso tinha a ver com seu medo de que a Cozinheira, que representava a Mamãe, fosse retaliar envenenando a comida dele, já que todo alimento podia, conforme suspeitava, estar envenenado. No momento, seus ataques ao seio deviam-se também à raiva e ao ciúme dos bebês que a Mamãe poderia vir a ter e a quem alimentaria. Sentia a mesma coisa a respeito da sra. K., quando ela atendia John e os outros pacientes; e essa raiva tornava-se mais forte porque ela estava indo para Londres para visitar sua família e seus pacientes.

Richard expressara sua admiração pela paisagem repetidas vezes. Agora sentou-se calmamente com a sra. K. no degrau da escada e disse que queria escalar uma das colinas mais altas. Quanto tempo levaria? Será que a sra. K. também conseguiria? Repetiu várias vezes essa pergunta durante as ações que se seguiram. Tinha encontrado um graveto e enterrou-o bem fundo, perto dos canteiros de flores, dizendo que o estava enfiando no seio da Mamãe. Arrancou-o novamente e tapou o buraco com terra.

A sra. K. interpretou que o graveto representava seus dentes e seu pênis e que ele estava atacando o seio mordendo-o e introduzindo nele seu pênis.

Richard novamente disse que queria escalar a colina com a sra. K.

A sra. K. interpretou o desejo de Richard de ter um pênis adulto. Seu desejo de escalar a colina com ela expressava seu desejo de ter com ela (representando a Mamãe) uma relação sexual adulta, que não fosse perigosa e com mordidas, mas amorosa. Isso estava ligado à admiração da paisagem e das colinas. Desejava também reparar, por intermédio dessa relação sexual "boa", todo o dano causado à Mamãe, acima de tudo a seu seio.

Richard, antes de voltar a entrar na casa, procurou saber se a porta lateral poderia ser deixada entreaberta, de forma que ele pudesse entrar na sala quando chegasse mais cedo do que a sra. K.[63]

A sra. K. interpretou seu desejo de ter acesso ao seio e à Mamãe: assim nunca se sentiria frustrado e não destruiria o seio e o corpo da Mamãe. (Todo esse intervalo no jardim e no degrau da porta durou quinze ou vinte minutos.)

Richard sentou-se na mesa, olhando os desenhos. A sra. K. perguntou-lhe o que significava o último.

Richard disse que os dois aviões de cima estavam colidindo. Ele era o menor, o avião britânico, o outro era a Mamãe. Nesse momento, olhou para a sra. K., assustado, e disse que então ambos iriam morrer. Ficava imaginando se o grande avião britânico, ao lado, seria Paul.

Assim terminou a sessão. Ao sair, juntamente com a sra. K., o que, então, já havia se tornado parte integrante da situação analítica, comentou com alívio: "Agora terminamos". No caminho, examinando seu boné, comentou que era tão pequeno que precisava esticá-lo, e puxou-o com as duas mãos. Contou para a sra. K. que iria encontrar-se com a Babá, e será que a sra. K. ia conversar com ela? A Babá tinha dito que gostaria muito de conhecer a sra. K. Nesse momento, apareceu a Babá, e Richard mostrou-se bastante satisfeito ao ver que a sra. K. trocou algumas palavras com ela.

(Depois dessa sessão, houve uma interrupção de vários dias, porque, no dia seguinte à Sessão 29, Richard ficou resfriado e de cama. Embora tivesse manifestado o desejo de ver a sra. K., a Babá não o permitiu. Foi para casa de carro.)

63 Conforme já esclareci, ele só podia entrar na hora marcada, quando eu chegava com a chave.

Sessão 30
quinta-feira

Richard parecia ansioso quando ele e a sra. K. se encontraram. Fez uma descrição detalhada de sua doença. Tinha tido laringite e uma febre baixa, e tinha ficado de cama; muito se entristecera por não ter podido sair com o Papai e Paul com um tempo tão bonito.[64] Disse que Paul era mesmo um amigão. Na véspera, tinham se divertido à beça, pescando juntos. Descreveu como lançavam a isca. Embora houvesse um monte de peixinhos, não pegaram nenhum. No entanto, o Papai e Paul tinham ido pescar sozinhos, e o Papai pegou um salmão muito grande; mas, como não tinha licença para pescar salmão, teve de cortar a linha. Era um peixe maravilhoso. Richard ficou imaginando se o salmão conseguiria se livrar do anzol ou se morreria com o anzol encravado em sua garganta. Quando Richard foi pescar com Paul, fazia um tempo muito bom e tudo estava muito gostoso. Tinha dito para Paul que teria sido gostoso se "Melanie" estivesse ali com eles, ela poderia ter ido de carro. Nesse momento, perguntou se a sra. K. se incomodava se ele a chamasse de Melanie.

A sra. K. disse que não, não se incomodava. Quanto ao desejo de tê-la junto a ele, recordou-lhe um fim de semana em que desejara que ela entrasse no jardim da casa deles, e no qual tinha sentido que ela "estava por ali" (Sessão 7). Isso também representava ter uma Mamãe boa dentro de si e, portanto, sempre consigo. Agora, tinha desejado dividir a sra. K. com Paul, o que significava dividir com ele a mãe boa.

Até então, Richard mal olhara para a sra. K., ou para a sala, o que era incomum. Perguntou-lhe o que normalmente costumava fazer a essa hora do dia. (A sra. K. tinha arrumado um horário à tarde para ele, já que ele só tinha voltado na manhã daquele dia.)

A sra. K. respondeu que ele sabia que ela tinha outros pacientes, mas que, enquanto estivera fora, talvez tivesse ficado imaginando

---

64 A mãe de Richard tinha me contado que ele também se mostrara bastante preocupado com o fato de que eu poderia me zangar por ele não voltar às sessões, querendo que a mãe o reconfortasse e garantisse que eu não ficaria zangada.

quem poderia estar com ela nos horários habituais dele; que ele estava enciumado e ansioso quanto ao que poderia ter acontecido com ela, já que, antes de deixá-la, tinha expressado de forma tão intensa a própria agressividade.

Richard perguntou: a sra. K. não ficaria incomodada se ele dissesse coisas feias para ela? Ficaria incomodada se ele falasse palavrão?

A sra. K. repetiu que ele era livre para dizer o que tivesse na mente, e para utilizar qualquer palavra que lhe ocorresse.

Richard falou de um filme em que um oficial naval alemão falava, referindo-se à Alemanha: "É um país desgraçado de ruim".[65] Olhou ansiosamente para a sra. K., evidentemente gostando de ter utilizado essas palavras e, não obstante, horrorizado por falar nomes feios, o que sabia que seus pais desaprovariam. Enquanto me contava a respeito do filme, tinha começado a desenhar (Desenho 20). Entrementes, tinha estado a vigiar a rua atentamente. Havia algumas crianças passando; alguns homens estavam parados por ali e Richard disse que eram "homens nojentos" e, a respeito de uma mulher com um bebê no colo, comentou: "Gente suja". No entanto, olhando a maneira como o bebê estava encostado no ombro da mãe, disse: "O bebê não é tão sujo". Falava baixinho, num sussurro, e pediu à sra. K. que fizesse a mesma coisa, para que as pessoas que estavam fora não os ouvissem e viessem atacá-los. Ao referir-se aos "homens nojentos", movimentava os braços, dizendo: "bangue-bangue". Perguntou também à sra. K., depois de ter usado a palavra "desgraçado", que tipo de coisas ele não tinha permissão de fazer com ela, e pareceu um tanto reconfortado quando a sra. K. recordou-lhe que ela já tinha dito que não permitiria que ele a atacasse fisicamente. [...] A seguir, Richard voltou a falar da pescaria com Paul, e mostrou-se zangado por não lhe terem permitido acompanhar o Papai e Paul. Tinha sentido então que os odiava, tinha desejado que não pegassem nenhum peixe, e que o anzol ficasse encravado em suas gargantas. Tinha mencionado algo nesse sentido para sua mãe. Estava vermelho de raiva, abria e fechava a boca e rangia os dentes, e mostrava-se cada vez mais abertamente irritado com a sra. K., ao mesmo tempo que temeroso dela. Disse que achava que ela era uma bruta. Depois, perguntou se ela não se sentia magoada por lhe dizerem uma coisa dessas. Continuava vigiando as pessoas na rua, e escondeu-se quando passou o grupo de crianças que

---

65 "*It is a bloody awful country*". "*Bloody*", que significa sangrento ou ensanguentado na norma culta do inglês, tem também um emprego mais enfático e vulgar no Reino Unido. Como imprecação, tem o sentido de maldito ou desgraçado. O termo vai aparecer diversas vezes no decorrer da sessão. [N. T.]

ele mais temia – entre elas, a menina ruiva. Esforçava-se visivelmente para controlar sua raiva, assim como o ódio e o medo que sentia da sra. K. Disse que tinha ficado imaginando se ela teria ficado brava com ele por não ter vindo. Tinha ficado brava? Estava brava agora? Como era, quando ficava brava? Devia ser terrível – como Hitler. Então, para mostrar como ela ficaria, mas sem olhar para ela, fez caretas, movimentando os maxilares para cima e para baixo, rangendo os dentes. Embora sem dúvida estivesse também dramatizando, de fato estremeceu ao dizer que a sra. K. parecia Hitler. Evitou olhar para ela, afastou-se, e disse que gostaria de fugir, de pegar o ônibus e ir para casa. O que a sra. K. faria se ele fizesse isso? Ela o deixaria partir?

A sra. K. lembrou-lhe que ela já tinha lhe dito que não o deteria. Interpretou que ele queria fugir nesse momento porque também temia os aterrorizantes pais-Hitler – agora o sr. e a sra. K. – no interior de si mesmo.

Richard retomou o desenho e explicou que tudo começou com o preto, que era o Papai. Havia apenas quatro pessoas ali. Paul era a Bélgica, a Noruega não se encontrava ali e a Mamãe era a Grécia. Richard era a Grã-Bretanha, e o Papai, a Alemanha. Referiu-se então à perda de Creta e expressou sua preocupação com a situação da guerra, mas logo mudou de assunto.[66]

A sra. K. interpretou o grande medo que sentia da guerra, o que contribuía com sua preocupação quanto a ela e a Mamãe serem feridas e quanto a seu próprio interior.[67] Por estar tão assustado, tanto no que diz respeito a Creta quanto à Mamãe má, tentou separar a Mamãe--Hitler (a sra. K.) da Mamãe boa, a Grécia atingida. Por isso tinha dito que só havia quatro pessoas no desenho do império, o que significava que a sra. K. não estava entre elas.

Richard, voltando a olhar para seu desenho, disse que Paul o ajudou a manter o Papai afastado da Mamãe; mas a seguir notou que um pedaço do Papai havia penetrado nela. Descobriu também que um pedaço do Papai tinha penetrado em seu próprio território. Essa descoberta surpreendeu-o. A seguir, percebeu que um pedaço dele havia penetrado em Paul {Identificação projetiva mútua}. Aquilo, disse ele, era bonito;

66 A mãe de Richard contou-me que, após a queda de Creta, ele tinha dito que, se a Grã-Bretanha perdesse a guerra, ele se suicidaria. Nunca utilizara essa expressão com ela anteriormente, tampouco dissera qualquer coisa a esse respeito para mim.

67 Como eu disse anteriormente, os medos derivados de fontes externas intensificam as ansiedades relativas aos perigos internos e vice-versa.

estavam se beijando. Ao notar que todos tinham pequenas partes no território dos outros, foi ficando cada vez mais deprimido e desamparado. Disse num tom pensativo e apologético: será que a sra. K. se magoaria se ele dissesse que ele realmente não percebia nenhum efeito de seu trabalho com ele? Será que esse trabalho iria ajudá-lo; quando será que isso ia acontecer?

A sra. K. interpretou que ele se desesperava porque não conseguia acreditar que a sra. K., mesmo quando boa e disposta a ajudar, fosse capaz de juntar novamente todas essas pessoas em pedaços e confundidas que se encontravam no interior dele mesmo, assim como ela não podia ajudar a Grã-Bretanha na precária situação em que se encontrava.

Enquanto a sra. K. falava, Richard foi pegar uma vassoura e começou a varrer o chão.

A sra. K. continuou dizendo que ele duvidava que ela pudesse limpar e curar seu interior, sentido como estando repleto de pedaços de pessoas. Referindo-se novamente ao desenho, disse que Richard tinha expressado que seu genital tinha penetrado em Paul e que ele estava fazendo amor com Paul. O Papai mau, Paul e Richard estavam todos fazendo amor com a Mamãe, colocando seus genitais dentro dela. Mas também devoravam uns aos outros, todos estavam, portanto, em pedaços. Anteriormente, ele havia mostrado que a Mamãe continha o perigoso genital-polvo do Papai, que a devorava.

Richard correu para a cozinha, chamou a sra. K. e mostrou-lhe a aranha que tinha encontrado dentro da pia e, com evidente prazer, afogou-a. Depois disso, voltou ao desenho.

A sra. K. continuou sua interpretação. Disse que, no início, ele tentara não ficar zangado; tinha-se referido ao tempo bonito, como Paul era um amigão, como as coisas eram agradáveis, e falara da sra. K. de forma amigável. Mas logo fora ficando cada vez mais zangado, ao contar-lhe que não tinha podido ir pescar com o pai e o irmão. Começara, a seguir, a abrir e fechar a boca como se estivesse comendo, e a ranger os dentes. Tinha também expressado seus desejos de morte contra Paul e o Papai; alguma coisa má ficaria encravada em suas gargantas. Tudo isso se encontrava na base de seu medo das pessoas más, zangadas, agressivas e sujas em seu interior e que se devoravam umas às outras.

De repente, Richard disse: "Estou com uma dor na barriga". A sra. K. perguntou-lhe onde era a dor.

Richard disse: "Bem no lugar onde a gente sente a comida".

A sra. K. interpretou que ele sentia ter dentro de si as pessoas ameaçadoras e perigosas.

Richard disse que queria ir embora; estava cheio de psicanálise.

A sra. K. assinalou que ele tinha utilizado a palavra "cheio",[68] porque era isso o que sentia no momento: parecia para ele que de fato havia devorado todo mundo, e que a sra. K. o alimentava com palavras assustadoras. A sra. K. também relacionou sua desconfiança de que ela punha dentro dele um alimento horrível – veneno – com a desconfiança que ele sentia em relação a ela e ao sr. K. por serem estrangeiros; tendo deixado de vê-la por alguns dias, ela se tornava cada vez pior em sua mente. Odiava-a ainda mais por tê-lo frustrado: embora tivesse sido ele que tivera que ficar longe dela devido a sua doença, sentia, no entanto, que ela o privara (Nota 1). No dia anterior de deixar a sra. K., sentira um intenso ódio de Paul e da Mamãe. Sentia que a Mamãe o frustrava por preferir Paul a ele. Desconfiava que a sra. K. atenderia outra pessoa em seus horários, sendo, portanto, igual à Mamãe, que preferia o Papai e Paul a ele. Temia também que eles a machucassem, como muitas vezes sentia quando não via o Papai e a Mamãe. A sra. K. lembrou-lhe os sons do galo e da galinha, quando a galinha era morta (Sessão 28).

Richard corrigiu a sra. K. e disse que não, ao contrário, era a Mamãe que matava o Papai.

A sra. K. interpretou a incerteza que sentia à noite, referente ao desfecho da luta entre os pais. Uma vez que sentia ter incorporado esses pais em luta, sua incerteza era maior ainda, pois ele não conseguia saber o que se passava em seu interior. O "país desgraçado de ruim" representava seu próprio interior. Todos esses temores intensificaram-se e cada uma dessas pessoas em seu interior passaram a ser sentidas como mais perigosas, sujas e venenosas porque ele mesmo estava ficando cada vez mais irritado e assustado; por isso seus ataques eram maiores. Esta também era a razão pela qual seu medo das crianças na rua havia se intensificado.

Richard replicou que essas crianças eram de fato sujas e fediam a cocô. Repetidamente interrompeu a sra. K. Protestou quando ela interpretou que o "país desgraçado de ruim" era o interior dele mesmo. Mas, ao mesmo tempo, colorira de vermelho alguns países e, ao fazê-lo, cantava "God Save the King".

---

68 É certamente um fato bem conhecido que na análise deve-se prestar grande atenção nas palavras pelas quais o paciente expressa seus sentimentos. Em minha experiência, isso também se aplica a expressões bastante familiares, tais como estar "cheio". Se a interpretação deve incluir uma referência à expressão utilizada, por mais familiar que seja, depende do contexto, e particularmente da situação de ansiedade dominante específica. Ver a Sessão 28, quando Richard afirmou estar "doente" com o que eu dizia.

A sra. K. interpretou que, nesse momento, ele estava protegendo o rei e a rainha (representando o Papai e a Mamãe).

Richard respondeu que sim, protegia-os de seus ataques.

A sra. K. interpretou que ele os defendia de sua própria agressão, do sentimento de que os devorava e, portanto, o vermelho representava seu interior "desgraçado". [...]

Richard comentou que a Cozinheira e Bessie diziam muitas vezes "coisas vulgares" e acrescentou, num tom meio jocoso, que quando faziam isso ele ficava muito arrogante, como se fosse o Lorde Haw-Haw. (Ao dizer isso, Richard fazia caretas, semelhantes às que fizera para mostrar como era o sr. K.-Hitler; também marchou para lá e para cá em passo de ganso.)

A sra. K. interpretou que ele a considerava vulgar por ter utilizado em sua interpretação o palavrão que ele havia dito ("desgraçado"). Interpretou também que Hitler e o Lorde Haw-Haw eram para ele a mesma pessoa, como tinha demonstrado fazendo caretas e marchando em passo de ganso; porém, como sentia conter em seu interior os pais-Hitler odiados, em sua mente sentia ter-se transformado em Hitler ou no Lorde Haw-Haw.

Próximo ao final da sessão, houve uma interrupção. Algumas escoteiras, que usavam a sala noutros horários, quiseram entrar. A sra. K. as despachou sem maiores dificuldades. Richard ficou aterrorizado; e mesmo depois que ambos, Richard e a sra. K., saíram da sala, não olhou para ela, permanecendo em silêncio na rua.

Nota

Tais acusações, suscitadas por qualquer frustração, têm sua origem no início da infância. Isso se deve não apenas ao fato de ser o bebê, às vezes, efetivamente frustrado pela mãe mas também ao sentimento de que tudo o que é bom lhe é dado pelo seio bom e tudo o que é mau – tal como o desconforto interno – lhe é dado pelo seio mau.

Sessão 31
sexta-feira

Richard olhou cuidadosamente por toda a sala. Perguntava-se se as escoteiras teriam feito alguma mudança ao voltar depois de ele e a sra. K. terem saído no dia anterior. Pareceu-lhe que algumas coisas haviam sido mexidas; tinham mudado de lugar algumas fotografias e trazido um banquinho. Ficou aliviado ao constatar que o cartão-postal do pequeno sabiá continuava no mesmo lugar.

A sra. K. interpretou que, no dia anterior, tinha receado que as crianças fossem hostis – os bebês que se intrometiam –, mas sentia-se reconfortado pelo fato de não terem levado seu genital, representado pelo cartão-postal do sabiá.

Richard sentou-se e começou a desenhar; olhou diretamente para a sra. K., ao contrário do dia anterior, em que mal olhara para ela ou para a sala. Espirrou e comentou, sorrindo, que tinha saído um balão de dentro dele, e não é que o balão estava muito contente por ter escapado dele? Começou outro desenho do império (não reproduzido aqui). Perguntou à sra. K. se tinha ido ao cinema na noite anterior; desejava que sim. Ele tinha gostado do filme, e gostaria que ela também estivesse ali. Pediu-lhe para escolher as cores que representariam o Papai, a Mamãe, Paul e ele mesmo; empurrou os brinquedos dizendo que não gostava deles. Pôs-se a colorir o desenho e mostrou para a sra. K. que cada um possuía seu próprio território e que o Papai, apesar de preto, era muito bonzinho e que não estava havendo nenhuma luta. (A mudança de estado de espírito em relação à sessão anterior era surpreendente; mostrava-se muito menos tenso e ansioso.)

A sra. K. interpretou que desta vez, em contraste com o desenho da sessão anterior, no qual todos estavam em pedaços, cada um tinha o próprio país e ninguém tinha pedaços dentro do território do outro. Assinalou também que os temores vivenciados na véspera, referentes aos pedaços devorados da família, eram intensificados pelas ansiedades sentidas quando estava doente e com dor de garganta, assim como pela preocupação da mãe com seu resfriado.

Richard escutara atentamente, olhando para a sra. K. enquanto esta interpretava. Disse que quando estava resfriado tinha sentido uma dor na barriga, e que sua garganta doera.

A sra. K. lembrou-lhe que, no momento em que ela lhe interpretava seu sentimento de ter devorado a família hostil, em particular Paul e o Papai, ele tinha sentido uma dor na barriga. A dor de garganta também poderia ter alguma coisa a ver com seu desejo de que a isca (ou o anzol) ficasse encravada nas gargantas do pai e do irmão.

Richard protestou; não queria ouvir da sra. K. coisas tão desagradáveis, e queria ir embora. (No entanto, não se mostrava muito ansioso ao dizer isso, e não parou de desenhar.) A seguir, perguntou à sra. K. se ela poderia ajudá-lo a não ficar com tanto medo das crianças. Disse também que o Papai era mesmo um amigão, não apenas no desenho, mas de verdade; era o melhor Papai do mundo e Richard gostava muito dele. De repente, ao começar o Desenho 21, disse que tinha tido um sonho desagradável.

O HMS Nelson tinha sido afundado, e do mesmo jeito que o Bismarck.

(Ao dizer isso, mostrou-se muito triste.) Devia ter sido numa batalha naval nas imediações de Creta. Tínhamos acabado de perder alguns cruzadores e nossa marinha estava bastante enfraquecida. [...] Houve um longo silêncio. [...]

A sra. K. interpretou que Richard estava de fato muito preocupado com a guerra e receoso de que pudesse haver mais batalhas em breve e possivelmente mais derrotas. Acrescentou que, recentemente, à medida em que ficava cada vez mais preocupado com a guerra, vinha falando cada vez menos a esse respeito.

Richard concordou que estava muito preocupado e que não gostava nada de pensar a respeito. (Evidentemente tinha medo de que os Aliados perdessem a guerra, mas era incapaz de dizer isso.)

A sra. K. perguntou o que ele achava, quem poderia ter afundado o *Nelson* no sonho?

Richard disse que não sabia e mostrou forte resistência.

A sra. K. interpretou que, em todos os seus desenhos, o *Nelson* tinha representado o pai, a quem – como acabara de dizer – amava muito. No entanto, quando sentia ciúme do pai, odiava-o; e nessas ocasiões o Papai se transformava no pai-Hitler preto. Mas Richard sentia-se culpado porque em sua raiva e ódio atacou o pai bom e amado {Ataques ao objeto amado, ligados a sentimentos de ansiedade depressiva e culpa}, e também se sentia culpado porque, com seu ciúme e ódio, ele o tornara preto e mau; além disso, tinha desejado que o Papai fosse um Hitler para com a Mamãe. A sra. K. relacionou a observação que ele tinha feito a respeito de o balão estar feliz por ter saído dele com o sentimento de que o Papai bom deveria ser resgatado de dentro dele porque se encontrava em perigo de ser destruído na luta interna. O fato de ter ficado doente, resfriado, tinha reforçado o sentimento de que coisas horríveis se passavam em seu interior. Isso foi mostrado pelo sonho no qual o *Nelson* afundado representava o pai morto em seu interior. Sentia-se responsável pelo afundamento do *Nelson*, e todos os seus medos relativos à guerra e a uma possível derrota tinham aumentado.

Richard pediu que a sra. K. o ajudasse a fechar as cortinas e a escurecer a sala. Ligou o aquecedor elétrico e novamente comentou sobre algo que se movia dentro deste (ver Sessão 9). Disse: "É um fantasma". Estava preocupado e assustado, abriu as cortinas, mais uma vez pedindo a ajuda da sra. K. Tornara-se inquieto, não terminou o desenho, mas comentou que o bebê peixe estava pedindo ajuda.

A sra. K. perguntou quem o atacava – seria o *Salmon*?

Richard não respondeu. Tornara-se muito ansioso e disse que queria olhar o relógio da sra. K.; pediu-lhe que ligasse o despertador.

A sra. K. relacionou o fantasma com seu medo do pai, mãe e a sra. K. mortos. Lembrou-lhe que desligar o aquecedor anteriormente tinha representado os ataques aos bebês e ao Papai no interior da Mamãe, o que também implicava matá-la. Ligar o aquecedor representava ressuscitá-los todos. Além disso, o "fantasma" dentro do aquecedor representava o pai e os bebês mortos que poderiam retornar e danificá-lo. Mas as crianças "fantasmas" feridas eram também seus inimigos – as crianças na rua. Era à noite que particularmente sentia medo de fantasmas. Então odiava o pai e sentia ciúme dele porque podia colocar seu genital dentro da Mamãe, fazendo crescer bebês dentro dela. Isso fazia com que Richard temesse que com seu ciúme teria matado o Papai e os bebês da Mamãe. Seu súbito desejo de ouvir o despertador tocar significava não só um alerta mas também um sinal de que o relógio, representando a sra. K. e a Mamãe, continuava vivo. Havia pouco, tinha mostrado o ciúme que sentia da sra. K., ao perguntar-lhe se ela atendia pacientes aos domingos, quando habitualmente ele não se encontrava em "X".[69]

Richard disse que a sala de jogos era horrível; não podia suportá-la, precisava sair dali. Mais uma vez, verificou se poderia entrar de novo na casa se a porta lateral ficasse destrancada. Voltou a admirar

69 Não tenho anotado o momento em que ele fez essa pergunta, mas deve ter sido em relação ao fato de que, excepcionalmente, ele permaneceria em "X" no fim de semana, e eu concordara em atendê-lo no domingo.

a beleza da paisagem; mas, ao olhar os canteiros de flores, mostrou à sra. K. a marca de uma pegada que, tinha certeza, fora deixada ali na véspera por uma das escoteiras.

A sra. K. interpretou seu medo de que as crianças más invadissem a casa – representando o corpo da sra. K. e o da Mamãe – e a danificassem. Se a porta fosse deixada aberta para ele, ele não precisaria invadir a casa e não atacaria o interior da mãe, podendo então protegê-la. A sra. K. lembrou-lhe seu medo dos bebês estrelas-do-mar e do Papai-polvo ferindo o interior da Mamãe. Isso aumentava seu desejo de penetrar dentro da Mamãe para protegê-la.

Richard, que nesse meio-tempo estivera apanhando pedras no chão, encontrou um caco de garrafa. Indignado, atirou-o longe, dizendo que não deveria estar ali. [...] Voltou para a casa e olhou os brinquedos; pegou o "barraco" (a casinha que, em seu brincar, havia descrito como a estação com uma favela atrás). Também pegou uma figura quebrada (um homem sem um braço), apertou-a na mão, e quebrou o outro braço. A seguir, perguntou à sra. K. se ela tinha ficado brava.

A sra. K. interpretou que ele esperava que ela ficasse brava – no dia anterior, ela se revelara para ele até mesmo aterrorizadora – caso ele ferisse seus bebês e seu marido. Havia temido que a mãe o odiasse se ele atacasse o pai e Paul, assim como seus bebês.

Richard perguntou se o neto da sra. K. falava austríaco ou inglês.

A sra. K. lembrou-lhe que, em outras ocasiões, ele já lhe havia feito essa pergunta e outras semelhantes, mas parecia que não se sentia reconfortado com as respostas. Desconfiava não apenas do filho e do neto da sra. K. como também dos bebês "estrangeiros" hostis e do Papai "estrangeiro" no interior da Mamãe. Quanto mais desconfiava deles, maior era seu desejo de atacá-los. Ademais, não conseguia descobrir nada a respeito deles. Mostrando o Desenho 21, a sra. K. sugeriu que o bebê estrela-do-mar estava muito perto da planta, o que significava que era voraz e perigoso para a Mamãe; o bebê voraz muitas vezes tinha representado ele mesmo, portanto sentia-se muito culpado.

A princípio, Richard não quis olhar o desenho, mas após essa interpretação tornou-se interessado. Concordou com o que a sra. K. havia dito e, olhando-a suplicantemente (quase com lágrimas nos olhos), perguntou se ela faria uma coisa para ele. Estava muito pensativo.

A sra. K. perguntou-lhe o que gostaria que ela fizesse.

Richard (evidentemente não sabendo o que queria) pensou a respeito e pediu-lhe que colorisse e terminasse o desenho para ele.

A sra. K. perguntou-lhe que cores deveria usar.

Primeiramente, Richard sugeriu que ela usasse as cores que quisesse, mas começou a dirigi-la logo a seguir. As chaminés do *Rodney* deveriam ser pintadas de azul-claro, o corpo e a bandeira de vermelho. De repente, reassumiu o desenho e vigorosamente pintou de preto a chaminé do *Salmon*, deu-lhe um corpo vermelho, e coloriu o peixe. Ao fazê-lo, tornou-se muito mais animado e feliz.[70] Disse que o peixe era a sra. K. e aí, apontando para o vestido dela, acrescentou que de fato havia um pouco de verde na estampa.

A sra. K. interpretou que ela – o peixe – também tinha algumas das cores que representavam a Mamãe, Paul e ele mesmo; ele ressuscitara a sra. K., dando-lhe bebês, e havia pedido a ajuda dela para fazer isso; ela deveria colocar os seios corretamente – o azul-claro representando a Mamãe boa que o alimentava – porque ele sentia que tinha sido voraz e que os tinha destruído (a estrela-do-mar perto da planta que também o representava); o pai morto, o *Nelson* afundado, deveria ser igualmente ressuscitado; o corpo do navio pintado de vermelho representava o genital do pai e o pai inteiro (Nota 1). Não obstante, assim que sentiu que os pais foram ressuscitados e se uniram novamente, ele – o *Salmon* – tornou-se zangado e enciumado, e com a chaminé preta (seu cocô) atacou o navio (os pais durante a relação sexual). Além disso, a sra. K. apontou que o bebê peixe tinha se transformado na sra. K., que representava também a Mamãe {Reversão}.

Richard estivera desenhando durante essas interpretações. Quando, ao final da sessão, a sra. K. se levantou, mostrou-se desapontado pelo fato de o tempo ter terminado. Ao deixar a casa, olhou para trás e disse afetuosamente: "A velha sala está bem bonita, não está?". No caminho até a esquina, Richard de repente contou para a sra. K. (evidentemente querendo aproveitar cada minuto) que tinha sido picado por uma vespa quando tinha dois anos de idade. Ele a havia pegado pensando que fosse uma mosca. Ela o picou na palma da mão e por isso morreu.[71]

Durante a sessão, Richard tinha se apresentado de modo geral mais calmo; mostrara menos tensão e ansiedade; prestara mais atenção às interpretações da sra. K. Na parte final da sessão, mostrara-se mais triste e menos perseguido, tanto em relação às pessoas que passavam na rua quanto em relação à sra. K.

---

70 Ver Sessão 15.

71 Não sei se se trata de uma lembrança real ou de algo que lhe foi contado posteriormente.

Nota

Foi impressionante a transformação que se operou em Richard, de ansiedade, desatenção e desespero para vivacidade e atividade, quando interpretei seus ataques contra o pai e contra os bebês no interior da mãe. Quando lhe apontei que, no desenho, a estrela-do-mar próxima à planta expressava sua culpa referente a sua voracidade, como já havíamos visto repetidamente em material anterior, sua ansiedade diminuiu o suficiente para dar lugar ao interesse e ao desejo de fazer reparação. Está claro que ele não sabia o que queria quando pediu minha ajuda. Mas o significado inconsciente de sua necessidade premente de fazer reviver e de fazer reparação (posição depressiva) e de seu anseio de que eu apoiasse seus desejos de reparação apareceu claramente na atividade que se seguiu: colorir o desenho. Esse é um exemplo, vindo de minha experiência, de que é fundamental interpretar os conteúdos de ansiedade mais agudamente ativados, e do efeito produzido por tais interpretações. O contraste entre a depressão de Richard e seu desespero em relação às pessoas mortas no interior da mãe – e, correspondentemente, no interior de si mesmo – e o surgimento da vivacidade e da esperança após minhas interpretações dessas ansiedades é surpreendente; trata-se, no entanto, de um fenômeno que tenho observado repetidamente. Sua mudança de atitude foi também demonstrada pelo fato de falar da sala com grande afeição no final da sessão, ao passo que, no início, ela havia se tornado assustadora a ponto de ele comentar que queria ir embora daquele lugar horrível.

Sessão 32
sábado

Richard ficou muito contente de encontrar a sra. K. na esquina; dentro da sala de atendimento mostrou-se amigável e à vontade. Ligou o aquecedor elétrico e disse que a sala era aconchegante e bonita. Fechou as janelas, dizendo que ali dentro estava gostoso, mas que fora estava desagradável (embora não estivesse ensolarado, o tempo não estava ruim). Sentou-se e olhou para a sra. K. com um ar de expectativa.

A sra. K. interpretou que a sala que lhe parecera tão terrível, num determinado momento ontem, havia se tornado melhor ao longo da sessão e ainda se mantinha agradável hoje; tinha se tornado para ele aconchegante e quente – quer dizer: viva. Isso ocorreu quando sentiu que podia fazer reviver os bebês e os pais mortos, assim como a sra. K.; havia expressado esse sentimento colorindo o Desenho 21, o que para ele tinha o significado de torná-lo vivo. O peixe representava a sra. K. e a Mamãe com seus bebês; como tinha escrito no desenho, todos gritavam por socorro. A sra. K. também o lembrou de que mesmo no dia anterior, quando se sentira tão infeliz e assustado, ficara mais feliz ao pensar que as galinhas da sra. A. tinham tido pintinhos,[72] porque esses também representavam os bebês que ele desejava dar para sua mãe.

Richard concordou e disse que adoraria dar bebês a sua mãe. Acrescentou que a Mamãe tinha cinco filhos: Paul, ele, Bobby e os dois canários, ambos meninos.

A sra. K. interpretou que, uma vez que Bobby e os canários eram de Richard, sentia ter ele dado três filhos à Mamãe.

Richard concordou, mas tornou-se ansioso. Disse que os canários brigavam muito e que ele tinha certeza de que se um deles tivesse uma mulher, o outro ficaria com ciúme e brigariam mais ainda.

A sra. K. interpretou seu ciúme pelo fato de a Mamãe ser mulher do Papai; Richard se dava melhor com Paul do que com o pai, já que Paul, como ele, não tinha uma mulher. Mas achava que ele e Paul não eram bons filhos porque brigavam. A sra. K. referiu-se também ao ciúme de Richard com relação a seus pacientes e a seu marido.

Richard, com certa hesitação, disse que gostava de correr atrás das galinhas, não quando estavam para ter pintinhos, isso seria cruel, mas noutras ocasiões. Mas, hoje em dia já não fazia mais tanto isso. Acrescentou que nunca mais faria, e escreveu: "Não vou mais correr atrás das galinhas", e pregou o papel na parede. Descobriu, a seguir, que ao invés de "assinado, Richard" tinha escrito "sapecado, Richard".[73]

---

72 Não tenho registrado o momento exato em que ele fez esse comentário, mas estou quase certa de que foi na primeira parte da Sessão 31.

73 Jogo de palavras que se perde na tradução. Em lugar de "*signed, Richard*" (assinado, Richard) ele escreveu "*singed, Richard*" (sapecado, Richard). O verbo "*singe*", como aparecerá a seguir na interpretação de Melanie Klein, significa "sapecar", "chamuscar". [N. T.]

A sra. K. assinalou que o engano parecia mostrar que ele não só desejava correr atrás das galinhas como também sapecá-las e que, embora procurasse não correr atrás das galinhas quando estavam chocando seus pintinhos, era exatamente isso que gostaria de fazer, porque as galinhas representavam a Mamãe prestes a ter bebês. A palavra "sapecar", além disso, se aplicaria ao preparo da ave e, portanto, seu engano expressava também seu desejo de comer a Mamãe com os bebês em seu interior. Sua resolução de não correr mais atrás das galinhas indicava o quanto se sentia culpado, não só em relação às galinhas como também em relação à Mamãe e aos bebês.

Richard ouvira com tranquilidade e interesse, pondo-se então a desenhar (Desenho 22).[74] Enquanto o fazia, disse: "Estou contente". E depois: "O Papai é bonzinho"; a seguir, corrigiu-se dizendo que o Papai não era bonzinho. Mas isso não tinha importância, porque a Mamãe ficaria com a maior parte dos territórios. Tinha muitos deles no centro, e também boa parte da costa. Richard gostaria de ter ficado perto dela, mas o Papai já tinha conquistado alguns territórios vizinhos a ela. Richard, no entanto, tinha conseguido no fim das contas alguns territórios próximos à Mamãe. Aconteceu que Paul só tinha um território perto da Mamãe. Nesse momento, Richard descobriu que no canto inferior esquerdo havia ainda um território desocupado (uma parte que não tinha sido colorida). Disse que o Papai pretendia tomá-lo também, mas Richard o invadiu depressa.[75] A seguir, disse novamente que estava contente e que esperava que o domingo chegasse logo, para ir para casa.

A sra. K. sugeriu que talvez ele estivesse triste por não poder ir no sábado, como geralmente fazia.

Richard concordou, estava um pouco triste, mas mesmo assim ainda teria a maior parte do domingo para passar em casa depois de vir à sessão com a sra. K. pela manhã.

A sra. K. assinalou que o sentir-se feliz de ir para casa tinha também a ver com o fato de Paul ter ido embora. No desenho que havia feito hoje, Richard tinha a maior parte da Mamãe, o Papai vinha em segundo lugar, e por último Paul; expressava assim seu prazer com a partida de Paul. A sra. K. sugeriu também que um dos territórios de Richard tinha uma ponta que penetrava no de Paul e lembrou-lhe o

---

74 Aqui, mais uma vez, escureci o lugar onde constavam os nomes de Richard e do irmão.

75 Conforme já assinalei no início, Richard desenhava e coloria esses impérios sem um plano predeterminado e, consequentemente, muitas vezes surpreendia-se com o que saía.

Desenho 20, acerca do qual havia dito que cada um tinha uma parte de seu território dentro do outro e que ele e Paul estavam se beijando. Poderia estar sentindo hoje que, já que tinha afastado a Mamãe de Paul, deveria fazer amor com ele para compensar a perda (Nota 1).

Richard fez várias perguntas à sra. K. Iria atender John no domingo também? Será que talvez o atendesse todos os domingos? E, nesse caso, por que não ele, Richard?

A sra. K. observou que a mãe queria que ele fosse para casa todos os fins de semana, e embora ele também o desejasse, isso não alterava o fato de sentir-se enciumado e privado ao pensar que outros estariam recebendo da sra. K. aquilo que a ele caberia.

Richard passou a formular compulsivamente outras perguntas acerca dos pacientes da sra. K. Será que ela poderia ao menos dizer se havia mulheres entre eles, ou se ele era o mais jovem? Logo a seguir perguntou, repentinamente, se o sr. K. estava morto.

A sra. K. respondeu que ele já havia feito essas perguntas muitas outras vezes e que ele bem sabia que o sr. K. havia morrido. Em seu ciúme de Paul, por ser este o mais velho, o mais inteligente e – conforme sentia – mais admirado e amado pela Mamãe, e por também sentir ciúme do Pai, que tinha mais da Mamãe do que ele, Richard, seu maior consolo era o fato de no fim das contas ser o mais novo de todos e, portanto, o bebê da Mamãe. Era isso o que também queria confirmar no que se referia à sra. K. – ao perguntar se era o mais jovem de seus pacientes crianças e ao certificar-se novamente de que o sr. K. estava realmente morto.

Um pouco depois, Richard expressou o desejo de olhar todos os desenhos. (No final da sessão anterior, havia particularmente pedido à sra. K. que trouxesse todos os desenhos, o que ela sempre fazia de todo modo.) Olhou-os um a um e comentou que um deles (descrito na Sessão 23, mas não reproduzido aqui) era "todo dentes", e empurrou-o para o lado com desagrado. Verificou então se todos os desenhos estavam datados e disse que gostava deles.

A sra. K. interpretou que apesar de Richard não gostar de alguns dos desenhos, como aquele que era "todo dentes", também gostava deles por representarem presentes seus à sra. K., representando o cocô bom como também bebês; o fato de a sra. K. ficar com eles e datá-los provava que ela lhes tinha apreço.

Richard respondeu que a sra. K. não era tão jovem – cinquenta e nove anos – mas ainda poderia ter bebês. Voltando-se novamente para os desenhos, Richard perguntou se era preciso muito estudo e experiência para tornar-se psicanalista.

A sra. K. interpretou que talvez ele gostaria de tornar-se um.

Richard, hesitando, disse que talvez. Não, preferia que a sra. K. o analisasse. A sra. K. interpretou que, para ele, tornar-se psicanalista significava ser adulto, potente, criativo e capaz de gerar bebês com a sra. K. Duvidava, porém, de sua capacidade de conseguir isso. Ser analisado pela sra. K. significava que ela iria ajudá-lo e ele poderia, então, produzir desenhos, representando bebês.

A sra. K., após uma pausa, perguntou a Richard se por acaso tinha tido um sonho (Nota 2).

Richard imediatamente respondeu que tinha tido um sonho, mas que o esquecera. De repente, se lembrou de alguns trechos dele.

> *Havia uma quantidade enorme de água, fervendo – não, não estava fervendo – mas a água caía com força como as cataratas do Niágara, os encanamentos rompiam; ele estava em seu quarto no hotel. Ali estava um homem baixinho: parecido com Charles, um primo mais velho de sua mãe, de quem Richard não gostava; mas Peter, um primo seu de quem gostava, também estava lá.*

Richard contou esse sonho com muita resistência. Não fez associações e repetiu várias vezes que o sonho não o atemorizou. Era até bem divertido ver a água jorrar daquela maneira.

A sra. K. interpretou que, se ele se encontrasse num quarto realmente inundado de água fervendo que saía dos canos estourados, esta seria uma situação aterrorizante. Sugeriu que Richard estava tentando evitar sentir o medo ao afirmar que era apenas divertido, e por essa razão também havia esquecido o sonho e tinha sido tão difícil contá-lo. Perguntou o que fazia Charles.

Richard disse que nada, apenas estava sentado ali. Repetiu que Charles era desagradável.

A sra. K. sugeriu que Charles poderia estar representando o pai de Richard, a quem sentia como podendo tornar-se detestável se achasse que a inundação tinha sido por culpa de Richard. A sra. K. lembrou-lhe que recentemente ter ido urinar tinha representado uma inundação, e que ele havia temido que esta fosse perigosa para ela, a sra. K., e para a Mamãe. Agora, pela primeira vez, havia deixado implícito que a urina podia ser escaldante; mas isto também poderia ser o que ele havia sentido quando, bebê, ficara doente. Referiu-se também a sua doença de alguns dias atrás, e como tinha se sentido desconfortável internamente. Os canos arrebentados poderiam, de certa forma, estar representando o que sentia que se passava em seu interior quando inundado pela própria urina. (Nota 3).

Richard estivera olhando alguns desenhos, especialmente o Desenho 21, porém colocou-o de lado rapidamente.

A sra. K. lembrou-lhe que no dia anterior havia dito primeiramente que o peixe era um bebê gritando por socorro, mas depois tinha achado que o peixe era a sra. K. Sugeriu que o *Salmo*n – Richard – também pedia socorro a ela. Richard tinha escurecido a chaminé do *Salmon* com força, e essa chaminé preta encontrava-se bem embaixo do Rodney – a Mamãe. A sra. K. sugeriu que Richard tinha muito medo de que pudesse não só ferir o Papai mau com seu cocô perigoso como também atacar e machucar a Mamãe; atiraria seu cocô preto para dentro do traseiro da mãe; e também que o bebê estrela-do-mar estava perto da planta que anteriormente (Sessão 12) representara o seio e o genital da Mamãe, e ele sentia que corria o risco de devorá-la. Portanto, havia pedido socorro à sra. K., para que com seu trabalho tornasse mais fácil para ele controlar sua voracidade e seus ataques perigosos à Mamãe (Nota 4). Ele havia repetidamente pedido à sra. K. que o ajudasse com relação aos medos que sentia dos meninos, e, na véspera, tinha implorado a ela que fizesse algo por ele, embora ele mesmo não soubesse o que queria. O que veio a aparecer é que se tratava de sua ajuda para preservar, restaurar e ressuscitar a si mesma, a Mamãe e os bebês.

Richard, com entusiasmo, concordou, desejava que ela o ajudasse a não ser destrutivo, para poder manter a Mamãe viva. [...] Pouco depois, olhando para o colar que a sra. K. usava, tocou-o rapidamente, evidentemente desejando tocar-lhe o seio, e comentou que as contas eram lindas; a Mamãe tinha umas contas parecidas com aquelas. [...] No final da sessão, mostrou claramente o desejo de ficar mais um pouco; recolheu suas coisas devagar. Antes de sair, examinou cuidadosamente se todas as janelas estavam fechadas, se a porta do jardim estava trancada e, após ter saído da casa, mais uma vez confirmou que as janelas estavam fechadas.

A sra. K., ainda na sala, interpretou seu desejo de manter intata a sala de jogos, representando ela própria e a Mamãe. Apreciar e tocar as contas parecidas com as da Mamãe expressava seu desejo de manter o seio da Mamãe a salvo e não danificado, e de certificar-se de que estava ali; a sala de jogos deveria ser salvaguardada contra intrusos, o que significava que a Mamãe e a sra. K. deveriam ser protegidas do pai, de Paul e do próprio Richard, intrusos e perigosos.

No decorrer dessa sessão, Richard havia feito o desenho de um peixe acompanhado de duas estrelas-do-mar, nadando a uma boa distância da planta; acima da linha divisória, um navio britânico sobrevoava o *Salmon*. Esse desenho parece expressar que toda a família se encontrava em paz. (Nas minhas anotações não encontrei, contudo, qualquer referência a esse desenho.)

Nessa sessão, as emoções de Richard haviam sido muito diferentes daquelas demonstradas nas últimas sessões. Mostrou-se muito mais tranquilo e contente, menos triste e relativamente menos perseguido. Olhou algumas vezes para os transeuntes, mas bem menos que anteriormente. Era, porém, evidente que evitava dizer qualquer coisa que pudesse trazer à tona ansiedade ou tristeza, e isso foi também demonstrado por seus repetidos comentários de que se sentia feliz.

Notas

1. O desejo de tirar a mãe do pai, e o correspondente sentimento de solidariedade para com o pai, que então ficaria só e abandonado, é um forte estímulo em direção à homossexualidade (cf. *A psicanálise de crianças*, cap. 12).

2. Tanto na análise de crianças como na de adultos, eu algumas vezes indago ao paciente se teve algum sonho, e na maioria das vezes essa pergunta traz à tona o relato de um sonho. É difícil dizer o que me leva a pensar, num determinado momento da sessão analítica, que o paciente possa ter tido um sonho ao qual não faz menção. Tomando o exemplo de Richard, no entanto, era evidente que ele estava retendo material inconsciente, embora em outro nível se mostrasse cooperativo. Acredito que uma situação como essa indica, com frequência, que o paciente está tentando evitar um conflito que seria revelado pelo sonho. Em geral, porém, não costumo pedir que me relatem sonhos – exceto nas circunstâncias como a que acabei de descrever –, e tento evitar dar ao paciente a impressão de que os sonhos são mais importantes do que outro material. Contudo, não pode ser apenas uma coincidência que a maioria de meus pacientes sonhem com frequência e tragam seus sonhos sem que eu os solicite.

3. Esse é um exemplo do tipo de material que me levou a conclusões referentes a sentimentos de perseguição nos bebês quando sentem qualquer tipo de desconforto físico, e também em relação à origem da hipocondria na infância inicial.

4. Em meu texto "Inveja e gratidão" (1957), assinalei que o desejo do bebê de um seio inexaurível e sempre-presente – ao qual me referi muitas vezes no passado – tem outro elemento importante além do desejo de alimento: o seio deveria abolir ou controlar os impulsos destrutivos do bebê, protegendo, dessa forma, seu objeto bom, além de defendê-lo contra as ansiedades persecutórias. Isso na verdade significa que, mesmo num estágio bem arcaico, o bebê experimenta a necessidade de um superego capaz de protegê-lo e ajudá-lo (cf. meu artigo "Sobre o desenvolvimento do funcionamento mental", 1958).

Sessão 33
domingo

Richard estava de muito bom humor, e disse que estava satisfeito por se encontrar com a sra. K. num domingo; isso claramente representava para ele um privilégio especial. [...] Um pouco depois, comentou que em "X" as manhãs de domingo eram muito pacatas, como um túmulo, mas ficava feliz por não haver crianças nas redondezas. Ao mesmo tempo, estava atento para ver se havia pessoas passando e manifestou seu desapontamento por passarem tão poucas. Disse que ao acordar tinha se sentido muito feliz, apesar de ser domingo e não estar em casa. Achava que, afinal de contas, o trabalho estava fazendo bem para ele. Sentia-se tão mais corajoso! Tudo isso foi dito com convicção. Acrescentou que gostaria de contar à sra. K. sobre as brigas que tinha em casa com outros meninos. Nessa manhã, sentindo-se mais ousado, tinha decidido que quando a guerra terminasse, e voltassem para casa (em "Z"), não teria mais medo de enfrentar Oliver, seu inimigo. (Já havia mencionado esse menino anteriormente – Sessão 20 – e em outra ocasião comentara com a sra. K. que a mãe de Oliver falecera um mês antes.)

A sra. K. sugeriu que para Richard era um alívio pensar que seria capaz de lutar e que não precisaria fingir amizade quando o que sentia era medo de ser atacado.

Richard concordou veementemente, e acrescentou que tinha também decidido enfrentar Jimmy, um menino de oito anos que fazia parte de sua gangue, mas que por ter falado a seu respeito para Oliver era um traidor. Entrementes, Richard colocara na boca o lápis – que havia deixado ao lado do bloco de papel a sua frente –, mordendo-o com tanta força que deixou a marca dos dentes; continuou mordendo-o enquanto falava. Disse que estava planejando aprisionar Oliver depois da guerra. No jardim, havia um canto desarrumado, cheio de mato onde havia muitas abelhas e vespas. Não que fosse propriamente um lugar imundo, mas certamente não era muito limpo. Ali seria mantido Oliver. Seria vigiado para não escapar e as abelhas e vespas iriam picá-lo.

A sra. K. assinalou que enquanto falava estivera mordendo o lápis com força, o que significava arrancar o pênis de Oliver com mordidas e também devorá-lo. A prisão onde Oliver seria mantido não era apenas o jardim mas também o interior de Richard, que ele parecia considerar um lugar horrível. Richard tinha muito medo de abelhas e vespas; aqui, elas representavam seu cocô perigoso e as partes destrutivas de si mesmo, que continham o Papai-Hitler mau. Ele sentia que não conseguia proteger a Mamãe boa contra tais perigos no interior de si mesmo. Mas seu atual sentimento – fruto da análise, que ele considerava ser de muita ajuda – de conter mais da Mamãe boa (e da sra. K.) dava-lhe uma segurança maior e o tornava mais capaz de lutar contra seus inimigos internos e externos.

Richard passou a descrever, então, o que designou como uma batalha "menor" contra Oliver e sua gangue, na qual ele e Jimmy saíram vitoriosos. Acrescentou, gabando-se, que por pouco não quebrou os ossos de Oliver; atiraram-se pedras, e Oliver levou "uma boa pedrada". Richard teria gostado de matá-lo; depois, acrescentou, não, na verdade não, mas realmente o odiava muito. Em outra batalha, um caco de vidro atingiu o nariz de Richard. Machucou só um pouquinho, e ele continuou a lutar apesar disso, e continuaria mesmo com um braço na tipoia. Mas a mãe apareceu no jardim e mandou os meninos embora. (Não havia dúvidas de que Richard sentira-se aliviado quando a mãe chegou, porque certamente ficara aterrorizado com o corte no nariz.) Enquanto contava, desenhava outro império. Ao contar que a Mamãe o havia protegido, Richard, sem perceber, juntara os lápis azul e vermelho, com as pontas para fora. Comentou também, enquanto desenhava, que agora a Mamãe tinha conquistado muitos territórios, assim como Paul.

A sra. K. assinalou que no desenho Richard quase circundava a mãe; enquanto conversava com a sra. K., tinha despercebidamente colorido a parte de baixo de preto. Isso porque, por mais que não quisesse que o Papai tocasse a Mamãe, continuava a sentir que o genital do Papai estava no interior dela, e também que seu próprio genital estava no interior de Paul. No entanto, ele (as partes vermelhas) quase circundava a Mamãe (as partes azuis). Dessa forma, expressava sua esperança de protegê-la contra o Papai mau e de dar-lhe bebês. Essa maior esperança em sua capacidade de restaurar a Mamãe, o que também implicava tornar-se homem, aumentava tanto seu desejo como seu poder de lutar. A sra. K. fez referência a seu medo de ter seu genital ferido, representado pelo nariz machucado e pelo braço incapacitado. Lembrou-lhe o que havia sentido após a operação no genital e desde então. Mas tinha acabado de expressar sua esperança de que seu genital não tivesse sido tão gravemente ferido, a ponto de não poder ser usado para atacar seu inimigo, representando o Papai-Hitler mau.

Quando a sra. K. fez a referência a sua circuncisão, Richard replicou que desde então odiava o médico.

A sra. K. interpretou que o médico, tal como tinha aparecido anteriormente, representava o pai mau; mas que Richard havia temido o ataque do Papai contra seu pênis porque quando ele, Richard, sentia ciúme do Papai e de Paul, desejava atacar os genitais deles. No decorrer desta sessão, nos momentos em que estava enfurecido com seus inimigos, mordia o lápis com força, expressando assim também seu ataque contra os genitais deles, o que significava atacar igualmente o Pai e Paul.

Richard olhou para a sra. K. com interesse e perguntou-lhe se acreditava que essa poderia ser a razão por que odiava tanto Oliver. Também contou para a sra. K. que, embora Oliver muitas vezes o convidasse para tomar chá, ele nunca aceitava; não obstante, quando não estavam brigando, tinham uma relação amigável e Richard não deixava transparecer que o odiava e que tinha planos para enfrentá-lo.

A sra. K. assinalou que essa relação em muito se assemelhava à relação com Paul, com quem às vezes era muito amistoso e outras vezes muito hostil, por isso não podia confiar totalmente nele como um aliado. Mas Richard sabia que ele mesmo era muito pouco digno de confiança porque muitas vezes escondia sua hostilidade contra Paul.

Richard disse, com tristeza, que gostava de Paul, mas sempre se desentendiam. [...] Depois, falou de Jimmy, que tinha contado para Oliver que Richard secretamente planejava atacá-lo. Desde então, Richard passou a ter mais medo ainda de Oliver. Queria matar Jimmy, porque era um traidor. Pouco depois, acrescentou que gostava dos irmãozinhos de Jimmy, umas gracinhas de bebês.

A sra. K. assinalou que sentimentos conflitantes ele nutria em relação aos bebês: gostava muito deles, mas temia que pudessem ser como ratos, abelhas e vespas; isso se dava porque sentia tê-los atacado no interior da Mamãe quando tinha ciúme.

Richard tornou a dizer que, ao acordar de manhã, tinha se sentido muito bem-disposto e esperançoso, e que tinha resolvido atacar Oliver abertamente e talvez fosse capaz de vencer. Com isso, se sentira mais feliz e também pensara que o trabalho com a sra. K. o ajudava bastante.

A sra. K. interpretou, referindo-se ao desenho do império, que isso significava que ele continha em seu interior a Mamãe azul-claro boa, e que ela o ajudaria a consertar seu genital. Desse modo, poderia dar-lhe bebês, fazê-la reviver, e protegê-la contra o Papai-Hitler mau.

Richard levantou-se, olhou ao redor da sala e disse que não tinha tido nenhum sonho. Foi até a cozinha e olhou dentro da pia para ver se havia alguma aranha ali.

A sra. K. recordou-lhe seu medo do polvo e disse que talvez sentisse a mesma coisa com relação às aranhas; em um de seus desenhos (Desenho 6) o polvo tinha um rosto humano e estava vermelho de raiva, e representava o Papai (ver Sessão 15). Portanto, a aranha que recentemente tinha afogado e que acreditava poder estar ali ainda representava também o pai.

Richard, em seguida, pediu à sra. K. que soltasse a água da pia e a deixasse correr assim que ele gritasse lá de fora; queria ver para onde correria esse Niágara.

A sra. K. lembrou-lhe seu sonho recente. Richard não queria ter outro sonho porque aquele do Niágara tinha sido muito aterrorizador, embora parecesse que ele não tinha muita noção disso. Relacionou a pia, que em sua mente ainda continha a aranha (representando o genital devorado do pai), com o sonho no qual, conforme sugerira, seu interior transbordava e ele e a Mamãe encontravam-se em perigo por causa dos canos rompidos, e no qual também se achava presente o desagradável Charles (Sessão 32). A sra. K. acrescentou que isso também representava o perigo ao qual ela se encontrava exposta por parte do sr. K. (dessa vez a aranha), em cuja morte Richard não conseguia acreditar.

Durante essas interpretações, Richard estivera fazendo um desenho onde apareciam aviões e canhões. Comentou que o canhão antiaéreo era a Mamãe, e que o avião britânico era ele mesmo; o avião alemão, que tinha sido abatido, era o Papai. [...] Richard saiu para o jardim e mostrou para a sra. K. algumas flores das quais gostava. De repente, atirou-lhes pedras, mas sem atingi-las.

A sra. K. assinalou que ele parecia estar avaliando o dano que causara ou que poderia causar aos bebês da Mamãe, ao mesmo tempo amados e odiados.

Richard comentou novamente que era bom que tivesse tão pouca gente na rua, mas que não gostava quando tudo ficava tão quieto. Falou sobre a viagem que faria para casa naquela tarde. Gostaria que o ônibus estivesse vazio, de forma que ele poderia viajar sozinho. Considerou, a seguir, se o ônibus partiria mesmo assim.

A sra. K. interpretou que ele desejava ter a Mamãe todinha só para ele e que desejava estar sozinho dentro dela, e que o Papai – representado pelo motorista – deveria concordar com isso. Porém, suas dúvidas quanto à possibilidade de o ônibus partir indicavam que se perguntava se a Mamãe continuaria viva caso não tivesse outros bebês. No início dessa sessão, ele havia dito que "X" era muito pacata, como um túmulo, porque havia tão pouca gente na rua. "X", como o ônibus, representava o corpo da Mamãe e da sra. K. contendo os bebês mortos, o que também significava a morte da Mamãe e de todos. Tinha dúvidas de que o Papai – o motorista – concordasse com que ele tivesse a Mamãe toda para ele.

A ideia de que ele queria ter a Mamãe todinha para si e de que o Papai – no caso, o motorista – ficaria do lado de fora (o banco do motorista)[76] e, no entanto, conduziria Richard até ela divertiu-o bastante. Ao final da sessão, sugeriu que a sra. K. pusesse a data nos desenhos que tinham sido feitos naquele dia. Disse que 1941 parecia com 1991.

A sra. K. interpretou seu desejo de que ele e a sra. K. – mas sobretudo a sra. K. – vivessem até aquela data, uma vez que temia muito a morte da sra. K. e da Mamãe.

Nos últimos dois dias, o estado de espírito de Richard havia mudado. Estava menos triste, diminuíram as defesas maníacas e a recusa e ele se sentia mais esperançoso e confiante. Mostrava também maior receptividade às interpretações da sra. K.

Alguns dias mais tarde, a mãe de Richard veio ver a sra. K. Falou dos progressos do filho; notara uma grande mudança após essa sessão de domingo. Embora muito agressivo em casa, parecia bem mais amistoso, menos tenso, e de relacionamento mais fácil. Essa informação era independente do fato de Richard comentar com a sra. K. que se sentia melhor, já que nada comentara a respeito com sua mãe.

---

76 Nos ônibus ingleses, o assento do motorista fica separado do resto do ônibus. [N. T.]

Sessão 34
segunda-feira

Richard disse que tinha trazido um presente para a sra. K. e entregou-lhe um pote, parecendo muito satisfeito. Disse que era um creme para o rosto. Quando a sra. K. o abriu, saltou um boneco de molas verde. Richard permanecera observando-a atentamente e pareceu um pouco desapontado ao ver que ela não se assustara; contudo, imediatamente perguntou se ela tinha se incomodado com a brincadeira. Mexeu no boneco com o dedo, admirando as molas fortes, comentando que era muito vivo e que quando era subitamente liberado, parecia que ia morder. (Era evidente que lhe agradava imensamente.) Contou à sra. K. que tinha colocado seis centavos num caça-níqueis cheio de truques e brinquedos; dentro dele, havia um guindaste que parecia uma garra. Fez uma demonstração: com a mão em forma de garra, mostrou como o guindaste abaixou, pegou o pote, suspendeu-o e trouxe-o para fora. Como sempre, fez uma descrição bem dramática. Tinha achado que a garra ia levar a caixa embora, mas não, ela levantou-a e depositou-a em suas mãos. A seguir, Richard marchou pela sala, batendo os pés. Disse que os Aliados estavam marchando para a Síria, e que isso era bom. Também estava satisfeito porque a RAF[77] tinha bombardeado tantos objetivos. Em seguida, sentou-se e desenhou a estrela-do-mar habitual (Desenho 23). Enquanto delineava os contornos, e antes de colori-lo com os gizes, anunciou que esse não tinha nada a ver com os impérios – era apenas um desenho.

A sra. K. assinalou, quando ele terminou de colorir, que tinha introduzido cores novas – o verde e o laranja.

A princípio, Richard insistiu que elas não representavam ninguém, e que ele não tinha nenhum motivo em particular para introduzir novas cores. Um pouco depois, porém, acrescentou que o verde era a Cozinheira e o laranja, Bessie. Disse que a Cozinheira vestia um avental verde. Ficou em silêncio; declarou a seguir que não tinha tido nenhum sonho. Terminado o desenho, entregou-o para a sra. K., dizendo: "Um bebê estrela-do-mar para a senhora".

---

77 Royal Air Force, forças aéreas do Reino Unido. [N. T.]

A sra. K. relacionou o boneco de molas com a maneira como talvez tocasse seu genital {Masturbação}, o boneco representando seu genital. Sugeriu-lhe que ele provavelmente tocava e brincava com seu genital.

Richard enrubesceu, e não olhou para ela. Passado algum tempo, disse: "Às vezes".

A sra. K. lembrou-lhe que, depois de descrever o boneco de molas e a maneira como o conseguiu, Richard comentara acerca dos soldados que invadiam a Síria, tendo ele mesmo marchado pela sala batendo os pés; talvez pudesse ter pensamentos e desejos desse tipo quando brincava com o seu genital. A Síria representaria o interior da sra. K., ou da Mamãe, ou das empregadas, para dentro do qual ele marcharia com seu pênis. Dentro da Mamãe, ele encontraria o pênis do Papai, que agarraria e morderia seu pênis; isso significava que ele tinha medo de ter seu pênis danificado por um pai perigoso no interior da Mamãe. A sra. K. sugeriu também que o desenho representava os genitais dela e da Mamãe, dentro dos quais ele tinha penetrado profundamente, e onde os três homens – o Papai, Paul, e ele próprio – lutavam entre si; tinha introduzido cores novas, mas tinha dito que elas não tinham significado e que o desenho não tinha nada a ver com um império porque estava com medo da luta que se desenrolava no interior da Mamãe e da sra. K., da qual desejava não tomar conhecimento. A sra. K. acrescentou que o verde no desenho representava não apenas a Cozinheira mas também o boneco de molas, que era verde e representava seu pênis.

Richard foi ficando muito ansioso e inquieto durante essas interpretações. Levantou-se, marchou para lá e para cá, permaneceu junto à janela mais distante da sra. K.; protestou, dizendo que não queria ouvir o que ela dizia e que não conseguia ver de que forma essas coisas poderiam ajudá-lo.

A sra. K. interpretou que as palavras dela representaram para ele um ataque a seu genital. Nessa sessão, tinha sido revivido o medo da circuncisão. Sentira que a garra que tiraria o boneco de molas representava o médico que tiraria seu genital. Recordou-lhe que o médico representava também o Papai-Hitler mau. Se desejasse colocar seu genital dentro da Mamãe, onde este morderia e lutaria com o pênis do Papai – como o boneco de molas que parecia que ia morder quando soltado subitamente –, ficaria aterrorizado com os ataques tanto da Mãe quanto do Pai dirigidos contra ele. Muito recentemente, Richard tinha sentido que a sra. K. também era tão terrível e como Hitler. Enquanto interpretava para ele agora há pouco, ela era a Mamãe-Hitler-bruta que o atacava.

Richard, de repente, colocou sua mão dentro da bolsa da sra. K., remexeu lá dentro, mas não retirou nada. Depois, correu para a cozinha, abriu inteiramente a torneira, e ficou olhando a água escorrer. Disse: "Ele está atacando".

A sra. K. perguntou quem estava atacando quem. Richard não respondeu.

A sra. K. sugeriu que era o pênis do Papai que estava atacando – os soldados britânicos atacando a Síria – e que a pia representava o interior e o genital da sra. K. (da Mamãe), dentro do qual penetravam. A torneira agora representava o pênis poderoso do pai atacando violentamente o interior da Mamãe, o que Richard também desejava fazer; também ansiava por possuir um genital tão poderoso. Mostrara isso ao marchar como os soldados que se dirigiam para a Síria.

Richard saiu e pediu à sra. K. que deixasse a água escorrendo, pois assim poderia ver para onde ia.

A sra. K. sugeriu que, por considerar perigosos o pênis do pai e o fluido nele contido, desejava repetidamente vê-lo correr pelo cano de escoamento – o interior da Mamãe. A sra. K. recordou-lhe o sonho do Niágara (Sessão 32).

Richard saiu, sentou-se na soleira da porta, e pediu à sra. K. que se sentasse a seu lado. Pegou algumas pedras e cutucou a terra com os dedos.

A sra. K. sugeriu que ele investigava o interior dela e ao mesmo tempo usava a mão como uma garra – o pênis perigoso; que também tinha investigado na bolsa dela, tentando encontrar ali o genital do sr. K.

Richard perguntou o que diria a sra. K. se ele secretamente colocasse em sua cama um ouriço ou um rato.

A sra. K. interpretou que o ouriço representava o genital mau do Papai que ele, nos momentos em que ficava com raiva porque o Papai e a Mamãe estavam juntos na cama, desejava que mordesse e machucasse a Mamãe. Mas essa raiva levara-o a temer que a Mamãe contivesse o polvo, o genital perigoso e mordedor do pai.

Um pouco depois, Richard voltou para a sala e começou a rabiscar; primeiro usou o verde e o laranja, depois outras cores, e cada vez rabiscava com mais fúria. Disse que a Cozinheira (o verde) estava brigando com Bessie (o laranja) e que o resto da família entrou na briga. Levantou-se, marchou para lá e para cá em passo de ganso e fazendo a saudação de Hitler. Olhou em volta da sala, chutou alguns dos banquinhos, pisoteou-os, levantou-os e jogou-os no chão. Empilhou três deles, ficou bravo quando caíram, e pediu à sra. K. que os empilhasse para ele. Mais uma vez, tentou colocar três banquinhos um sobre o outro, e comentou a respeito da torre do Palácio de Cristal que tivera de ser dinamitada por se ter tornado perigosa.

A sra. K. novamente interpretou seu desejo de se apoderar dos pênis do Papai e de Paul, agarrando-os e arrancando-os com mordidas; precisava deles para fazer com que seu pênis se tornasse tão poderoso e agressivo quanto o do Papai. Por isso, ficou tão bravo quando suas repetidas tentativas de empilhar os banquinhos malograram. Ao cair, os banquinhos fizeram-no recordar seu próprio genital ferido, que, particularmente depois da operação, sentia ter perdido. Parecia também ter vivido essa mesma ansiedade quando esfregava seu genital e brincava com ele. Tinha pedido à sra. K. que pegasse os banquinhos e isso exprimia seu desejo de que ela pudesse ajudá-lo a reaver seu genital. Ao mesmo tempo, a torre que teria que ser dinamitada representava o genital grande do pai que ele admirava, mas desejava destruir por raiva e ciúme e também por temê-lo muito. A dinamite representava seu cocô grande e explosivo.

Richard brincava com uma bola; esta rolou para baixo do armário e voltou. Richard disse ter pensado que estava perdida, mas ela retornou. A seguir, pediu à sra. K. que jogasse bola com ele.

A sra. K. interpretou sua esperança de que seu genital, que pensava ter perdido na operação e também pela masturbação, retornaria. Nesse caso, poderia ser capaz de ter uma relação sexual com a sra. K. ou com a Mamãe – esperança que tinha acabado de expressar, ao pedir para jogar bola com a sra. K.

Pouco antes, nessa sessão, após uma interpretação referente a seu desejo de castrar o pai e de seu medo de ser castrado por ele, Richard havia protestado veementemente; enfatizara como seu pai era bonzinho e mencionou que muitas vezes brincavam juntos. No domingo anterior, o pai se fingira de espião alemão e Richard, um policial, caçava-o de bicicleta. O Papai havia se escondido, mas evidentemente Richard o encontrara no final.

A sra. K. interpretou que, nessa brincadeira, Richard, entre outras coisas, expressava sua desconfiança de que o pai fosse perigoso e de que fosse um Papai-Hitler. Uma vez que a brincadeira era agradável e que o pai era tão bonzinho quando brincava com ele, isso podia ser tomado como uma prova de que ele não era perigoso, nem o Papai-Hitler, o que aumentava seu prazer.

Minhas anotações dessa sessão são mais curtas do que costumam ser. A forte resistência que surgiu no decorrer da sessão manifestou-se em longos silêncios e em muitos detalhes de seu comportamento, como andar pela sala, olhar pela janela, pegar coisas para logo depois largá-las – detalhes difíceis de serem relatados de forma mais completa (Nota). Até certo ponto, essa dificuldade também se aplica à transcrição das outras sessões, o que explica o fato de que às vezes minhas interpretações parecem sobrepujar as associações de Richard.

Nota

Durante essa sessão, Richard demonstrou uma ansiedade muito aguda e forte resistência. Ele se opôs particularmente a minhas interpretações referentes a seu desejo de castrar o pai e Paul e a seu medo de ser castrado por eles. (Interpretações como essas sempre provocam grande resistência tanto nos meninos como em homens adultos.) Essa sessão ilustra a experiência, com a qual estamos familiarizados no trabalho psicanalítico, de que, quando se obtém algum alívio de ansiedade, outras situações de ansiedade passam para primeiro plano. Não há dúvida de que, nas sessões precedentes, diminuíram as ansiedades de Richard referentes aos perigos internos (perseguidores internos, medo de ser envenenado). Dessa forma, a repressão de seus desejos genitais e heterossexuais foi parcialmente levantada, e seus sentimentos de potência, juntamente com a agressão dirigida ao pai e seus substitutos, surgiram em primeiro plano. Esse progresso também se expressou por sua convicção de que a análise o ajudava e de que ele ousaria enfrentar seu inimigo abertamente. Ligado a isso, na presente sessão, o medo da castração (também relacionado com a masturbação) emergiu com toda a intensidade, assim como as ansiedades características de um aumento dos desejos genitais heterossexuais, tais como os medos referentes ao interior do corpo da mãe, particularmente a luta travada com o pênis do pai no interior da mãe e em sua vagina. Com relação a isso, desejo chamar a atenção para o fato de que a emergência de desejos sexuais pela mãe, o subsequente e forte medo da castração e a ansiedade referente à masturbação surgiram como consequência da análise da intensa perseguição interna. Em sessões anteriores, já havia surgido material que justificaria a interpretação do medo da castração até mesmo antes, porém esse medo só apareceu de maneira mais completa e aguda, e relacionado às ansiedades referentes à masturbação, depois que as situações internas de ansiedade haviam sido um tanto analisadas. Falando de modo geral, pude ver que em muitos casos a impotência masculina só podia ser atenuada após reduzir-se a ansiedade persecutória, e que todo progresso nesse sentido caminhava juntamente com a análise bem-sucedida dos medos paranoides e hipocondríacos, particularmente os referentes à perseguição interna.

Sessão 35
terça-feira

Richard parecia amigável, mas reservado e ansioso. Contou para a sra. K. que tinha trazido a frota de novo, e colocou-a sobre a mesa. Um destróier representava o couraçado alemão *Prinz Eugen* (que aparecera no noticiário porque estava sendo perseguido pela frota britânica); os outros navios que o rodeavam representavam a frota britânica. A princípio, Richard pretendia afundar o *Prinz Eugen*, mas apiedou-se do navio "corajoso, mas solitário", e fez com que fosse aprisionado pelos britânicos, e entre dois destróieres britânicos fosse escoltado, "vencido, mas orgulhoso", até um porto britânico.

A sra. K. interpretou, referindo-se ao material da véspera (a garra tirando o boneco de molas, a mão do médico fazendo a circuncisão, e os banquinhos caindo), que o *Prinz Eugen* representava ele próprio, os navios britânicos o Papai e Paul, que iriam atacá-lo e danificar ou cortar fora seu genital. A sra. K. relacionou esse material com o sentimento de Richard, durante a circuncisão, de que centenas ou milhares de pessoas hostis estavam presentes. Naquele momento, talvez tenha sentido que ia morrer, e ficou feliz por recobrar os sentidos e constatar que continuava vivo e que sua família – que, durante a operação, parecera ser tão hostil e uma ameaça contra sua vida – já não era mais perigosa (o *Prinz Eugen* que não foi afundado, mas apenas aprisionado). No entanto, seu primeiro sentimento ao recobrar os sentidos depois da operação foi o de ter perdido seu genital. A sra. K. acrescentou que ele estava tão assustado com as perdas reais da Marinha e ante a perspectiva de a Grã-Bretanha ser derrotada, que não queria nem ser lembrado disso; por isso, não tinha trazido a frota por alguns dias. Pela mesma razão, não podia nem mencionar Creta.

Richard se opôs veementemente à maior parte dessas interpretações. À interpretação referente a seus medos durante a operação e à perda de seu genital respondeu que o que a sra. K. dizia era terrível, e que não queria que ela falasse a esse respeito. Negou também ter alguma vez pensado que a Grã-Bretanha poderia ser derrotada, sustentando que isso nunca aconteceria. No entanto, concordou que Creta e as perdas navais muito o preocupavam.

A sra. K. interpretou que o porto britânico no qual o *Prinz Eugen* entrava era o genital da Mamãe, e que ele tinha medo de que seu pênis pudesse ficar aprisionado no interior da Mamãe, onde seria vigiado e atacado pelos assustadores Papai e Paul (os dois destróieres que escoltavam o *Prinz Eugen*).

Nesse momento, Richard levantou-se, afastou-se da sra. K., e olhou pela janela, que havia pedido à sra. K. que deixasse aberta. Perguntou-lhe se tinha ido ao cinema na noite anterior. Era um filme de crime, mas era bom. A seguir, disse que queria sair, pegou as chaves e, meio de brincadeira, disse que ia trancar a sra. K. dentro da sala (o que não era possível, por se tratar de uma fechadura Yale). Tentou fazê-lo, mas imediatamente chamou a sra. K. para que saísse. Estava visivelmente satisfeito com o fato de ela não ter se perturbado e continuar com um ar amistoso. Disse que, de qualquer maneira, ela teria podido sair pela outra porta. Voltou para a sala e continuou a brincar com a frota.

A sra. K. explicou que ele tinha se afastado dela, e até mesmo deixado a sala, quando ela interpretou que ele temia que seu genital fosse atacado e aprisionado. Naquele momento, essa situação perigosa havia se tornado tão real como se ele ainda estivesse sendo operado, e a sra. K. havia se tornado a Mamãe traiçoeira que não o protegera do perigoso Papai-médico. Igualmente, quando a sra. K. explicou que, em sua brincadeira, ele (o *Prinz Eugen*) desejava penetrar no interior (o porto britânico) da Mamãe (da sra. K.) entre o Papai e Paul (os destróieres britânicos), teve muito medo de que esses dois homens no interior da Mamãe viessem a atacá-lo, e a aprisionar e roubar seu genital. A sala de jogos havia-se tornado tanto o lugar onde foi operado como também o interior da sra. K., onde seu genital seria atacado. Ao contrário de seu desejo habitual, tinha pedido à sra. K. que deixasse a janela aberta hoje, e não tinha ficado vigiando os transeuntes, porque desde o início dessa sessão temia ficar aprisionado com ela e no interior dela. Já havia sentido esse medo de forma intensa na sessão anterior. Assim, era a sala e o interior da sra. K. que se revelavam perigosos, e não as pessoas lá fora, que poderiam ajudá-lo caso as janelas ficassem abertas (Nota 1).

Tinha também falado, na véspera, em dinamitar a grande torre que representava o genital do pai; temia, portanto, que seu genital fosse atacado pelo pai no interior da Mamãe.

Richard, mais uma vez, protestou com veemência contra essa interpretação, parecendo estar sofrendo e assustado; mas continuou a brincar com a frota. Sussurrando e movendo o *Nelson* para fora do porto, disse baixinho: "Lá vai o desprotegido *Nelson*". Depois acrescentou, falando um pouco mais alto: "Não, ele só está indo em patrulha".

A sra. K. interpretou que o *Nelson* desprotegido era seu pai quando não se sentia muito bem, ou quando se mostrava amistoso e paciente com Richard. Sentia que nos momentos em que o pai se encontrava desprotegido, o que também significava que não desconfiava de nada, Richard poderia atacá-lo e castrá-lo. A sra. K. também lhe recordou que tinha ficado muito triste com o afundamento do *Nelson*, e se sentido culpado em seu sonho (Sessão 21), uma vez que amava seu pai. Devido a seu desejo de atacar o Papai, o que o fazia acreditar estar de fato ferindo o Papai, sentia-se muito culpado quando percebia que seu pai não estava bem, ou que estava envelhecendo ou ficando careca.

Richard colocou os dois lápis compridos próximos um do outro, formando o que chamou de "portões do porto". A abertura formada pelos dois lápis era tão estreita que só dava para passar um navio por vez. Primeiro partiu o *Rodney*, seguido pelo *Nelson*; ao notar que o *Nelson* tocava o *Rodney*, afastou o *Nelson* um pouco. Seguiram-se dois destróieres, que, juntamente com o *Nelson*, foram dispostos ao redor do *Rodney*, sem, no entanto, tocá-lo.

A sra. K. interpretou que ele havia estabelecido a paz ao colocar o Papai, Paul e ele mesmo em volta da Mamãe; mas ninguém deveria ficar muito perto dela, o que significava que nenhum deveria ter relações sexuais com ela: quando o *Nelson* (o Papai) primeiramente a tocou, Richard imediatamente o afastou.

Richard fez vários movimentos com a frota. Um destróier, com um submarino de cada lado, passou pelos portões. Nesse momento, Richard riu, lembrando-se de um filme em que vários porcos tentavam entrar no chiqueiro ao mesmo tempo.

A sra. K. lembrou-o de sua interpretação anterior, a de que o *Prinz Eugen* entrando no porto, escoltado por dois destróieres, significava que Richard, o Papai e Paul estavam penetrando juntos no genital da Mamãe; eram agora representados pelos porcos porque Richard considerava as relações sexuais como algo porco, voraz e sujo.

Richard indicou que o Papai (o *Nelson*) estava mais afastado, não sendo, portanto, nenhum dos três navios que tentavam passar pelos portões.

A sra. K. sugeriu que, embora o Papai fosse o *Nelson*, o pênis dele estava representado pelo destróier, e que os submarinos representavam os genitais de Richard e de Paul. Os dois lápis que formavam os portões, como muitas vezes anteriormente, eram também os dois pais.

Richard descreveu, de forma divertida, como certa vez tinha assustado um galo e uma galinha que estavam com as cabeças juntas dentro do galinheiro enquanto o resto de seus corpos ainda estava para fora; suas barrigas tremeram quando ele os ameaçou.

A sra. K. interpretou que o galo e a galinha com suas cabeças juntas representavam os pais tendo uma relação sexual, e ele queria assustá-los e incomodá-los. Recordou-lhe os barulhos do galo e da galinha, relacionados com a bola de futebol (Sessão 24). A sra. K. sugeriu que ele poderia ter visto os pais juntos na cama, o que teria confirmado suas suspeitas de estarem fazendo juntos coisas sexuais.

Richard replicou que às vezes dormia no quarto dos pais; sustentou, porém, que os dois dormiam em camas separadas e que nunca dormiam na mesma cama, portanto não teriam como fazer essas coisas juntos. Mencionou que, certa vez, quando dormiu com o Papai – não na mesma cama, mas no mesmo quarto – teve um sonho horrível em que corvos enormes esvoaçavam sobre sua cabeça e colidiam com o planeta Júpiter.

A sra. K. interpretou que Richard poderia ter considerado a possibilidade de que os pais se deitassem na mesma cama e tivessem relações sexuais, mas odiava tanto esse pensamento que se agarrava ao conhecimento de que tinham camas separadas.

Nesse meio-tempo, Richard projetava com suas mãos sombras na mesa, na qual batia o sol. Fez o que disse ser o bico de um pato, depois o boné de um homem, depois algo parecido com a cabeça de um pato, cujo corpo, porém, era apenas uma forma escura e indistinta. Talvez fossem dois patos juntos, explicou ele. Nesse momento, mostrou-se muito incerto. A seguir, fez um unicórnio e exclamou: "Como pode uma mão ser tão inteligente!".

A sra. K. interpretou que essa brincadeira com sombras variadas e sua incerteza a respeito delas, especialmente quanto aos dois patos juntos, expressavam seus sentimentos em relação à relação sexual dos pais. Poderia ter visto os pais juntos numa só cama, com o quarto provavelmente escuro, e talvez ele se sentisse incerto quanto ao que se passava realmente, ou talvez tenha imaginado o que os dois estariam fazendo na cama. A "mão inteligente" referia-se à masturbação que lhe dava o sentimento de ser poderoso (o unicórnio) e capaz de destruir seus pais ou de separá-los, para depois ressuscitá-los e uni-los.

Richard voltou a brincar com a frota. De repente disse, comovido e com lágrimas nos olhos: "Estou fazendo minha parte pelo país". Disse que tinha economizado quinze xelins e depositado no Fundo Nacional de Poupança; e que também estava cavando a parte do jardim que lhe competia, e que, depois de deixar a sra. K., iria comprar sementes de verduras para plantar assim que chegasse em casa.

A sra. K. interpretou que fazer a sua parte significava não apenas ajudar o país mas também – embora seu pênis fosse pequeno ainda – manter sua mãe viva dando-lhe bebês. Sentia que seu pênis poderia crescer e vir a ser capaz de dar bebês a sua mãe (plantar as sementes).

Richard pareceu ficar muito contente, porém mostrou-se aliviado quando a sessão terminou. Cuidadosamente encostou a mesa e as cadeiras na parede.

A sra. K. interpretou que isso também significava pôr em ordem a sala de atendimento, que a representava, e fazer sua parte em relação a ela. A sra. K. avisou-lhe, então, que na próxima semana estaria começando sua viagem de nove dias a Londres.

Richard perguntou se isso deveria ser considerado férias.

A sra. K. disse que sim.[78] No momento, a notícia não pareceu perturbá-lo.

Não houve sinal de defesa maníaca no decorrer dessa sessão. Sua ansiedade manifestou-se de forma intensa, mas muito mais diretamente. Sua resistência também era forte e abertamente expressa. Sua atenção vagava, como muitas vezes acontecia quando aparecia a resistência, mas parecia prestar atenção a tudo o que lhe dizia a sra. K. e repetidas vezes deu voz a sua discordância. Essa maior capacidade de vivenciar e expressar sua agressividade já se fizera notar na Sessão 33. (Richard mostrara-se muito aliviado por sentir-se capaz de enfrentar seu inimigo, Oliver.) Na presente sessão, isso foi demonstrado na maneira como Richard abertamente manifestou discordar das interpretações da sra. K. Ao mesmo tempo, mostrava-se mais capaz de prestar atenção a elas, embora evidentemente lhe fossem dolorosas (Nota 2).

---

78 Havia já algum tempo, tinha a intenção de fornecer a Richard detalhes relativos à interrupção da análise, de modo a dar-lhe tempo para elaborar a ansiedade que certamente seria mobilizada pela notícia. No entanto, na semana anterior, sua ansiedade estivera tão aguda que não houve uma oportunidade adequada para fazê-lo. Após essa sessão, na qual a ansiedade havia diminuído consideravelmente, e percebendo que não podia mais postergar o assunto, informei-o da data prevista.

Notas

1. Trata-se de um exemplo de uma situação de ansiedade especialmente centrada em uma situação interna. Como se pode depreender de minhas interpretações, "interno" significa aqui tanto a sala na qual ele estava encerrado comigo como meu interior. Poderia ir mais longe ainda: a meu ver, a ansiedade relativa a seu próprio interior, onde se travavam todas essas lutas perigosas, e que tão claramente aparecera nas últimas sessões, também fora mobilizada. Em contraposição, diminuíra o medo de perseguição por parte das pessoas de fora – os transeuntes etc. Essa transformação de externo em interno é um dos critérios pelos quais podemos detectar se a ansiedade interna ocupa o lugar predominante.

2. No decorrer dessa sessão, interpretei diversos conteúdos de ansiedade. Muitas vezes têm sido levantadas dúvidas quanto à capacidade da criança – e, nesse sentido, também do adulto – de entender interpretações aparentemente tão complicadas. Minha experiência tem me mostrado que há ocasiões, de modo algum infrequentes, nas quais é fundamental reunir na interpretação diversos conteúdos de ansiedade, a fim de se poder manejar a ansiedade acumulada operando no momento. Era tal o estado de ansiedade de Richard que, num momento anterior da sessão, precisou até mesmo sair da sala. Após a interpretação na qual relacionei vários conteúdos de ansiedade (em particular os que diziam respeito ao genital de sua mãe), ele objetou veementemente, parecendo estar assustado e sofrendo; não obstante, continuou a brincar com a frota, produzindo um material adicional que confirmou a interpretação. Essa diminuição da ansiedade também pode ser vista em sua mudança de atitude, uma vez que, em suas associações posteriores a essa interpretação em particular, fez-se presente um elemento de humor em suas associações. Ao final da sessão, o alívio da ansiedade era evidente.

Sessão 36
quarta-feira

Richard estava pensativo, mas amistoso. Mostrou para a sra. K. seu boné novo, e perguntou se ela gostava dela. Em outra ocasião, já havia mencionado que o velho estava muito apertado, e a pala tinha quebrado. Perguntou-lhe também o que ela achava de sua "combinação": a jaqueta, a calça curta cinza e a gravata. Sua mãe não tinha achado grande coisa.

A sra. K. interpretou que a pala quebrada do boné representava seu genital danificado, que ele esperava que estivesse melhorando e crescendo, mas se perguntava como o pênis adulto iria combinar com o resto de sua pessoa; daí a "combinação". Desejava que a sra. K., representando a Mamãe boa, o reconfortasse quanto a seu crescimento, o que implicava permitir-lhe tornar-se adulto e ter desejos sexuais, ao passo que sentia que sua própria mãe não confiava nele.

Richard replicou que, enquanto falava com a sra. K., tinha pensado que ela ia dar exatamente aquela explicação.

A sra. K. perguntou-lhe se achava que a explicação era correta.

Richard respondeu com convicção: "Ah, sim". A seguir, acrescentou, com embaraço, porém evidentemente decidido a falar, que na noite anterior seu genital tinha ficado muito vermelho, e que ele tinha ficado muito incomodado com isso.

A sra. K. perguntou-lhe se tinha feito alguma coisa para que ficasse vermelho.

Richard respondeu que o tinha coçado, mas que de qualquer forma às vezes ficava vermelho.

A sra. K. interpretou que, em um de seus desenhos anteriores (Desenho 14), o vermelho já aparecia representando-o nos desenhos do império. Sugeriu que o vermelho também tinha significado seu genital machucado e partido, danificado pela masturbação; estava muito preocupado com isso, não apenas incomodado. Perguntou-lhe em que coisas pensava quando tocava ou coçava seu genital.

Richard não respondeu a isso, mas não negou que andava se masturbando. [...] A seguir, falou sobre as façanhas da RAF no dia anterior, que o deixaram muito contente. Também se referiu, achando graça, à observação de Mussolini de que sentia nos ossos que a Grã-Bretanha perderia a guerra. [...] Richard retirou a frota do bolso, com um cuidado especial. Dispôs o *Nelson* e o *Rodney*, com um destróier entre eles, seguidos imediatamente por outro destróier, atrás do qual colocou três outros navios. À esquerda do *Rodney*, um pouco à distância, colocou um cruzador, o qual, especificou, era o maior de todos, seguido por três outros destróieres. Contou à sra. K. que a Mamãe tinha providenciado que, enquanto a sra. K. estivesse de férias, eles também ficariam de férias em casa, só voltando a "X" no dia do retorno da sra. K. Em seguida, disse que a frota tinha partido em viagem, não – em patrulha.

A sra. K. sugeriu que parecia que a família estava saindo de férias.

Richard concordou, e foi logo indicando quem cada navio representava. O Papai e a Mamãe, com Richard entre eles, eram seguidos por Paul, os dois canários e Bobby. Depois, apontando para o "maior" dos cruzadores, disse tratar-se da sra. K. seguida pelos filhos e pelo neto. Esse neto era um submarino, protegido por dois destróieres um de cada lado – os filhos da sra. K.

A sra. K. perguntou se as duas famílias estavam saindo de férias juntas.

Richard pareceu gostar muito da ideia, e disse que sim. Comentou que ia ser muito gostoso. Contou para a sra. K. o que pretendia fazer em suas férias. (Evidentemente, esforçava-se por enfatizar o lado agradável da situação, para assim recusar o medo que sentia de afastar-se da sra. K.) Logo depois, disse que a família da sra. K. e a sua estavam se separando. Explicou que Paul se afastava porque não estava mais gostando da viagem, mas corrigiu-se dizendo que a licença de Paul tinha terminado. Enquanto isso, virou o relógio e riu como havia feito numa sessão anterior, na qual a parte de trás do relógio representara o traseiro da sra. K. (Sessão 7). De repente, colocou seu boné sobre o relógio.

A sra. K. lembrou-lhe que, muitas vezes, o relógio a representava; colocar seu boné sobre ele expressava seu desejo de permanecer junto dela e também de ter uma relação sexual com ela. A seguir, interpretou a última parte da brincadeira com a frota. A princípio, tinha desejado intensamente que as duas famílias viajassem juntas; mas em seguida separou-as porque sentia que iria brigar com os filhos da sra. K. e atacá-los, principalmente seu neto. Por isso, este tinha que ser protegido, e Richard acabou afastando a sra. K. e sua família a fim de protegê-los.

Richard rearranjou a frota; enfileirados, um atrás do outro, vinham o *Rodney* e um destróier que o tocava, depois um espaço e cinco "pequenos" destróieres, todos se tocando; mais à distância ficava o *Nelson* sozinho e no fim da mesa, lado a lado, um par de destróieres, dois pares de submarinos e um submarino sozinho.

A sra. K. sugeriu que a Mamãe era seguida por Richard, que a tocava, o que tinha também o significado de uma relação sexual com ela.

Richard sugeriu que os cinco pequenos eram os bebês deles.

A sra. K. interpretou que o destróier "grande", representando Richard, expressava também seu desejo por um genital crescido que poderia fazer bebês. Entretanto, teria então que lutar com o pai ou mantê-lo afastado. [...] Perguntou-lhe quem os outros grupos representavam.

Richard esclareceu que os dois destróieres que se encontravam lado a lado eram Paul e ele, sendo iguais em tamanho. Disse também que, quando ficou a sós com a Mamãe – o destróier "grande" perto do Rodney –, ele cresceu. Acrescentou que um dos pares de submarinos eram os canários, o outro par a Cozinheira e Bessie, e o submarino sozinho era Bobby.

A sra. K. assinalou que, agora, apenas o Papai e Bobby estavam sozinhos. Richard, emocionado, disse: "Pobre Papai", e concordou com essa interpretação. Colocou Bobby perto do Papai, e logo o *Rodney* e os demais vieram juntar-se a eles. Richard disse que a Mamãe estava de volta, e que o *Nelson* tinha ficado muito surpreso, mas muito contente. Colocou o *Rodney* perto do *Nelson*, mas rapidamente mudou a disposição, explicando que agora eram Paul e o Papai que estavam juntos e a Mamãe e Richard, sozinhos.

A sra. K. interpretou seu intenso desejo de unir os pais; seu ciúme e seu medo, porém, faziam com que constantemente voltasse a separá-los. Sugeriu que as diferentes maneiras de dispor a frota expressavam sua ideia de enfrentar o Papai, de ter uma relação sexual com a Mamãe ou com o irmão; essas várias possibilidades, indicadas em sua brincadeira, passavam por sua cabeça quando estava se masturbando. Nessa brincadeira, os canários e Bobby simbolizavam os genitais – o próprio, o do pai e o do irmão –, conforme havia mostrado na véspera, quando alguns dos navios representaram os genitais.

Richard ouviu essa interpretação, mas permaneceu calado.

A sra. K. assinalou que, um pouco antes, quando ela lhe perguntara em que pensava quando se masturbava, ele não tinha respondido com palavras, mas tinha lhe revelado no brincar.

Richard havia parado de brincar e estava mergulhado em seus pensamentos. Olhou para a sra. K. nos olhos de maneira muito afetuosa, e calorosamente disse que havia neles algo de muito bonito, gostava deles. Acrescentou que havia uns pontinhos marrons dentro deles. Depois de uma pausa, disse: "Gosto da senhora". [...] Voltou a brincar com a frota. O *Rodney*, o destróier e as embarcações menores partiram. Mostrou que a extremidade da mesa que se encontrava à sombra era muito diferente do resto da mesa onde brilhava o sol (e onde se encontravam, no momento, o *Rodney* e seu grupo). A seguir, moveu o *Rodney* um pouco para longe, fora do sol, tocou-o e colocou-o de volta no sol.

A sra. K. perguntou por que ele tinha voltado.

Richard disse que não lhe fazia muito bem ficar longe do sol. Pouco depois, o *Rodney* e seu grupo voltaram para a sombra. No entanto, antes de fazer essa movimentação, Richard tocou o mastro do *Rodney* e pediu à sra. K. que fizesse a mesma coisa, pois estava "quente como um atiçador em brasa".

A sra. K. sugeriu que isso significava que alguém tinha colocado um atiçador em brasa dentro da Mamãe.

Richard respondeu que tinha sido o sol.

A sra. K. interpretou que o *sol* [*sun*] poderia querer dizer o *filho* [*son*], o que expressava as dúvidas de Richard relativas a seu pênis, se era ou não perigoso. Se o colocasse dentro da Mamãe (ou da sra. K.), poderia ser bom para ela, ou poderia ser tão perigoso quanto um atiçador em brasa. Já havia expressado isso ao queimar um punhado de grama na barra do aquecedor elétrico.[79] A sra. K. estabeleceu uma relação com seu pênis vermelho e sugeriu que ele estava com medo de que seu pênis poderia estar ardendo e ferido.

Richard, ao deixar a sala, perguntou quanto tempo costumava durar a análise das outras crianças. A sua iria durar apenas três meses, não era?

A sra. K. perguntou-lhe por que achava que seriam três meses, mas Richard não respondeu.[80] Disse-lhe que ainda não tinha muita certeza se sua análise duraria três ou quatro meses, uma vez que ainda não tinha conseguido estabelecer a data de sua partida; expressou, todavia, o desejo de que a análise de Richard pudesse ter prosseguimento no futuro.

Na rua, Richard permaneceu calado e pensativo. Perguntou à sra. K. se ela ia ficar em Londres mesmo, e também se viajava para lá de dois em dois meses.

A sra. K. respondeu que ficaria em Londres, porém num subúrbio.

Richard estava muito sério; evidentemente estava preocupado tanto com os perigos aos quais a sra. K. estaria exposta como com o final prematuro de sua análise.

---

79 Não tenho, em minhas anotações, nenhuma outra referência a esse fato.

80 Na verdade, ele deve ter recebido essa informação de sua mãe, a quem eu havia dito que teria que interromper a análise dentro de três ou quatro meses. O fato de Richard não ter respondido a minha pergunta se devia principalmente ao medo – tão característico do período de latência – de que as declarações da mãe e as minhas a esse respeito pudessem ser contraditórias.

Durante essa sessão, Richard demonstrou menor ansiedade, e mostrou-se mais cooperativo, respondendo bem e sendo às vezes bastante afetuoso. Não estava nem um pouco maníaco. Foi também significativo que, no começo da sessão, tivesse sugerido que não abrissem as janelas porque fazia frio. Que sua ansiedade relativa a ficar a sós com a sra. K., como que aprisionado por ela, havia diminuído pôde ser visto ao longo dessa sessão.

Sessão 37
quinta-feira

Richard parecia estar amigável e não muito ansioso. Disse que não havia trazido a frota, pois queria que ela descansasse um pouco. Tinha passado um dia muito gostoso na companhia de três soldados poloneses, que estavam hospedados no hotel. À noite, tinham saído para um longo passeio. Foi convidado a visitá-los em Varsóvia. Dois deles não sabiam o que havia acontecido com suas famílias; um deles tinha um filho de quatro anos; tudo era muito triste. Contaram-lhe também suas experiências na Varsóvia bombardeada. Sentia muita pena deles e falou longamente sobre isso com a sra. K. Dois deles haviam deixado "X", mas o terceiro permanecia e tinha prometido ensinar Richard a jogar croqué à maneira polonesa. A seguir, falou de seus planos para as férias, e não via a hora de chegarem.

A sra. K. assinalou que isso soava apenas parcialmente verdadeiro. Lembrou-lhe que, no dia anterior, no final da sessão, tinha-se mostrado preocupado com a partida e a mudança dela para Londres.

Richard disse que não gostava de pensar que ela ia ficar em Londres, mas rapidamente voltou ao assunto de seus planos para as férias, e o quanto esperava por elas.

A sra. K. assinalou que ele estava tentando desviar seus pensamentos do que sentia ser a Mamãe ferida, a quem não poderia salvar (a sra. K. em Londres), e referiu-se à época em que, em seu brincar, havia enterrado a Mamãe boneca ferida, resolvendo porém ressuscitá-la logo em seguida, levando curativos e alimentos para ela no trem (Sessão 21);

a sra. K. acrescentou que ele também estava muito preocupado com o término de sua análise porque temia não a ter completado até então.

Enquanto Richard estava falando, começou a desenhar (Desenho 24).[81] Disse que, de novo, era um império. Disse que introduziria uma pessoa nova (o que significava uma cor nova, além das habituais).

A sra. K. perguntou quem seria essa pessoa.

Richard respondeu que era para ser verde e representar Bobby, mas tinha mudado de ideia. Quando terminou de colorir, contou quantos territórios cada uma das pessoas possuía, descobrindo que a maior parte lhe pertencia;[82] e comentou que por isso lhe cabia o direito de traçar a linha de baixo do desenho com sua própria cor. Olhando para o império, explicou que a Mamãe tinha apenas três países, mas eram bons porque dois deles tinham litoral. A Paul cabiam quatro; ao Papai, oito; e a Richard, onze (incluiu as subdivisões menores como sendo territórios separados). Ainda enquanto desenhava, falou sobre a guerra, e disse que estava contente com os bombardeios da RAF sobre Brest e que desejava que conseguissem atingir o cruzador alemão *Prinz Eugen*. Perguntava-se como os aliados estariam se dando na Síria. A seguir, foi olhar o mapa, o que não fazia havia algumas sessões, e marchou para lá e para cá pela sala.

A sra. K. lembrou-lhe que o império várias vezes representara o interior e o genital dela própria e da Mamãe. A marcha, o bombardeio, os soldados vitoriosos, tudo isso representava seu genital poderoso controlando o do Papai e o de Paul no interior da Mamãe. Isso parecia mostrar que ele tinha esperanças de que seu pênis estivesse, afinal de contas, em boas condições e que iria crescer e proteger a Mamãe contra o Papai e Paul perigosos (Nota 1). A sra. K. sugeriu que Bobby, que a princípio era para ser incluído no desenho, representava seu pênis, mas sua ansiedade de que fosse demasiado dominador e que logo se tornasse por demais destrutivo fez com que decidisse deixar Bobby de fora (Nota 2).

Durante a interpretação da sra. K., Richard parecia ansioso e começou a bocejar; opôs-se veementemente à última parte da interpretação,

---

81 Escureci dois nomes que constavam no desenho.

82 Assinalei repetidas vezes que os desenhos de Richard eram executados de forma não premeditada, e constituíam forte expressão de seus pensamentos e sentimentos inconscientes. Aqui, por exemplo, embora houvesse deliberado não "introduzir" Bobby (o verde), mesmo assim grande parte do desenho foi executada sem planejamento. Isso foi demonstrado por sua surpresa ao descobrir quantos países cada pessoa possuía.

mas logo foi ficando mais desperto, e esclarecendo alguns detalhes acabou por confirmá-la. Mostrou que estava protegendo a Mamãe, pois um de seus territórios, o maior deles, estava situado entre os da Mamãe. Assim, poderia defendê-la do Papai mau, que estava bem perto dela. De repente, olhando diretamente para a sra. K., disse: "A senhora está muito bonita".

A sra. K. interpretou que seu maior território estava no meio de duas partes da Mamãe, e que esse grande território, com a linha vermelha – a cor dele –, representava seu genital no interior dela. Tinha, de repente, pensado que a sra. K. estava bonita; essa ideia surgiu naquele momento porque sentia que a sra. K. aliviava seu medo relativo a seu pênis danificado. Isso significava que, na verdade, ela o consertava, que lhe permitia possuir um, e que não o punia por desejar ter uma relação sexual com ela e com a Mamãe. Por isso, ela era sentida como sendo a Mamãe boa.

Richard respondeu que ele tinha até mesmo mais quatro genitais no desenho, e depois contou os do Papai e de Paul, comentando que se houvesse uma luta entre eles o vencedor seria ele.

A sra. K. interpretou que ele também temia machucar a Mamãe, caso seu pênis entrasse em luta com os do Papai e de Paul no interior dela – a Varsóvia bombardeada e destruída, bem como a Síria, com a qual se preocupava. Mas, ao se alegrar com o êxito dos bombardeios da RAF a Brest, aliava-se ao Papai mau que atacava os seios da Mamãe (Sessão 7), danificando-a com isso – a França representando a Mamãe.

Richard respondeu que odiaria fazer isso. Olhou para o aquecedor elétrico, comentando que tinha uma barra quebrada. Ligou e desligou o aquecedor repetidas vezes.

A sra. K. recordou-lhe que no dia anterior ele tinha queimado um punhado de grama nessa barra. Referiu-se ao "atiçador em brasa" – o mastro do *Rodney* que tinha ficado quente por causa do sol –, o que expressava seu medo de machucar o interior da sra. K. e da Mamãe com seu pênis ardente, que era sentido como ardendo por causa da urina que continha. Também tinha medo de que sua urina ardente destruísse seu próprio genital. Essa era uma das razões por que, em seus desenhos, ele era sempre representado pelo vermelho.

Richard tornara-se inquieto; foi até o mapa e estudou o território da França, o quanto estava ocupado e o quanto estava livre. Novamente ficou conjecturando o que os Aliados teriam conseguido na Síria. Depois, foi para fora e, como de costume, chamou a sra. K. para acompanhá-lo. Olhou em volta e disse que não gostava de ver o céu nublado. Repetidas vezes saltou dos degraus, que eram bastante altos, dizendo ser divertido. Disse que estava com muita vontade de jogar croqué com o soldado polonês.

A sra. K. interpretou que o soldado representava o Papai bondoso que o ajudaria a tornar-se potente, que o ensinaria (croqué) e o trataria como igual, o que também significava que ele o ajudaria a igualar-se também nas questões sexuais – ter uma relação sexual com a Mamãe e dar-lhe filhos. Seu prazer de pular bem tinha o mesmo significado.

Richard continuou correndo pelo caminho, subindo e descendo. De repente, pediu à sra. K. para entrar com ele na sala rapidamente; tinha visto uma vespa. (Ele não estava de fato muito assustado com a vespa, estava dramatizando.)

A sra. K. seguiu-o de volta à sala e interpretou que o caminho representava o interior e o genital dela; subir e descer correndo, assim como pular os degraus, representavam uma relação sexual com ela; a vespa perigosa representava o Papai e Paul hostis dentro da Mamãe, ou o filho da sra. K. ou o sr. K. dentro da sra. K.

Richard brincou com os banquinhos e empilhou alguns deles, um sobre o outro. Mostrou para a sra. K. que tinha novamente construído uma torre grande. A maneira como disse isso mostrava claramente que ele estava pensando na que teve de ser dinamitada (Sessão 34). Derrubou os banquinhos e disse: "Pobre Papai, o genital dele está caindo". Em seguida, reparou num homem que passava pela rua, disse que ele era ruim e que poderia lhe fazer algo de mau. Observou o homem, escondido atrás da cortina, até que desaparecesse de sua vista.

A sra. K. interpretou que embora sentisse pena do Papai, se ele atacasse o genital do pai, também sentia que o Papai se transformaria num agressor e feriria o genital de Richard {Mistura de ansiedade depressiva e persecutória}. Por isso tinha repentinamente se sentido amedrontado pelo homem "ruim" (a vespa), e tinha sentido tanto medo das crianças nas sessões anteriores. Os meninos representavam não só o Papai e Paul e os bebês atacados como também o genital atacado do Papai.

Richard voltou para a mesa, olhou o desenho, e lembrou a sra. K. de datá-lo. Disse que, no dia seguinte, gostaria de olhar todos os desenhos. Apontou para a parte azul, a que não tinha litoral, pois ele a tinha separado com uma linha divisória a lápis, e indagou à sra. K. se ela sabia o que representava. Mas imediatamente respondeu, ele mesmo, à pergunta: era o seio da Mamãe. Mencionou, pela segunda vez, que uma senhora no hotel lhe tinha oferecido balas de alcaçuz – ela era muito simpática. Agora ele parecia estar feliz e de bom humor, e, colocando seu braço delicadamente em volta do ombro da sra. K. e nele recostando a cabeça, disse: "Eu gosto muito da senhora".

A sra. K. interpretou que havia uma conexão entre ela, que o protegia e ajudava, e o seio nutriente da Mamãe – as balas de alcaçuz oferecidas pela senhora. E ainda, ao cooperar com a sra. K. e ao lhe pedir que conservasse seus desenhos, desejava lhe restituir tudo o que ela tinha dado a ele. Richard sentia particularmente que ela era boa para ele, e alimentava-o com o seu seio bom, pois o trabalho que vinha fazendo com ele o tornara menos amedrontado com respeito a seu genital.

Richard respondeu que ele também pensava assim. Correu para a cozinha, abriu a torneira e, colocando seu dedo dentro dela, esguichou água, ouvindo o barulho que fazia. Disse que isso era o genital do Papai, e que parecia muito bravo. Em seguida, mudando a posição do dedo na abertura da torneira, fez com que a água espirrasse de um jeito diferente e disse que esse era ele – e também estava bravo.

A sra. K. interpretou que ele havia mostrado que seu pênis lutava com o do pai no interior dela (a torneira); esperava que o Papai ou o sr. K. ficassem zangados com ele, caso introduzisse seu genital dentro da Mamãe ou da sra. K.

Richard foi para fora, e pediu à sra. K. que tirasse a tampa da pia para que pudesse ver a água escorrendo para fora. Tendo encontrado um pedaço de carvão, esmagou-o com o pé.

A sra. K. interpretou que ele estava destruindo o genital preto do pai.

Richard pegou a vassoura, varreu o chão e disse que gostaria de limpar a sala toda.

A sra. K. sugeriu que ele sentia que ao destruir o genital do Papai no interior da Mamãe, ele também a sujaria e machucaria, e nesse caso, desejaria então deixá-la em ordem novamente.

Richard voltou a brincar com a torneira. Falou que estava com sede e bebeu da torneira. Perguntou então à sra. K. se ela sabia o que estivera bebendo, e, igualmente sem esperar resposta, disse: "Xixi".

A sra. K. interpretou que ele estava avaliando o quanto o seu xixi ou o do Papai ardiam, e o quanto estariam misturados com cocô.

Richard voltou para a sala, sentou-se na mesa, olhou o relógio da sra. K. e manuseou-o. Percebeu que o relógio não estava muito bem encaixado no estojo e ajeitou-o. A seguir, virou-o de costas e, como de costume ao fazer isso, riu e comentou: "É engraçado". Depois disso, num tom bem preocupado, perguntou de que eram feitos os ponteiros do relógio, pareciam tão verdes! (Os ponteiros eram luminosos.) Descobriu também que era de fabricação estrangeira (suíço).

A sra. K. interpretou que suas dúvidas referentes ao relógio estrangeiro e aos ponteiros verdes se referiam ao interior dela própria, já que este supostamente continha o sr. K. hostil – o Papai-Hitler. Receava que o Papai possuísse um genital venenoso e explosivo que poderia causar muitos danos à Mamãe. Isso se relacionava com os medos que sentia com relação à viagem da sra. K. a Londres e de que ali estivesse em perigo.

Richard fechou o relógio com o mesmo cuidado com que sempre fechava a porta da sala.

A sra. K. interpretou que isso expressava seu desejo de mantê-la a salvo e de que ninguém se introduzisse dentro dela.

No decorrer dessa sessão, apenas uma vez Richard se deteve para olhar os transeuntes, aquela em que viu o "homem ruim" e se sentiu perseguido por ele. No geral, seu estado de "alerta" contra possíveis inimigos na rua havia abrandado sensivelmente.

Notas

1. Nas últimas sessões, as esperanças de Richard de crescer e se desenvolver haviam aumentado. Esse é um ponto muito importante na análise de uma criança neurótica e, nesse particular, na de adultos também. Se surge a esperança de crescer, o sentimento de impotência em comparação com os adultos diminui, o que alivia a ansiedade e os sentimentos de ser inferior e inútil. Verificamos que também no adulto neurótico seu sentimento inconsciente de que continua a ser criança em comparação com outras pessoas desempenha um papel importante em sua impotência, quer no sentido mais restrito, quer no mais amplo. Por outro lado, pode se sentir muito velho; parece não haver nada entre esses dois extremos.

2. Nesse estágio da análise, o papel desempenhado pelos desejos genitais e heterossexuais tinha vindo para primeiro plano. Não tenho dúvida de que tais desejos tenham sido muito intensos desde a infância inicial, mas seu medo da castração e a desesperança ante a possibilidade de algum dia se tornar potente levaram a uma forte repressão, que impedia até mesmo a expressão inconsciente de seu interesse por seu genital e por seus desejos heterossexuais. Com uma esperança maior, seus desejos genitais e seu anseio de ser potente puderam se expressar. Acredito, no entanto, que a análise das ansiedades relativas aos perigos internos – entre outras, a ameaça que o pênis perigoso do pai constituía para o interior da mãe e para ele mesmo no interior dela – tenha contribuído muito para esse desenvolvimento.

Sessão 38
sexta-feira

A sra. K. não pôde abrir a porta da sala de jogos porque a fechadura estava com defeito. Em função disso, levou Richard para sua casa.

Richard entristeceu-se com isso. No caminho, sugeriu que, se a sessão de John fosse imediatamente após a sua, ele poderia ir embora quando a sra. K. pedisse porque não queria tomar o tempo de John.

A sra. K. respondeu que ele podia ter a sua hora inteira, pois ela não esperava John logo a seguir.

Richard falou muito pouco durante o trajeto; uma ou duas vezes comentou que as escoteiras deviam ter feito alguma coisa com a porta.

A sra. K. replicou que lamentava que isso tivesse ocorrido, mas que no dia seguinte estaria tudo em ordem.

Richard disse enfaticamente que era uma grande pena, e que seria bom se estivesse consertada no dia seguinte. Quando chegaram à casa da sra. K., Richard colocou a frota sobre a mesa da sala de estar. Não parecia estar muito ansioso, mas triste e pensativo. Quando a sra. K. lhe perguntou em que estava pensando, respondeu que estava muito preocupado com a viagem da sra. K. para Londres e que tinha medo de que ela fosse bombardeada.

A sra. K. repetiu que a região de Londres onde ficaria não era particularmente perigosa. (Evidentemente, essa tentativa de reconfortá-lo não produziu nenhum efeito.) Prosseguiu interpretando seu medo de que a Mamãe fosse bombardeada pelo Papai-Hitler e sugeriu que o medo da Mamãe ser destruída já existia muito antes da guerra começar, remontava ao tempo em que ele era uma criança pequena.

Richard, que claramente se encontrava pouco à vontade, perguntou bem baixinho se alguém poderia ouvir o que falavam. Onde estava o "velho rabugento" (referia-se ao outro inquilino da casa, sobre o qual lhe falara John)?

A sra. K. informou-o de que o inquilino não estava em casa e interpretou que ele representava o Papai, e que Richard temia e suspeitava que o Papai descobrisse sua intenção de atacá-lo. Lembrou-lhe que, no dia anterior, tinha sentido medo de que o homem "ruim", que passava pela rua, pudesse atacá-lo no exato momento em que punha abaixo o grande genital-torre do Papai.

Richard perguntou se a sra. K. tinha ido ao cabeleireiro e se tinham colocado aquela coisa horrorosa parecida com um chapéu em sua cabeça (referia-se ao secador).

A sra. K. interpretou que aquela coisa horrorosa em sua cabeça também representava o pênis-Hitler perigoso e bombardeador.

Richard perguntou onde ficava o quarto da sra. K., e se podia vê-lo. A sra. K. levou-o até o seu quarto no andar superior (Nota 1).

Richard olhou em volta, disse de modo aprovador que era bonito, olhou de relance para uma ou duas fotografias, e deu uma olhada no banheiro. Duas vezes perguntou se ela se incomodava de que ele desejasse ver essa parte de sua casa.

A sra. K. interpretou seu medo de intrometer-se em seu quarto pessoal, o que também significava saber coisas a respeito do sr. K. e de suas relações sexuais (agora, o inquilino "rabugento"), e de olhar para o interior dela; tudo isso se relacionava com sua curiosidade acerca do que os pais faziam juntos.

Richard, de volta à sala, pôs-se a brincar com a frota. Destróieres e submarinos foram dispostos em dois grupos, de forma tal que o couraçado pudesse passar no meio. O *Nelson* saiu primeiro, e ficou inspecionando os outros navios, e Richard admirou a maneira inteligente como fez a manobra. Depois veio o *Rodney*, que fez a mesma coisa.

A sra. K. interpretou que o Papai (o senhor idoso e o sr. K.) inspecionava os filhos para verificar se eram bons – não demasiadamente agressivos, ciumentos e solicitadores da Mamãe. A passagem que tinha construído representava o genital da Mamãe, pelo qual o genital inteligente, quer dizer potente, do Papai poderia entrar e sair. Dentro dele, os filhos – Richard, Paul e o filho da sra. K. – deveriam ficar quietos e não combater o Papai. A sra. K. lembrou-o das lutas entre os genitais que havia criado no dia anterior e de que, no final, tinha sentido pena do Papai e desejado restaurar seu genital ferido.

Richard usou dois lápis com suas pontas unidas para formar a entrada do porto. Depois, colocou um destróier pequeno bem próximo e ao longo de um dos lápis, mas logo decidiu que não deveria ficar ali e levou-o de volta para o grupo de destróieres.

A sra. K. interpretou que Richard, apesar de desejar manter a paz na família, corria para a Mamãe, querendo fazer amor com ela, mas sentia que não devia porque senão teria que lutar com o Papai e com Paul, ao que se seguiria o "desastre".

Richard moveu então um destróier grande para junto do *Nelson* e os dois foram patrulhar juntos.

A sra. K. interpretou que tinha desistido de fazer amor com a Mamãe para fazer amor com o Papai, porque o destróier representava-o voltando-se para o Papai – o *Nelson*. Haviam juntado seus genitais, e isso se deveu em parte por se sentir com medo e culpado caso fizesse amor com a Mamãe {Fuga da heterossexualidade para a homossexualidade}.

Nesse meio-tempo, Richard tinha executado vários movimentos com a frota e perguntado à sra. K. se ela tinha visto o menino imbecil que quase não andava e que fazia sons parecidos com os de um animal. Richard achava que ele era horrível, mas sentia pena dele.

A sra. K. interpretou que, quando se masturbava e ficava excitado, tinha medo de machucar seu genital e de ficar louco, como aquele menino.

Richard rapidamente mudou toda a disposição. Colocou o *Nelson* num canto da mesa, explicando que um almirante tinha chegado no *Prince of Wales* para inspecionar a frota. O *Rodney* foi movido para o canto oposto; não era necessário no momento. O *Nelso*n – agora *Prince of Wale*s –, sendo o navio do almirante, passou pelos grupos de destróieres e submarinos, dispostos como antes pela mesa, e depois afastou-se. A seguir, o *Rodney*, comandado agora por outro almirante, aproximou-se e fez os mesmos movimentos.

A sra. K. interpretou que um dos almirantes seria Richard e o outro, seu pai. Isso significaria que alternadamente possuiriam o genital grande e potente, bem como a Mamãe. Assim, estariam evitando qualquer luta, dano ou destruição.

Richard falou agora do segundo almirante como sendo o irmão de Wavell, mas depois decidiu que não poderia ser, uma vez que não tinham o mesmo sobrenome: não obstante, ambos eram escoceses.

A sra. K. interpretou que esse engano significava que Paul também deveria partilhar o comando com Richard. Assim, todos ficariam satisfeitos (Nota 2).

Richard novamente referiu-se à viagem da sra. K. a Londres. Todo o tempo, estivera bastante sério e pensativo, embora pouco tenso. Mostrava-se também particularmente amistoso e afetuoso com a sra. K. Disse o quanto lhe desagradava que ela viajasse, e pediu que lhe prometesse uma coisa: se ouvisse as sirenes, iria imediatamente procurar um abrigo?

A sra. K. disse que sim, que iria.

Richard pareceu animar-se um pouco com isso. Perguntou se a sra. K. iria ficar com seu filho, e se poderia deixar o endereço dele, pois gostaria de escrever para ela.

A sra. K. assentiu, dizendo que também lhe mandaria um cartão-postal. Richard disse que, se a sra. K. morresse, iria a seu enterro. Depois sugeriu, com muita seriedade, como se tivesse tomado uma decisão muito importante: será que a sra. K. poderia dizer para sua mãe quem poderia continuar esse trabalho com ele, caso a sra. K. morresse?

A sra. K. disse que daria para sua mãe o nome de outro analista. Interpretou que ir a seu enterro significava também continuar o trabalho (aqui, Richard interrompeu-a para dizer que achava que o trabalho era bom e o ajudava). Significava tomar a sra. K., representando também a Mamãe morta, e colocá-la dentro de si mesmo e mantê-la viva em seu interior. O desejo de continuar a análise, que acreditava ser de ajuda para ele, equivalia a ter a Mamãe azul-claro e boa em seu interior. A sra. K. recordou-lhe como ficava feliz cada vez que descobria que em seus desenhos a Mamãe azul-claro possuía mais territórios, pois isso significava que a Mamãe boa e seu seio expandiam-se em seu interior.

Richard pediu todos os desenhos, e deu uma olhada neles. Mostrando um deles, comentou que tinha se passado um mês inteiro desde que o fizera.

A sra. K. interpretou que ele tinha esperança de que ele e a sra. K. estariam juntos dentro de um mês, o que significava que ela ainda estaria viva.

Richard a seguir olhou o Desenho 8, que, segundo ele, estava inacabado (não estava colorido). Decidiu terminá-lo nesse momento. Será que a sra. K. poderia escrever no verso que tinha sido terminado naquele dia? Ao mencionar a data, enganou-se, dizendo ser dois dias depois do que realmente era.

A sra. K. interpretou seu desejo de que ela ainda estivesse com ele dentro de dois dias, pois restava apenas um até o fim de semana.

Richard mostrava-se muito ansioso por acabar de colorir, já que o tempo estava quase terminando, e continuou a trabalhar no desenho. Começou pelas estrelas-do-mar, e disse que três dos bebês já tinham ganhado vida, os outros continuavam gelatina. Repetidamente perguntava se ainda sobrava tempo. Ao colorir o céu, comentou que era um lindo céu azul.

A sra. K. sugeriu que Richard desejava que ambos, a sra. K. e ele, tivessem bom tempo enquanto ela estivesse fora (com o que Richard concordou), porque o mau tempo, e particularmente a chuva, representava também o genital mau do Papai; o sol brilhando e o céu azul representavam a Mamãe quente, viva e feliz.

Richard perguntou se dava para ele fazer mais um desenho, mas no mesmo instante percebeu que o tempo tinha terminado. Perguntou à sra. K. se ela o acompanharia até o portão do jardim, e olhando em volta comentou que o campo estava lindo naquele dia.[83]

Notas

1. É discutível se, do ponto de vista técnico, fiz bem em satisfazer o desejo de Richard de ver meu quarto. No entanto, pude observar com frequência que quando as crianças vêm a minha casa e pedem para ver as outras dependências, é proveitoso deixar que elas as vejam uma vez. Não consinto que façam outras inspeções. Esse me parece ser um ponto em que a análise da criança difere da do adulto. Isso também se aplica, conforme observei anteriormente, a responder, até certo ponto, a perguntas que não obteriam respostas quando feitas por adultos. Devemos levar em conta que a curiosidade da criança se expressa de forma muito mais impetuosa, e também que elas esperam, como algo muito natural, que se lhes diga, por exemplo, se a analista tem marido e filhos, ou como é sua casa.

2. Eu sugeriria que esses diversos detalhes da brincadeira com a frota – fazer amor com a mãe, ser atacado pelo pai, depois compartilhar tudo com o pai e o irmão – eram o conteúdo das fantasias de Richard ao masturbar-se. Isso foi demonstrado pelo fato de repentinamente pensar

83 Na noite anterior, a mãe de Richard tinha me falado por telefone que ela achava que ele apresentava uma grande melhora. Estava mais à vontade e contente, e também menos cansativo, e evidentemente menos amedrontado em relação às outras crianças. Ela já havia comunicado uma melhora havia cinco dias, mas achava que ele tinha progredido ainda mais desde então. Disse-me também que Richard lhe tinha dito que se agora ele fosse para a escola poderia contar ao professor que tinha medo de crianças, não é mesmo? Contou-me que ela havia escutado uma conversa em que se discutiam as dificuldades da mentalidade alemã no pós-guerra, Richard juntara-se à conversa e perguntara: será que Hitler não poderia fazer uma análise, para assim se tornar uma pessoa melhor?

no menino imbecil e pelo medo que obviamente sentia de perder sua sanidade pela masturbação, um medo que muitas vezes pode ser observado na adolescência.

Sessão 39
sábado

Richard estava sério e não muito falante, mas amistoso. Mostrou-se muito aliviado com o fato de que a fechadura da porta da sala de jogos tinha sido consertada. Disse, muito comovido: "Estou tão contente porque a gente está aqui de novo!". Ficou evidente o quanto ele tinha sentido falta da sala na última sessão. (Na noite anterior, conforme havia prometido, a sra. K. tinha ligado para o hotel para avisar-lhe que poderiam se encontrar novamente na frente da sala de jogos, uma vez que a fechadura tinha sido consertada. Ele lhe pediu seu endereço e telefone em Londres. A sra. K. prometeu levar para ele. Ela também disse a Richard que ele tinha deixado um destróier, o qual ela também levaria.

Richard logo de início perguntou se ela tinha trazido o endereço e o destróier. Leu e releu o endereço com grande interesse. Disse que não tinha trazido a frota, pois já tinha colocado na mala. Observando o destróier e movimentando-o lentamente, disse em voz baixa e com tristeza: "É o único destróier britânico que restou, toda a nossa frota foi afundada".

A sra. K. perguntou onde tinha sido afundada.

Richard respondeu que tinha acontecido nas proximidades de Creta.

A sra. K. interpretou que agora ele tinha mostrado abertamente seus sentimentos de tristeza com relação às perdas dos Aliados, o que até então estivera evitando por serem por demais dolorosas. Sentia agora, apesar de sua tristeza, mais esperança de que a sra. K. sobreviveria, especialmente porque a Mamãe azul-claro encontrava-se em maior segurança em seu interior. No dia anterior, tinha sentido que a sala estava perdida; mas fora recuperada, e sua frota também estava completa de novo.

Richard permaneceu em silêncio e triste. Movimentou o destróier de um lado para outro dizendo que ele teria que partir sozinho, embora se aproximassem alguns destróieres alemães; talvez fosse abatido, mas precisava tentar.

A sra. K. interpretou que o pequeno destróier representava ele mesmo, que teria que enfrentar seus inimigos sozinho porque a sra. K., representando a Mamãe boa, ia deixá-lo. Ao mesmo tempo, ter esquecido seu destróier na sala da sra. K. na véspera significava que uma parte dele, inclusive seu genital, ficaria com ela, e no interior dela, e iria protegê-la de Hitler em Londres. A necessidade premente de salvar a Mamãe do vagabundo perigoso, mesmo correndo o risco de perder sua própria vida nessa tentativa, tinha sido demonstrada bem no início (Sessão 1) (Nota 1).

Richard começou a desenhar (Desenho 25), distraidamente e com mais vagar do que de costume. Vez por outra olhava para a sra. K. (o que de modo geral havia evitado até este momento nesta sessão), e de maneira tocante perguntou: "A senhora precisa ir? Por que a senhora precisa ir?".

A sra. K. respondeu que desejava ver seus filhos, e também trabalhar com alguns pacientes.

Richard disse que sabia que não deveria ser tão egoísta, mas desejava que a sra. K. não fosse. Depois perguntou se existiam muitos analistas. Quantas pessoas estavam sendo analisadas? Será que existiam milhões deles? O filho da sra. K. era analista? Achava que muitas pessoas deveriam ser analisadas, já que era tão útil.

A sra. K. interpretou que ele próprio desejava tornar-se analista, de forma a poder substituir a sra. K. se ela morresse, e dessa forma também mantê-la viva através do trabalho.

Richard perguntou se ela tinha dito para sua mãe com quem, caso ela morresse, poderia continuar o trabalho.

A sra. K. respondeu que sim.

Richard repetiu que o trabalho era muito útil, e que não tinha mais medo de sair sozinho. Naquele mesmo dia, uma menininha tinha caminhado bem atrás dele, e também tinha encontrado outro menino, e não tinha se incomodado com isso. Ficou surpreso de quão pouco se importara. Ao dizê-lo, pegou uma das pequenas figuras de mulher (daquelas que tinham representado as crianças em suas brincadeiras), e fez com que andasse. Depois, pegou um giz de cera vermelho e moveu-o em torno da figura, fazendo-o andar também. O giz aproximou-se da menininha, espetou-a, e jogou-a para fora da mesa.

A sra. K. interpretou que era isso que ele desejava fazer com menininhas: a espetada representava relações sexuais agressivas.

Richard pegou a figura e repetiu a cena com mais violência; também pisou nela, embora cuidasse para que ficasse embaixo de seu pé e não quebrasse. Disse que agora tinha colocado sua grande bota preta sobre ela, e que estava esmagada.

A sra. K. interpretou que sua "grande bota preta" era a bota de Hitler, e lembrou a ele sua marcha em passo de ganso em outras ocasiões. Isso mostrava que ele sentia que seus desejos sexuais pelas menininhas eram à semelhança de Hitler, e que o pai-Hitler preto em seus desenhos e pensamentos representavam também ele próprio. Contudo, se seus desejos sexuais eram tão perigosos, seriam perigosos para a sra. K. e a Mamãe também, e a menininha representava igualmente as duas e seus genitais (Nota 2).

Richard ligou o aquecedor, apesar de estar um dia muito quente, e ficou olhando para as barras que se tornavam vermelhas. Mais uma vez, queimou alguns punhados de grama e folhas nas barras.

A sra. K. interpretou que ele tinha mostrado que, se desse livre curso a seus desejos sexuais, seu genital se tornaria vermelho, perigoso e ardente. Lembrou-lhe que ele também o havia sentido como devorador.

Richard respondeu que antes tinha chamado de *Vampire* o destróier que tinha ficado com a sra. K.

A sra. K. interpretou que recentemente a frota britânica tivera grandes perdas, e em função disso ele havia deixado a frota em casa para protegê-la. Embora tivesse deixado um destróier com a sra. K., o que significava permanecer com ela enquanto estivesse em Londres e protegê-la, ele tinha também expressado seus desejos vampirescos. Pois a iminente partida da sra. K. havia reavivado sentimentos que experimentara quando, bebê, a Mamãe afastava dele o seio, o que aumentava seu desejo de sugá-lo até esvaziá-lo e de devorá-lo. Tudo isso contribuía para seu medo de que a sra. K. morresse e para seus sentimentos de culpa.

Richard respondeu então que *Vampire* era o nome de um destróier de verdade.

A sra. K. interpretou que ele lançara mão desse nome para o destróier porque tinha medo de perder a sra. K. devido a sua voracidade.

Richard perguntou se um vampiro era parecido com um morcego. Correu para a cozinha, abriu a torneira e esguichou água, algumas vezes, na direção da sra. K., pelo que se desculpou. Na pia, encontrou uma aranha bem pequenininha, apanhou-a quando estava quase a ponto de se afogar, e atirou-a de volta na pia. Evidentemente isso o divertia muito, estava zombando da aranha; mas ao constatar que a aranha estava morta, apanhou-a, parecendo deprimido. "Coisinha boba", comentou, e colocou-a de volta na pia.

A sra. K. interpretou que a torneira esguichando água era o pênis de Richard, que afogava os bebês da sra. K. e da Mamãe (a pequena aranha). Desejava atacar os filhos da sra. K. e os outros pacientes com os quais ia se encontrar porque sentia ciúme deles.

Richard voltou para a sala e começou a desenhar; colocando o destróier sobre o papel, traçou várias vezes seu contorno. Depois de desenhar e de escrever o nome de cada um dos navios, anotou ao lado de três deles "afundado nas proximidades de Creta"; apenas dois destróieres, inclusive o *Vampire*, não foram afundados.

A sra. K. interpretou seu desejo de afogar seus filhos, mas deixando-lhe um dos filhos e ele próprio, de forma que ela fosse como a mãe dele, que tinha dois filhos.

Richard mostrou que os dois destróieres iam em direção oposta. A sra. K. perguntou o porquê; tinham brigado?

Richard mais uma vez perguntou se a sra. K. precisava mesmo partir.

A sra. K. interpretou que os dois destróieres que partiam em direções opostas também representavam ele próprio e a sra. K. se separando.

Richard olhou então para o Desenho 25 e constatou, com certa surpresa, que a Mamãe tinha de fato deixado um pedaço de si dentro dele.

A sra. K. sugeriu que ele atribuía à Mamãe um pênis, o pedaço colocado dentro dele, e que o fato de a sra. K. ir a Londres e ser atacada por Hitler transformava-a na Mamãe que continha e usava o pênis-Hitler – uma figura ao mesmo tempo danificada e má (Nota 3).

Richard mostrou que a Mamãe tinha um grande número de territórios, embora ele tivesse mais.

A sra. K. interpretou seu desejo de que a Mamãe (e a sra. K.) permanecesse em seu interior, viva, e que ali se expandisse. Isso implicava que não iria sugá-la até ficar vazia e devorá-la, tampouco seria o destróier vampiro para a Mamãe interna. Por isso, também tinha guardado a frota na mala e não a trouxera. A frota representava também a sra. K.

À medida que se aproximava o fim da sessão, Richard foi ficando cada vez mais quieto, e muito triste. Antes de sair, fechou todas as portas cuidadosamente, verificou se as janelas estavam fechadas, e, muito comovido, falou: "Até logo, velha sala, descanse um pouco e boas férias; daqui a dez dias estarei de volta". Na rua, olhou mais uma vez para a sala. Um pouco antes, tinha perguntado se a sra. K. também pretendia ir até a vila. Do lado de fora, comentou que a sra. K. iria se ausentar, na verdade, por dez dias, e não nove.

A sra. K. respondeu que ele tinha sido atendido naquele dia e que voltaria a ser atendido dentro de dez dias, havendo, portanto, um intervalo de apenas nove dias.

Durante todo o tempo, Richard permaneceu segurando na mão o endereço da sra. K., e comentou que já sabia o número do telefone de cor, e que não o esqueceria. Ao se separarem, ele disse: "Espero que tudo corra bem". Não olhou para a sra. K. como de costume, nem lhe acenou do outro lado da rua; continuou seu caminho sem olhar para trás.

Notas

1. Faz parte de minha técnica não interpretar um ato sintomático realizado no final da sessão anterior, ou no começo da sessão em curso, mas esperar até que o pleno significado do ato surja no contexto global do material no decorrer da sessão em andamento, ou até mesmo numa sessão posterior.

2. Mencionei, anteriormente, que a repressão de seus desejos genitais e de seu interesse pelo genital havia sido até certo ponto relaxada em sessões recentes. A suspensão dessa repressão incluiu uma expressão mais intensa de sua relação com objetos parciais, em particular com o seio. Juntamente com sua enorme curiosidade reprimida relativa à relação sexual dos pais, surgiram em primeiro plano as fantasias a ele relacionadas. Isso implicava que suas fantasias masturbatórias, ligadas aos desejos genitais, bem como a própria masturbação de fato, estavam menos inibidas. Em certa medida, isso configurava uma regressão a um estágio anterior de desenvolvimento, no qual o objeto parcial – os genitais (masculino ou feminino) e o seio – desempenhava um papel importante. No entanto, é essencial que a criança possa viver plenamente essas relações com objetos parciais, assim como as fantasias e desejos sexuais que isso implica, para poder alcançar uma relação satisfatória com o objeto total. Estamos bastante familiarizados com o fato de que, na análise, deve-se possibilitar ao paciente reviver suas relações e emoções mais arcaicas; mas desejo sublinhar aqui uma questão: experimentar plenamente relações com objetos parciais, vividas em estágios nos quais essas relações normalmente são predominantes, constitui a base para o desenvolvimento gradual da relação com objetos totais.

3. Nessa sessão, interpretei que Richard sentia que introduzia dentro de mim uma parte de si mesmo (o destróier *Vampire*); porém, que essa parte não fora pensada apenas como má mas também boa, porque iria me proteger em Londres. Diria, igualmente, que o pedaço da Mamãe em forma de pênis que no Desenho 25 penetrava nele não só era para ser um pênis (provavelmente um pênis-Hitler) mas também o seio bom e protetor. Isso está ligado à associação subsequente de Richard.

Sessão 40
terça-feira

Utilizei uma parte do material das sessões que se seguiram à interrupção da análise em meu artigo "O complexo de Édipo à luz das ansiedades arcaicas" (1945), particularmente os desenhos e a brincadeira com a frota, bem como algumas de suas associações e minhas interpretações.

Richard chegou quinze minutos atrasado, parecendo muito tímido e ansioso, e não fez nenhum comentário sobre o atraso. Disse que tinha deixado a frota em casa. Após algum tempo em silêncio, perguntou à sra. K. como estava, mas não olhou para ela, nem para a sala. Agradeceu-lhe o cartão-postal, e perguntou se ela tinha dado risada de ele dizer no cartão-postal que lhe tinha escrito que não estava muito ansioso de voltar para "X". Seguiu-se um longo silêncio. [...]

A sra. K. interpretou que esse comentário e toda a sua atitude mostrava que tanto ela, quanto "X", quanto a sala de atendimento tinham se tornado maus em sua mente, porque ela tinha sido bombardeada em Londres.

Richard formulou, então, outras perguntas. A sra. K. tinha visto muito da Londres "destruída"? Durante sua permanência, tinha havido algum bombardeio aéreo?

A sra. K. disse: "Sim".

Por um momento, Richard pareceu ficar satisfeito com a resposta da sra. K., obviamente porque duvidava que ela fosse dizer a verdade. Imediatamente replicou: "Eu sabia". A seguir, perguntou se também tinha havido alguma tempestade em Londres e acrescentou que tinha medo de trovão (um fato já bem conhecido pela sra. K.). [...] Disse que gostou de suas férias, e que não queria voltar. Tinha pensado em "X" como "X chiqueiro", e também como um pesadelo (Nota 1).

A sra. K. interpretou que seus medos de uma Mamãe suja e ferida, contendo o pai-Hitler, estavam centrados agora em "X" e na sra. K., e que seu desejo de ficar longe deles tinha o significado de fugir de seus medos. Por essa razão também, sugeriu, ele tinha se atrasado.

Richard explicou então que primeiro tinha ido com sua mãe até o hotel.[84] Perguntou se a sra. K. estava zangada por ele ter-se atrasado, e novamente disse que tinha deixado a frota em casa.

A sra. K. interpretou seu desejo de não voltar para o trabalho com ela porque ela tinha se transformado na sra. K. "chiqueiro", a Mamãe suja; o trabalho bom e a sra. K. boa eram mantidos a salvo em seu interior, o que era representado pela frota que tinha ficado em casa.

Richard perguntou à sra. K. se tinha trazido os desenhos, e por um momento pareceu alegrar-se com o fato de que ela os trouxera.

A sra. K. interpretou que os desenhos – bem como a frota – representavam a análise útil e sua relação boa com a sra. K. boa ou com a Mamãe boa.

Richard olhou os desenhos distraidamente, novamente deixou-os de lado, e permaneceu em silêncio por um longo tempo. [...] Foi até a cozinha, comentou que a pia estava limpa, mas que não gostava do cheiro de um vidro de tinta que ali se encontrava. Parecia infeliz e ansioso. Ao sair, demonstrou repulsa pelas urtigas que tinham crescido nas rachaduras dos degraus, e mostrou para a sra. K., com um estremecimento, alguns cogumelos que disse serem venenosos. Esmagou tanto as urtigas como os cogumelos, e comentou que agora seus sapatos iam ficar fedendo, como aquelas coisas sujas e venenosas. Depois, voltou para a sala, dirigiu-se ao armário, pegou um livro, dizendo ser exatamente esse que ele queria ver, e pôs-se a ler e a olhar as gravuras. Um pouco depois, mostrou para a sra. K. uma gravura, dizendo que era "horrível". Representava um homenzinho lutando com um "monstro horrível".

A sra. K. interpretou que seus silêncios e ler o livro expressavam seu desejo de escapar aos medos que lhe infundiam o genital-pai venenoso perigoso e os bebês mortos no interior da Mamãe – os cogumelos e as urtigas que ele tinha esmagado com os pés. A sala, o jardim e a sra. K.

---

84 Normalmente, no começo da semana, ele vinha direto do ponto de ônibus para a sala de jogos.

tinham, em sua mente, se tornado maus e envenenados. Olhando o livro, desejava também descobrir sobre o interior da sra. K. Isso parecia menos assustador do que olhar para a sala de jogos.

Richard fez, então, o Desenho 26. Ao desenhar as partes vermelhas, disse: "Estes são os russos, eles são vermelhos – não, sou eu".

A sra. K. interpretou que ele desconfiava dos russos, como muitas vezes tinha dito, embora no momento fossem aliados; por conseguinte, quando falou primeiro dos russos, e depois de si mesmo, como o vermelho, expressou sua desconfiança em relação a si mesmo. [...]

Richard perguntou se a sra. K. iria deixá-lo ficar mais um pouco porque tinha chegado atrasado, e mostrou-se decepcionado quando ela disse que não poderia.

Durante todo o tempo, ele se mostrou distraído, e não olhou nem para a sra. K. nem para a sala. Era a imagem da infelicidade. Obviamente, foi-lhe muito difícil ouvir as interpretações da sra. K., e não escondeu sua satisfação de ir embora no final da sessão, embora um pouco antes tivesse demonstrado sua decepção pelo fato de a sra. K. não prolongar a sessão (Nota 2). No entanto, ficou contente de acompanhar a sra. K. até a vila, e, quanto a isso, já tinha se certificado anteriormente.

Notas

1. Nesse momento, a resistência atingira um clímax. Poderá ser observado que a interpretação das ansiedades profundas que foram mobilizadas pela partida da analista, que o deixou num momento em que seus sentimentos de perda e sua desconfiança eram muito intensos, permitiu que em poucas sessões a resistência diminuísse, tornando possível uma plena colaboração. Acredito ser esta uma parte fundamental do procedimento analítico. Não quero dizer, com isso, que todas as sessões em que se interpretem situações de ansiedade profunda e emoções dolorosas necessariamente terminarão com a resistência diminuída, embora o material e as interpretações a que nos referimos nesse livro mostrem que isso ocorreu em diversas ocasiões. Houve, no entanto, sessões em que o acúmulo de ansiedades internas e externas tornou isto impossível. Contudo, mesmo nesses casos, o trabalho da sessão seguinte foi favorecido.

Não é surpresa para o analista que por diversas vezes se manifeste a resistência a algumas interpretações, mesmo que ela tenha diminuído consideravelmente em sessões anteriores. Estamos cientes de que o trabalho de elaboração – um processo que Freud considerava tão fundamental para a análise – exige que se volte repetidamente a material semelhante, utilizando os novos detalhes que vão surgindo e que tornam possível uma análise mais completa da situação emocional. Parece surpreendente que as interpretações mais dolorosas, como aquelas referentes aos impulsos destrutivos dirigidos ao objeto amado, ou mesmo – conforme poderá ser visto em sessões posteriores – de ansiedades relativas à perseguição e a perigos internos por parte dos objetos mortos e hostis, podem ainda assim propiciar um grande alívio. No caso de Richard, tais sessões repetidas vezes se encerravam com um maior sentimento de esperança e segurança.

Como resultado do processo analítico, o ego, ao se confrontar com ansiedades internas e externas, torna-se capaz não apenas de enfrentá-las mas também de readquirir esperança ao lidar com elas. Um dos fatores nessa mudança é o surgimento do amor, que, juntamente com os impulsos destrutivos e as ansiedades persecutórias, estava excindido e, portanto, impedido de se fazer sentir.

Quero chamar atenção para o fato de que a abordagem acima descrita permite que o paciente vivencie simultaneamente a resistência e uma certa colaboração. Essa atitude dupla é o resultado de processos de cisão que fazem com que estejam operantes, na mesma sessão, diferentes partes do self e emoções opostas. Embora Richard, algumas vezes, quando a ansiedade emergia mais intensamente e a resistência atingia um clímax, tenha desejado abandonar a sala, jamais saiu de fato mais cedo; assim como, não obstante comentar repetidas vezes que não tinha querido vir à sessão, sempre vinha. O que fez, em algumas ocasiões, foi não trazer a frota, o que geralmente expressava seu sentimento de ter deixado em casa uma parte boa de seu self e de seus objetos. A análise dessa cisão, muitas vezes, tinha por efeito que a frota fosse trazida na sessão seguinte, e que ele fosse capaz de dar mais um passo em direção à integração. Com um insight maior acerca das camadas mais profundas da mente, aumenta a confiança no analista e no procedimento analítico, o que frequentemente se manifesta por uma imediata transformação da transferência negativa em positiva.

Isso me leva a outra questão. Numa época em que era um princípio estabelecido da psicanálise que as ansiedades psicóticas não deveriam ser interpretadas, em função do perigo de assim se deflagrar a psicose, descobri que o progresso da análise estava ligado à interpretação das ansiedades que fossem mais agudas, quer de natureza psicótica, quer não. Dessa forma, verifiquei ser possível penetrar nas profundezas, e diminuir as ansiedades em sua raiz e em relação aos objetos primários.

Essa abordagem, que eu desenvolvi inicialmente na análise de crianças pequenas, também influenciou de maneira fundamental minha técnica com adultos. Além disso, abriu espaço para outras ramificações importantes, em particular na análise de pacientes psicóticos, que alguns de meus colegas estão levando adiante com resultados promissores.

2. Por uma questão de rotina, não costumo estender uma sessão, seja de crianças seja de adultos, quando não sou responsável pelo atraso do começo da sessão. Poderiam, naturalmente, existir razões pelas quais, em circunstâncias muito excepcionais, eu viesse a prolongar uma sessão, mas no geral atenho-me ao horário estabelecido, para evitar qualquer perturbação na análise, já que os pacientes procuram tirar vantagem do fato de o analista permitir que permaneçam por mais tempo. Outra razão para ser firme nesse aspecto é a desorganização que isso acarretaria na agenda do analista e as dificuldades para os outros pacientes.

Sessão 41
quarta-feira

Richard chegou na hora, mas teve de vir correndo porque tinha saído atrasado do hotel. Disse, de imediato, que tinha trazido a frota, afinal; devia ter entendido mal a resposta de sua mãe quando perguntou se tinham trazido a frota para "X". A Mamãe tinha perguntado se a sra. K. se aborrecera com o atraso de Richard no dia anterior. Perguntou, novamente, se a sra. K. iria ficar com ele por mais tempo hoje, para repor o tempo de ontem.

A sra. K. respondeu que não era possível, devido a seus outros compromissos.

Richard perguntou se era por causa de outro paciente; se a sra. K. só atendia homens agora, se ele era o mais jovem, mesmo entre os pacientes que tinha em Londres; como tinha viajado – tinha sido de primeira classe? Tinha viajado sozinha? A viagem fora confortável? Tinha comido no trem? Perguntou, de novo, se também em Londres havia caído uma tempestade. (Na sessão anterior, contara à sra. K. que tinha medo de tempestades.) Eles (referindo-se à família da sra. K.) tinham ido com ela até a estação?

A sra. K. respondeu brevemente a algumas dessas perguntas e interpretou o desejo de Richard de saber detalhes de sua estada em Londres; queria também saber se ela tinha tido uma relação sexual perigosa, representada pela tempestade e ser bombardeada. Ao mesmo tempo, desejava reconfortar-se confirmando que os filhos da sra. K. tinham se despedido dela – isto é, de que a amavam; isso o ajudaria a não pensar nela como um "chiqueiro", como a sra. K. "bruta", quer dizer, a Mamãe ferida, suja e perigosa.

Richard respondeu que estava feliz por voltar a "X", embora continuasse a não gostar do lugar. [...] Arrumou a frota e ligou o aquecedor, pedindo permissão à sra. K., embora não estivesse de modo algum um dia frio. Movimentou os navios distraidamente, e fez com que um destróier, o *Vampire*, se chocasse contra o *Rodney*.

A sra. K. perguntou se o *Vampire* era ele próprio.

Richard disse que sim, mas logo a seguir rearranjou a frota. Colocou os couraçados, o *Rodney* e o *Nelson*, lado a lado, e depois, em fila, longitudinalmente, alguns navios representando Paul, ele mesmo, os dois canários, e Bobby, dispostos, conforme esclareceu, em ordem de idade. Explicou que tinha ganhado os canários antes de Bobby, e que um dos canários tinha vindo antes do outro; tinham que ser arrumados de acordo com essa ordem.

A sra. K. interpretou que ele desejava a paz e a ordem na família, reconhecendo a autoridade do Papai e de Paul, como uma forma de refrear seu ciúme e seu ódio. Isso significava que não haveria um Papai-Hitler, e que a Mamãe não seria transformada numa Mamãe "chiqueiro", pois não seria ferida nem bombardeada pelo pai mau, e o genital de Richard não seria atacado por ele.

Richard desfez a disposição anterior da frota. Tornara-se indeciso, distraído e preocupado; parecia incapaz de ouvir as interpretações, não obstante se empenhava em agradar a sra. K. e se esforçava para cooperar. Ficou mexendo nos navios. [...] Após uma pausa, contou uma conversa que tivera com a mãe na ausência da sra. K. Tinha dito para a Mamãe que muito o preocupava a ideia de vir a ter bebês algum dia, e perguntou se doía muito. A Mamãe tinha explicado que os homens não davam à luz; era a mulher que tinha o bebê e sentia as dores na hora do nascimento (essa não era a primeira vez que ela lhe explicava isso; cf. a Sessão 21) (Nota 1). Ela lhe havia dito que o homem punha seu genital no da mulher, ao que ele tinha respondido que não gostaria de fazer isso, que ficaria assustado, e que tudo isso era motivo de grande preocupação para ele. A Mamãe havia dito que isso não machucava o homem. Richard disse também que tinha contado para a Mamãe que não conseguia falar sobre essas coisas com a sra. K. tão facilmente como com ela porque, embora a sra. K. fosse muito boazinha, ela não era sua mãe. Disse, também, que gostava muito da Mamãe, que era o "pintinho da Mamãe" e que "os pintinhos corriam atrás das Mamães". A seguir, acrescentou: "Mas, depois, os pintinhos têm que se virar sem elas porque as galinhas não cuidam mais deles e não ligam para eles". Ao repetir toda essa conversa para a sra. K., parecia muito preocupado.

A sra. K. interpretou que Richard tinha sentido muito medo de que ela morresse e, como precisasse de alguém para substituí-la, tinha tentado trabalhar com a Mamãe. Ela permanecia em sua mente como a Mamãe-seio boa, prestativa e azul-claro, enquanto a sra. K. tinha se transformado na Mamãe bombardeada, venenosa, morta ou perigosa {Cisão da figura materna em mãe-seio e mãe-genital}. A sra. K. interpretou seu temor das relações sexuais em conexão com o material do dia anterior – a "X" chiqueiro, ligada ao interior emporcalhado, sujo e venenoso da Mamãe. Lembrou-lhe os cogumelos "venenosos", e sua repulsa pelas urtigas nas fendas dos degraus, seu medo de até mesmo olhar em volta da sala de jogos e o "monstro horrível" representando o pênis-Hitler no interior da Mamãe. Isso também se ligava ao que tinha acontecido antes da interrupção: a grande torre-pênis dinamitada, a luta com os banquinhos, representando o pênis do Papai e os bebês no interior da Mamãe, e o medo de ter seu genital ferido pelo pai perigoso no interior da Mamãe – medos que haviam se tornado ligados à sra. K. e à sala de jogos durante a interrupção da análise. Ele havia dito que era o pintinho da Mamãe e, quando a sra. K. viajou, sentiu que a Mamãe boa tinha se tornado má e que o abandonara, como as galinhas abandonam os pintinhos. Assim, repetia-se a frustração que sentira quando bebê, quando não podia obter muito do seio; nesses momentos odiou a Mamãe sentindo, depois, que a havia ferido. Sentia a mesma coisa agora em relação à sra. K.

Durante essa última interpretação, Richard, pela primeira vez desde o retorno da sra. K., olhou-a diretamente e sorriu, e seus olhos brilharam (Nota 2). Pegou o mesmo livro da sessão anterior e mostrou algumas gravuras, particularmente aquela do "monstro horrível", contra quem o homenzinho tinha que lutar. Disse que o monstro era horrível de olhar, mas que sua carne poderia ser deliciosa para comer.

A sra. K. interpretou que a carne do monstro que ele desejava comer representava o pênis atraente do Papai. Seu desejo de sugá-lo e de comê-lo, como se fosse o seio da Mamãe, fazia com que sentisse que o tinha em seu interior, mas depois se transformava no pênis monstro que lutaria contra ele internamente. A sra. K. referiu-se ao sonho dos peixes (Sessão 22), no qual se expusera a um grande perigo ao recusar-se a comer o polvo, que antes (Desenho 6) havia representado o pênis do pai atacado, maltratado, e consequentemente perigoso.

Richard, então, correu para a cozinha, olhou ao redor, e tentou abrir o forno, mas logo desistiu. Tornara-se bastante distraído, bocejava e repetidas vezes disse que tinha vontade de dormir. Disse que na noite anterior só conseguiu pegar no sono muito tarde.

A sra. K. interpretou que olhar dentro do forno representava olhar para seu próprio interior para ver se o monstro estava lá. Sentia-se tão sonolento porque gostaria de se afastar de pensamentos tão assustadores e preocupantes, que vieram à tona relacionados com a interpretação da sra. K.

Richard começou a desenhar (Desenho 27) e, enquanto desenhava, foi fazendo algumas perguntas à sra. K. O sr. Evans tinha vendido cigarros para ela ontem? Será que a sra. K. se incomodaria se ele, Richard, falasse mal do sr. Evans – eles eram amigos? (Certamente Richard a vira entrando na loja na véspera.) Achava que o sr. Evans não deveria se recusar a vender balas para ele, como às vezes acontecia – desde que as tivesse na loja, era sua obrigação vendê-las a Richard.[85] Mas isso não tinha muita importância, uma vez que a Mamãe sempre dava um jeito de conseguir algumas com o sr. Evans. De repente, Richard mostrou para a sra. K. a seção vermelha alongada "que atravessa todo o império da Mamãe". Imediatamente tentou voltar atrás, dizendo: "O império não é da Mamãe, é apenas um império onde todos nós temos alguns territórios".

A sra. K. interpretou que ele tinha medo de perceber que queria mesmo dizer que o império era de sua mãe porque isso significaria que a seção vermelha trespassava seu interior.

Richard, voltando a olhar para o desenho, sugeriu que essa seção vermelha era "parecida com um genital".

A sra. K. interpretou que ele sentia que com um genital tão grande poderia tirar da Mamãe todas as coisas boas que ela havia recebido do Papai. Isso foi manifestado por seu ressentimento referente aos cigarros que a sra. K. recebia do sr. Evans e das balas que a Mamãe obtinha dele. Essas coisas representavam o pênis bom, a carne deliciosa, que ele sentia que a Mamãe continha; mas tinha medo de feri-la e de roubá-la, e era por isso que não desejava dar-se conta de que o grande genital

85 Os doces eram racionados durante a guerra. [N.T.]

vermelho atravessava "todo o império da Mamãe" (Nota 3). Isso também tinha sido demonstrado pelo *Vampire* chocando-se com a Mamãe-*Rodney* no início da sessão e estava ligado a seu temor de perder a sra. K. Pois, se retirasse de dentro dela (e da Mamãe) o pênis *bom*, ela seria deixada com o monstro, o pênis-Hitler, em seu interior, o que a poderia destruir.

Richard foi ficando mais animado e interessado depois dessa interpretação. Olhou novamente para o desenho e mostrou que a seção vermelha (que havia chamado de genital) dividia o império em dois; a oeste, havia territórios pertencentes a todos; a parte leste não continha nada que pertencesse à Mamãe, mas apenas a ele, ao Papai e a Paul. Na parte oeste, Richard e a Mamãe possuíam dois territórios cada um, e ele estava entre a Mamãe, Paul e o Papai.

A sra. K. assinalou que o genital de Richard, a grande seção vermelha, dominava todo o império e penetrava a Mamãe de alto a baixo. A divisão do império expressava também seu desejo de manter o Papai perigoso longe da Mamãe, e de protegê-la dele; mas significava igualmente que a Mamãe estava dividida entre uma Mãe má, o leste, cheia de órgãos genitais masculinos perigosos, e uma Mãe boa e pacífica. Nas últimas sessões, já tinha mostrado esses dois lados da Mamãe, sendo sua verdadeira mãe a Mamãe boa, e a sra. K. "chiqueiro", que ele sentia estar ferida e à morte em Londres, era a má.

Richard respondeu à interpretação da sra. K. referente ao desenho dizendo que a Mamãe a oeste estava se preparando para lutar contra os povos do leste, e iria recuperar seus territórios.

A sra. K. interpretou que ele desejava que a Mamãe vencesse a luta entre o Papai e a Mamãe maus, tanto no interior dele mesmo quanto no dela; mas como duvidava de que ela pudesse sair vencedora, tinha muito medo de que ela pudesse morrer, assim como a sra. K., quando viajou para Londres.

Richard, quando ambos se preparavam para sair, vestiu o casaco muito lentamente, expressando claramente o desejo de permanecer mais tempo. Pediu à sra. K. que deixasse o aquecedor ligado até o último minuto em que estivessem saindo; ele mesmo o desligaria. Disse que tudo ficava muito mais vivo quando o aquecedor estava ligado.

A sra. K. interpretou que o medo da morte – da sra. K., da Mamãe e de sua própria – levou-o a desejar que a sala de jogos permanecesse viva o maior tempo possível.

Durante a sessão, somente duas vezes Richard voltou sua atenção para as pessoas que passavam na rua. Seu medo persecutório tinha diminuído, predominando a ansiedade depressiva.

Notas

1. É interessante observar como as ansiedades relativas a meu destino em Londres tinham intensificado a repressão. Embora seu conhecimento inconsciente e suas fantasias acerca das relações sexuais e do nascimento de bebês já tivessem surgido na análise, e já tivessem sido interpretados e aceitos por ele, tudo isso parecia ter-se perdido. (Estou-me referindo, por exemplo, à brincadeira com a bola onde a mãe morria em consequência da relação sexual, e ao material "galo e galinha" em que ora a Mãe, ora o Pai era destruído.)

2. A reação de Richard a essa interpretação demonstrou que, embora longa e complicada, ela veio ao encontro de uma necessidade sua de que diferentes aspectos fossem relacionados entre si. Essa necessidade inconsciente deriva da premência de alcançar a síntese.

3. Essa passagem também ilustra a asserção apresentada em meu trabalho *A psicanálise de crianças* (cap. 12), a de que os impulsos e fantasias, observados em ambos os sexos, de atacar o corpo da mãe e roubar seus conteúdos contribuem em grande medida para os sentimentos de culpa em relação à mãe, e para as perturbações no relacionamento com as mulheres. Um aspecto da homossexualidade que foi salientado em conexão com a promiscuidade é o desejo de apoderar-se do pênis do homem dentro da mulher. Tais desejos derivam da relação voraz arcaica com o seio e com o corpo da mãe, que, na mente da criança pequena, contém o pênis e também os bebês.

Sessão 42
quinta-feira

Desde o início dessa sessão, Richard estabeleceu um contato de muita proximidade com a sra. K. Disse que iria fazer alguns desenhos – pelo menos uns cinco. [...] Contou à sra. K. que agora havia um menino de sua idade hospedado em seu hotel e isso o preocupava. O menino não o deixava em paz, queria brincar com ele e era insolente. A Mamãe disse alguma coisa para o menino que fez com que ele fosse embora.

A sra. K. perguntou em que sentido o menino era insolente.

Richard pareceu incapaz de explicar. Nesse meio-tempo, estivera olhando alguns dos desenhos, em particular o Desenho 27. A seguir começou o Desenho 28, e perguntou à sra. K. se ela poderia aconselhá-lo a respeito de o que fazer com esse menino que tanto o preocupava.

A sra. K. interpretou que Richard estivera olhando o Desenho 27 quando lhe falou a respeito do menino do hotel; e que a luta, no desenho, que se travava entre ele, o Papai e Paul no interior da Mamãe a leste tinha-lhe recordado a luta entre ele e esse menino. O hotel representava o interior da Mamãe, e o menino o genital hostil do Papai atacando-o.

Durante essa interpretação, Richard tinha posto um lápis na boca, e o chupava e mordia. Disse que era gostoso chupar.

A sra. K. interpretou que ele desejava não só chupá-lo (representando o pênis do Papai ou de Paul) como também arrancá-lo com mordidas e comê-lo, e sentiria a seguir que o pênis bom tinha se transformado no polvo, no pênis mau e perigoso. Isso, por sua vez, aumentava seu desejo de comer a carne deliciosa do monstro, o pênis bom (Nota 1). Enquanto ele a comia, era deliciosa, porém, quando em seu interior, o monstro era sentido como um inimigo. No dia anterior, a grande seção vermelha – o grande genital – que ele tinha tirado do pai e enfiado no interior da Mamãe e da sra. K. foi também utilizado para retirar dela o pênis bom e todas as coisas boas. As balas que o sr. Evans tinha dado para a Mamãe, e os cigarros dados à sra. K. representavam o pênis bom do qual Richard queria se apoderar. A seguir, a sra. K. mostrou o Desenho 26, a respeito do qual ele não tinha dito nada. Sugeriu que ela, sendo a Mamãe-"chiqueiro", ferida e morta, estava representada pelo lado esquerdo, porque não havia quase nada da Mamãe que pudesse ser visto ali; mas, quando coloriu as partes vermelhas, ele tinha feito um comentário a respeito dos russos, os vermelhos, o que veio a revelar que ele também queria dizer que se tratava dele mesmo. Ele era destrutivo – o vampiro –, roubando da Mamãe todas as coisas boas que ela continha. E, ao mesmo tempo, juntamente com o Papai-Hitler e o Paul perigoso, penetrava na Mamãe, sujando-a e destruindo-a. Mas, do lado direito desse mesmo desenho, a Mãe azul-claro, detentora de muitos territórios, estava sozinha com ele, como ele havia estado com sua mãe real enquanto a sra. K., ferida e suja, estava em Londres {Cisão da figura da Mãe em boa e má}.

Aparentemente Richard não prestou atenção a essa interpretação. Prosseguiu fazendo o Desenho 28. Contou à sra. K. que tinha visto um cisne com quatro cisnes pequenininhos que eram umas "gracinhas". Terminando esse desenho, não fez nenhum comentário, e começou outro (Desenho 29). Primeiro, desenhou os dois navios, a seguir, o peixe grande e alguns dos peixinhos em volta deste e, depois, ficando cada vez mais ávido, preencheu todo o espaço restante com peixes bebês. Depois, mostrou à sra. K. que um dos peixes bebês estava encoberto por uma das barbatanas da Mamãe-peixe, e comentou: "Este é o bebê mais novo".

A sra. K. interpretou que o desenho parecia mostrar que o peixe bebê estava sendo alimentado pela mãe. Perguntou, também, se o próprio Richard se encontrava entre os peixinhos.

Richard disse que não, e que não sabia onde ele estava. Disse também que a estrela-do-mar entre as plantas era uma pessoa adulta e que a estrela-do-mar menor era uma pessoa meio crescida: era Paul, algum tempo atrás. Depois verificou, demonstrando surpresa, que tinha chamado de *Rodney* um dos navios e comentou: "Mas essa é a Mamãe".

A sra. K. perguntou quem era o *Sunfish*.

Richard respondeu que não sabia, mas mostrou que o periscópio do *Sunfish* estava "enfiado no *Rodney*".

A sra. K. interpretou que o *Sunfish* poderia estar representando o Papai, assim como a estrela-do-mar adulta entre as plantas. Mas o *Sunfish* também representava Richard, quando tirou o genital do Papai e transformou-se em adulto. Como adulto, ele seria capaz de dar bebês à Mamãe, os cinco desenhos que, no início da sessão, tinha dito que iria fazer. Também o cisne e os quatro filhotes, que eram umas "gracinhas", eram também bebês que ele desejava dar para a sra. K. Nesse desenho ele tinha se tornado o pai, o *Sunfish*, que era o maior dos navios – maior até que o *Rodney*-Mamãe. Ao mesmo tempo, tinha pena do Papai, e queria fazer reparação, colocando o Papai-estrela-do-mar "adulto" entre as plantas e transformando-o em uma criança gratificada {Reversão} (Nota 2).

Richard disse que o avião, no alto, era britânico e que estava patrulhando. Não sabia dizer quem ele representava.

A sra. K. sugeriu que o avião patrulhando era o Papai, que o vigiava quando ele desejava ter relações sexuais com a Mamãe – o periscópio enfiado no *Rodney*. Mas esse medo também estava relacionado com o desejo de Richard de espiar o Papai durante a relação sexual com a Mamãe.

Richard pegou os gizes azul e vermelho, colocando-os de pé, lado a lado, sobre a mesa. A seguir, fez com que o preto marchasse na direção deles, sendo repelido pelo vermelho, enquanto o azul expulsava o roxo.

A sra. K. assinalou que, ao brincar com os gizes, ele expressava sua desconfiança em relação ao Papai hostil. O vermelho representava ele próprio e o azul, a Mamãe, e ambos expulsavam o Papai e Paul.

Richard mostrava-se sonhador e pensativo. A sra. K. perguntou-lhe em que estava pensando.

Richard disse que estava pensando em ver uma ferrovia modelo numa festa da escola a que ele iria aquela tarde com a Mamãe.

A sra. K. interpretou que a ferrovia modelo representava o genital potente e admirado do Papai. Enquanto se mantinha silencioso e pensativo, estivera chupando o lápis amarelo, e isso significava que estava pondo para dentro o genital admirado. [...]

Richard se levantou e foi para o jardim. Disse que gostaria de escalar montanhas. [...] Fez um comentário sobre as nuvens no céu, perguntando-se se não estaria se formando uma tempestade perigosa. Nesses dias, sentia pena das montanhas, que passavam por um mau bocado quando a tempestade desabava sobre elas.

A sra. K. interpretou que seu desejo de escalar montanhas representava seu desejo de ter relações sexuais com a mãe (Nota 3), mas imediatamente sobrevinha-lhe o medo de que o Papai mau iria atacá-lo e puni-lo – a tempestade que desabaria sobre as montanhas. A sra. K. recordou-lhe que ele perguntara se não tinha caído uma tempestade enquanto ela estava em Londres, o que estava ligado a seu medo de que as bombas de Hitler caíssem sobre ela. [...]

Richard entrou de novo na casa e sugeriu que eles brincassem com a frota, mas não trabalhassem. Designou um navio para a sra. K. e um para ele. A sra. K. estava saindo a passeio em seu navio, e ele no dele. A princípio, ele se afastou dela, mas logo trouxe seu navio para bem próximo do da sra. K.

A sra. K. interpretou que este toque entre os navios repetidamente tinha expressado relações sexuais. Tinha tentado evitar isso ao se afastar da sra. K., todavia retornara logo. Desejava ter relações sexuais com ela; mais do que isso, porém, desejava certificar-se de que no futuro seria potente. Os cinco desenhos que tinha dito que daria a ela representavam ele mesmo (o cisne) dando a ela, ou antes à Mamãe, quatro filhos, os cisnes pequenininhos. Havia também vários peixinhos no desenho que ele tinha dado à Mamãe peixe. Queria que a sra. K. brincasse com ele, mas que não interpretasse, o que expressava seu desejo de ser amado pela sra. K. como era amado pela Mamãe, mas também seu desejo de não saber sobre o que muitas vezes chamava de "esses pensamentos desagradáveis".

Antes de sair, Richard disse novamente que ele mesmo queria desligar o aquecedor e exatamente no momento da saída.[86]

Notas

1. O desejo de incorporar um pênis bom é um forte impulso em direção à homossexualidade. O pênis bom serve para contrabalançar o pênis interno persecutório. No entanto, se as ansiedades relativas aos perseguidores internos são muito intensas, o interior é sentido como um lugar mau, onde nada permanece bom. A necessidade obsessiva de contrabalançar essas ansiedades internas persiste e constitui um fator na homossexualidade (cf. A *psicanálise de crianças*, cap. 12).

2. A reversão é um mecanismo muito importante na vida mental. A criança pequena, sentindo-se frustrada, privada, invejosa ou ciumenta, expressa o ódio e sentimentos de inveja revertendo onipotentemente a situação, de modo que ela passa a ser o adulto e os pais são deixados de lado. No material de Richard dessa sessão, a reversão é utilizada de forma diferente. Richard se coloca no lugar do pai; mas para evitar destruir o pai, transforma-o em uma criança, até mesmo numa criança gratificada. Essa forma de reversão é mais influenciada por sentimentos amorosos.

3. O desejo de ter relações sexuais, combinado com o ciúme e o ódio dirigidos ao pai – quer dizer, a manifestação completa do complexo de Édipo –, não implica necessariamente que uma criança dessa idade (a menos que tenha sido seduzida por um adulto) deseje efetivamente realizar um ato sexual. Tanto nas meninas como nos meninos, tal situação geraria uma enorme ansiedade. Aquilo em que consiste o desejo é, antes, que não sejam muito reprimidas as fantasias de ser capaz de ter relações sexuais. Isso está ligado à esperança de que tais gratificações serão possíveis no futuro.

---

86 Naquele mesmo dia eu tinha recebido uma carta da mãe de Richard, na qual comunicava que tanto ela quanto o pai do menino tinham notado uma melhora significativa em Richard, melhora que se manteve durante todo o período de férias.

Sessão 43
sexta-feira

Richard encontrou-se com a sra. K. do lado de fora da sala de jogos. Logo ao entrar, pediu os desenhos, e examinou o Desenho 27, realizado na véspera. Dispôs a frota em posição de batalha, e orgulhosamente referiu-se a ela como a "grande frota". [...] Estava muito satisfeito com a RAF, que mais uma vez tinha "arrasado" a Alemanha, comentando também que a Rússia parecia estar se saindo bem. Colocou os destróieres em fila no centro, seguido pelos submarinos; os cruzadores, *Nelson* e *Rodney*, ladeavam os destróieres à direita e à esquerda respectivamente. Olhando para a sra. K., disse que gostava muito dela, gostava imensamente de seus olhos.

A sra. K. interpretou que ela voltara a representar a Mamãe boa, uma vez que tinha diminuído seu medo – tão intenso nos últimos dias – relativo ao interior dela, ferido e horroroso, a Mamãe "chiqueiro" (Nota 1). A sra. K. referiu-se também àquilo que havia dito na véspera acerca do Desenho 27.

Richard passou então a examinar o desenho com grande interesse, sendo que no dia anterior parecera não prestar muita atenção à interpretação que a sra. K. fizera a respeito desse desenho. Assinalou que, à esquerda, as pessoas estavam na verdade em condições de igualdade, e que à direita predominava a Mamãe azul-claro.[87] Embora Richard a circundasse, havia um pouco de Paul ali. A seguir, comentou que no meio ela estava repleta do Papai-Hitler e dele mesmo (que, conforme a sra. K. lhe fez recordar, era também os russos suspeitos).

A sra. K. assinalou que a "grande frota" era ele mesmo, tendo em seu interior toda a família, à qual controlava. Tinha separado os pais. Assim, não poderia haver nem relação sexual nem luta entre eles. Supunha-se que, por estarem a sua direita e a sua esquerda, deveriam resguardá-lo e protegê-lo mas também estavam assim dispostos para serem controlados por ele. A sra. K. lembrou-lhe que, no dia anterior, ao chupar e morder o lápis, e de outras formas, havia mostrado que

87 A referência à distribuição das cores (à esquerda e à direita), a julgar pelo desenho, encontra-se trocada no original. [N.T.]

sentia ter devorado o pênis do Papai – a carne deliciosa do monstro. Isso, no entanto, também implicava que ele podia colocar os pais, e toda a família, para dentro de forma menos assustadora. Há pouco, na brincadeira, estivera fazendo exatamente isso ao mantê-los sob controle.

Richard rearranjou a frota, de modo a formar uma longa fila, tendo à frente o navio menor. Ajoelhou-se, semicerrando os olhos, cuidadosamente certificando-se de que os navios estivessem bem alinhados.

A sra. K. relembrou-lhe a conversa com a Mamãe sobre sua preocupação a respeito de relações sexuais, e ter dito que nunca ia querer ter uma relação sexual. Uma das razões era sentir-se incapaz disso porque seu pênis era muito pequeno, não era reto e suficientemente forte (Nota 2). Agora a frota inteira representava seu pênis, que era formado pelos genitais do Papai, de Paul e de outras pessoas – os vários navios –, estando todos sob seu controle. Examinar a frota com tanto cuidado também queria dizer que ele estava investigando seu próprio interior, tentando descobrir se as pessoas que sentia ter colocado para dentro realmente o ajudavam e fortaleciam seu pênis ou se feriam a este e o perseguiam.

Richard começou o Desenho 30. Enquanto isso, comentou que seus inimigos, em particular a menina ruiva, estavam passando pela sala de jogos, e chamou-os de "esses pedaços de insolência". Observou-os escondido atrás da cortina, mas não parecia amedrontado, voltando logo a seguir para seu desenho. Contou à sra. K. que a ajudante do sr. Evans, aquela mulher gorda, tinha vendido para ele um monte de balas, mas que tinha pedido que mantivesse isso em segredo. [...] Ao colorir as partes azuis, cantou o hino nacional, esclarecendo que a Mamãe era a rainha, e ele o rei. Quando terminou o desenho, examinou-o e disse à sra. K. que havia nele "muito da Mamãe" e dele mesmo, e que eles "poderiam realmente derrotar o Papai". Mostrou para a sra. K. que havia muito pouco do Papai alemão ali (o preto). Ao colorir as partes roxas, cantou os hinos da Noruega e da Bélgica, comentando: "Ele está bem".

A sra. K. interpretou que Richard, sendo o rei, tinha agora se tornado o marido da Mamãe; Paul, o roxo, "estava bem", mas tinha sido transformado num bebê. Havia quatro bebês ali, já que as seções eram muito menores que habitualmente. Isso se assemelhava ao desenho do dia anterior, quando, após mencionar os quatro pequenos cisnes que tinha visto e dizer que daria à sra. K. cinco desenhos, ele rodeou a Mamãe-peixe com muitos bebês. No presente desenho, a Mamãe também tinha muitos bebês bons que Richard lhe tinha dado; isso ele só podia fazer transformando o pai e o irmão em crianças. No entanto, na parte inferior do desenho, encontrava-se representado o genital do Papai, porque Richard sentia que, seja lá o que fizesse, não podia excluí-lo do interior da Mamãe.

Richard continuou cantando outros hinos também, e depois melodias de grandes compositores, perguntando à sra. K. quais ela conhecia. Disse também que sua mãe tocava piano. Contou à sra. K. que ele costumava ter aulas de música, mas que desistira delas, embora estivesse indo muito bem; a frota, da qual ele tanto gostava, tinha sido um presente da mãe por ter passado num exame de música.

A sra. K. interpretou que ele tinha abandonado as aulas de música porque talvez sentisse que nunca seria capaz de competir com os grandes compositores – o pai ideal. No entanto, por ter recebido da mãe a frota de presente por seu desempenho no piano, gostava especialmente dela. Agora a frota era uma parte importante do trabalho que ele fazia com a sra. K., e, como os desenhos, significava dar algo para ela, o que também tinha o significado de ser potente e dar-lhe filhos.

Richard começou a cantar novamente; parecia contente e seus olhos estavam úmidos. [...] Foi até o jardim para olhar as colinas e, como acontecia muitas vezes, admirou a paisagem. O sol brilhava, o que sempre exercia certa influência em seu estado de espírito. Voltou para dentro da casa e novamente cantou várias melodias, interrompendo-se, no entanto, para contar à sra. K. que no hotel havia um cãozinho que era uma graça, um *terrier* escocês de quatro meses. Ele era tão engraçado – ficava girando e girando, tentando pegar seu próprio rabo!

A sra. K. interpretou que as melodias que ele sentia estar compartilhando com ela (e com a Mamãe) representavam também os bebês bons que ele continha e podia produzir; e aquela harmonia significava para ele que as pessoas que tinha colocado para dentro de si estavam felizes e em paz juntas. No desenho no qual a Mamãe era a rainha e ele o rei, eles tinham lindos bebês; havia apenas um pouquinho do "preto mau" ali. Por isso sentia-se mais confiante em relação à guerra, e menos preocupado com a aliança feita com a Rússia.

Outro transeunte que atraiu a atenção de Richard durante essa sessão foi uma mulher idosa, de aspecto descuidado. Richard disse que ela era horrível, e que "cuspia uma coisa amarela horrível". A não ser por isso, prestou pouca atenção às pessoas que passavam pela rua.

Ao se preparar para sair, Richard ainda cantava. De leve colocou seu braço em volta do ombro da sra. K., dizendo: "Estou muito contente e gosto muito da senhora".

Notas

1. Do ponto de vista técnico, é importante observar que a mudança na transferência, de um objeto muito danificado e mau para um objeto bom, processou-se por intermédio da interpretação constante de suas ansiedades. Após meu retorno de Londres não lhe era possível, conforme descrevi, nem ao menos me olhar. Todo o material indicava como eu tinha me tornado danificada e má para ele. Essas ansiedades remontavam aos sentimentos agressivos primitivos dirigidos a ambos os pais, e ao consequente medo de tê-los danificado irreparavelmente. Conforme minha experiência, é este o único meio de diminuir as ansiedades em sua raiz e de ajudar o paciente a adquirir confiança tanto em si mesmo como em seus objetos. Acredito que as tentativas de estabelecer uma transferência positiva que negligenciem a análise da transferência negativa não podem alcançar resultados duradouros.

2. Ao analisar crianças, descobrimos que seus desejos e sensações genitais encontram-se ativos. No entanto, ao mesmo tempo é importante levar em consideração seu medo de serem impotentes no futuro; esse medo estende-se em muitas direções e inibe as sublimações. Crianças menos neuróticas têm mais confiança em si mesmas, sendo consequentemente mais capazes de perceber que irão crescer e se tornar homens e mulheres adultos. Nos pacientes neuróticos – e mais ainda nos psicóticos – esse sentimento não é suficientemente forte, e suas dúvidas arcaicas acerca de sua fertilidade ou potência persistem até mesmo depois de adultos. Isso pode contribuir para a impotência ou potência restrita nos homens, e para a frigidez ou mesmo a esterilidade nas mulheres. O medo, no menino, de ser impotente e, na menina, de ser incapaz de ter filhos está intimamente relacionado com as ansiedades relativas ao interior do corpo. Se incorporaram ou não objetos bons capazes de aumentar a confiança em si mesmos – dando suporte, assim, a suas atividades – ou se sentem perseguidos a partir de seu interior – sendo seus objetos internalizados rancorosos e invejosos – é uma distinção que exerce influência decisiva no desenvolvimento de sua genitalidade e em suas sublimações.

Sessão 44
sábado

A mãe de Richard encontrou-se com a sra. K. e informou-lhe que Richard estava com dor de garganta e de cama, com uma febrícula. Acrescentou que ultimamente ele vinha se mostrando ainda mais preocupado do que anteriormente com doenças físicas. A sra. K. sugeriu que, uma vez que fazia tempo bom, não lhe faria mal vir à sessão, e que ela esperaria por ele.

Richard estava ansioso e pálido ao chegar. Tinha pedido à mãe que o acompanhasse até a porta, e também fez com que prometesse que viria buscá-lo. Disse: "Em todo caso, trouxe a frota comigo"; colocou-a sobre a mesa, e permaneceu em silêncio. Seu estado de espírito era totalmente diferente do dia anterior – estava distraído e deprimido, e evitava olhar para a sra. K. Contou-lhe que não tinha querido sair da cama, e acrescentou que realmente teria gostado de ficar na cama lendo e lendo, e que a sra. K. aparecesse para visitá-lo.

A sra. K. perguntou como estava se sentindo.

Richard respondeu que sua garganta estava quente, mas não doía. Acrescentou que sentia ter um veneno atrás do nariz. Ao dizer isso, parecia muito abatido e ansioso.

A sra. K. perguntou de onde tinha vindo o veneno.

Richard, hesitando, disse que achava que estava sendo envenenado pela Cozinheira e por Bessie. Repetiu que sua garganta, embora não doesse, ardia e estava muito vermelha. Ao dizer isso, pegou um dos destróieres "maiores" e ajoelhando-se no chão ficou examinando-o da mesma maneira como havia feito no dia anterior com a fileira de navios. [...] Moveu os navios de um lado para outro, incerto e distraído.

A sra. K. interpretou que ele estava olhando o navio da mesma forma como havia feito no dia anterior, o que parecia mostrar que ele temia no fim das contas que seu pênis não estivesse reto – que estivesse danificado; o fato de ter a garganta quente e vermelha talvez pudesse estar relacionado com o medo de ter ferido seu pênis quando o esfregava. Ultimamente, e particularmente na última sessão, seus anseios sexuais e seu desejo de dar bebês para a Mamãe e para a sra. K. tinham vindo à tona com muita intensidade, e isso o deixou muito assustado.

Richard perguntou se ele não iria passar seu resfriado à sra. K.

A sra. K. interpretou que ele tinha medo de contagiá-la e envenená-la, não apenas com seu resfriado, mas porque sentia agora que seu pênis era venenoso, como os cogumelos venenosos que ele tinha esmagado havia pouco tempo.

Richard disse mais uma vez que teria gostado de receber a visita da sra. K. em seu quarto.

A sra. K. lembrou-lhe que, após seu regresso de Londres, Richard lhe tinha dito que queria ser o pintinho da Mamãe, o que na realidade tinha o sentido de ser aconchegado e cuidado como um bebê. No dia anterior, havia sentido um enorme desejo de ser homem com a Mamãe e com a sra. K., e de dar-lhes bebês. Sentiu muito medo desse desejo e ficou doente, porque queria voltar a ser um bebê; por isso queria atenção enquanto se encontrava de cama. Também desejava não ouvir a respeito de seus desejos genitais, por isso não queria trabalhar com a sra. K., e preferia que ela fosse visitá-lo, o visse na cama e cuidasse dele como a Mamãe o fazia (Nota).

Nesse meio-tempo, Richard tinha retomado a frota. Afastou o *Nelson*. Depois de um certo tempo, fez a mesma coisa com o *Rodney*; os dois se encontraram e se tocaram. A seguir, Richard levou-os para mais longe, para trás da bolsa da sra. K., e disse que estavam se escondendo ali.

A sra. K. perguntou por que se escondiam. Como Richard não respondeu, sugeriu que possivelmente, quando Papai e Mamãe iam para a cama e tinham relações sexuais, tinham que se esconder dos filhos. Também sugeriu que, por sentir que poderia atacar os pais quando estavam juntos, temia que o Papai iria atacá-lo se ele fosse para a cama com a Mamãe.

Richard respondeu que agora ele de fato dormia no mesmo quarto que a Mamãe no hotel, e que gostava muito disso.[88] [...] Trouxe, em primeiro lugar, o *Nelson* de volta e fez com que inspecionasse e patrulhasse a frota e, a seguir, o *Rodney* fez a mesma coisa; mas foram mantidos a distância um do outro. De repente, o destróier, que um pouco antes ele tinha examinado tão minuciosamente, foi explodido. Disse que era o *Prinz Eugen* sendo atacado pelos britânicos.

A sra. K. interpretou que o *Prinz Eugen* havia até então representado ele mesmo lutando sozinho, assim como seu genital que seria destruído pelo Papai se este descobrisse o desejo de Richard de ter uma relação sexual com a Mamãe; se o Papai descobrisse o genital

---

88 Eu já havia desaconselhado esse arranjo à mãe de Richard, mas ela me disse que, devido à situação de guerra, não tinha conseguido dois quartos.

de Richard no interior da Mamãe, o genital do Papai lutaria contra o dele. Mas era particularmente por ter atacado o Papai que temia a retaliação por parte dele. Isso foi demonstrado em seu brincar, quando os pais se escondiam porque o Papai esperava um ataque vindo dele.

Richard levantou-se, com a intenção de sair, mas desistiu ao ver dois homens parados, conversando, do outro lado da rua. Escondeu-se atrás da porta, ficou a observá-los, e disse que ele os espionava e que eles também o espionavam. Voltou para a mesa e começou a desenhar (Desenho 31). A primeira coisa que fez foi pegar o giz de cera preto e o roxo, dizendo: "Esses são o Papai e o Paul detestáveis".

A sra. K. interpretou que os dois homens, assim como os gizes preto e roxo, representavam os assustadores Papai e Paul, que iriam atacá-lo porque ele agora dormia sozinho com a Mamãe, e suspeitavam que ele desejava, ou até mesmo mantinha, relações sexuais com ela. Também representavam os suspeitos o sr. K. e o filho da sra. K. Richard havia dito que estava espionando os dois homens; a sra. K. sugeriu que por essa razão ele também se sentia espionado por eles. Quando se sentia enciumado e curioso a respeito da relação sexual dos pais, acreditava que o Papai, e até mesmo Paul, o vigiavam ou adivinhavam seus pensamentos; desconfiava muito deles, então, assim como da Mamãe. Desconfiava que os pais se uniam contra ele, por espioná-los e desejar atrapalhar a relação sexual deles. No momento, sentia também que o "velho rabugento" e John estavam vigiando suas relações com a sra. K., já que se mostrava tão interessado em saber a respeito da relação que ela mantinha com eles. [...]

Enquanto coloria as partes azuis e vermelhas, Richard cantarolava baixinho o hino britânico, e continuou cantando outra melodia. Quando a sra. K. indagou-lhe que música era aquela, Richard respondeu que era uma canção que falava sobre "minha querida"; pensava na Mamãe. Mostrou, então, para a sra. K. que ele e a Mamãe rodeavam o pequeno Paul. Mas o Papai também estava perto da Mamãe; Paul também a tocava, chegando mesmo a atravessar Richard para isso. Ao fazer esse comentário, Richard enfiou o lápis amarelo na boca, começou a chupá-lo, mas de repente enfiou-o ainda mais na boca, quase até a garganta.

A sra. K. interpretou seu medo de ter comido os pênis dos perigosos Papai e Paul, e que em seu interior eles o espionavam, combatiam e envenenavam. No começo da sessão, havia dito que seu sentimento de ter veneno no nariz talvez se devesse ao fato de que a Cozinheira e Bessie estavam querendo envenená-lo; o que, porém, havia surgido era que temia ser atacado pelos pais espiões hostis – os pais-Hitler, a sra. K.

e seu marido estrangeiro – ou por Papai e Paul, que poderiam tanto lutar entre si como unir-se contra ele. O monstro de carne deliciosa já tinha se transformado num inimigo perigoso em seu interior. Mais um motivo para se agarrar à crença de que o Papai também tinha um pênis bom que ele poderia pôr para dentro e que poderia ajudá-lo; como também sustentava o sentimento de que a Mamãe era sempre boa e capaz de protegê-lo contra todos os perigos externos e internos {Idealização como corolário à perseguição}. Temia também que sua dor de garganta impedisse sua análise com a sra. K. – em outras palavras, que seus inimigos internos o separassem da sra. K., que muitas vezes representava a Mamãe boa.

Richard enfiou o dedo na garganta, bem no fundo, parecendo extremamente assustado. Disse que estava procurando os germes; tinha certeza de que os tinha.

A sra. K. interpretou que os germes [*germs*] também estariam significando os alemães [*Germans*] – inimigos – que o envenenavam. Lembrou-lhe sua "garganta vermelha ardendo", o que significava que se travava dentro dele uma luta contra inimigos venenosos. [...]

Richard se levantou, andou pela sala, tropeçou num banquinho e chutou-o com força. Olhou para a sra. K. de forma intencional (dando a entender que sabia o que estava fazendo).

A sra. K. interpretou que Richard gostaria de chutar para fora de si o pênis hostil do Papai.

Richard disse que ele sentia que "seu catarro estava descendo para o estômago". Disse que ficaria muito preocupado se vomitasse na sala de jogos, embora não soubesse dizer por que isso fosse motivo para tanta preocupação.

A sra. K. interpretou sua necessidade de vomitar os pais que lutavam e todas as coisas más que ela tinha acabado de interpretar. Mas tinha medo de machucar e sujar a sra. K. com todo esse veneno, porque, se ela fosse envenenada, não sobraria nada da Mamãe boa.

Richard estivera fazendo um desenho (Desenho 32). Disse que era o mesmo império do Desenho 31. A seguir, começou outro desenho; colocando o *Nelson* sobre o papel, traçou seu contorno e sombreou-o.

A sra. K. interpretou que ele desejava saber exatamente como era o interior do Papai e seu genital, já que tinha tantas dúvidas a respeito do que se passava no interior de si mesmo. Copiar o *Nelson* expressava também seu desejo de possuir o genital do Papai.

Richard perguntou se poderia levar esse desenho para casa, mas depois mudou de ideia e disse que preferia levar duas folhas de papel em branco para desenhar em casa.

A sra. K. interpretou que as duas folhas de papel em branco representavam também os seios dela, que o protegeriam de seus inimigos internos e externos.

No final da sessão, Richard cantava murmurando, só que mais alto, e mostrava-se de modo geral muito mais animado. Estava mais corado, e seus olhos mais brilhantes. Disse que se sentia um pouco melhor, e que esperava que pudesse vir no dia seguinte.

Nota

Pude muitas vezes observar em adultos a existência de um anseio profundo, reprimido desde muito cedo, de ser criança e ser cuidado. A insatisfação com o seio ou com a mãe, o medo dos impulsos destrutivos a ela dirigidos, e a culpa e a depressão subsequentes vêm muitas vezes a intensificar o desejo normal de crescer, e podem até levar a uma independência precoce. Quando esse desejo reprimido de ser um bebê ou uma criança pequena reaparece na análise, está frequentemente relacionado com uma intensa voracidade e a necessidade de ter o analista (representando a mãe) constantemente disponível, o que também significa que este deve, internamente, estar sempre à disposição do paciente. Existe um forte sentimento depressivo de perda conectado com essa independência prematura, uma vez que não foi suficientemente aproveitado algo que ao adulto parece ser agora insubstituível.

Sessão 45
domingo

A sra. K. encontrou-se com Richard na rua. Parecia bastante mudado – estava mais corado, não parecia preocupado, mostrava-se falante e animado. Logo de início, contou para a sra. K. que se sentia muito melhor, sua garganta não estava mais doendo (Nota 1). Na sala de jogos, disse que, de manhã, ao acordar, tinha sentido muita fome, tinha até se sentido mal de tanta fome; seu estômago parecia minguado e pequeno, contraído, e os grandes ossos da barriga saíam para fora. Depois do café da manhã, sentiu-se muito bem. Descreveu, detalhadamente, como eram deliciosos os flocos de trigo que tinha comido, e a maneira como os mastigou.

A sra. K. interpretou que os grandes ossos da barriga representavam os inimigos comidos, particularmente o pai mau – o polvo e o monstro. Lembrou-lhe também de seus medos de ser espionado e envenenado pelos pais maus e por Paul. Assim, seu estômago minguado e fraco significava seu interior, desprotegido e enfraquecido, cheio de perseguidores. O alimento bom que o fortalecia representava a Mamãe azul-claro boa, que o protegia e o restaurava. A sra. K. recordou-lhe que havia alguns dias ele tinha comparado os flocos de trigo com um ninho de passarinhos, o que na ocasião fora interpretado como representando a mãe boa e seu seio.[89]

Richard olhava ao redor da sala e sorria alegremente. Comentou que a sala de jogos não estava tão "fedida" como no dia anterior, e que parecia muito mais bonita. No dia anterior, cheirava mal e estava horrível. Disse que não tinha trazido a frota – queria desenhar. [...] A Mamãe, ontem, estava um amor; tinha comprado dois livros e dado algumas tintas para ele. Olhando para a sra. K., perguntou-lhe de que eram feitos seu casaco e seu vestido – de longe, pareciam de prata. Eram muito bonitos, e seus sapatos também. Tinha ido ao cabeleireiro recentemente? Ou tinha só lavado o cabelo? Parecia tão diferente, estava tão bonito que parecia de prata.

A sra. K. interpretou que ele parecia sentir que seu mundo interno tinha melhorado, de modo que o mundo externo – particularmente a Mamãe, a sra. K. e suas roupas – parecia bonito. Lembrou-lhe que no dia anterior havia nutrido sentimentos muito diferentes em relação a ela e à sala de jogos. A sala, naquela ocasião, tinha representado A sra. K. e seu próprio interior, que continha a Mamãe suja, envenenada e venenosa; ele tinha até evitado olhar para a sala e para a sra. K. Ambas tinham se transformado na velha "horrorosa" que cuspia uma "coisa amarela horrível" (Sessão 43), que ele tinha visto pela janela um dia antes de ficar mal da garganta, e que representava a Mamãe suja, envenenada e danificada. Parecia que, por ter começado a se dar conta de seus medos relativos a seus inimigos – particularmente relativos a seus inimigos internos, e a ser por eles envenenado –, sentia-se menos temeroso deles, e consequentemente passou a achar muito melhores as pessoas e as coisas externas. Mas mesmo quando se mostrou

89 Como muitas de suas associações, esse comentário não foi registrado.

extremamente assustado em relação a esses perigos internos, havia tentado se apegar a sua Mamãe real como sendo a Mamãe azul-claro, enquanto a sra. K. havia se tornado muito má {Cisão da mãe em boa e má}.

Richard disse que a sala parecia morta no dia anterior. A seguir, passou a desenhar aleatoriamente, e disse que eram os números 1, 2, 3, 4, 5, 6, todos unidos. Fez depois o Desenho 33, colorindo primeiramente a parte azul, e disse que ele, a Mamãe, o Papai e Paul estavam juntos muito em paz. Ao terminar o desenho, comentou que a maior parte dele pertencia a ele e à Mamãe. No meio deles, havia pouco de Paul e do Papai, que não faziam nenhum mal.

A sra. K. interpretou que, na parte inferior do desenho, as diversas pessoas não penetravam umas nas outras. Nos desenhos anteriores, essa penetração havia sempre representado a introdução, um dentro do outro, dos genitais perigosos (Nota 2). A atual combinação, portanto, indicava que não se travava nenhuma luta entre os homens da família. Além disso, nesse desenho o Papai não era tão preto como de costume, sendo ele e Paul pequenos, o que significava que eram bebês e que agora Richard e a Mamãe eram os pais, da mesma forma como recentemente (Desenho 30) ele e a Mamãe tinham sido o rei e a rainha e o Papai e Paul, bebês. No presente desenho, o grande genital vermelho de Richard aparecia por cima de tudo. A paz se estabelecia pela troca de lugar com o pai {Reversão}. Sempre que ele sentia medo do Papai e de Paul – porque desejava atacá-los – a Mamãe também corria perigo. Agora ele mantinha a Mamãe em segurança, transformando o Papai e Paul em bebês, sem precisar lutar contra eles. A sra. K. assinalou também que o desenho tinha um formato oblongo.

Richard respondeu, sem hesitação: "É um polvo".

A sra. K. recordou-lhe os medos que expressara na véspera, e sugeriu que sentia que entre ontem e hoje ele sentiu que seu interior havia melhorado. Não obstante, ainda temia conter o polvo e isso o transformava em um polvo,[90] uma vez que o desenho representava não apenas o interior da Mamãe mas também seu próprio interior. A sra. K. assinalou, ainda, que enquanto ela estava interpretando ele estivera chupando o lápis amarelo, que muitas vezes representara o genital do Papai; mesmo quando este era sentido como sendo desejável, como a "carne deliciosa" do monstro, estava sujeito a transformar-se em um

---

90 Esse é outro exemplo da variedade das situações inconscientes, algumas delas inteiramente contraditórias, que, em minha opinião, são muitas vezes vivenciadas simultaneamente.

polvo assim que passasse a fazer parte de seu interior. Embora essa ansiedade houvesse diminuído, continuava a existir. Tinha tentado lidar com isso separando a parte boa da Mamãe da parte má. Por isso, no dia anterior, o lado esquerdo do Desenho 31 era todo azul-claro, ao passo que toda a luta era travada no lado direito. No desenho de hoje, não havia uma divisão tão demarcada e os genitais não penetravam uns nos outros; não obstante, ele continuava a temer o polvo em seu interior.

Richard passou a olhar com interesse os Desenhos 31 e 32. Mostrou que no Desenho 32 Paul era pequeno e tinha um pedaço pequeno em Richard, que por sua vez tinha um pedaço comprido que entrava no Papai, e o Papai estava muito perto da Mamãe.

A sra. K. interpretou que, no lado direito desse desenho, Richard era pequeno e estava rodeado pela Mamãe e pelo Papai, da mesma forma que Paul do lado esquerdo do desenho, conforme ele lhe havia mostrado.

Mostrando o Desenho 31, Richard acrescentou então: "Parece um pássaro, e bem horroroso". O azul-claro de cima era a crista, a parte roxa o olho, e tinha o bico "muito aberto". Ao dizê-lo, mais uma vez colocou na boca o lápis, que ficou mordendo.

A sra. K. mostrou-lhe o que ele estava fazendo com o lápis e interpretou que a crista azul-clara representava a coroa da Mamãe azul-claro, que recentemente fora rainha; assinalou que, no momento em que a desenhava, estivera cantando o hino nacional e que, não obstante, esta era parte do pássaro horroroso de bico muito aberto, que era o outro aspecto da Mamãe. Mas, em parte, o bico representava também Richard e seu genital, e Paul e seu genital, o que se podia observar pelas cores que o formavam: o vermelho e o roxo. Quando seu pênis penetra e perfura, sente como se ele também mordesse e comesse. Tudo isso, sentia ele, era parte da Mamãe-pássaro horrorosa, que, consequentemente, tinha se tornado tão voraz e perigosa como ele sentia que ele próprio era.

Richard dizia repetidamente que o pássaro era horroroso, e, olhando mais uma vez rapidamente para o Desenho 32, comentou que este, também, parecia um pássaro, mas sem cabeça. A parte preta embaixo era o cocô que caía, e que também era "horroroso".

A sra. K. interpretou que o Desenho 32 representava o seu interior mutilado e ele com o seu genital cortado. Assim tinha sentido o seu interior, na véspera, quando estava resfriado. Lembrou-lhe também que na sessão anterior ele havia dito que os dois impérios eram o mesmo, o que significava que o Desenho 32 representava ele mesmo após ter devorado o pássaro "horroroso", sentindo, portanto, que havia se tornado igual a ele. Em sua mente, havia comido a mãe, sentida como uma pessoa destrutiva e devoradora. Ao comer os flocos de trigo, que segundo ele pareciam com o ninho de um pássaro, sentira que tinha colocado para dentro de si a Mamãe boa, que o protegia do Papai mau interno (os ossos na barriga). Isso demonstrava que quanto mais assustado ficava, mais poderosa se tornava a Mamãe má interna; não obstante, acreditava também na Mamãe boa em seu interior. Sentia que a Mamãe-pássaro horrorosa tinha se aliado ao Papai-monstro, e que esses pais unidos atemorizadores o atacavam a partir de seu interior, devorando-o, e também no exterior, cortando fora o seu genital (Nota 3).

Richard havia começado outro desenho: na parte de cima de uma linha divisória estava um navio com uma grande bandeira da Grã-Bretanha e duas chaminés cujas linhas de fumaça se encontravam. No alto da folha, escreveu: "Comboio Atlântico". Abaixo da linha encontravam-se um peixe, três estrelas-do-mar e um submarino U que atirava um torpedo. Ao pé da página, as duas plantas de costume. Richard tinha acabado de colocar o lápis de novo na boca, e retirou-o pretendendo com ele demonstrar a direção do torpedo, mas acabou por aproximá-lo tanto da sra. K. que quase lhe tocou a região genital. Explicou que o peixe era bobo por não sair do caminho, poderia se machucar. As estrelas-do-mar estavam tentando interceptar o torpedo. O comboio transportava mercadorias.

A sra. K. interpretou que o submarino U parecia ser Richard, hostil a ambos os pais; mas, uma vez que eles também eram aqueles que lhe davam coisas boas (as mercadorias), sentia-se culpado. Ao atacar o Papai mau, tentava ignorar o fato de que o Papai também era bondoso para com ele.

Richard afirmou veementemente que o Papai era na verdade muito bom e gentil.

A sra. K. interpretou que Richard ao atacar, em sua mente, os pais durante a relação sexual temia ferir também a Mamãe boa, e consequentemente receava que a sra. K. e a sala de jogos estivessem mortas. A Mamãe-peixe "boba" significava que ela não deveria ter ido para a cama com o Papai, expondo-se assim à ira e ao ódio de Richard. O horroroso cocô preto que caía do pássaro mutilado (Desenho 32) representava seus torpedos. A sra. K. sugeriu também que as estrelas-do-mar interceptadoras representavam o Papai, Paul e Richard bons, que tentavam proteger a Mamãe.

Enquanto desenhava o comboio torpedeado pelo submarino U, Richard tinha perguntado à sra. K. se ela não se cansava de trabalhar.

A sra. K. interpretou que ele havia formulado essa pergunta no momento em que bombardeava o comboio que estava trazendo mercadorias. Isso significava que a ajuda que a sra. K. lhe prestava na análise era semelhante à ajuda, ao amor e ao leite que havia recebido quando bebê. Sentia ter exaurido e atacado a Mamãe, e agora temia não apenas cansar, mas efetivamente exaurir e atacar a sra. K. Ele quase a tocara com o lápis quando falou do torpedo bombardeando o comboio.

Richard continuou a desenhar após as interpretações da sra. K., e parecia concordar com elas; olhou então para o último desenho, colocou-o de lado, e disse que não iria terminá-lo (com o que queria dizer que não iria colori-lo). Saiu da sala a fim de olhar um avião que passava, e disse que não era um avião de combate, e que não sabia o que mais poderia ser; estava se dirigindo para sobrevoar as colinas. [...] Mostrou para a sra. K. o lugar onde, alguns dias atrás, tinha esmagado os "cogumelos venenosos". Arrancou um punhado de ervas daninhas e disse que gostaria de contar para a sra. K. uma coisa muito triste a respeito de um sonho que tinha tido, e que se sentia mesmo muito triste. De volta à sala, começou a desenhar. Desenhou uma casa, dizendo tratar-se de sua casa (em "Z"), que haviam deixado quando estourou a guerra. A forma que aparecia à esquerda era a casa de Oliver. Na parte inferior (indicado por poucos traços) ficava um jardim de rosas e outras partes do jardim. Marcou com um ponto o lugar, na parede, onde a bomba tinha caído. Um quadrado ali perto representava a estufa de plantas destruída. Traçou um caminho que ia das rosas até o lado esquerdo do jardim. No andar de cima ficava o quarto de seus pais e à esquerda, o seu. No térreo, a sala de estar, que era pouco usada, e à direita a sala que usavam bastante. Richard disse que os lugares de que mais gostava eram a sala e seu quarto, e traçou círculos em volta de suas janelas. Gostava tanto de seu quarto por causa do trem elétrico de que tanto sentia falta, e desejava que tivesse sido trazido para a casa onde estavam morando agora (em "Y"). Descreveu-o então, fornecendo muitos detalhes, e demonstrando uma intensa afeição. A locomotiva era aerodinâmica, e havia uma grande quantidade de vagões de carga e de passageiros. Tinha muito cuidado com esse trem e, certa vez, ficou furioso por ter sido danificado. O Papai tinha esquecido a eletricidade ligada, e o controle automático se estragou, o que acabou por danificar a locomotiva e o tênder.

A sra. K. interpretou que os vagões de mercadorias e o comboio, torpedeado no desenho anterior, representavam os pais bons. Sugeriu que os vários vagões de seu trem representavam também a família, com o Papai à frente (a locomotiva), e que todas as lembranças agradáveis de seu passado estavam relacionadas com o trem e com sua casa. A seguir, a sra. K. perguntou sobre o sonho.

Richard mostrou-se bastante relutante em falar a esse respeito. Limitou-se a dizer: "Nós tínhamos voltado para nossa antiga casa". A sra. K. perguntou a quem se referia com o "nós".

Richard disse que eram ele e a Mamãe, e também uma tia. No sonho, ela morava com eles. Depois de um silêncio, comentou que a Mamãe havia dito que eles não iriam voltar para a casa antiga mesmo depois da guerra, porque ela preferia viver no campo. Richard ficou muito triste, porque amava a casa deles, seu quarto, a sala, seu trem – toda ela. Havia dito para a Mamãe que, se ela não voltasse, ele voltaria para morar sozinho na casa.

A sra. K. interpretou que, agora, a casa desprotegida e abandonada representava a Mamãe, deixada sozinha à noite, à mercê do Papai-vagabundo; representava também a sra. K. quando estava em Londres, exposta às bombas de Hitler. Voltando sozinho para a casa antiga, estaria deixando no campo a Mamãe saudável, para proteger e ficar junto à Mamãe ferida. Na brincadeira com a frota, porém, havia mostrado, repetidas vezes, que também se preocupava com o Papai, que se sentiria abandonado se ele, Richard, levasse a Mamãe embora. Agora que ele estava dormindo novamente no quarto com a Mamãe, estando o Papai sozinho, sentia que este estava excluído e solitário, e que Richard deveria reunir-se a ele na casa antiga.

Richard, enquanto a sra. K. estava interpretando seu desejo de proteger a Mamãe ferida, dava uma olhada nos desenhos anteriores. Separou o Desenho 14 e disse, com um olhar expressivo para a sra. K.: "Esse é o pior de todos".

A sra. K. recordou-lhe que esse desenho tinha representado o interior dele ferido e sangrando, que continha a Mamãe ferida e que sangrava.

Richard, depois dessa interpretação, saiu para olhar as colinas.

Num momento anterior dessa sessão, Richard havia pedido à sra. K. que prestasse atenção ao canto dos passarinhos, acrescentando, em voz baixa e com os olhos úmidos: "Que beleza, como gosto disso!".

A sra. K. tinha interpretado que os passarinhos e seu canto representavam os bebês bons, um interior bom, bem como um mundo externo amistoso.

Em outro momento, enquanto a sra. K. interpretava seus ataques, Richard rabiscara uma folha de papel e fizera alguns pontos com grande violência; perguntou à sra. K. se seus rabiscos a incomodavam.

A sra. K. interpretou que os rabiscos e os pontos representavam seu bombardeio com suas próprias fezes.

Então, Richard desenhou na mesma página um figura pequena, rabiscou-a, fez alguns pontos sobre ela e disse que se tratava de Hitler, a quem bombardeava e matava.

A sra. K. assinalou que, quando atacava o Papai-Hitler, tinha medo de estar ferindo o Papai e a Mamãe bons, e agora a sra. K.; por isso havia perguntado se ela se importava que ele rabiscasse. [...]

Richard, que estivera derrubando os banquinhos para lá e para cá, pegou dois deles e atirou-os no chão, dizendo: "São bombas". A seguir, pegou um deles, que tinha uma cobertura de pelúcia, e que apreciava muito, acariciou-o e abraçou-o.

A sra. K. interpretou que o assento de pelúcia parecia representar o genital desejado do Papai, que tinha pelos em volta, e que sentiria muito se o destruísse; no entanto, ao mesmo tempo, desejava bombardeá-lo.

Richard respondeu que sabia que o Papai tinha pelos embaixo do braço, mas não sabia que também tinha em volta do genital. Olhando de relance para a sra. K., acrescentou que evidentemente as mães sabiam disso porque olhavam seus filhos.

A sra. K. interpretou que ele sentia ciúme da relação dela com seu marido; parecia recusar que ela e a Mamãe tivessem qualquer coisa a ver com os genitais de seus maridos. A Mamãe azul-claro deveria ser mantida separada do Papai-vagabundo porque ele era perigoso mas também deveria ser separada dele porque Richard sentia ciúme.

Durante essa sessão, Richard prestou muito mais atenção às pessoas que passavam pela rua, principalmente às crianças, tendo também pedido à sra. K. que olhasse pela janela para lhe dizer quem estava passando enquanto desenhava. Esse maior interesse pelas pessoas vem ao encontro do material dessa sessão, centrado em situações externas. Isso também se refletia em seus sentimentos relativos à casa perdida, e tudo que esta implicava em termos de suas primeiras experiências. Na sessão precedente, havia se preocupado especialmente com as situações internas (em particular, o veneno que sentia ter por trás do nariz, as figuras internas más, suas ansiedades hipocondríacas).

Já na rua, Richard disse que se sentia muito feliz porque o sol estava brilhando. Também seus sapatos brilhavam como ouro – não, não exatamente como o ouro, mas brilhavam. Era evidente que, com a diminuição da ansiedade persecutória e a intensificação da ansiedade depressiva, ele também fizera uso de defesas maníacas durante essa sessão.

Notas

1. A melhora a que Richard se referia consistia não apenas na diminuição de sua ansiedade hipocondríaca, mas no desaparecimento de um sintoma físico real. Considerando-se que desde a mais remota infância esse menino vinha sofrendo de resfriados, é interessante observar como fatores psicológicos contribuíam para esses resfriados. É provável que, sem análise, ele viesse de fato a desenvolver uma inflamação da garganta nesse momento. Cabe aqui uma consideração mais geral. Em minha experiência, a hipocondria, bastante acentuada em Richard, não é necessariamente uma preocupação com sintomas inexistentes, mas pode se desenvolver a partir de sintomas físicos reais, que passam a ser exagerados e têm seu significado distorcido. A questão que se coloca é se, nas pessoas hipocondríacas, esses sintomas não seriam em grande parte decorrentes das ansiedades hipocondríacas. Isso implicaria uma conexão – que repetidamente venho propondo – entre sintomas histéricos e hipocondria (cf. A *psicanálise de crianças*, e "Algumas conclusões teóricas relativas à vida emocional do bebê", 1952).

2. As recentes mudanças no material de Richard revelam uma maior capacidade de integração do ego e de síntese dos objetos, que se devem a uma diminuição da ansiedade referente aos perigos internos. No entanto, o próprio processo de integração desperta ansiedades; por exemplo, a parte destrutiva do self pode ser sentida como colocando em perigo as outras partes do self e também o objeto, que pode ser destruído ou (por projeção) transformado em objeto mau. No caso de Richard, quando se operou certa integração, o pássaro com a coroa representando a mãe (Desenho 31) foi transformado em um objeto devorador e horroroso que lançava suas fezes. Quando a confiança nos próprios impulsos amorosos aumenta – e isso se dá com uma diminuição das ansiedades persecutórias relativas aos perigos internos –, a integração mobiliza menos ansiedades. Além do mais, progressos na integração e na síntese implicam que partes do objeto e do self se unem de maneira construtiva, ao passo que o processo fracassa se, ante a premência de diminuir a cisão, essas partes são unidas de forma caótica, o que só vem a aumentar a confusão (ver meu artigo "Contribuição à psicogênese dos estados maníaco-depressivos", 1935, e "Notas sobre alguns mecanismos esquizoides", 1946, e também o artigo de H. Rosenfeld "Notes on the Psychopathology of Confusional States in Chronic

Schizophrenia"[91]). Uma síntese e uma integração mais bem-sucedidas estão expressas na parte inferior do Desenho 33; os objetos internos de Richard foram reunidos de maneira mais pacífica, o que se liga com a diminuição da violência da identificação projetiva; razão pela qual, no Desenho 33, as partes coloridas (representando ele próprio e sua família) não mais se interpenetravam. A maior capacidade de integração e síntese estava nitidamente ligada à diminuição da ansiedade, e em particular à diminuição do medo dos perseguidores internalizados e de ser por eles envenenado, bem como de envenená-los.

É significativo que pela primeira vez em sua análise Richard tenha vivenciado e expressado seu amor por sua casa, e tenha falado sobre suas lembranças remotas; isso aconteceu depois de terem sido diminuídas, por intermédio do trabalho analítico, suas ansiedades relativas aos perigos internos. A diminuição dessas ansiedades persecutórias levou a uma vivência mais intensa da ansiedade e da culpa depressivas, o que por sua vez levou a uma maior confiança em si mesmo e no mundo externo, assim como a um estado de espírito mais esperançoso. Devemos nos lembrar que vivíamos, naquela época, uma situação de perigo constante e real, e que essas mudanças favoráveis na criança ocorreram a despeito de circunstâncias externas assustadoras. Muitas vezes, fiz referência à interação existente entre os fatores externos e ansiedade referente aos processos internos. Em Richard, por exemplo, essas ansiedades sempre aumentavam quando as notícias sobre a guerra eram más. Gostaria, no entanto, de chamar a atenção para um aspecto dessa interação nesse contexto. A presente sessão ilustra meu ponto de vista de que os medos dos perigos externos são intensificados pelas ansiedades que surgem nos estágios mais arcaicos e que, consequentemente, a ansiedade despertada pelos perigos reais pode ser diminuída pela análise.

Em outro trabalho registrei minhas observações a respeito desse fato, e, nessa perspectiva, discuti o conceito de Freud de ansiedade objetiva e neurótica (cf. meu artigo "Sobre a teoria da ansiedade e da culpa", 1948).

3. O material do dia anterior demonstrou dessa forma as ansiedades de Richard referentes à integração, ao passo que, na presente sessão, essa ansiedade tinha claramente diminuído. Essa mudança de um dia para outro indicava uma flutuação entre o fracasso e o êxito na integração;

---

91 Cf. H. Rosenfeld, "Note on the Psychopathology of Confusional States in Chronic Schizophrenias". *The International Journal of Psychoanalysis*, v. 31, 1950, pp. 132–37.

são essas flutuações que preparam o terreno para uma capacidade de integração mais estável.

Sessão 46
segunda-feira

Richard apresentava um aspecto muito diferente. Estava animado, mas superexcitado, e seus olhos brilhavam muito. Falava sem parar, incoerentemente, fazendo muitas perguntas sem esperar pelas respostas; estava desassossegado continuamente e de modo perseguido, vigiava as pessoas que passavam na rua, parecendo totalmente incapaz de ouvir qualquer interpretação. Quando a sra. K. interpretava, não obtinha respostas. Ele estava claramente num estado de intensa excitação maníaca, e muito mais abertamente agressivo, mesmo com a sra. K., do que havia sido por um longo tempo. Logo de início disse que tinha trazido a frota e que estava planejando uma grande batalha. Os japoneses, os alemães e os italianos iam todos lutar contra a Grã-Bretanha (de repente, pareceu preocupado). Perguntou à sra. K. o que pensava da situação da guerra, mas continuou a falar sem esperar por uma resposta. Disse que se sentia realmente muito bem, não havia mais nenhum problema com ele. Tinha escrito para seu amigo Jimmy, que era a segunda pessoa mais importante de sua turma – sendo que Richard era o mais importante –, sobre seus planos de batalha contra Oliver. Dispôs, então, a frota. Os britânicos eram mais fortes do que todos os outros juntos, e estavam parados atrás das rochas, representadas pela bolsa e pelo relógio da sra. K. De repente, os italianos apareceram, mas não tardaram em fazer meia-volta. Outros inimigos deflagraram o combate, mas os destróieres hostis foram explodidos um a um. Ao colocá-los de lado, Richard disse: "Estão mortos". Um pequeno destróier britânico abriu fogo contra um couraçado alemão e, a princípio, parecia tê-lo afundado; depois, Richard decidiu que o navio tinha se rendido e o destróier trouxe-o de volta. Nesse meio-tempo, Richard repetidamente pulava; olhava pela janela, e vigiava as crianças. Bateu na janela para atrair a atenção delas, fez caretas para elas e escondeu-se rapidamente atrás da cortina; procedeu da mesma forma com um cachorro; e disse de uma garota que ela parecia boba. Estava particularmente interessado em todos os homens que passavam. [...] Olhou para a sra. K., admirou a cor de seus cabelos, tocou-os rapidamente e também seu vestido, para ver de que era feito. Depois falou de uma mulher velha "esquisita" que havia passado em frente da casa. Enquanto brincava com a frota fazia, como de costume, o barulho dos motores; algo assim como "chug-chug-chug". Interrompeu-se e disse: "O que é isso? Agora está em meu ouvido". Depois de ter afundado as frotas inimigas, Richard subitamente ficou "cansado" de brincar, e deixou a frota de lado. Pegou os lápis, e imediatamente pôs o lápis amarelo na boca, mordendo-o com força. A seguir – o que era incomum – enfiou o lápis no nariz e no ouvido, colocou o dedo em uma das narinas e fez vários sons. Em um certo momento disse que o barulho parecia o do furacão de *O Mágico de Oz*, que carregou Dorothy. Dorothy era uma boa menina, e não morreu por causa do furacão. Enquanto isso, perguntou à sra. K. se gostava de sua camisa azul-clara e de sua gravata, mas não parecia esperar uma resposta. Tirou seu lenço para limpar o nariz, embora não precisasse, olhou para este e disse: "Meu lenço encatarrado".

A sra. K. interpretou que ele particularmente desejava que ela admirasse sua camisa e sua gravata, que também representavam seu corpo e seu pênis, porque ele se sentia encatarrado, na verdade tinha veneno dentro de si. Pretendia com esse veneno atacar os pais internos, e eles revidariam com ataques venenosos contra ele. A sra. K. apontou também que ele sentia que ao morder o lápis tinha atacado e incorporado o pênis hostil do Papai, e que os barulhos que havia feito continuavam em seu interior, pois havia dito que ouvia o "chug-chug-chug" dentro de seu ouvido. Em sua mente, a batalha naval prosseguia em seu interior, e essas lutas não só o feririam como também feriram a Mamãe interna boa, da mesma forma que o furacão que tinha levado embora Dorothy boazinha. Isso significava que Richard era o mágico que tinha organizado todas essas batalhas.

Richard havia estado a fazer caretas e a morder o lápis violentamente, e perguntou à sra. K. se se zangaria se ele quebrasse o lápis ou o partisse com seus dentes. Sem esperar resposta, perguntou à sra. K. se ela gostava de seu filho. [...] De forma quase ilegível, rabiscou seu nome por uma folha inteira, depois cobriu-o com outros rabiscos.

A sra. K. interpretou que, na brincadeira com a frota, o pequeno destróier atacando o couraçado inimigo representava Richard atacando a mãe.

(Richard tinha se levantado, corria pela sala, não ouvia em absoluto, e continuava a fazer barulhos.)

A sra. K. sugeriu que a Mamãe-peixe "boba", que no desenho do dia anterior tinha ficado na frente do torpedo, e que representava a sra. K., que se expunha aos ataques dele, estava representada hoje pela menina "boba" que passou na rua. Ele recentemente tinha expressado sua agressividade de forma mais aberta, e, hoje, tinha dito que escrevera para Jimmy contando seus planos para atacar Oliver. Desejava ser capaz de uma luta aberta e externa. Ao tomar a decisão de atacar Oliver, tinha dito que se sentia feliz (Sessão 33), e que odiava fingir amizade quando detestava seu inimigo. Mas, apesar disso, tinha expressado seu ódio por meio de ataques secretos, por seu cocô – os rabiscos que escondiam seu nome e a batalha naval que prosseguia em seu interior, representada pelo "chug-chug" em seu ouvido. O ciúme que sentia dos pais, e agora da sra. K. e de seu marido ou seu filho, frequentemente provocavam seu ódio; e, como sentia que os tinha colocado para dentro, não podia deixar de sentir que a luta prosseguia em seu interior, e não apenas externamente.

Richard fungava e engolia.

A sra. K. lembrou-lhe que dois dias atrás ele tinha dito que seu catarro estava escorrendo para dentro de seu estômago; sentia que estava atacando os pais inimigos no interior de seu estômago com o catarro venenoso, que representava também a urina e as fezes venenosas. Sua expectativa é que os pais fariam a mesma coisa com ele. Essa batalha interna faria com que sentisse que tinha pessoas mortas dentro dele, que não podia pôr de lado como tinha feito com a frota, e ele estava particularmente preocupado com a Mamãe ferida ou morta em seu interior, representada pelo peixe "bobo" ou por Dorothy n'O *Mágico de Oz*, arrastada pelo furacão fecal interno de Richard.

Richard, enquanto a sra. K. interpretava, começou a fazer o desenho de um couraçado, e escreveu *Rodney* em cima deste; logo abaixo desenhou um cruzador menor, e mais embaixo um submarino. Isso foi feito colocando os navios da frota sobre a folha de papel e traçando seus contornos. Comentou que o cruzador estava "cortando as águas". Em outra folha escreveu seu nome repetidas vezes, sem, porém, rabiscar por cima. Em mais outra folha desenhou também três aviões alemães de diferentes tamanhos, e sob estes um avião britânico bem grande e outro menor. Riscou os dois aviões alemães maiores e o avião britânico pequeno, escrevendo o resultado da batalha: "Dois aviões alemães e um britânico abatidos". [...] Saiu e esmagou com os pés algumas urtigas, e disse que seria bom se chovesse um pouco, pois estava tudo muito seco;

seria bom para as plantas. Em seguida, tornou a entrar na casa. Pegou uma vareta que encontrou num canto, e atirou-a na sra. K., sem contudo atingi-la. Contrariamente a seu comportamento habitual, não pediu desculpas, tampouco perguntou se ela tinha se aborrecido com isso. Disse que ia quebrar a vareta, mas não o fez. Falou, então, em quebrar a janela e atirar a vareta fora, chutou os banquinhos, e perguntou há quanto tempo a sra. K. vivia na Inglaterra. Disse que tinha conhecido um amigo dela. Revelou-se que se tratava de John, com quem havia conversado sobre sua análise. Perguntou à sra. K. se seu neto era inglês, novamente sem esperar por uma resposta. [...] Batendo nos banquinhos com a vareta, murmurou os nomes do filho e do neto da sra. K., mas logo depois falou em voz alta que estava batendo em Hitler e que desejava matá-lo. Diversas vezes, quando via passar algum senhor de idade, perguntava à sra. K. se era o velho rabugento (referindo-se ao outro inquilino da casa da sra. K.). [...] Perguntou se ele era desagradável com ela; dessa vez esperou pela resposta.

A sra. K. interpretou seus dois últimos desenhos, dizendo que o primeiro deles parecia representar o ataque de Richard a seus pais, por ter colocado o submarino embaixo dos navios. Por outro lado, ele tinha copiado exatamente o contorno desses navios, o que tinha o mesmo significado de escrever, na outra folha, seu nome bem legível, e não escondido por rabiscos, diferentemente do primeiro desenho da sessão, no qual seu nome não aparecia com clareza e estava rabiscado. Havia tentado realizar um ataque aberto, mas este repetidamente acabava por se converter em um ataque escondido e secreto.

A seguir, Richard desenhou e coloriu um império (Desenho 34), comentando que o Papai e Paul eram muito pequenos.

A sra. K. interpretou que nesse desenho Richard e a Mamãe eram novamente os pais, e Paul e o Papai foram pensados como sendo seus filhos. Disse também que, ao inverter a situação familiar, evitava destruir os pais com seu ciúme; e, mais ainda, ao ocupar o lugar do Papai, passava a possuir o pênis bom capaz de gerar bebês – a chuva necessária para o crescimento das plantas.

Richard olhou para o desenho dos aviões, mas não fez nenhum comentário a seu respeito.

A sra. K. interpretou a desconfiança de Richard em relação à Mamãe hostil unida ao Papai mau – e em relação à sra. K. e seu filho e neto estrangeiros, nos quais havia batido (os banquinhos), dizendo que ia matar Hitler. Richard tinha tentado manter a sra. K. como sendo a Mamãe boa, admirando seus cabelos e seu vestido, mas logo expressou seu desagrado pela mulher velha que passara na rua. "Velha" parecia também querer dizer próxima da morte: Richard tinha sentido muito medo de que a sra. K. morresse em Londres, e da Mamãe que morria em seu interior quando ele ficou doente.

Richard estava novamente chutando os banquinhos. [...] Pegou aquele que tinha o assento de pelúcia, acariciou-o, encostou-o em seu rosto, e pediu à sra. K. que tocasse a cobertura de pelúcia.

A sra. K. interpretou que, por sentir ciúme, odiou o pai e atacou seu genital, que desejou destruir; tudo isso transformou o Papai em um inimigo em sua mente. Ao mesmo tempo, também amava o Papai, e a chuva que fazia as plantas crescerem era, agora, a urina boa do Papai, que dava bebês à Mamãe e gerou Richard. Iria, até mesmo, ficar triste se a Mamãe se afastasse do Papai; desejava que ela o amasse, assim como desejava que a sra. K. acariciasse o assento macio do banquinho que ele tinha chutado e que anteriormente (Sessão 44) havia representado o genital do Papai.

Richard disse, então,[92] que, no desenho representando a batalha aérea, os dois aviões alemães abatidos eram o Papai e Paul; o pequeno avião alemão, que estava "vivo", era ele mesmo; o grande avião britânico era a Mamãe; e o pequeno avião britânico, que tinha sido abatido, também era ele.

A sra. K. interpretou o medo de Richard de sua própria morte e de ter seu genital destruído como uma punição por ter matado o Papai e Paul. Ao mesmo tempo, a parte má de si mesmo, o pequeno avião alemão (em material anterior, Sessão 12, o submarino U), continuava viva.

Richard saiu e fechou a porta, de tal forma que ficou trancado do lado de fora. Pediu à sra. K. que o deixasse entrar. Quando esta lhe abriu a porta, comentou com alívio: "Pelo menos eu tinha a frota comigo".

A sra. K. interpretou que a frota representava suas pessoas internas boas, a família boa, da mesma forma como o trem anteriormente. Sugeriu também que Richard, ao trancar-se do lado de fora, expressou seu sentimento inconsciente de que deveria, ou iria, ser expulso de casa em razão de seus desejos assassinos.

Richard havia se acalmado e, mais para o fim da sessão, particularmente depois da interpretação da sra. K. do último desenho, foi ficando

92 Chamo atenção para o fato de que, embora Richard não tenha sido capaz de dar nenhuma associação ao desenho dos aviões, pôde fazê-lo depois de minha interpretação referente ao conflito entre amor e ódio ao pai – entre o desejo de substituir o Pai pela Mãe; em outras palavras, o desejo de que a Mãe descarte o Pai, e o desejo oposto, de que ela ame o Pai.

calado e triste. Antes de sair, perguntou novamente, ao ver passar um senhor de idade, se era o velho rabugento; em seguida, com seriedade e preocupação, voltou a perguntar se o outro inquilino que morava na casa da sra. K. a tratava realmente mal, e esperou pela resposta. Mostrou-se aliviado quando ela lhe disse que não, que o inquilino não era mau. Um pouco antes de sair, Richard disse à sra. K. que não tinha tido nenhuma vontade de ouvir as explicações dela.

Embora a sra. K. tenha se despedido de Richard na esquina, uma vez que não iria ao vilarejo, ele não demonstrou nenhum medo de continuar sozinho; no entanto, sua ansiedade relativa aos inimigos internos havia se manifestado com mais intensidade durante essa sessão, com maior confiança em sua capacidade de combatê-los (ver Nota).

Nota

Essa sessão contrasta flagrantemente com a anterior, e mostra como os sentimentos expressos na anterior – amor pelos pais, capacidade de enfrentar um agressor abertamente – haviam sido pouco estáveis. É verdade que esses sentimentos haviam surgido com muitas defesas maníacas contra a depressão. Na presente sessão, ele também tentou externalizar suas situações de perigo interno e sentimentos hostis, porém sem êxito. Repetidamente voltou a recorrer a ataques secretos e as ansiedades internas reapareceram. Devemos, no entanto, levar em consideração que essas ansiedades eram constantemente agravadas pelo medo que sentia de que eu o abandonasse e de eu me expor àquilo que ele sentia que seria minha ruína.

Sessão 47
terça-feira

Richard estava muito mais tranquilo e parecia contente. Disse que não tinha trazido a frota. Foi beber água da torneira, e perguntou à sra. K. se ela se importava com isso. Sem esperar resposta, bebeu mais um gole. Dessa vez, perguntou se a sra. K. se incomodaria se ele bebesse toda a água que havia na caixa; perguntou também se ela havia atendido John naquele dia.

A sra. K. interpretou que ao pedir permissão para beber água expressou seu medo, não de acabar com a água da caixa, mas de esgotar as forças da sra. K. e dessa forma roubar os outros pacientes, especialmente John. Voltava assim a experimentar o medo, que havia sentido quando bebê, de ter esgotado a mãe e de tê-la sugado até secá-la, privando, assim, os outros bebês ainda por nascer. A torneira representava também o pênis bom do Papai, e isso significava que temia roubar da sra. K. o pênis bom que ele acreditava que ela continha. A sra. K. lembrou-lhe que (na Sessão 41) ele tinha tentado saber se o sr. Evans vendera-lhe cigarros, tendo dito que sua mãe havia conseguido dele algumas balas, e que no dia anterior ele havia perguntado se a sra. K. tinha obtido balas dele.[93]

Richard disse que queria desenhar, e acrescentou que se sentia muito feliz. Explicou por que se sentia feliz: sentia-se muito melhor, na verdade estava bem bom; o sol estava brilhando; as notícias da guerra eram boas; não estava usando meias e tinha as pernas de fora; e o garoto desagradável que estava hospedado no hotel iria embora no dia seguinte.[94] Repetiu que não tinha trazido a frota, porque hoje era diferente. [...] A seguir, fez o Desenho 35. Primeiramente desenhou o barco, que era para ser um submarino britânico, mas transformou-o em alemão riscando a bandeira britânica. Embaixo, fez alguns rabiscos e explicou que estava bombardeando o submarino U, e a pequena figura que, segundo ele, estava atrás do submarino U era Hitler, que também estava sendo bombardeado. Bem embaixo, havia também um Hitler "invisível", a quem bombardeava. Esse Hitler estava escondido atrás dos rabiscos. Richard mostrou onde estavam seu rosto (*a*), sua barriga (*b*), e suas pernas (*c*).[95] Disse que, enquanto desenhava, não tinha se dado conta de que esses rabiscos fossem Hitler, mas que agora via. No canto inferior, fez o número 4 de duas maneiras diferentes, e disse que achava o 4 feito num só traço melhor.

A sra. K. interpretou que, mais uma vez, Richard mostrava que sentia que os rabiscos eram bombas. Acrescentou que ele parecia atacar

---

93 Não tenho nenhuma referência a esse comentário em minhas anotações da sessão anterior.

94 A mãe de Richard havia me dito por telefone que esse menino era realmente desagradável.

95 Posteriormente, coloquei no desenho as letras (*a*), (*b*) e (*c*) nos lugares indicados.

agora mais abertamente com suas fezes; além disso, esses ataques eram mais claramente dirigidos ao pai-Hitler mau, e dessa forma ele evitava ferir a Mamãe e o Papai bons. O Hitler "invisível", porém, também significava o Hitler mau em seu interior.

Richard concordou com essas interpretações com convicção, dizendo: "É verdade".

A sra. K. sugeriu que, tendo melhorado do resfriado, seu medo de envenenar e de ser envenenado tinham diminuído. Sentia-se mais esperançoso em relação à Mamãe e à sra. K., e sentia que podia preservá-las tanto em seu interior como fora dele. O menino desagradável que estava de partida não era apenas um aborrecimento, mas representava também o Papai-Hitler, bem como a parte perigosa dele próprio, a parte do submarino U (Sessão 12) que bombardeava, que desejava expelir de seu interior. Tudo isso se coadunava com seu sentimento de ser mais capaz de enfrentar os inimigos externos e preservar, assim, a sra. K. e a Mamãe boas. As boas notícias da guerra também o confortavam muito. O sol brilhando, como muitas vezes anteriormente, poderia ter para ele o significado da união dos pais bondosos, calorosos e vivos, como o "4" feito num só traço, sem estar desmantelado como o Hitler mau invisível no "4" desenhado com traços separados.

Richard foi para fora e, olhando ao redor, pisoteou algumas urtigas; disse que não gostaria de tocá-las. Apontou uma grande e espessa, dizendo que era horrível, esmagou-a com o pé, comentando que ao menos por algum tempo ficaria caída.

A sra. K. interpretou que as urtigas representavam o Papai-polvo. Isso significava que, embora se sentisse mais esperançoso, tinha suas dúvidas quanto a sua capacidade de exterminar definitivamente o pênis mau do Papai em seu próprio interior e no da Mamãe, e de se livrar de seus sentimentos maus.

Richard arrancou algumas ervas daninhas que estavam entre as plantas; comentou que era preciso fazê-lo com mais frequência, mas voltou para dentro da casa. Pegou o livro pelo qual havia se interessado anteriormente e mais uma vez olhou para a gravura do homenzinho atirando contra o monstro. Mostrou para a sra. K. que o homem mirava exatamente o olho do monstro. O monstro tinha um "ar altivo". Havia algo de orgulhoso nele, e "sua carne era deliciosa". Richard, mais uma vez, enfiou o lápis amarelo na boca e mordeu-o, olhando ao mesmo tempo para o desenho da batalha aérea que havia feito na sessão anterior. Comentou que a Mamãe, naquele desenho, era um gigante.

A sra. K. indicou que o monstro também era um gigante.

Richard respondeu que sim, mas que a Mamãe era um gigante-monstro bom.

A sra. K. interpretou que a Mamãe continha, agora, um Papai-monstro bom, e não o Papai-polvo mau ou o Papai-Hitler. Lembrou-lhe sua admiração pela torre grande (Sessão 7), que no momento era para ele semelhante ao monstro altivo e orgulhoso; isso expressava sua admiração pelo genital do Papai.

Richard começou a fazer o Desenho 36. Enquanto desenhava, levantou-se repetidas vezes para olhar as pessoas que passavam pela rua, e ficou observando com grande interesse dois homens numa carroça de carvão. Comentou que estavam muito sujos, mas que isso não era culpa deles, pois não tinham como evitá-lo; sentia pena deles. Disse, mais uma vez, enquanto desenhava, que estava contente.

Olhou os outros desenhos, e comentou que o Desenho 34 era bem diferente de todos os outros; a ponta direita do império parecia o rabo de um peixe, e ele e a Mamãe tinham partes equivalentes. Havia também dois países bem pequenos, o Papai e Paul.

A sra. K. interpretou novamente que Richard havia transformado o Papai e Paul em bebês e que ele e a Mamãe, que agora continha o Papai-monstro bom, eram os pais. Dessa forma, tornava o interior da Mamãe melhor, e também preservava o Papai e Paul. Mamãe continha todos eles, porque era o peixe com o rabo. No dia anterior, ao bater nos banquinhos com uma vareta, tinha murmurado os nomes do filho e do neto da sra. K., dizendo depois em voz alta que estava batendo em Hitler – o que queria dizer que ele também estava batendo em Hitler para expulsá-lo da Mamãe e da sra. K.

Richard admitiu isso prontamente.

A sra. K. interpretou o medo de Richard de que, ao destruir o Hitler mau no interior da Mamãe, viria a feri-la, bem como às pessoas boas em seu interior. Havia o mesmo perigo se atacasse Hitler na sra. K. e assim destruísse a sra. K. e seu filho e neto. [...]

Richard apontou, como já havia feito uma vez, o banquinho que mais odiava; tratava-se de um pufe achatado e macio. Chutou-o novamente.

A sra. K. sugeriu que Richard expressava dessa maneira seu ódio do Papai ferido, com seu genital danificado ou destruído, que, por ter sido danificado, iria retaliar.

Richard falou, então, sobre o Desenho 36. Disse que, no centro, todos eles tinham territórios aproximadamente do mesmo tamanho.

A sra. K. interpretou que isso o alegrava – como havia dito enquanto desenhava – porque tinha procurado dar a todos eles partes quase iguais da Mamãe; se todos tivessem direitos iguais, não iriam lutar entre si. Havia, também, menos do Papai preto; de qualquer forma, já não se sentia tão mal em relação ao preto como de costume. Tinha demonstrado isso hoje ao sentir pena dos carvoeiros. Havia, ademais, alguns bebês, representados pelas seções pequenas; a maior parte deles em azul-claro, mas alguns com as cores do Papai e de Paul, e havia um em vermelho – sua própria cor. Dessa forma, admitia que não era adulto ainda. Essa configuração ao mesmo tempo do interior da Mamãe e de seu próprio interior eram a fonte maior da alegria e esperança que hoje sentia. No dia anterior, as lutas eram predominantes em seus desenhos e em seus pensamentos, e sentira que só poderia controlar o filho e o neto da sra. K., e o Papai e Paul em seu interior, se os envenenasse; acreditava, portanto, que eles iriam persegui-lo e envenená-lo. Mesmo se transformados em crianças, como no Desenho 34, continuariam a atacá-lo. No desenho de hoje (Desenho 36), em contraste, expressou sua esperança de que houvesse menos ódio e menos lutas, e por conseguinte menos medo, e que a sra. K. e a Mamãe estivessem mais seguras em seu interior. Mas também tinha demonstrado que estava tentando dar aos bebês uma porção maior da Mamãe.

Richard decidiu, então, desenhar uma cidade, e fez o Desenho 37. Disse que gostaria de "construí-la" bem, mas que era muito ruim em desenho. Mencionou que era preciso que houvesse duas linhas de trem, para evitar acidentes. Mais adiante, elas se juntavam à esquerda, como na estação em "X". A seguir, desenhou algumas casas, e uma rua a que chamou Rua Albert. Disse que gostava do nome Albert porque fazia com que se lembrasse de Alfred, um amigo mais velho de Paul no exército; um bom companheiro, que era amigo de Richard e de Paul também. No canto superior esquerdo do desenho, escreveu a palavra "para-choque" [*buffer*], e disse que os para-choques eram necessários. Havia uma passagem de nível, uma curva muito perigosa para os trens, e um desvio para a direita.

A sra. K. assinalou que o significado desse desenho era semelhante ao do Desenho 36, a saber, igualdade e acordo entre ele, o Papai e Paul quanto às respectivas partes do amor da Mamãe. Isso se expressava pelas duas vias que bifurcavam na saída da estação, que era a Mamãe; os para-choques representavam sua tentativa de evitar colisões. O pátio de mercadorias, como anteriormente o comboio, servia para alimentar a todos. Para ele, Alfred representava também um irmão melhor do que Paul, que não competia com ele. Não obstante tudo isso, havia a curva perigosa, que significava os perigos existentes no interior da

Mamãe, principalmente em razão da luta entre ele, o Papai e Paul. Seu desejo de “construir” bem uma cidade e a pena que sentia por não desenhar bem expressavam seu desejo de reconstruir a Mamãe danificada e de lhe dar bebês, bem como o desejo de restaurar seu próprio interior e torná-lo um lugar mais seguro.

Richard, ao fazer o desenho acima descrito, estava absorto e satisfeito, e mais uma vez disse que estava feliz. Embora já tivesse sarado do resfriado, fungava bastante, e comentou que já não tinha muito catarro.

A sra. K. interpretou que ele continuava preocupado com o perigo de haver veneno em seu interior, o catarro que representava a matéria venenosa e envenenada; ao fungar, verificava se continuava ali.

Richard disse que queria desenhar a casa onde estava morando então. Começou pela casa; a seguir, traçou uma linha, que era a rua que conduzia à vizinha que criava os pintinhos mas disse que não havia espaço suficiente para desenhar a casa da vizinha. Explicou como se chegava à estação, e onde esta se localizava. Começou de novo pela outra ponta do desenho, e traçou uma linha que indicava o caminho que seu pai percorria para chegar à estação. Este percurso foi aumentado, pois traçou, no centro, uma linha vertical, depois da qual retomou a direção original. Fez dois riscos pequenos, um representando um porco, o outro um burro, com os quais o Papai se encontraria em seu caminho. Olhou, a seguir, para os lápis que a sra. K. havia trazido já fazia alguns dias (os mais antigos estavam muito gastos), aos quais até então não tinha dado atenção, e perguntou se podia “transformá-los em lápis”. Explicou que com isso queria dizer apontá-los. Ficou extremamente satisfeito por conseguir fazê-lo sem quebrar nenhum deles, e também porque as pontas tinham ficado bem finas. Encostou, com todo o cuidado, a ponta de um dos lápis na mão da sra. K., para que ela verificasse como estava fina. Decidiu apontar também o velho lápis verde, que até então havia representado a Mamãe, dizendo que este também merecia uma boa ponta. Comparou-os entre si, colocando-os lado a lado sobre a mesa. Depois, juntando todos nas mãos, brandiu-os no ar, dizendo: “Com eles eu poderia matar Hitler”.

A sra. K. interpretou que, em sua mente, tinha estado a restaurar os genitais do Papai, de Paul, do filho e do neto da sra. K.; sentia que todos eram iguais, e até mesmo a Mamãe – o velho lápis verde – (representando também a sra. K.) tinha recebido agora um pênis. Não havia, portanto, razão para ciúme e inveja. Ultimamente vinha se esforçando bastante em seus desenhos (o que significava que em seus sentimentos também) para evitar a competição e o desastre, procurando ser justo com todos. Dessa forma, podia unir todos esses homens bons – os lápis novos apontados – para atacar o Papai-Hitler mau.

Richard pediu a sra. K., quando ela estava guardando os lápis, que tomasse bastante cuidado para não quebrar as pontas. Tinha olhado várias vezes para o mapa, e comentou que esperava que os russos se mantivessem firmes e que a RAF conseguisse bombardear a Alemanha. No final da sessão, explicou por que estava tão contente de estar sem meias; desejava que suas pernas ficassem morenas e bonitas – o sol era bom para elas. Tirou as sandálias, dizendo que havia uns pauzinhos dentro dela, que queria tirar. Mostrou à sra. K. um pequeno calo que tinha num dos dedos.

A sra. K., referindo-se à sessão do dia anterior, na qual ele tinha encontrado uma vareta, que usara para bater nos banquinhos, representando os parentes da sra. K. e o Hitler interno, interpretou que ele queria se livrar da vareta representando seu pênis mau que atacava as pessoas boas.

Antes de sair, Richard viu que havia algumas folhas no chão da sala. Pegou a vassoura e varreu-as, dizendo: "Pobre velha sala, isso vai fazer bem a ela".

Embora fosse possível discernir ainda no decorrer dessa sessão certa disposição maníaca, esta era bem menos acentuada do que na sessão anterior. Mostrara-se também menos alerta em relação às pessoas que passavam na rua. Embora não estivesse excessivamente falante, pôde expressar seus pensamentos sem dificuldade, e foi capaz de ouvir e absorver as interpretações. Durante essa sessão, várias vezes disse que estava muito feliz. Não havia dúvida quanto a um verdadeiro sentimento de alívio e contentamento, com um elemento maníaco.

Sessão 48
quarta-feira

Richard chegou alguns minutos atrasado, mas, como a sra. K. pôde ver pela janela, não vinha correndo. Parecia bastante sossegado e não se desculpou pelo atraso, como sempre fazia nessas ocasiões. Disse que tinha trazido a frota, e colocou-a em formação: dois navios de guerra na frente, os outros enfileirados atrás. Contou à sra. K. que tinha sonhado a noite inteira, e que tinham sido sonhos muito desagradáveis. Não queria falar sobre eles e, de qualquer forma, só se lembrava de um pedaço que não tinha sido desagradável. Perguntou à sra. K. se ela tinha visto aquelas crianças detestáveis que tinham passado antes dele, especialmente a menina ruiva. Ou será que ela tinha se encontrado com elas no caminho? Como tinham se comportado com ela? Em seguida, ficou vigiando o sr. Smith (o ferreiro), que estava parado do outro lado da rua conversando com um homem, que podava uma cerca viva, a quem ocasionalmente Richard chamava de "o urso". Richard disse que o sr. Smith era simpático e que era "doce", e foi beber água da torneira. Ao voltar, viu que o sr. Smith continuava no mesmo lugar. Disse que gostaria que ele se fosse, não conseguia fazer nada com o sr. Smith ali. Ficou dizendo, em intervalos curtos: "Vá embora, sr. Smith. [...] vá trabalhar". Pediu à sra. K. que dissesse três vezes "Vá embora, sr. Smith"; isso faria com que ele se fosse. A sra. K. repetiu essas palavras três vezes, e a seu pedido mais seis vezes, e novamente mais três vezes. Quando finalmente o sr. Smith se foi – um bom tempo depois –, Richard, ainda assim, atribuiu o fato aos poderes mágicos da sra. K. Ficou observando enquanto ele se afastava. Olhou também para o homem com quem o sr. Smith estivera conversando e disse que na verdade ambos pareciam muito simpáticos. Obviamente se perguntava por que tinha ficado tão perturbado com a presença do sr. Smith ali perto. Durante esse episódio, estivera movimentando os navios. Primeiramente, o *Nelson* foi para o outro canto da mesa, logo depois seguido pelo *Rodney*. Ficaram sozinhos ali. Um pouco depois, a frota toda seguiu naquela direção. Richard disse que todos estavam simplesmente esperando que aparecessem os inimigos.

A sra. K. interpretou que o fato de Richard dizer "Vá embora, sr. Smith", e ao mesmo tempo colocar o *Nelson* no outro extremo da mesa, significava que ele desejava que o pai fosse para bem longe. No dia anterior, quando desenhava a rua que o pai percorria para ir do escritório à estação, Richard fez com que essa rua se tornasse muito mais longa do que pretendia inicialmente, porque desejava que o pai estivesse mais longe. A sra. K. sugeriu que o porco e o burro representavam os dois filhos maus – ele próprio e Paul –, que desejavam que o pai estivesse fora de seu caminho, que estivesse morto, porque queriam ter a Mamãe todinha para eles. No instante em que se sentia tão hostil em relação ao pai, este se transformava em um inimigo em sua mente.

Richard foi para fora, pisoteou algumas urtigas, olhou em volta, mas logo voltou para a sala e começou a desenhar. Enquanto desenhava, perguntou de repente: "Quando a senhora está em casa? Gostaria de ir lá um dia, não para trabalhar, apenas para fazer uma visita".

A sra. K. interpretou que Richard desejava que ela fosse sua amiga, e não sua analista, porque acreditava que assim poderia escapar das desconfianças e dos medos que sentia em relação e ela e à Mamãe, a quem gostaria de preservar como a Mamãe azul-claro. A sra. K. mencionou como recentemente ele a havia descrito como sendo bonita, e seu vestido parecendo de prata (Sessão 45), mas logo depois falara da mulher horrorosa que passava na rua. Procurava não pensar nela como a mãe "bruta malvada" unida ao pai-Hitler, e que o abandonava. Portanto, queria que a sra. K. ficasse do seu lado, e num passe de mágica afastasse o sr. Smith, que representava o Papai.

Richard respondeu que tinha pensado que a sra. K. iria lhe dizer isso; quando a sra. K. perguntou por quê, se seria porque ele mesmo havia pensado isso, Richard respondeu que sim. A seguir perguntou se futuramente, quando tivessem terminado esse trabalho, ele teria permissão de visitá-la.

A sra. K. respondeu que isso seria possível.

Richard fez perguntas a respeito dos pacientes da sra. K: tinha muitos pacientes em Londres? Perguntou também se iria ao vilarejo no final da sessão e se ela passaria primeiro na mercearia. Não gostava que ela fosse lá.

A sra. K. perguntou por quê.

Richard respondeu que, quando a sra. K. ia à mercearia, ela caminhava com ele só um tempinho, porque a mercearia era mais perto do que as outras lojas do vilarejo. Perguntou se, no dia anterior, a sra. K. tinha conseguido seus cigarros da marca Player com o sr. Evans. Disse que a tinha visto entrando na loja, e achou que talvez ela tivesse conseguido alguns. Isso o deixou muito indignado. Chamou o sr. Evans de trapaceiro e cão imundo. Ontem o sr. Evans tinha dito para a Mamãe que não tinha Player, e muitas vezes não fornecia cigarros para ela. A seguir, falou a respeito do gerente do hotel, dizendo que era detestável e intrometido.

A sra. K. perguntou de que maneira era detestável.

A princípio Richard respondeu: "Oh, de modo geral", mas prosseguiu queixando-se de uma coisa que tinha acontecido no dia anterior. Disse que tinha sido advertido pelo gerente de que não deveria apanhar as rosas do jardim do hotel, mas que ele tinha apanhado.

A sra. K. interpretou que todos eles, o sr. Smith, o sr. Evans e o gerente, representavam o sr. K. e o Papai. Estava zangado por duas razões: o Papai não tinha dado para ele o pênis bom que ele desejava chupar, mas dava-o para a Mamãe, representada agora pela sra. K. Quando se queixava de que o sr. Evans se recusava a vender para a Mamãe os cigarros, que também representavam o pênis do Papai, mas – como pensava – permitia que a sra. K. levasse alguns, a Mamãe passava a representar seu próprio self frustrado. Ao mesmo tempo, queria ter a Mamãe só para si, e desejava, portanto, que o Papai estivesse longe, ou melhor, morto. Da mesma forma, a sra. K. não deveria ter outros pacientes, nem filho, nem neto. Apesar disso, também sentia pena do pai, pois não só o odiava, mas amava-o também. Sentia-se culpado em relação aos pais, por isso queria que ficassem juntos; na brincadeira com a frota, fez com que o *Rodney* seguisse o *Nelson* e os filhos se juntaram a eles. Todos eles estavam em bons termos entre si, e só eram hostis em relação ao Papai-Hitler. Como havia dito, a frota estava esperando que os inimigos aparecessem. Mas o inimigo era também o Richard hostil e ciumento que queria atacar os pais e perturbar a paz da família.

Richard disse que desconfiava do sr. K., que na última guerra tinha lutado contra a Grã-Bretanha – mas que confiava na sra. K. Mais uma vez, perguntou à sra. K. se gostava do trabalho que fazia. Também perguntou por que ela achava que essa sala era mais adequada para trabalhar com crianças: seria porque era mais silenciosa?

A sra. K. respondeu que ela já lhe havia explicado que precisava de uma sala de jogos.

Richard repetiu: "Ah, é em vez de uma sala de jogos". Depois perguntou se a sra. K. tinha alugado a sala, e se pagava por ela. Quis saber o nome de um paciente com quem tinha se encontrado (que não era John), tentando imaginar de que um adulto poderia ter medo. Não poderia ter medo de crianças, não era? Será que as pessoas adultas tinham medo de outros adultos – uma mulher, das outras mulheres? Seria ainda pior para eles se fosse assim, já que há muito mais adultos no mundo para se ter medo. Sabia que a sra. K. não iria lhe contar nada sobre esse paciente, mas não podia deixar de perguntar (Nota 1). [...] Richard permaneceu algum tempo em silêncio, mergulhado em pensamentos. Disse, então, que gostaria de compreender o que realmente era a psicanálise. Parecia-lhe algo muito misterioso. Gostaria de chegar "no cerne" dessa questão.

A sra. K. interpretou que, embora estivesse interessado em saber tudo a respeito da psicanálise, também queria descobrir todos os segredos da sra. K. Desejava penetrar em sua sala quando estivesse ali com um paciente adulto, para ver o que ela fazia com ele. Tivera o mesmo desejo com relação ao quarto dos pais, e o "cerne" representava também seus segredos e seus pensamentos secretos, bem como seus genitais. Uma das principais preocupações de Richard era que muitas vezes desconfiava da Mamãe, e agora da sra. K. Seu maior desejo era manter a Mamãe azul-claro, boa e confiável. Repetiu isso agora, quando tentou manter a sra. K. prateada e bonita, mas não conseguia deixar de desconfiar dela porque, na outra guerra, o sr. K. havia lutado no exército inimigo. Quando os pais estavam sozinhos, suspeitava de que estivessem mantendo relações sexuais, e, porque isto o deixava com ciúme e com medo, atacava-os em sua mente. Sentia, então, que estavam unidos contra ele, e era assim que a Mamãe, também, transformava-se em estrangeira, espiã e inimiga. A sra. K. lembrou-lhe que quando foi operado sentiu que a Mamãe havia conspirado contra ele com o médico mau.

Richard saiu para o jardim. Olhando para a sra. K., perguntou de que cor era seu cabelo quando ela era jovem. Teria sido preto? Agora era claro, loiro – ou era branco?

A sra. K. interpretou que ele não queria constatar que era branco porque isso significava que ela estava velha, e ele receava a morte dela.

Richard respondeu que o preto também lhe fazia pensar na morte. Ao dizer isso, esmagava as urtigas.

De volta à sala, a sra. K. recordou-lhe o sonho, e perguntou se iria contá-lo para ela.

Richard, embora com evidente resistência, relatou seu sonho:

Richard encontrava-se num tribunal. Não sabia de que era acusado. Viu o juiz, que parecia muito simpático, e que não dizia nada. Richard foi a um cinema, que parecia também pertencer ao tribunal. Depois, todos os prédios que faziam parte do tribunal desmoronaram. Ele, ao que parece, tinha se transformado num gigante, que com seu enorme sapato preto chutou os prédios desmoronados, fazendo com que ficassem em pé de novo. De modo que, na verdade, os havia consertado.

Durante esse relato, estivera desenhando (Desenho 38).

A sra. K. interpretou que o juiz no sonho tinha algo a ver com o fato de no dia anterior ele ter sido acusado de apanhar rosas. Isso representava roubar o genital do Papai e também o seio da Mamãe. A sra. K. lembrou-lhe que no dia anterior ele tinha ido beber água da torneira imediatamente após ter dito que o sr. Smith era "doce". Tinha dito que o juiz era simpático, e assim havia descrito o sr. Smith, bem como, mais cedo, descrevera o gerente do hotel. Isso também se aplicava a seu pai, que, não obstante, tornava-se muito assustador para ele se desejasse roubar-lhe o genital e a posse do seio da Mamãe. A sra. K. sugeriu que, no sonho, embora Richard não soubesse de que estava sendo acusado, era na verdade acusado de ter destruído os edifícios que pertenciam ao tribunal. Estes representavam seus pais, a quem sentia ter atacado, mas a quem ao mesmo tempo desejava restaurar. Seu sentimento de ser um gigante significava conter a Mamãe-gigante e o pai-monstro, o que o tornava imensamente poderoso e destrutivo {Onipotência do pensamento}. Na sessão anterior, quando falara sobre a Mamãe-gigante e o monstro, havia mostrado para a sra. K. que, quando tinha em suas mãos todos os lápis apontados, o que significava que continha os pais poderosos, podia lutar contra Hitler. Chutar os edifícios com seu enorme sapato preto indicava a destruição da qual estava sendo efetivamente acusado. Não o admitia no sonho, mas o enorme sapato-preto-Hitler revelava que este não só havia sido usado para restaurar os edifícios mas também para destruí-los, assim como aos pais.

Richard, sem responder a essa interpretação, chamou a atenção da sra. K. para o Desenho 38, comentando que as pessoas estavam viajando em direções opostas. A sra. K. viajava de trem para Londres.

A sra. K. perguntou quem estava viajando na direção oposta (*a*).

Richard disse que era o sr. K. Ele e a sra. K. tinham se encontrado no entroncamento, separaram-se, e o sr. K. seguiu viagem chorando efusivamente.

A sra. K. lembrou-lhe que num momento anterior da sessão ele dizia para o sr. Smith "vá embora", o que de nada adiantou. A sra. K. teve de dizer "vá embora", e então o sr. Smith se afastou, ou pelo menos assim pensou Richard. Agora ela estava mandando o sr. K. embora. Isto também significava que era a Mamãe que tinha mandado o Papai embora. A sra. K. perguntou, então, quem viajava na outra direção (*b*).

Richard respondeu que era ele mesmo, indo para sua cidade natal ("Z").

A sra. K. interpretou seu medo relativo ao final da análise, manifestado no desenho pela partida da sra. K. para Londres.

Richard, parecendo muito preocupado, perguntou: "Mas a senhora ainda não está indo, não é?".

A sra. K. respondeu que não imediatamente, mas em menos de dois meses, e lembrou-lhe que ele tinha conhecimento de que seria assim.

Richard comentou, em voz baixa e deprimida, que talvez tivesse que ir a Londres também.

A sra. K. interpretou que a interrupção da análise o preocupava devido a dificuldades que estava vivendo. Estava preocupado com seu futuro. Suas indagações a respeito dos medos que as pessoas adultas sentiam, e o fato de dizer que eram piores do que os das crianças, demonstravam essa preocupação. Há algum tempo tinha mencionado seu medo de descobrir ser burro. Mas temia também que a Mamãe boa o abandonasse, ou que morresse ou que se tornasse má por ele ter sido destrutivo e perigoso. Tinha o mesmo sentimento em relação à partida da sra. K.

Enquanto a sra. K. interpretava, Richard interrompeu-a de repente para dizer que sabia quanto ela cobrava – sua mãe lhe havia contado.

A sra. K. interpretou que ele se sentia magoado com o fato de que ela cobrava por seu tratamento, pois isso significava que ela não era a Mamãe boa que o alimentava e ajudava por amor a ele.

Richard respondeu que queria que a sra. K. recebesse porque precisava de dinheiro.

A sra. K. disse que isso era verdade também, mas que o fato de ela receber deixava-o desconfiado; essa era uma das razões pelas quais tinha desejado visitá-la como a uma amiga.

Richard perguntou, então, como muitas vezes anteriormente, se a sra. K. iria ao cinema à noite. Parecia que ela nunca ia. Essa noite, ele iria com a Mamãe.

A sra. K. interpretou seu desejo de que ela fosse com eles, com o que ele imediatamente concordou. Parecia também sentir que, se ela não fosse ao cinema, era ele que a privava disso.

Nesse meio-tempo, Richard decidiu alterar os arranjos de viagem do Desenho 38. Originalmente, o sr. e a sra. K. vinham de "X" e separavam-se no entroncamento. A sra. K. não se encontrava com Richard em nenhum ponto, porque ele viajava sozinho de "X" para sua cidade natal. Agora a sra. K. voltava de Londres, passava pelo entroncamento, e seguia mais adiante para outro entroncamento onde se encontrava com Richard voltando de "Z". A sra. K. e Richard seguiam, então, para "X", onde ela se encontrava com o sr. K., que havia voltado. Nesse desenho, o nome "Valeing" aparecia em vários lugares; Richard comentou que, afinal de contas, "estavam todos no mesmo distrito".

Perto do fim da sessão, Richard olhou os lápis e perguntou à sra. K. em que lugar tinha comprado os lápis novos e quanto tinham custado.

A sra. K. interpretou o desejo de Richard de que ela gastasse dinheiro com ele; ele já havia perguntado se ela pagava aluguel pela sala de jogos; agradava-lhe pensar que não era por ganância que ela tirava dinheiro da mãe para tratar dele, mas que também gastava dinheiro com ele.

No fim da sessão, Richard percebeu, olhando pela janela, que sua mãe o esperava. A sra. K., que ainda estava guardando suas coisas, perguntou-lhe se queria ir já ao encontro da mãe. Richard recusou decididamente. Disse que queria ajudar a sra. K. a arrumar tudo, além de esperar por ela. Do lado de fora, ao encontrar a mãe, comentou: "Estou me sentindo uma pessoa nova, ou como um país novo – sou como um americano agora" (Nota 2).

Ao longo dessa sessão, Richard tinha vigiado a rua muito mais atentamente. Encontrava-se mais perseguido e bem perturbado, mas no geral respondeu às interpretações da sra. K., exceção feita à do sonho.

NOTA Encontrei em minhas anotações um trecho de material que, embora com toda a certeza pertença a essa sessão, não sei onde situar. Num certo momento, tinha interpretado para Richard seu desejo de atacar a Mamãe e retirar os bebês de seu interior. A essa interpretação, Richard replicou que de manhã tinha comido um bebê. Tinha encontrado em seu ovo uma parte que ia virar pintinho. Acrescentou que ele já devia ter feito isso centenas de vezes anteriormente, sem se dar conta, mas nessa manhã não conseguiu continuar a comer o ovo porque não gostou.

Notas

1. Tanto com adultos como com crianças, o analista, segundo a sua compreensão da situação, tem que decidir que significado dar a um silêncio. Muitos pacientes têm dificuldade de começar a falar, e acho aconselhável dar-lhes um tempo para superar sua dificuldade. Mas se o silêncio se prolonga, digamos, por quinze ou vinte minutos, não considero um erro tentar interpretar as razões disso, que podem ser encontradas no material da sessão precedente. Existem outros silêncios, que expressam contentamento, o prazer de estar com o analista, de deitar-se tranquilamente no divã, e sou da opinião de que devem ser aceitos, sem que sejam interrompidos por uma interpretação. Muitas vezes isso me foi confirmado, quando o paciente recomeça a falar dizendo que se sentiu muito bem em estar deitado ali quieto, sentindo-se em contato silencioso com o analista, a quem tinha internalizado.

O silêncio de Richard, nesse ponto da sessão, era claramente de reflexão – sua tentativa de descobrir algo em si mesmo – e eu não quis interrompê-lo.

2. Já assinalei que à intensidade com a qual Richard vivia as situações de perigo interno (os perseguidores internos venenosos e sua tentativa de envenená-los) e à análise dessas ansiedades (Sessão 44) seguiu-se uma mudança de atitude na Sessão 45 – isto é, a concentração de seus interesses e sentimentos no mundo externo, juntamente com o aparecimento de lembranças de seu passado. Na presente sessão, a agressividade e a hostilidade não foram apenas externalizadas mas também dirigidas mais a um objeto que ele sentia como um objeto mau de verdade no mundo externo – Hitler. Anteriormente, seus sentimentos em relação ao pai bom e mau oscilavam tão rapidamente, que nenhuma dessas relações podia se manter por algum tempo, e assim ele nunca conseguia saber ao certo qual deles tinha realmente atacado. A luta contra os adversários externos – quer dizer, a agressividade aberta expressa em sua intenção de enfrentar seu inimigo Oliver e a gangue hostil – mobilizou o medo persecutório que sentia deles, medo este que tentou neutralizar por meio de defesas maníacas. No entanto, o fato de se tornarem menos rápidas essas oscilações entre o que ele sentia ser bom ou mau em si mesmo e nas outras pessoas estava ligado a uma maior síntese, por um lado, dos aspectos bons e maus da analista e da mãe, e, por outro, do pai bom e mau. Tais processos de externalização e de síntese dos objetos envolvem maior integração do ego e uma maior capacidade de discriminar as partes de si mesmo e de seus objetos. Os passos na direção da integração e da síntese, contudo, mobilizam ansiedade, embora tragam alívio. Isso foi demonstrado no desenho dos aviões (Sessão 46), no qual ele aparecia como sendo ambos, o avião alemão e o britânico, o que implicava um maior insight inconsciente de ter ao mesmo tempo impulsos destrutivos e amorosos.

Sessão 49
quinta-feira

Richard chegou novamente com alguns minutos de atraso, mas não fez nenhum comentário a respeito. Disse que estava com um resfriado terrível – ele tinha voltado. (Parecia que seu único sintoma era uma tosse leve.) Queixou-se também de dores nas pernas; estava com cãibra. Foi, então, beber água da torneira. Descreveu para a sra. K. sua ida ao cinema na noite anterior. O filme era muito triste, e ele tinha chorado. Tudo se passava na Alemanha. Um velho professor muito simpático – "uma querida, frágil, velha criatura" – morreu num campo de concentração; a mulher raramente tinha permissão para vê-lo. Enquanto contava isso, Richard tirou a frota e começou a movimentar os navios.

A sra. K. perguntou se em breve o pai não chegaria em "X" (ele havia mencionado a data algum tempo atrás).

Richard respondeu que ele chegaria no dia seguinte.

A sra. K. relacionou o fato de se ter entristecido com o velho professor abandonado com o material da sessão anterior: estivera dizendo para o sr. Smith, que tinha visto parado do outro lado da rua: "Vá embora, vá trabalhar"; quando descrevia o desenho, era para o sr. K. estar chorando por ter sido mandado embora pela sra. K.; tudo isso estava ligado ao fato de o Papai estar vindo para "X" de férias, e ao desejo de Richard de mandá-lo de volta a "Y" para trabalhar, onde ficaria sozinho. Queria que o Papai fosse embora de novo, particularmente porque sentia ciúme do Papai e da Mamãe juntos no mesmo quarto.

Richard concordou que era assim, mas acrescentou que o Papai e a Mamãe não iam dormir na mesma cama. Naquele quarto, as camas não ficavam uma do lado da outra. Enquanto dizia isso, Richard fez com que o *Rodney* se afastasse. Foi seguido pelo *Nelson*, e os dois navios tocaram-se pela popa.

A sra. K. assinalou que Richard, como anteriormente, tinha expressado seu desejo de que os pais não consumassem a relação sexual; mas, como havia demonstrado ao fazer com que o *Nelson* tocasse o *Rodney*, na verdade acreditava que eles o fariam. Essa era uma das razões por que queria que o pai fosse embora. No entanto, sentia também muita pena do pai abandonado e solitário, representado pelo sr. K. que chorava; e no final ele fez com que o sr. e a sra. K. se unissem novamente. Essa era outra razão pela qual tinha colocado o *Rodney* e o *Nelson* juntos, pois também sentia que lhes deveria ser permitido terem relações sexuais. Recentemente tinha mostrado que sentia ter devorado o pai – ao morder o lápis amarelo, ao desejar comer a carne deliciosa do monstro e ao ouvir o "chug-chug-chug" do navio que representava o Papai dentro de seu ouvido (Sessão 46). Quando odiava o Papai, seu interior se tornava uma prisão e um campo de concentração, onde podia torturar e atacar o Papai além de separá-lo da Mamãe. Sentia que lutava com ele com seu catarro, com seu xixi e seu cocô, e que o matava. Depois, temia ter perdido também o Papai bom e amado. Ao chorar pelo professor no filme, também se entristecia pelo Papai ferido e moribundo em seu próprio interior, assim como pelo externo, abandonado pela sra. K. e pela Mamãe. Na verdade, sabia muito bem que o sr. K. estava morto, e sentia pena dele. Também se preocupava com a Mamãe, que ficaria só e carente se o Papai morresse.

Richard movimentou os navios. Contou à sra. K. que um deles tinha agora um nome novo: *Cossack*.

A sra. K. assinalou que ele não se tinha referido à guerra na Rússia porque se sentia inseguro e preocupado a respeito disso. Sugeriu que o *Cossack* o representava e que estava procurando ajudar a Rússia atacada, que representava agora a Mamãe.

Richard fez com que o *Cossack* se afastasse sozinho, indo para bem longe dos outros navios. Falou sobre o *Glow-worm*, que tinha sido valente na batalha, mas que terminou partido ao meio. Disse que se sentia muito triste pelo *Glow-worm*. Fez com que o *Cossack* navegasse por toda a mesa e entrasse num fiorde norueguês, formado pela bolsa da sra. K. e pelo envelope de seus desenhos – esse seria o fiorde onde tinha ficado estacionado o *Altmarck*. Entraram no fiorde navios alemães também. Outros navios britânicos se reuniram ao *Cossack*, e desenrolaram-se as batalhas, que foram vencidas pelos britânicos. Fora do fiorde, o *Nelson* se juntou ao *Cossack*, seguindo-se outras batalhas. O *Rodney* tinha se transformado no *Bismarck*, que era repetidamente atacado pelos dois lados pelo *Cossack* e pelo *Nelson* aliados. Entretanto, embora estivesse em grande perigo, o *Bismarck* não foi de fato afundado. Às vezes vinha se juntar ao *Cossack* algum outro navio, de seu tamanho ou maior. No meio dessa brincadeira, Richard disse que estava esperando muito pela chegada do pai (não tinha discordado da interpretação da sra. K relativa a seu desejo de afastar o Papai), pois iriam pescar juntos.

A sra. K. interpretou o conflito de Richard que o brincar expressava e referiu-se também ao que ele havia dito no começo da sessão; se odiava o pai e desejava ter a mãe só para si, isso levaria a desastre. O Papai bom ficaria abandonado e solitário, ou ambos os pais poderiam se transformar em inimigos, e cortá-lo ao meio – o *Glow-worm* representando o próprio Richard. Sentia que precisava sair de casa para evitar tudo isso. Depois que o *Rodney* e o *Nelson* se juntaram e se tocaram na popa, seu primeiro movimento foi fazer com que o *Cossack* se afastasse sozinho. Mas depois Richard (o *Cossack*) se reuniu ao pai (o *Nelson*) e juntos atacaram a Mamãe, que foi transformada no *Bismarck* hostil, já que sentia que se ela fosse atacada se tornaria hostil. Richard também tinha pena dela; em suas brincadeiras com a frota ela nunca era afundada, pois isso faria com que se sentisse excessivamente culpado. Ir pescar com o Papai representava também sua união com o pai. Quando, em sua mente, isto não dava certo, ele se aliava a Paul – o *Cossack*, que num certo momento se juntou a um destróier um pouco maior –, e juntos podiam atacar a Mamãe ou ambos os pais.

Richard tinha começado a desenhar. [...] Referiu-se novamente ao filme que tinha visto na noite anterior; tinha também um pedacinho sobre a Áustria. Mencionou, então, uma mulher que conheciam, cujo marido era alemão; esse comentário foi feito sem hostilidade. Perguntou se a sra. K. se importava com o fato de ele não gostar dos alemães; ela devia gostar deles. Enquanto dizia isso, Richard cuidadosamente desenhava as mesmas ferrovias do Desenho 38. Disse que nenhum trem poderia passar, que nada poderia acontecer, até ele terminar de pôr os dormentes.

A sra. K. interpretou que Richard desejava que tanto ele como os pais dormissem à noite. Assim, não faria mal a nenhum deles ou à sra. K.; e não aconteceria nada mau. Na brincadeira com a frota tinha mostrado como se sentia culpado em relação a ambos os pais. A sra. K. recordou-lhe o sonho da sessão anterior, no qual era um prisioneiro prestes a ser julgado.

Richard estava agora respondendo bem às interpretações da sra. K., e disse que no sonho também estava sendo julgado por ter quebrado o vidro de uma janela. Acrescentou que no sonho não sabia como restaurar os edifícios – simplesmente aconteceu quando abaixou seu pé enorme – tinha se transformado num gigante.

A sra. K. lembrou-lhe que, alguns dias atrás, quebraram uma vidraça da sala de jogos.

Richard respondeu que não tinha sido ele – tinha sido uma das escoteiras que usavam a sala. (Isso era verdade, mas Richard tinha ficado muito perturbado quando ele e a sra. K. descobriram que a vidraça estava quebrada.)

A sra. K. interpretou que, embora ele não tivesse quebrado a vidraça, parecia sentir ter sido ele, por causa dos desejos agressivos que sentia na sala de atendimento.

Richard referiu-se, então, ao desenho que estava fazendo. Disse que "nós todos" – o sr. e a sra. K., o Papai e a Mamãe, ele, os passarinhos e Bobby – estávamos viajando juntos. A vizinha que criava os pintinhos também viajava com eles.

A sra. K. sugeriu que a vizinha, que tinha descrito como uma mulher idosa, bem como a sra. K., representavam a vovó. Richard tinha sido muito afeiçoado a ela, e sentia que, em sua relação com a sra. K., ela tinha sido revivida.

Richard disse que saíam de uma cidade onde tinham ficado e viajavam para Londres, onde todos viveriam juntos. Futuramente, todos voltariam para "Z".

A sra. K. interpretou que Richard desejava continuar seu tratamento e ir com a sra. K. para Londres, mas com sua família também.

Richard concordou, mas acrescentou que a sra. K. nunca tinha ido a sua cidade natal, e que gostaria que ela fosse conhecê-la.

A sra. K. interpretou o desejo de Richard de reunir e restaurar a família que, em sua mente, tinha sido tão danificada por ele. Esses danos, assim como o desejo de reparar, referiam-se também à sra. K., a quem ele sentia conter.

Durante essa sessão Richard estava muito menos perseguido. Quase não prestara atenção às pessoas que passavam na rua. Por outro lado, seus medos hipocondríacos intensificaram-se. Mostrara-se preocupado com sua garganta, limpando-a a todo instante, embora tossisse muito pouco. À parte isso, não se encontrava extremamente preocupado ou eufórico, e mostrou-se muito cooperativo.

Sessão 50
sexta-feira

Richard estava animado e parecia feliz. Tinha chegado um pouco mais cedo e estava esperando. Disse que não tinha trazido a frota – ela precisava descansar um pouco – e mencionou que não tinha tido nenhum sonho. Estava com muita vontade de desenhar e começou imediatamente. Como era seu costume, no começo de uma sessão, perguntou se a sra. K. tinha ouvido alguma notícia sobre algum bombardeio da RAF. Mostrou à sra. K. que, em seu desenho, a estação chamava-se "Roseman". Havia vários trilhos de estradas de ferro, à semelhança dos do Desenho 38, conduzindo a diferentes cidades, mas todos tinham que passar pela estação "Roseman". Uma das cidades era sua cidade natal. Assim que terminasse os dormentes (representados pelas linhas verticais) os trens poderiam trafegar. Nesse momento, viu que o sr. Smith estava passando pela rua, foi até a janela e acenou para ele, que retribuiu o aceno. Falou então sobre o "sr. Smith simpático". Perguntou à sra. K. se "aquelas meninas" já tinham passado; viu que se aproximavam e ficou olhando enquanto se afastavam. [...] Richard comentou que seu pai chegaria naquela tarde; estava feliz e aguardando ansiosamente por sua chegada. Iria com a Mamãe esperar o Papai na estação: seria "muito divertido".

A sra. K. interpretou que a estação "Roseman" representava o pai bondoso que tinha o pênis atraente – a rosa. Pescar juntos e o "muito divertido" também significavam que ele desejava ter uma relação sexual com o Papai, e que o genital do Papai tinha se tornado novamente desejável. O pai "Roseman" contrastava com o Papai-polvo e também com o gerente do hotel que o havia proibido de apanhar rosas.

Richard disse que achava que se alguém comesse polvo certamente teria uma indigestão; ele, porém, sentia-se muito bem. Seu resfriado tinha passado – na verdade ele tinha passado depois da sessão de ontem, e quase não tossiu depois que foi embora. Acreditava ter acabado de vez com o polvo na noite anterior. Pegou uma faca – não, simplesmente jogou o polvo pela janela e ele morreu. Acrescentou que não tinha pensado em nada disso à noite, esses pensamentos tinham lhe ocorrido agora.

A sra. K. perguntou onde estava o polvo quando ele o agarrou.

Richard disse que o polvo estava em sua cama, sob os lençóis. (Referia-se ao polvo como "ele".) Richard devia estar deitado sobre o estômago do polvo. Enfiou a mão embaixo do lençol, puxou o polvo, cravou uma faca no coração dele, e atirou-o pela janela. [...] Enquanto contava, continuou desenhando os dormentes e, referindo-se à estação e aos trens, comentou: "É muito complicado". Explicou, a seguir, que um trem tinha acabado de chegar. Outro – um trem de carga – estava partindo. Imitou o barulho do trem, referiu-se a ele como "o trem de carga velho e bobo", que ora se encontrava aqui, ora acolá – indicava os lugares no desenho. Depois disso, o barulho do trem foi ficando cada vez mais estridente e sibilante – nitidamente furioso.

A sra. K. interpretou que embora Richard esperasse ansiosamente pela chegada do pai, gostaria também que ele não viesse. O "trem de carga velho e bobo" representava o Papai, que ia ficando cada vez mais furioso à medida que Richard, no desenho, o despachava para diferentes cidades. Por isso o trem sibilava tão raivosamente.

Richard achou graça, e riu dessa interpretação.

A sra. K. assinalou que dizer que estava deitado sobre o estômago do polvo significava que o Papai-polvo se encontrava dentro de seu próprio estômago, e que Richard queria matá-lo e puxá-lo para fora. Seu comentário "É muito complicado" aplicava-se não tanto ao desenho, mas a seus próprios sentimentos: amor pelo pai, prazer em vê-lo, desejo por seu pênis, medo do polvo mau que existia no interior de si mesmo, da Mamãe e da sra. K., ciúme por querer a Mamãe só para ele, medo do Papai que ficaria com raiva se ele o mandasse embora. A sra. K. lembrou-lhe também que odiava ter que ceder ao pai seu lugar no quarto da Mamãe. Nunca tinha tido tanta atenção da Mamãe só para si como recentemente e ressentia-se de ser privado disso.

Richard concordou, mas repetiu que realmente ansiava pela chegada do pai; ia ficar num quarto muito bonito ao lado do deles. Nesse meio-tempo, alguns meninos na rua imitavam os latidos dos cães. Richard imitou o latido de Bobby e disse: "Se a senhora o visse quando pega coelhos!". Acrescentou que Bobby nunca tinha comido um só coelho ainda, caçava-os apenas "de brincadeira".

A sra. K. interpretou que Richard parecia ter mais confiança em sua capacidade de amar, e que se sentia menos assustado com a possibilidade de seus desejos agressivos e seu ódio terem efeito. Dizer que Bobby, que tantas vezes tinha representado ele mesmo, nunca tinha de fato comido um coelho, apesar de gostar de caçá-los "de brincadeira", significava que ele, Richard, não iria na verdade devorar o Papai {Diminuição da onipotência do pensamento}. Estando menos atemorizado com as lutas internas, seu resfriado parecia ter desaparecido e suas relações com a família tinham melhorado. Já que se sentia melhor e mais feliz, tinha decidido deixar a frota em casa, a fim de evitar mais batalhas. Da mesma forma, ao dizer que não tinha tido nenhum sonho, queria evitar ansiedades.

Richard fez outro desenho de trem. Estava satisfeito com o nome "Roseman", e ficou examinando ambos os desenhos, e os desenhos anteriores de trens e estações, tecendo comentários a respeito dos nomes que tinha usado. Disse que "Valeing" (Desenho 38) queria na verdade dizer baleia [*whale*]; quanto ao segundo desenho, que tinha uma estação chamada "Halmsville", disse que significava presunto [*ham*]: gostava de comer presunto. Parecia muito interessado na descoberta de que isso tinha sido expresso inconscientemente (Nota 1).

A sra. K. lembrou-lhe que "presunto" [*ham*] remetia igualmente ao grande entroncamento ferroviário alemão Hamm, que vinha sendo tão frequentemente bombardeado, do qual tinha falado anteriormente.

Richard concordou e, apontando para o desenho, mostrou onde supostamente estariam os galpões de mercadorias.

A sra. K. interpretou que comer presunto significava pôr para dentro coisas boas, que, no entanto, quando no interior revelavam-se perigosas – presunto [*ham*] era um bom alimento, mas, também, no momento, tratava-se do lugar mais bombardeado do mundo. O pênis bom, assim como o seio bom, poderia se misturar aos maus; dois dias atrás, havia dito, referindo-se a "Valeing" (Desenho 38), que as duas "Valeings" ficavam "no mesmo distrito". Parecia sentir que o Papai-baleia ocupava todo o espaço em seu interior. Temia também que o monstro perigoso no interior de si mesmo faria com que ele, Richard, se tornasse muito perigoso. No sonho recente (Sessão 48) ele se tinha tornado um gigante de botas pretas de Hitler, que tinha o poder de restaurar mas também o poder de destruir. Consequentemente, a reparação e a destruição também estavam misturadas em sua mente.

Richard havia começado um desenho de império e, quando estava pintando a parte vermelha de cima, contou à sra. K. que a Mamãe tinha ficado de mau humor com ele naquela manhã.

A sra. K. perguntou por quê.

Richard disse que tinha sido muito chato, como muitas vezes acontecia. Tinha se queixado e resmungado, não obedecia, discutia, e permanecia assim até conseguir o que queria.

A sra. K. perguntou-lhe o que queria naquela manhã.

Richard a princípio respondeu que não queria levantar-se; depois disse que na verdade não sabia o que queria. Precisava dizer o que tinha acabado de pensar? Ante a resposta afirmativa da sra. K., Richard disse que gostaria de quebrar as vidraças e atirar coisas por todo lado.

A sra. K. assinalou que, enquanto contava essas coisas, tinha começado a colorir as diversas partes do desenho. Ele, Richard, estava no alto, acima de todos, e tinha o maior genital; no desenho havia muito pouco do pai. Sugeriu que, apesar de aguardar ansiosamente a vinda do pai, Richard desejava também quebrar as coisas exatamente porque o pai estava para chegar. Queria estar no lugar do Papai, acima de todos na família. [...]

Richard contou, em voz baixa, e triste, que dois dias atrás tinha encontrado um gatinho no jardim do hotel. Tinha brincado com ele, e ia levá-lo para a delegacia de polícia quando lhe disseram que conheciam o dono do gato, e Richard foi entregá-lo. No dia anterior, tinha visto o gato atrás da janela da casa.

A sra. K. sugeriu que ele estava triste por não ter podido ficar com o gato.

Richard disse que sim, mas que não poderia ter ficado com ele; de qualquer forma, os gatinhos rasgam tudo, são destrutivos e são uma chateação. [...] Richard começou a contar quantos territórios pertenciam a cada um no desenho de império que tinha acabado de fazer. Novamente, como nos anteriores, aquele que tivesse mais territórios determinava a cor da linha sob o desenho. Richard constatou que ele tinha vinte e três territórios; a Mamãe, dezenove; o Papai, quatro; e Paul, oito.

A sra. K. interpretou o desejo de Richard de conter bebês crescendo dentro de si. Nesse desenho – depois de ter-se arduamente esforçado para estar em paz com todos – Richard tinha expressado seu desejo de ter mais de tudo, o maior pênis, e o maior número de bebês; entristecia-se por não poder ter bebês, pelo fato de que eles pertenciam mesmo à Mamãe, e que não era certo roubá-la, da mesma forma que teve de devolver o gatinho a seus donos. Seu desejo de quebrar as vidraças não se referia apenas a jogar coisas fora mas também a penetrar no lugar onde se encontrava o gatinho – na verdade, o corpo da Mamãe que, conforme supunha, continha bebês. O gatinho também o representava, nos momentos em que era destrutivo e que incomodava.

Richard olhou alguns desenhos anteriores, contou os territórios que pertenciam à Mamãe, e anotou o total. Ao descobrir que a sra. K. só iria com ele até a esquina, expressou sua tristeza, mas disse que não estava temeroso nem preocupado de seguir sozinho. No caminho, contou à sra. K. que ia tomar um café com a mãe na confeitaria do sr. Evans. Ele servia o melhor café, e embora parecesse muitas vezes mal-humorado parecia gostar de Richard, pois muitas vezes vendia-lhe balas.

Nessa sessão, Richard encontrava-se em boa forma, mental e fisicamente. Não se sentia perseguido e – à parte vigiar o sr. Smith e depois as meninas passando – apenas duas vezes teve sua atenção atraída pelos transeuntes: quando olhou para uma mulher e um homem idosos. Seus medos hipocondríacos estavam bem atenuados, não se encontrava num estado de espírito maníaco, mas de fato mais contente. Falou livremente, mas mostrou-se também desejoso de ouvir e pronto a aceitar as interpretações da sra. K. Embora durante essa sessão no geral se mantivesse num estado de espírito amistoso e bem-equilibrado, desejos e sentimentos conflitantes, bem como as ansiedades e defesas correspondentes, tornaram-se muito claros e foram plenamente reconhecidos por ele (Nota 2).

Notas

1. Tratava-se essencialmente do mesmo sentimento que ele experimentou quando, por intermédio dos desenhos e do brincar, se convenceu da existência do inconsciente (cf. particularmente as Sessões 12 e 16). Com crianças e com adultos, pude observar que a gratificação decorrente da experiência e do reconhecimento de uma parte da mente até então desconhecida parece ser de natureza tanto intelectual como emocional. Uma das razões para essa gratificação é o alívio da ansiedade, que se segue a uma interpretação que transmite ao paciente uma compreensão dos processos inconscientes. Fundamentalmente, o fato de a análise propiciar-lhe algo que ele sente que o ajuda e enriquece faz reviver a experiência arcaica de ser amado e alimentado. O sentimento de se enriquecer está ligado à integração do ego e à síntese do objeto. Desde os estágios mais arcaicos existe um anseio de integração, e uma função importante da interpretação – em última instância, o principal objetivo da análise – é ajudar o paciente na direção da integração. O anseio de integração e insight é um fator que ajuda o paciente a tolerar a dor e o sofrimento de vivenciar, ao longo da análise, ansiedades e conflitos, e até mesmo de experimentar as ansiedades persecutórias desencadeadas pelas interpretações, que, de certa forma, transformam o analista numa figura persecutória. Pude repetidamente observar que alguns pacientes – crianças e adultos – sentem não apenas a satisfação, mas até mesmo um certo divertimento, ao descobrir com o analista uma parte de sua mente, geralmente sentida como má ou desonesta. Em minha experiência, são pessoas que têm senso de humor, e ocorre-me que uma das raízes do senso de humor é a capacidade de experimentar satisfação ao descobrir em si mesmo algo que antes estava reprimido.

2. Conclui-se, então, que a diminuição dos medos relativos aos perigos internos, que se pode ver nessa sessão e na anterior (resultado da análise que precede essas sessões), possibilitou a Richard vivenciar e expressar mais claramente suas ansiedades e conflitos. Ao mesmo tempo, tornar-se consciente e compreender profundamente suas ansiedades e conflitos trouxe-lhe alívio, aumentou sua confiança em si mesmo e nas outras pessoas, e teve como resultado um melhor equilíbrio.

Sessão 51
sábado

Richard estava esperando na esquina, e a primeira coisa que disse foi que tinha "torcido" o tornozelo ao descer as escadas para tomar café. Na sala de jogos, comentou que iria pescar com o Papai à tarde. Descreveu em detalhes os planos deles e disse que esperava pegar uma truta: ainda não tinham a licença para pescar salmão. O Papai tinha trazido as varas de pescar de Richard, e as dele também. Contou à sra. K. que ele tinha comprado um bloco de papel bem grande para desenhar em casa. Era o dobro do tamanho do que a sra. K. lhe dava, e foi barato. Ficou pensando se a sra. K. não teria pagado caro pelo que comprou. Em casa, tinha ficado desenhando as estradas de ferro, e estava muito a fim de continuar com elas já. Decidiu, no entanto, primeiramente contar quantos territórios pertenciam a cada um nos primeiros desenhos de "império" que tinha feito. Separou dois dos primeiros, dizendo que estes não representavam apenas a família, já que tinha usado também outras cores. Ficava muito satisfeito sempre que descobria que a Mamãe não ficava muito atrás, e obviamente culpado porque na maioria dos desenhos ele possuía mais territórios que ela. Depois de ter contado em alguns desenhos, desistiu. Fez também um comentário sobre o número de desenhos que tinha feito, e que até ali já tinha usado quase todo o bloco. A seguir, fez o Desenho 39. Enquanto desenhava, contou à sra. K., sorridente, que tinha acontecido uma coisa no quarto dos pais na noite anterior. Um rato tinha comido dois biscoitos, mas sua mãe tinha ficado tão assustada que não tivera coragem de sair da cama para tomar alguma providência, e Richard achava que o Papai também tinha ficado com medo do rato. O rato subiu pela vara de pescar do Papai. Divertia-se ao contar o episódio, obviamente se sentindo muito superior. Se ele, Richard, estivesse lá teria pegado o chinelo do pai e mandado o rato embora. Dramatizou a situação, fazendo o papel dos pais e dele próprio. Acrescentou que ele era "Larry, o Cordeiro" (um personagem muito conhecido do programa infantil de rádio *Children's Hour*). [...] A primeira coisa que desenhou foi a estação "Lundi", e a primeira linha que levava à estação "Valeing". Imediatamente disse que "Lundi" o fazia lembrar de lunático, e fez uma associação com um homem "maluco" que não trabalhava e que vagava pelas ruas de "X". Tinha cabelo ruivo e estava quase calvo. A seguir, Richard desenhou as estradas de ferro que levavam a "Roseman" e outros lugares, e disse que não havia desvios na linha "Lundi-Valeing". Um trem, vindo de "Lundi", entrou em "Valeing" com grande algazarra; nele viajava a sra. K., que ia pescar baleias. Ele também desejava pescar baleias; iria, portanto, com a sra. K.

A sra. K. interpretou que o lunático representava seu pai tendo relações sexuais com a Mamãe, que, supunha Richard, tinha ocorrido na noite anterior. O Papai também era calvo, e no momento não estava trabalhando, como o "maluco". O rato representava o genital do Papai comendo os seios da Mamãe (os dois biscoitos). Desejava que a Mamãe fosse assim atacada, pois sentia-se ressentido por ter sido expulso do quarto, e o rato representava também Richard e o seu genital atacando o genital do Papai – a vara de pescar. Triunfava sobre os pais e sobre a sra. K. porque achava que podia enganá-los. Fingia ser tão tímido e inocente como um cordeiro. Mas desejava que não só a mãe fosse atacada como também a sra. K., já que ela iria deixá-lo para tratar de outros pacientes em Londres. Ela representava a Mamãe quando esta se voltava para o Papai ou para Paul. Estava muito ressentido com a sra. K. por privá-lo de sua análise, por isso tinha uma queixa a mais contra ela. Além disso, ela deveria ir para "Lundi" – Londres – para ser maltratada pelo lunático Papai-Hitler mau. Richard tinha dito que não havia desvios na linha "Lundi-Valeing". Isso significava que não havia lugar ali para nenhum outro genital – a saber, o dele, Richard – entrar; o Papai mau tomava para si todo o interior da Mamãe. O trem que corria fazendo toda aquela algazarra representava a Mamãe e a sra. K., aterrorizadas, tentando fugir do Papai-Hitler lunático. Por outro lado, Richard desejava proteger a sra. K. e a Mamãe e, para isso, estava no mesmo trem que a sra. K., para ajudá-la a pegar a baleia má – o genital-Hitler. Sentia que, para proteger a Mamãe, deveria se colocar entre o Papai-lunático e ela para protegê-la, mas tinha medo de fazê-lo e, em vez disso, fingia ser um cordeiro; de qualquer forma, não havia lugar para ele entre eles (nenhum desvio). A sra. K. recordou-lhe também seus sentimentos em relação ao vagabundo raptando e ferindo a Mamãe, e que se sentia ao mesmo tempo triunfante e culpado por ter desejado, na noite anterior, que o pai machucasse a Mamãe durante a relação sexual, mas sentia também que deveria ir em seu socorro [...] (Nota 1).

Richard preencheu a estrada de ferro com os dormentes, mais uma vez dizendo que os trens só poderiam trafegar depois que os dormentes estivessem desenhados; caso contrário, não seria seguro.

A sra. K. interpretou que Richard sentia que os pais corriam perigo, já que desejava atacá-los. Portanto só estavam a salvo quando ele dormia – ele era o dormente. Mas era mais seguro para ele atacá-los – o rato que o representava – apenas quando estivessem adormecidos. Quando acordados, ele tinha que fingir que era um cordeiro.

Richard disse que estava ansioso pela batalha.

A sra. K. perguntou a que batalha estava se referindo.

Richard respondeu que era a pescaria, pois ia lutar com os peixes como se fossem baleias. Ia pôr a isca, fazer com que o anzol ficasse encravado em suas gargantas; iam bater com o nariz nas pedras, seriam mortos e comidos.

A sra. K. interpretou o desejo de Richard de chupar e de comer o pênis atraente do Papai ("Roseman", a truta, o salmão), mas sentia que, uma vez que também odiava e combatia o pênis como a uma baleia, este se tornaria uma baleia em seu interior, e, tal qual o polvo, um inimigo. Indicou também que Richard estivera mordendo o lápis amarelo.

Richard mostrou então para a sra. K. que, no desenho, a estrada de "Roseman" levava à cidade de York, dizendo que soava como carne de porco [*pork*], e que no meio ficava a estrada para "Halmsville", que era presunto [*ham*].

A sra. K. interpretou que todas as coisas agradáveis ficavam de um mesmo lado do desenho, e isso significava que, numa parte de sua mente, o Papai e o pênis eram bons; em outra parte de sua mente, eram muito perigosos e destrutivos para a Mamãe; sentia conter ambos, o pênis bom e os pais em luta.

Richard novamente havia colocado o lápis amarelo na boca, e chupava-o; disse que queria fazer uma pergunta à sra. K., e que gostaria que ela respondesse desta vez. Existia uma regra entre os psicanalistas de nunca ficarem zangados ou irritados? Seria porque isso prejudicaria o trabalho? Olhava-a penetrantemente.

A sra. K. interpretou que ela representava a Mamãe e que ele esperava que ela se mostrasse muito hostil em relação a seus desejos de roubar-lhe o pênis bom do Papai e de devorá-lo. Mas Richard esperava também que a sra. K. não fosse realmente como a Mamãe; por ser uma psicanalista que estava trabalhando no sentido de descobrir seus pensamentos e de ajudá-lo com eles, não se zangaria e ele poderia falar livremente com ela. Não obstante, naquele momento, subitamente tinha ficado com medo de que a sra. K. – tal como a Mamãe – afinal de contas se zangasse porque ele as havia privado do genital-"Roseman", deixando-lhes o genital-lunático.

Richard tinha voltado a seus desenhos. Apontou um império (Desenho 11), no qual todas as seções eram muito pequenas e disse que esse não contava porque era uma criança.

A sra. K. interpretou que nesse desenho todos eram iguais e crianças. Isso significava que dali não sairia nada de mal, mas tinha lá suas dúvidas se as crianças seriam mesmo tão inofensivas.

Richard olhou o Desenho 21, profundamente interessado. Disse: "Olhe, aqui ela diz 'socorro, socorro'", e aqui, apontando uma estrela-do-mar, "Vou ajudá-la" (Nota 2). "Foi a senhora que coloriu esse desenho, lembra?" (Na ocasião, Richard tinha pedido à sra. K. para colori-lo, o que ela fez seguindo as indicações dele.)

A sra. K. interpretou que esse desenho representava a Mamãe e a sra. K. gritando por socorro contra o Papai lunático e preto. Richard agora sentia que ia em seu auxílio, e ficou particularmente satisfeito por descobrir isso nessa sessão, na qual o medo de ter deixado a Mamãe à mercê do Papai perigoso tinha surgido com muita intensidade. Richard tinha repetido várias vezes que a sra. K. e o trabalho que fazia com ele o ajudavam, o que significava que ela representava a Mamãe boa e que ajuda. Razão a mais para sentir-se culpado por abandoná-la com o Papai mau e lunático e pelos ataques a ela dirigidos.

Richard olhou com bastante interesse para o desenho de aviões feito na Sessão 46. Disse que, naquele desenho, a Mamãe – o avião que foi subsequentemente (Sessão 47) chamado de "um gigante" – sobreviveu, bem como Bobby. Acrescentou, porém: "Não, sou eu". [...] A seguir, assinalou que os dois aviões alemães abatidos eram o Papai e a Cozinheira.

A sra. K. interpretou que ele havia desconfiado que a Cozinheira o envenenava (Sessão 12); portanto, o Papai e a Cozinheira, que tinham sido abatidos, representavam o Papai mau e a Mamãe venenosa, ao passo que a Mamãe boa e ele sobreviviam.

Richard voltou a desenhar trens. Agora as ferrovias representavam os próprios trens. Acompanhava o desenho com os ruídos que os trens supostamente faziam. Trafegavam em todas as direções, mas nenhum trem partia de "Lundi" para "Valeing".

A sra. K. assinalou esse fato e sugeriu que expressava o medo de Richard referente à relação sexual perigosa e lunática dos pais, e seu desejo de impedi-la. Ele havia também demonstrado seu desejo de ajudar a sra. K. quando a acompanhou até "Valeing" para caçar baleias.

Richard voltou para o Desenho 39 e desenhou uma conexão nova: agora o trem partia de "Lundi" em direção a "Roseman", fazendo barulhos "orgulhosos" e sibilantes.

A sra. K. assinalou que agora ela e a Mamãe estavam zangadas e queriam levar "Roseman", o Papai bom, para longe de Richard. Sugeriu igualmente que a preocupação de Richard quanto ao fato de a Mamãe não possuir o número de territórios suficiente nos desenhos de império expressava seu desejo de restituir-lhe os bebês, pois sentia ter-lhe roubado os bebês, assim como o genital "Roseman" que lhe daria bebês. O bloco de desenho novo, que Richard tinha comprado e comparado com o da sra. K., que era menor, pensando ter feito um negócio melhor, significava também que ele tirara dela o pênis bom e os bebês.

Richard virou o Desenho 39 de lado, de forma que agora "Lundi" e "Valeing" ficassem na parte de cima, e disse que era uma serpente, e era por isso que alguns dos trens sibilavam.

A sra. K., colocando o desenho na posição original, perguntou-lhe se não achava que parecia um polvo.

Richard concordou enfaticamente, acrescentando que achava que a sra. K. era muito esperta por ter descoberto isso (Nota 3).

No final da sessão, Richard disse que aquele era o dia do aniversário de um construtor de império. Seu primeiro nome era Cecil. A sra. K. saberia dizer quem era ele?

A sra. K. respondeu que era Cecil Rhodes.

Richard ficou muito satisfeito com a resposta da sra. K., mas acrescentou, um pouco em dúvida, que havia uma ilha italiana com aquele nome por causa dele.

A sra. K. interpretou o desejo de Richard de saber se a sra. K. e a Mamãe eram leais ao Papai bom, que construiu a família e a mantinha unida, e que Richard desejava ser também leal a ele. Tinha, porém, suas dúvidas se a sra. K. e a Mamãe seriam confiáveis; o que foi demonstrado pela referência que fez à ilha italiana, que era um lugar hostil. Seus medos e dúvidas acerca da sra. K. estrangeira – a ilha italiana – aplicavam-se também à Mamãe. Temia que a Mamãe fosse hostil com ele, ou que ela, se o amasse mais do que a todos, fosse desleal e hostil com o Papai.

Notas

1. O sentimento de culpa, por ter exposto a mãe – através de desejos sádicos – à relação sexual com o pai perigoso, foi demonstrado na Sessão 1 (e desde então em muitas outras oportunidades) por seu temor de que o vagabundo raptasse a mãe. Tive muitas vezes a oportunidade

de verificar na análise de crianças e de adultos que os sentimentos de culpa referentes a essa situação de fantasia específica encontram-se na base de autocensuras por ter negligenciado ou por ter deixado de proteger a mãe em diversas ocasiões posteriores ou de tê-la danificado. Esse é um exemplo da importância da culpa derivada das fantasias sádicas infantis muito arcaicas, e ilustra a necessidade premente de na análise se remontar a essas camadas arcaicas, se pretendemos diminuir a culpa em sua raiz.

2. Tomo o fato de Richard demonstrar um grande interesse por material anterior, e fazer comentários a respeito deste com um insight mais profundo e maior convicção, como resultado do progresso no "trabalho de elaboração". Verifiquei que muitas vezes, em determinados estágios, o paciente volta a se referir a material anterior, que evidentemente havia sido aceito apenas em parte, estabelecendo ligações com o material atual. Isso mostra um progresso na profundidade do insight, da compreensão e da integração.

3. O material das últimas sessões, especialmente o da anterior e o desta, ilustra alguns processos fundamentais vistos sob determinado ângulo. É parte de minha teoria (cf., particularmente, "Algumas conclusões teóricas relativas à vida emocional do bebê", 1952) que no decorrer da mais remota infância a cisão entre amor e ódio, e correspondentemente entre objetos bons e maus – e em certa medida entre objetos idealizados e muito perigosos –, é o método pelo qual a criança muito pequena mantém uma estabilidade relativa. Em meu texto "Inveja e gratidão" (1957), dei especial ênfase aos processos de cisão arcaicos. Se amor e ódio, e objetos bons e maus, podem ser cindidos com êxito (o que significa que a cisão não é tão profunda a ponto de inibir a integração e, no entanto, é suficiente para neutralizar a ansiedade do bebê), estão lançadas as bases para uma capacidade crescente de discriminar entre bom e mau. É isso o que possibilita à criança durante o período da posição depressiva sintetizar, em certa medida, os vários aspectos do objeto. Sugeri que a capacidade de que essa cisão primária seja bem-sucedida depende em larga escala de que a ansiedade persecutória inicial não seja excessiva (o que, por sua vez, depende de fatores internos e, até certo ponto, de externos).

Voltando para meu exemplo, na Sessão 50 tive a oportunidade de mostrar a Richard quão intimamente ligados encontravam-se, em sua mente, a rosa, o pênis desejado do pai (que indubitavelmente tinha também o significado de seio), e o pai-baleia, o pênis persecutório;

na Sessão 48, referindo-se ao Desenho 38, ele havia dito que "Valeing" significava "todos no mesmo distrito", o que significava que a baleia se espalhava por todo o seu interior. Do outro lado do desenho ficavam os objetos odiados e assustadores – "Lundi", "Valeing" – e o trem que corria entre eles representava a relação sexual perigosa dos pais. Os dois lados do desenho estavam ligados por uma só estrada.

Acredito que a divisão, expressa nessa sessão, entre objetos bons e maus, com apenas uma ligação entre eles, indicava um passo que Richard não pôde dar na mais tenra infância. Desejo também mencionar aqui a importância do processo de externalização, que tem aparecido claramente nas últimas sessões, quando se tornou capaz de experimentar suas emoções e ansiedades intensas relativas aos objetos internos maus, e dirigi-las de forma mais aberta e direta a pessoas a quem sentia como realmente más (Oliver e Hitler). Isso indicava tentativas de lidar de maneira melhor com suas ansiedades persecutórias.

Em minha nota para a Sessão 45, chamei a atenção para suas tentativas mais bem-sucedidas em direção à síntese de seus objetos, mostrada pela diminuição da violência da identificação projetiva. (No Desenho 25, seus objetos internos e externos não eram enfiados uns nos outros, mas dispostos de maneira pacífica.) A diminuição da identificação projetiva implica, por sua vez, a diminuição dos mecanismos e defesas esquizoides e paranoides e uma maior capacidade de elaborar a posição depressiva. Essa maior capacidade, ligada ao progresso na integração do ego e na síntese dos objetos, parece ser consequência de um maior êxito dos processos arcaicos de cisão, que foi expressa na presente sessão. Esse passo, no entanto, teve um êxito apenas parcial, uma vez que, quando me mostrou que o lado "mau" ("Lundi-Valeing") parecia uma serpente – expressando assim seu sentimento de que ali estava o pênis mau, semelhante a uma serpente, do pai –, concordou plenamente com minha sugestão de que os dois lados juntos pareciam um polvo. Sua tentativa de separar completamente a mãe boa da má, o pai bom do mau e os pais entre si, havia fracassado. O polvo, que significava o pai mau, tinha-se misturado com o pai bom no outro lado do desenho, e acabou prevalecendo.

Como em muitas dessas notas, meus comentários a respeito de mudanças em Richard, e das razões pelas quais ocorreram, indicam passos que só têm interesse do ponto de vista teórico e técnico, embora algumas delas não pudessem ser mantidas. Meu objetivo é mostrar as flutuações decorrentes do trabalho analítico, sem com isso pretender que elas necessariamente indiquem um progresso duradouro. A razão por que algumas dessas mudanças não foram duradouras reside, como mencionei no Prefácio, no fato de que a análise foi muito breve. Como sabemos, a repetição contínua das experiências numa análise, a elaboração total (Freud), é uma precondição para resultados estáveis.

Sessão 52
domingo

Richard tinha ido encontrar a sra. K. mais perto da casa dela. Imediatamente entregou-lhe um pedaço de salmão que seu pai tinha pescado. Comentou que ele havia "insistido" em que a sra. K. deveria ficar com um belo pedaço. Parecia felicíssimo por dar-lhe o peixe. Contou à sra. K. que ele não tinha pescado nenhum peixe, mas que o Papai tinha pegado muitos peixes, e também um salmão enorme.[96] Só uma vez na vida Richard tinha pescado um peixe; isso foi tudo. (Não parecia, no entanto, desapontado, mas orgulhoso e identificado com a habilidade do pai.) Começou a desenhar imediatamente. Enquanto desenhava, comentou as notícias da guerra: era bom que a RAF estivesse fazendo os bombardeios, e os russos também não estavam se saindo mal. Foi até o mapa e procurou duas cidades russas que haviam sido mencionadas nos comunicados. Disse que ia desenhar ferrovias, mas que dessa vez não ia fazer os dormentes. Para começar, desenhou os trilhos dos trens de apenas uma ou duas linhas, mas, quando os trens iam começar a trafegar, desenhou algumas linhas adicionais, e o lápis passou a ser o trem. O trem partia da estação "Tima", correndo a grande velocidade. Em certos trechos, emitia ruídos muito fortes, em outros trafegava em silêncio.

A sra. K. quis saber por quê.

Richard disse que o trem estava sendo perseguido, e que se mantinha em silêncio nos lugares em que o inimigo podia ouvi-lo. De "Tima", disse que lhe lembrava o nome de um lugar na Abissínia conquistado pelos Aliados. Fazia com que se lembrasse de Tim, um

---

96 Nessas alturas, o pai de Richard havia obtido uma licença para a pesca de salmão.

garotinho que conhecia e de quem gostava, mas que era cansativo quando ficava muito travesso. Era "um verdadeiro terror", mas bonzinho. Enquanto falava sobre os inimigos perseguindo o trem, fez vários pontos no papel, dizendo: "Agora ele está aqui, agora aqui, agora aqui".

A sra. K. perguntou se era um só inimigo que o perseguia. Richard respondeu que não, eram muitos.

A sra. K. interpretou que Tim, o "terror" bonzinho, representava o lado agradável de Richard, assim como Bobbie. Ele representava também, do mesmo modo que o trem, o genital de Richard entrando nos genitais e nos interiores da sra. K. e da Mamãe. Era por isso que estava sendo caçado pelo Papai e pelo genital dele.

Richard disse que o Papai era um mágico, e por isso ele podia fazer de tal modo que houvesse muitos dele.

A sra. K. interpretou que Richard poderia ter sentido que o Papai deixava seu genital no interior da Mamãe toda vez que tinham relações sexuais, e que, assim sendo, ela estaria cheia de pênis hostis para com o genital de Richard. A sra. K. lembrou-lhe que ele já lhe havia mostrado anteriormente, tanto no brincar como em seus desenhos, a luta que se travava no interior da Mamãe e da sra. K. entre os genitais do Papai, de Paul e o dele próprio. Acrescentou que o trem agia como Richard, quando estava com medo das crianças. Às vezes, ele as provocava, outras vezes ficava bem quieto para não atrair a atenção delas. Ele também fingia ser uma criança boa e inocente, ontem "Larry, o Cordeiro", hoje "um verdadeiro terror", mas bonzinho. Na sessão anterior, os dormentes significavam que ele estava a salvo quando os pais dormiam, e que nada poderia acontecer a eles enquanto ele dormia. Hoje não havia dormentes porque ele parecia sentir que nenhum deles se encontrava a salvo à noite.

Richard, nesse ínterim, fazia com que o trem corresse cada vez mais depressa, e repetiu que estava sendo perseguido. Fez círculos no lugar onde o trem estava passando no momento, dizendo dramaticamente: "Agora ele está aqui, agora aqui, depressa, depressa". Ele expressava todas as emoções de estar sendo perseguido, como também o prazer de uma aventura excitante. No fim, o trem conseguiu se salvar. A esse tempo, o desenho das linhas que se entrecruzavam tinha virado um labirinto, do qual o trem tinha que encontrar a saída.

A sra. K. interpretou que ele tinha acabado de expressar seu medo de que o Papai ou o pênis do Papai o atacassem, ou a seu genital, no interior da Mamãe, que era um labirinto, do qual ele e seu pênis tinham que sair o mais rápido possível. A sra. K. lembrou que ele havia torcido o tornozelo no dia anterior, depois da chegada de seu pai. Este fato podia ter já então expressado o mesmo medo, sua perna representando o genital ferido (Nota 1).

Richard, de repente, apontando o cartão-postal na parede oposta, disse:

"O peito do sabiá é um vermelho bem vivo".

A sra. K. interpretou esse comentário como uma confirmação de sua interpretação. Disse que o sabiá sangrando representava seu genital ferido e sangrando, que ele talvez não conseguisse retirar a salvo do interior da Mamãe e da sra. K. se este estivesse lá dentro envolvido numa luta com o genital do Papai.

Richard, depois de terminar esse desenho, cobriu-o de rabiscos.

A sra. K. interpretou que Richard, quando bebê, desejou atacar ambos os pais com seu cocô. Agora, sentindo-se novamente em desigualdade para lutar contra o Papai como um rival dentro da Mamãe, retomava esses ataques a ambos, bombardeando-os com seu cocô {Regressão}.

Richard fez então outro desenho (Desenho 40). À direita ficava um navio pequeno, que Richard disse ser o cruzador *Prinz Eugen*, sendo bombardeado no porto. À esquerda, dentro do porto, estava o *Gneisenau*, muito maior. As bombas, desenhadas como formas circulares, caíam entre o *Prinz Eugen* e o *Gneisenau*. Richard estava muito sério e pensativo. Disse que o *Prinz Eugen* era um belo navio, era uma pena bombardeá-lo, não era? Nesse meio-tempo, tinha estado a desenhar o *Scharnhorst*, fora do porto e do alcance das bombas.

A sra. K. interpretou seu arrependimento e pesar pela destruição do genital admirado do Papai – o *Prinz Eugen* – e sua culpa por bombardeá-lo e destruí-lo quando enciumado e com raiva; temia também ferir a Mamãe se atacasse o Papai em seu interior. No desenho, as bombas caíam entre o *Prinz Eugen* – o genital do Papai – e o *Gneisenau* – a Mamãe. Mas ele queria também salvar a Mamãe desses ataques e, para isso, desenhou outro navio (o *Scharnhorst*) fora do porto, que representava a Mamãe, em segurança, fora do alcance das bombas. Impedia também, dessa forma, a relação sexual dos pais.

Depois desse desenho, Richard saiu e, como de costume, olhou as montanhas, sentindo-se comovido com a beleza delas. Disse que havia algumas nuvens carregadas sobre as montanhas. [...] Voltou para a sala e continuou seu desenho. Até esse momento, não se tinha interessado pelas pessoas que passavam pela rua, mas, ao ver passar a menina ruiva acompanhada de outras crianças, comentou que iam à igreja. Não demonstrou quaisquer sentimentos inamistosos ou de perseguição. Ainda mostrando-se muito sério e mergulhado em pensamentos, começou a fazer outro desenho (Desenho 41). Apontando para a parte inferior do desenho, explicou que era o solo, e embaixo dele havia duas minhocas. As duas linhas verticais que desenhou atravessando o solo eram o caminho pelo qual as minhocas tinham saído. Sobre o solo, as armas antiaéreas bombardeavam os aviões alemães. Não podia dizer qual seria o resultado.

A sra. K. interpretou que as minhocas representavam os pais, mantidos a salvo sob a terra.

Richard confirmou essa interpretação, e disse que as minhocas estavam em segurança ali.

A sra. K. interpretou que Richard era representado pela arma antiaérea atacando os aviões alemães com seu genital e com seu cocô. Seus pais, a quem em sua mente sentia ter atacado, transformaram-se em inimigos, sendo portanto apresentados, como tantas vezes, como aviões ou navios alemães; e, porque sentia que eles eram inimigos, tinha que continuar a destruí-los. Mas ele também amava os pais, considerava-os bondosos, e desejava protegê-los. Sentindo-se tão dividido em seus sentimentos em relação a eles, deixava o resultado em aberto. A sra. K. sugeriu que as minhocas representavam não apenas os pais mas também os bebês no interior da Mamãe, a quem ele desejava proteger dele próprio. A Mamãe tinha, de fato, dois filhos.

Richard perguntou se a sra. K. pretendia atendê-lo nos outros domingos, além do seguinte que já estava combinado porque os pais estariam em "X" de férias.

A sra. K. respondeu que ele poderia escolher. Até agora, só o domingo seguinte tinha ficado combinado com ele e com a mãe.[97]

Richard, ainda sério e pensativo, começou a desenhar (Desenho 42). Depois de ter desenhado o avião alemão pousado e o raio, disse, após um silêncio, que gostaria de perguntar à sra. K. uma coisa pessoal. Ela se importava? Sabia que não iria responder se não quisesse. Costumava ir à igreja? Os psicanalistas iam à igreja? Logo a seguir, antes mesmo que a sra. K. pudesse responder, disse que ela não podia ir, era muito ocupada.

A sra. K. interpretou seu medo de que ela respondesse que não ia à igreja, o que confirmaria as fortes dúvidas que ele tinha a respeito

97 Conforme demonstrado também por material posterior, tratava-se novamente de uma questão de equilibrar lealdades, dessa vez entre o pai e a analista; uma vez que a mãe e Richard tinham ficado em "X" durante a semana para ele fazer análise, sentia que deviam ficar com o pai pelo menos no domingo.

dela. A sra. K. perguntou a Richard se ele achava que era errado não ir à igreja. Ele e a Mamãe iam regularmente?

Richard respondeu que era errado não ir à igreja, Deus não iria gostar. Às vezes ele ia; em "Z" a mãe costumava ir, mas em "Y" não. Enquanto conversava sobre isso, começou a colorir o céu de preto.

A sra. K. perguntou se temia ser castigado por Deus.

Richard, parecendo muito ansioso, levantou-se enquanto a sra. K. interpretava e afastou-se dela; obviamente tinha ficado com medo de estar tão perto dela. Pegou uma corda que estava jogada num canto e atirou-a para longe dele, fazendo movimentos sinuosos. O estado de espírito de Richard tinha mudado e ele ficou muito animado. Continuou a jogar a corda com evidente prazer, e satisfeito de melhorar sua habilidade. Disse que a corda parecia uma cobra. Algumas vezes colocou-a entre as pernas enquanto a atirava. Decidiu que esta seria uma apresentação, e que a sra. K. era o público. Ele seria o apresentador, e imediatamente anunciou que um jovem rapaz iria apresentar alguns truques com uma corda. Falou para a sra. K. aplaudir todas as vezes que ele aparecesse, e para fazer comentários elogiosos. A sra. K. fez o que ele pediu, representando o público, e trocando comentários com vizinhos imaginários: "Ele é bom, não é?", "Que menino inteligente!". Richard estava muito satisfeito e continuou mais um pouco; decidiu então que agora ele ia anunciar a sra. K., que iria fazer os mesmos truques que o rapaz tinha apresentado.

A sra. K. atirou a corda algumas vezes, e a seguir interpretou que, quando Richard punha a corda entre as pernas, esta representava o genital do Papai, que Richard tinha roubado e que agora possuía. A apresentação da sra. K. com a corda significava que a Mamãe, também, deveria ter um pênis potente, o que os tornaria todos iguais. O brincar com a corda – tanto de Richard como da sra. K. – expressava também seu desejo de ter uma relação sexual com ela; ao mesmo tempo, era deste desejo que ele tinha tanto medo, e pelo qual sentia que Deus, representando o Papai, iria puni-lo. A sra. K. sugeriu que o movimento sinuoso da corda, que ele havia dito ser uma cobra, era semelhante ao raio do Desenho 42, que simbolizava o genital poderoso e destrutivo de Deus – representando o Papai.

Richard repetiu que a corda parecia uma cobra, e concordou que era semelhante ao raio no desenho. Deixou a corda no canto de onde a tirara e disse: "Deve ter ficado ali durante um bom tempo".

A sra. K. interpretou que quando Richard recolocou a corda no lugar ao qual pertencia comentando que devia estar ali havia "um bom tempo", isso significava que apenas a tinha tomado emprestada do Papai.

Enquanto isso, Richard escureceu ainda mais o céu do Desenho 42, e acrescentou mais alguns traços ao avião nazista. Explicou que o céu estava coberto de nuvens e que um raio tinha atingido o avião nazista. Novamente tinha ficado ansioso e parecia estar sofrendo, como se estivesse lutando com as próprias emoções. Levantou-se, examinou várias coisas que estavam nas prateleiras e moveu-se pela sala inquieto.

A sra. K. interpretou que ele estava tentando escapar de pensamentos muito dolorosos.

Richard fez um visível esforço para prestar atenção, embora com imensa dificuldade, ao mesmo tempo que pegava os objetos da prateleira e movia-se para lá e para cá inquietamente.

A sra. K. assinalou que ele tinha fortes dúvidas relativas à psicanálise; sentia que era uma coisa muito errada. Uma vez que a sra. K. conversava com ele a respeito de coisas que ele julgava impróprias e que sempre tinha sido ensinado a considerar como impróprias, sentia que ela o incitava e o autorizava a experimentar seus desejos sexuais em relação a sua mãe e a ela própria. Esses desejos lhe pareciam ainda mais perigosos, uma vez que estavam ligados a ódio, ciúme, e destruição dos pais, aos quais também amava. Sempre tinha feito um enorme esforço para escapar desses sentimentos hostis, que ele sentia serem "maus", desejando experimentar somente o amor. Mas a sra. K., nos momentos em que a temia por incitá-lo, representava também a Mamãe, que ao lhe permitir dormir sozinho no mesmo quarto que ela o incitava também. E, toda vez que a mãe lhe demonstrava seu amor, suspeitava dela também, de ser desleal com o Papai e de encorajar os desejos hostis e maus de Richard. Embora ele não fosse mesmo à igreja, sentia que a sra. K. não deveria ter-lhe oferecido essa sessão no domingo; ela e ele *deviam* ter ido à igreja, o que também significava que o Papai devia ter sua quota de atenção e amor. Ao mesmo tempo, queria sim que a sra. K. lhe desse uma sessão extra.

Richard interrompeu-a nesse momento para dizer, com convicção, que a análise o ajudava muito.

A sra. K. acrescentou que exatamente por isso, e porque ela representava a Mamãe boa e que o ajudava, era-lhe tão penoso suspeitar que ela fosse também a Mamãe tentadora e imprópria. Tinha medo de que o Papai poderoso – Deus – fosse punir a Mamãe também; o raio que atingiu o avião nazista puniu a Mamãe traidora e desleal, bem como a sra. K.; o medo de que uma tempestade desabasse sobre as montanhas (Sessão 42) tinha também o significado de um ataque à Mamãe bela e amada. Por isso tinha se afastado da sra. K. quando esta lhe perguntou se temia que Deus o punisse.

Perto do final da sessão, Richard tinha ficado mais calmo, e, antes de sair, disse que queria olhar mais uma vez para o pedaço de salmão que tinha trazido para a sra. K. Manifestou sua satisfação por ser um belo pedaço. Acrescentou que sabia que a sra. K. iria buscar seus jornais de domingo, de forma que caminhariam juntos um trecho maior. Enquanto a sra. K. trancava a porta da casa, comentou que seria bom para a sala ter um descanso. Da rua, olhou para trás, e disse: "Parece bonita e vai descansar". No caminho, mostrou o pai à distância e pareceu contente que o Papai e a sra. K. ao menos se conhecessem de vista. Também perguntou à sra. K. se iria dar ao "velho rabugento" um pedaço de salmão. A sra. K. respondeu que daria um pouco para todas as pessoas que moravam na casa, com o que Richard pareceu ficar contente.

Nota

Eu deliberadamente não tinha feito nenhum comentário a respeito do fato de Richard ter torcido o tornozelo logo depois da chegada do pai (ver sessão anterior) porque, no que se refere a esses atos simbólicos, prefiro esperar até poder interpretá-los no contexto do material.

Sessão 53
segunda-feira

Richard encontrou a sra. K. na esquina. Parecia muito preocupado e de cara perguntou se ela sabia, ou tinha algum jeito de saber, o nome da menina ruiva. [...] Na sala, contou à sra. K. da pescaria com o Papai de manhã. Richard tinha fisgado um filhote de salmão. Sabia que era proibido pescar salmão bebê, mas só percebeu depois de já tê-lo matado. Não muito longe dali, três senhoras observavam-no, de forma que jogou o peixe morto de volta na água. O Papai também tinha fisgado uma truta bebê, e perguntou para Richard se devia matá-la. Richard tinha respondido, "Não, não faça isso, o bebê não", mas nessa altura o Papai já a havia matado. O Papai não tinha ficado zangado com Richard por ele ter matado o filhote de salmão, mas disse que Richard poderia ser preso por isso. Enquanto falava, Richard arrumava a frota, que havia algum tempo não trazia, e comentou que a frota tinha tido um descanso.

A sra. K. interpretou que uma das razões pelas quais havia se preocupado com a sessão de domingo era que sentia que a sra. K., e não apenas a sala de jogos, deveria descansar. A seguir, falou sobre o filhote de salmão e recordou-lhe as "centenas de bebês" – os ovos fertilizados que, como tinha comentado, "deve ter comido" (Sessão 48), e que, na ocasião, ela tinha interpretado como significando os bebês que ele tinha arrancado do interior da Mamãe, matado e comido. Isso também se aplicava ao filhote de salmão.

A seguir, Richard alegremente contou que tinha recebido uma carta de seu vizinho, na qual dizia que tinha mais quatro pintinhos e um gatinho novo. Tinha ficado muito contente com isso.

A sra. K. interpretou que isso era um alívio para ele, porque significava que, afinal de contas, a Mamãe tinha bebês em seu interior e que Richard não tinha destruído todos eles, ou que eles podiam crescer de novo. Temia também ter roubado os filhos da sra. K. e tê-los destruído, da mesma forma como sentia ter feito com os filhos da Mamãe. Queria roubar os bebês da Mamãe porque desejava ter bebês ele próprio, e também os destruía em sua mente porque sentia ciúme deles. Por isso tinha tanto medo das crianças que encontrava na rua; elas representavam os bebês da Mamãe que tinha atacado, mas que apesar de tudo haviam nascido e se tornado seus inimigos. Hoje, antes de tudo, tinha procurado saber o nome da menina ruiva porque ela representava esses inimigos desconhecidos no interior da Mamãe e – uma vez que sentia tê-los comido – também em seu próprio interior. Saber o nome dela significava que ele realmente poderia descobrir alguma coisa sobre esses inimigos desconhecidos.

De repente, Richard apontou para um dos destróieres e disse: "Este é o maior destróier".

A sra. K. interpretou que ele sentia ser mais destrutivo do que qualquer outra pessoa.

Richard comparou esse destróier com os demais, verificando – o que conscientemente já sabia – que na verdade todos eram do mesmo tamanho. Dispôs toda a frota num lado da mesa, e colocou somente um destróier no outro lado, escondido atrás da bolsa e do relógio da sra. K. Descreveu, então, a situação dramaticamente, usando palavras tais como: "A frota alemã está ancorada no porto de Brest – o sol está brilhando – faz um tempo maravilhoso – tudo está agradável e em paz – o inimigo parece estar longe – mal sabem eles que o inimigo está se preparando para atacá-los". Naquele momento, Richard parecia solidário com a frota alemã, mas fez com que o destróier, que estava escondido, se aproximasse e bombardeasse a frota. Logo mudou toda a disposição. Obviamente estava tomado de medo de atacar o inimigo poderoso sozinho, o destróier evidentemente representando ele mesmo. Moveu vários destróieres e um couraçado para o lado britânico. Ao todo, agora seis navios eram britânicos, e a batalha começou. O resultado parecia incerto, já que estavam sendo afundados navios de ambos os lados.

A sra. K. interpretou que o destróier era ele próprio – o maior destróier – e que a princípio ele desejou atacar o inimigo sozinho: o inimigo representava toda a sua família, hostil e atacando-o internamente. Mas ficou com medo, e desejou unir-se à família "boa" contra inimigos externos, os alemães. Os seis navios representavam seus pais, Paul, ele próprio, a Cozinheira e Bessie.

Enquanto brincava com a frota, Richard tinha novamente mencionado os recentes ataques da RAF, e suas esperanças em relação às batalhas na Rússia. Nessa sessão, mais uma vez, mostrou-se extremamente preocupado com as pessoas que passavam na rua. De repente, correu até a janela ao ver passar três mulheres juntas. Disse "essas três mulheres bobas", e bateu na janela para chamar-lhes a atenção, mas rapidamente escondeu-se atrás da cortina, de forma a confundi-las quanto à origem do barulho.

A sra. K. interpretou que as "três mulheres bobas" representavam as mulheres que ele achou que o observavam quando matou o salmão bebê.

Richard ficou muito impressionado com essa interpretação. Disse "Mas estas são as três mulheres que me viram"; imediatamente após disse que não eram elas, mas por um momento ele positivamente achou que eram as mesmas.

A sra. K. interpretou que as três mulheres que o observaram representavam a Mamãe, a Babá e a Cozinheira, aliadas contra ele porque sentiam que ele estava destruindo os bebês da Mamãe.

Richard protestou, dizendo que a Babá não; tratava-se da Mamãe, da Cozinheira e de Bessie.

A sra. K. recordou-lhe suas desconfianças de estar sendo envenenado pelas empregadas mas também de que a Mamãe o atacaria – o pássaro horroroso com crista, despejando cocô (Sessão 45, Desenho 31) –, se ela descobrisse o dano causado, ou que tinha a intenção de causar, a seus bebês. Achava que as empregadas conversavam em alemão, embora soubesse perfeitamente que eram incapazes de falar uma só palavra em alemão. Portanto, as empregadas representavam também a sra. K., a quem sentia como uma inimiga conspirando contra ele com as outras duas mulheres hostis. A sra. K. lembrou-lhe como lhe foi difícil referir-se a seu idioma materno como o alemão, preferindo dizer austríaco, embora soubesse que a língua falada na Áustria era o alemão.

Richard estivera observando um homem na rua, e chamou-o de bobo e detestável; xingou um grupo de pessoas que passavam – homens, mulheres e crianças – utilizando os mesmos termos. Bateu de novo na vidraça e se comportou como já fizera antes. Foi ficando barulhento e batia os pés com força, falava muito alto, e cantava no máximo da voz. Perguntou à sra. K. se ela o impediria se ele desejasse ir embora no meio da sessão.

A sra. K. respondeu, como antes, que não o impediria, mas que antes tentaria explicar que ele estava com medo dela, e por quê. Tinha se amedrontado com os homens, mulheres e crianças que tinham passado na rua. Eles representavam toda a sua família, incluindo a sra. K.; e tinha medo deles porque sentia ter atacado a todos. A sra. K. interpretou também que ao fazer tanto barulho tentava evitar ouvir o que ela dizia, porque ela tinha se tornado parte integrante de sua família hostil, e dessa forma o que ela lhe dizia era sentido por ele como um ataque.

Richard disse que não tinha tido a mínima vontade de vir para essa sessão; umas duas horas antes de vir, pensou que estava cheio de tudo isso e que não desejava ver a sra. K. nunca mais. (No entanto, tinha chegado pontualmente à sessão.)

A sra. K. interpretou que, hoje, ele particularmente temia a Mamãe, representada pela sra. K., devido a seus ataques dirigidos contra os bebês dela (o filhote de salmão morto). No dia anterior, a sra. K. havia representado a Mamãe que o incitava a roubar o genital do Papai, e a tomar o lugar do Papai junto a ela; e assim o Papai – Deus – passaria a ser um inimigo dele e dela. Sentia que toda a família – e isto na verdade significava para ele o mundo inteiro – estava contra ele. Até mesmo a sala de jogos tinha se tornado a sra. K. hostil com os bebês em seu interior. Essa era mais uma razão pela qual desejava ir embora. Talvez também tivesse feito tanto barulho para pedir aos que estavam fora que o salvassem da sra. K.

Nesse ínterim, Richard fazia algumas letras e rabiscos, e riscou-os novamente; dentre eles só se distinguia um canhão antiaéreo atirando para cima em direção a um círculo com um ponto no centro (Desenho 43). Acrescentou que não sabia em quem estavam atirando. Com o lápis marrom, riscou sobre o desenho realizado na sessão anterior, que o mostrava como o trem perseguido por inimigos. Fez alguns rabiscos numa outra página e disse que eram canhões, mas que agora não estavam atirando. A sra. K. interpretou que, no desenho no qual o canhão antiaéreo estava atirando, isso o representava atacando com seu cocô o seio da Mamãe e da sra. K., o círculo com um ponto no centro, porque desejava obter mais dele. Isso também se ligava ao ciúme que sentia dos bebês que os seios da Mamãe alimentariam (Nota 1), e seu ciúme pelo fato de a sra. K. ir a Londres para cuidar de outros pacientes e ficar perto de seu neto. Os rabiscos nessa mesma folha representavam o corpo da mãe, o interior dela, que continha o genital do Papai e os bebês. Sentia, portanto, que atacava a família inteira, e que seria por ela atacado. O barulho que tinha feito, batendo os pés e cantando, expressava também seus ataques com o cocô à sra. K.; por isso tinha ficado com medo dela e queria ir embora.

Richard, embora continuasse a gritar e a bater os pés, tinha, até certo ponto, prestado atenção à última interpretação da sra. K. Era difícil saber o que ele tinha ouvido ou absorvido. Não obstante, acalmou-se um pouco, e fez o Desenho 44, explicando, enquanto desenhava, que ali estava um peixe-Mamãe, com muitos e muitos bebês. Disse que o peixe bebê mais próximo da nadadeira da mãe era o mais jovem deles.

A sra. K. assinalou que esse bebê estava se alimentando no seio da Mamãe, e essa era uma das razões pelas quais sentia ciúme dele e por que tinha atacado tanto o bebê como o seio no desenho no qual o canhão antiaéreo atirava no círculo.

Richard protestou, alegando que peixe não tem seios, tem nadadeiras (Nota 2).

A sra. K. assinalou que o peixe, como tantas outras vezes anteriormente, representava a Mamãe, e Richard, que desejava o alimento do seio, queria impedir que os bebês o obtivessem.

Richard estava bem mais calmo, e era com visível prazer que desenhava outros bebês. Parecia muito indeciso quanto a qual deles seria o mais jovem. Ao desenhar o que ficava mais embaixo, disse que esse era um bebê gozado – era o mais jovem. [...] Não – tinha um mais gozado ainda, e mostrou o segundo da coluna à direita. Decidiu, depois, que o primeiro da coluna à direita era o mais jovem, embora não fosse o menor, mas era o que estava mais perto da Mamãe-peixe. Disse que havia uma pessoa pescando e atirando a isca; era uma isca artificial, destinada apenas a fisgar o bebê. [...] Depois disso, ficou em silêncio.

Quem, perguntou a sra. K., ele achava que estava pescando e fisgando o bebê?

Richard imediatamente respondeu que era ele, não, era o Papai; foi ele que pescou a truta bebê.

A sra. K. interpretou seu sentimento de culpa por ter matado o salmão bebê; enquanto falava, tinha estado a desenhar uma segunda linha de pesca – isso mostrava que ambos, o Papai e ele, estavam destruindo os bebês.

Richard disse, emocionado, que a Mamãe-peixe não percebia a isca, mas o bebê ia agarrá-la.

A sra. K. interpretou que ele sentia que tanto o Papai como ele eram perigosos; seus genitais eram usados para agarrar a Mamãe e destruir os bebês no interior dela. Isso contribuía para seu medo de que as relações sexuais fossem perigosas. A sra. K. recordou-lhe que, quando ela estava em Londres, ele tinha novamente conversado com a Mamãe sobre como eram feitos os bebês. Ele tinha dito que "essa questão dos bebês" o preocupava (Sessão 41), e perguntou se doía. Sentia que seu pênis seria usado para roubar a Mamãe, para secretamente comer os bebês arrancados dela. Tinha também mostrado, no dia anterior, o quanto temia ser punido por Deus, representando o Papai poderoso, se tivesse relações sexuais com a sra. K. ou com a Mamãe; por isso, depois de ter feito uso do genital poderoso do Papai, a corda, com a sra. K., devolveu-o no final ao Papai – o lugar de onde fora retirada.

Richard comentou que os genitais das mulheres eram diferentes dos genitais dos homens, não eram?

A sra. K. interpretou que Richard talvez desejasse que a Mamãe tivesse um pênis porque acreditava que o dela tinha sido arrancado e temia que isso também pudesse acontecer a ele.

Richard continuava rabiscando em outra folha de papel. Ao fazer alguns pontos, perguntou à sra. K. se ela entendia o Código Morse.

A sra. K. interpretou seu temor de que seus ataques secretos com cocô, dirigidos à Mamãe e a ela, fossem descobertos – por isso tinha perguntado se a sra. K. entendia o que ele estava fazendo. Desejava, ao mesmo tempo, que a sra. K. descobrisse seus segredos, porque assim se tornavam menos perigosos.

Richard, depois de ter acabado de rabiscar, cantou "Rule, Britannia".[98]

A sra. K. interpretou que ele desejava proteger os pais de sua própria destrutividade. Também no Desenho 44 tinha demonstrado sua

---

98 Canção patriótica britânica composta no século XVIII, tornou-se um dos hinos não oficiais da Grã-Bretanha, associado especialmente à Marinha. [N. E.]

preocupação com o bebê que iria fisgar a isca. Ele mesmo queria ser o bebê da Mamãe, por isso não conseguia decidir qual deles, o maior ou o menor – Paul ou ele – era o bebê mais jovem.

Richard desenhou um império (Desenho 45), pedindo à sra. K. que tirasse de sua bolsa todos os lápis coloridos, e referindo-se ao vermelho como "eu". Depois de tê-lo terminado, deixou cair o lápis vermelho perto do pé da sra. K., dizendo, depois, que ela tinha colocado o pé sobre ele.

A sra. K. interpretou que Richard sentia-se tão culpado por seus ataques dirigidos a ela e à família, pelo desejo de devorá-los e destruí-los, que acreditava que a sra. K. iria esmagá-lo em retaliação. Tinha dito que o lápis vermelho era ele próprio, representando também seu pênis {Projeção}.

Richard tinha passado a falar de ataques contra cidades e navios alemães, demonstrando compaixão por eles, o que já havia sido observado nas sessões mais recentes. Perguntou à sra. K. se ela conhecia algumas das cidades bombardeadas na noite anterior. Achava Berlim bonita? Conhecia Munique também? Era bonita? A sra. K. respondeu que sim.

Richard pareceu comovido. [...] Terminou o Desenho 45, usando a última folha do bloco.

A sra. K. assinalou que, no desenho, ele se encontrava no topo e tinha a maior porção de território. Próxima a ele estava a Mamãe; depois vinha Paul – o roxo –, muito menor que Richard, e embaixo, menor ainda, o Papai – o preto. Richard sugeriu que a sra. K. levasse para casa a capa de papelão do bloco, para ser entregue como lixo reciclável. Era um passo a mais em direção à vitória. Com voz triste, disse que os passos necessários para a vitória eram tantos, centenas e centenas! Era como subir uma montanha de vidro, sempre escorregando para trás; em Creta, tínhamos escorregado para trás.[99]

Notas

1. O desejo de Richard de ter bebês, já indicado em sua vontade de ficar com o gatinho, tornara-se muito mais evidente. Eu concluiria, portanto – embora não lhe tivesse feito essa interpretação –, que o ciúme dos bebês alimentados pela mãe eram apenas um elemento dentre seus

99 Não possuo nenhuma anotação sobre o final dessa sessão, mas tenho certeza de ter interpretado esse último e triste comentário como referindo-se a sua análise, uma luta constante e malsucedida contra seus impulsos destrutivos.

sentimentos intensos de hostilidade. O outro era a inveja da capacidade de nutrir da mãe – isto é, a inveja de seu seio.

2. Retrospectivamente, surpreende-me o fato de que Richard, que normalmente acompanhava tão de perto minhas interpretações do significado simbólico do material, comentasse nesse momento que peixe não tem seios. Concluiria, agora, que isso se deu porque sua inveja do seio o levou à recusa de que sua mãe pudesse ter tido seios. Isso demonstraria como eram sobredeterminados os ataques aos seios a que me referi um pouco antes.

Sessão 54
terça-feira

Richard chegou cedo e estava esperando pela sra. K. do lado de fora da casa. De imediato, perguntou-lhe se ela tinha trazido um bloco novo. Ficou desapontado por não ser um bloco igual ao antigo. Não podia ter comprado um igual? A sra. K. disse que sentia muito, mas esse era o único que havia na loja. Richard lamentou que ela não tivesse outro de reserva. O novo era amarelado, o que lhe fazia lembrar de enjoos. Disse que se entristecia pelo fato do outro bloco ter terminado, mas consolou-se dizendo: "Não importa, esse aqui logo se tornará um bom companheiro". Comentou que não tinha trazido a frota, acrescentando: "A frota não queria ver o bloco novo". Mostrou à sra. K. (pela primeira vez) uma minúscula mancha rosa, bem menor que a cabeça de um alfinete, que tinha num dos dedos, e também um pontinho descorado em uma das unhas, e disse que eram manchas de nascença. A seguir, fez um desenho (Desenho 46). Enquanto desenhava, contou para a sra. K. o filme que tinha visto na noite anterior em detalhes – um filme muito engraçado. Por que a sra. K. não fora ao cinema? Era uma pena perder um filme desses. [...] A RAF novamente tinha feito um bom trabalho. [...] Disse que ao mesmo tempo tinha desejado vir e não vir à sessão de hoje – mas era diferente de ontem: o desejo de vir era mais forte. Eram três quartos de vontade de vir, e um quarto de vontade de não vir. Nesse momento, já tinha terminado o desenho e explicou que um submarino tinha sido afundado. No alto, havia um avião britânico que tinha bombardeado o submarino. Descreveu, com emoção, a destruição causada pelo avião. A bandeira do submarino estava estraçalhada, o periscópio destroçado, o canhão despedaçado. O peixe (a primeira coisa que desenhou depois do submarino afundado) sentia pena do submarino. A seguir, acrescentou as estrelas-do-mar. Uma linha atravessava o desenho; acima desta havia um submarino ainda não danificado; o submarino afundado, o peixe e as estrelas-do-mar encontravam-se abaixo da linha.

A sra. K. interpretou que o submarino afundado representava o Papai, e em particular o genital do Papai, o avião a parte destrutiva de seu self, e o peixe representava outra parte de seu self que se entristecia com a destruição que ele tinha causado. Ele já havia demonstrado repetidas vezes, particularmente em relação ao *Prinz Eugen* (Sessão 52), o quanto se sentia culpado pela destruição do genital do Papai.

Richard comentou que as duas estrelas-do-mar maiores, próximas ao submarino, eram o Papai e a Mamãe, e que a menorzinha era Paul.

A sra. K. interpretou que aqui o Papai, a Mamãe e Paul estavam vivos, e todos lamentavam a destrutividade de Richard – o avião.

Olhando para a sra. K., Richard comentou que gostava do casaco dela. Não era bem vermelho, como tinha pensado, era roxo, sua cor predileta. Observou o vestido (de poá branco) e tocando-o delicadamente disse que parecia a Via Láctea. Também o fazia pensar em holofotes. [...] Foi até a torneira e bebeu água.

A sra. K. interpretou o desejo de Richard de mantê-la a salvo, como também à Mamãe. Ele não deveria exauri-la esvaziando seu seio – o bloco que havia terminado representava o seio dela. O roxo, que sempre havia representado Paul, representava agora o Papai bom; e ambos deviam ser preservados, assim como a Mamãe também. A fim de manter salva a Mamãe, ele não devia privá-la ou sugar para fora dela o genital bom do Papai, nem roubar os bebês dela; por isso ele sentia que tinha que lutar contra sua voracidade. Os desenhos executados no bloco branco significavam a relação boa com a sra. K. e com a Mamãe, esta lhe dando alimento e amor, e em retribuição ele desejava dar-lhe bebês, assim como amor e sentimentos amistosos. No dia anterior, tinha dado muitos bebês ao peixe. A sra. K. interpretou também que o bloco com folhas brancas representava o seio bom dela; o leite [*milk*] bom, a Via Láctea [*Milky Way*] no vestido dela. As folhas amareladas que lhe lembravam seus enjoos faziam-no sentir que havia sujado o seio. Na verdade, quando bebê, ele muitas vezes sentia enjoos, tendo então sentido que o leite bom e branco que ingerira tinha se transformado em algo mau em seu interior, no seio "mau" da Mamãe.

Richard recordou à sra. K. que também tinha falado de seu vestido como holofotes [*searchlights*], e acrescentou: "A senhora investiga [*search*], não é?".[100]

A sra. K. respondeu que com isso ele queria dizer que ela investigava seus pensamentos, mas que ele também podia ter sentido que os pais, e particularmente a Mamãe, igualmente viessem a descobrir seu ódio, seu ciúme e seu cocô explosivo.

Richard referiu-se à festa da véspera, onde tinha encontrado a sra. K. e lhe contado que já havia bebido duas garrafas de limonada.[101] Ele agora achava que não se tratava de limonada, mas de outra coisa. Quando a sra. K. lhe perguntou o que poderia ser, mostrou resistência, mas por fim disse que era "xixi". Depois disso, foi correndo para a cozinha, bebeu água da torneira, olhou dentro de uma jarra, cheirou-a, e igualmente olhou e cheirou um grande vidro de tinta que estava ali perto.

A sra. K. interpretou que a torneira, que muitas vezes havia representado o seio da Mamãe, em sua mente talvez tivesse se transformado em xixi, ou cocô – a tinta – porque Richard, quando ficava com raiva ou insatisfeito, desejava jogar urina ou cocô dentro do seio, ou dentro da garrafa [*bottle*] que o representava. Foi assim que veio a sentir que o seio da Mamãe, e a mamadeira [*bottle*] que lhe fora dada em vez do seio haviam-se tornado venenosos; a Cozinheira, que poderia envenená-lo com algo de uma garrafa [*bottle*] na cozinha (Sessão 27), representava a Mamãe "má" e o seio "mau". A sra. K. recordou-lhe também que no dia anterior o canhão antiaéreo do Desenho 44 estivera atirando num círculo que ela tinha sugerido ser o seu seio.

Richard, parecendo triste, avisou que ia escrever uma dissertação. Escreveu, então, o que se segue:

"O que eu vou ser quando crescer"

É isto o que eu vou ser quando crescer. Antes de mais nada, como a Mamãe diz,

---

100 "*Search*": buscar, procurar, investigar cuidadosamente, dar caça. Esse verbo pode cobrir uma gama de intensidades, com conotações mais ou menos persecutórias. [N. T.]

101 Decidi ir à festa, à qual iriam todos os moradores de "X", porque do contrário Richard teria sentido que eu o evitava e me privava. Lá, troquei algumas palavras com ele e sua mãe, e Richard contou-me que já tinha bebido duas garrafas de limonada.

depois da guerra, os rapazes devem ter 6 meses de treinamento no Exército, na Marinha e na Aeronáutica. A Mamãe diz que se esse treinamento for aprovado pelo governo, eu também devo ir. Gostaria de fazer 6 meses de treinamento na Real Força Aérea. Depois disso, serei ou um cientista, ou um maquinista. Assim espero! Fim.

Richard não tinha nada a dizer com respeito a seu desejo de se tornar um cientista. Embora muito amistoso, nesse momento mostrou uma enorme resistência.

A sra. K. assinalou que Richard sentia-se triste e culpado em razão de seus desejos de atacar a sra. K. e seu filho, como também a seus pais e Paul. Queria muito ser um filho bom e obediente, fazer o que o governo, representando seus pais, determinasse, e afastar-se de todos os pensamentos e desejos por ele sentidos como maus e perigosos.

Richard assentiu. Mas, antes que a sra. K. pudesse continuar sua interpretação referente aos motivos pelos quais queria ser um cientista, houve uma interrupção. Um homem, carregando uma placa de vidro, bateu à porta. Viera consertar a vidraça quebrada.

A sra. K. foi até a porta e perguntou-lhe se poderia voltar mais tarde, com o que ele muito amavelmente concordou.

Richard tinha se levantado, e estava pálido e ansioso. Pareceu bastante aliviado quando o homem se foi. Muito emocionado, disse: "Isso *foi* um transtorno". Dirigiu-se à janela, acompanhou o homem com os olhos e comentou, como se estivesse ponderando consigo mesmo: "Ele é mesmo um homem bastante simpático".

A sra. K. interpretou que o homem tinha sido sentido como o Papai intrusivo que descobriria a desejada relação sexual com a sra. K., representando a Mamãe, e que o puniria, da mesma forma como Richard havia temido que Deus o punisse. A sra. K. recordou-lhe também o sonho no qual estava sendo julgado na corte por causa da vidraça quebrada (Sessão 48). Também o juiz, conforme seu comentário, parecia ser um homem simpático e, no entanto, Richard visivelmente tinha sentido medo dele.

Richard começou a desenhar (Desenho 47), interrompeu-se e enfiou todo o polegar na boca, repetindo esse gesto um pouco depois.

A sra. K., chamando a atenção para esse gesto, interpretou que Richard sentia que o homem tinha se intrometido não apenas na sala de atendimento, dentro da sra. K. e da Mamãe, como também no próprio interior de Richard. Lembrou-lhe que o Papai bonzinho, o "Roseman", transformava-se num inimigo – a baleia – quando Richard o sentia em seu interior.

Richard explicou o desenho à sra. K. Disse que se tratava do embaixador chinês[102] deixando a Alemanha num avião alemão. [...] Perguntou à sra. K. se ela tinha visto o sr. Smith passando. Esperava que não. [...] Disse que, no desenho, o raio atingia o avião e também o embaixador bem na hora em que ele estava entrando no avião.

A sra. K. interpretou que o embaixador amarelo era tão mau porque amarelo, para ele, significava o "enjoo" que ele continha e vomitava, a Mamãe má, o Papai mau, e também seu xixi e seu cocô, sentidos por ele como perigosos e traidores. Referiu-se novamente ao raio do Desenho 42, que ele acreditava ser Deus punindo-o.

Richard assentiu, e disse que Deus estava castigando o embaixador porque ele parecia ser uma pessoa boa, mas na verdade era um velhaco.

A sra. K. interpretou que isso também se referia ao homem com a placa de vidro, que parecia ser um homem simpático, mas representava um intruso e juiz.

Richard, apontando um círculo na cabine do avião, disse que era ele mesmo, que já tinha entrado no avião.

A sra. K. interpretou que ela e seu corpo estavam representados pelo avião alemão. Richard, em sua mente, havia penetrado dentro dela {Identificação projetiva} e, tendo sido ali descoberto pelo sr. K., foi punido por ele.

Richard replicou dizendo que ia fazer o raio cair no homem mau, porque agora ele, Richard, tinha se transformado em Deus. Pegou a corda, amarrou-a na cintura, passou-a entre as pernas, e fez com a corda os mesmos movimentos de dois dias atrás.

A sra. K. interpretou que Richard tinha se tornado poderoso e semelhante a Deus apoderando-se da arma poderosa de Deus: o raio. Mas isso, para Richard, significava apoderar-se do genital do Papai e, por isso, temia que o Papai ferisse seu genital. Ao mostrar à sra. K. as manchas que tinha no dedo e na unha, queria com isso dizer que receava que seu genital estivesse danificado porque não confiava no Papai, que, como tantas vezes havia dito, era bonzinho, mas podia se transformar num homem poderoso e punidor, caso Richard o atacasse.[103] Agora, com a presença do Papai em "X", esses medos tinham se intensificado.

---

102 Richard, tão bem-informado sobre os assuntos da guerra, não conseguiu aqui distinguir entre japonês e chinês porque, penso eu, sentia-se extremamente desconfiado de tudo que fosse amarelo – o bloco.

103 Ver a Nota 1 referente à Sessão 52.

Richard parecia desatento e infeliz; parecia não estar ouvindo o que a sra. K. dizia. Pegou o livro com a gravura do monstro, olhou as ilustrações e leu uma de suas histórias.

A sra. K. interpretou que Richard desejava não tomar conhecimento desses pensamentos dolorosos e seu desejo de talvez encontrar no livro alguma informação sobre a relação real dos pais entre si e entre ele e os pais.

Richard apontou a figura do monstro e disse, tremendo um pouco, que o homenzinho que, com seu arco e flecha, estava atirando no monstro mirava nos olhos deste. (Ao dizê-lo, cobriu uma parte de seus próprios olhos com a mão.) A seguir, referindo-se à história que tinha lido, comentou que devia ser horrível estar dentro de uma carcaça. (Na história, depois de matar o monstro, o homem e seu companheiro entraram dentro dele para se esconder de seus inimigos, tendo o homem se queixado para seu companheiro de como era abafado ali dentro.) [...] Richard foi até o jardim, olhou ao redor e voltou para a sala.

A sra. K. interpretou que o monstro representava também a sala de jogos, dentro da qual ele se sentia aprisionado. A sra. K. estaria combinada com o estrangeiro sr. K., o embaixador chinês. Richard sentia que se penetrasse dentro da Mamãe quando ela estava unida ao Papai mau, e o matasse no interior dela, seria aprisionado ali e não conseguiria sair de novo – nem respirar. Tudo isso expressava suas desconfianças e temores de que a sra. K. e a Mamãe contivessem o Papai mau – o que em algumas ocasiões fazia com que a sala de jogos se tornasse má.

Richard falou, com muita ênfase, que essas coisas que a sra. K. estava falando eram muito desagradáveis.[104]

Isso se deu no final da sessão, e ainda que, como sempre, Richard tenha colocado a mesa no lugar e arrumado as cadeiras em volta, parecia muito contente por ir embora. Ao despedir-se, disse num tom implorante que desejava que a sra. K. fosse ao cinema. A sra. K. perguntou-lhe por que o desejava tanto, ao que ele respondeu que achava que ela devia descansar um pouco e mudar de ares. Achava que ela estava sempre trabalhando.

Fora da sala, mostrou-se muito amistoso, lamentando que naquele dia a sra. K. não fosse para a vila (Nota 1).

---

104 Tenho repetidamente assinalado que Richard tinha muito menos dificuldade de reconhecer suas desconfianças em relação ao pai do que em relação à mãe, a quem se agarrava como sendo o seu objeto bom.

Nota

A crescente compaixão de Richard para com o inimigo atacado, que apareceu no material dessa sessão, assim como em sessões anteriores, é digna de nota. Como já assinalei, amor e ódio se aproximavam. A mãe suspeita e a azul-clara, bem como o pai bom e o pai mau, tornaram-se mais sintetizados. O material vinha repetidamente demonstrando que Richard tomava conhecimento de sua hostilidade, e que os aviões e navios alemães passaram a representar os pais odiados e hostis. Juntamente com a culpa oriunda desse insight, para a qual chamei a atenção, e com os passos em direção à integração e à síntese, aumentou a tolerância em relação ao objeto mau e ele foi capaz de compadecer-se do inimigo real – uma mudança emocional muito importante. A síntese se fez acompanhar de sentimentos depressivos mais intensos, ocasionalmente levando ao desespero e a um sofrimento imenso. Minha experiência mostrou-me que quando a culpa e a depressão podem ser suportadas até certo ponto, sem serem afastadas pela regressão para a posição esquizoparanoide, com seus intensos processos de cisão, podem ocorrer novos passos em direção à integração do ego e à síntese dos objetos. Juntamente com isso, o ódio é mitigado pelo amor, podendo ser mais bem-canalizado. Torna-se mais dirigido para aquilo que é sentido como mau e causador de danos ao objeto bom. Uma vez que o ódio serve para proteger o objeto bom, aumentam a sublimação e a confiança na capacidade de amar e diminuem o sentimento de culpa e a ansiedade persecutória. Essas mudanças, por sua vez, propiciam relações de objeto melhores e dão margem às sublimações.

Sessão 55
quarta-feira

Richard, parecendo muito ansioso, logo de cara contou duas coisas à sra. K.: seu resfriado tinha voltado, e tinha trazido a frota de novo. [...] Olhou em volta, e ficou satisfeito ao constatar que a vidraça quebrada tinha sido substituída. Examinou também a sala de jogos, e mostrou-se contente por não haver nenhuma alteração.

A sra. K. interpretou que ele se sentia aliviado de descobrir que o Papai intrusivo, representado no dia anterior pelo homem que viera consertar a vidraça, não tinha, de fato, causado nenhum dano à sra. K. – a sala –, o que significava também que a Mamãe não havia sido ferida.

Richard dispôs a frota em posição de batalha. Mostrou à sra. K. que os cinco destróieres eram muito semelhantes, e que também tinha um grupo de cinco navios menores muito parecidos.

A sra. K. recordou-lhe que recentemente ele de repente havia pensado que um dos cinco era o "maior destróier", o que tinha sido dito depois de ela ter interpretado que ele se sentia culpado por ter destruído o salmão bebê e os bebês da Mamãe.

Richard percebeu que a sra. K. tinha trazido um bloco de papel novo, igual ao que fora usado antes. Ficou muito feliz, e perguntou onde ela o tinha encontrado. A sra. K. respondeu que no fim das contas ele estava entre as coisas dela. Richard disse "Ótimo", e perguntou se a sra. K. tinha trazido o bloco amarelo também. Mostrou-se novamente muito satisfeito quando ela disse que não.

A sra. K. repetiu sua interpretação de que Richard não gostava do bloco amarelo porque ele o fazia lembrar-se de sentir-se enjoado, e referiu-se ao significado do Desenho 47 e das associações a ele no dia anterior.

Richard ouviu com atenção, embora a princípio comentasse que era um desenho horrível e que preferia não o olhar.

A sra. K. interpretou que o velhaco que parecia ser uma pessoa boa (o embaixador chinês, o juiz no sonho, o sr. Smith, o homem que veio consertar o vidro), de quem Richard desconfiava tanto que sentia que o raio cairia sobre ele, representava também Richard, uma vez que tinha secretamente entrado no avião e também seria atingido pelo raio. Richard havia dito que o raio era a punição de Deus ao homem que, embora *parecesse* bom, era um velhaco; mas, por ocasião do episódio do rato (Sessão 51), ao descrever a maneira como entraria no quarto dos pais, tinha dito também que ele era "Larry, o Cordeiro". Na verdade, ele só fingia ser um cordeiro, pois o rato representava seu desejo de atacar o genital do Papai, a vara de pescar, e comer os dois seios (os biscoitos). Por isso, seria atacado e derrubado pelo Papai – Deus. O avião alemão, no qual havia secretamente penetrado, representava a sra. K., suspeita e desleal, porque lhe interpretava os seus desejos sexuais em relação a ela e à Mamãe. Uma vez que a Mamãe dormia no mesmo quarto que o Papai, tendo Richard que dormir sozinho, sentia a Mamãe como má e até mesmo como uma espiã e uma aliada do Papai contra Richard. Desejou, então, que a sra. K. e a Mamãe fossem destruídas – o raio que atingiu o avião –, e por desejá-lo passou a sentir muito ódio e desconfiança de si mesmo; sentia-se culpado, desejando e esperando ser punido.

Richard pareceu ficar muito envergonhado e constrangido quando a sra. K. mencionou que ele se julgava insincero, um "velhaco", fingindo ser o inocente "Larry, o Cordeiro", quando na verdade nutria desejos tão hostis pelos pais. Respondeu: "Mas eu sou uma criança inocente", admitindo depois de uma pequena pausa: "Talvez a senhora tenha razão".

A sra. K. acrescentou que, no dia anterior, Richard havia sentido como algo tão doloroso perceber suas dúvidas a respeito de si mesmo, assim como da sra. K. e da Mamãe, e seus temores de ser atacado por ambos os pais, que mal pudera ouvir o que a sra. K. lhe dizia.

Richard olhou para a sra. K. por um momento, e disse, em voz baixa, que ele a ouviu, mesmo que desse a impressão de que não.

A sra. K. perguntou-lhe se ele a ouvia mesmo quando se punha a interrompê-la, a fazer barulho ou a ler, como tinha feito no dia anterior.

Richard respondeu que não tão bem naquela hora, mas que mesmo assim tinha ouvido a maior parte do que a sra. K. disse.

A sra. K. assinalou que Richard tinha trazido a frota porque desejava trabalhar com a sra. K. e por sentir que a frota – que tantas vezes representava um lado bom seu e de sua família – o ajudava no trabalho.

Richard disse que também achava isso. Já havia começado a dispor a frota, colocando o *Rodney* perto do *Nelson*, e, mais afastados, um cruzador e um destróier. Fez com que o *Rodney* se movesse para bem longe na mesa, e então fez uma pausa.

A sra. K. sugeriu que Richard desejava evitar ciúme e conflitos, e melhorar, desse modo, as relações entre o Papai e a Mamãe. O cruzador e o destróier representavam Paul e ele próprio como amigos, mas não conseguia deixar de sentir-se enciumado e ansioso quando os pais – o *Rodney* e o *Nelson* – ficavam juntos; por isso desejava que a Mamãe – o *Rodney* – se afastasse, e assim o Papai, Paul e ele poderiam permanecer amigos.

Richard, nesse meio-tempo, aproximou o *Nelson* do *Rodney*. Navegaram em volta da bolsa da sra. K., e ancoraram atrás desta. Richard, apontando para os dois, comentou: "Olhe onde o Papai e a Mamãe foram se esconder". Imediatamente depois se contradisse, afirmando que estavam se preparando para a batalha; outros navios, um cruzador e alguns destróieres, que estavam na outra ponta da mesa, foram se juntar ao *Rodney* e ao *Nelson*.

A sra. K. perguntou quem eram os destróieres.

Richard respondeu que eram Paul e ele, e umas outras crianças, que iam ajudar os pais contra os inimigos; o cruzador era a sra. K. Ele lhe recordou que, também em ocasiões anteriores, ela era o cruzador e tinha se juntado à família.

A sra. K. perguntou-lhe se em outras vezes ela também tinha feito parte da frota, embora ele não o mencionasse.

Richard respondeu que achava que sim, embora não soubesse de que lado ela estava.

A sra. K. interpretou que as dúvidas dolorosas que sentia em relação a ela e à Mamãe levaram-no a desejar não saber que a sra. K. poderia estar entre os inimigos. Richard perguntou à sra. K. quais eram os jornais que ela lia, e contou-lhe quais a Mamãe lia; esperava que sra. K. lesse os mesmos. [...] Nesse meio-tempo, moveu outro cruzador (não o que representava a sra. K.) para o lado inimigo, dizendo: "Esse é a sra. K.", e depois "Não, lá está ela", apontando para outro grupo, que não era de alemães. Um momento depois, acrescentou, referindo-se aos alemães: "Essa é a Mamãe má com seus filhos maus".[105] A seguir, apontou outro destróier e um submarino, dizendo que eram italianos. Fez, então, com que o cruzador sra. K. britânico avançasse (entoando baixinho algumas notas de "Rule, Britannia") e atirasse nos dois italianos e no destróier alemão.

A sra. K. interpretou que Richard odiava tanto a menina ruiva porque ela havia lhe perguntado se era italiano.

Richard, com bastante ênfase, disse que, realmente, adoraria tanto explodi-la quanto aos amigos dela.

A sra. K. interpretou novamente que Richard ressentiu-se imensamente dessa pergunta porque sentiu-se um traidor dos pais – os britânicos. Na brincadeira com a frota, fez com que a sra. K. explodisse os filhos maus e a Mamãe má, desejando que ela o protegesse de seus inimigos. Nutria sérias dúvidas quanto à confiabilidade da sra. K., como mais uma vez tinha mostrado ao imaginar uma sra. K. britânica e uma alemã, o que significava que não conseguia decidir de que lado ela estava. A sra. K. reconheceu que, uma vez que estava havendo uma guerra contra os alemães, era particularmente desagradável para

105 Essa foi a primeira vez que ele usou explicitamente a expressão "a Mamãe má", com isso reconhecendo, conscientemente, as dúvidas que sentia em relação à mãe e mostrando que aceitara as interpretações da sra. K.

Richard saber que a sra. K. era austríaca, o que para ele significava ser de nacionalidade alemã, e que ele preferia muito mais que ela fosse britânica como a mãe. Por isso desejava que ela lesse os mesmos jornais que a Mamãe. Não obstante, a sra. K. suspeita também representava a Mamãe suspeita e não confiável.

Richard concordou com isso, mas novamente perguntou se ela não se magoava por ele falar dessas suspeitas. Depois, ainda perguntou se ela não se magoaria mesmo, se a chamasse de "bruta malvada".

A sra. K. interpretou que, naquela ocasião (Sessão 23) em que a chamou de "bruta malvada", ele de fato a estava odiando, por ela representar a Mamãe, por ele sentida como aliada ao Papai mau. Temia que com seu ódio e desejos hostis fosse destruir a sra. K. ou a Mamãe {Onipotência do pensamento}, e isso, sentia ele, seria ainda mais perigoso se de fato colocasse sua hostilidade em palavras.

Richard perguntou à sra. K., como tantas vezes fazia no final de uma sessão, até onde caminharia com ele, e se aquele era o dia de ela ir à mercearia.

A sra. K. respondeu que iria ao banco primeiro. Richard perguntou se ele poderia esperar até ela sair do banco; se algum menino o atacasse enquanto esperava, será que poderia entrar no banco? A sra. K. o protegeria de seu inimigo?

A sra. K. interpretou que ele gostaria que ela fizesse o que de fato havia feito na brincadeira com a frota, quando ela atacou os italianos. A sra. K. deveria também protegê-lo contra o Papai e a Mamãe maus, unidos contra ele. Talvez esta fosse a razão pela qual na sessão de hoje a sra. K. cruzador entrou diretamente na brincadeira da frota. Ela representava a Babá, que o protegeria dos pais maus.

Richard disse que não lhe importava que a sra. K. fosse ao banco: ela só ia lá uma vez por semana. Do que realmente não gostava era que fosse tantas vezes à mercearia.

A sra. K. interpretou que o merceeiro parecia mais uma vez representar o sr. K. e o Papai, que davam à sra. K. e à Mamãe coisas boas; Richard sentia ciúme, por não poder ele mesmo obter do Papai as coisas boas – o pênis – como também por não querer que o Papai amasse a Mamãe. Recordou-lhe o ciúme que tinha sentido por ela ter comprado cigarros do sr. Evans (Sessão 41).

Richard pegara o bloco novo, e olhava para ele com evidente prazer. Fez o Desenho 48, sem tecer nenhum comentário a respeito.[106] Pegou

---

106 Aparentemente, não dei nenhuma interpretação desse desenho a Richard, mas agora gostaria de dizer alguma coisa sobre ele. O que impressiona é

um calendário e olhou as ilustrações; ao recolocá-lo na prateleira, cuidou que a gravura do Rei e da Rainha ficasse por cima, e acariciou-a com ternura.

A sra. K. interpretou que olhar o calendário, e no dia anterior o livro, expressava, em parte, seu desejo de obter informações sobre o que estariam fazendo seus pais.

Richard perguntou à sra. K., em tom de súplica, "Quais são os seus segredos?".

A sra. K. interpretou que, a cada minuto da noite, Richard desejaria saber o que a Mamãe estava fazendo na cama com o Papai, e também o que fazia a sra. K. E, no entanto, ao mesmo tempo desejava que o Papai e a Mamãe ficassem juntos e felizes – ele tinha adorado a gravura do Rei e da Rainha juntos.

Um pouco antes, enquanto a sra. K. interpretava sua aversão ao bloco amarelo, Richard permanecera fungando, e tinha perguntado à sra. K. se isso a incomodava.

A sra. K. interpretou que, no dia anterior, depois da chegada do vidraceiro, e enquanto desenhava o embaixador chinês, ele tinha de repente colocado todo o polegar dentro da boca; e que a sra. K. tinha lhe sugerido que ele sentia que o Papai perigoso e seu pênis se havia introduzido dentro dele. Fungar significava despejar em seu estômago o catarro, e também lutar com seu xixi e seu cocô, um inimigo interno. Essa luta interna já havia sido anteriormente relacionada com seu resfriado, e nesse dia ele lhe dissera ao chegar que seu resfriado tinha voltado.

Ao deixar a casa, Richard contou à sra. K. que sentia seu resfriado "ardendo" dentro dele, mas na realidade não parecia ter qualquer dor ou problema.

---

como o vermelho – Richard – domina todo o desenho. Duas partes dele estão ligadas ao preto – o Pai; próximo a ele está o roxo – Paul; mas ele também está ligado a duas pequenas partes em azul-claro – a Mamãe. Nessa sessão, a desconfiança da mãe chegou a ser até conscientemente expressa – havia uma sra. K. alemã e uma britânica, e ele dissera que não sabia de que lado ela estava. Há uma estreita relação entre essa desconfiança e a escassez do azul-claro nesse desenho.

Sessão 56
quinta-feira

Richard foi encontrar a sra. K. muito mais perto da casa dela do que costumava fazer. (Geralmente, quando ele chegava mais cedo, esperava por ela na frente da casa onde era atendido, ou a encontrava na esquina da rua, de modo que caminhava um minuto ou dois com ela.) Estava muito excitado porque tinha trazido consigo uma carta de sua mãe para a sra. K., na qual ela pedia que fossem feitas duas alterações nos horários da semana seguinte para que ele pudesse ficar mais tempo em casa com seu irmão, que estaria de licença. Ele também perguntou à sra. K. o que ela tinha decidido quanto às sessões de domingo a partir do domingo seguinte, quando seu pai teria voltado para casa. Richard ficou encantado quando a sra. K. respondeu que mudaria os horários, e que, depois deste, não o atenderia mais aos domingos.[107] Ficou manifestamente aliviado com a decisão da sra. K. Num movimento rápido, colocou os braços em volta dos ombros dela, dizendo que gostava muito dela. De repente, lembrou-se de que tinha deixado a frota em casa; tinha tido a intenção de trazê-la, disse ele. (Geralmente, quando não trazia a frota dava razões explícitas para tê-la deixado em casa, ou dizia simplesmente que não tinha tido vontade de trazê-la.) Richard percebeu, após um rápido olhar de relance, que o sr. Smith vinha pela rua, e que teria encontrado a sra. K. sozinha se ele, Richard, não estivesse com ela. Richard mencionou o fato casualmente, dizendo: "Olhe ali o sr. Smith", e imediatamente continuou a falar sobre a mudança dos horários.[108]

---

107 Anteriormente eu havia deixado a decisão para Richard, mas isso se mostrou insatisfatório, uma vez que ele obviamente não conseguia decidir-se.

108 Nesse dia, Richard tinha ido se encontrar comigo na esquina da rua mais próxima de minha casa, uma paralela à rua da sala de jogos. Richard já havia observado que algumas pessoas usavam essa rua para ir às compras. Alguns dias atrás, não tendo visto o sr. Smith passar, ele tinha me perguntado se eu o vira na rua antes de encontrar-me com ele, Richard, murmurando que não gostava que eu me encontrasse com o sr. Smith quando estava sozinha. Foi por essa razão que – contrariando seus princípios de não se impor a mim – tinha

Quando chegaram à sala, a sra. K. fez referência ao que Richard tinha dito recentemente sobre o fato de ela encontrar o sr. Smith, e que Richard, ao esperá-la na esquina, poderia ter querido descobrir se ela algumas vezes encontrava o sr. Smith em seu caminho para a sala de jogos. Repetidamente, e de novo no dia anterior, ele tinha expressado seu ciúme e suas suspeitas quanto ao fato de a sra. K. ir sozinha à mercearia ou à loja do sr. Evans.

Richard olhou inquisitivamente para a sra. K., e perguntou se o sr. Evans gostava muito dela, se ele lhe "dava" muitos doces.

A sra. K. interpretou que Richard sentia ciúme de todos os homens que ela encontrava, ou que tinha conhecido no passado. Ainda sentia ciúme do sr. K., embora soubesse que ele estava morto. Mas, quando se referia a ele como se ainda estivesse vivo, isso não só significava que pensava que ele continuava no interior da sra. K., mas que o sr. K. representava também todos os homens com quem a sra. K. atualmente poderia ter relações sexuais. Parecia também ter muitas suspeitas em relação à Mamãe quanto a isso.

Richard sentou-se à mesa, e pediu o bloco e os lápis. A sra. K. se deu conta de que tinha esquecido o bloco em casa. Ela se desculpou, e Richard tentou controlar seus sentimentos. Disse que desenharia no verso das folhas dos desenhos anteriores. Desenhou primeiramente três bandeiras, uma do lado da outra – a suástica, a bandeira britânica e a italiana; a seguir cantou o hino nacional. Desenhou, então, algumas notas musicais, e cantou a melodia correspondente; escreveu 3 mais 2 igual a 5, mas não fez nenhuma associação. A seguir, começou a rabiscar numa outra página, fazendo pontos com movimentos rápidos e raivosos, durante os quais escreveu seu nome e escondeu-o novamente sob os rabiscos. Nesse momento, a raiva e a tristeza que vinha tentando refrear tornaram-se evidentes, tanto em seus movimentos quanto em sua expressão facial. Ele parecia muito mudado – pálido e sofrendo – e era evidente que sua raiva pela sra. K. por não ter trazido o bloco estava acompanhada de sofrimento.

A sra. K. interpretou que o fato de não ter trazido o bloco foi sentido por Richard como se a Mamãe boa naquele momento houvesse se tornado uma mãe hostil e má, aliada ao Papai hostil – aqui, o sr. Smith. Isso se expressou no desenho das bandeiras; a bandeira britânica que o representava estava espremida entre as duas bandeiras hostis, a alemã e a italiana. Richard sentia também que a sra. K. e a Mamãe tinham

---

ido encontrar-se comigo mais perto de minha casa, para evitar que eu me encontrasse com o sr. Smith sozinha.

se tornado hostis para com ele porque, quando era frustrado e não recebia suficiente leite, amor e atenção da Mamãe, ele secretamente a sujava com sua urina e suas fezes, esperando, portanto, que ela, por sua vez, o frustrasse como punição.[109] A sra. K. sugeriu também que quando ele tinha ciúme de homens com relação a ela – o sr. Smith, o merceeiro, o sr. Evans – tentava se convencer de que eram simpáticos. Ao mesmo tempo, suspeitava que eram insinceros ou "velhacos" com ela e com ele. A "adorável" sra. K. e a Mamãe "azul-clara" pareciam ser gentis em sua mente, mas ele não podia confiar nelas tampouco. No momento em que retirassem seu amor e bondade – o bloco de papel, nesse caso – elas se tornavam inimigos. Richard rabiscava com raiva; por um momento falou como "Larry, o Cordeiro", mas logo depois voltou a fazer barulhos raivosos. Nesse ínterim, estivera apontando todos os lápis e, rapidamente, olhando de soslaio para ver se a sra. K. o observava, mordeu o lápis verde, que tantas vezes representou a Mamãe (e que até aqui ele não tinha mordido ou estragado), e colocou a ponta do lado da borracha no apontador, consequentemente estragando a borracha. [...] Rabiscou em cima do Desenho 43, que representava um canhão antiaéreo atirando num objeto redondo, que a sra. K. tinha interpretado como Richard atacando o seio da Mamãe.

A sra. K. interpretou que morder o lápis e usar secretamente o apontador na ponta com a borracha expressaram seu sentimento de que ele havia secretamente mordido e destruído, bem como sujado, o seio da Mamãe. Esses sentimentos surgiam novamente sempre que ele se sentia frustrado. Mas cada desapontamento e cada privação eram também sentidos como punições por ter atacado ou destruído o seio da Mamãe. Tinha, agora, expressado isso em relação à sra. K. – o lápis representava tanto ela como a Mamãe; tinha tomado cuidado para que ela não visse o que ele estava fazendo com ela.

Richard saiu da sala, e percebeu que tinha um homem no jardim do outro lado da rua (que se encontrava a uma distância da qual não poderia de forma alguma ouvir o que estava sendo dito). Richard disse ansiosamente: "Ele está vigiando a gente, não fale"; a seguir, murmurou: "Por favor, diga: vá embora". A sra. K. falou isso. Mas como, é claro, o homem não se foi, Richard voltou para a sala. Porém, mesmo ali, caminhava na ponta dos pés. Encontrou uma argola de metal numa

---

109 Joan Riviere [no Simpósio sobre a Análise de Crianças] (*The International Journal of Psychoanalysis*, 1927, v. 8) sugeriu a existência de uma relação *entre* a privação e a mãe-superego. Cf. também Ernest Jones, "The Early Development of Female Sexuality". *The International Journal of Psychoanalysis*, v. 8, pp. 459–72.

prateleira, arremessou-a contra os banquinhos e para o alto. Falou, a meia voz: "pobre coisa velha". Quando a argola rolou para baixo do armário (aquele que anteriormente Richard tinha fechado para que a bola não caísse dentro dele), ele a retirou rapidamente.

A sra. K. assinalou que a "pobre coisa velha" representava seu seio e seu genital, pressionados violentamente contra os genitais de vários homens (os banquinhos) – o sr. Smith, o sr. Evans, o merceeiro – dos quais sentira ciúme. Desta forma ele pretendia punir e maltratar ambos os pais; desconfiava de ambos e ficava com muita pena deles (Nota 1).

Richard estava escrevendo alguma coisa e leu em voz alta, num tom provocativo: "Segunda-feira voltarei para casa para encontrar Paul. Ha-ha-ha-ha, ho-ho-ho-ho, ho-ho-ho-ho, haw-haw-haw-haw".

A sra. K. interpretou que Richard desejava mostrar para ela que estava contente por deixá-la, e que poderia voltar-se para Paul, pois sentia-se frustrado com ela (por não ter trazido o bloco) e com ciúme, acreditando que ela preferia o sr. Smith ou o sr. Evans a ele. Mas queria igualmente mostrar que não se importava, que se sentia triunfante e a punia abandonando-a. Talvez tivesse nutrido tais sentimentos quando se aliou a Paul contra a Babá, representando a Mamãe. Ele tinha acabado de escrever "Haw-haw-haw", o que significava que ele era como Lorde Haw-Haw, ao qual repetidamente se referia como o pior traidor de seu país. Richard achava que era parecido com ele quando se voltava contra seus pais, atacando-os secretamente com mordidas e bombardeios.

Richard foi até a janela, e olhou para fora. Comentou, em voz baixa: "Por que a senhora não fica comigo duas horas por dia?" (Nota 2).

A sra. K. perguntou se ele queria dizer duas vezes por dia.

Richard respondeu: "Não, duas horas cada vez".

A sra. K. interpretou que ele tinha ficado profundamente abalado porque ela não tinha trazido o bloco branco, que representava seu bom relacionamento com ela, e o seio bom dela, e que no dia anterior fora relacionado com a Via Láctea. Quando bebê, sentira que não recebeu o suficiente do seio da Mamãe; e talvez tenha ficado desapontado e com raiva quando lhe ofereceram a mamadeira, da qual não gostava e que suspeitava ser má. Agora essa situação se repetia com a sra. K., quando ela lhe deu o bloco amarelo e, tal como foi sentido por ele, retirou-lhe o branco. Na realidade, hoje ele não tinha recebido nenhum dos dois.

Richard fez o Desenho 49, devagar e cuidadosamente. Enquanto o fazia, disse que esse era completamente diferente. Ao terminar, disse que se tratava de uma águia, e apontou as partes mais claras no centro, dizendo que eram a face e o bico. Richard puxou o casaco até as orelhas, deixando apenas parte de seu rosto descoberta, dizendo que era isso que a águia estava fazendo.

A sra. K. interpretou que a águia dentro do casaco representava Richard no interior da sra. K. (e da Mamãe); ele tinha entrado dentro dela, feria seu interior e a devorava. A águia preta representava também o genital devorador do Papai, escurecendo e destruindo a Mamãe. Ao mesmo tempo, significava igualmente o interior de Richard, dentro do qual a sra. K. e a Mamãe tinham entrado. A sra. K. recordou-lhe a rainha com a coroa azul-clara, que se revelara ser um pássaro devorador com um bico enorme "despejando seu cocô horrível" (Sessão 45). Richard sentia conter esse pássaro "devorador" dentro de si – aqui representado pela águia. Era tão preto porque os rabiscos de Richard significavam que ele, com seu cocô, tinha escurecido o pássaro-Mamãe, que por sua vez escurecera o interior dele com ele (Nota 3).

Richard foi buscar o calendário, e ficou olhando as ilustrações, admirando as paisagens e em particular, como anteriormente, a dos narcisos.

A sra. K. interpretou que Richard, ao olhar as paisagens bonitas, procurava encontrar algum consolo para o que sentia ser um interior mau, perigoso e sujo – o seu e o da Mamãe.

Richard perguntou à sra. K. se ela tinha ido ao cinema na noite anterior, e, se não, o que tinha feito?

A sra. K. lembrou-lhe que no dia anterior, enquanto examinava o calendário, ele lhe suplicara que lhe contasse seus segredos. Hoje, demonstrava a que ponto suspeitava que ela mantinha relações sexuais com vários homens.

Richard, quase no final da sessão, subiu numa prateleira larga, abriu uma caixa de primeiros-socorros que estava ali, olhou dentro dela, e sacudiu a prateleira de cima, imaginando se iria cair sobre ele. [...] Contou à sra. K. que tinha ido à loja de peixe com fritas, e que tinha comido as batatas fritas, mas o peixe não, pois odiaria ter comido num lugar tão sujo e tenebroso, cheio de crianças horríveis e sujas – realmente nojento.[110] A menina ruiva não estava lá, mas o imbecil estava, que criatura horrível! Não fosse pela lei, Richard poderia matá-lo.

---

110 Comentários desse tipo, cheios de desprezo por crianças pobres e sujas, eram frequentes em Richard, particularmente agora, em relação às odiadas crianças evacuadas. Sua mãe havia me contado que Richard desprezava as pessoas das classes sociais mais baixas, como empregados, embora ele nunca ouvisse esse tipo de comentário em casa.

A sra. K. interpretou que ao ir à loja de peixe com fritas, o que anteriormente nunca ousaria fazer, Richard mostrava que sentia menos medo das crianças; isso também mostrava o quanto queria saber como realmente era o interior do corpo da Mamãe, pois imaginava-o como um lugar cheio de crianças sujas e venenosas que, conforme sentia, tinham ficado sujas porque ele as tinha bombardeado e sujado. Recordou-lhe a "favela" em sua brincadeira, supostamente cheia de doenças e crianças sujas (Sessão 16).

Ao saírem juntos, ele pareceu ficar surpreso e contrariado porque a sra. K. dirigiu-se para sua casa, embora durante a sessão Richard tivesse comentado que sabia que às quintas-feiras a sra. K. não ia à vila, mas geralmente ia direto para casa. Essa frustração pode também ter contribuído para que ele fosse encontrá-la tão mais perto da casa dela, algo realmente muito pouco usual para ele.

A mãe de Richard telefonou para a sra. K., e relatou que naquela tarde Richard estava muito infeliz e preocupado. Ele lhe disse isso e foi se deitar, o que normalmente só fazia quando estava doente. Desde a chegada do pai, tinha se mostrado muito difícil, irritado e mal-humorado, mas naquela tarde e à noite, estivera nitidamente deprimido e infeliz.

Notas

1. As ansiedades paranoide e depressiva alternavam-se com maior rapidez durante as últimas sessões. Richard ficou muito mais próximo de vivenciar a posição depressiva, o que já havia sido demonstrado por sua maior compaixão pelos inimigos, a que me referi numa nota anterior. Tenho repetidamente assinalado que a posição depressiva implica também ansiedade persecutória, mas é caracterizada pela predominância de ansiedade depressiva, culpa e tendência a fazer reparação.

2. Não há dúvida de que veio à tona, com urgência, o anseio por um seio plenamente gratificante. (Como já mencionei, a amamentação de Richard ao seio foi insatisfatória e curta.) A importância fundamental da relação com o seio da mãe já havia aparecido com toda sua intensidade nas sessões precedentes. Na Sessão 54, a ansiedade e o desapontamento profundos suscitados pelo bloco amarelado revelaram o anseio, jamais superado, pelo seio bom da mãe (o bloco branco, a "Via Láctea" em meu vestido). No entanto, o bloco branco igualmente significava que Richard podia ter confiança numa mãe totalmente confiável; e, ao trazer o bloco errado, eu me revelara indigna de confiança, fazendo reviver suas dúvidas arcaicas relativas à mãe. Na Sessão 56, pela primeira vez em sua análise, Richard perguntou-me por que não lhe oferecia duas sessões seguidas. Naquele momento, veio claramente à tona o desejo por uma situação de alimentação em que ficasse plenamente saciado – expressa pelos dois seios propiciando-lhe toda a gratificação possível. Não se tratava apenas, no entanto, de regressão à infância: perturbava-o também o fato de eu ter-me tornado indigna de confiança na presente situação. De modo geral, eu diria que esses elementos de uma situação em curso, simultaneamente à regressão, estão sempre operativos em graus variáveis, e isto implica que o ego mais desenvolvido está ainda ativo até certo ponto, apesar da regressão. É com essa parte não regredida do ego que entramos em contato quando fazemos nossas interpretações, e é ela que permite que as interpretações tenham efeito. No que se refere a Richard, revelei-me indigna de confiança porque primeiramente lhe dei um bloco amarelo e depois nenhum bloco. Isso reforçou seu sentimento de que não podia confiar em mim porque eu, em breve, o deixaria, o que confirmava suas desconfianças relativas à mãe. A análise desses sentimentos na presente situação possibilitou também a análise das insatisfações e dúvidas mais arcaicas vivenciadas quando era bebê.

A Sessão 56, para a qual eu me havia esquecido de trazer o bloco branco, teve início com o ciúme intensos de Richard em relação ao sr. Smith, tornando-se evidente o quanto Richard desconfiava de que eu me encontrava com o sr. Smith em sua ausência. A relação ambivalente com o seio revivida levou-o a expressar o ciúme que sentia de todos os homens que ele associava a mim de forma aberta, intensificada e paranoide. Cheguei à conclusão de que o ciúme e a desconfiança mais arcaicos relativos ao pai remontam à sensação do bebê de que, quando não pode desfrutar o seio ou é por ele frustrado, alguém – o pai – deve ter se apoderado dele (cf. “Algumas conclusões teóricas relativas à vida emocional do bebê”, 1952; essas conclusões já se encontravam prefiguradas em minha obra *A psicanálise de crianças*, cap. 8). Esse ponto de vista é importante para se explicar a natureza dos estágios mais arcaicos do complexo de Édipo, que são influenciados por tais ciúme e suspeitas.

Já expus anteriormente um ponto por mim sustentado de que a paranoia está baseada na desconfiança e no ódio do pênis internalizado do pai (ver em relação a isso meus comentários sobre o “Homem dos Lobos”, em *A psicanálise de crianças*, cap. 10). Investigações posteriores levaram-me a relacionar essa desconfiança e esse ódio do pênis internalizado do pai à relação com o seio da mãe, pois o ódio e a desconfiança do seio são transferidos para o pênis do pai. Todos esses fatores parecem-me importantes para compreender a paranoia.

A ligação entre a paranoia e a homossexualidade é bastante conhecida. O elemento positivo da homossexualidade, conforme sugeri (e gostaria de aqui lembrar as conclusões de Freud a respeito de Leonardo da Vinci), encontra-se em uma transferência do amor pelo seio para o pênis e em uma equação entre esses dois objetos parciais. O elemento hostil da homossexualidade, que em certa medida está sempre ligado a sentimentos paranoides de maior ou menor intensidade, deriva dos fatores acima descritos: o ódio e a desconfiança do seio; a suspeita relativa ao pai (pênis) intrusivo e a necessidade de apaziguá-lo. Existe, portanto, uma forte relação entre o ciúme paranoide, como foi ilustrado pelo material dessa sessão, e o voltar-se para o homem a fim de apaziguá-lo. Existe, é claro, um grande número de outros elementos na homossexualidade, a alguns dos quais me referi em notas precedentes e em trabalhos anteriores.

Richard, como repetidamente apareceu, tinha ciúme do sr. Smith, ao mesmo tempo que se sentia atraído por ele, e invejava muito os doces e os cigarros que o sr. Evans me dava. O componente homossexual em sua relação com o pai tornara-se também bastante evidente nessas sessões, quando o pai estava em "X", e encontrava-se muito influenciado pelas tentativas de Richard de dar conta de seu ciúme edipiano e de suas suspeitas paranoides.

3. Este é um exemplo de identificação projetiva, a que se segue de imediato, ou talvez simultaneamente, a internalização. O medo do objeto atacado por identificação projetiva hostil (tal como introduzir nele fezes más) intensifica, por sua vez, o sentimento de ser penetrado pelo objeto. Na análise, é importante distinguir entre esse medo de ser penetrado pelo objeto com o qual ocorreu a identificação projetiva, e o processo de introjeção do objeto hostil. No primeiro caso, o ego é a vítima da intromissão do objeto, enquanto na introjeção é o ego que deflagra esse processo, ainda que este possa levar à ansiedade persecutória.

Sessão 57
sexta-feira

Richard, novamente, foi encontrar-se com a sra. K. mais perto da casa dela. Sabia muito bem que não devia fazê-lo, embora a sra. K. nunca lhe tenha proibido isso expressamente. De imediato mostrou a frota, que trazia na mão (pela primeira vez não a trazia no bolso), desejoso de mostrá-la logo para a sra. K. Mostrava-se muito amistoso e falante, obviamente tentando diverti-la e apaziguá-la. Não tardou a perguntar se ela já tinha encontrado o sr. Smith. A negativa da sra. K. pareceu não dissipar as dúvidas de Richard, pois continuou a procurar pelo sr. Smith nas imediações. Pouco depois de chegarem à sala de jogos, Richard viu que o sr. Smith estava passando, e pareceu aliviado; mas logo ficou apreensivo, ao ver o sr. Smith parar do outro lado da rua para conversar com o senhor de idade que estava no jardim (aquele a quem certa vez tinha apelidado de "o urso"). Richard perguntou se o sr. Smith seria capaz de ouvi-los e começou a falar em sussurros.

A sra. K. interpretou que, indo a seu encontro perto de sua casa, Richard não apenas queria descobrir se ela ia se encontrar com o sr. Smith e o que fariam juntos, mas queria também entrar no quarto da sra. K. e descobrir se, quem sabe, ela tinha ido para a cama com o "velho rabugento".

Nesse momento Richard interrompeu-a, perguntando se a RAF tinha efetuado seus ataques.

A sra. K. acrescentou que ele gostaria de vigiar todos os movimentos dela, dia e noite, como desejaria fazer com a Mamãe, não apenas porque sentia ciúme mas também porque as relações sexuais tinham para ele o significado de ataques perigosos, como os da RAF, que poderiam matar a Mamãe, tal como o Papai-vagabundo poderia ter feito, ou como Hitler poderia ter matado a sra. K. quando ela voltou a Londres.

Embora embaraçado, Richard reconheceu que sempre ficava de olho na Mamãe para descobrir o que ela estava fazendo, sempre curioso a respeito de todos os seus movimentos, particularmente a respeito de qualquer carta que recebesse. E acrescentou: "E ela me vigia o tempo todo – não, não vigia".

A sra. K. interpretou que o desejo de saber o que se passava no interior da Mamãe aumentava a curiosidade de Richard. Temia que o Papai-"velhaco" (e o Richard-"velhaco"), que aparentava ser bonzinho, mas era traiçoeiro, a estivesse ferindo ou bombardeando; desse modo, a Mamãe seria transformada na loja de peixe, de "pesadelo" e envenenada. Por estar constantemente vigiando, acreditava que ela o vigiava o tempo todo {Projeção}, embora percebesse que isso não fosse realmente verdade: foi por isso que tinha acrescentado: "Não, não vigia".

Richard foi até a pia, bebeu da torneira, e disse que essas eram todas coisas muito desagradáveis de serem ouvidas, e que ele desejava que a sra. K. não as dissesse. [...] Dispôs a frota e perguntou se a sra. K. faria uma coisa para ele.

A sra. K. perguntou-lhe o quê.

Richard perguntou-lhe então se ela poderia ajudá-lo a escurecer a sala completamente. Auxiliado por ela, escureceu tudo meticulosamente. Disse que teria que ficar tão escuro que ele próprio não veria a frota, senão de nada adiantaria, não poderia realizar um ataque noturno. Pelo tato, certificou-se de qual era o *Nelson* (como já havia mostrado anteriormente para a sra. K., havia uma diferença muito pequena entre o *Nelson* e o *Rodney*, que no mais eram idênticos: essa diferença consistia em que o mastro do *Rodney* estava ligeiramente "danificado", não era tão pontudo).

A sra. K. interpretou novamente que Richard acreditava que os genitais dela e da Mamãe – e de todas as mulheres – fossem danificados, como se o pênis tivesse sido partido ou arrancado. Em desenhos anteriores tinha mostrado isso, especialmente no Desenho 3: tinha falado sobre essa diferença bem recentemente (Sessão 53).

Richard movimentou o *Nelson*, fazendo ruídos bem altos. Dramaticamente comentou: "Lá vai ele, sem saber que pode ser atacado no escuro". (Como sempre, usou "ele" para se referir ao *Nelson*, e "ela" para o *Rodney*.) A seguir, movimentou um destróier, e fez com que alguns outros o seguissem.

A sra. K. perguntou quem iria atacar o *Nelson* à noite.

Richard respondeu imediatamente: "Eu". E acrescentou: a sra. K. podia ouvir os fantasmas que estavam atacando o *Nelson*? E emitiu alguns sons bem inusitados. A sra. K. interpretou que Richard sentia que desejaria atacar o Papai, na escuridão, como um fantasma, pois assim o Papai não perceberia que era Richard quem o atacava. Richard talvez temesse também que ele e o Papai viriam a morrer na luta, e que logo ambos seriam fantasmas. [...]

Richard, um pouco antes, tinha contado à sra. K. que estava preocupado por causa de um menino "horrível" que tinha chegado recentemente no hotel. As pessoas achavam que ele era bonzinho – talvez até fosse. Mas Richard sabia que o menino iria convidá-lo para brincarem juntos e também passaria a vigiar Richard. Ou quem sabe era ele mesmo que ficava sempre observando e vigiando os outros meninos? [...] Nesse meio-tempo, Richard tinha acendido e apagado a luz diversas vezes, e decidido abrir as cortinas. Escondido atrás da cortina, verificara se o sr. Smith continuava ali, e comentou com alívio que ele já tinha ido embora.

A sra. K. interpretou essa brincadeira com a frota como expressando os sentimentos de Richard à noite. Desejava atacar o Papai e a Mamãe, mas tinha horror a fazê-lo. Sentia que suas bombas – a RAF – cairiam sobre pais maus e hostis, mas feririam e destruiriam igualmente os pais bons. A sra. K. interpretou também o medo de Richard de ser vigiado e escutado. No início da sessão, tinha ficado imaginando se o sr. Smith poderia ouvi-los conversando, pondo-se a sussurrar. Tudo isso se relacionava com seu permanente desejo de espionar e vigiar todos os movimentos dos pais, a fim de descobrir seus pensamentos ocultos e atacá-los secretamente. Mas depois de, em sua mente, tê-los devorado – as batatas na loja de peixe, o salmão, a baleia, e agora a águia preta – sentia também conter dentro de si o Papai e a Mamãe perigosos, que o vigiariam internamente e tomariam conhecimento de todos os seus movimentos e pensamentos. Por isso tinha tanto medo de ser observado pelo menino "horrível" no hotel, e de ser ouvido pelo sr. Smith ou por outro homem (embora estivessem do outro lado da rua, sem a mínima possibilidade de escutar o que ele dizia).

Richard ouvia com atenção, especialmente quando a sra. K. referiu-se a seus sentimentos de perseguição por parte de homens e meninos. Evidentemente procurando compreender, perguntou por que isso estava sempre em sua mente, e por que esses pensamentos sobre os quais a sra. K. e ele falavam eram tão reais para ele. Saiu da sala e olhou a sua volta; embora fizesse um tempo bonito, permaneceu em silêncio e sério. Atirou uma pedra num gato que estava no jardim vizinho, porque achou que ele estava estragando os legumes, e voltou para a sala de jogos. Olhou ao redor, e alegrou-se por verificar que as escoteiras, que haviam utilizado a sala no dia anterior, não tinham mudado nada de lugar. [...] Decidiu varrer o chão e limpá-lo, especialmente embaixo do aquecedor elétrico. Depois, foi até a cozinha e limpou o forno, removendo um pouco de fuligem. Pediu à sra. K. que recolocasse no lugar a machadinha que se encontrava em cima do forno, de modo que ninguém soubesse que ele havia mexido nela.

A sra. K. interpretou que Richard sentia medo dos bebês maus no interior da sra. K. (e da Mamãe), que a sujavam e envenenavam, e do cocô mau, que Richard sentia ter colocado dentro dela, juntamente com o Papai mau. O gato que estragava os legumes representava Richard atrapalhando o crescimento dos bebês bons, e, ao alegrar-se com o fato de as escoteiras não terem feito nenhuma desordem na sala de jogos, isso expressava sua esperança de que ele e as crianças, no fim das contas, não tivessem causado nenhum dano ao interior da Mamãe, ou de que ele pudesse consertá-lo. Foi o que demonstrou ao limpar a sala e o forno.

Richard apanhou um livro, leu alguma coisa, e pôs-se a olhar as figuras. Sua face iluminou-se ao ver a figura de uma criança brincando com um gatinho. Outra figura que observou com interesse mostrava um gato em frente de um muro alto.

A sra. K. interpretou que Richard se deleitava com a figura da criança com o gatinho porque representava o bebê bom que ele gostaria de dar para a Mamãe, ou que gostaria de ter para si mesmo.

Richard estava tão mergulhado em seus próprios pensamentos que não pareceu ouvir que a sra. K. falava com ele. De repente, como se despertasse de um sonho, levantou os olhos, olhou fixamente para a sra. K., aparentemente sem registrar nada do que ela tinha interpretado, e disse com muita emoção: "A senhora está muito bonita! Seu rosto é bonito. Gosto muito da senhora".

A sra. K. interpretou que, quando Richard ficava tão ansioso em relação ao que se passava no interior da Mamãe e da sra. K., ele parecia sentir que elas não só ficavam destruídas e raivosas, mas que se transformavam na "bruta malvada". Quando, por intermédio das interpretações da sra. K., ele se dava conta de que não tinha apenas medo da sra. K. e da Mamãe, mas que também tinha esperança de que elas contivessem bebês bons e pensamentos amistosos, podia realmente encarar a sra. K. e descobrir que ela lhe aparecia como a Mamãe boa, o que também significava não danificada e capaz de ajudar, parecendo-lhe então bonita.

Como de costume, Richard tinha perguntado repetidas vezes se ela iria à vila e se iria à mercearia. Embora a sapataria, para onde a sra. K. disse que se dirigia, fosse mais perto do que a mercearia, o que implicava caminharem menos tempo juntos, Richard mostrou-se muito satisfeito. Na sapataria havia apenas vendedoras mulheres, o que provavelmente contribuiu para tranquilizá-lo (ver Nota).

Nota

A intensificação do elemento paranoide no ciúme que sentia do sr. Smith e de outros homens em relação a mim era claramente o resultado da presença do pai em "X". A análise de seu complexo de Édipo contribuiu para que surgissem com toda plenitude o ciúme do pai e as fantasias a respeito da relação sexual dos pais que estavam reprimidos. Isso parece contradizer minha observação de que a posição depressiva ocupava nesse momento o primeiro plano. No entanto, sugeriria que, juntamente com seu ciúme e seus sentimentos paranoides dirigidos ao pai, o conflito entre amor e ódio tornara-se mais acessível à análise, e os sentimentos contraditórios dirigidos ao pais – tais como a culpa por ter afastado o pai e a pena que sentia deste – encontravam-se em maior evidência. Juntamente com esse ciúme mais intenso, estava mais ciente do caráter paranoide deles, o que se manifestava no fato de tantas vezes ficar intrigado com suas suspeitas.

Sessão 58
sábado

Richard encontrou-se com a sra. K. na esquina perto da sala de jogos. Parecia muito preocupado. Primeiro perguntou se continuavam de pé as mudanças dos horários das sessões (de modo a poder ir para casa durante a licença do irmão). Em seguida, disse que trazia notícias muito aflitivas. Contaria à sra. K., mas decidiu esperar até que estivessem dentro da sala de atendimento – lá, seria melhor. Perguntou à sra. K. se tinha encontrado o sr. Smith, percebendo naquele momento que ele estava justamente passando. Cumprimentou-o de modo extremamente caloroso, mas ficou de olho no modo como a sra. K. o cumprimentava. Uma vez na sala, arrumou a frota e colocou a sra. K. a par das novidades. Tinha tido dor de ouvido de novo, e o médico disse que os dois ouvidos estavam avermelhados por dentro, mas que o da direita "era, claro, o pior dos dois". Quando a sra. K. perguntou-lhe por que esse "claro, o pior", não respondeu, limitando-se a dizer que era o que doía mais. Na verdade, no momento, nem estava doendo, mas o que o deixava tão preocupado era que talvez precisasse fazer outra operação. Muitas vezes se preocupava com isso. Durante todo esse tempo, Richard estivera vigiando a rua pela janela, dizendo, em seguida, com alívio evidente: "O sr. Smith já se foi". (O sr. Smith tinha novamente parado do outro lado da rua, para conversar com o mesmo homem.)

A sra. K. assinalou que o sr. Smith (representando o sr. K. e o Papai) era uma fonte constante de perseguição para Richard.

Richard fez um ar muito intrigado, e comentou que o sr. Smith era um homem muito simpático mesmo. [...] Mencionou que o sr. Evans tinha "dado" uns doces no dia anterior, pelo que o elogiou muito.

Quando a sra. K. lhe perguntou se o sr. Evans lhe tinha vendido os doces, Richard disse que sim, mas passou rapidamente pelo assunto, evidentemente não querendo perceber que o sr. Evans na verdade recebia dinheiro pelos doces. De repente, ficou com raiva do sr. Evans, dizendo que este tinha recebido uma encomenda de morangos que não entregou. Disse que o sr. Evans era um vigarista. Também se queixou de que no domingo passado, quando estavam todos na fila para comprar jornal, o sr. Evans mandou que ele voltasse para o fim da fila, e Richard teve vontade de matá-lo. (a sra. K. também estava na fila, e Richard sentiu-se particularmente humilhado pelo fato de ela ter presenciado o incidente. Logo no dia seguinte, ele perguntou à sra. K. se ela também estava na fila, embora soubesse muito bem que sim, e tentou esconder sua raiva. A sra. K. tinha interpretado isso.) [...] Pouco depois, Richard ficou observando dois meninos na rua e comentou que os conhecia. Um deles era de "Z". Disse que eram bem simpáticos. Acrescentou que eles não ficavam olhando para ele porque não sentiam, como ele, a necessidade de ficar vigiando os outros meninos o tempo todo. Nesse ínterim, tinha começado a arrumar a frota. Tinha posto o *Nelson* na boca – coisa que não costumava fazer – e segurava o mastro entre os dentes. Por alguns instantes, perseguiu uma mosca-varejeira, chamando-a "sr. Varejeira". Tinha a princípio a intenção de matá-la, mas depois decidiu que sr. Varejeira queria sair da prisão, apanhou-a com os dedos e libertou-a.

A sra. K. interpretou que o mastro do *Nelson* representava, como tantas outras vezes anteriormente, o genital do Papai e agora o do sr. Smith. O sr. Varejeira tinha o mesmo significado. Richard queria destruir o Papai e seu genital, que sentia ter incorporado. Tinha acabado de demonstrá-lo mais uma vez ao morder o mastro do *Nelson*. Mas a mosca-varejeira também representava o Papai, de quem Richard sentia pena. Outra razão para libertá-la era o fato de querer se livrar desse genital que tinha desejado e incorporado, mas do qual também tinha suspeitas e sentia medo. Vivia permanentemente na expectativa de uma retaliação, devido aos sentimentos hostis que nutria pelo pai e seu genital. Se o genital-"sr. Varejeira" ficasse aprisionado no interior de Richard, o que sentiria que estava lhe acontecendo?

Richard continuou arrumando a frota. Formou um grupo com alguns destróieres; outro grupo era formado por submarinos, e outro pelos dois cruzadores. Os navios de cada grupo encontravam-se alinhados lado a lado, e havia muito pouco espaço entre os grupos. Richard explicou que os cruzadores eram ele e a sra. K. Pouco depois, fez com que o *Nelson* se deslocasse para fora, navegasse em volta de toda a mesa, e se escondesse atrás dos rochedos formados pela bolsa e pela sacola da sra. K.[111] Logo depois foi a vez do *Rodney*, que procurava o *Nelson*, que por sua vez tentou voltar para o *Rodney*, mas acabaram se desencontrando porque o *Rodney* navegava na direção oposta. Richard falou então sobre "o pobre *Nelson* solitário". Agora o *Rodney* estava escondido atrás das rochas. O *Nelson* entrava no porto. Nesse meio-tempo, Richard tinha colocado um submarino entre o cruzador-Richard e o cruzador-sra. K., dizendo tratar-se de Bobbie.[112] Imediatamente fez com que o *Nelson* se dirigisse para o cruzador-Richard e o cruzador-sra. K., emitindo sons estridentes.

A sra. K. perguntou se o *Nelson* estava bravo.

Richard disse que sim, e que o *Nelson* perguntava a Richard o que ele estava fazendo ali com a sra. K. Mas quando o *Nelson* se emparelhou com o cruzador-Richard e ficou bem próximo a ele, permanecendo algum tempo ali, o barulho cessou.

A sra. K. interpretou que, no início dessa sessão, Richard tinha manifestado o desejo de deixar o Papai e a Mamãe juntos e felizes, escolhendo ficar perto da sra. K. no lugar da Mamãe, como tantas vezes no passado tinha procurado a Babá. Mas não conseguiu deixá-los juntos: na brincadeira, o Papai foi expulso e ficou sozinho. Mais uma vez, Richard quis que a Mamãe seguisse o Papai e tentou reuni-los, mas tinha medo de não conseguir deixá-los felizes. Eles se desencontraram. Bobbie, que se colocou entre o cruzador-Richard e o cruzador-sra. K.,

---

111 Como muitas outras vezes anteriormente, minha bolsa e minha sacola representavam um esconderijo seguro.

112 Diferentemente de outras passagens, Melanie Klein refere-se nesta sessão a "Bobbie" e não ao usual "Bobby". "Bobbie" é uma forma diminutiva, mais carinhosa. [N. T.]

representava o genital de Richard, que ele tinha introduzido na sra. K.; era por isso que o Papai se zangara e acabara interferindo. A sra. K. e a Babá representavam também a Mamãe. Por isso Richard temia que o Papai, agora também representado pelo sr. Smith, fosse interferir, atacando e ferindo o pênis de Richard. O medo da operação no ouvido trouxe à tona novamente o medo do médico odiado (Sessão 6), o Papai mau, atacando e destruindo o genital de Richard. Tinha se unido ao Papai a fim de torná-lo menos hostil; mas também porque sentia pena dele, o "*Nelson* solitário". Agora, o *Nelson*-Papai e o cruzador-Richard, encontrando-se tão juntos, tinham unido seus genitais.

Richard se opôs veementemente a essa interpretação, dizendo que não podia ter tais desejos, e que de forma alguma gostaria de fazer essas coisas com seu genital.

A sra. K. interpretou que esses desejos dirigidos ao Papai e à Mamãe estavam recobertos por muitos medos. Um deles era de que o Papai fosse ameaçador, abandonado e, consequentemente, perigoso. Acreditava, também, que seu genital não seria suficientemente grande ou suficientemente bom para a Mamãe, que este seria ferido no interior dela, que não conseguiria retirá-lo de dentro dela; não obstante todos esses medos, desejava poder estar na cama com a Mamãe e introduzir seu genital dentro dela. Para poder tomar o lugar do Papai junto a ela, teria que deixá-lo sozinho abandonado ou matá-lo. Havia também um desejo profundamente encoberto de "fazer amor" com o Papai, agora o sr. Smith, como tinha demonstrado ao colocar o *Nelson* e o cruzador-Richard tão juntos.

Nesse ínterim, Richard tinha afastado o *Nelson*, e o *Rodney* havia saído de detrás dos rochedos. Embora agora tivesse deixado bastante espaço para as manobras, o *Rodney*, ao virar-se, encostou sua popa na do *Nelson* e na do cruzador-Richard, e a seguir emparelhou-se com Richard. Richard comentou que a Mamãe (o *Rodney*) também estava dizendo alguma coisa sobre o que Richard estava fazendo com a sra. K. Em seguida, retirou rapidamente o submarino-Bobbie, que continuava entre o cruzador-Richard e o cruzador-sra. K., dizendo: "Agora o genital não está mais ali". [...] De repente, modificou tudo. Todos os navios ficaram deitados de lado, formando uma pilha, exceto um destróier apenas, deixado em pé e um pouco afastado. Richard disse que se tratava do *Vampire*, e era tudo o que restava da marinha britânica. Em seguida, rapidamente rearrumou toda a frota: agora era a frota alemã. O *Nelson* tinha se transformado no *Tirpitz*, e zarpava. O *Vampire*, que tinha se escondido atrás dos rochedos, surgiu e atacou o *Tirpitz*, que havia se juntado a outros navios. A batalha permanecia indefinida.

Richard, de repente, perguntou à sra. K. se ela tinha uma faca, e ela lhe deu o canivete dela. Richard raspou o mastro do *Vampire* com o canivete, e disse que tinha retirado os pedacinhos ruins. O canivete transformou-se numa base americana, onde poderiam aportar navios de todas as nacionalidades. Disse que os Estados Unidos não tinham entrado na guerra – sim, tinham. Cruzadores japoneses e russos, e o *Vampire*, que agora era também alemão, entraram alternadamente no porto, e aí sucederam-se várias batalhas. Parecia que os russos não estavam mais do lado dos britânicos, mas que tinham se aliado ao Japão e à Alemanha. No final, uma parte da frota passou a ser americana, vindo, enfim, em auxílio do *Vampire* (que, nessas alturas, era novamente britânico) e à marinha britânica. A brincadeira terminou assim. Richard correu para a torneira, bebeu água e encheu a pia.

A sra. K. interpretou que a marinha britânica, representando toda a família, tinha morrido. O *Vampire* representava Richard, como já havia representado anteriormente. Um ou dois dias atrás, Richard tinha descrito a si mesmo como o "maior destróier" (Sessão 53); sentia, porém, ter comido e incorporado todos os outros. Foi por isso que, de repente, o *Nelson*, tinha se transformado no *Tirpitz*. Tendo ficado sozinho, Richard sentia-se solitário e sem aliados. Sentia ter traído, atacado e abandonado cada um dos membros de sua família e, uma vez que os continha a todos, sentia, em seu interior, não apenas a raiva e os ataques mas também a infelicidade deles; isso aumentava a própria infelicidade e solidão de Richard. No fim do brincar, tinha demonstrado a esperança de poder fazer reviver os pais bons com a ajuda da frota americana boa, e foi nesse momento que bebeu da torneira e encheu a pia, simbolizando o seu interior, com a água representando o leite bom da Mamãe boa.

Richard examinava o aquecedor elétrico, que não estava ligado, e perguntou se poderia se queimar nele, e se havia eletricidade nele quando estava desligado. Tocou-o com ansiedade, ligou-o e ficou olhando enquanto se tornava vermelho. Desligou-o novamente, dizendo que estava ficando vermelho demais.

A sra. K. interpretou relacionando isso com o "interior de seus ouvidos", que estavam bem avermelhados.

Richard disse que gostaria de retirar do aquecedor o carvão vermelho (artificial). Estava ficando cada vez mais irritado. Disse que desejava arrancar a barra quebrada do aquecedor, e perguntou se a sra. K. o permitiria se o aquecedor fosse dela.

A sra. K. respondeu que, mesmo nesse caso, ela não desejaria que ele a quebrasse.

Richard perguntou se poderia quebrar a mesa se fosse a da casa da sra. K.

A sra. K. disse que não permitiria que ele a quebrasse por completo, mas que não se incomodaria se ele a arranhasse ou se a deixasse com algumas marcas; providenciaria alguns pedaços de madeira ou de outros materiais para ele cortar. Interpretou que todas essas perguntas expressavam seu desejo, e seu temor, de destruir a sra. K., que continha o sr. K., a barra representando o genital de um homem dentro dela; isso também se aplicava a seus pais. Por isso, por maior que fosse a raiva que sentia, Richard desejava também que a sra. K. refreasse sua violência; sentia que era necessário que o impedisse de destruir seus pais e de destruir seu próprio genital; cortar fora as partes más do mastro do *Vampire* significava fazer a mesma coisa com seu pênis, sendo as partes eliminadas aquelas que lhe pareciam más e perigosas. Sentia-se repleto de perseguidores, e que havia genitais maus no interior de seu próprio genital. Queria se livrar deles, da mesma forma como gostaria de ver-se livre do sr. Smith e do sr. Varejeira. Ao perguntar subitamente se poderia se queimar no aquecedor elétrico, mesmo desligado, expressava sua incerteza quanto a seu interior estar em chamas. O ouvido avermelhado, a dor de ouvido, representava o genital ardente do Papai dentro dele, que o queimaria em retaliação a ataques incendiários de Richard dirigidos ao genital do Papai.

Richard mais uma vez foi beber água, e no caminho encontrou uma das argolas, apanhou-a e mordeu-a com força. Disse que tinha um gosto muito desagradável. Bebeu da torneira, comentando que isso sim era bom. Antes de sair da cozinha, encheu a pia e pediu à sra. K. que a destampasse enquanto ele ia lá fora observar, com grande interesse, como a água escorria.

Durante essa sessão, Richard não pediu o bloco, o que sem dúvida era uma reação ao fato de a sr. K. não o ter trazido na sessão anterior (Nota 1). Sentia-se menos perseguido pelas pessoas que passavam na rua e pelas figuras internas. Quando, no brincar, toda a frota foi destruída, restando apenas o navio-Richard, a depressão foi pronunciada; mas não persistiu, e ele conseguiu encontrar uma solução mais feliz. A impressão geral por ele transmitida não era, portanto, de desesperança (Nota 2).

Notas

1. Acredito que Richard temia que eu pudesse ter esquecido o bloco em casa novamente; mas tenho a impressão de que não lhe ocorreu conscientemente perguntar, isto é, que reprimiu seu interesse pelo bloco por medo de ficar desapontado. O processo que subjaz a essa atitude parece ter sido um afastamento do objeto desejado e a recusa da importância deste para ele, a fim de esquivar-se de odiar e destruir a pessoa amada, o que teria levado a culpa e depressão. No entanto, esta defesa maníaca só foi parcialmente bem-sucedida. Pois seu ódio e seu ressentimento levaram-no a afundar toda a frota britânica, a família inteira, vivenciando, então, culpa, solidão e desespero. Também seus desejos homossexuais, expressos pelo voltar-se para o pênis do pai (agarrar o *Nelson* entre os dentes), intensificaram-se devido à frustração imposta pelo seio.

Como mencionei, embora se mostrasse profundamente deprimido em alguns momentos no decorrer desta sessão, de modo geral não transmitiu a impressão de total desesperança. Não tenho dúvidas de que a análise, em particular durante as últimas sessões, teve o efeito de diminuir suas ansiedades persecutórias e depressivas, possibilitando-lhe ter esperança; voltei a ser a mãe boa e amorosa, e ele passou a poder absorver as interpretações capazes de ajudá-lo, um processo simbolizado pelo beber a água "boa" da torneira.

O processo de defletir a culpa e a depressão de seu ponto focal, a relação com o objeto primário e único, os seios da mãe e a própria mãe, e experimentar essas emoções em outras ligações, é um fenômeno frequente, que pode ser considerado um compromisso, um sucesso parcial da defesa maníaca contra a posição depressiva. Muitas pacientes sofrem de um sentimento de culpa e depressão generalizados, ou sentimentos de culpa que surgem pelas mais triviais razões, mas a vivência de culpa na situação transferencial muitas vezes encontra enormes dificuldades porque todas as emoções ligadas ao objeto original são então revividas.

2. Nesse estágio da análise, algumas peculiaridades tinham se tornado rotineiras. No início da sessão, perguntava se tinha havido ataques aéreos da RAF. Richard sempre ouvia o noticiário da manhã, de forma que sabia a resposta, mas queria tê-la confirmada por mim. Também estava implícita nessa pergunta a vontade de saber se eu tinha passado uma boa noite. Como foi demonstrado pelo material da Sessão 57, os ataques da RAF referiam-se também aos perigos aos quais sua mãe e eu estávamos expostas na relação sexual má.

Havia-se tornado uma rotina ele beber água da torneira logo no início da sessão, antes de acomodar-se para brincar. Dessa forma, começava a sessão assegurando-se de que obteria algo bom da análise. Geralmente também perguntava se eu tinha ido ao cinema ou que outra coisa eu havia feito na noite anterior. Essa pergunta tinha dois significados: em primeiro lugar preocupava-se por estar me privando de ir ao cinema; mas também desconfiava que eu pudesse estar com o "velho rabugento" ou com o sr. Smith. Nesse momento em que o complexo de Édipo se manifestava com toda intensidade, o ciúme de Richard chegara a um ponto culminante.

Sessão 59
domingo

Richard novamente foi encontrar-se com a sra. K. perto da casa dela. Como tinha plena consciência de estar se aproveitando dela, tentava dar conta de seu embaraço mostrando-se superanimado e brincalhão. Perguntou à sra. K. se ela ficou imaginando quem vinha a seu encontro – seria o sr. K.? Contou-lhe que estava tudo bem, que tinha melhorado da dor de ouvido, e que ele estava muito bem, e também que estava usando sua roupa nova. Ficou esperando do lado de fora enquanto a sra. K. foi buscar a chave da sala de jogos. Perguntou-lhe quem tinha encontrado, apenas a velha senhora (com quem ficavam as chaves), ou será que havia mais alguém com ela? Enquanto caminhavam pela rua, mostrava-se alerta a tudo o que se passava e a todas as pessoas que eles viam. Voltava-se para trás com frequência e, mesmo quando não o fazia, parecia estar atento ao que estava acontecendo a suas costas. Comentou que nesse dia, por ser domingo, não iriam encontrar o sr. Smith, e apontou o caminho que ia da casa até o negócio do sr. Smith. Disse que hoje não havia muitas pessoas na rua, e que, de qualquer forma, já não tinha mais tanto medo de encontrar as pessoas; acrescentou, porém, que não convinha ser demasiado descuidado. Esse último comentário foi sussurrado. [...] Chegando à sala de jogos, disse que não tinha trazido a frota – não teve vontade. Bebeu água da torneira e pediu o bloco. Depois, mudou de ideia, e pediu a sacola (na qual a sra. K. carregava os brinquedos, o bloco e os lápis). Olhou para dentro dela avidamente e tirou as coisas. Primeiramente, examinou o pequeno balanço, tornando-se ansioso ao ver que não estava em perfeitas condições, pois um dos lados estava meio solto. Imediatamente colocou-o de volta na sacola, que empurrou para o lado, dizendo tratar-se de uma Mamãe ferida. Começou a desenhar (Desenho 50). Tratava-se mais uma vez de um desenho de ferrovias, e os trens corriam de "Roseman" para "Halmsville". Novamente soletrou "Halmsville", e, quando a sra. K. chamou-lhe a atenção para o fato, mais uma vez disse que queria dizer "Hamsville", incapaz de perceber, a princípio, que tinha na realidade soletrado "Halmsville". Depois deu-se conta do engano, ficou surpreso, corrigiu-o, mas não fez nenhuma associação para "Halm". Sua depressão e sua incapacidade de cooperar tomavam vulto. Movimentando o lápis ao longo das ferrovias, disse que os trens iam de "Roseman" para "Hamsville". Mas havia também trens que corriam de "Valeing" para "Lug". Nesse ínterim, tinha colocado o lápis amarelo na boca repetidas vezes.

A sra. K. interpretou que esse desenho mostrava o perigo do pênis-"Roseman" transformar-se em baleias, já que as duas ferrovias se uniam, embora ele tivesse tentado recusar isso fazendo com que os trens corressem de "Roseman" para "Halmsville". A razão pela qual o recusava era o temor referente aos ouvidos – "Lug"[113] –, pois tinha medo de que tivessem que ser operados. As baleias – o genital mau do Papai interno – estariam entrando-lhe pelos ouvidos.

Nesse momento, Richard ligou o aquecedor elétrico, e ficou olhando as barras tornarem-se vermelhas.

A sra. K. interpretou que as barras representavam seus ouvidos, que estavam ficando avermelhados por dentro.

Richard concordou com isso, todavia desligou o aquecedor e disse que estavam ficando brancas novamente.

A sra. K. interpretou o temor de Richard de que na luta com o Papai interno mau – a baleia – seus ouvidos jamais voltassem a ficar brancos novamente. Seus ouvidos representavam também seu genital, e seu medo de uma nova operação estava ligado à experiência assustadora de ter seu genital operado. No dia anterior, ele havia perguntado se, caso o aquecedor pertencesse à sra. K., ela permitiria que ele arrancasse a barra quebrada – o pênis perigoso do pai. Ao desligar o aquecedor, temia, além disso, estar matando tudo o que existia na sra. K. e em

113 "*Lug*" é um termo coloquial, no inglês britânico, para "orelha". [N. T.]

si mesmo. A sra. K. recordou-lhe que desligar o aquecedor já tivera o significado de fazer cessar a vida no interior da Mamãe e da sra. K. Quando Richard contou o sonho do carro preto com a placa numerada (Sessão 9), que representava a Mamãe morta cheia de bebês mortos, isso estivera relacionado com ligar e desligar o aquecedor, o que significava vida e morte alternando-se no interior da Mamãe.

Com uma expressão muito infeliz, Richard disse que não queria ouvir essas coisas, e que queria sair. Olhou a sua volta, mas não fez os comentários usuais; depois disse que era uma pena ter tanta erva daninha no jardim, e que as pessoas deviam cuidar melhor dele. [...] De volta à sala, escreveu seu nome repetidas vezes numa folha, mas não rabiscou por cima como costumava fazer. [...] Perguntou se faria mal para o analista ou para o paciente o analista ficar realmente zangado.

A sra. K. interpretou que Richard não conseguia acreditar que ela não se zangasse com ele, uma vez que sentia ter-lhe feito mal. Queria que o jardim fosse arrumado, arrancando-se as ervas daninhas, o que significava arrancar os bebês e o genital maus. Em parte, desligar o aquecedor tinha o mesmo significado; mas temia que ao mesmo tempo disso resultasse a morte da Mamãe. Ao escrever seu nome sem cobri-lo de rabiscos, confessava mais abertamente que, se ficasse zangado ou enciumado, poderia tornar-se perigoso para a sra. K. e para a Mamãe.

Richard disse que isso não ajudava. A sra. K. perguntou se se referia ao trabalho, ao que ele respondeu que sim; sabia que ajudava, mas mesmo assim sentia que não podia ajudá-lo.

A sra. K. perguntou-lhe se pensava assim porque sabia que ela o deixaria em breve.

Richard confirmou isso e disse que estava preocupado com a partida da sra. K. Será que só mais algumas semanas poderiam realmente ajudá-lo e fazer alguma coisa por ele?

A sra. K. respondeu que até mesmo algumas semanas poderiam ser de alguma valia.

Richard pareceu menos infeliz. Fez o Desenho 51, mas antes fez várias perguntas: onde a sra. K. tinha ido a noite passada? Estava em casa? Que língua falava com o sr. K.? Austríaco ou alemão? O sr. K. tinha lutado contra os britânicos na outra guerra? A Hungria e a Áustria estavam do lado da Alemanha? O sr. K. usava o tipo de colarinho e gravata que Richard usava ou aqueles modelos antiquados? Como era o primeiro nome do sr. K.? (Parecia bastante ansioso e perseguido.)

A sra. K. interpretou a inquietação de Richard referente ao que se passava com ela à noite, sentimento que se intensificava agora que ela estava partindo por um longo tempo. Temia que ela se transformasse na Mamãe bruta malvada que, em sua mente, estava repleta do Papai bruto malvado. Por isso a curiosidade de Richard acerca do sr. K., representando o Papai, tinha aumentado, bem como acerca do pênis deste – se era venenoso, vermelho-ardente, a baleia devoradora (quer dizer, perigoso para a sra. K.), ou se era o "Roseman" bom. Tinha, porém, os mesmos medos em relação ao interior da Mamãe e a seu próprio interior. A sra. K. recordou-lhe a águia (Desenho 49) que representava a Mamãe preta envenenada e venenosa contendo o Papai fantasma.

Richard examinou seu desenho e contraiu-se, dizendo que era horrível.

A seguir, traçou uma forma elíptica na parte mais clara.

A sra. K. interpretou que agora os pais maus devorados e devoradores achavam-se representados por uma boca aberta.

Um pouco antes, Richard tinha perguntado se na terça-feira a sra. K. poderia atendê-lo mais tarde do que o combinado, porque assim poderia voltar de "X" de trem, e não de ônibus; era muito desagradável e cansativo viajar de ônibus.[114]

A sra. K. disse que infelizmente não poderia fazê-lo; acrescentou que ligaria para a mãe dele; talvez fosse possível combinar alguma outra coisa, de forma que ele não precisasse viajar de ônibus.

Richard, ao ouvir a sra. K. dizer que não poderia atendê-lo mais tarde, empalideceu e seus olhos encheram-se de lágrimas. A seguir, quando a sra. K. sugeriu que iria discutir o assunto com a mãe dele, acalmou-se um pouco, mas era evidente que tinha ficado deprimido por causa dessa frustração.

A sra. K. interpretou que, se ela não satisfazia todos os seus desejos, parecia que imediatamente se transformava de Mamãe boa em Mamãe-Hitler, que o abandonaria a seus inimigos (Nota 1).

Richard havia dado continuidade ao Desenho 51. Perguntou à sra. K. se ela podia ver o que era, e acrescentou que se tratava de um zepelim; jogava bombas pela parte central. À direita e à esquerda subiam as granadas do *Nelson*. Um avião britânico bombardeava o zepelim. À direita do avião havia uma bomba. Depois de terminar essa parte do desenho, traçou a linha embaixo do *Nelson*, sob a qual havia apenas um peixe. A essa altura tinha se tornado extremamente deprimido.

A sra. K. perguntou quem o peixe representava.

Richard disse que ele mesmo.

---

114 Richard, provavelmente, estaria voltando para "Y" com os pais na segunda-feira, e retornaria para "X" sozinho na terça.

A sra. K. interpretou que o zepelim representava o sr. K. e a sra. K., sobre cujas relações novamente ele tinha indagado – os pais maus ou suspeitos que estavam destruindo os pais bons, os britânicos, mas que por sua vez eram destruídos por Richard, que se encontrava acima, representado pelo avião britânico. Richard, porém, sentia que, se matasse os pais maus, estaria fadado a matar os bons também, porque passou a compreender melhor que os pais maus e bons eram na realidade as mesmas pessoas. Durante esta sessão, tinha demonstrado mais uma vez que gostava da sra. K., que estava lá para ajudá-lo. Mas ela também representava a Mamãe-espiã que falava numa língua inimiga com o Papai (o sr. K.), e Richard sentia que no fim tinha matado todo mundo e estava absolutamente só no mundo – o peixe embaixo do traço.

Richard rapidamente acrescentou um segundo peixe, algumas estrelas-do-mar e plantas.

A sra. K. perguntou quem era o segundo peixe.

Richard respondeu que era Paul. Em seguida, olhando novamente para o desenho, disse depois de uma pausa que era a sra. K., e escreveu o nome dela embaixo. Disse que duas das estrelas-do-mar eram os canários, e que a terceira era Bobbie. Pôs-se, então, a desenhar um monte de números, começando pelo 1. Quando a sra. K. perguntou-lhe para que serviam os números, respondeu que estava apenas enchendo a página.

A sra. K. sugeriu que talvez representassem pessoas.

Richard, sem hesitar, disse que eram todos bebês. Olhou novamente para o Desenho 51 e comentou que era triste.

A sra. K. interpretou seu desespero porque o desenho sugeria que a família dele, a sra. K., o mundo todo, pereceriam e ele ficaria só; no dia anterior ele tinha sido o único destróier sobrevivente de toda a frota britânica. Mas ele também tinha expressado sua esperança de não mais continuar solitário. Isso foi demonstrado pelo segundo peixe (que a princípio era Paul e depois, a sra. K.), que se juntava a ele. No dia anterior, em sua mente, os Estados Unidos finalmente tinham vindo em auxílio dos britânicos. Isso significava que, a despeito de seus medos, tinha esperança de poder continuar a análise mais adiante e manter vivos a Mamãe boa e a si próprio.[115]

---

115 Há outra interpretação que acredito que não tenha formulado, mas é sugerida por esse material. Richard teria que dar muitos bebês (os números) à Mamãe para ressuscitá-la; mas tinha muito medo das relações sexuais – o que voltara a ficar bastante evidente nos últimos dias – e de ser atacado e punido pelo pai. Tinha muitas dúvidas quanto a sua possibilidade de chegar

Richard tinha olhado pela janela algumas vezes, vigiando os transeuntes. A respeito de uma mulher que passava, disse que era engraçada e que parecia italiana. Quando passou um grupo de crianças, não se escondeu, como de costume, e comentou: "Não faz mal que me vejam". Mesmo quando passaram a menina ruiva e seus amigos – seus grandes inimigos – ele não saiu da janela, mas assumiu um ar severo, empurrando o queixo para a frente numa tentativa evidente de encará-los. Sua depressão e sua culpa estavam intensificadas pelo fato de que o pai partiria de volta para casa no dia seguinte. Richard nutria também sentimentos conflitantes em relação às sessões de domingo: sentia-se aliviado porque não as teria mais e poderia passar o fim de semana em casa; e, no entanto, a falta da análise aos domingos intensificava seus sentimentos de perda e culpa. Durante essa sessão, perguntou à sra. K. se ela iria atender mais alguém aos domingos, e disse que desejava que não, já que não iria atendê-lo. Ele estava ciente de que ter ou não as sessões de domingo dependia dele.

No caminho para a vila, Richard observava todas as pessoas e coisas com particular interesse. Perguntou à sra. K. se ela pretendia ir buscar o jornal de domingo na loja do sr. Evans (já havia feito essa pergunta na sessão, e a repetiu agora). Disse, com uma ponta de triunfo, que hoje ela não poderia ir à mercearia. Acrescentou que havia, no entanto, uma loja aberta: a farmácia.

Durante a caminhada, Richard parou de observar as pessoas e relaxou quando viu o gatinho que tinha devolvido para o dono alguns dias atrás. Seu rosto iluminou-se e ele pediu à sra. K. para se aproximar do muro no qual o gatinho estava sentado e olhá-lo de perto. Acariciou-o e perguntou à sra. K. se não o achava uma graça. Em seguida, falou com o animalzinho, dizendo-lhe que voltasse para casa e não se perdesse de novo. Foi impressionante ver a mudança, tanto em sua expressão facial como em toda a sua atitude, de um estado de depressão, perseguição, desconfiança, e vigilância, para sentimentos amorosos e ternos.

---

a ser potente algum dia e de ter um pênis bom e criativo. Tenho uma nota sobre essa sessão, na qual registro ter sido incapaz de aliviar suficientemente sua depressão.

Nota

Para muitos psicanalistas, a frustração é a causa da ansiedade persecutória e da agressão. Embora seja verdade que a frustração excessiva venha a aumentar a ansiedade persecutória, desejo enfatizar aqui, como já fiz muitas outras vezes, que as crianças – e nesse sentido os adultos também – cuja ansiedade persecutória é acentuada são particularmente incapazes de tolerar a frustração porque, em sua mente, a frustração transforma o objeto em persecutório, aliado aos inimigos. Eu relacionaria isso com a projeção dos impulsos destrutivos, que podemos supor ser operante desde o início da vida.

Sessão 60
segunda-feira

Richard esperava pela sra. K. na esquina da rua pela qual poderia passar o sr. Smith. Evidentemente queria ficar de olho nele. Encontrava-se menos excitado e perseguido do que no dia anterior, embora estivesse prestes a cair uma tempestade e, conforme já mencionado, Richard tivesse muito medo de tempestades. Disse que agora só tinha medo dos raios, dos trovões não, mas abandonou logo essa desculpa. Contou à sra. K. que sua mãe tinha conseguido um jeito de ele voltar a "X" de carro no dia seguinte, de forma que não teria que vir de ônibus sozinho. Na sala de jogos, a sra. K. e Richard viram que vários pacotes e estacas (para uso das escoteiras) haviam chegado. Richard tentou espiar dentro dos pacotes, mas desistiu; antes de sair fez nova tentativa. Disse que talvez houvesse um urso dentro de algum deles.

A sra. K. perguntou se seria um urso vivo.

Richard disse que não, mas parecia estar em dúvida.

A sra. K. sugeriu que, não estando nem vivo nem morto, talvez fosse um urso fantasma.

Richard concordou ansiosamente, talvez fosse. Como sempre, bebeu água da torneira, e perguntou à sra. K. acerca dos ataques da RAF, se houvera algum. Perguntou-lhe, em seguida, se ela faria uma coisa para ele – pegar o casaco que tinha caído no chão. Explicou que estava com cãibra na perna, e que doía abaixar. A sra. K. pegou o casaco, explicando, porém, que Richard precisava de que ela fizesse algumas coisas para ele, além da análise, pelo mesmo motivo por que bebia água da torneira "boa". Isso significava assegurar-se de que a sra. K., cujo seio era representado pela torneira, não estava zangada e não era a Mamãe-Hitler atacada e atacando.

Richard pediu à sra. K., quando a tempestade estava mais próxima, que escurecesse a sala, assim ele não veria a chuva e os raios e se sentiria mais seguro. Antes mesmo que a sra. K. acabasse de escurecer a sala completamente (Richard não fez nada para ajudá-la), já estava à caça de moscas-varejeiras. Vendo duas delas juntas num canto da janela, comentou: "Essas duas safadas aqui, vou mandar elas embora".

A sra. K. perguntou o que ele queria dizer com "safadas".

Richard respondeu: "Ah, só sujas e ...". Em seguida, mostrou à sra. K. que havia muitas delas na outra janela, e disse que às vezes elas apareciam às centenas com seus bebês.

A sra. K. interpretou que sujo e safado significavam sexual. As duas moscas-varejeiras safadas e seus bebês representavam os pais na relação sexual a quem desejava mandar embora porque sentia ciúme e os odiava.

Richard prendia algumas moscas entre seus dedos, chamando-as de sr. e sra. Varejeira sujos. Comentou, então, com pesar que elas iam ficar muito molhadas agora, mas talvez conseguissem chegar em casa.

A sra. K. perguntou onde seria a casa delas.

Richard, depois de uma pausa, disse, num tom triste: "Acho que é na sala de jogos". Ligou o aquecedor elétrico, dizendo que estava com frio; na realidade, estava tudo bem fechado. A chuva caía forte, e a sra. K. tinha escurecido a sala. Richard acendeu e luz e disse: "Nós estamos bem aconchegados aqui, só nós dois, não estamos?". Mas a cada instante ia olhar por detrás das cortinas e falava da tromba-d'água que caía, da torrente, e também da "chuva suja e detestável". Comentou que ele e a sra. K. estavam mais a perigo porque a casa ficava mais isolada e não na vila (a tempestade não era tão forte e estava mais distante). Richard perguntou à sra. K. se ela tinha visto o sr. Smith, embora isso fosse impossível, já que as cortinas estavam fechadas e a sra. K. não poderia tê-lo encontrado na rua antes de encontrar Richard. Ele também lhe perguntou repetidamente para que serviam os pacotes e as estacas, embora soubesse que ela sabia tão pouco a respeito quanto ele. Frequentemente espreitava pelas cortinas, para fazer comunicados sobre o tempo. Disse que a chuva tinha diminuído agora, o sol estava saindo, e que chovia menos nas colinas; isso parecia alegrá-lo.

A sra. K. interpretou que, ao vigiar, ele tentava controlar o tempo e o sr. Smith, representando o sr. K. e o Papai, que parecia estar sempre em seu pensamento. Extinguir o trovão e o raio significava controlar o pênis poderoso do pai. A sra. K. recordou-lhe da brincadeira com a corda (Sessão 52), e como estava relacionada com o raio atingindo o embaixador chinês e a ele próprio (Desenho 47). Desejava mandar o Papai embora não apenas para ter a Mamãe (e, no que dizia respeito ao sr. Smith, a sra. K.) toda para ele mas também porque temia que a chuva suja fustigando as colinas representasse também o genital venenoso do Papai, perigoso para a Mamãe. Por isso, tinha que vigiar os pais o tempo todo e mantê-los separados. Ao mesmo tempo sentia pena do pai, que ele tinha atirado para fora e estava na chuva e no frio, como as moscas-varejeiras. Sentia-se assim particularmente porque o pai tinha ido embora naquela manhã, e era como se Richard tivesse feito a Mamãe dizer para ele "vá embora", da mesma forma como tinha pedido, alguns dias atrás, que a sra. K. dissesse para o sr. Smith. Por isso, sentia que seu pai partia devido a uma ordem sua, e temia ser punido com a sra. K. deixando-o. Mais ainda, quando se livrou dos pais – o sr. e a sra. Varejeira que foram expulsos de casa por ele[116] – sentiu que eles eram também os pais bons, que ele havia destruído. A sra. K. referiu-se ao Desenho 51, que Richard disse que era triste; tinha sentido que estava muito só no mundo, da mesma forma como na brincadeira com a frota, dois dias atrás, o destróier-Richard era tudo o que tinha sobrado da marinha britânica.

Richard afirmou, enfaticamente, que brincar com a frota não tinha nada a ver com os desenhos.

A sra. K. interpretou que Richard muitas vezes deixava a frota em casa, dizendo que ela não desejava vir, porque ele parecia sentir que, se deixasse a frota separada dos outros brinquedos, de alguma forma mantinha a família a salvo. Por intermédio da frota seriam mantidos vivos, mesmo se sentisse que foram destruídos de outras formas {Cisão}.

Richard replicou que o *Nelson*, no Desenho 51, não tinha sido destruído; as bombas atiradas pelo zepelim tinham caído longe do navio e não o tinham danificado. Só o zepelim fora destruído, e o zepelim era o sr. K. sozinho, não a sra. K., pois ela estava com Richard sob a linha, onde eles eram os peixes.

---

116 As moscas-varejeiras bebês postas para fora representavam também as "pobres crianças sujas de favela", que Richard ao mesmo tempo desprezava e temia, em última instância, os bebês da Mamãe não nascidos e destruídos.

A sra. K. interpretou que, no momento em que Richard fazia o desenho, parecia ter sentido que ela também estava no zepelim e que era a Mamãe-espiã; por outro lado, o *Nelson*, com suas duas chaminés, representava os pais bons, que, quando fazia o desenho, tinham que morrer também com os maus, o zepelim. Nessa situação, apenas o avião bombardeador, Richard, parecia sobreviver. O primeiro peixe que tinha desenhado sob a linha era supostamente ele mesmo, novamente o único sobrevivente. Mas, uma vez que isso lhe era insuportável, tinha desenhado o segundo peixe representando a sra. K., a Mamãe boa, e as estrelas-do-mar representando os dois canários e Bobbie – na verdade Paul e os pais. Dessa forma, tinha ressuscitado toda a família, sob a linha, insistindo que o que havia acontecido ali não tinha nada a ver com a parte de cima. Isso significava que em sua mente ele mantinha separados o seu self hostil e bombardeador e o desastre a que levava – a família destruída – de sua necessidade de amar e de fazer reviver a família, que era mostrada na situação pacífica debaixo da linha.

Nesse meio-tempo, Richard tinha ficado olhando os desenhos e não parecia ouvir as interpretações da sra. K. Mas, de repente, levantou os olhos para o rosto dela e disse, numa voz terna: "No que a senhora está pensando?".

A sra. K. respondeu que estivera pensando naquilo que tinha acabado de lhe dizer.

Richard respondeu que gostava do que ela tinha acabado de dizer.

A sra. K. interpretou que, enquanto explicava os ataques de Richard dirigidos aos pais maus, ele sentiu que todos, mesmo a sra. K., eram maus e hostis. Por isso não tinha prestado atenção naquela parte da interpretação; mas, quando ela lhe mostrou que numa outra parte do desenho, o que também significava numa outra parte de sua mente, ele tinha ressuscitado toda a família, ela passou a ser a Mamãe viva, que ajuda e alimenta. Foi dessa parte da interpretação que ele gostou, porque provava para ele que ela também reconhecia os sentimentos bons que existiam nele.

Quando a chuva tinha quase cessado, Richard foi até o jardim, olhou em volta, e disse que tinha caído tanta chuva sobre as colinas que ele sentia pena delas; a chuva poderia também fazer algum bem, algumas pessoas achavam que era necessária. Na vidraça, encontrou uma mariposa grande, que o amedrontou. Atacou-a com seu canivete, feriu-a e, colocando-a sobre a mesa, ficou observando-a com prazer enquanto ela ainda se mexia um pouco. Soprou a poeira de suas asas e evidentemente precisou fazer um esforço para parar com isso, porque se sentia culpado e amedrontado. Como em muitas vezes, dramatizou a situação, exclamando no momento de liquidar a mariposa com seu canivete: “Agora a faca está sobre ele, e ele vai morrer”. Esmagou a mariposa com o pé. Estava muito excitado, vermelho, e num tom triunfante falou sobre a morte da mariposa e sobre sua vitória. Ao olhá-la novamente, tornou-se subitamente ansioso e disse que parecia um besouro, e que ele tinha medo de besouros. Estava inquieto e perturbado.

A sra. K. interpretou que a mariposa era, para ele, igual ao “sr. Varejeira”. Atacá-la teria o significado de atacar o Papai e seu genital, que ele gostaria de tratar como à mariposa. Por isso, na mente dele, ela tinha se transformado no besouro assustador, e temia ser tratado por este da mesma forma como o tratara {Medo de retaliação e perseguição}.

Richard disse: “Por favor, não chame de besouro, isso me assusta”.

A sra. K. interpretou que isso acontecia porque, na mente dele, a mariposa morta se transformava no besouro que era mais assustador. Tornava-se um inimigo, a quem Richard sentia ter devorado, pois rangera os dentes enquanto a matava. Num momento, Richard, em seus pensamentos, matava o Papai odiado, que então se transformava no Papai-polvo interno mau; em outro momento, desejava salvá-lo, bem como à Mamãe, conforme demonstrou ao libertar as moscas-varejeiras. Isso também havia se passado em seu desenho: no princípio, Richard tinha matado os pais bons e maus e a sra. K. má, que depois foi ressuscitada com toda a família. Depois que a tempestade cessou de todo, Richard pediu à sra. K. que o ajudasse a abrir as cortinas, e ficou contente de ver o sol aparecer entre as nuvens; correu para fora para ver como estavam o jardim e as colinas. Ao voltar para a sala, procurou a mariposa no chão, mostrando-se preocupado e desconfiado porque havia desaparecido.

A sra. K. interpretou que ele sentia que a mariposa tinha desaparecido em seu interior, e se tornado um inimigo interno; na realidade, devia ter ficado grudada na sola do sapato dele quando saiu da sala.

Richard concordou que era bastante provável, no entanto parecia preocupado e deprimido. [...] Passou a desenhar (Desenho 52), com evidente satisfação. Como se pode ver, havia duas linhas principais; sobre uma escreveu “Longline”, e sobre a outra, “Prinking”. A linha “Prinking” levava, de um lado, a “Lug” e “Valeing”, e a “Brumbruk” e “Roseman” de outro. Quando a sra. K. avisou que sua sessão tinha terminado, mostrou-se relutante de ir-se (Nota 1). Demorou-se juntando suas coisas, e comentou que “Prinking” era um “rei orgulhoso” [*proud king*].

A sra. K. interpretou que isso significava o Papai restaurado, uma vez que “Longline” representava o genital poderoso e não danificado.

Além disso, o segundo "N" em "Longline" assemelhava-se muito a um "V", com o que ficaria "Longlive".[117]

Richard comentou que "Brumbruck" era marrom [*brown*].

A sra. K. interpretou que o Papai restaurado com a "linha longa" foi das baleias[118] para um lugar marrom; isso expressava o temor de Richard de que o Papai "rei orgulhoso" fosse muito perigoso porque iria atacar o lugar marrom, que representava o traseiro da Mamãe, da mesma forma como o relógio marrom tantas vezes representara o traseiro da sra. K.

Ao sair, Richard perguntou aonde a sra. K. iria primeiro. Quando ela lhe disse que iria à mercearia, Richard perguntou se ela precisava ir lá de novo. Ele não se importava com o pai do merceeiro, que era um senhor muito idoso – com ele, tudo bem. Mas não pensava a mesma coisa do merceeiro.

A sra. K. interpretou que o merceeiro representava o Papai perigoso e o sr. K., e quando a sra. K. entrava em sua loja os dois se tornavam os pais moscas-varejeiras sujos e sexuais.

Nota

Segundo minha experiência, quando a atenção do paciente se dispersa e a resistência se faz muito intensa, só podemos fazer com que colabore por intermédio de interpretações. No presente caso, assim que interpretei o desejo de Richard de ressuscitar a família – uma interpretação baseada no material que se seguiu às interpretações precedentes acerca da destruição e subsequente perda da família –, Richard voltou a colaborar totalmente. No dia anterior, como mencionei, não fui capaz de elaborar o suficiente a depressão de Richard. Isso se deveu ao fato de, em minhas interpretações, não ter estabelecido de forma adequada a relação entre destruição e reparação. Não obstante, essa sessão parece ter produzido algum efeito, pois Richard começou a sessão presente num estado de mente bem melhor e foi, desde o início, mais capaz de colaborar.

A importância terapêutica de relacionar diferentes aspectos dos impulsos e situações – nesse caso, de destruição e reparação – não pode ser superestimada. Um dos principais propósitos do procedimento analítico é possibilitar ao paciente integrar as partes excindidas de sua mente, de forma a poder mitigar os efeitos das diferentes situações de

---

117 "*Longline*", "linha longa". "*Longlive*", "viver longamente" ou "viva" (ao brindar à saúde de alguém). [N. T.]

118 "*Valeing*" soa como "*whale*", "baleia". [N. T.]

fantasia decorrentes da cisão. A fim de que se possa efetuar a integração, é preciso que o analista acompanhe o material bem de perto, dando, em suas interpretações, o valor devido aos impulsos destrutivos e suas consequências. Ao mesmo tempo, o analista não deve descuidar das indicações da capacidade de amar e do desejo de reparação que surjam no material. O que, no entanto, é muito diferente de reconfortar o paciente quanto a seus impulsos destrutivos.

Sessão 61
terça-feira

Richard encontrou-se com a sra. K. na esquina; e disse que trazia notícias muito aflitivas. Nesse momento, Paul, que tinha deixado Richard no hotel, passou de carro, e Richard mostrou-o para a sra. K. Ambos se cumprimentaram com a cabeça; Richard ficou muito satisfeito e disse que queria que a sra. K. visse Paul, pois ele era realmente um amigão. Disse então que tinha acontecido uma coisa horrível, mas que só iria falar a respeito quando estivessem dentro da casa. Esperou, mesmo, até que ambos estivessem sentados (já havia nisso um elemento de dramatização). Contou à sra. K. que logo cedo naquela manhã tinha encontrado o pai deitado no chão, muito mal e quase desmaiado. Chamou a Mamãe, que "entrou correndo" seguida de Paul; carregaram o pai para o quarto e colocaram-no na cama. Contou tudo isso com dramaticidade, apreciando o papel que desempenhou no ocorrido bem como a oportunidade de relatar um acontecimento de tal importância, embora, ao mesmo tempo, estivesse visivelmente abalado. Acrescentou que esperava que seu pai se recuperasse. A descrição detalhada dos cuidados dedicados ao pai mostrava que, em sua mente, o pai tinha se transformado num bebê, e Richard num adulto encarregado de cuidar do bebê.[119] Perguntou à sra. K. o que pensava de tudo aquilo,

119 Material anterior já havia demonstrado que, invertendo a relação pai--filho, Richard podia combater seu ciúme e manter sentimentos de amor e compaixão para com o pai.

e ficou contente quando ela expressou sua solidariedade. Richard disse também que contaria o ocorrido a todo mundo no hotel, mas depois corrigiu-se dizendo que não a todo mundo, apenas a algumas pessoas. Disse que teria que ficar sozinho em "X" até o fim de semana. Acrescentou que era uma coisa boa que estivesse tão melhor e menos amedrontado e em condições de ficar sozinho. Richard explicou que havia duas razões para a doença do pai: "X" era um lugar sufocante, e além disso o pai tinha trabalhado demais e tinha tido um inverno extenuante (também nesse momento pareceu genuinamente preocupado). O Papai não teria de ser operado. Richard havia receado que ele fosse ser operado, mas não seria, o que era uma boa coisa porque o Papai talvez não resistisse a uma operação. Nesse meio-tempo, Richard repetidamente enfatizava que tinha feito o melhor que podia, que não teria condições de carregar o pai para a cama sozinho porque ele era muito pesado. Depois de ter relatado todos esses detalhes à sra. K., uma grande mudança operou-se em Richard. Até então havia se mostrado bastante emotivo, embora razoavelmente controlado, o rosto expressivo e vivo. Agora, tornou-se inquieto, pálido, e parecia ansioso e perseguido. Tentou explorar o que havia nas mochilas que foram deixadas na sala de jogos no dia anterior, e chutou as estacas. [...] De novo à mesa, voltou a falar da doença do pai, repetindo que era bom que ele não teria de ser operado. Tirou um canivete do bolso, dizendo que era seu e que dessa vez não precisaria pedir o da sra. K. emprestado, abriu-o e começou a arranhar as estacas com ele. A seguir, ficou em pé perto da janela e, voltando as costas para a sra. K., bateu com o canivete em seus dentes.

A sra. K. interpretou que no dia anterior houvera, em sua mente, duas maneiras de lidar com o pai intrusivo. Tinha expulsado o sr. e a sra. Varejeira, a fim de libertá-los; mas veio depois a reconhecer que, no fim das contas, ele os havia expulsado de sua própria casa para serem deixados na chuva.

Richard interrompeu para perguntar qual era a segunda maneira.

A sra. K. interpretou que ele tinha operado e matado a mariposa, representando o Papai; e ao tentar, há pouco, cortar as estacas com seu canivete, manifestava seu temor de ter atacado o pai. O fato de o pai ter realmente ficado doente fez com que Richard se sentisse responsável por isso {Onipotência dos desejos}. Por sentir-se culpado e querer punir-se, tinha voltado o canivete contra si mesmo, batendo em seus dentes com ele.

Durante essa interpretação Richard foi se aquietando e a cor voltou a suas faces. Dava a impressão de estar impressionado, e de que compreendia. (Pareceu-me que esse insight devia estar quase consciente.) Mas logo se tornou muito agressivo com o canivete. Golpeou as estacas de madeira, riscou a vidraça, tentou cortar a mesa, e quase rasgou os pacotes. A sra. K. disse-lhe que não devia fazer isso. Richard também repetidamente colocou a lâmina na boca. A sra. K. alertou-o de que poderia machucar-se, e ele parou com isso. A seguir, andou pela sala, com o canivete aberto apontado diretamente para si, de forma que se tivesse escorregado teria se machucado. A sra. K. voltou a alertá-lo, e Richard fechou o canivete (Nota 1).

A sra. K. interpretou seu sentimento de que o Pai-mariposa ferido, retalhado e morto encontrava-se em seu interior; esse sentimento tornou-se mais intenso com a doença do pai e o medo de que ele morresse. Richard queria remover de seu interior esse pai enfermo, perigoso e morto; por isso tinha voltado o canivete contra si, o que poderia ter como consequência machucar-se ou até mesmo matar-se. A estaca, que representava o genital grande do Papai, era também sentida como estando em seu interior, onde era atacada. A tentativa de quebrar a mesa e arranhar a vidraça tinha o mesmo significado. Sentia-se muito culpado por esses desejos agressivos e queria punir-se.

Richard parecia muito assustado e infeliz; disse que desejaria "não estar aqui".

A sra. K. interpretou que "X sufocante", que, conforme havia dito, fizera seu pai ficar doente, representava a sra. K. e a análise. A sra. K. tinha se transformado na Mamãe ferida que continha o Papai ferido e, por isso, perigoso. Richard sentia-se tão culpado que tentou responsabilizar a sra. K., representando também a Mamãe má, pela doença do Papai.

Richard pôs-se a explorar a sala de jogos. Foi também até a cozinha, abriu as portas do fogão, e retirou um pouco de fuligem. Bateu no escorredor de pratos com uma machadinha, embora com bastante cuidado, mostrando à sra. K. que algumas marcas já estavam ali antes. Com a mesma machadinha, bateu na chaminé do fogão, dizendo que, se fosse a sua casa, teria quebrado tudo.

A sra. K. interpretou os temores de Richard relativos ao interior dela e da Mamãe, bem como ao interior dele mesmo, contendo o enorme Pai-genital destruído, agora particularmente perigoso porque receava a morte do pai. Sentia que não havia nada mais a fazer a não ser destruí-lo no interior da sra. K. e de si mesmo, ou de extirpá-lo por meio de uma operação. Richard estivera cortando várias coisas com seu canivete, atacando, a seguir, o escorredor de pratos e a chaminé com a machadinha. Talvez sentisse também que só uma operação poderia remover a doença de dentro do Papai (Nota 2).

Richard limpou mais um pouco de fuligem de dentro do fogão. Explorou um dos pacotes; conseguiu enfiar a mão um pouco dentro dele, mas não conseguiu descobrir o que continha. Mencionou novamente o urso, e perguntou se alguém se importaria se ele de fato abrisse o pacote ou o rasgasse. A seguir, varreu o chão, comentando que gostaria de deixá-lo bem bonito para as outras pessoas que usavam a sala. Encontrou uma escova de limpar privadas e limpou a privada; ficou satisfeito por ter ficado mais bonita depois de ele ter feito isso. Durante essas atividades febris, Richard limitou-se a fazer poucas perguntas, sendo a última delas se tinha havido algum ataque da RAF.

A sra. K. interpretou que agora Richard tinha tentado lidar com seu medo de outra maneira. Se ele pudesse limpar o interior da sra. K., o da Mamãe e o seu próprio, do cocô perigoso que, na mente dele, era a mesma coisa que o besouro, a mariposa e o genital perigoso do pai, talvez conseguisse deixar todos bem novamente. Isso significava que também gostaria de livrar o interior do pai daquilo que o deixou doente, e isso significava que o cocô de Richard, que tantas vezes, em sua mente, representara bombas, talvez tivesse contribuído para a doença do pai.

Richard explorou um pouco mais a sala e a cozinha e encontrou em um armário vários objetos que nunca havia tocado. Abriu algumas caixas e retirou um monte de bugigangas, como sempre tomando muito cuidado para recolocar as coisas em seus devidos lugares, principalmente porque tinha medo das escoteiras. Pegou um livro e olhou as gravuras. Estava consideravelmente mais calmo. Repetidas vezes perguntou à sra. K. se iria até a vila naquele dia, e ficou contente ao saber que ela iria dar uma passada no correio.

A sra. K. perguntou por que ele preferia que ela fosse ao correio a que fosse à mercearia ou à loja do sr. Smith.

Richard respondeu que era porque ela andaria um trecho maior com ele (o que não era verdade, uma vez que o correio ficava mais perto da sala de jogos).

A sra. K. sugeriu que ele preferia o correio, ou a loja de sapatos, porque ali só havia mulheres e ele não precisava temer os homens "horríveis" – o sr. K., o sr. Smith e o sr. Evans, o merceeiro.

Foi surpreendente que, durante essa sessão, ele só tenha mostrado tristeza pela doença do pai no início. Ao descrever a maneira como o pai tinha sido colocado na cama e estava sendo cuidado, o pai – em sua mente – claramente havia se transformado num bebê pelo qual sentia grande compaixão. Durante a sessão, os sentimentos predominantes foram de perseguição referente aos perigos internos, tanto próprios como da mãe (Nota 3), e uma necessidade premente de arrumar as coisas. O fato de que seus ataques – embora repetidamente dirigidos aos objetos da sala – fossem sentidos como sendo contra os perseguidores internos era também ilustrado pela diminuição da vigilância dos transeuntes. Mais tarde, já na rua, tampouco demonstrou interesse por crianças ou adultos; nessas alturas, porém, seu estado de espírito já havia mudado. Tinha se tornado sério e triste. Continuava mergulhado em seus pensamentos quando se separou da sra. K. Era evidente que a preocupação com o pai e a ansiedade quanto a sua doença eram predominantes.

Notas

1. Já havia assinalado anteriormente que em algumas ocasiões o analista deve impedir que a criança o machuque e acrescentaria agora que é igualmente importante impedir que a criança venha a se machucar.

2. Um poderoso estímulo para a agressão deriva da necessidade de salvar o objeto, arrancando ou extirpando algo mau que se sente que o objeto contém. Este é um mecanismo muito importante para a compreensão da delinquência. Gostaria de ilustrar esse ponto com um exemplo, retirado de minha observação: um menininho de quatro anos, cuja mãe estava grávida, sentia grande ansiedade em relação a essa gravidez. Embora quisesse muito o bebê, estava também bastante enciumado e, acredito, temeroso de que fosse algo mau no interior de sua mãe, já que muitas vezes ela passava mal durante a gravidez. Diversas vezes, cortou os lençóis de sua cama, a tela de um biombo e seus próprios pijamas; e nada podia impedi-lo a não ser esconder todas as tesouras que estivessem a seu alcance. Estava claro que esses ataques eram, em parte, dirigidos contra si mesmo, que continha a mãe e o bebê, e em parte serviam para salvar a mãe desse bebê mau e perigoso que ela, na mente dele, continha. Nessa criança, a ligação entre esses atos destrutivos e a gravidez da mãe era bastante clara; mas a necessidade de cortar coisas aparece também em muitas crianças cujas mães não estão grávidas. Não tenho dúvida de que, embora outras ansiedades possam também estar presentes, a intensa necessidade de investigar o interior do corpo da mãe e dali remover bebês potenciais ou o pênis mau encontra-se sempre operante, mesmo que a mãe não esteja grávida.

3. Durante essa sessão, na qual interpretei principalmente os sentimentos de perseguição de Richard, perguntava-me se essas interpretações seriam adequadas numa situação em que indubitavelmente encontravam-se também presentes tristeza e preocupação. Mas o curso da sessão e o evidente alívio experimentado por Richard no final sugeriram que as interpretações haviam sido pertinentes. Esta tem sido minha experiência em geral. Também a mudança, no final da sessão, quando ficou triste e pensativo, demonstrou que essa parte de suas emoções viera para o primeiro plano em consequência da interpretação da ansiedade persecutória.

Em várias oportunidades sugeri que a ansiedade persecutória é muitas vezes reforçada em virtude de a depressão tornar-se intolerável. Esse reforço significa também que sentimentos de amor, compaixão e culpa encontram-se abafados. Por outro lado, quando a ansiedade persecutória é muito intensa desde o início da vida, a posição depressiva infantil não pode ser elaborada. Face a uma perseguição intensa, o indivíduo é incapaz de manifestar e vivenciar a dor da depressão e da culpa. Em nosso trabalho clínico, no entanto, talvez sejamos confrontados principalmente com a perseguição durante longos períodos, e é isso que deve ser interpretado. Nosso conhecimento de que, em certa medida, a culpa e a depressão encontram-se operantes em todas as pessoas aguça nossa observação para qualquer indício dessas emoções que possa aparecer no curso posterior da análise. Inversamente, existem muitos casos de depressivos em que a princípio encontraremos basicamente sentimentos depressivos ou as defesas contra eles; devemos, contudo, manter em mente que a ansiedade persecutória se encontra também operante e que virá à tona no decorrer da análise.

Em conclusão, na análise devemos focalizar nossa atenção sobre quaisquer que sejam as emoções prevalentes no momento, tendo em mente ao mesmo tempo que outras situações de ansiedade certamente aparecerão.

Sessão 62
quarta-feira

Richard encontrou-se com a sra. K. do lado de fora da sala de jogos. Parecia sério e triste, e não tão perseguido quanto no dia anterior. Contou à sra. K. que tinha recebido um telefonema de sua mãe: ela disse que o Papai tinha passado bem à noite, e que o médico estava satisfeito, o que o alegrou muito. Na sala, disse que a Mamãe tinha pedido a ele que visse com a sra. K. se poderiam fazer a sessão de sexta-feira à tarde, de forma que pudesse ir para casa na quinta à noite e estar de volta a tempo para a sessão de sexta. Ao fazer esse pedido parecia preocupado e, embora a sra. K. tenha concordado de imediato, Richard perguntou duas vezes quando ela saberia se esse arranjo seria possível.

A sra. K. assinalou que *era* possível, e que Richard parecia duvidar que algo que desejava pudesse ser realizado. Seu rosto iluminou-se quando se deu conta de que a sra. K. havia concordado e ele poderia ir para casa, e também de que não havia nenhum atrito entre a sra. K. e sua mãe.

Richard olhou em torno para verificar se as escoteiras que, conforme sabia, usaram a sala no dia anterior, tinham mudado alguma coisa de lugar, e ficou satisfeito ao constatar que não. Depois descobriu que tinham levado alguns dos pacotes e das estacas. [...] Repetiu, emocionado, que estava muito feliz que o pai tinha melhorado. Contou à sra. K. o que se tinha passado na noite anterior. Paul tinha ficado com ele até depois do jantar e – segundo Richard – tinha dito às pessoas do hotel que “deviam se comportar”.

A sra. K. perguntou-lhe se com isso queria dizer que estava contente com o fato de Paul ter ficado com ele e de ter sido bondoso com ele.

Richard afirmou, enfaticamente, que Paul tinha sido muito bondoso. Contou à sra. K. que agora estava tudo bem com o menino no hotel, ele não importunava mais Richard, e que as garçonetes eram todas muito gentis. Foi deitar-se logo depois que Paul foi embora, e leu um pouco para se consolar, mas sentia-se muito só e chorou até pegar no sono. Não chorou muito, pois dormiu logo. Olhando para a sra. K. comentou: “Sei que a senhora está com pena de mim”. Acrescentou que ia pedir uma coisa para a sra. K., embora soubesse que ela não concordaria. Gostaria muito de ir visitá-la à noite ou, se fosse possível, de dormir na casa dela, no mesmo quarto. E, acrescentou, num tom de muita dúvida, será que isso significava que ele também desejava colocar seu genital dentro do dela? Ao dizer isso, pôs os dois dedos mindinhos na boca (Nota 1).

A sra. K. interpretou que, embora às vezes desejasse introduzir seu genital na Mamãe, tinha também muito medo de o fazer. De qualquer forma, não foi o que ele sentiu na noite anterior quando estava solitário e triste. Naquele momento, desejou ser consolado pela sra. K., representando a Mamãe, deitar-se com ela na cama e ser amado e aconchegado por ela. Tinha também desejado sugar os seios dela – os dois dedos na boca representando os mamilos. Gostaria de ser um bebê novamente, nos braços da Mamãe azul-clara boa que o havia consolado nos momentos em que se sentia infeliz quando bebê. A sra. K. perguntou-lhe em que tinha pensado antes de dormir na noite anterior.

Richard respondeu que tinha desejado estar em casa e que tinha imaginado o Papai, a Mamãe e também a enfermeira do Papai. Parecia ser uma mulher muito amável, gostaria de vê-la mais. [...] Começou a desenhar (Desenho 53). Depois olhou para o Desenho 52 e divertiu-se com a ideia de que "Brumbruck" significava "marrom". Fez um comentário sobre as baleias no desenho. Sobre o Desenho 53, disse que à esquerda havia um pátio onde os trens, dezenas deles, se recolhiam para dormir.

A sra. K. interpretou que Richard teria gostado de ir dormir com Paul – com dezenas de Pauls, irmãos bons –, e então juntariam seus genitais; era isso o que talvez tivesse desejado quando criança pequena nos momentos em que se sentia só e abandonado pela Mamãe. A sra. K. assinalou que, contrariamente a seu hábito, ele tinha utilizado o lápis marrom para fazer esse desenho e, enquanto ela estivera interpretando, enfiara-o na boca. Nesse desenho, as formas no pátio, indicadas por pontos nas extremidades dos trens, representavam suas próprias fezes e o seu interior e o da Mamãe, que ele sentia ter colocado dentro de si. Comer essas coisas marrons tiradas da Mamãe significava igualmente ter comido as baleias e também o genital do Papai; embora desejasse apoderar-se do Papai-genital admirado, o "Longline", o rei, o "Roseman", sentia-se assustado e voltava-se para o genital de Paul, que sentia ser melhor e mais seguro.

Richard protestou, dizendo que nesse dia tinha utilizado o lápis marrom porque era o que estava mais bem apontado. Duvidando ele mesmo dessa explicação, acrescentou: "...ou pelo menos, um dos mais bem apontados". Sobre "Rinkie", a única palavra além de "para Lug" que aparecia no desenho, disse que significava "rinque de patinação" [*rink*] (no gelo [*ice-rink*]) e "kie" significava "chave" [*key*]. Comentou que estava escrito daquela forma gozada, mas que mesmo assim achava que era chave. [...] Enquanto explicava isso, brincava com a argola que tinha apanhado antes de se sentar à mesa. Anteriormente, quando a sra. K. lhe perguntara o que havia pensado ao se sentir tão só, apertava a argola de borracha de maneira a formar um "B" maiúsculo. A seguir, falou novamente sobre a enfermeira do Papai.

A sra. K. interpretou o desejo de Richard pelo seio [*breast*], representado pelo "B" e antes revelado pelo sugar dos dois dedos. Ansiava por encontrar a enfermeira do Papai, pois ela também lhe trazia à lembrança sua babá, de quem tanto gostava quando bebê. Algum tempo atrás, enquanto a mãe estava em "Y", a babá tinha vindo para ficar com ele por alguns dias em "X", e ele ainda sentia sua falta. Seu pai encontrava-se nesse momento indefeso, e precisava de uma enfermeira para cuidar dele. Isso o transformava, na mente de Richard, em um bebê – o bebê que ele talvez tenha sempre esperado que a Mamãe tivesse. Por isso tinha ciúme do Papai, como teria de um bebê recém-nascido. Temia perder o amor de ambas, a Mamãe e a Babá. Além disso, o sentimento de que o Papai havia se transformado num bebê fez reviver seu desejo de ser ele mesmo um bebê {Regressão}. Como isso não seria possível, voltou-se para Paul em busca de companhia e amor.

Richard mostrou-se muito interessado e cordial durante essas interpretações da sra. K., embora tenha demonstrado tristeza ao ouvi-la descrever seus sentimentos de solidão. Durante essa interpretação em particular, colocou a argola de borracha sobre a cabeça e comentou sorrindo: "Tenho uma auréola na cabeça", e assumiu um ar angelical.

A sra. K. interpretou que Richard parecia sentir-se um santo. Gostava de pensar que a sra. K. se compadecia dele, e tentava conquistar sua afeição. Dessa forma, agia como "Larry, o Cordeiro", a criança inocente.

Richard divertiu-se com essas interpretações da sra. K. e por ter sido descoberto, e era evidente que concordava.

A sra. K. interpretou ainda que o Papai representava, em sua mente, seu próprio bebê. Richard, na realidade, gostava dos bebês bonitinhos, embora temesse os bebês sujos e sentisse repulsa por eles, as crianças da favela, o que significava os bebês feridos e, por isso, perigosos.

Richard respondeu a essa interpretação plenamente. Disse que o Papai estava comendo suplemento alimentar [Benger's Food] – isso não era comida de bebê? [...] Richard foi ficando inquieto e olhava pela janela. Viu o sr. Smith passando, acenou-lhe e sorriu. Obviamente o sr. Smith retribuiu com um gesto amável e Richard estava contente quando voltou para a mesa. Não fez nenhum comentário sobre o sr. Smith, nem perguntou à sra. K. se o havia encontrado, o que era incomum. Depois, procurou pelo canivete, parecendo em dúvida se o havia trazido, mas viu que sim. Abriu-o e, olhando a marca, falou com ênfase: "Fabricado na Alemanha". Nesse momento, olhou pela janela e, vendo passar um homem, disse que ele era horrível.

A sra. K. perguntou por quê.

Richard disse que ele tinha um nariz grande e horroroso. (Na verdade não havia nada nele que chamasse a atenção.) Richard olhou em volta pela sala e fez um pequeno corte numa estaca de madeira, mas logo guardou o canivete. Levantou uma estaca pesada, deixando-a cair com um estrondo. [...] Perguntou à sra. K. se tinha havido ataques da RAF, e, como a sra. K. respondeu que não sabia, mostrou-se aborrecido e perguntou por que ela não ouvia o noticiário de manhã. [...] Foi até a cozinha, pegou a machadinha, bateu na chaminé do fogão, deixou-a de lado e novamente investigou todas as partes do fogão. Abriu o forno, limpou a fuligem, martelou nas chaminés para retirar a fuligem, abriu o registro e descobriu que o fogão era ligado ao tanque. Depois disso, encheu um balde com a água da torneira e pediu à sra. K. para esvaziá-lo. Com todas essas atividades o chão da cozinha ficou todo sujo, o que o deixou preocupado, mostrando-se muito grato quando a sra. K. limpou tudo.

A sra. K. perguntou se tinha sentido medo das escoteiras por causa da sujeira que tinha feito.

Richard disse que não, mas não queria que elas ficassem furiosas com a sra. K. A sra. K. interpretou que Richard procurava no interior de si mesmo o Papai-genital enorme e assustador, representado pelo grande nariz do homem e pelo canivete alemão em seu bolso, e que também gostaria de saber qual era o tamanho dele em seu interior. Desejava acabar com ele e arrancá-lo de dentro de si; por isso tinha atacado a estaca de madeira. Mais uma vez, porém, como no dia anterior, tinha acabado por decidir limpar o interior de si mesmo, representado pelo fogão. Este representava também o interior da sra. K.; e o canivete fabricado na Alemanha era o sr. K. que, como tantas outras vezes, ele sentia que a sra. K. continha. Ela tinha, portanto, o Papai enfermo e assustador em seu interior. Richard também procurou limpar o interior do Papai das fezes más e bombardeadoras que ele (quando representado pela RAF) tinha lançado dentro deste. Temia que a sujeira que tinha feito causasse problemas entre as escoteiras e a sra. K. Isso significava que a sujeira dele – as fezes más – poderia gerar problemas entre as pessoas, particularmente entre os pais.

Depois de tudo limpo, Richard pegou o calendário, olhou as gravuras e admirou algumas paisagens. Ao ver uma que representava um chalé coberto de palha marrom – toda a gravura era em tons de marrom – disse que não gostava daquela, passou rapidamente para outra, que olhou com admiração. Pareceu aborrecer-se quando a sra. K. perguntou-lhe por que não tinha gostado da gravura anterior, mas mesmo assim respondeu, relutantemente, que era do telhado que não gostava. A gravura que apreciava reproduzia uma paisagem com cordeiros e ovelhas e intitulava-se "Solidão", e Richard emocionou-se com ela.

A sra. K. interpretou que ele se sentia só e que desejava estar novamente com os pais: os cordeiros e as ovelhas faziam-no lembrar-se de casa.

Richard respondeu que, embora desejasse voltar para casa, não se sentia realmente infeliz. Várias das gravuras que olhara de relance eram em sépia.

A sra. K. mais uma vez interpretou esse fato como o desagrado de Richard em relação a suas próprias fezes; o telhado marrom do chalé representava a casa de seus pais como também seus corpos, que Richard sentia ter sujado e estragado.

A seguir, Richard mostrou à sra. K. duas gravuras em marrom, dizendo gostar delas; o sol brilhava fazendo com que uma parte delas parecesse dourada.

A sra. K. lembrou-lhe que muitas vezes em sua análise o sol representava a Mamãe boa, calorosa e prestativa. Ela tinha até mesmo a capacidade de consertar o cocô mau e transformá-lo em algo bom. Certa vez, Richard tinha comentado a respeito de seus sapatos, que no sol brilhavam como ouro.

Richard estava se aprontando para ir embora. Olhando rapidamente os desenhos, comentou (sobre o Desenho 49), estremecendo um pouco: "A águia horrível está nos vigiando".

A sra. K. interpretou que a águia representava o Papai e a Mamãe, misturados e escurecidos por fezes más; a boca aberta mostrava que iriam devorá-lo. Esses pais maus vigiavam Richard e a sra. K., que representava a Mamãe boa, para ver o que estavam fazendo e dizendo. Porém, em sua mente, eles também haviam sido devorados por ele e permaneciam, portanto, observando a ele e a seus pensamentos a partir de seu interior. No momento, a águia representava particularmente o Papai enfermo e ferido, unido à Mamãe hostil.[120]

---

120 Não tenho nenhuma anotação sobre a resposta de Richard e o modo como se despediu de mim.

Nota

Conscientemente, os pensamentos sobre as relações sexuais estiveram o tempo todo fortemente reprimidos, mas o material inconsciente fornecia evidência de sua existência. No presente momento, os desejos e situações orais encontravam-se reforçados pela regressão devida à doença do pai. Isso já tinha sido esclarecido na nota referente à Sessão 56. A ansiedade relativa à rivalidade, na situação edipiana, com o pai enfermo havia se tornado insuportável. Material anterior havia repetidamente demonstrado que, no brincar com a frota, Richard – a fim de manter a paz dentro da família – havia tentado renunciar a seus desejos genitais e à consequente rivalidade com o pai. A doença do pai veio a intensificar esse anseio e contribuiu para a regressão ao estágio de bebê. Também o pai tinha se tornado um bebê pelo fato de ter uma enfermeira na qual Richard, conforme havia dito, estava muito interessado. Desse modo, o pai representava também o bebê que se apossaria do seio da Mamãe. À medida que se aproximava o momento de minha partida, seus desejos orais ficavam cada vez mais prementes. Além disso, uma vez que sua ansiedade se centrava tanto na relação sexual dos pais, de forma que por essa e outras razões a genitalidade parecia-lhe perigosa, a regressão à oralidade ficava intensificada. É significativo, no entanto, que o ciúme que ele tanto queria evitar na situação edipiana havia reaparecido na situação oral.

Alguns dos fatores que mencionei, tais como a ansiedade referente a danificar o genital do pai pela rivalidade, medo da retaliação por parte do pai, ansiedade relativa ao genital danificado e perigoso da mãe – perigoso por conter o Pai-genital destrutivo –, geralmente podem ser observados como causas da impotência ou potência reduzida no homem. Acrescentaria que o anseio pelo seio bom e nutriente, expresso em muitas sublimações, é um aspecto que persiste ao longo da vida, e por isso é facilmente revivido quando emergem ansiedades oriundas de fontes internas ou externas. Devemos, portanto, considerar não apenas a regressão mas também a influência exercida por desejos arcaicos jamais abandonados e que afetaram todo o desenvolvimento.

Sessão 63
quinta-feira

Richard encontrou-se com a sra. K. perto da sala de jogos. Parecia bem contente. Estava encostado no muro de um jardim e fingia não a ver. Fazendo uma careta e com os olhos semicerrados disse, brincando, que estava pensando se ela o reconheceria, e que fingia ser um "velho bobo". Contou à sra. K. que sua mãe tinha telefonado; ela, Richard e Paul iriam passar o dia em "Z" se seu pai estivesse suficientemente bem para ficar com a enfermeira; senão, não poderiam ir. Na sala, sentou-se à mesa e disse que a frota não tinha vindo, não quis vir, disse que não queria vê-la.

A sra. K. interpretou que Richard parecia nutrir sentimentos contraditórios em relação a ela; de certa forma, ela lhe parecia perigosa. A frota representava uma parte da mente de Richard, bem como sua família, que ele desejava manter a salvo quando estava com ela.

Richard aceitou a interpretação da sra. K., mas disse enfaticamente que ele queria muito vir e que gostava muito dela. Contou-lhe que tinha tido uma noite bastante feliz e que tinha dormido muito bem. À noite foi ao cinema, viu um bom filme, teve sorte de se sentar em seu lugar preferido, do lado direito, bem no alto, acima de todos os outros assentos. Contou-lhe também o número de sua poltrona. Não havia quase mais ninguém naquela parte do cinema. Havia, é claro, muita gente nos lugares mais baratos; mas não teria se importado se houvesse outras pessoas sentadas perto dele desde que ele estivesse em sua poltrona. Havia alguns meninos que ele achava que o encaravam, mas não deu bola e eles pararam de olhar. Voltou ao hotel e leu um pouco antes de dormir; dormiu bem e sentia-se bem agora.

A sra. K. interpretou que sua poltrona favorita, do lado direito, ficava na mesma posição da cadeira em que ele se sentava, na sala de jogos, junto à sra. K. Sentar-se junto a ela conferia-lhe, como tinha dito muitas vezes, um sentimento de segurança e de estar protegido das pessoas que poderiam persegui-lo. Ao se sentir mais seguro em sua poltrona no cinema, sentia-se igualmente protegido pela sra. K., pois ela lhe parecia estar mais segura dentro dele, o que significava ter mais confiança na Mamãe interna boa. A sra. K. recordou-lhe o fim de semana em que tinha sentido que ela estava com ele (Sessão 7). Na noite passada ela não era a águia horrível que o vigiava (Sessão 62) mas a Mamãe boa em seu interior, por isso não tinha se sentido só apesar de estar separado da família e sozinho à noite. Isso fazia com que se sentisse orgulhoso de poder ficar sozinho sem se sentir infeliz, e provava-lhe que a sra. K. e a análise ajudavam-no; isto o fazia sentir que tinha em seu interior a Mamãe boa.

Richard olhou para a sra. K. de modo cálido e afetuoso, acariciou a manga de seu casaco vermelho, dizendo que o achava muito bonito, e perguntou se as mulheres no Continente usavam casacos assim tão bonitos. [...] Deu-se conta de que o sr. Smith estava passando; por pouco não o via, pois não tinha estado prestando atenção à rua. O sr. Smith parecia apressado, e Richard ficou muito desapontado por não conseguir chamar sua atenção; para isso bateu na vidraça e ficou aliviado quando, finalmente, o sr. Smith sorriu para ele.

A sra. K. interpretou que Richard teria ficado preocupado se o sr. Smith não tivesse sorrido para ele porque temia que o pai bonzinho poderia facilmente se transformar no mau. Ele tinha que ser amigo dos homens que representavam o Papai. Quando, recostado no muro, disse que era um "velho bobo", estava zombando do Papai e por isso sentia-se culpado e amedrontado.

Richard levantou um dos lados da estaca de madeira pesada, de tal modo que se tivesse caído poderia facilmente tê-lo machucado.

A sra. K. interpretou que dessa forma manifestava seu medo do genital grande e vingativo do Papai; precisava descobrir o quanto ele seria perigoso levantando a estaca, e, momentos antes, certificando-se de que o sr. Smith estava de bem com ele {Teste de realidade}.

Richard foi até a cozinha e explorou o fogão; não cometeu nenhuma violência contra este, como no dia anterior, apenas explorou-o e limpou-o. Depois de ter tirado água do tanque, ao qual se referia como "tanque dos bebês", mostrou à sra. K. que em volta da abertura da chaminé havia micróbios, e desejava poder tirá-los dali. Encheu um balde, a princípio não tanto que não pudesse ele mesmo esvaziá-lo, mas da segunda vez pediu à sra. K. que o fizesse, dizendo: "Detesto pedir isto a uma senhora, mas será que poderia fazê-lo?". Tendo a sra. K. esvaziado o balde, achou uma escova e limpou o fogão, removendo bastante fuligem dele e da chaminé.

A sra. K. interpretou que Richard desejava limpar o interior dela dos bebês perigosos – os micróbios –, ou melhor, de bebês doentes. Desejava também deixá-la em melhor estado limpando o genital sujo e doente do sr. K., que poderia sujá-la e fazer com que adoecesse. Dessa maneira, fazia também com que seu pai ficasse bem de novo.

Richard tinha sujado as mãos e o casaco de fuligem. Disse, parecendo tranquilo, que quem limpa se suja (Nota 1).

A sra. K. assinalou que, ao limpar, ele tinha ficado com um pouco da sujeira, os micróbios, que ele sentia que a sra. K. e a Mamãe continham, e que se sujando sentia estar diminuindo o problema delas.

Richard dirigiu-se novamente para o tanque e voltou a retirar baldes de água. A sra. K. disse-lhe que não enchesse tanto os baldes porque ficavam muito pesados para ela.

Richard perguntou o que aconteceria se ele deixasse a torneira aberta e a água inundasse a casa, levantando-a e carregando-a na correnteza até o rio. Aí o rio ficaria muito raso e centenas de pessoas ficariam sem água.

A sra. K. interpretou que o fato de lhe ter pedido que não enchesse os baldes até a borda tinha feito com que sentisse que roubava o seio bom da Mamãe, privando assim os outros bebês. Uma vez que não devia pegar tanta água, a torneira, em sua mente, de seio bom tinha passado a ser o genital mau do Papai, capaz de inundar, destruir e levar a Mamãe embora – a casa flutuando para o rio.

Richard perguntou novamente (já havia perguntado logo no início da sessão) se a sra. K. iria à vila naquele dia. Ele sabia que às quintas-feiras a sessão de John seguia-se à dele, e que por isso a sra. K. ia direto para casa. Richard acrescentou, em tom de súplica: "A senhora precisa mesmo ir para casa?".

A sra. K. interpretou que Richard sabia muito bem que John tinha hora logo depois dele, e que desejava que a sra. K. dedicasse seu tempo somente para ele. Talvez tenha sido por essa razão que alguns dias atrás (Sessão 56) tivesse lhe pedido duas sessões consecutivas. Temia, além disso, que ficar com John fosse novamente deixá-la suja e ferida. Esses sentimentos aumentavam o ciúme que sentia da Mamãe, que agora estava cuidando do Papai e de Paul, que poderiam também sujá-la e feri-la.

Richard fechou a tampa do tanque repetidas vezes e com bastante violência.

A sra. K. assinalou que ele tinha fechado o seio e o genital da sra. K. para os outros, especialmente para John. E também que, quando sentia ciúme, ficava com raiva e desejava que o sr. K. e John batessem no seio e no genital da sra. K. com força, machucando-a; era por isso que se preocupava tanto com o que poderia acontecer com a Mamãe durante a relação sexual. [...] Enquanto isso, a tampa do tanque, formada por duas partes, tinha se partido e uma das partes caíra dentro do tanque. A sra. K. retirou-a, e com isso ficou com a mão e o braço sujos, lavando-os a seguir.

Richard enxugou as mãos ao mesmo tempo na outra ponta da toalha, comentando que ele e a sra. K. estavam partilhando a toalha, não era mesmo? Com a ajuda da sra. K. juntou as duas partes da tampa, e era evidente que ele estava gostando de vê-la fazer essas coisas para ele.

A sra. K. interpretou que Richard desejava compartilhar algumas coisas com ela, o que significava conservá-la externa e internamente como a Mamãe boa.

Richard encontrou uma bola bem pequena, que fez rolar pela sala, de uma ponta a outra. Fez a mesma coisa com outra bola maior, fazendo também com que batessem uma contra a outra.

A sra. K. interpretou que ele parecia sentir que seu genital, embora pequeno, poderia entrar no da sra. K. (a sala representando-a), e que isso significava que ele podia fazer algo por ela e ter certeza de que ela o amava. Só assim seria mais capaz de dividi-la com John (ou com Paul, no que se referia à Mamãe), a bola maior representando John ou Paul.

Richard retirou da sacola da sra. K. uma bola maior ainda, e passou a brincar com esta do mesmo jeito.

A sra. K. interpretou que agora ele estava dividindo a Mamãe com Paul e com o Papai.

Richard, antes de sair, inspecionou seu casaco, que estava manchado de fuligem. Não pareceu perturbar-se e comentou que, embora soubesse que a Mamãe brigaria com ele por isso, não seria tão mau. Despediu-se em bons termos, sem mostrar-se particularmente excitado ou exaltado, nem perseguido ou deprimido. Ultimamente sua fobia das crianças que passavam na rua quase não se manifestara, e durante essa sessão prestou pouca atenção aos transeuntes.

Nesse mesmo dia, a mãe de Richard relatou-me que Richard se portou de forma razoável e prestativa quando o pai adoeceu, embora tivesse, como sempre, dramatizado a situação. Apesar de saber que teria de ficar sozinho no hotel em "X" – era a primeira vez que ficaria sozinho à noite –, disse que, embora preferisse ficar com a mãe, achava que o melhor a fazer seria voltar para "X" e para sua análise. Parecia bastante determinado. Na opinião da mãe, estava havendo progressos e eles se mantinham.

Nota

O insight de Richard, da necessidade de se sujar para limpar algo, parece-me extremamente significativo. Todo o seu desenvolvimento nesse estágio mostrava diminuição da idealização, progresso na integração, e, portanto, maior capacidade de perceber que uma pessoa pode ser boa sem ser perfeita. Isso implicaria que ele próprio poderia, em certa medida, ser sujo e ainda assim ser útil, prestativo e ter valor. Uma maior tolerância para com os outros estava ligada a uma maior tolerância consigo próprio e consequentemente a uma diminuição da culpa. A redução da ansiedade depressiva e persecutória implicava ainda uma diminuição das tendências obsessivas.

Sessão 64
sexta-feira

Chovia muito. Quando chegou, Richard olhou em volta da sala de jogos com evidente desagrado. Não lançou sequer um olhar para a sra. K. Estendeu-lhe um jornal local de "Z", do qual já lhe tinha falado anteriormente, pedindo-lhe com urgência que o lesse; assim leria algo sobre "Z" e gostaria de lá. [...] Tirou do bolso um *xelim* e perguntou se a sra. K. o trocaria por doze *centavos*.

A sra. K. disse que não tinha trocado.

Richard sentou-se então à mesa. Disse que desejava "não estar aqui". Fez um gesto que, explicou, era tocar a campainha.

A sra. K. perguntou para quem ele tocava a campainha.

Richard, sem qualquer hesitação, respondeu que era para que a Mamãe azul-clara entrasse e para que a Mamãe azul-escura saísse. Apontou para o vestido azul-marinho da sra. K., acrescentando que ela não era de todo preta, embora fosse azul-escura; era algo entre os dois. Falou-lhe da viagem a "Z" com a Mamãe e Paul. Era evidente, pelo que dizia, o quanto tinha sido importante para ele terem trazido não apenas alguns utensílios domésticos, de que seu pai necessitava, mas também seu próprio trem de corda. Tinha grande afeição por esse trem.[121] Fez então o Desenho 54, que era um mapa, como ele mesmo

121 Não se tratava simplesmente do fato de agora poder brincar com ele; a impressão que transmitia era a de ter reencontrado um objeto perdido e amado. Isso fazia lembrar as fortes emoções que demonstrou quando, na

disse, de seu trem. Um dos círculos representava uma cadeira, em volta da qual havia linhas que representavam os trilhos. Nada disse acerca do círculo acima. Imitou o barulho da locomotiva e falou com entusiasmo sobre a potência e a velocidade do trem. Era evidente que estava tentando sobrepujar seus medos e a depressão {Defesa maníaca}.

A sra. K. interpretou que Richard estava muito feliz de ter seu trem consigo, não apenas porque gostava de brincar com ele, mas porque o representava – o pequeno Richard, que estava vivo e se alimentava dos seios da Mamãe, os dois círculos. Era algo de que estava precisando mais ainda porque temia que o pai estivesse muito doente e pudesse morrer, o que tornava o medo de sua própria morte muito mais intenso (Nota 1).

Richard disse, sério e triste, "O Papai está muito doente". Correu para a cozinha, subiu num caixote, olhou pela janela, e descobriu que os pacotes e as estacas tinham virado uma barraca. Bastante excitado, chamou a sra. K. para que viesse ver com ele, pedindo-lhe que segurasse sua mão para descer do caixote.

A sra. K. interpretou que Richard, ao lhe pedir que segurasse sua mão ou lhe desse os *centavos*, desejava transformá-la na Mamãe boa; assim não temeria a Mamãe bombardeada e ferida representada pela casa de "Z", ou a Mamãe "águia" morta (Sessão 59), que agora representava a Mamãe contendo o Papai enfermo.

Richard marchava pela sala, gritando e batendo os pés em passo de ganso. [...] Voltou para a mesa e, apressadamente – parecendo irritado, preocupado e perseguido –, cobriu duas folhas do bloco com seu nome e com rabiscos.

A sra. K. interpretou que bater os pés, gritar e os rabiscos raivosos expressavam seus sentimentos de ter bombardeado e sujado o Papai com suas fezes e com sua urina, e de ser como Hitler marchando em passo de ganso. Sentia-se temeroso e preocupado de ter feito seu pai ficar doente, e de ter assim também ferido a Mamãe, que, conforme sentia, continha o Papai. Portanto, não apenas sentia-se culpado mas também temia ser atacado pelos pais interiores, a águia em seu interior.

Richard enfiou o dedo no nariz (o que era bastante incomum) e perguntou à sra. K. se ela impediria um paciente (criança) de fazer algo que pudesse machucá-lo.

Sessão 45, desenhou seu trem elétrico e falou de sua casa em "Z", e de recordações antigas felizes. A frota e os seus passarinhos vieram a desempenhar um papel semelhante: tudo isso estava ligado ao amor que estava parcialmente deslocado da relação com os pais e com a vida doméstica.

A sra. K. perguntou-lhe o quê, por exemplo. Richard respondeu: “Comer a meleca do nariz”.

A sra. K. interpretou que talvez ele já tivesse comido antes e temia que fosse algo mau e perigoso, como seu cocô, que sentia poder causar danos aos pais e a ele.

Richard, lançando um olhar de alívio, disse que de fato já tinha comido a meleca do nariz, mas imediatamente saiu correndo da sala e foi para a cozinha. Examinou o “tanque dos bebês”, viu que havia um pouco de fuligem na água, pegou o atiçador e, remexendo a água, disse: “É assim que fica o coração do Papai quando ele está doente”.

A sra. K. assinalou que ele sentia ter atacado o Papai e provocado sua doença por furá-lo com o atiçador. Mas ao movimentar o atiçador para lá e para cá ele também tentava manter o coração do Papai batendo, de modo que não parasse – da mesma forma como movimentar o trem conferia-lhe o sentimento de manter a vida nele e no Papai.

Richard estivera tentando fechar o tanque atirando a tampa, que de novo, como anteriormente, caiu dentro do tanque espirrando água no fogão. Enquanto a sra. K. retirava a tampa, Richard, que durante todo o tempo observava ansiosamente a forte chuva, correu para a porta lateral, abriu-a, e deixou-a aberta, deixando a cortina ficar molhada.

A sra. K. sugeriu que fechasse a porta e interpretou seu medo de que a chuva fosse a urina do Papai doente, capaz de afogar, inundar e envenenar;[122] Richard desejava testar esses perigos fazendo que a cortina ficasse molhada.

Richard corria pela sala, que as escoteiras tinham limpado e arrumado, e, examinando alguns cartões-postais novos que tinham sido afixados no biombo, leu em voz baixa a história de um deles. Era sobre o Pato Donald, que deixou em casa um pinguinzinho que tinha adotado, e saiu para procurar comida para ele. Ao regressar, descobriu que o bebê guloso tinha comido seu peixinho dourado. Enquanto isso, Richard mordia e mascava um lápis vermelho novo com tanta força que arrancou a tinta vermelha da ponta. Perguntou se a sra. K. se zangava por ele morder o lápis novo que ela tinha providenciado.

A sra. K. interpretou que Richard temia que ele, o bebê voraz, tivesse comido o peixe dourado, representando o genital bom “Roseman” do

122 Havia aqui muita ansiedade persecutória. A chuva, que, como pudemos observar em sessões anteriores, era para ele uma punição e uma ameaça, representava a urina perigosa e venenosa do pai que estava no alto, o que em ocasiões anteriores significou uma ameaça de Deus (Sessão 52).

Papai – agora o lápis –, e tivesse deixado a sra. K. e a Mamãe com o sr. K. ou o Papai feridos ou mortos.

Richard desenhou dois vales postais – o primeiro, de uma libra, era destinado a ele próprio e assinado pelo rei; o segundo, destinado à sra. K., era também assinado pelo rei, mas seu valor era de onze *pence*.

A sra. K. interpretou que assim expressava que também continha o cocô bom – o vale postal que o rei, representando o Papai, lhe havia dado. À sra. K. cabiam apenas onze *pence*, por isso sentia tê-la roubado; a ele cabia a libra, o pênis bom do Papai e os bebês.

Richard foi ficando mais inquieto. Foi até a janela para observar a chuva, correu de um lado para outro na sala, escreveu seu nome entre rabiscos em outras folhas de papel.

A sra. K. interpretou seu medo de que, afinal de contas, não contivesse o cocô bom – a libra – para dar à sra. K. e à Mamãe em substituição ao pênis-peixe dourado bom. Sentia possuir apenas fezes más – os rabiscos –, não podendo, portanto, fazer nada para restituir à Mamãe o que lhe havia roubado, tampouco ajudá-la em sua aflição acerca da doença do Papai.

Richard mostrou o lápis vermelho e disse: “Ficou marrom porque eu o mordi”.

Em alguns momentos durante essa sessão, Richard mostrou-se barulhento e inquieto, manifestando assim sua ansiedade persecutória, mas estava muito claro que sentimentos depressivos e a compreensão da situação de fato aflitiva estavam sendo mais vivenciados do que nas sessões que imediatamente se seguiram à doença do pai (Nota 2).

Notas

1. Teria sido conveniente acrescentar à interpretação fornecida a que se segue, que não foi feita nesse contexto: o fato de Richard, representado pelo trem, estar vivo implicava que o pai interno era também mantido com vida. Esse sentimento estava ligado às lembranças de sua primeira infância, revividas ao visitar sua casa, mobilizando amor e consideração pelo pai e o desejo de renovar a vida familiar. Como foi visto em conexão com um material anterior, a casa em “Z”, abandonada e bombardeada, representava igualmente a mãe abandonada. Revivendo o passado e experimentando sentimentos amorosos, Richard sentiu que seria possível desfazer ou contrabalançar seus desejos destrutivos e sua identificação com o pai-Hitler. É significativo que nesse estágio da análise pudessem ser livremente manifestados e plenamente experimentados os sentimentos amorosos, antes abafados pela ansiedade persecutória.

Podemos observar aqui que, ao longo da análise, não apenas foram revividas lembranças arcaicas mas também surgiram em primeiro plano as emoções e ansiedades que influenciaram todo o seu desenvolvimento. Refiro-me particularmente a lembranças em sentimentos que remontam à mais tenra infância, que muitas vezes se encontram subjacentes a uma lembrança encobridora. Tais lembranças encobridoras têm sua importância se formos capazes na análise de descobrir as situações emocionais mais profundas e arcaicas que se encontram nelas condensadas.

2. No material que imediatamente se segue à doença repentina do pai, e a partir da atitude de Richard em relação a este acontecimento, podemos verificar, antes de mais nada, que a ansiedade persecutória era a predominante. Somente depois que essa ansiedade foi analisada e até certo ponto diminuída é que os sentimentos depressivos, a culpa e o desejo de reparar vieram à tona com intensidade. Richard, por exemplo, mostrou-se capaz de ficar sozinho no hotel, um ganho que, estou certa, é decorrente da análise; nesse momento em particular ele sentia que, ao fazer isso, ajudava a mãe e protegia sua análise. Em meu artigo "Uma contribuição à psicogênese dos estados maníaco-depressivos" (1935), referi-me ao fato de que os sentimentos persecutórios podem ser reforçados como um meio de evitar a dor de experimentar culpa, responsabilidade e depressão; nesse mesmo artigo, sugeri que a incapacidade de elaborar a posição depressiva pode muitas vezes levar a uma regressão, à posição paranoide. A dor que Richard experimentava, e que agora era mais capaz de suportar, era pungente. Seus sentimentos de culpa estavam ligados à incapacidade de dar de volta à mãe o pênis bom e os bebês que, em sua mente, lhe roubara, desfazer o mal que sentia ter feito ao pai e a ela com seu ciúme e seus onipotentes desejos de morte, e ajudá-la agora na aflição que ela sentia com relação à doença do pai. Não só se encontravam mobilizadas ansiedades de todas as fontes – oral, anal e uretral – como também estavam presentes conflitos de lealdade em diversas situações – entre o dever para com o pai e para com a mãe, entre a analista e a mãe. Ao mesmo tempo sentia-se enciumado porque o pai recebia muita atenção – especialmente da enfermeira –, ciúme que entrava em conflito com o sentimento de que o pai deveria continuar vivo. Sentia-se também culpado porque o pai fora deixado sozinho, enquanto ele, a Mamãe e Paul foram passar o dia fora. Percebia agora, com plena consciência, que, se o pai morresse, a vida familiar estaria ameaçada, e sua mãe ficaria só e abandonada, e sentia-se extremamente culpado em relação ao ciúme e aos sentimentos hostis vividos no passado e que, em certa medida, continuavam operantes até o presente.

Sessão 65
sábado

Richard trouxera consigo sua mala, pois já estava pronto para ir para a casa de ônibus depois da sessão. Estava sério, mas amistoso e determinado. Disse à sra. K. que aquele era um dia de despedidas. Tinha deixado o hotel em definitivo.

A sra. K. perguntou-lhe se se sentia triste por isso.

Richard disse que *estava* triste. As pessoas do hotel tinham sido muito boas com ele. A partir de segunda-feira passaria a ficar com os Wilson (que, conforme já mencionara, eram amigos da família e moravam em "X") três noites por semana; nas outras noites e nos fins de semana iria para casa [...]. Uma vez na sala, olhou em redor e perguntou à sra. K. se ela poderia apertar os laços de seus sapatos, para que ficassem amarrados o dia inteiro; a sra. K. o fez. Sentando-se à mesa, imitou novamente o gesto de tocar a campainha. Disse que estava tocando para a sra. K. entrar; hoje ela era a Mamãe azul-clara, e também estava usando seu lindo casaco.

A sra. K. perguntou por que ele havia tocado a campainha para ela entrar, uma vez que ela já se encontrava ali dentro.

Richard ficou surpreso e pensativo. Respondeu que ela estava certa – obviamente ele mesmo não podia compreender por que razão o fizera.

A sra. K. interpretou seu desejo de que ela fosse a Mamãe boa entrando, não na sala de jogos, mas em seu próprio interior. Apertar bem o laço dos sapatos para ficarem amarrados expressava seu desejo de mantê-la em seu interior, durante todo o fim de semana enquanto estava longe, como a Mamãe boa. Ele queria que ela, tal qual a mãe, fizesse coisas para ele, tais como retirar a tampa de dentro do tanque, segurar-lhe a mão para descer do caixote, trocar seu dinheiro, apertar o laço dos sapatos – tudo isso significava que gostaria que a sra. K. não apenas fosse a analista, cuja ajuda o fazia sentir que ela representava a Mamãe boa, mas que ela de fato substituísse a mãe dele, que no momento ele estava vendo tão pouco. Além disso, a sra. K. devia ceder a todos os seus desejos, pois temia que ela se tornasse má, tal como a sentira no dia anterior. A sra. K. sugeriu que também da Mamãe ele muitas vezes desejava receber toda a atenção possível porque precisava assegurar-se de que ela continuava a amá-lo e de que não havia se transformado na Mamãe ferida e hostil – a águia – que continha o Papai doente e ferido.

Richard concordou, estava mesmo pedindo mais atenção da mãe. [...] Foi até o jardim com a sra. K., fechou a porta e disse que tinha trancado a sra. K. lá dentro.

A sra. K. interpretou que, embora ele estivesse com ela ali fora, ele desejava trancá-la em seu interior, representado pela casa, e isso passava a ser muito necessário uma vez que iria passar o fim de semana longe dela, e também porque a sra. K. em breve o deixaria.

Richard, de volta à sala, pediu o bloco de papel, e percebeu que os desenhos se encontravam dentro de um envelope novo, com o que ficou triste. Perguntou à sra. K. o que tinha acontecido com o antigo (Nota 1).

A sra. K. disse-lhe que tinha ficado encharcado com a chuva do dia anterior.

Richard comentou que gostava do envelope antigo, e perguntou se a sra. K. o queimara.

A sra. K. respondeu que não, que tinha recuperado o envelope (Nota 2).

Richard evidentemente esperava essa resposta; seu rosto iluminou-se e disse que ficava contente que a sra. K. fosse patriota. Olhando pela janela, disse, de uma menina que passava e que tinha cabelo bem crespo, que ela parecia o monstro no livro. Richard estivera novamente chupando e mordendo o lápis, e perguntou se a sra. K. se incomodava que ele chupasse o lápis "dela". Acrescentou que até agora ela nunca tinha ficado zangada, mas ainda assim ela poderia se zangar. Depois, ficou imaginando se ela teria gostado do jornal que ele lhe havia mostrado. De repente, ficou preocupado e disse que também quis dar esse jornal para a chefe das camareiras do hotel, e sentia pena de não ter podido fazer isso porque queria que a sra. K. ficasse com ele. No entanto, não tinha importância porque a camareira já o tinha lido.

A sra. K. assinalou que ele gostaria de agradar a ambas, à camareira e a ela, da mesma forma como procurou ser leal com a mãe boa e a babá. A Mamãe-monstro era a Mamãe que continha o pai mau, e agora enfermo, e ele desejava mantê-la afastada da Mamãe boa. Havia demonstrado isso separando a sra. K. "boa" da menininha que tinha passado pela rua e que "parecia o monstro". A sra. K. relacionou isso com a culpa e o medo que sentia com relação à doença do pai. Estava também amedrontado e culpado porque sentia que a mãe continha o pai danificado e, portanto, perigoso, porque ele, Richard, havia roubado dela o genital-Papai bom, o peixe dourado, o "Roseman", o "Prinking" e "Longline", que significava também "vida-longa".[123] Tinha--se referido ao lápis vermelho da sra. K., repetidamente perguntando se ela se importava de que ele o chupasse e estragasse. Nunca se tinha referido a nenhum dos lápis como pertencendo à sra. K.; fazia-o agora, porque temia ser responsável por deixá-la com os genitais perigosos e maus, já que tinha sugado dela – e isso também se referia à Mamãe – o genital-Pai bom. O lápis vermelho tinha ficado marrom porque ele o tinha mordido e chupado. Uma vez que o lápis pertencia à sra. K., representava também seus seios, e os da Mamãe, que sentia ter mordido e sujado.

Richard olhou em redor da sala de jogos. Um pouco antes, tinha examinado a barraca do lado de fora, e comentado que agora ele sabia o que havia nos pacotes que restavam – querendo dizer que seria outra barraca. Não teceu nenhum comentário, nem nesse dia nem no anterior, quanto ao fato de a sala e a cozinha terem sido cuidadosamente limpas e arrumadas.

A sra. K. chamou sua atenção para esse fato, e sugeriu que Richard não gostava de que as escoteiras limpassem a sala de jogos e a cozinha porque ele é que teria gostado de fazê-lo.

Richard, enquanto a sra. K. fazia essa interpretação, escreveu outro vale postal, dessa vez para a mãe, no valor de dezenove *xelins* e dois *pence*.

A sra. K. interpretou que Richard sentia estar devolvendo à Mamãe o pênis bom – o cocô bom; na verdade ele não apenas tinha repartido entre a sra. K. e a mãe aquela libra que havia recebido do rei, como havia também aumentado esse valor. Dessa forma, procurava ser justo com a sra. K. e a Mamãe, como muitas vezes tinha desejado dividir sua afeição e seu amor entre a Mamãe e a babá, e entre a mãe e o pai.

---

123 Até certo ponto, essa interpretação era a mesma que já tinha sido dada no dia anterior, mas eu não estava muito certa de quanto dela eu fora capaz de transmitir-lhe na ocasião. Ademais, como de costume, nesse novo contexto surgiram novos detalhes. Dessa vez, Richard ouviu com bastante atenção; mas ficou evidente que ele tinha absorvido muito mais da interpretação do que parecia, o que foi demonstrado pelo fato de sua atitude, desde o começo da sessão, estar muito diferente da do dia anterior.

Richard estivera rabiscando: disse que era escrita chinesa (de fato, seus rabiscos guardavam certa semelhança com caracteres chineses) e que se tratava de um protesto, ou do General Chiang Kai-shek ou dirigido ao General Chiang Kai-shek – não sabia bem qual.

A sra. K. perguntou a que se referia o protesto.

Richard disse que também não sabia. A seguir, desenhou uma ferrovia, com um traçado incomum, começando e terminando na estação "Roseman", e rabiscou por cima de tudo. Repetiu a pergunta já formulada anteriormente, se a sra. K. iria até a vila depois da sessão. Depois, marchou pela sala, como no dia anterior, fazendo muito barulho e imitando o passo de ganso. Desenhou uma suástica que ocupava toda a página, que a seguir transformou na bandeira britânica. Desenhou em seguida um avião bem grande, salientando que se tratava de um avião britânico. A sra. K. interpretou que isso tinha o mesmo significado que transformar a suástica na bandeira britânica. O avião "britânico" era na verdade sentido como sendo alemão, embora tentasse ser britânico. Isso tinha sido demonstrado pela maneira como batia os pés e marchava em passo de ganso, o que sentia ser um ataque à sala de jogos e à sra. K., representando a Mamãe; ao mesmo tempo queria protegê-la também.

Richard não fez nenhuma menção às outras páginas que tinha coberto de rabiscos e com o seu nome, mas comentou que nesse dia tinha usado ainda mais folhas do bloco do que no dia anterior, e continuou arrancando-as.

A sra. K. interpretou que ele desejava retirar o máximo que podia dela, representada pelo bloco, porque não estaria ali no dia seguinte – já que era domingo –, e por isso sentia-se frustrado e com raiva.

Richard disse enfaticamente que ele queria ir para casa, e que não queria ficar em "X".

A sra. K. interpretou que era verdade que Richard queria ir para casa e ficar com a mãe, mas, contudo, queria também ficar com a sra. K.; ressentia-se por ter sido privado da sessão de domingo, e sentia ciúme e raiva ante a possibilidade de que outra pessoa a tivesse. Interpretou também que, sempre que se separava dela, parecia ficar desconfiado e temeroso quanto ao que ela pudesse estar fazendo.

Richard, quando a sra. K. interpretou que ele queria ir para casa e ficar com sua mãe, respondeu que isso era verdade mas também queria muito ver o trem que tinha trazido de "Z". Descreveu com entusiasmo, e detalhadamente, a velocidade espantosa que a locomotiva desenvolvia; a locomotiva era vermelha, os vagões de passageiros eram marrons (nesse momento, lançou à sra. K. um olhar pleno de significado) mas também eram bonitos. Enquanto isso, desenhava (Desenho 55). A linha superior do triângulo e aquela que levava ao genital foram acrescentadas posteriormente. Richard explicou que os dois lados do triângulo eram ossos. Antes de acrescentar as outras linhas, de repente, pegou o desenho e levou os lábios a um dos seios. Depois de ter desenhado a linha para o genital, completou a cabeça desenhando o cabelo.

A sra. K. interpretou que não ter a sua sessão naquele domingo fazia-o sentir-se como quando bebê, ao ser privado do seio da Mamãe e da mamadeira, que lhe era dada para substituir o seio. Tudo isso estava sendo revivido porque agora o Papai tinha uma enfermeira, como se fosse um bebê. A sra. K. perguntou o que significava o triângulo incompleto.

Richard respondeu que era o V de Vitória.

A sra. K. interpretou que havia também um V pequeno sobre a perna direita, e perguntou a quem pertencia a vitória maior.

Richard replicou que a ele, cabendo ao Papai a vitória menor.

A sra. K. interpretou também que o cabelo da cabeça, que ele tinha desenhado depois de ter feito a linha para o genital, representava os pelos em volta do genital.

Richard, de repente, ficou muito embaraçado com esse desenho, correu para a cozinha, olhou em volta; examinou o fogão e percebeu, o que o deixou aflito, que havia pontos de ferrugem nos lugares onde ele tinha espirrado água no dia anterior. Como mencionado anteriormente, ele não se referiu ao fato de que a cozinha tinha sido limpa pelas escoteiras, mas era evidente que isso contribuía para aumentar sua aflição. Parecia preocupado e deprimido, e disse que era isso o que acontecia quando espirrava uma coisa tão suja na Mamãe; gostaria de saber o que ele e a sra. K. poderiam fazer a respeito.

A sra. K. encontrou uma escova e limpou o fogão.

Richard não olhou mais para ele. Pegou um ancinho e correu para o jardim, pedindo à sra. K. que viesse com ele. Passou o ancinho na terra entre as fileiras de verduras, dizendo que desejaria completar pelo menos algumas. Acrescentou que a terra era marrom, mas que era bonita. Parecia estar muito satisfeito ao se dedicar a essa atividade, e nem prestou muita atenção às pessoas que passavam pela rua, nem pediu que a sra. K. falasse baixinho, como geralmente fazia quando estavam do lado de fora. Durante essa sessão, de modo geral, prestou pouca atenção ao que se passava na rua e não fez nenhuma pergunta sobre o sr. Smith. Uma vez, ao ver passar um homem, fez caretas e, com as mandíbulas, o movimento de morder. A seguir, voltou-se para a sra. K. e disse afetuosamente: "Isso não era para a senhora – só para ele".

A sra. K. interpretou que o ancinho representava o pênis bom do pai, assim como seu próprio, que poderia ser usado para limpar e restaurar a Mamãe, o que igualmente significava fazer crescer os bebês – as verduras. Ele parecia sentir que seu cocô não era apenas bombas, mas que era também bom, pois os vales postais que representavam seu cocô tinham sido dados para a Mamãe e para a sra. K. como presentes.

Richard havia retornado à sala e novamente fazia rabiscos, usando o lápis marrom. Ao fazê-lo, quebrou a ponta do lápis.

A sra. K. interpretou que ao rabiscar com o lápis marrom, com tanta força que lhe quebrou a ponta, manifestava seu temor de que seu cocô estivesse, afinal de contas, sujando e destruindo a sra. K; relacionou isso com a água, representando a urina, que ele sentia ter estragado o fogão.

Richard uniu os lápis verde e amarelo pelas extremidades não apontadas. A ponta do lápis amarelo estava quebrada; empurrou a ponta quebrada do lápis marrom contra este com tanta força que tirou o lápis verde do lugar.

A sra. K. interpretou que o que Richard tinha acabado de expressar era que seu pênis – o lápis marrom – produzia urina e cocô maus, quebrava o genital do Papai, fazia com que adoecesse, e causava grandes aborrecimentos à Mamãe; sentia-se muito culpado por tudo isso. Além disso, temia causar esses mesmos danos à sra. K. Os ataques de Richard contra os genitais da Mamãe, da sra. K. e do Papai também se mostraram ao morder os lápis novos, o vermelho e o amarelo. Ele tinha perguntado especificamente se a sra. K. se importava que mordesse esses lápis; mas o morder significava também que Richard tinha comido o pênis atacado e que, portanto, sentia que a luta se travava em seu próprio interior, e não apenas no interior da sra. K., como no Desenho 55. Tinha dito que a vitória maior era dele; mas representando Hitler pelo passo de ganso expressava que Hitler havia vencido a vitória maior e controlava-o a partir de seu interior.

Durante toda essa sessão, Richard não se havia referido ao pai. Enquanto a sra. K. guardava o material de brincar, olhou os desenhos de relance e comentou, pensativamente, que fazia muito tempo que não desenhava uma estrela-do-mar.

A sra. K. perguntou-lhe se podia agora dizer o que pensava a respeito do protesto chinês.

Richard, olhando-a com carinho, disse: "Eu te amo".

A sra. K. interpretou que isso significava que quando protestou à maneira chinesa – quer dizer, secretamente e com as fezes amarelas e raivosas – estava odiando a sra. K. por sentir-se privado da sessão de domingo. Ao mesmo tempo sentia-se culpado por esse ódio e amava-a também, e por isso não queria falar a respeito do protesto.

Richard concordou com isso.

Depois de terem saído, e no momento em que fechavam a porta, Richard comentou: "A velha sala vai descansar", e já na rua, olhando para trás, acrescentou: "Adeus, linda e velha casa". [...] Estava sério, mas não deprimido nem perseguido. Certificou-se, mais uma vez, de que a sra. K. dirigia-se à vila. Na rua, Richard comentou que não era de todo desagradável vir de ônibus. Tinha vindo conversando com uma senhora simpática que viajava para "X". Quando a sra. K. cumprimentou uma conhecida, Richard mostrou-se satisfeito e disse que a sra. K. tinha muitos amigos ali, não é mesmo?, e que conhecia quase todo mundo.

A sra. K. respondeu que em "X" tinha conhecido algumas pessoas.[124]

Notas

1. O envelope anterior tinha adquirido uma importância especial por estar tão estreitamente ligado a sua relação com a analista e, em certa medida, representava também a própria analista. Esses sentimentos transferenciais estavam enraizados no profundo apego que ele tinha aos primeiros objetos, demonstrado pelo desejo de voltar sozinho para a antiga casa abandonada, que representava a mãe solitária e abandonada e que estava ligada a todas as suas primeiras lembranças. Esse apego tão intenso constituía uma evidência de sua capacidade de amar e encontrava-se fortemente reforçado por suas ansiedades depressivas. Esses sentimentos demasiadamente intensos de culpa levavam-no a apegar-se excessivamente à mãe, o que acabava impedindo-o de estabelecer novas

124 O comentário de Richard de que eu conhecia todo mundo era uma recusa do fato, que ele conhecia muito bem, de que eu praticamente não mantinha relações sociais em "X". O fato de repetidamente me perguntar se eu tinha ido ao cinema também tinha muito a ver com seu temor de que eu poderia estar só. Naquele dia em particular, isso encontrava-se intensificado pelo medo de estar me abandonando, já que não teria a sessão de domingo. Podemos vê-lo aqui reviver o forte conflito de lealdade entre a mãe e a Babá, com quem, na realidade, iria se encontrar a caminho de casa.

relações e descobrir seus interesses; tudo isso, que fora um fator crucial na perturbação de seu desenvolvimento, estava sendo parcialmente mitigado no decorrer de sua análise.

2. Observei várias vezes que, embora não me desviando no essencial de minha técnica, algumas vezes respondi às perguntas de Richard, o que tinha por efeito reconfortá-lo. Nessa sessão em particular, não apenas limitei-me a responder a uma pergunta como reconfortei-o de forma muito direta, o que de modo geral eu desaprovo. O que me levou a fazê-lo foi que o menino não só temia inconscientemente o fim da análise, mas percebia conscientemente a necessidade premente que tinha dela. O fato de eu saber que ele talvez não viria a ter, por muitos anos, a oportunidade de fazer uma análise, juntamente com essa circunstância particular de que o pai se encontrava seriamente enfermo, sem dúvida teve influência sobre minha contratransferência.

Cabe, então, perguntar-se até que ponto isso teria afetado o curso da análise. Acho difícil saber, já que na ocasião também analisei consistentemente a transferência negativa e as desconfianças que o menino nutria por mim e por seus pais. Mas, por uma questão de princípio, desejo repetir que, mesmo nesse caso, teria sido mais útil evitar essa atitude ocasional de conforto. Isso é ilustrado pelo comentário que Richard fez imediatamente após ter dito que ficava feliz por eu ser patriota – quer dizer, um objeto muito bom – e que indicava que, naquele momento, eu havia reforçado a transferência positiva. Esse comentário dizia respeito à menina que passava na rua, que, a despeito de ter uma aparência bastante inofensiva, a seus olhos parecia o monstro. Quer dizer, a idealização da analista – a sra. K. patriota, e não a estrangeira e suspeita – não solucionou a dúvida que sentia a respeito dela; mas essa dúvida foi defletida e transferida para a menina que passava. A única maneira de diminuir essas suspeitas teria sido interpretá-las. O próprio fato de, em lugar da interpretação apropriada, eu tê-lo reconfortado a meu respeito, o que ele sabia perfeitamente que não se adequava ao procedimento psicanalítico, servia para aumentar suas dúvidas num outro nível – suas dúvidas quanto a minha honestidade e sinceridade. Frequentemente descobrimos que erros dessa natureza dão lugar a ressentimentos e críticas inconscientes – e conscientes, no caso de pacientes adultos –, e isso é verdade, por mais que os pacientes nutram o desejo de serem amados e reconfortados.

Sessão 66
segunda-feira

Richard mostrava-se amistoso e parecia bem feliz. Contou à sra. K. que tinha feito uma boa viagem de ônibus, sozinho. Referiu-se, no entanto, com raiva a outras ocasiões nas quais o ônibus estivera lotado e a cobradora dizia: "Os que pagam meia passagem, em pé", e Richard tinha que ceder seu assento.

A sra. K. interpretou que, uma vez que Richard desejava competir com o Papai pela Mamãe, sentia muita raiva de ser considerado apenas meio homem. Perguntou-lhe se havia outros meninos no ônibus.

Richard disse que sim, que havia, mas eles não deram a menor bola para ele, nem ele para eles. [...] Comentou que o pai estava passando bem.

A sra. K. assinalou que ele se sentia orgulhoso e feliz porque agora tinha condições de viajar sozinho, sem sentir que os outros meninos o estavam vigiando ou que iriam atacá-lo.

Richard disse que estava ansioso por passar aquela noite com os Wilson, particularmente porque a sra. Wilson lhe tinha prometido um presente. Perguntou à sra. K. se iria ao cinema naquela noite, acrescentando em tom de súplica: "Eu insisto que a senhora vá, sra. K.". Tinha lido alguns comentários sobre o filme, e disse que era lindo; era a história de uma pessoa muito engraçada criando um bebê. Suplicou novamente à sra. K. que fosse.

A sra. K. disse que lamentava, mas preferia não ir.

Richard disse que tinha uma surpresa para a sra. K. Lentamente abriu uma caixa, e de dentro retirou a frota, tudo isso muito dramaticamente. Disse que a surpresa era que Paul tinha encontrado, quando estavam na casa deles em "Z", o grande cruzador *Hood*.[125] Perguntou à sra. K. se ela estava contente de rever a frota, dizendo que tinha certeza de que sim.

A sra. K. sugeriu que Richard talvez quisesse com isso dizer que tinha certeza de que a sra. K. estava contente por revê-lo.

---

125 Não tenho nenhuma anotação a respeito de ele ter anteriormente se referido a algum navio que estivesse faltando ou de que não tivesse mencionado isso até a presente sessão.

Richard confirmou essa interpretação enfaticamente. [...] Depois, mostrou à sra. K. como o *Hood* era muito maior do que o *Nelson* (era, de fato, o maior navio da frota). Acrescentou, com pesar, que o *Hood* na verdade tinha afundado, mas que aqui ele ia brincar como se isso não tivesse acontecido. Pobre *Nelson*, que parecia ser tão grande e tinha ficado tão pequeno agora!

A sra. K. interpretou que Richard sentia pena do Papai, transformado numa criança, ainda mais que agora ele de fato se encontrava indefeso e doente. Interpretou também que, já que essa reversão tinha transformado Richard no *Hood*, ele não iria admitir que o *Hood* tinha afundado. Ao mesmo tempo, o *Hood* representava o Papai, e também por essa razão não deveria ser afundado.

Richard mostrou-se surpreso, e disse que, de fato, havia dito para a Mamãe naquele dia que a partir de agora ele seria o pai da família. [...] Moveu o *Nelson*, fazendo-o contornar a bolsa e o relógio da sra. K. e esconder-se atrás deles. A seguir, o *Hood* zarpou, e os dois ficaram tão perto da borda da mesa que quase caíram. O *Nelson* voltou para perto dos outros navios, e o *Hood* desapareceu atrás da bolsa da sra. K. e permaneceu lá.

A sra. K., referindo-se à comparação entre o *Hood* e o *Nelson*, assinalou que, quando Richard era um menino pequeno, o pai e seu genital lhe pareciam imensos. Richard refletiu sobre isso, e perguntou se o genital do pai era de fato tão grande em sua mente. Sustentou que nunca o havia visto, mas que recentemente tinha visto o genital de Paul, e havia mesmo pelos em volta deste.

A sra. K. referiu-se ao fato de já ter anteriormente sugerido que ele pudesse ter observado os pelos do genital do pai, da Mamãe ou da Babá. Havia expressado isso no desenho que tinha feito da sra. K. (Desenho 55), ao desenhar ao mesmo tempo o cabelo e a linha do genital. A sra. K. assinalou também que, ao brincar, depois de quase ter provocado um acidente entre o *Hood* e o *Nelson* – ele próprio e o Papai –, colocara o *Hood* a salvo atrás da bolsa e do relógio da sra. K., enquanto o *Nelson* se juntara à família.

Richard disse em voz baixa: "Pobre Papai".

A sra. K. interpretou que Richard sentia um grande pesar pela doença do Papai; por isso havia dito que o *Hood* tinha sido afundado, mas, na brincadeira, voltava a emergir; isso significava que ele também desejava que o pai permanecesse forte e vivo e continuasse a ser o chefe da família.

Richard repetiu, em voz baixa, e muito sério, que sentia pena do pai, e acrescentou: "É por ele que estou vindo aqui e viajando sozinho".

A sra. K. perguntou o que ele queria dizer com isso.

Richard timidamente respondeu que esse trabalho lhe era de grande ajuda, e sendo assim seu pai não precisaria se preocupar com ele.

A sra. K. interpretou que talvez também quisesse com isso dizer que se o trabalho o ajudasse a ser menos ciumento, então ele não odiaria nem atacaria o pai, e não lhe faria mal.

Richard concordou, era isso mesmo o que tinha querido dizer. [...] Nesse meio-tempo, tinha movimentado o *Hood* para junto dos outros navios, tendo-o colocado numa posição central, ladeado pelo *Rodney* e por outro cruzador. Tinha colocado o destróier *Vampire* um pouco mais à distância.

A sra. K. interpretou a intenção de Richard de restituir ao Papai sua posição de pai e marido, ficando ele próprio como o mais jovem da família – o *Vampire*.

Richard, nessa parte da sessão, mostrou à sra. K. um pacote de sementes de rabanete que tinha comprado na loja do sr. Smith. Disse que essas sementes eram as de que mais gostava, e que as procurava havia muito tempo.

A sra. K. assinalou que Richard chupava seu lápis naquele momento, e interpretou seu desejo de chupar e comer o genital do pai; dessa forma se tornaria muito poderoso e poderia dar muitos bebês para a sra. K. e para a Mamãe, assim fazendo com que ficassem bem.

Richard fez então o Desenho 56.[126] Ao escrever os nomes, hesitou ante o *Hood*, murmurando indecisamente: "Papai – Richard"; acabou por escrever seu próprio nome.

A sra. K. interpretou o conflito entre o desejo de Richard de tomar o lugar do pai e o de deixar que o Papai o mantivesse; resolveu seu conflito colocando o pai, representado no Desenho 56 pelo HMS[127] *Effingham*, longe da Mamãe (o *Rodney*), e fazendo o Papai maior do que os navios que normalmente representavam Richard (o *Salmon* e o *Vampire*) e Paul (o HMS *Delhi*). No papel do *Vampire*, ele ocupava seu verdadeiro lugar como o mais jovem da família, mas colocava-se entre o Papai (agora o *Hood*) e a Mamãe (o *Rodney*), separando-os. Também o *Salmon* representava o pequeno Richard, que agora se encontrava perto da mãe. Ao mesmo tempo, o *Vampire* representava, como anteriormente,

---

126 Esse desenho encontra-se aqui reproduzido depois de eu ter obliterado alguns dos nomes reais que Richard escreveu ao lado dos navios.

127 HMS: "*Her Majesty's Ship*" ou "*His Majesty's Ship*", navios da marinha real britânica. [N.T.]

o genital de Richard, que seria usado na Mamãe para gerar o bebê que ele desejava dar a ela.

Richard fez a seguir o Desenho 57. Disse que o círculo era a cadeira em volta da qual o trem corria. Foi assim que colocou o trem ao remontá-lo.

A sra. K. interpretou que o trem representava Richard, que agora corria entre os dois seios, formados pelas duas voltas da ferrovia, e que isso também significava suas idas e vindas entre a sra. K. e a Mamãe.

Richard, enquanto a sra. K. fazia essa interpretação, mostrou as duas extremidades da ferrovia e disse que havia dois genitais ali – um pequeno (dentro da volta) e um grande.

A sra. K. interpretou que, da mesma forma como ansiava por sugar os seios dela e da Mamãe, desejava também colocar seu genital perto delas. O genital grande queria dizer que o Papai não deveria ser deixado de fora.[128]

Richard, olhando para a sra. K., disse que gostava muito dela. Mencionou ainda que a mãe se referia à sra. K. chamando-a de "querida". Comentou que tinha sido muito malcriado com a Cozinheira. Tinha-a chamado de "mendiga velha e insolente". Ela ficou tão chocada que nem conseguiu responder.

A sra. K. perguntou-lhe por que tinha dito isso.

Richard disse que na verdade não saberia dizer; apenas estava com raiva e não gostava dela.

A sra. K. recordou-lhe que ele há algum tempo lhe havia contado que a Babá tinha brigado com a Cozinheira antes de ir embora, e que desde então ele odiava a Cozinheira. Interpretou que a mãe se referindo à sra. K. em termos amigáveis – conforme havia dito – também significava a mãe em bons termos com a Babá; a cozinheira má, porém, representava a Mamãe má, sempre que ela não era cordial com a Babá. Ele tinha feito referência à cozinheira má e à raiva que dela sentia logo depois de ter dito o quanto gostava da sra. K. Mas, como a sra. K. não fazia tudo o que ele queria, a cozinheira má representava-a também.

Richard foi até a cozinha, e investigou o "tanque dos bebês". Disse que a água não estava tão suja. Como de costume, bebeu da torneira; depois, pegando uma mola de arame que estava encaixada no escorredor de pratos, bateu com ela no escorredor e pediu à sra. K. que

128 Pensando agora, ocorre-me que o genital menor tinha, na verdade, penetrado no interior do seio, enquanto o maior, representando o genital do pai, embora estivesse próximo ao seio, permanecia do lado de fora. Eu suporia que ambos representavam também a boca – a dele e a do pai.

fizesse a mesma coisa. De repente, começou a brigar com um homem imaginário que se encontrava do lado de fora da porta, gritando: "Vá embora, vá embora", e trancou a porta da cozinha para impedi-lo de entrar.[129]

A sra. K. lembrou-lhe que certa vez ele lhe tinha pedido que fizesse o sr. Smith afastar-se dizendo: "Vá embora" (Sessão 48); e que em outra ocasião tinha feito o mesmo pedido em relação ao "Urso". Esses dois homens representavam o Papai perseguidor, que poderia se intrometer nos momentos em que Richard desejava estar a sós com a sra. K., na verdade a Mamãe, e amá-la.

Repetidas vezes, ao longo dessa sessão, Richard sugava o lápis amarelo, e ainda o tinha na boca ao dizer: "Vá embora" para o homem imaginário.

A sra. K. interpretou o desejo de Richard de ter os seios dela (e a mamadeira que lhe era oferecida pela babá) somente para si, sem que ninguém o perturbasse; e o desejo de expulsar o pai, que, como suspeitava naquela ocasião, tomava os seios da mãe e que, agora que tinha uma enfermeira, era sentido por Richard como sendo um bebê rival.

Richard voltou para a mesa e começou a separar de seu dinheiro o troco que havia recebido do sr. Smith ao comprar as sementes. Mostrou à sra. K. que a moeda de um *centavo* era maior do que a de dois *xelins*. Disse que gostava de *centavos*. A seguir, colocou sua máscara contra gás (que levava consigo quando viajava), comentando que algumas pessoas faziam muita onda por ter que usá-la. Ele bem que gostava da sua, até mesmo do cheiro de borracha, ao qual tinha se acostumado quando brincava com seus tijolinhos de borracha.

A sra. K. interpretou que ele gostaria de manter separados em seus bolsos (que significavam o interior de si mesmo) os *centavos* recebidos do sr. Smith, representando o genital do Papai, das moedas de prata, que representavam o seio bom da Mamãe. Embora tivesse dito que

129 Parece-me que a raiva pela cozinheira foi reforçada porque, estando o Pai sob os cuidados de uma enfermeira, o amor de Richard por sua babá foi reavivado. O fato, porém, de ter mencionado esse incidente especificamente naquele momento deveu-se a minha interpretação de que o Desenho 57 exprimia seu desejo de sugar os seios e de colocar seu genital junto a eles. Isso também expressaria sua raiva com relação à mãe má – a cozinheira má – que lhe havia dado tão pouco do seio. O homem imaginário que ele gostaria de deixar trancado do lado de fora representava o pai, acusado de privá-lo do seio para usufruto próprio – o que era estimulado pelo fato de o pai estar sendo tratado como um bebê, sob os cuidados de uma enfermeira.

gostava dos *centavos*, obviamente desconfiava deles. Desejava também manter o seio bom em seu interior separado do seio sujo da Mamãe e do cocô representado pelos *centavos*. A máscara contra gás, da qual dizia gostar muito, servia para protegê-lo do veneno, que se relacionava com seus sentimentos acerca do genital-Papai venenoso.

Richard, num gesto rápido, colocou o braço em volta dos ombros da sra. K., e repetiu esse gesto um pouco depois, dizendo que a amava.[130] Implorou à sra. K. que fosse ao cinema naquela noite; ficaria tão contente se ela fosse! Falou num tom dos mais suplicantes.

A sra. K. interpretou que, se ela fosse ao cinema, sentiria que ela se comportava muito mais como a Mamãe, e dessa forma não sentiria tanta falta da Mamãe como estava sentindo agora. Se ela ocupasse o lugar da Mamãe, ele poderia acariciá-la e beijá-la.

Richard saiu e pediu à sra. K. que o acompanhasse. Embora por um momento tenha se sentido desapontado com a recusa da sra. K. de ir ao cinema, mostrava-se muito amigável. Mas, observando uma galinha no quintal vizinho, disse: "Galinha velha e boba". Voltou para a sala de atendimento, e comentou a respeito de uma mulher idosa que passava: "Velha nojenta".

A sra. K. interpretou que ambas, a galinha e a mulher idosa, representam a sra. K., e que Richard estava com raiva dela porque ela não lhe fazia tanta companhia quanto ele gostaria que fizesse e porque se sentiu frustrado por ela.

Durante essa sessão, Richard disse que se sentia muito feliz em "X" e que não se incomodava muito de estar longe de casa. De fato, passava a impressão de estar contente, e pouco vigiou a rua (exceto no final da sessão, quando passou a mulher idosa). Mostrava relativamente poucos sinais de sentir-se perseguido. A mãe relatou-me que Richard sentia muito intensamente que estava "fazendo a sua parte", viajando e ficando sozinho no hotel e agora com o casal de amigos – eram todas experiências novas, que anteriormente não teriam sido possíveis para ele.

---

130 Embora Richard me tocasse ou acariciasse algumas vezes, sempre o fazia muito rapidamente e era evidente que se continha. Não tenho dúvida de que ele me abraçaria e beijaria bastante se eu não tivesse indicado através de toda a minha atitude que essas carícias físicas não tinham lugar na situação analítica. O mesmo se aplica a meus outros pacientes crianças, com quem pude, no geral, manter uma atitude amigável embora reservada, necessária à análise da situação de transferência (cf. *A psicanálise de crianças*, cap. 2).

Sessão 67
terça-feira

Richard, embora estivesse atrasado alguns minutos, entrou na sala sem pressa, parecendo deprimido e reservado. Colocou de lado sua maleta, mas não retirou a frota, e caminhou pela sala, chutando os banquinhos e pisando em um ou dois deles. Não olhou nem para a sra. K., nem para o relógio. De modo geral, parecia estar descontente e incerto quanto ao que fazer. Ao avistar uma grande mariposa (do mesmo tipo da de alguns dias atrás) tentou a princípio mandá-la embora, depois, decidiu deixá-la em paz. Ficou também tentando amarrar os laços dos sapatos, para que ficassem bem firmes. [...] Um pouco depois, perguntou se tinha chegado atrasado, e quantos minutos.

A sra. K. respondeu que dois ou três minutos.

Richard perguntou se a sra. K. reporia esses minutos no final da sessão.

A sra. K. respondeu que os dois minutos pareciam representar seus seios, que Richard temia perder porque iria abandoná-la naquela noite para ir para casa.

Richard animou-se um pouco e disse: "A senhora é muito esperta para ter descoberto isso". [...] Tinha permanecido olhando pela janela; sentou-se então à mesa e, estendendo a mão de um jeito suplicante, pediu à sra. K. que lhe passasse o bloco. Começou por sugar o lápis. A seguir, escreveu toda uma linha com a palavra "gelo" [*ice*], repetindo a palavra sem deixar espaço, falando com intensidade crescente: "Gelo, gelo, gelo". Depois fez o Desenho 58. A princípio, parecia que ia fazer algo semelhante ao "protesto chinês" (Sessão 65). Quando a sra. K. perguntou-lhe se se tratava de algo chinês, Richard disse que primeiramente pensou que fosse; mas depois decidiu que eram arranhões no gelo, e que alguns dos pontos e das linhas mais escuros eram pessoas no rinque de patinação que arranhavam o gelo ao patinar.

A sra. K. interpretou que seu desejo de tomar muito sorvete [*ice cream*] estava relacionado com sua necessidade de obter da sra. K. tudo o que podia, e mais ainda. O rinque de patinação no gelo representava o interior da sra. K. (e da Mamãe), onde deveriam estar o leite bom, os bebês bons, e o genital bom do pai. Mas, se ele se introduzisse dentro dela e a roubasse, iria arranhá-la e feri-la. (Nesse momento, Richard desenhou as duas linhas envolvendo o rinque de patinação no gelo.)[131] A sra. K. sugeriu também que, ao sentir-se insatisfeito quando bebê, desejou arranhar, morder, e ferir o seio, e agora sentia que fazia a mesma coisa com a sra. K. porque não tinha conseguido que ela fizesse o que ele queria – muito embora fosse ele que a abandonava. Foi por isso que a princípio pensou que esse desenho pudesse ser novamente um protesto chinês.[132] A sra. K. interpretou ainda que o fato de a deixar a fim de ir para casa fazia-o sentir que ela representava agora o seio bom – a Mamãe –, quando em outras ocasiões ela representava a Babá, e sua própria mãe era a mãe-seio. A sra. K. acrescentou que ele de fato tinha sido amamentado ao seio por muito pouco tempo, não mais do que poucas semanas, depois do que passou a ser alimentado com mamadeira, que lhe era dada provavelmente pela Babá.

Richard perguntou de imediato: "E o que a Mamãe fez com seus seios – deu para Paul?". Refletiu sobre isso, dizendo a seguir, bem devagar, que quando ele nasceu Paul já era um menino bem grande, portanto isso não devia ser verdade. Fez várias perguntas, mostrando-se claramente impressionado e interessado nas informações que a sra. K. lhe fornecia. Como a sra. K. sabia dessas coisas sobre os seios da Mamãe? Será que a Mamãe tinha contado para ela? Quando? E o que foi que ela disse exatamente? E por que a Mamãe não o deixou mamar em seus seios por mais tempo?

A sra. K. contou-lhe que, quando a Mamãe veio conversar com ela pela primeira vez sobre o tratamento de Richard, fizera algumas perguntas relativas ao começo da vida de Richard, como tinha sido, e que, entre outras coisas, sua mãe lhe tinha dito que poucas semanas depois do nascimento dele tivera que parar de amamentá-lo ao seio e dar-lhe mamadeira, porque seu leite tinha terminado (Nota 1). A sra. K. interpretou que o primeiro pensamento que ocorreu a Richard, ao saber que tinha sido amamentado ao seio por um período tão curto, foi que a Mamãe lhe retirou os seios para dá-los a Paul; e talvez tenha sentido, mesmo quando era um bebê muito pequeno, que estivesse sendo

---

131 Não consta em minhas anotações se interpretei essas duas linhas, mas penso que podem ter tido o significado de proteger o seio, encerrando-o dentro delas.

132 É significativo que o recente protesto chinês, por mim interpretado como sendo chinês porque representava a urina e as fezes amarelas e venenosas, tenha sido feito num sábado, precedendo a frustração por não ter a sessão de domingo.

punido por ela, que por isso dava seus seios para outra pessoa – Paul ou Papai. Tudo isso tinha despertado nele inveja, ciúme e desconfiança do Papai e de Paul; agora seu pai aparecia-lhe novamente como um bebê, já que tinha uma enfermeira e Richard sentia de fato ciúme dele.

Richard replicou que seu pai tinha na verdade até mesmo duas enfermeiras (fato que já havia mencionado anteriormente).

A sra. K. interpretou que com isso ele parecia querer dizer que o Papai tinha tomado para si não apenas o seio da Mamãe como também a enfermeira dele, Richard.

Richard, enquanto a sra. K. interpretava, tinha colocado os dois polegares na boca e sugava-os com força, o que era bem incomum para ele. Depois, encheu algumas folhas de papel com rabiscos, entre os quais seu nome predominava. Enquanto rabiscava, corria repetidas vezes até a janela para vigiar as pessoas que passavam, particularmente se fossem meninos. Fazia caretas para eles, principalmente mexendo os maxilares, embora permanecesse escondido atrás da cortina ao fazê-lo. Foi ao banheiro três vezes, o que não era usual, mostrando-se embaraçado e explicando que sentia vontade de fazer xixi, mas não conseguia.

A sra. K. assinalou que, ao desejar tomar os seios da sra. K. (ou melhor, da Mamãe) somente para si, em sua mente ele também atacava as pessoas que desconfiava terem-lhe tomado os seios. Estas eram representadas pelos meninos na rua a quem tinha feito caretas; tinham, em sua mente, se tornado inimigos porque ele os atacava por terem-lhe tomado os seios da Mamãe e a própria Mamãe. Atacava-os também tentando fazer xixi neles.

Richard, durante essa parte da sessão, indagava constantemente da sra. K. acerca de seus outros pacientes, quais eram os horários deles, se eram todos homens, e quem vinha depois dele.

A sra. K. interpretou o ciúme e os medos que Richard sentia em relação ao sr. K., ao sr. Smith e às crianças da sra. K.

Richard fez então o Desenho 59. Disse que o nome da estação "Blueing" queria dizer azul-claro, e apontou para a sra. K.

A sra. K. perguntou-lhe se podia dizer alguma coisa a respeito do "ing" na palavra "Blueing".

Richard disse que não saberia dizer nada. A sra. K. sugeriu que poderia tratar-se de tinta [*ink*].

Richard, com um meio sorriso, disse que assim era, e sabia disso quando a sra. K. perguntou o que significava, mas não quis dizer.

A sra. K. interpretou que isso ocorria porque Richard, sendo o trem, desejava manter a mãe-seio azul-clara e boa afastada da tinta.

Recordou-lhe ter achado que o vidro de tinta que encontrou na cozinha cheirava mal. Richard, quando se sentia com raiva e insatisfeito, tinha vontade de sujar a Mamãe amada e seus seios, bem como agora a sra. K., com seu xixi e cocô; sentia também tê-lo feito quando bebê, envenenando a Mamãe. As outras duas ferrovias levando a "Lug" e "Brumbruk" expressavam seu desejo de manter a Mamãe azul-clara livre do cocô que sujava e feria, sendo esta a razão por que não tinha muita certeza de como se soletrava "Brumbruk". O fato de ter tentado fazer xixi várias vezes tinha também o significado de sujar a sra. K., representando a Mamãe, embora ao mesmo tempo tivesse receio de fazê-lo.

Richard estivera rabiscando e, como muitas vezes, disse que não sabia o que estava desenhando. Primeiramente traçou um contorno oval que continha dois círculos grandes e um pequeno, unidos entre si. Depois, desenhou, grosso modo, dois círculos, do lado de fora do contorno oval, que furiosamente cobriu de pontos. Fez então mais pontos dentro da forma oval. Enquanto fazia isso, seus olhos faiscavam e rangia os dentes, e tinha no rosto uma expressão de raiva.

A sra. K. sugeriu que os dois círculos representavam os seios, os dela e anteriormente os da Mamãe, e que Richard os atacava mordendo e rangendo os dentes; a violência com que fez os pontos também significava sujar e escurecer os seios com urina e fezes. A ponta do lápis com que fez os pontos representava seus dentes e suas unhas. A sra. K. perguntou-lhe, então, o que significava a forma dentro do contorno oval (os três círculos unidos).

Richard, sem hesitar, respondeu que eram ovos.

A sra. K. interpretou que seus ataques contra a mãe eram dirigidos ao interior de seu corpo e aos bebês que ela continha.[133] Os três ovos unidos sugeriam a forma de um bebê não nascido. O ciúme que Richard sentia dos bebês que a mãe continha pareciam estar ligados ao sentimento de que ela os alimentava internamente ao invés de alimentá-lo (Nota 2).

Richard desenhou na mesma página mais dois círculos e passou a enchê-los de pontos. Depois disso, disse que ali estavam dois seios novos; ao fazer um ponto no centro de cada um desses círculos, acrescentou: "Essas aqui são aquelas duas coisas que ficam na ponta dos seios – e agora foram-se também" (ele não conhecia a palavra "mamilo"). Desenhou então mais dois contornos indistintos

133 Em minha obra *A psicanálise de crianças*, referi-me a esses ataques em vários contextos. Infelizmente, esse desenho se perdeu e, por isso, não pôde ser reproduzido.

e novamente encheu-os de pontos, e rabiscou por cima. Disse que pareciam morangos. Fez, a seguir, um certo número de Vs grandes pela página, repetindo que era o "V de Vitória". Enquanto fazia os pontos, falou sobre os ataques aéreos dos alemães a Moscou. Ao arrancar essa folha desenhada do bloco (e ultimamente esse ato de arrancar folhas tinha se tornado muito violento), olhou a folha seguinte e a outra depois dessa e pareceu preocupado ao perceber as marcas profundas que tinha deixado nelas devido à violência com que tinha feito os pontos (Nota 3).

A sra. K. interpretou que Richard sentia que não era a "RAF boa", atacando com objetivos bons, mas o Richard-Hitler mau, destruindo Moscou, representando a Mamãe ferida.

Richard, enquanto fazia esses rabiscos, e durante as interpretações da sra. K., havia diversas vezes parado para vigiar os transeuntes. Antes, já tinha perguntado à sra. K. se ela tinha visto o sr. Smith. Continuou arrancando as folhas e rabiscando nelas, porém com menos violência. Na última delas, pôs-se a fazer sossegadamente pontos sobre as marcas deixadas, mas logo desistiu.

A sra. K. sugeriu que essa seria uma tentativa de esconder as marcas e, possivelmente, também de curá-las. Assinalou que o fato de usar tantas folhas, muito mais do que de costume, e desperdiçá-las, tinha o significado de provar a si mesmo que podia tirar da sra. K. tudo o que quisesse, que ela continuava a gostar dele apesar de ter atacado seu seio, e que o próprio seio poderia ser substituído no caso de ter sido destruído e esgotado – os círculos que tinha acrescentado, dizendo serem morangos.

Richard retirou do bolso algumas moedas, dizendo não ter o suficiente para a passagem de ônibus.

A sra. K. interpretou seu desejo de receber um presente dela, o que representaria o seio bom; também gostaria de se certificar de que, depois de todos esses ataques contra ela, ainda restavam bebês em seu interior, e que ela ainda tinha seios, e que ela ainda gostava dele.

Richard retirou, então, mais dinheiro de seu bolso e, em outra folha de papel, fez o contorno de quatro moedas – de dois *xelins*, e de seis, três e um *centavos*. Mostrou que a moeda de um *centavo* era aquela que o sr. Smith tinha dado de troco para as sementes que tinha comprado no dia anterior. Colocou o *centavo* na boca e mordeu-o por um momento. Depois, tirou da maleta o pacotinho de sementes, vangloriando-se por tê-las conseguido. Disse que as sementes de rabanetes eram as únicas que lhe interessavam; eles pareciam lindos na figura. Chacoalhou o pacote para mostrar que ali havia "milhares e milhões" de sementes.

A sra. K. interpretou que os círculos com mamilos que havia desenhado eram para ele como morangos, e, para começar, representavam o seio bom da Mamãe. A moeda de um *centavo* marrom parecia não apenas ser o genital bom do Papai, ou do sr. Smith, mas estar cheia de cocô. Tinha sujado o seio da Mamãe, como Richard fazia quando ficava com raiva. O ciúme que Richard sentia da sra. K. encontrar o sr. Smith, representando o sr. K., tornava-se mais intenso porque Richard temia que o sr. Smith pudesse lhe fazer mal ou sujá-la. Um dos motivos por que tinha sempre vigiado os pais com tanta atenção era o temor que sentia das relações sexuais deles. O desejo de ter rabanetes, e dos "milhões" de sementes que o pacotinho que recebeu do sr. Smith continha, significava também ter os bebês que o pênis bom do Papai haveria de lhe dar (Nota 4).

Richard, nesse momento, estava quieto e sossegado. Traçou o contorno da borracha da sra. K. no bloco e copiou as inscrições dela. Fez a seguir duas linhas horizontais atravessando a folha, e uma linha vertical que partia ao meio o desenho da borracha; comentou que essas linhas eram grades. Era uma prisão.

A sra. K. interpretou que Richard, em sua mente, tinha comido a borracha, representando o genital do sr. K. – ou melhor, o do Papai, e mantinha-o aprisionado em seu interior. Este, que antes era o genital maravilhoso – os rabanetes e os morangos, como Richard gostaria que fosse –, tinha se transformado em algo cheio de cocô. Tinha se tornado perigoso. Por se sentir tão em dúvida quanto a ser o genital do Papai bom ou mau, queria ter certeza disso e, portanto, tinha desenhado o contorno da borracha e escrito as inscrições (Nota 5). Tinha-o aprisionado em seu próprio interior porque queria controlá-lo internamente, já que sentia que era perigoso quando estava fora {Introjeção do objeto a fim de controlá-lo e evitar que cause dano}.

Richard sugeriu, então, que jogassem o jogo da velha, ele ficando com a cruz. Fazia a cada vez de tal forma que a sra. K. ganhasse. No final, infringiu as regras para que ambos ganhassem.

A sra. K. interpretou que isso tinha o significado de devolver-lhe os seios, o genital ou os bebês, representados pelo "O" que no jogo coube a ela.

Richard fez então o Desenho 60. Primeiramente traçou a linha ondulada, que representava a areia. A figura abaixo era a sra. K. deitada na areia. O grande círculo preenchido com pontos era uma mina terrestre, e o círculo menor justo acima da linha ondulada era essa mesma mina, que tinha se aproximado e estava explodindo; o rabisco por cima de tudo mostrava a maneira pela qual estava explodindo.

Colocou esse desenho de lado, e parecia muito triste e preocupado, mas logo passou a desenhar novamente (Desenho 61). Disse que se tratava de três belos morangos que estavam crescendo num jardim, e que o jardim pertencia à sra. K.

A sra. K. interpretou que ele tinha dúvidas quanto ao belo genital rabanete e morango do Papai. O pai "velhaco" apenas fingia que o seu genital era bom, por isso Richard temia que a sra. K. (e a Mamãe) pudessem explodir a qualquer momento, quando estivessem deitadas na cama – no desenho, na areia. Richard temia que ele próprio poderia ser explodido também, uma vez que sentia ter incorporado a sra. K., a Mamãe e o genital do Papai. Acreditava ser um velhaco que tinha sujado o mamilo morango com suas fezes más – da mesma forma como tinha feito o Papai atacar e sujar a Mamãe com seu genital. No dia anterior, mantivera separado no bolso o troco (um *centavo*) que tinha recebido do sr. Smith; representava o genital suspeito – o velhaco que tinha incorporado; e mantendo-o separado procurava preservar o seio bom, para que não fosse destruído ou atacado pelo genital mau em seu interior.

Richard escutava com atenção, e ao mesmo tempo tirava um brinquedo da sacola da sra. K. Era o balanço; Richard fez com que se movimentasse, e ficou satisfeito ao verificar que estava em perfeito estado. Pela primeira vez depois de várias semanas, brincou com um brinquedo (Nota 6). Retirou o trem elétrico com bastante cuidado, colocou os dois vagões juntos e fez com que se movessem, o que igualmente o deixou contente.

A sra. K. interpretou que ele estava tentando se certificar de que estava tudo bem com os seios (agora os vagões) da Mamãe e da sra. K., e também se ele poderia unir de forma boa o Papai e a Mamãe (de novo, os vagões).

Richard montou então o outro trem, o de carga. Os dois trens bateram, e o de carga tombou; o choque, no entanto, não foi violento (Nota 7).

Ao final da sessão, Richard parecia muito menos deprimido do que no início, embora estivesse bastante sério. Na rua, observava as pessoas, mas sem muita atenção. Especulava o que aconteceria se toda a população de "X" se aglomerasse no topo do Snowdon, ou dentro de um ônibus.

Durante essa sessão, tinha perguntado à sra. K. se achava que o ônibus de terça-feira estaria lotado. Como ainda estava cedo para pegar o ônibus, decidiu ir até o hotel para se encontrar com algumas pessoas. A sra. K. perguntou-lhe se havia alguém em especial que gostaria de encontrar. Richard respondeu que ninguém em particular, mas todos eles. Despediu-se da sra. K. de forma amistosa, embora pouco expansiva (Nota 8).

Notas

1. Depois dessa primeira conversa, comentei com a mãe de Richard que seria útil ela contar a Richard, num momento propício, que ele tinha sido desmamado do seio muito cedo. Ela, no entanto, não o fez, e, tendo apenas poucas semanas de análise à frente, achei aconselhável introduzir essa informação eu mesma. Pude muitas vezes verificar que alguns detalhes fornecidos pelos pais podem ser utilizados, uma vez que apareçam no material do paciente. Mas se, como nesse caso, introduzo um determinado dado diretamente, digo ao paciente com franqueza como obtive essa informação. Como assinalei anteriormente, esse procedimento deve ser usado com muita cautela e em poucas ocasiões, pois pode com muita probabilidade mobilizar suspeitas de uma aliança entre o analista e os pais. Só se deve recorrer a este procedimento quando for realmente essencial para o trabalho analítico; é no material do próprio paciente que devemos nos basear.

2. Como é demonstrado por esse exemplo, sentimentos de frustração encontram-se relacionados não apenas com desconfianças de que o pai (nesse caso, o irmão também) tenha se apossado do seio quando o bebê se viu privado dele; há a desconfiança de que até mesmo os bebês imaginários que a mãe carrega em seu interior, e que são também objeto de ciúme, estejam sendo alimentados no interior da mãe. Eu sugeriria que a inveja do seio da mãe, de sua capacidade de gerar bebês e alimentá-los, também fazia parte dos sentimentos de raiva e frustração de Richard (cf. minha obra "Inveja e gratidão", 1957).

3. Temos aqui um exemplo de uma lembrança em sentimentos. Toda a situação do desmame, com suas ansiedades e emoções, foi reproduzida, estimulada em parte pelo ciúme do pai-bebê e, em parte, pela minha partida iminente.

4. A rápida mudança do desejo pelo seio da mãe para o de receber o pênis do pai, que poderia dar-lhe bebês, pode ser considerada aqui de dois ângulos. O amor pelo seio é transferido para o pênis do pai na posição feminina do menino. Mas o fato de o seio da mãe, seu genital e seu corpo serem sentidos como tendo sido feridos e sujados pelo bebê, por seu ciúme e ódio, é um estímulo para que o desejo seja transferido para o pênis, isto é, em direção à homossexualidade (ver *A psicanálise de crianças*, cap. 12).

5. A ânsia de reproduzir o objeto com exatidão está ligada à incerteza quanto aos acontecimentos e aos objetos internos, o que contribui para a necessidade obsessiva de aferrar-se a descrições exatas, seja pela escrita, seja pelo desenho, ou por outros meios. Essa incerteza é fonte de grande ansiedade e confusão. Para dar um exemplo, uma paciente adulta, num sonho, experimentou forte surpresa ao ver um objeto, de natureza muito indefinida, que estava grudado entre as rodas de seu carro. Suas associações revelavam, no entanto, que esse objeto representava um seio ou um pênis. No sonho, sentia que não queria olhá-lo; mas ao mesmo tempo sabia que estivera ali por muitos anos e que estava na hora de olhá-lo e retirá-lo dali. A surpresa por poder agora ver esse objeto era claramente vivenciada no sonho. Isso significava, conforme demonstrado por associações posteriores, que ela tinha sido capaz de ver que seus objetos internos, sobre cuja natureza tinha se sentido ansiosa por toda a sua vida, desejando ao mesmo tempo ver e não ver, tinham agora se tornado claros para ela.

6. Havia muitas sessões Richard não usava os brinquedos, embora utilizasse outro material. (Uma das últimas ocasiões em que fez alguma coisa com os brinquedos foi a Sessão 31, na qual olhou para o barraco da "favela" e para a figura danificada de um homem, da qual quebrou mais uma parte; mas não brincou com eles. A última vez que realmente brincou foi na Sessão 21, e esse material foi totalmente interpretado na Sessão 22.) Os brinquedos, alguns dos quais tinham sido danificados, expressavam concretamente o dano causado por sua própria agressividade – "o desastre" –, o que se ligava a todas as ansiedades profundas relativas a seus impulsos destrutivos; tinham se tornado representantes de situações infantis inalteráveis. Podemos nos perguntar, então, por que ele era capaz de continuar a utilizar outros meios de expressão, tais como a frota, os desenhos, os sonhos, as associações, e o material que ocasionalmente surgia relativo aos vários objetos da casa e do jardim. Eu sugeriria que esses meios de expressão permitiam um maior controle. A frota, por exemplo – um brinquedo que lhe era muito querido –, nunca foi de fato avariada, embora numa ocasião tenha descoberto que algo havia acontecido com o mastro de um dos navios. Nunca deixou a frota comigo, embora tenha, certa vez, "esquecido" um dos navios;

muitas vezes não trazia a frota, explicando que ela "não queria vir". Os desenhos, que em certo sentido podem ser equiparados a sonhos, eram também sentidos como estando até certo ponto sob seu controle, porque – depois de terminado um – sempre podia começar um novo. O sentimento de controle aplicava-se a todos os outros meios de expressão que enumerei. Isso lhe conferia também maior esperança de poder dar um novo início a suas relações com seus objetos e melhorá-las. Encontrando-se num estágio em que inconscientemente e conscientemente reunia todas as suas forças para ao mesmo tempo fazer progressos na análise e testar sua capacidade de se defrontar com a dor e as ansiedades depressiva e persecutória, esse retorno aos brinquedos é, portanto, significativo. Essa situação encontra um paralelo na atitude de pacientes adultos que, num certo estágio da análise, voltam a se referir a sonhos antigos e passam a trazer mais detalhes sobre as situações infantis de ansiedade porque, estando mais integrados e tendo diminuído suas ansiedades, sentem-se mais capazes de se defrontar com as situações de ansiedade com que num estágio anterior não eram capazes de lidar.

É interessante, também, que variava o cenário em que o "desastre" ocorria. Às vezes a desordem era feita na cozinha; outras vezes, o desastre ocorria entre os brinquedos ou na frota. Essas variações também implicavam que os meios pelos quais se expressava o desastre, e o local em que acontecia, ficavam excindidos cada vez que eram encenadas essas ansiedades. Acredito que abandonar um objeto completamente destruído não tem apenas o significado de expressar a ansiedade em outro contexto ou cenário, testando-se assim sua periculosidade, mas torna possível que o desastre fique restrito a um aspecto do objeto e do self, enquanto outros aspectos do self e do objeto ficam preservados. Do ponto de vista da transferência, deixar a frota em casa significava que a verdadeira família deveria ser mantida a salvo e que o desastre só ocorreria na família substituta representada pela analista. Richard sentia que dessa forma salvava sua verdadeira mãe, outras vezes a analista. Ocasionalmente também sentia que, trazendo a frota, esta me atacaria, e por isso dizia que a frota não queria vir. Assim, a cisão, nesse caso, consistia em separar a parte destrutiva de seu self da parte amorosa, preservando desse modo a analista, a mãe ou a família. Isso mostra que os processos de cisão – desde que não sejam excessivos e permitam, portanto, que a integração se torne repetidamente possível – são de grande valor. Fazem parte do funcionamento mental normal. Falando de modo geral, se o desastre temido abrange o mundo todo, externo e interno, confrontamo-nos então com o desespero, a depressão profunda e, muitas vezes, as tendências suicidas. Do ponto de vista técnico, é muito importante interpretar tudo isso e não subestimar o fato de que, mesmo em pacientes profundamente deprimidos, pode-se sentir que em algum lugar ainda existe o objeto bom, seja interna, seja externamente.

7. Isso me leva a concluir que a situação ideal dos pais unidos e felizes não podia ser mantida. O trem de carga colidindo com o trem elétrico novamente representava a interferência de Richard na relação sexual e na experiência de gratificação dos pais, mas o fato de o trem não ter sido derrubado com muita violência mostra a diminuição da intensidade de seus sentimentos. Os graus de intensidade dos impulsos são de grande importância para se configurar o rumo do complexo de Édipo. Essa mudança pode ser considerada de dois ângulos. Embora falasse muito pouco a respeito, ele estava ciente, o tempo todo, da doença e debilidade do pai; e, por sentir-se preocupado e culpado, o ciúme da relação do pai com a mãe e seus ataques ao pai eram mantidos sob controle. Devemos considerar, além disso, que, com a análise, seu ciúme tinha diminuído e aumentado sua necessidade de reparação, bem como o desejo de ver os pais unidos e felizes; ainda mais por estar preocupado com a saúde do pai. Considerando essa diminuição da agressividade, da inveja e do ciúme do ponto de vista das pulsões de vida e de morte, observamos que houve um evidente progresso na capacidade de Richard de mitigar o ódio por intermédio do amor, e eu concluiria que isso exprimia uma alteração na fusão das duas pulsões, com a pulsão de vida tornando-se dominante.

8. No dia em que Richard deixou o hotel, que chamou de "dia de despedidas", ele teve de ficar muito tempo esperando o ônibus. Embora estivesse chovendo, ele não esperou no hotel, que ficava muito perto da estação. Acredito que essa defesa, afastar-se do objeto perdido, o hotel e as pessoas de lá, expressa no fato de não ter voltado ao hotel, tenha diminuído no decorrer da presente sessão; sentia-se mais capaz de encontrar as pessoas que tinha perdido, pois esse era seu sentimento a cada despedida. Essa mudança de atitude manifestou-se, ademais, no fato de olhar os brinquedos na sacola, que obviamente representavam para ele objetos perdidos, em relação aos quais sentia-se bastante inseguro. Tudo isso, do meu ponto de vista, estava ligado à possibilidade de defrontar-se com a situação interna, já que o medo de que seus objetos estivessem irremediavelmente destruídos tinha diminuído, e isso se refletia em suas relações com o mundo externo – o fato de ir ao hotel para ver seus amigos.

Sessão 68
quarta-feira

Richard chegou cansado e cheio de calor por causa da viagem. Reclamou do calor e do ônibus lotado, mas não deu a impressão de ter se sentido perseguido pelos outros passageiros. Disse, meio em tom de brincadeira, que gostaria de dar um presente à sra. K., e estendeu-lhe a passagem de ônibus. Logo tornou-se aparente que Richard estava muito perturbado, porque tinha acabado de saber que não poderia seguir com os arranjos que a mãe tinha feito para que ele pudesse passar o resto da semana em "X", pois um dos membros da família Wilson estava doente. Decidiu que telefonaria para a mãe, para que ela arranjasse outro esquema, depois do que se sentiu um tanto aliviado. No entanto, parece que isso permaneceu em sua mente ao longo de toda a sessão; houve momentos de longos silêncios e ele estava muito preocupado. Depois de ter conversado sobre essa preocupação, disse à sra. K. que gostava muito dela. E ela, gostava dele?

A sra. K. perguntou-lhe o que achava.

Richard disse que achava que a sra. K. gostava dele, e também que ela era muito amável, comentou que sua mãe iria procurá-la para conversarem sobre os planos para o futuro, já que a sra. K. deveria ir embora dentro de um mês. Perguntou se isso era definitivo. Embora tivesse conhecimento da data da partida havia já algumas semanas, parecia que só agora tinha se dado plenamente conta do fato.

A sra. K. respondeu que realmente teria que partir dentro de um mês, e interpretou que o fato de ter se sentido muito infeliz no último sábado estava relacionado com o medo da iminente partida da sra. K.

Richard estava pálido e muito deprimido. Pediu à sra. K. o bloco de papel, dizendo que queria desenhar a casa deles.

A sra. K. perguntou se se tratava da casa em que estavam morando agora.

Richard respondeu enfaticamente que a única casa que eles tinham era a de "Z". Desenhou então um quadrado, que representava a casa, e traçou um esboço, representando sua fortaleza e o caminho do jardim. Falou demoradamente sobre seu forte, dizendo que o estouro da bomba que explodiu na vizinhança tinha destruído o degrau de acesso a ele; mas, de qualquer forma, o degrau era velho e não muito sólido. Disse que Hitler não o impediria de entrar de novo em seu forte, pois iria fazer um novo degrau – ninguém iria impedi-lo de recuperar seu forte. Tendo dito isso, fez um rabisco entre a casa e o forte. Fez, então, um desenho (Desenho 62) e, enquanto desenhava, perguntou à sra. K. se o sr. Evans tinha morangos.

A sra. K. questionou se com isso estava perguntando se ela tinha comprado morangos do sr. Evans.

Richard repetiu sua pergunta, se a sra. K. tinha conseguido alguns. O sr. Evans era muito mau por não ter morangos, já que em outros lugares era possível consegui-los. Richard resolveu que devia comprar mais sementes de rabanete, para não ficar sem nenhuma e poder dispor de rabanetes até o outono. A seguir, perguntou quantas semanas faltavam para o outono, eram cinco ou seis?

A sra. K. interpretou que, com tal determinação de voltar para casa e reconstruir seu forte, demonstrava que queria restaurar seu genital, que sentia estar ferido, bem como cuidar da Mamãe boa, a despeito do pai-Hitler mau que a atacava. Desejava dar bebês à sra. K. e à Mamãe, para mantê-las vivas, mas para isso precisava de cada vez mais sementes, que lhe seriam dadas pelo sr. Evans, representando o Papai. Desejava que a sra. K. conseguisse os morangos bons – o genital bom – do sr. Evans, representando o sr. K., bem como, ao mesmo tempo, sentia ciúme de que ela os conseguisse. A sra. K. referiu-se também à casa antiga como representando a vovó, que havia falecido alguns anos atrás, e cuja perda tanto o entristecera. Temia que a sra. K., que também era avó, fosse morrer depois de deixá-lo. A tristeza que sentia com relação à partida dela aumentava todos esses medos; por isso tinha perguntado quantas semanas faltavam até o outono. Ela partiria praticamente no outono. Ele sentia que até lá teria que ter construído em seu interior, e com segurança, sua própria Mamãe e sra. K. boas; e para que fossem mantidas com vida deveria dar-lhes todas as sementes – os bebês.

Richard disse que gostaria de comer os dois morangos do desenho. Olhando o desenho, disse que eram os seios da Mamãe, e, apontando as folhas, acrescentou que eram os bebês no interior dela. Rabiscou sobre duas delas, e comentou a respeito de uma, que os sinais de "V" eram de Vitória.

A sra. K. interpretou que, para ele, uma vitória seria poder controlar seus desejos destrutivos e manter a sra. K. (e a Mamãe) para si, sem precisar lutar. Havia duvidado disso no dia anterior (o desenho da mina terrestre), por causa dos intensos ataques que dirigiu aos seios, ao corpo e aos bebês dela.

Richard contou seu dinheiro e recapitulou seus gastos, achando que deveria ter sobrado mais. Disse que esperava não ter que telefonar para casa, pois assim não teria que gastar mais dinheiro. Pegou um livro e olhou as gravuras, mostrando-se completamente indiferente e inacessível. De repente, levantando os olhos do livro, perguntou à sra. K. no que estava pensando. Queria que ela lhe prometesse que iria ao cinema; perguntou se faria isso por ele.

A sra. K. interpretou o medo de Richard quanto ao que ela faria à noite e quanto a que homem estaria com ela. Saber o que ela pensava significava conhecer todos os segredos e tudo o que se passava no interior dela. Richard estava com ciúme, mas também aterrorizado pela perspectiva de que o homem de quem sentia ciúme fosse mau e colocasse seu perigoso genital-mina terrestre dentro dela. Ao mesmo tempo, temia igualmente que ela se sentisse só à noite.

Richard fez, então, várias perguntas. A sra. K. tinha pacientes à noite? O que de fato fazia à noite? Por que nunca ia ao cinema?

A sra. K. respondeu que preferia ficar em casa lendo, ou sair para dar uma volta se fizesse tempo bom.

Essa explicação não o convenceu. Continuou folheando as páginas do livro, porém logo levantou os olhos e perguntou novamente à sra. K. no que estava pensando.

A sra. K. interpretou que Richard se ressentia de ter que contar-lhe seus segredos, uma vez que ela não lhe contava os seus. Havia, provavelmente, muitos segredos na mente dele, que os rabiscos que tinha acabado de fazer exprimiam, mas ele não tinha vontade de conversar a respeito deles.

Richard fez vários rabiscos em outra folha, e comentou que o "G" que estava ali representava Deus [*God*].

A sra. K. interpretou que Richard temia a Deus como um Papai severo, que o puniria por desejar dar bebês à sra. K. e à Mamãe, e por impedir que o Papai desse bebês à Mamãe. Por isso também se sentia tão culpado pela doença do Papai.

Richard escreveu então seu nome em outra folha, de forma bem legível, e pediu à sra. K. que escrevesse seu nome embaixo do dele e também algumas palavras em austríaco (que ele insistia em não chamar de alemão). A sra. K. escreveu seu nome, e acrescentou, em alemão, que fazia um tempo bonito. Richard pediu-lhe que lhe ensinasse a pronúncia correta, e repetiu a frase algumas vezes. Ao sair da sala, comentou que se sentia muito menos cansado do que quando tinha chegado. "Foi de grande ajuda."

A sra. K. perguntou-lhe o que particularmente tinha sido de grande ajuda.

Richard respondeu que achava que tinha sido o fato de estar com ela. Como tantas vezes anteriormente, certificou-se do próximo horário, dizendo a seguir (como frequentemente fazia), num tom de promessa: “Estarei aqui”.

Sessão 69
quinta-feira

Richard veio encontrar a sra. K. muito mais perto da casa dela do que havia feito até então, fato para o qual ele mesmo chamou a atenção da sra. K. No trecho da primeira rua, olhou cuidadosamente, procurando pelo sr. Smith. Na sala de jogos, Richard permaneceu bem sério, embora não particularmente preocupado, e comentou que tinham sido feitos novos arranjos para ele permanecer em “X”. Mencionou que seria do interesse da sra. K. saber que a frota tinha sido colocada em outra caixa, mais forte, e que tinha ficado na casa dos Wilson.

A sra. K. perguntou-lhe por que tinha feito isso.

Richard respondeu que a frota não quis vir porque poderia causar algum dano à sra. K. [...] Estivera atento ao ruído de um caminhão que passava pela rua: comentou que parecia um gemido.

A sra. K. perguntou-lhe o que o gemido o fazia lembrar.

Richard disse que o fazia lembrar um urso – o urso russo, um urso bom, não o urso alemão. Comentou que os russos estavam se saindo bem, o que o deixava muito contente.

A sra. K. recordou-lhe o urso que ele havia dito que poderia estar em uma das mochilas, e suas dúvidas relativas ao pai-urso estrangeiro e perigoso no interior da sra. K., no interior da Mamãe, e no interior de si mesmo. Ele tinha muitas vezes demonstrado que não confiava nos russos.

Richard perguntou à sra. K. se tinha encontrado o sr. Smith naquele dia e, olhando pela janela, comentou ao ver um homem à distância: “Oh, lá vem o sr. Smith”. Quando ele se aproximou, percebeu que não se tratava do sr. Smith, mas de um homem muito velho. Richard, observando-o da janela, disse, hesitantemente, que era um senhor idoso muito simpático.

A sra. K. interpretou que Richard parecia gostar mais dos homens mais velhos do que dos mais jovens: não lhe pareciam tão perigosos (Nota 1). Lembrou-lhe que ele particularmente não gostava de que ela fosse à mercearia, mas que tinha dito uma vez (Sessão 60) que não se incomodava com o pai do merceeiro.

Richard respondeu que isso era verdade, e perguntou por que era assim.

A sra. K. interpretou que possivelmente os homens mais jovens representavam para ele seu pai quando forte e saudável e dono, na mente de Richard, do genital poderoso que era também a mina terrestre perigosa.

Richard comentou a respeito de umas fotos que tinha visto, de Hitler, Goebbels, e outros nazistas, e disse que detestava ainda mais Goebbels do que Hitler, porque ele era um grande rato. Perguntou à sra. K. se tinha ouvido Hitler pelo rádio. Imitou as caretas e os brados de Hitler, e o povo gritando "*Heil*", ao mesmo tempo que batia os pés.

A sra. K. interpretou que Richard achava que o pai-Hitler, barulhento e abertamente mau, era menos perigoso porque não escondia sua maldade. O pai mau e enganador – Goebbels, o rato – era mais perigoso; ele representava o embaixador chinês, o "velhaco", o sr. Smith sorridente, e até mesmo o Papai bonzinho de Richard, de quem a Mamãe e a sra. K. possivelmente gostavam, embora pudesse ser perigoso para elas. A sra. K. recordou-lhe que ele próprio sentia ser o "velhaco" (Sessão 55).

Richard interrompeu a sra. K. para dizer que o sr. Smith tinha também seu lado bom: tinha lhe vendido aquelas lindas sementes de rabanetes.

A sra. K. interpretou que ele tinha uma certa confiança no Papai bom e potente, capaz de dar bebês à Mamãe, e que até poderia compartilhar sua potência – as sementes – com Richard. Mas sentia-se, como muitas vezes tinha demonstrado, muito incerto quanto à bondade do Papai. Isso explicava por que se sentia tão preocupado e enciumado com a possibilidade da sra. K. encontrar o sr. Smith; acreditava que os dois estavam sempre juntos, embora soubesse que ela não poderia ter encontrado o sr. Smith hoje, uma vez que ele, Richard, estava com ela quando ambos passaram por uma das duas ruas por onde o sr. Smith poderia vir; além de que Richard poderia tê-lo visto, se ele tivesse passado pela sala de jogos.

Richard disse que o sr. Smith poderia ter-se encontrado com a sra. K. ainda mais perto da casa dela do que ele.

A sra. K. assinalou que isso significaria que o sr. Smith teria ido buscá-la em casa; mas estava sozinha quando Richard a viu. Como o sr. Smith teria ido até a sua loja sem que Richard o visse? A sra. K. interpretou que, na mente de Richard, o sr. Smith novamente representava o sr. K., que acreditava continuar vivo no interior da sra. K. e também no interior de si mesmo, uma vez que o sr. K. representava o Papai. Essa era uma das razões por que queria tanto que a sra. K. fosse ao cinema à noite; dessa forma, ela não poderia estar com o sr. Smith. Seu medo do sr. K. morto e mau no interior da sra. K. era agora maior devido à doença do pai. Estava preocupado com o Papai; mas em sua mente o Papai enfermo transformava-se também num tipo de fantasma mau no interior da Mamãe (Nota 2).

Logo no início dessa sessão, Richard tinha pedido o bloco. Esse pedido foi feito no tom urgente e suplicante que havia adotado de uns tempos para cá, esperando também que a sra. K. lhe entregasse o bloco nas mãos. Nesses últimos dias, pedia também à sra. K. que lhe desse um determinado lápis amarelo com uma ponta de metal, que ele recentemente não apenas punha na boca e sugava ou mordia, mas mantinha na boca por longos períodos. Nessa sessão, ele não tirou o lápis da boca nem mesmo enquanto estava falando, e ficou sugando-o o tempo todo – como um bebê com sua mamadeira. [...] Perguntou à sra. K. se ela tinha mais um bloco de papel, e se era idêntico a esse que estava usando agora.

A sra. K. disse que tinha outro bloco, mas que não era bem como esse, embora também não fosse amarelado. Interpretou que seu desejo de ter um estoque ilimitado de blocos iguais expressava seu desejo de que os seios bons da Mamãe, e agora da sra. K., devessem sempre permanecer iguais, bons, não danificados e inesgotáveis; por isso ficava sugando e sugando o lápis amarelo novo, que representava os seios da Mamãe (Nota 3).

Richard voltou a inquirir a sra. K. a respeito de seus pacientes. Sempre perguntava obsessivamente as mesmas coisas, quase sem esperar pela resposta: se eram todos homens, ou se havia mulheres entre eles, qual a idade deles, quais eram seus horários e assim por diante. Mas queria particularmente saber se ele era o mais jovem, dentre as crianças que ela atendia em "X", e quantas crianças ela iria analisar em Londres.

A sra. K. interpretou o desejo de Richard de ser o favorito: embora se sentisse muito enciumado porque o Papai e Paul eram adultos, sentia também que ser o caçula, o bebê, tinha suas vantagens, pois recebia mais atenção e afeto. No entanto, Richard talvez também desejasse que a sra. K. tivesse pacientes crianças, da mesma forma como desejava que a Mamãe tivesse outros bebês, que a manteriam viva e lhe proporcionariam prazer e eram menos perigosos do que os homens.

Richard tinha começado a desenhar a estação "Blueing", mas desistiu, dizendo que não valia a pena, e rabiscando por cima de tudo. A seguir, desenhou em outra folha algumas moedas e, como no dia anterior, manifestou certa ansiedade quanto ao dinheiro que lhe restava; comparou o tamanho e a cor das moedas de um *centavo* e de um *xelim*. [...] Rabiscou sobre uma moeda de um *centavo*, e perguntou à sra. K. se fazia mal.

A sra. K. interpretou que Richard temia não ter no interior de si mesmo bastante do seio bom e do cocô bom, de forma que não seria capaz de dar bebês bons para a sra. K. e para a Mamãe. Temia sujar o *centavo* porque sentia que, no fim das contas, sujaria o seio bom. "Blueing" significava pôr tinta no seio azul-claro bom (Sessão 67), fazendo isso não só à sra. K. e à Mamãe externas mas também ao seio interno. Tinha desistido de desenhar a estação "Blueing", dizendo que não valia a pena, porque o preocupava muito não conseguir manter a salvo a Mamãe e, particularmente agora, a sra. K.

Richard pediu à sra. K. que fosse com ele até o jardim, e olhou em redor. O homem idoso (o "Urso") que morava na casa em frente trocou algumas palavras com a sra. K. Depois que ela lhe respondeu, Richard pediu-lhe para entrar na casa. Comentou num tom sério, embora sem parecer amedrontado, que aquele homem parecia não saber o que era uma sessão de análise, e que não devia ser interrompida. Um pouco depois, voltou ao jardim com a sra. K. e olhou as montanhas, parecendo satisfeito.

A sra. K. interpretou que ao admirar a paisagem das montanhas expressava seu sentimento de que a mãe boa continuava viva e não danificada.

Richard, de volta à sala, fez o Desenho 63. Em primeiro lugar desenhou as duas figuras pequenas juntando seus genitais. Depois, fez os vários rabiscos, alguns dos quais continham seu nome.[134] Richard disse que estava unindo seu genital ao da sra. K., e escreveu ambos os nomes, o dele e o da sra. K., no alto do desenho. (O genital da sra. K., que também era um pênis, era muito maior que o de Richard.)

---

134 Encobri seu nome com lápis preto.

A sra. K. perguntou-lhe o que lhe fazia lembrar a enorme letra inicial de seu apelido, que parcialmente encobria a cabeça da figura que representava a sra. K.

Richard disse que lhe fazia lembrar uma banana, com um rabisco no meio.

A sra. K. interpretou que no desenho o genital dele era menor do que o da sra. K., mas a forma da banana, que penetrava a cabeça da sra K., também representava o genital dele e era muito grande. O rabisco a que tinha se referido representava algo em seu genital, que ele sentia que não estava bem.

Richard concordou, que de fato achava que algo não estava bem.

A sra. K. novamente se referiu a sua circuncisão, e interpretou que ele tinha colocado seu grande genital na parte de trás da cabeça da sra. K. Assinalou que, durante essa interpretação, Richard chupara o lápis de forma particularmente vigorosa; queria chupar o seio da sra. K., bem como o grande genital-banana ou genital-morango do Papai: dessa forma passaria a ter o grande genital em seu interior e poderia usá-lo como se fosse seu próprio com a sra. K. Ela lhe fez lembrar que, um pouco antes, tinha dito que havia algo bom no sr. Smith, quer dizer, suas lindas sementes de rabanetes. [...] A sra. K. perguntou a Richard o que pensava a respeito da outra forma na mesma folha.

Richard respondeu que também era uma banana, mas que essa tinha um rabo. A sra. K. mostrou a letra "G", maiúscula, escrita no canto inferior da folha, lembrando-lhe que no dia anterior o "G" havia significado Deus.

Richard, parecendo muito amedrontado, disse que o que a sra. K. estava dizendo o assustava.

A sra. K. perguntou-lhe se temia que Deus o punisse. Richard disse que sim.

A sra. K. interpretou que Richard temia um pai extremamente poderoso que sabia e via tudo, e que portanto iria puni-lo pelas coisas que desejava fazer com a Mamãe, e agora com a sra. K. Seria punido por querer roubar do Papai não só a Mamãe mas também seu genital poderoso, o que faria com que o pai ficasse doente e debilitado.

Richard desenhou a seguir um rosto que disse ser o de Mickey Mouse. Escreveu seu nome no alto da folha, dizendo que representava ele mesmo. A seguir, desenhou outro rosto, que disse ser o da Minnie, e que representava a sra. K.

A sra. K. assinalou que o rosto da Minnie era muito gordo, e sugeriu que poderia representar a barriga dela também.

Richard riu e concordou.

A sra. K. interpretou que ela achava que havia outra razão para ela estar gorda; estaria cheia de bebês – de todas as sementes que Richard, depois de tê-las recebido do sr. Smith, tinha colocado dentro dela.

Richard fez o Desenho 64; parecia estar contente e claramente desfrutando do fato de voltar a usar os lápis coloridos. Era evidente que tinha se dissipado o medo que havia sentido durante a interpretação referente à punição de Deus. Mostrou qual era a parte superior do desenho, e qual a inferior, e explicou que os dois grandes segmentos vermelhos deveriam ficar embaixo.

A sra. K. interpretou que eles representavam agora o genital dele, e Richard concordou.

A sra. K. perguntou-lhe a quem representavam as partes azul-claras.

Richard parecia indeciso, e disse que achava que representavam a sra. K. e a Mamãe. Terminado o desenho, perguntou à sra. K. o que sua mãe viria conversar com ela dentro de alguns dias. Será que conversariam sobre a continuação de sua análise? E, no outono, como seria? Parecia muito preocupado.

A sra. K. perguntou-lhe se o que o preocupava era saber como iria se arranjar sem a análise.

Richard confirmou; temia que, sem a análise, voltariam os medos que ele não tinha mais.

A sra. K. perguntou-lhe quais eram os medos que ele sentia não ter mais. Richard respondeu que não sentia mais tanto medo das outras crianças. Permaneceu em silêncio, e depois acrescentou que não saberia dizer que outros medos tinham desaparecido, mas sentia-se muito melhor.

A sra. K. perguntou-lhe se queria dizer que se sentia mais feliz e menos preocupado.

Richard disse que sim, e perguntou novamente o que sua mãe iria conversar com a sra. K.

A sra. K. pediu-lhe que lhe dissesse por que essa conversa o preocupava tanto. Richard, hesitantemente, respondeu que tinha ficado imaginando se a sra. K. iria aconselhar a mãe a matriculá-lo numa escola grande. Isso ele não aguentaria. Ainda tinha muito medo de meninos maiores. Ficaria doente se tivesse que ficar todo o tempo amedrontado. (Mostrava-se extremamente preocupado.) Mais uma vez perguntou à sra. K. se daria esse conselho a sua mãe.

A sra. K. perguntou-lhe o que desejaria que ela dissesse a sua mãe sobre essa questão de escola.

Richard respondeu que ela deveria dizer à Mamãe que arranjasse um professor particular para ele – uma mulher, um homem não.

Uma vez ele teve um professor horrível e outra vez uma professora boazinha.

A sra. K. perguntou se ele iria para uma escola pequena.

Richard respondeu que preferiria ter um professor particular, mas achava que poderia ir para uma escola pequena. Acrescentou, com um sorriso melancólico, evidentemente desejando ser franco com a sra. K., que o que ele desejaria mesmo era não ter nem um professor particular, nem mesmo precisar estudar.

A sra. K. perguntou-lhe o que gostaria de fazer então.

Richard respondeu: "Na verdade nada. Só ler um pouco, talvez os jornais". (Ele ainda quase não lia livros, a não ser excepcionalmente, na hora de dormir.) Pediu à sra. K. que lhe prometesse que não iria aconselhar uma escola grande.

A sra. K. respondeu que ela, de qualquer forma, não achava que uma escola grande fosse o mais indicado para ele, já que a temia tanto.

Richard, que durante toda esta conversa estivera abatido, ansioso e preocupado, animou-se e disse que se sentia muito aliviado. Perguntou à sra. K. se ela realmente achava que seria melhor para ele não frequentar uma escola grande.

A sra. K. repetiu que achava que não seria bom no momento.

Richard perguntou se ela achava que uma escola pequena seria melhor do que um professor particular.

A sra. K. respondeu que acreditava que a mãe dele provavelmente preferiria assim, pois assim ele não ficaria tão sozinho e poderia estudar com outras crianças.

Richard insistiu, na tentativa de descobrir se a sra. K. também achava que seria melhor que ele fosse para uma escola.

A sra. K. respondeu que sim, que achava que sim também.

Richard quis saber por quanto tempo frequentaria uma escola pequena, será que por uns dois anos? Parecia novamente preocupado.

A sra. K. sugeriu que ele estava preocupado porque percebia que mais cedo ou mais tarde teria que ir para uma escola comum.

Richard concordou, e disse que de fato, no futuro, teria que ir para uma escola comum. A sra. K. achava que ele, dentro de um ou dois anos, seria capaz de fazê-lo?

A sra. K. sugeriu que, no próximo ano, ele poderia ver como se sentia; talvez até descobrisse que gostava mais de ficar com as crianças do que anteriormente. Tentaria, se possível, voltar a analisá-lo no verão seguinte; mas em todo caso iria discutir com a mãe dele a possibilidade de continuar a análise no futuro.

Richard passou a pedir detalhes sobre onde a sra. K. iria ficar em Londres: novamente parecia preocupado.

A sra. K. respondeu que iria trabalhar em Londres, mas que moraria fora da cidade; essa informação pareceu confortá-lo um pouco.

A sra. K. perguntou por que Richard não lhe havia falado sobre esses pensamentos e dúvidas anteriormente, e por que imaginava que ela aconselharia a mãe dele a fazer algo de que ele tinha tanto medo. Interpretou que essa desconfiança surgiu porque ela iria conversar com a mãe na ausência dele, o que parecia transformá-la no pai mau, conspirando contra ele com a mãe.

Richard pareceu surpreso quando a sra. K. assinalou a desconfiança que sentia, dizendo que ela não se transformaria no pai mau, mas na "mamãe bruta".

A sra. K. interpretou que, uma vez que ela estava partindo e, como Richard temia, poderia ser bombardeada pelo pai-Hitler mau, ela se transformaria na "Mamãe bruta" malvada. No entanto, havia aparecido que a "Mamãe bruta" (Sessão 23) era sua mãe contendo o pai mau.

Durante essa conversa, Richard escreveu exatamente o que a sra. K. deveria falar à mãe dele, que ele preferia um professor particular; no decorrer da conversa, mudou para "uma escola pequena". As expressões de seu rosto revelavam que ele estava dolorosamente consciente da seriedade de suas inibições e das implicações que tinham para seu futuro; sem dúvida compartilhava, de forma adulta, da preocupação dos pais a seu respeito.

Antes de sair da sala, Richard repetiu com grande alívio que se sentia muito contente por ter conversado sobre tudo aquilo com a sra. K., e que por isso se sentia muito melhor.

Notas

1. Richard, pelo menos nas anotações de que disponho, nunca tinha se referido ao desejo de ter um avô. Não cheguei a averiguar se ele nunca teve contato com um avô; por essa ocasião ambos já haviam morrido. Existia, não obstante, uma lembrança inconsciente de um deles e o desejo de ressuscitá-lo.

2. Em minha opinião, um dos elementos fundamentais do ciúme paranoide é o fato de que o ciúme mais intenso se refere ao pai internalizado, que, mesmo depois da morte do pai real, pode ser sentido como estando permanentemente no interior da mãe e exercendo sobre ela uma influência contra o filho.

3. Em uma nota anterior (Sessão 67, Nota 7), chamei atenção para a mudança que havia ocorrido na atitude fundamental de Richard, isto é, algum progresso em mitigar o ódio pelo amor. O fato de ter expressado tão intensamente o desejo de possuir o seio bom para sempre era uma indicação essencial dessa mudança. Acredito que a esperança de que o seio não esteja danificado, e possa ser mantido com relativa segurança como um objeto interno, seja uma precondição para lidar com mais êxito com os impulsos destrutivos e a consequente ansiedade.

Sessão 70
sexta-feira

Richard foi ao encontro da sra. K. na rua. Tinha se escondido atrás do pilar de um portão e saltou sobre ela ao vê-la passar. Examinou-a com atenção, para ver se tinha ficado assustada ou com raiva, e pareceu reconfortar-se com sua tranquilidade. Referindo-se a um ciclista que passava naquele momento, disse que o homem ia pensar que ele tinha saltado sobre a sra. K., atacando-a e causando-lhe algum mal. Na sala de jogos, quis saber se a sra. K. tinha marcado a conversa com sua mãe, que vinha esperando um telefonema da sra. K. para combinarem um horário para conversar.

A sra. K. informou-lhe que tinha ligado e que sua mãe viria conversar com ela na próxima segunda-feira.

Richard pareceu aliviado com o fato de que esse encontro não seria mais adiado. Pediu o bloco, e também o novo que a sra. K. tinha preparado. Ficou desapontado com o bloco novo, que era diferente, dizendo que aquele não era bem o tipo de papel de que gostava, mas que era melhor do que aquele papel fino e amarelado que a sra. K. tinha trazido certa vez e que não tinha sido mais usado. Novamente traçou o contorno das moedas sobre o papel. [...] Parecia preocupado e tenso e permaneceu em silêncio.

A sra. K. referiu-se à desconfiança que Richard havia manifestado no dia anterior, de que, no fim das contas, a sra. K. aconselharia sua mãe a matriculá-lo numa escola grande, o que lhe parecia uma crueldade.

Richard concordou que seria cruel, já que a sra. K. devia saber melhor do que ninguém o quanto os meninos maiores o aterrorizavam. De repente, desabafou: "A senhora faria uma coisa por mim? Não trabalhe agora. Primeiro me prometa que não vai sugerir à Mamãe uma escola grande".

A sra. K. recordou-lhe que ela já lhe havia prometido isso no dia anterior, mas que não tinha sido o suficiente para tranquilizá-lo quanto às más intenções dela.

Richard disse, em tom de súplica: "Por favor, prometa-me de novo".

A sra. K. repetiu que não achava que seria uma boa ideia mandar Richard para uma escola grande agora, e que ela já lhe havia dito isso. Portanto, deveria haver outras causas para a desconfiança que sentia dela, muito embora ele achasse que ela o ajudava e gostasse dela. Repetiu a interpretação referente à "Mamãe bruta" malvada, e ao medo constante que Richard sentia do sr. K. desconhecido e perigoso no interior da sra. K., que iria feri-la ou fazer com que ela se voltasse contra Richard. Sentia que, uma vez que a sra. K. iria abandoná-lo mudando-se para Londres, seria deixado à mercê de seus inimigos internos e de todas as suas ansiedades, representados pelos perigosos meninos maiores na escola.

Richard foi beber água da torneira, depois colocou o polegar na boca e começou a sugá-lo. Mostrava-se mais uma vez muito atento aos transeuntes, e gritou: "Aí vem o sr. Smith". Correu até a janela e sorriu para ele, que, por sua vez, vendo primeiramente a sra. K. sentada na mesa, sorriu para ela e só depois cumprimentou Richard, que estava parado na janela. Richard, obviamente, percebeu que o sr. Smith havia cumprimentado separadamente a sra. K. Perguntou-lhe por que o sr. Smith tinha-lhe sorrido de forma especial; conhecia-o muito bem? Ao dizer isso, parecia muito desconfiado (Nota 1).

A sra. K. disse que, como Richard bem sabia, tinha ido à loja do sr. Smith algumas vezes; mas Richard não acreditava que isso fosse tudo, achava que o sr. Smith ia à casa dela quando ela estava sozinha, e até mesmo que de noite ia para a cama com ela, e que estava sempre com ela na ausência de Richard. O sr. Smith representava o sr. K., que tinha se introduzido dentro dela e transformava-a na "Mamãe bruta", quer dizer, hostil para Richard. Era isso que Richard sentia em relação aos pais quando desconfiava deles porque não podia saber o que estavam fazendo.

Depois que o sr. Smith passou, Richard perguntou, num tom preocupado, o que será que o sr. Smith pensava que eles, a sra. K. e Richard, faziam juntos? O que será que outras pessoas pensavam a respeito?

A sra. K. interpretou que, uma vez que Richard sentia tanta curiosidade em saber o que os pais faziam, tinha medo de que os outros, e em particular seu pai, o estivessem permanentemente vigiando, desconfiados de que ele fosse se introduzir na Mamãe e, portanto, desejosos de puni-lo. Referiu-se ao Desenho 63, e sugeriu que ali a punição de Deus era esperada porque o Papai-Deus tinha observado a relação sexual de Richard com a sra. K., representando a Mamãe.

Richard estivera olhando para o envelope, endereçado à sra. K., onde estavam seus desenhos; mais uma vez perguntou de quem era aquela letra. Tinha se tornado muito inquieto e perseguido.

A sra. K. assinalou que, embora conhecesse os amigos e parentes da Mamãe melhor do que os da sra. K., ainda assim mostrava-se muito curioso e desconfiava de tudo que a Mamãe fazia e pensava – das cartas que recebia e de todos os seus segredos. Tinha admitido anteriormente que a espionava. Isso, em parte, ocorria porque não conseguia confiar no amor dela; ele próprio, não obstante amá-la, odiava-a também, e acreditava que os sentimentos que ela nutria por ele seriam os mesmos. Além disso, desconfiava que os pais estariam o tempo todo discutindo, culpando-o e odiando-o; desconfiança que era reforçada pela culpa por tê-los atacado em sua mente. Richard se dava conta agora do quanto desconfiava da sra. K., e de que existia uma sra. K. "bruta malvada" em sua mente. Mas era-lhe muito mais doloroso perceber que, às vezes, sentia que a Mamãe era uma "bruta malvada".

Richard concordou com isso e disse que odiaria pensar essas coisas a respeito da Mamãe, mas que da mesma forma odiava pensar essas coisas da sra. K., gostava tanto dela! [...] Estivera observando um quadro na parede, representando Netuno e uma mulher separada dele por um globo. Um ou dois dias atrás, Richard tinha comentado que Netuno parecia-lhe muito desagradável. Apontando, agora, novamente para o quadro, perguntou se o sr. K. era parecido com ele. Acrescentou, a seguir, que não, não se tratava em absoluto do sr. K., era Netuno. [...] Como de hábito, fez uma série de perguntas obsessivas, entre as quais se a sra. K. conhecia o sr. Owen, um merceeiro de "X". Por que a sra. K. não fazia suas compras na mercearia dele, um homem que parecia ser tão simpático, e insistia em ir à outra mercearia?

A sra. K. replicou que Richard antipatizava com o dono da mercearia a que ela ia, e achava que ele era um homem mau. Por isso Richard não queria que ela se relacionasse com ele. Interpretou que Richard gostaria que ela tivesse um homem bondoso para cuidar dela, um bom marido, e talvez ficasse preocupado ao pensar que ela não tinha ninguém. Temia também que seu pai pudesse morrer, e que a Mamãe ficasse sem ninguém para cuidar dela e sentisse falta dele. Para Richard, o pai, por estar doente, tinha se tornado ferido, roubado e, portanto, perigoso; por isso tinha se acentuado seu desejo de separar a sra. K., representando a Mamãe, de outros homens suspeitos, como o merceeiro, da mesma forma como, no quadro, um globo – o mundo inteiro – separava o Netuno "desagradável" da mulher.

Richard retirou os desenhos do envelope e espalhou-os pela mesa. Depois pediu, repentinamente, a sacola com os brinquedos e, com muito cuidado, como se estivesse temeroso de ver sair dali algo de mau, retirou os brinquedos um a um. Pediu à sra. K. que retirasse os lápis e os gizes de cera, mas não mexesse nos desenhos, em sua bolsa e no relógio. Tendo reunido algumas casas e algumas pessoas, passou a falar sobre um vilarejo na Suíça como sendo um lugar muito amistoso.

A sra. K. sugeriu que ele achava que a Suíça era um lugar mais seguro que a Grã-Bretanha.

Richard replicou: "Mas a pobre Suíça está cercada de inimigos" [...] Colocou um baldinho (que até então quase não tinha usado) do lado do relógio e disse que era uma enfermaria. Outro baldinho era um sanatório. Rapidamente jogou todas as figuras danificadas dentro desses dois baldes, e virou a sacola de cabeça para baixo para tirar a sujeira. Reuniu as pessoas em vários grupos e novamente colocou um homem e uma mulher num caminhão, como no passado, dizendo que eram o Papai e a Mamãe juntos. Ambos os trens percorriam seu caminho pela mesa; arrumou uma estação para eles, certificando-se cuidadosamente de que havia espaço suficiente para os dois trens entrarem. O perigo da colisão estava presente em sua mente o tempo todo. Outros grupos eram formados por um homem e um menino, algumas crianças sozinhas, alguns adultos – arranjos já analisados anteriormente, em sua maioria. Apontou uma pequena mulher e disse alguma coisa a respeito de seus seios. Em seguida, mostrou à sra. K. que a outra mulher tinha seios (Nota 2). Referiu-se aos dois vagões do trem elétrico como sendo dois seios. Colocou as duas figuras de mulheres juntas e encenou uma conversa imaginária entre elas, exagerando na cordialidade de seu tom. Uma delas dizia: "Minha querida Henrietta, como vai você?..." e assim por diante. A outra dizia: "Querida Melanie...". Nesse momento, Richard disse que aquela não era a Henrietta, mas sim a sra. K. e a Mamãe conversando, na entrevista marcada. Um menino, que estava mais afastado, reuniu-se a elas. A seguir, Richard acrescentou ao grupo um homem, dizendo tratar-se do sr. Smith participando da conversa.

A sra. K. novamente se referiu às suspeitas de Richard acerca da conversa que teria com a Mamãe, e à desconfiança que nutria quanto à insinceridade de ambas; e, embora nenhum homem fosse participar da conversa, na mente de Richard o suspeito sr. Smith, representando o Papai e o sr. K., estaria ali também. As duas figuras femininas eram a sra. K. bruta, contendo o sr. K.-Hitler, e a Mamãe bruta, contendo o pai mau. Por isso seriam muito más e hostis com Richard.

Richard, de repente, correu para a cozinha e inspecionou minuciosamente o fogão. Tirou a tampa do "tanque dos bebês", mostrando-se perturbado ao descobrir que a água não estava limpa. Retirou a água com um balde, que a sra. K. esvaziou na privada. Tirou mais água, ficando aflito porque, independentemente do que fizesse, a água do tanque não ficava limpa. Levantou a tampa do fogão e despejou um pouco de água dentro dele, tentando descobrir para onde corria. Abriu um registro da chaminé e tentou retirar a fuligem que havia ali e sob a tampa. Abriu as portas do forno, e ficou contente ao descobrir ali dentro uma caneca de metal brilhante, que nunca tinha visto. Primeiramente utilizou-a para retirar a água suja do tanque, mas depois decidiu que não iria sujar a caneca e que só a usaria para pegar água limpa da torneira da pia. Com a caneca, jogava a água da pia no tanque, derramando uma boa quantidade de água num dos lados dele. Continuou essa operação por mais algum tempo, e observava a sra. K. enxugar o chão. Comentou que felizmente as escoteiras não viriam naquele dia, e não iriam ver aquela bagunça horrível. A sra. K. pediu-lhe que não derramasse tanta água, pois seria difícil secar aquele chão.[135] Richard, como muitas vezes anteriormente, encheu a pia e pediu à sra. K. que a destampasse quando estivesse lá fora; ficou olhando a água sair. Voltou correndo para a sala, e continuou a brincar com os brinquedos.

A sra. K. interpretou que o medo que ele sentia do sr. Smith, o Papai mau no interior da Mamãe, e o sr. K. mau no interior da sra. K., estimulava o seu desejo de explorar todo o interior da sra. K., bem como seu próprio interior. Nesse momento, parecia particularmente temeroso da urina suja – quer dizer, perigosa – do Papai, e desejava ver como saía da Mamãe. A sra. K. interpretou também sua necessidade de

---

135 Mesmo numa sala de jogos adequadamente equipada, com linóleo no chão, é necessário às vezes estabelecer restrições quando o brincar com a água torna-se difícil de manejar.

manter separado e limpo o leite bom do seio da Mamãe, representado pela torneira e pela caneca brilhante.

Richard movimentou os trens e com as figuras formou vários grupos com tanta rapidez que a sra. K. não conseguiu acompanhar os detalhes. O cachorro, como mostrou à sra. K., juntou-se a um grupo e desejava fazer algo "mau". Imediatamente a seguir, ocorreu o "desastre". Houve uma colisão e tudo desabou. Richard pegou a menor casa do monte de brinquedos e rapidamente colocou-a na boca por um momento, dizendo tratar-se dele mesmo, que tinha sobrevivido – embora desse a impressão de não acreditar que a casa tivesse de fato sobrevivido.

A sra. K. apenas teve tempo de interpretar – uma vez que a sessão estava terminando – que o cachorro, representando o Richard voraz, que mordia, e seu genital, parecia ter causado o "desastre"; como Richard havia assinalado, o cachorro queria fazer algo "mau". O "desastre" era estarem mortos os pais e todo mundo, inclusive ele mesmo. Sua tentativa de sobreviver, pegando uma das casas, havia fracassado.

Richard concordou com essa interpretação. No último momento da sessão, quando os brinquedos já estavam guardados na sacola da sra. K., e ele pronto para ir embora, retirou a bola da sacola, fazendo-a pular uma ou duas vezes.

A sra. K. sugeriu que a bola representava Richard e seu genital, bem como os bebês no interior da sra. K., e ele expressava sua esperança de que afinal de contas ambos – a sra. K. e Richard – continuassem vivos e bem.

A ansiedade de Richard nessa sessão fora, em certa medida, influenciada pelo fato de que chovia muito. Como fora demonstrado em material anterior, a chuva para ele tinha o significado da urina venenosa e transbordante do pai onipotente, e estava ligada ao medo que sentia de Deus, que com os raios e os trovões iria puni-lo. Toda vez que chovia, ele ficava deprimido. No entanto, antes da doença do pai, ele tinha começado a poder ver a chuva com melhores olhos. Tinha comentado que a chuva fazia com que as coisas crescessem, um fato que evidentemente há muito lhe era conhecido intelectualmente, embora não pudesse reconhecer emocionalmente até que suas ansiedades inconscientes acerca da chuva tivessem, de certa forma, se modificado. Em conexão com a doença do pai, aumentou seu medo de que a urina e o sêmen do pai fossem destrutivos para a mãe. Como assinalei anteriormente, Richard bebia água da torneira toda manhã, o que para ele representava algo bom, em contraste com a água suja do tanque. Devia ser a torneira boa, isto é, o seio bom, o pênis bom, e devia neutralizar os medos paranoides de ser envenenado (num momento anterior, pelas empregadas representando a mãe e o pai maus – Sessão 27). Provavelmente tinha também o significado de dar algo bom para a mãe interna, a fim de restaurá-la e neutralizar as possibilidades de que ela fosse envenenada. Num determinado momento dessa sessão, Richard fez algum comentário que a sra. K. interpretou como referindo-se aos seios dela. Nesse momento, Richard pegou duas árvores e enfiou-as na boca. A sra. K. interpretou que ele gostaria de sugar o seio da Mamãe, o que faria com que ambos, a Mamãe e ele, ficassem bem novamente.

Notas

1. É interessante observar que a informação que forneci a Richard no dia anterior não serviu essencialmente para aliviar sua desconfiança. Dadas as circunstâncias, pensei que seria correto que ele soubesse qual seria meu ponto de vista na conversa que eu teria com a mãe. Não há dúvida de que, se eu não tivesse procedido assim, seu ressentimento e desconfiança teriam sido muito mais intensos; no entanto, o ciúme e as suspeitas delirantes persistiram não obstante o que eu lhe havia comunicado. Isso ilustra a experiência, com a qual estamos familiarizados no tratamento de pacientes paranoicos, de que tranquilizações e explicações não bastam para dissolver as ansiedades persecutórias e as suspeitas delirantes.

Como assinalei repetidas vezes, Richard carecia de segurança interna por nunca ter estabelecido firmemente a mãe como um objeto interno bom, tornando-se, por isso, particularmente propenso ao medo de que ela se tornasse um perseguidor e se aliasse ao pai perigoso. Suas ansiedades persecutórias atingiram um ápice porque a enfermidade do pai e o medo de que morresse pareciam transformá-lo numa figura persistentemente má; não obstante, tinha também em sua mente a figura de um pai bom cindida e separada desse aspecto. Os fatores externos repercutiam intensamente em sua situação interna. As ansiedades persecutórias e os mecanismos esquizoides de Richard não eram apenas estimulados por estes fatores, sendo também reforçados como defesa contra a experiência de compaixão e depressão, que trariam à tona com força total seus fortes sentimentos de culpa.

2. É bastante surpreendente que Richard tenha assinalado (o que, no que se refere aos brinquedos, não havia feito anteriormente) que as duas mulheres insinceras – sua mãe e eu – tinham seios. Uma sugestão que me ocorre seria de que, no estado de ansiedade em que se encontrava quanto à questão da futura escola, a ênfase nos seios tinha um caráter de tranquilização. Talvez sentisse que, mesmo suspeitando de que sua mãe e eu fôssemos insinceras e ameaçássemos sua segurança, não seríamos, afinal de contas, tão más, porque possuíamos seios. Pergunto-me, no entanto, se justamente o seio, o primeiro objeto no qual não pudera confiar, não tornava naquele instante as duas mulheres ainda mais suspeitas. Isso implicaria que ele quis dizer: "Olhe para elas – são insinceras. Lá estão elas com seus seios maus".

Sessão 71
sábado

Richard estivera esperando pela sra. K. na esquina, e disse-lhe que tinha encontrado a menina ruiva. Ele a tinha ignorado, e ela não falou com ele, mas tinha certeza de que ela "sufocava de raiva". Não tinha sentido muito medo dela – aliás, não tinha tido medo algum. (Obviamente era um alívio para ele poder lidar melhor com sua ansiedade e sentir-se mais como as outras crianças.) Richard trazia sua maleta consigo, pronto para ir passar o fim de semana em casa depois da sessão. Parecia um pouco deprimido, mas bem menos do que no sábado anterior, e não parecia particularmente interessado nas pessoas que passavam na rua. Na sala de atendimento, tirou duas meias-coroas, brincou com elas, e fê-las girar em cima da mesa, contente com o movimento e o barulho que faziam. Enquanto brincava com as moedas, perguntou à sra. K. (e nesse momento parecia preocupado) se ela achava que o ônibus estaria lotado, já que fazia um tempo tão ruim.

A sra. K. interpretou que as duas moedas representavam seus seios, e que ao brincar com as duas moedas ele passava a ser o Richard bebê brincando com os seios da mãe ou desejando fazê-lo. Fazê-los moverem-se significava revivê-los: ao ser desmamado, temera que tivessem ido embora ou porque ele os teria atacado ou porque os teria devorado. Ao perguntar, nesse momento, se o ônibus estaria lotado, queria com isso dizer que todos os filhos e pacientes da sra. K. se aglomerariam em volta de seu seio e atacariam Richard porque ele desejava tê-la somente para si. Recordou-lhe um comentário que ele havia feito anteriormente (Sessão 67), quanto ao que aconteceria se toda a população de "X" se aglomerasse no topo da montanha ou dentro do ônibus. Tudo isso relacionava-se também com seus sentimentos de ter destruído os bebês da Mamãe, que permaneciam não nascidos, e que às vezes desejava devolver a ela.

Richard retirou os brinquedos da sacola da sra. K. Ficou contente ao verificar que ela tinha acrescentado algumas figuras bem pequeninas, que, para ele, sempre haviam representado crianças, e também uma caixa pequena dentro da qual ele poderia colocar as figuras danificadas que, no dia anterior, tanto desejara manter separadas. Tais acréscimos obviamente representavam para ele um presente ou um sinal de amor.[136] Naquele instante, o sr. Smith passou e sorriu para ambos, a sra. K. e Richard, que se encontravam sentados à mesa. Richard ficou imaginando se seria possível ver os brinquedos da rua – disse que preferia que não fosse possível, porque pareceria que ele era muito infantil. Saiu, foi até a rua para averiguar o que poderia ser visto dali, voltou, e disse que só se via a sra. K. sentada.

A sra. K. interpretou que Richard desejava que os brinquedos não fossem vistos não apenas porque isso faria com que ele parecesse infantil mas também porque eles representavam seus pensamentos e desejos que não deveriam ser descobertos pelo pai externo ou interno.

Richard colocou todas as "crianças" – as antigas e as novas – juntas formando duas filas. Primeiramente, colocou perto delas a casa com a torre a que chamava de "igreja", e as crianças deveriam ir à igreja. Mas logo reconsiderou (a igreja e Deus eram-lhe evidentemente uma fonte de conflito) e substituiu a igreja por outra casa, que anteriormente havia chamado de escola. Disse que as crianças estavam agora no *playground* do lado de fora da escola; depois, construiu uma cerca formada por lápis ao redor do *playground*. Ficou tentando pôr em pé uma das pequenas figuras, um menino, que estava despregado da base; não conseguiu, e perguntou à sra. K. se ela poderia consertá-lo, ao que ela respondeu afirmativamente. Então, Richard colocou o menino na caixa-"hospital".

---

136 Geralmente eu não substituía os brinquedos quando se quebravam, só o fazia a intervalos regulares, depois das férias. Costumava, no entanto, substituir lápis, papel, giz etc., quando estavam gastos.

A sra. K. perguntou se Richard se encontrava entre as crianças da escola. Richard respondeu que não – ele era o menino que teve de ir para o hospital.

A sra. K. interpretou mais uma vez o medo que Richard sentia de ir para a escola; a escola com os meninos grandes e perigosos representava para ele o hospital no qual tinha sido operado. Além disso, gostaria de ficar junto à sra. K. e ser ajudado por ela, o hospital no qual seria curado. Ela tinha trazido mais alguns brinquedos novos, o que o fez sentir que gostava dele e queria ajudá-lo. A figura que ficaria no hospital até ser curada pela sra. K. representava Richard, que permaneceria doente até que ela voltasse para continuar sua análise; só então seria capaz de ir para a escola.

Richard fez com que os dois trens dessem várias voltas pela mesa, passando em frente da escola. Disse que as crianças gostavam de ver passar os trens. Tinha colocado dois animais juntos no primeiro vagão do trem de carga, e no outro vagão apenas um animal, de frente para os outros dois. Disse que os dois que estavam juntos eram a Mamãe e Paul; logo depois começou a se corrigir, dizendo que se tratava do Papai em vez de Paul, mas deixou como na primeira fala. A figura de frente para eles era ele próprio. Acrescentou, com certo divertimento, que ficava o tempo todo olhando para a Mamãe e Paul para ver o que estavam fazendo. [...] Estivera arrumando todas as coisas que a sra. K. havia trazido consigo – sua bolsa, a sacola de brinquedos, o relógio, os desenhos e também seu guarda-chuva –, não querendo que ela retirasse nada de cima da mesa (Nota 1). Abriu um pequeno espaço entre essas coisas para que os trens passassem, mas estes no geral trafegavam ao redor da mesa, quase sempre bem próximo à borda. No canto oposto ao em que estavam a escola e as crianças, colocou algumas casas, a "igreja", e todas as outras pessoas, dizendo tratar-se de um vilarejo na Suíça, ao pé de altas montanhas. Formou vários grupos e encenou uma variedade de situações com as figuras (Nota 2). Um dos temas mais importantes da brincadeira de Richard era a atividade dos dois trens passando pelas crianças e por pouco evitando uma colisão, que tantas outras vezes no passado terminava no "desastre". Richard tinha mencionado que havia um certo perigo se um dos trens ultrapassasse o outro, e disse que se perguntava qual dos dois entraria primeiro na estação. No vilarejo suíço, uma figura masculina, que no dia anterior tinha chamado de sr. Smith, primeiramente postou-se ao lado de um menino, mas depois juntou-se a uma figura de mulher e a outras pessoas.

A sra. K. interpretou que a disposição das figuras no trem de carga expressava a ânsia de Richard de vigiar não apenas a Mamãe e Paul mas também, como muitas vezes anteriormente, ambos os pais. Richard, devido à enfermidade do pai, vinha tentando evitar sentimentos de rivalidade e agressão para com ele. No momento, porém, o Papai tinha se transformado numa das crianças (Nota 3). O trem de carga, agora representando Richard, corria o perigo de colidir com o outro trem, representando o Papai e Paul. Ao fazer com que os trens passassem entre o relógio e a bolsa da sra. K., mostrava que era para os trens entrarem na sra. K., já que a bolsa e o relógio sempre representaram o interior dela. Richard estava competindo com Paul, bem como com o Papai, ambos desejando entrar na Mamãe. Mas Richard temia a colisão entre ele e o Papai, uma vez que o Papai se encontrava doente e fraco; sentia-se satisfeito por conseguir evitá-la. Além disso, a sra. K. interpretou que, quando no vilarejo suíço a figura masculina maior, que no dia anterior tinha chamado de sr. Smith, se postava ao lado do menino, isso representava o Papai juntando-se a Richard; mas ele logo voltava a se unir à Mamãe e à família toda. Richard expressava, dessa forma, seu desejo de fazer reparação por ter separado os pais.

Richard mostrou à sra. K. duas árvores que tinha colocado no meio do caminho entre a escola e o vilarejo suíço, bem próximas à borda da mesa, mas protegidas dos trens pelos desenhos que se encontravam entre as duas. Perto delas tinha colocado um caminhão, cuja capota encontrava-se parcialmente escondida pelos desenhos. Disse que as duas árvores eram seus canários, e o caminhão era Bobby, enfiando-se para dentro de uma toca de coelho.

A sra. K. interpretou que também no dia anterior as duas árvores tinham representado os seios, que ele gostaria de guardar para si em segurança. Bobby representava seu genital entocando-se [*burrowing*] no genital da sra. K. e na mente da sra. K., já que os desenhos representavam para Richard a relação dele com a sra. K. e seu interior; o pênis de Richard buscava no interior da sra. K. e da Mamãe os genitais do sr. K. e do Papai.

Richard fez com que outra figura masculina se juntasse a uma mulher, que, conforme disse, era a sra. K.

A sra. K. interpretou os sentimentos de Richard no dia anterior, ao preferir que ela fizesse suas compras no merceeiro "simpático" – porque, como a sra. K. sugeriu, ela deveria ter um homem bom para cuidar dela, representando o marido dela. Richard ficou muito surpreso com essa interpretação. Olhou para a sra. K., e por sua expressão estava claro que se tratava de algo em que vinha pensando conscientemente. Perguntou, então, se a sra. K. gostava do sr. K., e se não se sentia muito triste e solitária sem ele. Ao formular essa pergunta, repetiu duas vezes a palavra "solitária" (Nota 4). Sem esperar por uma resposta, suplicou à sra. K. que lhe contasse, trabalho à parte, pelo menos uma coisa que ele *precisava* saber: ela se sentia solitária e infeliz? Mais uma vez quis saber se ela se incomodava que ele lhe perguntasse isso e, demonstrando sinais de ansiedade, disse que gostaria de ser o marido da sra. K.; depois de uma pausa, acrescentou, "Quando eu crescer".

A sra. K. interpretou o desejo de Richard de ser o marido da mãe, que se tornou mais intenso devido ao temor de que também ela se sentisse solitária e infeliz agora que seu marido estava tão doente, e porque ele se sentia culpado por tê-la, em sua mente, privado do marido "bom". Mesmo no passado ele devia se ter perguntado se a Mamãe gostava mesmo do Papai e se seriam felizes juntos, uma vez que ele não acreditava muito nas aparências ou no que as pessoas diziam a respeito de seus sentimentos. Receava, agora, que, se o pai morresse, teria que substituí-lo e fazer a mãe feliz, o que temia ser uma responsabilidade muito grande para ele, que era apenas uma criança.

Richard continuou a brincar e passou a falar sobre viagens de trem. Disse que uma mulher (não representada por uma figura dentre os brinquedos) contou à sra. K. que queria tomar o trem; fez com que um dos trens saísse da estação, e disse que a mulher tinha perdido o trem.

A sra. K. perguntou para onde partia o trem.

Richard respondeu que ia para Londres.

A sra. K. interpretou que essa mulher representava a sra. K., que queria tomar seu trem para Londres e o perdera.

Richard disse com enorme prazer que era isso mesmo, e que ia fazer com que ela perdesse o trem toda vez que quisesse ir para Londres, até que ela não pudesse mesmo ir mais. Ao dizer isso, fez com que o outro trem saísse da estação, dizendo que também estava indo para Londres.

A sra. K. sugeriu que esse trem levava Richard e toda a sua família, e que seguiam a sra. K. para Londres porque ele temia que, no fim das contas, não pudesse detê-la. Algumas sessões atrás, tinha dito que ele teria que ir para Londres para continuar sua análise.

Richard fez com que um trem partisse novamente para Londres; o outro ia na direção oposta, para "Z", e não, fez questão de enfatizar, para o lugar em que residia atualmente.

A sra. K. interpretou que, se Richard fosse para Londres com ela, ele sentia que estaria abandonando sua mãe, bem como a casa deles em "Z", que igualmente representava a mãe abandonada e solitária. Por isso, teria que ir de Londres de volta para "Z". Interpretou que ele desejava ficar com ambas, com a mãe e a família e com a sra. K.;

muitas vezes, quando estava com a mãe ou com a sra. K. sentia-se dividido em sua lealdade.

Richard fez com que o trem elétrico partisse mais uma vez para Londres e encontrasse o outro trem, que vinha da direção oposta. Disse que agora ia acontecer um "desastre". Dessa vez, não o impediu: tudo, incluindo a escola e vilarejo suíço, desabou.

A sra. K. interpretou que nessa brincadeira ele havia demonstrado que no fim das contas ela iria mesmo para Londres e que ele não tinha como evitá-lo. Logo depois, ele e a família seguiam-na rumo a Londres. Mas ele sentia que isso era impossível, e enciumado e desesperado provocou o "desastre". Isso também significava que, se a sra. K. fosse para Londres, seria destruída por bombas e pelo sr. K. (na realidade, Hitler); Richard estava amedrontado e culpado, sentindo que isso aconteceria devido a seus desejos hostis. Se ela morresse, isso seria para ele um desastre completo porque ela representava a Mamãe; ele sentia que toda a família, todos os bebês – em suma, o mundo inteiro – estariam perdidos. Isso também significava para ele um desastre interno: a Mamãe, agora a sra. K., estaria morta em seu interior.

Richard pegou a figura de um menino, dizendo que era ele, o único sobrevivente.

A sra. K. interpretou que embora no final ele tenha salvado a si mesmo, antes havia mostrado que se a Mamãe morresse, todos, mesmo ele próprio, morreriam.

Richard pegou uma das crianças que estavam sobre a mesa (tinha um chapéu vermelho) e disse que era a menina ruiva. Colocou-a na boca, deixando-a ali por um momento. Tirou-a da boca, e foi para fora cuspir, dizendo que "tinha um gosto horrível".

A sra. K. interpretou que agora Richard tinha, em sua mente, comido seu inimigo, a menina que, conforme havia dito, estava sufocando de raiva, e isso significava que ela faria com que ele sufocasse internamente. Em sua mente não só havia em seu interior a Mamãe morta, e agora a sra. K., mas sentia-se também perseguido pelos bebês da Mamãe que havia devorado, como tinha acabado de demonstrar ao colocar a menina ruiva na boca.

Richard comentou, num tom pensativo e hesitante, que tinha passado muito tempo desde a última vez que brincara com os brinquedos: mais ou menos dois meses. Um pouco depois, disse que a RAF tinha atacado Berlim novamente, pela primeira vez em dois meses.

A sra. K. interpretou que a destruição que ocorreu entre os brinquedos também representava o que a RAF estivera fazendo a Berlim, conforme havia dito, pela primeira vez em dois meses. Mas Berlim representava também a sra. K., a Mamãe má, seja porque estava confundida com o Papai-Hitler, seja porque Richard, em seu ciúme, atacava-a quando ela estava com o Papai.

Richard formou outro grupo de pessoas, duas mulheres que, segundo ele, eram a sra. K. e a Mamãe; encenou uma conversa entre elas, não no tom afetado e exageradamente adocicado do dia anterior, mas num tom corriqueiro e amigável. A elas juntaram-se duas crianças, uma delas o próprio Richard, que se reuniu a sua mãe, e a outra um menino pequeno, supostamente o neto da sra. K. O homem que no dia anterior representava o sr. Smith juntou-se ao grupo. Richard disse que era o sr. K., que estava vivo de novo. As crianças da escola ficaram todas amontoadas, enquanto Richard arrumava os trens; depois disso, colocou algumas delas em dois vagões do trem de carga.

A sra. K. interpretou que Richard tinha agora tentado arrumar as coisas, fazendo reviver os bebês no interior da Mamãe e da sra. K., no trem de carga. O fato, porém, de o sr. K. aparecer vivo significava também que seu pai não deveria morrer ou, caso isso acontecesse, que deveria ressuscitar.

De modo hesitante, Richard perguntou se poderia levar para casa algumas das "crianças".

A sra. K. respondeu que, conforme já lhe havia dito acerca dos desenhos, achava que os brinquedos, assim como as outras coisas, deveriam ficar com ela, e que Richard os encontraria todos juntos quando voltasse. Interpretou que levar para casa as crianças de brinquedo representava obter a permissão da sra. K. e da Mamãe para compartilhar seus filhos, os bebês que sentia que elas carregavam em seu interior (Nota 5).

Num certo momento durante seu brincar, Richard, mostrando uma figura quebrada, comentara sussurrando, "Esse sou eu". Repetidas vezes, anteriormente, tinha chamado essa figura de "menino imbecil", referindo-se a um menino que de fato vivia na cidadezinha.

A sra. K. recordou-lhe (como já havia feito anteriormente) seu medo de ser um "idiota", e disse que ele estava profundamente preocupado com suas dificuldades em aprender e em ir para a escola, e temeroso de não conseguir progredir na vida. No entanto, ser o "imbecil" não tinha apenas o significado de ser um burro mas também de conter as pessoas más a quem tinha destruído com seus sentimentos assassinos.

Richard cantarolava trechos de diferentes compositores – o que apenas raramente fazia. Depois disso, ficou triste, e comentou que achava que a Mamãe estava brava porque ele tinha parado de tocar piano. Ele mesmo parecia sentir que aquilo era uma perda, pois acrescentou que tinha ido muito bem no exame, o que deveria significar que poderia tocar. Mostrou-se surpreso ao dizer que gostava muito de música e, no entanto, não tinha vontade de tocar piano.

A sra. K. interpretou que a música e a harmonia já haviam aparecido anteriormente representando as vozes dos bebês bonitos e vivos, e que estavam felizes juntos; todavia, as dúvidas que Richard sentia acerca de sua própria bondade, e o sentimento de que faltava harmonia em seu interior, impediam-no de produzir música.

Richard, durante toda essa sessão, havia se mostrado profundamente absorvido pelos brinquedos, e brincou com o entusiasmo e prazer que geralmente encontramos em crianças bem menores. Exceto por um momento em que ficou vigiando o sr. Smith, apenas uma vez dirigiu-se à janela, para ver passar uma mulher com uma criança. Não ficou colocando o lápis na boca, e só uma vez pôs o dedo, e por um breve instante. A falta de interesse pelas pessoas de fora e a quase total ausência do ato de sugar nessa sessão relacionavam-se com o fato de dar plena expressão a suas fantasias e emoções ligadas a sua vida interna. Parecia contente e em paz ao sair (Nota 6).

A sra. K. iria se encontrar com sua mãe antes da próxima sessão.

Notas

1. Do ponto de vista da transferência e das interpretações transferenciais, é significativo que os objetos pessoais da analista desempenhassem um papel tão importante. Como já assinalei muitas vezes, toda a sala de jogos era ora amada, ora odiada por Richard, na mais estreita relação com a situação transferencial. Mas os objetos pessoais da analista – nesse caso, a bolsa, o relógio, o guarda-chuva etc. – tinham um significado emocional dos mais altos. A mesa, onde brincava e desenhava, e as cadeiras nas quais ele e eu nos sentávamos eram também muito mais importantes do que os outros objetos da sala. Já mencionei que Richard, antes de sair, regularmente colocava as duas cadeiras lado a lado, com os assentos sob a mesa. Em uma ocasião, mencionou que nós dois estaríamos juntos até a sessão seguinte, e sem dúvida queria dizer que estaríamos juntos numa relação pacífica.

2. Esses acontecimentos simultâneos representavam suas experiências reais passadas e presentes, bem como suas experiências fantasiadas, e expressavam a forma como suas emoções se modificavam rapidamente. Já mencionei que às vezes era-me impossível acompanhar, e muito menos interpretar, todos os detalhes do material produzido; isso também se aplicava aos desenhos, rabiscos etc., os quais – para serem plenamente interpretados – ocupariam horas de análise. Fazê-lo implicaria deixar de lado material atual. A meu ver, o princípio básico quando o analista se vê confrontado com tamanha riqueza de material na análise de crianças – o que também se aplica à análise de adultos – é selecionar aquilo que ele considera ser as emoções e fantasias principais, as situações de ansiedade mais agudas e as defesas mais relevantes; em outras palavras, guiar-se pela situação transferencial e interpretar de acordo com ela.

3. Parece que, como em ocasiões anteriores, seu pai não foi simplesmente destruído, mas transformado em uma das crianças. A ambivalência dessa situação é demonstrada pelo fato de que o trem de carga devia proporcionar prazer às crianças, que adoravam vê-lo passar. Devemos ter em mente que as duas árvores, que na sessão anterior ele sugava, representavam os seios, e que o ciúme do pai-bebê que se encontrava sob os cuidados das enfermeiras havia se tornado a causa de forma particular de rivalidade. Regressivamente foram mobilizadas as suas suspeitas infantis de que o pai o privava do seio. Ao fazer com que dois vagões do trem de carga, representando o seio, passassem na frente das crianças que se encontravam dentro do *playground* cercado da escola, estas (bem como o pai, transformado numa delas) ficavam sem acesso ao seio. Eu concluiria que o ressentimento arcaico de Richard por não poder ter o seio porque o pai usufruía dele e seu desejo de vingança constituíam o estímulo para essa fantasia em particular.

4. A solidão e o medo da solidão desempenhavam um papel muito grande nos sentimentos depressivos de Richard. Já na Sessão 1 ele havia me contado que à noite, ao deitar-se, sentia-se só e abandonado. Em consequência, nutria um forte sentimento de compaixão pelas pessoas solitárias e, agora que se encontrava profundamente preocupado e ansioso com a possível morte do pai, particularmente pela mãe, que ficaria só. Na transferência, isso se expressava pela ansiedade que sentia acerca de minha solidão, e era bem claro que ele não se tinha detido para pensar conscientemente sobre esse sentimento. Em alguns desenhos, o sr. K. expelido vinha unir-se novamente a mim. Até mesmo o "velho rabugento", que ele receava que me importunasse, acabava sendo uma companhia. Na análise de pacientes adultos, pude observar que a compaixão por uma mulher solitária ou enferma pode desempenhar um grande papel na escolha de um parceiro.

5. A necessidade de compartilhar com a mãe os filhos bons surgiu também a fim de neutralizar os bebês perigosos, "ruivos", hostis e devorados que haveriam de atacá-lo e sufocá-lo internamente. Além disso, se a mãe consentisse em que tivesse alguns de seus bebês, ele não seria levado a devorá-los em sua inveja e voracidade; em outras palavras, o compartilhamento diminuiria a rivalidade destrutiva com a mãe e todas as suas consequências maléficas, o que implicaria ter paz em seu mundo interno – os bebês em harmonia com ele e com os pais em seu interior –, amigos internos no lugar de objetos mortos e perigosos.

6. É surpreendente que uma sessão na qual foram ativadas ansiedades externas e internas tão intensas viesse a terminar com o paciente vivenciando um estado de espírito de contentamento e tranquilidade. Em oposição a concepções psicanalíticas anteriores, segundo as quais poderia ser perigoso analisar e interpretar as ansiedades psicóticas, minha experiência tem-me demonstrado ao longo dos anos que se analisarmos profundamente as ansiedades psicóticas, chegando assim a suas raízes, tornamo-nos mais capazes de ajudar nossos pacientes. São muitas as razões para isso, mas aqui posso destacar apenas uma delas, que me parece de fundamental importância. A análise dessas ansiedades profundas possibilita ao paciente defrontar-se com sua realidade psíquica e dar-lhe expressão. Dessa forma, Richard foi capaz, nessa sessão, de vivenciar e expressar suas ansiedades acerca de seus inimigos internos, mortos e persecutórios, bem como seus sentimentos de culpa relacionados com o fato de ter sido ele próprio quem os tornou tão perigosos, em função de seus sentimentos assassinos. Devemos ter em mente que, nessa sessão, juntamente com o defrontar-se com essas diversas ansiedades e o fato de dar-lhes expressão, houve uma diminuição da violência de seus impulsos destrutivos. A maneira cautelosa e ansiosa com que retirava os brinquedos da sacola e com que decidiu que as figuras danificadas deveriam ir para o hospital – ao mesmo tempo que me pedia para consertar a figura de menino que o representava – revela que lado a lado com suas ansiedades estavam operantes a esperança e a ânsia de reparação. Quando se deu o "desastre", foi de forma menos incontrolável do que em ocasiões anteriores; cuidadosamente deitou alguns dos brinquedos, cuidando para que não se quebrassem ou caíssem. Num determinado momento, até mesmo parecia que o vilarejo suíço e as árvores iriam permanecer em pé. Geralmente, depois das catástrofes violentas, ele mantinha uma figura ou objeto como sobrevivente. Sem dúvida isso significava que o sentimento de morte universal, incluindo sua própria, era-lhe insuportável; por isso – muito embora sua crença na sobrevivência encontrar-se abalada – tentava ressuscitar a si próprio. Nos momentos em que sua ansiedade era menos aguda, mantinha a esperança de que ele próprio – o que incluiria alguns de seus objetos internos – poderia ser salvo. Nessa sessão, a figura do menininho foi ressuscitada somente depois de minha interpretação de que não havia sobreviventes. Acredito que, nessa sessão, foi capaz de encarar o medo da morte por sentir menos ódio e desespero e mais esperança.

A excisão excessiva dos impulsos destrutivos, incluindo a inveja, o ciúme, e suas consequências, está relacionada com o fato de serem sentidos como tão poderosos – onipotentes – que ameaçam o objeto e o self de destruição completa. Isso leva igualmente à excisão dos sentimentos de amor e confiança no objeto bom e no self bom. É apenas defrontando-se com os sentimentos de ódio, e gradualmente aproximando-os das demais partes do self, que eles podem se tornar menos avassaladores. Defrontar-se com a realidade psíquica faz reviver os aspectos bons, e possibilita que venham para primeiro plano a capacidade de reparar e os sentimentos de esperança. Nessa sessão a esperança foi manifestada, por exemplo, pela pequena figura de brinquedo que iria permanecer no hospital até que eu a consertasse – o que significava que haveria de chegar o dia em que eu poderia continuar a análise de Richard e ajudá-lo ainda mais. Quando os impulsos destrutivos, e suas consequências, estão mais próximos da capacidade de amar recuperada e são por ela mitigados, tornam-se menos avassaladores e a reparação passa a ser possível; em outras palavras, têm lugar os importantíssimos processos de integração.

Quando ocorrem esses processos internos, melhora a adaptação à realidade externa e as ansiedades externas deixam de ser tão avassaladoras. Nessa sessão, Richard manifestou de forma mais clara do que nas anteriores o medo de que o pai morresse, e toda a concomitante solidão de sua mãe, e expressou plenamente seu pesar pela solidão e infelicidade a mim atribuídas. Encontrava-se também mais capaz de suportar a perspectiva do fim da análise.

Sessão 72
segunda-feira

Antes de entrar na sala de jogos, Richard disse ter comentado com a mãe, antes da conversa entre as duas, o que a sra. K. lhe tinha dito sobre sua futura escolarização, e que não era a favor de uma escola grande. Disse também que, depois dessa entrevista, a mãe contou-lhe que tinham conversado sobre a continuidade da análise, e que talvez ela pudesse ir para Londres com ele quando a guerra terminasse, se não antes. Obviamente Richard havia se referido às opiniões da sra. K. porque desconfiava de ambas, e para se certificar de que não haveria uma diferença de opiniões entre ambas. Além disso, também queria que a mãe soubesse que ele tinha discutido esse assunto de antemão com sua analista. [...] Na sala, pegou os brinquedos imediatamente. Colocou uma figura sentada numa cadeira. Depois, retirou o balanço e ficou contente de ver que a sra. K. tinha colado a figurinha que, na sessão anterior, tinha-se descolado do balanço, e que Richard tinha colocado na caixa-"hospital", juntamente com outra figura quebrada; havia dito que essa criança pequena estava cortada ao meio (na realidade, a figura consistia somente da parte superior colada no balanço). Movimentou o balanço, dizendo que a menininha estava se divertindo, mas logo pediu que a sra. K. o colocasse no outro lado da mesa. Colocou ali também a caixa-"hospital", a sacola de brinquedos, a bolsa, o relógio, que fariam parte de uma cena que estava preparando, novamente deixando apenas o espaço suficiente para os trens circularem. Na extremidade da mesa mais próxima a ele, montou a estação, formada por duas casas dispostas de tal maneira que os trens pudessem apenas passar entre elas. Na estação, ou melhor, ao lado de cada uma das casas, dispostas em grupos que se encaravam, estavam as figuras menores que sempre representavam as crianças. Richard disse que estavam ali porque as crianças gostam de ver passar os trens. O menininho colocado junto à casa da estação era a pequena figura acerca da qual Richard havia dito na sessão anterior que devia ir para o hospital, e que era ele próprio. A sra. K. colara-o a uma base que, por falta de outra, tinha pertencido anteriormente a outra figura maior. Esse fato, e o de que a sra. K. havia consertado a figura, deixou

Richard extremamente satisfeito. Numa rua, cujas cercas foram feitas utilizando moedas de um *centavo*, formou vários grupos de pessoas: sua mãe e a sra. K. estavam representadas pelas mesmas mulheres do dia anterior. Fez com que se cumprimentassem, de forma amigável, mas sem afetação. A figura de homem, anteriormente o sr. Smith, foi colocada um pouco mais distante, e outra mulher encontrava-se de pé mais perto delas. O cachorro ficava entre essas figuras. As duas árvores estavam em um dos lados da rua, com uma distância entre elas. O trator e o caminhão de carvão estavam "prestes a sair". Os únicos movimentos que fazia era o dos trens. O trem elétrico parou na estação e as crianças foram colocadas junto a ele. Richard disse que o trem levava leite, e que todos recebiam um pouco.

A sra. K. recordou-lhe que na sessão anterior os vagões do trem elétrico haviam representado os seios da Mamãe e da sra. K.

Richard fez com que o trem desse a volta na mesa e passasse novamente pela estação, e disse que agora os seios estavam sendo oferecidos para as crianças sugá-los. O trem de carga e o trem elétrico passavam alternadamente pela estação, e as crianças também receberam leite do trem de carga. Enquanto estava colocando as crianças junto aos vagões, mudou de ideia e decidiu colocá-las perto da locomotiva.

A sra. K. interpretou que a locomotiva representava o genital de seu pai e que este supostamente também alimentava as crianças, tal como o seio da mãe.

Um pouco depois, Richard fez com que os trens alternadamente circulassem pela mesa e passassem pela estação, um seguindo o outro tão de perto que quase colidiram. Nesse ponto interrompeu a atividade de brincar e foi para a cozinha, olhou dentro do "tanque dos bebês", e mais uma vez retirou água com o balde, que pediu que a sra. K. esvaziasse. Observava atentamente o nível de água do tanque baixando.

A sra. K. repetiu sua interpretação anterior acerca do perigo de que o genital mau do Papai se misturasse com o seio da mãe – os dois trens que quase colidiram. Relacionou essa ansiedade com a conversa entre as duas mulheres de brinquedo – a Mamãe e a sra. K. – e lembrou-lhe que havia colocado o sr. Smith (que no dia anterior se tinha juntado à conversa) mais à distância. Essa tinha sido uma tentativa de manter o pai-Hitler mau que existia no interior da sra. K., e o Papai mau no interior da Mamãe, longe das duas mulheres, para que a conversa tomasse um rumo que lhe fosse favorável: que ele não fosse mandado para os meninos maiores, os irmãos hostis, numa escola grande.

Richard jogou pedacinhos de papel dentro do tanque, e ficou observando o que acontecia.

A sra. K. sugeriu que os pedacinhos de papel representavam bebês e que Richard desejava descobrir o que tinha sucedido aos bebês não nascidos da Mamãe, e quem os havia destruído – Richard, através de seus ataques com bombas, ou o Papai, por seu genital perigoso para o interior da Mamãe.

Richard explorou o forno e o tanque, tal qual havia feito em ocasiões recentes, depois voltou para a sala e continuou a brincar. Havia sub-repticiamente retirado da cadeira o homem sentado e a sra. K. perguntou onde ele estava. Richard disse que o tinha colocado dentro da caixa; não precisava dele.

A sra. K. sugeriu que o homem sentado na cadeira representava o Papai, incapacitado de se locomover devido a sua doença, e que Richard deixara-o de lado porque lembrar-se da doença do pai fazia com que se entristecesse e se sentisse culpado.

Richard concordou, mas acrescentou que seu pai estava passando bem, embora continuasse muito fraco. Parecia triste e preocupado ao dizê-lo. Pediu à sra. K. que lhe passasse o balanço que estava na outra extremidade da mesa, dizendo que a menininha deveria estar se sentindo muito abandonada ali. Movimentou novamente os trens. Pararam na estação para alimentar as crianças. Uma vez, comentou que o trem elétrico (os seios) permaneceu parado ali por muito tempo, e que o maquinista do outro trem foi ficando impaciente por ter que esperar fora da estação. Quando finalmente passou pela estação com seu trem, não parou para alimentar as crianças, porque estava muito irritado.

A sra. K. perguntou o que estavam fazendo as outras pessoas dos outros grupos.

Richard respondeu que a sra. K. e a Mamãe continuavam conversando, por isso permaneciam juntas.

A sra. K. perguntou quem era a mulher que ele havia colocado bastante próxima a elas.

Richard respondeu: "Ah, uma pessoa qualquer".

A sra. K. sugeriu que essa mulher talvez representasse a babá de Richard. Richard gostaria muito que sua mãe e a babá fossem amigas mas também se sentia enciumado se ficassem muito tempo conversando. Da mesma forma, Richard talvez desejasse que a Mamãe e a sra. K. fossem amigas e, no entanto, sentia ciúme dessa amizade.

Richard concordou com essa interpretação.

A sra. K. assinalou que o sr. Smith, representando também o sr. K., era mantido à distância para que não se manifestasse contra Richard; isso, no entanto, significava que gostaria de tirar o pai-Hitler de dentro da Mamãe porque temia que conter o pai-Hitler faria com que a Mamãe se tornasse hostil para com ele, Richard. Ele já havia perguntado antes se a sra. K. tinha encontrado o "velho rabugento" naquele dia; a sra. K. referiu-se a essa pergunta e interpretou-a como tendo o mesmo significado em relação a ela. Sugeriu que Richard continuava desconfiado do resultado de sua conversa com sua mãe.

Richard perguntou à sra. K. o que representavam as árvores, e acrescentou sorridente: "O que a senhora pensa delas?".

A sra. K. assinalou que Richard agora gostaria de tomar seu lugar e ser o analista, mas que queria também os bebês da Mamãe e ocupar seu lugar junto ao Papai.

Richard protestou, dizendo que não queria ser mulher.

A sra. K. interpretou que com certeza ele tinha medo de ser mulher, porque perderia seu genital e não poderia mais tornar-se homem; não obstante, nutria um intenso desejo de ter bebês do Papai, como a Mamãe – as sementes de rabanetes, que o deixaram tão contente, representavam o genital bom do Papai, que colocaria bebês dentro dele. Ao mesmo tempo desejava ser capaz de alimentar os bebês, o que foi demonstrado em seu brincar com os trens, os vagões representando os seios nutrientes. Por todas essas maneiras havia expressado seu desejo de compartilhar os bebês com a Mamãe; dessa forma não seria levado a atacá-la e roubá-los dela. Assim também não atacaria nem feriria os bebês, o que significava que não precisaria temer as crianças que representavam os filhos da Mamãe, como a menina ruiva. O interior da estação e os trens circulando representavam o interior da Mamãe e da sra. K. A menininha no balanço, que tinha pedido que a sra. K. colocasse na outra extremidade da mesa, representava o bebê não nascido mais novo, uma irmã que desejava que não estivesse ali, mas que trouxe de volta porque desejava, afinal de contas, que ela nascesse. Ao pedir que a sra. K. colocasse o balanço bem longe, Richard também havia desejado salvar a irmã não nascida de seus ataques.

Richard fez os trens apostarem corrida, cada vez mais. Já não paravam na estação e agora, vindo de direções opostas, quase colidiram várias vezes, até que ele fez com que colidissem de fato dentro da estação. As crianças caíram umas sobre as outras, e Richard fez com que tudo desmoronasse. O trem elétrico sobreviveu e Richard fez com que corresse desgovernado por toda a mesa, parecendo totalmente fora de controle. Disse baixinho: "Esse sou eu agora", mostrando o trem elétrico, que também designou como o "vencedor".

A sra. K. interpretou que Richard e o sr. K., representado pelo "velho rabugento", estavam lutando no interior do genital da sra. K., provocando a morte e a destruição de todos. Da mesma forma, sempre imaginou que a sua luta contra o Papai no interior da Mamãe iria destruí-la junto de seus bebês, bem como a ele e ao Papai.

Richard, pela primeira vez durante essa sessão, olhou para a rua. Era o fim da sessão, e a sra. K. estava colocando os brinquedos na sacola. Richard disse que a rua estava bem movimentada, e perguntou se todas aquelas pessoas se dirigiam à sra. K. para serem alimentadas por ela.

A sra. K. recordou-lhe ter falado sobre toda a população de "X" aglomerando-se no topo da montanha, ou dentro do ônibus, e sugeriu que a montanha e o ônibus representavam agora a sra. K., que teria de alimentar todo mundo, e o temor de Richard de que ela se exaurisse, bem como seu ciúme de qualquer um que se aproximasse dela.

A maneira com que Richard olhou para a sra. K. dava a entender que ele concordava com isso. Disse que sua mãe também estava voltando para casa de ônibus agora.

A sra. K. interpretou que também a mãe, na mente de Richard, era uma criança desejando ser alimentada pela sra. K., e Richard queria que ela fosse alimentada. Por isso havia mantido as duas mulheres juntas por tanto tempo; não obstante sentia ciúme de qualquer contato que a Mamãe tivesse com a sra. K.

No início da sessão, Richard perguntara à sra. K. que vestido estivera usando quando se encontrou com a Mamãe; evidentemente desejara que a mãe a visse com o casaco de que gostava, isto é, em sua melhor forma. Mas também sentia que, se a sra. K. tivesse trocado de roupa antes de atendê-lo, isso talvez significasse que ela havia sido má quando se encontrou com sua mãe – quer dizer, não havia dito o que ele gostaria que ela dissesse – e havia se trocado para vir para a análise, tornando-se novamente a sra. K. boa com seu lindo casaco.

Um pouco mais tarde, a sra. K. encontrou-se com Richard e sua mãe, a caminho do ponto de ônibus. A mãe de Richard disse que ele reconhecera a sra. K. bem de longe, mostrando que ela estava usando o casaco vermelho, o preferido de Richard. Acrescentou que Richard lhe tinha pedido que descrevesse detalhadamente a roupa que a sra. K. usara quando se haviam encontrado naquele dia.

Sessão 73
terça-feira

Richard esperava pela sra. K. na frente da casa. Na sala, sentou-se e logo começou a brincar. Seu estado de espírito era amistoso, embora sossegado. (Contrariamente a seu hábito, não foi beber água da torneira no início da sessão.) Examinou a bolsa da sra. K. (que ela trazia todos os dias) e perguntou se havia ganhado aquela bolsa de couro de crocodilo de seu marido.

A sra. K. interpretou que ele gostaria que se tratasse de um presente do sr. K., porque isso provaria que, embora o crocodilo fosse um animal perigoso, o sr. K. era um "crocodilo bom", que havia presenteado a sra. K. com uma coisa duradoura, um genital bom e duradouro.

Richard arrumou a estação, da mesma forma que nas sessões precedentes, mas colocou-a num lugar diferente, mais distante da sra. K. Entre ela e a estação colocou também vários grupos de brinquedos. Ao longo da estação formou uma longa fila de figuras – uma mulher, o homem "sr. Smith", todas as "crianças", as árvores, alguns animais, o trator, o caminhão de carvão e, no final da fila, o cachorro. Disse que os dois primeiros eram a Mamãe e o Papai, e que toda a família estava indo para "Z". Em um grupo que formou perto da sra. K., havia duas mulheres, uma de frente para a outra, as mesmas que, no dia anterior, haviam representado a sra. K. e a mãe dele. Richard fez novamente com que conversassem; agora, porém, falavam novamente de maneira afetada e exageradamente amistosa. Um pouco afastada, com suas costas voltadas para elas e deixando claro que não pertencia ao grupo delas, estava outra figura de mulher que no dia anterior a sra. K. havia interpretado como a babá de Richard.

A sra. K. recordou-lhe que, já numa outra ocasião, havia interpretado que a Babá, de quem ele gostava quase tanto quanto da Mamãe, não pertencia à mesma classe social que ela, o que acabava por gerar nele um conflito de lealdade.

Richard fez com que a babá se juntasse à Mamãe e à sra. K., mas logo depois fez com que a sra. K. se afastasse da Mamãe, e explicou que a Mamãe tinha sido rude com ela, ferindo seus sentimentos, por isso tinha se afastado sozinha. A seguir, acrescentou: "Essa é a Mamãe má". De repente, retirou uma figura da fila de pessoas que estavam esperando para embarcar, figura essa que havia sempre representado ele próprio, e colocou-a ao lado da sra. K., dizendo: "Vou embora com a senhora".

A sra. K. perguntou para onde iriam; seria para Londres?

Richard disse que achava que sim.

A sra. K. interpretou novamente suas dificuldades na relação com a Mãe e a Babá, e referiu-se à brincadeira em que a Mamãe havia ferido os sentimentos da sra. K. Agora, a sra. K. representava a babá, e ele havia se colocado a seu lado, em oposição à "Mamãe má", e ao resto da família. Parecia, portanto, que ele teria ouvido, ou receado, que sua mãe havia ofendido a Babá, ou que esta podia se sentir só por não pertencer ao resto da família.

Richard reagiu fortemente contra essa interpretação. Disse que a Babá sentava-se à mesa com a família durante as refeições. Não se lembrava de ter ouvido a mãe lhe dizer ou fazer algo rude; mas ele parecia concordar em que tinha conhecimento do conflito que a sra. K. tinha interpretado (Nota 1). [...] Fez o trem elétrico partir da estação, e comentou que desta vez ele e a sra. K. estavam no trem. A seguir, fez com que todo o grupo, os pais e as crianças, corressem atrás do trem para trazer Richard de volta. Depois disso, fez com que o trem de carga, no qual supostamente se encontrava agora a família (embora não tivesse de fato colocado as figuras dentro dele), perseguisse o trem em que estavam a sra. K. e Richard; e a corrida entre a sra. K. e Richard, por um lado, e a família que os perseguia, por outro, era agora representada apenas pelos dois trens. A corrida entre os dois trens acabou virando, pouco depois, uma corrida entre o pai e ele particularmente, pois referia-se ao trem de carga como "Papai", e o trem elétrico representava ele com a sra. K. No início dessa brincadeira, o trem no qual a sra. K. e Richard se encontravam quase atropelou a família, mas logo Richard tomou o cuidado de afastar as figuras, abrindo espaço para passar o trem.

A sra. K. interpretou que a sra. K. e a Mamãe externas encontravam-se agora representadas pelas estações pelas quais passavam os trens, estações que também representavam os genitais delas; o pai (o trem) perseguia-o e atacava-o externamente, bem como no interior do genital da Mamãe. Interpretou também seu desejo de fugir com ela e de ser seu marido, como havia dito anteriormente (Sessão 71). Relacionou-o com o desejo de fugir com a mãe e de tê-la toda para si; mas logo o Papai e Paul, e até mesmo os bebês não nascidos, que ficariam privados da Mamãe, o perseguiriam. Outra razão para fugir com a sra. K. era seu desejo de continuar a análise, que sentia ser-lhe essencial.

Richard prosseguiu com sua brincadeira. Várias vezes parecia que os trens iam colidir, mas aí Richard decidia que dariam mais uma volta e, assim, evitava a colisão. Esse tema repetiu-se, com variações, por um bom tempo. [...] Em determinado momento, quando começou a brincar, Richard segurara em sua mão a pequena cadeira e o homem que nela se sentava, evidentemente em dúvida sobre se o colocava ou não na mesa; depois, decidiu colocar os dois brinquedos de volta na caixa. (Seus sentimentos dolorosos pela doença do pai, bem como suas emoções e conflitos, encontravam-se fortemente controlados e a expressão deles, contida.) [...] Durante essa atividade, foi algumas vezes até a janela para observar as pessoas. Ao ver passar uma mulher com duas meninas, disse que uma das meninas era detestável e inimiga, porque tinha olhado para ele (provavelmente já a encontrara na rua numa outra ocasião). Mencionou também que havia encontrado a menina ruiva, mas que se tinham ignorado. A seguir, perguntou à sra. K. se conhecia um rapaz que tinha acabado de passar. [...] A brincadeira terminou com o trem elétrico correndo em zigue-zague cada vez mais depressa, o que Richard acompanhava com assobios, bem alto. No fim, fez com que o trem colidisse com o outro trem, a que se seguiu o desastre total. No início, Richard havia colocado a "igreja" bem perto da bolsa da sra. K., e esta permaneceu erguida, estando fora do caminho; salvou igualmente o pai enfermo (a figura de homem na cadeira) e as pessoas que estavam na caixa-"hospital", deixando-as ali, e não as incluindo na brincadeira. [...] A seguir, Richard pegou o balanço, com a criança sentada nele, e por algum tempo ficou a movimentá-lo. Outro sobrevivente era o trem elétrico. Richard pegou-o e segurou-o em suas mãos, examinou-o com apreensão, e declarou que parecia uma baleia mexendo a cauda; depois, desengatou o segundo vagão, que deixou de lado. Quando o trem elétrico fez o de carga cair e passou por cima deste, Richard comentou, em voz baixa, e triste: "E se o Papai morresse mesmo?".

A sra. K. interpretou que o trem era ele mesmo viajando com a sra. K., que representava a Mamãe boa em seu interior; mas que ele também continha a baleia – o genital perigoso do Papai – que o impelia a causar danos, e a destruir os pais e seus bebês, enquanto ao mesmo tempo procurava controlar o Papai-baleia. A sra. K. interpretou, ainda, a tristeza e a culpa de Richard pela doença do pai, e o medo de sua morte, o que relacionou com seu ódio e ciúme e seu desejo de atacar o pai. Tinha acabado de demonstrá-lo, com o trem elétrico, representando ele próprio, passando por cima do trem de carga, que tinha chamado de Papai. Ao mesmo tempo, desejara também salvar o pai, ao colocá-lo, juntamente com a "igreja" (representando Deus), a salvo, fora do caminho do "desastre". A sra. K. mencionou que havia, nessa brincadeira, competido com seu pai, desejando ser o marido da sra. K. (da Mamãe).[137]

Richard parou com a brincadeira e foi para a cozinha; retirou um balde de água do "tanque dos bebês" e comentou que a água estava mais limpa e que devia estar diminuindo a sujeira dentro do tanque. Não despendeu tanto tempo nessa atividade quanto nas sessões anteriores e parecia menos intenso. Também não encheu tanto o balde. Bebeu, então, água da torneira.

A sra. K. interpretou que ele tinha mais esperança de que o interior da sra. K. e da Mamãe, assim como os bebês ali, pudessem ser restaurados e que seu pai pudesse se recuperar. Parecia sentir menos ansiedade quanto a ter envenenado o "tanque dos bebês". No entanto, na mesa ocorrera o "desastre"; mas a última coisa que fez foi mover a criança no balanço, e isso significava que ele expressava sua esperança de que o bebê no interior de sua mãe continuasse vivo e a salvo e que o genital do pai ainda fosse capaz de se mover.

Richard foi para fora, e pediu à sra. K. que o acompanhasse. Olhou as colinas, e estava triste.

A sra. K. perguntou-lhe se era difícil para ele separar-se de sua mãe.[138]

Richard disse que estaria com ela apenas no fim de semana. Ficou em silêncio, e depois acrescentou que estava muito triste. Depois, saltou dos degraus para o jardim, tentando fazê-lo sem pisar nos legumes. Tinha conseguido fazer isso alguns dias atrás, mas não dessa vez. De repente, voltou para a sala, porque passava uma mulher na rua. Foi até a janela, ficou vigiando-a, e comentou que parecia ser "arrogante". Saiu mais uma vez, e continuou a conversa com a sra. K., embora relutantemente. Disse que ia colocar seu iate na piscina. Tempos atrás, contara à sra. K. que ia aprender a nadar, o que muito lhe agradava; agora, porém, explicou que sua mãe não queria que ele nadasse na água doce, e ele próprio também não desejava mais, preferia brincar com seu iate (o que, obviamente, não era verdade).

A sra. K. interpretou que Richard parecia ressentir-se da proibição da mãe.

---

137 No dia anterior, a identificação feminina fora claramente apresentada e analisada; é interessante que, na sessão seguinte, a posição masculina tenha vindo para primeiro plano com bastante intensidade.

138 Finalmente acabaram combinando que Richard ficaria durante a semana na casa dos Wilson, e só iria para casa nos fins de semana.

Richard manteve sua afirmação anterior, de que não estava muito interessado em aprender a nadar. Voltou para a sala, e correu para a janela para observar uma jovem cobradora de ônibus que conhecia. Comentou que era muito bonita. Depois, num tom de raiva, contou que no ônibus ela sempre dizia: "Os que pagam meia passagem, em pé", mas repetiu que ela era muito bonita. Olhando o relógio, manifestou prazer por ter ainda dez minutos de sessão; não obstante, perguntou se a sra. K. não poderia terminar a sessão naquele momento. (Era raro de sua parte manifestar seu desejo de ir embora de forma tão direta.)

A sra. K. disse que ele poderia ir se quisesse; interpretou, porém, que ele desejava ir embora porque tinha medo de reconhecer que estava realmente com muita raiva dela, já que ela representava a Mamãe, que o proibira de nadar, o que para ele era a mesma coisa que ser relembrado de que ele era apenas "meia passagem" – quer dizer, uma criança. Essa raiva da mãe acentuava sua irritação com a cobradora bonita, e estava ligada ao fato de ter achado a mulher que havia passado "arrogante" – quer dizer, com um ar superior e de menosprezo em relação a ele. O fato de não lhe ser permitido nadar também significava para ele que seu genital não era como o de uma pessoa adulta e que ele era fraco e imprestável.

Richard, já não parecia mais querer ir embora. Olhou, de repente, para o armário, encontrando várias bolas, e retirou a bola da sra. K. da sacola, atirando-a com força no armário.

A sra. K. interpretou que Richard estava atacando sua mãe com raiva, o armário representando-a, e mostrando ao mesmo tempo que tinha um genital muito forte – a bola.

Richard murmurou qualquer coisa a respeito de uma bola de canhão, depois pediu à sra. K. que jogasse bola com ele. Cada um deveria ficar com duas bolas, que deveriam ser jogadas de forma a se encontrarem. Algumas vezes era ele que tinha a bola grande, outras vezes, a sra. K. Depois, novamente ficou com duas bolas do mesmo tamanho e comentou que eram gêmeas. Mostrava-se muito amigável e interessado no jogo.

A sra. K. interpretou que o fato de ela brincar com ele significava que ela era a Mamãe boa, ajudando-o a superar sua raiva da Mamãe má. Se não fosse por isso, sentia que poderia disparar contra ela uma bala de canhão. Além disso, no decorrer do jogo, ele e a sra. K. tinham se tornado iguais, ambos tinham dois seios – as bolas gêmeas; ambos tinham um pênis – a bola única grande; ambos tinham bebês – novamente representados pelas bolas gêmeas. Não havia, portanto, razão para sentirem raiva ou inveja um do outro (Nota 2).

Richard, no final da sessão, colocou as bolas de volta no armário, e ajudou a sra. K. a guardar os brinquedos. Olhando para eles na sacola, disse com certa apreensão: "Eis aí o Papai e a Mamãe e os bebês, todos deitados juntos". O tom com que fez esse comentário e sua expressão facial indicavam que com isso queria dizer: "O que vai acontecer com eles na sacola?".

A sra. K. interpretou que a sacola representava o interior dela, contendo os pais e as crianças, por ele destruídos ou lutando uns com os outros, e que ele estava temeroso e preocupado com o que iria acontecer lá. Também estava preocupado com o que aconteceria com os pais à noite, em casa, quando não podia vê-los, e com a sra. K. quando não a via.

Quando estava prestes a sair, Richard, de repente, disse que, afinal de contas, gostaria de nadar; na rua, voltou-se para olhar as colinas, comentando que o campo estava muito bonito. Por um momento, quando a sra. K. já se encontrava do lado de fora, fechou a porta, fazendo parecer que ela tinha ficado trancada do lado de fora; a sra. K. interpretou esse ato mais uma vez como estando relacionado com a sua raiva por sua mãe impedi-lo de nadar, e seu desejo de expulsá-la de casa por causa disso. Era evidente que, nessa sessão, a ansiedade persecutória de Richard havia diminuído, e que Richard foi capaz de expressar sua raiva de forma mais aberta. Num determinado momento, perguntara se a sra. K. havia encontrado o sr. Smith; mas perguntou apenas uma vez, quando a sra. K. se referiu à figura de homem, a quem geralmente chamava de Papai, como também representando o sr. Smith. Anteriormente, como tivemos oportunidade de observar, perguntava isso insistentemente, de forma obsessiva, querendo saber se o sr. Smith já havia passado, quando tinha passado, quando a sra. K. o encontrara etc. Essa apreensão havia diminuído recentemente e, com isso, Richard deixou de ter necessidade de encontrar-se com a sra. K. no caminho, já que não tinha mais tanta urgência de descobrir se a sra. K. se encontrava com o sr. Smith e que tipo de relação havia entre eles. Seus conflitos referentes à relação entre a Mãe e a Babá, e os sentimentos complexos que nutria em relação ao pai foram muito mais amplamente reconhecidos; e, concomitantemente com a tristeza e a apreensão, ele se mostrava mais esperançoso. No entanto, não foi capaz de impedir o "desastre".

Notas

1. Como sempre acontecia com Richard (e isso se aplica de modo geral às crianças no período de latência), interpretações das fantasias destrutivas e sádicas dirigidas contra os pais na primeira infância – embora dolorosas e às vezes muito assustadoras – eram menos dolorosas do que a percepção de conflitos referentes a situações e relacionamentos atuais. Isso se aplicava, em particular, a suas lealdades divididas entre a mãe e a babá, entre a mãe e mim, e, em última instância, entre ambos os pais. Na presente sessão, ficou claro que ele vivenciou e compreendeu plenamente esse conflito. Havia também uma crescente compreensão da desconfiança que nutria pela mãe, e do fato de que a mãe "azul-clara" e a "bruta" eram em sua mente uma mesma e única pessoa.

2. Desejo chamar a atenção para o fato de que minha interpretação da raiva recusada e da crítica dirigidas à mãe (cuja proibição para nadar era sentida como impedindo-o de transformar-se em homem) teve como efeito o fato de ele passar a lidar com essa raiva. Permitiu-lhe também reviver a figura da mãe boa – meu brincar com ele. Muitas vezes foi colocada em questão a conveniência de trazer à tona as críticas latentes à atitude real da mãe. Já em 1927 ("Simpósio sobre análise de crianças", 1927) contestei esse ponto de vista; e minha experiência posterior, bem como a de meus colegas, mostrou os benefícios decorrentes de possibilitar ao paciente (criança ou adulto) vivenciar a crítica reprimida referente aos pais, bem como as fantasias a respeito deles.

Sessão 74
quarta-feira

Richard veio novamente encontrar-se com a sra. K. no caminho para a sala de jogos (ultimamente esperava por ela na porta da sala). Contou-lhe que tinha tentado encontrá-la o mais cedo possível, e que estava muito contente em vê-la. Parecia estar muito deprimido e infeliz. A sra. K. perguntou-lhe se tinha acontecido alguma coisa e Richard disse que não; aparentemente estava determinado a não reclamar.[139] No caminho, resfolegava como um trem, e disse que estava no trem com a sra. K.

A sra. K. perguntou para onde o trem estava indo.

Richard disse que estava indo para Londres. Num momento em que a sra. K. caminhou um pouco para o lado, Richard pediu-lhe que não saísse dos trilhos, de outra forma não estaria com ele no trem. Assim que chegaram à sala de jogos, Richard começou a brincar com os brinquedos; mas ele estava muito mais pensativo e silencioso, e dava a impressão de estar se calando sobre algo que o preocupava.

A sra. K. sugeriu que talvez não lhe agradasse ficar com os Wilson, mas estava decidido a não reclamar. Perguntou-lhe se tinha receio de que ela fosse repetir alguma coisa para eles, ou se seria porque ela não gostaria de ouvir algo desagradável a respeito deles.

Richard, sem hesitar, disse: "As duas coisas". Depois, explicou que havia certas coisas que lhe desagradavam. Por exemplo, não queria que o obrigassem a comer tudo o que estava no prato quando não gostava da comida. Acrescentou, evidentemente tentando ser justo, que os Wilson eram em outras coisas muito gentis; mas era claro que estava triste e que refreava suas críticas. De repente, muito emocionado, disse que desejava poder ficar com a sra. K.; isso seria tão bom, então por que não podia? Suplicou à sra. K. que lhe permitisse ficar com ela.

A sra. K. perguntou quando lhe tinha ocorrido esse desejo pela primeira vez. Richard respondeu que pensava nisso o tempo todo.

A sra. K. disse que, enquanto estivessem fazendo esse trabalho, ele não poderia morar com ela.

Richard, nesse ínterim, tinha montado uma estação, dessa vez mais perto dele e da sra. K. (Na sessão anterior, ele a colocara o mais longe possível dela.) Depois, colocou o trem elétrico na estação, e deixou-o estacionado ali. Fez uma segunda estação, o que era incomum, no mesmo lugar da sessão passada – isto é, na outra extremidade da mesa. Dispôs vários grupos de brinquedos entre as estações, que parcialmente escondiam da sra. K. a segunda estação. Disse que era reservada para o trem de carga. Explicou que uma das figuras de mulher era a Babá que estava conversando com – ia dizer "a Mamãe", mas em vez disso disse

---

139 Devido à enfermidade do marido, a mãe de Richard tinha combinado que Richard ficaria com os Wilson. Richard, que de certa forma era tratado como filho único, sendo seu irmão tão mais velho, e se acostumara a obter muita atenção em casa, estava tendo dificuldades em adaptar-se a um círculo familiar onde não havia tanta agitação em torno dele.

"a mulher rude"; outro grupo consistia em três meninos, que supostamente estavam conversando; havia dois outros meninos um pouco mais afastados e, ainda mais à distância, um menino sozinho. O homem "sr. Smith" estava sozinho; outro grupo era constituído pela Mamãe e a sra. K. conversando. Nessa brincadeira, a atividade principal ocorria entre os trens e Richard não movia as figuras.

A sra. K. perguntou quem seriam os três meninos.

Richard mostrou que eram ele próprio, John e um amigo de John. A sra. K. perguntou quem seriam os dois meninos e o menino sozinho.

Richard mostrou resistência. Disse que não sabia. Perguntou se a sra. K. era capaz de reconhecer qual dentre as crianças de brinquedo era ele próprio, e ficou contente quando ela apontou a figura que muitas vezes o representava.

A sra. K. interpretou que o trem elétrico próximo a ela e ficando todo o tempo dentro da estação representava Richard na casa da sra. K., e não desejando separar-se dela; com isso Richard concordou. Interpretou, ademais, que a estação representava também a cama e o genital da sra. K., e que, quando Richard dizia que gostaria de ficar com ela, isso também significava que queria colocar seu genital dentro do dela.

Richard, nesse meio-tempo, tinha feito com que o trem de carga passasse pela outra estação, por linhas diferentes das do trem elétrico, que também tinha começado a andar (depois da interpretação da sra. K. de que o representava e de que ele não queria se afastar dela).

A sra. K. interpretou que Richard gostaria de ter a sra. K., em vez da Mamãe, toda para si; assim o Papai, o trem de carga, poderia ter sua própria estação (a Mamãe) toda para si sem que Richard precisasse lutar com ele (Nota 1).

Richard perguntou se poderia tirar uma fotografia da sra. K.

A sra. K. interpretou que ele não apenas gostaria de conservar a fotografia como uma recordação, mas que desejava colocar a sra. K. para dentro de si, e mantê-la em segurança no interior de si mesmo. Era isso também que queria dizer quando pediu à sra. K. que se mantivesse perto dele dentro do trem, que o caminho para a sala de jogos havia representado, e quando, nas sessões anteriores, desejara viajar com ela no trem, o que tantas vezes significava mantê-la no interior de si mesmo.

Nesse ínterim, Richard fez com que os trens trafegassem em linhas diferentes, mas não tardou a deixá-los próximos um do outro. O trem de carga seguia o trem elétrico, e depois era o trem elétrico que seguia o trem de carga. Houve uma colisão, que acabou virando uma briga entre os dois trens; no final, o trem de carga ficou com dois de seus vagões sobre os outros.

A sra. K. interpretou que, se o trem fosse uma pessoa, Richard lhe teria quebrado os braços e as pernas.

Richard riu dessa ideia e concordou.

A sra. K. sugeriu que o trem de carga representava agora o sr. Wilson.

Richard movimentou então o trem elétrico a toda a velocidade, até desmoronar tudo. Depois, dirigiu-se para a janela, e ficou observando as pessoas que passavam. Tornou-se muito inquieto e perseguido, e perguntou se o sr. K. (falando novamente no presente) gostava da ideia da sra. K. ser uma psicanalista; há quanto tempo fazia esse trabalho? Tinha começado a trabalhar depois de casada?

A sra. K. interpretou que Richard acreditava que o sr. K., que sentia estar vivo ainda, não iria gostar que a sra. K. ficasse com Richard e que conversasse com ele, e com outras pessoas, sobre coisas tais como genitais. Achava que o sr. K. ficaria com raiva e ciúme, e que atacaria Richard, da mesma forma como acreditava que o sr. Smith ficava vigiando a brincadeira da sra. K. e Richard para descobrir o que estariam fazendo juntos. Tinha acabado de mostrar que o trem de carga, representando agora o sr. Wilson, bem como o Papai e o sr. Smith maus, atacava o trem elétrico, Richard, porque ele queria fugir com a sra. K.

Richard disse que pensava que o sr. K. ficaria bravo. Correu, então, para a cozinha, e examinou o "tanque dos bebês". Retirou um balde de água e ficou observando enquanto a sra. K. o esvaziava na privada; depois, correu até a janela e ficou vigiando os transeuntes. Ao ver passar um rapaz, novamente perguntou à sra. K. quem era. Fez a pergunta como se fosse óbvio que a sra. K. o conhecesse. Pediu-lhe, a seguir, que saísse com ele, e voltou para dentro da casa e fechou a porta, deixando a sra. K. trancada do lado de fora. Logo depois, porém, deixou-a entrar.

A sra. K. interpretou que quando Richard vigiava os transeuntes, e assumia que a sra. K. conhecia todos os homens que passavam, demonstrava com isso o medo que sentia do sr. K. enciumado e zangado, e a desconfiança que nutria pela sra. K., que temia estar aliada ao sr. K., ao sr. Wilson, ao sr. Smith e, em última instância, ao Papai. Ela representava também a Mamãe que continha o Papai mau, e que sob a influência dele voltava-se contra Richard. Desconfiava, portanto, de todos os homens e relacionava-os com a sra. K.

Richard tinha juntado as bolas, e de um canto da sala violentamente as arremessava através da porta para o corredorzinho que levava à cozinha; mirava de tal forma que as bolas rolavam do corredor para o banheiro contíguo. Ao iniciar essa brincadeira, fez algum comentário a respeito de suas balas de canhão; depois, do lado oposto, atirou as bolas na direção em que a sra. K. estava sentada. Uma das bolas atingiu sua bolsa, pendurada na cadeira em que se encontrava. Richard pediu desculpas, mas perguntou se inconscientemente teria desejado atingir a sra. K. e sua bolsa.

A sra. K. interpretou que achava que sim. Acrescentou que a bolsa, o corredor, e a porta pela qual as "balas de canhão" eram atiradas representavam o genital e o traseiro dela. Richard havia particularmente desejado atacar o interior da sra. K. com seu genital e com seu cocô (as "balas de canhão"), porque sentia que ela continha todos os homens maus (e, nesse momento, todos os homens pareciam-lhe maus) representando o Papai no interior da Mamãe. Recordou-lhe que esse Papai "mau" no interior da Mamãe havia transformado a ela e à sra. K. na "bruta malvada". Por isso Richard gostaria de atirar para fora de si a sra. K. e a Mamãe, que sentia ter incorporado, nos momentos em que ficava com raiva e desconfiado.

Durante essa sessão, a sra. K. ficou sabendo que Richard tinha ficado muito magoado com John, que não quisera levá-lo consigo para visitar um amigo; interpretou, então, que as duas figuras de meninos que estavam juntas representavam John e seu amigo, e a que tinha sido deixada separada representava Richard, sozinho porque se sentia excluído. Interpretou que, embora Richard odiasse tanto as outras crianças e desejasse se afastar delas, ao mesmo tempo gostaria de se dar bem com elas e ansiava que gostassem dele; interpretou também que lhe trazia muito sofrimento não se dar bem com outras crianças.

Nessa sessão, emergiram para primeiro plano o desejo de fazer amigos e a tristeza ante o fracasso (o que anteriormente fez com que expressasse seu medo de virar um "burro"), primeiramente em sua relação com o irmão, e depois com seus colegas. Isso explica por que demonstrou especial resistência quando a sra. K. lhe perguntou quem eram os dois meninos e o menino que se encontrava sozinho.

Nota

O fato de, naquele dia, ter montado duas estações, dando uma delas ao pai (o trem de carga) e deixando a outra perto da sra. K. e de si mesmo, era também uma tentativa – característica da pré-adolescência – de desligar-se da mãe e buscar uma substituta. Dessa forma, diminuiria também a rivalidade perigosa com o pai. Esse processo de desligamento é de grande importância no desenvolvimento normal. Possibilita ao homem libertar-se até certo ponto da dependência da mãe.

Sessão 75
quinta-feira

Richard esperava do lado de fora da sala de jogos. Antes de entrar na casa, mostrou à sra. K. uma das colinas, contando que na tarde do dia anterior a havia escalado. Levou uma hora, e ficou muito cansado. Dentro da sala, continuou a falar sobre isso. Não se gabava, mas mostrava-se muito satisfeito. Acrescentou: "Mas não é nem a metade da dificuldade de escalar o Snowdon".

A sra. K. recordou-lhe outra tentativa de escalada, antes do início da análise, à qual fizera menção algum tempo atrás; perguntou-lhe se tinha sido muito mais difícil do que a escalada do dia anterior.

Richard disse que não, que tinha sido muito mais fácil; na verdade, tinha subido um trecho bem curto, por estar sendo perseguido por um menino.[140] [...] Referiu-se, novamente, às dificuldades que estava sentindo na casa dos Wilson, mas dessa vez de forma espontânea e à vontade. Não gostava muito do sr. Wilson, e particularmente se ressentia por John não se mostrar muito amistoso para com ele. Não que achasse que John não gostava dele, mas desejava que John gostasse mais dele. Continuou dizendo que percebia sua própria tendência de ser provocador; gostava de mexer com os outros meninos, mas não podia suportar que o provocassem. Disse que agora seu maior número de inimigos estava entre as meninas do vilarejo. Uma delas o havia chamado de "tonto". Será que a sra. K. poderia curar meninos tontos?

---

140 Admitir isso contrastava com sua tendência a gabar-se. Sua mãe havia comentado com a sra. K. que ele tinha o hábito de se gabar; por exemplo, quando o pai pescou o salmão, contou às pessoas no hotel que tinha sido ele, e muitas vezes se comportava como se soubesse tudo. Na análise, essa jactância estava muito controlada, pois estava determinado a ser sincero comigo.

No dia anterior, tinha se sentido muito infeliz porque John tinha ido se encontrar com um amigo, não o levando. Mas depois resolveu sair sozinho, escalou a colina e se sentiu bem; e agora já não se sentia infeliz.

A sra. K. interpretou que hoje Richard parecia não ter receio de contar-lhe sua opinião a respeito do sr. Wilson; provavelmente encontrava-se menos temeroso de que ela fosse desaprovar suas críticas. Na sessão anterior, talvez tivesse sentido que o sr. Wilson, a quem a sra. K. conhecia, representasse o sr. K., e então ela se ressentiria das críticas que lhe fossem feitas. Lembrou-lhe que, depois de comentar sobre como se sentia infeliz com os Wilson, havia explorado o forno e o tanque e utilizado suas "balas de canhão", e que ela tinha interpretado que seu medo e desconfiança referiam-se à relação entre os pais aliados contra ele.

Richard não discordou, mas afirmou com ênfase que o Papai era bonzinho e que nunca se mostrava hostil com as pessoas da família.

A sra. K. recordou-lhe o "Papai-vagabundo", o homem que poderia ter atacado a Mamãe, e que Richard, quando ficava com raiva e ciúme, chegava a desejar que ele a atacasse. Ao mesmo tempo, desejava protegê-la e resguardá-la de qualquer dano e ofensa. O sr. Wilson representava, agora, o Papai detestável.

Richard não respondeu; anunciou, porém, que a frota tinha vindo. Não estava muito certo se ela queria vir, mas tinha resolvido que ela viria. Estava faltando um navio; mas esperava encontrá-lo. Pediu à sra. K. que tirasse todos os brinquedos da sacola e ajudou-a a fazê-lo. Pegou o homenzinho sentado, examinou-o, mas colocou-o de volta na sacola.

A sra. K. interpretou que ele novamente desejava manter seu pai (o homenzinho sentado na cadeira) a salvo, deixando-o na sacola. Também não queria vê-lo, para não pensar nele e preocupar-se com sua doença.

Richard montou uma cidade à beira-mar no lado da mesa em que a sra. K. se encontrava; uma linha de trem corria ao longo da costa (Nota 1). Os lápis indicavam a costa, e os brinquedos foram todos utilizados para construir a cidade, exceto o balanço, que foi colocado fora da cidade. Mais uma vez, havia vários grupos de pessoas. A mulher "rude" estava com quatro figuras de meninos – dois pares de "gêmeos" (tinham roupas das mesmas cores); mais tarde acrescentou mais um par de meninos gêmeos. Sua mãe e a sra. K. estavam novamente juntas. Um pouco distante delas encontrava-se a Babá, mas logo depois colocou-a junto à mãe e à sra. K. Seu pai (o "homem sr. Smith") encontrava-se um pouco afastado; havia vários grupos de crianças – três meninos, dois meninos, algumas meninas separadamente – e Richard mostrou que o cachorro, o trator, o caminhão de carvão também estavam na costa. Três animais foram colocados um de frente para o outro, de forma que suas cabeças se juntavam. Richard disse que eram o Papai, a Mamãe e ele próprio.

A sra. K. assinalou que se encontravam muito perto um do outro, podendo assim vigiar um ao outro, não havendo, portanto, motivo para ciúme.

Richard armou os trens. O trem de carga seguia o trem elétrico. Depois dispôs a frota e comentou que agora toda a cidade a estava olhando e admirando. O *Hood* zarpou, seguido pelo *Rodney* e pelo *Nelson*; movimentavam-se para frente e para trás; algumas vezes o *Rodney* se aproximava do *Hood*, outras vezes do *Nelson*, e eram seguidos pelos destróieres. Richard disse que o *Nelson* era o Papai bonzinho.

A sra. K. interpretou que ele parecia sentir que o grande *Hood* (na verdade, por essa época o *Hood* já tinha sido afundado) era o Papai, que tinha morrido e se transformado num fantasma. Sentia medo desse Papai-fantasma "mau" na sra. K., ou melhor, no interior de sua mãe.

Richard observou a cena pacífica na mesa e, depois de repetir que todos estavam olhando a frota, declarou repentinamente que a cidade era alemã agora e que a frota iria atacá-la. Comentou que os brinquedos tinham sido fabricados na Alemanha (o que era verdade) e perguntou qual tinha sido a nacionalidade do pai da sra. K., acrescentando logo a seguir: "Austríaco, não?", como se temesse que a sra. K. pudesse dizer alemão. A seguir, perguntou à sra. K. se ela realmente não se incomodava que ele se referisse a sua nacionalidade; como muitas vezes anteriormente, disse que não conseguia acreditar que a sra. K. não ficasse magoada ao ouvi-lo falar essas coisas. Deu início ao bombardeio e toda a cidade desmoronou. Enquanto isso acontecia, Richard havia recolocado o balanço com a criança na cena do desastre, de forma que este também caiu. O único sobrevivente foi a figura de menino que representava Richard. Depois, declarou que a frota então era alemã, e que só havia sobrado um destróier, que atacou e afundou toda a frota alemã, navio a navio. No fim, o único sobrevivente era o destróier britânico, que Richard disse ser ele mesmo. [...] A seguir, pediu à sra. K. que guardasse todos os brinquedos.

A sra. K. interpretou que ele queria se livrar das pessoas feridas ou mortas. Recordou-lhe também que, por "alemão" ter para ele o significado de mau e hostil, não podia acreditar que a sra. K. não se sentisse magoada quando ele dizia que ela não era britânica.

Richard disse que muitas vezes perguntava a sua mãe se ele a magoava com as coisas que dizia para ela.

A sra. K. interpretou que seu temor de magoar era tão intenso porque ele permanentemente sentia que a paz não era duradoura, que acabaria por atacar a sra. K. ou a Mamãe com suas armas, representadas por seu genital, sua urina, seu cocô, ferindo-as ou matando-as, bem como aos bebês no interior delas. Havia dado seis filhos (os três pares de gêmeos) à mulher "rude", que anteriormente tinha sido a Mamãe "má", para compensá-la pelos bebês que foram danificados, pois sentia que ela tinha ficado zangada e se tornado rude devido aos ataques a ela dirigidos, e queria que ela voltasse a ser a Mamãe bondosa. A frota não queria vir, conforme havia dito, pois temia com ela atacar a sra. K. inimiga, bem como a Mamãe inimiga; mas ao mesmo tempo queria expressar seus sentimentos, e trabalhá-los com a sra. K. A princípio, a frota representou a família boa, britânica, que tinha sobrevivido, ao passo que a família má, a cidade alemã, foi destruída; a brincadeira revelava também sua incerteza a respeito dos pais bons que, em sua mente, se transformavam nos pais maus e agressores com tanta facilidade porque, tão logo surgisse a raiva, o ciúme e os sentimentos de privação, ele os atacava em sua mente. Por isso, não era possível haver paz; já que eles tão facilmente se transformavam nos pais maus, ele tinha que continuar destruindo-os por medo de que o atacassem. Isso também se dava com os bebês que ele sentia que a sra. K. e a Mamãe continham. Por essa razão, qualquer menina que olhasse para ele ou lhe dirigisse a palavra imediatamente se transformava, em sua mente, em uma inimiga, e sentia necessidade de comprovar isso, provocando--as, fazendo-lhes caretas dizendo-lhes algo desagradável, como repetidas vezes contou à sra. K. que era de seu hábito fazer. Quando John se recusou a levar Richard consigo para visitar um amigo, Richard sentiu que isso se devia ao fato de ser um "tonto" ou um "burro", o que tinha para ele o significado de ser mau e destrutivo. A sra. K. recordou-lhe que ele realmente gostaria muito de ter o irmão, John e outros meninos como amigos; mas tinha medo deles porque, em sua mente, todos eles representavam os bebês atacados e feridos.

Richard, apontando as figuras de crianças, disse gostar delas, assim como gostava de bebês por serem inofensivos. Ao mesmo tempo, parecia impressionado com a interpretação da sra. K. de que ele gostaria de conhecer o amigo de John, bem como gostaria de desfrutar da companhia de outros meninos se não tivesse medo deles. Isso o surpreendeu porque ele costumava sentir de forma intensa que queria que as outras crianças o deixassem em paz e que não queria ter nada a ver com elas. [...] Em determinado momento durante o brincar, dirigiu-se à cozinha. Tirou um balde de água do "tanque dos bebês" e comentou: "Vamos ordenhar a vaca". Acrescentou que a sra. K. era a leiteira e ele, o leiteiro. Quando a sra. K. esvaziou o balde, comentou que ainda bem que nada tinha sido derramado, pois as escoteiras usariam a sala naquele dia. Ficou ouvindo o barulho da água nos encanamentos e disse sorrindo: "A vaca está dizendo 'Quero ser ordenhada'". Comentou, então, com satisfação, que o tanque e a água estavam quase limpos. Foi para fora, pedindo à sra. K. que o acompanhasse. Pulou os degraus, comentando que poderia cair de costas sobre as verduras. Ao saltar, roçou, embora bem de leve, o rosto da sra. K., mostrando-se imediatamente preocupado com isso.

A sra. K. interpretou que cair de costas sobre as verduras era por ele sentido como atacar com seu cocô os bebês que também queriam ser alimentados pela vaca (a Mamãe ou a sra. K.). Mas Richard queria todo o leite da Mamãe só para si, e para isso iria ferir e deixar à míngua os bebês. Quando antes a água do "tanque dos bebês" estivera suja, sentia que era por culpa sua, que havia feito adoecer os bebês.

Apontando as verduras, Richard comentou: "Elas nos alimentam". Depois, olhando as colinas, com um ar anelante, disse que desejaria ver as montanhas que existiam atrás delas e acrescentou que só as partes inferiores delas eram visíveis, as mais altas estavam escondidas. [...] Durante a brincadeira com a frota, dirigiu-se várias vezes à janela, particularmente para vigiar as crianças que passavam. Observava-as atentamente, não do modo perseguido e hostil como costumava fazer, mas mais como se estivesse interessado em descobrir como elas realmente eram. Uma vez, quando passava uma menina, comentou que gostava dela, era simpática e bonita. Despediu-se da sra. K. na esquina da rua. Como agora estava na casa dos Wilson, não ia para a cidade; mas antes de deixá-la perguntou à sra. K. se ela iria à mercearia do sr. Evans, deixando bem clara sua desaprovação ante a resposta afirmativa. No entanto, não parecia de fato muito preocupado. Além disso, não fez nenhuma pergunta sobre o sr. Smith nessa sessão.

Nota

Desde a Sessão 21, Richard não brincava conjuntamente com a frota e os brinquedos. Assinalei numa nota anterior que, ao mudar algumas vezes o meio de expressão, ele usava a cisão de forma a poder preservar a família boa e a parte boa do self. Embora possamos observar, mesmo nesse estágio da análise, com que rapidez sua crença nos objetos bons era perturbada, o fato de ter podido novamente reunir dois meios importantes de apresentar o inconsciente – a frota e os brinquedos – revela um progresso na integração. É verdade que no início usou-os simultaneamente, mas depois deixou os brinquedos de lado porque estes passaram a representar os objetos danificados e hostis. Agora, depois que as ansiedades persecutórias e depressivas haviam sido analisadas até certo ponto, o uso da frota juntamente com os brinquedos se dava em bases diferentes.

Sessão 76
sexta-feira

Richard parecia muito deprimido e chegou alguns minutos atrasado, o que não era comum. Era evidente que se sentia infeliz, e que algo se passava com ele; mas não respondeu quando a sra. K. lhe perguntou a respeito. Sentou-se e disse que não tinha trazido a frota. De repente, descobriu que na sacola de compras da sra. K. havia um pacote a ser colocado no correio.[141] Richard pegou-o imediatamente e olhou o endereço, verificando que se destinava ao neto da sra. K. Cheirou-o, e comentou que parecia conter frutas; o cheiro era de laranjas, não era? A sra. K. confirmou, e Richard quis saber onde as tinha conseguido.

A sra. K. respondeu que no dia anterior o merceeiro havia distribuído duas laranjas a cada um de seus fregueses.

Richard ficou pálido de raiva e inveja, mas disse que não gostava de laranjas.

A sra. K. recordou-lhe que não gostava de leite também.

Richard disse que sim, não gostava.

A sra. K. interpretou que, embora agora não lhe agradasse a ideia de mamar no seio da mãe ou de que a Babá lhe desse a mamadeira, ao mesmo tempo continuava a sentir a mesma raiva e frustração que

141 Geralmente evitava ter comigo qualquer coisa que não fizesse parte da análise, mas naquele dia não me fora possível ir ao correio mais cedo. Como podemos ver pelo que sucedeu, o estímulo à inveja, ao ciúme e à perseguição que o fato de ter trazido o pacote produziu prova que foi um erro técnico.

havia sentido em bebê quando queria o seio ou a mamadeira e não os recebia. Agora, sentia inveja de outra pessoa que recebesse qualquer coisa que representasse o seio ou a mamadeira. No momento, as laranjas representavam o seio ou o leite da sra. K., bem como seu amor pelo neto. Isso significava que a sra. K., e a Mamãe no passado, daria seu amor e atenção a outro bebê.

Richard mostrava-se ainda muito abatido e perturbado. Disse que gostaria de ter uma rede de pegar peixe, mas tinha pouquíssimo dinheiro, pois tinha gastado quase tudo. (Recebia uma boa quantia, mas gastava tudo rapidamente.) Como poderia arrumar mais dinheiro agora?

A sra. K. interpretou que ele gostaria que ela lhe desse a rede ou o dinheiro, mas principalmente para assegurar-se de que ela e a Mamãe amavam-no a despeito de seu ciúme e de seu desejo de roubar o leite de seus bebês.

Richard retirou os brinquedos da sacola, a começar pelo trem elétrico; segurando-o, desengatou os dois vagões e voltou a engatá-los. Depois, perguntou à sra. K. se ela sabia que haviam jogado algumas bombas – não, fora um furacão – em "Z" na noite anterior. Duas casas foram arrasadas. Uma delas era a casa onde vivia Oliver, e a outra era a de Jimmie. (Oliver era habitualmente seu inimigo; e Jimmie havia sido seu amigo uma época, mas virara um "traidor".) Enquanto falava sobre isso, a cor voltou a suas faces, e seus olhos ficaram mais vivos (quando estava deprimido, se tornavam baços). A expressão de seu rosto revelava também maior satisfação ou divertimento. Logo acrescentou, porém, que era só história; tinha visto o furacão num filme.

A sra. K. perguntou se a casa de Oliver e a de Jimmie não ficavam perto da casa do próprio Richard.

Richard respondeu que Oliver, na realidade, morava na casa ao lado, e dava a impressão de que ele havia captado o sentido de minha pergunta de imediato. Havia colocado o trem elétrico entre duas casas (as quais normalmente chamava de estação); pegou ambas as casas, revirou-as, colocou os dois mindinhos na boca, tirando-os a seguir. Era o retrato da inquietação e do desespero.

A sra. K. interpretou que as duas casas representavam os seus seios, e que sugar os dois dedos expressava seu desejo de ficar junto a ela.

Richard, parecendo extremamente infeliz, perguntou por que a sra. K. não o levava consigo, suplicando-lhe mais uma vez que o deixasse morar com ela.

A sra. K. perguntou-lhe onde dormiria na casa dela. Richard respondeu: "Com a senhora, em sua cama".

A sra. K. interpretou que, por não o deixar ficar com ela, não lhe dar laranjas e amor, Richard sentia que ela era uma aliada do sr. Wilson, sentido agora como sendo o Papai mau. Isso tornava ainda maior sua necessidade de ser por ela reassegurado e amado.

Richard manifestou seu sentimento de raiva e desagrado em relação ao sr. Wilson. Sua principal queixa era que os Wilson eram muito rígidos no racionamento dos doces, o que lhe parecia insuportável. (Em casa, não havia muita restrição a esse respeito.) Também parecia decepcionado com John, que evidentemente não devia dar muita bola para ele.

A sra. K. interpretou que isso era ainda mais decepcionante para ele porque agora sentia que realmente gostaria de fazer amigos e que, no entanto, não conseguia. Isso fazia com que perdesse as esperanças de passar a se dar bem com outras crianças, o que também significava para ele que era diferente dos outros – um "burro".

Richard disse que tudo aquilo era muito desagradável e que não queria ouvir a respeito, e, num tom apaixonado, perguntou à sra. K. se ela não poderia fazer com que as crianças do vilarejo parassem de falar coisas feias para ele. Na noite passada, no cinema, um menino chamara-o de "biruta". [...] Havia já algum tempo estava postado na janela observando os transeuntes. A respeito de todas as crianças que passavam, dizia que eram "horríveis" e referia-se a elas como inimigos. Estava inquieto; pulava, ia até a janela, sentava-se novamente, e era evidente que se sentia muito perseguido. Em determinado momento, fez o trem ir na direção da sra. K. e depois afastar-se dela, e circular várias vezes em volta da sacola de brinquedos. Foi para a cozinha, e retirou baldes e baldes de água, só parando quando a sra. K. lhe pediu que não tirasse mais água.

A sra. K. interpretou que ele desejava gastar toda a água do reservatório, representando o leite do seio, de forma que não sobrasse nada para os filhos da sra. K. Naquele dia, como ele bem sabia, as escoteiras iriam usar a sala, e elas representavam agora os filhos e o neto da sra. K.; por isso ele gostaria de acabar com a água.

Richard concordou de imediato.

A sra. K. interpretou também que Richard gostava de tirar água do tanque porque o fato de a sra. K. esvaziar os baldes era, para ele, um sinal de amor e atenção; mas também queria proteção, porque tinha medo do Papai e Paul perseguidores. A sra. K. também representava a Babá, que havia feito tantas coisas por ele e que às vezes o protegia de Paul.

Richard voltou para a sala, mas brincou muito pouco. Apenas pegou os dois trens, comparou-os entre si e movimentou-os; o trem elétrico derrubou o trem de carga.

A sra. K. interpretou que os sentimentos de depressão e de perseguição de Richard relacionavam-se com sua partida, com o ciúme de seu neto e de seus filhos, e dos pacientes que ela iria atender quando voltasse para Londres. Isso havia sido manifestado pelo desejo de rugir como um furacão e de pôr abaixo a casa de seus pais. Desejava fazer a mesma coisa com a casa da sra. K. e com a de seus filhos, pois sentia raiva do fato de que ela iria deixá-lo. Por isso, o medo de perdê-la para sempre era imenso. Era pela raiva e inveja que sentia de seu neto, por causa das laranjas, que todas as crianças na rua passaram a ser os piores inimigos. Pôr abaixo as casas dos pais e da sra. K. implicava destruir os bebês não nascidos da sra. K. e da Mamãe. Todas as crianças desconhecidas e as que passavam na rua representavam os bebês não nascidos, bem como seu irmão e os filhos da sra. K., a quem sentia ter atacado e que continuava a atacar.

Richard implorou à sra. K. que não fosse para Londres. Precisava mesmo ir? Não deveria. Gostaria de ir para Londres com ela, mas onde ficaria? Poderia ficar com ela? Não, ele não queria ir para Londres. Quando a sra. K. voltaria?

A sra. K. repetiu que era sua intenção permanecer em Londres e não voltar, mas que, assim como a mãe dele, ela esperava e faria tudo a seu alcance para dar um jeito de dar seguimento à análise dele no futuro.[142]

Richard perguntou se a sra. K. manteria sua casa em "X". Não pretendia vendê-la, não era?

A sra. K. interpretou que, embora Richard soubesse muito bem que ela apenas alugava um quarto, já tivesse visto a proprietária da casa e também soubesse que havia outro inquilino, ainda assim mantinha em sua mente a ideia, da qual parecia absolutamente convicto naquele momento, de que a sra. K. era a proprietária da casa e que não iria vendê-la. Interpretou, ademais, que nesse momento a casa no vilarejo representava a casa dos pais em "Z", à qual era tão ligado, e para a qual gostaria de voltar, mesmo que sozinho, caso os pais a vendessem, como era intenção deles.

Richard, num tom premente, voltou a perguntar se ele iria para Londres no inverno seguinte.

---

142 Naquela época, eu tinha chegado à conclusão de que minha sugestão de voltar à "X" no verão seguinte e continuar a análise de Richard não poderia ser levada a cabo. Não tenho dúvidas de ter explicado isso para Richard, para que ele não nutrisse essa esperança. Não tenho, no entanto, nenhuma anotação de quando o fiz.

A sra. K. disse que não acreditava que a mãe conseguiria providenciar isso naquela ocasião, mas que talvez mais tarde conseguisse. Interpretou que Richard queria tanto conservar a sra. K. não apenas porque tinha um forte sentimento de que precisava do trabalho mas também porque, quando o ajudava, ela representava a Mamãe azul-clara. Sentia que a sra. K. colocava dentro dele leite bom e amor, protegendo-o, dessa forma, de seus inimigos internos e de sua própria raiva, bem como das muitas crianças hostis e do Papai mau.

Richard novamente pegou o pacote, cheirou-o, e perguntou quantos anos tinha o neto da sra. K. (uma pergunta que já havia formulado muitas vezes anteriormente, cuja resposta conhecia). Depois, olhou para o envelope contendo os desenhos (endereçado à sra. K.), e perguntou quem tinha escrito o endereço, se não teria sido o filho da sra. K. Essa também era uma pergunta que já havia formulado em ocasiões anteriores, tendo sido informado de que fora enviado por uma pessoa amiga. Richard mais uma vez quis ouvir se se tratava de um homem ou mulher, e qual o primeiro nome dessa pessoa.[143]

A sra. K. repetiu o nome.

Richard imediatamente pensou em um navio afundado, mas logo recordou que não existia nenhum navio britânico com aquele nome. Será que havia algum navio alemão assim chamado? (Era inglês o nome fornecido pela sra. K.). A seguir, mencionou navios italianos que tinham nomes de cidades italianas. Na última guerra, a Itália tinha lutado do lado dos Aliados, não tinha? Tinha começado um desenho (Desenho 65).[144] Enquanto desenhava, perguntou à sra. K. se se alegrara com o fato de a Grã-Bretanha ter ganhado e a Áustria perdido a última guerra.

A sra. K. perguntou-lhe o que pensaria a seu respeito se ela ficasse feliz com o fato de seu próprio país ter perdido a guerra.

Richard disse que não gostaria nem um pouco que ela se sentisse assim; mas, agora, ficaria contente se a Grã-Bretanha vencesse, não ficaria? Encarando a sra. K., suplicou-lhe que lhe afirmasse, deixando o trabalho de lado, que ficaria contente e que desejava que a Grã-Bretanha vencesse.

A sra. K. disse que ele sabia muito bem disso, como também sabia que Hitler era um inimigo de seu país natal, tendo-se apoderado dele à força.

---

143 Esse é um exemplo do quanto o analista precisa ser cuidadoso acerca de todo pormenor que ele introduz na sala de jogos e, por consequência, na análise.

144 Obliterei no desenho o verdadeiro nome de Oliver.

Richard disse que Hitler tinha nascido na Áustria.

A sra. K. replicou que isso fazia com que, na mente de Richard, ele pertencesse à sra. K., como o Papai mau pertencia à Mamãe. Quando o Papai e a Mamãe estavam juntos à noite, Richard suspeitava que juntos faziam alguma coisa com seus genitais que o levava a sentir que o Papai era "mau" – o Papai-"Hitler", o "vagabundo". Isso também tornava a Mamãe "má" em sua mente: transformava-a na "bruta malvada" contra ele aliada ao Papai "mau". As desconfianças que nutria pela mãe faziam com que desejasse o tempo todo receber dela balas e amor – por isso não podia suportar que algo lhe fosse negado.

Richard terminou o desenho e rapidamente o escondeu entre os outros; a sra. K., no entanto, retirou-o do envelope e sugeriu que o olhassem juntos. Richard concordou com relutância, mas disse que não queria saber o que significava. Não obstante, começou a explicá-lo. Disse que seu inimigo Oliver chefiava uma divisão *panzer*[145] contra ele, e que o homenzinho à direita era ele próprio. Encontrava-se protegido por um muro e tinha acabado de atirar uma bomba contra os tanques da divisão *panzer*.

A sra. K. assinalou que Richard era muito pequeno, e ficaria indefeso e desprotegido ao lutar contra toda uma divisão.

Richard respondeu que havia o muro para protegê-lo, e que também tinha uma bomba para atirar, mas estava parecendo muito ansioso e contou quantos tanques tinha desenhado, dizendo que eram nove.

A sra. K. interpretou que, como ele bem sabia, muito se falava sobre a ameaça de invasão, o que era causa de enorme ansiedade para ele. Oliver, seu inimigo, representava o pai-Hitler perigoso que comandava a divisão *panzer* contra a Grã-Bretanha – o genital do Papai enorme e poderoso atacando e destruindo o genital de Richard, representado pela bomba. A sra. K. recordou-lhe um material anterior, no qual o genital do Papai e o de Richard lutavam. O Oliver "mau" e Hitler invadindo a Grã-Bretanha representavam também seu próprio ódio, sua inveja e seu ciúme, que seriam destrutivos para a sra. K. e sua família. Essa parte má dele mesmo deveria ser destruída por outra parte de seu self.

No final da sessão, Richard quis conversar com a sra. K. sobre algumas mudanças nos planos. Não queria mais ficar com os Wilson. Será que

---

145 "*Panzer*", em alemão, significa, literalmente, "blindado". No uso histórico e militar, ficou amplamente conhecida por se referir aos tanques de guerra alemães usados especialmente durante a Segunda Guerra Mundial. [N. T.]

nessas três semanas que faltavam a sra. K. não poderia ir para "Y", onde ficava a casa de seus pais?

A sra. K. disse que isso não era possível, e interpretou que Richard gostaria de tê-la toda para si durante essas três semanas, e de afastá-la de seus outros pacientes em "X", a quem sentia como inimigos e rivais.

Richard respondeu que então tentaria mais uma vez ficar com um quarto no hotel, ou então preferia viajar todo dia. Será que a sra. K. poderia novamente oferecer-lhe horários alternados, manhã e tarde?

A sra. K. respondeu que sim.

Antes de sair da sala, Richard pegou o pacote e disse, num tom meio brincalhão, que poderia rasgá-lo com mordidas, mas que não iria fazer isso.

A sra. K. interpretou que, uma vez que as laranjas que estava mandando para o neto representavam os seios, tanto os seus como os da Mamãe, que nenhuma outra criança deveria ter, o fato de mordê-los significava que ele preferia destruir os seios bons a deixá-los para outra criança; mas, ao mesmo tempo, desejava intensamente não ferir a sra. K. ou a Mamãe, bem como seus filhos, e por isso refreou seu impulso de morder.

Richard despediu-se num estado de espírito muito menos deprimido, e evidentemente ponderava que atitudes tomar. Estivera novamente a sugar o lápis amarelo por um bom tempo; esse lápis muitas vezes representara o pênis do pai, e acredito que naquele momento representava também os seios da mãe. Na segunda metade da sessão, passou a sentir-se menos perseguido e a vigiar menos os transeuntes, mas assim mesmo mais do que nas últimas sessões (ver Nota).

Nota

Nesse estágio da análise, tão próximo a minha partida, o medo da perda, bem como todas as suas ansiedades e a necessidade de ser amado encontravam-se fortemente operantes em Richard. Acredito, no entanto, que as duas laranjas a serem enviadas para meu neto foram um fator específico que fez emergir com força total seus sentimentos arcaicos de perda do seio, sua inveja e ciúme, bem como a ansiedade persecutória relacionada a essa perda. Todo o desenrolar da sessão revela como essas emoções arcaicas estendiam-se por todos os seus relacionamentos e influíam sobre suas ansiedades persecutórias relativas à situação edipiana. Ao mesmo tempo, a necessidade de refrear seus sentimentos hostis, característica da vida mental de Richard, entrou em cena com força total.

Sessão 77
sábado

Richard chegou alguns minutos atrasado, mas não parecia perturbado com isso. Mencionou que voltaria para casa de ônibus, e a viagem de ônibus ocupou grande parte dessa sessão. Seu estado de espírito era bem diferente do da sessão anterior. Isso se devia, em parte, ao fato de estar indo para casa – durante toda a semana estivera saudoso de casa. Também havia escrito para a mãe, pedindo-lhe que fizesse um arranjo diferente para sua permanência em "X", o que acreditava que ela faria. Depois alongou-se sobre a possibilidade de o ônibus estar superlotado. Disse que tinha averiguado e sabia que iria viajar com a cobradora bonita, aquela que quando o ônibus estava lotado sempre dizia: "Os que pagam meia passagem, em pé". A outra cobradora de que gostava não era tão bonita, "embora de jeito nenhum feia", e não dizia "os que pagam meia passagem, em pé"; mas ela estava escalada para o ônibus que partiria mais tarde. Evidentemente, apesar da ansiedade que sentia por talvez ter que viajar em pé, também gostava da ideia de viajar com a cobradora bonita, pois repetiu várias vezes que ela era muito bonita e que gostava de olhar para ela.

A sra. K. interpretou que ele gostava dela, embora não fosse totalmente "azul-clara" como a Mamãe "boa".

Richard repetiu que ela era muito bonita e acrescentou, divertido, que ela não era "azul-clara", era "azul-escura". Na realidade, seu uniforme era azul-escuro. Pena que uma garota tão bonita tivesse que andar de quepe, colarinho e gravata (Nota 1). Certa vez, vira-a em roupas de garota; estava tão linda! A seguir, acrescentou que sabia o que a sra. K. queria dizer com não ser completamente "azul-clara". Significava que ela não era totalmente boa nem absolutamente má. Saiu e bebeu água da torneira, voltou e sentou-se à mesa.

A sra. K. interpretou que seus temores acerca do ônibus lotado, com a cobradora bonita nele, referiam-se também à sra. K. amada, mas de quem desconfiava. Recentemente, sentira que todas as pessoas na rua movimentada se aproximavam dela, tornando-a "superlotada" como o ônibus. Temia que isso também se desse com a Mamãe, que também achava bonita e que estaria superlotada de bebês em seu interior. No dia anterior, havia se mostrado intensamente enciumado do neto da sra. K., e temia tê-lo atacado e destruído em seu ciúme. Imediatamente, todas as crianças na rua haviam se transformado em inimigos. Representavam o neto da sra. K. e os bebês no interior da Mamãe.

Richard comentou que não dava a mínima para laranjas. Havia algumas na casa dos Wilson e, se desejasse, poderia ter comido uma.

A sra. K. interpretou novamente que as duas laranjas que enviava ao neto adquiriam uma importância especial com relação ao amor que Richard nutria por ela e ao ciúme que sentia de outras pessoas, agravados pelo fato de ela estar se preparando para partir e deixá-lo; dessa forma, sentia que ela ofereceria seu amor e dedicaria sua atenção a outros pacientes e a seus filhos. Não apenas se sentia frustrado por ela mas também desconfiado, pois acreditava, como acontecia com a Mamãe, que se ela não o amasse suficientemente iria aliar-se aos homens hostis que, em sua mente, se tornavam tão assustadores porque tinha muito ciúme e nutria enorme hostilidade por eles. Na sessão passada, havia sentido que tinha destruído o neto da sra. K. por odiá-lo tanto, tendo se desesperado por isso. Havia igualmente temido que, devido a seu ciúme, tivesse destruído o amigo da sra. K. que sobrescritara o envelope com seus desenhos, já que imediatamente tinha pensado num navio de guerra afundado, lembrando logo a seguir que não existia um navio com aquele nome.

Richard, naquele dia, mostrava-se muito responsivo. Ouvia com atenção, e era evidente que agora se encontrava em condições de absorver muito mais das interpretações do que fora capaz no dia anterior (Nota 2). Estivera observando duas meninas pela janela, aquelas que o chamaram de "tonto" e a quem designava como inimigas.

A sra. K. interpretou que, provocando-lhes a agressividade, Richard procurava descobrir quem eram seus inimigos e o que fariam com ele: quanto mais amedrontado se sentia, maior a necessidade de descobri-lo. Embora temeroso, sentiu um certo alívio por não ter sofrido uma retaliação, já que elas não o ofenderam nem atacaram. Sentia-se também protegido pela sra. K. nesse momento, em que as provocava.

Richard voltou para a mesa, e muito sério disse: "Sabe o que aconteceu ontem? Minha babá morreu".

Por um momento, a sra. K. acreditou e disse: "Sua babá?".

Ainda muito sério, Richard repetiu: "Minha babá". Logo depois, disse que não era verdade.

A sra. K. perguntou-lhe do que ela teria morrido.

Richard, sem hesitar, respondeu "De pneumonia.[146] Ela ficou gelada por dentro. Seu leite ficou todo congelado, sufocando-a".

A sra. K. interpretou que esse era um temor que remontava à época em que a mãe havia parado de amamentá-lo. Sentindo-se privado, odiou-a, e em sua mente estragou e sujou seu leite; na sessão passada havia manifestado seu desejo de morder as laranjas através do pacote, representando os seios da sra. K., de forma a danificá-los e estragá-los – assim ninguém mais usufruiria deles. A sra. K. representava igualmente a Babá, de quem no passado sentira ciúme porque também cuidava de Paul. Ciúme este que estava sendo revivido porque seu pai agora tinha uma enfermeira para atendê-lo; Richard, portanto, sentia ciúme do pai não apenas por ser ele o marido da Mamãe mas também porque em sua mente havia se transformado num bebê rival. Ao mesmo tempo, sentia-se muito culpado e assustado com Papai ser um bebê doente por ter envenenado, com sua urina e seu cocô, o leite dos seios da Mamãe; na última sessão tinha desejado morder as laranjas, que representavam o seio (Nota 3).

Nesse dia, Richard não fez menção de brincar ou desenhar. Ficou sentado na mesa, conversando com a sra. K., de quando em quando se levantando para observar as pessoas que passavam na rua, mas com menor frequência e menos tenso e ansioso do que anteriormente. Também caminhou pela sala, examinou algumas gravuras e chamou a atenção da sra. K. para um cartão-postal em que um filhote de pinguim comia um peixe dourado enquanto supostamente o Pato Donald estava fora procurando comida para ele.[147]

A sra. K. interpretou que o filhote de pinguim representava Richard. Ele comia o peixe dourado – um dos bebês da Mamãe – muito embora a Mamãe fosse alimentá-lo. Por isso, Richard se sentia culpado.

De repente, Richard perguntou à sra. K. se ela lhe faria um favor: poderia conversar com o sr. K. em alemão (contrariamente a seu hábito, dessa vez não disse austríaco) como se estivessem sentados à mesa?

A sra. K. perguntou o que ele sugeria que ela dissesse em alemão.

Richard protestou, dizendo que gostaria que ela falasse o que falaria se o sr. K. realmente estivesse ali.

A sra. K. disse algumas frases não comprometedoras em alemão.

---

146 Não era pneumonia a doença do pai de Richard.

147 Como mencionei anteriormente, havia uma grande quantidade de cartões-postais ilustrados pregados na parede, ou distribuídos pela sala, de forma que era significativa a escolha de Richard por aquele especificamente.

Richard, que estivera ouvindo os sons da língua estrangeira com uma expressão de divertimento, ao mesmo tempo que observava atentamente as expressões faciais da sra. K. e seu comportamento geral, pediu-lhe que traduzisse o que havia dito. Feito isso, mostrou-se satisfeito.

A sra. K. interpretou o desejo de Richard de descobrir acerca de seu relacionamento com o sr. K. no passado. Já uma vez Richard havia perguntado à sra. K. se gostava do sr. K., tendo imediatamente acrescentado que era claro que sim. E mais ainda, desejava saber como era sua relação com o sr. K. interno; se fosse uma boa relação, significaria para Richard que ela não continha o Papai-Hitler mau, que ela estava em paz em seu interior, e que ela não se sentia envenenada e perseguida. Também significaria que ela não iria ser transformada na "bruta malvada" – hostil a Richard – por um sr. K. mau em seu interior. A sra. K. sugeriu que Richard nutria receios e suspeitas semelhantes em relação aos pais, não obstante soubesse que o pai era um homem bondoso.

Richard, mergulhado em seus pensamentos, olhava a sra. K. afetuosamente. De repente, esticou o corpo, e pediu à sra. K. que segurasse sua mão para ajudá-lo a se esticar.

A sra. K. perguntou-lhe por que desejava que ela segurasse sua mão naquele momento.

Richard (por um instante parecendo desapontado) disse: "E por que não?". Acrescentou que achava que a sra. K. ia mesmo responder daquele modo; a seguir rapidamente colocou a mão sobre a dela, que estava sobre a mesa. Disse que poderia senti-la, e que se perguntava se ela também poderia senti-lo. Passado algum tempo, perguntou o que faria com a sra. K. se estivesse na cama com ela.

A sra. K. sugeriu que ele dissesse o que achava que iria fazer.

Richard (timidamente) disse que colocaria seus braços em volta dela, iria acariciá-la e ficar juntinho dela. Depois de um silêncio, disse que não achava que desejaria fazer nada com seu genital a ela. Pela expressão de seu rosto era evidente que esse pensamento era predominantemente desagradável e assustador.[148] Depois disso, correu para a cozinha e retirou água do "tanque dos bebês", que em associações recentes tinha se transformado no úbere da vaca, o qual foi efetivamente designado por ele como "seio". Encheu dois baldes e, olhando-os, disse que um estava limpo e o outro sujo. (Um deles estava um pouco enferrujado, mas quase não havia diferença entre a água de um e de outro.)

---

148 Ver Nota 3 da Sessão 42.

A sra. K. interpretou que isso significava que um era o seio limpo, "azul-claro", e que o outro era o seio sujo, "mau".

Richard aceitou imediatamente essa interpretação e perguntou como o seio tinha se tornado tão sujo. Prendeu uma mosca entre os dedos e colocou-a dentro do balde "sujo". A mosca escapava seguidamente e Richard voltava a apanhá-la ameaçando-a (num tom dramático) com "uma morte cruel". No final, esmagou-a dentro do balde. Apanhou, então, outras moscas e colocou-as no "tanque dos bebês", e ficou observando para ver se conseguiam chegar até o balde. Conscientemente se comprazia da própria crueldade.

A sra. K. interpretou que os ataques de Richard às moscas representavam ataques aos bebês no interior dela. Mostrou-lhe também como o seio e o interior da sra. K., o que valia para os da Mamãe também, tinham se tornado envenenados e sujos. Se a sra. K. e a Mamãe contivessem bebês mortos, morreriam também. Tinha expressado isso ao dizer que a Babá morrera sufocada pelo leite congelado em seu interior. Por desejar matar o Papai e os bebês no interior da Mamãe, tinha tanto medo de que os bebês – as crianças que passavam na rua – fossem se vingar. Conservando um seio bom e o outro mau, tentava manter intata uma parte da Mamãe. Quando admirava a cobradora bonita, ela era em parte bonita, mas era também má por dizer "os que pagam meia passagem, em pé". A sra. K. acrescentou que a parte preta, ferida ou suja dela mesma e da Mamãe era seu genital e seu interior. A Mamãe "azul-clara" era, na verdade, apenas a parte superior de seu corpo – a Mamãe-seio –, sendo a Mamãe "bruta malvada" a parte inferior de seu corpo. Richard desejava acariciar a sra. K., mas sentia medo de seu genital e de seu interior, porque estava sujo e envenenado pelos bebês mortos e sujos (as moscas esmagadas) e pelo Papai-Hitler. Richard, portanto, poderia vir a se sentir aterrorizado ante a ideia – mesmo se fosse adulto – de colocar seu genital em lugar tão perigoso, apesar de também desejá-lo.

Richard pediu à sra. K. que esvaziasse os baldes. Como sempre, mostrou-se a um tempo embaraçado e satisfeito ao ter seu desejo atendido por ela. [...] Continuou a caçar moscas, que agora jogava pela janela, libertando-as. Depois de ter feito isso com duas moscas, uma maior e uma menor, disse que pusera o Papai e Paul do lado de fora. Um pouco depois, referiu-se a uma mosca como sendo a menina ruiva. Acrescentou que ele mesmo só tinha matado duas moscas, tinha sido o cano que matara as outras. (Pausa.) Seria o genital do Papai? (Estava se referindo ao cano dentro do "tanque dos bebês", pelo qual passava a água que saía pela torneira.)

A sra. K. interpretou a culpa e o desejo de desfazer o mal que tinha infligido às moscas porque elas representavam também os bebês, bem como o Papai e Paul. Por isso havia libertado algumas delas; sentia-se culpado, mas, no entanto, colocou a culpa no genital do Papai no interior da Mamãe. Mesmo assim, continuava a sentir que a culpa era sua, pois tinha colocado as moscas no tanque, dessa forma fazendo com que elas se afogassem no cano.

Richard pediu à sra. K. que fosse para fora com ele. Saltou os degraus repetidas vezes. Olhou para as colinas e para o céu, e disse que gostaria de escrever um "V" bem grande no céu, acrescentando que isso significava, é claro, a vitória dos russos sobre os alemães. Durante essa sessão, Richard repetidamente mencionou ter comprado sementes de rabanetes do sr. Smith.

A sra. K. interpretou que agora o sr. Smith representava o Papai bom que dava a Richard sementes boas – os bebês bons – que ele poderia colocar dentro da Mamãe. Desejava também pacificar o sr. Smith por sentir tanta desconfiança dele.

Num determinado momento, Richard martelou o chão com violência. Disse que queria saber o que havia embaixo.

A sra. K. interpretou o desejo de penetrar dentro dela a fim de descobrir se ela continha o genital perigoso do sr. K. ou o genital bom do Papai que depositava sementes boas (os bebês) em seu interior.

Notas

1. O fato de lamentar que a cobradora bonita usasse um uniforme expressava também o desejo de que a mãe, e agora a analista, se mantivessem femininas, isto é, não contendo o marido (o Papai), o uniforme masculino representando o objeto masculino interno. Em sua mente, somente a mãe-seio era capaz de conferir-lhe o sentimento de que ela estava sozinha, e não misturada com o pai. O medo e a aversão pelo órgão genital feminino relacionavam-se ao sentimento de que o órgão genital masculino se encontrava em seu interior. Tais sentimentos desempenham um papel importante na impotência e nas perturbações da potência.

2. Esse exemplo tem a ver com a questão da técnica. Sabemos que as interpretações são muitas vezes repetidas, pois o mesmo material reaparece com novos detalhes; mas podem existir outras razões para rever o mesmo material. No dia anterior, embora indubitavelmente

Richard tivesse incorporado alguns aspectos do que interpretei, fora, por sua extrema ansiedade e desespero, incapaz de ter um insight pleno. Ademais, além das ansiedades referentes à proximidade de minha partida e à doença séria do pai – ansiedades que agora estavam sempre presentes –, estava também muito perturbado por encontrar-se num ambiente novo e que lhe era desagradável. Sentia-se expulso de casa, especialmente porque nunca tinha estado fora de casa sem a mãe. Por isso o incidente das laranjas adquiriu particular importância.

Por todas essas razões, embora sem dúvida Richard tivesse compreendido algumas de minhas interpretações no dia anterior, tendo elas surtido algum efeito, foi incapaz de ter pleno insight a partir do que eu dizia. Na presente sessão, encontrava-se mais responsivo, desejoso e capaz de compreender mais plenamente o material importante com o qual estávamos lidando. Isso se deu porque as interpretações fornecidas diminuíram sua ansiedade, em certa medida; mas ele foi em parte reconfortado pelo fato de eu ter concordado em mudar seus horários de forma a poder ficar em casa, o que por sua vez significava que eu me importava com ele, tornando-me assim menos suspeita. Foi muito importante também o fato de ter podido dizer para a mãe que desejava arranjar as coisas de modo diferente, e estava certo em acreditar que ela o faria.

Por isso repeti, com mais detalhes, minhas interpretações da sessão anterior. Como havia material novo, como o sentimento misto pela cobradora e a possibilidade de o ônibus estar lotado, minhas interpretações não soaram como uma mera repetição daquelas da sessão anterior. Mas desejo enfatizar que, em determinadas circunstâncias, tais como as que descrevi acima, é essencial a repetição da interpretação anterior mesmo que haja apenas poucos detalhes novos.

3. Em minha monografia "Inveja e gratidão" (1957), fui um pouco mais adiante do que nessa interpretação. Encontra-se ali sugerido que a inveja do seio da mãe e de seu papel criativo mobiliza inveja no bebê, levando-o a atacar o seio e a desejar privar a mãe deste. Acredito que isso seja verdadeiro, apesar de ser o bebê alimentado por esse seio. Existiria uma diferença entre ser alimentado e ter a fonte de toda a satisfação que a posse do seio implicaria.

Sessão 78
segunda-feira

Richard chegou pontualmente à sala de jogos. Parecia estar calmo, bem como claramente determinado a cooperar o máximo possível com a análise. Colocou sobre a mesa uma caixa de chocolates e disse que havia trazido uma coisa para a sra. K., pedindo-lhe que adivinhasse o que era.

A sra. K. disse que achava que era a frota.

Richard disse que gostaria de saber como ela tinha podido adivinhar logo de cara. Indagava-se como podia ser, talvez ela tivesse ouvido um leve chocalhar quando ele colocou a caixa sobre a mesa.

A sra. K. admitiu que talvez tivesse ouvido mesmo, mas acrescentou que recentemente Richard lhe havia contado que tinha colocado a frota dentro de uma caixa, deixando-a ali. Será que, ao dizer que tinha trazido a frota para ela, estava também dizendo que em atenção a ela gostaria de cooperar com a análise? Tempos atrás havia dito que era pelos pais que o fazia.

Richard afirmou veementemente que era por ela também.

A sra. K. sugeriu que também poderia ser em seu próprio interesse.

Richard disse que não. (O que é surpreendente, pois ele evidentemente estava convencido de que a análise o ajudava e era-lhe necessária.) Retirou a frota da caixa, dispondo-a em posição de combate. Disse que apesar de o *Hood* ser o maior, era o *Nelson* que estava no comando. Interrompeu-se e disse que a sra. K. deveria ter perguntado algo que não perguntou e que ele não iria dizer o que era – ela teria que adivinhar sozinha.

A sra. K. sugeriu que a pergunta (que ela sempre fazia quando ele voltava do fim de semana) dizia respeito à saúde de seu pai.

Richard disse que era isso mesmo; e por que, então, não tinha perguntado? A sra. K. explicou que na noite anterior havia telefonado para a mãe dele, como Richard bem sabia, para falar sobre a mudança dos horários; e que soubera que seu pai ia bem.

Richard perguntou, com um sorriso, se ela também sabia por que a mãe precisou interromper a conversa. Explicou que tinha entrado na sala e a Mamãe teve de se desvencilhar dele. Tinha ouvido a porta bater? Foi ele que bateu. Parecia muito satisfeito consigo mesmo, rebelde e desafiador.

A sra. K. interpretou a curiosidade de Richard a respeito de sua conversa com a mãe, a desconfiança quanto ao que poderiam ter falado a seu respeito, e recordou-lhe a situação que se repetia na brincadeira em que a figura da Mamãe e a da sra. K. ficavam conversando entre si. Sempre sentia que falavam sobre ele.

Richard interrompeu novamente a brincadeira com a frota para comparar seu relógio de pulso – que estivera no conserto – com o da sra. K., dizendo que o barulho do seu era mais alto. Pediu à sra. K. que acertasse o relógio de mesa, cuja hora diferia ligeiramente da dos relógios de pulso de Richard e da sra. K., para que todos marcassem exatamente a mesma hora. Como muitas vezes anteriormente, examinou o relógio para verificar se era de fabricação estrangeira (sabia que era suíço), e mais uma vez comparou seu relógio de pulso com o da sra. K. Depois, movimentou alguns dos navios. Circundaram a mesa, primeiramente escondendo-se atrás da bolsa da sra. K., depois tomando suas posições ao lado do relógio da sra. K. Disse que estavam no mar do Norte, onde se desenrolava uma batalha. A princípio, logo que os navios zarparam, Richard cantou "God Save the King", e os navios deviam ser britânicos; mas, assim que se posicionaram ao lado do relógio, tornaram-se navios alemães e os outros vieram para combatê-los.

A sra. K. interpretou o medo que sentia de que o interior e o genital dela fossem maus e perigosos – o relógio de fabricação estrangeira. Referiu-se ao material da sessão anterior: a sra. K., ou melhor, a Mamãe, contendo o pai, Paul e bebês mortos – as moscas que Richard tinha matado. Havia manifestado seu desejo de ir para a cama com a sra. K. e acariciá-la, sentindo-se ao mesmo tempo muito amedrontado com o genital dela. Assinalou que, ao comparar seu relógio de pulso com o dela, expressava o desejo de que os genitais de ambos fossem iguais, e de que ela deveria ter um pênis, pois seu genital e seu interior eram-lhe extremamente aterrorizadores; ou expressava o desejo de que nenhum dos dois tivesse pênis. O "relógio de fabricação estrangeira", como ele sabia (por exemplo, Sessão 11), representava o interior da sra. K.; e abrir e fechar o estojo dele tinha o significado de examinar o interior dela.

Quando ele colocou os navios ao lado do relógio estrangeiro, tornaram-se alemães – quer dizer, o interior da sra. K. era perigoso porque continha inimigos. Era o genital hostil do Papai, ou do sr. K., que deveria ser combatido no interior da sra. K. ou da Mamãe pelos britânicos, por ele, pelo irmão e Papai bons.

Richard falou sobre a RAF, que tinha (e aqui ele se interrompeu, parecendo por um momento aterrorizado) levado a cabo um ataque aéreo particularmente pesado contra Berlim. Levantou-se e imitou o som forte de um avião, fingindo que estava bombardeando a frota da estratosfera, e fez menção ao *Scharnhorst* e ao *Gneisenau*. O *Bismarck* (representando agora o Papai) e o *Prinz Eugen* (agora Paul) foram feridos no bombardeio, mas no final salvaram-se; o *Hood* (agora a Mãe) foi a pique. Nesse ponto, a brincadeira mudava com extrema rapidez, pois num momento ele representava os britânicos, noutro os alemães; ora se achava do lado da Mãe (o *Hood*), ora do lado do Pai (o *Bismarck*), e demonstrava, portanto, imenso pesar pela sorte do *Bismarck*. Vez por outra, um destróier enfrentava todos os outros, representando Richard (ou o Papai) perseguido pela família inteira. Ora salvava o Papai e matava a si mesmo, ora o inverso. Em função da rapidez com que se processavam essas flutuações, nem sempre a sra. K. era capaz de acompanhá-las.[149] Durante a brincadeira, Richard repetia que havia trazido uma coisa da loja do sr. Smith. Viu passar a menina ruiva e mostrou que ela estava comendo uma maçã verde, e também comentou como era vermelho o cabelo dela. Disse que ela sufocava de raiva.

A sra. K. interpretou seus sentimentos de que os genitais das mulheres e das meninas fossem vermelhos e feridos porque não tinham um pênis – o que as deixava enfurecidas e fazia com que desejassem devorar o genital do homem, a maçã; ao fazê-lo, sufocavam de raiva. A sra. K. acrescentou que, em seu medo do interior e do genital da Mamãe, ele fez com que o *Hood* (que a representava) afundasse, e aliou-se ao Papai, que na brincadeira combatia a Mamãe. Sua preocupação com o estado de saúde do pai contribuía para aumentar a ansiedade que sentia em relação ao *Bismarck*, que sempre representara o Papai na brincadeira com a frota. No momento seguinte, no entanto, sentiu-se infeliz e amedrontado por ter perdido a Mamãe, e tentou fazer com que ela saísse vencedora. Depois, novamente aliou-se ao Papai; essas mudanças foram repetidamente reencenadas.

Richard afirmou que não se lembrava de alguma vez ter visto o genital de uma mulher ou de uma menina, mas ele não parecia ter dúvidas de que fosse diferente do de um homem.[150]

---

149 A rapidez dessas mudanças e flutuações de uma posição a outra era indicativa de sua insegurança, instabilidade e doença, reforçadas por minha partida iminente e por sua preocupação com o estado de saúde do pai.

150 Como assinalei anteriormente, era pouco provável que ele nunca tivesse visto sua babá, que dormia no quarto dele, ou sua mãe despidas. Além disso,

A sra. K. repetiu sua interpretação de que Richard sentia que o genital feminino era ferido e que em consequência disso as meninas – e não apenas aquela ruiva – odiavam-no porque queriam ter um pênis. As meninas poderiam também representar o genital ferido – e, portanto, retaliador – da mãe.

Richard pegou dois baldes que estavam na cozinha e a princípio disse que era a leiteira. Corrigiu-se rapidamente dizendo que ele era o leiteiro e a sra. K. a leiteira, e que iam ordenhar o "tanque dos bebês". Ao tirar a água do tanque, reparou nas bolhas que havia na superfície e disse que era o leite delicioso, com sua espuma, ignorando os pedaços das moscas que na sessão anterior havia matado e atirado no tanque. Depois, demonstrou interesse em saber como a água entrava no tanque, certificando-se de como era. Disse que poderia permanecer todo o tempo ali tirando água e ordenhando a vaca, e que ficava irritado porque a água corria tão devagar – a vaca estava dando muito pouco leite.

A sra. K. perguntou se ele iria beber tamanha quantidade de leite.

Richard ficou um pouco surpreso e disse que não, bebia muito pouco leite, nem gostava muito de leite.

A sra. K. interpretou que, embora não gostasse muito de leite atualmente, a Mamãe que lhe havia dado leite quando era pequeno – a Mamãe-seio – permanecia em sua mente como a maravilhosa Mamãe "azul-clara"; ele se agarrava tanto à Mamãe-seio porque se sentia aterrorizado com a parte inferior do corpo da Mamãe, ou seja, seu genital ferido e seu interior contendo os bebês mortos e assustadores – os pedaços de moscas. Como havia dito de início, queria ser a leiteira, porque isso significava ter o seio da Mamãe e também que continha a Mamãe-seio boa. Sendo ele e a sra. K. a leiteira, ele se livraria totalmente do genital masculino, já que nem ele nem a Mamãe o teriam, e nem ele nem ela conteriam o genital do Papai.

Richard voltou para a mesa e começou a brincar. Movimentou um pequeno destróier ao longo da mesa, dizendo tratar-se do *Vampire*; curvou-se de modo a ficar com os olhos na altura da mesa, fixando-os bem para verificar se o destróier navegava em linha reta. Disse que sim, e que se movia por conta própria. (O *Vampire* normalmente representava o próprio Richard.) O *Vampire* moveu-se para perto do *Nelson*,

---

sempre esteve presente no material seu conhecimento inconsciente da diferença entre os sexos. Ele havia, por exemplo, me mostrado a diferença entre os mastros do *Rodney* (a mãe) e do *Nelson* (o pai), tão pequena que era difícil de perceber, um pedacinho quebrado na ponta do mastro do *Rodney*.

e suas popas se tocaram. Richard mencionou novamente ter visto o sr. Smith. Nesse ínterim, enfiou o *Nelson* na boca.

A sra. K. interpretou que o *Vampire*, seguindo em linha reta e movendo-se por conta própria, revelava o desejo de Richard de que seu genital não estivesse danificado. Significava também que ele brincava com seu genital e examinava-o. Ao fazer com que as popas do *Vampire* e do *Nelson* se tocassem, expressava seu desejo de tocar o pênis do pai e de sugá-lo, já que durante o brincar tinha pegado o *Nelson* e o sugado. O sr. Smith recentemente tinha aparecido como o pai bom que lhe dava sementes boas; Richard gostava de entrar na loja dele porque queria ver o genital do Papai e dele receber bebês. Em seguida, seria a leiteira, tomando o lugar da Mamãe. Esses desejos tornavam-se mais intensos devido ao medo que sentia dos genitais maus do Papai e da Mamãe.

Richard comentou que dias atrás tinha tido um sonho e que gostaria de contá-lo à sra. K., mas que temia magoá-la. Não obstante, prosseguiu contando o sonho:

> *Tinha interrompido a análise com a sra. K. e ido procurar outra analista.*

(Falava com grande dificuldade, e a sra. K. precisou fazer-lhe algumas perguntas.) Disse que

> *a outra analista usava um conjunto azul-escuro, e fazia-lhe lembrar uma senhora no hotel, que tinha um spaniel muito bonito. Gostava do cachorro, mas não gostava nem um pouco da mulher, que nem sequer lhe interessava. O nome do cachorro era James.*

A sra. perguntou-lhe como era a mulher.

Richard foi enfático: "Ah, ela não era tão bonita como a senhora!". A seguir, comentou novamente acerca da beleza dos olhos da sra. K., tentando olhá-la nos olhos enquanto falava.[151] Pediu-lhe e suplicou que não se sentisse magoada, perguntando-lhe se estava magoada. Depois perguntou seriamente se outra pessoa poderia continuar sua análise – poderia ser um homem?

A sra. K. voltou a se referir ao sonho e perguntou onde se passava essa análise – era numa sala de jogos?

---

151 Comportava-se como um homem que confessa sua infidelidade e procura fazer com que a outra mulher pareça de pouca importância, exaltando os encantos daquela a quem se dirige.

Richard disse que era engraçado, porque não era numa sala de jogos; parecia começar na curva da rua.[152]

A sra. K. interpretou que, por seu medo do genital e do interior da Mamãe, tinha-se afastado e se voltado para o genital atraente do Papai. Mencionou também a brincadeira de Richard com a frota nessa sessão e as rápidas mudanças, que mostravam seu conflito referente a qual deles escolher – o Papai ou a Mamãe. Ele não sentia grande interesse pela outra mulher analista no sonho, mas ela era dona de um cachorro atraente – o genital do Papai no interior da Mamãe (a curva da rua). Chamou a atenção de Richard para o fato de que, enquanto interpretava, ele tinha empurrado o destróier *Vampire* para debaixo do chaveiro da sra. K., de forma que este tocasse a chave, coisa que nunca tinha feito antes. Também isso expressava seu desejo de tocar o órgão genital masculino bom no interior da sra. K. O desejo pelo pênis bom havia se intensificado em razão do medo do genital-Hitler mau no interior da sra. K. e da Mamãe. Deixar a sra. K. para ir para outra analista significava desistir da Mamãe-seio boa e voltar-se para o atraente Papai-genital (o cachorro). Por isso se preocupava tanto com a possibilidade de magoar a sra. K.; pois também se sentia culpado por querer deixá-la, punindo-a por deixá-lo. Tudo isso lhe era muito doloroso. A sra. K. acrescentou que Richard pensava particularmente na necessidade de procurar outro analista porque sua análise estava prestes a terminar. Repetiu ser bem provável, se surgisse uma oportunidade, que ele continuasse sua análise com outro analista.

Nesse meio-tempo, Richard tinha se levantado; saiu, olhou em volta, e observou que haviam colhido algumas batatas. Comentou que o céu estava de um azul muito claro. Na realidade, havia muitas nuvens.

A sra. K. interpretou a recusa de Richard de que o céu estivesse nublado, porque as nuvens, como muitas vezes anteriormente, representavam para ele a chuva que atacava e danificava as montanhas. Queria também recusar o perigo que a sra. K. corria de ser bombardeada em Londres.

Richard, de volta à sala, falou sobre o vestido da sra. K., que tinha linhas de pontinhos brancos sobre um fundo azul; disse, referindo-se

---

152 Richard demonstrava um interesse particular em ver as pessoas e os carros desaparecer depois dessa curva, que podia ver da sala de atendimento. Isso foi manifestado, por exemplo, por seu interesse pela cabeça de cavalo que numa ocasião tinha visto (Sessão 8), sendo que o resto do corpo se encontrava oculto pela esquina. A cabeça de cavalo representara então o genital de Richard dentro da sra. K.

à parte inferior do vestido, em que as linhas se desencontravam, que poderiam entrar numa propaganda de sabão em flocos.

A sra. K. interpretou que nesse momento ele enfatizava a limpeza do genital e do interior do corpo dela, representado pela parte inferior de seu vestido, a fim de encobrir seus temores relativos à sujeira e aos perigos que ele atribuía àquela parte do corpo, e também para retratar-se por ter pensado e falado dele em termos tão depreciativos.

Richard havia claramente trazido a frota como um presente para a analista, e mostrava-se determinado a cooperar ao máximo com a análise, em parte para superar sua culpa pela infidelidade que veio a aparecer nessa sessão. Parecia que analisar-se com a sra. K., e sua relação com ela, implicava para ele ser infiel à mãe, e sentia o mesmo conflito quando deixava a sra. K. para ir para casa. Sentia-se também culpado porque agora estava de fato muito menos dependente de sua mãe, tornando-se ela, assim, menos importante para ele. Sua identificação com a mãe, baseada em sua posição feminina, era tão intensa que ele se achava convencido de que era doloroso para ela o fato de precisar menos dela. Essa identificação também aumentava sua culpa com relação a seus desejos homossexuais. Ao longo de toda a sessão seu estado de espírito era genuinamente afetuoso e amoroso. Esteve sério, por vezes deprimido, mas não se sentia tão perseguido pelas pessoas de fora.

Sessão 79
terça-feira

Richard chegou com sua maleta, pronto para ir para casa depois da sessão. Comparou seu relógio de pulso com o da sra. K., expressando novamente o desejo de que mostrassem exatamente a mesma hora. Comentou que o seu estava um pouco atrasado em relação ao da sra. K., mas consolou-se dizendo que a diferença era mínima. Demorou-se um pouco falando sobre o relógio. Disse que o relógio, na noite anterior, quase "morreu de fome", necessitando urgentemente que lhe dessem corda; tendo ele feito isso, o relógio foi dormir tranquilamente.

A sra. K. sugeriu que o relógio representava o próprio Richard, que tinha necessidade da análise com a sra. K., e se sentira morrer de fome na noite passada por não conseguir obtê-la. Era assim que se sentia quando bebê, desejando ser alimentado e amado pela Mamãe e ela não estava ali. O desejo de que seu relógio e o da sra. K. mostrassem exatamente a mesma hora significava que ambos, ela e ele, deveriam pensar e sentir do mesmo modo e que a sra. K. deveria permanecer no interior dele e ser uma coisa só com ele (Nota 1). O relógio representava também seu genital; desejava que ele e a sra. K. tivessem genitais iguais; assim não existiriam diferenças entre eles. Além disso, dar corda no relógio significava alimentar o genital, esfregando-o. Mas ao mesmo tempo temia ferir seu genital se brincasse assim com ele; na última sessão, o destróier *Vampire* havia representado seu genital, e ao certificar-se de que ele se movia em linha reta e por conta própria, reassegurava-se de que estava tudo bem com seu pênis.

Richard mostrou-se muito embaraçado enquanto a sra. K. interpretava sua masturbação, e a princípio negou que brincava com seu genital. Um pouco depois, disse que às vezes o fazia. A seguir, anunciou que a frota tinha vindo; estava na maleta. Não era sua intenção usá-la, mas tinha mudado de ideia. Retirou-a da mala, e colocou-a sobre a mesa.

A sra. K. interpretou que talvez Richard tivesse ficado magoado na sessão anterior por ela não ter dado muita atenção à frota. (O material era abundante, e havia interpretações mais urgentes a serem fornecidas; por essa razão não fora capaz de acompanhar os movimentos da frota com a mesma atenção como fazia em outras ocasiões.)

Richard concordou. Mostrou-lhe o conteúdo de sua maleta e, entre outras coisas, sua carteira de identidade. A carteira de identidade da sra. K. também tinha o invólucro à prova d'água? Lentamente colocando a carteira dentro do invólucro, mostrou como estava metade para dentro, depois mais da metade, e agora totalmente dentro dele. Retirou do bolso a passagem de ônibus, conjecturando se estaria danificada e pudesse se rasgar. (Na realidade, a passagem estava absolutamente intata.) Estava preocupado porque precisava dela para a viagem de volta, e cuidadosamente colocou-a de volta no bolso. A seguir, mostrou seu diário para a sra. K., dizendo que ela estava ali mencionada todos os dias. Nunca tinha sido lido por nenhuma outra pessoa – ela era a primeira a fazê-lo. Pôs-se então a ler e reler para ela suas anotações. Havia referências à cozinheira e a acontecimentos cotidianos. Pediu à sra. K. que lesse ela mesma o diário. Passava a impressão de total confiança nela.

A sra. K. interpretou que, ao mostrar-lhe seu diário secreto, queria dizer que lhe confiava suas preocupações secretas acerca de seu genital e que ele havia compreendido as interpretações, e se sentido aliviado com elas, a respeito do que vinha fazendo com o genital. Por essa razão havia, no fim das contas, decidido utilizar a frota. A ideia de que a passagem, da qual precisaria para voltar para casa, pudesse se rasgar expressava seu temor de que seu pênis estivesse ferido e de que não poderia utilizá-lo. Ao fazer com que a carteira de identidade desaparecesse lentamente dentro do invólucro, revelou o que sentia quando brincava com seu genital. Nessas ocasiões, talvez pensasse em colocá-lo dentro da Mamãe ou da sra. K. Ao mesmo tempo, o fato de a carteira de identidade desaparecer – juntamente com o possível estrago da passagem de ônibus – também revelava seu medo de perder seu genital em consequência de brincar com ele.

Nesse ínterim, Richard fazia manobras extremamente complicadas com a frota, efetuadas com muita rapidez. Ao começar a brincar com a frota, entoava baixinho uma canção, e depois o hino nacional. Dramaticamente, disse: "Ao amanhecer, a frota esgueirou-se lentamente". Primeiramente apareceu o *Hood*, e Richard disse que era ele próprio; a seguir saíram o *Nelson* e o *Rodney*, e o *Hood* foi colocado do lado direito do *Nelson*. Richard disse que o *Nelson* era o líder. Vários destróieres seguiram o *Nelson*. Richard apontou para um deles, dizendo: "Este é o líder dos destróieres menores". Depois, mostrou o líder dos destróieres "maiores". Entre o *Nelson* e o *Rodney* havia colocado um destróier "pequeno", dizendo que também este era ele próprio (Nota 2). [...] Num determinado momento, disse: "Nunca houve uma batalha como esta antes". Os barulhos que fazia, para representar o motor dos navios e as bombas, foram aumentando com o desenrolar da brincadeira, e ele foi ficando cada vez mais excitado. Estava completamente absorvido pelo que fazia, e quase nem olhou para fora pela janela; apenas uma vez, no início da sessão, tinha observado um homem idoso que passava, e perguntara: "Esse aí é o velho rabugento?"; acrescentando, porém, que talvez nunca viesse a vê-lo.

A sra. K. interpretou que Richard tentava dar a seu pai (o *Nelson*) o que lhe era devido. Havia-lhe dado também a posse da Mamãe (o *Rodney*), uma vez que o destróier colocado entre o *Nelson* e o *Rodney* representava o genital do pai, como em ocasiões anteriores. Permitia que os pais ficassem juntos e mantivessem relações sexuais, com a condição de que o Papai, em certa medida, dividisse seus direitos com ele, Richard (o *Hood*), que se encontrava colocado à direita do *Nelson*. Ele era também o líder dos destróieres "pequenos" – quer dizer, o líder das crianças. Isso revelava seu desejo de ter irmãos e amigos mais novos, a quem pudesse liderar. Gostaria também de conferir a

Paul o lugar que lhe cabia, tornando-o o líder daqueles que chamou de destróieres "maiores" (Nota 3). No entanto, o desejo de separar os pais, e de se colocar entre eles, também foi expresso, uma vez que o destróier que Richard colocara entre o *Nelson* e o *Rodney* não só representava o genital do pai mas também ele próprio.

O estado de espírito de Richard mudou de repente, o mesmo acontecendo às cenas representadas. Até então, embora excitado, também se mostrava relativamente sério, controlado e pensativo, como se tentasse encontrar a solução para seu conflito; nesse momento, um dos destróieres, o *Vampire*, que conforme Richard havia dito era ele próprio, passou a dar voltas pela mesa, escondendo-se primeiro atrás da bolsa da sra. K., para reaparecer depois. A ele se reuniram três outros destróieres conduzidos por Richard. Esses agora eram alemães e rumavam para travar uma batalha com alguns navios britânicos. Depois fugiram, mas foram chamados à luta por outros navios britânicos. Esconderam-se e foram emboscados. Ora lutavam com bravura, ora voltavam a se esconder para ganhar tempo. Aqueles três destróieres foram afundados. Richard (o *Vampire*) seguiu então lutando sozinho contra os britânicos, auxiliado mais tarde por outro destróier que se uniu a ele. A luta se desenvolvia cada vez mais centrada entre o *Vampire* e o *Rodney* (a mãe). O *Vampire*, segundo Richard, "disparava contra ela feito um demônio", e ela descarregava "todas as suas armas contra ele". No final, o *Vampire* (Richard) foi afundado, mas o outro destróier continuou atirando contra a frota britânica afundando-os todos, e terminou como o único sobrevivente. Tudo isso foi encenado com grande excitação e com muito barulho, num estado de espírito desafiador, maníaco e rebelde.

A sra. K. interpretou que o destróier sobrevivente, e que tinha matado todo mundo, representava o genital de Richard, que ele sentia como muito poderoso e destrutivo. O *Vampire*-Richard havia disparado contra a Mamãe-*Rodney* "feito um demônio": era Richard lutando contra a Mamãe perigosa que continha o Papai mau, contra a sra. K. contendo o sr. K. mau. Essa Mamãe má, a "bruta malvada", disparava de volta contra ele com "todas as suas armas", atacava-o com todos os genitais-Papai maus que ela continha. Richard sentia agora que ele de fato possuía um genital; esse porém era dos mais destrutivos e até mesmo traiçoeiro, pois havia se transformado num destróier alemão que atacava toda a família britânica.

Richard foi para a cozinha; retirou um balde de água, dizendo que era leite; tudo isso se passou muito rapidamente. Foi para o jardim, pedindo à sra. K. que fosse com ele. Olhando o céu, disse que ia ficar limpo. Na verdade, havia mais nuvens do que em outros dias em que ele se queixava de que não iriam se dissipar.

Terminada a sessão, quando Richard caminhava de volta com a sra. K., pediu-lhe que adivinhasse quem tinha dado o nó de sua gravata. Ainda estava direita, não estava? Revelou então que tinha sido a empregada dos Wilson, que ele tinha ido visitar, que havia dado o nó.

A esperança de que as nuvens iriam se dissipar, e de que o nó de sua gravata, dado pela empregada, que representava a sra. K. prestativa, estava correto, expressava sua maior crença na possibilidade de ela restaurar seu pênis, na verdade, de curá-lo. A mãe de Richard informou-me que, no fim de semana, ela havia achado que Richard se mostrara muito mais ativo, menos neurótico, porém muito mais desobediente e rebelde do que de hábito (Nota 4).

Notas

1. Eu iria mais longe, atualmente. Tive oportunidade de observar em alguns pacientes adultos que o desejo infantil intenso, embora profundamente inconsciente, de controlar o objeto de tal forma que este venha a pensar, sentir, e até mesmo se parecer com o sujeito, pode persistir, o que os impede de sentir plena satisfação em qualquer relacionamento. Esse desejo abarca tanto a identificação introjetiva quanto a projetiva. Uma tão intensa ânsia de controle implica pôr para dentro de si o objeto – o analista – e também introduzir-se dentro dele, fazendo com que sujeito e objeto se tornem idênticos. Esses processos podem se dar em pessoas cuja personalidade é sob certos aspectos bem desenvolvida, e que não dão a impressão de nutrir esse desejo de domínio, ou de falta de consideração pelos outros, e assim por diante. Em certa medida, a ânsia de controlar e possuir o objeto é parte da vida emocional da criança e dos estados narcísicos infantis.

2. Como em muitas outras ocasiões, Richard encenava diversos papéis simultaneamente – processo bem conhecido no brincar das crianças. Encontramos tais flutuações na personalidade de pessoas que não têm a força suficiente para identificar-se com uma figura em particular, e para manter um aspecto particular de seu desenvolvimento. Esses dois fracassos interagem entre si. Referi-me aos processos de cisão que enfraquecem o ego em "Notas sobre alguns mecanismos esquizoides" (1946) e no capítulo "Sobre a identificação" (1955). A introjeção indiscriminada de várias figuras é, em minha opinião, complementar à intensidade da identificação projetiva que leva ao sentimento de que partes do self encontram-se espalhadas – um sentimento que por sua vez reforça essas identificações indiscriminadas. Normalmente, encontramos tais mudanças de papéis nos sonhos, e parte do alívio que os sonhos proporcionam provém do fato de que neles os processos psicóticos encontram expressão.

3. É interessante notar que esses passos em direção a melhores relacionamentos sociais, que implicava a disposição de reconhecer a autoridade do pai e do irmão, encontravam-se estreitamente relacionados ao aumento da confiança de Richard em sua própria potência, ou melhor, à esperança de ser plenamente potente no futuro. Como demonstrado pelo material de sessões anteriores, seus medos relativos à masturbação diminuíram um tanto com o trabalho analítico, tornando-o, assim, mais apto para aceitar seu papel masculino e a posse de um pênis, embora um pênis muito agressivo. Na brincadeira, o destróier representando seu pênis tinha sido o único a sobreviver. A relação entre uma maior confiança na própria potência e a capacidade de reconhecer a liderança do pai, do irmão, e em última instância dos substitutos do pai, tem muitas aplicações gerais. Minha experiência na análise de homens mostrou-me que o medo da castração e da impotência contribui em grande parte para a atitude de hostilidade e inveja para com professores ou outros substitutos paternos. Quando tais medos diminuem, a superioridade e a autoridade de outros homens podem ser mais facilmente aceitas.

O medo da castração e sentimentos de impotência nem sempre têm o efeito de tornar as pessoas rebeldes e desafiadoras, mas podem ter como resultado a submissão completa e indiscriminada a qualquer pessoa em posição de autoridade. Nesses homens, a diminuição dessas ansiedades traz consigo uma maior capacidade de afirmar-se e de provar a si mesmos que são iguais aos outros.

4. A relação entre essa mudança de atitude, tornar-se mais abertamente agressivo, mas ao mesmo tempo mais ativo e menos inibido, estava em conformidade com o material recente, mais particularmente com o dessa sessão. Ficou evidente que Richard estava se afirmando mais por sentir menos medo da castração e uma crença maior na posse de um pênis. Mas o fato de que, em sua mente, seu genital pudesse tornar-se tão perigoso, destruir toda a família e atrair perseguidores de todos os lados, havia sido no passado uma das razões pela qual se sentia compelido a recusar essa posse e se sentia impotente. A análise lhe

tinha possibilitado, na presente conjuntura, encarar aquilo que para ele continuava sendo uma posse potencialmente perigosa, mas que no entanto era capaz de valorizar porque implicava também ter iniciativa, força, o poder de se defender e – sobretudo – de criar. A ansiedade que surgiu no decorrer dessa sessão ilustra alguns fatores que inibem a potência no homem. O medo de que o pênis possa vir a ser destrutivo e resultar em perigos para a mãe e para o próprio sujeito como homem pode levá-lo a uma diminuição da potência. Tinha observado que essas ansiedades podem aumentar a identificação com a mãe e reforçar a posição feminina. Como um paciente certa vez me disse: "Prefiro ser a vítima a ser o algoz".

Sessão 80
quarta-feira

Richard encontrou-se com a sra. K. na esquina, a caminho da sala de jogos. Cantarolava uma canção baixinho, e disse que era "If I Were a Tiny Bird" [Se eu fosse um passarinho]. Quase imediatamente, contou-lhe que havia recebido péssimas notícias no dia anterior: seu canário, Dicky, tinha morrido. Não foi possível fazer nada, passarinhos morrem com facilidade. (Evidentemente tentava usar um tom casual, a fim de recusar seu sofrimento, uma vez que gostava muito de seus passarinhos.) Dentro da sala, disse que daí por diante a sra. K. deveria trazer apenas uma das árvores nos brinquedos. (No seu brincar, as duas árvores muitas vezes haviam representado seus dois passarinhos.)[153] Ia arranjar uma esposa para Arthur (o outro canário), que agora se sentiria tão solitário; mas não podia ser periquito, pois ela o destroçaria.

A sra. K. interpretou que a canção expressava seu desejo de ser um passarinho, para poder fazer companhia ao passarinho solitário. Este representava também a Mamãe, que se sentiria muito só se o

153 Embora recusasse o próprio sofrimento, pedir-me que trouxesse apenas uma árvore tinha o significado de querer que eu compartilhasse esse sofrimento com ele. Também eu passaria a ter apenas uma árvore.

Papai morresse; ou então ele desejava fazer companhia ao Papai caso a Mamãe morresse. A sra. K. recordou-lhe que os dois passarinhos tinham muitas vezes representado seus pais. Frequentemente havia sentido medo das relações sexuais perigosas dos pais, sendo esta uma das razões por que achava que ambos deveriam ter o mesmo tipo de genital. Isso significava recusar a diferença entre os genitais dos homens e das mulheres, exatamente como havia feito com os relógios. Tinha também muito medo de que seu próprio genital fosse perigoso e que o genital e o interior da Mamãe fossem aterrorizadores. O periquito era diferente do canário, o que significava que, no fim das contas, os genitais dos pais eram completamente diferentes. Ele muitas vezes havia dito que ambos os canários eram machos; mas ao mesmo tempo representavam também os pais. Além disso, o periquito representava a Mamãe perigosa (o *Rodney*), descarregando todas as suas armas contra ele (ver sessão anterior), e a Mamãe má, que poderia matar o Papai. Tudo isso relacionava-se com sua preocupação acerca da doença do pai e ao medo de que ele morresse.

Richard parecia triste agora. Disse que estava muito chateado com a morte do canário, e que sentiria sua falta. Fez o desenho de uma ferrovia, ao mesmo tempo que cantava vários hinos nacionais, associando a isso que tinha feito uma alteração nos trilhos de seu trem em casa. Estava cansado deles; aliás, estava cansado dos trens. Agora, parecia muito deprimido.

A sra. K. interpretou que ele se sentia infeliz ante a perspectiva de perdê-la, desejando poder impedir sua partida de trem. Referiu-se à batalha travada no dia anterior contra o *Rodney* – a Mamãe e a sra. K. Seu genital poderoso e perigoso (o destróier vitorioso) havia matado toda a família e ele tinha medo de que seus desejos viessem a se tornar realidade.

Depois dessa interpretação, Richard fez um grande rabisco no desenho.

A sra. K. interpretou que agora bombardeava o trem porque ela iria partir; mas, se fizesse isso, ela também seria o passarinho morto.

Richard escreveu então uma carta endereçada à sra. K.: "Querida sra. K., gostei muito do nosso trabalho e sentirei muita falta da senhora. Com amor, Richard". Enquanto escrevia, cobriu o papel com a mão, para que a sra. K. não visse o que havia escrito; assim que terminou, porém, mostrou-lhe. Explicou que as cruzes no final significavam beijos. Iria escrever-lhe enquanto ela estivesse longe. Depois, rabiscou alguma coisa numa outra folha, que mostrou para a sra. K. dizendo, como já havia feito anteriormente, que era fácil fazer uma suástica virar uma bandeira britânica.

A sra. K. interpretou que a Alemanha bombardeadora era o próprio Richard matando a sra. K. porque ela iria deixá-lo, mas que ele podia se transformar no Richard amoroso, que lhe escreveria cartas afetuosas. Isso foi representado pela rápida transformação da suástica na bandeira britânica. Na sessão anterior, o destróier-Richard, que representava seu genital perigoso, também era alemão, mas ele agora sentia que era britânico. Por ter sentido, quando bebê, um ódio imenso da Mamãe quando ela o deixava, sempre temeu a morte dela, como agora temia que a sra. K. morresse.

Richard rabiscou numa outra folha de papel, e agora cantava aos brados e com raiva.

A sra. K. interpretou que ele a bombardeava com barulho, e era assim que se sentia quando fazia seu cocô e quando ficava bravo e cheio de ódio. Mostrou-lhe também que entre seus rabiscos havia um "23" um tanto indistinto, que era o dia de sua partida.

Richard fez a seguir o Desenho 66, e, depois de terminá-lo e examiná-lo, disse que o "*s*" da palavra "*school*", no pé da página, era um 3, e que a figura que o precedia era um 2; assim lá estava o "23" de novo, dessa vez mais nítido.

A sra. K. interpretou a luta entre o amor e o ódio que sentia por ela. Procurava pensar que ela era boa; ao lado do desenho que a representava, havia escrito no alto da página "linda sra. K.". No entanto, na verdade não a achava linda, e por isso a desenhou sem braços e sem cabelo, evidentemente sem a menor intenção de fazê-la parecer bonita. Odiava-a por abandoná-lo, e por ir se reunir a seus outros pacientes, seu filho e seu neto.

Richard insistiu em que a sra. K., no desenho, estava linda porque seu tronco tinha a forma de um coração e a flecha que o atravessava significava amor. (Suas faces estavam vermelhas, e colocava o dedo na boca muitas vezes; a luta entre o ódio e o desejo de controlá-lo e a mistura de ansiedades persecutória e depressiva estavam estampadas em seu rosto.) Perguntou à sra. K. se ter que partir a entristecia. Iria ficar com seu filho? Não iria morar no coração de Londres, iria? De repente, deu-se conta de que tinha usado a palavra "coração", pareceu surpreso, e, mostrando o desenho, disse: "Mas o coração está aqui".

A sra. K. interpretou que o coração dela representava Londres bombardeada; não apenas ferido por amor (a flecha) mas também pelas bombas. Richard, que desejava amar a sra. K., receava que, sendo por ela abandonado, pudesse se transformar no Hitler que a bombardearia (Nota 1). Isso aumentava o medo que sentia da morte dela, da própria solidão e da tristeza por sua partida.

Richard disse que iria buscar um pouco de leite. Retirou água do tanque, tomando cuidado para não encher demais o balde, evidentemente tendo em mente que a sra. K. havia dito que o balde completamente cheio era muito pesado para ela levantar. Fez a maior sujeira no chão da cozinha. (Naquele dia, a sra. K. encontrou enorme dificuldade em exercer qualquer controle sobre ele.) Matou várias moscas, catando-as entre os dedos na janela, e jogava-as no "tanque dos bebês", libertando-as apenas para pegá-las de novo. Jogou água para dentro e para fora do "tanque dos bebês", e insistiu em encher todas as vasilhas, embora não até a borda. Quando matou as duas primeiras moscas, mencionou nomes de meninos, seus inimigos, em "Z".

A sra. K. interpretou que ao dizer que iria retirar leite do tanque – seu seio – estava querendo obter dela algo de bom, que colocaria para dentro de si. Ao mesmo tempo, devido a seu ciúme, matou em sua mente o filho e o neto da sra. K. (as moscas). As moscas representavam os bebês e os pacientes da sra. K. Encher os vasilhames tinha também outro significado: procurava alimentar os bebês da sra. K. (seus filhos e seus pacientes) e os bebês da Mamãe (entre eles Paul). Recordou-lhe seu desejo de ter amigos, que significava também ter outros irmãos. No dia anterior, o destróier fora acompanhado por três navios de seu tamanho, o que significava ter amigos e irmãos. Isso contrastava com o ciúme e com os ataques de Richard aos bebês maus, o que acabava por fazer com que desconfiasse e temesse as outras crianças e acirrava seu desejo de destruí-las. A sra. K. interpretou, ademais, que Richard havia feito toda aquela sujeira para puni-la pelo fato de deixá-lo. A sujeira representava também o cocô e o xixi venenosos, que expressavam seu ódio, como o haviam feito antes os barulhos raivosos. Ao mesmo tempo, desejava ter provas de que ela não se havia ressentido com a sujeira. Se ela não ficasse com raiva, isso mostraria que não o odiava; e se ela desse um jeito de limpar tudo, isso provaria que no fim das contas ele não a havia danificado.

Richard, antes de sair, pegou novamente o martelo e martelou o assoalho com tanta força que a sra. K. precisou detê-lo.

A sra. K. interpretou que Richard estava tentando penetrar à força em seu interior, para dali retirar os bebês mortos e venenosos e o sr. K. de forma a mantê-la viva, assim como desejava retirar todas as coisas más do corpo da Mamãe.

Essa sessão é digna de nota: a fúria e o desespero estavam claramente expressos no rosto e nos atos de Richard. Várias vezes rangeu os dentes, colocando depois o dedo na boca novamente. Enquanto rabiscava, quebrou a ponta do lápis. Ao mesmo tempo, continuava tentando controlar-se, e os sentimentos amorosos e de consideração pela sra. K. apareceram juntamente com o ódio e o ressentimento.

Nota

As pessoas que se sentem muito inseguras não podem confiar em seu amor porque qualquer influência externa, ou pressão interna, pode mobilizar seus impulsos destrutivos contra uma pessoa amada, o que lhes desperta o medo de vir a danificar seu objeto. Tenho achado útil interpretar esse sentimento de insegurança. Mas aqui se trata de algo diferente da ansiedade de ter destruído ou de estar destruindo o objeto sob o impacto da raiva e do ódio. Em contraste com isso, as pessoas que estabeleceram seu objeto bom de forma mais segura encontram-se menos sujeitas a se sentirem perturbadas por esses medos. Possuem um sentimento mais forte de que podem controlar seus impulsos destrutivos.

Sessão 81
quinta-feira

Richard estava novamente esperando a sra. K. na esquina da rua. Perguntou se eram dezesseis dias que faltavam até sua partida. Na sala, acertou seu relógio de pulso com o relógio de mesa da sra. K. Abriu o relógio de mesa, inspecionou-o, fez o alarme tocar, e ficou abrindo e fechando o estojo de couro, e também acariciando-o com as mãos. Disse que, mesmo que seu relógio funcionasse um pouco mais devagar que os outros, ainda assim ia "seguindo seu caminho", e passou o dedo acompanhando o mostrador de seu relógio de pulso. Comentou que ninguém, e certamente nenhum outro relógio, poderia mandar que ele parasse. [...] Olhou rapidamente em torno da cozinha, e, apreensivamente, de soslaio, para o "tanque dos bebês", e constatou com uma certa inquietação que havia nele um pouco de ferrugem. Tentou raspá-la, e pareceu agradecido quando a sra. K. removeu-a com uma escova. Voltou rapidamente para a mesa, e novamente olhou o interior do relógio da sra. K. para ver se ainda funcionava. [...] Contou à sra. K. que tinha um segredo que ela desconhecia. Na noite anterior, tinha ido de bicicleta até o fim da rua, e passado em frente à casa dela. Para onde levava o pequeno caminho no final da rua? O que a sra. K. estava fazendo ontem às quinze para as nove da noite (que foi a hora em que passou diante de sua casa)? A sra. K. teria se zangado caso ele tivesse olhado para dentro da casa? Não esperou por respostas para nenhuma dessas perguntas, mas continuou a falar. Explicou que no dia anterior tinha pedido a bicicleta emprestada e tinha andado por todo o vilarejo. Infelizmente era muito tarde para ir mais longe, até a cidade vizinha, como era sua intenção. Continuou descrevendo sua façanha em detalhes e disse que tinha sido divertido e que tinha gostado muito. Ao descer a ladeira, tinha feito alguns barulhos para si mesmo, como se fosse um ônibus (Nota 1).

A sra. K. interpretou, como muitas vezes anteriormente, que Richard investigar o relógio dela significava olhar seu interior e assegurar-se de que ela continuava bem. Isso também se aplicava ao fato de olhar em torno da cozinha. Ambos estavam relacionados ao fato de ele ter matado as moscas no dia anterior, à sujeira que tinha feito na cozinha, e a seu medo dos danos que dessa maneira pudesse ter causado à sra. K. Seu passeio de bicicleta mostrava que ele sentia menos medo das outras crianças, e também servia como uma forma de satisfazer sua curiosidade. Passar pela casa da sra. K. de bicicleta significava a exploração de seu interior. O pequeno caminho representava o genital dela, e ele se perguntava para onde conduziria se pusesse seu pênis – a bicicleta – dentro dele. Parecia que seu pênis já não o amedrontava tanto como uma arma perigosa, e por isso pôde usar a bicicleta. Tudo isso significava que havia diminuído o medo de seu ódio e da concretização de seus desejos destrutivos. Seu relógio "seguindo seu caminho", embora lentamente, representava o genital menor, menos potente, porém ileso. Parecia aceitar que era apenas o genital de um menino, mas esperava ser um homem no futuro. Acertar seu relógio com o da sra. K. significava que eles se entenderiam e que ele poderia mantê-la como amiga, também em seu interior.

Manipulando ainda o relógio da sra. K., Richard disse com forte emoção: "Precisamos nos separar?" Saiu da casa, olhou o céu, e murmurou emocionado: "É divino". De volta à sala, olhou em redor, encontrou o martelo, e bateu no chão com violência. Ao fazê-lo, comentou que seu canário, o que restara, voltaria para casa, o que ele esperava ansiosamente. (Este canário estava na casa da babá, que, como mencionado anteriormente, morava com o marido na vizinhança, e a quem ele frequentemente via.)

A sra. K. interpretou que com as marteladas ele pretendia abrir o assoalho, retirar os bebês que estivessem mortos, e encontrar bebês vivos, o passarinho que ia voltar para casa.

Richard aproximou-se do piano, que estava voltado para a parede, e sobre o qual haviam sido colocados alguns objetos, e disse que gostaria de tentar tocar. No decorrer da análise, Richard ocasionalmente havia olhado para o piano, mas até então só o abrira uma única vez, ocasião em que tocou umas poucas notas (Sessão 5). Agora, tentou abri-lo, e perguntou à sra. K. se ela poderia ajudá-lo a arrastar o piano e tirar as coisas de cima, o que ela fez. Ao lado do piano, no canto, havia uma grande bandeira britânica. Richard disse que prestaria atenção nela, querendo dizer com isso que ela poderia cair. Pôs-se a tocar, a princípio de maneira hesitante, com um só dedo. Depois parou e disse que o piano estava empoeirado. Será que a sra. K. poderia ajudá-lo a retirar o pó? Ela retirou o pó, e ele novamente tentou tocar; parecia triste e disse que tinha se esquecido das sonatas que sabia. A seguir, tentou algo diferente, pegou uma cadeira, sentou-se, e tocou alguns acordes de sua própria autoria. Disse, em voz baixa, que isso era uma coisa que fazia sempre. Um pouco depois, perguntou à sra. K. se ela poderia tocar alguma coisa, o que ela fez. Richard ficou muito contente; aproximou-se do piano e, novamente ensaiando alguns acordes, disse que isso lhe daria um grande prazer quando ele voltasse para casa. Abriu a parte de cima do piano, e pediu à sra. K. que apertasse algumas teclas enquanto ele olhava "o interior". De repente se deu conta da palavra que tinha usado e, olhando significativamente de soslaio para a sra. K., disse: "O interior, de novo". A seguir, bateu no teclado com o cotovelo e apertou os pedais com violência. Pegou a bandeira britânica, enrolou-se nela, e cantou o hino nacional ruidosamente. Seu rosto estava vermelho, ele gritava e tentava opor-se a sua raiva e hostilidade por intermédio da lealdade. Olhou pela janela, viu o homem idoso do outro lado da rua, e disse: "Lá está o Urso". Depois de uma pausa, perguntou se o sr. Smith tinha passado pela rua. Até esse momento, pouco se havia detido nas pessoas que passavam, mas, agora que a tensão e a desconfiança haviam se instalado, ele começou a vigiar os transeuntes.

A sra. K. interpretou que o piano representava o interior da sra. K., como o próprio Richard havia reconhecido, e tocá-lo significava colocar seu genital dentro do dela e acariciá-la com suas mãos, como havia feito anteriormente com o relógio. Desse modo, sentia estar ressuscitando os bebês assassinados – as moscas pretas, representadas agora pelas teclas pretas do piano. Os belos sons representavam as vozes dos bebês dos quais gostava, os bebês "engraçadinhos" aos quais ocasionalmente se referia. O fato de que tanto o relógio de mesa quanto o seu de pulso andassem bem significava que a sra. K. e a Mamãe estavam vivas, assim como os bebês delas, no interior dele mesmo. Mas logo ficou com medo da sra. K., do sr. Smith e do "Urso" do outro lado da rua, na realidade o Papai mau no qual tinha que ficar de olho, como havia dito acerca da bandeira britânica ao começar a brincar; ao mesmo tempo sentia-se vigiado pelo Papai hostil externo e pelo Papai no interior da Mamãe. Foi por isso que, em determinado momento, parou de tocar e começou a bater no piano com o cotovelo: a luta no interior da Mamãe e da sra. K. havia recomeçado. (Depois dessa interpretação, diminuiu a inquietação de Richard e a ansiedade com que vigiava os transeuntes.) A sra. K. prosseguiu com sua interpretação. Disse que Richard também temia que sentimentos dolorosos fossem despertados ao tocar. O piano, que na verdade amava – havia dito que seria um grande prazer voltar a tocar quando fosse para casa –, representava a Mamãe amada, mas silenciada. Vivia constantemente com medo de que ela morresse (Nota 2). Esse medo era intensificado pelos perigos da guerra, além do medo das bombas que poderiam destruir a sra. K. em Londres.

Richard pediu à sra. K. que o ajudasse a colocar o piano de volta no lugar. Abriu sua maleta, e escreveu no diário suas breves anotações de costume: que tinha ido na sra. K., tinha brincado com ela, que a RAF tinha atacado. Mostrou à sra. K. o que tinha escrito.

A sra. K. interpretou que ao fazer suas anotações tinha deixado de registrar duas coisas que tinham sido muito importantes para ele. Uma delas era o fato de ter ido até a casa da sra. K. de bicicleta na noite anterior, e de ter gostado muito de passear de bicicleta. A outra era o fato de, pela primeira vez em muito tempo, ter tentado tocar piano, o que lhe deu prazer e lhe trouxe esperança. Não havia mencionado esses acontecimentos em seu diário porque, embora significassem muito para ele, ao mesmo tempo tinha muito medo de que viessem a se revelar maus, uma vez que não confiava na bondade de seus sentimentos. Embora considerasse seu diário como secreto, mostrando-o apenas a ela, na realidade não registrava ali nada de íntimo; mas gostaria de fazê-lo, e por isso falava do diário como sendo secreto.

Richard mostrou à sra. K. algumas fotografias que tinha tirado. Entre elas havia uma de uma paisagem ao pôr do sol, com o céu cheio de nuvens. Enfatizou que particularmente essa foto lhe agradava, e que as nuvens tinham saído muito bem nela.[154] Disse, então, que gostaria de tirar uma foto da sra. K., com o que ela concordou. De repente, encontrou um negativo que chamou de um "fracasso". Pediu à sra. K. seu canivete e – tornando-se cada vez mais agressivo – cortou o negativo em pedacinhos, colocou alguns deles na boca, e cuspiu-os, indagando se estariam envenenados. Fez também com o canivete uma pequena marca na mesa. A sra. K. interpretou o "fracasso" como o seu medo de que, ao fotografá-la, pudesse estar colocando-a dentro de si não como amiga, mas como inimiga, por conter o genital-Papai mau e venenoso. Além disso, o fato de cortar o negativo em pedacinhos revelava que ele tinha medo de seus próprios desejos devoradores e vorazes. Dessa forma, não seria capaz de preservá-la. A fotografia significava colocá-la para dentro de si – o que demonstrou ao colocar os negativos picados na boca e ao tentar depois livrar-se deles cuspindo-os. O "fracasso" havia sido guardado no mesmo envelope que a foto da paisagem, de que tanto gostava, e que representava a Mamãe boa. Temia que se retalhasse e destruísse o genital do Papai no interior da Mamãe, e o genital-Hitler mau no interior da sra. K., fosse feri-las também. Deixando uma marca na mesa (que muitas vezes tinha representado a sra. K.) revelava que se sentia em dúvida quanto a ser capaz de manter a sra. K. ilesa. ...

Durante essa sessão, Richard martelou o assoalho com muita força e derramou um bocado de água no chão da cozinha. Antes de sair, perguntou à sra. K. se iria à mercearia, e pareceu ficar aliviado ao ouvir que não. Na rua, manteve-se em silêncio, embora não parecesse infeliz. Mencionou que tinha investigado para saber qual das cobradoras estaria no ônibus naquele dia (estava indo para casa) e que estava contente porque não era a que o mandava ficar em pé; no entanto, parecia que isso já não o preocupava tanto quanto anteriormente.[155]

---

154 Como mencionei anteriormente, Richard tinha passado a apreciar as nuvens, ao passo que até então só lhe agradava o céu totalmente limpo. Atribuo particular significado ao fato de que sua idealização – a Mamãe azul-clara, o céu sem nuvens – havia diminuído e de que ele se encontrava mais apto para reconhecer, tanto na mãe como na natureza, outros aspectos que não fossem apenas os agradáveis.

155 Sempre procurava mulheres protetoras e, conforme mencionado anteriormente, sempre conseguia encontrá-las. Sem dúvida, o medo de ferir a mim e à mãe, vivido de maneira intensa nessa sessão, aumentava essa necessidade de uma mulher compreensiva – a cobradora boa.

Notas

1. Considerando-se que a aproximação do fim da análise e a doença do pai mantinham-no sob forte tensão, é surpreendente que ele tenha conseguido lidar com ela da forma como o fez. No início da análise, ele tinha medo de sair sozinho, mesmo durante o dia. Agora, tinha a iniciativa de pedir uma bicicleta emprestada e sair para passear até de noite. O fato de passar por minha casa sem tentar me ver mostra também grande capacidade de controle.

2. Havia se tornado bastante claro que a inibição de Richard de tocar piano era decorrente do fato de o piano representar o interior da mãe e sua relação sexual com ela; eu não duvidaria de que estivesse ligada a suas fantasias masturbatórias. Seu arrependimento por ter abandonado a música, que adorava, relacionava-se também com sua apreensão acerca do "piano silencioso" – o piano negligenciado representando aqui a mãe negligenciada e silenciosa, isto é, morta. Tocando poderia ressuscitá-la; mas ao mesmo tempo sentia o perigo de manifestar seu desejo de ter relações sexuais com ela e, portanto, de ser punido pelo pai. Esse exemplo lança alguma luz sobre a inibição das sublimações.

Sessão 82
sexta-feira

Faltam anotações detalhadas dessa sessão. Foi possível reconstruir, até certo ponto, a essência do que se passou naquele dia, baseando-me em parte na memória e em parte deduzindo do material das sessões anteriores e posteriores.

Richard encontrava-se em um estado de ansiedade intensa, difícil de ser controlado. Martelou o assoalho com bastante força e derramou muita água na cozinha; também arranhou a mesa com seu canivete. Embora já tivesse feito tudo isso na Sessão 81, os sentimentos claramente violentos que surgiram logo após tocar piano tinham sido até certo ponto refreados. Expressava-os agora de forma muito mais intensa. Nessa sessão, voltou a pedir outra alteração de horários, que a sra. K. não pôde arranjar. Esse fato despertou nele um ressentimento enorme, bem como a ira e o desespero. Ficou tão violento que a sra. K. precisou refreá-lo, chegando mesmo, num certo momento, a irritar-se com ele, o que, sendo bastante incomum, assustou-o muito.

O conteúdo de sua mala desempenhou um papel importante. Tinha comprado uma lagosta para levar para casa e esta lagosta, na análise, aparece como um objeto duvidoso. A princípio, falou dela como um alimento delicioso, que não conseguia esperar a hora de comer; logo, porém, pareceu estar com raiva da lagosta, que passou a atacar violentamente com seu canivete.

A sra. K. interpretou que a lagosta se relacionava ao polvo das sessões iniciais, que ele (a mala representando o seu interior), assim como a sra. K. e a Mamãe, continham. Martelar o assoalho com tanta força significava abri-lo para retirar de dentro da mãe o pênis mau do pai; isso expressava também sua desconfiança e sua ira pela analista, que havia se transformado na Mamãe "bruta" – particularmente depois de ter dado mostras de impaciência.

Sessão 83
sábado

Richard mais uma vez esperava pela sra. K. na esquina. Olhou-a furtivamente. Ela disse que no fim das contas tinha conseguido reorganizar seus horários. Richard pareceu ficar contente, mas ainda assim não a olhou. Disse que tinha planejado uma "excursão" e que iria escalar uma das colinas mais altas juntamente com John Wilson e um amigo de John. Na sala de jogos, Richard abriu sua mala e disse que a lagosta havia desaparecido, mas logo esclareceu que era apenas uma brincadeira: a lagosta continuava na mala, com sua máquina fotográfica, suas fotos e outras coisas.

A sra. K. assinalou que Richard quase nem ousava olhar para ela. Parecia ter ficado aterrorizado com os acontecimentos da última sessão.

Provavelmente sentia que ela tinha se transformado na "bruta malvada" por ter perdido a paciência com ele.

Richard disse sarcasticamente: "Hitler disse: 'Minha paciência se esgotou'".

A sra. K. interpretou que, na mente de Richard, ela tinha se transformado completamente em Hitler. Sentia que ela continha Hitler, por isso tentava arrebentar o assoalho e arranhar a mesa para arrancar Hitler para fora. O que havia dito a respeito da lagosta no dia anterior revelava que a sentia no interior de si mesmo e da sra. K., e que ela estava relacionada com o Papai-polvo, embora ao mesmo tempo desejasse que fosse um genital bom e digerível. Mas nutria muitas dúvidas quanto à bondade da lagosta, e por isso tinha acabado de dizer que tinha desaparecido, embora na verdade estivesse dentro da mala. A lagosta guardada juntamente com sua bela foto da linda paisagem significava que Richard continha ambos, a Mamãe boa e o genital-Papai mau. Quando Richard comparou a sra. K. a Hitler, quis dizer com isso que com sua calma, e não demonstrando sua raiva, ela apenas fingia ser "doce" e "azul-clara"; mas sempre tinha desconfiado disso e esperado que ela, bem como a mãe, ficasse irada nos momentos em que ele próprio se sentia furioso, mordendo-a e atacando-a. Por isso tantas vezes lhe havia perguntado, como perguntava à mãe, se ele tinha ferido os sentimentos dela.

Richard disse então que queria tirar uma foto da sra. K. no jardim, como tinham combinado. Pediu-lhe que sorrisse, e olhasse para ele de um jeito amistoso. Depois de ter tirado a foto, pediu à sra. K. que verificasse se os laços de seus sapatos estavam bem apertados e se não iriam se desfazer. A essa altura, tinha se tornado nítida e genuinamente amistoso para com a sra. K., e comentou, com certa apreensão, que a partir de então os estrangeiros teriam que se registrar. (Ele nunca tinha aceitado o fato de que a sra. K. era cidadã britânica, embora tivesse pleno conhecimento disso.) Acrescentou que isso talvez não se aplicasse à sra. K., devido a sua idade; disse, então, sério e emocionado, que ela tinha um importante trabalho a fazer, de todo modo: ela precisava cuidar de seus pacientes.

A sra. K. deu uma olhada nos laços dos sapatos de Richard e interpretou que ele gostaria de colocar para dentro de si a sra. K. sorridente, "doce" e "azul-clara", e mantê-la ali a salvo para sempre; mas precisava de que ela o reassegurasse de que poderia guardá-la como amiga.

Richard passou a rabiscar (Desenho 67).[156] Enquanto rabiscava, falou sobre a sra. K. meiga, dizendo que ela estava escondida debaixo dos rabiscos.

A sra. K. perguntou onde; parecia ter sido feita em pedacinhos (Nota 1). Richard disse que sim, e sem hesitar mostrou seu rosto (*a*), seus seios (*b* e *c*), suas pernas (*d* e *e*) e o "V" de Vitória (*f*). De repente, olhou o dedo da sra. K., e perguntou se estava sangrando. (Não estava machucado nem sangrando.) Depois, perguntou se tinha havido algum ataque da RAF.

A sra. K. interpretou que o próprio Richard representava a RAF e que ele tinha bombardeado a sra. K.-Hitler alemã, deixando-a em pedaços. Fingia gostar dela e que ela era meiga, mas acabou triunfando sobre ela, pela destruição dela – daí o "V" de Vitória. Na última sessão, tinha manifestado sua ira ante o fato de a sra. K. não poder fazer as alterações de horário que havia pedido. Sentiu a mesma coisa quando a mãe lhe retirou o seio, suspeitando que ela o dava a Paul ou ao Papai. A ideia que repentinamente o assaltou, de que o dedo da sra. K. estaria sangrando, revelava seu medo de que seus seios estivessem sangrando por terem sido destruídos pelas mordidas dele.

Enquanto isso, Richard permanecera desenhando (Desenho 68). Inclinou-se para a frente e, e olhando-a nos olhos, disse que seus olhos eram lindos. (Isso soou totalmente falso e artificial.) Depois de ter feito esse comentário, acrescentou o pênis no desenho e perguntou à sra. K. como se chamavam as "pontas dos seios" (referindo-se aos mamilos).

A sra. K. interpretou que também sua barriga era um rosto – na realidade, o de Hitler – no interior dela, e que o pênis que tinha acrescentado parecia ser o de Hitler.

Richard ficou surpreso; disse que não tinha se dado conta disso, mas concordou. A seguir, fez rabiscos em outras três folhas de papel (aqui reproduzo apenas uma, o Desenho 69); sua ira aumentava, seu rosto estava vermelho e seus olhos brilhavam; de tempos em tempos rangia os dentes e mordia o lápis com força, particularmente ao falar sobre os seios ou ao desenhar os círculos que os representavam. Arrancou uma folha após outra do bloco. Perguntou algumas vezes à sra. K. se ela tinha visto o sr. Smith "simpático"; depois repetiu as mesmas perguntas que tinha feito muitas outras vezes antes a respeito do filho e do neto da sra. K. Perguntou-lhe também se ela sabia falar austríaco – outra pergunta que fazia com frequência. Sobre um

156 Nesse desenho, e nos seguintes, indiquei as partes a que Richard se referia com (*a*), (*b*), (*c*), e assim por diante.

dos rabiscos, disse que esse também era a sra. K., e que ela estava em pedaços. No Desenho 69, mostrou que (*a*) eram os "lindos olhos" da sra. K., (*b*) seu nariz, (*c*) sua barriga e um seio, e (*d*) outro seio. O terceiro rabisco foi por ele descrito como sendo uma carta em código do Comando de Bombardeio, agradecendo ao Comando de Batalha por haver vencido a Batalha da Grã-Bretanha. Essa carta consistia em pontos e traços, e continha alguns "V" de Vitória.

A sra. K. interpretou que Richard estava agradecendo a alguém por tê-lo ajudado a vencer e destruir a sra. K., a Mamãe "bruta malvada" estrangeira e hostil.

Richard não respondeu, mas fez o Desenho 70 e disse que a linha no topo (*c*) era dirigida contra ela.

A sra. K. recordou-lhe que antes já havia desenhado (Desenho 63) uma forma semelhante àquela, que dissera ser uma banana e que representava um genital enorme (o seu próprio e o do Papai); no presente desenho, a linha saindo do genital com forma de banana (*a*) que era dirigida contra a sra. K. significava que ele a atacava com seu genital. Havia também a forma de uma banana em "*darling*" [querida] (*b*), o que significava o genital-Papai perigoso no interior da sra. K. e da Mamãe. A lagosta, que Richard guardava em sua mala, representando o interior dele, era usada para lutar contra a Mamãe má contendo Hitler. O genital-lagosta-polvo poderoso em seu interior, por ele utilizado nessa luta, era o mesmo Comando de Batalha, a quem o Comando de Bombardeio, outra parte de Richard, agradecia a ajuda.

Richard fez outro desenho, dizendo ser "X". Mostrou um pequeno quadrado, e disse que era a loja do sr. Evans. Próximos a esse havia outros quadrados, que também representavam lojas. Mencionou que o sr. Evans lhe tinha dado alguns doces muito gostosos. Uma ferrovia, representada por linhas, passava na frente das lojas.

A sra. K. perguntou o que eram os rabiscos em forma de círculo ao lado dos trens.

Richard não respondeu.

A sra. K. sugeriu que seriam bombas atiradas por ele no trem em que a sra. K. partia, levando consigo os doces – o trabalho que fazia com ele –, que representava os primeiros doces, os seios da Mamãe, que ele também havia perdido. Quando Richard se viu privado do seio da Mamãe, e em ocasiões posteriores sempre que se sentia insatisfeito, voltava-se para o sr. Smith "simpático", o sr. Evans "simpático", que representavam o genital do Papai cheio de atrativos. Sentia-se atraído por este como se sentira atraído pela linda lagosta. Mas, uma vez que também odiava e invejava o genital do Papai, este, em sua mente, se transformou em um inimigo em seu interior, que ele utilizava como uma arma hostil contra a Mamãe (Nota 2). Em consequência disso, sentia que seu amor pela Mamãe e pela sra. K., bem como seu amor pelo Papai e pelo genital dele eram insinceros, sendo ele mesmo um "velhaco".

Richard executou então o Desenho 71, dizendo tratar-se de uma lua cheia (*a*), uma lua minguante (*b*), e um avião (*c*), de dentro do qual ele atirava na lua.

A sra. K. interpretou que a lua cheia era ela própria, e que a lua minguante era o genital do sr. K. dentro dela. A lua cheia era também seu seio e sua barriga, e Richard atirava em ambos, nela e no sr. K. juntos.

Richard, que estivera rabiscando, comentou que era um trem passando por uma estação.

A sra. K. interpretou que o trem era o genital do Papai no interior da Mamãe. A raiva de Richard sempre se voltava para a aliança traiçoeira e perigosa entre a Mamãe e o Papai. Sentia que ela continha o Papai, da mesma forma como sentia que a sra. K. continha Hitler (Nota 3).

Richard fez outro rabisco, e disse: "É nesse trem que a sra. K. vai viajar". A ira e o desespero crescentes encontravam-se expressos em seu rosto e em seus movimentos, e enquanto rabiscava fazia pontos na folha com violência. A seguir, fez o Desenho 72, e disse que (*a*) era de novo o trem no qual a sra. K. iria viajar; as várias formas desenhadas eram os compartimentos. Mostrou aquele em que a sra. K. se encontrava (*b*), e disse que estava bombardeando o trem. Por um momento, ao fazer os pontos, tentou evitar o compartimento em que viajava a sra. K., mas no final não conseguiu se conter e, entrando num estado de total frenesi, disse que o trem inteiro tinha sido bombardeado e destruído. Pondo-se de pé de um salto, chutou e pisoteou os banquinhos, chamando um deles de sra. K. Levantou uma das pontas de uma estaca alta e pesada de uma das barracas, e largou-a no chão, martelou os banquinhos com o martelo, levantou novamente a estaca, disse que com ela estava atirando no sr. Smith, e em Hitler também.

A sra. K. perguntou onde Hitler se encontrava quando Richard atirou nele. Richard, sem hesitar, disse que era ali onde a sra. K. estava naquele momento.

A sra. K. interpretou que os banquinhos representavam seu filho, seu neto e seus outros pacientes, contra quem atirava e a quem bombardeava porque a sra. K. estava indo se juntar a eles. Disse também que Richard encontrava-se nesse estado de tamanho desespero porque temia que a sra. K. fosse de fato bombardeada em Londres, e por ser incapaz de impedir isso. Sentindo que não poderia salvá-la, tinha que atacá-la e destruí-la (Nota 4), na realidade destruir o genital-Papai dentro dela.

Nesse ponto, a atitude de Richard mudou surpreendentemente. Foi até a cozinha, escolheu dois baldes brancos, retirou água, e disse que estava pegando seu leite, que parecia ótimo. Observou a sra. K. esvaziar os baldes, que não estavam muito cheios, e pediu-lhe que fosse com ele para fora. Olhou em volta e saltou dos degraus no meio do canteiro de verduras, sem danificar as plantas, parecendo estar nesse momento muito tranquilo e amistoso. Ao sair, falou sobre a cobradora que estaria no ônibus; era a de que gostava, a que não dizia "os que pagam meia passagem, em pé". Mencionou que possivelmente o ônibus estaria lotado, mas não parecia muito preocupado com isso. Perguntou, então, se o homem idoso do outro lado da rua (o "Urso") era o "velho rabugento", que gostaria tanto de conhecer. Anteriormente, no estado de fúria em que se encontrava, não havia sequer olhado para fora.

Notas

1. Foram duas as razões que me levaram a fazer a pergunta: observando o desenho, ocorreu-me que, se eu estivesse embaixo, só poderia estar ali em pedaços. Além disso, o estado de mente de Richard nas duas últimas sessões, em que a necessidade de arrancar pedaços de mim havia se manifestado em suas tentativas de arrebentar o assoalho – e em que seus crescentes ataques uretrais manifestavam-se pelo fato de derramar muito mais água do que de costume –, deixou-me a impressão de que ele havia regredido às tentativas próprias das crianças pequenas que não conseguem desenhar uma figura completa, por razões muito complexas, tais como falta de habilidade, falta de integração e sentimentos de culpa por ter feito em pedaços o seio da mãe e a própria mãe.

Mas, aqui, havia mais do que isso. Tanto os sentimentos persecutórios como o ressentimento contribuíam intensamente para os ataques de Richard a mim dirigidos. Como podemos ver por sua resposta, ele também triunfou sobre mim porque nesse caso o "V" de Vitória significava a vitória sobre mim, a quem ele havia cortado em pedaços. A regressão a formas antigas de ataques, tais como rasgar e morder, e as ansiedades persecutórias correspondentes eram, portanto, utilizadas para fugir à depressão e ao desespero. Já assinalei, falando em termos gerais, que a incapacidade de suportar a posição depressiva muitas vezes leva a uma regressão à posição anterior, esquizoparanoide.

2. Essa é uma questão de grande importância, tanto no desenvolvimento normal quanto no anormal. O bebê volta, em certa medida, seus desejos pelo seio para o pênis do pai. Se o ódio e a inveja do seio da mãe, e o ressentimento contra ele, são muito intensos, a atração sentida pelo pênis do pai conduz a um fracasso tanto na homossexualidade quanto na heterossexualidade. Isso porque o ódio e a inveja da mãe são transferidos para o pênis do pai, perturbando assim a relação com ele, de forma que a homossexualidade se torna em parte um meio de combater a mãe aliada a um pai hostil. Se esse movimento de se voltar do seio da mãe para o pênis do pai ocorre com menos ódio e ressentimento, a relação com o pai e com a mãe desenvolve-se mais favoravelmente e o adulto estará futuramente mais apto a ter relacionamentos bons com os homens tanto quanto com as mulheres (cf. minha obra *A psicanálise de crianças*, cap. 12).

3. Já assinalei a importância da figura dos pais combinados, operante nos estágios mais arcaicos do desenvolvimento, em *A psicanálise de crianças* (ver também Sessão 25, Nota 1). Essa figura permaneceu na mente de Richard com muita força, indicando a persistência de suas ansiedades e fantasias arcaicas, e provou ser uma fonte muito importante da desconfiança que nutria por ambos os pais, e pelos homens e mulheres em geral. Há uma conexão entre a força da figura dos pais combinados na fantasia da criança e a força da internalização de um genital-pai perigoso e traiçoeiro, que conduz ao sentimento de uma aliança contra a mãe.

4. Na noite anterior, tinha havido uma transmissão da BBC sobre a Batalha da Grã-Bretanha: a carta de Richard, em que um Comando agradeceria ao outro, foi estimulada por isso. Obviamente a notícia dos novos ataques aéreos intensificou o medo e a preocupação acerca dos perigos que me aguardavam em Londres. Ficou bastante evidente que sua incapacidade de consertar ou ressuscitar seus objetos amados danificados ou mortos transformava-os em perseguidores. Seu forte sentimento de culpa, referente ao ódio e ciúme perigosos, fazia com que se sentisse totalmente responsável pela morte prevista da analista; o sofrimento que isso lhe causava, juntamente com a culpa, eram-lhe insuportáveis, aumentando dessa forma seus sentimentos de ódio e perseguição. Ao mesmo tempo, ele tentava construir e preservar internamente a mãe boa – a fotografia que havia tirado de mim. Era surpreendente como essa esperança, relacionada a um objeto bom internalizado, estava excindida da atitude em relação a mim, como objeto externo, quando ele começou a rabiscar e sua ira se intensificou. (Em minha

"Contribuição à psicogênese dos estados maníaco-depressivos" (1935), cheguei à conclusão de que a agressão e a ansiedade persecutória podem intensificar-se a fim de evitar a depressão – uma regressão da posição depressiva para a esquizoparanoide.)

Sua preocupação com o fato de eu precisar me registrar era genuína. Logo depois, porém, nos desenhos, deu plena vazão à agressão e aos ataques dirigidos a mim, a minha família, a meus pacientes, bem como expressou o ódio que sentia pelo fato de que eu o deixaria. O equivalente das emoções expressas nos desenhos teria sido um ataque de raiva, que tantas vezes o acometera quando pequeno. Acredito que esses ataques de raiva sempre contêm também certo desespero, porque, uma vez que prosseguem o ódio e os ataques, a criança sente estar cada vez mais irreparavelmente destruindo a pessoa amada, particularmente a internalizada. É surpreendente como a atitude de Richard mudou completamente depois do material relatado. Eu já havia assinalado como ele cindia amor e ódio, situações internas e externas, como seu desejo de preservar-me internamente e seu desejo de destruir-me externamente. Durante a parte da sessão em que desenhava com fúria e desespero, tentava também conservar algum sentimento de amor por mim, como objeto externo; mas era impressionante como soavam artificiais e insinceras as manifestações de seu amor. Ao mesmo tempo que falava da sra. K. "meiga", e de meus "lindos olhos", e assim por diante, destruía-me no desenho. Referiu-se à "linda" lagosta, embora se tornasse evidente que a via como um objeto perigoso e suspeito. Sua manifestação de amor por mim assemelhava-se à maneira sarcástica como se comportava, segundo sua mãe, com algumas mulheres, mostrando-se muito agradável e até mesmo bajulador, mas zombando delas quando não estavam presentes. Até então nunca o vira tão insincero em sua manifestação de amor por mim como nessa sessão. Essa insinceridade estava ligada ao material referente ao pênis internalizado pela mãe e por ele próprio. De início, Richard referia-se à lagosta em sua mala como um objeto bom que ele cobiçava, mas logo passou a desconfiar dela e a odiá-la, tornando-se uma arma perigosa contra a mãe odiada que também continha o pai mau, embora Richard ao mesmo tempo fingisse que à amava. Acredito que esse processo é importante para a formação do caráter em geral. A necessidade de aplacar a mãe, de quem o filho sente ter roubado o pênis bom do pai, e a aliança com o pai interno contra ela tendem a conduzir a uma desonestidade e insinceridade inconscientes. O amor de Richard era genuíno quando sua atitude predominante era de proteger-me do pai mau, ou quando ele se sentia perseguido pelo pai interno e esperava que eu o protegesse. Tornou-se artificial e insincero quando se sentiu possuidor do pênis poderoso com o qual poderia aliar-se de forma hostil e perigosa contra mim. Nessa situação há também uma profunda insinceridade em relação ao pai, uma vez que o pênis internalizado, cobiçado como objeto bom, passa a ser mau quando o pai se torna um aliado hostil contra a mãe.

Sessão 84
segunda-feira

Richard esperava na esquina. Parecia abatido e deprimido. Disse que não haveria mais a excursão (ver sessão anterior) porque John Wilson tinha se decidido contra. Estava muito decepcionado com isso, e permaneceu em silêncio por algum tempo depois de sentar-se na sala de jogos. Olhou a sra. K. de forma suplicante, e disse que não desejava ouvir mais coisas desagradáveis e, olhando para o pulso, deu-se conta de que não tinha colocado seu relógio. Olhou novamente para a sra. K. e disse que gostava muito dela e que gostava muito de seus olhos. Disse, depois de uma pausa, que a lagosta estava horrível; tinha comido um pedaço, mas cuspiu fora; repetiu que estava horrível. De repente, encostou sua cabeça no ombro da sra. K. por um momento, dizendo que gostava muito dela e que seu casaco era bonito. Claramente lutava com todas as forças contra sua depressão.

A sra. K. assinalou que Richard sentia-se muito culpado pelos ataques dirigidos a ela na última sessão. Em sua mente, eles teriam tido o efeito de matá-la, e Richard teria sentido que a perdera para sempre. Recordou-lhe o trem em que ela tinha sido bombardeada e destruída, e os outros desenhos, feitos com ódio, nos quais tinha sido cortada em pedaços. A sra. K. sugeriu que Richard sentia que, ao deixá-lo, a Mamãe azul-clara e bondosa desapareceria, e que ele não seria capaz de mantê-la viva em seu interior devido à raiva e ao ciúme que sentia. Portanto, tudo o que restaria em seu interior seria a lagosta, supostamente atraente e desejável, mas que acabava se revelando má e perigosa porque Richard a atacara com seu canivete; comer a lagosta tornava-a, ainda mais, um inimigo interno. A lagosta representava, como já o fizera o polvo, o genital do pai, que Richard atacou mordendo e devorando. Em sua mente, a sra. K. também tinha um inimigo como esse em seu interior – o detestável genital-Hitler.

Richard foi para a cozinha, e retirou água. Disse que havia bastante para todas as crianças. Encheu todos os baldes, logo deixando tudo sujo com a água que derramava no chão; dessa vez, porém, a sra. K. conseguiu detê-lo antes que inundasse a cozinha, e Richard observou-a atentamente para ver se estava aborrecida ou não. Abriu também todas as portas do fogão e enfiou a mão na fuligem.

A sra. K. interpretou que ele estava explorando o interior dela para verificar se estaria ou não cheio do cocô mau que havia bombardeado para dentro dela na sessão anterior. A cozinha, com a sujeira que havia feito, representava também o interior dela no qual havia despejado seu xixi. Ao mesmo tempo, queria colocá-la à prova para ver se continuava sua amiga, apesar desses ataques e de ter que limpar a sujeira.

Depois que a sra. K. enxugou o chão, Richard voltou para a sala e pôs-se a brincar com o molho de chaves da sra. K., fazendo a chave menor caminhar e dançar com a maior. Disse que eram a sra. K. e ele. Acompanhou a dança cantando baixinho uma melodia agradável, mas a seguir fez com que as chaves pulassem, enquanto cantava aos brados e fazia caretas. Já havia se referido anteriormente a essas caretas, dizendo que faziam-no parecer Hitler. Fez um comentário sobre dois meninos que passavam na rua, dizendo que eram "insolentes"; um deles tinha olhado para ele de forma "insolente" quando tinha cruzado com ele na rua, anteriormente. Depois, pegou a estaca de madeira, e com algum esforço segurou-a transversalmente sobre seu genital, deixou-a cair, e disse que estava atirando em Hitler com ela.

A sra. K. interpretou que ele estava usando o genital-Hitler internalizado que parecia crescer a partir do seu – a estaca colocada sobre seu genital – para atacar o genital-Hitler mau externo representado pelo menino insolente. Ele gostaria muito de ficar a sós com a Mamãe bondosa e com a sra. K. bondosa, e amá-las; as duas chaves dançando juntas no chaveiro representavam Richard no interior da sra. K., assim como ela no interior de Richard. Mas ele sentia que o Hitler mau no interior da sra. K. e de si mesmo iria interferir e atacá-los, atrapalhando a dança bonita e o amor que nutriam um pelo outro. Seu maior medo era não poder controlar seu próprio ódio e raiva, o que o deixava deprimido e ansioso.

Nessa sessão, houve longos intervalos nos quais Richard permaneceu em silêncio; às vezes se levantava e andava pela sala, sentando-se novamente a seguir, o tempo todo lutando contra sua depressão e depois contra sua raiva. Durante a brincadeira com as chaves ficou mais animado, o que, no entanto, não durou muito, uma vez que as "caretas de Hitler" que fazia mostravam que ele se sentia cheio do pai mau e de sua própria agressividade, que interfeririam e perturbariam a relação com a sra. K. e com sua mãe.

Sessão 85
terça-feira

Richard encontrava-se num estado de espírito responsivo e amigável, muito menos deprimido. Logo se apoderou das chaves, e executou com elas várias atividades enquanto conversava com a sra. K. Fez com que a chave maior e a menor caminhassem juntas dentro do chaveiro, que se movia com elas, repetindo que eram a sra. K. e ele, passeando juntos. Depois falou sobre os recentes ataques da RAF. Retirou do chaveiro a chave pequena e fez com que caminhasse sozinha, afastando-se.

A sra. K. interpretou que ela e Richard estavam juntos e partiam para Londres, mas, de repente, ficou com medo dos ataques aéreos sobre Londres e teve vontade de afastar-se; por isso tinha tirado a chave pequena do chaveiro e feito com que caminhasse sozinha, afastando-se. Além disso, tinha se separado da sra. K. porque o chaveiro também representava o corpo dela, com Richard em seu interior. Mas também sentia que representava o corpo de Richard com a sra. K. em seu interior.

Richard mencionou que na noite anterior tinha andado de bicicleta por todo o vilarejo, e que no fim das contas planejava fazer sua escalada no dia seguinte com John e seu amigo. Será que a sra. K. poderia mudar o horário de sua sessão? Fez com que as duas chaves, que tinha retirado do chaveiro, dançassem juntas enquanto cantarolava trechos de música clássica (Nota 1).

A sra. K. interpretou que ele tinha retirado as chaves do chaveiro porque gostaria de ter a companhia dela como objeto externo – as duas chaves dançando juntas, o que também expressava seu desejo de colocar seu genital dentro da sra. K. (Nota 2). Isso era manifestado pelo crescente prazer que vinha sentindo em andar de bicicleta e em fazer escaladas, que representavam uma relação sexual; e as melodias que ele cantarolava mostravam que Richard se sentia mais confiante de que essa relação seria boa e de que ele não iria ferir seu genital nem machucar a sra. K., porque não se tratava de uma luta (Nota 3). Escalar com outros meninos representava também compartilhar a sra. K. com sua família e seus outros pacientes, e compartilhar a Mamãe com o Papai e Paul. Ele não precisaria, então, lutar com seus rivais, externamente ou no interior do genital da Mamãe.

Richard passara a olhar os transeuntes, e estava mais tenso e em guarda. Contou à sra. K. que por pouco não sofrera um acidente de bicicleta, quase fora atropelado por um carro. Havia alguns homens dentro do carro, e um deles gritou para alertá-lo.

A sra. K. interpretou que, a princípio, sentiu que poderia ter uma relação sexual boa com ela e com a Mamãe, e descobrir tudo sobre o interior delas, mas logo ficou amedrontado com o Papai. Quando, em sua mente, colocou seu genital dentro da sra. K. e explorou o interior dela e da Mamãe, isso lhe parecera, momentos antes, prazeroso e sem riscos, porém já agora parecia perturbado pelo sr. K. ou pelo Papai perigosos – o homem que quase o atropelou com o carro.

Richard replicou que os homens que estavam no carro eram o sr. K., o sr. Smith, o "velho rabugento", Paul e o Papai. Depois, perguntou aonde estava indo a sra. K. quando a encontrara na noite anterior – estava indo para casa? Por que caminhava exatamente por aquela rua? (Na noite anterior, quando estava andando de bicicleta, tinha encontrado a sra. K. no vilarejo, porém não fizera nenhuma tentativa de detê-la.)

A sra. K. perguntou-lhe onde pensava que ela estivera.

Richard ficou imaginando se ela teria ido visitar o sr. Smith. Depois, lembrou-se de que o sr. Smith não morava naquela direção.

A sra. K. interpretou que Richard vivia permanentemente preocupado com que a Mamãe, a quem gostaria de ter só para si, não ficasse sozinha com ele porque, em sua mente, acreditava que ela continha o Papai; e Richard nunca tinha certeza se era o Papai bom ou o mau. Agora, com a sra. K., não sabia se ela continha o genital-Hitler ou o genital-sr. K. bom.

Richard, enquanto a sra. K. interpretava, havia colocado as duas chaves de volta no chaveiro e fazia com que elas se movimentassem dentro dele.

A sra. K. interpretou que isso mostrava a curiosidade que Richard sentia acerca do interior dela, bem como seu medo dos perigos que ali o aguardavam.

Richard falou sobre sua viagem de ônibus para casa. Iria viajar com sua cobradora favorita. Parece que todas elas agora tinham que dizer "os que pagam meia passagem, em pé" se o ônibus estivesse lotado, mas ele continuava a gostar mais dessa. Contou à sra. K. os nomes das cobradoras, e descreveu-as. Tinha aquela que era bonita, e aquela que não era tão bonita mas também não era feia – a de que mais gostava. Havia outra de "rosto pintado".

A sra. K. sugeriu que a cobradora da qual ele gostava representava a Babá. Quando se sentia inseguro e desconfiado em relação à Mamãe, voltava-se para a Babá, que naquela época não era casada, o que significava que ela não tinha um marido, como a Mamãe tinha. A cobradora bonita representava a Mamãe, que era mais bonita que a Babá; mas houve uma época em que Richard gostava mais da Babá do que da Mamãe, e ele se sentia culpado por isso.

Richard disse que a Babá era muito bonita, não era feia de modo algum. Ele a tinha encontrado no dia anterior ao trocar de ônibus quando viajava para casa, e ela lhe tinha dado alguns doces. (Ele parecia agora dar-se conta do quanto ainda gostava dela.) Disse que a sra. K. não era a de "rosto pintado", ela era também muito bonita, mas não tão bonita quanto a Mamãe. Perguntou, depois, se a sra. K. tinha ficado magoada.

A sra. K. sugeriu que ela representava uma mistura da Mamãe com a Babá. Richard disse que tinha tido um sonho, ao mesmo tempo assustador e empolgante. Algumas noites atrás também tinha tido um sonho: duas pessoas uniam seus genitais. Contou o sonho mais recente com enorme prazer, e descreveu-o com vivacidade e dramaticidade: falava com um tom sinistro nas partes assustadoras, ao passo que no clímax da narrativa seus olhos brilhavam, e seu rosto exprimia alegria e esperança.

Viu a sra. K. parada, em pé, no ponto de ônibus no vilarejo do qual o ônibus parte para "Y". Mas este estava indo para algum outro lugar, no sonho só havia ônibus para "Y" a cada quinze dias. Ele passou sem parar.

(Nesse ponto, Richard imitou com vivacidade os barulhos do ônibus passando.)

Richard correu atrás do ônibus para pegá-lo, mas este já havia desaparecido. Ele acabou indo, apesar de tudo, num trailer. Com ele viajava uma família muito feliz. O pai e a mãe eram de meia-idade, havia muitas crianças e todas elas eram simpáticas. Eles passaram por uma ilha. Com eles havia também um gato muito grande. A princípio, o gato mordeu seu cachorro, mas depois se deram muito bem. Depois, o novo gato perseguiu o gato de Richard, mas eles também acabaram se dando bem. Este novo gato não era um gato comum, mas era muito bonito. Seus dentes pareciam pérolas, e ele se assemelhava mais a um ser humano.

A sra. K. perguntou se era mais parecido com um homem ou com uma mulher.

Richard disse que parecia tanto um senhor quanto uma mulher bonita. Disse que

a ilha ficava num rio. Na margem do rio o céu era muito preto, as árvores eram pretas; a areia era da cor de areia, mas as pessoas eram igualmente pretas. Havia criaturas de todos os tipos, aves, animais, escorpiões, todos pretos; e todos eles, pessoas e criaturas, estavam extremamente imóveis. Era aterrador.

O rosto de Richard expressava horror e ansiedade.

A sra. K. perguntou como era a ilha.

Richard disse que

a ilha não era totalmente preta, mas o céu e a água em volta eram. Havia uma mancha verde na ilha e o céu, sobre ela, mostrava um pouco de azul. A imobilidade era terrível. De repente ele, Richard, gritou: "Ei, aí", e naquele momento todo mundo e todas as coisas tornaram à vida. Ele tinha quebrado um encantamento. Eles deviam estar enfeitiçados. As pessoas começaram a cantar; os escorpiões e outras criaturas pularam de volta na água, todos estavam radiantes, tudo ficou claro, o céu tornou-se todo azul.

A sra. K. perguntou o que tinha acontecido com ela no ponto de ônibus. Richard disse que ela estava meio escondida atrás de outra pessoa.

A sra. K. perguntou que tipo de pessoa.

Richard, a princípio, disse que não sabia. Depois disse que achava que a sra. K. se escondia atrás de um homem.

A sra. K. perguntou quem o homem lhe fazia recordar.

Richard disse que ele era alto e, depois de uma pausa, disse que achava que ele se parecia com o Papai. Ao começar a explicar a situação no sonho, começou um desenho.[157] Ali se encontravam o gato "humano", o cachorro de Richard, o gato de Richard, as pessoas pretas e imóveis, as árvores pretas, a ilha e a estrada por onde passava o *trailer*.

157 Infelizmente esse desenho está faltando, e tive de reconstruir seu conteúdo utilizando minhas anotações.

Enquanto contava para a sra. K. sobre as pessoas da ilha voltando à vida, pediu-lhe a sacola de brinquedos, abriu-a e, antes de qualquer coisa, tirou o trem elétrico. Olhou os dois vagões, virou-os ao contrário e engatou um no outro. Depois retirou o balanço, e o pôs em movimento; pôs o balanço em cima do trem e movimentou o trem, tirou o balanço fora e continuou a movê-lo. Juntou o trem de carga e todos os vagões que pôde encontrar. [...] Perguntou à sra. K. se, afinal de contas, ela não iria visitá-lo e a sua família em "Y". Deveria ir e conhecer o lugar. Desejava que ela fizesse ao menos uma parte da viagem com ele – assim poderia mostrar-lhe o lugar onde ele trocava de ônibus. Não poderia ir, e encontrá-los todos? Por que não? Seria tão gostoso se ela fosse e também conhecesse o Papai! Isso foi dito com intensa emoção.

A sra. K. interpretou que o trem, no qual tinha engatado todos os vagões que conseguiu encontrar (algo que nunca tinha feito antes), significava que a sra. K. e seus filhos passavam a fazer parte de sua família. Isso era representado no sonho pela família feliz no *trailer* em que viajava; significava também que, em seu interior, todas as pessoas a quem amava estavam em harmonia. Isso incluía a Babá, que tinha sido um membro da família até se casar. Por isso queria que a sra. K. o acompanhasse pelo menos até o vilarejo no caminho para "Y" onde morava a Babá, a fim de se verem de novo antes que a sra. K. partisse para Londres. No sonho, havia uma família unida e feliz em uma parte de sua mente, porém – separadas em outra parte de sua mente – havia as pessoas e os animais pretos, os escorpiões pretos, representando o cocô e os genitais venenosos. Isso significava que em seu interior ele mantinha separadas umas das outras as pessoas boas e as más, e sentia que também a sra. K. devia ter em seu interior essas pessoas pretas porque ele tinha jogado seu cocô dentro dela quando estava enciumado e com raiva. O fogão, com fuligem dentro dele, muitas vezes a representara, e sua tentativa de limpá-lo significava retirar da Mamãe e da sra. K. toda a maldade, o cocô e os bebês perigosos, bem como o genital preto. Mas nesse sonho, ele também tinha feito voltar à vida todas essas criaturas más e mortas; elas ficaram claras e o céu tornou-se azul – a Mamãe azul-clara. No dia anterior, a água representara o leite, não apenas para ele mesmo, mas para as outras crianças que ele desejava alimentar, manter vivas e amar (Nota 4). Na brincadeira, como muitas vezes anteriormente, os dois vagões do trem elétrico representavam os seios da Mamãe, e a criança no balanço ficava no teto do trem, o que queria dizer que o bebê estava sendo alimentado. Seu desejo de reunir a sra. K. e sua família com a família dele também implicava que não haveria separação dela, não havendo, portanto, motivo para sentir medo, ódio ou ciúme. Assim, a Mamãe e a sra. K. internas e externas poderiam ser preservadas.

Depois de relatar o sonho, o estado de espírito de Richard sofreu uma mudança impressionante. Por um instante, os sentimentos vividos no sonho pareciam persistir, e ele experimentava o prazer de tê-lo descrito com tanta vivacidade. Disse que iria contar seu sonho para todo mundo, e parecia sentir que havia realizado algo. Mas logo abandonou a brincadeira que tinha acompanhado o relato do sonho; o brilho de seus olhos se apagou, ficou deprimido, distraído, e parecia não prestar atenção às interpretações da sra. K. Tornou-se inquieto e perseguido.

A sra. K. interpretou que Richard talvez receasse, no fim das contas, não ser capaz de ressuscitar as pessoas pretas e más e de torná-las boas, como havia feito no sonho, e que ficava ainda mais preocupado porque a sessão estava terminando e ele ia embora pelo dia todo, e também porque a sra. K. em breve o deixaria. Recordou-lhe que havia mencionado outro sonho no início da sessão, e perguntou de que tratava esse sonho.

Richard, que estivera em pé junto à janela olhando para fora, agora ficou novamente animado. Parecia estar contente por relatar esse sonho.[158]

Via duas pessoas deitadas juntas. Era em algum lugar ao ar livre, fora de "X". Estavam totalmente nuas, como Adão e Eva.

A sra. K. perguntou se ele via os genitais delas.

Richard disse que "*sim, eram enormes e era muito desagradável*". A sra. K. perguntou como eram.

Richard disse que na verdade ele não sabia como era o genital de uma mulher, mas no sonho os genitais de ambos pareciam com o monstro no livro (que era tão enorme que o homem na ilustração parecia um anão perto de um gigante; Richard, na ocasião, havia dito que o monstro era orgulhoso e altivo, e parecia admirá-lo). Richard não acrescentou mais nada a essa associação.

A sra. K. interpretou que, em sua mente, os enormes genitais pertencentes aos pais eram iguais, e que o homenzinho na ilustração, que atirava no olho do monstro, representava ele próprio, tentando atacar tanto os olhos quanto os genitais dos pais.

---

158 Sem dúvida, o fato de ter produzido um sonho significava ter sido criativo e implicava também oferecer um presente à analista; por isso renascera a esperança e diminuíra a perseguição.

Richard, no final da sessão, ficou brincando de fazer rolar uma bolinha de um canto para outro da sala de jogos, dizendo ser o trem da sra. K., com ela dentro. A bola caiu entre alguns pacotes que estavam num canto, e Richard comentou que eram os para-choques; parecia, no entanto, ter dúvidas quanto a se o trem tinha se danificado ou não. A seguir, fez com que uma bola grande rolasse atrás da pequena, e disse que era o sr. Smith seguindo a sra. K. – não, era ele mesmo, que seguia a sra. K. A sessão tinha terminado, e ele comentou a respeito dos preparativos para a excursão no dia seguinte.

Notas

1. Isso serve para ilustrar a mudança de uma situação interna para uma externa, e é interessante notar que essa mudança pode ser claramente reconhecida se as flutuações que o material apresenta forem adequadamente compreendidas. O interesse crescente que Richard vinha apresentando em andar de bicicleta e fazer escaladas era condizente com uma maior capacidade de afastar-se da preocupação constante com as situações e as lutas internas. Como já assinalei anteriormente, é significativo que muitas vezes venha à tona uma situação externa depois que as situações de ansiedade internas tenham sido interpretadas.

2. Richard mostrava, naquele momento, um progresso em seu desenvolvimento: era capaz de sentir que ele e eu, representando sua mãe, podíamos estar juntos sem que seu objeto interno ou o meu objeto interno interferissem. Um bom equilíbrio entre situações e relações internas e externas é de fundamental importância. No caso de Richard, isso significava que a figura de pais combinados – e seus perseguidores internos – tinham, ao menos temporariamente, perdido sua força. Isso era uma indicação de progresso, embora eu saiba que essas mudanças não estavam completamente estabelecidas.

3. Pude muitas vezes observar que a música representa a harmonia interna, mas na presente sessão essa harmonia expandia-se também para o que Richard sentia como uma possibilidade de um relação sem luta. Havia diminuído a ansiedade de que, tanto na relação com o seio como na relação com o genital, ele se defrontasse com uma luta interna no interior do genital da mãe e fosse vigiado e perseguido pelo próprio perseguidor interno. Isso contribuía para a harmonia externa, representada por uma relação sexual prazerosa e não destrutiva – o que também era expresso no fato de ser capaz, naquele momento, de apreciar música.

4. Aqui nos aproximamos de uma das importantes situações de ansiedade inerentes à posição depressiva. Se Richard se sentia repleto de objetos atacados, objetos maus portanto (como a lagosta e as moscas atacadas e perigosas), e de excrementos perigosos, assim como de impulsos destrutivos, então os objetos bons em seu interior estariam correndo perigo. Isso significava que em estados de ansiedade acentuada tudo em seu interior estava morto. Richard tentou solucionar esse problema retirando os elementos maus e perigosos (a fuligem). Mas quando se sentiu mais seguro, procurou, como em seu sonho, ressuscitar e melhorar os objetos maus. É interessante notar que a ilha não era inteiramente preta, havia um espaço verde e um fragmento de céu azul no centro. Esse centro de bondade, que lhe possibilitou manter a esperança, representava o seio bom, a analista boa, e a babá boa, como também os pais bons em harmonia; e, a partir desse núcleo de bondade, a vida e a reparação poderiam se expandir. A brincadeira com o trem e com o bebê no balanço mostrou que o bebê bom representava igualmente recuperar e preservar a vida. (Como mencionei anteriormente, Richard gostava imensamente de bebês pequenos, e vivia pedindo a sua mãe que tivesse um bebê. Quando ela respondia que era muito velha, ele dizia que isso era bobagem, claro que ela podia ter bebês, e é indubitável que ele pensava a mesma coisa de sua analista.)

Penso que o seio bom como núcleo do ego é uma precondição fundamental para o desenvolvimento do ego. Richard sempre manteve sua crença na Mamãe azul-clara. A mãe idealizada coexistia com a mãe persecutória e suspeita. Entretanto, a idealização baseava-se num sentimento de ter, em certa medida, internalizado o objeto bom primário, e este era seu principal apoio quando entrava em ansiedade. Nesse estágio da análise, a capacidade de Richard de integrar o ego e sintetizar os aspectos contrastantes de seus objetos tinha aumentado consideravelmente, e ele se tornara mais capaz de, na fantasia, melhorar os objetos maus e ressuscitar e recriar os objetos mortos; isto, por sua vez, se relacionava com o fato de o ódio ser mitigado pelo amor. No sonho, Richard pôde também unir os pais de forma harmoniosa.

Esses processos, no entanto, não foram totalmente bem-sucedidos, como demonstra o fato de eu ter sido deixada para trás, escondida atrás do homem, o que representa as dúvidas de Richard quanto a ser a união dos pais realmente boa. (Novamente uma indicação da figura dos pais combinados.)

Sessão 86
quarta-feira

Richard e a sra. K. se encontraram na esquina. Ventava muito e estava frio, e Richard fez um comentário nesse sentido. Disse também que esse era um horário atípico para se encontrarem. (Devido a seus planos para o dia, a sra. K. tinha marcado um horário bem no fim da tarde.) Richard disse que no fim de contas eles não tinham escalado a montanha porque estava chovendo. Em vez disso, tinha ido visitar o amigo de John com ele. Perguntou se a sra. K. se importava de atendê-lo àquela hora; ela não costumava atender seus pacientes tão tarde, não era? Mais uma vez não esperou resposta. Disse, a seguir, que tinha visto a ferragem de um avião britânico que havia batido nas colinas, e o piloto estava morto.

A sra. K. disse que Richard estava mais preocupado por ter-lhe causado um inconveniente porque o pensamento dos destroços do avião estava tão presente em sua mente. Temia as coisas más que pudessem acontecer a ela e sentia-se culpado, atribuindo a si a responsabilidade. Quando ficava frustrado e com raiva, tinha manifestado de várias maneiras seu desejo de que a sra. K. fosse bombardeada em Londres. Isso o deixava ainda mais ansioso pelo que pudesse acontecer com ela.

Richard estivera sugando e mordendo o lápis amarelo, mas tirou-o da boca então. Estava calado e triste, e mergulhado em seus pensamentos.

A sra. K. perguntou-lhe se estava decepcionado por não terem escalado a montanha.

Richard respondeu que isso não tinha muita importância; apesar disso, o dia tinha sido muito divertido.

A sra. K. perguntou se tentariam novamente fazer a escalada algum outro dia.

Richard respondeu que eles talvez fossem, mas ele não iria.

A sra. K. perguntou por quê.

Richard não respondeu.

A sra. K. sugeriu que talvez fosse porque, nesse caso, novamente teria que lhe pedir uma sessão mais tarde.

Richard discordou, mas não foi muito convincente. Repetiu que não queria ir: poderia se cansar demais. Tinha ligado o aquecedor elétrico e deliciava-se com seu calor. Disse, apontando-o, que era a Mamãe boa, dando-lhe aquele calor tão gostoso.

A sra. K. interpretou seu desejo de mantê-la viva, representando a Mamãe boa, dentro e fora de si; e quando ela produzia calor, isso provava que ela estava viva. A sra. K. referiu-se ao sonho da sessão anterior, e assinalou que a mancha verde na ilha e a nesga azul no céu significavam que uma parte da Mamãe boa e do seio bom permaneciam vivos em seu interior. Recordou-lhe os desenhos de império, com as partes azul-claras no centro, e que uma vez havia dito que o azul-claro estava se expandindo e ganhando mais territórios no império, que representava seu interior e o interior da Mamãe. Essas esperanças eram a razão de ter ficado tão contente com seu sonho.

Richard concordou vivamente e pareceu feliz com essa interpretação. Comentou que a sra. K. gostava que ele prestasse atenção ao que ela dizia, não era? Acrescentou que hoje estava prestando bastante atenção e ouvindo cada uma de suas palavras, como tinha feito no dia anterior também. Nesse momento, sugava novamente o lápis com força. Disse que gostaria de desenhar alguma coisa, mas pôs-se a pensar o que poderia ser. (Isso era bastante incomum, já que raramente hesitava ao começar a desenhar.) Depois, disse que já sabia o que era melhor para ser desenhado, e com muita determinação começou a desenhar o ônibus que ia para casa.

A sra. K. perguntou como estava seu pai, pois Richard não comentara mais nada a seu respeito.

Richard respondeu que ele não estava muito bem, sentia-se cansado; mas no geral seu estado era satisfatório. Richard parecia preocupado e triste ao dizer isso. No desenho, um homenzinho estava pronto para entrar no ônibus; no desenho também estavam o motorista, a cobradora com o "rosto pintado", e um assento desocupado no centro do ônibus, onde Richard iria se sentar. Um avião voava bem baixo, acima do ônibus. Richard comentou que o ônibus parecia pouco seguro. Falou depois sobre as três cobradoras. Dessa vez, disse que gostava de todas elas, que todas eram muito amáveis com ele. Mencionou, a seguir, a mais bonita, dizendo que ela também era muito gentil com ele.

A sra. K. referiu-se a sua interpretação anterior, de que as três cobradoras representavam a Mãe, a Babá e ela própria. Richard gostaria de mantê-las todas amigas, e de pensar nelas como sendo amáveis com ele, particularmente porque se sentia triste e preocupado com a partida da sra. K.

Richard perguntou quantos dias faltavam. (Sabia muito bem a data.)

A sra. K. recordou-lhe que havia descrito o ônibus como "pouco seguro", e fez uma relação com o desastre ocorrido naquela manhã, que ele havia visto. Assinalou seus temores em relação a ela, por ser velha, e recordou-lhe seus sentimentos por ocasião da morte da avó.

Richard perguntou o que a sra. K. iria fazer naquela noite: iria ler, tocar piano ou ouvir rádio?

A sra. K. perguntou-lhe o que gostaria que ela fizesse.

Richard respondeu que gostava de pensar nela sentada junto à lareira, ouvindo rádio ou lendo; e o "velho rabugento", o que fazia à noite? Apontou, então, um senhor idoso que passava, e perguntou se era o "velho rabugento".

A sra. K. disse que não, e interpretou a preocupação de Richard, de que ela não tivesse a noite tranquila que ele lhe desejava, porque o "velho rabugento", representando o sr. K. ou o sr. Smith maus, poderia estar com ela e feri-la, perturbá-la ou preocupá-la internamente.

Richard perguntou o que a sra. K. diria se fosse visitá-la à noite. Conversaria com ele, ou não gostaria disso? Se tivesse um problema sério, poderia procurá-la?

A sra. K. quis saber a que tipo de problema sério ele se referia.

Richard perguntou se ela o abrigaria e o ajudaria caso não tivesse para onde ir. Mostrava-se bastante insistente, desejando obter uma resposta direta, e novamente suplicou à sra. K. que lhe dissesse se o ajudaria.

A sra. K. disse que seu medo de que não tivesse para onde ir significava que receava perder seu lar; perguntava-se, caso o Papai o expulsasse de casa, ou morresse, se a Mamãe ficaria de seu lado e se o acolheria. Se o Papai morresse, a Mamãe iria se sentir sozinha, e perguntava-se o que ela faria à noite. Parecia que, ao mesmo tempo que se sentia triste e preocupado com o estado de saúde de seu pai, começava também a sentir medo do pai doente ou morto, porque o pai morto, como já havia sido visto, poderia se transformar num fantasma hostil e preocupar a Mamãe.

Devido a todos esses medos, Richard gostaria de ter certeza de que a sra. K. iria ajudá-lo e protegê-lo.

Richard disse que gostaria de matar Hitler, e que só os alemães maus gostavam dele; a sra. K. era naturalizada, portanto não era mais alemã. Foi para fora, olhou as nuvens, e disse que o céu estava "tempestuoso". Arrancou a casquinha de um machucado no braço, que começou a sangrar. Disse que gostava de chupar o próprio sangue, que tinha experimentado no lenço. Era de um vermelho saudável, não era? Parecia preocupado por ter perdido um pouco de sangue, e novamente quis saber se era sangue saudável.

A sra. K. interpretou que ele sentia ter matado o Papai-Hitler em seu interior, e que agora não sabia se aquele sangue era o seu próprio ou o de Hitler, se o sangue que perdia era um sangue bom ou mau. A sra. K. referiu-se novamente ao sonho de Adão e Eva, e perguntou em que posição estavam deitados.

Richard respondeu: "Estavam deitados de costas e se acariciavam; eram muito bonitos".

A sra. K. lembrou-lhe que no dia anterior ele havia dito que era "horrível", e que pensar no que o Papai e a Mamãe faziam com seus genitais era-lhe tão doloroso e assustador que ele preferia pensar naquilo como algo bonito, embora não conseguisse.

Richard protestou. Disse que seus pais não poderiam ter relações sexuais, visto que havia muitos anos não tinham filhos. Saiu novamente, olhou em volta, e falou sobre a paisagem. De volta à sala, disse que os dois canhões do avião no desenho apontavam para cima e eram os seios da Mamãe, alimentando os filhos.

A sra. K. interpretou que isso revelava que ele estava pensando nos seios não como azul-claros e bons, mas como perigosos e como sendo armas.

Nessa sessão, Richard ficou o tempo todo tentando fazer que todas as coisas permanecessem boas. Por isso, teve de corrigir o sonho de Adão e Eva. Às vezes, mostrou-se calado e profundamente pensativo, mas a afeição e a ternura que sentia pela sra. K., se nem sempre eram expressas em palavras, com frequência transpareciam. O desejo constante de agradá-la manifestava-se pela maneira como prestava atenção ao que ela lhe dizia e como procurava desenhar e cooperar o máximo possível com a análise. Também controlou a apreensão e o medo sentidos em relação ao desastre do avião para não a deixar preocupada. Durante essa sessão, repetiu e expressou veementemente seu desejo de matar Hitler, a fim de protegê-la. Era evidente que tinha recusado a proposta dos meninos de irem escalar numa outra ocasião para não precisar pedir à sra. K. que o atendesse mais tarde. Durante toda a sessão parecia presente em Richard o sentimento de algo insólito, sinistro até, devido à hora tardia, à tempestade e à chuva. Várias vezes se punha a ouvir o vento, com um misto de excitação e medo. Em determinado momento da sessão, fez um desenho de si mesmo com pernas muito compridas.

Sessão 87
quinta-feira

Richard esperava pela sra. K. na esquina. Voltou a dizer que tinha decidido não fazer a escalada com os outros porque ficaria muito cansado. Mas parecia desapontado. De repente, disse que estava com dor de dente, mas logo a seguir tentou negar o fato dizendo que ia passar. Instantes depois, disse que o dente continuava doendo. A sra. K. prometia que não contaria nada sobre isso para a Mamãe? Tinha medo de que, se ela contasse, arrancariam seu dente. Estava preocupado com sua dor de dente, embora dissesse que era apenas uma dorzinha. Repetidas vezes punha o dedo na gengiva, e tentava se consolar dizendo à sra. K. que não era um dente antigo que o machucava, mas um dente novo que estava crescendo. A seguir, voltou a dizer que devia ser um dente cariado; sua segunda dentição, no entanto, estava em ótimas condições.

A sra. K. interpretou que Richard recusou-se a fazer a escalada não apenas porque não queria pedir outro horário mais tarde para a sra. K. mas também porque sua dor de dente relacionava-se com seus medos acerca de seu genital. Subir a montanha significava, para ele, subir na Mamãe e na sra. K. com o seu genital; não se sentia capaz de fazê-lo porque seu genital (o dente) não estava em boas condições. A sra. K. fez referência ao que ele havia dito na sessão anterior sobre o pai, que estava cansado, o que o entristecia. Interpretou que o cansaço do pai também significava que seu genital tinha sido ferido e quebrado por Richard, e por isso sentia que, se pusesse seu próprio genital dentro da Mamãe, este também poderia ser quebrado, ou até mesmo *deveria* ser quebrado, por ser errado tomá-la do Papai. Na sessão anterior, Richard tinha feito um desenho de si próprio, e suas pernas estavam muito compridas; isso significava que tinha se tornado o Papai, e que tinha ficado potente roubando o genital do Papai. Muitas vezes sentia que tinha colocado para dentro de si o pai, agora doente e cansado, e por isso sentia-se cansado. Além disso, tinha também em seu interior o pai-Hitler mau. Na véspera, Hitler tinha sido violentamente atacado; e ao arrancar a casquinha de seu machucado, fazendo com que sangrasse, seu sangue e o de Hitler ficaram confundidos em sua mente, o que significava que o Hitler em seu interior estava ferido e sangrava.

Richard comentou que gostaria de conseguir alguns caramelos do sr. Evans. Iria, então, morder um caramelo, e o dente ficaria grudado nele e assim sairia. Ou então, ofenderia seu inimigo, Oliver, que daria um soco em seu maxilar, fazendo com que o dente saísse.

A sra. K. interpretou que Richard sentia que seu próprio genital, agora representado pelo dente, estava misturado com o genital do pai – o caramelo que o sr. Evans lhe daria. Como já tinha mostrado várias vezes, desejava sugar e comer o genital do Papai (recentemente a lagosta). Se, então, perdesse seu dente dessa forma, teria sido por culpa do caramelo, ou melhor, do pai, a quem caberia a responsabilidade por ter arrancado os dois genitais juntos.

Richard começou a brincar com os brinquedos. Colocou a figura da sra. K. no trator e, de frente para ela, a figura da Mamãe. Elas estavam conversando.

A sra. K. perguntou sobre o que falavam.

Richard disse que discutiam se o dente dele deveria ser arrancado. [...] Fez com que o trator seguisse o trem elétrico bem de perto.

A sra. K. interpretou que o trem elétrico, que geralmente representava ele próprio, estava ao mesmo tempo observando a Mamãe e a sra. K. e reunia-se a elas. A sra. K. sugeriu que as duas mulheres dentro do trator representavam duas pessoas no interior de Richard – ou a Mamãe boa e a Mamãe má, ou a Mamãe e o Papai; e Richard não tinha muita certeza se a Mamãe e a sra. K. internas, bem como os pais internos, eram amigáveis ou hostis para com ele. Era por isso que, em certas ocasiões, ele desconfiava tanto da sra. K. e temia que ela revelasse algum de seus segredos.

Richard fez com que a locomotiva do trem de carga trafegasse entre a sacola de brinquedos e a bolsa da sra. K., dizendo que ela se movia por conta própria, e pediu que sra. K. a detivesse colocando o dedo diante dela.

A sra. K. interpretou que a locomotiva representava o genital de Richard, que agora se movia por conta própria – o que significava que Richard não era responsável por ele – para dentro do genital da sra. K., representado pelo dedo dela. Mas ele também desejava que ela tocasse o genital dele com sua mão. Outro significado possível era que ela impedisse que o genital dele a penetrasse.

Richard separou os banquinhos em dois grupos: um deles, disse, era composto pelos genitais do Papai, do sr. K., do sr. Smith, de Hitler, de Goering e de Paul, sendo o maior o de Hitler – um bloco de madeira bem grande. Do outro lado, ficava o genital de Richard, e para representá-lo escolheu o banquinho mais bonito, aquele com o assento de pele, de que tanto gostava. Com ele estavam três outros genitais de homens. Richard explicou que pertenciam ao Papai bom e ao Paul bom, e não sabia de quem podia ser o outro. Atirou alternadamente os banquinhos de um grupo para outro. Por diversas vezes os inimigos morreram, porém pareciam voltar à vida. No final, Richard disse que o seu lado tinha saído vitorioso.

A sra. K. interpretou que esses banquinhos representavam não apenas os genitais, mas as pessoas inteiras também. Isso significaria para ele a morte do Papai mau.

Richard, por um instante, pareceu impressionado e disse, genuinamente amedrontado: "Seria horrível se o Papai morresse". [...] Um pouco depois, segurou uma das estacas grandes e atirou-a contra os genitais hostis, dizendo tratar-se de sua arma secreta. Durante essa parte da brincadeira, mostrava-se muito agressivo, fazendo muito barulho, quase quebrando os banquinhos.

A sra. K. interpretou que a "arma secreta" (muito discutida naquela época) era o poderoso genital do Papai internalizado, recentemente a lagosta, e que ele usava seu genital interno contra ambos, o inimigo externo e o interno.

Richard, durante a luta com os banquinhos, comentou: "Pobre sala – logo vai ficar em ruínas".

A sra. K. interpretou que a sala de atendimento significava também a sra. K., a quem ele destruiria por estar de partida. Referiu-se ao desastre aéreo do dia anterior e ao ônibus "pouco seguro". Iria destruí-la se atacasse o sr. K. mau dentro dela, assim como destruiria a Mamãe se atacasse o Papai-Hitler mau no interior dela; e, no entanto, sentia que deveria destruir esses homens maus, pois, caso contrário, eles causariam danos à Mamãe e à sra. K.

Richard foi ficando extremamente excitado e agressivo, com o rosto vermelho e às vezes rangendo os dentes. Voltou para a mesa e pegou os brinquedos. Fez com que o ônibus parasse no vilarejo no qual morava a Babá. Os ônibus eram representados pelo trator, pelo caminhão de carvão, pela locomotiva do trem de carga e pelo trem elétrico. Todos trafegavam em várias direções. Richard ia e voltava, viajando no trem elétrico (agora descrito como um ônibus). Quando esses vários veículos se encontravam, Richard emitia sons raivosos, mas evitava colisões. Nesse meio-tempo, também fez alguns comentários sobre as diferentes cobradoras, dizendo que, além daquelas três por quem se interessava particularmente, todas eram bonitas, simpáticas e educadas.

A sra. K. interpretou que as várias rotas se referiam às viagens que de fato fazia entre "X" e "Y" mas também representavam as várias cobradoras de ônibus que recentemente estavam sempre em sua mente, além da sra. K., da Mamãe e da Babá. O ponto de ônibus era também o interior da sra. K. e da Mamãe, bem como o interior de todas essas mulheres, e os ônibus representavam agora os diversos homens – o Papai, Paul, o sr. K., o sr. Smith –, que, embora ainda permanecessem em disputa, tinham se tornado menos destrutivos uns para com os outros e evitavam colisões. Na brincadeira anterior, com os banquinhos, haviam se matado entre si. Isso significava que Richard estava levando então mais em conta seu verdadeiro Papai bom, e o Paul bom, que tinham se tornado mais ligados ao Papai mau, ao Paul mau, e ao sr. K. Quando anteriormente os dois lados se destruíam entre si, na brincadeira com os banquinhos, o pai-Hitler totalmente mau, o sr. Smith velhaco, e o sr. K. estrangeiro e espião tinham que ser exterminados (Nota 1).

Richard entoou suavemente alguns trechos de música enquanto movimentava o trem elétrico e deixava os outros de lado. Também retirou do chaveiro as duas chaves (que representavam a sra. K. e ele), fazendo com que dançassem.

A sra. K. interpretou que ele se encontrava agora com a sra. K. externa, e estava muito contente em sua companhia, como o demonstravam as duas chaves dançando juntas fora do chaveiro, que anteriormente representava o interior de Richard e da sra. K. Também era capaz de ficar só e feliz, e por isso tinha estado cantando quando o trem elétrico se movera sozinho.

Antes de sair, Richard voltou a perguntar, como já havia feito antes, no decorrer da sessão, se sua gravata estava direita. A caminho do vilarejo, ainda caminhando com a sra. K., encontrou a sra. Wilson, que lhe informou que os meninos tinham mesmo decidido escalar a montanha e que estavam se preparando para partir. Richard ficou indeciso por um momento; desejava ir com eles, mas isso implicaria adiar sua viagem de volta para casa. Acabou decidindo-se por ir para casa, decisão indubitavelmente influenciada, em parte, pelo desejo de ver o pai.

No início da sessão, Richard estava tímido, ansioso, e cheio de medos hipocondríacos. Ficou falando sobre o dente e parecia bastante preocupado com isso. No decorrer da sessão, as interpretações levaram-no a ficar cada vez mais excitado e agressivo, e, ao brincar com os banquinhos, mostrava-se muito destrutivo. Quando brincava com os ônibus, ainda tinha o rosto vermelho e vez por outra rangia os dentes. Colaborava pouco e permanecia em um estado maníaco. Era evidente que estava refreando sua agressividade e procurando encontrar uma solução melhor, como demonstrado, por exemplo, no cuidado que tomava para evitar colisões. Essa contenção da agressividade devia-se em parte, como pudemos ver em algumas sessões recentes, a seu intenso desejo de se separar da sra. K. em bons termos; outro motivo era sua imensa ansiedade relacionada à possibilidade de ter ferido o pai. O conflito interno era, porém, muito intenso, e precisava lançar mão de toda a sua força para dar conta dele. No entanto, o fato de ter sido capaz de ter um momento feliz e relaxado, quando sozinho com a sra. K. (as duas chaves dançando), era um sinal de fortalecimento do ego.

Nota

Já assinalei que recentemente Richard tinha se tornado mais capaz de integrar-se e de sintetizar seus objetos, e que a Mamãe azul-clara ideal havia se aproximado da Mamãe "bruta malvada". Agora, parecia que isso também estava se passando em relação ao pai. Isso significava que o ódio estava sendo mitigado pelo amor, e que as figuras excessivamente más e fantasiosas iam se ligando mais às figuras reais. É significativo que esses desenvolvimentos estivessem ligados a um aumento da capacidade de encontrar substitutos para a analista e para a mãe, como seu grande interesse pelas cobradoras de ônibus revela. Até então, parecia que o único sentimento que nutria pelas mulheres, exceto a Mamãe, a sra. K. e a Babá idealizadas, era desprezo. Como mencionei anteriormente, o fato de ser mais capaz de aceitar substitutos indicava um passo na direção de libertar-se cada vez mais dos laços com a mãe. Outro aspecto desse desenvolvimento era que, apesar da agressividade e das ansiedades relacionadas com o pai enfermo e possivelmente morrendo, o amor que sentia por ele e o pesar por seu estado eram agora muito mais evidentes.

Sessão 88
sexta-feira

Richard chegou um pouco atrasado, sentou-se, olhou para a sra. K. e, retirando do bolso uma pequena pinha, disse ser aquela a primeira que tinha encontrado naquele ano. Achou que podia ajudar no trabalho, por isso a tinha trazido. Evidentemente desejava que a sra. K. elogiasse sua forma e que a utilizasse na análise. Em seguida, retirou do bolso uma papoula. Colocou-a ao lado da pinha, experimentou um pedacinho dela, disse que era venenosa e atirou a papoula e a pinha fora. [...] Nesse momento, houve uma interrupção. Um homem veio medir o relógio de luz. Enquanto este se encontrava na cozinha, Richard cochichou para a sra. K.: "Um Papai intruso". No entanto, sua reação a essa perturbação foi muito menos persecutória do que daquela vez em que veio um homem consertar a vidraça (Sessão 54). Não obstante, assim que o homem saiu, pediu à sra. K. que o ajudasse a escurecer a sala. Acendeu a luz e ligou o aquecedor elétrico, comentando que estava bem acomodado, e parecia feliz.

A sra. K. interpretou que fechar as venezianas e acender as luzes visava em parte afastar intrusos; mas tinha também a intenção de dessa forma evitar olhar a chuva que tanto odiava. (Estava chovendo muito.) Interpretou também o desejo de Richard de cooperar o máximo possível com a análise, razão pela qual havia trazido a pinha e a papoula. A pinha representava seu genital, e desejava que a sra. K. admirasse seu formato. Sugeriu que a papoula venenosa representava o genital do Papai devorado; a lagosta apetitosa, mas, afinal, venenosa; a "arma secreta" interna que tinha aparecido na última sessão. Sentia que esse genital-Papai internalizado tinha se misturado a seu próprio genital. Gostaria de cuspi-lo fora e sentir-se satisfeito com seu próprio genital, pequeno e inofensivo. Todavia, parecia que ele sentia que eles não podiam ser desenredados um do outro, por isso tinha jogado fora a papoula e a pinha (Nota 1).

Richard examinou o mapa e por algum tempo falou sobre a situação da guerra. Preocupava-se com os russos, mas esperava que eles se mantivessem firmes. Tudo indicava que iria haver uma campanha de inverno. Depois acompanhou, com um lápis, a rota que ia das Ilhas Britânicas até Alexandria pelo Mediterrâneo. Ele era um navio mercante (e também imitava os barulhos de um navio), carregando mercadoria que disse ser alimentos, munição e armas. Com o lápis, fez algumas marcas no mar (que apagou no final da sessão). Disse que estava varrendo as minas. Era uma pena que não pudesse ir para a Rússia pelo Mar Negro porque os franceses tinham armado minas ali. Era uma coisa terrível pensar que antigos aliados tinham se tornado inimigos.

A sra. K. interpretou que limpar o mar de minas significava limpar o interior da sra. K. e da Mamãe, retirando os genitais perigosos e o cocô colocados dentro delas pelos aliados maus, a saber, o Papai e ele próprio. Depois de limpá-las dos genitais maus, poderia colocar dentro delas seu genital bom, que era o que as mercadorias do navio mercante representavam. Esse genital bom daria bebês e protegeria a sra. K. e a Mamãe do Papai mau, por isso carregava munição com as demais mercadorias.

Richard começou a desenhar. Fez um mapa, e desenhou o navio mercante descendo para Alexandria, e também os movimentos dos outros navios hostis. Depois de executar esse desenho, mergulhou em seus pensamentos. Disse que vinha pensando bastante em como continuar sua análise, e novamente perguntou se, caso a sra. K. morresse num bombardeio a Londres, alguma outra pessoa poderia continuar sua análise. (O modo como falava indicava que ele abordava o problema de forma muito amadurecida e racional.) Disse que por essa razão gostaria de ir para Londres; sua mãe tinha escrito uma carta para a sra. K., não tinha? Ele a tinha visto em cima da mesa. O que havia escrito? (Sua curiosidade era muito menos intensa do que em ocasiões anteriores.)

A sra. K. disse que de fato havia recebido uma carta. A Mamãe lhe tinha escrito informando as providências que estavam sendo tomadas para sua educação, de acordo com o que tinha sido combinado nas conversas anteriores.

Richard disse que ele passaria a ter duas horas de aula todos os dias. Estava contente com isso, por não ser mais. Mencionou também as aulas de música. (Sua mãe tinha tido muitas dúvidas sobre se ele iria concordar com as aulas de música. Ele acabara por recusar as aulas de francês e qualquer coisa além das duas horas diárias.)

A sra. K. perguntou se ele gostaria de ter aulas de música.

Richard respondeu que ele achava que gostaria, mas que fazia muito tempo que não as tinha.

A sra. K. recordou-lhe que, numa sessão recente, o piano parecia representar o interior dela e da Mamãe, e que parecia que esses medos tinham diminuído depois dessa sessão. Em lugar de seu medo dos muitos bebês mortos (as moscas), ele sentia mais esperança nos bebês vivos, que os lindos sons representavam; provavelmente havia diminuído também o medo da aterrorizante bandeira britânica, que representava o genital-polvo do Papai saltando sobre ele.

Richard estava profundamente pensativo. Disse que realmente gostaria de não precisar fazer nada. A melhor coisa era não fazer nada. Mas parecia muito triste ao dizer isso, apenas fingia divertir-se com a ideia. Após uma longa pausa, manifestando o que parecia ser uma decisão tomada depois de muita consideração, disse que queria ir para Londres e continuar sua análise com a sra. K. Também gostaria muito de conhecer Londres, mas isso não era tão importante. O importante era continuar o "trabalho". Temia que, do contrário, não conseguiria mais "manter o controle" sobre ele, como conseguia agora. Sentia que isso era tão essencial para ele que não se importava com os riscos de ser bombardeado. A sra. K. não ia morar na cidade, não era? Será que ele poderia ficar com ela onde ela fosse? Ou quem sabe ela poderia arranjar algum lugar para ele ficar? Será que ela poderia escrever para a Mamãe, falando a favor de seu desejo? Achava que, se ele falasse com a Mamãe, ela não lhe daria ouvidos, mas talvez ouvisse a sra. K. Afinal de contas, se os russos conseguissem segurar os alemães, talvez o perigo não fosse tão grande, e tudo indicava que eles iam conseguir (Nota 2).

A sra. K. perguntou-lhe se tinha considerado o fato de que isso implicava ficar longe de sua mãe por um bom tempo, e que talvez se sentisse muito sozinho e com muitas saudades de casa.

Richard respondeu que achava que podia aguentar se a sra. K. o ajudasse com a análise. Não queria esperar até a guerra terminar, e, caso a sra. K. fosse bombardeada ou morresse, ele não poderia continuar com o analista que ela sugerisse? Era possível que a Mamãe fosse com ele, se o Papai continuasse se recuperando tão bem como até agora. A sra. K. ia ajudá-lo? Prometia?

A sra. K. respondeu que na verdade ela não podia aconselhar sua mãe a tomar essa iniciativa no momento. Ela já havia lhe dito, de forma definitiva, que Richard deveria continuar sua análise assim que possível. Mas, nesse momento, parecia fora de questão Richard ir para Londres, por ser muito arriscado. A sra. K. perguntou o que ele quisera dizer com "não conseguir manter o controle".

Richard disse que não saberia explicar exatamente o que quisera dizer com isso, mas sabia que tinha obtido algo que tinha medo de perder. Sentia-se muito melhor do que quando começara o trabalho. Enumerou alguns benefícios que tinha obtido da análise: sentia-se menos preocupado, menos temeroso das crianças, estava preparado para receber certa instrução e assim por diante.

A sra. K. concordou que se tratava realmente de benefícios que ele gostaria de manter, no entanto sugeriu que ele se referia não apenas a essas melhoras, mas também a sua maior segurança, porque sentia ter em seu interior a Mamãe boa, a Mamãe azul-clara. Ela era agora representada pela sra. K. que, em sua mente, o protegia dos bebês maus e feridos e do genital mau do Papai em seu interior. A Mamãe boa ajudava-o também a controlar seus próprios sentimentos de ódio e ciúme, que o destruiriam se ele destruísse a Mamãe boa com a má. Mas ele temia perder a Mamãe boa com a interrupção do trabalho. A sra. K. perguntou-lhe também quando tinha tomado a decisão de ir para Londres.

Richard respondeu que havia muito tempo vinha pensando a respeito, mas que não conseguia decidir.

A sra. K. comentou que nunca tinha se referido a esses pensamentos antes tão diretamente.[159]

Richard respondeu que gostava de refletir bem sobre certas coisas antes de falar. Queria ter certeza de que não magoariam ninguém quando as falasse. Também gostava de que seus pensamentos fluíssem como uma torrente, e não como um regato. Durante essa conversa, examinava o mapa e comentou sobre Kiev, cercada e resistindo como a pequena e brava Tobruk.

A sra. K. interpretou isso como Richard, que, embora uma criança, protegeria a sra. K. em Londres do Hitler poderoso, e essa era uma das razões por que queria ir para Londres com ela. Bem no começo de sua análise, sentia que arriscaria sua vida para proteger a Mamãe do vagabundo, que acabou por revelar-se ser o Papai-Hitler.

Durante essa sessão, Richard quase nem olhou para as pessoas passando na rua, e de modo geral sua ansiedade persecutória tinha diminuído. Mesmo depois que a sra. K. disse que não poderia apoiar sua ideia de ir para Londres no momento, o que indubitavelmente fora decepcionante para ele, não pareceu se sentir perseguido. Podemos concluir que nessa sessão sua determinação de compartilhar os perigos com a sra. K. e protegê-la, para manter vivas a sra. K. e sua análise – que igualmente significava a posse da mãe boa –, neutralizava e diminuía o medo da perseguição interna e externa. Sua decisão implicava também criatividade, como demonstrado pelo navio mercante carregando mercadorias – isto é, bebês – e defrontando-se com muitos perigos para levar a cabo esse propósito.

Notas

1. A necessidade de Richard de libertar-se do pênis internalizado do pai, sentido como misturado a seu próprio, é significativa de um passo na direção do desenvolvimento de uma personalidade independente. Isso

---

159 Esses pensamentos podem ser facilmente vistos no material, como no brincar com os trens, quando ele segue a sra. K. a Londres, ou quando o trem elétrico, representando-o e contendo a sra. K., vai para Londres.

implica a aquisição de uma liberdade relativa em relação ao pai internalizado (e também à mãe), sentidos como maus ou como subjugando o self. Até mesmo o objeto bom, quando por demais exigente e controlador, torna-se mau e persecutório, fazendo surgir, portanto, a necessidade de livrar-se desse objeto anteriormente bom que se tornou mau. Em *A psicanálise de crianças* (cap. 12), assinalei que o pênis, na mente do homem, vem a representar o ego. No que se refere ao objeto bom que se transforma em persecutório se sentido como excessivamente exigente e controlador, essa questão foi por mim mais bem elaborada em "Uma contribuição à psicogênese dos estados maníaco-depressivos" (1935).

2. Estou convencida de que as sugestões de Richard haviam sido muito bem pesadas. Acredito que ele teria ido para Londres para continuar sua análise se sua mãe houvesse consentido e se tivesse sido possível fazer arranjos viáveis. Isso é surpreendente, considerando-se as extremas ansiedades apresentadas por essa criança muito amedrontada e neurótica que alguns meses atrás sequer ousava encontrar-se com outras crianças na rua. Em termos de transferência, poder-se-ia dizer que ele nutria por mim sentimentos transferenciais positivos muito intensos, embora, como demonstrado pelo material, eu tivesse tido inúmeras oportunidades de analisar os sentimentos negativos (esses dois fatores obviamente estão inter-relacionados). No entanto, esse fortalecimento da transferência positiva indicava que, apesar das ansiedades internas, da desconfiança e da necessidade de idealizar a mãe, o objeto bom havia sido até certo ponto estabelecido e a relação interna com o objeto bom havia sido consideravelmente reforçada pela análise. Sentia, portanto, maior segurança interna. Observei em outra oportunidade ("Sobre a teoria da ansiedade e da culpa", 1948) que até mesmo crianças expostas aos maiores perigos durante a guerra eram capazes de suportá-los se a relação com os pais (ou com a mãe, no caso de encontrar-se ausente o pai) fosse suficientemente segura. A partir de observações como esta, cheguei à conclusão de que os perigos externos podem ser suportados se houver um objeto bom estabelecido de forma suficientemente segura. Expressei meu ponto de vista – que se aplica também a Richard – de que, embora devamos levar em conta o fato de que as crianças talvez não se apercebam totalmente da extensão do perigo externo, isso não deve ser superestimado. Certamente as crianças que viviam em Londres logo passaram a ter noção dos perigos com que se defrontavam em sua vida cotidiana.

Sessão 89
sábado

Minhas anotações sobre essa sessão são bastante breves. Isso em grande parte se deve ao fato de Richard ter produzido pouco material naquele dia. Houve longos intervalos e ele evidentemente se encontrava sob o impacto da depressão que precedia minha partida. Indubitavelmente minha recusa, na sessão anterior, em apoiar sua decisão de ir para Londres comigo tinha aumentado sua depressão e ansiedade referentes ao fato de que eu iria deixá-lo. Chovia muito, o que por si só era sempre uma causa – embora muito menos nesse estágio da análise – de Richard se sentir deprimido. A sra. K. estava com um chapéu impermeável.

Richard disse que ela estava muito bonita quando a encontrara fora da sala de jogos. Acrescentou que, embora ela tivesse um jeito doce, não era o jeito doce de uma mulher jovem, mas doce do jeito de uma senhora de idade. Imediatamente, porém, perguntou se ela se incomodava por ele ter dito isso, e se tinha ficado magoada. Perguntou se a sra. K. pretendia ir ao vilarejo depois da sessão. (Isso era particularmente importante para ele porque esse era um dos dias em que ia para casa de ônibus. Voltando de suas compras, a sra. K. passaria pelo ponto de ônibus e Richard, que já teria entrado no ônibus, poderia acenar-lhe.) [...] Richard disse que não queria ver a chuva horrível e pediu à sra. K. que o ajudasse a fechar as cortinas. Acendeu a luz e ligou o aquecedor, comentando que agora estava muito aconchegante ali na sala de jogos.

A sra. K. recordou-lhe que, no dia anterior, ele tinha jogado fora o venenoso genital-Papai (a papoula) e que a "chuva detestável" muitas vezes estava em sua mente relacionada com a urina má produzida por este genital. Queria manter o genital mau fora de si mesmo e da sra. K., pois assim sentiria que podia ficar com a sra. K. sem que o Hitler interno mau interferisse. Gostaria de ter só a Mamãe, sem estar misturada com o Papai no interior dela; assim ele poderia realmente confiar nela plenamente (Nota 1).

Richard disse que sabia que a sra. K. tinha telefonado para a Mamãe na noite anterior e perguntou o que tinham conversado. (Sua mãe, como sempre, havia lhe contado tudo.)

A sra. K. respondeu que tinha conversado com ela sobre o desejo de Richard de retomar sua análise assim que possível, com o que ela concordava. Ambas concordavam que definitivamente não seria possível continuar no próximo inverno.

Richard evidentemente ficou desapontado, embora fosse também para ele um alívio ter a situação tão definidamente enunciada pela sra. K. Isso claramente diminuía suas dúvidas quanto à conveniência de fazê-lo ou não. Enquanto a sra. K. lhe dava essas explicações, fazia manobras da frota britânica com riscos de lápis no mapa que havia desenhado no dia anterior e que tinha ampliado nessa sessão. Um dos acontecimentos referia-se a um navio de guerra que, voltando da Alemanha e tendo conseguido passar por Gibraltar de noite, tinha sido afundado pelas minas no Mediterrâneo. Essa descrição das manobras da frota ocupou grande parte da sessão.

A sra. K. interpretou que o Mediterrâneo representava agora Londres, e expressava o medo de Richard quanto ao que poderia acontecer ali com ela. Referiu-se a material recente: Richard estivera repetidamente bombardeando o trem no qual ela viajava, e tinha jogado a bola grande (representando o sr. Smith mau) contra a bola pequena representando o trem da sra. K.

Richard mencionou um sonho.

Ele e a sra. K. tinham entrado num ônibus e descobriram que não havia nenhuma cobradora e que o ônibus estava vazio. Havia também um carro com algumas pessoas dentro dele, e uma menininha estava deitada no banco. Era um carro muito achatado.

A sra. K. perguntou várias coisas sobre o sonho, mas não conseguiu nenhuma associação. Interpretou que esse ônibus vazio, sem cobradora, era Richard sem análise e sem a Mamãe boa interna; sem nada, portanto, para guiá-lo.

Nota

Em minha obra *A psicanálise de crianças* dei muita importância à figura dos pais combinados, que, conforme sugeri, desempenha um papel vital nos estágios iniciais do complexo de Édipo (entre quatro e seis meses). Concluí ali (bem como em outros trabalhos) que, se essa figura dos pais combinados permanece com muita intensidade na mente do bebê, isso vem a exercer grande influência na sexualidade e em todo o desenvolvimento da criança. Uma dessas figuras fantásticas é a da mãe contendo o pênis do pai, ou muitos outros pênis dele. Observações posteriores sugeriram que existem na criança muito pequena até mesmo fantasias do seio da mãe contendo o pênis do pai, fantasia que geralmente vem a perturbar o amor pelo seio e a abalar a crença em sua bondade. Podemos considerar essa fantasia referente a objetos parciais como um passo à frente nos estágios iniciais do complexo de Édipo. Posteriormente cheguei à conclusão de que o breve período – cuja extensão varia de um indivíduo para outro – durante o qual o bebê sente ainda como exclusiva sua relação com a mãe e com seu seio, relação na qual não entra nenhum terceiro objeto, é de importância decisiva para a estabilidade, para as relações de objeto em geral, e em particular para o desenvolvimento de relações de amor e amizades duradouras (cf. "Sobre a observação do comportamento de bebês", 1952).

Sessão 90
segunda-feira

Richard esperava pela sra. K. na esquina e, de trás de uma árvore, saltou sobre ela. Disse que estava brincando, mas não conseguiu manter essa atitude. Logo a seguir mostrou-se muito deprimido, e seus olhos ficaram vermelhos; no entanto, não estava realmente chorando. Disse que sentia um "tremor" na barriga, embora não estivesse com indigestão e não soubesse de onde vinha esse sentimento. Acrescentou que essa era a última semana. Quando iria se encontrar com a sra. K. na casa dela? Explicou, então, que com isso estava querendo dizer que poderiam trabalhar na casa dela em vez de na sala de jogos.

A sra. K. interpretou que Richard em parte desejava se afastar da sala de jogos porque gostaria de poder se despedir dela em um lugar – a casa da sra. K. – em que não tivesse sido destrutivo. Isso significava recomeçar tudo de novo, de forma a manter a sra. K. como uma Mamãe boa e viva em seu interior. O fato de mencionar que era a última semana expressava também o medo de que ela morresse.

Richard fez o Desenho 73. Representava um avião, que disse estar voando para Londres. Dentro dele estavam a sra. K. e ele também. Comentou que o avião parecia uma pessoa. Apontou as rodas do trem de aterrissagem, colocadas uma atrás da outra, e disse que eram dois seios. A seguir, mostrando a parte da frente do avião, disse: "Estamos sentados juntos aqui". Depois disso, desenhou o ônibus que ia para "Y", e perguntou à sra. K. quando iria visitá-los. Será que poderia ir num dos dias dessa semana em que iria para casa – no sábado, talvez? Ele queria tanto que ela visse o ônibus para o qual ele passava; e por que ela não podia vir vê-lo em casa? Insistiu em que o fizesse.

A sra. K. disse que sentia muito, mas não poderia ir; todavia, a caminho de Londres, talvez pudesse dar uma olhada no ônibus, quando passasse pelo vilarejo onde ele fazia a baldeação.

Richard, referindo-se ao ônibus que tinha desenhado, disse que tinha marcado o lugar em que costumava sentar-se.

A sra. K. perguntou sobre os dois lugares vagos a sua direita e um à esquerda. Richard explicou que, à direita, cada lugar era para duas pessoas. Num deles, sentariam a Mamãe e o Papai; e no outro, a sra. K. e, acrescentou depois de uma pausa, o sr. K. No lugar para uma pessoa a sua esquerda, viajaria Paul.

A sra. K. interpretou seu desejo de harmonia na família, e de manter relações de amizade com a sra. K. Era também por essa razão que tanto queria que ela fosse visitar sua família antes de partir. Mas queria que essa relação amistosa existisse também em seu interior: o ônibus representava a ele próprio.

Em outra folha, Richard pôs-se a calcular os diversos horários em que a sra. K. poderia tomar seu trem e interromper a viagem para ver o ônibus. Disse que iria dar um jeito para estar lá também, mas, mesmo se ela visse o ônibus sem vê-lo, também seria bom.

A sra. K. perguntou-lhe se gostava mais desse ônibus, ainda mais do que daquele que saía de "X".

Richard disse que gostava dos dois, porque o levavam para casa.

A sra. K. lembrou-lhe que geralmente, e sempre aos sábados, ela o via sentado no ônibus antes de partir de "X", o que o fazia sentir que ele a levava consigo, em seu interior. Agora desejava que ela ao menos visse o outro ônibus, que partia de um local mais próximo à casa dele, que ela nunca havia visto; assim ela estaria mais próxima dele, de sua Babá e de sua família.

Richard fez, então, o Desenho 74. Disse que era uma ferrovia, e fez o lápis passar repetidas vezes sobre ela; era um trem trafegando. Comentou que gostaria de se tornar um explorador e ler livros sobre viagens.

A sra. K. interpretou a exploração do interior da Mamãe (e agora o da sra. K.), e assinalou que o desenho da ferrovia tinha a forma de um corpo de mulher.

Richard continuou fazendo com que o trem (o lápis) trafegasse pela ferrovia. Depois da interpretação da sra. K., apontou para o círculo na parte de cima, e disse que esse era o seio. O círculo menor era o mamilo. De repente, atacou-o com o lápis, fazendo o ponto no centro, mas imediatamente conteve-se para não fazer outros pontos mais – obviamente não se permitindo destruir o seio e o corpo da sra. K. A seguir, fez outro desenho: dois aviões alemães em terra e um no ar foram destruídos por dois aviões britânicos. Richard disse que os dois aviões britânicos eram a sra. K. e ele, juntos sobrevoando Londres. Fez então o desenho[160] de um navio de guerra japonês sendo torpedeado pelo navio britânico *Salmon*. De repente, decidiu desenhar os marinheiros e a caldeira, dentro do navio. A princípio, disse que o submarino era a sra. K., depois lembrou-se de que o *Salmon* sempre tinha sido ele próprio. Mas o peixe, logo abaixo do *Salmon*, era a sra. K., e ali ela estava bem a salvo. A estrela-do-mar à direita do *Salmon* era a Mamãe. A sra. K. e a Mamãe ajudavam ambas o *Salmon* contra os japoneses. Não sabia quem era o peixe no canto. Quase tinha sido agarrado pelas garras do caranguejo, mas tinha conseguido escapar a tempo cortando suas garras.

A sra. K. interpretou que o aterrorizava a possibilidade de ferir e destruir o seio e a sra. K. ao explorar seu corpo (como o Desenho 74 demonstrava), uma vez que sentia tanta raiva por perdê-la. Essa raiva fazia reviver o ressentimento que havia sentido quando a Mamãe parou de amamentá-lo, quando então atacou seu seio em sua mente. No desenho do navio de guerra japonês, ele se unia à sra. K. e à Mamãe contra o Papai-Hitler mau, para que a sra. K. pudesse ficar a salvo em Londres. Mas Londres era também a Mamãe atacada, e protegida pelos dois aviões britânicos, a sra. K. e Richard. O *Salmon* era ao mesmo tempo a sra. K. e Richard – Richard no interior da sra. K., ou a sra. K. no interior de Richard. O peixe no canto era também a sra. K. e a Mamãe, agarradas pelo genital mau interno e externo – Richard sentia havê-las atacado também. Daí os pontos que tinha começado a fazer no Desenho 74. Esse ataque era simultâneo à tentativa de manter a sra. K. e a Mamãe.

Richard falou novamente sobre as cobradoras, e referindo-se à bonita, disse que "nunca ficaria com ela, nunca na vida". Aquela que era menos bonita era muito mais amável.

---

160 Infelizmente faltam alguns dos desenhos realizados durante essa sessão.

A sra. K. interpretou que agora ele talvez gostasse mais da sra. K. do que da Mamãe, embora ele achasse que ela não era tão bonita quanto a Mamãe. Antes, talvez tivesse amado mais a Babá do que a Mamãe, embora também ela fosse muito menos bonita.

Richard a princípio disse que isso não era verdade; nunca tinha gostado mais da Babá do que da Mamãe. Depois de refletir um pouco, porém, acrescentou que talvez tivesse acontecido, no passado.

A seguir, a sra. K. pediu alguns detalhes sobre o sonho do dia anterior. Por que Richard tinha saltado do ônibus quando percebeu que não tinha cobradora?

Richard respondeu que

> *era tudo tão estranho, tão fantasmagórico! O ônibus diminuiu a velocidade quando ele tocou a campainha e Richard saltou enquanto ainda estava em movimento. Ficou contente de ver que a sra. Wilson estava ali e que o levou para casa.* As *pessoas no carro faziam-lhe lembrar algumas pessoas que se hospedaram no hotel.*

A sra. K. perguntou se essas pessoas tinham sido gentis com ele.

Richard disse que eram muito agradáveis; gostavam dele e tinham sido muito gentis. Além disso, antes de partirem tinham-lhe dado meia coroa.

A sra. K. perguntou se ele achava que elas poderiam ter cuidado dele caso ele tivesse ficado sozinho. No sonho, depois de descobrir que não havia cobradora no ônibus, sentiu-se abandonado e ficou contente por ter a sra. Wilson para levá-lo para casa.

Richard disse que sim, que as pessoas do hotel cuidariam dele, pois gostavam dele.

A sra. K. perguntou sobre a menina – onde estava deitada?

Richard disse que ela estava deitada ao lado do homem, mas que ela logo se transformou num *spaniel*; e acrescentou: "Como Bobby".

A sra. K. indagou sobre o carro, sobre o fato de ser tão achatado, mas não conseguiu obter nenhuma associação. Sugeriu que as pessoas no carro, e até mesmo a sra. Wilson, que o levou para casa, representavam a nova família que ele esperava encontrar caso perdesse a sua. Esse medo arcaico de ser expulso de casa, ou de perder sua família pela morte, reaparecia agora relacionado com a perda da sra. K. A menininha representaria então uma irmã que talvez quisesse ter. O fato de se transformar em Bobby significava que ela nutriria por ele o mesmo amor que Bobby lhe dedicava.

Durante essa sessão, Richard quase não prestou atenção às pessoas que passavam pela rua. Parecia extremamente infeliz. Por uma ou duas vezes, encostou a cabeça no braço apoiado sobre a mesa, parecendo não saber o que fazer consigo. Era evidente que desejava ser acariciado e abraçado pela sra. K. Em determinado momento, disse que desejaria abraçar a sra. K., mas que achava que ela não iria gostar se o fizesse. Repetidas vezes colocou a mão no braço ou na mão de sra. K. Dizia e repetia que não queria que a sra. K. partisse. Fora da sala de jogos, perguntou se não era mesmo uma pena que ela tivesse que partir.

A sra. K. respondeu que era mesmo, e que ela sentia muito ter que partir. Gostaria muito de poder continuar com a análise dele e dos outros pacientes.

Em determinado momento, quando a sra. K., como muitas vezes fazia, lhe perguntou sobre o estado do pai (provavelmente em relação com o lugar no ônibus), Richard olhou-a com um sorriso muito franco e uma expressão muito cálida. Também pareceu mais animado e feliz quando ela lhe disse que sentia muito ter que partir. De modo geral, na segunda parte da sessão pareceu mais ativo.

Sessão 91
terça-feira

Richard parecia novamente estar melhor e com mais vivacidade ao encontrar-se com a sra. K. na frente da sala de jogos, mostrando-se menos deprimido e desesperado durante esta sessão do que na anterior. Disse que a sala de jogos lhe parecia familiar e bonita. Logo de início começou a brincar com os brinquedos, retirando o trem elétrico da sacola e colocando o balanço em movimento (Nota 1). Depois, colocou o caminhão de carvão e o trator em cima dos vagões do trem de carga. Também montou a estação. Entre as duas casas que representavam a estação, deixou espaço suficiente para passar o trem elétrico e o de carga. A princípio, o trem de carga deveria ir para Londres. A sra. K. estava dentro dele, e havia também outras pessoas. Era seguido pelo trem elétrico, que levava Richard (o trem, como foi visto anteriormente muitas vezes, também representava Richard). Mas, repentinamente, decidiu separar os trens, e fez com que trafegassem em linhas diferentes. O trem elétrico circundava a mesa passando por trás da bolsa e da sacola da sra. K. Depois, quando parecia cada vez mais iminente uma colisão entre os trens, Richard deu um jeito de ampliar a estação e, quando estavam prestes a colidir, de repente guardou-os na sacola. O trem vinha de Londres em direção ao oeste; depois, ia para a frente e para trás. Quando os trens estavam prestes a se encontrar, os sons com que Richard acompanhava essas movimentações iam se tornando cada vez mais irados, e o próprio Richard parecia bastante agressivo. No decorrer dessa brincadeira foi-se tornando muito barulhento e era bastante claro que não desejava ouvir o que a sra. K. lhe dizia, ao mesmo tempo se esforçava para controlar seu ódio e evitar o "desastre".

A sra. K. perguntou para que serviam o trator e o caminhão de carvão.

A princípio, Richard disse que o trator e o caminhão eram munição da RAF. Parecia, no entanto, se aborrecer com eles, pois quando um deles caiu do trem pareceu alegrar-se.

A sra. K. interpretou que o trator e o caminhão de carvão eram o sr. K., o sr. Smith, Hitler, e as pessoas más no interior da sra. K., que Richard desejava atacar. Se o fizesse, destruiria o trem de carga, que também representava a sra. K. boa; por isso tinha-os colocado no alto, de forma a poderem ser facilmente removidos, e por isso se alegrou quando um deles caiu do trem.

Richard viu que o sr. Smith passava pela rua. Foi até a janela e sorriu para ele, recebendo de volta um aceno amistoso. Richard, por trás da cortina, ficou vigiando o sr. Smith atentamente, como se desejasse saber como era realmente o sr. Smith. No entanto, mostrava-se menos desconfiado e perseguido. Depois de ter passado o sr. Smith, Richard pegou o banquinho, que recentemente havia representado o genital do sr. Smith, e disse: "Vou atirar nele seu próprio genital", e jogou o banquinho no chão.

A sra. K. fez novamente uma interpretação referente à "arma secreta" (Sessão 87), o genital-Hitler interno devorado, com a qual iria atacar todos os homens que Richard relacionava com a sra. K. e com Londres.

Richard disse que agora os brinquedos representavam vários ônibus, e alinhou o trator, a locomotiva do trem de carga, o trem elétrico e o caminhão de carvão. Os ônibus iam em diferentes direções. Novamente emitiu sons raivosos, mas, quando o trem elétrico chegou ao ponto de ônibus, cantarolou suave e melodiosamente.

A sra. K. interpretou que era com grande dificuldade que ele continha a raiva que sentia de várias pessoas ligadas a ela – seus pacientes, seus amigos, e sua família –, que a princípio haviam sido representadas pelas pessoas no trem de carga, e depois pelos diversos ônibus que se dirigiam ao ponto de ônibus que a representava. Richard desejava intensamente ser a única pessoa próxima a ela, tinha raiva dos outros e sentia-se enciumado. Queria também manifestar sua raiva para, dessa forma, livrar-se dela; assim seria possível permanecer amigo da sra. K. antes que ela partisse.

Richard aparentemente não escutou a interpretação da sra. K. Nesse momento, porém, reafirmou enfaticamente que não desejava magoar a sra. K. de forma alguma. No entanto, um instante depois, atirou de cima da mesa para o chão, que disse ser um "precipício", todos os ônibus, exceto o "ônibus-trem elétrico", que o representava. Tinha o rosto vermelho, e seu estado era de grande excitação. Mas logo ficou preocupado ao verificar que as duas rodas da frente da locomotiva se tinham soltado, e perguntou se a sra. K. estava com raiva e se poderia consertá-las.

A sra. K. disse que sim, que poderia consertá-las, e interpretou que Richard desejava saber se tinha de fato causado algum dano a seus filhos e amigos, e nesse caso se ela poderia fazer com que ficassem bem de novo e perdoá-lo por seu ódio.

Richard foi até a cozinha e retirou vários baldes de água, dizendo que a água não estava muito limpa, embora aparentemente não tenha dado muita importância a isso. Acrescentou que queria retirar toda a água, para que o tanque ficasse limpo. Enquanto retirava água, ficou olhando para dentro do tanque para ver como a água ao entrar no cano fazia redemoinhos e levava embora a sujeira.

A sra. K. interpretou que Richard expressava seu desejo de limpar o interior da sra. K. e o interior da Mamãe de todo o cocô, bebês e genitais maus. Seus ataques contra a sra. K., representada pelo trem de carga, tinham predominantemente por objetivo livrá-la do Papai-Hitler mau – a munição que estava no alto do trem – e salvá-la e protegê-la. Mas ele também sentia ciúme dela, como sentia quando pensava que o Papai estava na cama com a Mamãe enquanto ele era deixado sozinho. Por isso havia jogado os ônibus pelo "precipício". Os ônibus rivais representavam o Papai rival (e também o Papai bom), Paul e todos os filhos que ele achava que ainda poderiam nascer.

Nos últimos minutos, Richard estivera brincando com o guarda-chuva da sra. K., que havia aberto. Fez com que girasse, dizendo gostar dele. Usou-o então como paraquedas, com o qual supostamente desceria flutuando. Examinou a marca, e disse com satisfação que era de fabricação britânica. A seguir, ainda mantendo-o aberto, girou várias vezes com ele e disse que estava tonto, não sabia para onde estava sendo levado. Também repetiu várias vezes que "o mundo todo estava girando". Deixou então cair o guarda-chuva suavemente, mais uma vez dizendo que era um paraquedas e que não tinha certeza se desceria como devia. Contou à sra. K. que tinha destruído completamente o melhor guarda-chuva da Mamãe, usando-o como paraquedas num dia de muito vento. Ela tinha ficado "muda de raiva".

A sra. K. interpretou que o guarda-chuva era o seu seio; o fato de ser britânico significava que era o seio bom, e que o seio da Mamãe também era bom. Referiu-se às dúvidas que ele tinha quanto àquilo que a sra. K. continha – se um sr. K. bom ou mau. O guarda-chuva aberto representava o seio, mas seu cabo representava o genital do sr. K. Richard não sabia se poderia confiar nesse seio, quando o punha para dentro, porque estava misturado com o genital do sr. K., da mesma forma como em sua mente os pais e seus genitais estavam misturados em seu interior. A dúvida quanto ao lugar para onde seria levado pelo guarda-chuva expressava sua incerteza quanto a estar sendo ou não controlado por eles a partir de seu interior. O mundo que estava girando era o mundo inteiro que ele tinha colocado para dentro de si ao tomar o seio – ou melhor, a Mamãe misturada com o Papai, seus filhos e tudo que ela continha. Sentia ter internalizado o pênis-Papai poderoso – a arma secreta – como algo capaz de torná-lo poderoso se ele o usasse contra um inimigo externo. Mas, se essa arma atacasse e controlasse Richard de dentro, tornava-se perigosa. Entretanto, confiava no Papai e na Mamãe – o guarda-chuva – mais do que antes, tanto como pessoas externas como internas. Por isso havia tratado o guarda-chuva da sra. K. com mais cuidado do que havia feito com o guarda-chuva da Mamãe anteriormente (Nota 2).

No final da sessão, Richard viu passar a cobradora de "Rosto Pintado", e acenou para ela da janela. Depois, ficou preocupado com o que haveria de dizer-lhe caso ela lhe perguntasse o que estava fazendo naquela casa. Não poderia lhe explicar o que era psicanálise, e não queria mentir-lhe porque gostava dela. Decidiu que lhe diria que tinha ido encontrar-se com uma pessoa ali.

Notas

1. Uma característica particular dessas últimas sessões, até a derradeira, foi a forte decisão consciente e inconsciente de Richard de encerrar a análise de forma amistosa – de forma que também não fosse tão difícil para a analista. O esforço que fazia para controlar sua agressividade, a cada vez que esta se manifestava, era bastante surpreendente. O desejo de terminar a análise numa relação boa comigo influenciava também as suas atividades, de brincar e desenhar. Até o final levou adiante da melhor maneira que podia aquilo a que chamava de "o trabalho". É significativo que tenha novamente utilizado os brinquedos nessa sessão, e que na anterior tivesse feito um desenho do qual constavam navios e peixes, do tipo que havia produzido no começo da análise. Juntamente com o desejo de terminar a análise em bons termos, deve ter também desempenhado um certo papel o desejo de recusar o fim da análise.

2. Durante a presente sessão, à parte vigiar o sr. Smith quando este passou, Richard quase não prestou atenção aos transeuntes na rua. Encontrava-se profundamente concentrado na situação interna, e quanto a isso sentia-se muito mais seguro do que anteriormente. Essa situação interna mais segura incluía uma maior confiança no seio bom protetor, o que foi expresso pelo paraquedas que o ajudaria numa situação de emergência. Embora logo viesse a se revelar que em sua mente o seio bom estava misturado com o pênis, mesmo assim parecia mais confiável do que em ocasiões anteriores. A desconfiança que sentia relativa ao genital do sr. K. no interior da sra. K., e ao genital do Papai no interior da Mamãe, persistia ainda, embora fosse menos intensa porque ele tinha mais confiança na bondade do pai. Ultimamente Richard fora se tornando capaz de dirigir sua agressividade de forma mais consistente contra o pai-Hitler mau, e de unir-se à mãe boa e ajudá-la a defender-se. Ao invés de dirigir sua agressividade contra o seio assim que a ansiedade se manifestava, era capaz de manter a confiança no seio e na mãe, de maneira relativamente mais estável, e enfrentar a luta com o pai. (Essa mudança de atitude era o resultado da canalização mais "egossintônica" de sua agressividade.) Essa maior confiança na mãe interna boa e no pai interno bom foi surgindo gradualmente. Na sessão anterior, a depressão relacionada à partida da sra. K., e o medo da solidão que o fazia reviver seus medos arcaicos de ser abandonado pelos pais foram expressos de forma muito mais intensa do que nessa sessão. Ao mesmo tempo, também na sessão anterior, havia demonstrado uma maior confiança em ambos os pais e na relação boa entre eles, como

indicado, por exemplo, no desenho em que estavam sentados juntos no ônibus. A mudança de pronunciada depressão, na sessão passada, para uma maior segurança na presente sessão era também devida a um elemento maníaco em seu estado de espírito. Usou essa confiança fortalecida na sra. K. e na mãe internas boas, e no pai bom, para afastar o medo da partida e sua depressão.

Sessão 92
quarta-feira

Richard, de início, encontrava-se novamente mais deprimido e distraído. Disse que estivera brincando com John Wilson e seus amigos. Logo de cara, retirou o trem de carga e o trem elétrico da sacola, e construiu uma estação suficientemente grande para caber os dois. O trem elétrico partia para "Z", e a sra. K. e Richard estavam dentro dele. O trem de carga também partia, mas Richard não forneceu detalhes de seu destino. Cada vez que os trens se aproximavam um do outro, emitia sons raivosos. A brincadeira centrava-se em evitar colisões entre os trens. Quase sempre estavam prestes a colidir, mas Richard impedia o desastre no último minuto; a tensão mental que resultava desse conflito era visível. Enquanto brincava, Richard fez repetidas sugestões de alterações de horários, escolhendo particularmente horários em que sabia muito bem que ela atendia outros pacientes.

A sra. K. disse que ela não poderia dispor daqueles horários, mas ofereceu algumas alternativas.

Richard, em determinado momento em que os dois trens se encontravam na estação, repentinamente disse que não se sentia bem, que estava com dor de barriga. Estava pálido.

A sra. K. interpretou que a estação era o interior de Richard. Esperava a todo tempo uma colisão em seu interior entre o trem elétrico, contendo a sra. K. e a Mamãe boa, e o trem de carga hostil, representando todos os pacientes e as crianças raivosas de quem Richard queria roubar a sra. K., fugindo com ela para sua cidade natal (Nota 1). Por isso queria também alterar os horários de suas sessões, o que significava afastar a sra. K. de todas as outras pessoas. Conquanto se esforçasse para evitar uma colisão entre os trens – porque não desejava machucar a sra. K. e a Mamãe assim como seus filhos, e porque queria terminar a análise pacificamente –, parecia não acreditar que poderia evitar a colisão internamente. Isso significava que ele e a sra. K. seriam feridos ou danificados pelos rivais dele. Por isso parecia tão tenso enquanto estava brincando, e também por isso estava com dor de barriga (Nota 2).

Richard, olhando para a sra. K., disse surpreso: "A dor passou... por quê?".

A cor tinha voltado a suas faces.

A sra. K. interpretou que a dor, como aquela dor de garganta que sentia nas primeiras sessões, estava relacionada com suas ansiedades acerca de seu interior, e que desapareceu no momento em que pôde compreender e vivenciar conscientemente essas ansiedades.

Richard fez o trem de carga perseguir o trem elétrico e mais uma vez fez com que os dois parassem na última hora, para impedir o desastre, e movimentou o trem de carga para o outro canto da mesa. Um pouco depois, a locomotiva do trem de carga, tendo deixado os vagões para trás, entrou na estação; embora Richard tentasse acreditar que nenhum desastre fosse ocorrer, evidentemente sentia-se inseguro, pois logo empurrou a locomotiva para trás da bolsa da sra. K., dizendo com raiva: "Coisa idiota".

A sra. K. interpretou que agora o trem elétrico a representava. Richard afastou-a de seus pacientes e de seus filhos, como ficou demonstrado quando o trem elétrico fugia do trem de carga, correndo o risco de ser danificado por este. A seguir, expressou a mesma ansiedade de forma diferente: a locomotiva do trem de carga – representando agora a sra. K. (a "coisa idiota" que ele tinha empurrado para trás da bolsa da sra. K.) – correu sozinha para a estação, o que significava que a sra. K. e ele não estavam mais juntos. Os vagões representavam o Papai, os pacientes e os filhos, todos rivais de Richard agora (Nota 3). A locomotiva representava também a sra. K. externa, a Mamãe boa que era a principal ajuda e apoio com que contava.

Richard disse enfaticamente que a sra. K. estava com ele no trem elétrico, mostrando-lhe que ele era um dos vagões, e ela, o outro. Desengatou-os, e engatou-os de novo, acrescentando que estavam juntos e que seus genitais estavam juntos também.

A sra. K. interpretou que Richard sentia que não conseguia evitar o desastre para ele e para ela. De repente, tinha se dado conta de que ela não iria mais ficar com ele, que iria reunir-se a seus outros pacientes e a sua família. Por isso, tinha desengatado os vagões, engatando-os novamente a seguir.

Richard disse que, se a sra. K. desejava deixar seus outros pacientes, isso não tinha nada a ver com ele.

A sra. K. interpretou que era exatamente por isso que Richard tinha ficado com tanta raiva dela, a locomotiva, a "coisa idiota"; sentia que não era a sra. K. que desejava deixar seus filhos e seus pacientes (os vagões) e ficar com ele, mas era Richard que desejava separá-los.

Richard logo juntou a locomotiva e os vagões do trem de carga novamente, e nesse momento ocorreu a colisão entre os trens. No entanto, procedeu com muito cuidado. [...] Em determinado momento, enquanto brincava com os trens, havia manifestado sua desconfiança da sra. K., ao perguntar-lhe se podia guardar um segredo. Disse que uma pessoa muito importante (cujo nome mencionou) tinha passado por "X" naquela manhã. Mais uma vez disse que era para manter segredo.

A sra. K. interpretou que sua desconfiança para com ela havia aumentado porque ela iria deixá-lo, e por isso tinha se transformado mais na mãe "bruta malvada".

Richard perguntou se a sra. K. era uma médica da mente, como existiam os médicos do corpo.

A sra. K. disse que sim, que se podia considerá-la assim.

Richard disse que a mente era até mais importante do que o corpo, embora achasse que o nariz era muito importante também.

A sra. K. interpretou que o nariz representava também o genital de Richard e que ele temia que algo estivesse errado com ele, que estivesse danificado ou que não fosse crescer direito, razão pela qual tinha receio de se tornar um "burro". Duvidava que a sra. K. pudesse de verdade curar o genital assim como a mente.

Richard, logo depois do desastre entre os trens, pôs os brinquedos de lado.

A sra. K., referindo-se a um dos desenhos da sessão anterior, indagou novamente a respeito do peixe no canto inferior, nas garras daquilo que Richard chamou de caranguejo e que era muito semelhante ao polvo dos primeiros desenhos.

Richard repetiu que o peixe tinha fugido e que as duas garras eram os dois seios.

A sra. K. interpretou que a raiva de Richard era representada pelas duas garras do caranguejo. Ao mesmo tempo, desejava que o seio fosse capaz de se salvar a si próprio e cortar as garras. Mas, por ter atacado o seio, sentia agora que o seio iria se transformar em garras e atacá-lo; para salvar-se, então, ele – agora o peixe – teria que cortar fora o seio (Nota 4).

Richard disse que não queria mais olhar sob a superfície do desenho (sob a linha, queria dizer). Sugeriu que, em vez disso, examinassem o que estava acontecendo acima da água (referindo-se ao navio que tinha desenhado com prazer). [...] Depois, contou que tinha brincado com John Wilson e seus amigos recentemente, e que ele, Richard, tinha bombardeado a Estrada da Birmânia.

A sra. K. interpretou que, se Richard tinha bombardeado a Estrada da Birmânia, ele era japonês.

Richard, parecendo surpreso, disse que esse então deveria ser o navio japonês.

A sra. K. interpretou as várias facetas de sua personalidade, que eram representadas pelo *Salmon* britânico e pelo navio japonês; anteriormente isso havia sido manifestado quando era ora alemão, ora britânico. O navio que era ele continha também pessoas – os homenzinhos – representando o Papai, que, como temia, causaria danos à Mamãe boa em seu interior. Isso equivalia ao medo do genital de Hitler como a "arma secreta" em seu interior, que o levaria a fazer algo de mau à Mamãe e à sra. K. O submarino britânico representava seu self bom contendo a Mamãe e a sra. K. boas.

O estado de espírito de Richard nessa sessão era semelhante no geral ao da Sessão 90, com muita infelicidade e tensão. Seu desejo crescente de ser acariciado manifestava-se repetidamente no ato de tocar a sra. K.; deixava cair as coisas para tocar as pernas da sra. K. ao pegá-las. Era evidente que durante todo o tempo tentava refrear sua agressividade, por medo de causar dano a seus objetos amados.

Notas

1. A colisão entre os objetos bons e aqueles que sentia como maus (porque os havia atacado e desejava causar-lhes privações) era também um conflito entre uma parte de si mesmo sentida como boa e aliada com o objeto bom e sua parte hostil aliada aos objetos sentidos como maus.

2. É importante considerar a discrepância entre as situações interna e externa e o fato de que conquanto Richard externamente tentasse ajeitar as coisas, a fim de evitar o desastre, não conseguia se livrar do sentimento de desastre interno, que se manifestou na dor física e na evidente tensão mental. A experiência psicanalítica mostra que os esforços para lidar com as situações e relações externas têm vários objetivos: não se trata apenas de melhorar a relação com o mundo externo – o que implica fazer reparação aos primeiros objetos externos –, mas de aplacar as ansiedades relativas ao mundo interno. As relações externas tornam-se também, desse modo, o meio de testar as relações internas. Se não for estabelecido um equilíbrio relativamente bom entre o externo e o interno, essas tentativas serão malsucedidas.

3. Meus estudos sobre o ego permitem-me agora sugerir uma interpretação de um ângulo diferente. Eu já tinha interpretado que uma parte de seu self, sentida como boa e aliada ao objeto bom, estava em luta com a parte destrutiva combinada aos objetos maus. Mas seu ego não tinha força suficiente para lidar com o desastre iminente. Concluiria que a locomotiva que ele colocou atrás de minha bolsa (que em sua análise representava eu mesma) simbolizava seus impulsos destrutivos que ele próprio não conseguia controlar e que deveriam ser controlados pela analista – em última instância, por seu objeto bom. Esse objeto bom era também sentido como sendo o superego que restringe e, dessa forma, ajuda.

4. Esse é um exemplo que ilustra o fato de que as tentativas de reparar e de controlar os impulsos destrutivos não são capazes de impedir a projeção dos impulsos destrutivos do indivíduo no objeto. Uma vez que ele tinha destruído os meus seios, o seio permanecia um objeto de desconfiança que iria mordê-lo e agarrá-lo. Esse é um exemplo da complexidade dos processos que operam simultaneamente. Vemos aqui a expressão dos impulsos destrutivos e o desejo de controlá-los – ou até mesmo aniquilá-los, o que pode significar o aniquilamento de uma parte muito importante do self (cf. "Notas sobre alguns mecanismos esquizoides", 1946). O objeto bom é desse modo preservado; e, no entanto, ao mesmo tempo resta certa desconfiança dele, pois poderia retaliar e assim tornar-se perigoso.

Sessão 93 (última sessão) quinta-feira

Richard estava silencioso e triste. Toda essa sessão foi caracterizada por pausas prolongadas e por um evidente esforço para falar, fazer ainda algum trabalho, e não se entregar à depressão – para seu próprio bem e o da sra. K. Logo de início disse que estava muito triste porque a sra. K. iria deixá-lo. [...] Perguntou se ela sabia o nome de uma mulher da qual tinha ouvido falar, que fazia algum tipo de trabalho em "Z"; mas na verdade, ele achava que ela não fazia a coisa certa e que era uma bruxa. [...] Mencionou que tinha feito amizade com a cobradora bonita.

A sra. K. interpretou que, uma vez que ele iria perder a ela e à análise, procurava fazer amigos onde fosse possível; assim evitaria ser atacado por pessoas hostis. A cobradora bonita era, para ele, uma mistura de bom e mau: ela era, segundo ele, tão bonita quanto a mãe e, no entanto, era má porque o tratava como criança. Mas queria estar em bons termos com ela antes que a sra. K. partisse.

Richard catou uma mosca, que pôs para fora, dizendo que ela estava voando para o jardim do "Urso".

A sra. K. interpretou que as moscas tinham desempenhado vários papéis em sessões anteriores. Algumas vezes, ele as tinha matado (e nessas ocasiões representavam muitas vezes os bebês maus ou mesmo o Papai mau). Outras vezes, ele as tinha libertado, como fizera havia pouco, quando disse que as moscas iriam para o jardim do "Urso". O "Urso" representava um Papai bastante inofensivo.

Richard pensativamente comentou: "O Urso é o Papai azul-escuro"; acrescentou, porém, que seu Papai de verdade era um Papai azul-claro. Essa foi a primeira vez em que utilizou a expressão "azul-claro" para referir-se ao pai – sempre fora reservada para a Mamãe ou a sra. K. ideais.

A sra. K. interpretou que usou o azul-claro em relação ao Papai para, dessa maneira, expressar o amor que sentia por ele. Uma vez que estava perdendo a sra. K., era também um consolo ter um Papai quase tão bom quanto o era a Mamãe.

Richard foi para a cozinha e bebeu água da torneira.

A sra. K. interpretou que, não podendo ter o seio bom, queria pôr para dentro o pênis bom do pai.

Durante essa sessão, Richard ficou bastante tempo brincando com o relógio de mesa. Acariciava-o, manuseava-o, abria-o e fechava-o, dava-lhe corda, profundamente absorvido nessas atividades. Ao fazer tocar o alarme, comentou: "A sra. K. transmite para o mundo. Ela diz: 'Darei a todos a verdadeira paz'". A seguir, acrescentou, timidamente: "E Richard é um menino muito bom, gosto dele". [...] Voltou a matar moscas e cortá-las ao meio. Tirou água com o balde, enchendo-o até a borda, explicando que assim fazia porque queria o máximo de leite possível; mas também porque queria esvaziar e limpar o tanque. Também queria matar todas as moscas que encontrasse na sala de atendimento. Enquanto as matava, falava sobre o grande "V de Vitória" sobre elas. [...] De volta à mesa, encontrando a bolsa da sra. K. aberta, retirou de dentro dela a carteira da sra. K., dizendo: "A senhora não se importa, não é?", abrindo-a em seguida. Olhou as moedas, colocou-as de lado, e retirou algumas notas. Comentou que a sra. K. parecia ter bastante dinheiro, e perguntou se isso era tudo ou se tinha mais dinheiro no banco. Ao separar as moedas, cobriu-as com a mão e fez um movimento como se fosse pegá-las para si.

A sra. K. interpretou que, antes de se separarem, Richard queria tirar dela o máximo possível de leite e de cocô (as moedas). Receou, então, tê-la deixado com muito pouco, e por isso perguntou se ela tinha mais no banco. Isso revelava seu medo de tê-la exaurido. Matar "todas as moscas" tinha por objetivo protegê-la – bem como a Mamãe – dos bebês maus que sentia que ela continha e que poderiam colocá-la em perigo.

Richard, como na sessão anterior, valeu-se de toda oportunidade para tocar a sra. K. e, em determinado momento, perguntou se ela não queria se sentar no banquinho com o assento de pele, que em outra sessão representara seu genital.

A sra. K., depois de ter-se sentado no banquinho, interpretou o desejo de Richard de tocá-la, não apenas porque gostaria de acariciá-la, como havia feito com o relógio, mas também porque parecia sentir que tocando-a poderia mais facilmente colocá-la dentro de si e mantê-la ali.

Richard chutou os banquinhos, e lançou a corda da maneira como havia feito anteriormente (Sessão 52); lembrou à sra. K. como já a havia utilizado anteriormente, quando a corda tinha representado o pênis do Papai do qual tinha se apoderado. [...] Também brincou bastante com as chaves da sra. K. Fez as duas chaves andarem juntas, tendo tirado do chaveiro a chave menor, para depois colocá-la de volta.

A sra. K. interpretou seu desejo de ir para Londres com ela, depois o desejo de voltar para junto da Mamãe, e outra vez reunir-se à sra. K. Isso havia sido expresso na brincadeira com as chaves.

Richard pediu à sra. K. que colocasse sua mão sobre uma folha de papel, e traçou seu contorno. Já havia traçado na mesma folha o contorno de sua própria mão. Essa folha de papel, levou-a consigo.

A sra. K. interpretou que essa era outra forma de mantê-la em seu interior. Richard voltou a brincar com o relógio, fechando tanto o estojo que ele quase desabou, dizendo em seguida que ele, Richard, ainda o sustentava. Em seguida, ele de fato fechou-o e rapidamente tornou a abri-lo, dizendo: "Agora ela está bem de novo".

A sra. K. interpretou o medo de Richard de que ela viesse a cair, e de que precisasse de Richard para ampará-la (em parte, queria ir para Londres para protegê-la ali). Mas isso também se referia à sra. K. interna, que, temia ele, poderia desmoronar em seu interior, e ele estava determinado a mantê-la viva externa e internamente. Estava, ao mesmo tempo, temeroso de não o conseguir e ainda assim esperançoso de que talvez fosse possível.

Richard foi ficando muito quieto perto do fim da sessão; disse, no entanto, que tinha decidido continuar o trabalho com a sra. K. em algum momento no futuro.

A sra. K. acompanhou-o até o vilarejo, mas ao chegarem ele rapidamente se despediu dela, dizendo que preferia que ela não o visse entrar no ônibus.

Durante toda a sessão, Richard tinha lutado intensamente contra sua depressão, esforçando-se para não tornar a partida por demais difícil tanto para ele quanto, como parecia sentir, para a sra. K.; havia tentado se apoiar na esperança de que voltaria a encontrá-la e de que continuaria sua análise. O esforço que fez para cooperar até o fim revelou-se também na maneira como, ao atirar a corda, fez com que a sra. K. se recordasse do que aquilo havia significado anteriormente.

Considerações finais

Como tive ocasião de mencionar na Introdução, a análise aqui apresentada não foi, no que diz respeito a vários aspectos, totalmente típica. No entanto, o material de Richard e minhas interpretações lançam alguma luz sobre os princípios básicos de minha técnica de trabalho com crianças, tanto no período de latência quanto na pré-adolescência. Acredito, portanto, que esse livro, como uma continuação de *A psicanálise de crianças*, deve mostrar-se de ajuda para os estudiosos da análise, particularmente da análise de crianças; esse foi, na realidade, meu principal objetivo ao publicar essa obra.

Assinalei repetidamente em minhas notas alguns passos no desenvolvimento, alguns dos quais de curta duração. No entanto, considero-os importantes porque faz parte do trabalho do analista examinar cuidadosamente esses passos, mesmo que não estejam suficientemente bem estabelecidos. Todo o processo de uma análise, mesmo uma análise muito mais prolongada, implica sempre essas mudanças, e a elaboração só se torna possível se o analista acompanhar de perto tais flutuações e analisá-las. Isso significa interpretar não apenas os novos detalhes do material, mas também ocupar-se das mudanças por que passam em conteúdo e forma as situações de ansiedade a cada novo insight.

Um ângulo pelo qual gostaria de considerar os efeitos dessa breve análise é a diminuição das ansiedades persecutórias ligadas a seus processos de internalização e identificações. Cheguei a esse resultado analisando a cada vez as ansiedades de Richard relativas a seus objetos internos e a seus impulsos destrutivos. Por outro ângulo, o progresso de Richard estava ligado à melhora de suas relações com o objeto bom; e estou convicta de que isso é o que fundamentalmente ocorre em toda análise em que podemos produzir certas alterações favoráveis duradouras. Deixei bem claro que, para Richard, o objeto amado era a mãe "azul-clara" idealizada; e a relação com a analista dava-se nas mesmas bases. Como sempre, a idealização está necessariamente ligada, em graus variáveis, à perseguição, tendo representado um sinal de considerável progresso na análise de Richard o momento em que pôde emergir o aspecto persecutório da relação com a mãe e com a analista idealizadas. No processo de análise desses dois aspectos, revelou-se que a relação de Richard com a mãe não era inteiramente baseada na idealização: até certo ponto, a confiança e o amor haviam sido estabelecidos. Entretanto, a ansiedade persecutória e os processos de cisão reiteradamente faziam reviver sua necessidade de idealização. Com a diminuição dessas ansiedades surgiu uma relação muito mais segura com o objeto bom primário – a mãe. Além disso, devido à análise do complexo de Édipo, em que o elemento paranoico era deveras intenso, o amor pelo pai pôde ser mais profundamente sentido. Isso por sua vez diminuiu a desconfiança e as ansiedades persecutórias com relação a outras pessoas, e, juntamente com uma relação melhor com os pais, suas relações de objeto em geral melhoraram.

Essas mudanças implicavam que Richard tinha se tornado mais capaz de enfrentar mais plenamente, bem como controlar e contrabalançar, seus impulsos destrutivos, sua inveja, voracidade e ansiedades persecutórias. Esse desenvolvimento significava que seu ego havia se tornado mais capaz de aceitar e integrar o superego. Outro fator que contribuiu para o fortalecimento de seu ego foi o fato de que os processos de identificação projetiva e introjetiva, até então muito poderosos, foram diminuindo no decorrer da análise. Seu ego foi também reforçado por sua crescente confiança em suas capacidades e nos aspectos bons de seu caráter. Tudo isso se ligava a uma maior esperança quanto a sua futura potência e permitiu uma expressão mais livre de suas fantasias genitais.

Na primeira parte deste livro encontramos Richard em constante luta entre os impulsos destrutivos e os amorosos, e presa das ansiedades persecutória e depressiva. Sua total insegurança expressava-se nos "desastres" que aconteciam todas as vezes que utilizava os brinquedos. Esses "desastres" envolviam sempre a destruição de seu mundo externo e interno, o que incluía ele próprio. Outra indicação de sua incapacidade de controlar sua voracidade, inveja e competitividade podia ser encontrada nos desenhos de impérios. Por mais que tentasse conscientemente, sempre acabava por se revelar que ele tinha mais territórios do que os outros.

Tal situação alterou-se à medida que foi progredindo a análise. Já tive ocasião de mencionar que sua inveja, ciúme e voracidade, que, do meu ponto de vista, são expressão da pulsão de morte, diminuíram devido ao fato de gradualmente ter-se tornado mais capaz de enfrentar e de integrar seus impulsos destrutivos. Isso se ligava ao fato de entrar mais em ação sua capacidade de amar, tornando possível que o ódio fosse mitigado pelo amor. Em consequência, desenvolveu-se uma maior tolerância tanto em relação às limitações das outras pessoas quanto às próprias. Diminuiu seu sentimento de culpa, que existia lado a lado com suas ansiedades persecutórias, o que implicava uma maior capacidade de fazer reparação. Tornou-se, de fato, capaz de até certo ponto elaborar a posição depressiva.

Outro sinal do predomínio crescente da pulsão de vida, e com ela da capacidade de amar, era o fato de não mais precisar se afastar dos objetos destruídos e ser capaz de sentir compaixão por eles. Referi-me ao fato de Richard, que tanto odiava os inimigos que naquela época ameaçavam a existência da Grã-Bretanha, ter-se tornado capaz de sentir compaixão pelo inimigo destruído. Isso foi demonstrado, por exemplo, quando lamentou os danos causados a Berlim e Munique e quando, em outra ocasião, identificou-se com o *Prinz Eugen* afundado. O predomínio cada vez maior da pulsão de vida na fusão entre as duas pulsões, e a consequente mitigação do ódio pelo amor, constitui a razão última pela qual conseguiu permanecer esperançoso, apesar da experiência extremamente dolorosa de interromper uma análise que, consciente e inconscientemente, sabia ser-lhe essencial.

Essa esperança e sua capacidade em manter uma boa relação com a analista, interna e externamente, apesar do ressentimento, do sentimento de perda, e grande ansiedade, confirmam meu ponto de vista de que, como consequência da análise, o objeto interno bom encontrava-se estabelecido com muito maior segurança em Richard; e essa maior segurança interna refletia o predomínio da pulsão de vida. Tenho a impressão de que as mudanças produzidas nessa análise incompleta foram, em certa medida, duradouras.

Desenhos

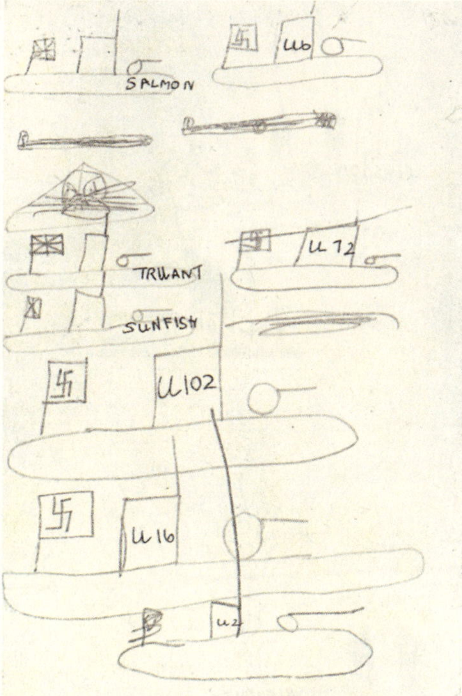
SALMON
U6
TRUANT
U72
SUNFISH
U102
U16
U2

1

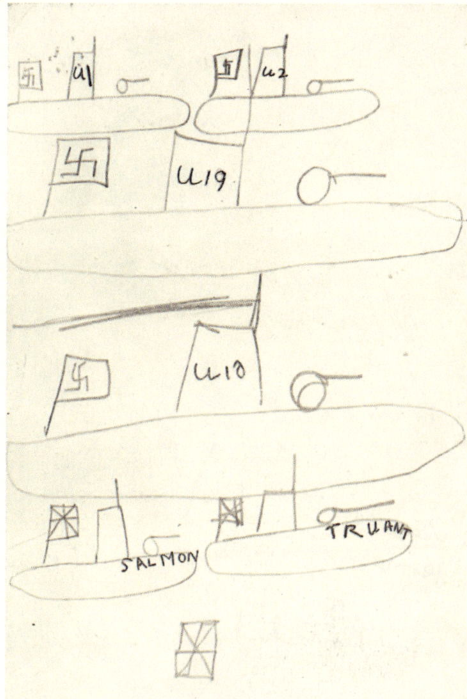
U1
U2
U19
U18
SALMON
TRUANT

2

3

4

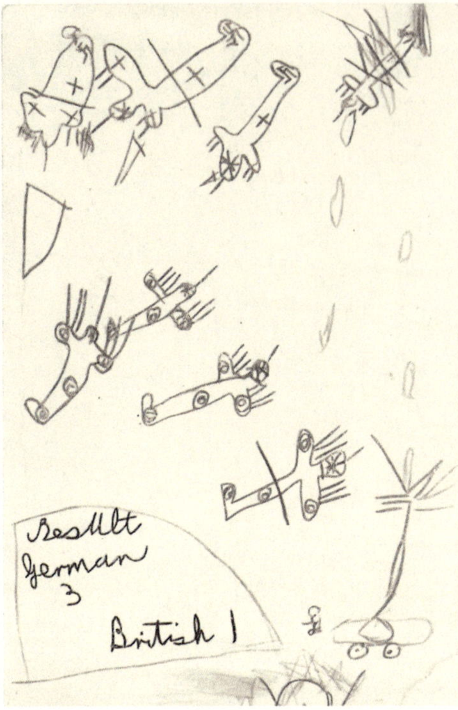
ResUlt
German
3
British 1

5

NELSON
SALMON

6

SALMON

7

SEVERN
SALMON
EMDEN

8

9

10

11

12/13

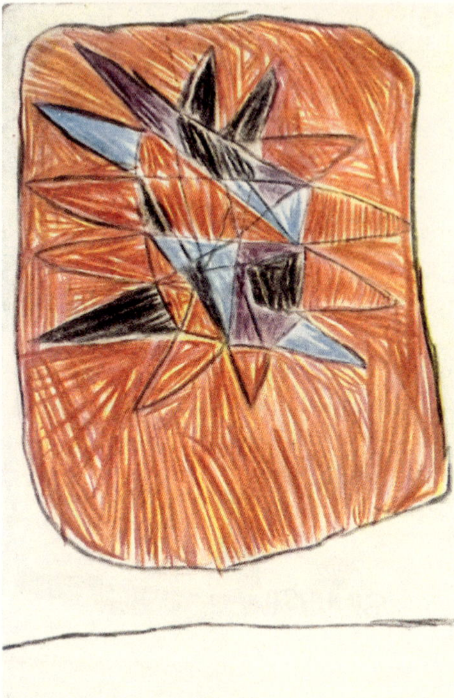

14

15

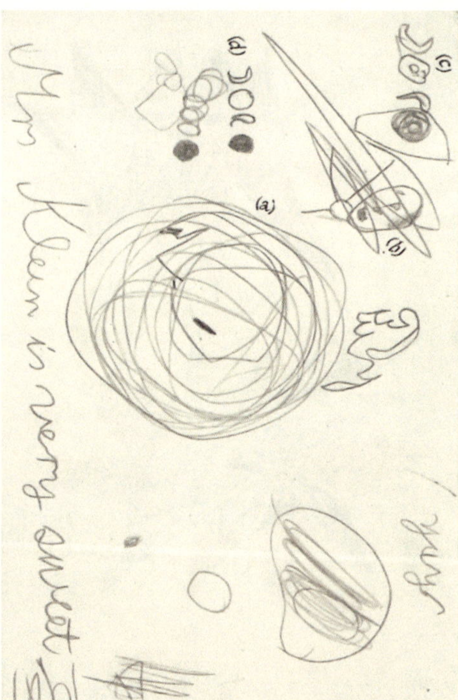

16

17/18

19

20

21

22

23

24

25

26

27

28

29

30

31/32

33

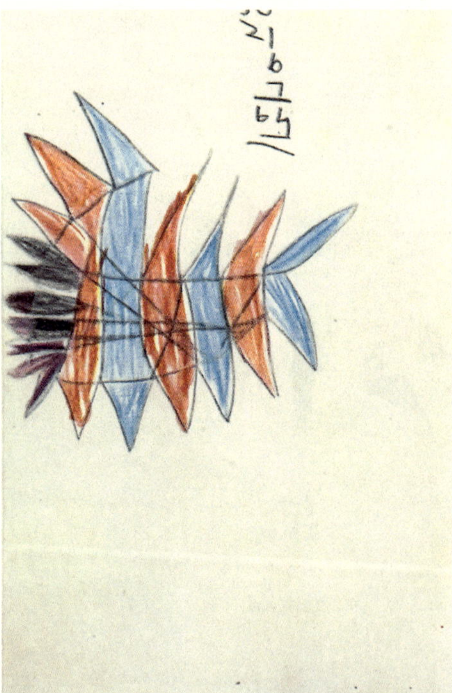

34

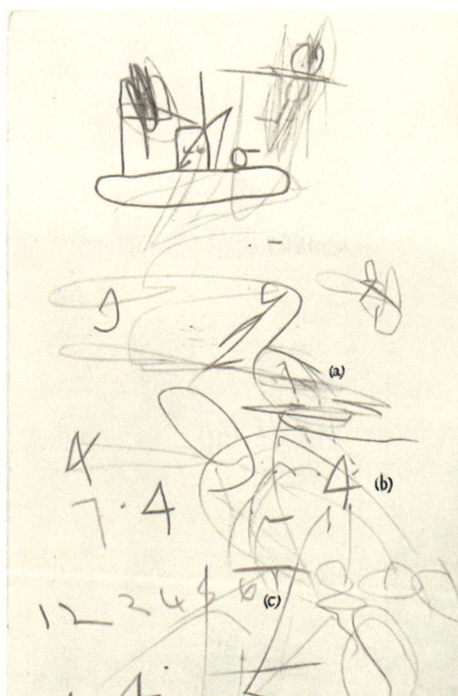

35

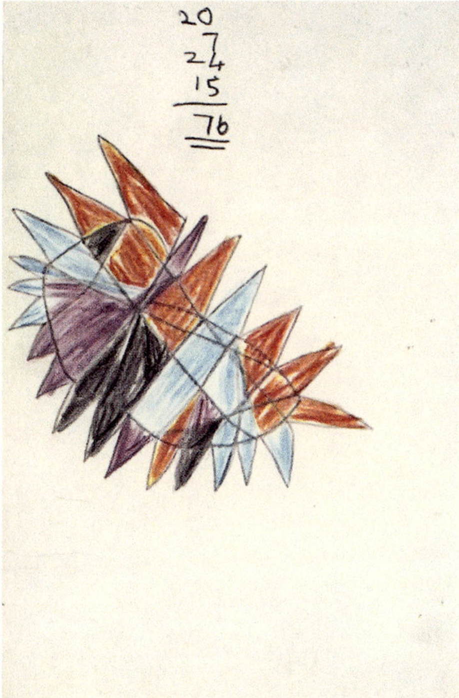
20
7
24
15
76

36

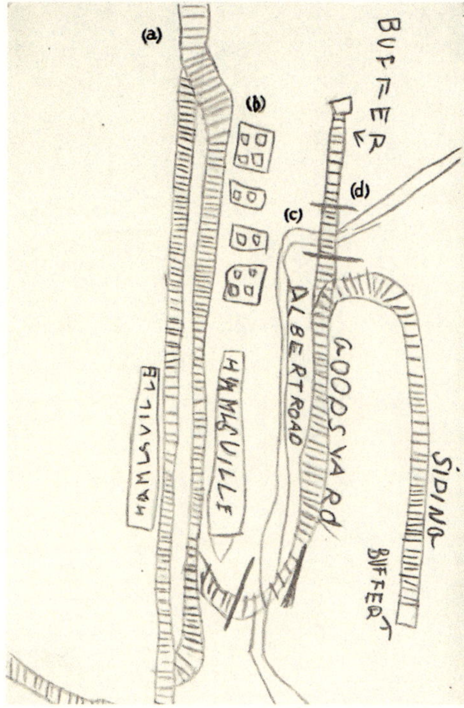
(a)
(b)
(c)
(d)
BUFFER
ALBERTROAD
GOODSYARD
SIDING
BUFFER

37

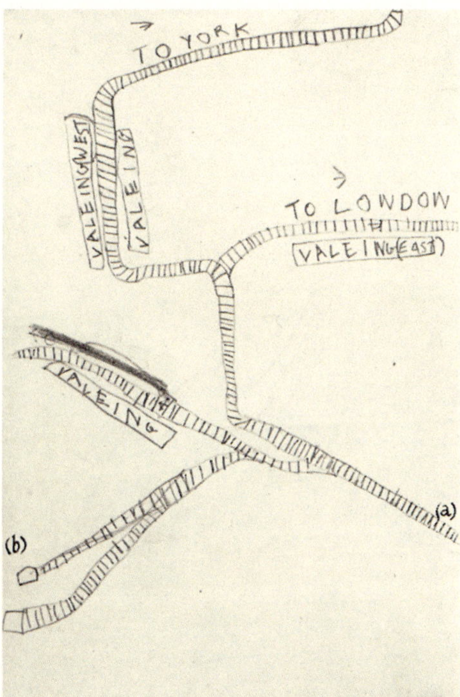
TO YORK
TO LONDOW
VALEINGWEST
VALEING
VALEING(EAST)
VALEING
(a)
(b)

38

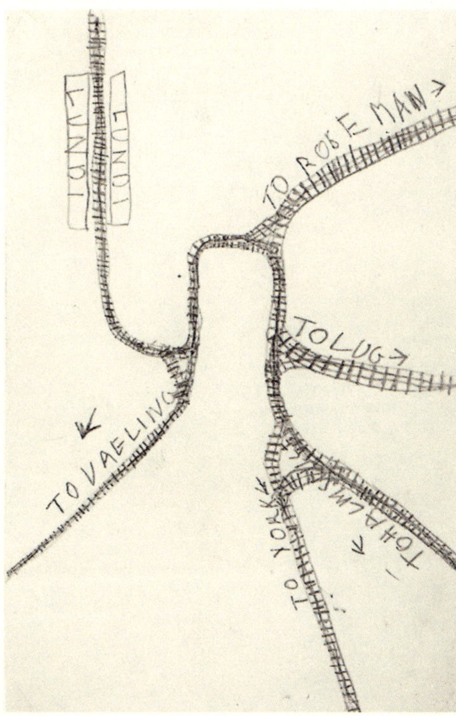
TO ROSEMAN
TO LUG
TO VAELING
TO YORK

39

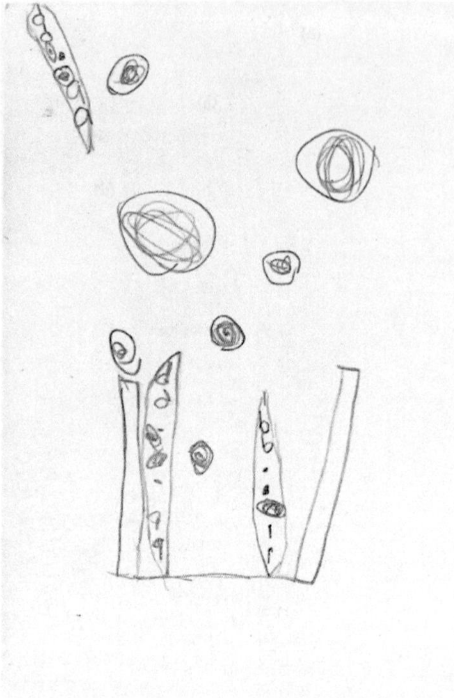

40

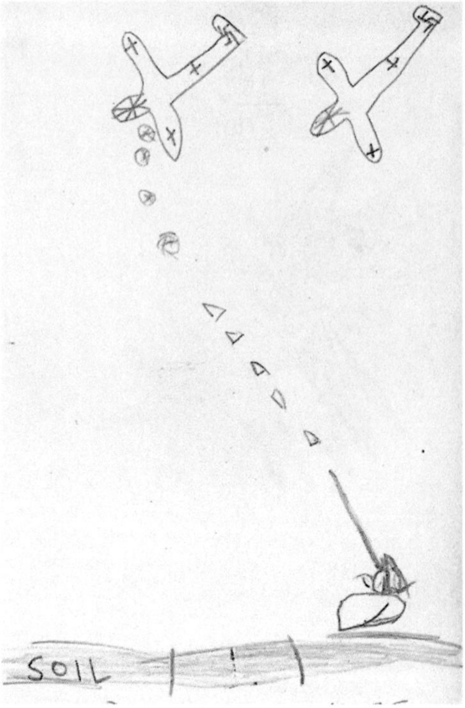

41

42

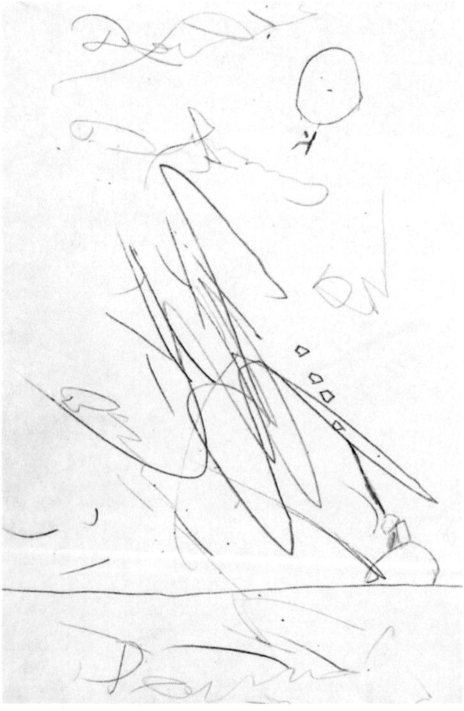

43

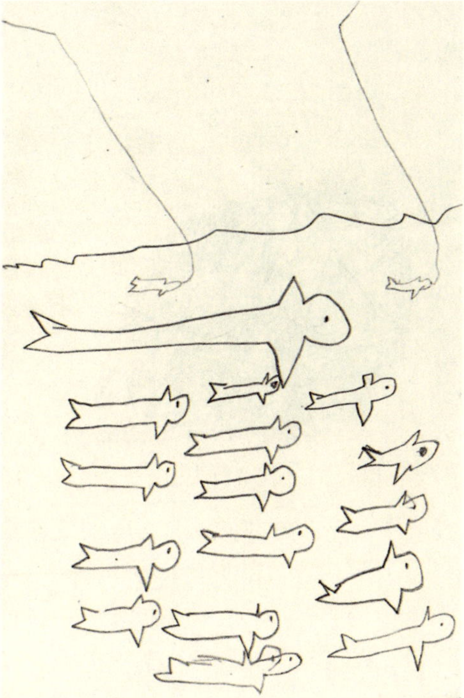

44

45

46

47

48

49

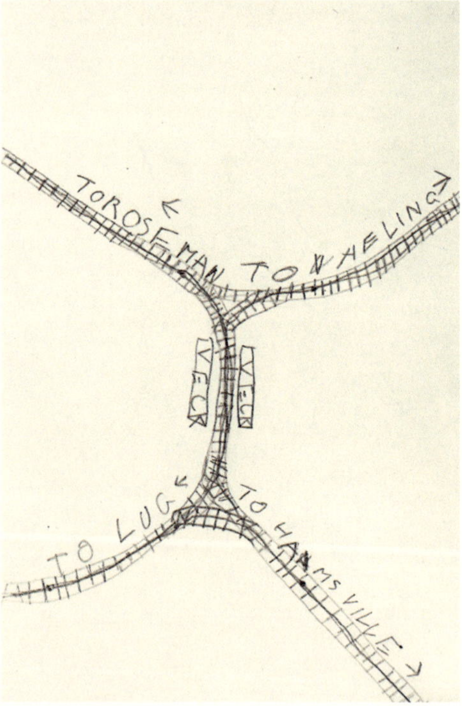

50

51

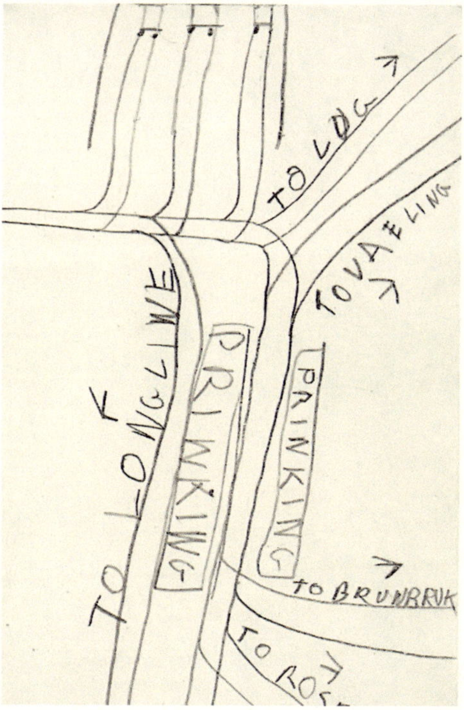

52

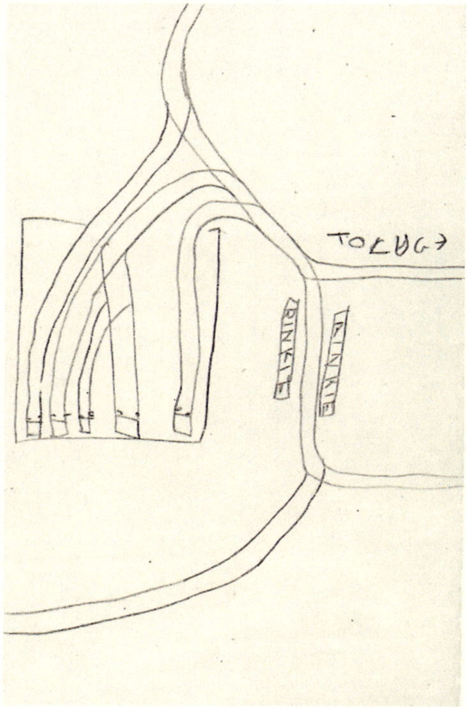

53

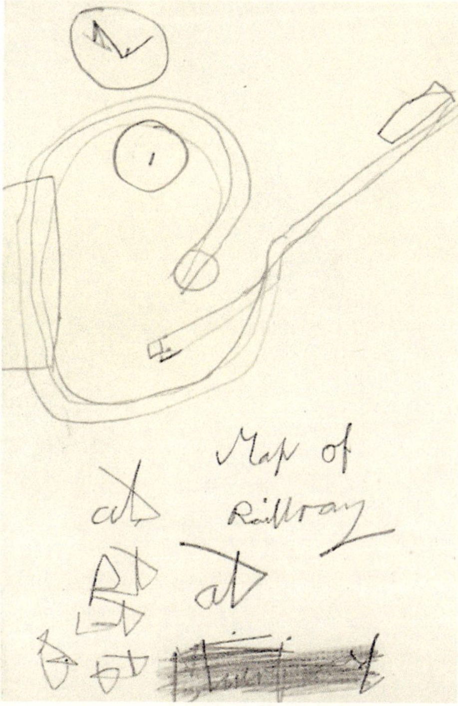

54

55

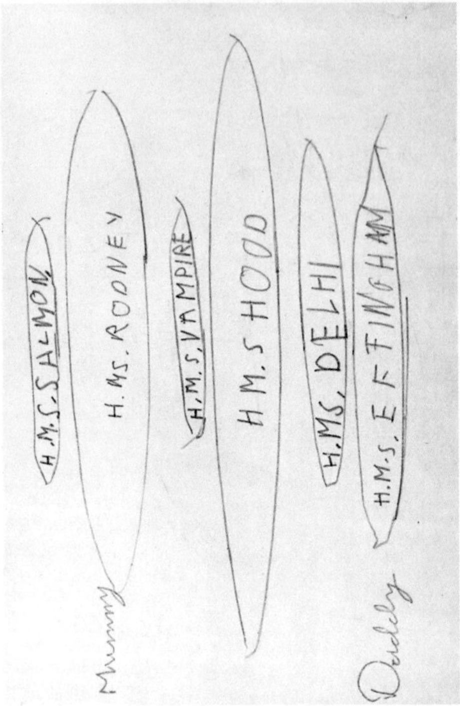
H.M.S. SALMON
H.MS. RODNEY
H.M.S. VAMPIRE
H.M.S HOOD
H.MS. DELHI
H.M.S. EFFINGHAM
Mummy
Daddy

56

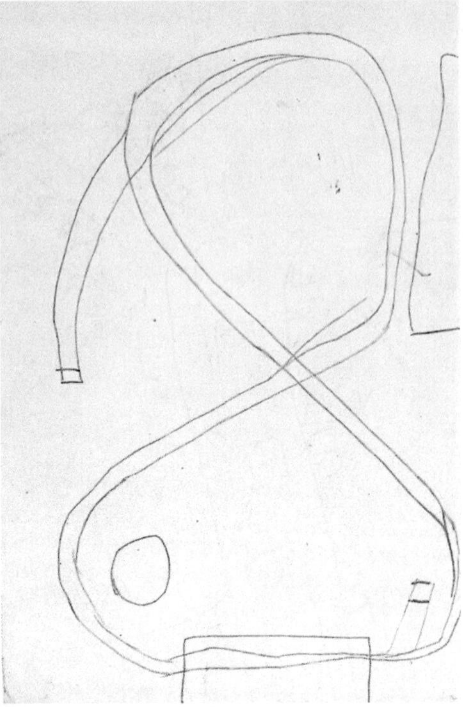

57

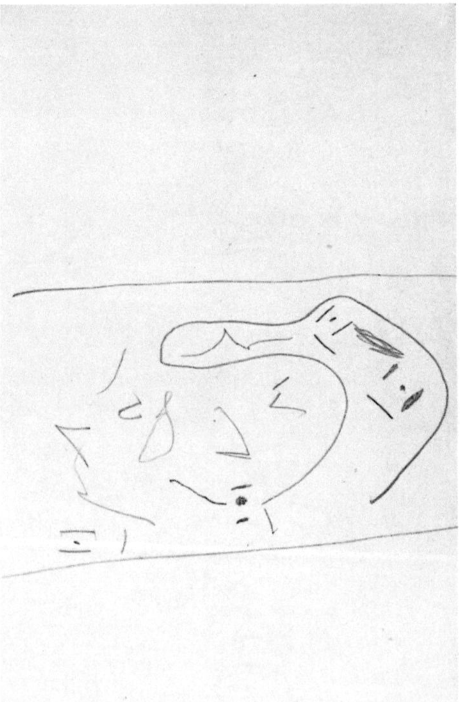

58

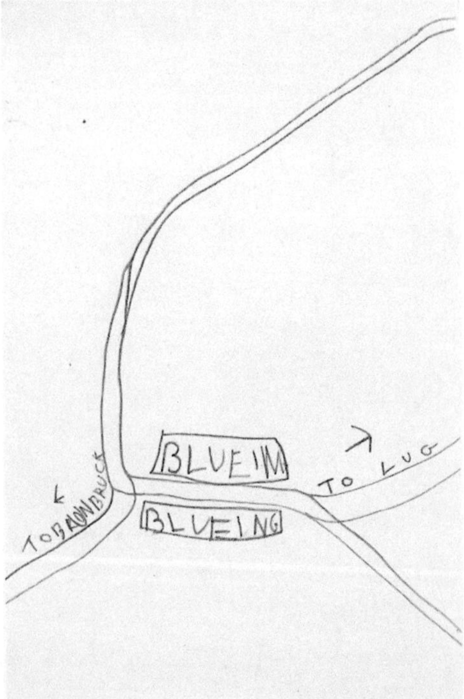
BLUEIM
BLUEING
TO LUG

59

60

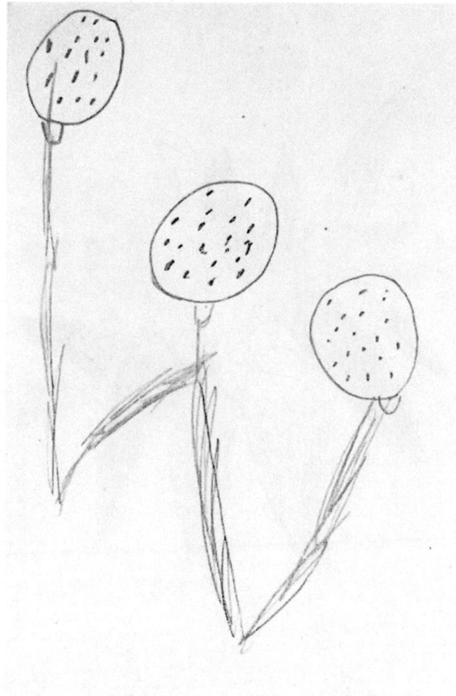

61

62

63

64

65

66

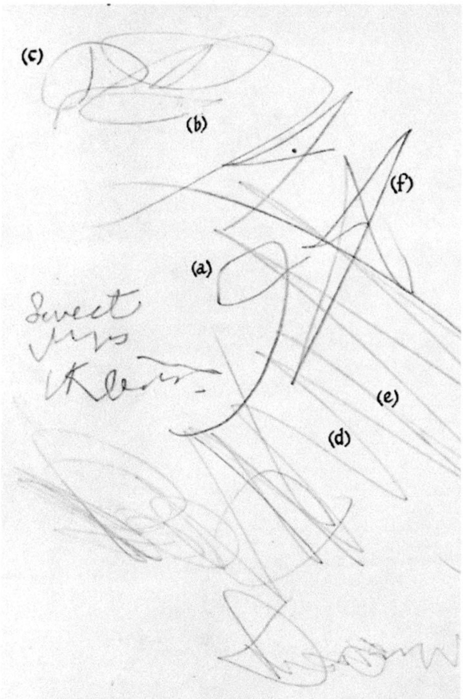
(c)
(b)
(f)
(a)
Sweet Mrs Klein
(e)
(d)

67

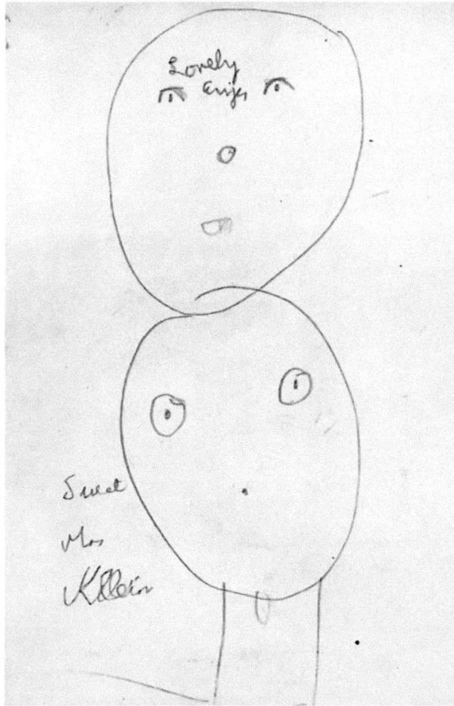
Lovely eyes
Sweet Mrs Klein

68

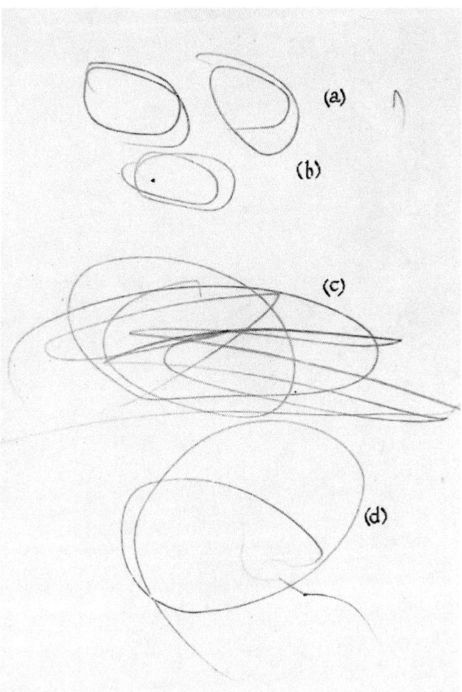
(a)
(b)
(c)
(d)

69

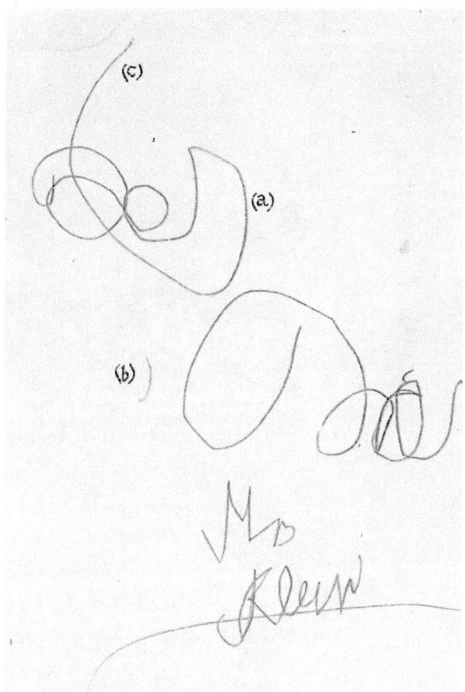
(c)
(a)
(b)
Mrs Klein

70

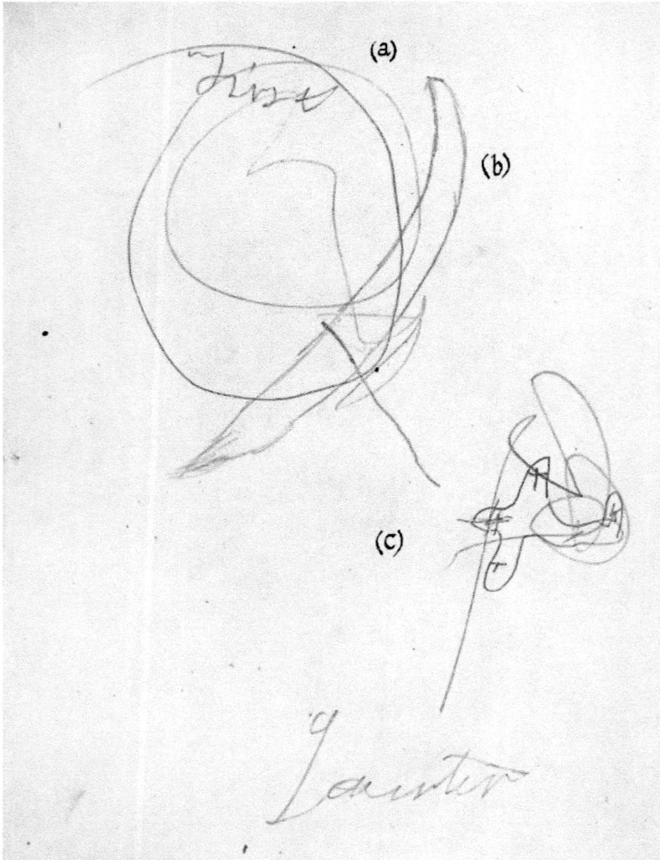

71

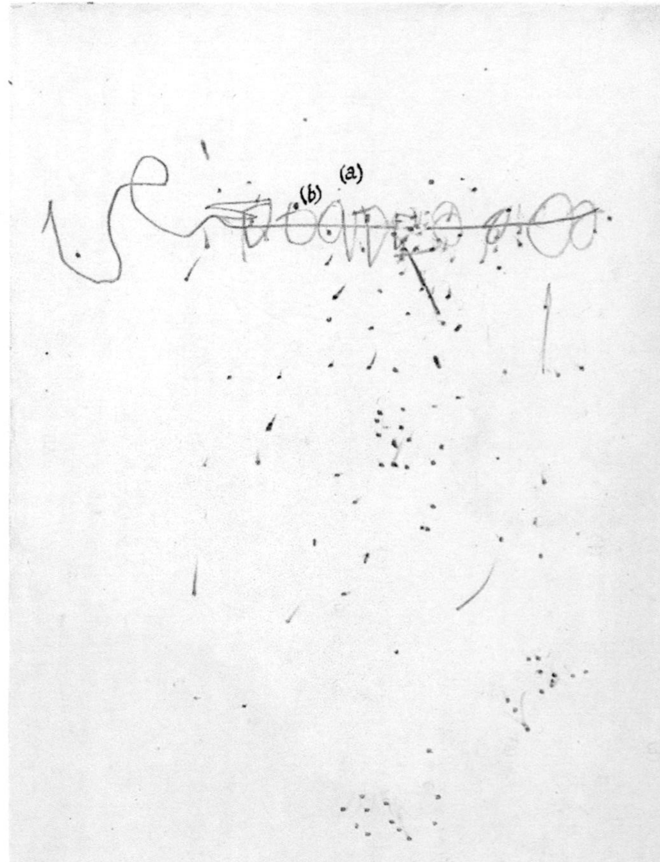

72

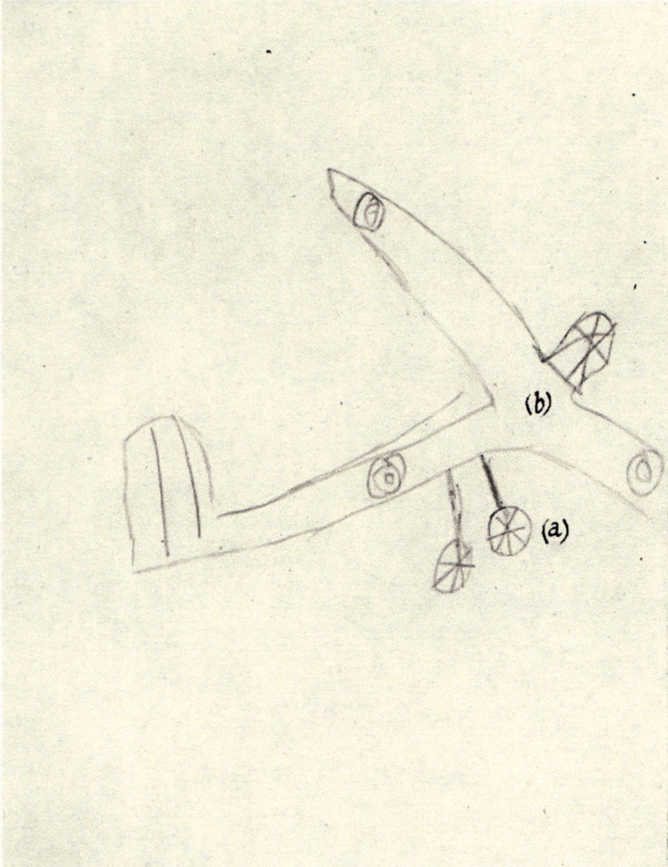

73

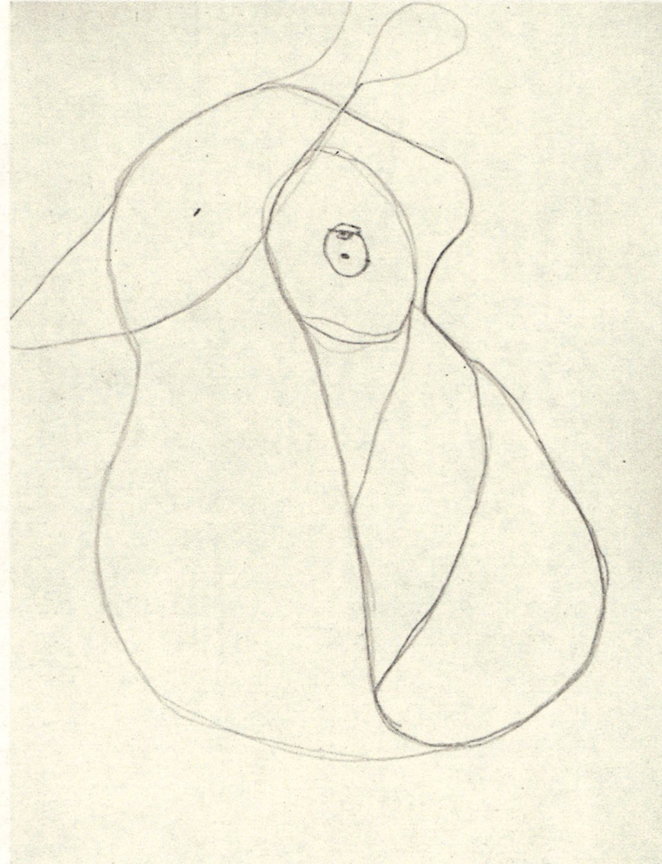

74

Índice remissivo

Melanie Klein na costa da Alemanha, c. 1911.

Sobre a autora

MELANIE KLEIN nasceu em 30 de março de 1882, em Viena, Áustria. Em 1899, casou-se com o engenheiro químico Arthur Klein, com quem teve três filhos, Melitta, Hans e Erich, e de quem se divorciou em 1924. Em 1909, mudou-se com a família para Budapeste, Hungria. Após anos de grave depressão, começou sua análise pessoal com Sándor Ferenczi em 1914. No mesmo ano, travou contato com a teoria psicanalítica através da leitura de *Sobre os sonhos*, um livreto recém-publicado por Freud baseado em sua obra *A interpretação dos sonhos* (1900). Em 1919, Klein apresentou seu primeiro trabalho para a Sociedade Húngara de Psicanálise, sendo admitida como membro. Em 1921, diante do aumento das tensões antissemitas na Hungria, mudou-se para Berlim, na Alemanha, então o epicentro da psicanálise, onde publicou "O desenvolvimento de uma criança", uma versão expandida do artigo apresentado em 1919. No ano seguinte, foi admitida como membro da Sociedade Psicanalítica de Berlim. Em 1923, iniciou sua atuação como psicanalista e, em 1924, iniciou a análise com Karl Abraham. Após a morte súbita de Abraham, e a convite de Ernest Jones, mudou-se para Londres, na Inglaterra, em 1926, tornando-se membro da Sociedade Britânica de Psicanálise no ano seguinte. No Reino Unido, aprofundou sua prática clínica e de supervisão e teve uma produção intelectual profícua, a qual foi recebida calorosamente por parte dos psicanalistas britânicos e rechaçada por outra. Entre 1942 e 1944, protagonizou duas séries de discussões teóricas organizadas pela Sociedade Britânica de Psicanálise, as Reuniões Extraordinárias e as Discussões Controversas, as quais opuseram os partidários de Melanie Klein aos de Anna Freud e ajudaram a consolidar a linha kleiniana como um campo relevante dentro da psicanálise. Participou de vários Congressos Internacionais de Psicanálise desde 1918 e teve um grande impacto sobre a cena psicanalítica global, sobretudo britânica, influenciando figuras como Donald Winnicott, Wilfred Bion, Hanna Segal, Herbert Rosenfeld, Paula Heimann, Joan Riviere, Susan Isaacs, Betty Joseph, Roger Money-Kyrle e John Bowlby. Fundou o Melanie Klein Trust em 1955 e faleceu anos depois, em 22 de setembro de 1960.

Obras publicadas

A psicanálise de crianças [1932], trad. Liana Pinto Chaves. São Paulo: Ubu Editora/Imago, 2025.

(com Joan Riviere) *Amor, ódio e reparação* [1937], trad. Marie Helena Senise. Rio de Janeiro: Imago, 1975.

Narrativa da análise de uma criança [1961], trad. Claudia S. Lima. São Paulo: Ubu Editora/Imago, 2025.

Amor, culpa e reparação e outros ensaios (1921–45) [1975], trad. André Cardoso. São Paulo: Ubu Editora/Imago, 2023.

Inveja e gratidão e outros ensaios (1946–63) [1975], trad. Liana Pinto Chaves et al. São Paulo: Ubu Editora/Imago, 2023.

Melanie Klein: autobiografia comentada [2016], org. Alexandre Socha. São Paulo: Blucher, 2019.

Lectures on Technique by Melanie Klein, org. John Steiner. London: Routledge, 2017.

COMO ORGANIZADORA

(com Paula Heimann, Susan Isaacs e Joan Riviere) *Os progressos da psicanálise* [1952], trad. Álvaro Cabral. Rio de Janeiro: Guanabara Koogan, 1982.

(com Paula Heimann e R. E. Money-Kyrle) *Novas tendências na psicanálise* [1955], trad. Álvaro Cabral. Rio de Janeiro: Zahar, 1969.

Obras completas de Melanie Klein

Traduções revisadas com estabelecimento terminológico, conforme os padrões definidos pela comissão editorial da Ubu em diálogo com Elias M. da Rocha Barros, representante do Melanie Klein Trust no Brasil. Uma coedição da Ubu Editora e da Imago.

Amor, culpa e reparação e outros ensaios (1921–45)
A psicanálise de crianças
Inveja e gratidão e outros ensaios (1946–63)
Narrativa da análise de uma criança

Título original: *Narrative of a Child Analysis: The Conduct of the Psycho-Analysis of Children as Seen in the Treatment of a Ten-year-old Boy*

EDIÇÃO Gabriela Ripper Naigeborin
REVISÃO Cássio Yamamura e Daniela Uemura
TRATAMENTO DE IMAGEM Carlos Mesquita
PRODUÇÃO GRÁFICA Marina Ambrasas

CAPA ilustração desenvolvida por Elaine Ramos e Nikolas Suguiyama a partir dos desenhos de Lou Loeber (Holanda, 1894–1983)

EQUIPE UBU
DIREÇÃO EDITORIAL Florencia Ferrari
DIREÇÃO DE ARTE Elaine Ramos; Julia Paccola e Ana Lancman (assistentes)
COORDENAÇÃO Isabela Sanches
COORDENAÇÃO DE PRODUÇÃO Livia Campos
EDITORIAL Gabriela Ripper Naigeborin e Maria Fernanda Galdini Chaves
COMERCIAL Luciana Mazolini e Anna Fournier
COMUNICAÇÃO/CIRCUITO UBU Maria Chiaretti, Walmir Lacerda e Seham Furlan
DESIGN DE COMUNICAÇÃO Marco Christini
GESTÃO CIRCUITO UBU/SITE Cinthya Moreira, Vic Freitas e Vivian T.

IMAGO
Rua Santos Rodrigues, 201-A
20250 430 Rio de Janeiro RJ
imagoeditora.com.br
imago@imagoeditora.com.br

UBU EDITORA
Largo do Arouche 161 sobreloja 2
01219 011 São Paulo SP
ubueditora.com.br
professor@ubueditora.com.br
/ubueditora

IMAGO ubu

Dados Internacionais de Catalogação na Publicação (CIP)
Elaborado por Vagner Rodolfo da Silva — CRB-8/9410

K64n Klein, Melanie (1882–1960)

Narrativa da análise de uma criança: O procedimento da psicanálise de crianças tal como observado no tratamento de um menino de dez anos / Melanie Klein; Título original: *Narrative of a Child Analysis: The Conduct of the Psycho-Analysis of Children as Seen in the Treatment of a Ten-year-old Boy*; Tradução: Claudia Starzynski Lima / Coordenação editorial: Elias M. da Rocha Barros / Coordenação da tradução: Liana Pinto Chaves.
São Paulo: Ubu Editora / Imago, 2025. 560 pp.

ISBN 978-85-7126-198-3

1. Psicanálise. 2. Psicanálise infantil. 3. Psicologia. 4. Terapia.
5. Saúde mental. 6. Desenvolvimento emocional. I. Lima, Claudia Starzynski.
II. Barros, Elias M. da Rocha. III. Título.

2025-3296 CDD 150.195 CDU 159.964.2

Índice para catálogo sistemático:
1. Psicanálise 150.195
2. Psicanálise 159.964.2

FONTES Swift e Cy
PAPEL Avena 70 g/m²
IMPRESSÃO E ACABAMENTO Ipsis